***ACCESO GRATIS** a la Lectura en la Nube*

Para visualizar el libro electrónico en la nube de lectura envíe junto a su nombre y apellidos una fotografía del código de barras situado en la contraportada del libro y otra del ticket de compra a la dirección:

ebooktirant@tirant.com

En un máximo de 72 horas laborales le enviaremos el código de acceso con sus instrucciones.

La visualización del libro en **NUBE DE LECTURA** excluye los usos bibliotecarios y públicos que puedan poner el archivo electrónico a disposición de una comunidad de lectores. Se permite tan solo un uso individual y privado

CONDUCCIÓN AUTÓNOMA Y SEGURIDAD JURÍDICA DEL TRANSPORTE DESDE LA PERSPECTIVA EUROPEA E INTERNACIONAL

CONDUCCIÓN AUTÓNOMA Y SEGURIDAD JURÍDICA DEL TRANSPORTE DESDE LA PERSPECTIVA EUROPEA E INTERNACIONAL

Director:
ELISEO SIERRA NOGUERO

tirant lo blanch
Valencia, 2025

En caso de erratas y actualizaciones, la Editorial Tirant lo Blanch publicará la pertinente corrección en la página web www.tirant.com.

© TIRANT LO BLANCH
EDITA: TIRANT LO BLANCH
C/ Artes Gráficas, 14 - 46010 - Valencia
TELFS.: 96/361 00 48 - 50
FAX: 96/369 41 51
Email: tlb@tirant.com
www.tirant.com
Librería virtual: www.tirant.es
DEPÓSITO LEGAL: V-1238-2025
ISBN: 978-84-1095-452-6

Si tiene alguna queja o sugerencia, envíenos un mail a: *atencioncliente@tirant.com*. En caso de no ser atendida su sugerencia, por favor, lea en *www.tirant.net/index.php/empresa/politicas-de-empresa* nuestro procedimiento de quejas.

Responsabilidad Social Corporativa: *http://www.tirant.net/Docs/RSCTirant.pdf*

Autores

Joaquín Alarcón Fidalgo
Manuel Alba Fernández
Joan Amenós Álamo
Félix Benito Osma
Kristiaan Bernauw
Marina Cabeza Trujillo
Mª José Castellanos Ruiz
Teresa Freixes
Albano Gilabert Gascón
Guillem Izquierdo Grau
Lela Janashvili
Roser Martínez Quirante
Josefa Muñoz Ruiz
Jose Navarro Hernández
Mónica Navarro-Michel
David Noguéro
Mª Carmen Núñez Zorrilla
Hila Oren
Jorge Ortega Soriano
Manel Pascual Sánchez
Luis Pedrayes Gullón
José Antonio Pejovés Macedo
Mónica Perna Hernández
Alfonso Perona Gómez
José Carlos Remotti
Paola Rodas Paredes
Juan Pablo Rodríguez Delgado
Eliseo Sierra Noguero
Pablo Valerio

Esta obra ha sido financiada por el Proyecto de Investigación "Conducción Autónoma y Seguridad Jurídica del Transporte", en el marco de la Convocatoria de Proyectos de Generación de Conocimiento 2021 del Ministerio de Ciencia e Innovación. Modalidad: Investigación No Orientada Tipo B. PID2021-123070NB-I00. Investigador Principal: Eliseo Sierra Noguero

Índice

Presentación ... 13
Eliseo Sierra Noguero

Abreviaturas ... 17

PARTE PRIMERA

ÉTICA, DERECHOS FUNDAMENTALES Y CONDUCCIÓN AUTÓNOMA. DERECHO DE LA INTIMIDAD Y LA PRIVACIDAD. PROTECCIÓN DE DATOS

Una nueva concepción de la intimidad y la privacidad ... 35
Teresa Freixes

Coches autónomos: un paso adelante para la humanidad o un paso atrás para los derechos fundamentales ... 55
José Carlos Remotti

Protección de datos personales y circulación viaria en Georgia ... 107
Lela Janashvili

Estudio sobre la necesidad de implantación de un código de conducta homologado por la autoridad de control en materia de protección de datos en el sistema de gestión del vehículo autónomo y conectado ... 119
Jorge Ortega Soriano

Análisis forense digital de vehículos de transporte ... 189
Jose Navarro Hernández

PARTE SEGUNDA

PLANIFICACIÓN Y CONTROLES ADMINISTRATIVOS DE LOS COCHES AUTOMATIZADOS Y AUTÓNOMOS. MOVILIDAD CONECTADA Y COOPERATIVA. ROBOTAXIS. *SMART CITIES*

El coche autónomo en el tiempo y en el espacio. Algunas reflexiones jurídicas ... 217
Joan Amenós Álamo

El impacto del coche autónomo en la movilidad ... 243
Alfonso Perona Gómez

Advanced Driver Assistance Systems (ADAS): la ayuda invisible y gran desconocida .. 261
Manel Pascual Sánchez

Communication standards for autonomous and connected cars *287*
PABLO VALERIO

La integración de los robotaxis en la movilidad futura: desafíos y oportunidades *307*
MÓNICA PERNA HERNÁNDEZ

The urban renaissance: autonomous vehicles as a catalysator for the expansion of public spaces and pockets of health *347*
DR. HILA OREN

PARTE TERCERA
RESPONSABILIDAD CIVIL Y PENAL DERIVADA DE LA UTILIZACIÓN DE COCHES AUTOMATIZADOS Y AUTÓNOMOS

El camino hacia la construcción de un marco jurídico europeo uniforme en el ámbito de la responsabilidad civil por los daños derivados de la conducción totalmente automatizada o autónoma *365*
Mª CARMEN NÚÑEZ ZORRILLA

Accidentes de tráfico causados por vehículos automatizados y autónomos y la LRCSCVM *399*
MÓNICA NAVARRO-MICHEL

Responsabilidad del fabricante por el aprendizaje continuado del producto *419*
GUILLEM IZQUIERDO GRAU

Vehículos autónomos y responsabilidad penal en caso de accidente *445*
JOSEFA MUÑOZ RUIZ

PARTE CUARTA
RÉGIMEN DE ASEGURAMIENTO DE LOS COCHES SEMIAUTÓNOMOS / AUTOMATIZADOS Y EL RIESGO DE ATAQUES CIBERNÉTICOS

Sistemas de transportes y vehículos inteligentes. Riesgos y seguros *483*
FÉLIX BENITO OSMA

Vehículos inteligentes: riesgo cibernético, responsabilidad civil y seguro *519*
JOAQUÍN ALARCÓN FIDALGO

Droit français des assurances et conduite autonome *537*
DAVID NOGUÉRO

PARTE QUINTA

AERONAVES NO TRIPULADAS Y MOVILIDAD AÉREA URBANA. RESPONSABILIDAD CIVIL Y SEGURO. DRONES MILITARES AUTÓNOMOS

La regulación de los drones autónomos y altamente automatizados *595*
Mª José Castellanos Ruiz

Insurance of unmanned aviation *683*
Kristiaan Bernauw

El peligro de la autonomía en el cielo: la proliferación de drones autónomos en manos privadas como armas de defensa personal *699*
Roser Martínez Quirante

PARTE SEXTA

BUQUES AUTÓNOMOS Y OPERADOS POR CONTROL REMOTO: REGULACIÓN, ACCIDENTES, RESPONSABILIDAD Y SEGUROS. CIBERSEGURIDAD. TERMINALES PORTUARIAS

Análisis del Código Internacional de Seguridad para buques autónomos de la OMI (borrador del Código MASS) *729*
Juan Pablo Rodríguez Delgado

La responsabilidad extracontractual por daños causados por el buque de navegación autónoma *763*
Manuel Alba Fernández

La responsabilidad civil en la operación de buques autónomos de superficie dedicados al transporte marítimo de mercancías *797*
José Antonio Pejovés Macedo

Los seguros de cascos y de responsabilidad civil de buques operados por control remoto y/o autónomos *831*
Eliseo Sierra Noguero

La obligación de navegabilidad y la incidencia de las nuevas tecnologías en el transporte marítimo internacional de mercancías *861*
Albano Gilabert Gascón

Ciberseguridad, ciberseguros y navegación marítima *891*
Paola Rodas Paredes

Estrategias en torno a la ciberseguridad marítima *919*
Marina Cabeza Trujillo

Las terminales portuarias semiautónomas y autónomas *949*
Luis Pedrayes Gullón

Presentación

La obra es un resultado de investigación y divulgación elaborado en el seno del Grupo de Investigación y Equipo de Trabajo del Proyecto "Conducción Autónoma y Seguridad Jurídica del Transporte" (ADLAW), financiado por la Convocatoria de Proyectos de Generación de Conocimiento 2021 del Ministerio de Ciencia e Innovación. Modalidad: Investigación No Orientada Tipo B. PID2021-123070NB-I00 (2022-2025). Los capítulos tienen su origen principal en las ponencias y comunicaciones presentadas en el Congreso internacional sobre Conducción Autónoma y Seguridad Jurídica del Transporte, celebrado los días 6 y 7 de junio de 2024 en la Universidad Autonoma de Barcelona (UAB), con la participación de ADLAW, la Escola de Prevenció i Seguretat Integral de la UAB, la Sección Española de la Asociación Internacional de Derecho de los Seguros (SEAIDA), la Revista Española de Seguros, la Associació pel Desenvolupament de l'Educació Viària a Catalunya (ADEVIC) y Hewlett Packard.

La hipótesis de partida de la investigación es la Estrategia de Política Digital de la Comisión Europea sobre la Movilidad Automatizada y Conectada, según la cual:

> *"Se refiere a vehículos autónomos/conectados o coches que puede guiarse por sí mismos sin intervención humana".*
>
> *"Con la evolución de las tecnologías digitales, como la robótica, Internet de las cosas, la inteligencia artificial, las computadoras de alto rendimiento y las potentes redes de comunicación, los vehículos en general y los automóviles en particular están cambiando rápidamente".*
>
> *"Las políticas y la legislación relacionadas con la tecnología digital, incluida la ciberseguridad, la responsabilidad, el uso de datos, la privacidad y el espectro / conectividad de radio son de creciente relevancia para el sector del transporte"*

El término "conducción autónoma" es una categoría general susceptible de incluir diversos niveles de automatización. Desde el vehículo con sistemas de asistencia al conductor hasta la conducción autónoma en sí, como el nivel más avanzado de la automatización, pues es la inteligencia artificial la que adopta las decisiones, en lugar del conductor. Las personas a bordo son usuarios y no tienen responsabilidad de la conducción. Es el nivel 5, máximo, según la clasificación de la *Society of Automotive Engineers* (SAE), adoptada por la Dirección General de Tráfico española.

La primera cuestión que responde la obra es si los vehículos con conducción autónoma son una realidad en la carretera, el mar o el aire. En los coches y otros vehículos por carretera, algunas marcas ya ofrecen modelos de coches que permiten en ciertas circunstancias el pilotaje automático, si bien se requiere la supervisión del conductor responsable (nivel 2 o 3 SAE). En los vehículos aéreos y marinos, además de los automatismos de asistencia a la conducción, el control remoto de las aeronaves y buques se incluye dentro de la categoría de conducción autónoma. La implementación de las aeronaves no tripuladas de control remoto está en un estadio más avanzado, con la plena difusión de los drones, ya empleados para todo tipo de fines civiles. En el ámbito militar, están más por delante: son tristemente conocidos los drones de funcionamiento autónomo y guiados con inteligencia artificial en base a ciertos algoritmos previos, empleados para el asesinato en guerras. En relación a los buques y embarcaciones, existe un mercado ya en comercialización de drones marítimos y pequeñas embarcaciones guiadas por control remoto, de navegación autónoma o de funcionamiento binario. Por último, en los tres ámbitos, terrestre, aéreo y marítimo, son numerosas las pruebas de prototipos y empleo de robotaxis terrestres en zonas restringidas. El interés de la industria y las inversiones públicas y privadas son muy considerables y en los próximos años es previsible un aumento adicional.

La segunda cuestión que se aborda en la presente investigación es si el ordenamiento jurídico contiene las normas necesarias para dotar de seguridad jurídica a todos los interesados en la conducción autónoma y conectada. Para dar respuesta, los autores analizan el Derecho internacional, el Derecho europeo y el Derecho español y otros ordenamientos nacionales. La obra trata así de abundante normativa cuyo hilo conductor es la conducción autónoma y conectada: circulación vial, homologación de vehículos por carretera, autorización de pruebas, inteligencia artificial, seguros de responsabilidad civil, responsabilidad por productos defectuosos, protección de datos, ciberseguridad, transportes inteligentes por carretera, responsabilidad penal o ciudades inteligentes. La investigación incluye el análisis de las propuestas de *lege ferenda* que interesan a la conducción autónoma y actualmente en marcha, como los cambios en el reglamento de circulación, reglamento de vehículos, responsabilidad civil y seguro en la circulación de vehículos a motor, movilidad sostenible, responsabilidad civil extracontractual, requisitos de ciberseguridad de productos con elementos digitales, implementación de buques autónomos y/o de control remoto, entre otras. El Derecho especial de la conducción autónoma y conectada o el Derecho de aplicación al mismo fenómeno es una realidad emergente. Sólo en el último lustro, 2019-2024, los autores abordan las más de 25 normativas internacionales, europeas, españolas y de Derecho comparado que regulan aspectos relacionados con la conducción autónoma y conectada.

La obra se estructura siguiendo la enumeración de cuestiones que hace la Comisión Europea en su Estrategia de Política Digital, completada con otras añadidas por la doctrina jurídica extranjera (Altunyaldiz 2020; Pattinson, Chen y Basu, 2020; Noussia 2020; Ilková y Ilka 2017), y el resultado de la propia investigación previa del equipo de investigación del Proyecto. Las partes de la obra constituyen los objetivos específicos de cada uno de los subgrupos de ADLAW, complementado con aportaciones de otros autores.

La obra constituye un indudable paso adelante en el estado del conocimiento jurídico, especialmente valorable por cuanto se realiza desde España, pero con una importante presencia de investigadores extranjeros. Es notoriamente conocido el gran interés tecnológico de la conducción autónoma. La literatura se ha ocupado esencialmente de las cuestiones técnicas del *autonomous driving*; basta introducir dichos términos en Google o en webs académicas, como Academia o ResearchGate. No ocurre lo mismo con la vertiente jurídica de la misma. En Europa, no hay ninguna obra completa que trate globalmente el fenómeno jurídico de la conducción autónoma y sus variedades y sólo apenas algunas tratan aspectos sectoriales de la misma. Por ejemplo, se puede consultar la obra editada por Maurer (2015), donde incluye sólo algunas contribuciones jurídicas, ocupando las técnicas el carácter predominante.

La obra cuenta con contribuciones de 29 investigadores de Universidades, europeas y de fuera de la Unión Europea. El punto de vista jurídico pluridisciplinar es necesario en un tema transversal como la conducción autónoma y conectada, con aportaciones desde el Derecho constitucional, administrativo, civil, penal, mercantil, internacional privado, filosofía del derecho, marítimo, aéreo, seguro y transportes. Además, al tratarse de un fenómeno tecnológico con efectos jurídicos, el punto de vista técnico enriquece la obra con la participación de peritos informáticos, ingenieros, delegados de protección de datos y expertos en ciudades inteligentes, que presentan un perfil más práctico de la cuestión.

A todos los autores, a los coordinadores de los subgrupos de investigación de ADLAW, a las entidades que han facilitado el desarrollo de los Congresos y Jornadas del grupo de investigación y trabajo, a los otros proyectos con quienes colaboramos, al personal administrativo de la Universitat Autònoma de Barcelona, y a todas las personas e instituciones que hacen realidad el proyecto ADLAW y sus actividades de investigación y divulgación, queremos expresarles nuestro agradecimiento.

ELISEO SIERRA NOGUERO
Catedrático contratado de Derecho Mercantil
Universitat Autònoma de Barcelona, 23 de octubre de 2024

Abreviaturas

ABS:	*Anti-Lock Braking System /Dispositivo de frenado antibloqueo*
ACPD:	Autoritat Catalana de Protecció de Dades / Autoridad Catalana de Protección de Datos
ADAS:	*Advanced Driver Assistance Systems* / Sistemas Avanzados de Asistencia al Conductor
ADLAW:	*Research Group on Autonomous Driving and Law* / Grupo de investigación sobre Conducción Autónoma y Seguridad Jurídica del Transporte
ADN:	Ácido Desoxirribonucleico
ADR:	*Alternative Dispute Resolution* / Sistema Alternativo de Resolución de Conflictos
ADS:	*Automated Driver System* / Sistema de Conducción Automatizada
AECDR:	Alliance of European Car Dealers and Repairers
AEPD:	Agencia Española de Protección de Datos
AESIA:	Agencia Española de Supervisión de la Inteligencia Artificial
AEVA:	*Automated and Electric Vehicles Act* (Reino Unido)
AGV:	*Automatic Guided Vehicle* / Vehículo de Guía Automática
AIS:	*Automatic Identification System* (también SIA)
ANFAC:	Asociación Española de Fabricantes de Automóviles y Camiones
APP:	Aplicación móvil
ARC:	*Acceptable Risk Condition* / Condición de riesgo aceptable
ARPA:	*Automatic Radar Plotting Aid* / Radar de punteo automático

ASC: *Automated Stacking Cranes* / Grúa apiladora automatizada

AV: *Autonomous Vehicle / Vehículo autónomo*

AVA: *Automated Vehicles Act* (Reino Unido)

BAS: *Brake Assist System / Sistema de asistencia a la frenada de emergencia*

BGB: *Bürgerliches Gesetzbuch* / Código Civil (Alemania)

BIMCO: Baltic & International Maritime Council

BOE: Boletín Oficial del Estado (España)

BUNKERS: Convenio Internacional sobre responsabilidad civil nacida de daños debidos a contaminación por hidrocarburos para combustible de los buques de 2001

BVLOS: *Beyond Visual Line of Sight / Más allá del alcance visual*

CC: Real Decreto de 24 de julio de 1889 por el que se publica el Código Civil (España)

CCS: Consorcio de Compensación de Seguros (España)

CCTV: Circuito Cerrado de Televisión

CDR: *Crash Data Retrieval* / Recuperación de datos de la colisión

CE: Constitución española de 1978

CEO: *Chief Executive Officer*

CEPD: Comité Europeo de Protección de Datos (también EDPB)

CEPE: Comisión Económica de las Naciones Unidas para Europa (también UNECE)

CERT: *Computer Emergency Response Team* / Equipo de respuesta ante incidentes informáticos

C-ITS: *Cooperative Intelligent Transport Systems*

CLC:	Convenio sobre responsabilidad civil nacida de daños debidos a contaminación por hidrocarburos de 1992
CMI:	Comité Marítimo Internacional
CNUDM:	Convención de las Naciones Unidas sobre el Derecho del mar de 1982
COLREG:	Convenio sobre el Reglamento Internacional para Prevenir Abordajes de 1972.
ConOps:	*Concept of Operations* / Concepto de operaciones
Convenio de Atenas:	Convenio relativo al Transporte de Pasajeros y sus Equipajes por Mar de 1974, modificado por Protocolo de 2002
Convenio de Roma:	Convenio sobre daños causados a terceros en la superficie por aeronaves extranjeras de 1952
COR:	Centro de Operaciones Remoto
CP:	Ley Orgánica 10/1995, de 23 de noviembre, del Código Penal (España)
CSIRT:	*Computer Security Incident Response Team* / Equipo de Respuesta ante Emergencias Informáticas
CSM:	Comité de Seguridad Marítima (OMI)
CTI:	Comité de Transporte Interior (CEPE)
CVCV:	Convención de Viena sobre la circulación vial de 1968
C-V2X:	*Cellular Vehicle-to-Everything* / Conexión celular del vehículo con la vía y otros elementos
DARPA:	Defense Advanced Research Projects Agency (EE.UU.)
DCBB:	Directiva (UE) 2019/771 del Parlamento Europeo y del Consejo, de 20 de mayo de 2019, relativa a determinados aspectos de los contratos de compraventa de bienes (Unión Europea)
DCSD:	Directiva (UE) 2019/770 del Parlamento europeo y del Consejo de 20 de mayo de 2019 relativa a determinados aspectos de los contratos de suministro de contenidos y servicios digitales (Unión Europea)

DEG: Derecho Especial de Giro (también SDR)

DFIR: *Digital Forensics for Incident Response* / Análisis forense digital para respuesta a incidentes

DGT: Dirección General de Tráfico (España)

DHS: *Department of Homeland Security* (EE.UU.)

DL: *Deep Learning* / Aprendizaje profundo

DNI: Documento Nacional de Identidad (España)

DNS: *Domain Name System* / Sistema de nombres de dominio

DORA: Reglamento (UE) 2022/2554 del Parlamento Europeo y del Consejo de 14 de diciembre de 2022 sobre la resiliencia operativa digital del sector financiero (Unión Europea)

DoS: *Denial of Service* / Ataque de denegación de servicio

DOUE: Diario Oficial de la Unión Europea

DPD: Delegado de Protección de Datos

DSRC: *Dedicated Short-Range Communication* / Comunicaciones especializadas de corto alcance

DSSAD: *Data Storage System for Automated Driving* / Sistema de almacenamiento de datos para conducción autónoma

EASA: European Union Aviation Safety Agency / Agencia Europea de Seguridad Aérea

eCall SPT: Sistemas eCall basados en servicios prestados por terceros (también TPS eCall)

ECDIS: *Electronic Chart Display Information* / Sistema de cartas electrónicas

ECLI: *European Case Law Identifier* / Identificador único europeo de jurisprudencia

ECSO: European Cyber Security Organisation

ECU: *Electronic Control Unit* / Unidad de control electrónico

EDPB: European Data Protection Board (también CEPD)

EDR: *Event Data Recorder* / Registrador de Datos de incidencias

EIPD: Evaluación de Impacto de la Protección de Datos

EM: *Emergency Management* / Sistema de gestión de emergencia

EMSA: European Maritime Safety Agency / Agencia Europea de Seguridad Marítima

ENISA: European Union Agency for Cybersecurity / Agencia Europea para la Ciberseguridad

ENS: Esquema Nacional de Seguridad (España)

ESP: *Electronic Stability Program* / Control Electrónico de Estabilidad

ETSC: European Transport Safety Council

ETSI: European Telecommunications Standards Institute

EU: European Union

EUMSS: European Union Maritime Security Strategy / Estrategia Europea de Seguridad Marítima

FAA: Federal Aviation Administration (EE.UU.)

FACONAUTO: Asociación de Concesionarios Oficiales en España

FAL: Convenio internacional para facilitar el tráfico marítimo internacional de 1965

FBI: Federal Bureau of Investigation (EE.UU.)

FCC: US Federal Communications Commission (EE.UU.)

FEM: Foro Económico Mundial

FMI: Fondo Monetario Internacional

GHG: *Greenhouse Gas* / Gas de efecto invernadero

GNNS: *Global Navigation Satellite Systems* / Sistemas mundiales de navegación por satélite

GPS: *Global Position System* / Sistema de Posicionamiento Global

GT: *Gross Tonnage* / Arqueo bruto

GTA/SNA: Servicios de gestión del tránsito aéreo y la navegación aérea

IA: Inteligencia Artificial

IACS: International Association of Classification Societies

IAM: *Innovative Air Mobility* / Movilidad Aérea Innovadora

IAS: *Innovative Aerial Services* / Servicios Aéreos Innovadores

ICAO: International Civil Aviation Organization (también OACI)

ICC: *Institute Cargo Clauses*

ICP: Infraestructura de Clave Pública (también PKI)

ICT: *Information and Communications Technology* (también TIC)

I+D+I: Investigación, Desarrollo e Innovación

IGS: Código internacional de gestión de la seguridad operacional del buque y la prevención de la contaminación (también ISM)

IMEI: *International Mobile Equipment Identity* / Identidad internacional de equipo móvil

IMO: International Maritime Organization (también OMI)

IMSI: *International Mobile Subscriber Identity* / Identidad internacional de abonado móvil

INCIBE: Instituto Nacional de Ciberseguridad (España)

IoT: *Internet of Things* / Internet de las cosas

IP: *Internet Protocol* / Protocolo de Internet

ISAC: Information Sharing and Analysis Centre

ISM:	*International Safety Management Code* (también IGS)
ISO:	International Standards Organization / Organización Internacional de Normalización
ISPS:	*International Ship and Port Facility Security Code* (también PBIP)
IT:	*Information Technology* / Tecnología de la información
ITS:	*Intelligent Transportation Systems* (también STI)
ITV:	*Internal Transfer Vehicle* / Vehículos de transferencia interna
JRC:	Joint Research Center (Unión Europea)
JWG:	*Joint Working Group*
LEG:	*Legal Committee* / Comité Jurídico (OMI)
LEO:	*Low-Earth Orbit* / Órbita Terrestre Baja
Ley de IA:	Reglamento (UE) 2024/1689 del Parlamento Europeo y del Consejo, de 13 de junio de 2024, por el que se establecen normas armonizadas en materia de inteligencia artificial (Unión Europea)
LiDAR:	*Laser Imaging Detection and Ranging* o *Light Detection and Ranging* / Detección y Localización de Imágenes por Láser
LLMC:	Convenio sobre Limitación de la Responsabilidad Nacida de Reclamaciones de Derecho Marítimo de 1976, modificado por Protocolo de 1996
LMA:	Lloyd's Market Association
LNM:	Ley 14/2014, de 24 de julio, de Navegación Marítima (España)
LO:	Ley Orgánica (España)
LOPDPGDD:	Ley Orgánica 3/2018, de 5 de diciembre, de Protección de Datos Personales y garantía de los derechos digitales (España)

LORTAD:	Ley Orgánica 5/1992, de 29 de octubre, de regulación del tratamiento automatizado de los datos de carácter personal (España)
LOSSEAR:	Ley 20/2015, de 14 de julio, de ordenación, supervisión y solvencia de las entidades aseguradoras y reaseguradoras (España)
LPRL:	Ley 31/1995, de 8 de noviembre, de Prevención de Riesgos Laborales (España)
LRCSCVM:	Real Decreto Legislativo 8/2004, de 29 de octubre, por el que se aprueba el texto refundido de la Ley sobre responsabilidad civil y seguro en la circulación de vehículos a motor (España)
LSP:	Ley 5/2014, de 4 de abril, de Seguridad Privada (España)
LSSICE:	Ley 34/2002, de 11 de julio, de servicios de la sociedad de la información y de comercio electrónico (España)
LOM:	*Loi n° 2019-1428 du 24 décembre 2019 d'orientation des mobilités* (Francia)
LOPD:	Ley Orgánica 15/1999, de 13 de diciembre, de Protección de Datos de Carácter Personal (derogada) (España)
LORTAD:	Ley Orgánica 5/1992, de 29 de octubre, de regulación del tratamiento automatizado de los datos de carácter personal (derogada) (España)
LTCVMSV:	Real Decreto Legislativo 6/2015, de 30 de octubre, por el que se aprueba el texto refundido de la Ley sobre Tráfico, Circulación de Vehículos a Motor y Seguridad Vial (España)
LTE:	*Long Term Evolution* / Evolución a largo plazo
LUC:	*Light UAS Operator Certificate* / Certificado de operador de UAS ligeros
MaaS:	*Mobility as a Service* / Movilidad como servicio

MARPOL: Convenio internacional para prevenir la contaminación por los buques de 1973, enmendado por Protocolo de 1978

MASS: *Maritime Autonomous Surface Ships* / Buques Marítimos de Superficie Autónomos

MdO: Modos de operación

MITECO: Ministerio para la Transición Ecológica y el Reto Demográfico (España)

MITM: *Man in the Middle Attack* / Ataque de hombre interpuesto

MITMA: Ministerio de Transportes, Movilidad y Agenda Urbana (España)

ML: *Machine Learning* / Aprendizaje automático

MMS: *Multimedia Messaging Service / Servicio de mensajes multimedia*

MSC: Maritime Safety Committee (OMI)

MSD: *Minimum set of data* / Conjunto mínimo de datos

MSS: Movilidad Segura y Sostenible

MTOM: *Maximum Take-Off Mass* / Masa máxima en el despegue

MVBER: *Motor Vehicle Block Exemption Regulation* / Reglamento de exención por categorías de vehículos a motor

NIS: Directiva (UE) 2016/1148 del Parlamento Europeo y del Consejo de 6 de julio de 2016 relativa a las medidas destinadas a garantizar un elevado nivel común de seguridad de las redes y sistemas de información en la Unión (Unión Europea)

NIS2: Directiva (UE) 2022/2555 del Parlamento Europeo y del Consejo de 14 de diciembre de 2022 relativa a las medidas destinadas a garantizar un elevado nivel común de ciberseguridad en toda la Unión (Unión Europea)

NTHSA: National Highway Traffic Safety Administration (EE.UU.)

NVRAM: *Non-Volatile Random Access Memory* / Memoria no volátil

OACI: Organización de la Aviación Civil Internacional (también ICAO)

OBU: *On-Board Unit* / Unidad de Gestión Interna

ODD: *Operational Design Domain* / Dominio operativo de diseño

ODS: Objetivos de Desarrollo Sostenible

OE: *Operational Envelope* / Condiciones de utilización

OFVA: Oficina para la Facilitación de Pruebas de Vehículos Automatizados en Vías Públicas (España)

OMI: Organización Marítima Internacional (también IMO)

OMS: Organización Mundial de la Salud

ONG: Organización no Gubernamental

ONU: Organización de las Naciones Unidas

OR: Operador remoto

OT: Tecnologías operativas

OTA: *Over The Air* / Por aire

PARSOL: Derechos de portabilidad, acceso, rectificación, supresión, oposición y limitación

P&I: *Protection and Indemnity* / Protección e indemnización

PIB: Producto Interior Bruto

PBIP: Código Internacional para la protección de los buques y de las instalaciones portuarias (también ISPS)

PKI: *Public Key Infrastructure* (también ICP)

PSAP eCall: Punto de respuesta de seguridad pública

RADAR: *Radio Detection and Ranging* / Sistema de Detección y Distanciometría de Radio

RAE:	Real Academia Española
RAM:	*Random-Access* / Memoria volátil
RAT:	Registro de Actividades de Tratamiento
RCR:	Resolución legislativa del Parlamento Europeo, de 12 de marzo de 2024, sobre la propuesta de reglamento del Parlamento Europeo y del Consejo relativo a los requisitos horizontales de ciberseguridad para los productos con elementos digitales (Unión Europea)
RD:	Real Decreto (España)
RDS-TMC:	*Radio Data System–Traffic Message Channel*
REE:	Resultado del Estudio Exploratorio sobre la reglamentación para el uso de buques marítimos autónomos de superficie / *Outcome of the Regulatory Scoping Exercise for the Use of Maritime Autonomous Surface Ships*
Reglas de Hamburgo:	Convenio de las Naciones Unidas sobre el Transporte Marítimo de Mercancías de 1978
RHV / Reglas de La Haya-Visby:	Convenio internacional para la unificación de ciertas reglas en materia de conocimiento, de 1924, enmendado por los Protocolos de 1968 y 1979
Reglas de Rotterdam:	Convenio de las Naciones Unidas sobre el Contrato de Transporte Internacional de Mercancías Total o Parcialmente Marítimo de 2008
RGAEPD:	Registro General de la Agencia Española de Protección de Datos (España)
RGC:	Real Decreto 1428/2003, de 21 de noviembre, por el que se aprueba el Reglamento General de Circulación (España)
RGPD:	Reglamento (UE) 2016/679 relativo a la protección de las personas físicas en lo que respecta al tratamiento de datos personales y a la libre circulación de estos datos (Unión Europea)

RGV:	Real Decreto 2822/1998, de 23 de diciembre, por el que se aprueba el Reglamento General de Vehículos (España)
RIA:	Reglamento (UE) 2024/1689 del Parlamento Europeo y del Consejo, de 13 de junio de 2024, por el que se establecen normas armonizadas en materia de inteligencia artificial (Unión Europea)
RJ:	Repertorio de Jurisprudencia (Aranzadi)
RMG:	*Rail Mounted Gantry Crane* / Grúas pórtico sobre raíles
ROI:	*Return of Investment* / Retorno de la inversión
ROM:	*Read-Only Memory* / Memoria de Sólo Lectura
RPAS:	*Remotely Piloted Aircraft System* / Sistemas de aeronaves pilotadas de forma remota
RSORCVM:	Real Decreto 1507/2008, de 12 de septiembre, por el que se aprueba el Reglamento del seguro obligatorio de responsabilidad civil en la circulación de vehículos a motor
RTG:	*Rubber Tyred Gantry Crane* / Grúas pórtico sobre neumáticos
RTRAT:	Responsable de tratamiento
SaaS:	*Software as a service*
SAE:	*Society of Automotive Engineers* / Sociedad de Ingenieros Automotrices o de Automoción
SAN:	Sentencia de la Audiencia Nacional (España)
SAR:	Convenio internacional sobre búsqueda y salvamento marítimos de 1979
SCTW:	Convenio internacional sobre normas de formación, titulación y guardia para la gente de mar de 1978
SDR:	*Special Drawing Right* (también DEG)
SIA:	Sistemas de Identificación Automática (también AIS)

SIAPTRI: Tratamiento: Sistema de información de Automóviles Perdida Total, Robo e Incendios.

SIHSA: Tratamiento: Histórico de Seguros del Automóvil

SIPFSRD: Tratamiento: Sistema de Información de Prevención del fraude en Seguros de Ramos Diversos

SIS: Sistema de Información Schengen.

SIT: Sistemas inteligentes de transporte (también ITS)

SMS: *Short Message Service* / Servicio de mensajes cortos

SNP: Convenio Internacional sobre responsabilidad e indemnización de daños en relación con el transporte marítimo de sustancias nocivas y potencialmente peligrosas de 1996

SOA: Seguro Obligatorio de Automóviles

SOLAS: Convenio internacional para la seguridad de la vida humana en el Mar de 1974

SSD: *Solid State Drive* / Discos duros de memorias de estado sólido

SSRN: Social Science Research Network

SSTC: Sentencias del Tribunal Constitucional (España)

SSTS: Sentencias del Tribunal Supremo (España)

STC: Sentencia del Tribunal Constitucional (España)

STI: Sistemas de transporte inteligente (también ITS)

STIyC: Sistemas de transporte inteligentes y cooperativos (también C-ITS)

STJCE: Sentencia del Tribunal de Justicia de la Comunidades Europeas

STJUE: Sentencia del Tribunal de Justicia de la Unión Europea

STS: *Ship to Shore Gantry Crane* / Grúa Pórtico para operaciones buque-tierra

StVG: *Straßenverkehrsgesetz* / Ley de circulación viaria de 2003 (Alemania)

SUA: Convenio internacional para la represión de actos ilícitos contra la seguridad de la navegación marítima de 1988, enmendado por Protocolo de 2005

TEDH: Tribunal Europeo de Derechos Humanos

TFUE: Tratado de Funcionamiento de la Unión Europea

TIC: Tecnología de la Información y de la Comunicación (también ICT)

TIREA: Tecnologías de la Información y Redes para las Entidades Aseguradoras, S.A.

TLD: *Top-Level Domain* / Dominio de primer nivel

TOS: Sistema de Gestión de Terminales

TPMS: *Tyre Pressure Monitoring System* / Sistema de monitoreo de presión de los neumáticos

TPS eCall: *Third-Party Services ecall* (también eCall SPT)

TRLGDCU: Real Decreto Legislativo 1/2007, de 16 de noviembre, por el que se aprueba el texto refundido de la Ley General para la Defensa de los Consumidores y Usuarios y otras leyes complementarias (España)

TRLPEMM: Real Decreto Legislativo 2/2011, de 5 de septiembre, por el que se aprueba el Texto Refundido de la Ley de Puertos del Estado y de la Marina Mercante

TUE: Tratado de la Unión Europea

UA: *Unmanned Aircraft* / Aeronave no tripulada

UAS: *Unmanned Aerial Systems* / Sistemas de aviones no tripulados

UAV: *Unmanned Aerial Vehicle* / Vehículo aéreo no tripulado

UE: Unión Europea (también EU)

UNCITRAL: United Nations Commission On International Trade Law / Comisión de las Naciones Unidas para el Derecho Mercantil Internacional

UNCTAD: United Nations Conference on Trade and Development / Conferencia de las Naciones Unidas sobre Comercio y Transporte (actualmente: Naciones Unidas Comercio y Desarrollo)

UNE: Asociación Española de Normalización (España)

UNECE: United Nations Economic Commission for Europe (también CEPE)

UNESPA: Unión Española de Entidades Aseguradoras y Reaseguradoras (España)

URL: *Uniform Resource Locator* / Localizador uniforme de recursos

VA: Vehículo autónomo

VAC: Vehículo autónomo y conectado

VBER: *Vertical Block Exemption Regulation* / Reglamento de Exención por Categorías de los acuerdos verticales

VDR: *Voyage Data Recorder* / Registrador de datos de la travesía

VLOS: *Visual Line of Sight* / Dentro del alcance visual

VTA: Vehículo Totalmente Automatizado

V2I: *Vehicle to Infrastructure* / Conexión del vehículo con la infraestructura

V2N: Vehicle to Network / Conexión del vehículo con la nube

V2V: *Vehicle to Vehicle* / Conexión entre vehículos

V2X: *Vehicle to Everything* / Conexión del vehículo con la vía y otros elementos

wifi: *Wireless Fidelity*

PARTE PRIMERA

ÉTICA, DERECHOS FUNDAMENTALES Y CONDUCCIÓN AUTÓNOMA. DERECHO DE LA INTIMIDAD Y LA PRIVACIDAD. PROTECCIÓN DE DATOS

Una nueva concepción de la intimidad y la privacidad

TERESA FREIXES
Catedrática Jean Monnet ad personam

SUMARIO: INTRODUCCIÓN. INTIMIDAD Y PRIVACIDAD. LA INTIMIDAD EN LAS RELACIONES DE ESPECIAL SUJECIÓN, LA VIDEOVIGILANCIA EN EL ESPACIO PÚBLICO O EN LA EMPRESA Y LA PROTECCIÓN DE LA INTIMIDAD FRENTE A LOS SERVICIOS DE INTELIGENCIA. EL USO DE DRONES, LOS DATOS Y LAS NUEVAS INTROMISIONES. A MODO DE CONSIDERACIÓN FINAL. BIBLIOGRAFÍA.

INTRODUCCIÓN[1]

Cuando abordamos en qué forma las nuevas tecnologías, por ejemplo, el uso de drones, o los vehículos de conducción automática no tripulados, pueden colisionar con el ejercicio de derechos fundamentales, no podemos dejar de tener en cuenta que la intimidad o la privacidad pueden verse muy afectadas. De hecho, se ven muy afectadas.

Hasta hace relativamente poco tiempo situábamos jurídicamente a la intimidad dentro de los denominados "derechos de la personalidad", y la circunscribiríamos al ámbito personal y/o familiar. Con ello nos referíamos a una esfera de la vida que queríamos preservar frente a los demás, evitando intromisiones que considerábamos ilegítimas. De este modo, en

---

1 Proyecto de Investigación obtenido en el marco de los Proyectos de Generación de Conocimiento 2021. Modalidad: Investigación No Orientada Tipo B. PID2021-123070NB-I00. Conducción autónoma y seguridad jurídica del transporte. IP. Eliseo Sierra Noguero.
Tiene en cuenta también, en parte, el capítulo por mí publicado en el libro coordinado por M. ARAGÓN, "Una nueva concepción de la intimidad: de los datos al código genético". Derecho constitucional del siglo XXI: desafíos y oportunidades. Fundación Manuel Giménez Abad. 2023.

nuestra Constitución, en el art. 18.1 se establece que "1. Se garantiza el derecho al honor, a la intimidad personal y familiar y a la propia imagen". Creyendo que la principal vulneración que podíamos enfrentar era la relativa a lo que, cuando se elaboró la Constitución, era "la informática", se introdujo también en ella que "La ley limitará el uso de la informática para garantizar el honor y la intimidad personal y familiar de los ciudadanos y el pleno ejercicio de sus derechos" (art. 18.4 CE), limitación que circunscribíamos a lo que denominábamos en aquel entonces la protección de datos personales. Además, la intimidad aparece también en el art. 20 CE, como límite específico a la libertad de expresión y el derecho a la información. Poco podíamos imaginar en aquellos tiempos de qué manera podrían evolucionar los ataques a la intimidad y la técnica que, en constante cambio, amenaza cada vez más ese ámbito que queríamos exento de intromisiones.

Pero no siempre se ha denominado como intimidad a la institución jurídica protegida por la Constitución española de 1978. En numerosas ocasiones ha sido necesaria deducirla de otras o encontrarla en la jurisprudencia. Ya con anterioridad a nuestra Constitución, el Convenio Europeo de Derechos Humanos (1950) proclamaba el "derecho al respeto a la vida privada y familiar" (art. 8), situando este derecho dentro de los que el propio Convenio consideraba como "limitados", estableciendo que "no podrá haber injerencia de la autoridad pública en el ejercicio de este derecho, sino en tanto en cuanto esta injerencia esté prevista por la ley y constituya una medida que, en una sociedad democrática, sea necesaria para la seguridad nacional, la seguridad pública, el bienestar económico del país, la defensa del orden y la prevención del delito, la protección de la salud o de la moral, o la protección de los derechos y las libertades de los demás".

El respeto de la vida privada y familiar también ha sido incluido en el art. 7 de la Carta de los Derechos Fundamentales de la Unión Europea (2000) que, en el art. 8, introduce el "derecho a la protección de los datos de carácter personal que la conciernan", precisando su contenido como derecho de acceso a los datos y a su rectificación así como condicionando el tratamiento de los mismos a que se haga "de modo leal, para fines concretos y sobre la base del consentimiento de la persona afectada".

No se trata, pues, específicamente de intimidad lo que estos textos europeos regulan[2], sino de vida privada, quizás influenciados por el concepto

---

2 Similares regulaciones se encuentran en la Declaración Universal de Derechos Humanos (1948), que en el art. 12 menciona la "vida privada" así como, entre otros, el art. 17 del Pacto Internacional de Derechos Civiles y Políticos.

anglosajón de "privacidad", que también es el que incluyen diversas constituciones, algunas muy anteriores a la nuestra.

Así, por ejemplo, entre las clásicas, en la Constitución de Bélgica (de 1831, revisada en 2014) se establece, en el art. 22, que "Toda persona tiene derecho al respeto de su vida privada y familiar, salvo en los casos y condiciones que determine la ley". Más recientemente, la Constitución de Finlandia (de 1999, revisada en 2011) se refiere también, en la Sección 10, bajo el rótulo de "El Derecho a la privacidad", a que la vida privada de todos está garantizada, así como el honor y el equivalente a la inviolabilidad del domicilio (la traducción literal sería "la santidad del hogar"), al mismo tiempo que remite a una ley de protección de los datos personales y establece la posibilidad de limitaciones legales a estos derechos, en sintonía con la regulación que hemos referido para el Convenio Europeo de Derechos Humanos. Por poner otro ejemplo, la Constitución de Grecia (de 1975, revisada en 2008) también utiliza, en el art. 9.1, la expresión vida privada y familiar yendo más allá en su regulación, para introducir novedosamente, en el ámbito constitucional, el derecho a la identidad genética y la protección contra las intervenciones biométricas (art. 4.5) y las intromisiones por medios electrónicos en los datos personales. Y en el caso de Polonia, su Constitución (de 1997, revisada en 2009) proclama, en el art. 47, la protección jurídica de la vida privada y familiar al tiempo que, en el art. 51, incorpora garantías para que el acceso a la información sobre las personas sea la estrictamente necesaria en un Estado de Derecho, incluyendo el derecho de acceso y rectificación a los datos por parte de sus titulares.

Sin embargo, en otros textos constitucionales es el derecho a la intimidad el que se incluye, de modo similar al de la Constitución española. En los Países Bajos la Constitución (de 1814, revisada en 2008) se proclama que toda persona tendrá derecho a su intimidad, como sinónimo de privacidad, pues en el art. 10 se usan indistintamente ambos conceptos incluyendo también el derecho a la protección de los datos, el acceso y la rectificación de los mismos. También la de Portugal (de 1976, revisada en 2005) regula, en el art. 26, la protección de la intimidad de la vida personal y familiar, juntamente con el derecho a una identidad personal, al desarrollo de su personalidad y la garantía de la identidad genética de la persona humana, teniendo en cuenta el desarrollo de las tecnologías y la experimentación científica.

De todo ello se desprenden dos consideraciones generales, que van a tener que ser tenidas en cuenta en el desarrollo de este trabajo. En primer lugar, que tendremos que identificar la intimidad en relación con el respeto a la vida privada y familiar, es decir, en relación con la privacidad que, aún proviniendo de otros regímenes jurídicos, se ha abierto camino en el nuestro. En segundo término, que va a ser necesario abordar cómo la investigación científica, el desarrollo de las tecnologías y el acceso a informaciones sobre las personas inciden en este derecho, ya sea limitándolo, ya sea introduciendo las debidas garantías o contralímites que impidan su desnaturalización.

INTIMIDAD Y PRIVACIDAD

Ese derecho a estar solo, o a ser dejado en paz, que se reconoció por los tribunales estadounidenses, fue el antecedente de esa privacidad de la que, en nuestros sistemas jurídicos se desprende la intimidad entendida como vida privada (Warren y Brandeis)[3]. Constatando la ausencia de definición constitucional del derecho a intimidad[4], Pérez Luño lo estructuró en una primera etapa[5] en diversas esferas que la van a separar de la vida pública, aunque estén en cierta manera relacionadas entre sí, como son la esfera íntima (lo más recóndito, aprehensible sólo para su titular), esfera privada (que correspondería a la vida privada y familiar) y esfera individual (más amplia, que incluiría también la percepción que se tiene de uno mismo, el honor y la imagen que se proyecta a los demás). Fuera de estas esferas, aparecería la vida social o vida pública, que no podría ser protegida frente a terceros y que cada vez, a medida que la complejidad tecnológica ha ido creciendo, ha ido a su vez conformando nuevas amenazas para esas esferas de intimidad o privacidad.

Esta complejidad exige una delimitación bastante profunda de los elementos configuradores del derecho[6]. No basta con realizar un análisis puramente normativo a partir de la sistematización de las normas

---

3 WARREN, Samuel D. y BRANDEIS, Louis D. "The Right of Privacy". The Harvard Law Review (vol. IV, nº 5), 1890.

4 La Constitución de los Estados Unidos y sus Enmiendas ni tan siquiera mencionan el derecho a la intimidad que, sin embargo, ha sido reconocido por la Corte Suprema derivándolo de diversas enmiendas, pero sin atribuirle el carácter de las libertades preferentes de la primera enmienda.

5 PÉREZ LUÑO, Antonio Enrique. Derechos Humanos, Estado de Derecho y Constitución, Madrid, Tecnos, 1986.

6 En el sentido expuesto por FREIXES, Teresa. Constitución y Derechos Fundamentales. PPU, Barcelona 1982.

reguladoras, sino que resulta imprescindible averiguar la dimensión del derecho como institución jurídica determinada, a partir de los elementos que la configuran. En este sentido, por ejemplo, si bien estamos claramente ante un derecho subjetivo, que opera tanto frente a los poderes públicos como frente a los particulares, es decir, que es accionable ante los tribunales por el simple hecho de su reconocimiento constitucional, que cuenta con todas las garantías posibles, incluyendo la protección preferente y sumaria del art. 53.1 CE, así como con la del recurso de amparo ante el Tribunal Constitucional, el acotamiento de las esferas de intimidad presenta tantos más problemas cuanto más han ido avanzando las distintas tecnologías y el conocimiento científico, pues han posibilitado nuevas y múltiples injerencias en el mismo, delimitando su contenido, ampliando los límites o injerencias posibles o aumentando sus garantías con el multinivel derivado de la inserción en el sistema europeo de derechos.

Pero no son sólo las garantías lo que une al sistema español con el sistema europeo de derechos fundamentales[7]. La obligada referencia art. 10.2 CE, sobre la interpretación de los mismos conforme a los tratados internacionales ratificados por España, así como lo que deriva de la transferencia de competencias constitucionales a organizaciones supranacionales según el art. 93 CE, obliga a tener en cuenta esa dimensión en todo lo relativo a la interpretación de la intimidad. Por ello, siendo que la Constitución denomina intimidad a lo que el Convenio Europeo de Derechos Humanos y la Carta de los Derechos Fundamentales de la UE conciben como vida privada, habremos de tener en cuenta esta dimensión de intimidad/privacidad en el análisis que realicemos sobre tal derecho fundamental.

También es necesario señalar que, frente a una primera interpretación que se realizó, esencialmente desde el Derecho privado el Derecho penal, sobre el art. 18 CE, entendiendo que en el mismo se regulaba un derecho con tres manifestaciones, es decir, que se trataba de un derecho de la personalidad compuesto por la intimidad, el honor y la propia imagen[8], el Tribunal Constitucional decantó enseguida por la consideración de tres

---

7 Véase, FREIXES, Teresa. "Derechos fundamentales en la Unión Europea. Evolución y prospectiva: la construcción de un espacio jurídico europeo de los derechos fundamentales". Revista Española de Derecho Constitucional Europeo, nº 4, 2005.

8 NOVOA MONREAL, Eduardo. La vida privada y el derecho a la información, Madrid, Siglo XXI, 1981. También GÓMEZ PAVÓN, Pilar. La intimidad como objeto de protección penal, Madrid, Akal, 1989.

derechos, tres instituciones jurídicas independientes, aunque pudieran estar relacionadas en múltiples aspectos.

Así, para el Tribunal constitucional, se trataría de tres derechos vinculados tanto a la vida privada de la persona como a la dignidad de la misma. De ahí que el Tribunal considere que "Los derechos a la intimidad personal y familiar y a la propia imagen, garantizados por el art. 18.1 de la Constitución, forman parte de los bienes de la personalidad que pertenecen al ámbito de la vida privada" (STC 170/1987, de 30 de octubre). Del mismo modo considera que «el derecho al honor y otros derechos reconocidos en el art. 18 CE aparecen como derechos vinculados a la propia personalidad, derivados sin duda de la "dignidad de la persona" que reconoce el art. 10 CE» (STC 214/1991, de 11 de noviembre).

Es esta consideración de la intimidad como institución jurídica determinada, vinculada a la vida privada y que, en determinadas circunstancias tiene elementos comunes con el honor y la propia imagen, la que ha venido evolucionando con los avances científicos y técnicos, presentado de este modo aspectos novedosos que hoy en día la conforman mucho más allá del sentido que las primeras interpretaciones pudieron darle. Esta evolución atañe especialmente al contenido del derecho fundamental, que ensancha su ámbito de acción hasta esferas hasta hace poco nada imaginables, así como a su ejercicio y los límites y contralímites que garantizarían su no desnaturalización en tanto que tal derecho fundamental. Ello ha pasado por diversas etapas.

LA INTIMIDAD EN LAS RELACIONES DE ESPECIAL SUJECIÓN, LA VIDEOVIGILANCIA EN EL ESPACIO PÚBLICO O EN LA EMPRESA Y LA PROTECCIÓN DE LA INTIMIDAD FRENTE A LOS SERVICIOS DE INTELIGENCIA

Si la intimidad define para el individuo (y/o su familia) una esfera personal de privacidad, es obvio que su ejercicio no va a ser el mismo para un particular cualquiera que para una persona que esté situada en una relación de especial sujeción. Presos, detenidos, internados, personal militar... no van a estar situados en el mismo plano que cualquier persona en cuanto a su intimidad se refiera. También ha sido controvertida la videovigilancia, tanto en el espacio público como en el privado, especialmente en el seno de las relaciones laborales. Y no podemos dejar de lado cómo puede quedar afectada la intimidad en la actuación de los servicios de inteligencia. Todo ello va cobrando cada vez más importancia, a medida que se van sofisticando los medios técnicos a través de los cuales la intromisión en la intimidad es cada vez mayor.

¿Puede un juez permitir u ordenar la alimentación forzosa de un preso en huelga de hambre? ¿Bajo qué condiciones o circunstancias? ¿Afecta ello a la intimidad de la persona concernida? El ámbito penitenciario condiciona el ejercicio de muchos derechos, no únicamente el de la libertad personal, sino también, entre otros, el derecho a la intimidad. El conflicto que aparece ante la Administración penitenciaria cuando un preso se declara en huelga de hambre y, en principio, su libertad debe ser respetada, choca con la obligación general que tienen los poderes públicos de salvaguarda de los derechos, en especial del derecho a la vida de los reclusos. El consentimiento de la persona afectada para aceptar que su intimidad corporal sea vulnerada en el caso de una alimentación forzosa plantea un dilema que ha sido analizado en diversas sentencias del Tribunal Constitucional, ante el cual los recurrentes en amparo alegaron que ello vulneraba su intimidad, considerando el Tribunal que la alimentación forzosa no constituye vulneración de la intimidad del preso[9]. También se incluye en estos supuestos de colisión de derechos, el caso del internamiento de menores o de extranjeros, otras de las privaciones de libertad legalmente reguladas, que pueden afectar no sólo a la libertad sino a otros derechos fundamentales del menor o/y extranjero internado, cuyo ejercicio, el del derecho a la intimidad, puede estar sumamente limitado, aunque no esté afectado por la decisión judicial originaria. Por ello, este internamiento tiene que estar acompañado de medidas de protección

---

9 STC 50/1990 de 27 de junio, sobre la huelga de hambre del colectivo de presos del GRAPO. Véase, sobre éste y otros casos, ALVAREZ CARREÑO, Santiago M. ¿Puede un juez permitir la alimentación forzosa de presos en huelga de hambre?: (comentario a la STC 50/90 de 27 de junio de 1990). Anales de Derecho. N.º 11, 1991. Así también, JUANATEY DORADO, Carmen. "El consentimiento del paciente en el ámbito penitenciario. Especial referencia a la huelga de hambre". Anuario de Derecho Penal y Ciencias Penales, nº 1, 2019,
Esta jurisprudencia contrasta con la derivada de los tribunales del Reino Unido en los casos de huelga de hambre de los presos del IRA, cuando consideraron que no cabía su alimentación forzada y varios de ellos murieron el prisión; no obstante también en el Reino Unido hubo un punto de inflexión en esta doctrina cuando se admitió que, llegados a un grado de inconsciencia, la voluntad del preso en huelga de hambre podía ser sustituida por la expresada por un familiar próximo, permitiendo así la alimentación forzada.

y garantía, tal como también viene exigiendo la jurisprudencia del Tribunal Europeo de Derechos Humanos al respecto[10].

Otra sujeción especial, distinta de la anterior, es la que afecta al personal militar, puesto que sus derechos y obligaciones tienen cierto carácter singular por la disciplina inherente a la condición. Ello va a implicar que, aunque los militares continúen teniendo sus derechos fundamentales, la intimidad entre ellos, su ejercicio y limitaciones van a generar una posición singular en la que se van a establecer diferencias con relación a las personas que no pertenezcan a las Fuerzas Armadas, o, incluso, en ocasiones, a las Fuerzas y Cuerpos de Seguridad, especialmente la Guardia Civil. La LO 9/2011, de derechos y deberes de los miembros de las Fuerzas Armadas, ha intentado delimitar el ejercicio de los mismos como si de un "estatuto integral" para los militares se tratara[11]. Así, con respecto al derecho a la intimidad personal, la Ley mencionada lo reconoce a los militares, si bien dispone que "En el ejercicio y salvaguarda de este derecho se tendrán en cuenta las circunstancias en que tengan lugar las operaciones" (art. 10.1). En el mismo art. 10 se establece que, como norma general, el registro personal de los militares, de sus taquillas, efectos y pertenencias que estuvieren en la unidad requerirá del consentimiento del afectado o resolución judicial; sin embargo, cuando existan indicios de la comisión de un hecho delictivo o por razones fundadas de salud pública o de seguridad, el jefe de la unidad podrá autorizar tales registros de forma proporcionada y expresamente motivada; tales registros se realizarán con la asistencia del interesado y en presencia de al menos dos testigos o sólo de éstos, si el interesado debidamente notificado no asistiera. Asimismo, la ley remarca la obligación de la sujeción a la ley de protección de datos sobre todos

---

10 La literatura jurídica y la jurisprudencia en estos campos es ingente, por lo que únicamente vamos a señalar algunas referencias. Así, en relación con el internamiento de menores, a SANTOS MORÓN, María José. "Menores y derechos de la personalidad. La autonomía del menor". Anuario de la Facultad de Derecho de la Universidad Autónoma de Madrid, 2011. Y para el caso del internamiento de extranjeros, un caso complejo como es la determinación de la edad de los menores extranjeros no acompañados, que ha sido criticada como vulneración de la intimidad, como puede verse en FOLGUERA CRESPO, Jaime; RUIZ DE AZÚA, Cristina Puerta; MOYA GARCÍA, Salvador. "El procedimiento de determinación de la edad de los menores extranjeros no acompañados". Actualidad Jurídica, nº 58, 2022.

11 Ver, al respecto, FERNÁNDEZ GARCÍA, Isidro. "La sujeción especial del militar tras la nueva Ley Orgánica de Derechos y Deberes". Revista Española de Derecho Constitucional, nº 102, 2014.

aquellos que se refieran a los miembros de las Fuerzas Armadas, teniendo en cuenta que pueden concurrir circunstancias que incidan en la seguridad de los militares, estableciendo así una ponderación que garantizaría el equilibrio cuando se pudiera producir un conflicto de derechos. Sin embargo, la falta de precisión al respecto que se observa en esta ley, remite a una cierta deslegalización o reglamentarización del ejercicio de los derechos, la intimidad entre ellos, puesto que finalmente van a ser regulados en reglamentos internos, lo que provoca un cierto conflicto con la exigencia de reserva de ley del art. 81 CE.

Desde otro orden de consideraciones, la videovigilancia ha entrado también en conflicto con la intimidad, ya sea por tratarse de instrumentos de videovigilancia masiva en el espacio público, ya por posibles intromisiones en la intimidad privada en los centros de trabajo, empresas o comercios.

La norma de referencia en este ámbito ha sido el Reglamento europeo 2016/679, del que deriva una interesante jurisprudencia basada en la distinción entre vigilar (observar a través de las cámaras) y grabar, puesto que sólo la grabación genera datos de los cuales es necesario identificar un responsable de su uso y tratamiento. De este modo, desde la Sentencia del Tribunal de Justicia de las Comunidades Europeas de 24 de noviembre de 2011, que recoge la posición del Tribunal Europeo de Derechos Humanos en la Sentencia de 9 de enero de 2018 en el asunto López Ribalda y otros contra España, se ha mantenido esa distinción entre observar y grabar afirmándose que «se afecta a la vida privada cuando el material recogido es objeto de un registro sistemático o permanente, lo que permite que sea objeto de análisis y tratamiento de datos dirigidos a la identificación de la persona»[12].

No podemos dejar de constatar, pues, que las grabaciones contienen datos y que éstos pueden ser utilizados como medio de prueba ante los tribunales[13]. Por ello, la Agencia Española de Protección de Datos, ya en

---

12 Véase, al respecto, ORTUÑO RODRÍGUEZ, Alicia Esther. Doctrina constitucional en relación con el control mediante cámaras de videovigilancia. Cuadernos de Derecho Local, nº 49, 2019. Cita asimismo las Sentencias del TEDH Murray contra Reino Unido de 21 de septiembre de 1994; P.G y J.H contra Reino Unido, de 25 de septiembre de 2001; Peck contra Reino Unido, de 28 de enero de 2003; Perry contra Reino Unido, de 17 de julio de 2003 y Von Hannover contra Alemania, de 24 de junio de 2004.

13 Ver, al respecto, DURÁN ALONSO, Silvia; ARANDA SERNA, Francisco José. "Videovigilancia en lugares públicos: su utilización como prueba en el proceso penal español." Estudios en Seguridad y Defensa, nº 31, 2021.

2006, emitió una Instrucción, con fecha 8 de noviembre, por la que, dado la entonces ausencia de regulación legal, estableció los requisitos por los que tenían que regirse los tratamientos de datos realizados por los sistemas de videovigilancia, siendo entonces esta Instrucción la "norma" de referencia. Anteriormente, la LO 4/1997, de 4 de agosto, por la que se regula la utilización de videocámaras por las Fuerzas y Cuerpos de Seguridad en lugares públicos, y el Real Decreto 596/1999, de 16 de abril, por el que se aprueba el Reglamento de desarrollo y ejecución de la citada Ley Orgánica, ya habían abordado con carácter específico estas cuestiones, pero relativas únicamente al uso de la videovigilancia por parte de las policías. Se amplió el espectro regulatorio de la utilización de estos sistemas para la prevención de la violencia en el deporte, incluyéndolo en el artículo 8 de la Ley 19/2007, de 11 de julio, contra la violencia, el racismo, la xenofobia y la intolerancia en el deporte.

Es obvio que estas regulaciones precisaban complementarse con otras que incidieran en el sector privado, como se hizo con la Ley 5/2014, de 4 de abril, de Seguridad Privada (LSP), en cuyo artículo 42 se regulan de forma expresa, por primera vez, los servicios de videovigilancia en el ámbito privado. Lo que nos lleva a plantearnos el uso de estos medios como instrumento de control de los trabajadores por parte de la empresa. Es evidente, como señala la doctrina, que la videovigilancia empresarial, lícita por otra parte, debe salvaguardar la intimidad informática del trabajador[14]. Así también hay que señalar, como así hace Casas Bahamonde, opinión que compartimos, que "No son constitucional ni legalmente legítimos, y lesionan el derecho a la intimidad personal de los trabajadores, los registros con cámaras de videovigilancia cautelares o preventivos, masivos, diarios, e ilimitados, no justificados en sospechas o en conductas previas de los trabajadores. La validez de los registros de los trabajadores efectuados con cámaras de videovigilancia exige que estén justificados y superen el juicio constitucional de proporcionalidad (idoneidad, necesidad y proporcionalidad)"[15]. La relativamente reciente regulación de la LO 3/2018, sobre la protección

---

14 Así se desprende del trabajo de GONZÁLEZ MARTÍNEZ, José Antonio. "La videovigilancia empresarial en la industria 4.0: la salvaguarda de la intimidad informática del trabajador". Revista Aranzadi Doctrinal, nº 10, 2021. Constatando que la legislación no puede abordar todos los casos y que, por consiguiente, será la jurisprudencia quien delimite la cuestión.

15 Es la posición de CASAS BAAMONDE, María Emilia. "Registros empresariales sobre los trabajadores, videovigilancia e intimidad personal: necesidad de sospechas o conductas irregulares previas". Revista de jurisprudencia laboral, nº 3, 2022.

de datos personales y garantía de los derechos digitales, incide también en el tratamiento de los datos obtenidos mediante videovigilancia en el ámbito laboral[16].

En cuanto al uso de la videovigilancia por parte de los servicios de inteligencia, es obvio que va a afectar directamente al derecho a la intimidad de las personas sujetas a tal control. Ello ya fue objeto de estudios previos, conectando la videovigilancia con los ficheros policiales[17] a partir de la interactuación de la protección de datos con la interceptación de las comunicaciones. Sin embargo, en la actualidad, todos los gobiernos tecnológicamente avanzados utilizan la vigilancia masiva como herramienta ordinaria para contrarrestar los ataques a la seguridad nacional; en tal sentido, se utilizan tecnologías que permiten escanear las redes de datos, leer correos electrónicos y mensajes de texto, realizando un seguimiento muy amplio de las personas e incidiendo directamente en su intimidad. La delincuencia internacional se sirve de los límites de la jurisdicción territorial, la falta de personalidad jurídica de ciertos autores de intromisiones, la gran capacidad de almacenamiento sin control del que muchas veces pueden disponer, ya que los avances tecnológicos no son sólo utilizados por quienes deben defender los derechos ciudadanos sino también por los infractores. Internet ha facilitado, desde ambos aspectos, las vulneraciones de la intimidad de ciudadanos que muchas veces no tienen relación alguna con los bienes jurídicos de seguridad nacional y prevención del delito, por lo que se están planteando nuevos retos para la defensa de una intimidad que se está perdiendo a marchas forzadas[18].

Y se está perdiendo a pesar de los esfuerzos regulatorios que se han venido realizando, por ejemplo, para enmarcar legalmente la acción del Centro Nacional de Inteligencia, que no fue regulado legalmente hasta la LO 2/2002, estableciéndose un control judicial previo que ha sido criticado

---

16 Ver SERRANO OLIVARES, Raquel. "Los derechos digitales en el ámbito laboral: comentario de urgencia a la Ley Orgánica 3/2018, de 5 de diciembre, de Protección de Datos Personales y Garantía de los Derechos Digitales". IUSLabor. Revista d'anàlisi de Dret del Treball, nº 3, 2018.

17 Así, por ejemplo, VILLAVERDE MENÉNDEZ, Ignacio. "Nuevas tecnologías, videovigilancia, derecho a la protección de datos y ficheros policiales". Revista Catalana de Seguretat Pública, nº 17, 2006.

18 Un análisis sobre estas cuestiones en GONZÁLEZ PORRAS, Andrés José. Privacidad en internet: los derechos fundamentales de privacidad e intimidad en internet y su regulación jurídica. La vigilancia masiva. Universidad de Castilla-La Mancha, 2016.

por la doctrina al tener efecto prácticamente sólo respecto de los derechos al secreto de las comunicaciones y a la inviolabilidad del domicilio, quedando desprotegidos otros derechos afectados por tales actuaciones, como la intimidad[19].

Efectivamente, la norma está yendo, en este y otros muchos aspectos, por detrás de la realidad. La utilización de técnicas relacionando el "Big data" con "People Analytics", para la gestión de las emociones, a partir del análisis proporcionado por los algoritmos que surgen de la revisión de lo expresado en redes sociales corporativas, incluidas las webs empresariales, o simplemente las opiniones emitidas ingenuamente por particulares en medios de comunicación (redes sociales comprendidas), muestran en qué medida y con qué intensidad se afecta a la intimidad en todas estas interacciones sociales[20].

EL USO DE DRONES, LOS DATOS Y LAS NUEVAS INTROMISIONES

Evidentemente los ataques a la intimidad existían antes del auge de las nuevas tecnologías, pero éstas los han facilitado y aumentado. Anteriormente, los datos que tenían en su poder las empresas, tenían que ser procesados manualmente, con la cadencia temporal y las limitaciones interpretativas que la combinatoria matemática les confería, pero hace ya bastante tiempo que hemos podido observar repetidamente cómo lo que se consideraban "secretos de empresa" y que eran prácticamente inaccesibles para los instrumentos de investigación ordinarios, son penetrados por la informática al ser víctimas propiciatorias de determinados medios

---

19 Es la posición de GONZÁLEZ CUSSAC, José L., Intromisión en la intimidad y Centro Nacional de Inteligencia. Crítica al modelo español de control judicial previo. Instituto Nacional de Ciencias Penales, 2015. Es de opinión similar, si bien considera adecuado que la competencia para el control se haya atribuido al Tribunal Supremo, SANCHEZ BARRILAO, Juan Francisco. "Servicios de inteligencia, secreto y garantía judicial de los derechos". Teoría y realidad constitucional, nº 44, 2019,

20 Véase, SZLECHTER, Diego Fabián; ZANGARO, Marcela Beatriz. Big Data y People Analytics: gestión científica de la intimidad y de las emociones. Innovar, nº 78, 2020.

de comunicación[21] que buscan el sensacionalismo en las informaciones cuando no la confusión de los destinatarios de tal "literatura".

Ha cambiado, también, el concepto que tenemos sobre los datos, ampliando su campo de identificación, pues de los "datos personales" se ha pasado a tener como criterio a los "datos de carácter personal", entre los cuales se admite a todos los que permitan identificar a una persona, ya sean telefónicos, direcciones IP, etc.[22], lo cual resulta de especial interés en las relaciones de trabajo. Y mucho más singularmente cuando, no sólo por las circunstancias especiales de la pandemia que hemos padecido, se ha impuesto en gran medida el denominado "teletrabajo", que ha originado cambios cualitativos en las relaciones laborales y que aumenta el riesgo de intromisión en la intimidad de los trabajadores que se acogen a tal modalidad laboral[23].

Un asunto paradigmático, el Caso Trabajo Rueda contra España, abordó el tema de las diligencias de investigación mediante el registro de dispositivos informáticos, que no ha obtenido regulación legal hasta que la LO 13/2015 reguló las garantías de las investigaciones tecnológicas para considerarlas apropiadas como medios de prueba garantizando la proporcionalidad en la intromisión que ello supone en el derecho a la intimidad[24]. Al respecto señalaré que, a pesar del avance que supuso la regulación legal, se han alzado voces sobre sus insuficiencias, que se han demostrado al requerir, otra vez, de la jurisprudencia, para poder apreciar substancialmente los límites en el ejercicio del derecho. Ello resulta mucho más evidente en los análisis jurisprudenciales que se han realizado sobre tales problemas, sobre todo cuando las intromisiones se

---

21 DOVAL PAIS, Antonio. La intimidad y los secretos de empresa como objetos de ataque por medios informáticos. Eguzkilore: Cuaderno del Instituto Vasco de Criminología, nº 22, 2008.

22 RODRÍGUEZ CRESPO, María José. "El derecho a la intimidad informática del trabajador: un límite más al poder de dirección del empresario". Temas laborales: Revista andaluza de trabajo y bienestar social, nº 128, 2015.

23 POQUET CATALÁ, Raquel. "La protección del derecho a la intimidad del teletrabajador". Lex Social: Revista de Derechos Sociales, nº 1, vol. 8, 2018.

24 OCÓN, Juan. "Derecho a la intimidad y registro de dispositivos informáticos: A propósito del asunto trabajo Rueda C. España/The right to privacy and the registration of computer devices: About case of Trabajo Rueda v. Spain." Revista Española de Derecho Constitucional, nº 113, 2018.

realizan mediante el uso de redes sociales[25]. Efectivamente, la transformación que las redes sociales han supuesto en el mundo de la comunicación nos han puesto frente a intromisiones en la privacidad o intimidad que antes eran impensables: extorsiones, fraudes, acosos, intimidaciones, realizados muchas veces mediante suplantaciones de identidad y usando lo que se denomina software malicioso, hackeando sitios web y tergiversando informaciones o dándolas a medias, nos ha situado frente a nuevos retos contra los que se hace muy difícil reaccionar, por la novedad tecnológica que suponen y porque los particulares (también los poderes públicos) tenemos difícil acceso a medios de garantía eficaces[26].

Un caso paradigmático al respecto resulta de la invasión de la intimidad a través de los medios de transporte no tripulados, es decir, de los denominados drones[27]. Efectivamente, se trata de un medio técnico usado principalmente, en una primera etapa en conflictos bélicos[28], en el ámbito militar, el uso de drones, como armas automatizadas, que no tienen estrés postraumático, que actúan sin emocionarse y que no tienen los problemas de conciencia de los pilotos humanos, ha simplificado la toma de decisiones, que puede ya ser efectuada sin intervención de responsable humano alguno[29], ha generado la necesidad de regular las responsabilidades derivadas del uso de esta tecnología.

Pero los drones han pasado, en una fase posterior, a tener un uso civil, sobre todo para entretenimiento, pero también con finalidades de uso comercial, mediante el cual se han generado problemas jurídicos sin precedentes

---

25 TOMÁS-VALIENTE LANUZA, Carmen. "Delitos contra la intimidad y redes sociales (en especial, en la jurisprudencia más reciente)". IDP: revista de Internet, derecho y política, vol. 27, 2018.

26 BAÑO CARVAJAL, Ángela Estefanía; ESTRADA, Jenny Liliana Reyes. Vulneración del derecho a la intimidad personal y familiar en las redes sociales". Revista jurídica critica y derecho, vol. 1, nº 1, 2020.

27 Véase, como aproximación general, SARRIÓN ESTEVE, Joaquín; BENLLOCH DOMÈNECH, Cristina (dirs.); BALAGUER PÉREZ, Amalia (coord.). Miradas y reflexiones sobre los retos actuales en la regulación de los drones. Prólogo de Yolanda Gómez Sánchez. Centro de Estudios Políticos y Constitucionales, 2021.

28 ESQUIVEL SÁNCHEZ, Francisco Javier. "Las guerras de los drones. Matar por control remoto". Revista de Paz y Conflictos, vol. 8, nº 1, 2015.

29 VÁZQUEZ RUANO, Trinidad. "Implicaciones legales de las aeronaves tripuladas por control remoto en el ámbito comercial. Protección de la información personal". Revista de derecho del transporte: Terrestre, marítimo, aéreo y multimodal, nº 17, 2016.

en el ámbito de la privacidad. Ello supone un aumento de ventajas económicas y sociales, pero también constituye una amenaza por sus posibilidades técnicas de captación de imágenes/datos que interfieren directamente en nuestra intimidad[30].

La Unión Europea ha efectuado diversos análisis[31] sobre el uso de los drones con fines policiales, puesto que permiten hacer fotografías de alta precisión, con potentes cámaras y sistemas de rastreo, pudiendo hackear redes wifi o interceptar comunicaciones civiles. Se les puede incorporar mecanismos de reconocimiento facial y, mediante la toma de imágenes térmicas, constituyen un importante instrumento de investigación criminal, pues permiten el monitoreo de personas sospechosas con gran precisión. Los problemas existentes en la UE derivan de la falta de legislación uniforme sobre drones, ya que se trata de una competencia de los Estados miembros y únicamente se admite la competencia europea en el control de fronteras. Por ello se ha adoptado el Reglamento (UE) 2018/1139, que es de aplicación directa. El Reglamento parte de la base de que el espacio aéreo está siendo ocupado al mismo tiempo por aeronaves tripuladas y aeronaves no tripuladas, que pueden ser operadas, o no, por control remoto, derivando todo ello en situaciones jurídicas diferentes. Además, el Reglamento reconoce la sujeción a las normas de la *International Civil Aircraft Organization*, por las que se dispone que ningún aparato no tripulado puede sobrevolar el territorio de un Estado sin la autorización de éste; también cabe señalar que "un punto clave de este marco regulatorio es la diferencia entre la persona que hace volar el dron desde el suelo (el piloto remoto) y el operador, que es el responsable de todas la operaciones en relación con el dron, tales como el mantenimiento, la cualificación del piloto remoto, las autorizaciones y procedimientos, seguros, responsabilidad y protección de la privacidad"[32]. Ello resulta de gran importancia en cuanto que permite identificar responsabilidades por uso inadecuado, que incluye la violación de la intimidad que pueda producirse con el uso de estas tecnologías.

---

30 RAMÍREZ LÓPEZ, Santiago. "Del campo de batalla a las calles: el derecho a la intimidad en la era de los drones". Revista de Derecho del Estado, nº 35, 2015.

31 BLASI, Cristina. El empleo emergente de drones con fines policiales en la Unión Europea: avances y limitaciones. Análisis Grupo de Estudios en Seguridad Internacional, 2014.

32 CASTELLANOS RUIZ, Mª José. "Régimen jurídico de los drones: el nuevo Reglamento (UE) 2018/1139". Cuadernos de derecho transnacional, vol. 11, no 1, 2019.

En el ámbito español ya se realizó una primera (y escasa) regulación en el art. 50 de la Ley 18/2014, de 15 de octubre, que incluyó las "Operación de aeronaves civiles pilotadas por control remoto", hoy derogado, puesto que ha sido sustituido por el art. 11 de la Ley española de Navegación Aérea que, en 2014, modificó la de 1964, afirmando que estos aparatos eran efectivamente aeronaves y por lo tanto estaban sujetas a las normas que regularan tal actividad. Pero la norma de referencia es el Real Decreto 1036/2017, de 15 de diciembre, por el que se regulan las aeronaves civiles pilotadas por control remoto destinadas a usos públicos o del Estado, tales como actividades de aduanas, policía, búsqueda y salvamento, lucha contra incendios, guardacostas o similares, con independencia de cuál sea su masa máxima al despegue; lo cual sugiere rápidamente el problema de delimitar el régimen jurídico de aquellos drones que no estén destinados a tal uso público.

Por razones de seguridad pública las autoridades podrán limitar el uso del espacio aéreo por parte de drones; no obstante, a pesar de que el Reglamento europeo autoriza a que también puedan existir limitaciones por razones de protección de la intimidad/privacidad, el Real Decreto se limita a disponer que se deberán "adoptar las medidas necesarias para garantizar el cumplimiento de lo dispuesto en materia de protección de datos personales y protección de la intimidad en la Ley Orgánica 15/1999, de 13 de diciembre, de Protección de Datos de Carácter Personal y en la Ley Orgánica 1/1982, de 5 de mayo, de protección civil del derecho al honor, a la intimidad personal y familiar y a la propia imagen, sus normas de desarrollo y normativa concordante" (art. 26, f). Lo cual es jurídicamente demasiado limitado para el alcance de las intromisiones que con estos aparatos pueden realizarse.

A MODO DE CONSIDERACIÓN FINAL

Como consideración final podríamos afirmar que, si bien el uso de estas nuevas tecnologías constituye una cierta "novedad", lo que resulta nuevo son los medios técnicos aplicables, puesto que las intromisiones a la intimidad y a la privacidad no son en absoluto novedosas. Y que, además, la novedad consiste en facilitar tales intromisiones, de tal manera que cada vez son más intensas y cada vez cuesta más acertar con el ámbito regulatorio aplicable. La complejidad no es sólo técnica, sino que invade también al ámbito conceptual y aquello que no aparece como evidente, al final, produce un resultado altamente preocupante.

BIBLIOGRAFÍA

ALVAREZ CARREÑO, Santiago M. ¿Puede un juez permitir la alimentación forzosa de presos en huelga de hambre?: (comentario a la STC 50/90 de 27 de junio de 1990). Anales de Derecho. Nº 11, 1991.

BAÑO CARVAJAL, Ángela Estefanía; ESTRADA, Jenny Liliana Reyes. Vulneración del derecho a la intimidad personal y familiar en las redes sociales". Revista jurídica critica y derecho, vol. 1, nº 1, 2020.

BLASI, Cristina. El empleo emergente de drones con fines policiales en la Unión Europea: avances y limitaciones. Análisis Grupo de Estudios en Seguridad Internacional, 2014.

CASAS BAAMONDE, María Emilia. "Registros empresariales sobre los trabajadores, videovigilancia e intimidad personal: necesidad de sospechas o conductas irregulares previas". Revista de jurisprudencia laboral, nº 3, 2022.

CASTELLANOS RUIZ, Mª José. "Régimen jurídico de los drones: el nuevo Reglamento (UE) 2018/1139". Cuadernos de derecho transnacional, vol. 11, n 1, 2019.

DOVAL PAIS, Antonio. La intimidad y los secretos de empresa como objetos de ataque por medios informáticos. Eguzkilore: Cuaderno del Instituto Vasco de Criminología, nº 22, 2008.

DURÁN ALONSO, Silvia; ARANDA SERNA, Francisco José. "Videovigilancia en lugares públicos: su utilización como prueba en el proceso penal español". Estudios en Seguridad y Defensa, nº 31, 2021.

ESQUIVEL SÁNCHEZ, Francisco Javier. "Las guerras de los drones. Matar por control remoto". Revista de Paz y Conflictos, vol. 8, nº 1, 2015.

FERNÁNDEZ GARCÍA, Isidro. "La sujeción especial del militar tras la nueva Ley Orgánica de Derechos y Deberes". Revista Española de Derecho Constitucional, nº 102, 2014.

FOLGUERA CRESPO, Jaime; RUIZ DE AZÚA, Cristina Puerta; MOYA GARCÍA, Salvador. "El procedimiento de determinación de la edad de los menores extranjeros no acompañados". Actualidad Jurídica, nº 58, 2022.

FREIXES, Teresa. "Derechos fundamentales en la Unión Europea. Evolución y prospectiva: la construcción de un espacio jurídico europeo de los derechos fundamentales". Revista Española de Derecho Constitucional Europeo, nº 4, 2005.

FREIXES, Teresa. "Una nueva concepción de la intimidad: de los datos al código genético". Derecho constitucional del siglo XXI: desafíos y oportunidades. Fundación Manuel Giménez Abad. 2023.

FREIXES, Teresa. Constitución y Derechos Fundamentales. PPU, Barcelona 1982.

GÓMEZ PAVÓN, Pilar. La intimidad como objeto de protección penal, Madrid, Akal, 1989.

GONZÁLEZ CUSSAC, José L., Intromisión en la intimidad y Centro Nacional de Inteligencia. Crítica al modelo español de control judicial previo. Instituto Nacional de Ciencias Penales, 2015.

GONZÁLEZ MARTÍNEZ, José Antonio. "La videovigilancia empresarial en la industria 4.0: la salvaguarda de la intimidad informática del trabajador". Revista Aranzadi Doctrinal, nº 10, 2021.

GONZÁLEZ PORRAS, Andrés José. Privacidad en internet: los derechos fundamentales de privacidad e intimidad en internet y su regulación jurídica. La vigilancia masiva. Universidad de Castilla-La Mancha, 2016.

JUANATEY DORADO, Carmen. "El consentimiento del paciente en el ámbito penitenciario. Especial referencia a la huelga de hambre". Anuario de Derecho Penal y Ciencias Penales, nº 1, 2019.

NOVOA MONREAL, Eduardo. La vida privada y el derecho a la información, Madrid, Siglo XXI, 1981.

OCÓN, Juan. "Derecho a la intimidad y registro de dispositivos informáticos: A propósito del asunto trabajo Rueda C. España/The right to privacy and the registration of computer devices: About case of Trabajo Rueda v. Spain." Revista Española de Derecho Constitucional, nº 113, 2018.

ORTUÑO RODRÍGUEZ, Alicia Esther. Doctrina constitucional en relación con el control mediante cámaras de videovigilancia. Cuadernos de Derecho Local, nº 49, 2019.

PÉREZ LUÑO, Antonio Enrique. Derechos Humanos, Estado de Derecho y Constitución, Madrid, Tecnos, 1986.

POQUET CATALÁ, Raquel. "La protección del derecho a la intimidad del teletrabajador". Lex Social: Revista de Derechos Sociales, nº 1, vol. 8, 2018.

RAMÍREZ LÓPEZ, Santiago. "Del campo de batalla a las calles: el derecho a la intimidad en la era de los drones". Revista de Derecho del Estado, nº 35, 2015.

RODRÍGUEZ CRESPO, María José. "El derecho a la intimidad informática del trabajador: un límite más al poder de dirección del empresario". Temas laborales: Revista andaluza de trabajo y bienestar social, nº 128, 2015.

SANCHEZ BARRILAO, Juan Francisco. "Servicios de inteligencia, secreto y garantía judicial de los derechos". Teoría y realidad constitucional, nº 44, 2019.

SANTOS MORÓN, María José. "Menores y derechos de la personalidad. La autonomía del menor". Anuario de la Facultad de Derecho de la Universidad Autónoma de Madrid, 2011.

SARRIÓN ESTEVE, Joaquín; BENLLOCH DOMÈNECH, Cristina (dirs.); BALAGUER PÉREZ, Amalia (coord.). Miradas y reflexiones sobre los retos actuales en la regulación de los drones. Prólogo de Yolanda Gómez Sánchez. Centro de Estudios Políticos y Constitucionales, 2021.

SERRANO OLIVARES, Raquel. "Los derechos digitales en el ámbito laboral: comentario de urgencia a la Ley Orgánica 3/2018, de 5 de diciembre, de Protección de Datos Personales y Garantía de los Derechos Digitales". IUSLabor. Revista d'anàlisi de Dret del Treball, nº 3, 2018.

SZLECHTER, Diego Fabián; ZANGARO, Marcela Beatriz. Big Data y People Analytics: gestión científica de la intimidad y de las emociones. Innovar, nº 78, 2020.

TOMÁS-VALIENTE LANUZA, Carmen. "Delitos contra la intimidad y redes sociales (en especial, en la jurisprudencia más reciente)". IDP: revista de Internet, derecho y política, vol. 27, 2018.

VÁZQUEZ RUANO, Trinidad. "Implicaciones legales de las aeronaves tripuladas por control remoto en el ámbito comercial. Protección de la información personal". Revista de derecho del transporte: Terrestre, marítimo, aéreo y multimodal, nº 17, 2016.

VILLAVERDE MENÉNDEZ, Ignacio. "Nuevas tecnologías, videovigilancia, derecho a la protección de datos y ficheros policiales". Revista Catalana de Seguretat Pública, nº 17, 2006.

WARREN, Samuel D. y BRANDEIS, Louis D. "The Right of Privacy". The Harvard Law Review (vol. IV, nº 5), 1890.

Coches autónomos: un paso adelante para la humanidad o un paso atrás para los derechos fundamentales

JOSÉ CARLOS REMOTTI
Profesor de Derecho Constitucional
Universidad Autónoma de Barcelona

SUMARIO: I. INTRODUCCIÓN. II. TECNOLOGÍA Y RIESGOS AL SISTEMA DE DERECHOS. III. DIFERENCIANDO ENTRE EL NOMBRE DEL APARATO Y LAS FUNCIONES DEL MISMO. IV. LA JUSTIFICACIÓN DE LOS COCHES AUTÓNOMOS. V. LA RELATIVA AUTONOMÍA DE LOS COCHES AUTÓNOMOS. VI. COCHES AUTÓNOMOS Y AFECTACIÓN DE DERECHOS. VII. EL COCHE AUTÓNOMO COMO POSIBLE LÍMITE A DETERMINADOS DERECHOS. VIII. A MODO DE CONCLUSIÓN.

I. INTRODUCCIÓN[1]

En la actualidad se puede afirmar que los vehículos autónomos (sin conductor humano directo) han dejado de ser parte de la ciencia ficción o, en todo caso, meras unidades experimentales en los laboratorios aislados de inventores visionarios. Por el contrario, los vehículos autónomos son una realidad, pues en determinados países las autoridades han autorizado su circulación por las vías públicas, aun cuando es cierto, todavía en periodo de pruebas y con limitaciones pues, por ejemplo, o todavía requieren de una persona que, atenta a la circulación, supervise su funcionamiento y que tome el control del mismo en caso necesario (nivel 3) o si circulan sin requerir que una persona supervise tal acción sólo lo pueden hacer en determinadas circunstancias y en un espacio geográfico limitado y seguro

1 El presente trabajo recoge la ponencia que presenté bajo el mismo título en el Congreso internacional sobre conducción autónoma y seguridad jurídica del transporte, celebrado en la UAB los días 6 y 7 de junio de 2024.

(nivel 4)[2], mientras se sigue trabajando para el vehículo autónomo pleno (nivel 5)[3] con autonomía en todo momento, lugar (ciudad, campo, montañas, caminos, senderos, valles, calles, avenidas, carreteras, autovías, autopistas, túneles, etc.) y circunstancia (nieve, lluvia, viento, imprevistos, etc.) que sería el grado máximo de autonomía en el que, en principio no solo no requerirán de un conductor físico en el coche, ni de una persona en el coche que esté controlando el desarrollo de la circulación, ni que pueda (o deba) recuperar la conducción en caso de que surja algún problema o urgencia en el camino[4].

---

2 China y Estados Unidos de Norteamérica son dos ejemplos en los que en ciertas carreteras y con ciertas condiciones y limitaciones dichos coches autónomos ya son una realidad. Tal es el caso, por ejemplo, de los taxis autónomos que circulan por el centro de la ciudad de San Francisco o Phenix en Estados Unidos o Shenzen en China. También en el Reino Unido y Japón se están haciendo pruebas en vías públicas.

3 La Unión Europea, y en este caso España, siguen en esencia la escala adoptada por la Sociedad (norte) americana de ingenieros de la automoción que planteó la división de la automatización de los coches autónomos en 5 niveles, a saber:

- Nivel 1: Conducción asistida, en el que el vehículo controla la dirección y velocidad del coche conducido por una persona.
- Nivel 2: Automatización parcial: en el que el vehículo en determinadas circunstancias y lugares puede llegar a controlar la dirección, así como la aceleración o en su caso desaceleración o frenada del mismo, siempre todo ello bajo el control directo del conductor.
- Nivel 3: Automatización condicionada: En determinadas circunstancias el coche puede efectuar todas las labores propias de la conducción, pero el conductor debe ejercer el control de tales actuaciones e intervenir si es requerido.
- Nivel 4: Automatización alta: En determinadas circunstancias y lugares el coche puede realizar todas las labores propias del conductor sin necesidad de que un ser humano intervenga o controle su actuación.
- Nivel 5: Automatización plena: El coche realiza todas las labores propias de la conducción en todas las condiciones, circunstancias y lugares.

Ver al respecto: Dirección General de Tráfico "Vehículos de conducción automatizada", disponible en https://www.dgt.es/muevete-con-seguridad/tecnologia-e-innovacion-en-carretera/vehiculos-de-conduccion-automatizada/ (ultima visualización 8 de julio 2024).

4 Dicho ello, también se debe señalar que el art. 11 de Reglamento (UE) 2019/2144 del Parlamento europeo y del Consejo de 27 de noviembre de 2019 relativo a los requisitos de homologación de tipo de los vehículos de motor y de sus remolques, así como de los sistemas, componentes y unidades técnicas independientes destinados a esos vehículos, en lo que respecta a su seguridad general y a la protección de los ocupantes de los vehículos y de los usuarios vulnerables de la vía pública,

Este avance es progresivo y expansivo pues junto a tales países también en otros su autorización está en estudio avanzado y todo apunta a que se efectuará próximamente[5].

Ahora bien, debemos señalar que al utilizar el término vehículos autónomos plenos, es decir que una vez encendidos e indicado el destino tienen capacidad de tomar decisiones sin depender para ello de un conductor o de un piloto (es decir lo que antes hemos señalado como nivel 5), se está utilizando un término genérico que incluye a una amplia variedad de vehículos específicos, como son los coches, los camiones, los autobuses, las embarcaciones marítimas de todo tipo por superficie o submarina, las aeronaves de toda clase, así como drones civiles y militares, entre otros. Dentro de toda esa variedad, diversidad y heterogeneidad de vehículos autónomos nosotros nos centraremos para este estudio en los denominados coches, ya que así se me pidió por la organización del presente congreso, aunque las reflexiones aquí formuladas son, en gran parte, extensibles a las otras formas de vehículos.

---

al regular los "requisitos específicos relativos a los vehículos automatizados y los vehículos totalmente automatizados" establece que:
1.Además de los demás requisitos del presente Reglamento [...] los vehículos automatizados y los vehículos totalmente automatizados cumplirán las especificaciones técnicas establecidas en los actos de ejecución a que se refiere el apartado 2 relativas a: a) sistemas para sustituir el control del vehículo ejercido por el conductor, incluidos los de señalización, dirección, aceleración y frenado [...]".

5 Por ejemplo, en España según las noticias aparecidas en prensa la Dirección General de Tráfico (DGT) tiene muy avanzado un proyecto de Real Decreto que permita la circulación de los coches totalmente autónomos y es muy probable que al momento de publicarse el presente trabajo ya haya sido aprobado. Ver, al respecto, entre otros, De las Heras, Iñaki. "El Gobierno quiere permitir el año que viene los vehículos autónomos sin conductor". Disponible en https://www.lavanguardia.com/economia/20231114/9377964/gobierno-quiere-permitir-ano-viene-vehiculos-autonomos-conductor.html (última consulta 05 de julio de 2024). Mientras tanto, y como veremos posteriormente, se vienen realizando una serie de pruebas en vías públicas primero al amparo de la Instrucción de la DGT 15/V-113 de "Autorización de pruebas o ensayos de investigación realizados con vehículos de conducción automatizada en vías abiertas al tráfico en general" y posteriormente de la Instrucción de la DGT VEH 2022/07 Autorización de pruebas o ensayos de investigación realizados con vehículos de conducción automatizada en vías abiertas al tráfico en general, dictadas ambas de conformidad con lo dispuesto por el art. 47 del Reglamento General de Vehículos (Real Decreto 2822/1998 de 23 de diciembre).

Para poder alcanzar este nivel de funcionamiento los coches autónomos utilizan algunas de las innovaciones científicas y tecnológicas más punteras en lo que se refiere a radares, sensores, cámaras, informática o computación, comunicaciones que han servido en gran medida al avance de la humanidad en los últimos años, pero que a la vez al hacerlo especialmente todos juntos en un aparato pueden afectar en mayor o menor medida una serie de derechos de los pasajeros del propio vehículo pero también de los de los otros vehículos, de los transeúntes y personas que están en las proximidades, o de los residentes por donde pasa el vehículo.

Por ello resulta necesario analizar la compatibilidad de estos coches autónomos con el sistema de derechos de una sociedad democrática y determinar si con ellos se responde a una necesidad social imperiosa que justifique la limitación proporcional de determinados derechos fundamentales de los ciudadanos o si por el contrario su uso responde a otros criterios que pudiendo ser relevantes no serían compatibles con el sistema democrático constitucional.

II. TECNOLOGÍA Y RIESGOS AL SISTEMA DE DERECHOS

En este trabajo no entraremos a analizar las cuestiones derivadas de quién, cómo y bajo qué criterios, principios y parámetros decidirán sobre cómo serán programados los coches autónomos a fin de tomar las decisiones en situaciones críticas en las que entre en juego la vida, la integridad o la salud de las personas, como puede suceder en el caso que tenga que decidir entre salvar a un peatón descuidado de un atropello o al pasajero que transporta ya que al salvar al primero podrá provocar la lesión o, incluso la muerte del segundo y si salva al segundo atropellará al primero. O, en el caso que se encuentre en la vía a un niño y para no atropellarlo tenga que dar un volantazo a izquierda o derecha pero que si gira a la izquierda se encontrará con una mujer embarazada y si gira a la derecha a un anciano. Todo ello requiere ser abordado con urgencia, pero lo haremos en otro trabajo ya que quien decida sobre la programación de los coches autónomos, y establezca los criterios de su actuación, estará decidiendo sobre la vida y la muerte de las personas. Ello se da incluso en los supuestos en los que el coche pueda aprender, por medio de la Inteligencia Artificial (IA), a tomar determinadas decisiones, por cuanto quien le programe para tener esta capacidad de aprendizaje y de decisión, le programará el marco, los parámetros y los límites de qué y cómo aprender o, en su caso, no aprender, y de qué decisiones le estarán limitadas o totalmente prohibidas, por más que las vea hacer de forma reiterada a, por ejemplo, conductores humanos.

Tampoco vamos a discutir en este trabajo las bondades y la importancia que han tenido a lo largo de los siglos los descubrimientos, los inventos y los avances tecnológicos en el progreso y el desarrollo de la humanidad, desde la palanca, el arado, el arco, el clavo, la rueda, la pólvora, la imprenta, la bombilla, el telégrafo, el teléfono, la maquina a vapor, el motor a combustión, el avión, el ordenador, entre otros muchos. Todos ellos, junto a otros, implicaron en cada uno de los momentos históricos correspondientes un impacto muy significativo para la humanidad transformando la vida en sociedad.

Ahora bien, si mencionaremos que a diferencia de lo que sucedía antiguamente, cuando se era más receloso y crítico con los inventos y descubrimientos, en la actualidad por lo general aceptamos los cambios tecnológicos de forma automática y acrítica valorando y sobredimensionando sus aspectos novedosos, modernos y positivos, pero sin analizar, ni ser conscientes de los posibles aspectos negativos, críticos, o sus posibles consecuencias o los riesgos que implican o que pueden implicar para los derechos propios, de terceros o para la sociedad democrática constitucional basada en el respeto a la dignidad y a los derechos fundamentales.

Ejemplo de ello, entre otros muchos, lo encontramos con lo sucedido con el teléfono móvil (celular) el cual produjo con su aparición un gran impacto en la sociedad al transformar de forma radical la manera como nos comunicábamos permitiendo hacerlo no solo en cualquier momento sino, sobre todo, desde cualquier lugar, lo que nos ha permitido ganar en principio mayores niveles de libertad, ampliando nuestra movilidad sin dependencia de cables o de estar en un espacio concreto (casa u oficina) pudiendo comunicarnos casi desde cualquier lugar, siempre que haya cobertura (y se tenga batería)[6]. Todo ello fue un gran e innegable avance social, pero ello no nos debe hacer olvidar que cuando años después ese teléfono móvil se transformó a partir de la aparición de los primeros *smartphones*, a los que se incorporaron una microcomputadora, sensores, cámaras, aplicaciones y permitiendo su vinculación a internet, se generó es cierto muchos beneficios a las personas, pero

---

6 Sobre los orígenes del teléfono móvil resulta especialmente interesante ver: Hidalgo, Louis. "La extraordinaria razón por la cual el teléfono celular tuvo que ser inventado en un plazo de 3 meses" (visto en https://www.bbc.com/mundo/noticias-51713932).

también una serie de afectaciones a los derechos, al extremo que (casi sin darnos cuenta) estamos mutando hacia un nuevo modelo de sociedad, una sociedad del control, en la que el *smartphone* que nació como una herramienta para favorecer la libertad se ha transformado en una herramienta imprescindible para el control y me temo que, en la misma línea, el coche autónomo también lo será.

Otros ejemplos a los efectos del presente trabajo de avances tecnológicos actuales aparentemente positivos, que por un lado nos facilitan la vida pero que, por otro lado, traen aparejados aspectos negativos que no son suficientemente valorados en especial en su afectación a los derechos y que guardarían relación con el coche autónomo aunque aparentemente no lo parezca, los encontramos, primero, en la existencia de la identidad o huella digital, a través de la cual se recopila y almacena en el ciberespacio (la nube) de forma permanente toda la información existente sobre cada uno de los usuarios de internet, sea esta generada por la propia persona a través de cualquier interacción, formular un comentario, manifestar un "me gusta", realizar una compra, visitar a una página web, el uso de una aplicación, correo, mensaje, nuestra ubicación, o subir a la nube nuestras fotos y videos, etc. O, sea esta información sobre nosotros generada por terceras personas al efectuar en internet comentarios, o que suban cualquier tipo de foto, video o publicación en los que estemos etiquetados, o por el hecho de que nuestro nombre o imagen salga en alguna noticia. O, también, por los datos sobre nosotros subidos a la red por la administración pública por ejemplo cuando participamos en un concurso oposición o recibimos alguna sanción o multa, o participamos en algún procedimiento administrativo o judicial. Esta huella digital es permanente, y no se puede borrar del todo o de forma definitiva, aquellas cosas que consideremos negativas o perjudiciales a nuestros derechos o intereses legítimos, ya que en la mentalidad (y los intereses crematísticos) de quienes gobiernan la red se debe priorizar el acceso a los datos (debemos recordar que los datos son fuente multimillonaria de ingresos) por sobre el derecho a la autodeterminación informativa (y su complemento el derecho al olvido) el cual garantiza a cada una de las personas a decidir sobre la captación, almacenaje y también el uso de su información personal sea de naturaleza pública, privada, íntima o sensible[7].

---

[7] Sobre el derecho a la autodeterminación informativa Lucas Murillo de la Cueva señalaba en 2003 que:
"[...]el riesgo específico que implica la informática es el control sobre las vidas de los demás que permite la captación incontrolada de información personal que en

En la misma línea también podemos mencionar a la actual cartera de identidad europea digital[8] la cual es mucho más que un mero DNI europeo o un mecanismo digital para identificar plenamente a las personas a fin de que puedan acceder con garantías a una serie de servicios públicos (educación, sanidad, banca por ejemplo) o poder realizar transacciones y contratos en cualquier parte del territorio de la Unión Europea, sino que se permitirá incorporar a dicha cartera, además de la identificación propiamente dicha, el historial médico, la titulación académica o profesional, la colegiación, el carnet de conducir, información financiera y bancaria (capacidad económica, créditos y deudas), o relativa al pago de impuestos, solicitar préstamos bancarios o incluso billetes de transporte, registros en un hotel, contratos de alquiler, entre otra mucha información más[9]. A este

---

manera alguna nos merece la consideración de íntima. Es decir, la recopilación y el tratamiento automatizado de datos sobre los más variados aspectos de nuestras actividades que no ocultamos, sino que desarrollamos a la luz pública y de las que dejamos, incluso, constancia en guías, registros, anuncios, o, simplemente, las facilitamos inocentemente, sin pensar en que esos datos pueden ser reunidos con otros muchos ni, menos aún, que de su relación automatizada puede obtenerse una reconstrucción de nuestras aficiones, preocupaciones, solvencia, salud, vida familiar, amistades, ideas, creencias... es decir, de nuestras vidas y de nuestra personalidad, y ser utilizadas esas elaboraciones que nos afectan con los propósitos más variados por quienes han conseguido hacerse con tal información: normalmente venderlas a terceros, si se trata de particulares, o tenerlas presentes para el ejercicio de sus atribuciones, si se trata de los gobernantes. De esta manera, puede suceder que, sin conocimiento del afectado, haya quienes dispongan de información que le concierne y en función de ella tomen decisiones sobre él, tales como darle o no trabajo, concederle o no un crédito, alquilarle o no una vivienda, considerarle o no peligroso o conflictivo. Y todo ello con la particularidad de que el resultado de esas elaboraciones, en tanto que producto de un tratamiento de datos, puede que ni siquiera sea veraz [...]". Ver Lucas Murillo de la Cueva, Pablo. "La Constitución y el derecho a la autodeterminación informativa", en *Cuadernos de Derecho Público*, nº. 19-20 (mayo-diciembre 2003), pág. 36. Ver también, entre otros, Lucas Murillo de la Cueva, Pablo y Piñar Mañas, José Luis. *El Derecho a la autodeterminación informativa*. Fundación Coloquio Jurídico Europeo, Madrid, 2009.

8 Ver el Reglamento (UE) 2024/1183 del Parlamento Europeo y del Consejo, de 11 de abril de 2024, por el que se modifica el Reglamento (UE) nº 910/2014 en lo que respecta al establecimiento del marco europeo de identidad digital.

9 Sobre la Cartera de identidad europea digital, ver la información de la propia Comisión Europea en "Identidad Digital Europea" https://commission.europa.eu/strategy-and-policy/priorities-2019-2024/europe-fit-digital-age/european-digital-identity_es (última consulta 15 de julio 2024). Ver también "Configurar el futuro digital de Europa" en https://digital-strategy.ec.europa.eu/es/policies/eudi-wallet-implementation (última consulta 15 de julio 2024). Sobre los riesgos

respecto no se trata de caer en la eterna discusión de si Estados Unidos no tiene DNI porque en dicho país consideran que, tener un único número de identificación federal, vulneraría la libertad de sus ciudadanos, entonces por qué la UE sí ha de tenerlo, y además incorporando toda la información complementaria que hemos mencionado, sino de llamar la atención sobre los graves riesgos que implicaría unir digitalmente a la identificación de las personas, toda una serie de datos personales y ponerlos a disposición de las autoridades o incluso de particulares lo que en su conjunto pudiera implicar posibles graves afectaciones a los derechos. El ejemplo de lo que sucede en China con su denominado carnet ciudadano por puntos ha de preocuparnos[10], por cuanto pareciera que con la implementación de este sistema se camina en la misma dirección.

Así, todo apunta a que el coche autónomo, y en general el vehículo autónomo, será una herramienta más que junto a los *smartphones*, la huella digital, la cartera de identidad europea digital, entre otros muchos mecanismos (como por ejemplo la videovigilancia o los controles biométricos) y aplicaciones que, teniendo efectos positivos para la sociedad, traen aparejadas graves implicancias negativas para los derechos de los ciudadanos.

Todo ello nos lleva a preguntarnos hacia qué modelo de sociedad estamos caminando y si la dirección adoptada nos conduciría a abandonar la denominada sociedad de la libertad acercándonos cada vez más hacia lo que anteriormente hemos señalado como una sociedad del control[11] y si el coche autónomo, al margen de los aspectos positivos que pueda traer, será un instrumento potenciador más en la configuración de dicha sociedad del control.

---

que traerá la implementación de la cartera de identidad digital europea, ver Witteveen Gómez, Samuel. "Los riesgos de la cartera digital europea" en *CTXT* del 7/04/2023 Disponible en https://ctxt.es/es/20230401/Politica/42625/cartera-digital-europea-samuel-witteveen-gomez-vigilancia-big-data-datos-confidencialidad-proteccion-intimidad-abuso.htm (última consulta 15 de julio 2024).

10 Un ejemplo de lo que sucede en China en lo que respecta al control que el Estado tienen sobre la sociedad, lo encontramos, entre otros muchos artículos, en lo señalado por Molins Renter, Albert. "China estrena su gran hermano". Disponible en *La Vanguardia* https://www.lavanguardia.com/internacional/20180503/443196686690/china-puntuacion-ciudadanos-delitos-sociales.html. (Última consulta 8 de julio 2024).

11 Ver al respecto Remotti, José Carlos. "De la sociedad de la libertad a la sociedad del control", en Joan Lluis Pérez Francesc (coord.) *Libertad, Seguridad y transformaciones del Estado.* Instituto de Ciencias Políticas y Sociales. Barcelona, 2009, págs. 83 y ss.

En este sentido, a partir de los atentados terroristas de Nueva York (11/S/2001), Madrid (11/M/2004) y Londres (7/J/2005), se adoptaron en la UE una serie de medidas (Directiva de la Unión Europea 2006/24/CE, del Parlamento Europeo y el Consejo, de 15 de marzo) como en España (Ley 25/2007 de conservación de datos de las telecomunicaciones) destinadas a guardar o conservar hasta por dos años (en España 12 meses) el registro de todas las comunicaciones que hayamos realizado independientemente del medio, sin requerir para ello ni una previa orden judicial ni que éste se efectúe dentro del marco de unas investigaciones específicas por la presunta comisión de una infracción o delito. Esta medida generalizada se realiza con el objeto de que, posteriormente a la comunicación, las autoridades puedan tener acceso a esos datos si fuera necesario, ya que se considera que todos podemos en algún momento ser autores de posibles infracciones o delitos o ser partícipes en ellos por lo que se argumenta que sería necesaria guardar los datos de nuestras comunicaciones y ubicaciones.

Con ello se produce, como señalaba en un trabajo anterior, una clara desvirtualización de la presunción de inocencia de todos los ciudadanos al considerar a todas las personas como potenciales infractores o delincuentes lo que justificaría la necesidad de guardar este registro de las comunicaciones puesto que podrían ser pruebas de ese hipotética infracción o acto delictivo. Este registro incluye datos como, por ejemplo, la localidad de origen y de destino de la comunicación, la fecha, hora, duración, el equipo utilizado, si es fijo o móvil, post, prepago, el número o IP de origen y el número o IP de destino, la identidad internacional (número IMSI) tanto del abonado que efectúa como de quién recibe la llamada o servicio telefónico, el número IMEI del aparato, de todas nuestras comunicaciones (art. 3.1.a al 3.1.f de la ley). Ello, pues, implica el registro de nuestros correos electrónicos enviados y recibidos, nuestra participación en chats, video-conferencias, el registro de toda nuestra navegación por internet, de nuestra participación en redes sociales, nuestras llamadas telefónicas, mensajes SMS, fax, así como de la subida a la nube o redes de documentos, fotos, vídeos, etc.[12] Es cierto que esta vía no permite la captación de los contenidos de las comunicaciones, pero como señalamos en el anterior trabajo ya citado, acceder a ellos se puede realizar a través de la

12 Idem.

utilización de otras vías tal como puede ser por medio a la *Red Echelon*, de interceptación internacional de las comunicaciones[13].

En esas fechas se pensaba que esta afectación de los derechos se formulaba básicamente por los poderes públicos con el pretexto de mejorar la seguridad y luchar contra el terrorismo, el tráfico de drogas, blanqueo de capitales, mejorar la seguridad ciudadana, etc. Mientras que, en la actualidad, como lo mencionaremos a continuación, los poderes públicos siguen recopilando y guardando tales datos pero, además, ahora también lo hacen personas, organizaciones y empresas privadas, que justifican su recogida y almacenamiento en el gran mercado de datos personales[14], por lo que el control es casi absoluto ya que no sólo nos referimos a Google, Apple, Microsoft o Facebook, sino cualquier pequeña aplicación móvil que podamos utilizar, los diarios que leemos, cualquier página web que visitamos recopilan, guardan y trafican con nuestros datos.

Así, debemos resaltar a los efectos del presente trabajo que las ya citadas Directiva europea (2006/24/CE) que es de 2006 y la ley española 25/2007 que es de 2007, que permiten retener todos esos datos personales son, y esto es muy importante, previas al primer *smartphone* de éxito comercial (Iphone), que como se recordará inició sus ventas en junio de 2007. Entonces, si ya antes de la comercialización y generalización de los *smartphones* ya se tenía acceso a todos esos datos, debemos reflexionar sobre todo lo que se puede hacer en la actualidad con los avances de la telefonía móvil y de los *smartphones* en sus diversos sistemas operativos, así como de las aplicaciones que se pueden vincular a ellos. Así, desde los sistemas operativos y desde las distintas aplicaciones se tiene acceso y se pueden controlar, además de lo ya señalado, otra serie importante de datos e información personal, tal como:

---

13 Sobre la *Red Echelon* ver Garate; Mar. "*Echelon.* La red de espionaje planetario". *Le Monde diplomatique en español* (noviembre de 2008). Disponible en https://mondiplo.com/echelon-la-red-de-espionaje-planetario (última consulta 15 de agosto 2024); o, también, S.A. "*Red Echelon*: ¿herramienta de seguridad en internet o 'Gran Hermano'?" en BBC News Mundo (19 diciembre 2012). Disponible en https://www.bbc.com/mundo/noticias/2012/12/121218_tecnologia_red_echelon_aa (última consulta 15 de agosto 2024).

14 Lohr, Steve. "¿Cuánto valen tus datos digitales? Saberlo puede darte más control sobre ellos". Visto en The New York Times en español https://www.nytimes.com/es/2019/07/29/espanol/proteccion-datos-facebook-google.html, (última consulta el 6 de julio de 2024).

- Datos generales: Nombres, domicilio, teléfono, DNI, pasaporte, carné de conducir, estudios, profesión.
- Datos familiares: Nombre de los familiares, pareja, estado civil, domicilio, links a información de ellos.
- Datos médicos: Historia médica, enfermedades y otras dolencias sean presentes, pasadas, recetas, medicamentos.
- Datos económicos: Historia bancaria y financiera, ingresos, gastos, créditos, estados de cuentas, inversiones, hipotecas, préstamos, deudas.
- Datos laborales: Historia laboral, contratos, despidos, ceses, renuncias.
- Datos de estudios: Nivel de estudios, titulación, cualificaciones.
- Datos de las comunicaciones: historial de las comunicaciones efectuadas, desde dónde, hacia dónde, con quién, qué se dice y qué se escribe, independientemente de la aplicación.
- Datos de navegación y uso de internet: visitas a páginas web.
- Datos de las comunicaciones: sean telefónicas, o por aplicaciones, datos de los chats y *Messenger* en los que participamos, de los correos electrónicos, etc.
- Datos sociales: Pertenencia a clubs, entidades sociales, ONGs, actividades lúdicas, fines de semana, información sobre el ocio.
- Datos de transporte y viajes: Itinerario, rutas, horas, información de puertos, aeropuertos, estaciones de tren, autopistas, hoteles.
- Datos de consumo: Gustos, preferencias, compras, ropa, lecturas, alimentación.
- Datos relativos a imágenes y vídeos en las que figuremos: Captadas con cámaras públicas o privadas, propias o de terceros, con nuestro consentimiento expreso o sin él.
- Datos tributarios: Información de renta, deudas tributarias, multas.
- Datos policiales y judiciales: Antecedentes, órdenes de búsqueda y captura.

Además, junto a ello, en los últimos años también se ha potenciado el desarrollo de los controles biométricos, a través de los cuales se posibilita reconocer a las personas por medio de sus rasgos físicos externos, o del comportamiento. Así, encontramos la identificación por medio del rostro, de la voz, del iris, del caminar, del ADN[15], que se suman a los dactiloscópicos (huella dactilar).

Todo ello ya nos permite ir apreciando la transformación que estas nuevas tecnologías van produciendo en una sociedad, en una sociedad muchas veces no informada de las consecuencias, en otros solo informada parcialmente, pero en la mayoría de los casos desinteresada en los efectos y consecuencias que se derivan para la vida democrática y la afectación de derechos. Así se va configurando lo que ha venido a llamarse como hombre (persona) de cristal, transparente, que no tiene, ni puede tener nada oculto en su vida ya que siempre está el ojo vigilante del gran hermano sea público o privado, en una situación que he calificado de "notimidad", es decir de ausencia de intimidad así como también la práctica carencia de protección a los datos personales y al derecho a la autodeterminación informativa, o a la propia imagen, al honor o al secreto de las comunicaciones, entre otros, reconfigurando el modelo de sociedad constitucionalmente democrático y mutándolo a lo que venimos señalando como una sociedad del control, en lo que, como veremos, el coche autónomo desarrollará un nuevo rol relevante.

III. DIFERENCIANDO ENTRE EL NOMBRE DEL APARATO Y LAS FUNCIONES DEL MISMO

Bajo las premisas antes señaladas, conforme se fue avanzando en la presente investigación se fue confirmando la inicial percepción de que el coche autónomo circulará por un camino semejante al transitado por el teléfono móvil en el que encontramos que el nombre del aparato ha dejado hace tiempo de representar a las funciones que desarrolla, o por lo menos dicho nombre no guarda relación a ninguna de las funciones principales que desarrolla en la actualidad. En efecto, el aparato al que denominamos teléfono móvil (o celular) lo usamos para muchísimas cosas dentro de las cuales llamar por teléfono es de las menos utilizadas, si es que se utiliza ya que para comunicarse la mayoría de las personas utilizan otras aplicaciones que cumplen tal función (Whatsapp, Telegram, Messenger, Instagram, etc.).

---

[15] También en 2007 se aprobó la Ley Orgánica 10/2007, de 8 de octubre, reguladora de la base de datos policial sobre identificadores obtenidos a partir del ADN.

A saber, en la actualidad los teléfonos móviles se utilizan (sin ser exhaustivo)[16]:

- Para enviar y recibir mensajes de texto (SMS) y multimedia (MMS) así como correos electrónicos y para el uso de distintas aplicaciones de mensajería instantánea o de vídeo llamadas.
- Para navegar por internet, visitar páginas web, acceso a redes sociales y sincronizar sus datos en la nube.
- Como cámara de fotos y de video, pudiendo editar las imágenes y videos, así como en su caso compartirlos.
- Como navegador GPS y la utilización de mapas pudiendo acceder a distintos servicios de localización y aplicaciones de ruta y recorrido, turismo y viajes.
- Como reproductor multimedia de música, video, televisión *streaming*, radio FM.
- Para acceder a, y participar en, juegos y videojuegos.
- Para utilizar aplicaciones de toda naturaleza como por ejemplo de estudio, de trabajo, entretenimiento, educación, salud, etc.
- Para organizar, gestionar y guardar contactos y para llevar el calendario de eventos, citas, reuniones y recordatorios, alarmas.
- Para realizar pagos móviles, así como distintas transacciones financieras como por ejemplo de banca móvil, billetera digital, y seguimiento de gastos.
- Como sensores de temperatura, barómetro, sensor de proximidad, entre otros.
- Como medio de conectividad a través del Bluetooth, wifi, permite conectarse con otros dispositivos y accesorios externos (como por ejemplo auriculares, ordenadores, Smart-TV, etc.).

---

16 Jiménez Shaw, José María. "50 usos que le doy a mi móvil y 5 que le daré en el futuro". Disponible en https://3cero.com/usos-movil/ (última consulta el 10 de julio de 2024).
También ver Baig, Edwar C. "50 funciones de los teléfonos inteligentes que pueden facilitarte la vida", Disponible en https://www.aarp.org/espanol/hogar-familia/tecnologia/info-2023/funciones-telefono-inteligente.html (última consulta el 10 julio de 2024).

- Como asistente virtual para realizar tareas o formular preguntas o buscar información.
- Como herramienta laboral y profesional entre los que permite mantener el contacto el trabajo y seguir desarrollando las labores desde cualquier lugar.
- Como monitor de la salud y de la actividad física controlando la frecuencia o ritmo cardiaco, el nivel de oxígeno en sangre, el número de pasos realizados o incluso efectuando el seguimiento del sueño, etc.
- Como medio de identificación y de seguridad al incorporar huellas dactilares, voz, iris, firma electrónica.
- Como complemento para la educación a través de libros electrónicos, y cursos en línea (Youtube) o cursos vía Teams, Zoom o Skype.
- A todo ello se debe añadir ahora la IA (Inteligencia Artificial generativa).

En este sentido, la gran mayoría de personas al utilizar el teléfono móvil utiliza más estas funciones que la propiamente dicha de llamar por teléfono ya que incluso en el supuesto que se quiera hacer una llamada se utilizan, como hemos mencionado, otras muchas aplicaciones de llamada, mensajería o video-llamada integradas en el *smartphone*. Dicho ello, sin embargo, el aparato sigue llamándose teléfono móvil. Así, pues, consideramos que este mismo fenómeno, sucederá con el coche autónomo cuya función de trasladarnos tal vez será una más de las tareas que realice, ya que incluso podrá circular sin llevar a ninguna persona, pero en paralelo desarrollarán una gran cantidad de funciones diversas (las mismas del teléfono y muchas otras más) que lo convertirán en un *hub* o centro de múltiples actividades y tareas con ruedas que también servirá para transportar o movilizar personas, pero no sólo ello.

IV. LA JUSTIFICACIÓN DE LOS COCHES AUTÓNOMOS

Independientemente del avance científico que la llegada y funcionamiento de los coches autónomos significa y sus implicancias sociales y económicas que acarrea debemos analizar los principales argumentos que justificarían su puesta en marcha comercial y masiva.

En primer lugar, se argumenta que al ser los ordenadores o computadoras los que, a través de sus sistemas operativos, programas y aplicaciones, asumirían las labores de conducción de los vehículos se mejorará la seguridad vial y, especialmente, se reducirá el índice de errores humanos durante la conducción que como veremos a continuación se señalan como la principal causa de los accidentes de tráfico. En defensa de esta idea se argumenta que las maquinas no se cansan o fatigan, ni se distraen. También se señala que tendrían reacciones más rápidas a la hora de evitar accidentes, así como que los ordenadores estarían programados para cumplir las reglas de tráfico y no cometer infracciones. Para ello se muestran estudios que señalan que en los Estados Unidos un 90% de los accidentes de tráfico se deben a distintas formas de fallos o errores atribuibles directa o indirectamente a los conductores humanos[17], por lo que se considera que automatizar el proceso de conducción de los coches y demás vehículos reduciría ampliamente ese alto grado de porcentaje de accidentes.

Además de la mejora de la seguridad vial y la reducción de accidentes debido a errores humanos, ya por sí solos aspectos positivos de gran importancia, encontramos, en segundo lugar, que se argumenta que los coches automatizados mejorarían el tráfico y la circulación con el consiguiente ahorro de tiempo y dinero, por cuanto desde el plano general el tráfico vehicular se gestionaría de manera centralizada y computarizada, mientras que desde el plano específico los vehículos al poder comunicarse entre ellos, así como con la infraestructura vial y el entorno podrán coordinarse entre ellos para evitar atascos, manifestaciones,

---

[17] El *National Center for Statistics and Analysis of National Highway Traffic Safety Administration NHTSA of US Department of Transportation* señaló en su informe "Critical Reasons for Crashes Investigated in the National Motor Vehicle Crash Causation Survey" DOT HS 812 115 (February 2015) que el índice de error humano en relación a los accidentes de tráfico en Estados Unidos fue de 94%. Iguales cifras se dan en el informe elaborado en dicho centro algunos años después en 2018. El primero de los informes ha sido visto en: *National Center for Statistics and Analysis of National Highway Traffic Safety Administration* NHTSA of US (Febrero de 2015) en https://www.google.com/url?sa=t&source=web&rct=j&opi=89978449&url=https://crashstats.nhtsa.dot.gov/Api/Public/ViewPublication/812115&ved=2ahUKEwjKq9Gk8uWHAxUq1AIHHRH_H68QFnoECBMQAQ&usg=AOvVaw3yp7XIoopiGaPFZiZHk9G3 (última consulta 6 de julio 2024).
El segundo de los informes ha sido visto en: *National Center for Statistics and Analysis of National Highway Traffic Safety Administration* NHTSA of US (Marzo de 2018) en https://www.google.com/url?sa=t&source=web&rct=j&opi=89978449&url=https://crashstats.nhtsa.dot.gov/Api/Public/Publication/812506&ved=2ahUKEwjKq9Gk8uWHAxUq1AIHHRH_H68QFnoECBIQAQ&usg=AOvVaw2S4BHqxib6TLdLo20Eo6yN (ultima consulta 6 de Julio 2024).

accidentes y así tomar las mejores decisiones para realizar el trayecto de forma rápida y segura[18].

En tercer lugar, se argumenta que los vehículos autónomos permitirán una reducción importante de las emisiones contaminantes, así como el ahorro en el consumo de carburante y de otras formas de energía con el beneficio para el medio ambiente y para todos, puesto que al seleccionar las mejores rutas y reducir el tiempo del trayecto, disminuyendo los atascos y mejorando la fluidez del tráfico, así como también mejorando la gestión de los arranques, las aceleraciones y del frenado, se realiza lo que se denomina una "conducción eficiente"[19].

En cuarto lugar, se argumenta que los coches autónomos garantizarían la independencia, la movilidad y calidad de vida de determinados grupos poblacionales cuyos integrantes se encontrarían limitados o impedidos de conducir como por ejemplo los ancianos o los discapacitados físicos ya que, si estos coches están debidamente adaptados y equipados con rampas y sujeciones para sillas de ruedas o cuentan con sistemas que posibiliten la comunicación de las personas con discapacidades como pueden ser visuales o auditivas entre otras, su funcionamiento permitiría a estas personas disponer de un medio alternativo para movilizarse, acceder a servicios públicos y locales comerciales, así como participar en la vida social, familiar y cultural, sin necesidad de tener que conducir o de contar con un conductor abaratando también el coste del transporte.

Por último, en quinto lugar, se argumenta que los coches autónomos mejorarían la comodidad de los pasajeros y facilitarían el aumento de la productividad de los mismos ya que mientras el coche circula los pasajeros podrán enviar o contestar correos, navegar por internet, avanzar algún trabajo, hablar por teléfono o por alguna otra aplicación de comunicaciones, o ver una película, leer un libro, o simplemente jugar, dormir, descansar o mirar el paisaje.

---

18 Ver Dirección General de Tráfico (DGT). "Vehículos de conducción automatizada". Disponible en https://www.dgt.es/muevete-con-seguridad/tecnologia-e-innovacion-en-carretera/vehiculos-de-conduccion-automatizada/ (última consulta 8 de julio 2024).

19 Ver Dirección General de Tráfico (DGT). "Conducción eficiente". Disponible en https://www.dgt.es/muevete-con-seguridad/conviertete-en-un-buen-conductor/consejos-generales/conduccion-eficiente/ (última consulta 8 de julio 2024).

V. LA RELATIVA AUTONOMÍA DE LOS COCHES AUTÓNOMOS

No es objeto del presente trabajo abordar si los coches a los que se les denomina como autónomos, en efecto, pueden circular sin intervención humana alguna, ya que si bien no tendrán un conductor humano físico en el interior del coche, todas las decisiones y reacciones que pueda adoptar el coche responderán a una previa programación efectuada por humanos, puesto que, como ya se indicó, incluso en aquéllas decisiones extremadamente urgentes tomadas en una fracción de segundo responderán conforme a los patrones programados sea para resolver el caso concreto o si no encuentra en su base de datos una respuesta específica estará programado con procedimientos que le lleven a tomar una decisión coherente con lo que se le haya programado. De esta forma, cuando se dice que el coche tendrá capacidad de aprender debemos ser conscientes que este aprendizaje se hará de acuerdo con las pautas establecidas no pudiendo aprender cosas que le estén prohibidas o limitadas, aun cuando, por ejemplo, las vea realizar de forma reiterada por conductores humanos. Tal circunstancia ya nos perfila sobre quién debería asumir, en primer lugar, la responsabilidad en caso de accidentes o del mal funcionamiento que, a mi entender, como veremos posteriormente, corresponde al fabricante del coche que comercializa y vende un producto en el que van a viajar personas afirmando que serán seguros y que reducirán la tasa de accidentes. Éste (el fabricante del coche) después de hacer frente a su responsabilidad podrá repercutir contra los fabricantes del hardware o del software instalado que considere que han fallado. Ahora bien, en gran medida estos dos grados de responsabilidad (fabricante y programador) pueden recaer en la misma persona, empresa o entidad.

En este nivel 5 de autonomía plena de los coches encontramos que la responsabilidad alcanzaría al propietario (titular) del coche solo en aquellos casos en los cuales se demuestre que no ha dado el mantenimiento adecuado o no ha realizado las actualizaciones pertinentes a los sistemas aun cuando esta responsabilidad siempre sería menor que la de los fabricantes y programadores por cuanto éstos deberían establecer los mecanismos para que los coches no puedan circular si no han recibido el mantenimiento adecuado o si no están actualizados. Por último, creo que, en ningún caso la responsabilidad puede alcanzar a los pasajeros salvo que se demuestre que interfirieron de manera significativa en la circulación o conducción del vehículo, por ejemplo, estropeando durante el trayecto algún sistema de abordo.

En todo caso, el coche autónomo, que hemos denominado como *hub* o centro de múltiples actividades y tareas con ruedas no deja de ser una forma particular de robot, con una computadora, un software y con conexión a internet que, en todo caso, sería un claro ejemplo de lo que se ha venido a denominar como internet de las cosas[20]. Así, éste responderá de acuerdo a los determinados elementos que tenga instalados y configurados tales como, en primer lugar, el *hardware* sea interno dentro del que destaca el ordenador de a bordo, el microprocesador, la memoria RAM, tarjetas gráficas, como sea *hardware* externo o también conocido como periférico, es decir los distintos sensores, radares, cámaras digitales y micrófonos que son los que le permitirán obtener, procesar, almacenar y transmitir los datos e información necesaria para que el coche pueda circular con garantías[21].

En segundo lugar, el coche responderá de conformidad con el *software* que tenga instalado, es decir tanto el sistema operativo, los programas y aplicaciones instalados que serán los que analizarán e interpretarán los datos e informaciones recibidas y serán los que darán las órdenes de cómo responder en cuestión de milésimas de segundos. El *software* también incluye el interfaz que permitirá la interconexión sea por voz o de manera táctil de los pasajeros con el sistema informático del coche a fin de poder brindarle las indicaciones u órdenes respectivas.

En tercer lugar, el funcionamiento del coche autónomo también responderá a la red de telecomunicaciones que se utilice, a la empresa de telecomunicaciones que se tenga contratada, al navegador empleado, a la nube (*Cloud computing*) y al *big data*, a la robótica y la inteligencia artificial.

Ahora bien, cada uno de los elementos de este largo listado de componentes del coche (hardware, software, red, sistema de comunicaciones, nube, etc.) recaba, recibe, almacena, procesa, y transmite datos y se comunican permanentemente, primero, con sus fabricantes para, por ejemplo,

---

20 La expresión de internet de las cosas (IdC) se refiere a aquellos objetos, que además de sus sensores, circuitos y software poseen también conectividad a internet lo que les permite conectarse con otros objetos y transmitir y compartir datos con internet y entre ellos.

21 Sobre la división entre hardware interno y externo ver, entre otros, Lopez, Frida. "Introducción al hardware: concepto, tipos, ejemplos y relación con el software" en *Enciclopedia*. Disponible en https://enciclopendia.com/introduccion-al-hardware-concepto-tipos-ejemplos-y-relacion-con-el-software/ (última consulta el 15 de septiembre de 2024).

comprobar actualizaciones, y a través de cookies, transmitiéndoles todo tipo de informaciones no sólo funcionales que hayan podido recabar o recibir de los otros componentes del sistema. En segundo lugar, también se comunican con los otros componentes del sistema transmitiéndoles la información que disponen para permitir el funcionamiento del coche. En tercer lugar, se comunican con la red; en cuarto lugar, se comunican con la administración, en especial con la Dirección de Tráfico, pero no sólo con ella, incluso se comunican, en quinto lugar, con los sponsors y agentes de publicidad, como puede ser el caso de que sabiendo que a los pasajeros les gusta un determinado tipo de restaurante le indique cuando esté pasando cerca de uno de ellos que paga publicidad.

Además de la comunicación que cada uno de los elementos desarrolla de forma individual que acabamos de mencionar, tenemos que si consideramos al coche como una unidad cabría también preguntarse con quién se comunica el coche como tal, al margen de lo que hacen sus componentes. Así encontramos que:

- Coche con su hardware.
- Coche con su sistema operativo.
- Coche con el resto del software y las aplicaciones.
- Coche con el fabricante.
- Coche con el titular del coche esté en él o no.
- Coche con los pasajeros.
- Coche con otros vehículos.
- Coche con los usuarios y pasajeros de los otros vehículos.
- Coche con la red de telefonía e internet.
- Coche con infraestructura vial (semáforos, peajes) y señalética de tráfico.
- Coche con los peatones, transeúntes.
- Coche con el espacio público y el privado, conectándose por ejemplo a la wifi de las casas, pisos, locales, bares, restaurantes y tiendas por las que vaya pasando.
- Coche con la administración pública especialmente con la Dirección General de Tráfico, pero también si a través de sus sensores detecta accidentes o infracciones.

En todas estas comunicaciones se va cediendo (o se puede ceder), cuando menos:

- Nuestra ubicación.
- Nuestros destinos.
- Nuestras rutas.
- Nuestros horarios.
- Nuestra agenda de contactos.
- Nuestros datos biométricos voz, nuestras huellas dactilares, nuestro iris.
- Nuestra imagen (foto y video).
- Nuestras comunicaciones sean telefónicas, chats, aplicaciones (WhatsApp, Telegram, Messenger), correos electrónicos, ¿con quién?, ¿cuándo? ¿qué se dijo?
- Nuestra navegación por internet.
- Nuestros gustos (desde los musicales, noticias, alimenticios).
- Nuestros datos bancarios y financieros (cuentas, compras).
- Nuestros datos privados, íntimos, sensibles, preferencias, opciones (hábitos, preferencias, opciones, relaciones, ideología, salud).

Pero también, no solo nuestros datos, sino también puede hacerlo con todos los datos que puedan obtener de las personas titulares del vehículo, de los demás pasajeros del mismo y de otros coches, de los peatones o transeúntes que se encuentren en las proximidades del coche, de las infraestructuras y de los espacios públicos y privados por los que se cruza o por donde pasa por cuanto los coches con sus sensores, radares, cámaras digitales y micrófonos, pasarán por parques, plazas, tiendas, restaurantes, cafeterías, domicilios, y se cruzará con otros vehículos y podrá ir recopilando y compartiendo datos con todos ellos.

VI. COCHES AUTÓNOMOS Y AFECTACIÓN DE DERECHOS

Se podría argumentar que todo lo anteriormente mencionado sobre afectación de derechos ya lo hacen, en gran medida, los actuales *smartphones* o teléfonos móviles modernos por lo que esta situación se debería asumir como inevitable. Ello, aun cuando fuera cierto, no justificaría la afectación de derechos ni por los *smartphones* ni por el coche autónomo, pero es que además en los *smartphones* podemos desactivar la cámara, la geolocalización, los micrófonos, los sensores, las aplicaciones, los radares, etc. (aunque casi nadie lo hace por múltiples motivos), cosa que en principio no podrá realizarse en los coches autónomos por cuanto resultan indispensables para su funcionamiento. Además, los coches autónomos tendrán más sensores y aplicaciones que los teléfonos celulares como, por ejemplo, el LiDAR (sistema láser que permite detectar personas y objetos y a partir de ello efectuar un mapa en 3D de la vía y sus alrededores[22] o el sistema V2X de comunicación que permite el reconocimiento y comunicación con las señales de tráfico, la infraestructura vial, y otros coches o personas[23], o también para el reconocimiento de circunstancias excepcionales (riadas, aludes, caídas de puentes, por ejemplo no previstas en el mapa o GPS).

Pero es que, además, el vehículo autónomo seguirá teniendo un peso aproximado superior a una tonelada, por lo que un accidente suyo de circulación puede provocar muchos daños personales y materiales (incluso mortales), porque accidentes siempre van a existir. En este sentido debemos recordar que aún cuando el coche autónomo sea respetuoso de las reglas de tráfico, siempre van a producirse comportamientos humanos (de peatones, transeúntes, pasajeros) irresponsables o simplemente impredecibles, o atribuibles al azar o a una distracción, que provoquen accidentes[24]. O, en todo caso, dichos coches autónomos podrán encontrarse ante unas circunstancias especiales por parte de determinadas personas que pueden originar o ser la causa de comportamientos que no puedan ser controlados tales como los producidos por menores, ancianos, ciclistas, o monopatinadores,

---

22 Sobre el LiDAR que permite la detección y localización por luz láser, ver IBM. "LiDAR" Disponible en https://www.ibm.com/es-es/topics/lidar (última consulta el 8 de julio de 2024).

23 González Torres, José Manuel. "Qué es la comunicación V2X y por qué cambiará el futuro del automóvil". *Muy interesante* (actualidad). Disponible en https://www.muyinteresante.com/actualidad/60184.html (última consulta el 08 de julio 2024).

24 Sobre cómo los coches autónomos mejoran al ser humano en las maniobras "rutinarias" de la conducción, pero son peores que los humanos en las maniobras específicas, ver EFE. "Análisis de los vehículos autónomos: ¿en qué maniobras son más o menos seguros?" Disponible en https://efe.com/ciencia-y-tecnologia/2024-06-18/coches-autonomos-seguridad-maniobras/ (última consulta 8 de julio de 2024).

o simplemente personas que padecen de alguna discapacidad o también alguna enfermedad sea física o mental[25].

A todo ello se debe sumar que los coches autónomos y sus sistemas también pueden ser víctimas de una caída o de un mal funcionamiento de la red, o de un fallo o de una mala actualización del software o de las aplicaciones o del microprocesador o demás elementos del hardware, o de un hackeo o de un ciber ataque, o de un fallo en el mantenimiento del coche, o de un pinchazo, o de accidentes o mal funcionamiento de otros coches. Además, no debemos olvidar que también podrán ocasionarse accidentes a raíz de un mal mantenimiento de las carreteras y caminos, por la falta o mala señalización, por la interferencia de otros elementos tales como ramas de árboles tapando una señal. Además, se debe tener presente que con el tiempo y las condiciones las pinturas sobre el asfalto podrán irse borrando, o que el polen en primavera o la caída de hojas en otoño podrá cubrirlas en todo o en parte, o que las señales de tráfico podrán ser rotas o vandalizadas (por ejemplo, por grafitis sobre ellas).

Al margen de lo ya mencionado respecto de las afectaciones a los derechos a la autodeterminación informativa, a la protección de datos, a la intimidad, a la propia imagen, al honor, al secreto de las comunicaciones y de la posibilidad de que los coches autónomos resulten de una u otra manera involucrados en accidentes afectando también derechos como a la vida, la integridad personal y seguridad, se debe hacer mención que los coches autónomos podrían también afectar otros derechos.

En efecto, también podrían verse afectados derechos tales como la libertad de circulación de las personas afectando la posibilidad de decidir por dónde circular, ya que el vehículo pasará por aquéllas zonas programadas o autorizadas y evitará, o no irá a aquéllas zonas que los programadores o los gestores del sistema decidan que no deben ir por razones que podrían ir desde la peligrosidad de la zona, a motivos políticos, económicos, sociales, que en caso extremo en dependencia de quien programe, gestione o administre el sistema podrían llegar a motivos raciales, étnicos, xenófobos.

Así también podrían afectar al derecho de reunión y manifestación ya que el permanente uso de sensores, cámaras y micrófonos que reca-

25 Sobre los cientos de accidentes reportados en los Estados Unidos en los que los coches autónomos han estado involucrados, ver al respecto Scarpellini, Pablo. "Cientos de accidentes vinculados con los coches autónomos y el piloto automático en EEUU". El Mundo (motor). Disponible en: https://www.elmundo.es/motor/2022/06/19/62aeba79fdddff4c408b4588.html (última consulta el 8 de julio de 2024).

ban y transmiten datos, imágenes, sonidos, e informaciones a entidades públicas y privadas pueden ocasionar, como ya se ha señalado anteriormente, una vigilancia, identificación y control de las personas que están en determinadas zonas en las que se realiza una reunión o manifestación (cosa que ya hemos señalado pueden hacer en todo momento, pero en este punto nos referimos a las manifestaciones). Además, los coches autónomos también podrían ser utilizados para limitar el acceso de los pasajeros a determinadas zonas de las ciudades en las cuales se produce una manifestación bajo el pretexto de que la circulación por esa zona no es la idónea, cuando precisamente el pasajero quiere ir a ella.

Se ha analizado también la posible afectación de otros derechos como el de la libre residencia y el de libre asociación, pero por el momento no se aprecia vulneraciones sobre ellos pues mientras exista transporte público que lleguen a todos los sectores de la población y vehículos con conductor coexistiendo con los coches autónomos uno podrá acceder y transitar a, y desde, su lugar de residencia por estos medios alternativos, aunque los coches autónomos no lleguen hasta él o no circulen por él. Tampoco lo apreciamos en relación al derecho a la libre asociación ya que incluso las nuevas tecnologías posibilitan la participación incluso de forma virtual en las asambleas y demás reuniones, independientemente de la ubicación del usuario[26]. Y todo ello, sin entrar a hablar de la posibilidad de que estos coches autónomos sin conductor puedan ser utilizados en labores de seguridad ciudadana (por ejemplo, haciendo una barrera que impida la huida de un delincuente) o en materia de control de masas como apuntan determinados proyectos que se vienen desarrollando en la Unión Europea[27].

---

26 Por su parte la puesta en marcha masiva y generalizada de los coches autónomos sin conductor afectará en su trabajo a distintos colectivos tales como: Taxistas, chóferes, conductores de camiones, autocares, ambulancias y demás vehículos de transporte público, así como a las autoescuelas, a los policías de tráfico, o incluso a los mecánicos.

27 Resulta interesante y a la vez preocupante que la Unión Europea financie el proyecto CROWDBOT sobre robots que en entornos de multitudes puedan interactuar con las personas con un mayor grado de detección "y capacidades de procesamiento, un rastreador integrado a bordo y un sistema de localización mejorado" y que participen en la gestión del tráfico de multitudes, cuya tecnología podrá fácilmente ser utilizada en los coches autónomos. Visto en Comisión Europea. "Robots ayudantes que asisten a las personas en entornos abarrotados". Disponible en https://cordis.europa.eu/project/id/779942/es (última consulta el 7 de julio de 2024).

VII. EL COCHE AUTÓNOMO COMO POSIBLE LÍMITE A DETERMINADOS DERECHOS

A lo largo de este trabajo hemos hecho mención a que la generalización de los coches autónomos sin conductor afectaría a una serie de derechos. Ahora bien, cabe recordar que los derechos no son absolutos y pueden ser restringidos o limitados siempre que las restricciones o los límites no sean arbitrarios y sean compatibles con el sistema constitucional de Derecho. Para determinar esta compatibilidad, los tribunales constitucionales, así como el Tribunal de Justicia de la Unión Europea desde que asumió la función de garante de lo dispuesto por la Carta de Derechos Fundamentales de la Unión Europea en 2009, han seguido la inicial línea marcada por el Tribunal Europeo de Derechos Humanos el cual progresivamente ha ido perfilando una serie de requisitos (que posteriormente han sido moldeados por los otros tribunales en un diálogo permanente) que deberán cumplir las restricciones y los límites a los derechos para ser compatibles con el sistema de derechos establecido en el sistema Europeo. Al conjunto de tales requisitos, que se extraen analizando sus distintas sentencias en los casos concretos (ya que no debemos olvidar que los órganos jurisdiccionales no son legisladores ni instituciones académicas), una vez sistematizados se le ha denominado como "test de los límites a los derechos"[28].

De esta forma analizaremos el coche autónomo sin conductor a la luz del referido test de los límites a los derechos para poder determinar su compatibilidad con el sistema de derechos. Este test de los límites consta

---

28 Se debe recordar que el test de los límites es producto de la labor jurisprudencial, por lo que no cuenta con un listado cerrado de componentes, sino que estos dependerán de la constante evolución que en los diferentes casos en concreto vayan teniendo tanto el Tribunal Europeo de Derechos Humanos como en su caso el Tribunal de Justicia de la Unión Europea, o por último el Tribunal Constitucional. Sobre una aproximación inicial al test de los límites a los derechos, ver Freixes, Teresa. "Las principales construcciones jurisprudenciales del Tribunal Europeo de Derechos Humanos. El estándar mínimo exigible a los sistemas internos de derechos en Europa", en *Cuadernos Constitucionales de la Cátedra Fadrique Furió Cerios*, nº 11/12, Valencia, 1995, págs. 101 y ss.
Sobre una actualización de los elementos del test de los límites, ver Remotti, José Carlos. "Reflexiones sobre la subsidiaridad y el margen de discrecionalidad en el ámbito de actuación de la Corte Interamericana de Derechos Humanos", en Saura, Nuria (ed.) *Derechos Humanos, Derecho Constitucional y Derecho Internacional: Sinergias Contemporáneas*, Centro de Estudios Políticos y Constitucionales, Madrid, 2021, págs. 465 y sig.

de una serie de preguntas sucesivas y escalonadas que el operador jurídico debe ir contestando positivamente para poder seguir adelante, y así hasta el final del test o última pregunta, pues en el caso que en alguno de los niveles o preguntas la respuesta fuera negativa, se finalizaría el procedimiento ya que la restricción o límite del derecho sería arbitraria. Así, en esencia, y conforme lo señalamos en un trabajo anterior[29], el test de los límites consta como mínimo de los siguientes elementos que, adaptados y aplicados al presente caso de análisis, son:

1. *Si la restricción o la limitación al derecho ha sido adoptada conforme a Derecho.*

   En este punto tenemos que convenir que tanto la UE como los distintos estados miembros han venido adoptando, como ya lo hemos indicado, las respectivas normativas reguladoras para los diferentes grados de autonomía de los vehículos conforme se van alcanzando las sucesivas etapas de desarrollo, que van como ya se ha mencionado desde el nivel 0 (sin ningún proceso automatizado en la conducción) hasta el 5 (con plena autonomía en todo momento y en todas las circunstancias y lugares)[30]. En este sentido tanto los requisitos para su fabricación, como los de su circulación en las vías públicas

---

29 Remotti, José Carlos. "Reflexiones sobre la subsidiaridad y el margen de discrecionalidad en el ámbito de actuación de la Corte Interamericana de Derechos Humanos", en Ob. Cit., págs. 465 y sig.

30 Dentro de la diversa normativa que ha abordado progresivamente el desarrollo del coche autónomo tenemos, por ejemplo, a nivel europeo, y sin agotar el listado:
- El Reglamento de ejecución (EU) 2022/1426: Establece normas para la aplicación de los requisitos específicos establecidos en el Reglamento 2019/2144 para los vehículos totalmente automatizados.
- El Reglamento Delegado (EU) 2021/535: Complementa el Reglamento (EU) 2019/2144 en lo que respecta a los requisitos específicos para ser homologados los sistemas de conducción automatizada.
- El Reglamento General de Seguridad (EU) 2019/2144: En el que se establecen los requisitos específicos para la homologación de los coches automatizados.

Por su parte, en España, como ya hemos señalado, el marco normativo está referido a hasta los vehículos de nivel 4 automatizados (en los que se requiere el control o supervisión de un conductor). Así encontramos la Instrucción de la DGT 15/V- 113 de "Autorización de pruebas o ensayos de investigación realizados con vehículos de conducción automatizada en vías abiertas al tráfico en general" y posteriormente de la Instrucción de la DGT VEH 2022/07 de Autorización de pruebas o ensayos de investigación realizados con vehículos de conducción automatizada en vías abiertas al tráfico en general, dictadas ambas de conformidad con lo dispuesto por el art. 47 del Reglamento General de Vehículos (Real Decreto 2822/1998 de 23 de diciembre).

(y las pruebas y ensayos que se realizan) se vienen adoptando conforme a Derecho. Como ya se ha señalado, en algunos países europeos ya tienen normativa reguladora para el nivel 5 de autonomía y en otros, como en España, hasta la fecha de cierre del presente trabajo, solo hasta el nivel 4 pero, como ya hemos apuntado, la DGT ya ha anunciado que próximamente se aprobará la normativa reguladora para el nivel 5. Al no haber incompatibilidad alguna seguimos adelante con el test.

2. *Si la restricción o la limitación del derecho tiene una finalidad legítima.*

   En este punto también podemos convenir que los coches autónomos responden a finalidades legítimas de protección y garantía de sendos bienes jurídicos constitucionales tales como la mejora de la seguridad del tráfico, la disminución de accidentes, la reducción del tiempo de traslado, la reducción de las emisiones contaminantes, así como la mejora en la calidad de vida, comodidad y productividad de las personas, o la integración y participación social de determinados grupos poblacionales que puedan tener limitaciones para la conducción tales como ancianos o discapacitados. Por ello consideramos que los coches totalmente autónomos sí tendrían una finalidad legítima.

3. *Si son necesarios en una sociedad democrática.*

   Para ello debemos considerar que en democracia no cualquier necesidad social puede justificar que se limiten derechos fundamentales. Esta necesidad debe ser imperiosa y, además, como señala el Tribunal Constitucional, "no debe haber otra forma menos gravosa" de resolver el problema o de alcanzar los objetivos buscados, cuya utilización permita alcanzar una eficacia semejante (ver por todas STC 66/2022, Fundamento Jurídico 5). De esta forma debemos dividir el análisis de este escalón en tres bloques:

   3.1. El primero de los bloques estará en relación a si los coches autónomos de nivel 5 son resultado de una necesidad social imperiosa, que no pueda ser cubierta de una manera menos gravosa para los derechos, para la consecución de las finalidades siguientes: La mejora de la seguridad del tráfico, la disminución

---

Pero, como ya hemos señalado anteriormente la DGT ha anunciado que en breve aprobará una disposición que permita realizar las pruebas necesarias para los coches de nivel 5 o de total automatización.

de accidentes, la reducción del tiempo de traslado, la reducción de las emisiones contaminantes. Para el análisis

3.1.1 Con relación a las primeras finalidades de este bloque, es decir, la mejora de la seguridad del tráfico, la disminución de accidentes, la reducción del tiempo de traslado consideramos que, si bien son necesidades, objetivos o finalidades legítimas de la sociedad, consideramos que ellas pueden o podrían alcanzarse utilizando otros medios o sistemas menos gravosos para los derechos de los ciudadanos. Así tenemos que respecto a los primeros tales objetivos se pueden alcanzar generalizando para todos los coches los sistemas ADAS de ayudas avanzadas a la conducción incorporándolos como se ha decidido a todos los coches matriculados a partir de julio de 2024[31]. En efecto, generalizar ayudas tales como el detector de ángulo muerto, el detector de cansancio la alerta de colisión, el control de mantenimiento de carril, el control de crucero adaptativo, la frenada de emergencia con detección de peatones, el alcoholímetro de serie vinculado al arranque, la caja negra en donde se guardan los datos de la conducción, reducirían mucho la siniestralidad. Además. en igual sentido sería necesario incorporar a todos los vehículos un limitador automático de velocidad a lo establecido en cada trayecto, las ayudas para la marcha atrás[32], o que el vehículo automáticamente se

---

31 Ver el Reglamento (UE) 2019/2144 del Parlamento Europeo y del Consejo de 27 de noviembre de 2019 relativo a los requisitos de homologación de tipo de los vehículos de motor y de sus remolques, así como de los sistemas, componentes y unidades técnicas independientes destinados a esos vehículos, en lo que respecta a su seguridad general y a la protección de los ocupantes de los vehículos y de los usuarios vulnerables de la vía pública.

32 Estas Ayudas a la conducción o sistemas ADAS están previstos que sean obligatorios en todos los coches de venta a partir de 2024. Ver al respecto RACE. "Los sistemas ADAS que serán obligatorios a partir del 6 de julio de 2024". Disponible en https://www.race.es/sistemas-de-ayuda-a-la-conduccion.. (Última consulta 10 de julio de 2024).
Ver también Nicolás Fraile, Carlos "DAS obligatorios para nuevas matriculaciones" Disponible en https://revista.dgt.es/es/noticias/nacional/2024/07JULIO/1107-ADAS-obligatorios.shtml. (Última consulta el 10 de julio 2024).

pare y estacione cada dos horas obligando al conductor a descansar de la conducción.

Por otra parte, también sería necesario cambiar el sistema de enseñanza en las autoescuelas destinado en la actualidad a enseñar a aprobar el examen para obtener la licencia más que en enseñar a conducir con seguridad.

Si la instalación de todas estas ayudas (ADAS) se ve complementada con una mejor formación de los conductores, así como con mejores infraestructuras viales, mejor señalización, mejor iluminación, mejor control del respeto de las normas de tráfico, se podrían alcanzar los objetivos y finalidades sociales planteados sin una afectación tan gravosa de los derechos.

3.1.2 Con relación a la última finalidad de este bloque, es decir a la reducción de las emisiones contaminantes consideramos que la implementación de las ADAS ya mencionadas, la mejor formación, la mejora en las infraestructuras, terminarán por generalizar, como ya hemos mencionado, una "conducción eficiente" que permita, junto al retiro progresivo de los coches antiguos, el ahorro en el consumo de carburante y de otras formas de energía con el beneficio para el medio ambiente. Además, se debe recordar que los avances dados en la hibridación y la electrificación de los coches ya vienen marcando ese camino el cual se potenciará en gran medida con la generalización, por ejemplo, de la pila o batería de hidrogeno.

Por todo ello considero que en cuanto a alcanzar los fines de mejorar de la seguridad del tráfico, la disminución de accidentes, la reducción del tiempo de traslado, la reducción de las emisiones contaminantes, el coche autónomo no es una necesidad social imperiosa que justifique afectar o limitar derechos de forma generalizada en una sociedad democrática ya que tales finalidades siendo legítimas, pueden ser alcanzadas por otros medios menos gravosos.

3.2. El segundo de los bloques está en relación a determinar si podemos considerar a las mejoras en la comodidad y productividad por parte del pasajero (antes conductor) como una necesidad social imperiosa que permita afectar o limitar derechos por cuanto éste podrá ir contestando correos, chateando, avanzando su trabajo, navegando por internet, atendiendo una video llamada, viendo una película o simplemente durmiendo mientras es trasladado por el coche autónomo. A este respecto, cabe preguntarnos si independientemente de la utilidad, comodidad y mejora en la productividad de las personas esto puede considerarse como una necesidad social imperiosa como para fundamentar limitar o restringir derechos fundamentales. Para dar respuesta a esta pregunta debemos recordar, en primer lugar, lo sucedido en su momento con los teléfonos móviles o los *smartphones* que en un principio se consideraban como un lujo, una extravagancia propia de los "nuevos ricos" y los "*snobs*" mientras que en la actualidad es muy difícil encontrar a alguien, por ejemplo, en España que no tenga un teléfono móvil con acceso a internet habiéndose convertido en la actualidad en una herramienta necesaria prácticamente para todo.

Con relación al coche autónomo, encontramos que, dentro de la diversidad social, en estos momentos algunas personas pueden calificar la necesidad de tener tales coches y de ser más rentables, productivos, o de poder viajar con mayor comodidad como algo imperioso mientras para otros podrá no serlo y calificarla como superflua o vana como sucedió con el teléfono móvil o el *smartphone* y como sucedió con estos, los que ahora piensan que no es una necesidad imperiosa puede que en pocos años cambien de opinión. Además, se debe tener en cuenta que esta sería una necesidad fabricada o generada por el marketing de los fabricantes o vendedores de dichos coches, pero no una necesidad vital[33]. Así también hay que recordar que, en principio, el desarrollo de esta tecnología y su puesta en marcha debería ser totalmente privada sin que el

---

33 Sobre las distintas necesidades humanas a ser cubiertas prioritariamente por un Estado Social y Democrático de Derecho, tales como las necesidades primarias, las necesidades sociales básicas, las que generan una especial debilidad en la vida, o las condiciones mínimas de vida, ver Remotti, José Carlos. "Constitución, Estado Social y Democrático de Derecho y neutralidad institucional. Un marco de convivencia ante el resurgir de proyectos ideológicos, intolerantes, sectarios y totalitarios" en Gavara de Cara, Juan Carlos y De Miguel Bárcena, Josu. *Poder, Constitución y Neutralidad*, JM Bosch Editor, Barcelona 2023 págs. 227 a 229.

dinero público sufrague directa o indirectamente su desarrollo e implementación. Distinto sería el caso de que se utilizara dinero público para desarrollarlo o ponerlo en marcha, habiendo otras muchas necesidades sociales prioritarias (sanidad, alimentación, educación, vivienda, etc.) que requieren de ese dinero en cuyo caso la negativa sería rotunda. En este sentido, no encontramos elementos definitivos que nos permitan afirmar con rotundidad que dentro de una sociedad diversa y plural no pueda ser considerada imperiosa para un grupo de personas (futuros usuarios) siempre que su puesta en marcha se financie con dinero privado, sin dinero público y que responda de forma positiva a los siguientes niveles del test de los límites a los derechos.

Sobre estas bases en la actualidad no hay un medio menos gravoso que permita atender a todas las distintas actividades antes mencionadas (tales como leer y contestar correos, chatear, avanzar trabajo, navegar por internet, atender videollamadas, ver películas, o simplemente dormir), mientras el coche circula, sin poner en extremo peligro al conductor, los pasajeros, los peatones, los otros vehículos y sus conductores y pasajeros, por lo que creemos que, en este punto sí puede ser considerado como compatible con las exigencias del test de los límites.

3.3. El tercero de los bloques está en relación a determinar si la atención a personas con impedimentos o limitaciones para conducir como pudieran ser ancianos, o personas con discapacidades físicas es una necesidad social imperiosa que amerite la circulación generalizada de los coches autónomos. A este respecto reiteramos rotundamente que sí, pues sin tener que suplir las funciones de una ambulancia u otro tipo de transporte especializado, ni siquiera de los actuales taxis o sistemas de transporte por aplicación (Uber, por ejemplo) pues no se trata de suplirlos sino de complementarlos. En este sentido, hablando de personas que no pueden conducir pero poseedoras de una capacidad de decisión plena, consideramos que los coches autónomos debidamente adaptados y equipados con rampas y sujeciones, así como con sistemas de comunicación visuales y auditivos, pueden cumplir una función muy relevante para la integración social de estos colectivos que tengan limitaciones para conducir, ya que, reitero, se les estaría dando más opciones a fin de que puedan movilizarse y acceder a servicios públicos, locales sociales, o comerciales, así como a participar en la vida social, familiar, cultural de su comunidad, por lo que considero que también en este punto resultan compatibles con las exigencias del test de los límites[34].

Entonces, de todas las finalidades legítimas iniciales, tenemos que dos son las finalidades que siguen adelante en el test de los límites, a saber: generar con los coches autónomos una mejor productividad y comodidad de los pasajeros, por un lado, y el brindar atención a los distintos colectivos de personas con problemas y/o circunstancias de distinta naturaleza que les impidan o limiten conducir, ofreciéndoles una alternativa más a las actualmente existentes.

4. *Si el medio utilizado es adecuado o idóneo para alcanzar la finalidad o los objetivos propuestos.*

   Con relación a la finalidad de mejorar la comodidad y productividad de los pasajeros consideramos que claramente el coche autónomo sí sería adecuado para permitir una mejor productividad y comodidad de los pasajeros ya que les eximiría de la conducción pudiendo dedicarse durante el trayecto a realizar otras cosas.

   Con relación a la segunda de las finalidades consideramos que también favorecerá la integración de colectivos como el de las personas ancianas o con discapacidad, o con una necesidad especial, que tengan limitaciones para conducir (siempre que éstas puedan trasladarse hasta la rampa del coche, puedan subir y bajar del mismo) y posean capacidad de decisión libre y responsable, y que la existencia de estos coches no sea incompatible con la existencia de otros servicios alternativos con conductor humano que brinde servicios de ayuda especializada a estas personas. En este sentido consideramos en ambos supuestos el coche autónomo resulta adecuado para alcanzar las finalidades legítimas perseguidas.

5. *Si la medida aplicada o el medio utilizado es proporcional.*

   A este respecto para determinar si las limitaciones o afectaciones a los derechos que provocaría la circulación generalizada de coches autónomos es proporcional también utilizaremos los criterios jurisprudenciales en el sentido de analizar si el perjuicio que se pueda

---

[34] Ídem.

ocasionar a los derechos con las medidas sea razonable sin que se produzca una carga excesiva a los mismos, es decir que brinde "más beneficios o ventajas al interés general que perjuicios a los bienes, valores" (ver por todas STC 87/2024, Fundamento Jurídico 4).

5.1. Con relación a la finalidad de mejorar de comodidad y productividad de los conductores y conseguir que, durante el trayecto, ellos puedan ir leyendo, durmiendo, trabajando o jugando, etc., consideramos que la circulación generalizada de vehículos autónomos y en especial de los coches autónomos, generaría, como ya hemos visto en páginas anteriores, un perjuicio muy superior al interés general pues la utilización permanente de sus sensores, cámaras, micrófonos y radares generarían una afectación generalizada de derechos como por ejemplo, a la intimidad, la protección de datos, la autodeterminación informativa, la propia imagen, la libre circulación, al secreto de las comunicaciones, el derecho a la libre reunión y manifestación como hemos visto de los pasajeros, de los transeúntes y peatones, de los residentes de las zonas por las que circula o está parado o estacionado el coche, de los pasajeros de los otros coches, etc. Por ello consideramos que la utilización generalizada e indiscriminada de este tipo de coches para alcanzar esta finalidad, afecta gravemente por desproporcionada a tales derechos, así como al sistema democrático permitiendo la implementación de lo que denominamos estado o sociedad del control.

5.2. Por el contrario, consideramos que el perjuicio que los coches autónomos puedan ocasionar con la finalidad de favorecer a las personas en circunstancias especiales tales como los ancianos u otras personas con discapacidad que no pueden conducir, es perfectamente asumible por la sociedad y no puede ser considerado como desproporcionado, todo lo contrario, es totalmente necesario y proporcionado.

Entonces, según mi parecer, sólo sigue adelante en el test el hecho de que los coches autónomos puedan servir de manera puntual a personas y colectivos con alguna necesidad especial como los anteriormente señalados que, teniendo capacidad de decisión plena, por algún motivo no puedan conducir, y prefieran este medio de transporte a los otros existentes tales como el taxi o el transporte por aplicación (Uber o semejantes). En este sentido, este sería hasta este punto el único supuesto o finalidad legítima compatible con el sistema de derechos, quedando todavía el análisis de un escalón más dentro del test de los límites.

6. *Si los derechos afectados por la circulación generalizada de los coches autónomos cuentan con garantías efectivas y eficaces que permitan evitar abusos, arbitrariedades, así como prevenir, evitar, reponer, reparar los perjuicios que puedan sufrir.*

El último de los elementos del test de los límites a los derechos al cual haremos referencia está referido a si los coches autónomos de nivel 5, aun cuando se centren en la atención de las personas y colectivos con necesidades especiales impedidos o limitados de conducir a los que nos hemos referido, cuentan con suficientes mecanismos de garantías jurídicas frente a las posibles afectaciones de derechos que puedan ocasionar.

Como decíamos al inicio de este trabajo en determinados países ya se están haciendo pruebas con los coches plenamente autónomos sin conductor para que puedan circular en todo momento, lugar y circunstancias (nivel 5) mientras que como también hemos visto los ordenamientos jurídicos de los países, como es el caso de España, se van adecuando para posibilitar su pronta puesta en marcha. Ahora bien, esa misma velocidad para alcanzar e incluso regular su funcionamiento no se aprecia en lo referente a la adopción de medidas de garantías efectivas y eficaces frente a las afectaciones a los derechos que pueda provocar la circulación de los coches autónomos. En esto tiene mucho que ver el inmenso poder económico, y su proyección a lo político, de las empresas que están en esta carrera de producir los coches autónomos que presionan a las autoridades competentes para eludir o, en su caso, minimizar sus responsabilidades respecto a las afectaciones de derechos.

6.1. En relación a la existencia de mecanismos de garantía efectivos y eficaces respecto de los derechos a la protección de datos, autodeterminación informativa, el honor, la propia imagen, de defensa de la intimidad, reunión, manifestación.

Sobre este punto consideramos que los mecanismos actualmente vigentes no cumplen con el deber mínimo de protección eficaz exigible ante la magnitud de las afectaciones a los derechos que se originarían con la circulación de los coches autónomos, conforme a todo lo analizado. Ya hemos señalado que la cantidad de sensores, radares, cámaras o micrófonos que tendrán los coches autónomos de nivel 5, que recopilarán, procesarán, almacenarán, transmitirán todo tipo de datos, informaciones, imágenes, sonidos, de forma permanente y no solo respecto de sus pasajeros sino también de los peatones, pasajeros de otros coches, de las infraestructuras, de las zonas públicas y privadas que se encuentren por donde circulan. Ante ello consideramos que no es suficiente decir que cuando se compre o alquile uno de estos coches autónomos se firmará un contrato que autoriza la obtención, procesamiento almacenamiento y transmisión de los datos, informaciones, imágenes, sonidos, pues con ello se afecta, cuando menos, los derechos a la intimidad, autodeterminación informativa, al secreto de las comunicaciones, la propia imagen así como al honor.

El hecho de que los teléfonos ya vengan haciendo muchas de las actuaciones analizadas, no significa que ellos no estén también vulnerando los derechos, sobre la base de que el negocio de los datos es de tal volumen que pueden someter fácilmente voluntades de autoridades, legisladores y jueces que deberían velar por los derechos de los ciudadanos más que por el índice bursátil y los beneficios económicos de las empresas.

Por ejemplo, que los ciudadanos utilicen Whatsapp es una cosa, pero que esta comparta los datos de sus usuarios con Facebook, que ahora es su empresa matriz, es otra cosa y que, además, ésta última lo haga con sus empresas asociadas, o con los desarrolladores de aplicaciones y sitios web, o con los anunciantes y publicistas para que nos envíen publicidad personalizada, o con sus proveedores de servicios de distinta naturaleza, o con las autoridades policiales o judiciales ante su solicitud o si detecta ilegalidades en su funcionamiento (¿cómo lo hará sin observar el contenido de nuestras comunicaciones, o nuestra actividad por internet?) es claramente abusivo. Por otra parte, la supuesta mejora del servicio no es un fundamento válido cuando son dos aplicaciones diferentes que funcionaban autónomamente antes de la absorción. Tampoco lo es la integración de servicios con otras aplicaciones del grupo empresarial (Instagram, Messenger por ejemplo), ni tampoco el recibir publicidad personalizada, aplicaciones y funciones no solicitadas ni queridas por el usuario e impuestas por las aplicaciones, que se utilizan como mera justificación para este tráfico arbitrario de datos. Y que, ante ello, las autoridades consideren que se respetan los derechos solo por el hecho de marcar de forma obligatoria y sin posibilidad a negarse un casillero con una supuesta o teórica aceptación de las condiciones de uso de Whatsapp (que ni siquiera son leídas ni queridas por la mayoría de los usuarios), sin lo cual no se puede utilizar la aplicación con la consiguiente exclusión del entorno social, lo convierten en un contrato de adhesión abusivo y arbitrario. Y, además, este tipo de contrato de adhesión abusivo y arbitrario y ese tráfico abusivo y arbitrario de datos se produce no solo con la aplicación que estamos utilizando como ejemplo sino con todas las aplicaciones, los softwares, hardwares o el uso de la red, por lo que el coche autónomo vendría a incrementar exponencialmente esta situación.

Ante ello, las agencias de protección de datos, sean estatal o europea, centran su actividad, en gran medida, en los casos concretos que les llegan, pero no afrontan casi nunca la causa real que posibilita el tráfico indiscriminado y arbitrario de datos personales, que en gran medida se centra en el abuso del poder y de la posición dominante de estas empresas y su desmedido interés económico que no tiene reparos a la hora de afectar derechos.

Tampoco los tribunales han cumplido con su labor de protección de los derechos de protección de datos, autodeterminación informativa, a la intimidad y privacidad y priman otro tipo de valoraciones. Por ejemplo, en lo que respecta al derecho al olvido (o derecho a la supresión de datos) tenemos ante el Tribunal de Justicia de la Unión Europea el caso Google España contra la Agencia Española de Protección de Datos y Mario Costeja González[35]. Dicho caso se planteó ante el hecho que los buscadores de internet mantuvieran indexado el nombre de una persona a una noticia antigua que en la actualidad carece de relevancia pero que aparecía en el resultado de búsqueda cada vez que se ponía el nombre de dicha persona. Y que ello sucederá de forma indefinida a lo largo del tiempo. En este caso no se buscaba eliminar la noticia (que seguiría figurando para quién la busque específicamente,

---

[35] Ver Sentencia del Tribunal de Justicia de la UE (Gran Sala) de 13 de mayo de 2014. en el caso Google Spain, S.L. y Google Inc. contra Agencia Española de Protección de Datos (AEPD) y Mario Costeja González (ECLI:EU:C:2014:317).

sino de que cuando años después de la publicación de la noticia se ponga el nombre de una persona en el buscador no salga dicha información para evitar una especie de cadena perpetua que en gran medida le impide rehacer su vida familiar, social, laboral, económica.

Ante ello el Tribunal de Justicia de la UE señaló como regla general que, en principio, debía prevalecer el derecho de respeto de la vida privada y de protección de datos personales por sobre "el interés legítimo de los internautas potencialmente interesados en tener acceso a la información en cuestión"[36]. Ahora bien, una vez dicho ello el TJUE concluye, a mi parecer erróneamente, que deberán ser los perjudicados los que individualmente en cada caso concreto deberán solicitar que se proceda a desvincular su nombre de la noticia antigua y que, para ello, deberán justificar los motivos por los que lo solicita y la empresa del buscador podrá negarse en determinados casos tales como los referidos al papel que el solicitante haya tenido en la vida pública (casos de corrupción, por ejemplo), pero dejando abierta la posibilidad de que el buscador considere otros supuestos[37].

Por mi parte, considero que dentro de una línea garantista de los derechos (y no de otros intereses) la resolución del TJUE debió establecer, en concordancia con el criterio general señalado, que los propios buscadores deberían eliminar automáticamente la indexación de los nombres a las noticias a los 5 o 7 o 10 años de producida esta y, en todo caso, si la persona no quiere esa desindexación que sea ella la que pida que su nombre se mantenga indexado a la noticia. Es decir, exactamente al revés de lo resuelto, y priorizar con ello los derechos de los ciudadanos y no los intereses económicos de las empresas de los buscadores que tendrían que implementar cambios en sus sistemas que, es cierto, serían costosos. Así tenemos que: hacerlo originaría un coste añadido a las empresas, pues sí. Tendrían menos utilidades a fin de año: pues sí, pero sus negocios serían compatibles con el sistema de derechos de una sociedad democrática, no como en la actualidad que obtienen ganancias

36 Ídem, Fundamento Jurídico 81.

37 Ibidem, Fundamento Jurídico 99.

a costa de los datos, la intimidad, la vida privada, el honor, la propia imagen de las personas. En este sentido, resultaría incompatible con el sistema constitucional de derechos obligar a los ciudadanos a tener que solicitar todos y cada uno de los días que se supriman nuestros datos, imágenes o sonidos que vayan siendo recogidos, tratados o transmitidos por todos los coches autónomos que usemos o con los que nos crucemos por la calle y que puedan terminar en la web o en un motor de búsqueda como, por ejemplo, Google.

En dicha sentencia (Google Spain, S.L. y Google Inc. contra la Agencia Española de Protección de datos y Mario Costeja González) se reconoció, en primer lugar, el derecho al olvido sobre una noticia que, siendo veraz y publicada lícitamente haya, por el solo paso del tiempo, dejado de tener trascendencia o relevancia, pero que aun así sigue apareciendo en el resultado de búsquedas cada vez que se teclee el nombre del autor lo que, como ya hemos mencionado, muchas veces le impide rehacer su vida familiar, social, laboral, económica, sumiendo a la persona en una especie de cadena perpetua. Además, en segundo lugar, dicha sentencia también establece que, si bien el solicitante debe motivar su pedido, es al gestor del motor de búsqueda o a la administración a quién le corresponde demostrar que existen motivos sólidos que justifiquen un interés de la sociedad que pueda ser preponderante para mantener el vínculo o indexación a la noticia independientemente del paso de los años. En este sentido se reitera que no se busca eliminar la noticia, sino que solo se trata de desvincular el nombre de una persona para que, transcurridos unos años, esa noticia no salga cuando se busca sobre él. Si se busca específicamente sobre la noticia sí que saldría.

Frente a ello encontramos que el Reglamento General (UE) 2016/679 "relativo a la protección de las personas físicas en lo que respecta al tratamiento de datos personales y a la libre circulación de estos datos"[38] asumiendo, como así parece, la defensa de los intereses de las empresas con motor de búsqueda en

---

[38] Reglamento General (UE) 2016/679 relativo a la protección de las personas físicas en lo que respecta al tratamiento de datos personales y a la libre circulación de estos datos. Este Reglamento se complementa con:

internet, se dejó de regular precisamente el supuesto de derecho al olvido señalado por la jurisprudencia (el mero paso del tiempo que provoca la falta de trascendencia de la noticia y que origina perjuicios al solicitante)[39] que es precisamente el que abrió la puerta a este derecho en la sentencia comentada (y cuya implementación obligaría a las empresas a efectuar un cambio radical en el funcionamiento de los buscadores) y por el contrario incorporó otros supuestos no solo no previstos en ella (mencionados como meros *obiter dicta*) sino que están alejados del objeto y finalidad que se pretendía en dicha sentencia[40].

- La Directiva (UE) 2016/680 del Parlamento Europeo y del Consejo, de 27 de abril de 2016, relativa a la protección de las personas físicas en lo que respecta al tratamiento de datos personales por parte de las autoridades competentes para fines de prevención, investigación, detección o enjuiciamiento de infracciones penales o de ejecución de sanciones penales, y a la libre circulación de dichos datos y por la que se deroga la Decisión Marco 2008/977/JAI del Consejo.
- Reglamento (UE) 2018/1725 del Parlamento Europeo y del Consejo, de 23 de octubre de 2018, relativo a la protección de las personas físicas en lo que respecta al tratamiento de datos personales por las instituciones, órganos y organismos de la Unión, y a la libre circulación de esos datos, y por el que se derogan el Reglamento (CE) 45/2001 y la Decisión 1247/2002/CE.
- El Comité Europeo de Protección de Datos. Directrices 5/2019 sobre los criterios del derecho al olvido en los casos de motores de búsqueda en virtud del RGPD. Adoptadas el 7 de julio de 2020.

39 Es necesario reiterar que la ya citada STJUE Google Spain, S.L. y Google Inc. contra Agencia Española de Protección de Datos (AEPD) y Mario Costeja González señala expresamente que la incompatibilidad con el Derecho de la UE "[…] puede resultar no sólo que los datos sean inexactos, sino en particular, […] que se conserven durante un período superior al necesario […]" (Fundamento Jurídico 92).

40 El art. 17 del Reglamento General (UE) 2016/679 ya citado, establece en relación al derecho de supresión (o "derecho al olvido"), que:

1. El interesado tendrá derecho a obtener sin dilación indebida del responsable del tratamiento la supresión de los datos personales que le conciernan, el cual estará obligado a suprimir sin dilación indebida los datos personales cuando concurra alguna de las circunstancias siguientes:
   a) los datos personales ya no sean necesarios en relación con los fines para los que fueron recogidos o tratados de otro modo;
   b) el interesado retire el consentimiento en que se basa el tratamiento de conformidad con el artículo 6, apartado 1, letra a), o el artículo 9, apartado 2, letra a), y este no se base en otro fundamento jurídico;

Lo mismo sucede con la ley española de protección de datos[41] al desarrollar o complementar el Reglamento General de la UE antes mencionado, también hace tabla rasa con lo previsto en la STJUE al caso Google Spain, S.L. y Google Inc. contra Agencia Española de Protección de Datos (AEPD) y Mario Costeja González ya que establece que el derecho al olvido permitirá suprimir los datos siempre que "fuesen inadecuados, inexactos, no pertinentes, no actualizados o excesivos o hubieren devenido como tales por el transcurso del tiempo, teniendo en cuenta los fines para los que se recogieron o trataron, el tiempo transcurrido y la naturaleza e interés público de la información" art. 93 LOPDPGDD. En este caso, si bien dicho Reglamento General sí hace mención al paso del tiempo y que se deba tener en cuenta el interés público de la información, lo hace en cuanto se pueda apreciar que el dato ha devenido en inadecuado o excesivo, o inexacto, o no pertinente, no actualizado, cuando de lo que se trataba es que el solo hecho del paso del tiempo, sin otra causa añadida, permita a los ciudadanos desvincular su nombre de una información que ya no es relevante. En este sentido, subrayamos que el paso del tiempo no necesariamente puede convertir a la información en inexacta, inadecuada, impertinente, desactualizada o excesiva o que no altere el interés público de la información, sino de lo que se trata es de considerar que simplemente la convierte en una noticia veraz pero socialmente no relevante en la actualidad, evitando una especie de sanción perpetua para las personas.

Otro ejemplo de la desprotección de los ciudadanos lo encontramos en el denominado caso Google 2 también ante el

---

c) el interesado se oponga al tratamiento con arreglo al artículo 21, apartado 1, y no prevalezcan otros motivos legítimos para el tratamiento, o el interesado se oponga al tratamiento con arreglo al artículo 21, apartado 2;

d) los datos personales hayan sido tratados ilícitamente;

e) los datos personales deban suprimirse para el cumplimiento de una obligación legal establecida en el Derecho de la Unión o de los Estados miembros que se aplique al responsable del tratamiento;

f) los datos personales se hayan obtenido en relación con la oferta de servicios de la sociedad de la información mencionados en el artículo 8, apartado 1.

41 Ley Orgánica 3/2018, de 5 de diciembre, de Protección de Datos Personales y garantía de los derechos digitales.

Tribunal de Justicia de la Unión Europea[42]. En este caso se pedía al TJUE la interpretación del ámbito de aplicación del derecho al olvido al cual se refería en la sentencia anteriormente señalada. En esta sentencia el TJUE dispuso (a mi parecer también equivocadamente) que los buscadores de internet solo estarán obligados a desvincular el nombre de la persona de la noticia en los casos que lo soliciten en aquellos gestores de búsqueda de internet ubicados dentro la Unión Europea (por ejemplo Google.es, Google.fr, Google.it, Google.pl, Google.de, etc.), es decir con dominio perteneciente a uno de los estados miembros, pero no así en otras versiones del motor de búsqueda que corran por ejemplo desde USA o Asia o Oceanía, África o Sur o Centro América. En este sentido el TJUE olvidó que su función era proteger los derechos de los ciudadanos europeos y que la vulneración de estos derechos por medios informáticos puede desarrollarse desde cualquier país, no solo desde el ámbito territorial europeo, por lo que tenía que haber protegido el derecho al olvido de los ciudadanos disponiendo que, si esta empresa quería seguir desarrollando sus negocios en Europa, se borren los datos con independencia del país o la zona en la que se produzca u origine. Además, también cabría la posibilidad que los datos, informaciones, imágenes, sonidos, captados por los sensores, radares, cámaras y micrófonos o los demás elementos del hardware o del software o de la red puedan ser transmitidos desde un país UE a otro fuera de la UE o a sus empresas matrices, o colaboradoras, o asociadas, o a los desarrolladores de aplicaciones y sitios web, o a sus anunciantes y publicistas, o a sus proveedores de servicios, etc., que muy posiblemente también podrán estar instalados fuera del territorio de la UE y desde allí subirlos a internet con lo que se burlaría la obligación de desvinculación(a través de un fraude de ley) porque si bien la noticia se produjo en territorio de la UE esta se transmitió a territorio fuera de la UE desde donde se sube a internet, con lo que cuando se busque el nombre de esa persona en los buscadores de internet seguirá saliendo la noticia con la consiguiente vulneración de los derechos.

---

42 Sentencia del Tribunal de Justicia de la UE (Gran Sala) de 24 de septiembre de 2019, en el caso Google 2 (Google LLC contra la Comisión Nacional -francesa- de la Informática y de las libertades -CNIL-) (ECLI:EU:C:2019:772).

De otro lado, los procedimientos actualmente vigentes para garantizar la intimidad, el honor y la propia imagen[43] no responden tampoco a las actuales necesidades de protección frente a ataques o vulneraciones que eran impensables al momento en que se aprobó la ley (1982). Tampoco lo hace el anquilosado procedimiento que regula al derecho de rectificación de noticias inexactas[44]

Estos son unos pocos ejemplos de algunos de los problemas en relación a la inadecuada o falta de protección y garantías a los derechos ante la llegada de los coches autónomos cuando circulen de forma generalizada, obteniendo datos, informaciones, imágenes, voces, gustos, opciones, preferencias, ubicación, rutas, contactos, etc., a través de las cámaras, sensores, micrófonos, escáneres y radares, no solo de sus pasajeros sino de todas las personas con las que se crucen y podrán transmitirlas automáticamente, como ya se señaló, tanto a partir de su software, hardware, aplicaciones a sus empresas matrices, a sus empresas asociadas, a sus desarrolladores de aplicaciones y sitios web, a sus anunciantes y publicistas, a sus proveedores de servicios como en lo referente al análisis de datos o marketing, o con las autoridades policiales o judiciales y todo ello sean nacionales o en el extranjero (fuera de la UE) es claramente abusivo, y por tanto considero que tal como están actualmente las cosas no se garantiza la protección de estos derechos.

6.2. Con relación a otros derechos tales como derecho a la vida, la integridad, la propiedad.

Con relación a lo que respecta a las garantías sobre las posibles afectaciones que los coches autónomos puedan producir sobre los derechos a la vida, la integridad, la propiedad, también encontramos la necesidad de adecuar la normativa existente a esta nueva realidad antes de permitir su circulación por las calles. Así por ejemplo la normativa actual de tráfico gira sobre la base de la necesaria presencia de un conductor en todo vehículo que circule por las vías públicas el que será responsable no sólo de llevar la dirección y los controles del mismo, de respetar las

---

43 Ley Orgánica 1/1982, de 5 de mayo, de protección civil del derecho al honor, a la intimidad personal y familiar y a la propia imagen.

44 Ley Orgánica 2/1984, de 26 de marzo, reguladora del derecho de rectificación.

reglas de tráfico, sino también de los daños y perjuicios que pueda originar a las personas o bienes[45]. En este sentido se deberá modificar la normativa para permitir la circulación de los coches totalmente autónomos cambiando radicalmente la forma de entender la "conducción" así como la responsabilidad ya que los coches circularían sin conductor humano presente en todo momento, lugar o circunstancia[46].

En este sentido cabe señalar las presiones que las empresas fabricantes de los mismos están realizando a los responsables reguladores a fin de minimizar su responsabilidad y transferir (o por lo menos compartir) la responsabilidad que pudieran producirse como resultado de los percances producidos a raíz de la circulación, a los fabricantes de las partes del mismo (hardware, software), así como a los titulares del coche o, incluso, a los usuarios del mismo. En todo caso, considero que si los fabricantes del coche ponen en el mercado un producto que dicen puede circular sin conductor de forma segura en cualquier momento, lugar y circunstancia deben ser, en principio, responsables por los daños y perjuicios que provoquen. Y ya hemos visto en páginas anteriores que en las zonas en los que se están realizando las pruebas los coches autónomos están teniendo una serie de accidentes que hacen pensar que la tecnología todavía no está del todo madura[47] y que, como ya hemos señalado reiteradamente, accidentes y percances de toda naturaleza, siempre los habrá.

---

45 Se debe recordar que la Convención sobre la circulación vial celebrada en Viena, el 8 de noviembre de 1968, establece en su artículo 8.1 que "Todo vehículo en movimiento o todo conjunto de vehículos en movimiento deberá tener un conductor".

46 Reiteramos el debate sobre si el hecho de no tener un conductor humano presente puede entenderse como que no se tiene conductor. En este sentido, siendo que las funciones de dirección y control se ejercen no presencialmente por el sistema, las aplicaciones o los programas (software), o por el sistema de control de tráfico, el conductor debe ser considerado quien gestiona el sistema o el programador de la aplicación o, sobre todo, el fabricante del coche, que es en última instancia quien pone el producto en el mercado.

47 Biondi, Francesco. "La paradoja de la seguridad en los coches autónomos". Disponible en https://www.autopista.es/planeta2030/paradoja-seguridad-en-coches-autonomos_269389_102.html (última consulta el 10 de julio de 2024.

No entraremos al tema de la responsabilidad y el pago de las reparaciones subsecuentes en los coches de nivel 0 al 4 en los cuales todavía interviene en mayor o menor medida el control humano y en los que algún grado de responsabilidad puede asumir al no dirigir, supervisar o no controlar un objeto peligroso bajo su dirección o control. En este sentido, nos centraremos en los coches de autonomía plena y debemos comenzar señalando que en la actualidad todavía no se ha aprobado una normativa específica que regule las responsabilidades que puedan surgir por los accidentes en los que pueda estar involucrado de una u otra forma, lo que no deja de ser preocupante si se tiene en consideración lo avanzadas que van las pruebas.

En todo caso reitero que, en los coches autónomos de nivel 5, en los que la intervención del titular del vehículo se limita a realizar el mantenimiento adecuado y a procurar las debidas actualizaciones al hardware, al software y a la red de comunicaciones y mientras éste cumpla con esas obligaciones considero que este estará exento de toda responsabilidad por los daños y perjuicios que produzca el coche en personas o bienes. En este mismo sentido también opino que los pasajeros carecerán de responsabilidad salvo que se acredite que interfirieron de manera significativa en la circulación o conducción del vehículo, por ejemplo, estropeando durante el trayecto algún sistema de abordo. En todo caso, el titular del coche (propietario) debería también tener un seguro de responsabilidad para hacer frente de aquellos daños que pueda ocasionar el vehículo cuando, por ejemplo, según la marca y modelo del coche lo permita se haya desconectado el sistema autónomo y asumido la conducción del coche en cuyo caso asumiría las responsabilidades que le correspondan[48]. En todos los demás casos considero que la responsabilidad deberá ser asumida por los fabricantes

---

[48] Tal sería por ejemplo el caso de BMW que ha anunciado que fabricará sus coches autónomos de nivel 5 con volante y pedales a fin de permitir a los usuarios que así lo deseen, poder desconectar la conducción autónoma, para disfrutar de la experiencia de la conducción, Mientras que, por lo general, las demás marcas anuncian que sus coches no contarán con pedales ni volante. Ver a este respecto: Alós Yus, Víctor. "¿Con volante o sin volante? El futuro de la conducción autónoma a debate". Disponible en https://www.highmotor.com/con-volante-volante-futuro-conduccion-autonoma-debate.html (última consulta 10 de julio 2024).

del coche autónomo cosa que, además, determinadas marcas de coches manifiestan como lógico[49], las cuales podrán posteriormente repercutir subsidiariamente contra sus proveedores del sistema de conducción autónoma y demás aplicaciones o programas, o instrumentos destinados a ese fin. En este sentido, considero que no procede pretender traspasar (o por lo menos compartir) la responsabilidad directa de los fabricantes en primer lugar o, subsidiariamente, de los desarrolladores del sistema de conducción autónoma, por los daños y perjuicios provocados por el coche, a los titulares (propietarios adquirientes del coche) ni mucho menos a los pasajeros salvo en los supuestos mencionados. Por ello discrepamos con los que defienden seguir manteniendo el criterio previsto por el art 1.1 Real Decreto Legislativo 8/2004, de 29 de octubre, por el que se aprueba el texto refundido de la Ley sobre responsabilidad civil y seguro en la circulación de vehículos a motor que dispone que a falta del conductor deberá responder por los daños, de forma objetiva, el propietario del coche[50]. El problema, como ya lo hemos dicho reiteradamente, es que no se trata de que en el coche autónomo no hay conductor, sino que el coche responderá a las órdenes y los criterios o valoraciones, de quienes efectuaron la programación del sistema o sus aplicaciones, estableciendo que ante un determinado supuesto debe responder de determinada forma o que si se produce una situación que no tiene programada o prevista y aparentemente el ordenador de a bordo debe improvisar en virtud de lo que

---

49 Sobre el hecho de que las propias marcas fabricantes de coches asumen que ellas deben ser las responsables de los fallos del sistema., ver: S/A. "Vehículo Autónomo: 'Volvo se hará responsable de sus accidentes'" Disponible en https://www.buscocoches.com/blog/vehiculo-autonomo-volvo-se-hara-responsable-de-sus-accidentes (última consulta 12 de julio de 2024).S/A. "Coche autónomo: '¿Quién responde si falla?'". Disponible en https://www.autofacil.es/coches-autonomos/coche-autonomo-responde-falla/143798.html (última visita 12 de julio de 2024). Blancafort, Raymond "Los fabricantes deberán responsabilizarse de los accidentes de coches autónomos, según Toyota". Disponible en https://soymotor.com/coches/noticias/fabricantes-responsables-accidentes-coches-autonomos-970379 (última visita 12 de julio de 2024).

50 Ver Navarro-Michel, Mónica. "La aplicación de la normativa sobre accidentes de tráfico a los causados por vehículos automatizados y autónomos" en *Cuadernos de Derecho Transnacional*, Vol. 12, Nº 1, marzo 2020, pág. 995.

haya aprendido, ello lo hará de acuerdo con los parámetros, las bases y dentro del marco y condiciones que los programadores del sistema le hayan establecido para que adopte sus decisiones, por lo que el coche se limitará a aplicar las instrucciones recibidas por sus fabricantes, programadores o en último caso por los organismos de gestión del tráfico.

Por ello cobra especial importancia la denominada caja negra que registrará todo lo sucedido en el coche y sus sistemas debiendo garantizarse que no pueda ser manipulada ni presencial o remotamente por el titular del vehículo, ni los usuarios ni por el fabricante del coche o del hardware, software o las aplicaciones.

Ahora bien, aun cuando los accidentes pueden ser producidos no solo debido a fallos en la fabricación[51] o de programación sino que también pueden ser causados por una infinidad de causas, como pueden ser el tráfico, el clima, otros vehículos, transeúntes, la infraestructura vial o la acción de terceros, consideramos que ello no reduce la obligación de responder del fabricante que garantiza un coche seguro en toda circunstancia, lugar y momento, obligación que podrá ser matizada por el juez en dependencia del grado de intervención de estos factores externos.

---

51 La Directiva UE sobre la responsabilidad por los daños causados por productos defectuosos 85/374/CEE del Consejo, de 25 de julio de 1985, dispone en su art. 1 que:

> "el productor será responsable de los daños causados por los defectos de sus productos".

En este momento se está tramitando la modificación de la Directiva 85/374/CEE del Consejo la cual ha sido aprobada por el Parlamento Europeo en primera lectura el 12 de marzo de 2024. En esta modificación se aprecia que en su artículo 7.1 se señala que:

> "Los Estados miembros garantizarán que el fabricante de un producto defectuoso pueda ser considerado responsable de los daños causados por ese producto.
>
> Los Estados miembros garantizarán que, cuando un componente defectuoso haya provocado que el producto sea defectuoso, el fabricante de un componente defectuoso también pueda ser considerado responsable de los mismos daños".

En todo caso, considero que la responsabilidad de los fabricantes deberá también alcanzar al supuesto que, por ejemplo, cometiera alguna infracción de tráfico tales como circular con exceso de velocidad, saltarse un semáforo en rojo, o se estacione indebidamente o en zona prohibida, etc.

Sobre este punto del test de los límites, en este trabajo solo debemos circunscribirnos a dejar constancia de que consideramos que en este momento tampoco se tiene una normativa específica que garantice adecuada y efectivamente la defensa de los derechos a la vida, a la integridad, o la propiedad frente a las afectaciones resultantes por la circulación de los coches autónomos y que la normativa actualmente vigente no responde ni se adecua a la nueva realidad de los coches autónomos de nivel 5. Una prueba de esta nebulosa es que recién para 2030 se prevé que la Comisión Europea elabore un informe sobre los vehículos autónomos y semiautónomos en relación al seguro de la responsabilidad civil que resulta de la circulación de los mismos[52].

Si a todo ello le añadimos, como ya lo hemos apuntado en páginas anteriores, el hecho de la falta de transparencia sobre los criterios que los fabricantes, o los programadores de los sistemas, programas o aplicaciones, están utilizando para decidir sobre como actuarán los coches autónomos en los casos complejos en los cuales, por ejemplo, deban optar entre la vida de los pasajeros o la de los peatones, o entre la vida de distintos peatones, entre otros casos críticos ya mencionados, tenemos una opacidad que vicia su puesta en funcionamiento, que no ha sido debatido por la sociedad ni controlado por los poderes

---

[52] Así, la Directiva (UE) 2021/2118 del Parlamento Europeo y del Consejo de 24 de noviembre de 2021 por la que se modifica la Directiva 2009/103/CE relativa al seguro de la responsabilidad civil que resulta de la circulación de vehículos automóviles, así como al control de la obligación de asegurar esta responsabilidad, establece que:
Art. 28. Quater 2. A más tardar el 24 de diciembre de 2030, la Comisión presentará al Parlamento Europeo, al Consejo y al Comité Económico y Social Europeo un informe de evaluación de la aplicación de la presente Directiva, [...]en lo que respecta a:

a) la aplicación de la presente Directiva en lo que atañe a los avances tecnológicos, en particular en relación con los vehículos autónomos y semiautónomos.

públicos democráticos y genera en los usuarios, cuando menos una falta de consentimiento informado.

Por tanto, considero que tal como están actualmente las cosas, tampoco en estos supuestos, se garantiza la protección de estos derechos. Y si en un futuro se quisiera disponer de estos coches autónomos de nivel 5 para satisfacer las necesidades de los colectivos que no pueden conducir, consideramos que previamente se deberían subsanar las afectaciones a los derechos señaladas, y establecer los mecanismos de garantía suficientes y eficaces, a fin de hacerlo compatible con el sistema constitucional social y democrático de Derecho.

VIII. A MODO DE CONCLUSIÓN

Podemos afirmar que el coche autónomo (nivel 5) será mucho más un mero coche asumiendo un rol de *hub* o centro de múltiples actividades con ruedas. En este sentido podrá trasladar personas y cosas, pero eso (el transporte) será una pequeña parte de las innumerables funciones que desarrollará.

Su puesta en marcha tiene como aspectos positivos que permitirán mejorar la seguridad vial y ayudarán a la reducción de accidentes originados por errores humanos, así como a mejorar el tráfico y la circulación con el consiguiente ahorro de tiempo y dinero, así como que permitirán una reducción importante de las emisiones contaminantes, y el ahorro en el consumo de carburante y de otras formas de energía, y ayudarían a garantizar la independencia, la movilidad y calidad de vida de determinados grupos poblacionales cuyos integrantes se encontrarían limitados o impedidos de conducir.

Al margen de tales aspectos positivos también encontramos, en sentido contrario, una serie de aspectos negativos que su funcionamiento generalizado originaría en el sistema de derechos fundamentales y el sistema democrático. Ello se da, pues para poder funcionar los coches autónomos de nivel 5 requieren del uso permanente de sensores, cámaras, micrófonos, escáneres, radares, que captarán imágenes, sonidos (voces), ubicaciones, conversaciones, contactos, gustos, preferencias, rutinas, etc., del titular del vehículo, los pasajeros, los titulares y pasajeros de los demás vehículos con los que se cruce (en el dialogo entre coches) o de los peatones y las wifi o Bluetooth de los espacios públicos y privados por donde circule, datos que serán podrán ser transmitidos a las entidades públicas así como a empresas privadas nacionales o extranjeras de todo tipo. De esta forma, tenemos que su solo funcionamiento de manera generalizada afectaría de forma indiscriminada a una serie de derechos tales como a la autodeterminación informativa, a la protección de datos, a la intimidad, a la propia imagen, al honor, al secreto de las comunicaciones, de reunión o manifestación.

Para determinar si la utilización del coche autónomo como medio para alcanzar los aspectos o fines positivos antes señalados justifica la afectación o limitación generalizada de derechos a los que hemos hecho referencia, hemos procedido a realizar el test jurisprudencial de validación de los límites de los derechos (test de los límites) que permite analizar la compatibilidad de estos con el sistema democrático. A partir de su aplicación hemos podido constatar que la afectación o limitación generalizada e indiscriminada de los derechos que provocaría la circulación masiva de los coches autónomos de nivel 5 no superan el mencionado test de los límites, puesto que según sea el caso, conforme se fue aplicando los distintos escalones del test, algunos fines se fueron descartando por no ser necesarios para una sociedad democrática, otros por no ser proporcionales a la finalidad legítima que los origina y por último, el fin que llegó hasta el último de los escalones, por no contar con las garantías jurídicas efectivas y eficaces que permitan proteger, reponer o, en su caso, reparar los derechos frente a las injerencias y afectaciones que ocasionarán con su circulación.

Por último, y tal como hemos visto, las múltiples afectaciones a los derechos fundamentales que se producirían con la circulación generalizada de los coches autónomos y, en conjunto, estos con los teléfonos móviles, la videovigilancia, los controles biométricos o de la navegación por internet, la cartera de identidad digital, la huella digital, entre otros, constituirán un paso atrás para la sociedad democrática y los derechos fundamentales y le permitirán asumir un rol especialmente relevante (y preocupante) en el camino hacia la denominada como sociedad del control.

BIBLIOGRAFÍA

Barrio Andrés, Moisés. *Derecho de los drones.* Editorial Wolters Kluwer, Madrid, 2018.

Barrio Andrés, Moisés. "Consideraciones jurídicas acerca del coche autónomo", *Actualidad Jurídica* -Uría Menéndez-, nº 52, 2019.

Freixes, Teresa. "Las principales construcciones jurisprudenciales del Tribunal Europeo de Derechos Humanos. El estándar mínimo exigible a los sistemas internos de derechos en Europa", en *Cuadernos Constitucionales de la Cátedra Fadrique Furió Ceriol,* nº 11/12, Valencia, 1995.

Iturmendi Morales, Gonzalo: Coches conectados y autónomos. Papel de las aseguradoras. *Revista de la Asociación Española de Abogados Especializados en Responsabilidad Civil y Seguro,* nº 61. Asociación Española de Abogados Especializados en Responsabilidad Civil y Seguro, Granada, 2017.

Lucas Murillo de la Cueva, Pablo. "La Constitución y el derecho a la autodeterminación informativa", en *Cuadernos de Derecho Público,* nº 19-20 (mayo-diciembre 2003).

Lucas Murillo de la Cueva, Pablo y Piñar Mañas, José Luis. *El Derecho a la autodeterminación informativa.* Fundación Coloquio Jurídico Europeo, Madrid, 2009.

Navarro-Michel, Mónica, "La aplicación de la normativa sobre accidentes de tráfico a los causados por vehículos automatizados y autónomos", en *Cuadernos de Derecho Transnacional,* vol. 12, nº 1, marzo 2020.

Pérez, Jorge y Frías, Zoraida. "Gobernanza de Internet y derechos digitales" en Quadra Salcedo, Tomás de la y Piñar Mañas, Jose Luis (Dirs.). *Sociedad Digital y Derecho.* Boletín Oficial del Estado, Madrid, 2018.

Remotti, José Carlos. "De la sociedad de la libertad a la sociedad del control", en Joan Lluis Pérez Francesc (coord.) *Libertad, Seguridad y transformaciones del Estado.* Instituto de Ciencias Políticas y Sociales. Barcelona, 2009.

Remotti, José Carlos. "Reflexiones sobre la subsidiaridad y el margen de discrecionalidad en el ámbito de actuación de la Corte Interamericana de Derechos Humanos", en Saura Freixes, Nuria (ed.). *Derechos Humanos, Derecho Constitucional y Derecho Internacional: Sinergias Contemporáneas,* Centro de Estudios Políticos y Constitucionales, Madrid, 2021.

Remotti, José Carlos. "Constitución, Estado Social y Democrático de Derecho y neutralidad institucional. Un marco de convivencia ante el resurgir de proyectos ideológicos, intolerantes, sectarios y totalitarios" en Gavara de Cara, Juan Carlos y De Miguel Bárcena, Josu. *Poder, Constitución y Neutralidad,* JM Bosch Editor, Barcelona, 2023.

OTROS MATERIALES

Alós Yus, Víctor. "¿Con volante o sin volante? El futuro de la conducción autónoma a debate". Disponible en https://www.highmotor.com/con-volante-volante-futuro-conduccion-autonoma-debate.html (última consulta 10 de julio 2024).

Baig, Edwar C. "50 funciones de los teléfonos inteligentes que pueden facilitarte la vida", Disponible en https://www.aarp.org/espanol/hogar-familia/tecnologia/info-2023/funciones-telefono-inteligente.html (última consulta el 10 julio de 2024).

Biondi, Francesco. "La paradoja de la seguridad en los coches autónomos". Disponible en https://www.autopista.es/planeta2030/paradoja-seguridad-en-coches-autonomos_269389_102.html (última consulta el 10 de julio de 2024).

Blancafort, Raymond "Los fabricantes deberán responsabilizarse de los accidentes de coches autónomos, según Toyota". Disponible en https://soymotor.com/coches/noticias/fabricantes-responsables-accidentes-coches-autonomos-970379 (última consulta el 12 de julio de 2024).

Comisión Europea. "Identidad Digital Europea", en https://commission.europa.eu/strategy-and-policy/priorities-2019-2024/europe-fit-digital-age/european-digital-identity_es (última consulta 15 de julio 2024).

Comisión Europea. "Robots ayudantes que asisten a las personas en entornos abarrotados". Disponible en https://cordis.europa.eu/project/id/779942/es (última consulta el 7 de julio de 2024).

De las Heras, Iñaki. "El Gobierno quiere permitir el año que viene los vehículos autónomos sin conductor". Disponible en https://www.lavanguardia.com/economia/20231114/9377964/gobierno-quiere-permitir-ano-viene-vehiculos-autonomos-conductor.html (última consulta 05 de julio de 2024).

Dirección General de Tráfico "Vehículos de conducción automatizada", disponible en https://www.dgt.es/muevete-con-seguridad/tecnologia-e-innovacion-en-carretera/vehiculos-de-conduccion-automatizada/ (ultima visualización 8 de julio 2024).

Dirección General de Tráfico. "Conducción eficiente". Disponible en https://www.dgt.es/muevete-con-seguridad/conviertete-en-un-buen-conductor/consejos-generales/conduccion-eficiente/ (última consulta el 8 de julio 2024).

EFE. "Análisis de los vehículos autónomos: ¿en qué maniobras son más o menos seguros?" Disponible en https://efe.com/ciencia-y-tecnologia/2024-06-18/coches-autonomos-seguridad-maniobras/ (última consulta 8 de julio de 2024).

Garate, Mar. "Echelon. La red de espionaje planetario". Le Monde diplomatique en español (noviembre de 2008). Disponible en https://mondiplo.com/echelon-la-red-de-espionaje-planetario (última consulta 15 de agosto 2024).

González Torres, José Manuel. "Qué es la comunicación V2X y por qué cambiará el futuro del automóvil". Muy interesante (actualidad). Disponible en https://www.muyinteresante.com/actualidad/60184.html (última consulta el 08 de julio 2024).

Hidalgo, Louis. "La extraordinaria razón por la cual el teléfono celular tuvo que ser inventado en un plazo de 3 meses" Disponible en https://www.bbc.com/mundo/noticias-51713932 (Última consulta el 8 de julio 2024).

IBM. "LIDAR" Disponible en https://www.ibm.com/es-es/topics/lidar (última consulta el 8 de julio de 2024).

Jiménez Shaw, José María. "50 usos que le doy a mi móvil y 5 que le daré en el futuro". Disponible en https://3cero.com/usos-movil/ (última consulta el 10 de julio de 2024).

Lohr, Steve. "¿Cuánto valen tus datos digitales? Saberlo puede darte más control sobre ellos". Visto en The New York Times en español https://www.nytimes.com/es/2019/07/29/espanol/proteccion-datos-facebook-google.html (última consulta el 6 de julio de 2024).

Lopez, Frida. "Introducción al hardware: concepto, tipos, ejemplos y relación con el software" en *Enciclopedia*. Disponible en https://enciclopendia.com/introduccion-al-hardware-concepto-tipos-ejemplos-y-relacion-con-el-software/ (última consulta el 15 de septiembre de 2024).

Molins Renter, Albert. "China estrena su gran hermano". Disponible en La Vanguardia https://www.lavanguardia.com/internacional/20180503/443196686690/china-puntuacion-ciudadanos-delitos-sociales.html. (Última consulta 8 de julio 2024).

National Center for Statistics and Analysis of National Highway Traffic Safety Administration NHTSA of US (Febrero 2015) https://www.google.com/url?sa=t&source=web&rct=j&opi=89978449&url=https://crashstats.nhtsa.dot.gov/Api/Public/ViewPublication/812115&ved=2ahUKEwjKq9Gk8uWHAxUq1AIHHRH_H68QFnoECBMQAQ&usg=AOvVaw3yp7XIoopiGaPFZiZHk9G3 (última consulta el 6 de julio 2024).

National Center for Statistics and Analysis of National Highway Traffic Safety Administration NHTSA of US (Marzo de 2018) https://www.google.com/url?sa=t&source=web&rct=j&opi=89978449&url=https://crashstats.nhtsa.dot.gov/Api/Public/Publication/812506&ved=2ahUKEwjKq9Gk8uWHAxUq1AIHHRH_H68QFnoECBIQAQ&usg=AOvVaw2S4BHqxib6TLdLo20Eo6yN (última consulta el 6 de julio 2024).

Nicolás Fraile, Carlos "DAS obligatorios para nuevas matriculaciones" Disponible en https://revista.dgt.es/es/noticias/nacional/2024/07JULIO/1107-ADAS-obligatorios.shtml. (Última consulta el 10 de julio 2024).

RACE. "Los sistemas ADAS que serán obligatorios a partir del 6 de julio de 2024" Disponible en https://www.race.es/sistemas-de-ayuda-a-la-conduccion. (Última consulta 10 de julio de 2024).

S/A "Coche autónomo: '¿Quién responde si falla?'". Disponible en https://www.autofacil.es/coches-autonomos/coche-autonomo-responde-falla/143798.html (última consulta 12 de julio de 2024).

S.A. "Red Echelon: ¿herramienta de seguridad en internet o 'Gran Hermano'?" en BBC News Mundo (19 diciembre 2012). Disponible en https://www.bbc.com/mundo/noticias/2012/12/121218_tecnologia_red_echelon_aa (última consulta 15 de agosto 2024).

S/A. "Vehículos de conducción automatizada". Disponible en https://www.dgt.es/muevete-con-seguridad/tecnologia-e-innovacion-en-carretera/vehiculos-de-conduccion-automatizada/ (última consulta 12 de julio de 2024).

S/A. "Vehículo Autónomo: 'Volvo se hará responsable de sus accidentes'" Disponible en https://www.buscocoches.com/blog/vehiculo-autonomo-volvo-se-hara-responsable-de-sus-accidentes (última consulta el 12 de julio de 2024).

Scarpellini, Pablo. "Cientos de accidentes vinculados con los coches autónomos y el piloto automático en EEUU". El Mundo (motor). Disponible en: https://www.elmundo.es/motor/2022/06/19/62aeba79fdddff4c408b4588.html (última consulta el 8 de julio de 2024).

Witteveen Gómez, Samuel. "Los riesgos de la cartera digital europea" en CTXT del 7/04/2023 Disponible en https://ctxt.es/es/20230401/Politica/42625/cartera-digital-europea-samuel-witteveen-gomez-vigilancia-big-data-datos-confidencialidad-proteccion-intimidad-abuso.htm (última consulta 15 de julio 2024).

Sentencias

Sentencia del Tribunal de Justicia de la UE (Gran Sala) de 13 de mayo de 2014, en el caso Google Spain, S.L. y Google Inc. contra Agencia Española de Protección de Datos (AEPD) y Mario Costeja González (ECLI:EU:C:2014:317).

Sentencia del Tribunal de Justicia de la UE (Gran Sala) de 24 de septiembre de 2019, en el caso Google 2 (Google LLC contra la Comisión Nacional -francesa- de la Informática y de las libertades -CNIL-) (ECLI:EU:C:2019:772).

STC 66/2022, de 2 de junio de 2022 – en el caso sobre el ingreso obligado al hospital con motivo de un embarazo de riesgo- FJ.5- (ECLI:ES:TC:2022:66).

STC 87/2024, de 4 de junio de 2024 -en el caso sobre prueba aportada por agente encubierto- FJ. 4 (ECLI:ES:TC:2024:87).

Protección de datos personales y circulación viaria en Georgia

LELA JANASHVILI
Profesora Asociada de la Universidad Estatal de Tbilisi (TSU)

SUMARIO: INTRODUCCIÓN. 1. NUEVA LEY DE GEORGIA DE PROTECCIÓN DE DATOS PERSONALES. 2. LA PROTECCIÓN DE DATOS PERSONALES Y LA CIRCULACIÓN VIAL. 3. RÉGIMEN JURÍDICO DE LA PROTECCIÓN DE DATOS PERSONALES EN LOS SISTEMAS DE VIDEOVIGILANCIA INTELIGENTES DEL TRÁFICO. 4. CONSIDERACIONES FINALES.

INTRODUCCIÓN

El objetivo general del artículo es analizar las funciones de las autoridades nacionales de Protección de Datos Personales sobre el Derecho aplicable a la conducción autónoma y conectada en todo tipo del transporte, para detectar si la legislación nacional, comparada, europea e internacional se adaptan al uso generalizado de dichos vehículos, así como señalar qué aspectos legales podrían cambiarse para dotar de seguridad jurídica dicha implantación.

El articulo tiene como objetivo específico reflexionar sobre las cuestiones éticas y posibles afectaciones de derechos fundamentales que plantea la conducción autónoma, especialmente en relación a la intimidad y la protección de datos. En particular en los siguientes aspectos: conducción autónoma, seguridad jurídica del transporte, el uso de inteligencia artificial, protección de datos personales y circulación viaria en Georgia.

La confluencia entre la protección de datos personales y la circulación viaria es un tema de creciente relevancia en la era digital. En el mundo digitalizado, la preocupación por la privacidad de los datos se ha aumentado, especialmente con el crecimiento de tecnologías que monitorean y gestionan el tráfico. En el artículo se explora cómo se están abordando estos desafíos en el contexto georgiano.

1. NUEVA LEY DE GEORGIA DE PROTECCIÓN DE DATOS PERSONALES

En una era en la que los datos se han convertido en uno de los recursos más valiosos, proteger la información personal no es solo un requisito normativo, sino un derecho humano fundamental. El rápido avance de la tecnología y la proliferación de servicios digitales han generado oportunidades únicas, pero también han introducido nuevos desafíos y riesgos. Es nuestro deber garantizar que se respeten los datos personales y la privacidad de los interesados, y que sus datos estén seguros.

En la literatura jurídica, el concepto de Estado moderno implica nuevos signos cualitativos, nuevos aspectos de la gestión y no percibidos sólo como sistema jerárquico.[1] El enfoque principal en el proceso de gestión se ha desplazado sobre la calidad del servicio y el grado de satisfacción del ciudadano.[2] La gobernanza del Estado comienza con las decisiones que se toman para cada miembro de la sociedad. En términos de transparencia de sus actividades, la institución es responsable no sólo ante la sociedad, sino también ante cada individuo. En consecuencia, cuando los datos personales tratados en la institución están a disposición de cada miembro de la sociedad, se le brinda al interesado la oportunidad, mediante la respuesta jurídica adecuada, de realizar su propia contribución a la efectiva realización de los derechos otorgados[3].

El concepto de tratamiento de datos personales es muy amplio, «"tratamiento" ... cualquier operación ...como la recogida, registro, organización, estructuración, conservación, adaptación o modificación, extracción, consulta, utilización, comunicación por transmisión, difusión o cualquier otra forma de habilitación de acceso, cotejo o interconexión, limitación,

---

1 Khubua G., Kalichava K., Manual de Ciencias Administrativas, TSU Ciencias Administrativas Publicaciones del Instituto, Tomo IV, 2018, 38, Sit., Benz, Kooperative Verwaltung. Funktionen, Voraussetzungen und Folgen, 1994.

2 Khubua G., Kalichava K., Manual de Ciencias Administrativas, TSU Ciencias Administrativas Publicaciones del Instituto, Tomo IV, 2018, 38, Sit., Knorr, Ökonomisierung der öffentlichen Verwaltung: einige grundsätzliche ordnungstheoretische Anmerkungen, 2005.

3 Case of K.H. and others v. Slovakia, [2009] ECHR App. No. 32881/04, §§ 44-47.

supresión o destrucción»[4] de datos personales. El Convenio 108 modernizado añade la preservación de los datos personales a la definición[5].

Con el Reglamento General de Protección de Datos (RGPD), la legislación sobre protección de datos en la Unión Europea (UE) se reguló de forma prácticamente uniforme. El RGPD sustituyó a la Directiva 95/46/CE sobre Protección de Datos, que era de aplicación hasta entonces, por un reglamento de aplicación directa en todos los Estados miembros de la UE. De este modo, crea un nivel uniforme de protección del derecho de todos los ciudadanos de la UE a la protección de sus datos personales.

En este contexto, era y es urgente que el legislador georgiano actuara. Aunque el RGPD se "incorpore" automáticamente al ordenamiento jurídico nacional de Georgia como derecho prioritario cuando Georgia se adhiera a la UE, la legislación georgiana sobre protección de datos debe adaptarse a él. Tras la adhesión de Georgia a la UE, todas las disposiciones de la legislación europea sobre protección de datos serán directamente aplicables. Dado que el RGPD goza de prioridad de aplicación sobre la legislación georgiana sobre protección de datos, tras la adhesión la legislación georgiana sobre protección de datos solo es relevante para aquellas cuestiones que el RGPD no regula, sino que deja a los Estados miembros de la UE la regulación mediante las denominadas cláusulas de apertura. En ese caso, tiene una mera función complementaria"[6].

En diciembre 2023 a Georgia se le ha concedido el estatus de país candidato a la Unión Europea. Para la integración es obligatoria la armonización de la legislación georgiana con los estándares europeos.

Cabe señalar que la armonización de la base jurídica de la protección de datos personales es una obligación impuesta por Georgia en virtud del acuerdo de asociación con la Unión Europea y la agenda de asociación.

---

4 Reglamento general de protección de datos, artículo 4, apartado 2. Véase asimismo Convenio 108 modernizado, artículo 2, letra b). zo de 2023

5 Convenio 108 modernizado, artículo 2, letra b).

6 Bernsdorff N., The New Data Protection Law in Georgia–A Brief Outline, "Journal of Personal Data Protection Law", N1,2024. La publicación contiene el texto del informe presentado por el autor en octubre de 2023 en la conferencia celebrada en el marco de la cooperación entre la Facultad de Derecho y el Instituto de Ciencias Administrativas de la Universidad Estatal de Tbilisi Ivane Javakhishvili. El evento estuvo dedicado a las cuestiones de la integración de Georgia con la Unión Europea.

La adopción de la nueva ley de Georgia de protección de datos personales, en junio de 2023[7], es muy importante para el fortalecimiento de la protección de datos personales y el derecho a la privacidad, para adecuarse a los principios generales europeas y a las mejores prácticas reconocidas internacionalmente.

La nueva ley, por un lado, reducirá los casos de violaciones a la ley y, en consecuencia, se fortalecerá el efecto preventivo, y, por otro lado, brindará al Servicio de Protección de Datos Personales la posibilidad de una supervisión eficaz y para dar la respuesta más efectiva.

La nueva ley establece los principios por los que se rige el tratamiento de datos personales. Estos principios son: licitud, lealtad y transparencia; limitación de la finalidad; minimización de los datos; exactitud de los datos; limitación del plazo de conservación; integridad y confidencialidad.

Estos principios son el punto de partida de otras disposiciones más detalladas en artículos de Reglamento General de Protección de Datos. También aparecen en los artículos 5, 7, 8 y 10 del Convenio 108 modernizado. Toda la legislación posterior en materia de protección de datos tanto en el ámbito de la Unión Europea como del Consejo de Europa debe respetar estos principios, que deberán tenerse en cuenta a la hora de interpretar dicha legislación.

En el Derecho de la UE, solo se permiten limitaciones a los principios de tratamiento en la medida en que se correspondan con los derechos y obligaciones estipulados en los artículos 12 a 22 del reglamento y deben respetar el contenido esencial de los derechos y libertades fundamentales. Cualquier exención y limitación de estos principios fundamentales debe establecerse en el ámbito de la UE o en el ámbito nacional[8], debe establecerse por ley, servir a un fin legítimo y ser una medida necesaria y proporcionada en una sociedad democrática[9].

La nueva ley de protección de datos de Georgia aborda:

- Las bases jurídicas para el tratamiento de datos personales (artículo 4 y siguientes).
- Los derechos de las personas interesadas (artículo 13 y siguientes).

---

7 La ley está en vigor desde 1 de marzo de 2024.

8 Convenio 108 modernizado, artículo 11, apartado 1; Reglamento general de protección de datos, artículo 23, apartado 1.

9 Reglamento general de protección de datos, artículo 23, apartado 1.

- Las obligaciones de los responsables y encargados del tratamiento (artículo 23 y siguientes).
- Cuestiones de responsabilidad y sanciones (artículo 58 y siguientes, artículos 64, 65, artículo 66 y siguientes).
- El ámbito de aplicación de la ley, las definiciones y los principios generales para el tratamiento de datos personales (artículo 2, artículo 3 y siguientes).
- Las normas sobre los responsables de la protección de datos de organismos públicos y no públicos (artículo 33).
- Las normas que rigen el Servicio de Protección de Datos Personales, su estatuto y funciones (artículos 39 y siguientes).
- Los recursos (como la vía judicial) (artículo 63).
- Las condiciones para la transferencia de datos a terceros países y organizaciones internacionales (artículos 37, 38).

“La nueva "Ley de Protección de Datos Personales" de Georgia demuestra que el legislador georgiano ha reflexionado en profundidad y analizado con atención la a veces complicada legislación de protección de datos de la UE. Por ello, merece una sincera felicitación. En general, Georgia ya ha adaptado en gran medida su legislación nacional de protección de datos a los estándares del RGPD gracias a la nueva ley”[10].

En términos de protección de datos, los principales problemas tienen que ver, por una parte, con el volumen y variedad de los datos personales tratados y, por otra, con el tratamiento y sus resultados. La introducción de complejos algoritmos y software para transformar datos masivos en un recurso para tomar decisiones afecta a personas físicas y grupos en particular, sobre todo en los casos de elaboración de perfiles o aplicación de etiquetas y, en última instancia, crea muchos problemas de protección de datos[11].

En Georgia, el Servicio de Protección de Datos Personales es una autoridad estatal independiente, que supervisa la licitud del tratamiento de datos personales, y las actuaciones de investigación encubiertas y actividades

---

[10] Bernsdorff N., The New Data Protection Law in Georgia–A Brief Outline, “Journal of Personal Data Protection Law“, N1,2024

[11] Consejo de Europa, Comité consultivo del Convenio 108, Guidelines on the protection of individuals with regard to the processing of personal data in a world of big data, 23 de enero de 2017, p. 2. Cit.

realizadas dentro del banco central de datos de comunicaciones electrónicas. El Servicio realiza acciones preventivas y responde ante hechos de tratamiento ilícito de datos por parte de instituciones públicas o privadas.

El control sobre la legalidad del procesamiento de datos personales en Georgia se remonta a 2013, cuando se creó la Autoridad de Protección de Datos de Georgia.

De acuerdo con la nueva Ley, las principales actividades del Servicio de Protección de Datos Personales en este campo son:

- Proporcionar consultas sobre cuestiones relacionadas con la protección de datos;
- Tramitación de quejas de los ciudadanos relacionadas con la protección de datos;
- (Inspección) de la legalidad del procesamiento de datos;
- Informar al público sobre el estado de la protección de datos en Georgia.

2. LA PROTECCIÓN DE DATOS PERSONALES Y LA CIRCULACIÓN VIAL

La protección de datos personales en el ámbito de la circulación vial se ha vuelto crucial en el siglo XXI. Con el auge de tecnologías como las cámaras de vigilancia, los sistemas de gestión de tráfico y los vehículos conectados, se compila una gran cantidad de datos no solo sobre los conductores y sus hábitos sino a los pasajeros, que plantea enfrentamientos sobre cómo garantizar la privacidad y el uso responsable de esa información.

Las leyes, como el RGPD en Europa, establecen normas estrictas sobre el manejo de datos personales, exigiendo que se obtenga el consentimiento de los usuarios y que se implemente una gestión adecuada de los datos. Además, es vital que los organismos de tráfico y las empresas tecnológicas trabajen juntos para garantizar que la seguridad pública no comprometa la privacidad individual. Es esencial encontrar el balance entre la mejora de la seguridad vial y la protección de los derechos fundamentales y la privacidad personal de los ciudadanos.

La protección de datos personales y la circulación vial tienen importantes implicaciones legales. En general, la protección de datos personales se refiere a las leyes y regulaciones que protegen la privacidad de la información personal de los individuos, como nombres, direcciones, números de identificación, información financiera, entre otros. Por otro lado, la circulación vial se refiere a las normas y regulaciones que rigen la seguridad y el orden en las carreteras para garantizar un tráfico seguro. Las normas de tránsito, señales de tráfico, límites de velocidad, reglas de conducción, entre otros aspectos, se relaciona con la movilidad urbana y la seguridad vial. En algunos casos, puede existir una intersección entre la protección de datos personales y la circulación vial, por ejemplo, en el caso de cámaras de vigilancia en la vía pública que recopilan imágenes y datos personales de los conductores. En estos casos, es importante que las autoridades y entidades responsables cumplan con las leyes de protección de datos para garantizar la privacidad y seguridad de la información recopilada.

¿Cómo deben cumplir las normativas de Protección de datos las empresas de transporte y logística o las que operan vehículos autónomos?

En un mundo cada vez más digitalizado, las empresas de transporte y logística y de vehículos autónomos deben prestar especial atención al cumplimiento de las normativas de protección de datos. En términos de protección de datos, los principales problemas tienen que ver, por una parte, con el volumen y variedad de los datos personales tratados y, por otra, con el tratamiento y sus resultados[12]. Los tratamientos de datos personales son fundamentales para optimizar operaciones, pero también conllevan responsabilidades significativas, puesto que en el desarrollo diario de sus actividades mercantiles o comerciales las empresas de transporte tratan con datos de carácter personal (sean de clientes, empleados o ciertos proveedores).

La utilización de la Inteligencia Artificial (IA) se está volviendo bastante común en el ámbito de la seguridad vial. Los principales usos de la IA para controlar el tráfico se basan en su aplicación a los sistemas de videovigilancia instalados en las carreteras (denominados sistemas de video vigilancia inteligentes). Mediante infrarrojos pueden controlar lo que ocurre en el interior del vehículo. Así, se detecta si un conductor no lleva el cinturón de seguridad, si habla por el teléfono móvil mientras conduce, si consume alcohol, si el vehículo excede el máximo de plazas del que dispone o si se cumple con los sistemas de retención infantil en caso de que viajen menores; junto con los excesos de velocidad. Además, al identificar el vehículo a través de la lectura de la matrícula, se cruza la información con diferentes

---

[12] Manual de legislación europea en materia de protección de datos, pag. 400.

bases de datos públicas y se comprueba si el medio de transporte está al corriente de los impuestos de circulación, si cuenta con el seguro obligatorio o si ha superado las correspondientes inspecciones técnicas. Y todo ello, se hace en un solo equipo, gracias a la IA[13].

El sistema realiza un análisis automático de las imágenes que capta para detectar las infracciones en materia de circulación y seguridad vial, a través de los diferentes parámetros que se le han introducido. En caso de que exista una transgresión a la normativa, comienza, de manera automatizada, el correspondiente procedimiento sancionador.

Los sistemas de videovigilancia deben cumplir con la normativa sobre Protección Civil del Derecho al Honor, a la Intimidad Personal y Familiar y a la Propia Imagen; y de protección de datos personales, basada en la nueva ley de Protección de Datos Personales de Georgia. En el ámbito español se regula con Reglamento General de Protección de Datos (RGPD) y la Ley Orgánica 3/2018, de Protección de Datos Personales y Garantía de los Derechos Digitales (LOPDPGDD) y la ley de Servicios de la Sociedad de la información y el comercio electrónico en caso de que la empresa oferte servicios a través de internet.

El Reglamento General de Protección de Datos es el marco normativo común para la protección de datos para los Estados miembros de la Unión Europea y del Espacio Económico Europeo. Así se establecen regulaciones homogéneas en estos países, como son los principios que rigen la protección de datos, la legitimación para tratar datos personales, las medidas técnicas y organizativas que se deben aplicar para garantizar la seguridad y confidencialidad de la información personal, las infracciones y sanciones y los derechos de los titulares de los datos. En Georgia esta misión ya tiene nueva ley sobre Protección de Datos Personales.

En el ámbito español, la Ley Orgánica 3/2018, de Protección de Datos Personales y Garantía de los Derechos Digitales, regula algunos aspectos de reglamento general de forma más correcta, puesto que la norma europea deja abiertos algunos aspectos a la regulación de los estados miembros.

---

13 España Pérez, José Alberto, El uso de la Inteligencia Artificial en el control del tráfico y sus implicaciones en la protección de datos, *https://congresoaepdavigo2024.es/wp-content/uploads/2024/01/2.-Com-Espana-Perez.-J.A.-El-uso-de-la-Inteligencia-Artificial-en-el-control-del-trafico.pdf*

3. RÉGIMEN JURÍDICO DE LA PROTECCIÓN DE DATOS PERSONALES EN LOS SISTEMAS DE VIDEOVIGILANCIA INTELIGENTES DEL TRÁFICO

Las cámaras de tráfico y los sistemas de vigilancia en tiempo real han demostrado ser efectivos para reducir accidentes y gestionar congestiones. Sin embargo, el uso de estos sistemas plantea interrogantes sobre la recolección y almacenamiento de datos. La captura de imágenes y videos puede implicar el tratamiento de datos personales, lo que debe hacerse de conformidad con la legislación vigente.

Con el derecho a la protección de datos personales se pretende evitar la circulación indiscriminada de datos personales, preservando la intimidad del ciudadano. El Derecho de la Unión Europea reconoce ampliamente esta prerrogativa y dispone de una normativa específica en este sentido: el Reglamento (UE) 2016/679, el Reglamento General de Protección de Datos. A nivel interno, la Constitución de Georgia (articulo 15) y la Constitución Española (artículo 18.4) lo erigen como un derecho fundamental y, en España, encuentra su regulación en la Ley Orgánica 3/2018, de Protección de Datos Personales y Garantía de los Derechos Digitales.

Conviene dilucidar qué tipos de datos personales son objeto de tratamiento al ser captados por los sistemas inteligentes de videovigilancia del tráfico. Dado que este tipo de cámaras son capaces de leer la matrícula de un vehículo y, a partir de ahí, identificar a su titular, conviene establecer si la placa identificativa de un vehículo es un dato de carácter personal, y, por tanto, merecedor de amparo de la normativa sobre protección de datos. Así, el RGPD considera que un dato personal es toda información sobre una persona física identificada o identificable. Entendiendo como persona física identificable, toda persona cuya identidad pueda determinarse, directa o indirectamente, en particular mediante un identificador (artículo 4.1 RGPD). De la definición aportada se puede traslucir que el código alfanumérico de las placas de los vehículos entraría en tal consideración[14].

El responsable del tratamiento tiene que tomar medidas para facilitar al interesado la información oportuna sobre el tratamiento, de forma concisa, transparente, inteligible y de fácil acceso, con un lenguaje claro y sencillo.

---

[14] España Pérez, José Alberto, El uso de la Inteligencia Artificial en el control del tráfico y sus implicaciones en la protección de datos, *https://congresoaepdavigo2024.es/wp-content/uploads/2024/01/2.-Com-Espana-Perez.-J.A.-El-uso-de-la-Inteligencia-Artificial-en-el-control-del-trafico.pdf*

La información podrá ser facilitada por escrito, por medios electrónicos o verbalmente (artículo 12.1 RGPD). Además, cuando se obtenga de una persona datos personales, el responsable del tratamiento, en el momento en que estos se obtengan, le facilitará información[15].

Según el artículo 13 del RGPD, el ciudadano tiene derecho a saber, de manera clara y pertinente, de la existencia de videocámaras con fines de control de tráfico.

El hecho de que las mismas utilicen IA no implica que se tenga que avisar de tal extremo, ya que la norma tan solo precisa que se dé cuenta de la presencia de videocámaras. Así, las áreas videovigiladas tienen que estar debidamente señalizadas con carteles que informen de tal situación para dar cumplimiento al derecho de información.

No obstante, ese principio de información en la recogida de datos personales en el ámbito del tráfico y la circulación de vehículos queda desdibujado por la propia especialidad de la materia. Así, su aplicación práctica se torna complicada. Ante ello, la Agencia Española de Protección de Datos ha especificado que tal derecho puede verse cumplido mediante diversas fórmulas e instrumentos informativos como puede ser que la información sobre la existencia de cámaras y su ubicación aparezca en la web del responsable del tratamiento. Además, en beneficio del interesado, el responsable del tratamiento deberá dar respuesta a las solicitudes de ejercicio de los derechos que contempla el RGPD, en los artículos del 15 a 22. En cualquier caso, a la hora de optar por un sistema de videovigilancia con fines de control de tráfico, será preciso la creación de un registro de actividad de tratamiento, a cargo del responsable del tratamiento (o de su representante). Con ello, se cumple con el principio de responsabilidad proactiva que propugna la norma europea[16].

A su vez, la LOPDPGDD dedica espacio concreto al tratamiento de datos personales con fines de videovigilancia. Legitima que las autoridades públicas puedan tratar las imágenes a través de este tipo de sistemas en infraestructuras de transporte o en la vía pública (en la medida que resulte imprescindible para la seguridad). Por regla general, los datos

---

15 Vid. AGENCIA ESPAÑOLA DE PROTECCIÓN DE DATOS. Informe jurídico El tráfico de semáforos.

16 España Pérez, José Alberto, El uso de la Inteligencia Artificial en el control del tráfico y sus implicaciones en la protección de datos, *https://congresoaepdavigo2024.es/wp-content/uploads/2024/01/2.-Com-Espana-Perez.-J.A.-El-uso-de-la-Inteligencia-Artificial-en-el-control-del-trafico.pdf*

se conservarán como máximo un mes desde su captación, salvo cuando hubieran de ser conservados para acreditar la comisión de actos contra la integridad de personas, bienes o instalaciones (artículo 22 LOPDPGDD).

4. CONSIDERACIONES FINALES

La recogida y almacenamiento de imágenes obtenidas por las cámaras de videovigilancia de tráfico, donde se capten las matrículas de los vehículos que circulan por zonas videovigiladas, así como las imágenes de sus conductores, constituye un tratamiento de datos de carácter personal. La utilización de cámaras con fines de control y disciplina del tráfico se reputa legitima, tiene su habilitación legal, y se trata del ejercicio de poderes públicos, en cumplimiento de una misión realizada en interés público, por lo que no es preciso el consentimiento de los afectados para el tratamiento de las imágenes.

No obstante, podría surgir la duda si los avances tecnológicos que proporciona la IA en los sistemas de videovigilancia del tráfico pudieran afectar a la proporcionalidad requerida en las medidas que limite derechos fundamentales, como consecuencia de las múltiples posibilidades de la IA[17]. Las respuestas las tenemos en la nueva ley europea de la inteligencia artificial.

Conscientes de la magnitud del valor de los bienes, derechos y libertades que se ven afectados por nuevas tecnologías, los responsables de los órganos de protección de datos tienen que preparar una estrategia y propuestas para diseñar un sistema de protección eficaz que contenga límites y controles al uso de la inteligencia artificial por la Administración pública, siempre pensando en los intereses de los administrados. Así, acuden a la perspectiva humanista y ética en el recurso a los algoritmos, contando con equipos interdisciplinares y con la participación social en su diseño e implementación, a la transparencia sobre el código fuente de los mismos (sin dejar de tener en cuenta las implicaciones a nivel de propiedad intelectual), a un sistema de auditorías algorítmicas, a procesos de evaluación pública, y con una especial referencia al papel

---

17 España Pérez, José Alberto, El uso de la Inteligencia Artificial en el control del tráfico y sus implicaciones en la protección de datos, *https://congresoaepdavigo2024.es/wp-content/uploads/2024/01/2.-Com-Espana-Perez.-J.A.-El-uso-de-la-Inteligencia-Artificial-en-el-control-del-trafico.pdf*

de los organismos de Protección de Datos como organismo esencial en la protección de los derechos de la ciudadanía[18].

La ley de Protección de Datos Personales de Georgia se alinea en varios principios con el Reglamento General de Protección de Datos (RGPD) de la UE, como la transparencia, la limitación de la finalidad y la minimización de datos. Ambos marcos enfatizan el consentimiento del individuo y los derechos de acceso, rectificación y eliminación de datos. Sin embargo, Georgia aún debe fortalecer ciertos mecanismos de aplicación y supervisión para lograr una compatibilidad total con los estándares europeos, lo que podría ser el paso definitivo hacia una protección robusta de datos personales.

El cumplimiento de las normativas de protección de datos es esencial para las empresas de transporte y logística, así como para las que operan vehículos autónomos. No solo protege la privacidad de los individuos, sino que también fortalece la reputación de la empresa y fomenta la confianza del cliente. Adoptar un enfoque proactivo en la gestión de datos personales no solo es una obligación legal, sino una oportunidad para innovar y mejorar en un sector que está en constante evolución.

---

[18] Terrón Santos, Daniel y Domínguez Álvarez, José Luís, Administración Pública. Sistemas algorítmicos y protección de datos, *Revista Jurídica de la Universidad de León*, núm. 10, 2022, p. 178.

Estudio sobre la necesidad de implantación de un código de conducta homologado por la autoridad de control en materia de protección de datos en el sistema de gestión del vehículo autónomo y conectado

JORGE ORTEGA SORIANO
Profesor asociado, Departamento de Derecho Privado, UAB

SUMARIO: I. INTRODUCCIÓN. II.DEFINICIÓN DEL VAC. III. SITUACIÓN DEL VAC EN ESPAÑA CON RELACIÓN AL RGPD. IV. LEGISLACIÓN APLICABLE. 1. Introducción a la normativa europea sobre el VAC y la privacidad. 2. Introducción a la normativa española sobre el VAC y la privacidad. V. AUTORIDADES DE CONTROL EN MATERIA DE PRIVACIDAD. VI. PROBLEMAS DETECTADOS DEL VAC RESPECTO A LA PRIVACIDAD. VII. PRINCIPIO DE RESPONSABILIDAD ACTIVA. VIII. PROBLEMAS RESPECTO AL TRATAMIENTO DE DATOS PARA EL VAC. IX. DATOS DE ESPECIAL PROTECCIÓN Y OTROS DE NATURALEZA PENAL. 1. Datos de especial protección. 2. Datos de naturaleza penal. X. PROBLEMÁTICA EN EL EJERCICIO DE DERECHOS PARSOL. XI. OBLIGACIONES LEGALES DEL RESPONSABLE DEL TRATAMIENTO. XII. PRIVACIDAD POR DEFECTO Y PRIVACIDAD DESDE EL DISEÑO. XIII. CORRESPONSABLES DEL TRATAMIENTO Y ENCARGADOS DE TRATAMIENTO. 1. Corresponsables del tratamiento. 2. Encargados del tratamiento. XIV. REGISTRO DE ACTIVIDADES DE TRATAMIENTO. XV. SEGURIDAD. XVI. INCIDENCIAS Y NOTIFICACIONES. XVII. PLANES DE EVALUACIÓN DE IMPACTO EN TRATAMIENTO DE DATOS. XVIII. OTROS ELEMENTOS DE INTERÉS A DESARROLLAR EN FUTUROS TRABAJOS. 1. El delegado de protección de datos. 2. Las entidades de certificación en materia de protección de datos. 3. Transferencias Internacionales. XIX. EL CÓDIGO DE CONDUCTA. ¿ES UNA BUENA OPCIÓN?. 1. Motivación del código de conducta en el sector del VAC. 2. Qué ha de regular un código de conducta de un sistema VAC. 3. Modelos de éxito. XX. CONCLUSIONES. XXI. BIBLIOGRAFÍA.

I. INTRODUCCIÓN

En nuestra opinión, es una evidencia empírica que el vehículo autónomo y conectado en breve será una realidad en nuestras carreteras y ciudades. Dicho elemento de movilidad comportará un cambio de paradigma social en la movilidad personal y colectiva.

Las tecnológicas necesarias para que exista ese tipo de movilidad requieren la captación, la interconexión y el procesamiento en tiempo real de gran número de datos de todo tipo, tanto personales como no personales. Este tratamiento de datos masivo comporta un gran riesgo para la privacidad, el mismo Comité Europeo de Protección de datos ha manifestado su preocupación respecto a los riesgos que comportan los tratamientos de datos personales en las futuras plataformas de gestión del vehículo autónomo y conectado, en adelante VAC. Dicha complejidad hace que la industria que desarrolla las futuras plataformas de servicios del VAC se plantee de forma reiterada la forma y el modo, no sólo de cómo dar seguridad física y tecnológica al futuro servicio, sino de cómo cumplir la normativa de protección de datos de la forma más eficiente y con seguridad jurídica que evite cuantiosas sanciones con sus consecuencias severas tanto económicas como reputacionales a los implicados.

Este trabajo intenta identificar los beneficios que aportaría a la industria que está desarrollando el VAC (fabricantes de automóviles, componentes, tecnológicas, etc.) la existencia de un sistema de autorregulación, como es el caso de un código de conducta homologado por la autoridad de control en materia de protección de datos donde se identifiquen los problemas específicos de esta nueva industria y se aporten las soluciones precisas dotando a los futuros sistemas de gestión del VAC de plena seguridad jurídica en materia de protección de datos.

De forma expresa, y dadas las limitaciones del presente trabajo, hay aspectos tangenciales al VAC que sólo se enumeran en el texto y que serán desarrollados en futuros trabajos como son: la figura del delegado de protección de datos, las transferencias internacionales de datos o las entidades de certificación[1] o

1 El presente artículo forma parte de los trabajos realizados por el subgrupo de protección de datos del proyecto de investigación Conducción Autónoma y Seguridad Jurídica del Transporte (ADLAW) Proyecto financiado por la Convocatoria de Proyectos de Generación de Conocimiento 2021 del Ministerio de Ciencia e Innovación. Modalidad: Investigación No Orientada Tipo B. PID2021-123070NB-I00 (2022-2025), IP Dr. Eliseo Sierra Noguero.

la posibilidad de otro código de conducta en materia de Inteligencia Artificial aplicado al VAC y armonizado con el código de conducta propuesto en el presente trabajo relativo a la protección de datos personales.

II. DEFINICIÓN DEL VAC

Para el presente trabajo vamos a tener como objeto de estudio el vehículo autónomo y conectado terrestre, es decir, el automóvil, el camión o el autocar lo que vamos a definir como VAC. No vamos a estudiar otros tipos de vehículos como pueden ser los de transporte marítimo o aéreo, ya que son objeto de otras singularidades que exceden el campo del presente análisis.

El Vehículo Autónomo y Conectado (VAC) es un tipo de vehículo que comporta el paso del conductor a pasajero, donde de forma autónoma y conectada, el vehículo realiza la función de transporte asignada sin necesidad de conductor ni supervisión humana. En todo caso, para que dicho dispositivo funcione con acierto y seguridad es imprescindible que esté dotado de los medios técnicos, digitales, mecánicos y de la información adecuada y actualizada en cada momento para realizar su función, de lo contrario no es posible su funcionamiento. La industria ha definido de forma exhaustiva que se entiende por este tipo de vehículo, aunque a nuestro modo de ver la definición que más parece encajar para el presente trabajo es la aportada por el docente de la Universidad Politécnica de Valencia, LLOPIS, ya que contempla los elementos característicos de este tipo de nueva movilidad:

> "Un vehículo autónomo y conectado es aquel que incorpora distintos tipos de sensores y algoritmos que le permiten imitar la conducción humana y comunicarse o interactuar con otros usuarios, la propia infraestructura, centros de gestión de tráfico, estaciones meteorológicas, etc. En particular, estos vehículos están equipados con radares, cámaras de visión, GPS y Unidades Inerciales, que permiten, entre otras tareas, el reconocimiento de las marcas y señales viales, mantener el coche en el carril e incluso detectar objetos en su trayectoria. Adicionalmente, incorporan un dispositivo conocido como *On-Board Unit* (OBU) para, mediante redes de comunicación móvil, internet y sistemas de comunicación cooperativa (C-ITS), comunicarse e interactuar con el entorno"[2].

---

[2] LLOPIS CASTELLÓ, D. (2021, abril). Uso de los vehículos autónomos y conectados. *La carretera como forma de vida.* Documento web, URL: https://dallocas.blogs.upv.es/2021/04/25/uso-de-vehiculos-autonomos-y-conectados/. Consultado el 20 de junio de 2024.

Para otros autores como IZQUIERDO, los vehículos autónomos también se pueden definir como bienes muebles con elementos digitales[3]. Interesante reflexión para dirimir en un futuro responsabilidades del sistema de gestión del VAC, y más si se tiene en cuenta la capacidad de aprendizaje autónomo que gozará el VAC gracias al uso masivo del *machine learning* de la Inteligencia Artificial (IA) que lo ayude a gestionar. En todo caso, no profundizaremos en este punto, ya que otros autores lo contemplarán con más profundidad en la presente obra colectiva.

Para poder identificar los diferentes tratamientos de datos personales se hace imprescindible el análisis de la parte técnica del VAC. En este sentido técnico, LLOPIS[4] indica que los VAC están compuestos por tres elementos clave. El primer elemento es el *hardware*, donde cabe citar el GPS[5], LiDAR[6], RADAR[7], cámaras de visión computarizada, módulos de procesamiento a bordo. El segundo elemento será el *software*, donde podemos distinguir cuatro familias de algoritmos de fusión, algoritmos de percepción, algoritmos de decisión y algoritmos de control. Hay que tener presente que algunos fabricantes han apostado profundamente por el uso masivo de la IA[8]. Y finalmente, el tercer elemento serán los actuadores

---

3 IZQUIERDO GRAU, G. (2023, junio). La responsabilidad del productor de vehículos autónomos en el marco de la futura legislación en materia de responsabilidad por daños causados por productos defectuosos. *Revista de Derecho Civil.* Vol. X. Pág 132.

4 Para más información, véase a LLOPIS CASTELLÓ, D. (2022, marzo 01). *Arquitectura de vehículos autónomo y conectado. Universitat Politècnica de València.* YouTube. URL: https://www.youtube.com/watch?v=bsuk38lkznE Consultado el 20 de junio de 2024.

5 El *Global Positioning System* (GPS) o Sistema de Posicionamiento Global es un sistema que permite a un dispositivo receptor localizar su propia posición sobre la Tierra con una precisión de unos pocos metros, incluso centímetros.

6 El *Laser Imaging Detection and Ranging* (LIDAR) es un dispositivo de Detección y Localización de Imágenes por Láser que permite determinar la distancia desde un emisor láser a un objeto o superficie utilizando un haz láser pulsado.

7 El *Radio Detection and Ranging* (RADAR) o sistema de Detección y Distanciometría de Radio, es un sistema que usa ondas electromagnéticas para medir distancias, altitudes, direcciones y velocidades de objetos como aeronaves, barcos, vehículos motorizados, etc. Funciona mediante la emisión de un impulso de radio que se refleja en el objetivo y se recibe típicamente en la misma posición del emisor. Del "eco" desprendido se extrae diversa información.

8 Como pudiera ser el caso del fabricante estadounidense, pero con implantación global, TESLA Inc.

sobre la mecánica del vehículo, especialmente en elementos de dirección, de aceleración y freno, pero no exclusivamente.

Todos estos sistemas se aplican en diferentes fases de la conducción autónoma.

1. **La fase de comunicación**. La tecnología hace que se conecten entre sí los vehículos (V2V), también con la vía y resto de infraestructuras (V2X) y toda esta información pasa a la unidad de gestión interna (OBU) que va procesando los datos en tiempo real, acelerando, frenando, girando, etc., según los requerimientos de la conducción autónoma en cada momento.
2. **La fase de planificación**. Fase más complicada, en principio requiere diferentes unidades y tecnologías de percepción, como pueden ser los LiDAR, RADAR o las cámaras de visión electrónica avanzada, que se juntan con la tecnología de mapeo y localización del vehículo para detectar la ubicación y el estado del vehículo y la vía en todo momento. Aquí es donde el vehículo tiene que proponer las decisiones a corto o largo plazo dependiendo de los objetivos propuestos.
3. **La fase de ejecución**. Las decisiones propuestas en la fase anterior de planificación serán ejecutadas por la unidad de control, que gestionará el desplazamiento, tanto lateral como lineal, actuando en los sistemas de aceleración, frenos y volante. Es evidente que para que un vehículo autónomo y conectado este operativo tiene que incorporar información previa, multitud de sensores y conexiones que le permitan acceder a la información sobre la vía, el resto de vehículo, las infraestructuras, la trayectoria y situación propia y el objetivo y planificación de la ruta que ha de tomar en tiempo real.

En consecuencia, la capacidad de la unidad de procesamiento de dicha información ha de ser de altísimo nivel si tiene que cubrir dichos requerimientos en tiempo real. Para algunos expertos, no cabe la posibilidad de que el vehículo autónomo no sea conectado ya que la posibilidad de generar la información necesaria, procesarla y ejecutar las decisiones tomadas en tiempo real para cualquier entorno y cualquier situación requiere una capacidad computacional y mecánica desproporcionada[9].

---

9 En este punto cabe destacar a FERNÁNDEZ, J.A. Ingeniería Urbana. (2022, octubre 10). *La realidad del vehículo autónomo y conectado.* YouTube. URL: https://www.youtube.com/watch?v=tPGwXwiggUE. Consultado el 20 de junio de 2024.

Siguiendo con este postulado, hay que tener en cuenta que no basta con que la infraestructura esté optimizada, perfectamente coordinada y conectada con el VAC, ya sea con 5G, o el futuro 6G, o por otras tecnologías IoT, lo que al parecer está claro que en las versiones presentes del VAC es la necesidad de conexión con el entorno V2X[10]. Dicho lo anterior, tampoco parece un hecho controvertido que los futuros sistemas VAC comerciales tendrán que contar con una cartografía previa y un aprendizaje de IA contrastado y verificado por la autoridad competente, que permita una movilidad óptima y segura.

Como elemento troncal del presente trabajo tenemos la identificación de los posibles tratamientos de datos de carácter personal en la actividad del VAC. Es evidente, en cuanto a la navegación del VAC, que tanto para el entrenamiento de la IA generativa[11] que ayuda en la gestión del vehículo, como para la actualización de conocimientos de navegación autónoma del VAC pueden existir tratamientos masivos de datos de carácter personal que requerirán un especial estudio jurídico sobre cumplimiento del RGPD y el resto de normativa derivada y concordante. Muestra de posibles tratamientos de datos personales en el entorno del VAC pudieran ser la conexión con otros vehículos que puede comportar el conocimiento de las IP de conexión V2V, siendo la IP un posible dato personal, ya que puede hacer a su usuario una persona identificada o identificable.

Es muy posible que, por motivos de seguridad vial o sencillamente por reconocimiento por visión óptica avanzada del icono homologado, se pueda identificar a los usuarios que tengan alguna discapacidad, especialmente en las fases temporales de convivencia del VAC con el vehículo clásico.

---

10 Entre otros autores Kai Fu Lee destaca que la integración del VAC con las *Smart cities* es una tarea muy compleja con numerosos desafíos técnicos, siendo todo parte de una infraestructura urbana más amplia y conectada mejorando la eficiencia y la seguridad de la movilidad. Para más información, véase; LEE, K.F. (2021). *Autonomous vehicles, full autonomy and smart cities, ethical and social issues. Crown Publishing Group. New York.*

11 La Inteligencia Artificial Generativa es un tipo de sistema de inteligencia artificial (IA) capaz de generar texto, imágenes u otros medios en respuesta a comandos. Los modelos de esta IA aprenden mediante patrones y la estructura de sus datos de entrenamiento de entrada, luego generan datos nuevos con características similares. Estos sistemas incluyen ChatGPT, que es un bot conversacional creado por OpenAI usando modelos de lenguaje grandes fundacionales. Hoy en día la IA generativa tiene aplicaciones potenciales en una amplia gama de industrias, como el arte, la escritura, el desarrollo de software, el diseño de productos, entre varias.

En este caso, cuando nuestra cámara asocia un vehículo a una IP[12], y ese vehículo tiene una pegatina que lo identifica como discapacitado al grabar y tratar dicha información sobre la discapacidad del conductor podemos estar realizando tratamiento de datos personales de especial protección sin consentimiento de sus titulares y con una base legal de dudosa licitud.

En cuanto a la vía la interacción con los diferentes sensores también puede ser una fuente de captación de datos de carácter personal las cámaras, los LiDAR, así como el resto de las tecnologías que nos permiten realizar una imagen fiel del entorno. En este punto hay que recordar las incidencias que ha tenido la empresa Google con la elaboración de su famoso *Google Maps*, en concreto la autoridad competente en materia de privacidad ha procedido a sancionar las conductas de captación de imágenes de transeúntes o personas anónimas que sin su consentimiento eran captadas por los vehículos de mapeo de rutas. En cuanto a esto cabe recordar que Google no sólo captaba las imágenes de los recorridos, sino que incluía otros datos como eran los datos de las diferentes redes y dispositivos wifi que iba encontrando en su camino[13].

La captación masiva de datos sobre rutas y situación de las comunicaciones por carretera en tiempo real de forma autónoma, no supervisada y descentralizada como es el caso de una flota de vehículos SAE 3 avanzado circulando por una zona determinada ya ha puesto en guardia a algunas autoridades especialmente de regímenes no totalmente transparentes como el de la República Popular de China. En efecto, de forma más

---

12 La dirección IP, *Internet Protocol* o Protocolo de Internet, es una etiqueta numérica que identifica de manera lógica y jerárquica a una interfaz / un dispositivo como una computadora, *laptop* o teléfono inteligente) conectado a la red, que utilice un protocolo de internet o que corresponda al nivel de red del modelo TCP/IP. Desde la AEPD se parte de la idea de que las direcciones de IP tanto fijas, como dinámicas, con independencia del tipo de acceso, se consideran datos de carácter personal resultando de aplicación la normativa sobre protección de datos.

13 Para más información, véase:
- AGENCIA ESPAÑOLA DE PROTECCIÓN DE DATOS (2017). Procedimiento Nº PS/00541/2010. Documento web, URL: https://www.aepd.es/documento/ps-00541-2010.pdf. Consultado el 20 de junio de 2024.
- AGENCIA ESPAÑOLA DE PROTECCIÓN DE DATOS (2013). Procedimiento Nº PS/00345/2013. URL: https://www.aepd.es/documento/ps-00345-2013.pdf. Consultado el 20 de junio de 2024.
- AGENCIA ESPAÑOLA DE PROTECCIÓN DE DATOS. (2015). Expediente Nº: E/02210/2015 Documento web, URL: https://www.aepd.es/documento/e-02210-2015.pdf. Consultado el 20 de junio de 2024.

o menos recurrente, el gobierno chino ha prohibido circular a vehículos SAE 3 avanzados (*Autopilot*) por determinadas zonas justificando un presunto interés militar o político para evitar la circulación de los coches Tesla los cuales son conocidos por su capacidad de visión electrónica avanzada y la disposición de cámaras de video internas y externas[14].

Respecto a la ruta y entrenamiento de navegación del VAC mediante IA, ya hemos visto que puede haber numerosos tratamientos de datos personales, pero en el tema del VAC no nos podemos quedar en ese punto. Los sistemas tanto de gestión como de conexión nos pueden comportar numerosos tratamientos, tanto de pasajeros, como de propietarios y otros usuarios, pensemos por ejemplo en la gestión del infoentretenimiento con respecto a los usuarios, todo ello se estudiará en el epígrafe V y ss. del presente trabajo.

III. SITUACIÓN DEL VAC EN ESPAÑA CON RELACIÓN AL RGPD

Como ya hemos adelantado en los puntos anteriores, el VAC es un vehículo que por definición capta y gestiona gran cantidad de datos, personales y no personales. En concreto, para poder prestar las funciones que requiere la conducción autónoma, los diferentes fabricantes recurren a la instalación de sensores de diferente tipo y condición que puedan aportar la información necesaria, tanto para la gestión a medio plazo (seguimiento de una ruta de determinada), como la detección o el giro de volante brusco ante la invasión de la vía por parte de un peatón o la famosa pelota que salta a la carretera...con el niño detrás...

La autoridad competente en España en materia de tráfico, la Dirección General de Tráfico (DGT), consciente de la proximidad temporal de la puesta en explotación comercial de este tipo de vehículos está trabajando sobre un Real Decreto que regule el VAC[15]. También resulta obligado en

---

14 PÉREZ, R. (2023, julio 30). *China prohíbe los automóviles de Tesla.* El MOTOR. Documento Web, URL: https://motor.elpais.com/coches-electricos/china-prohibe-los-automoviles-de-tesla/. Consultado el 20 de junio de 2024.

15 La DGT tiene un proyecto de Real Decreto que modificará algunos reglamentos para adaptar la legislación a sistemas de vehículos VAC, para más información, véase; Real Decreto XXX/YYY, de XX de YY, por el que se modifican el Reglamento General de Circulación, aprobado por Real Decreto 1428/2003, de 21 de noviembre y el Reglamento General de Vehículos, aprobado por Real Decreto 2822/1998, de 23 de diciembre, en materia de conducción automatizada.

un trabajo como el presente saber y valorar la opinión de la industria del sector del automóvil destacando en este punto el excelente informe realizado por ANFAC[16] en el estudio de la penetración y situación real del VAC en España en el año 2022 y su posterior actualización en el 2023. Dicho barómetro con datos del 2023 ha dejado de manifiesto que la situación actual del sector de la automoción con respecto al VAC es diversa existiendo una parte del parque automovilístico que tiene instalados diferentes tipos de ADAS[17] (que en el mejor de los casos pudieran ser clasificados como un SAE 2[18]), pero que aún se está muy lejos de llegar a la homologación de un sistema de nivel 5 SAE (sin conductor, ni supervisión) ni se espera conseguirlo en un breve espacio de tiempo, como estado actual se puede destacar que algún modelo comercializado en España puede llegar a alcanzar la clasificación como SAE 3 pero de forma algo limitada tanto en la necesidad de conductor supervisor como en la limitación de sensores y vías para poder circular.

A nuestro parecer esta situación puede ser engañosa y llevarnos a la conclusión de que nos encontramos muy lejos de una implantación masiva del VAC en España y más contando con un parque automovilístico que tiene una media de más de 14 años. En contra de dicha visión pesimista existe otra posibilidad más optimista si se tiene presente que España forma parte de la Unión Europea y una homologación en cualquier país de la Unión comporta una enorme reducción de trámites en cualquier otro estado, en

---

Dirección General de Tráfico. Documento web, URL: https://www.interior.gob.es/opencms/pdf/servicios-al-ciudadano/participacion-ciudadana/Participacion-publica-en-proyectos-normativos/Audiencia-e-informacion-publica/03_2024_Proyecto_RD_modifica_Reglamento_General_Circulacion_y_Reglamento_General_Vehiculos_conduccion_automatizada.pdf. Consultado el 02 de julio de 2024.

16 La Asociación Española de Fabricantes de Automóviles y Camiones (ANFAC) constituida en 1977.

17 *Advanced Driver Assistance Systems* (ADAS) o Sistemas Avanzados de Asistencia al Conductor son dispositivos auxiliares electrónicos en los vehículos de motor para apoyo al conductor en determinadas situaciones de manejo.

18 Niveles de homologación de la *Society of Automotive Engineers* (SAE) o Sociedad de Ingenieros de Automoción, la Organización enfocada en la movilidad de los profesionales en la ingeniería aeroespacial, automoción, y otras las industrias comerciales especializadas en la construcción de vehículos. Su misión es desarrollar estándares internacionales para coches, camiones, barcos y aviones y para ello considera factores humanos, normas ergonómicas y desarrollo de patentes. Actualmente existen 5 niveles, de automatización de conducción desde automático hasta a automático 100%.

este punto cabe recordar lo sucedido con el sistema de *Bluecruise* de Ford[19] al cual sólo le bastaron escasos meses para ser homologado en España por la DGT, y estamos hablando nivel avanzado como es un posible nivel SAE 3 aunque con algunas limitaciones.

IV. LEGISLACIÓN APLICABLE

1. Introducción a la normativa europea sobre el VAC y la privacidad

La legislación aplicable al VAC en este momento está muy lejos de ser un *corpus legalis* completo ya que como toda novedad social comporta cierto elemento de incertidumbre que hace al legislador tener que trabajar sobre una realidad que en muchas ocasiones le es lejana por desconocimiento tecnológico, otras veces por desconocimiento de las infraestructuras y otras sencillamente por ignorancia.

En todo caso, el marco legal europeo contempla la tecnología y sistemas de nivel 3 SAE como legales en Europa desde la reforma de 14 de julio del 2022, de la Convención de Viena en materia de tráfico. Es de destacar que el artículo 34 bis del mencionado cuerpo legal específica que «requisito de que todo vehículo, o conjunto de vehículos en movimiento, deba tener un conductor que permanezca atento cuando el vehículo utilice un sistema de conducción autónomo», añadiendo que «Siempre que sea conforme a los reglamentos técnicos nacionales». Esto supone que el código de circulación de los países miembros podrá permitir -o no- la conducción autónoma de nivel 3. En este punto también se tendrá que contemplar la normativa que regula el uso de la IA ya que es una de las herramientas troncales del sistema de navegación, guiado y de gestión predictiva del VAC[20].

---

[19] El sistema *Bluecruise* de Ford fue previamente homologado en EE.UU. y Reino Unido, haciendo así mucho más sencillo el trámite de homologación en cualquier país de la Unión Europea. Para más Información, véase: EFE (2023, agosto 29). La tecnología para conducir sin manos llegará a España dentro de unos meses de la mano de Ford. *Diari més.* Documento web, URL: https://www.diarimes.com/ca/actualitat/230829/la-tecnologia-per-conduir-sense-mans-arribara-espanya-aqui-uns-mesos-de-ford_133613.html

[20] Unión Europea. (2024). Reglamento (UE) 2024/1689 del Parlamento Europeo y del Consejo de 11 de junio de 2024, por el que se establecen normas armonizadas en materia de inteligencia artificial y se modifican varios reglamentos y directivas existentes. Diario Oficial de la Unión Europea. URL: https://www.boe.es/buscar/doc.php?id=DOUE-L-2024-81079

En efecto, como ya hemos comentado *supra* la conducción exclusivamente por sensores (RADAR, LiDAR, etc.) en tiempo real requiere un nivel de capacidad de procesamiento y reacción de primera magnitud, con unos costes de producción y mantenimiento espectaculares en relación al objetivo propuesto para el VAC comercial (el transporte eficiente y seguro de mercancías y personas de un punto a otro). Con la aplicación de una IA generativa entrenada adecuadamente mediante millones de datos experienciales de la circulación rodada permite al VAC que sea la IA quien avance decisiones y acciones sobre trayectoria lateral o lineal, así como aceleración y frenado en base a los datos aportados por el conjunto de sensores coordinados con la información previa disponible de mapeo e IA que tiene como consecuencia la reducción del tiempo de respuesta en la conducción, mejorando la ratio de éxito, bajando el nivel de siniestralidad del transporte y reduciendo la necesidad del uso masivo de costosísimos y delicados sensores. Por tanto, toda normativa que regule la IA también es previsible que será de aplicación al VAC comercial[21].

Finalmente, como ya se expondrá más adelante en el presente trabajo (epígrafes V y ss.) habrá que tener presente, para la implementación del VAC entre otra normativa general, la normativa aplicable en materia de protección de datos personales, especialmente el Reglamento General de Protección de Datos (679/2016) y la Directiva 680/2016 para el tratamiento de datos personales con fines judiciales y policiales y el resto de normativa derivada y/o concordante vinculada al tráfico, movilidad, industria, energía y otros elementos.

---

21 Parlamento Europeo. (2024, junio 11). Reglamento (UE) 2024/1689 del Parlamento Europeo y del Consejo de 11 de junio del 2024, por el que se establece normas armonizadas en materia de inteligencia artificial y por el que se modifican los Reglamentos (CE) nº 300/2008, (UE) nº 167/2013, (UE) nº 168/2013, (UE) 2018/858, (UE) 2018/1139 y (UE) 2019/2144 y las Directivas 2014/90/UE, (UE) 2016/797 y (UE) 2020/1828 (Reglamento de Inteligencia Artificial). Documento web, URL: https://www.boe.es/buscar/doc.php?id=DOUE-L-2024-81079 (2023, septiembre 4). *Se crea la Agencia Española de Supervisión de la Inteligencia Artificial (AESIA).* Tirant lo Blanch. Documento web, URL: https://tirant.com/actualidad-juridica/noticia-se-crea-la-agencia-espanola-de-supervision-de-la-inteligencia-artificial-aesia/. Consultado el 01 de julio de 2024.

2. *Introducción a la normativa española sobre el VAC y la privacidad*

Siguiendo a SIERRA[22], en relación a la normativa española aplicable al VAC, "La Dirección General de Tráfico incorpora al Derecho español el sistema de clasificación de la conducción autónoma ideada por la *Society of Automotive Engineers* (SAE)", dicha clasificación es de las más populares y establece niveles de cero a cinco en la conducción autónoma siendo cero el más alejado de la automatización y por tanto todas las acciones las tendrá que hacer el conductor y el cinco, es el nivel máximo de automatización donde el vehículo ya no tiene conductor de ningún tipo, sino un simple pasajero que transporta el VAC según las peticiones del usuario.

Y a nivel español, también habría que destacar que la conducción autónoma tan sólo es legal hasta el nivel 2 en España con algún matiz, como es el caso del *Autopilot* de Tesla o el *Bluecruise* de Ford. Sin embargo, como ya se ha comentado supra la Dirección General de Tráfico (DGT) ya está trabajando en una normativa más amplia que regule el VAC. La recién reformada Ley de Tráfico y Seguridad Vial española ha incluido por primera vez la mención al coche autónomo, pero de un modo genérico[23]. En todo caso, dicha propuesta sólo dice, en su art. 11 bis que "el titular del sistema de conducción automatizado de un vehículo deberá comunicar las capacidades o funcionalidades del sistema de conducción automatizada, así como su dominio de diseño operativo, en el momento de la matriculación, y con posterioridad, siempre que se produzca cualquier actualización del sistema a lo largo de la vida útil del vehículo".

Está claro que los elementos que actúan en el VAC son más amplios que en la movilidad ordinaria, ya sea eléctrica o carbonizada. Tal como se está dibujando el futuro del VAC ya no hablamos de fabricantes de coches… sino de titulares de sistemas complejos, compuestos de diferentes elementos coordinados donde se incluyen plataformas de *software*, de *hosting*, de

---

22 SIERRA NOGUERO, E. (2023). Labor de las sociedades y clasificación de los buques autónomos. En GUTIÉRREZ SANZ, G. y ZUBIRI DE SALINAS, M. (Dirs.) Sostenibilidad, movilidad y vulnerabilidad en el transporte: una visión jurídica. Aranzadi.

23 Boletín Oficial del Estado. Ley 18/2021, de 20 de diciembre, por la que se modifica el texto refundido de la Ley sobre Tráfico, Circulación de Vehículos a Motor y Seguridad Vial, aprobado por el Real Decreto Legislativo 6/2015, de 30 de octubre, en materia del permiso y licencia de conducción por puntos. Documento web, URL: https://www.boe.es/buscar/act.php?id=BOE-A-2021-21006. Consultado el 01 de julio de 2024.

desarrollo de aplicaciones móviles, telefonía, desarrollo de IA generativa, IoT, visión digital avanzada, reconocimiento de imagen, e incluso biometría por infrarrojos.

Este punto es verdaderamente interesante en materia de protección de datos, ya que comporta la participación de nuevos jugadores en el campo de la movilidad urbana e interurbana, complicando enormemente el análisis de los flujos de datos personales y por supuesto la seguridad física y jurídica de dichos tratamientos con respecto al RGPD y el resto de normativa aplicable en materia de privacidad como veremos en el análisis de los epígrafes V y ss. En todo caso, habrá que tener presente todas estas situaciones y riesgos en materia de privacidad a la hora de homologación de los vehículos VAC, no teniendo definida hasta la fecha, la DGT, quien será el órgano encargado de la homologación, si la administración de forma directa o una entidad especializada en homologaciones[24].

En España se han realizado varias acciones con el VAC. Se han efectuado pruebas de conducción autónoma en el Puente Internacional de la autovía A55 que une España con Portugal, conectando las ciudades de Vigo y Oporto. Las pruebas se llevaron a cabo en el marco del proyecto 5GMOBIX, que pretende desarrollar una arquitectura global 5G que ofrezca servicios de conectividad de alta robustez y de baja latencia para aplicaciones de seguridad, proporcionar soluciones de posicionamiento 5G de alta precisión, demostrar y validar los conceptos desarrollados y cuantificar los beneficios de esta tecnología para la conducción.

Por otra parte, el **Centro Tecnológico de Automoción de Galicia (CTAG)** llevó a cabo el 19 de agosto de 2022 en Arteixo las primeras pruebas de su vehículo autónomo de última milla, 100% eléctrico, conectado y de diseño futurista. El vehículo autónomo probado tiene capacidad para 12 personas y su autonomía es de entre 10 y 11 horas. Por su parte, la velocidad máxima que puede alcanzar es de 40 km/h. Se trata de un vehículo pensado para complementar a otros modos de transporte ya existentes. En todo caso, como afirma IZQUIERDO basándose en la Instrucción de la DGT 15/V-113 sobre autorización de pruebas o ensayos de investigación realizados con vehículos de conducción automatizada en vías abiertas al tráfico en

---

24 La subdirectora de la DGT doña Susana Gómez expresó en el foro de ANFAC sobre el VAC del 2023 esta duda, para más información, véase; López-Tafall, J. y Gómez. S. ANFAC AUTOMÓVILES. (2023, noviembre 20). Presentación Barómetro ANFAC Vehículo Autónomo y conectado 2023. YouTube. URL: https://www.youtube.com/watch?v=KUvb97NkedY. Consultado el 01 de julio de 2024.

general, las pruebas de vehículos VAC requerirán autorización previa de la DGT. Conviene destacar, respecto a la materia, objeto del presente trabajo que pese al uso masivo de datos, personales y no personales de los vehículos VAC, dicha Instrucción DGT 15/-113, ni su posterior revisión mediante el Escrito Directriz SGGMT 7/2020, por el cual se modifica el anexo de la mencionada instrucción, realiza ninguna especificación en materia de protección de datos personales en los procesos de autorización de pruebas con el VAC en vías abiertas[25].

En materia de protección de datos personales y movilidad hay que destacar diferentes normas jurídicas que comportan notificaciones a la DGT, como es la Orden INT/2223/2014, de 27 de octubre que regula la comunicación de la información al Registro Nacional de Víctimas de Accidente de Tráfico[26]. Esta obligación comporta un exhaustivo examen de las circunstancias que han rodeado a un accidente de tráfico, con la aportación de los datos personales de conductores, pasajeros, peatones, etc. Es un tratamiento de datos personales recogidos en el Registro de Actividades de Tratamiento (RAT) de la DGT y que por supuesto también afectará a cualquier sistema de gestión comercial del VAC en un futuro. Otros tratamientos de datos vinculados al VAC realizados por la DGT pudieran ser el denominado "Gestión de Tráfico", cuya finalidad es la gestión de tráfico y la seguridad vial, también destaca en el RAT de la DGT el tratamiento de datos personales denominado "Autorizaciones para el uso no ordinario de la vía", cuya finalidad es la concesión de autorizaciones para usos no

---

[25] En efecto, los mencionados escritos hacen una exhaustiva enumeración de requisitos técnicos y organizativos, e incluso regulan la ciberseguridad y la compatibilidad con el espectro radioeléctrico, pero en momento alguno plantean cumplir con el artículo 25 RGPD, vigente en la fecha de entrada en vigor del Escrito Directriz SGGMT 7/2020.
Para más información, véase: Escrito Directriz SGGMT 7/2020 por el cual se modifica la Instrucción DGT 15/V-113. Documento web, URL: https://www.dgt.es/export/sites/web-DGT/.galleries/downloads/muevete-con-seguridad/normas-de-trafico/VEH-vehiculos/Escrito_Directriz_SGGMT_7_2020_Modificacion_anexo_de_la_Instruccion_DGT_15_V_113.pdf. Consultado el 05 de julio de 2024

[26] En este caso se trata de datos de especial protección del artículo 9 del RGPD, ya que los formularios que contempla los anexos de la Orden INT/2223/2014, son amplios y captan datos muy detallados, como ubicación en el vehículo, heridas graves, fallecimientos, etc. Para más información, véase; Boletín Oficial del Estado. Orden INT/2223/2014, de 27 de octubre, por la que se regula la comunicación de la información al Registro Nacional de Víctimas de Accidentes de Tráfico. Documento web, URL: https://www.boe.es/buscar/act.php?id=BOE-A-2014-12411. Consulado el 05 de julio de 2024.

ordinarios de la vía y por supuesto el tratamiento denominado "Consultas y reclamaciones en materia de protección de datos".

Del análisis de la normativa obrante sobre el VAC y la protección de datos personales, se puede deducir que nos encontramos en una fase muy incipiente, donde como se ha expuesto existe una normativa dispersa que regula diferentes aspectos de la movilidad que pudieran ser de aplicación en el futuro desarrollo de un sistema comercial del VAC. En todo caso del análisis del RAT vigente en la DGT se confirma el seguro tratamiento de numerosos datos personales por parte de esta autoridad, situación que será extrapolable en algunos puntos a cualquier sistema VAC que se pretenda homologar en un futuro (como son los casos de tratamientos sobre análisis de accidentes, solicitudes de autorizaciones para uso no ordinario de la vía, ejercicios de derechos del RGPD como son los de portabilidad, acceso, rectificación, supresión, oposición y limitación, en adelante PARSOL), e incluso el mismo tratamiento denominado "Gestión del tráfico" que el mismo RAT de la DGT indica que trata imágenes de usuarios de las vías, listados de matrículas, listados de puntos de control y que será imprescindible para alimentar y gestionar los futuros sistemas comerciales del VAC.

Respecto al estado de madurez del VAC en España, nos gustaría destacar que una de las experiencias más interesantes en la actualidad es la comercialización del sistema Ford *BlueCruise*, del fabricante del mismo nombre, en su modelo Ford Mustang Mach-E, según el propio fabricante se trata de una combinación de tecnologías basadas en el Control de Crucero Adaptativo Inteligente con *Stop-and-Go*, el Asistente de Mantenimiento de Carril y el Reconocimiento de Señales de Velocidad. Esta función permite al conductor conducir con las manos libres en tramos de autopista precalificados, denominados *Hands-Free BlueZones*. Una cámara orientada hacia el conductor en el cuadro de instrumentos controla la mirada y la posición de la cabeza para ayudar a garantizar que los ojos del conductor permanezcan en la carretera.

Ford ha recibido la aprobación por parte del Ministerio de Industria, Comercio y Turismo y de la Dirección General de Tráfico, para introducir la conducción sin las manos en el volante en las autopistas y autovías españolas. Su homologación en España para circular por vías públicas no parece que haya tenido especiales problemas, ya que en el plazo de pocos meses ya estaba homologado. Si bien es cierto que las tecnologías que aporta no son novedosas y están muy contrastadas en el mercado, la combinación de todas ellas en un solo modelo, sí que puede comportar cierta complejidad.

Teniendo en cuenta que el sistema VAC puede comportar contratación *on line*, por el conductor, propietarios o pasajeros, como es el ejemplo ya comentado del servicio *BlueCruise* el cual se comercializa por subscripción vía *app*, será de aplicación lo preceptuado para la defensa de los consumidores en la Ley de Servicios de la Sociedad de la Información y Comercio Electrónico (LSSICE), también se deberán tener presentes la Ley General de Defensa de Consumidores y Usuarios (TRLGDCU), la Ley de Ordenación del Comercio Minorista y resto de normativa de consumo, todo este marco legislativo forma parte de las obligaciones legales que tendrá que respetar el titular de un sistema de gestión VAC.

V. AUTORIDADES DE CONTROL EN MATERIA DE PRIVACIDAD

En este punto conviene destacar la nueva realidad que comporta el VAC en la movilidad humana. Históricamente el control administrativo de la autorización de los vehículos corría a cargo del Ministerio correspondiente vinculado a la industria, y la gestión de la vía a otro Ministerio como pudiera ser el de obras públicas. Con el nuevo esquema que requiere la homologación del VAC se identifica la existencia de un sistema de gestión complejo, donde se incluye el vehículo (V2V), pero también toda la infraestructura de captación de datos internos, externos y de terceros (V2X), tratamiento de esos datos de forma directa y en tiempo real y la gestión de las acciones necesarias para que dicho VAC consiga realizar sus funciones con éxito. Esta complejidad requerirá una armonización y coordinación de diferentes administraciones e incluso la posibilidad de crear organismos específicos para esta gestión coordinada de las plataformas homologadas del VAC.

En todo caso esta nueva complejidad comporta la irrupción de nuevas autoridades de control que pueden afectar a la supervisión y desarrollo del VAC y de sus actividades en numerosos entornos. Es muy previsible que una vez ya implantado el VAC y en fase de explotación comercial o incluso en fases muy embrionarias y de forma paralela a la implantación secuencial del VAC en nuestras calles se le otorguen competencias en la materia de regulación de los futuros sistemas homologados de VAC a los siguientes órganos de control:

1. **Dirección General de Tráfico** y las diferentes autoridades autonómicas que tengan dicha competencia delegada, en concreto Euskadi, Navarra y Cataluña.

2. **Ministerio de Fomento**. Como responsable de la vía, estado y conectividad presente y futura. También en este punto se deberá tener presentes a las autoridades autonómicas y locales que tengan competencia en la creación y mantenimiento de vías urbanas e interurbanas por las que pueda circular el VAC. Conviene destacar que la vía y sobre todo su interconexión mediante IoT, 5G o 6G, es la que hace creíble que un sistema VAC funcione, de hecho, para algunos autores, el VAC o será conectado o no será[27]. Por tanto, toma carta de naturaleza la necesidad de que los sistemas que se vayan homologando por los fabricantes o responsables estén conformes con los estándares y contenidos de las vías donde se van a prestar dichos servicios.
3. **Ministerio de Industria**. Si hasta la fecha la homologación consistía en que el fabricante presentara un vehículo concreto con las características adecuadas para circular en las vías estatales con las medidas y las garantías técnicas adecuadas, la realidad del VAC es diferente, ya no se trata de una unidad en concreto, sino que es un sistema de gestión que puede ser del fabricante de vehículo o no, la titularidad de la responsabilidad del sistema puede variar de un modelo de servicio a otro.
4. **Agencia Española de Protección de Datos**. En efecto, al tratarse gran cantidad de datos, tanto personales como no personales, las autoridades de control en materia de protección de datos tienen un papel destacado en las futuras plataformas del VAC. En este punto conviene tener presente la obligación legal impuesta por el artículo 25 del RGPD donde se exige la privacidad por defecto y desde el diseño. Será obligación del responsable del sistema de homologación del VAC acreditar que el mismo cumple con las anteriores premisas. En este punto también hay que tener presente el reparto

---

27 Estamos plenamente conformes con la visión de FERNÁNDEZ en referencia a la necesidad estructural de conexión V2X y V2V del VAC, dicho técnico es el responsable de área de preparación y gestión de proyectos R&I Electrónica & ITS del Centro Tecnológico de Automoción de Galicia, la teoría de que, si no hay conectividad masiva, el VAC no podrá ser una solución de masas ni plenamente autónomo, en la actualidad, según el estado de la técnica entendemos que no es discutible esta posición. En este sentido, véase; FERNANDEZ, J. A., *Simposium Urban Solutions* Vigo. (2022) *La realidad del vehículo autónomo y conectado.* En documento web, URL: La realidad del vehículo autónomo y conectado.–YouTube, (2’47” en consulta realizada el 12 de julio del 2024.

competencial en referencia las autoridades de control en materia de protección de datos[28].

5. **Agencia Española de Supervisión de la IA (AESIA)**[29]. Este novedoso órgano de control tendrá como función la supervisión y control de la implementación de la IA en empresas y organizaciones. En materia del VAC, hay que recordar que la IA es una herramienta consustancial al buen funcionamiento del VAC y, por tanto, su aplicación podrá ser supervisada por la autoridad de control competente. Conviene destacar que será la jurisprudencia quien determina aquellas zonas grises entre las competencias de la AESIA y de la AEPD.

VI. PROBLEMAS DETECTADOS DEL VAC RESPECTO A LA PRIVACIDAD

Los sistemas y tecnologías expuestos en los puntos anteriores se basan en la captación y tratamiento con diversos fines de datos y más datos, ya que sin ellos es imposible que ningún sistema de conducción autónoma funcione adecuadamente de forma intensiva, en concreto todas las plataformas de desarrollo actuales y las respectivas pruebas piloto de uso masivo en vía pública abierta del VAC se fundamentan en el uso de sensores de alta precisión y IoT con el resto de vehículos y con la vía (V2V y V2X) junto con IA avanzadas. Los datos de carácter estrictamente técnico y no personales serán objeto de otro estudio vinculado más a la ciberseguridad que

---

28 A nivel estatal se encuentra la Agencia Española de Protección de Datos (AEPD) como organismo público encargado de velar por el cumplimento de la Ley Orgánica de Protección de Datos.
Respecto a las autonomías, se encuentran:
- La Autoridad Catalana de Protección de Datos, creada el año 2003.
- La Agencia Vasca de Protección de Datos, creada el año 2004.
- El Consejo de Transparencia y Protección de Datos de Andalucía, creado el año 2014.
- La Agencia de Protección de Datos de la comunidad de Madrid que fue creada en el año 2001 y suprimida el 1 de enero de 2013 siendo asumidas sus funciones por la Agencia Española de Protección de Datos.

29 Para más información, véase: Tirant lo Blanch. (2023, septiembre 04). Se crea la Agencia Española de Supervisión de la Inteligencia Artificial (AESIA). Documento web. URL: https://tirant.com/actualidad-juridica/noticia-se-crea-la-agencia-espanola-de-supervision-de-la-inteligencia-artificial-aesia/. Consultado el 05 de julio de 2024.

el presente trabajo[30], nosotros nos centraremos en los datos de carácter personal, que son todos aquellos que hagan a una persona identificada o identificable.

Para el ciudadano medio, el dato del nombre y del apellido lo identifica como datos personales de forma casi automática, pero ya comienza a dudar cuando se trata de una matrícula de un vehículo, o una dirección de ordenador. La doctrina más consolidada tanto de la AEPD como del CEPD[31], establece que cualquier tipo de dato que pueda hacer a una persona identificable sin esfuerzos desproporcionados es un dato personal[32]. Numerosa jurisprudencia y doctrina entiende que el concepto de dato personal no es un *numerus clausus*, sino que se trata de un concepto abierto y más bien expansivo y no concreto, ya que diferentes evoluciones técnicas y sociales pueden crear situaciones que nos hagan personas identificadas o identificables en diferentes circunstancias[33].

Como elementos problemáticos a tener en cuenta en el VAC, el CEPD[34] identifica los siguientes:

1. Falta de control y asimetría de información del artículo 6 del RGPD (posible falta de transparencia).
2. Calidad del consentimiento del usuario en relación también al artículo 6 y ss. del RGPD.

---

30 Recientemente ha entrado en vigor de forma plena la normativa de ciberseguridad en la homologación de vehículos UNECE/R-155, para más información, véase; https://data.europa.eu/eli/reg/2021/387/spa, en consulta realizada el 19 de julio del 2024.

31 Comité Europeo de Protección de Datos, *European Data Protection Board*.

32 En concreto el artículo 4.1 del RGPD establece como dato personal "toda información sobre una persona física identificada o identificable («el interesado»); se considerará persona física identificable toda persona cuya identidad pueda determinarse, directa o indirectamente, en particular mediante un identificador, como por ejemplo un nombre, un número de identificación, datos de localización, un identificador en línea o uno o varios elementos propios de la identidad física, fisiológica, genética, psíquica, económica, cultural o social de dicha persona".

33 Muestra de lo anterior sería el uso de la voz como elemento de reconocimiento personal, otras muestras de biometría, la forma de redactar textos escritos acreditas por periciales caligráficas.

34 Directrices 1/2020 sobre el tratamiento de datos personales en el contexto de los vehículos conectados y las aplicaciones relacionadas con la movilidad

3. Posibles riesgos en los tratamientos posteriores de datos personales por parte de terceros o subcontratas, con relación al artículo 28.3 del RGPD.
4. Posibles recopilaciones excesivas de datos y posible falta de Plan de Evaluación de Impacto de Protección de Datos (EIPD), con relación al artículo 35 del RGPD.
5. Seguridad y control de accesos a dispositivos de captación, tratamiento y conservación de datos personales con relación al artículo 32 del RGPD.
6. Privacidad desde el diseño y por defecto, en relación con el artículo 25 del RGPD en referencia a los tratamientos de carácter personal, incluyendo los de IA.

También se podría incluir como elemento a tener en cuenta, que la movilidad del VAC puede ser aplicada a entornos laborales, tanto como empleador o como empleado. Es evidente que existe un riesgo potencial de un mal uso de los datos personales por parte de la empresa o empleador respecto al VAC como pudieran ser la explotación de los datos con fines de control y supervisión de los datos generados por el VAC sobre el geoposicionamiento de flotas y vehículos profesionales asignados a un empleado conductor-supervisor en los SAE 3 y 4 o directamente un empleado pasajero en los VAC nivel SAE 5. Es evidente que se abre un nuevo abanico de posibilidades en relación con la normativa laboral aplicable en cada caso[35]. Hay que tener presente que en materia de IA el nuevo Reglamento (UE) 2024/1689 establece una especial protección para los tratamientos de una IA de datos personales en entornos laborales. Bajo nuestro criterio entendemos que este tipo de acciones de control y supervisión pudieran entrar dentro del artículo 20 del vigente Estatuto de los Trabajadores, siempre y cuando esté correctamente coordinado con el resto de los derechos y garantías que todo trabajador ha de disfrutar especialmente en cuando al respecto a su intimidad. En todo caso este punto vuelve a poner en evidencia la necesidad de establecer un código de conducta homologado que otorgue seguridad jurídica en la validación de los procesos y documentación aplicable al VAC y su uso en entornos laborales.

---

[35] En efecto, un caso muy habitual es el seguimiento de las flotas de vehículos de transporte asignados a un profesional. En el caso que el empleador hago uso de esos datos de forma ilegitima o desproporcionada, podría comportar severos ilícitos tanto laborales como en materia de protección de datos.

En todo tratamiento de datos personales el primer ejercicio básico e inicial es saber exactamente qué datos personales entran, qué hacemos con ellos y cuáles son las posibles salidas de los mismos. Bajo nuestro punto de vista en el presente estudio del VAC hay que valorar la existencia de los siguientes posibles tratamientos de datos personales:

1. **Empresa desarrolladora del algoritmo de IA**. Uso de datos masivos de entrenamiento de la IA tanto sintéticos como reales.
2. **Empresa desarrolladora de la aplicación móvil de gestión (app) y explotación del VAC**. Identificación de conductores, usuarios, autorizaciones administrativas, seguros, siniestros, sanciones, medios de pago por uso, limitaciones físicas de conducción.
3. **Empresa fabricante del vehículo**. Si es conectado, tratamiento de datos personales generados por los dispositivos de visión óptica avanzada, rutas, imágenes de agentes encargados de la regulación del tráfico, peatones, usuarios de la vía, otros vehículos particulares, otros conductores, otros vehículos (IP vinculada a la IoT), infoentretenimiento y rutas. En este mismo sentido la *e-call* de obligada incorporación en los vehículos matriculados a partir del 2018 y los datos de a bordo que puedan generarse como son la grabación de la imagen del conductor-supervisor, o lo que pueda quedar registrado en el EDR[36].
4. Por las diferentes **autoridades de control y gestión del tráfico**. En este punto hay que tener presente que el modelo VAC se basa en un gran sistema interconectado tanto a los diferentes usuarios de la vía como a los dispositivos y resto de elementos que pudieran tener repercusión directa o indirecta en la circulación. Como ya hemos comentado en otros puntos del presente trabajo, es imprescindible la interconexión de todo (V2V y V2X) y para eso tiene gran transcendencia la conectividad aportada por el IoT y el 5G y el 6G.[37]

---

36 El Registrador de Datos de Eventos o *Event Data Recorder* (EDR) es un dispositivo de instalación obligatoria por el fabricante que recoge datos cruciales para la investigación de los accidentes de tráfico, antes, durante y después de un accidente.

37 En este punto destacaremos la actual plataforma tecnológica DGT 3.0, gestionada por la Dirección General de Tráfico y tiene vocación de interconectar a todos los actores que forman parte del ecosistema de movilidad, aportando información en tiempo real a los usuarios de la vía mediante IoT según se expone la misma DGT en su web. Entendemos que esta plataforma será el embrión de la futura red de gestión del VAC. Como muestra del buen funcionamiento actual cabría comentar

5. Empresas de **tecnologías de la información que gestionen plataformas** logísticas o de gestión de las *smart cities*. Se trataría de datos muy similares a los anteriores donde la identificación de vehículos y los diferentes elementos de señalización e identificación de incidencias pueden ser tratamientos de datos de carácter personal.
6. Servicios de **Emergencias sanitarias y no sanitarias**. Gestión de los datos de las personas implicadas en la emergencia sanitaria o de seguridad física (p.e., bomberos, técnicos de urgencias de señalización de infraestructuras, etc.).
7. Servicio de **soporte en caso de incidencia o avería**. Gestión de los datos personales de los titulares, de los pasajeros-conductores supervisores y otros datos necesarios para la tramitación de la incidencia ante la compañía de seguros.
8. Servicios de **policía de carreteras y de investigación de accidentes**. Datos de gestión del tráfico y de posibles sanciones administrativas y penales. Datos sobre la investigación de siniestros, incluidos los obrantes en los EDR y el resto de los dispositivos del vehículo. Posibilidad que los datos personales puedan tener una vertiente jurídico penal en el caso de delitos contra la seguridad del tráfico[38].

---

el funcionamiento de la señalización de emergencia V-16, dotada de conectividad mediante una eSIM a la DGT 3.0. Para más información, véase; Documento web, URL: www.dgt.es/muevete-con-seguridad/tecnologia-e-innovacion-en-carretera/dgt-3.0/. En consulta de 15 de julio de 2024.

[38] Se ha de tener presente que ya no será de aplicación el RGPD, sino que se atenderá a los establecido en la DIRECTIVA (UE) 2016/680 DEL PARLAMENTO EUROPEO Y DEL CONSEJO de 27 de abril de 2016 relativa a la protección de las personas físicas en lo que respecta al tratamiento de datos personales por parte de las autoridades competentes para fines de prevención, investigación, detección o enjuiciamiento de infracciones penales o de ejecución de sanciones penales, y a la libre circulación de dichos datos y por la que se deroga la Decisión Marco 2008/977/JAI del Consejo. Documento web, URL: https://www.boe.es/doue/2016/119/L00089-00131.pdf. Consultado el 05 de julio de 2024.
Y la Ley Orgánica 7/2021, de 26 de mayo, de protección de datos personales tratados para fines de prevención, detección, investigación y enjuiciamiento de infracciones penales y de ejecución de sanciones penales. Documento web, URL: https://www.boe.es/buscar/act.php?id=BOE-A-2021-8806. Consultado el 05 de julio de 2024.

9. Servicios de **mantenimiento de la conectividad de la vía**. Tanto por gestión directa de la administración competente o por las subcontratas correspondientes. Si la vía está conectada (V2X), todos los elementos de conectividad, *switches, routers,* servidores, son elementos que guardan datos de todo tipo y condición. Este almacenaje masivo de información tiene especial transcendencia en una vía plagada de dispositivos IoT (semáforos blancos[39], balizas, resto de vehículos, obstáculos y otros)[40].

Es evidente que el despliegue de las diferentes plataformas que en un futuro se homologuen por la autoridad competente para la gestión del VAC se detectarán nuevos tratamientos de datos personales y no personales. Pero, en una primera aproximación según nuestro parecer los anteriores pueden ser un buen principio para realizar un estudio de privacidad desde el diseño del futuro sistema de gestión VAC.

VII. PRINCIPIO DE RESPONSABILIDAD ACTIVA

El artículo 5 del RGPD establece que los datos personales se tendrán que tratar de una forma lícita, leal y transparente con relación al interesado, que recordemos que en el caso del VAC puede ser el conductor-pasajero o los terceros que puedan ser afectados en las diferentes fases de la actividad de conducción autónoma. En este punto hay que tener presente que el mencionado cuerpo legal establece la limitación de la captación para la finalidad identificada, la cual tendrá que ser determinada, explícita y legítima. También exige el RGPD que los datos personales captados y tratados tendrán que ser adecuados, pertinentes y

---

[39] En este sentido, Hajibabai entiende que los VAC se podrían beneficiar de una nueva fase semafórica, en color blanco, con el fin de señalizar al VAC, de forma simplificada se trata de que cuando un VAC detecta un semáforo en blanco la instrucción sea: siga al resto de vehículos. Para más información, véase: NIROUMAND, R., HAJIBABAI, L., & HAJBABAIE, A. (2024, marzo 10). Advancing the white phase mobile traffic control paradigm to consider pedestrians. Computer-Aided Civil and Infrastructure Engineering. Documento web, URL: https://doi.org/10.1111/mice.13178. Consultado el 05 de julio de 2024.

[40] Una iniciativa muy interesante es la señal V16 que viene a substituir a los viejos triángulos de señalización de avería o accidente. Dicha señal esta homologada por la DGT y tiene incorporado un elemento de conectividad, que hace que en todo momento los servicios de ayuda en carretera y el resto de los vehículos puedan situar en la vía el vehículo con problemas y actúen en consecuencia.

limitados al fin. También obliga al responsable de tratamiento a que los datos sean exactos y actualizados y con un plazo de conservación limitado. Además, el mismo artículo exige la integridad y la confidencialidad de los datos captados y tratados. Finalmente, el principio de responsabilidad activa o *accountability* es un elemento troncal del sistema de privacidad impuesto por el RGPD, el artículo 5.2 del mencionado texto legal exige un deber de diligencia y resultado para todo responsable de tratamiento, en su caso encargado o coencargado no sólo en el cumplimiento del RGPD y la LOPDGDD sino también de acreditación permanente. En concreto, el artículo 24 del RGPD detalla las obligaciones del responsable de tratamiento donde por supuesto queda incardinada la obligación de la correcta implementación de las medidas técnicas, organizativas y legales adecuadas y pertinentes que permitan garantizar por parte del responsable de tratamiento ante la autoridad competente la buena praxis y fiel cumplimiento del RGPD en los tratamientos de datos personales efectuados[41].

Si aplicamos este precepto al sistema del VAC se detectan numerosos retos tanto en la captación legal de los datos personales y los consentimientos como en el posterior tratamiento de los datos personales. Normativas anteriores al RGPD que regulaban la protección de datos en España y en Europa de tipo más formalistas y menos finalistas exigían una serie de requisitos como eran la declaración de los ficheros en el Registro General de la Agencia Española de Protección de Datos o la designación de un responsable de seguridad para determinar el cumplimiento efectivo de la norma.[42] El RGPD tiene un elemento diferenciador importante con respecto a la normativa precedente ya que rompe con la tendencia meramente formalista anterior y entra en un territorio francamente complicado: el de la responsabilidad activa. Se entiende que el responsable de tratamiento tiene la obligación en todo momento no sólo de cumplir la ley, sino que tiene que comprobar que su cumplimiento es efectivo,

---

41 En este mismo sentido, podremos observar que el Considerando 74 del RGPD establece la necesidad del establecimiento de las medidas oportunas que permitan garantizar la seguridad de los datos, tal como la entiende el RGPD y la obligación de establecer las herramientas necesarias para poder acreditar en todo momento, esa buena praxis.

42 En este sentido teníamos la derogada Ley Orgánica de Protección de Datos, 15/1999, de 13 de diciembre, o el Reglamente de Medidas de Seguridad, Real Decreto 1720/2007, de 21 de diciembre, derivadas del Convenio 108, del Consejo de Europa o la Directiva (UE) 46/1995.

que se evitan los riesgos en los tratamientos y, además, como ya se ha comentado *supra* la norma exige al Responsable de Tratamiento (RTRAT) o encargado de tratamiento el poder acreditar documentalmente su buena praxis en todo momento hasta el final de las responsabilidades legales que puedan derivar de sus tratamientos[43].

---

[43] En el artículo 5, del RGPD sobre los principios relativos al tratamiento, sobre la responsabilidad activa, señala:

1. Los datos personales serán: a) tratados de manera lícita, leal y transparente en relación con el interesado («licitud, lealtad y transparencia»); b) recogidos con fines determinados, explícitos y legítimos, y no serán tratados ulteriormente de manera incompatible con dichos fines; de acuerdo con el artículo 89, apartado 1, el tratamiento ulterior de los datos personales con fines de archivo en interés público, fines de investigación científica e histórica o fines estadísticos no se considerará incompatible con los fines iniciales («limitación de la finalidad»); c) adecuados, pertinentes y limitados a lo necesario en relación con los fines para los que son tratados («minimización de datos»); d) exactos y, si fuera necesario, actualizados; se adoptarán todas las medidas razonables para que se supriman o rectifiquen sin dilación los datos personales que sean inexactos con respecto a los fines para los que se tratan («exactitud»); e) mantenidos de forma que se permita la identificación de los interesados durante no más tiempo del necesario para los fines del tratamiento de los datos personales; los datos personales podrán conservarse durante períodos más largos siempre que se traten exclusivamente con fines de archivo en interés público, fines de investigación científica o histórica o fines estadísticos, de conformidad con el artículo 89, apartado 1, sin perjuicio de la aplicación de las medidas técnicas y organizativas apropiadas que impone el presente Reglamento a fin de proteger los derechos y libertades del interesado («limitación del plazo de conservación»); f) tratados de tal manera que se garantice una seguridad adecuada de los datos personales, incluida la protección contra el tratamiento no autorizado o ilícito y contra su pérdida, destrucción o daño accidental, mediante la aplicación de medidas técnicas u organizativas apropiadas («integridad y confidencialidad»).
2. El responsable del tratamiento será responsable del cumplimiento de lo dispuesto en el apartado 1 y capaz de demostrarlo («responsabilidad proactiva»).

- Véase también el título II. Principios de protección de datos del Boletín Oficial de Estado. (2018, diciembre 06). Ley Orgánica 3/2018, de 5 de diciembre, de Protección de Datos Personales y garantía de los derechos digitales. https://www.boe.es/buscar/act.php?id=BOE-A-2018-16673

VIII. PROBLEMAS RESPECTO AL TRATAMIENTO DE DATOS PARA EL VAC

En concreto el artículo 6 del RGPD establece unas limitaciones sobre el tratamiento de datos personales, en concreto identifica las siguientes bases legales del tratamiento:

1. Consentimiento del interesado.
2. Ejecución de un contrato o medidas precontractuales.
3. Cumplimiento de una obligación legal.
4. Protección de intereses vitales del interesado u otra persona física.
5. Ejercicio de misión de interés público o ejercicio de poderes públicos.
6. Satisfacción de intereses legítimos del responsable del tratamiento[44].

Según nuestro parecer entendemos que no es pacifica la base legal para el tratamiento de datos personales por parte de los operadores o fabricantes del VAC. El principal problema reside en la gran cantidad de datos a tratar de diferentes fuentes y operadores. La captación del consentimiento para la verificación de la vigencia de las autorizaciones administrativas de conducción o la recogida de datos de terceros que no son ni titulares, ni conductores son buena muestra de dicha problemática[45]. Una de las bases fundamentales para el tratamiento de datos de carácter personal es el

---

44 En este punto conviene destacar que la Ley de Seguridad Vial y sus reglamentos de desarrollo exigen una serie de requisitos para circular por las vías públicas a los vehículos y conductores, que en muchas ocasiones hacen preceptiva la consulta previa a la prestación del servicio a muchos operadores de servicios por uso, como es el caso de los alquileres de vehículos compartidos. Para más información, véase: AEPD, Informe del Gabinete Jurídico (2022). N/REF: 0036/2022. Agencia Española de Protección de Datos. Documento web, URL: https://www.aepd.es/documento/2022-0036.pdf Consultado el 05 de julio de 2024.

45 Las Directrices 1/2020 del EDPB (CEPD en español) contemplan diferentes problemáticas del VAC, incluyendo la participación de nuevos operadores pertenecientes a la economía digital, como es el caso de servicios de información del estado de la vía, servicios de asistencia a la conducción, cartografía dinámica, gestores de conectividad de infraestructuras viarias y operadores de telecomunicaciones. Para más información, véase; *European Data Protection Board.* (2021, marzo 09). Directrices 1/2020 sobre el tratamiento de datos personales en el contexto de los vehículos conectados y las aplicaciones relacionadas con la movilidad. https://www.edpb.europa.eu/our-work-tools/our-documents/guidelines/guidelines-012020-processing-personal-data-context_es. Consultado el 07 de julio de 2024.

consentimiento, libre e informado. Es cierto que pueden existir otras bases para el tratamiento de los datos personales como es una obligación legal o el cumplimiento de un contrato, pero en el caso del VAC vemos que hay una gran cantidad de posibles tratamientos de datos que va a ser muy complicado que se puedan incardinar dentro de alguna de las tipificaciones del RGPD como base legal de tratamiento. Estudiando las diferentes tecnologías utilizadas, así como la forma y el modo de su implementación, vemos que se necesita gran cantidad de datos personales para el entrenamiento de la IA que gestione la conducción autónoma. Es imprescindible la utilización de gran cantidad de datos sobre circulación y movilidad urbana e interurbana. Una herramienta que suelen utilizar los fabricantes es el trabajo de entrenamiento de la IA con datos sintéticos, es decir con realidades simuladas que permiten mejorar la experiencia de la IA sin necesidad de utilizar datos reales. Al parecer este entrenamiento sintético no es suficiente para que la IA gestione con garantías el VAC y una vez se han agotado todos los posibles entrenamientos sintéticos se tendrá que contar con datos reales masivos como elementos imprescindibles de entramiento seguro y efectivo de la IA que tenga que gestionar el VAC.

Uno de los fabricantes de vehículos eléctricos y conectados más famosos del momento en este caso, TESLA, establece un curioso sistema mediante el cual informa a sus usuarios que los datos personales aportados por los mismos son muy importantes, pero en un ejercicio de incongruencia y falta de transparencia, en la información que facilita en sus políticas de privacidad no identifica las empresas concretas que van a tratar los datos personales de los titulares de sus famosos vehículos[46]. Otro elemento que indica la orientación del mencionado fabricante es que en las mismas políticas de privacidad publicadas se reserva el derecho a borrar todos los datos del usuario. A nuestro parecer, esta acción de borrado podría comportar severas consecuencias para los titulares y los usuarios, como sería no poder acreditar su presencia en un lugar u otro para temas tributarios o penales, e incluso la imposibilidad de defensa por cargos no autorizados en compras *on line*.

Otro de los elementos disruptivos en el sector de la automoción de TESLA es la inclusión de la gestión de pago por uso, al tratarse de un vehículo conectado, el fabricante vende diversas suscripciones y servicios que

---

[46] Para más información, véase: TESLA (2024, enero). Aviso de Privacidad de Clientes. Documento web, URL: https://www.tesla.com/es_es/legal/privacy#international-transfers. Consultado el 07 de julio de 2024.

se pueden contratar en origen o mediante la pantalla multifunción del vehículo o en la propia aplicación móvil de la compañía. En todo caso, excepto posiblemente la contratación inicial en el concesionario de la marca, el resto de contratación posterior a la entrega del vehículo se trataría de contratación electrónica que requerirá lo establecido en la LSSI-CE y el resto de normativa sobre consumo aplicable a las ventas *on line*. Es evidente que, en materia de protección de datos puede haber múltiples usuarios diferentes al propietario siendo de obligado cumplimiento en todas las fases de contratación cumplir con exactitud lo preceptuado en el artículo 6 del RGPD[47]. Este punto no es baladí ya que el principio de responsabilidad activa que ya hemos comentado obligará a la empresa vendedora a la acreditación de su buena *praxis* en todo momento y mientras dure la obligación legal de conservación de las autorizaciones y la información recibida[48].

Normalmente en este tipo de ventas, se aplican procedimientos de certificación de transacciones digitales mediante diversas técnicas como pueden ser la generación de *hash*[49] donde se incluyan los sellos de tiempo correspondientes por supuestos emitidos por un proveedor seguro de tiempo o un sistema de certificación distribuida basada en la tecnología de cadena de bloques (*blockchain*). Este punto, la correcta información al titular sea cual sea, con las garantías y contenidos adecuados nos parece de especial relevancia para la correcta implementación del VAC, ya que

---

47 El mismo CEPD estableció como riesgo evidente en el VAC la captación del consentimiento informado al titular de los datos personales, que puede coincidir o no con el propietario titular del mismo, argumento que ha utilizado la AEPD en su Informe 0036/2022 del Gabinete Jurídico, con respecto al acceso de la vigencia de la autorización administrativa de los contratantes del servicio de uso compartido de vehículos, *carsharing*.

48 Existen diferentes posibilidades de dar la información de forma comprensible para el usuario-consumidor, una propuesta interesante es la que hace LLANEZA en referencia al uso de iconos normalizados para informar de forma visual a los usuarios. Dicha iniciativa mereció el Premio de la AEPD a las mejoras prácticas en el año 2020. Para más información, véase; premio-rgpd-mod-a-2020-paloma-llaneza-gonzalez.pdf (aepd.es).

49 Aunque pensada para la pseudoanonimización de datos personales resulta interesante leer la guía de la AEPD. Para más Información, véase: Agencia Española de Protección de Datos (2019, octubre). Introducción al hash como técnica de seudonimización de datos personales. Documento web, URL: https://www.aepd.es/guias/estudio-hash-anonimidad.pdf. Consultado el 07 de julio de 2024.

existen diversos precedentes de la industria que no auguran una gestión pacifica de los datos captados[50].

El sistema de pago por uso y la implantación masiva del VAC es el gran proyecto de la industria del motor. Pasar de un modelo de venta inicial y poco más a un modelo de suscripción e ingresos recurrentes es un cambio de paradigma y de rentabilidad que parece de sumo interés para la futura industria del automóvil. Persiguiendo este objetivo, entre otros, la industria del automóvil, de componentes y otras industrias tecnológicas han apostado fuerte en este modelo de negocio y existen multitud de proyectos paralelos al de TESLA de fabricantes estadounidenses, europeos y asiáticos de vehículos que buscan cubrir en un futuro ese mercado. En todo caso en la actualidad ninguno tiene un grado de evolución que le permita ser homologado en Europa con un nivel SAE 5, es decir un auténtico sistema de conducción sin conductor, un robot autónomo[51], pero gran numero de fabricantes están trabajando duro para llegar los primeros a ese nicho de mercado.

---

50 En concreto nos referimos a diferentes noticias de prensa estadounidense sobre la venta de datos de conducción de clientes por parte de las empresas fabricantes de automóviles a empresas de explotación de datos para comercializarlos a las empresas aseguradoras. Al parecer bajo varios programas de gamificación la empresa General Motors estuvo vendiendo al *data broker* LexisNexis datos para realizar perfiles de riesgo de conductores para vender a las aseguradoras. Los datos provenían de una *app* denominada *OnStar Smart Driver*, que con la excusa de ser un juego captaba todos los patrones de conducción de los usuarios. El usuario en la mayoría de las ocasiones desconocía dicha situación. Para más información, véase; California PRIVACY PROTECTION AGENCY. (2023, julio 31). CPPA to Review Privacy Practices of Connected Vehicles and Related Technologies (ca.gov), Consultado el 07 de julio de 2024. En el mismo sentido, HILL, K. (2024, marzo 11). Automakers Are Sharing Consumers' Driving Behavior With Insurance Companies–The New York Times (nytimes.com), como conclusión, el informe de la Fundación Mozilla es demoledor, en dicho informe se expone que, de 25 fabricantes de vehículos auditados, los 25 tienen serios problemas con la privacidad oculta, según su denominación. Para más información, véase; CALTRIDER, J. RYKOV, M. Y MACDONALD, Z. (2023, septiembre 06). It's Official: Cars Are Terrible at Privacy and Security (mozilla.org). Consultado el 07 de julio de 2024.

51 De forma clara y directa, Sierra Noguero establece que la conducción autónoma nivel SAE 5, no ha de tener participación humana de ningún tipo, ni de conducción ni de supervisión, y por tanto se trata de que los vehículos con ese nivel sean auténticos robots autómatas. Para más información, véase; SIERRA NOGUERO, E. (2023). Labor de las sociedades y clasificación de los buques autónomos. En GUTIÉRREZ SANZ, G. Y ZUBIRI DE SALINAS, M. (Dir.) Sostenibilidad, movilidad y vulnerabilidad en el transporte: una visión jurídica. Aranzadi. Págs. 131-134.

Sin embargo, en materia de protección de datos personales, cualquier modelo de plataforma de VAC que opere en el Espacio Económico Europeo sujeto al RGPD requerirá el estricto cumplimiento del deber de informar adecuadamente a los usuarios y personas físicas vinculadas, y no bastará con meras informaciones generales[52].

Esta obligación es crucial, ya que será la base del tratamiento legal de datos para diversos servicios, más allá del mero transporte, como son las compras *on line* de infoentretenimiento, gestión de agendas, y otros. Si la contratación es *on line*, la aplicación de la LSSICE en conjunción con el RGPD obligará al RTRAT a acreditar en todo momento que se ha cumplido correctamente con el deber de informar, esta obligación de dar información al usuario en este tipo de situaciones de compra de servicios *on line* se hace mediante información en pantalla táctil interactiva donde el consumidor debe aceptar unas condiciones generales de contratación típicas de un contrato de adhesión de consumo pero no se emiten copias en soporte permanente ni en papel del mencionado contrato que den garantía de contenido y contratación efectiva más allá de lo que pueda constar en la *app* que gestiona y administra el vendedor de servicios. Por tanto, el usuario al cerrar la pantalla de compra puede perder el rastro de su compra y más en un entorno de un VAC donde todo es digital y efímero, esa falta de entrega de documentación fehaciente al consumidor puede generar una clara indefensión a la parte débil del contrato, en este caso el consumidor al no disponer de la posibilidad de revisión de las condiciones de contratación aceptadas en la pantalla del vehículo[53]. Un elemento interesante para añadir a un futuro código sectorial de autorregulación del VAC sería la contrastar con la autoridad de control competente, en este caso la AEPD, qué se podría entender por una información

---

[52] En este punto es interesante destacar que las condiciones de privacidad de Tesla para la comercialización de sus vehículos en España indican que se van a captar los datos personales de los usuarios, especialmente cuando se usa el programa de conducción autónoma *Autopilot*, identifica tres perfiles de empresas que pueden recibir los datos personales, pero omite decir cuáles son y ante quién y dónde se pueden ejercer los derechos PARSOL. Para más información, véase: Tesla. Privacidad y legislación. (2024). Documento web. URL: https://www.tesla.com/es_es/legal. Consultado el 05 de julio de 2024.

[53] En efecto, si las condiciones de uso y las generales de contratación se encuentran en formato web, será muy necesario aplicar medidas de seguridad para la conservación, integridad y no repudio de dichos documentos digitales. Una formula muy acertada a nuestro entender sería la gestión de dicha contratación vía *smart contracts* o por certificación digital cualificada.

adecuada y qué garantías tecnológicas y legales serían necesarias para poder garantizar los derechos de los consumidores y usuarios del VAC.

IX. DATOS DE ESPECIAL PROTECCIÓN Y OTROS DE NATURALEZA PENAL

1. Datos de especial protección

El artículo 9.1 del RGPD establece un perfil de datos personales que requieren una especial protección por afectar a la parte más íntima de la persona. La difusión de datos sobre creencias, religión, vida sexual, salud, y otros como raza, evidentemente pueden afectar más a la persona implicada que otros datos meramente identificativos. En todo caso, el artículo 9.2 del RGPD limita el uso de estos datos a los supuestos legales tasados, siendo su uso no autorizado motivo de sanción por la autoridad de control competente.

En la conducción autónoma supervisada, en algunas ocasiones se tienen que tratar este tipo de datos por operativa de movilidad como es el caso de las limitaciones de la autorización administrativa para la conducción de vehículos a motor (en concreto el uso de lentes correctoras, dispositivos de adaptación de vehículos a determinadas discapacidades y otras), pero también existen circunstancias que obligan al tratamiento de este tipo de datos, como es el caso de reporte e investigación de accidentes de tráfico, o contratación de pólizas de seguros. También conviene destacar la existencia de datos sobre posibles infracciones administrativas e incluso penales por posibles delitos contra la seguridad vial. También se deberán tener presente las posibles captaciones de datos personales que de forma directa o indirecta entren en la categoría de neurodatos[54].

En el caso del VAC tenga un nivel SAE 5 (conducción totalmente autónoma), está claro que al tratarse de un robot el que conduce (SIERRA *op cit*, pág. 12) el vehículo solo transporta pasajeros y no conductores, cabría

---

[54] Según la AEPD, se entiende como neurodatos aquellos datos neurológicos obtenidos mediante técnicas neurológicas que permiten medir y actuar sobre el sistema nervioso humano. Para más información, véase: *Prologo Memoria AEPD, 2023.* (2024). Documento web, URL: memoria-aepd-2023.pdf, en consulta de 12 de junio de 2024.

esperar que las plataformas de gestión del VAC no necesitarán captar datos personales de los pasajeros y mucho menos datos de especial protección como son los de salud. Mucho nos tememos que en algunos casos exista el riesgo que los datos de agendas médicas, rutas a centros médicos periódicas, e incluso las visitas a locales o recintos de una determinada tendencia sexual pueda ser captadas, tratados y vendidos a empresas de análisis y comercialización de datos, *data brokers*, como es el caso de empresas estadounidenses LexisNexis Risk Solutions Inc. o Verisk Analytics Inc.[55]. En todo caso, los sistemas de gestión de VAC o plataformas que en su día se homologuen requerirán que este tipo de información sea incorporada cumpliendo todos los requisitos legales que en cada momento se determinen, especialmente el consentimiento si fuera preceptivo o la seguridad de los datos en la captación como de todas las cesiones y accesos que autorice la plataforma.

2. *Datos de naturaleza penal*

En principio hay que tener presente que en la actualidad ya se gestionan datos respecto a la movilidad que pueden tener una transcendencia penal como es el caso de la obligación de notificación de accidentes a la DGT mediante el sistema denominado ARENA[56], para ser incluidos dichos datos en el Registro Nacional de Accidentes de Tráfico del estudio del contenido de dicha información se puede inferir en numerosas ocasiones si se trata de un accidente por cuestiones de alcoholemia, toxicomanías o exceso de velocidad. Hay que tener presente la obligación

---

55 La comercialización de los datos personales generados por la conectividad de los vehículos está en proceso de investigación por parte de la Agencia de Protección de la Privacidad de California (CPPA, por sus siglas en inglés) del Estado de California. También existen noticias preocupantes sobre los detalles de la comercialización de datos por parte del sector de fabricantes de automóviles en medios tan prestigiosos como el New York Times, o la Fundación Mozilla. Para más información, véase; CALIFORNIA PRIVACY PROTECTION AGENCY, (2023), Documento web, URL: https://cppa.ca.gov/announcements/2023/20230731.html, en el mismo sentido, HILL, K. *The New York Times*, en Documento web URL: https://www.nytimes.com/2024/03/14/technology/gm-lexis-nexis-driving-data.html?searchResultPosition=1, ambos en consulta realizada a 14 de julio del 2024.

56 Para más información, véase; Orden INT/2223/2014, de 27 de octubre, por el que se regula la comunicación de la información al Registro Nacional de Víctimas de Accidentes de Tráfico. Documento web, URL: https://www.boe.es/buscar/act.php?id=BOE-A-2014-12411 Consulado el 05 de julio de 2024.

de los operadores de identificar con nombre y apellidos a conductores, víctimas y terceros, es evidente que se están tratando datos personales con posibles connotaciones penales.

En este punto hay que valorar que la gestión del VAC SAE nivel 5, es decir que no hay conductor, estrictamente solo gestionará datos de este tipo en casos de incidentes graves y por supuesto en calidad de pasajeros o terceros como puede ser un accidente por atropello de un viandante o ciclista. La captación de los datos de los autores, víctimas, testigos y otras personas vinculadas al incidente de circulación es previsible que se haga por los dispositivos de cámaras de abordo que pudiera tener el VAC como por la conectividad de los elementos móviles y fijos afectados en la plataforma de gestión de la movilidad podrá ser de gran ayuda para el esclarecimiento de los hechos y la posible derivación de responsabilidades civiles y penales a los responsables del incidente[57].

X. PROBLEMÁTICA EN EL EJERCICIO DE DERECHOS PARSOL

Una de las garantías más importantes que establece el marco jurídico de privacidad europeo es el *habeas data*, el derecho que todo ciudadano tiene para controlar y supervisar el uso y el destino de sus datos personales el denominado por algunos autores como *habeas data*, o el derecho al dominio de nuestra información personal[58]. En concreto el art. 12 del RGPD establece una obligación de transparencia para el responsable de tratamiento, en el presente caso del VAC será el responsable del sistema. En este punto

---

57 En este punto, cabe una reflexión técnica respecto a la responsabilidad penal del sistema VAC, en concreto nos referimos a la gestión de la IA que alimenta la capacidad de circulación del sistema VAC, la cual puede llegar a una fase de aprendizaje autónomo sin supervisión humana. En el caso que dicha IA tome una mala decisión, independientemente de las posibles responsabilidades civiles pertinentes, creemos que también cabría la responsabilidad penal del responsable del sistema VAC en aplicación del artículo 31.bis del vigente Código Penal. Boletín Oficial del Estado. Ley Orgánica 10/1995, de 23 de noviembre, del Código Penal. Documento web, URL: https://www.boe.es/buscar/act.php?id=BOE-A-1995-25444. Consultado el 07 de julio de 2024.

58 Autores como ULL o PEREZ LUÑO ya identificaban este derecho como fundamental en la antigua legislación de la LORTAD y posteriormente en la LOPD, para más información, véase; ULL PONT, E., Derecho Público de la Informática, página 17, en el mismo sentido PÉREZ LUÑO, A. E., Manual de Informática y Derecho, Barcelona, 1996, página 18.

conviene destacar varias obligaciones que la norma establece para el responsable de tratamiento:

1. Es obligación del responsable de tratamiento tomar todas las medidas oportunas para informar a los interesados de lo establecido en los artículos 13 y 14, en vinculación a los artículos 15 a 22 y 34[59].
2. El responsable de tratamiento facilitará el ejercicio de derechos PARSOL.
3. El responsable contestará a las peticiones como máximo en un mes.
4. Si el responsable no tramita en tiempo y forma la solicitud tendrá que notificar al interesado la razón e indicar las posibles vías de reclamación ante la autoridad competente.
5. Toda la actividad ha de ser gratuita para el interesado.
6. Si el responsable de tratamiento tiene dudas sobre la identidad del afectado podrá pedir información complementaria.

Es evidente que cualquier plataforma que gestione el VAC en España tendrá que contar con los elementos necesarios para garantizar el libre ejercicio de los derechos PARSOL de cualquier ciudadano, incluidos terceros no propietarios de los vehículos o incluso no vinculados con el VAC. Este tema no es pacífico ya que algún fabricante aprovecha la actividad de sus clientes en el modo *Autopilot* para el entrenamiento de la IA generativa que perfecciona el algoritmo de conducción autónoma y es posible que en las cámaras de a bordo o en otros elementos se capten datos e imágenes de terceros sin su consentimiento. También hay que tener presente que, al tratarse de un sistema de gestión, puede haber diferentes operadores como es el caso de servicios de emergencias, soportes de infraestructuras, *hostings* de servidores y servicios digitales, desarrolladores de *software*, entre otros. En este punto hay que destacar que cualquier interesado afectado podrá ejercer sus derechos ante cualquiera de las entidades que formen parte del sistema, y dicha entidad deberá actuar en consecuencia según lo establecido en la norma descrita.

---

[59] La misma DGT en su RAT identifica un tratamiento concreto sobre el ejercicio de derechos PARSOL para cualquier interesado, para más información, véase: Dirección General de Tráfico. (2022, noviembre). Registro de Actividades de Tratamiento del ministerio del Interior. Documento web, URL: https://www.dgt.es/export/sites/web-DGT/.galleries/downloads/transparencia/Extracto_del_registro_de_actividades.pdf. Consultado el 07 de julio de 2024.

Según nuestro criterio ha de ser un elemento troncal del proceso de homologación de un sistema de gestión del VAC y desde el punto de vista del RGPD, la determinación exacta y precisa que empresa u organización es identificada y actúa como responsable de tratamiento en cada fase del proceso de gestión del VAC. Por ejemplo, en un sistema cerrado mono empresa como el de Tesla, de momento el responsable de tratamiento es el fabricante del vehículo ya que así se identifica en su Aviso Legal. Dicho fabricante es quien determina la captación, el tratamiento y la finalidad de los datos de carácter personal de sus clientes y usuarios, así como los encargados de tratamiento que en cada momento crea oportunos. Por tanto, cualquier ejercicio de derechos se podrá realizar con cierta facilidad por parte del titular de los datos al tener perfectamente identificado al responsable de tratamiento. En los futuros sistemas homologados abiertos del VAC la identificación del responsable de tratamiento puede revertir cierta complejidad, ya que el fabricante del vehículo en algunos casos será sólo una pieza más del sistema y el auténtico responsable de tratamiento puede ser sencillamente una empresa de servicios que tenga diferentes proveedores homologados por la administración, como ocurre en el servicio de *motosharing* de Acciona o Cooltra, o en los proyectos Waymo o Cruise[60].

Un elemento que también puede ser fuente de controversia en el caso del VAC es la posibilidad que sea el encargado de tratamiento y no el RTRAT el que preste el servicio de respuesta y atención a los diferentes ejercicios de derechos PARSOL ejercidos por los usuarios, interesados o terceros problemas que se pueden ver aumentados sobre todo en la tramitación de quejas de consumo oficiales, reclamaciones de ejercicios de derechos RGPD e incluso gestión de accidentes con víctimas entre otras posibles incidencias[61].

---

60 Esta última, Cruise es una *start up* comprada en el 2016 por el gigante de la automoción estadounidense General Motors. En el año 2023 al parecer ya no está en cabeza en la carrera por el VAC comercial al ser retirada su licencia de actividad en California por varios incidentes severos en la gestión de la seguridad del VAC. Para más información, véase; DE LA TORRE, A. (2024, julio 03). Cruise se quedó sin sus coches autónomos por ocultar las pruebas de un atropello. Su vuelta a las calles costará 112.500 dólares. Xataka. Documento web, URL: https://www.xataka.com/movilidad/cruise-se-quedo-sus-coches-autonomos-ocultar-pruebas-atropello-su-vuelta-a-calles-costara-112-500-dolares. Consultado el 05 de julio de 2024.

61 En este sentido; véase el artículo 12.2 de la Ley Orgánica 3/2018, de 5 de diciembre, de Protección de Datos Personales y garantía de los derechos digitales (LOPDPGDD) Documento web, URL: https://www.boe.es/buscar/act.php?id=BOE-A-2018-16673. Consultado el 05 de julio de 2024.

XI. OBLIGACIONES LEGALES DEL RESPONSABLE DEL TRATAMIENTO

En concreto el artículo 24 del RGPD, como ya se avanzó cuando se trató el concepto de responsabilidad activa, establece la obligación de que el responsable de tratamiento establezca las medidas técnicas y organizativas apropiadas con el fin de garantizar y poder demostrar que son las apropiadas según la norma aplicable en cada momento. En el caso del VAC el tema es extremadamente complicado ya que los flujos de información se prevén constantes y muy dinámicos con operadores múltiples y con perfiles muy diferentes, un VAC puede ser operado por grandes corporaciones industriales y también por pequeñas administraciones locales o pymes entre otras muchas posibilidades que brinda el mercado. En todo caso, en materia de protección de datos, hay que tener en cuenta que no basta con hacer un buen análisis inicial de tipos y flujos de datos y una posterior implementación brillante del sistema técnico y organizativo que se vaya a homologar para la gestión del VAC, todo ello es imprescindible para cumplir el RGPD, pero no suficiente. Entendemos que para poder cumplir de forma permanente con el RGPD un sistema de gestión VAC deberá contar con lo preceptuado en el artículo 24.1 del RGPD, donde se establece dos ítems importantes:

1. Revisar el sistema y mantenerlo actualizado cuando sea necesario[62].
2. El responsable de tratamiento tendrá que poder acreditar en todo momento que el sistema de gestión cumple el RGPD.

Estas dos obligaciones comportan en el caso de VAC la implantación de un sistema de auditorías periódicas en materia de privacidad que verifiquen la no vulnerabilidad de los sistemas, así como su actualización permanente siguiendo los estándares que marque el estado de la técnica en cada momento. Las mencionadas acciones comportan un control del riesgo permanente de los sistemas homologados del VAC. También se hace preceptiva a nuestro parecer la existencia de una política rigurosa de evidencias

---

[62] En este punto hay que tener presente que todo software requiere una actualización periódica, y el VAC se fundamenta en gran cantidad de programas que pueden tener vulnerabilidades sin detectar en el momento de su comercialización y requerirán supervisión constante. En este sentido la entrada en vigor en julio del 2024 de la normativa UNECE/R.155 obliga a la existencia de actualizaciones periódicas de los sistemas de digitales de los vehículos, bajo riesgo de perder la homologación de circulación por vías públicas y posibles sanciones.

físicas y digitales que dejen un rastro de la buena praxis del responsable de tratamiento, así como cualquier tercero que pudiera colaborar en el tratamiento. Elementos como son las cadenas de custodia, los certificados digitales o el uso una cadena de bloques en contratos inteligentes (*blockchain*) pudieran ser fundamentales para poder acreditar el consentimiento en la contratación o en la captación de datos desde un vehículo VAC o cualquier otro elemento que tenga consecuencias legales y que este en soporte digital (por ejemplo, la información del EDR).

XII. PRIVACIDAD POR DEFECTO Y PRIVACIDAD DESDE EL DISEÑO

Según nuestra experiencia personal, este es un punto en el cual las empresas, instituciones y organizaciones no brillan por su implementación. En concreto el artículo 25 del RGPD establece la necesidad de que desde el mismo diseño del tratamiento se tenga en cuenta lo preceptuado en el texto legal y la legislación complementaria o conexa. Esta obligación comporta que en todos los grupos de trabajo donde se pudiera establecer la captación o tratamientos de datos se tenga establecido el criterio de cumplimiento normativo en materia de privacidad y que se pueda acreditar ante la autoridad competente dicho criterio de privacidad desde el diseño y por defecto. También exige dicho artículo del RGPD que el responsable de tratamiento tenga planificada la privacidad por defecto de sus tratamientos, es decir que sólo se utilicen los mínimos datos personales para el fin buscado. Con la consiguiente advertencia del deber de acreditación de la buena gestión y praxis durante el tiempo que pudiera tener las diferentes responsabilidades legales del responsable de tratamiento. Es evidente que en el caso de un sistema de gestión que quisiera homologar un VAC en España sería imprescindible contar con un protocolo o proceso que permitiera la acreditación del fiel cumplimiento de los puntos expuestos de privacidad por defecto y desde el diseño como pudieran ser el caso de las actas de constancia donde en los grupos de trabajo tanto iniciales como finales se ha tenido presente la privacidad desde el diseño y la aportación de la documentación y otras evidencias acreditativas (p.e., EIPD de alguno o algunos tratamientos, actas de participación del Delegado de Protección de Datos o DPD, etc.) que se ha tenido en cuenta la privacidad por defecto en el desarrollo de un sistema VAC.

XIII. CORRESPONSABLES DE TRATAMIENTO Y ENCARGADOS DE TRATAMIENTO

1. Corresponsables del tratamiento

El artículo 26 del RGPD establece que cuando dos o más responsables determinan los objetivos y los medios podrán ser considerados corresponsables de tratamiento. Si analizamos las posibles y diferentes arquitecturas de gestión que hoy por hoy presenta el VAC se determina la existencia de numerosos operadores que captan, procesan y transfieren datos al sistema. La determinación de la figura del responsable de tratamiento no en todos los casos es pacífica, ya que en algunas ocasiones las responsabilidades podrán ser compartidas por varios intervinientes en la plataforma de gestión del VAC. Uno de los elementos claves que requerirá el proceso de homologación del VAC será la determinación de quién es el responsable de tratamiento, o en su caso los posibles corresponsables. La correcta identificación de estos perfiles es muy necesaria de cara a determinar posibles sanciones, responsabilidades sobre ejercicios de derechos y otras consecuencias legales.

2. Encargados del tratamiento

Esta también será una figura clave en los proyectos VAC, de hecho, sólo se ha llegado en la actualidad al nivel SAE 3 y ya existen diferentes proveedores que actúan en calidad de encargados de tratamiento de los servicios prestados por la industria del automóvil. Como ejemplo de marca avanzada y disruptiva, en el modelo de servicio por consumo *Saas* denominado *Autopilot* de la marca Tesla (posiblemente conducción semiautónoma de nivel SAE 3 avanzado) en la política de privacidad de la web corporativa del fabricante se establece la existencia de tres tipos de perfiles de empresa que participan en la gestión:

- Empresas propias.
- Empresas vinculadas al grupo.
- Empresas terceras.

Hay que destacar que dicho fabricante no identifica exactamente las diferentes empresas que ocupan cada rol haciendo meras remisiones genéricas que hacen imposible identificar en cada momento dónde están los datos de los usuarios o afectados por las actividades del sistema *Autopilot*, creemos que esta cuestión puede vulnerar el principio de transparencia y puede ser un incumplimiento del deber de información. En esa misma línea de prestar información limitada a los usuarios, se muestran otros fabricantes como es el caso de Ford, con su *Bluecruise*[63].

Hay un elemento legal importante que conviene destacar en este punto como es que la figura del encargado de tratamiento estará sujeta en todo momento a la dirección y supervisión del responsable de tratamiento. En el presente caso la rigurosidad en la selección y supervisión de proveedores no es una cuestión menor ya que cualquier incidente en materia de protección de datos podrá derivar responsabilidades no sólo al encargado de tratamiento, sino que el responsable de tratamiento deberá acreditar el correspondiente control y supervisión, así como la aplicación de las medidas de seguridad pactadas y necesarias para cumplir la normativa.

El artículo 28.3 del RGPD establece la obligación de contrato o un acto jurídico similar que vincule al encargado con respecto del responsable de tratamiento, estableciendo el objetivo, duración, naturaleza, tipo de datos, la finalidad del tratamiento, las categorías de los interesados, las obligaciones y derechos. El precepto en concreto establece de forma precisa que los datos solo serán tratados siguiendo instrucciones documentadas del responsable, obligándose al deber de confidencialidad de su personal entre otras obligaciones vinculadas a la seguridad de los datos y su tratamiento. Entre otros deberes destaca la obligada comunicación del encargado de tratamiento al responsable de cualquier incidencia que pudiera poner en riesgo la seguridad, la integridad o la disponibilidad de los datos. También contempla la posibilidad de realizar una subcontratación de servicios con autorización del RTRAT y regulando las condiciones en la forma y modo que establece el art. 28.4 RGPD.

El artículo 28.5 establece un elemento de suma importancia a nuestro parecer para el desarrollo futuro del VAC, en concreto nos referimos a la posibilidad de homologación por la autoridad de control de las garantías exigidas en los artículos 28.1 y 28.2. del RGPD en referencia a la seguridad ofrecida por el encargado de tratamiento al RTRAT. Como ya hemos comentado, la existencia de numerosos operadores dentro de un sistema de gestión del VAC que pueda homologarse requerirá la existencia de responsables, corresponsables y numerosos encargados. Si todos los participantes

---

63 En este punto conviene destacar que el modelo de Ford no capta el ingente volumen de datos del modelo Tesla, y, por tanto, la participación de terceros a priori deberá ser mucho más reducida.

se encuentran adheridos a un código de conducta aprobado por la autoridad competente esta adhesión comportará una homologación inmediata de todos los procesos y todas las partes podrán acreditar de forma directa el cumplimiento del principio de transparencia y la capacidad y medios de los encargados de los tratamientos asignados.[64]

En todo caso se esté dentro de un código de conducta o fuera del mismo el artículo 28.9 del RGPD exige como garantía jurídica que el contrato de encargado o acto jurídico similar conste por escrito, aunque sea en formato electrónico. También conviene destacar que, a efectos sancionadores, el encargado de tratamiento que infrinja el RGPD podrá ser considerado responsable de tratamiento[65]. En este punto el futuro sistema de gestión del VAC ofrece muchas posibilidades de desviaciones de uso de datos personales ordinarios e incluso de especial protección. Muestra de ello sería la explotación comercial sin autorización del responsable ni el titular de los datos de los hábitos de uso de los usuarios del VAC con respecto a su actividad lúdica, el infoentretenimiento, información de visitas médicas o posibles tendencias sexuales en base al seguimiento de ubicaciones. Hay que destacar que es una posibilidad cierta ya que existen graves precedentes en el sector como es el conocido caso LexisNexis donde fabricantes de vehículos en los Estados Unidos de América ya han tenido serias incidencias por vender datos personales de conductores a *Data Brokers* para su posterior comercialización a compañías de seguros.

---

64 En este punto hay que tener presente que la AEPD ha homologado varios códigos de conducta que permiten a sus miembros acreditar lo exigido por el artículo 28 de forma automática. Para más información; véase: Agencia Española de Protección de Datos (2023. Octubre, 19). Registro de Códigos de Conducta. URL: https://www.aepd.es/informes-y-resoluciones/codigos-de-conducta. Consultado el 05 de julio de 2024.

65 En el mismo sentido se tipifica con más detalle en el artículo 33.2 de la LOPDGDD: "2. Tendrá la consideración de responsable del tratamiento y no la de encargado quien en su propio nombre y sin que conste que actúa por cuenta de otro, establezca relaciones con los afectados aun cuando exista un contrato o acto jurídico con el contenido fijado en el artículo 28.3 del Reglamento (UE) 2016/679. Esta previsión no será aplicable a los encargos de tratamiento efectuados en el marco de la legislación de contratación del sector público. Tendrá asimismo la consideración de responsable del tratamiento quien figurando como encargado utilizase los datos para sus propias finalidades".
En este punto conviene recordar el régimen sancionador que establece el RGPD:
- Artículo 82. Sobre el derecho a indemnización y responsabilidad.
- Artículo 83. Condiciones generales de multas administrativas.
- Artículo 84. Sanciones.

XIV. REGISTRO DE ACTIVIDADES DE TRATAMIENTO

El registro de actividades de tratamiento (RAT) está regulado en los artículos 30 del RGPD y 31 del LOPDPGDD. El RAT es una obligación generalizada que consiste en que todos los RTRAT llevarán un registro de las actividades de tratamiento efectuadas bajos su responsabilidad. Dicho registro deberá contener como mínimo la información tasada en artículo 30.1 del RGPD. En el mismo sentido se pronuncia sobre los encargados de tratamiento el artículo 30.2 del mismo cuerpo legal. Es decir, tanto RTRAT como el encargado deberán llevar un registro exhaustivo de sus tratamientos de datos personales.

El artículo 30.5 del RGPD[66] establece algunas posibles excepciones de la obligación legal de creación del RAT, pero entendemos que no serán de aplicación en los futuros sistemas de gestión homologados del VAC. En efecto, el tratamiento de datos personales masivos de la conectividad V2V o V2X, unido al uso de la IA como elemento de gestión hace impensable que no exista un RAT en cada sistema homologado de gestión del VAC. En principio para la puesta en funcionamiento de un sistema de gestión del VAC hay que analizar las diferentes fases de actividad, la entrada de los datos personales, los tratamientos realizados y las posibles salidas planificadas. De este análisis detallado y pormenorizado se podrá deducir el Registro de Actividades de Tratamiento (RAT) en dicho documento deberá constar un inventario exhaustivo de tratamientos de datos personales, determinando su origen, base legal de tratamiento y otros parámetros que permitirán definir si es necesaria la realización del EIPD de alguno o algunos tratamientos identificados en el RAT. Es evidente que cada entidad responsable del sistema de homologación del VAC ante la autoridad competente deberá realizar y aportar el RAT y los EIPD que sean necesarios para acreditar que el sistema de gestión que se pretende homologar cumple la normativa de privacidad en todo momento. Siguiendo el principio de responsabilidad activa hay que tener presente que el RAT es un documento vivo y los diferentes operadores que actúan en los tratamientos de datos personales deberán colaborar para su actualización permanente.

---

66 Artículo 30.5. Las obligaciones indicadas en los apartados 1 y 2 no se aplicarán a ninguna empresa ni organización que emplee a menos de 250 personas, a menos que el tratamiento que realice pueda entrañar un riesgo para los derechos y libertades de los interesados, no sea ocasional, o incluya categorías especiales de datos personales indicadas en el artículo 9, apartado 1, o datos personales relativos a condenas e infracciones penales a que se refiere el artículo 10.

También habrá que destacar que los RAT'S que dependan de administraciones públicas tienen la obligación de un plus de transparencia y deberán ser publicados y de acceso público en todo momento (normalmente en la página web institucional de la Administración pública responsable). En el caso del sistema de gestión del VAC es muy posible que algún VAC en un futuro sea responsabilidad de alguna sociedad municipal, organismo autónomo o consorcio público-privado, etc. Y por tanto en cumplimiento del principio de transparencia el RAT deberá estar publicado de forma que sea accesible para los usuarios y resto de ciudadanos.

XV. SEGURIDAD

El Comité Europeo de Protección de Datos, en su Directriz 1/2020 ya mencionado, determinó la existencia de numerosos riesgos para la privacidad en el VAC. Detectó posibles problemas con el control asimétrico de la información, tal como hemos expuesto en los puntos anteriores, problemas claros en la información y captación del consentimiento de usuarios y afectados, riesgos sobre la actividad de terceros, encargados o no de tratamiento, posibles captaciones excesivas de datos y serios problemas de privacidad por defecto y desde el diseño, como ya hemos expuesto[67]. Está claro que hoy en día nadie cuestiona la necesidad de aplicar medidas de ciberseguridad a cualquier dispositivo informático, especialmente los conectados ya que los ciberataques y sus terribles consecuencias se están normalizando en la sociedad del siglo XXI.

Las Naciones Unidas también han detectado la necesidad de hacer más seguras las carreteras y los vehículos conectados y/o autónomos. Conscientes de los ciberataques que pueden sufrir este tipo de vehículos y mediante el grupo de la Comisión Económica de las Naciones Unidas para Europa (UNECE por sus siglas en inglés) el mencionado grupo ha propuesto la normativa internacional UNECE/R 155, de ciberseguridad para los vehículos con la intención de cubrir los riesgos desde su puesta a la venta hasta

---

[67] Existe una empresa especializada en ciberseguridad del automóvil en España denominada EUROCYBCAR, SL. Se trata de una empresa pionera en identificación de riesgos y que ha desarrollado una metodología propia de control y homologación de sistemas de protección tecnológica en el vehículo conectado. Para más información; véase; documento web, URL: https://eurocybcar.com/#testeurocybcar En consulta realizada 15 de junio del 2024.

su reciclaje incluyendo la obligación de que los vehículos cuenten con un certificado de ciberseguridad para ser homologados en cada país.

Como singularidad con respecto a otras normativas se establece la necesidad de implantar un sistema de actualizaciones y parcheo de brechas de seguridad *on line* y como elemento disuasorio también se establece un régimen sancionador contundente para el fabricante incumplidor como es la retirada de la homologación estatal y europea para circular por vías públicas, así como la correspondiente sanción por incumplimiento de la homologación de cada vehículo. En principio, a fechas de este trabajo ya se encuentra totalmente en vigor en España dado el acuerdo de reconocimiento recíproco de la normativa que se apruebe en la UNECE.[68]

También habría que tener en cuenta otra normativa voluntaria para los fabricantes, pero de interés para ciberseguridad como es la desarrollada por la Organización Internacional de Normalización, ISO por sus siglas en inglés y la Sociedad de Ingenieros Automotrices, SAE por sus siglas en inglés, denominada ISO/SAE 21434, texto interesante, que define cómo comunicar y gestionar los riesgos en ciberseguridad.

En todo caso hay que tener presente los grandes riesgos que comporta la comunicación digital *on line* del VAC con todo lo que le puede rodear que tenga conectividad (V2X), que de forma somera pasamos a enunciar y dejaremos para futuros trabajos entrar con más detalle a la cuestión, cómo botón de muestra baste citar: ataques de denegación de servicio (DoS), de hombre interpuesto *Man In The Middle* (MITM), *spoofing* o *jamming* en los GPS[69], riesgos de infección de *ransomware* para extorsión, secuestro de

---

68 La norma UNECE/ R-155 es muy interesante ya que intenta cubrir los riesgos más significativos que pueden tener los vehículos conectados, para EUROCYBCAR en su informe de riesgos de como son los dispositivos Bluetooth: chantajear, suplantar la identidad o ciberacoso. Llamada de emergencia *E-Call*: impedir que la asistencia en un accidente. Airbags: activar o desactivar a distancia. Llave inteligente: robar el coche o "encerrar" al usuario dentro de él. Wifi: espiar, chantajear o suplantar la identidad, GPS: con el objetivo de secuestrar, espiar o chantajear. Radio-RDS: dar información falsa. Para más información, véase; documento web, URL: Informe EUROCYBCAR sobre normativa UNECE/R155 – En consulta realizada el 15 de junio del 2024.

69 Para más información, véase; INCIBE. (2020) *Glosario de términos de ciberseguridad: Una guía de aproximación para el empresario (Versión 2*) Instituto Nacional de Ciberseguridad de España. Documento web, en URL: guia_glosario_ciberseguridad_2021.pdf (incibe.es) Consultado el 07 de julio de 2024.

vehículos o pasajeros mediante control remoto del robotaxi o del VAC privado, entre otros muchos riesgos.

Para mayor abundamiento del riesgo del cibercrimen, es un elemento conocido y público que en este tipo de delito existe una gran cifra negra, y en muchos casos una gran sensación de impunidad por parte del delincuente. En este entorno los esquemas que puedan ser certificados por la autoridad competente para la gestión del VAC tienen que aportar soluciones muy concretas y contrastadas para que puedan ser homologados y asumidos con la seguridad adecuada como un elemento ordinario y de uso social común. Cabría pensar que en el VAC no estamos en un entorno tan crítico como el de los servicios financieros o plantas energéticas donde la protección de los saldos y de la operativa bancaria en general es prioritaria y existen un marco regulatorio técnico estricto que obliga a aplicar medidas de diligencia al sector, como es el caso de la futura Ley de Resiliencia Operativa Digital (DORA) o la Ley de Infraestructuras Críticas para el caso de plantas energéticas y otros tipos de bienes estratégicos[70].

A nuestro modo de ver el ciberriesgo es consustancial al desarrollo del VAC, ciberdelitos como el secuestro de datos o los ataques de negación de servicios pueden comportar severas consecuencias a los usuarios y las plataformas[71], pero no sólo en cuestiones de riesgo físico también en materia de protección de datos el análisis de un entorno donde el VAC es parte

---

[70] Estas leyes aportan unas mejoras notorias, la primera Ley, en cuanto a ciberataques o caídas de servicio, la gestión del riesgo es otro aspecto que mejora y permite ofrecer una mayor transparencia en los procesos TIC, para más información, véase: Contreras. R. (2024, febrero 20). Empieza la cuenta atrás de DORA, las entidades financieras se la juegan. Digital360. Documento web, URL: https://www.computing.es/a-fondo/que-es-el-reglamento-dora-y-en-que-afectara-a-las-empresas/. Consultado el 10 de julio de 2024, en el mismo sentido Peláez (INCIBE), en https://www.incibe.es/empresas/blog/que-es-el-reglamento-dora, en consulta realizada el 17 de julio del 2024. En cuanto a la Ley de Infraestructuras Criticas, se da importancia a las tecnologías de la información incluyendo la ciberseguridad como aspecto a abordarse para la protección de ciberamenazas. Para más información, véase: S2grupo (2023, noviembre 15). Ley 8/2011: protección de infraestructuras críticas. Documento web, URL: https://s2grupo.es/ley-8-2011-proteccion-de-infraestructuras-criticas/. Consultado el 07 de julio de 2024.

[71] En este sentido, baste plantearse la posibilidad de secuestro de la capacidad de conectividad de un VAC en medio de una ruta, circunstancia que puede poner en peligro a los pasajeros o los demás usuarios de la vía. En este mismo sentido, un cibersecuestro del VAC, con denegación de uso si no se paga un rescate, podría comportar circunstancias catastróficas para los usuarios.

de la *Smart City*, donde la interconectividad de dispositivos y vehículos es la norma y los entornos vinculados al IoT se contabilizarán por miles o decenas de miles por kilómetro cuadrado en las grandes urbes comportan un riesgo evidente para los datos personales de los usuarios. Autores como CHANNON ya inciden en las medidas de seguridad de los datos personales en el VAC identificando dichos datos como un elemento sustancial y señalan entre otras posibilidades de riesgo un posible ataque terrorista en los sistemas de gestión del VAC, lo cual, por otra parte, parece una obviedad en el futuro entorno de la movilidad urbana gestiona por un sistema VAC y radicalización internacional y conflictividad que estamos viviendo en el siglo XXI[72].

Por tanto, cualquier caída de sistema o robo de datos comportará una vulneración de la integridad, la seguridad o la disponibilidad de los datos personales gestionados por un VAC, cualquiera de estas tres circunstancias es una infracción en materia de protección de datos personales. En concreto el artículo 32 del RGPD establece la obligación al RTRAT de aplicar las medidas técnicas y organizativas necesarias para garantizar un nivel de seguridad adecuado al riesgo[73]. Dado el cambiante estado de la técnica en materia de ciberseguridad y con el fin de evitar sanciones por

---

72 En este sentido, CHANNON expone como ejemplo el famoso ataque que sufrió el modelo Jeep Cherokee de Chrysler en el año 2015, donde un equipo de experimentados *hackers* informáticos Miller y Valsek consiguieron aprovechar una brecha de seguridad del sistema de infoentretenimiento Uconnect y tomar el control del motor, frenos e infoentretenimiento de este modelo, la empresa propietaria de Chrysler tuvo que llamar a revisión a más de un millón de vehículos para instalar el parche de seguridad correspondiente que corregía la vulnerabilidad detectada. Para más información, véase; CHANNON, M., McCORMIC, L. y NOUSSIA, K., (2019) *The Law and autonomous vehicles*, Ed. Routledge, pág. 47.

73 RGPD. Artículo 32: "Teniendo en cuenta el estado de la técnica, los costes de aplicación, y la naturaleza, el alcance, el contexto y los fines del tratamiento, así como riesgos de probabilidad y gravedad variables para los derechos y libertades de las personas físicas, el responsable y el encargado del tratamiento aplicarán medidas técnicas y organizativas apropiadas para garantizar un nivel de seguridad adecuado al riesgo, que en su caso incluya, entre otros:

a) la seudonimización y el cifrado de datos personales;
b) la capacidad de garantizar la confidencialidad, integridad, disponibilidad y resiliencia permanentes de los sistemas y servicios de tratamiento;
c) la capacidad de restaurar la disponibilidad y el acceso a los datos personales de forma rápida en caso de incidente físico o técnico;
d) un proceso de verificación, evaluación y valoración regulares de la eficacia de las medidas técnicas y organizativas para garantizar la seguridad del tratamiento".

aplicación de medidas inadecuadas, volvemos a identificar la necesidad de que sea la autoridad de control la que manifieste en cada momento si las medidas de seguridad propuestas para los sistemas de gestión del VAC son las adecuadas a los tipos de tratamiento o estado de la técnica[74].

Entendemos que la comunicación y la colaboración en este caso con la autoridad de control competente es imprescindible para que la gestión de los servicios de movilidad autónoma se preste con total garantía. Evidentemente uno de los medios más adecuados para perfeccionar dicha colaboración son los códigos de conducta homologados, donde se fomente la autorresponsabilidad del sector bajo la tutela directa del órgano de control. Esta misma preocupación sobre los ciberriesgos de los datos personales en el VAC también la manifiesta la doctrina como es el caso de Dimitrakopoulos, Tsakanikas y Panagiotopoulos[75], dichos autores proponen la necesidad entre otras cuestiones de que los sistemas homologados de VAC tengan contemplados todos los posibles riesgos en materia de protección de datos personales y previstas las posibles soluciones alternativas a dichos riesgos con el fin de evitar o minimizar los daños o perjuicios a usuarios y terceros. Evidentemente el análisis de riesgos siempre se realiza en un momento puntual en base al estado de la técnica, es por ello por lo que se hace imprescindible la actualización continua de las medidas de ciberseguridad propuestas para los diferentes sistemas homologados de gestión del VAC, como es la aplicación homogénea de la norma UNECE/R155[76].

---

74 En este sentido; véase el artículo 33.3 del RGPD: "3. La notificación contemplada en el apartado 1 deberá, como mínimo:

a) describir la naturaleza de la violación de la seguridad de los datos personales, inclusive, cuando sea posible, las categorías y el número aproximado de interesados afectados, y las categorías y el número aproximado de registros de datos personales afectados;
b) comunicar el nombre y los datos de contacto del delegado de protección de datos o de otro punto de contacto en el que pueda obtenerse más información;
c) describir las posibles consecuencias de la violación de la seguridad de los datos personales;
d) describir las medidas adoptadas o propuestas por el responsable del tratamiento para poner remedio a la violación de la seguridad de los datos personales, incluyendo, si procede, las medidas adoptadas para mitigar los posibles efectos negativos".

75 DIMITRAKOPOULOS, G., TSAKANIKAS, A., & PANAGIOTOPOULOS, E. (2021). *Autonomous Vehicles: Technologies, Regulations, and Societal Impacts.* Editorial Elsevier, pág. 168.

76 Para el fabricante, el incumplimiento de la UNECE/R155, puede comportar la retirada de la homologación del vehículo para circular en las vías públicas.

Finalmente conviene destacar que la LOPDPGDD establece en su disposición adicional primera las medidas de seguridad tecnológica que se deberán aplicar en el sector público que se basan en la aplicación del Esquema Nacional de Seguridad[77] en adelante ENS. Esta obligación de cumplimiento del ENS también puede ser extensiva a los operadores privados que presten servicios al sector público, como puede ser el caso de los esquemas de gestión del VAC. En breve está prevista la entrada en vigor de la Directiva 2555/2022 conocida como NIS2 y es de prever que en periodo relativamente corto se propondrá una adaptación del ENS al nuevo marco normativo comunitario en materia de ciberseguridad y obligaciones de notificación para las entidades afectadas por dicha norma[78].

XVI. INCIDENCIAS Y NOTIFICACIONES

Es un hecho notorio que más tarde o más temprano un sistema de gestión de datos de carácter personal tendrá algún tipo de incidencia que pueda poner en riesgo la seguridad, la integridad o la disponibilidad de los datos. Una de las singularidades del RGPD es la obligación legal de transparencia sobre este tipo de situaciones. Esta obligación de transparencia se traduce en que el RTRAT deberá informar a la autoridad de control de las incidencias de seguridad que pudieran comportar un cierto riesgo a los datos personales tratados. Pero no sólo está el deber de informar a la autoridad de control, sino que el mismo cuerpo legal establece la obligación de informar a los afectados en los casos más graves y voluminosos. Tanto la notificación directa a la autoridad de control como a los afectados de las incidencias de seguridad puede comportar severas consecuencias a los RTRAT. Hay que destacar que un porcentaje nada desdeñable de notificaciones de brechas de seguridad a la autoridad de control acaba en un

---

77 Esquema Nacional de Seguridad o ENS que se regula mediante Real Decreto 311/2022, de 3 de mayo. Documento web. URL: https://www.boe.es/diario_boe/txt.php?id=BOE-A-2022-7191. Consultado el 07 de julio de 2024.

78 También cabría destacar que las infraestructuras del VAC podrían estar clasificadas como infraestructura crítica del Estado (hay que tener presente la posible afectación a la movilidad, pero también a la seguridad del suministro de mercancías e incluso a la posible actividad de los VAC's de carácter militar), esta clasificación comportaría la aplicación de las medidas de seguridad y seguimiento que establece la Ley 8/2011, de 28 de abril, por la que se establecen medidas para la protección de las infraestructuras críticas para este tipo de estructuras.

proceso sancionador, e incluso, la inspección personalizada al RTRAT o encargado de tratamiento por parte de la autoridad de control[79].

En términos del RGPD las violaciones de seguridad de los datos personales vienen recogidas en los artículos 33 y 34 del mencionado texto legal[80]. El artículo 33 contempla la obligación de notificar a la autoridad de control las posibles brechas de seguridad sin dilaciones indebidas y en todo caso en un plazo máximo de 72 horas[81]. Plazo que en muchos casos se

---

79 Para más información sobre actuaciones inspectoras de la AEPD, véase; ORTEGA SORIANO, J. y SALLA GARCI, X., en Actuaciones inspectoras en materia de protección de datos, el protocolo de inspección, Barcelona, 2008.

80 RGPD. Artículo 33. "Notificación de una violación de la seguridad de los datos personales a la autoridad de control. 1. En caso de violación de la seguridad de los datos personales, el responsable del tratamiento la notificará a la autoridad de control competente de conformidad con el artículo 55 sin dilación indebida y, de ser posible, a más tardar 72 horas después de que haya tenido constancia de ella, a menos que sea improbable que dicha violación de la seguridad constituya un riesgo para los derechos y las libertades de las personas físicas. Si la notificación a la autoridad de control no tiene lugar en el plazo de 72 horas, deberá ir acompañada de indicación de los motivos de la dilación.2. El encargado del tratamiento notificará sin dilación indebida al responsable del tratamiento las violaciones de la seguridad de los datos personales de las que tenga conocimiento.3. La notificación contemplada en el apartado 1 deberá, como mínimo: a) describir la naturaleza de la violación de la seguridad de los datos personales, inclusive, cuando sea posible, las categorías y el número aproximado de interesados afectados, y las categorías y el número aproximado de registros de datos personales afectados; b) comunicar el nombre y los datos de contacto del delegado de protección de datos o de otro punto de contacto en el que pueda obtenerse más información; c) describir las posibles consecuencias de la violación de la seguridad de los datos personales; d) describir las medidas adoptadas o propuestas por el responsable del tratamiento para poner remedio a la violación de la seguridad de los datos personales, incluyendo, si procede, las medidas adoptadas para mitigar los posibles efectos negativos".

81 En el mismo sentido se manifiesta el Considerando 85 del RGPD, en su párrafo segundo establece "...Por consiguiente, tan pronto como el responsable del tratamiento tenga conocimiento de que se ha producido una violación de la seguridad de los datos personales, el responsable debe, sin dilación indebida y, de ser posible, a más tardar 72 horas después de que haya tenido constancia de ella, notificar la violación de la seguridad de los datos personales a la autoridad de control competente, a menos que el responsable pueda demostrar, atendiendo al principio de responsabilidad proactiva, la improbabilidad de que la violación de la seguridad de los datos personales entrañe un riesgo para los derechos y las libertades de las personas físicas. Si dicha notificación no es posible en el plazo de 72 horas, debe acompañarse de una indicación de los motivos de la dilación, pudiendo facilitarse información por fases sin más dilación indebida",

hace verdaderamente escaso ya que en la mayoría de brechas de seguridad la determinación de los hechos y la primera aproximación al alcance de la incidencia requiere la participación de diferentes profesionales (p.e., técnicos en ciberseguridad, administradores de sistemas, juristas, etc.) operadores que van agotando los plazos de tal manera que al RTRAT en muchas ocasiones no le queda prácticamente tiempo material para notificar en tiempo y forma a la autoridad de control. En todo caso, este es otro punto donde un código de conducta homologado por la autoridad competente puede ayudar de forma significativa, especialmente en la identificación del tipo de incidencia y en la determinación del proceso y contenido de obligada notificación dentro de lo que sería el sistema VAC[82].

Otro elemento, que hay que tener muy presente en el diseño del sistema de gestión del VAC es la obligación tipificada en el artículo 34 del RGPD, dicho precepto establece la obligación de comunicar al interesado la existencia de la incidencia de seguridad detectada cuando le pueda afectar de forma grave. Dicha comunicación no es universal y se reserva para los casos más críticos. En concreto, el artículo 34.3 establece que no será necesaria la comunicación si se cumplen alguna de las siguientes condiciones:

1. El RTRAT ha adoptado previamente las medidas necesarias de protección que hagan ininteligible los datos para un tercero (p.e., cifrado).
2. El RTRAT ha adoptado ulteriormente las medidas necesarias que garanticen que no se pueda concretar el riesgo para los derechos y libertades de los usuarios.

---

82 Es cierto que la AEPD tiene varias líneas de ayuda para la comunicación de brechas de seguridad, desde guías concretas hasta aplicaciones *on line* que facilitan al declarante la necesidad o no de notificar la brecha. En todo caso, son herramientas genéricas que previsiblemente no serán de mucha utilidad en un entorno novedoso y tecnológicamente muy avanzado como es el sistema de gestión del VAC. Para más información; véase:

1. Agencia Española de Protección de Datos (2021, junio). Guía para la notificación de brechas de datos personales. Documento web, URL: https://www.aepd.es/guias/guia-brechas-seguridad.pdf. Consultado el 07 de julio de 2024.
2. Programa ASESORA BRECHA creada por la AEPD. URL: https://www.aepd.es/guias-y-herramientas/herramientas/asesora-brecha Consultado el 07 de julio de 2024.
3. Agencia Catalana de Protección de Datos. URL: https://apdcat.gencat.cat/es/inici/index.html Consultado el 07 de julio de 2024.
4. Autoridad Vasca de Protección de Datos. URL: https://www.avpd.euskadi.eus/inicio/. Consultado el 07 de julio de 2024.

3. Que la comunicación suponga un esfuerzo desproporcionado para el RTRAT, (en este caso se tendrán que tomar medidas de comunicación general alternativas y suficientes a criterio del órgano de control).

Es un tema interesante la determinación de cuándo notificar a los usuarios que han sido afectados por una brecha de seguridad, que sus datos personales están en poder de terceros, posiblemente ciberdelincuentes y que estén atentos a que sus derechos y libertades, incluido su patrimonio puede estar en un riesgo severo. En cualquiera de las estructuras de implantación del VAC que hemos ido exponiendo en el presente artículo vemos que un elemento troncal es la captación de datos personales de todo tipo y condición, desde biométricos hasta económicos para el pago por uso del infoentretenimiento de abordo o para las *apps*. De hecho, el modelo que ha demostrado la industria que es de su interés es precisamente es el de pago por uso del software, SaaS, en sus siglas en inglés. Como ejemplo tenemos el modelo de *Bluecruise* de Ford o el famoso *Autopilot* del fabricante Tesla[83].

En el caso de incidencia grave, el artículo 34.4 del RGPD establece que la autoridad de control podrá en todo momento exigir al RTRAT que notifique a los afectados o podrá decidir que se cumplan las condiciones de seguridad paliativas ulteriores a la incidencia. Por tanto, la norma evita la ocultación a los clientes de este tipo de incidencias, siendo en muchas ocasiones un coste reputacional importante para las empresas que se han visto en la obligación de notificar a todos sus clientes afectados una brecha importante de seguridad[84].

---

83 1. FORD. Manuales del Propietario. Documento web, URL: https://www.ford.es/soporte/manuales-del-usuario. Consultado el 07 de julio de 2024. 2. TESLA. Uso del Manual del Propietario. Documento web, URL: https://www.tesla.com/ownersmanual/2017_2023_model3/es_mx/GUID-59E1B254-DB74-4178-B727-CE12EA84A2F7.html. Consultado el 07 de julio de 2024.

84 véase los siguientes ejemplos:

- Instituto Nacional de Seguridad (2022, marzo 31). Iberdrola comunica a sus clientes que ha sido víctima de un ciberataque. Documento web, URL: https://www.incibe.es/ciudadania/avisos/iberdrola-comunica-sus-clientes-que-ha-sido-victima-de-un-ciberataque Consultado el 07 de julio de 2024.
- Radio Televisión Española (2018, septiembre 06). British Airways investiga "con urgencia" el robo de datos de sus clientes a través de su web y aplicación móvil. Documento web, URL: https://www.rtve.es/noticias/20180906/british-airways-investiga-con-urgencia-robo-datos-clientes-a-traves-su-web-aplicacion-movil/1793160.shtml. Consultado el 07 de julio de 2024.

De todo lo anterior se desprende que un código de conducta que definiera una metodología de selección, de identificación de incidencias, de medidas de respuesta y de previsión de acciones validadas por la autoridad de control en materia de protección de datos reduciría de forma significativa los riesgos y consecuencias que puede tener para los operadores de los sistemas homologados del VAC en materia de protección de datos dando un plus de seguridad jurídica al futuro sistema de homologación del VAC[85].

XVII. PLANES DE EVALUACIÓN DE IMPACTO EN TRATAMIENTO DE DATOS

El artículo 35 del RGPD establece que en los tratamientos que pueden tener un volumen de datos importantes, o que traten datos de especial protección, o que comporten riesgos especiales para los afectados y en especial si utilizan nuevas tecnologías (p.e., IoT, IA, etc.) como es el caso del VAC será preceptivo la realización de una Evaluación de Impacto de la Protección de Datos (EIPD). La misma norma en sus artículos 35.4 y 35.6 contempla la posibilidad que cada autoridad de control realice una lista de tratamientos que de forma obligatoria requieran la realización del EIPD a modo de "listas negras" y también el RGPD autoriza a las autoridades de control a identificar otros tratamientos que por su bajo riesgo o circunstancias hacen innecesario la realización del EIPD a los operadores de datos personales, actuando a modo de "listas blancas" para los RTRAT. En todo caso, las autoridades competentes en materia de protección de datos actuarán de forma coordinada con el Comité Europeo de Protección de Datos (CEPD) para la definición y actualización de las mencionadas "listas negras" y "listas blancas" con el fin que no haya disfunciones entre los diferentes países de la UE.

- Reyes, V. (2018, diciembre 03). Fuga de información en la cadena hotelera Marriott. Una al Dia. Documento web, URL: https://unaaldia.hispasec.com/2018/12/fuga-informacion-marriott.html. Consultado el 07 de julio de 2024.

85 A nuestro parecer, los elementos clave de este punto que ha de tener un código de conducta del VAC son: 1. Coordinar qué es una incidencia notificable dentro del código de conducta, 2. Codificar medidas anteriores y ulteriores para no notificar, 3. Codificar la forma de presentar las brechas a los afectados y a los medios de comunicación.

Sin duda el sistema de gestión del VAC requerirá la realización de numerosos EIPD por parte de los RTRAT dichas evaluaciones deberán cumplir con lo establecido en el artículo 35.3 del RGPD, como es la evaluación sistemática y exhaustiva de aspectos personales de personas físicas que se base el tratamiento automatizado, como la elaboración de perfiles, que puedan servir para tomar decisiones jurídicas. En este punto, baste recordar que entre las actividades que pudieran generar tratamientos de datos personales en cualquier sistema VAC actual se pueden identificar la gestión de rutas, agendas, infoentretenimiento, sanciones administrativas, datos económicos, datos de salud, especialmente en las fases de SAE 3 y SAE 4. Por tanto, será imprescindible realizar los EIPD necesarios para acreditar ante la autoridad de control y de homologación del VAC que los tratamientos de datos personales se adaptan a la normativa vigente en materia de privacidad. La realización de los EIPD por parte del RTRAT deberán ser supervisados por el delegado de protección de datos (DPD) en el muy probable supuesto de haber sido nombrado un DPD por la institución.

En todo caso, el artículo 35.7 del RGPD establece que el contenido mínimo del EIPD deberá tener una descripción sistemática de los tratamientos y de los fines, una evaluación de la necesidad y de la proporcionalidad, y una evaluación de la afectación a las libertades y derechos de los interesados. Finalmente, el EIPD deberá incluir las medidas para afrontar los riesgos, incluidas las garantías y la generación de las evidencias que demuestren que se está actuando conforme al RGPD. En este punto la norma vuelve a contemplar como herramienta facilitadora de la gestión de tan complejos procesos la suscripción de los titulares a códigos de conducta homologados por la autoridad de control. En efecto, el código de conducta puede ayudar a sistematizar procesos y dar seguridad jurídica a los diferentes EIPD que se puedan o se deban hacer dentro del proceso de homologación de un sistema VAC.

XVIII. OTROS ELEMENTOS DE INTERÉS A DESARROLLAR EN FUTUROS TRABAJOS

1. El delegado de protección de datos del sistema

Entendemos que es una figura fundamental de cualquier proceso de gestión de datos personales, de forma más específica dicha figura viene regulada en los artículos 37 y 38 del RGPD y en los artículos 34 al 37 de la

LOPDPGDD. No entraremos a fondo en esta materia ya que excede con mucho el objeto del presente trabajo, en todo caso hay que valorar con precisión que para determinados tratamientos será necesaria su designación y su participación, tanto como asesor independiente como interlocutor con los interesados y con las autoridades de control. El delegado de protección de datos (DPD) podrá realizar otros cometidos en la organización, siendo obligación del RTRAT como del encargado de tratamiento garantizar la independencia y la imposibilidad de existencia de conflictos de intereses. Sin duda, en el VAC el DPD tendrá una función troncal en la validación del sistema y en el mantenimiento dentro de la legalidad el sistema.

2. *Las entidades de certificación en materia de protección de datos*

Los artículos 42 y 43 del RGPD establecen la posibilidad de creación de organismos de certificación en materia de protección de datos y de sellos y marcas de protección de datos a fin de demostrar el cumplimiento de lo dispuesto en el RGPD y el resto de normativa sobre privacidad. En la actualidad, aún no se ha homologado una certificadora en España, aunque se conoce la homologación por Luxemburgo de un sistema de certificación denominado Europrivacy, informado por el CEPD en su dictamen 28/2022[86]. Al no ser el objeto del presente trabajo, dejamos el desarrollo del presente punto para futuros estudios.

3. *Transferencias internacionales*

En los diferentes modelos de VAC que la industria está desarrollando se contempla la posibilidad de transferencias internacionales de datos muestra de ello es la actividad que desarrolla el fabricante TESLA con su conocido *Autopilot*, donde los usuarios del sistema de conducción autónoma son conocedores que sus datos de conducción servirán para el entrenamiento de la IA que da soporte a la aplicación de conducción autónoma. El mismo

---

86 Para más información; véase: Comité Europeo de Protección de Datos (2022, octubre 10). Dictamen 28/2022 sobre los criterios de certificación de Europrivacy en cuanto a su aprobación por el Comité como Sello Europeo de Protección de Datos conforme al artículo 42, apartado 5 (RGPD). Documento web, URL: https://www.edpb.europa.eu/system/files/2023-03/edpb_opinion_202228_europrivacy_eu_data_protection_seal_es.pdf. Consultado el 08 de julio de 2024. Centro Europeo de Certificación y Privacidad (2024). *Europrivacy Certification*. URL: https://europrivacy.org/es. Consultado el 08 de julio de 2024.

fabricante reconoce que los datos pueden estar en cualquiera de sus empresas o terceros y al tratarse de empresas globales puede darse con cierta frecuencia las transferencias internacionales de datos personales. Dichas transferencias internacionales, *per se*, no son ni buenas ni malas, sino que para ser legales requerirán el cumplimiento de la normativa aplicable en cada momento, existiendo dos posibilidades de transferencia internacional de datos legal. La primera y fácil es que se trate transferencias internacionales de datos a países ubicados dentro de la UE o que tengan la condición de país con nivel de protección adecuado según la Comisión Europea (p.e., Suiza, Canadá, Argentina, Japón, etc.). O en una segunda vía, mediante la aportación a la autoridad de control competente de garantías adecuadas a la transferencia internacional (p.e., excepciones específicas con consentimiento adecuado, cláusulas contractuales tipo, *Binding Corporate Rules-BCR*, Acuerdos de homologación de medidas, etc.) En todo caso, entendemos que el mejor sistema para la gestión de las transferencias internacionales de datos en un entorno del VAC es la que se puede dotar al sistema de gestión VAC mediante la adscripción a un código de conducta homologado por la autoridad de control, donde queden incluidas y definidas las garantías adecuadas para cada transferencia internacional de datos personales que se deban realizar para la gestión del sistema VAC.

XIX. EL CÓDIGO DE CONDUCTA. ¿ES UNA BUENA OPCIÓN?

De todo lo expuesto hasta el momento, se deduce que el obligado cumplimiento de la normativa en materia de protección de datos dentro de los diferentes proyectos del VAC no es una tarea fácil ni sencilla, sino todo lo contrario, y dicha tarea es identificada por la doctrina como una de las grandes barreras que tiene la implantación masiva del VAC en nuestras carreteras y calles. Teniendo en cuenta que se trata de una innovación tecnológica donde pueden llegar a intervenir diversos operadores tanto públicos como privados, parece razonable pensar que estandarizar los procesos de homologación y futura gestión del VAC en materia de protección de datos puede ser una herramienta poderosa de simplificación y seguridad jurídica para los promotores y gestores del VAC.

1. *Motivación del código de conducta en el sector del VAC*

En este sentido, como ya hemos visto el RGPD fomenta las conductas de proactividad y autorregulación de los operadores jurídicos implicados, en concreto el artículo 40.2 del RGPD regula que las asociaciones y los organismos representativos de categorías de responsables o encargados de tratamiento (entendemos que encaja perfectamente el VAC) podrán elaborar códigos de conducta en materia de protección de datos como mecanismos de cumplimiento voluntario.

Las Directrices del CEPD para la solicitud de autorización de un código de conducta según la AEPD en su Informe 0089/2002, se pueden resumir en: "1) Que satisface una necesidad particular de ese sector o actividad de procesamiento, siendo las soluciones propuestas beneficiosas no sólo para los responsables sino también para los afectados. 2) Que facilita la aplicación del RGPD, identificando necesidades específicas (por ejemplo, adaptando la terminología del sector). 3) Que especifica la aplicación del RGPD, centrándose en los problemas del sector y aportando valor añadido, sin limitarse a reproducir los preceptos del RGPD. 4) Que proporciona mecanismos efectivos para controlar el cumplimiento del Código, tanto en cuanto a estructuras como procedimientos, siendo obligatorio, salvo en el caso de autoridades y organismos públicos la existencia de un organismo de supervisión acreditado"[87].

En todo caso, la adhesión a un código de conducta sectorial homologado por la autoridad de control podrá servir como acreditación de buena praxis en la gestión del RTRAT o de los encargados de tratamiento, también servirá como elemento de prueba del fiel cumplimiento de las medidas de seguridad, sin duda es un elemento facilitador de la redacción de los EIPD actuando como elemento moderador de los EIPD, reduciendo o ponderando las medidas propuestas, puede ser acreditación de buena praxis en la contratación de proveedores y servicios, evidentemente la adhesión a un código de conducta homologado facilita las transferencias internacionales de datos de forma segura ya que puede dar garantías suficientes a criterio de la autoridad de control en materia de protección de datos y finalmente en casos concretos el código de conducta homologado puede actuar como atenuante o eximente en procedimientos sancionadores.

---

87 Para más información, véase; Gabinete Jurídico (2020). N/REF: 0089/2020. Código de Conducta. Agencia Española de Protección de datos. Documento web, URL: https://www.aepd.es/documento/2020-0089.pdf. Consultado el 08 de julio de 2024.

2. *Qué ha de regular un código de conducta de un sistema VAC*

En todo caso, hay que tener presente que un código de conducta en materia de protección de datos es un sistema de autorregulación de un sector económico, elaborado y adoptado de manera voluntaria por sus suscriptores. Una de las bondades más destacadas del código de conducta sectorial es la aportación de soluciones técnico-jurídicas homologadas a los problemas específicos del sector autorregulado. En concreto, un código de conducta para el VAC debería contemplar conceptualmente qué se debería entender como un tratamiento leal y transparente, cómo se protegen los intereses de las partes en la captación, securización, información al usuario e interesados, la forma y el modo de realización de los posibles ejercicios de derechos PARSOL, cómo gestionar las singularidades de la información a menores, cuestiones sobre privacidad por defecto o desde el diseño, las medidas de seguridad, la forma de efectuar la seudoanonimización, las notificaciones de posibles violaciones de seguridad o brechas, transferencias internacionales de datos y posibles procedimientos extrajudiciales de resolución de conflictos. Como se ve, el código debería abarcar la regulación de todas las fases de tratamiento de los datos personales, abriendo la posibilidad de que dicha actividad sea autorregulada bajo la supervisión de la autoridad de control competente, con la seguridad jurídica y el ahorro económico que ello comporta[88].

En principio, también se tendrá que identificar el marco geográfico de aplicación, ya que, si se trata de una actividad estatal, el artículo 40.5 del RGPD establece que será la autoridad competente para la aprobación del código de conducta la autoridad estatal, en España, la AEPD. En cambio, si el campo de actuación del mencionado código de conducta es supraestatal, se podrán en marcha los mecanismos de armonización europeos establecidos en los artículos 55 en coordinación con el artículo 63 del RGPD, donde se establece que será el CEPD el que dictaminará sobre el proyecto de homologación europea previa presentación por parte de la autoridad estatal competente donde se ubiquen los promotores del código solicitado. Como elemento destacado e imprescindible para la credibilidad y consolidación del sistema de autorregulación del sistema VAC es imprescindible dotarlo de un organismo de supervisión del cumplimiento, así como mecanismos

---

88 En este mismo sentido, el artículo 38 de la LOPDPGDD amplía lo preceptuado por el RGPD en sus artículos 40 y 41. También existe una norma del CEPD, en concreto la Directriz 1/2019,

de control efectivo que tendrán que ser acreditados y homologados por la AEPD o autoridad de control estatal competente.

Sin duda, en una primera fase, parece recomendable que sería la homologación de un código de conducta local por el fabricante o el grupo de empresas que formen el *hub* que quieran homologar un servicio de VAC en España. Una vez puesto en funcionamiento tanto el sistema VAC como el código de conducta aprobado por la AEPD y verificado el buen funcionamiento de estos, se podría plantear una segunda fase de homologación europea en coordinación con la autoridad de control estatal y los promotores iniciales del código de conducta sectorial del VAC. Es conocida y notoria la existencia de numerosos proyectos de fabricantes de automóviles, componentes o industria tecnológica que buscan la consecución de un VAC viable, seguro y económicamente rentable, como ya hemos indicado en otros puntos del presente trabajo, ejemplos de lo expuesto lo representan empresas operadores[89] como Waymo (perteneciente a Google), Mercedes-Benz, General Motors, Nissan, Renault, Audi, Volvo, Tesla, Peugeot, BMW, están haciendo diferentes apuestas por este tipo de movilidad.

Es evidente que una acción conjunta y coordinada por una entidad que agrupe a todo el sector del VAC es una gran baza para convencer a la autoridad de control, en este caso la AEPD, de que la propuesta de un código de conducta es un proyecto serio y con garantías. Es por tanto, que parece razonable que el promotor del código de conducta en materia de protección de datos para los fabricantes y/o operadores del VAC tendrá que tener una fuerte implantación dentro de los sectores afectados, tanto el de fabricación de vehículos y componentes, infraestructuras viarias y tecnológicas, ámbito regulatorio y por supuesto con un componente internacional que permita tejer alianzas para llevar a buen puerto la mencionada segunda fase comentada (código internacional), a nuestro entender en la actualidad la Asociación Española de Fabricantes de Automóviles y Camiones (ANFAC) puede reunir todos los requisitos formales y recomendables para iniciar un proyecto de estas características.

---

89 En este sentido, véase DIMITRAKOPOULOS, G., TSAKANIKAS, A., & PANAGIOTOPOULOS, E. (2021). *Autonomous Vehicles: Technologies, Regulations, and Societal Impacts.* Editorial Elsevier, págs.157-166.

3. Modelos de éxito

Pasados ya unos años de la entrada en vigor del Reglamento General de Protección de Datos (abril del 2018), se detecta en la web oficial de la AEPD la existencia de tres códigos de conducta homologados por la autoridad de control estatal. Operadores jurídicos muy cualificados sí han conseguido homologar con éxito ante la AEPD sus modelos de autorregulación sectorial mediante sus códigos de conducta personalizados según las necesidades de su sector de actividad, todos ellos ajustados a lo previsto en el artículo 40 del RGPD, siendo su vigencia y actividad diaria una realidad cierta y un modelo de éxito e inspiración para los promotores de futuros códigos de conducta. En la actualidad hay tres códigos de conducta sectoriales homologados por la AEPD:

1. **El código de Farmaindustria**. Es posiblemente el más detallado y ajustado a su casuística singular. Se crea con la finalidad de regular el tratamiento de datos personales en el ámbito de los ensayos clínicos y otras investigaciones clínicas de la farmacovigilancia. Farmaindustria se autodefine como la Asociación Nacional Empresarial de la Industria Farmacéutica establecida en España, "en el marco de consecución de sus objetivos, garantizando plenamente al propio tiempo los derechos y libertades de las personas, Farmaindustria consideró necesario llevar a cabo un proceso de adaptación de sus actividades en el ámbito de la investigación clínica y la farmacovigilancia a las garantías establecidas en la legislación reguladora del derecho fundamental a la protección de datos personales, teniendo en cuenta la esencial relevancia de aquellas actividades para el progreso científico y la necesidad de conciliar dicho desarrollo con los derechos de las personas."[90] Se trata de un código exhaustivo, donde se proponen numerosas soluciones técnico jurídicas a los problemas en materia de privacidad que se plantean en el sector de la industria farmacéutica y sobre todo en los ensayos clínicos.

2. **El código de Autocontrol**. Se define Autocontrol como una asociación independiente de autorregulación de la industria publicitaria. Es una entidad especialista en sistemas de autorregulación, teniendo

[90] FARMAINDUSTRIA (2022, febrero). Código de conducta regulador del tratamiento de datos personales en el ámbito de los ensayos clínicos y otras investigaciones clínicas y de la farmacovigilancia. Documento web, URL: https://www.aepd.es/documento/codigo-conducta-farmaindustria-cc-0007-2019.pdf. Consultado el 10 de julio de 2024.

vigentes varios códigos de conducta voluntarios, tanto generales como específicos de materias vinculadas a la publicidad. En cuestiones de privacidad y protección de datos, el código establece un procedimiento extrajudicial de resolución de controversias entre las entidades adheridas al código y los interesados (ADR)[91], contribuyendo de esta forma a la aplicación del RGPD en el sector publicitario en España y aceptando el Jurado de la Publicidad como un ADR cualificado. El código sirve según su titular para demostrar "una responsabilidad proactiva en el tratamiento de datos, cumpliendo, entre otros, el principio de protección desde el diseño; y, por otro lado, la necesidad de ofrecer una forma ágil, efectiva y sencilla de resolver las posibles controversias que puedan producirse en las relaciones con los interesados, una vez se ha iniciado el tratamiento".[92]

3. **El código de UNESPA**. Se trata de un código promovido por la asociación patronal del seguro denominada Unión Española de Entidades Aseguradoras y Reaseguradores (UNESPA), que une a más 200 empresas del sector. Este Código de Conducta tiene por objeto regular el funcionamiento de los "Sistemas de Información en lo que afecta al cumplimiento de las normas de protección de datos contenidas en el RGPD, la LOPDGDD y la LOSSEAR[93], así como las obligaciones de TIREA y las Entidades Aseguradoras Adheridas en relación con los citados Sistemas, precisando, aclarando, reinterpretando, si procede, las citadas normas"[94]. UNESPA gestiona numerosos tratamientos de datos personales como es el denominado Histórico de Seguros del Automóvil (SIHSA), que incluye el histórico de siniestros, también gestiona el Sistema de información de Automóviles Pérdida Total, Robo e Incendios (SIAPTRI), otro tratamiento importante es

---

91 Sistema alternativo de resolución de conflictos, conocido popularmente por ADR por sus siglas en inglés, *Alternative Dispute Resolution*.

92 AUTOCONTROL (2020). Código de Conducta. Tratamiento de datos en la actividad publicitaria. Documento web, URL: https://www.aepd.es/documento/codigo-conducta-autocontrol.pdf. Consultado el 10 de julio de 2024.

93 Para más información, véase; Boletín Oficial del Estado. Ley 20/2015, de 14 de julio, de ordenación, supervisión y solvencia de las entidades aseguradoras y reaseguradoras. Documento web, URL: https://www.boe.es/buscar/act.php?id=BOE-A-2015-7897. Consultado el 10 de julio de 2024.

94 UNESPA. Código de Conducta regulador del Tratamiento de Datos personales en los sistemas comunes de información del sector asegurador (2022, abril 12). Documento web, URL: https://www.aepd.es/documento/codigo-conducta-unespa-cc-0012-2019.pdf. Consultado el 10 de julio de 2024.

del Sistema de Información de Prevención del fraude en Seguros de Ramos Diversos (SIPFSRD). Todos estos tratamientos son gestionados por Tecnologías de la Información y Redes para las Entidades Aseguradoras S.A., empresa conocida como TIREA.

XX. CONCLUSIONES

Según nuestra opinión y de numerosos expertos, el VAC será una realidad más tarde o más temprano, es un objetivo humano el automatizar y facilitar el transporte de un sitio a otro de forma rápida, barata y segura, y más si se tiene presente que los otros medios de transporte público no pueden tener la capilaridad ni la comodidad de llegar de un punto concreto a otro con precisión y comodidad, teniendo que convertirse el usuario de dicho transporte público en numerosas ocasiones en peatón (independientemente de sus capacidades, su edad, condición física o estado de salud) ya que no llega la oferta de transporte publico al lugar de reunión, cita o de destino. La facilidad de disponer de un sistema VAC de transporte propio o alquilado por uso, o de cualquier otro tipo de contrato, a comodidad del usuario, siempre dispuesto, seguro y optimizado para las mejores rutas, horas y cómodo… todas esas ventajas hacen que el VAC sea irrenunciable para el ser humano en el momento evolutivo que se encuentra.

Otra cosa es el camino que hay que recorrer para llegar a ese fin, tenemos un reto tecnológico, tanto en sistemas de propulsión como en electrónica y la capacidad de procesamiento de a bordo como la gestión de la conectividad[95], sin olvidar la V2X de la vía. A todo ello hay que unir los problemas de autorizaciones administrativas y por supuesto la securización de todo el modelo de VAC.

Uno de los problemas más singulares es la gestión de los datos personales de todos los participantes en el sistema de gestión y explotación del VAC. Una aproximación como la realizada en el presente trabajo deja clara la existencia de numerosos tratamientos de datos personales por los diferentes operadores, tratamientos que deberán cumplir con la

---

95 Según un informe de McKinsey & Company, el 69% de los encuestados quiere más servicios de conectividad digital en su próximo vehículo. Para más información, véase; HEINEKE, K., KAMPSHOFF, P. & MÖLLER, T. (2024, marzo). Spotlight on mobility trends. McKinsey Center for Future Mobility.

normativa vigente en materia de privacidad y comportarán derechos y obligaciones a los participantes del sistema.

A todo lo anterior, hay que unir la compleja normativa en materia de protección de datos personales vigente, el RGPD es un marco importante, pero existen numerosos matices y normativa estatal singular que también afecta o puede afectar al sistema VAC. Muestra de ello sería la LOPDPGDD, o la LSSICE en el caso de la contratación electrónica, o los criterios de la AEPD sobre determinados aspectos vinculados al VAC que pueden ser cambiantes según el estado de la tecnología o lo estipulado por la jurisprudencia o por el CEPD.[96]

Por tanto, para los promotores de proyecto de homologación en España de un sistema de gestión del VAC la protección de datos es una obligación desde el mismo diseño del sistema, y sin duda será exigida una solución a los problemas que pueda plantear la protección de datos personales. Identificar RTRAT, o los encargados de tratamiento, el sistema de captación del consentimiento, la realización del RAT, o la aportación de los EIPD adecuados, la ciberseguridad, las transferencias internacionales o el sistema de creación de evidencias de buena praxis digitales, sin duda serán requisito *sine qua non* para homologar un sistema VAC. Especialmente notoria y llamada a ser un elemento troncal es la figura del DPD, elemento que contempla el RGPD como garante de la seguridad y consistencia en materia de protección de datos en tratamientos complejos como es el presente caso del VAC.

Sentado lo anterior, el reto para los promotores de homologación ante la DGT y MITECO de un sistema VAC en la actualidad es un reto enorme como ya se ha podido observar en la lectura del presenta trabajo. Las barreras tecnológicas y administrativas para la implantación del VAC de uso comercial en vía pública son muy serias y requieren de cuantiosas inversiones de recursos tecnológicos, humanos y económicos. Gastos o inversiones a los que se tendrá que añadir los costes de inversión en la homologación del código de conducta sectorial ante la AEPD.

---

96 La existencia de un conjunto de normas que han de aplicarse de forma coordinada para una nueva actividad humana como es el VAC se puede incardinar en lo que estableció en su día LLANEZA cuando definió el denominado Ámbito Normativo Coordinado para la aplicación de la LSSICE con la LOPD y otra normativa conexa. Para más información, véase; LLANEZA GONZÁLEZ, P. (2003) *Aplicación práctica de la LSSI-CE,* Ed. Bosch, Barcelona, páginas 39 y ss.

Teniendo presente que el marco jurídico en materia de privacidad es estricto y el cumplimiento de los requisitos pueden tener *a priori* unos costes importantes, entendemos que un código de conducta homologado en materia de protección de datos personales puede darnos el marco deseado por todo inversor: seguridad jurídica en materia de protección de datos. En efecto, entendemos que la creación de un código de conducta del sector del VAC que dote de soluciones a todas y cada una de las cuestiones dudosas presentes y futuras que plantee en materia de protección de datos la próxima implantación generalizada del VAC en nuestras calles y autopistas es una de las mejores opciones posibles. Hay que valorar que las soluciones aportadas por el mencionado código estarán tutorizadas y aprobadas por la autoridad competente en concreto por la AEPD. De lo expuesto se desprende que la creación del código de conducta homologado del VAC y la posterior adhesión masiva del sector al mismo, hace que la puesta en marcha de dicho código sea posiblemente el mejor escenario para la industria y para el resto de los operadores y usuarios. Dentro de este marco de autorregulación es imprescindible fijar la forma y modo de contar con la interlocución directa con la administración competente como es el caso de la AEPD, comunicación con la Administración que permitirá coordinar las soluciones más eficientes y ajustadas a las necesidades de las partes autorreguladas por el mismo sector del VAC y con la garantía de haber estado supervisadas por la autoridad competente. Es evidente que la propuesta de este código de conducta del VAC tendrá que ser promovida por un elemento representativo del sector, que sin duda hoy por hoy en España la institución mejor posicionada es la muy prestigiosa patronal de la automoción ANFAC al agrupar a casi la totalidad del sector del automóvil y transporte y tener una amplia y acreditada experiencia de gestión.

XXI. BIBLIOGRAFÍA

1. Bibliografía

AGENCIA EFE, SAU.SOCIEDAD MERCANTIL ESTATAL. (2023, agosto 29). *La tecnología para conducir sin manos llegará a España dentro de unos meses de la mano de Ford.* EFE. En *Diari més.* Documento web, URL: https://www.diarimes.com/es/actualidad/230829/la-tecnologia-per-conduir-sense-mans-arribara-espanya-aqui-uns-mesos-de-ford_133613.html. Consultado el 02 de julio de 2024.

AGENCIA ESPAÑOLA DE PROTECCIÓN DE DATOS (2023) Memoria 2022. AEPD. Documento web URL aepd.es/memorias/memoria-aepd-2022.pdf. Consulta realizada el 19 de julio del 2024.

AGENCIA ESPAÑOLA DE PROTECCIÓN DE DATOS (2024). Memoria 2023. AEPD. Documento web URL https://www.aepd.es/memorias/memoria-aepd-2023.pdf, en consulta realizada el 19 de julio del 2024.

AGENCIA ESPAÑOLA DE PROTECCIÓN DE DATOS. (2013). Procedimiento Nº PS/00345/2013. Documento web, URL: https://www.aepd.es/documento/ps-00345-2013.pdf. Consultado el 20 de junio de 2024.

AGENCIA ESPAÑOLA DE PROTECCIÓN DE DATOS. (2015). Expediente Nº: E/02210/2015Documentoweb,URL:https://www.aepd.es/documento/e-02210-2015.pdf. Consultado el 20 de junio de 2024.

AGENCIA ESPAÑOLA DE PROTECCIÓN DE DATOS. (2017). Procedimiento Nº PS/00541/2010. Documento web, URL: https://www.aepd.es/documento/ps-00541-2010.pdf. Consultado el 20 de junio de 2024.

AGENCIA ESPAÑOLA DE PROTECCIÓN DE DATOS. (2019, octubre). *Introducción al hash como técnica de seudonimización de datos personales.* Madrid. Documento web, URL: https://www.aepd.es/guias/estudio-hash-anonimidad.pdf Consultado el 05 de julio de 2024.

AGENCIA ESPAÑOLA DE PROTECCIÓN DE DATOS. (2021, junio). *Guía para la notificación de brechas de datos personales.* Madrid. Documento web, URL: https://www.aepd.es/guias/guia-brechas-seguridad.pdf. Consultado el 07 de julio de 2024.

AGENCIA ESPAÑOLA DE PROTECCIÓN DE DATOS. (2023, octubre, 19). *Registro de Códigos de Conducta.* Madrid. AEPD. Documento web URL: https://www.aepd.es/informes-y-resoluciones/codigos-de-conducta Consultado el 05 de julio de 2024.

AGENCIA ESPAÑOLA DE PROTECCIÓN DE DATOS. Gabinete Jurídico. (2020). N/REF: 0089/2020. Código de Conducta. Documento web, URL: https://www.aepd.es/documento/2020-0089.pdf. Consultado el 08 de julio de 2024.

AGENCIA ESPAÑOLA DE PROTECCIÓN DE DATOS. Gabinete Jurídico. (2022). N/REF: 0036/2022. Documento web, URL: https://www.aepd.es/documento/2022-0036.pdf. Consultado el 05 de julio de 2024.

AGENCIA ESPAÑOLA DE PROTECCIÓN DE DATOS. Programa *ASESORA BRECHA* creada por la AEPD. Aplicación web, URL: https://www.aepd.es/guias-y-herramientas/herramientas/asesora-brecha Consultado el 07 de julio de 2024.

ASOCIACIÓN NACIONAL EMPRESARIAL DE LA INDUSTRIA FARMACEUTICA. (2022, febrero). *Código de conducta regulador del tratamiento de datos personales en el ámbito de los ensayos clínicos y otras investigaciones clínicas y de la farmacovigilancia.* FARMAINDUSTRIA Documento web, URL: https://www.aepd.es/documento/codigo-conducta-farmaindustria-cc-0007-2019.pdf. Consultado el 10 de julio de 2024.

ASOCIACIÓN PARA LA REGULACIÓN DE LAS COMUNICACIONES COMERCIALES. (2020). *Código de Conducta de Autocontrol.* AUTOCONTROL Documento web, URL: https://www.aepd.es/documento/codigo-conducta-autocontrol.pdf Consultado el 10 de julio de 2024.

CALIFORNIA PRIVACY PROTECTION AGENCY. (2023, julio 31). *CPPA to Review Privacy Practices of Connected Vehicles and Related Technologies.* Documento web, URL: https://cppa.ca.gov/announcements/2023/20230731.html Consultado el 07 de julio de 2024.

CALTRIDER, J. RYKOV, M. Y MACDONALD, Z. (2023, september 06). It's Official: Cars are the worst product category we have ever reviewed for privacy. Documento web, URL: https://foundation.mozilla.org/en/privacynotincluded/articles/its-official-cars-are-the-worst-product-category-we-have-ever-reviewed-for-privacy/ Consultado el 07 de julio de 2024.

CENTRO CRIPTOLÓGICO NACIONAL. (2024). CCN-STIC-884D: Guía de configuración segura para servicios de IA. CCN. Documento web, URL: https://www.ccn-cert.cni.es/es/guias?format=html Consultado el 15 de julio de 2024.

CENTRO EUROPEO DE CERTIFICACIÓN Y PRIVACIDAD. (2024). *Europrivacy Certification.* URL: https://europrivacy.org/es Consultado el 08 de julio de 2024.

CONTRERAS. R. (2024, febrero 20). *Empieza la cuenta atrás de DORA, las entidades financieras se la juegan.* Digital360. Documento web, URL: https://www.computing.es/a-fondo/que-es-el-reglamento-dora-y-en-que-afectara-a-las-empresas/ Consultado el 10 de julio de 2024.

CORPORACIÓN RADIOTELEVISIÓN ESPAÑOLA SME. (2018, septiembre 06). *British Airways investiga "con urgencia" el robo de datos de sus clientes a través de su web y aplicación móvil.* RTVE. Documento web, URL: https://www.rtve.es/noticias/20180906/british-airways-investiga-con-urgencia-robo-datos-clientes-a-traves-su-web-aplicacion-movil/1793160.shtml. Consultado el 07 de julio de 2024.

CHANNON, M. McCORMICK, L. y NOUSSIA, K. (2019), The Law and Autonomous Vehicles. Informa Law from Routledge.

DE LA TORRE, A. (2024, julio 03). *Cruise se quedó sin sus coches autónomos por ocultar las pruebas de un atropello. Su vuelta a las calles costará 112.500 dólares.* Xataka. Documento web, URL: https://www.xataka.com/movilidad/cruise-se-quedo-sus-coches-autonomos-ocultar-pruebas-atropello-su-vuelta-a-calles-costara-112-500-dolares Consultado el 05 de julio de 2024.

DIRECCIÓN GENERAL DE TRÁFICO. (2022, noviembre). *Registro de Actividades de Tratamiento del ministerio del Interior.* DGT. Documento web, URL: https://www.dgt.es/export/sites/web-DGT/.galleries/downloads/transparencia/Extracto_del_registro_de_actividades.pdf. Consultado el 07 de julio de 2024.

FERNÁNDEZ, J.A. Ingeniería Urbana. (2022, octubre 10). *La realidad del vehículo autónomo y conectado.* YouTube. URL: https://www.youtube.com/watch?v=tPGwXwiggUE. Consultado el 20 de junio de 2024.

FORD ESPAÑA, S.L. *Manuales del Propietario.* Documento web, URL: https://www.ford.es/soporte/manuales-del-usuario Consultado el 07 de julio de 2024.

HILL, K. (2024, marzo 11). *Automakers are sharing consumers' driving behavior with Insurance Companies.* Documento web, URL: https://www.nytimes.com/2024/03/11/technology/carmakers-driver-tracking-insurance.html. Consultado el 07 de julio de 2024.

IZQUIERDO GRAU, G. (2023, junio). La responsabilidad del productor de vehículos autónomos en el marco de la futura legislación en materia de responsabilidad por daños causados por productos defectuosos. Revista de Derecho Civil. Vol X.

LEE, K.F. (2021). Autonomous vehicles, full autonomy and smart cities, ethical and social issues. Crown Publishing Group. New York.

LÓPEZ-TAFALL, J. y GÓMEZ. S. ANFAC AUTOMÓVILES. (2023, noviembre 20). *Presentación Barómetro ANFAC 2023, Vehículo Autónomo y conectado.* YouTube. Documento web, URL: https://www.youtube.com/watch?v=KUvb97NkedY Consultado el 01 de julio de 2024.

LLANEZA GONZALEZ, P. (2003) Practik: Aplicación práctica de la LSSI-CE, Ed. Bosch, Barcelona.

LLANEZA GONZALEZ, P. (2020) Consent Commons, en AEPD, premios 2020. Documento web, URL: premio-rgpd-mod-a-2020-paloma-llaneza-gonzalez.pdf (aepd.es). Consultado el 07 de julio de 2024.

LLOPIS CASTELLÓ, D. (2021, abril). *Uso de los vehículos autónomos y conectados. La carretera como forma de vida.* Documento web, URL: https://dallocas.blogs.upv.es/2021/04/25/uso-de-vehiculos-autonomos-y-conectados/ Consultado el 20 de junio de 2024.

LLOPIS CASTELLÓ, D. (2022, marzo 1). *Arquitectura de vehículos autónomo y conectado.* Universidad Politécnica de Valencia. UPV. YouTube. URL: https://www.youtube.com/watch?v=bsuk38lkznE Consultado el 20 de junio de 2024.

NIROUMAND, R., HAJIBABAI, L., & HAJBABAIE, A. (2024, marzo 10). *Advancing the white phase mobile traffic control paradigm to consider pedestrians.* Computer-Aided civil and infrastructure engineering. Documento web, URL: https://onlinelibrary.wiley.com/doi/10.1111/mice.13178 Consultado el 05 de julio de 2024.

ORTEGA SORIANO, J. y SALLA GARCIA, X., (2008) Actuaciones inspectoras en materia de protección de datos, el protocolo de inspección, Ed. J. M. Bosch, Barcelona.

PÉREZ, R. (2023, julio 30). *China prohíbe los automóviles de Tesla.* El MOTOR. https://motor.elpais.com/coches-electricos/china-prohibe-los-automoviles-de-tesla/. Consultado el 20 de junio de 2024.

REYES, V. (2018, diciembre 03). *Fuga de información en la cadena hotelera Marriott. Una al Dia.* Documento web, URL: https://unaaldia.hispasec.com/2018/12/fuga-informacion-marriott.html. Consultado el 07 de julio de 2024.

SALLA GARCIA, X. y ORTEGA SORIANO, J. (2008) Plan estratégico de relaciones públicas, Ed. J.M. Bosch, Barcelona, 2008.

SIERRA NOGUERO, E. (2023). Labor de las sociedades y clasificación de los buques autónomos. En GUTIÉRREZ SANZ, G. y ZUBIRI DE SALINAS, M. (Dir.) Sostenibilidad, movilidad y vulnerabilidad en el transporte: una visión jurídica. Aranzadi.

SOCIEDAD MERCANTIL ESTATAL INSTITUTO NACIONAL DE CIBERSEGURIDAD DE ESPAÑA, M.P., S.A. (2020). *Glosario de términos de ciberseguridad.* INCIBE. Documento web, URL: https://www.incibe.es/sites/default/files/contenidos/guias/doc/guia_glosario_ciberseguridad_2021.pdf Consultado el 10 de julio de 2024.

SOCIEDAD MERCANTIL ESTATAL INSTITUTO NACIONAL DE CIBERSEGURIDAD DE ESPAÑA, M.P., S.A. (2022, marzo 31). *Iberdrola comunica a sus clientes que ha sido víctima de un ciberataque.* INCIBE Documento web, URL: https://www.incibe.es/ciudadania/avisos/iberdrola-comunica-sus-clientes-que-ha-sido-victima-de-un-ciberataque Consultado el 07 de julio de 2024.

TESLA SPAIN HOLDCO. (2024, enero). *Aviso de Privacidad de Clientes.* Documento web URL: https://www.tesla.com/es_es/legal/privacy#international-transfers. Consultado el 07 de julio de 2024.

TESLA SPAIN HOLDCO. (2024, enero). *Privacidad y legislación.* Tesla. Documento web, URL: https://www.tesla.com/es_es/legal. Consultado el 05 de julio de 2024.

TESLA SPAIN HOLDCO. (2024, enero). *Uso del Manual del Propietario.* Tesla. *Documento* web, URL: https://www.tesla.com/ownersmanual/2017_2023_model3/es_mx/GUID-59E1B254-DB74-4178-B727-CE12EA84A2F7.html. Consultado el 07 de julio de 2024.

UNIÓN ESPAÑOLA DE ENTIDADES ASEGURADORAS Y REASEGURADORES. *Código de Conducta regulador del Tratamiento de Datos personales en los sistemas comunes de información del sector asegurador*, UNESPA, Madrid en documento web, URL: https://www.aepd.es/documento/codigo-conducta-unespa-cc-0012-2019.pdf. Consultado el 10 de julio de 2024.

UNITED NATIONS ECONOMIC COMMISSION FOR EUROPE o Comisión Económica de las Naciones Unidas para Europa. UNECE. URL: https://unece.org/es/media/General%20UNECE/news/350358 Consultado el 10 de julio de 2024.

2. Legislación

Unión Europea. Parlamento Europeo y Consejo de la Unión EuropeaReglamento (UE) 2024/1689 del Parlamento Europeo y del Consejo, de 13 de junio de 2024, por el que se establecen normas armonizadas en materia de inteligencia artificial y por el que se modifican los Reglamentos (CE) n.° 300/2008, (UE) n.° 167/2013, (UE) n.° 168/2013, (UE) 2018/858, (UE) 2018/1139 y (UE) 2019/2144 y las Directivas 2014/90/UE, (UE) 2016/797 y (UE) 2020/1828. (Reglamento de Inteligencia Artificial). Diario Oficial de la Unión Europea. DOUE. Documento web, URL: https://eur-lex.europa.eu/legal-content/ES/TXT/?uri=CELEX%3A32024R1689 Consultado el 18 de julio de 2024.

Unión Europea. Parlamento Europeo y Consejo de la Unión Europea. (2022). Directiva (UE) 2022/2557 del Parlamento Europeo y del Consejo, de 14 de diciembre de 2022, relativa a la resiliencia de las entidades críticas. Diario Oficial de la Unión Europea. DOUE. Documento web, URL: https://eur-lex.europa.eu/legal-content/ES/TXT/?uri=CELEX%3A32022L2557 Consultado el 05 de julio de 2024

Unión Europea. Parlamento Europeo y Consejo de la Unión Europea. (2022). Directiva (UE) 2022/2555 del Parlamento Europeo y del Consejo de 14 de diciembre de 2022 relativa a las medidas destinadas a garantizar un elevado nivel común de ciberseguridad en toda la Unión, por la que se modifican el Reglamento (UE) n.o 910/2014 y la Directiva (UE) 2018/1972 y por la que se deroga la Directiva (UE) 2016/1148. (Directiva SRI 2). Diario Oficial de la Unión Europea. DOUE. Documento web, URL: https://eur-lex.europa.eu/legal-content/ES/TXT/?uri=CELEX%3A32022L2555 Consultado el 14 de junio de 2024.

Unión Europea. Parlamento Europeo y Consejo de la Unión Europea. (2022). Reglamento (UE) 2022/2554 del Parlamento Europeo y del Consejo de 14 de diciembre de 2022 sobre la resiliencia operativa digital del sector financiero y por el que se modifican los Reglamentos (CE) n.o 1060/2009, (UE) n.o 648/2012, (UE) n.o 600/2014, (UE) n.o 909/2014 y (UE) 2016/1011. Diario Oficial de la Unión Europea. DOUE. Documento web. URL: https://eur-lex.europa.eu/legal-content/ES/TXT/?uri=CELEX%3A32022R2554 Consultado el 05 de julio de 2024.

Naciones Unidas. Comisión Económica de las Naciones Unidas para Europa. (2020). Reglamento de las Naciones Unidas sobre disposiciones uniformes relativas a la homologación de vehículos a motor en lo que respecta a la ciberseguridad y el sistema de gestión de ciberseguridad (Reglamento N° 155). Diario Oficial de la Unión Europea. DOUE. Documento web. URL: https://eur-lex.europa.eu/legal-content/ES/TXT/?uri=uriserv%3AOJ.L_.2021.082.01.0030.01.SPA&toc=OJ%3AL%3A2021%3A082%3ATOC Consultado el 20 de mayo de 2024.

Unión Europea. Parlamento Europeo y Consejo de la Unión Europea. (2016). Directiva (UE) 2016/1148 del Parlamento Europeo y del Consejo, de 6 de julio de 2016, relativa a las medidas destinadas a garantizar un elevado nivel común de seguridad de las redes y sistemas de información en la Unión. Diario Oficial de la Unión Europea. DOUE. Documento web. URL: https://eur-lex.europa.eu/legal-content/ES/TXT/?uri=CELEX%3A32016L1148 Consultado el 23 de marzo de 2024

Unión Europea. (2016). Directiva (UE) 2016/680 del Parlamento Europeo y del Consejo de 27 de abril de 2016 relativa a la protección de las personas físicas en lo que respecta al tratamiento de datos personales por parte de las autoridades competentes para fines de prevención, investigación, detección o enjuiciamiento de infracciones penales o de ejecución de sanciones penales, y a la libre circulación de dichos datos y por la que se deroga la Decisión Marco 2008/977/JAI del Consejo. Diario Oficial de la Unión Europea. DOUE. Documento web, URL: https://www.boe.es/doue/2016/119/L00089-00131.pdf Consultado el 05 de julio de 2024.

Unión Europea. Parlamento Europeo y el Consejo de la Unión Europea. (2016, mayo 04). Reglamento (UE) 2016/679 del Parlamento Europeo del Consejo de 27 de abril de 2016 relativo a la protección de las personas físicas en lo que respecta al tratamiento de datos personales y a la libre circulación de estos datos y por el que se deroga la Directiva 95/46/CE (Reglamento general de protección de datos). Diario Oficial de la Unión Europea. DOUE. Documento web, URL: https://eur-lex.europa.eu/legal-content/ES/TXT/?uri=celex%3A32016R0679 Consultado el 05 de julio de 2024

Unión Europea. Consejo de la Unión Europea. (2008). Directiva 2008/114/CE del Consejo, de 8 de diciembre de 2008, sobre la identificación y designación de infraestructuras críticas europeas y la evaluación de la necesidad de mejorar su protección. Diario Oficial de la Unión Europea. DOUE. Documento web, URL: https://eur-lex.europa.eu/legal-content/ES/TXT/?uri=CELEX%3A32008L0114 Consultado el 05 de julio de 2024

Unión Europea. Parlamento Europeo y Consejo de la Unión Europea. (2000). Directiva 2000/31/CE del Parlamento Europeo y del Consejo, de 8 de junio de 2000, relativa a determinados aspectos jurídicos de los servicios de la sociedad de la información, en particular el comercio electrónico en el mercado interior (Directiva sobre el comercio electrónico). Diario Oficial de la Unión Europea. DOUE. Documento web, URL: https://eur-lex.europa.eu/legal-content/ES/ALL/?uri=CELEX%3A32000L0031 Consultado el 05 de julio de 2024.

España. Ministerio de la Presidencia. Relaciones con las Cortes y Memoria Democrática. (2023). Real Decreto 729/2023, de 22 de agosto, por el que se aprueba el Estatuto de la Agencia Española de Supervisión de Inteligencia Artificial. Boletín Oficial del Estado. BOE. Documento web, https://www.boe.es/eli/es/rd/2023/08/22/729. Consultado el 07 de julio de 2024.

España. Ministerio de Asuntos Económicos y Transformación Digital (2022). Real Decreto 311/2022, de 3 de mayo, por el que se regula el Esquema Nacional de Seguridad. Boletín Oficial del Estado. BOE. Documento web, https://www.boe.es/eli/es/rd/2022/05/03/311/con Consultado el 07 de julio de 2024.

España. Jefatura del Estado. (2021). Ley 22/2021, de 28 de diciembre, de Presupuestos Generales del Estado para el año 2022 (Autorización al gobierno para la creación de la Agencia España de Supervisión de la Inteligencia Artificial. Boletín Oficial del Estado. BOE. Documento web. URL: https://www.boe.es/buscar/act.php?id=BOE-A-2021-21653 Consultado el 05 de julio de 2024.

España. Jefatura del Estado (2021). Ley Orgánica 7/2021, de 26 de mayo, de protección de datos personales tratados para fines de prevención, detección, investigación y enjuiciamiento de infracciones penales y de ejecución de sanciones penales. Boletín Oficial del Estado. BOE. Documento web, URL: https://www.boe.es/eli/es/lo/2021/05/26/7. Consultado el 05 de julio de 2024.

España. Jefatura del Estado. (2021). Ley 18/2021, de 20 de diciembre, por la que se modifica el texto refundido de la Ley sobre Tráfico, Circulación de Vehículos a Motor y Seguridad Vial, aprobado por el Real Decreto Legislativo 6/2015, de 30 de octubre, en materia del permiso y licencia de conducción por puntos. Boletín Oficial del Estado. BOE. Documento web, URL: https://www.boe.es/buscar/act.php?id=BOE-A-2021-21006. Consultado el 01 de julio de 2024.

España. Jefatura del Estado. (2018). Ley Orgánica 3/2018, de 5 de diciembre, de Protección de Datos Personales y garantía de los derechos digitales. (2018). Boletín Oficial del Estado. BOE. Documento web, URL: https://www.boe.es/buscar/act.php?id=BOE-A-2018-16673. Consultado el 05 de julio de 2024.

España. Ministerio del Interior. (2011). Ley 8/2011, de 28 de abril, por la que se establecen medidas para la protección de las infraestructuras críticas. Boletín Oficial del Estado. BOE. Documento web URL: https://www.boe.es/eli/es/l/2011/04/28/8/con

Consultado el 05 de julio de 2024

España. Jefatura del Estado. (2002). Ley 34/2002, de 11 de julio, de servicios de la sociedad de la información y de comercio electrónico. Boletín Oficial del Estado. BOE. Documento web URL https://www.boe.es/eli/es/l/2002/07/11/34/con Consultado el 01 de julio de 2024

España. Jefatura del Estado. (1996). Ley 7/1996, de 15 de enero, de Ordenación del Comercio Minorista. Boletín Oficial del Estado. BOE. Documento web. URL: https://boe.es/buscar/act.php?id=BOE-A-1996-1072

Consultado el 05 de julio de 2024.

España. Jefatura del Estado. (1995). Ley Orgánica 10/1995, de 23 de noviembre, del Código Penal. BOE.nº 281, de 24 de noviembre de 1995. Documento web, URL: https://www.boe.es/buscar/act.php?id=BOE-A-1995-25444 . Consultado el 07 de julio de 2024.

España. Ministerio de Interior. (2014). Orden INT/2223/2014, de 27 de octubre, por la que se regula la comunicación de la información al Registro Nacional de Víctimas de Accidentes de Tráfico. BOE. Documento web, URL: https://www.boe.es/buscar/act.php?id=BOE-A-2014-12411. Consulado el 05 de julio de 2024.

España. (2020). Dirección General de Tráfico. Escrito Directriz SGGMT 7/2020 Modificación anexo de la Instrucción DGT 15/V-113 de Autorización de pruebas o ensayos de investigación realizados con vehículos de conducción automatizada en vías abiertas al tráfico en general. DGT. Documento web, URL: https://www.dgt.es/export/sites/web-DGT/.galleries/downloads/muevete-con-seguridad/normas-de-trafico/VEH-vehiculos/Escrito_Directriz_SGGMT_7_2020_Modificacion_anexo_de_la_Instruccion_DGT_15_V_113.pdf. Consultado el 05 de julio de 2024.

España. Dirección General de Tráfico. (2023). *Propuesta de Real Decreto XXX/YYY, de XX de YY, por el que se modifican el Reglamento General de Circulación, aprobado por Real Decreto 1428/2003, de 21 de noviembre y el Reglamento General de Vehículos, aprobado por Real Decreto 2822/1998, de 23 de diciembre, en materia de conducción automatizada. Dirección General de Tráfico.* DGT. Documento web, URL: https://www.interior.gob.es/opencms/pdf/servicios-al-ciudadano/participacion-ciudadana/Participacion-publica-en-proyectos-normativos/Audiencia-e-informacion-publica/03_2024_Proyecto_RD_modifica_Reglamento_General_Circulacion_y_Reglamento_General_Vehiculos_conduccion_automatizada.pdf. Consultado el 02 de julio de 2024.

Análisis forense digital de vehículos de transporte

JOSE NAVARRO HERNÁNDEZ
Doctor en Ciencias Físicas
Máster en seguridad informática y perito informático

SUMARIO: I. INTRODUCCIÓN. LA INFORMÁTICA FORENSE Y SU IMPORTANCIA EN EL VEHÍCULO AUTÓNOMO Y CONECTADO. 1. Contexto general. 2. Informática forense. 3. Evidencia digital. II. EL VEHÍCULO AUTÓNOMO EN EL ECOSISTEMA DE LA EVIDENCIA DIGITAL. 4. Análisis forense de ordenadores personales. 5. La era del teléfono móvil inteligente. 6. La era de la nube. 7. El vehículo autónomo y conectado. III. EL RETO DEL ACCESO DE DATOS. 8. El vehículo digital. 9. El vehículo autónomo. IV. CONCLUSIONES.

RESUMEN: La aportación de medios de prueba en procesos judiciales es uno de los pilares de las democracias modernas y la manera de ejercer el Derecho Fundamental de tutela judicial efectiva por parte de los ciudadanos. Sin embargo, los medios de prueba digitales son difíciles de gestionar porque pueden ser manipulados, su obtención no es evidente y su interpretación puede requerir conocimientos avanzados o vulnerar derechos de otras personas o sociedades. La tesis de este artículo es que la aplicación de nuevas tecnologías para conseguir vehículos autónomos y conectados tendrá un impacto tan significativo en la sociedad como lo tuvo la integración de los teléfonos inteligentes, lo que creará una gran demanda de aportación de medios de prueba digitales en todo tipo de procesos. Pero se prevé que la opacidad y complejidad de estas nuevas tecnologías exigirá que se tomen medidas desde su diseño para asegurar una mínima capacidad de explicabilidad y un acceso con garantías suficientes.

I. INTRODUCCIÓN. LA INFORMÁTICA FORENSE Y SU IMPORTANCIA EN EL VEHÍCULO AUTÓNOMO Y CONECTADO

1. Contexto general

En el contexto de este artículo se va a considerar que un sistema informático es cualquier conjunto de datos digitales y sistemas electrónicos capaces de almacenar, tratar o transmitir dichos datos. Por tanto, aunque se suele pensar en un ordenador al hablar de "sistema informático", hay muchos otros sistemas y dispositivos que entran en esta categoría, por ejemplo, casi cualquier vehículo que transita por las carreteras europeas hoy en día.

Un sistema informático guarda, además de los datos digitales objeto de su función, otra multitud de datos digitales relacionados con la actividad del sistema y de estos datos. Por ejemplo, un ordenador guarda un registro de cuándo se enciende o se apaga, cuándo se actualiza, quién accede, qué errores se detectan durante su funcionamiento, entre muchos otros. Estos conjuntos de datos digitales que describen, complementan o registran la actividad de los datos principales, reciben el nombre de "metadatos".

Existen multitud de intereses relacionados con el análisis de datos y metadatos de un sistema informático, siendo el ámbito de la informática forense el caso particular de averiguar el qué, quién, cuándo, cómo o por qué de una o varias acciones sucedidas en el pasado en un sistema digital.

La informática forense[1] es, por tanto, el medio que se utiliza para comprender qué ha pasado en un sistema informático en relación a un incidente concreto, y los resultados de estos análisis muchas veces es utilizado como medio de prueba en procesos judiciales de todo tipo: mercantiles, civiles, penales, sociales o contenciosos administrativos.

La informática forense también tiene una gran relación con los Derechos Fundamentales de las personas implicadas, tanto desde el punto de vista de finalidad (aportación de medios de prueba para satisfacer el Derecho Fundamental a la tutela judicial efectiva) como desde el punto de vista de limitación (invasión de Derechos Fundamentales como el de la intimidad o secreto de comunicaciones, o derechos de propiedad intelectual y secretos corporativos).

Cuando un avance tecnológico es adoptado masivamente por la sociedad aumentan también los conflictos que requieren intervención judicial, así como la gravedad o afectación de los mismos. La era de la información, caracterizada por la omnipresencia de conexiones telemáticas a nivel global, implica que muchos conflictos que de otra manera serían locales tengan una relevancia global, y afecten a millones de personas. Los Tribunales de Justicia deben tener las herramientas suficientes para ejercer sus funciones, y una de estas herramientas es el análisis objetivo y reproducible de sistemas digitales.

---

1 Casey, E. (2011). *Digital Evidence and Computer Crime: Forensic Science, Computers, and the Internet* (3rd ed.). Elsevier

En el año 2007 Apple lanzó al mercado el primero de lo que ahora se conocen como "teléfonos inteligentes", revolucionando la sociedad dando a las personas y empresas nuevas maneras de usar la tecnología que eran impensables hasta la fecha. Esta revolución también ha inundado los juzgados y los periódicos de casos en los que los teléfonos móviles y los servicios que utilizan son los protagonistas, y con los que se está redefiniendo la integración de las nuevas tecnologías (globales) de manera que respeten las Leyes y Derechos (muchas veces locales) preestablecidos.

Probablemente la siguiente revolución tecnológica la va a causar la Inteligencia Artificial y el tratamiento masivo de datos digitales, y muy probablemente una de las primeras aplicaciones fuera del entorno de los ordenadores o móviles personales serán los vehículos. Los vehículos autónomos son la gran promesa de las grandes empresas tecnológicas, y el reto es extremadamente complicado, por lo que se confía en aplicar todas estas nuevas tecnologías para conseguirlo.

Aunque actualmente existen vehículos autónomos como barcos de transporte o trenes de pasajeros, el reto más buscado son vehículos urbanos, o interurbanos, de transporte de personas o mercancías, que no requieran conductor. El nivel de interacción con el entorno, con otros vehículos y de velocidad de toma de decisiones requieren multitud de sensores, una inmensa ingesta de datos digitales, una interacción y conexión continua con el entorno, y el uso de aprendizaje profundo (redes neuronales).

La adaptación de este tipo de vehículos por la sociedad se prevé muy grande, y probablemente en formas que ahora no se pueden imaginar, de una manera similar a lo sucedido con el teléfono móvil inteligente, afectando también al marco jurídico establecido y a la defensa de los Derechos Fundamentales de los ciudadanos.

El objetivo de este artículo, por tanto, será la revisión de la evolución de las capacidades de la informática forense a través de algunas revoluciones tecnológicas acontecidas desde la década de los 90, y realizar una estimación de las dificultades que se darán con el vehículo autónomo y conectado, concluyendo con una propuesta a tener en cuenta desde el diseño.

2. *Informática forense*

Como se ha introducido anteriormente, la informática forense es la especialidad de la informática cuya finalidad es el análisis de la actividad ocurrida en el pasado en un sistema de tratamiento de datos digitales.

Por regla general, se realiza un análisis forense digital de un entorno informático a raíz de un "incidente", o evento relevante que motiva el estudio en cuestión. La finalidad del análisis suele ser responder a preguntas relativas al evento como, por ejemplo, "¿qué ha ocurrido?", "¿cómo ha sucedido?", "¿quién ha estado involucrado?" o "¿cuándo comenzó la actividad relevante?".

El análisis puede incluir cualquier parte de un sistema digital, como los dispositivos (ordenadores, cámaras, teléfonos, ...) o sus componentes (discos duros, tarjetas de memoria, procesadores, ...), o repositorios de datos digitales (bases de datos, volúmenes de almacenamiento, datos en tránsito, registros de actividad, ...).

También es objeto de la informática forense, en contraste con el análisis de los datos digitales, el análisis de los programas informáticos o sistemas de tratamiento, es decir, el estudio de los algoritmos, códigos fuente, mecanismos o lógicas que realizan cambios o procesos de datos digitales.

Es importante entender que cuando surge la necesidad de realizar un análisis forense siempre es debido a la ocurrencia de un evento desencadenador. A este "evento" (o conjunto de eventos) se le suele llamar "incidente", y determina la fecha y el tipo de caso a realizar. Esta relación de causalidad entre el incidente y el análisis forense digital motiva que éste también reciba el nombre de *Digital Forensics for Incident Response* o, para abreviar, DFIR.

Los resultados de un análisis forense muchas veces son utilizados como medio de prueba en un proceso judicial, ya sea penal, civil, laboral o de cualquier otro tipo[2]. Por esta razón, estos resultados deben cumplir una serie de requisitos obligados por Ley, y convierten a la informática forense en una disciplina mixta, en la que son requeridos conocimientos tecnológicos, pero también jurídicos.

Nótese que no siempre se conoce desde el principio de un análisis forense que sus resultados pueden ser empleados como medio de prueba en un proceso judicial. Es por ello que existen estándares[3] y códigos de buenas

---

2 Ley de Enjuiciamiento Civil [LEC], art. 335, Boletín Oficial del Estado [BOE], núm. 7, de 8 de enero de 2000, pp. 575-624.

3 International Organization for Standardization. (2012). *ISO/IEC 27037:2012–Information technology–Security techniques–Guidelines for identification, collection, acquisition, and preservation of digital evidence.*

prácticas[4] que guían el proceso para que, desde su diseño, cualquier análisis tenga las garantías procesales necesarias en caso de ser necesario llevar sus resultados a juicio.

Por otro lado, también es recomendable que el diseño de los sistemas informáticos tenga en cuenta la posibilidad de que puedan ser objeto de un análisis forense digital. La preparación de un sistema digital para facilitar futuros análisis recibe el nombre en inglés de *Forensic Readiness*[5] e incluye tanto la parte técnica, que sería la configuración de registros de actividad, disponibilidad de datos digitales, etc., como la parte jurídica en cuanto a los requisitos que debe tener un medio de prueba extraído de dicho sistema.

3. Evidencia digital

Las Leyes y la jurisprudencia establecen cómo debe aportarse un medio de prueba a un proceso judicial y, sobre todo, qué características debe tener este medio de prueba.

En general, un medio de prueba debe tener una serie de garantías básicas, que son las siguientes:

- Autenticidad, entendiéndose como la capacidad de tener confianza sobre el origen de la evidencia.
- Integridad, como la garantía de que la evidencia no ha sido manipulada o alterada.
- Trazabilidad, como la capacidad de conocer el método de obtención de la evidencia, con la finalidad de comprobar que es correcto y conforme a la Ley.
- Disponibilidad, que es la garantía de que todas las partes del proceso, presentes y futuras, puedan acceder a la evidencia para realizar análisis en idénticas condiciones.

Cuando se piensa en una evidencia tradicional, como un documento físico, una pisada en el barro, o una huella dactilar en un vaso, muchas de estas garantías vienen dadas por la propia naturaliza del indicio o por los

---

4 National Institute of Standards and Technology. (2006). *Guide to integrating forensic techniques into incident response (NIST Special Publication 800-86).*

5 Rowlingson, R. (2004). *A Ten Step Process for Forensic Readiness.* International Journal of Digital Evidence, 2(3).

métodos y procedimientos utilizados por los funcionarios o instituciones homologadas que las tratan, y no suele haber controversia.

Sin embargo, es importante darse cuenta de que la información digital, por naturaleza, es manipulable, alterable, y que pueden existir varias copias de la misma, quizás en diferentes versiones. En general, una información digital no debería ser un buen candidato a evidencia digital, debido a que su origen puede ser incierto (¿cuál de las copias se ha analizado?), su contenido alterable (la información digital puede ser alterada o manipulada muy fácilmente), y es necesaria alguna acción adicional y formal para garantizar la trazabilidad y disponibilidad.

Por estas razones sería lógico pensar que la información digital nunca debería ser utilizada como medio de prueba, pero, sin embargo, existe un procedimiento que permite dotarla de todas las garantías procesales necesarias: la cadena de custodia.

Se define como "cadena de custodia de evidencias digitales" al proceso que dota a la información digital de las garantías necesarias para que pueda ser utilizada como medio de prueba. Consiste en los siguientes pasos:

1. Una extracción, copia o clonado de la información digital a protocolizar. Este proceso implica realizar una copia idéntica, bit a bit, indistinguible del original, mediante un mecanismo reconocido y reproducible.

2. La firma digital de la copia realizada. Se aconseja utilizar, como firma digital, el cálculo de un "*hash* criptográfico", cuyo resultado es una cadena de letras y números que puede ser verificada por cualquier otra persona en cualquier otro momento, y tener la confianza de que la información digital no ha sido alterada ni en un solo bit.

3. El proceso técnico debe registrarse y explicarse de manera detallada en un acta, de manera que pueda ser contrastable por parte de otro experto en informática forense, y confirmar su validez o señalar debilidades. El proceso puede realizarse ante Notario, de manera que el acta pueda ser un documento público.

4. Finalmente, una copia de la información digital, junto con su firma digital y el acta de descripción del proceso de copia, debe ponerse a disposición de las partes que lo requieran.

Este proceso genera varios entregables, a saber, una copia de la información digital custodiada, una firma digital de la misma, y un acta con una descripción del proceso de extracción. Nótese que hecho de esta manera esta información digital cumple con las cuatro garantías exigidas a los medios de prueba, ya que el acta garantiza el origen (autenticidad) de la información, la firma digital la integridad, y el acta debe describir dónde queda disponible para reclamarla en caso de querer hacer un análisis.

Por tanto, para poder usar un análisis de información digital como medio de prueba va a ser imprescindible contar con una cadena de custodia realizada correctamente y siguiendo las directrices antes estipuladas. Nótese que la definición de cadena de custodia se abstrae del tipo de sistema informático o de información digital a analizar, y debe adaptarse a cada caso concreto.

II. EL VEHÍCULO AUTÓNOMO EN EL ECOSISTEMA DE LA EVIDENCIA DIGITAL

La mayoría de vehículos de trasporte o de personas que circulan por las carreteras hoy en día tienen múltiples sistemas electrónicos y digitales que gestionan sensores, recogen y almacenan información digital, y son operados por sistemas de software. Sin embargo, existen pocos casos en los que un análisis forense de los datos digitales de estos vehículos haya sido aportado como medio de prueba de una manera similar a como se aportan datos de un ordenador. La tecnología involucrada en el diseño y construcción de estos vehículos es más cerrada y desempeña funciones muy concretas, por lo que la aproximación para su análisis es muy diferente a la que se hace para un ordenador o un teléfono móvil.

Es verdad que existen programas informáticos especializados en el análisis forense de la información digital de estos vehículos, pero su análisis aún es superficial y simple, y los litigios que requieren de evidencias digitales suelen ser tratados por los propios fabricantes o instituciones homologadas.

Por otro lado, existen actualmente vehículos completamente autónomos, como embarcaciones de transporte de mercancías o trenes de transporte público. Estos sistemas sí están operados por sistemas informáticos más completos y complejos. Sin embargo, tampoco tienen mucho impacto en la situación del análisis forense digital debido a su número limitado y a ser accesibles a unas pocas empresas y administraciones.

La finalidad de este apartado es argumentar que el futuro del vehículo autónomo y conectado será más similar a la situación del teléfono móvil en cuanto a su impacto en la sociedad y a su demanda de análisis para la aportación de evidencia electrónica.

4. Análisis forense de ordenadores personales

El análisis forense digital aparece como una especialidad de la seguridad informática y se establece como disciplina independiente en la década de los 90, apareciendo las primeras empresas dedicadas en España en la primera década del siglo. Las primeras sentencias superiores donde se comentan conceptos como "cadena de custodia de evidencias digitales" o "búsqueda ciega de palabras clave", uno de los métodos más usados para el tratamiento de datos digitales preservando derechos fundamentales, son del año 2006[6].

En esta época los análisis forenses digitales se dedicaban casi exclusivamente al análisis de ordenadores personales y servidores corporativos, es decir, discos duros. Un disco duro es el medio de almacenamiento digital más común, y en el año 2000 era un dispositivo con varios discos electromagnéticos con capacidad para grabar y reproducir información digital.

La estructura interna de estos discos duros magnéticos es estándar[7], y la información digital se organiza de manera estructurada según lo especificado por algunos "sistemas de ficheros", como FAT, NTFS o ext[8]. Los discos duros usan conectores electrónicos de varios tipos, pero son pocos y muy conocidos. En resumen, la gran mayoría de la información digital se almacenaba en las décadas de 1990 y 2000 en discos duros con un formato y con una estructura prácticamente estándar, lo que facilitaba su análisis forense.

La cadena de custodia de un ordenador consiste en el clonado bit a bit de la información del disco duro, tarea que podía realizarse con herramientas tecnológicas sencillas y ante Notario, quien era testigo de todo el proceso y levantaba acta de las manifestaciones del técnico, así como de la firma digital resultante tras la copia.

---

6 Audiencia Provincial de Barcelona, Sección 15, Auto de 2 de febrero de 2006 (Roj: AAP B 946/2006, ECLI: ES:APB:2006:946A, No de Recurso: 711/2005, No de Resolución: 46/2006).

7 Anderson, D. *The PC Guide: The Essentials for All IBM PC, XT, and AT Users.* Reston Publishing Company, 1988.

8 Jones, D. *File Systems Forensic Analysis.* Addison-Wesley, 2008.

La cantidad de información que podría haber en un disco duro podía copiarse en una o dos horas, y es relativamente usual hacer este tipo de clonados en una Notaría en presencia de un fedatario público.

En relación al análisis forense, en la década de los 2000 el número de aplicaciones informáticas que se podían encontrar en un ordenador eran bastante limitadas en comparación con la gran diversidad que existe hoy en día, lo que simplificaba su análisis debido a que las tareas de investigación y desarrollo sobre un aplicativo concreto se podían reaprovechar en diferentes casos.

Además, en el análisis forense digital de ordenadores tiene un peso muy importante el análisis de documentos ofimáticos (Microsoft Office como PDF) y correo electrónico, cuyo contenido es fácilmente accesible, indexable y procesable de manera automatizada. Existen técnicas, como la "búsqueda ciega y automatizada de palabras clave", que son aplicables a este tipo de documentos y que están reconocidas en la jurisprudencia como respetuosas con los Derechos Fundamentales de las personas implicadas.

Finalmente, el análisis forense digital de discos duros magnéticos permite la recuperación eficaz de información borrada. Cuando un documento se elimina de un medio de almacenamiento digital su información digital realmente no se destruye, sino que los "sectores" donde estaba guardado se marcan como disponibles en el disco duro, y pueden ser sobreescritos por otros documentos. Hasta ese momento, antes de una sobreescritura de esos sectores, la información digital puede ser leída y recuperada, total o parcialmente, con herramientas especializadas.

Debido a la manera de funcionar de los discos duros magnéticos la recuperación de datos digitales borrados es más fácil que en discos duros de memorias de estado sólido (o "SSD", de "*Solid State Drive*"). En los primeros, donde la velocidad no es tan buena como en los segundos, se busca que los documentos no estén "fragmentados" en el disco, es decir, que toda su información digital esté contigua para evitar saltos de las agujas lectoras de sector a sector, lo cual es muy costoso en tiempo. Esto permite recuperar documentos digitales enteros una vez que se identifica el primer sector que ocupaba en el disco, porque muy probablemente los siguientes sectores consecutivos también formaran parte de su contenido. Sin embargo, en los discos SSD, que son mucho más rápidos, se busca fragmentar y distribuir por toda la memoria la información que se almacena. Esto es debido a que los discos SSD se basan en memorias de estado sólido NAND que tienen un límite de usos a partir de los cuales pueden fallar: para alargar en la medida de lo posible su tiempo de vida la carga de trabajo se distribuye por todos los sectores, o microchips, disponibles, dando lugar a fragmentación de los datos que dificultan la recuperación[9].

Por tanto, la mayoría de cadenas de custodia y análisis forense en la década de los 90 y 2000 se realizaban sobre discos duros magnéticos, cuya estructura mecánica y de datos era estándar o conocida, lo que facilitaba la procedimentación y estandarización de procesos. Este es el punto de partida de la informática forense como disciplina independiente, y coincide con la aparición de las primeras empresas dedicadas en España, las primeras sentencias en jurisprudencia mayor, y las primeras formaciones especializadas a Jueces y Tribunales.

5. La era del teléfono móvil inteligente

Pocas revoluciones tecnológicas pueden situarse en el tiempo tan concretamente como la de los teléfonos móviles inteligentes, no habiendo controversia en que fue el 9 de enero de 2007 en la charla de apertura de la conferencia "MacWorld Conference & Expo", en San Francisco, Estados Unidos de América, en donde Steve Jobs, por aquel entonces director ejecutivo de Apple, presentó el primer iPhone[10], que se considera el primer teléfono móvil inteligente.

Los cambios que introdujo el iPhone fueron drásticos, y los explica el propio Steve Jobs en su presentación con el mérito de que en el 2007 no parecían tan evidentes como parecen ahora. El primero fue eliminar los teclados que tenían todos los teléfonos de entonces, y sustituirlo por una gran pantalla táctil. El segundo fue incorporar las aplicaciones informáticas que más se usaban en el ordenador: la reproducción de música y la navegación por internet. Finalmente, y aunque no se menciona explícitamente en la presentación, el teléfono inteligente debía estar permanentemente conectado a internet.

Nótese que la adaptación de las nuevas tecnologías al teléfono móvil no fue lineal ni continua. Los teléfonos fueron incorporando algunas funcionalidades de los ordenadores, como la conexión a redes digitales de datos, la mensajería electrónica, los juegos, el correo electrónico, etc., pero

---

9 Carrier, B. *File Systems Forensic Analysis.* Addison-Wesley, 2005.

10 Jobs, S. (9 enero 2007). Charla de anuncio del iPhone. Macworld Conference & Expo, San Francisco, CA. en https://www.youtube.com/watch?v=vN4U5FqrOdQ (visitado el 19 de julio de 2024)

nunca dejaron de ser teléfonos. Avanzados, sí, pero teléfonos. El iPhone no es un teléfono móvil: es un ordenador que tiene las funcionalidades de un teléfono. No es casualidad que una empresa de ordenadores (Apple) fuera quien mejor adaptara las nuevas tecnologías mucho antes que los fabricantes de teléfonos líderes por aquel entonces (Nokia, Motorola o BlackBerry).

El primer efecto de la absorción del teléfono por parte de las nuevas tecnologías (y no al revés) fue la adopción masiva por parte de la sociedad, aumentándose las ventas de este tipo de dispositivos en un orden de magnitud a nivel global.

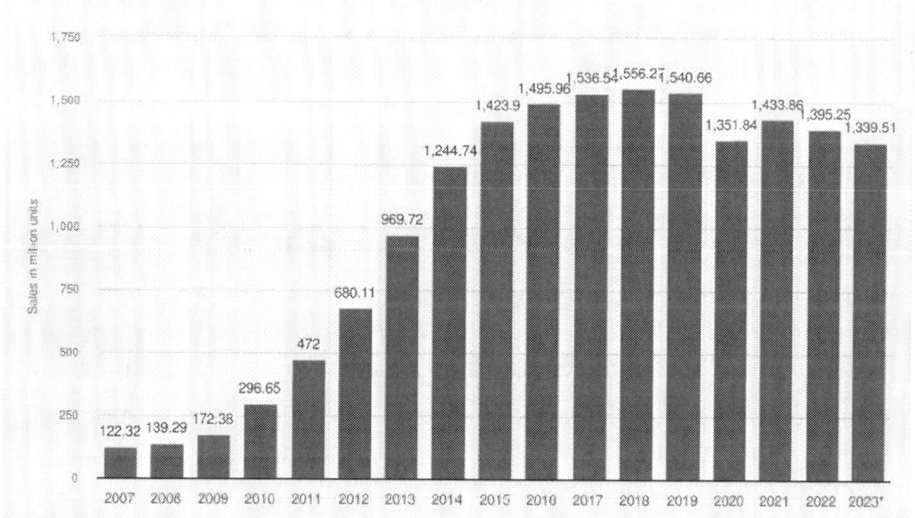

Ventas de teléfonos móviles inteligentes vendidos a nivel global entre 2007 y 2023. Fuente: Gartner (a través de Statista)

El segundo efecto fue la creación de un nuevo mercado y nuevas aplicaciones y funcionalidades que nadie podía imaginar que fueran a existir. Las tiendas de aplicaciones, las subscripciones, la explosión de las redes sociales, la evolución de la mensajería electrónica (WhatsApp, Telegram), los nuevos usos de la fotografía y el vídeo digitales, y un largo etcétera.

Y con la amplia adopción de estas nuevas tecnologías por parte de toda la sociedad aparecieron nuevos tipos de conflictos y nuevas maneras de aportar medios de prueba a procesos judiciales. Muchas más personas tenían acceso y eran usuarias de correo electrónico, fotografía digital, grabaciones digitales, mensajería electrónica tipo WhatsApp, y la aportación de estos documentos informáticos en procesos judiciales no ha parado de aumentar.

El problema de estos nuevos medios de prueba, como ya se ha comentado, es que no pueden ser aportados tal cual, impresos, realizando capturas de pantalla o simplemente mostrándolos al secretario judicial. Estos métodos no eliminan la posibilidad de una manipulación total o parcial del documento aportado, ya sea malintencionada o accidental. Además, muchas veces la interpretación de estos medios de prueba tecnológicos requiere de la participación de la figura del "perito informático", definido en las leyes de enjuiciamiento[11] [12] como el experto en una materia que ayuda al Juez o al Tribunal a entender aspectos técnicos de estos elementos probatorios.

Es importante entender que pese a llamarse "nuevas tecnologías", sistemas como el correo electrónico, la mensajería SMS, las estructuras de bases de datos, los protocolos de comunicaciones digitales, o los documentos informáticos fueron diseñaron hace muchos años para un entorno tecnológico completamente diferente. También los requisitos jurídicos y de seguridad eran mucho menores, lo que ha provocado que muchos de estos elementos tecnológicos, pese a ser usados cada día por miles de millones de personas, sean obsoletos y provoquen conflictos de todo tipo.

Por ejemplo, los mensajes SMS se popularizaron en la década de los 90, y en su diseño apenas se contemplaron medidas de seguridad, por lo que el remitente puede falsificarse con facilidad, siendo el método más utilizado por ciberdelincuentes para realizar fraude bancario a través de internet.

Otro ejemplo sería el sistema de mensajería WhatsApp, muy utilizado actualmente como medio de prueba, y que usa bases de datos de tipo SQLite cuya protección contra manipulaciones es casi nula, por lo que permite que mensajes y conversaciones puedan ser alteradas sin dejar muchos rastros.

La apertura de los teléfonos móviles a desarrolladores de aplicaciones y fabricantes externos dificulta la modificación del diseño de base sin afectar a un gran número de servicios y sistemas, motivo por el cual la corrección de problemas de base no es evidente ni simple. Habría sido necesario un diseño inicial (por ejemplo en el año 2007, año de lanzamiento del iPhone) que previera las necesidades de una década después, lo cual, evidentemente, habría sido difícil habida cuenta de los grandes cambios que acontecieron.

---

11 Ley de Enjuiciamiento Civil [LEC], art. 335, Boletín Oficial del Estado [BOE], núm. 7, de 8 de enero de 2000, pp. 575-624

12 Ley de Enjuiciamiento Criminal [LECr], art. 456, Boletín Oficial del Estado [BOE], núm. 260, de 17 de septiembre de 1882, pp. 214-256

El análisis forense digital de un teléfono móvil sufre también de esta falta de previsión inicial desde el diseño. A diferencia de los ordenadores, cuyo disco duro es estándar y accesible, los teléfonos inteligentes son mucho más complicados.

En primer lugar, existen muchos fabricantes diferentes, y dentro de cada fabricante, un gran espectro de modelos y especificaciones. A diferencia del Ordenador Personal, que usa componentes estándares y una arquitectura abierta que fue copiada por toda la industria, la arquitectura del teléfono móvil no es única, y varía de modelo a modelo.

En segundo lugar, las memorias de los teléfonos suelen ser chips soldados en la placa, difícilmente extraíbles y manipulables, y actualmente casi todos los fabricantes cifran la información digital contenida en ellos, por lo que tampoco sirve el recurso de desoldar los chips para leerlos con dispositivos externos.

En tercer lugar, los fabricantes más importantes han blindado sus terminales y sistemas operativos para dificultar todo lo posible la eliminación de las medidas de seguridad que podrían permitir la instalación de aplicaciones informáticas no autorizadas o sin licencia, protegiendo al mercado de desarrolladores, pero dificultando el acceso a ciertas partes de las memorias internas.

Por tanto, para realizar un acceso a la información digital contenida en un terminal móvil para iniciar una cadena de custodia no es posible actuar como en el caso de los ordenadores y sus discos duros. Existen programas informáticos especializados y comerciales (Cellebrite, GrayKey, ...) que permiten realizar copias casi completas de la información digital de los chips internos, pero usan métodos poco ortodoxos y poco reproducibles, casi siempre aprovechando problemas de seguridad conocidos para ganar un acceso no permitido por el fabricante. Para evitar conflictos con estos fabricantes, la mayoría de estos sistemas de acceso sólo se venden a Fuerzas y Cuerpos de Seguridad del Estado.

El método de acceso que queda para peritos informáticos privados o la ciudadanía en general es realizar una copia de seguridad de los datos a los que el fabricante permite el acceso o usar programas informáticos especializados en informática forense que, sin dar acceso completo, ofrecen alguna mejora en el proceso.

Por otro lado, en la época del teléfono móvil inteligente hay un ecosistema enorme de aplicaciones y sistemas informáticos diferentes, y cada uno de ellos trata y registra la información digital de una manera distinta, muchas veces desconocida y sin ser pública, por lo que cierto trabajo de investigación y desarrollo es necesario para poder realizar un análisis forense digital efectivo.

Como pasa con la extracción de datos, la interpretación de los datos digitales de muchas aplicaciones informáticas para móviles sólo puede realizarla grandes empresas con importantes presupuestos de investigación, por lo que el análisis forense digital queda supeditado a la adquisición de la correspondiente licencia.

Es importante conocer que la mayoría de estos programas informáticos especializados se fabrican en Estados Unidos o Israel, que tienen marcos jurídicos muy diferentes a los europeos en cuando a la consideración de los Derechos Fundamentales de las personas.

Por tanto, la "reinterpretación" del teléfono móvil por parte de las nuevas tecnologías ha cambiado la capacidad de la sociedad de analizar la información digital de los ciudadanos y de aportar medios de prueba en procesos judiciales, a la par que ha aumentado la demanda de estos medios de prueba.

6. La era de la nube

De manera simultánea a la revolución del teléfono móvil inteligente apareció un nuevo servicio digital difícil de imaginar antes del año 2000: los servicios de almacenamiento y computación en la nube.

Estos servicios comenzaron discretamente con la aparición de los primeros proveedores de correo electrónico personal y gratuito a través de internet. Estos servicios ofrecían a los usuarios cuentas de mensajería electrónica gestionadas por sistemas informáticos del proveedor. Es decir, el usuario, si lo deseaba, no precisaba tener ningún ordenador o disco duro o sistema de almacenaje de su información digital, y le bastaba tomar prestado cualquier equipo informático para gestionar su correo.

Posteriormente aparecieron nuevos servicios ofrecidos a través de internet alojados en infraestructuras informáticas de los proveedores que cambiaron la manera de relacionarse con la informática. Dropbox comenzó a ofrecer servicios de alojamiento de archivos en la nube, Amazon servicios de virtualización (tras el éxito de productos de virtualización de ordenadores como los fabricados por VMWare), Google permitió crear, visualizar y editar documentos ofimáticos desde el navegador, Spotify escuchar música sin comprar los discos, Netflix ver películas sin comprarlas o alquilarlas, y, finalmente, Microsoft, después de tardar en incorporarse a esta ola, lo hizo apostando muy fuerte y ofreciendo la posibilidad de migrar casi todos sus servicios a su nube (computación, gestión de identidades, correo, ofimática, etc.).

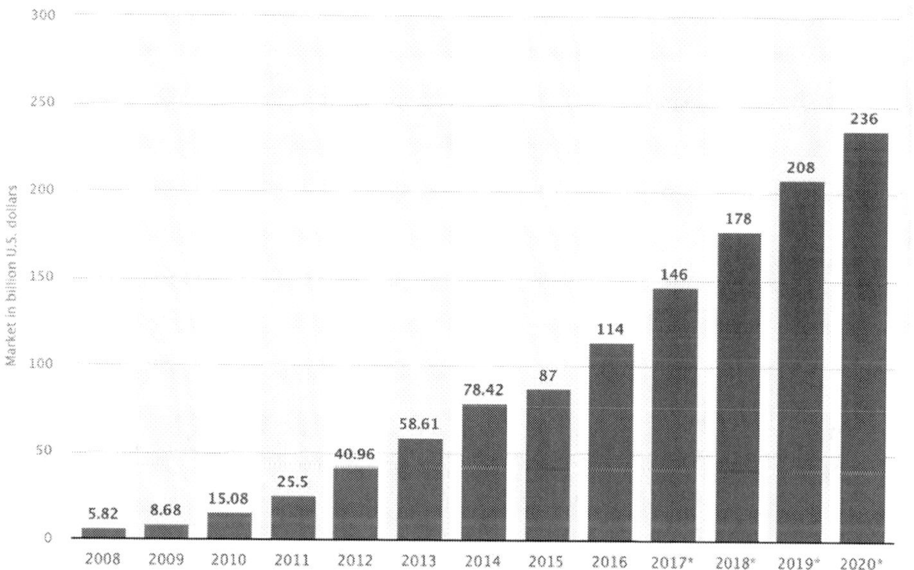

Mercado de servicios de computación en la nube, en miles de millones de dólares por año, entre 2008 y 2020. Fuente: Statista

En cuestión de 10 años las personas ya no necesitaban poseer ordenadores, licencias de programas informáticos o discos duros para utilizar la informática: todo está en la nube. Desde el 2008 hasta el 2020 el mercado de computación en la nube creció en casi dos órdenes de magnitud, y muchas empresas dejaron de tener sistemas informáticos propios, subcontratando la de sus proveedores de informática y confiando en buenas conexiones a internet.

Esta evolución sólo se entiende si se analiza acompañada de la rápida adopción de las líneas de comunicaciones de conexión a internet, y su aumento de calidad y capacidad. En el año 2005 se estima que un 16% de la población mundial tenía algún tipo de conexión a internet. En el año 2023 este porcentaje sube al 67%, y debe tenerse en cuenta que las conexiones actuales son muy rápidas, continuas, móviles, baratas y que cada persona, en promedio, cuenta con varias de ellas.

Huelga decir que la hiperconexión a internet de la sociedad ha venido acompañada por un aumento proporcional de incidentes, delitos, nuevos delitos, y todo tipo de controversias que han aumentado la demanda de, nuevamente, aportar evidencia electrónica en procesos judiciales. A nivel global, el número de ciberdelitos comunicados al FBI (Estados Unidos de América) creció en dos órdenes de magnitud entre el año 2000 y el 2023.

Las consecuencias para la informática forense son importantes: ya no hay dispositivos para analizar, acceder o realizar una cadena de custodia, ya que en la gran mayoría de casos es impracticable realizar un clonado de la infraestructura informática del proveedor.

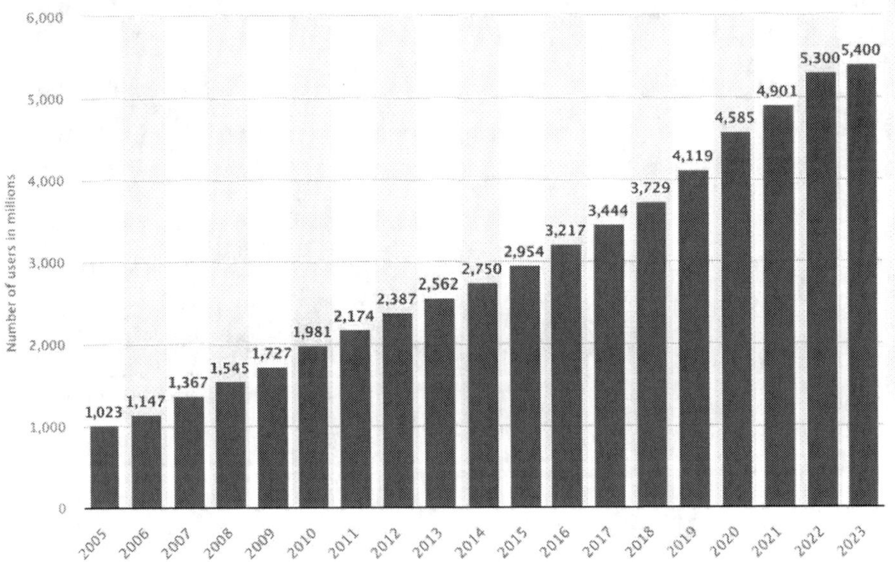

Población mundial conectada a internet desde 2005 a 2023. Fuente International Telecommunication Union (https://www.itu.int/itu-d/reports/statistics/2023/10/10/ff23-internet-use, a través de Statista)

En este nuevo paradigma, el único protagonista son los datos, y la cadena de custodia de evidencias digitales se limita a lo que es posible descargar a través de internet. Esto supone varias limitaciones, siendo la más importante que sólo podrá ser utilizado como medio de prueba la información digital que el proveedor del servicio quiera aportar.

En España, como en muchos países europeos, existe una Ley de Retención de Datos[13], que obliga a los proveedores de servicios de internet a

13 Ley 25/2007, de 18 de octubre, de conservación de datos relativos a las comunicaciones electrónicas y a las redes públicas de comunicaciones, Boletín Oficial del Estado, núm. 251, de 19 de octubre de 2007, pp. 43201-43204.

guardar y retener durante un año información que permita identificar qué conexiones a internet utilizan los usuarios de sus servicios, así como otra información identificativa y de actividad. Sin embargo, esta información es poca en comparación con todo lo que un experto en informática forense es capaz de extraer de un ordenador o un teléfono móvil.

Actualmente los grandes proveedores de servicios como Microsoft, Amazon o Google ofrecen como parte de sus productos "registros de actividad", es decir, permiten activar una trazabilidad del uso de los servicios que ofrecen y su almacenamiento durante un tiempo que depende del presupuesto del cliente final. Estas capacidades de trazabilidad surgen a raíz de los requisitos de cumplimiento que tienen muchas empresas a nivel global, ya sea a nivel de seguridad informática, contabilidad, o de otro tipo.

Por tanto, aunque el experto en informática forense pierde la capacidad de analizar información digital más allá de lo que ofrece el proveedor de servicios en la nube, se gana una mayor capacidad de trazabilidad y de analizar la actividad de los usuarios (si el cliente final ha querido pagar por ese servicio), y a la práctica es posible realizar análisis de reconstrucción de actividad que en un ordenador o en un teléfono serían impensables.

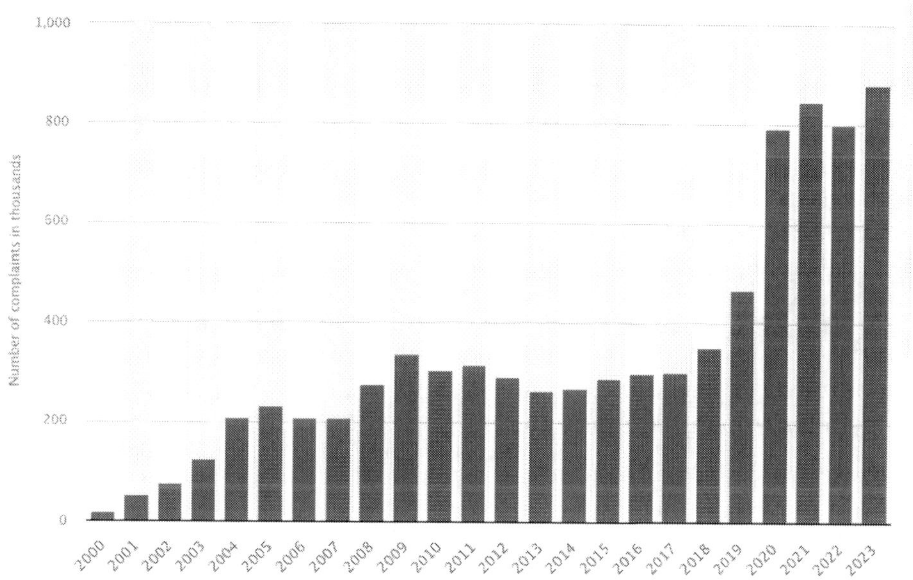

Notificaciones de ciberdelitos al Internet Crime Complaint Center, dependiente del FBI (Estados Unidos). Fuente: Internet Crime Report 2023 del IC3 (a través de Statista)

7. El vehículo autónomo y conectado

Tras esta larga revisión de la evolución de las nuevas tecnologías y su impacto en la demanda de evidencia electrónica y las capacidades de la informática forense permiten hacer una previsión confiable en cuanto a lo que será el vehículo autónomo urbano, y, sobre todo, de lo que no podemos prever.

En primer lugar, hay que considerar que probablemente el vehículo urbano no será el que adopte la tecnología, sino que será la tecnología la que propondrá un nuevo concepto de sustituirá a lo que ahora conocemos por vehículo urbano. En este sentido se espera que pase como con el teléfono móvil, y que aparecerá un nuevo sistema tecnológico que hará las funciones del vehículo más muchas otras cosas.

Esta previsión realmente ha comenzado a confirmarse parcialmente con la amplia adopción del patinete eléctrico en las grandes ciudades: los primeros patinetes fueron fabricados y puestos a disposición por fabricantes tecnológicos de móviles, conectados con el mismo y con internet, y ofreciendo funcionalidades y servicios no previstos hasta la fecha. Aunque los patinetes eléctricos no son autónomos confirman lo sucedido con el teléfono móvil: el nuevo concepto tras la absorción de las nuevas tecnologías no es una moto o una bicicleta con funcionalidades tecnológicas, sino un nuevo vehículo cuyo concepto es muy diferente y rompedor respecto a los anteriores.

La relación de las personas y del entorno con el patinete eléctrico es muy diferente a la existente con otros vehículos urbanos, y ya ha motivado cambios en la legislación, nuevos conflictos y una brecha tecnológica muy similar a las brechas digitales ocurridas con la aparición de los ordenadores, internet o teléfonos inteligentes.

En segundo lugar, se prevé una alta adopción del vehículo autónomo por dos razones: afecta a una tecnología existente usada por una gran proporción de la sociedad, y porque permitirá servicios que probablemente no podemos imaginar hoy en día.

Por ejemplo, es posible que la existencia del vehículo autónomo facilite el uso comunitario del mismo, de manera que los ciudadanos de una gran ciudad no deban tener en propiedad un coche, sino subscribirse a un servicio para tener derecho al uso de uno perteneciente a una flota existente. Es un modelo de negocio que ha funcionado parcialmente con bicicletas y motocicletas, pero que podría tener mucha más aceptación con los coches, cuyo coste es mucho mayor.

En tercer lugar, el vehículo autónomo urbano no se ha desarrollado antes porque hay ciertas tecnologías que se consideran clave que aún no están maduras, como la inteligencia artificial o redes neuronales, que permiten la toma de decisiones de una manera rápida teniendo en cuenta muchos parámetros de entrada, o los protocolos de comunicación con otros vehículos y el entorno.

Nótese que es difícil conocer de antemano qué tecnologías serán la base que permitirá el desarrollo orgánico del vehículo autónomo. Durante el año 2000 se creyó que las conexiones 3G impulsarían el desarrollo de la adaptación de las nuevas tecnologías por parte de los teléfonos móviles[14], pero no se observó dicho crecimiento hasta la aparición del iPhone y las redes 4G.

Estamos, pues, en una etapa en la que se está creando el ecosistema tecnológico que servirá de base al desarrollo del nuevo vehículo doméstico autónomo, tenga la forma que tenga.

Los retos para la informática forense serán dos: el acceso a los datos y el análisis de los mismos.

III. EL RETO DEL ACCESO A LOS DATOS

El primer paso para poder realizar un análisis forense digital y la consecuente aportación de prueba electrónica es acceder a los datos que hay que analizar y realizar una cadena de custodia en las condiciones ya comentadas anteriormente en este texto.

8. El vehículo digital

Los vehículos domésticos y vehículos de transporte interurbano contienen múltiples sistemas de tratamiento de datos digitales que son actualmente objeto de adquisición y tratamiento de evidencia electrónica en procesos judiciales.

Por ejemplo, en la Unión Europea, y en cumplimiento de los Reglamentos (UE) n.º 165/2014 y el (CE) n.º 561/2006, algunos vehículos de transporte de mercancías y pasajeros deben llevar un dispositivo que monitoriza

---

14 Galán, J. (2000, November 10). El fracaso de la subasta de licencias 3G en España. *El País*

la velocidad del vehículo, así como los periodos de descanso del conductor, y los registra en un sistema preparado contra la manipulación. Actualmente la mayoría de tacógrafos son digitales, e incluyen medidas para el control de acceso a sus componentes y medidas protección de protección contra la manipulación o falsificación de datos. La descarga de datos se realiza con sistemas informáticos especializados, y los datos pueden analizarse posteriormente en cualquier sistema porque su estructura y formato está especificado en los antedichos Reglamentos.

Existen otros muchos componentes de los vehículos domésticos modernos en los que participan sistemas digitales, y que controlan o monitorizan diferentes partes del sistema, como, por ejemplo, el motor (gestión de la inyección de combustible, control de encendido, control de emisiones y diagnóstico del motor), transmisión (cambio de marchas, control del embrague y optimización del rendimiento de la transmisión), airbag (detecta colisiones y despliega los airbags en caso de impacto para proteger a los ocupantes), sistema de frenado (mejora la estabilidad y el control del vehículo durante el frenado), información y entretenimiento (control de audio, video, navegación GPS, conectividad Bluetooth y otros servicios de información y entretenimiento), entre otros.

A cada uno de estos sistemas se le suele llamar ECU, de las siglas del término inglés "*Electronic Control Unit*", pero suelen ser fabricados por empresas diferentes, tener diferentes diseños y, de hecho, pueden aparecer agrupados dependiendo de la marca y modelo de vehículo.

Lo que tienen en común estos ECUs es que tienen tres tipos de memorias digitales: de sólo lectura (o "ROM"), donde se almacenan los programas informáticos y procesos que se ejecutarán, la memoria volátil (o "RAM"), que sirve de memoria temporal y se vacía periódicamente, y la memoria no volátil (o "NVRAM") que almacena datos, configuraciones, históricos, registros de actividad o errores, que deben conservarse en el tiempo.

Tanto la ROM como la NVRAM pueden ser accedidas de manera limitada y siempre con hardware y software específico. Los fabricantes de las ECUs tienen libertad para diseñar el hardware y las estructuras de datos, por lo que es necesario un conocimiento específico de cada modelo de vehículo. Hay algunos estándares en el mercado, como el OBD-II, introducido en 1996 y bastante adoptado, o el CAN Bus (ISO 11898), que es un protocolo de comunicación entre las diferentes ECUs de un vehículo, o la ISO 14229 para el diagnóstico unificado de servicios. Sin embargo, ninguno de estos estándares está totalmente adoptado en el sector.

Para realizar un análisis forense digital de un vehículo de este tipo se pueden usar las herramientas de diagnóstico de los fabricantes para extraer los datos que ellos permiten, o se pueden usar sistemas especializados en análisis forense de vehículos (como Berla iVE, o Cellebrite -que para muchas funciones depende de Berla iVE-) que además de los datos permitidos por el fabricante pueden extraer más datos digitales realizando una ingeniería inversa de los ECUs.

Esta situación es extremadamente parecida a la acontecida con la adaptación del teléfono móvil a las nuevas tecnologías, justo antes de la aparición del iPhone: dispositivos clásicos que incorporan algunas funciones digitales, con sistemas casi cerrados y propietarios, y que dificultan su análisis forense digital.

9. El vehículo autónomo

Si la evolución del vehículo de vehículo digital a vehículo autónomo sigue el mismo camino que el teléfono móvil muy probablemente se asemejará a una pequeña red informática más que a un turismo convencional, desde el punto de vista de comportamiento tecnológico.

Por ejemplo, los vehículos de la marca Tesla tiene sistemas ECUs convencionales interconectados, pero también tienen sistemas informáticos más complejos como el que gestiona la función de Autopilot, de conducción autónoma y asistencia al conductor, que implementa un sistema de inteligencia artificial.

Más interesante, el almacenamiento de los datos digitales se realiza en discos duros SSD similares a los de los ordenadores, y parte de ellos se sincronizan en la nube (almacenamiento de datos de telemetría, registros de conducción, actualizaciones de software OTA, *Over-The-Air*, y datos de diagnóstico).

Los tipos de datos almacenados son también mucho mayores: datos de conducción (velocidad del vehículo, aceleración, frenado, uso del Autopilot, y otros parámetros de conducción), datos de sensores procesados a tiempo real pero también almacenados para mejorar el sistema (cámaras, radar, sensores ultrasónicos, y otros dispositivos de detección), telemetría o registro de actividad (datos relacionados con eventos críticos, como colisiones, activación de airbags, y otros incidentes), entre otros.

Sin embargo, los datos se guardan cifrados en los discos duros, por lo que por el momento no es suficiente con realizar una extracción de estos discos para acceder directamente a los datos.

Los vehículos autónomos de Waymo, filial de Alphabet Inc. (Google), tienen una estructura similar, pero con un punto más de complejidad. Estos vehículos implementan medidas de seguridad para evitar el acceso no autorizado a sus datos, y están permanentemente conectados con la nube, a donde suben de manera continua datos para realizar un seguimiento continuo y una optimización de los sistemas de aprendizaje profundo desde la infraestructura de la empresa.

Por tanto, de la experiencia observada con los teléfonos móviles inteligentes y de los casos de Tesla y Waymo es fácil entender que existen varias razones por la que el acceso a los datos digitales del vehículo autónomo, un vehículo de mayor complejidad informática que los existentes, no va a ser evidente.

El cifrado de la información en los discos duros, la implantación de mecanismos de seguridad para evitar la modificación de los sistemas informáticos o el uso de estructuras de datos cerradas requerirá de la colaboración del fabricante, o de costosos procesos de ingeniería inversa, para poder acceder a un mínimo conjunto de datos digitales en una eventual necesidad de un análisis forense digital.

IV. CONCLUSIONES

La informática forense es la disciplina que permite adquirir, analizar y presentar información digital como medio de prueba en procesos judiciales. Se ha mostrado que la Ley requiere que los medios de prueba se presenten con garantías de autenticidad, integridad y disponibilidad, características de las que carece la información digital, que es fácilmente manipulable.

Un acceso libre a la información digital y el inicio de una cadena de custodia, entendida como el clonado de los dispositivos digitales, el cálculo de una firma digital, y la descripción del proceso realizado, es esencial para garantizar que los ciudadanos puedan ejercer su Derecho Fundamental a la tutela judicial efectiva, es decir, presentar pruebas en un proceso judicial.

La evolución de la informática se ha visto drásticamente afectada por la revolución de las tecnologías de la información y la conectividad, transformando completamente tecnologías antiguas, como la telefonía móvil tradicional, o creando ecosistemas digitales completamente nuevos, como los servicios de computación en la nube. Esta característica permite prever que el vehículo autónomo conectado será un dispositivo (o sistema, o ecosistema, o concepto...) tan similar al vehículo tradicional como un iPhone lo es a un Nokia 8110.

Tal y como ocurrió con la transformación del teléfono móvil por parte de las nuevas tecnologías y la aparición de nuevos conceptos, como los servicios en la nube, auspiciados por la hiperconectividad de la sociedad, es muy probable que el vehículo autónomo se impulse en la maduración de la inteligencia artificial y las nuevas redes de comunicaciones DSRC o C-V2X para crear un ecosistema nuevo de sistemas y servicios creando un concentrador de innovación.

En los últimos 15 años los teléfonos móviles y el auge de las nuevas tecnologías han causado varios casos mediáticos de naturaleza jurídica donde se ha debatido su afectación a los Derechos Fundamentales de las personas, y han crecido en varios órdenes de magnitud los procesos judiciales relacionados con la informática y tecnologías digitales, así como la demanda de servicios de informática forense.

Tanto los vehículos urbanos e interurbanos actuales como los primeros prototipos de vehículos conectados (Waymo, Tesla, ...) tienen en común que usan sistemas informáticos, discos duros para almacenamiento local, conexiones permanentes a internet y con su entorno, almacenan datos en las nubes privadas, y usan aplicativos y estructuras de datos propietarias y cerradas.

Este entorno dificulta enormemente el análisis forense digital de estos sistemas, similar a lo que pasa con los teléfonos móviles inteligentes actuales, cuya adquisición de datos pasa o por recoger sólo los que permite el fabricante, o por usar aplicaciones especializadas que tienen que romper medidas de seguridad para tener un acceso parcial y poco estable a los datos.

Sería deseable comenzar a establecer un código de buenas prácticas que asegurara que las nuevas tecnologías permitieran a la sociedad la defensa de sus derechos mediante la garantía de acceso proporcional a la información digital según los requisitos de autenticidad, integridad, trazabilidad y disponibilidad exigidos en informática forense.

El uso de estructuras de datos estándar o abiertos (o al menos documentados), la posibilidad de inspección de código fuente, o la implantación de mecanismos de explicabilidad en redes neuronales son varias de las iniciativas que se están realizando actualmente, que son posibles, y que podrían marcar un punto de partida para este código de buenas prácticas que debería aplicarse desde la fase de diseño de estos nuevos sistemas.

Este código de buenas prácticas para permitir el acceso a datos o algoritmos debería tener un soporte jurídico aceptado de manera global, de manera que se evitara el muy probable choque de valoraciones de los Derechos Fundamentales entre los países fabricantes (muy probablemente Estados Unidos y China) y los consumidores europeos.

PARTE SEGUNDA

PLANIFICACIÓN Y CONTROLES ADMINISTRATIVOS DE LOS COCHES AUTOMATIZADOS Y AUTÓNOMOS. MOVILIDAD CONECTADA Y COOPERATIVA. ROBOTAXIS. *SMART CITIES*

El coche autónomo en el tiempo y en el espacio. Algunas reflexiones jurídicas

JOAN AMENÓS ÁLAMO
Profesor titular de Derecho Administrativo
Universidad Autónoma de Barcelona

SUMARIO: I. INTRODUCCIÓN. UN PLANTEAMIENTO KANTIANO. II. EL COCHE AUTÓNOMO Y EL DERECHO EN EL TIEMPO. 1. Una transición suave.. 2. El Proyecto de Ley de Movilidad Sostenible y el espacio controlado de pruebas. 2.1. Introducción y antecedentes. 2.2. Principios. 2.3. La concurrencia de competencias administrativas. La Oficina gestora. 2.4. El promotor. 2.5. El procedimiento de autorización. 2.6. El relevante papel de la Comisión de Expertos. 2.7. Finalización del procedimiento. 2.8. El papel de las autoridades de supervisión. 2.9. El protocolo de pruebas y el dispositivo de responsabilidad. 2.10. La realización de la prueba y el papel de las autoridades de supervisión. El informe de evaluación. 2.11. La propuesta de regulación. 2.12. Principios de proporcionalidad, igualdad de trato y no discriminación. 2.13. El vehículo automatizado y sus pruebas. III. EL VEHÍCULO AUTÓNOMO EN EL ESPACIO. 1. Incidencia en los modelos de asentamiento territorial. 2. La importante función de los operadores. 3. La configuración de los aparcamientos.

I. INTRODUCCIÓN. UN PLANTEAMIENTO KANTIANO

En este artículo reflexionaremos sobre el proceso de introducción progresiva del coche autónomo en el paisaje de nuestras carreteras. Utilizamos, por tanto, las dos grandes categorías kantianas: el tiempo y el espacio. Lo primero será tratado en el siguiente apartado y los aspectos territoriales quedan para el capítulo final. Dicho esto, ya advierto que enfocaremos principalmente los asuntos jurídicos, las normas que regulan el proceso y el nuevo mapa de medios de transporte. Como veremos, la introducción del coche autónomo se está efectuando bajo el razonable criterio de la progresividad. Sin embargo, por lo que respecta al impacto en el territorio, aún se observan muchas dudas.

Dedicaremos el primer apartado de forma principal a la regulación legal de las pruebas y experimentaciones que van a realizarse de cara a ir mejorando el coche autónomo y a formular una legislación capaz de incorporar esta transformación. Nos vamos a centrar en gran parte en las previsiones del Proyecto de Ley de Movilidad Sostenible, publicado en el Boletín Oficial de las Cortes Generales de 23 de febrero de 2024. Siempre es arriesgado prestar atención a una norma que se halla meramente en fase de tramitación. Sin embargo, lo cierto es que nos suministra unos parámetros que -sea cual sea su suerte en la fase de discusión- van a ser el patrón por el que va a circular la cuestión en los próximos años.

Por lo que respecta al aspecto territorial -ya en el segundo apartado- nuestra principal preocupación radica en observar la posible influencia de los nuevos artefactos en la dialéctica entre ciudad compacta y dispersión urbana, que es una cuestión que viene interesando a legisladores y estudiosos en los últimos lustros. Además, llamaremos la atención sobre los hipotéticos cambios que se desarrollarán en algunos puntos hasta ahora cubiertos puntillosamente por las normas generales y por las regulaciones concretas de la planificación urbana. Nos referimos, en concreto, a la nueva configuración de los aparcamientos.

II. EL COCHE AUTÓNOMO Y EL DERECHO EN EL TIEMPO

1. Una transición suave

Expósito Gázquez[1] ha definido el transporte autónomo por carretera "*como una modalidad de medio de transporte que incorpora un conjunto de sensores, procesadores de información, software y actuadores que permiten que se conduzca por sí mismo, además de otras múltiples actividades*"[2]. La misma autora[3] ha recogido la normativa europea que ha ido abordando la cuestión[4].

---

1 EXPÓSITO GÁZQUEZ, Ariana: "Hacia una realidad plausible del vehículo autónomo: análisis del estado de la técnica y de los retos legales", en *Revista Catalana de Dret Públic,* 64, 105-121 (2022), p. 108.

2 La autora añade que el mecanismo es cada vez más complejo. Así, por ejemplo, las cámaras de visión están incorporadas a un *software* de procesamiento de imágenes capaz de analizar las señales de tráfico y el sistema de geolocalización reconoce las vías transitables.

3 EXPÓSITO, *Op. cit,* pp. 110-111.

4 Para una visión de conjunto de dicha normativa y para examinar su perspectiva de transformación, es imprescindible la lectura de SIERRA-NOGUERO (2023). La evolución normativa se encuentra canalizada, evidentemente, por

Además de diversas actuaciones previas (por ejemplo, la denominada iniciativa *eSafety*), el camino regulatorio se iniciaba con la Directiva 2010/40/UE, de 7 de julio de 2010, relativa a los sistemas de transporte inteligente por carretera. La preocupación de la Unión europea radica en asegurar unos fundamentos comunes en todo el continente y, además, afrontar algunos aspectos complementarios de gran interés. Por ejemplo, la incorporación de una legislación transitoria para el momento en que los vehículos tradicionales y los ya autónomos convivan en el mismo espacio. En este punto, la realización de experimentos previos -que es uno de los aspectos que vamos a tratar luego en este artículo- es un paso crucial. Debemos señalar, por último, que la Comisión Europea aprobó el 5 de abril de 2019 las *Guidelines in the exemption procedure for the EU approval of automated vehicles*[5].

Cuando se debate sobre la irrupción del vehículo autónomo, es frecuente imaginar un panorama futurista e inquietante, con accidentes imprevistos, fricciones inesperadas e incluso muertes fatales. Sin embargo, esta pesadilla no va a ser real y lo cierto es que tiene poco que ver con la realidad que ya estamos viendo y viviendo actualmente. La verdad es que el vehículo autónomo es un mecanismo que avanza poco a poco, pero de manera firme. Así lo vemos en las cinco fases de automatización progresiva, que el legislador ya ha regulado y que van utilizándose en el día a día con normalidad. La conducción cotidiana es cada vez más fácil y exige un menor esfuerzo físico y mental.

En efecto, la Sociedad de Ingenieros de Automatización (*Society of Automative Engineers: SAE)* estableció en su SAE J3016 un estándar con los cinco niveles de automatización posibles[6]. Este esquema ha inspirado la normativa europea de control y homologación de estos ingenios. Siguiendo la descripción de Expósito[7], los niveles 0 al 3 permiten una conducción de autonomía creciente, pero manteniendo a un conductor responsable. En el nivel 4, el vehículo ya es capaz de operar de forma independiente,

---

un extraordinario proceso de investigación científica y tecnológica. Ahora bien, la ciencia y la técnica han de verse acompañadas por una sólida base jurídica. En ese sentido, por ejemplo, SIERRA NOGUERO (2023: 82 y ss.) da cuenta del proyecto de investigación "*Autonomous driving and Legal Certainty of Transport*".

5 Sobre esta norma, v. EXPÓSITO, *Op. cit.*, p. 111.

6 Una amplia información sobre este estándar y su traducción normativa puede leerse en SIERRA-NOGUERO (2023: 80 y ss.).

7 *Op. cit.*, pp. 108-109.

aunque sólo bajo ciertas condiciones (principalmente, meteorológicas) y en el nivel 5 la automatización ya es completa. Debemos tener en cuenta que el peso de la innovación no va a recaer exclusivamente en el auto. Serán necesarios o convenientes cambios en las señales de tráfico y en las vías de circulación. Por otra parte, el efecto global no va a limitarse a los ocupantes del coche, sino que dará pie a una planificación más precisa y más rápida del fenómeno circulatorio. El viejo sueño de la fluidez se toca ya con los dedos y la alfombra mágica de los cuentos de hadas asoma sus flecos.

2. El Proyecto de Ley de Movilidad Sostenible y el espacio controlado de pruebas

2.1. Introducción y antecedentes

Se ha disparado últimamente entre los publicistas el interés ante las regulaciones de ciertos proyectos o pruebas de campo destinadas a fundamentar y afinar una norma que se aprobará y promulgará en el futuro. El fenómeno ha sido citado hasta ahora principalmente con la expresión inglesa *sandbox*, aunque la mejor doctrina empieza ya a hablar de “regulaciones experimentales”. Sobre esto, me remito a DOMÉNECH[8]. El ámbito del transporte -y, especialmente, el del vehículo autónomo- va a ser un terreno privilegiado para este tipo de operaciones[9].

Ciertos progresos del vehículo autónomo van a ser de ejecución delicada, ya que deberán operar en un entorno real. El legislador se ha planteado esta cuestión y desea establecer algunos mecanismos legales que faciliten las pruebas y ensayos. Así, está actualmente en tramitación en el Congreso de los Diputados[10] un Proyecto de Ley de Movilidad Sostenible. De hecho, ya había intentado culminarse en otras ocasiones, pero la iniciativa decayó a causa de la disolución del Congreso por convocatoria electoral. Sin embargo, es cierto que, aún con una perspectiva elemental,

---

8 DOMÈNECH PASCUAL, Gabriel: “Las regulaciones experimentales”, en PONCE SOLÉ, Juli y VILLORIA MENDIETA, Manuel: *Anuario del buen gobierno y de la Calidad de la Regulación. Evaluación de la calidad normativa y de las políticas públicas locales mediante la experimentación: el caso de los llamados* sandboxes, Fundación Democracia y Gobierno Local, Barcelona, 2020, pp. 103-146.

9 Así se observa, por ejemplo, el trabajo de AGRAIT GARCÍA (2022: 267-302) centrado en el ámbito de las ordenanzas municipales.

10 En fase de ampliación de enmiendas hasta el 4 de septiembre de 2024.

ya disponemos en nuestro ordenamiento de una regulación mínima de las pruebas relativas a los vehículos autónomos.

El vigente Reglamento General de Circulación y el resto de la normativa de tránsito disponen que el vehículo nunca puede ser independiente y que está siempre bajo control de un conductor. No existe aún, por tanto, el coche autónomo en nuestras carreteras. Lo que sí se ha iniciado, sin embargo, es una transición rápida a través de la denominada "conducción asistida". Se trata de mecanismos cada vez más precisos que favorecen la autonomía del vehículo: pilotos automáticos, aparcamiento con avisos sonoros e incluso sin intervención del conductor, recepción inmediata a través de pantalla de información sobre estado y situación de la carretera[11], etc. Todos estos sistemas están admitidos por la normativa vigente, pero mantienen el criterio de la responsabilidad de un conductor que domina un vehículo.

Tenemos ya ante nosotros, como avanzamos antes, un instrumento jurídico interesante. Se trata, como pasa a veces en Derecho administrativo, de una modesta instrucción que puede consultarse en la web de la Dirección General de Tránsito. En concreto, la Instrucción 15/V-113, de la Directora General de Tránsito, relativa a la autorización de pruebas o ensayos de investigación realizados con vehículos de conducción automatizada en vías abiertas al tránsito en general.

A pesar de su humildad jerárquica, es una norma importante. En primer lugar, porque define el tipo de vehículos que estamos analizando y distingue entre modo autónomo -sin control activo de un conductor- y modo convencional -cuando la tecnología autónoma está desactivada-. Pues bien, el objetivo de la instrucción consiste en regular los requisitos para obtener la autorización de realización de pruebas en vehículos autónomos. Estos coches han de estar asegurados y matriculados, tendrán un conductor con la formación pertinente -que será responsable de la conducción y manejo- y será necesario el tradicional seguro obligatorio. El tercer apartado del artículo primero de la instrucción precisa que:

> *"Se exigirá durante la circulación que el conductor esté en todo momento en disposición de tomar el pleno control del vehículo, tanto si se encentra en el interior del habitáculo como si lo conduce o maneja en remoto. En todo caso, el conductor estará obligado a tomar el pleno control del vehículo ante cualquier eventualidad que suponga una situación de riesgo para los ocupantes del vehículo o para el resto de usuarios de la vía".*

---

[11] Esa señal informática de vías en rojo o anaranjadas que todos tememos...

Se trata, por tanto, de una norma aún muy prudente que, no obstante, ha permitido ya cubrir con éxito algunos trayectos en el territorio nacional (en el 2015, un vehículo autónomo fue desde París a Madrid, pasando por Vigo, en un viaje muy comentado ante su falta de incidencias negativas). Esta regulación fue sustituida por la Instrucción VEH 2022/07, de la Dirección General de Tráfico, sobre autorización de pruebas o ensayos de investigación realizados con vehículos de conducción automatizada en vías abiertas al tráfico en general. Esta norma anticipa algunas de las técnicas que luego ha recogido el documento prelegislativo que vamos ahora a analizar.

En el texto del Proyecto de Ley de Movilidad Sostenible anteriormente citado -publicado el 23 de febrero del presente año en el Boletín Oficial del Congreso de los Diputados- aparecen diversas reglas de interés. En primer lugar, ha de señalarse la previsión de todo un título -el título V- destinado a la "*Innovación, digitalización y formación en el transporte y la movilidad*". Este título se divide en los siguientes capítulos:

a. Capítulo I.-Espacio controlado de pruebas para la movilidad.

b. Capítulo II.-Vehículos automatizados.

c. Capitulo III.-Digitalización y datos abiertos.

d. Capítulo IV.- Necesidades formativas del sector productivo del transporte y la movilidad.

Nos interesan ahora, especialmente, los dos capítulos primeros. Obsérvese que el segundo se refiere expresamente al vehículo automatizado, pero se trata de un aspecto más específico de la previsión global de ensayos y probaturas que aparece en el primer capítulo (arts. 63 a 81). Este capítulo dispone de cuatro secciones:

- Sección primera: régimen de participación en el espacio controlado de pruebas para proyectos piloto de movilidad.
- Sección segunda: régimen de garantías y protección de los participantes.
- Sección tercera: finalización del proyecto y efectos posteriores a la realización de pruebas.
- Sección cuarta: Comisión de personas expertas en movilidad.

2.2. Principios

Los espacios controlados de pruebas para la movilidad se rigen por diversos principios[12]. En general, se observa una tensión entre los principios de proporcionalidad y seguridad jurídica por un lado y, por otro, el de innovación en la movilidad. Estos criterios son los que deben tenerse en cuenta a la hora de aprobar y ejecutar un proyecto piloto de innovación en movilidad. En ellos se incluyen, por supuesto, a los que se refieran a vehículos automatizados.

2.3. La concurrencia de competencias administrativas. La Oficina gestora

Las pruebas de movilidad afectarán normalmente a materias, espacios e infraestructuras bajo competencia de diversas administraciones. Piénsese, por ejemplo, en la puesta en marcha sobre el terreno de un grupo de taxis metropolitanos. Ante tal tesitura, el Proyecto de Ley insiste en los principios de coordinación y colaboración interadministrativa. Así, el art. 64.2 dispone en su primer párrafo lo siguiente:

> *"2. Las autoridades colaborarán a fin de lograr un adecuado funcionamiento del espacio controlado de pruebas y facilitarán, dentro de su ámbito competencial y con las garantías adecuadas, la realización de pruebas, cualquiera que sea el ámbito territorial al que afecte."*

Ahora bien, no es fácil articular esta amalgama de competencias administrativas. De ahí que la norma proyectada confíe especialmente en la Oficina Gestora del Espacio controlado de pruebas. Se trata de un órgano que se anuncia en el proyecto[13] y que se inserta en la Secretaria de Estado de Transportes y Movilidad Sostenible del Ministerio del mismo nombre[14].

Pues bien, el Proyecto atribuye a la Oficina un papel de impulso de todos los proyectos admitidos al espacio controlado de pruebas[15]. Ese papel de impulso debe incluir, lógicamente, el de facilitar la coordinación interadministrativa.

---

12 Art. 63 del Proyecto.

13 Art. 2.2.d).

14 Se prevé que el funcionamiento de esta Oficina se regulará reglamentariamente (art. 2.2. d) *in fine*).

15 Art. 64.2, segundo párrafo.

Para asegurar lo anterior, se faculta a la Oficina para promover la suscripción de convenios con las distintas administraciones u organismos involucrados de cara a lograr la máxima efectividad del espacio controlado de pruebas[16]. Se establece, incluso, un contenido mínimo de tales convenios, que han de recoger:

- La designación de los expertos.
- La designación de la autoridad o las autoridades de supervisión.
- La puesta a disposición de los medios esenciales para que la operación se ejecute correctamente.

El proyecto prevé el posible establecimiento de mecanismos de cooperación internacional con otras autoridades supervisoras. Además, cuando la realización del test afecte a normas de Derecho comunitario, será preceptiva la comunicación previa a la autoridad de la Unión Europea que sea competente[17]. Esto es evidente en el caso de los Reglamentos aprobados por la Unión Europea, pero carece de sentido cuando se trata de directivas ya traspuestas al Derecho español a través de la pertinente norma interna (salvo que esta imponga un específico control de las autoridades de la Unión Europea).

2.4. El promotor

El proyecto podrá ser propuesto por cualquier promotor (público o privado), cualquiera que sea el Estado en el que esté domiciliado[18]. Se trata de una previsión relevante, teniendo en cuenta la enorme fuerza, por ejemplo, de las empresas domiciliadas en los Estados Unidos o en la República Popular China. Como cautela, precisamente, se dispone que "*para la continuación del proyecto piloto admitido en el espacio controlado de pruebas, los promotores, durante todo el período en el que duren las pruebas, deberán notificar a través de la Oficina cualquier cambio de domicilio*"[19].

Debemos añadir que el texto legislativo distingue entre "*proyectos de interés general*" -a instancia de una autoridad interesada- o bien solicitudes presentadas por promotores (en principio, privadas, aunque cabría alguna

16 Art. 64.5

17 Art. 63.4 del Proyecto.

18 Art. 66.4 del Proyecto.

19 Art. 66.4 (segundo párrafo).

fórmula de colaboración público-privada). Es cierto que luego, en la regulación concreta, no se detecta ninguna diferencia de régimen entre ambas clases de peticiones. Ahora bien, esta disimilitud existirá en diversos niveles. Por ejemplo, en el régimen de responsabilidad por daños personales o patrimoniales a terceros ajenos al espacio controlado de pruebas, que serán indemnizados con arreglo al régimen previsto en el protocolo (que examinaremos luego). Ahora bien, este régimen debe enmarcarse en el ámbito de responsabilidad civil si se trata de un sujeto privado, pero ha de abordarse desde las reglas de la responsabilidad administrativa cuando nos hallamos ante un proyecto de interés general impulsado por una autoridad pública.

2.5. El procedimiento de autorización

El proyecto de Ley configura, por tanto, un procedimiento de autorización -denominada por la norma sistemáticamente como "admisión"- para la realización de un ensayo en el denominado "espacio controlado de pruebas". A mi entender, se trata de una autorización discrecional, aunque guiada por diversos patrones que pueden ser objetivados técnicamente, pero que, en muchos casos, se acercan al umbral del criterio de oportunidad[20]. A modo de ejemplo, podemos citar:

- Un primer requisito -este sí, de carácter objetivo y reglado- relativo a la necesaria aportación de innovación en el campo de la movilidad. El proyecto afirma que "*se entenderá que aportan innovación en movilidad aquellos proyectos que no tengan cobertura en la regulación existente y que se encuentren en una fase de desarrollo que permita la ejecución de las pruebas previstas en el espacio controlado de pruebas previstas en un corto plazo de tiempo desde su admisión*"[21]. Es decir, no se trata de aprovechar el espacio de pruebas para perfeccionar herramientas ya existentes ni mecanismos demasiado inmaduros (que necesitarán aún un largo período de tiempo para ser ejecutados).
- Las medidas de seguridad adecuadas, pudiendo ser inadmitido el proyecto si se observa que no son suficientes.

---

20 Por ejemplo, el informe previo y preceptivo de la Comisión de Expertos – a la cual nos referiremos luego- puede considerar que el proyecto es "*desaconsejable*" (art. 68 del Proyecto).

21 Segundo párrafo del art. 66.1 del Proyecto.

- Otros elementos que también inciden en la evaluación. En concreto[22]:

  "a) *Suponer una mejora en términos de armonización administrativa, cumplimiento normativo e integración entre los distintos medios de transporte o aportar una potencial utilidad o valor añadido sobre los usos ya existentes.*

  b) *Suponer un beneficio para las personas usuarias de los servicios relacionados con la movilidad, en términos de calidad, disponibilidad, reducción de costes o seguridad en su acepción global, que incluye la seguridad operacional, la seguridad contra actos ilícitos, la seguridad sanitaria y la ciberseguridad.*

  c) *Aumentar la eficacia y la eficiencia de los operadores y autoridades prestadoras de servicios de movilidad.*

  d) *Avanzar en aspectos ligados a la movilidad sostenible, inclusión social o reducción de emisiones.*"

Conviene examinar ahora algunos de los requisitos propios de las denominadas "*solicitudes de admisión al espacio controlado de pruebas*". En primer lugar, debe decirse que la solicitud se presentará en la Ventanilla Única (*sic*, con mayúsculas) del espacio controlado de pruebas, que gestiona la Oficina. Puede ser útil apuntar los documentos que han de acompañar a la solicitud[23]:

- Descripción suficiente del proyecto, de la fase de desarrollo técnico en la que se encuentre, de sus riesgos y de su viabilidad.
- Una memoria justificativa de todo lo anterior. La norma precisa que, en esta memoria, "*el promotor deberá identificar expresamente si alguna información debe ser tratada como confidencial, solicitando que, en caso de admisión al espacio de pruebas, no sea publicada en ninguna fase del proceso*".
- Un compromiso de cumplimiento del régimen de garantías y protección y una propuesta específica de las medidas en este campo.
- Un "*borrador de protocolo*", de acuerdo con el modelo aprobado por orden ministerial.
- "*Un análisis del tipo de seguro de responsabilidad civil o cualquier otra forma de aval o garantía equivalente que mejor se ajuste a la naturaleza del proyecto*"[24].

---

22 Todos ellos aparecen en el segundo párrafo del art. 66.2 del Proyecto y su valoración corresponde a la Comisión de Expertos.

23 Se enumeran en el art. 67.3 del Proyecto.

24 Art. 67.3.e) del Proyecto.

Una peculiaridad del procedimiento radica en la habilitación de un sistema de consultas previas a la Oficina[25]. La resolución de esta consulta tiene "*carácter informativo para asistir a los posibles promotores en la presentación de sus solicitudes*". Es decir, en modo alguno se trata de consultas vinculantes, sino que estamos ante una actividad técnica meramente informativa.

Igualmente, cabe requerir a los promotores información adicional. Ahora bien, el proyecto es muy puntilloso al precisar que dicha información "*no supondrá, ni podrá incluir, una mejora o cambio sustancial de la propuesta presentada inicialmente, sino que tendrá exclusivamente carácter complementario y aclaratorio*"[26].

2.6. El relevante papel de la Comisión de Expertos

En una primera fase, pues, la Oficina se limita a la recepción de la solicitud (sin perjuicio de la emisión de consultas previas, a la cual hemos aludido). Ahora bien, una vez recibida, se pasa posteriormente a la Comisión de Expertos en movilidad, sobre la cual conviene ahora extenderse brevemente.

La Comisión de expertos en movilidad se regula en el art. 81 del Proyecto y constituye un interesante supuesto de participación de técnicos en las funciones administrativas. Esta "*Comisión de Personas Expertas del espacio controlado de pruebas para la movilidad*" se nutre de una bolsa de expertos gestionada por la Oficina "*de donde se elegirá a aquellas personas profesionales más adecuadas para cada proyecto en relación con la materia y características del mismo*" [27]. Se observan, por tanto, dos fases:

1. La constitución de la bolsa, de acuerdo con los principios de independencia, responsabilidad y conocimiento específico del sector.
2. La constitución de la Comisión, que será variable en función de las características de cada proyecto y de la disponibilidad de los expertos. Esta Comisión tendrá como presidente al titular de la Oficina y estará integrado por cuatro expertos más, entre los que figurará al menos un jurista[28]. El proyecto prevé que puedan incorporarse otras personas de la Administración General del Estado,

---

25 Art. 67.4 del Proyecto.

26 Art. 67.5 del Proyecto.

27 Art. 31.1., segundo párrafo.

28 Art. 81.2.

de las Comunidades Autónomas y de las corporaciones locales, que operarían como asesores especialistas, con voz, pero sin voto.

Pues bien, a esta Comisión le corresponde, en primer lugar, emitir preceptivamente informe previo y motivado, proponiendo a la Oficina la admisión o inadmisión del proyecto. Al informe le cabe plantear la inadmisión, la imposición de medidas correctoras o la admisión.

Existe una previsión relevante a tenor de la creciente competencia entre diversas propuestas tecnológicas. El proyecto dispone[29] que "*podrán ser inadmitidos los proyectos cuyos objetivos coincidan con los de otro que ya haya sido aprobado o cuyas pruebas estén en curso*".

2.7. Finalización del procedimiento

La resolución le corresponde a la Oficina. Sin embargo, el artículo muestra una redacción criticable, ya que parece ser que la Oficina no puede apartarse del informe de los expertos. Se afirma, en concreto, que "[l] *a Oficina resolverá sobre la admisión o inadmisión de los proyectos* [...] *de acuerdo con el informe de la Comisión en el plazo de diez días desde la recepción del mismo*"[30]. Ello nos sitúa ante un informe vinculante. Esto contradice la posterior articulación de un recurso de alzada ante el Ministro de Transportes y Movilidad Sostenible. ¿Puede decidir entonces el Ministro en contra del informe que sujetaba al titular de la Oficina?

2.8. El papel de las autoridades de supervisión

Aunque con redacción igualmente deficiente, se prevé que el acto de admisión, una vez acordado, se traslada a las autoridades de supervisión designadas en el proyecto. Ciertamente, éstas pueden rechazar el encargo y, si ninguna de ellas lo aceptase, la Oficina designará al órgano o ente estatal competente por razón de la materia, que actuará como autoridad de supervisión[31]. Nos hallamos, como puede intuir el lector, ante una delicada cuestión desde el punto de vista competencial. El proyecto la ha resuelto con una

---

29 Art. 68.3.

30 Art. 68.5

31 Art. 68.5.

cláusula de cierre en favor del Estado, sin perjuicio de la previa deferencia en favor de la "*autoridad competente por razón de la normativa afectada*"[32].

Es interesante, por último, dar cuenta de que el proyecto prevé que se publicará en la sede electrónica de la Oficina una relación de los proyectos que hayan resultado admitidos.

2.9. El protocolo de pruebas y el dispositivo de responsabilidad

Una vez admitido el proyecto, no cesa la competencia de la Comisión de Expertos que, según el proyecto, "*procederá a determinar el contenido final del protocolo de pruebas aplicable al proyecto, a partir del borrador de protocolo presentado por el promotor, que podrá completar, matizar, modificar o admitir sin modificación alguna*"[33]. Es más, la Comisión puede "*sugerir modificaciones en el proyecto u ofrecer asesoramiento al promotor para facilitar la adaptación del proyecto a la normativa vigente* [...], *y para concretar el régimen de garantías*"[34]. Este protocolo de pruebas es fundamental para la ejecución del ensayo. Será suscrito por el promotor y por la Oficina, aunque cabe entender que la Oficina puede oponerse a tal suscripción por motivos de legalidad.

Un aspecto fundamental del protocolo es el establecimiento de un régimen de garantías. Es una cuestión delicada, ya que su inadecuada configuración puede disparar los costes del experimento. En concreto, se prevé la posible introducción de un seguro de responsabilidad civil, aval bancario, seguro de caución u otra garantía equivalente.

En este punto, es importante recalcar que el proyecto ha delineado un régimen específico de responsabilidad[35], del cual podemos entresacar las siguientes notas:

- Responsabilidad del promotor por los daños personales o patrimoniales producidos a los participantes durante el desarrollo de las pruebas y resarcimiento de acuerdo con el régimen de garantías establecido en le protocolo.

---

32 Art. 68.4.

33 Art. 69.1 del Proyecto.

34 Art. 69.5.

35 Art. 73.

- Se presume "*salvo prueba en contrario, que los daños y perjuicios que sufran los participantes en el desarrollo de las pruebas se han producido como consecuencia de su participación en las mismas*"[36].
- Los daños ocasionados a terceros son indemnizados de acuerdo con el régimen previsto en el protocolo.
- Si el daño a terceros no está cubierto por el régimen de garantías estipulado en el protocolo, será el concreto causante del daño el que asuma la responsabilidad (salvo que la lesión se deba a un incumplimiento del protocolo por parte del promotor).
- Aparece de forma un tanto sorprendente la responsabilidad de la Administración Pública, en relación a los daños originados a terceros, ya que "*cuando la responsabilidad no pueda imputarse al promotor ni al causante del daño se presumirá la existencia de una concurrencia de culpas entre el promotor, la autoridad o autoridades de supervisión involucradas y, en su caso, el causante del daño*"[37]. En este supuesto, se dispone que la responsabilidad será solidaria. En consecuencia, parece inevitable la suscripción de un seguro de responsabilidad civil para estas pruebas por parte de la autoridad administrativa de supervisión.

2.10. La realización de la prueba y el papel de las autoridades de supervisión. El informe de evaluación

Una vez suscrito el protocolo, el proyecto prevé, como regla general, el inicio de las pruebas en el plazo de seis meses. Debe tenerse en cuenta que el documento citado propondrá una o más autoridades de supervisión[38] que, según el proyecto, no asumirán responsabilidad por el incumplimiento por el promotor de sus obligaciones legales o contractuales[39]. Como veremos luego, esta autoridad de supervisión asume el protagonismo del control en la fase de ejecución de la prueba.

Entrando ya, como hemos avanzado, en el período de realización, debemos avanzar que todo participante ha de ser debidamente informado de las condiciones de la prueba y habrá de manifestar expresamente su consentimiento para participar libremente en ella. En cualquier momento, el

---

36 Primer párrafo del art. 73.2.

37 Tercer párrafo del art. 73.3 del Proyecto.

38 Art. 69.3 g) del Proyecto.

39 Art. 69.2.g) del Proyecto.

participante dispone de un derecho de desistimiento. El proyecto precisa que este desistimiento "*no generará en ningún caso derecho de indemnización para el promotor de las pruebas*"[40].

El protocolo podrá incluir cláusulas de confidencialidad y secreto empresarial, así como reglas específicas en materia de derechos de propiedad industrial e intelectual[41]. Por lo demás, para los "*miembros de la autoridad de supervisión y de la Oficina*", el Proyecto se remite a la obligación de discreción establecida en el Estatuto básico del Empleado Público (art. 53.12 de esta norma).

Como ya hemos dicho, la autoridad de supervisión ejerce las potestades administrativas de limitación y policía mientras se desarrolla la prueba. Entre sus facultades, han de reseñarse las siguientes:

a. Designación de una o más personas encargadas del seguimiento de las operaciones.

b. Establecimiento -con carácter preceptivo- de un diálogo continuo con el promotor. Dentro de él, la autoridad de supervisión puede acordar y notificar "*indicaciones escritas*"[42].

c. "*Instar modificaciones del protocolo mediante escrito motivado en el que se razone la necesidad de dichas modificaciones para el buen desarrollo de las pruebas y que, para hacerse efectivo, deberá contar con la conformidad del promotor*"[43].

d. Requerimiento de información sobre el grado de cumplimiento de la legislación y del protocolo, así como realización de inspecciones u otras actividades de control.

e. Interrupción motivada e incluso finalización forzosa de las pruebas por causa de incumplimiento del protocolo o de la normativa o ante la aparición de "*manifiestas deficiencias o eventuales riesgos para la seguridad del sistema de transportes y sus infraestructuras o la protección a los participantes o de las personas usuarias de otros servicios de transporte o movilidad*".

---

40 Art. 72.2 del Proyecto.

41 Art. 74.1.

42 Art. 74.2.

43 Art. 75.2.

La Ley especifica que estas resoluciones que suspenden la prueba o la dan por concluida ponen fin a la vía administrativa y son compatibles con la incoación, en su caso, de un procedimiento sancionador.

Este aspecto sancionador ha encontrado acomodo específico en el título VIII del Proyecto y, en concreto, se disponen tres infracciones graves en el ámbito del régimen de participación en el espacio controlado de pruebas para proyectos de movilidad. Se prevén, pues, estos hechos punibles[44]:

1.- El inicio de las pruebas sin "la cobertura forma de admisión favorable" [*sic*].

2.- La utilización para finalidades distintas del proyecto de los datos personales de los participantes obtenidos directamente por los promotores. En este caso, el procedimiento sancionador se remite a lo establecido en la Ley Orgánica 3/2018, de 5 de diciembre, de Protección de Datos Personales y garantía de los derechos digitales.

3.- El incumplimiento de la contratación de un seguro de responsabilidad civil, aval bancario, seguro de caución u otro instrumento equivalente.

Se han dispuesto igualmente cuatro infracciones leves en el mismo campo del espacio controlado de pruebas. En concreto:

1.- La falta de consentimiento informado del participante.

2.- La omisión total de información al participante.

3.- El incumplimiento de los términos y condiciones del proyecto.

4.- "La omisión parcial de información que debe proporcionarse al participante, cuando se le ocasione un perjuicio".

Es cierto, no obstante, que el mismo promotor puede solicitar la interrupción o dar por acabada la prueba, pero -según el estricto tenor del proyecto[45]- se trata de solicitudes que han de ser comunicadas a la Oficina y aprobadas por las autoridades de supervisión.

La finalización de la prueba da pie a trámites de enorme relevancia. En primer lugar, el promotor debe elaborar, en el plazo de un mes desde la conclusión de las pruebas, un "*informe final del resultado*". Este documento será enviado a la Comisión de expertos -que no ha intervenido en la ejecución

---

[44] Art. 104. 2 del Proyecto.

[45] Art. 76.2 del Proyecto.

de la prueba- para que compruebe si se han incorporado las exigencias establecidas en el protocolo y, en su caso, imponga su subsanación. Se trata de un examen relevante para el necesario control de sesgos y manipulaciones, ya que el experimento ha de servir -como veremos más adelante- para una regulación futura[46].

Recibido el informe final de resultado por la autoridad o autoridades de supervisión, a estas les corresponde la redacción del informe de evaluación, donde se analizan los logros económicos, sociales, medioambientales y los aspectos normativos. Este informe de evaluación también es remitido a la Comisión de Expertos que, como vemos, recupera un acusado protagonismo en esta fase. Además, se prevé la publicación de tales informes en la sede electrónica del Ministerio de Transportes y Movilidad Sostenible.

2.11. La propuesta de regulación

El proyecto articula pormenorizadamente la denominada "*Propuesta de regulación*"[47]. De hecho, el objetivo de todo lo que hemos visto es, precisamente, aprobar y promulgar con conocimiento de causa y justificación técnica una normativa que la doctrina califica como "regulación objetivo"[48]. El procedimiento previsto muestra algunos aspectos curiosos y se resume del siguiente modo:

1.- Redacción de la propuesta: le corresponde a la autoridad o autoridades de supervisión, pero tiene un carácter puramente facultativo (no es forzosa su evacuación).

2.- Informe preceptivo de la Comisión de Expertos. Si la propuesta de regulación contuviese discrepancias entre las diversas autoridades de supervisión, la "*redacción unificada*" y, por tanto, la resolución de tales diferencias corresponde a dicha Comisión.

---

46 Sobre este tema, me remito a DOMÈNECH PASCUAL (2022: 109-110) en su reflexión sobre experimentos jurídicos controlados y no controlados.

47 Art. 78 del Proyecto.

48 En palabras de DOMÉNECH PASCUAL (2022: 106): "Podemos definir las regulaciones experimentales o los experimentos jurídicos como aquellas regulaciones jurídicas -de alcance singular o general- que se establecen para obtener información sobre sus efectos, con la finalidad última de asegurar el acierto de la regulación que, una vez concluido el experimento, se establezca ulteriormente y que podemos llamar "regulación objetivo"".

3.- Remisión a la Oficina, que es el órgano competente para enviar la propuesta a las autoridades competentes para impulsarla o para determinar la oportunidad normativa de su tramitación[49].

2.12. Principios de proporcionalidad, igualdad de trato y no discriminación

Una preocupación del proyecto en la regulación de estas pruebas radica en asegurar los principios de proporcionalidad, igualdad de trato y no discriminación en la relación con los diferentes sujetos que van a intervenir[50]. Se trata de un punto muy delicado en un entorno altamente competitivo[51]. El Proyecto insiste, por ejemplo, en la imposición de similares restricciones y limitaciones a los promotores en los proyectos innovadores que planteen. En esa línea, es interesante la previsión del Proyecto (que altera lo previsto en otros sectores, como la legislación de minas, aunque en este último caso vinculado a la explotación del dominio público por el investigador exitoso):

> *"El acceso al espacio controlado de pruebas no puede suponer ningún privilegio o ventaja respecto a aquellos promotores que no decidan emplear esta vía para la innovación".*

2.13. El vehículo automatizado y sus pruebas

Visto lo anterior, lo cierto es que el Proyecto dedica un capítulo[52] especializado al vehículo automatizado. Como decíamos al principio de nuestro estudio, el objetivo es la "*introducción progresiva*" de dichos vehículos en el sistema de transportes. Un paso ya inmediato consiste en la creación *ex lege* de la Oficina para la Facilitación de Pruebas de Vehículos Automatizados en Vías Públicas (OFVA), que será desarrollada y gestionada por la Dirección General de Tráfico del Ministerio del Interior[53]. A través de esta Oficina, que también suministra información, se tramitan las solicitudes de ensayos. La Oficina -y esto es importante- se encarga también de gestionar las autorizaciones necesarias para la realización de pruebas en la vía pública.

---

49 Así se recoge en el art. 78.2 del Proyecto.

50 Sobre esto, véase el art. 80 del Proyecto.

51 Es fundamental aquí la consulta de DOMÈNECH PASCUAL, *Op. cit.*, pp. 125-127.

52 Arts. 82 a 85.

53 Art. 83 del Proyecto.

El proyecto fomenta decididamente la introducción de estos autos y señala que las solicitudes sobre estos dispositivos tendrán preferencia para acceder al espacio controlado de pruebas[54]. Por último, en fin, el Proyecto remite a los órganos competentes para el otorgamiento de autorizaciones para el transporte de personas o mercancías la imposición de los concretos requisitos y condiciones para el empleo de vehículos automatizados[55]. En definitiva, pues, el Proyecto de Ley se basa en el apoyo a la innovación sin mengua de la seguridad de todos los que participan en la magna operación del transporte. Habrá que ver, por cierto, cómo enfocan las diferentes naciones europeas la articulación de las pruebas y si se producen fenómenos de "carrera hacia abajo" para no quedar descolgados de un proceso que, según la percepción actual, va a sufrir un extraordinario proceso de aceleración.

III. EL VEHÍCULO AUTÓNOMO EN EL ESPACIO

1. Incidencia en los modelos de asentamiento territorial

Dijimos al principio de nuestro trabajo que no sólo nos interesaban algunos aspectos jurídicos sobre la introducción progresiva del coche autónomo a lo largo de un período más o menos largo. También abordaremos el impacto de esta tecnología en el territorio y su influencia en los modelos de asentamiento urbano y territorial[56].

Todo lo anterior ha de enfocarse actualmente desde un nuevo prisma. El uso de las herramientas digitales y la potencia de los modelos de simulación han permitido a los estudiosos generar una bibliografía ya inabordable sobre la influencia futura del vehículo autónomo en la

---

54 Art. 84 del Proyecto.

55 Art. 85 del Proyecto.

56 Sobre la dialéctica entre los modelos de ciudad compacta y de urbanización dispersa, sigue siendo fundamental el libro de BRUEGMANN, Robert: *Sprawl. A compact history*. University of Chicago. Chicago, 2005. Por nuestra parte, examinamos los aspectos jurídicos de la cuestión en AMENÓS ÁLAMO, Joan: *El mito legal de la ciudad compacta*, Universidad Autónoma de Barcelona, Barcelona, 2015. Para una visión resumida de la problemática, puede verse QUINTANA LÓPEZ, Tomás: *Cambio de paradigma: del urbanismo expansivo a la sostenibilidad*, Universidad de León, León, 2018.

configuración del territorio y sobre su contribución a la permanente dialéctica entre urbanización dispersa y ciudad compacta[57].

Ahora bien, como puede observarse, estamos todavía ante acercamientos parciales (una ciudad, un ámbito metropolitano...) y ante hipótesis sujetas a posibles efectos sorpresa. Como nos ha recordado Indovina[58], la complejidad es un elemento relevante del sistema urbano. Con el coche autónomo, además, no estamos únicamente ante un cambio tecnológico, sino ante posibles alteraciones jurídicas, económicas y culturales. En efecto, las proyecciones realizadas apuntan no tanto a vehículos autónomos de propiedad individual, sino a flotas bajo titularidad de un operador que tiene carácter público, semipúblico o privado y que presta servicios en un área determinada. También parece advertirse -aunque con unos números mucho más bajos- un posible empleo de dispositivos de coche compartido.

Estamos ante una cuestión que se planteó hace ya varios años el destacado especialista R. Bruegmann en un sucinto pero muy difundido artículo titulado "*El coche sin conductor podría desafiar las reglas de la dispersión urbana*"[59]. Se trata de un breve texto muy útil para enfocar el debate. En primer lugar, podría intuirse que el coche autónomo ha de favorecer la dispersión territorial. De hecho, en los últimos ciento cincuenta años, tanto la diligencia tirada por caballos como la locomotora de vapor o el automóvil

---

57 Entre los múltiples trabajos ya publicados, pueden reseñarse los de FRAEDRICH, Eva; HEINRICHS, Dirk; BAHAMONDE-BIRKE, Francisco J., CYGANSKI, Rita: "Autonomous driving, the built environment and policy implications", *Transportation Research Part A*, (marzo, 2018); GELAUFF, George; OSSOKINA, Ioulia; TEULINGS, Coen: "Spatial and welfare effects of automated driving: Will cities grow, decline or both?", *Transportation Research Part A*, (enero 2019);GONZÁLEZ-GONZÁLEZ, Esther; NOGUÉS, Soledad; STEAD, Dominic: "Parking futures: Preparing European cities for the advent of automated vehicles", *Land Use Policy* (mayo 2019); HARRISON, Gillian; STANFORD, Joseph; RAKOFF, Hannah; SMITH, Scott; SHEPHERD, Simon; BARNARD, Yvonne; INNAMAA, Satu: "Assessing the influence of connected and automated mobility on the liveability of cities", *Journal of Urban Mobility* (julio, 2022).

58 INDOVINA, Francesco: *Ordine e disordine nella città contemporanea*, Franco Angeli, Milán, 2017, pp. 111-113.

59 BRUEGMANN, Robert: "Driverless car could defy the rules of Sprawl", febrero, Bloomberg, 21, 2012. Consultable aquí: https://www.robertbruegmann.com/_images/reviews/bloomberg%20view%20Op%20ed.pdf [última consulta: 24 de julio de 2024].

o el avión han incrementado la movilidad y, con ello, han reducido la densidad de los asentamientos y se ha producido un aumento de la dispersión.

Ahora bien, Bruegmann añade que este resultado no es tan claro y que debe evitarse esta especie de determinismo tecnológico. Así, por ejemplo, lo cierto es que el ferrocarril, en el siglo XIX, fue un "*potente factor en la acumulación de actividades económicas y de población en el centro de las grandes ciudades industriales, justamente en el mismo momento en que permitió a un sustancial porcentaje de ciudadanos vivir en cada vez más remotas urbanizaciones*"[60].

Por otra parte, según el mismo autor, el automóvil no es siempre un factor de descentralización y de reducción de densidades. Debe reseñarse al respecto que "*las áreas urbanas de Phoenix y Los Ángeles son abrumadoramente dependientes del automóvil como medio de transporte, pero sus densidades se han incrementado sustancialmente en las recientes décadas*"[61].

Añade Bruegmann que otro obstáculo para pensar con claridad en estas cuestiones es la tendencia a creer que existen profundas diferencias entre transporte público y privado y que debe estimularse el primero y ha de reducirse el segundo. Sin embargo, lo cierto es que -en la mayoría de trayectos- el automóvil es mucho más rápido y su eficiencia energética por vehículo y kilómetro ha mejorado enormemente en los últimos años. En este sentido, el coche autónomo podría alterar sustancialmente la división entre lo público y lo privado y entre transporte colectivo e individual.

En definitiva, el vehículo autónomo puede abrir la puerta a relevantes cambios jurídico-económicos (e incluso culturales) y espaciales. Por lo que respecta a lo primero, podrían reducirse los incentivos que favorecen en los ciudadanos la compra de automóviles. Por lo que respecta a lo segundo, se intuye que el vehículo autónomo podría favorecer una dispersión flexible, pero, al mismo tiempo, la reconcentración y la compactación, especialmente en los centros de mayor dinamismo (incluyendo ciertas urbanizaciones periféricas). En conclusión, "*el coche autónomo podría muy bien extender esa flexibilidad de una manera extraordinaria, combinando ciertas características de los automóviles con el transporte público y permitiendo a la gente una mayor posibilidad de elección en la manera de vivir, tanto si ello implica unas ciudades más compactas y de alta densidad y al mismo tiempo, unos asentamientos dispersos y de baja densidad -llámese sprawl, si se desea- o bien, más probablemente, todo lo anterior*".

---

60 BRUEGMANN, *Op. cit.*, p. 2.

61 BRUEGMANN, *Op. cit.*, p.2

2. *La importante función de los operadores*

Dicho lo anterior, podemos desarrollar algunas hipótesis. En concreto, parece plausible anticipar que el coche autónomo, a través de los operadores de flotas, puede ser un factor de concentración urbana, ya que las ciudades que cuenten con prestadores eficientes y dinámicos aportarán un elemento muy atractivo para elegir la residencia en una urbe determinada. Esto se torna especialmente cierto cuando nos referimos a los jóvenes, a los profesionales nómadas y a los técnicos de mayor cualificación, posiblemente poco interesados en la adquisición de un vehículo individual y más bien orientados hacia la compra puntual de servicios de transporte eficaces.

El papel de los operadores ha sido resaltado, por ejemplo, en la reciente Ley de Vehículos Autónomos del Reino Unido. Esto es, la *Automated Vehicles Act*, aprobada en junio del 2024[62], que dedica a esta cuestión, entre otros, los dos apartados siguientes:

- Las licencias para operadores de vehículos automatizados sin un conductor a cargo (Parte primera, Capítulo 2, arts. 12 y 13).
- Los permisos para servicios automatizados de pasajeros (Parte quinta, arts. 83 a 90).

Así, se regula la licencia del Secretario de Estado para estos operadores y su registro administrativo. Se establece, además, en el art. 12 (5) (a) que el operador autorizado asume la responsabilidad por la detección y respuesta a los problemas que aparezcan durante los trayectos que realice.

Por otra parte, es interesante anotar que los permisos a estos operadores deben especificar:

- Las áreas en las cuales se prestarán los servicios.
- Los vehículos (o su descripción) cubiertos por el permiso.
- Otras condiciones técnicas de su servicio.

3. *La configuración de los aparcamientos*

Un aspecto importante derivado de la introducción del coche automatizado radica en la nueva concepción de los aparcamientos. La previsión de

62 Puede consultarse su texto aquí: https://www.legislation.gov.uk/ukpga/2024/10/contents/enacted [última consulta: 24 de julio de 2024].

estos espacios ha sido una de las claves de la dialéctica entre la compactación urbana y la expansión de la ciudad. Esto se relacionaba con el debate sobre la imposición legal de un número determinado (lo más elevado posible) de espacios de aparcamiento. Para un sector de geógrafos y urbanistas, se trataba de una técnica que favorecía el uso del automóvil. Para otros, era un remedio necesario ante el aumento del parque automovilístico.

Lo cierto es que, como hemos dicho, la legislación y los planes urbanísticos concretos se han comprometido hasta ahora en regulaciones que imponen unos determinados estándares de espacios reservados para la función que estamos comentando. Tomemos, por ejemplo, las vigentes Normas Urbanísticas del Plan general metropolitano[63] de Barcelona.

El art. 295.1 de las indicadas normas entiende por "estacionamiento" el "*área o lugar abierto fuera de la calzada, especialmente destinado a parada o terminal de vehículos automóviles*". Por su parte, el art. 295.2 designa con el nombre de "*aparcamientos*" a "*los espacios situados en el subsuelo, en el suelo o edificaciones, y las instalaciones mecánicas especiales, destinadas a la guarda de vehículos automóviles*".

Dicho esto, la preocupación principal del Plan consiste en asegurar las reservas de suelo para estacionamientos, en función de la edificabilidad y de los usos de los diversos ámbitos. Por su parte, respecto a los aparcamientos, se dispone una previsión mínima de plazas para los edificios de nueva planta. Así, se establece la existencia de aparcamientos "*en el interior del edificio o en terrenos edificables del mismo solar, a razón de un mínimo de veinte metros cuadrados (20 m2) por plaza, incluidas rampas de acceso, áreas de maniobras, isletas y aceras*". Las previsiones de aparcamientos se gradúan en función de que se trate de edificios de viviendas; de edificios públicos o privados para oficinas, despachos, bancos y similares o -simplemente- edificios con oficinas, despachos, bancos y similares; de edificios con locales comerciales al por menor y grandes almacenes de venta; de industrias y almacenes, establecimientos y locales de cultura y espectáculos, etc.

Dicho esto, cabe suponer razonablemente que decaerá la relevancia de la exigencia de un determinado porcentaje de aparcamientos en los edificios y que, por el contrario, el denominado "*estacionamiento*" tendrá una enorme importancia, ya que una gran parte de los desplazamientos se efectuarán a través de vehículos pertenecientes a flotas de prestadores

---

63 Aprobadas definitivamente el 14 de julio de 1976 (Boletín Oficial de la Provincia de 19 de julio de 1976), aunque con diversas reformas posteriores.

que desencocharán a sus clientes y volverán a su centro de servicio o bien procederán a encochar a otras personas.

En esta línea, GONZÁLEZ-GONZÁLEZ, NOGUÉS y STEAD (2019: 2-3) han señalado que el desarrollo del coche autónomo podría llevar a aumentar la densidad y la calidad territorial de los centros urbanos, debido a la enorme cantidad de espacio liberado de la demanda de aparcamientos y de infraestructuras de transporte, así como a la reducción del número de vehículos circulando. Estos espacios podrían ser regenerados y transformados en nuevas áreas residenciales, centros económicos, equipamientos urbanos o espacios verdes de carácter público.

Los mismos autores añaden que se prevén reducciones espectaculares, como hemos anticipado, en la demanda de aparcamiento. Por ejemplo, una disminución superior al 50% en aparcamientos en la calle (que podrían ser eliminados). Estas cifras, incluso, podrían ser mayores si se mejorase la automatización de los garajes. Ahora bien, las previsiones no son sólo de decrecimiento, sino también de redistribución de los espacios asignados a esta función. Así, se espera un aumento de superficies de aparcamiento en ciertas áreas atractivas de centros urbanos de alta densidad como, por ejemplo, grandes supermercados y núcleos de movilidad (*mobility hubs*). Por otra parte, se pronostica un enorme aumento de las áreas de aparcamiento situadas en las afueras, en las que se localizarían los automóviles que realizan los viajes durante el día de punto a punto y "descansan" luego en enormes repositorios.

BIBLIOGRAFÍA

AGRAIT GARCÍA, David: "Bancos de pruebas y de experimentación normativa en el ámbito local: el ordenamiento de la ciudad de Madrid. Consideraciones para la elaboración y tramitación de ordenanzas municipales *sandbox*", en PONCE SOLÉ, Juli y VILLORIA MENDIETA, Manuel: *Anuario del buen gobierno y de la Calidad de la Regulación. Evaluación de la calidad normativa y de las políticas públicas locales mediante la experimentación: el caso de los llamados* sandboxes, Fundación Democracia y Gobierno Local, Barcelona, 2020, pp. 267-302.

AMENÓS ÁLAMO, Joan: *El mito legal de la ciudad compacta,* Universidad Autónoma de Barcelona, Barcelona, 2015.

BRUEGMANN, Robert: "Driverless car could defy the rules of Sprawl", febrero, 21, 2012.

BRUEGMANN, Robert: *Sprawl. A compact history*. University of Chicago. Chicago, 2005.

DOMÈNECH PASCUAL, Gabriel: "Las regulaciones experimentales", en PONCE SOLÉ, Juli y VILLORIA MENDIETA, Manuel: *Anuario del buen gobierno y de la Calidad de la Regulación. Evaluación de la calidad normativa y de las políticas públicas locales mediante la experimentación: el caso de los llamados* sandboxes, Fundación Democracia y Gobierno Local, Barcelona, 2020, pp. 103-146.

EXPÓSITO GÁZQUEZ, Ariana: "Hacia una realidad plausible del vehículo autónomo: análisis del estado de la técnica y de los retos legales", *Revista Catalana de Dret Públic*, 64, 105-121 (2022).

FRAEDRICH, Eva; HEINRICHS, Dirk; BAHAMONDE-BIRKE, Francisco J., CYGANSKI, Rita: "Autonomous driving, the built environment and policy implications", *Transportation Research Part A*, (marzo, 2018).

GELAUFF, George; OSSOKINA, Ioulia; TEULINGS, Coen: "Spatial and welfare effects of automated driving: Will cities grow, decline or both?", *Transportation Research Part A*, (enero 2019).

GONZÁLEZ-GONZÁLEZ, Esther; NOGUÉS, Soledad; STEAD, Dominic: "Parking futures: Preparing European cities for the advent of automated vehicles", *Land Use Policy* (mayo 2019).

HARRISON, Gillian; STANFORD, Joseph; RAKOFF, Hannah; SMITH, Scott; SHEPHERD, Simon; BARNARD, Yvonne; INNAMAA, Satu: "Assessing the influence of connected and automated mobility on the liveability of cities", *Journal of Urban Mobility* (julio, 2022).

INDOVINA, Francesco: *Ordine e disordine nella città contemporanea*, Franco Angeli, Milán, 2017.

QUINTANA LÓPEZ, Tomás: *Cambio de paradigma: del urbanismo expansivo a la sostenibilidad*, Universidad de León, León, 2018.

SIERRA-NOGUERO, Eliseo: "Towards a European Law on Cooperative, Connected and Automated Mobility (CCAM)", *Proceedings of Artificial Intelligence Governance Ethics and Law (AIGEL), Reviewed, Selected Papers*, noviembre-diciembre, 2023, Barcelona. pp. 72-86.

El impacto del coche autónomo en la movilidad[1]

ALFONSO PERONA GÓMEZ
Jurista
Profesor de Movilidad y Seguridad Vial Escuela de Prevención y Seguridad Integral (FUAB formación-EPSI)

SUMARIO: I. INTRODUCCIÓN. II.IMPACTO DEL VEHÍCULO AUTÓNOMO EN LA MOVILIDAD. III.LA UNIÓN EUROPEA Y LA MOVILIDAD SOSTENIBLE. 1.Concepto de movilidad. IV. PROYECTO DE LEY DE MOVILIDAD SOSTENIBLE EN ESPAÑA. 2. El vehículo automatizado en el proyecto de ley. 3. Ley de Tráfico y modificación del Reglamento General de Circulación. V. LEY DE MOVILIDAD EN FRANCIA. VI. EL IMPACTO DEL VEHÍCULO AUTÓNOMO EN LA MOVILIDAD URBANA. 4.Criterios de los expertos sobre movilidad y VTA. 5. Foro Económico Mundial y las ciudades. 6. Opinión de los conductores españoles sobre el VTA. VII. CONCLUSIONES. VIII. BIBLIOGRAFÍA.

I. INTRODUCCIÓN

Una primera cuestión que se plantea en este artículo y es consecuencia de la ponencia presentada en el Congreso es si el título de la ponencia es el adecuado, ya que hablar de coche autónomo es una limitación y cerrar la problemática a un elemento de transporte limitado, cuando lo que parece que avanza es el concepto de vehículo autónomo y su implantación en los próximos años.

Lo que sucede es que el coche es un elemento que en los años del siglo pasado y actualmente ocupa un lugar destacado en nuestra sociedad y no tan solo como un elemento de transporte. Pero esta evolución del coche se

---

1 Este artículo es el desarrollo de la ponencia presentada en el Congreso Internacional sobre conducción autónoma y seguridad jurídica del transporte, realizado el 6 y 7 de junio 2024 y dentro del Panel 2: Planificación y controles administrativos de los coches autónomos.

está dando a los aparatos aptos para circular por las vías urbanas e interurbanas, es decir el vehículo y su especialidad el vehículo a motor que agrupa desde el coche, como automóvil destinado a transportar personas y otros vehículos como camiones y autobuses, pasando por las motocicletas.

Siguiendo los conceptos que nos marcan las normas de tráfico y circulación[2] (Ministerio del Interior, 2015) de ¿qué es un vehículo? Y ¿qué es un coche? la evolución tecnológica y sobre todo el tema de la conducción autónoma se están aplicando a todos los vehículos no solo a los coches.

Una vez clarificado que las referencias serán a los vehículos autónomos, no se debe olvidar que estos avances tecnológicos de los vehículos se enmarcan dentro de un entorno y de unas necesidades de las personas como son la movilidad.

II. IMPACTO DEL VEHÍCULO AUTÓNOMO EN LA MOVILIDAD

Una vez intentado clarificar el cambio de concepto, este artículo se centrará en el análisis de la normativa administrativa que debe regular los nuevos conceptos de vehículos autónomos y la posibilidad de circular por las vías públicas, ya que estos nuevos vehículos tendrán un impacto en la movilidad en general de las personas y en las infraestructuras que deben dar cabida a estos nuevos vehículos.

Pero antes de analizar el impacto normativo y los requisitos que estos vehículos autónomos tendrán en la sociedad, deberemos tener en cuenta el entorno donde se desarrollara la actividad de circulación. No cabe duda de que las vías interurbanas, como son las carreteras convencionales, autovías y autopistas serán lugar de pruebas y desarrollo de la circulación de los vehículos autónomos y ello en base a la ya citada normativa de tráfico, circulación y seguridad vial que regula el concepto de la ordenación de la circulación de vehículos, personas y animales.

Los avances y las pruebas que se realizan de los vehículos autónomos tendrán un especial impacto en la movilidad, no de las vías interurbanas, sino de las vías urbanas, para decirlo de otro modo en las ciudades.

---

2 Real Decreto Legislativo 6/2015, de 30 de octubre, por el que se aprueba el texto refundido de la Ley sobre Tráfico, Circulación de Vehículos a Motor y Seguridad Vial.

En estos momentos vivimos un interés y también una preocupación por la movilidad sostenible dentro de las ciudades y los criterios que se nos marcan desde la Unión Europea.

La movilidad sostenible urbana está evolucionando como han destacado algunos juristas como (FORTES MARTÍN, 2021) en un derecho a la ciudad[3]. La movilidad en las ciudades ha provocado una serie de retos e innovaciones administrativas y sociales a los que de forma obligada tiene que dar respuesta la ciencia jurídica.

Si esta situación tan compleja del tráfico urbano que hoy en día es un problema parece que no resuelto, se complicará más con la aparición de los vehículos autónomos en las ciudades y esta situación nos plantea muchos interrogantes, ya que el espacio urbano es limitado y se debe compartir entre las personas y los diferentes modos de transporte.

Si antes de la llegada de los vehículos autónomos, que puede suceder en el año 2030, ya existen posturas encontradas sobre cómo se está resolviendo las restricciones a la circulación por motivos ambientales y sus efectos sobre la libertad de circulación, como indica (SANCHEZ SÁEZ, 2019) que el tráfico en las ciudades, como ya hemos indicado, no es un problema resuelto[4] y ante esta situación existen dos posturas encontradas en esta gestión del tráfico y la movilidad, que destaca el autor, por un lado el cierre de las ciudades a los automóviles y los que consideran que todo debe seguir igual, pero también están los que creen que un equilibrio es posible y que las medidas de restricción del tráfico no deben aplicarse alegremente.

Pero lo que debe quedar claro es que el espacio urbano es limitado y que además de los actuales modos de transporte en unos años se deberá añadir la de los vehículos autónomos que no remplazaran de forma automática los actuales vehículos con conductor.

Esta situación está llevando a la Unión Europea y a los países de nuestro entorno a la necesidad de una regulación de la circulación de estos vehículos, aunque los propios fabricantes españoles[5], en una nota de prensa

---

3 FORTES MARTIN, Antonio, *Los desplazamientos sostenibles en el derecho a la ciudad*, Ediciones Iustel, Portal Derecho, Madrid, 2021, p. 194.

4 SÁNCHEZ SÁEZ, Antonio José, *Las restricciones de tráfico en las ciudades por motivos ambientales y su afectación a la libertad de circulación*, Comares, Granada, 2019, pp. 169-170.

5 ANFAC, 2ª edición del Barómetro sobre vehículo autónomo y conectado. Madrid 14/11/2023

de noviembre de 2023, indicaban que los vehículos autónomos podrían circular ya en España si existiera un marco normativo adecuado.

La Unión Europea ha fijado para el año 2050 unos objetivos ambientales y de seguridad vial, que se deben empezar a materializar en el 2030, entre ellos que los países autoricen las pruebas de vehículos totalmente autónomos en las vías públicas.

III. LA UNIÓN EUROPEA Y LA MOVILIDAD SOSTENIBLE

La Unión Europea está avanzando en las medidas que se deben tomar en temas medio ambientales con el denominado Pacto Verde que es el compromiso que los Estados de la UE han tomado para lograr la neutralidad climática de aquí al año 2050 cumpliendo los compromisos asumidos en el Acuerdo de Paris.

Estas medidas que se están adoptando en la Unión Europea (UE) se trasladan a los diversos gobiernos nacionales y tienen una aplicación clara en la movilidad sostenible urbana con el objetivo de transformar nuestras ciudades en espacios más humanos, amables, saludables y comprometidos con el respeto al medioambiente y la reducción de emisiones.

El contexto legislativo de los últimos años se refleja a nivel europeo con las aprobaciones del Parlamento europeo de la Ley del Clima de la UE el 24 de junio de 2021. Con esta norma el objetivo de la UE es reducir las emisiones un 55% para 2030 respecto a los niveles de 1990 y alcanzar la neutralidad climática para 2050 se establece como legalmente vinculante.

Por otro lado, la Directiva 2010/40/UE del Parlamento Europeo establece el marco para la implantación de sistemas de transporte inteligentes. (PARLAMENTO EUROPEO-COMISIÓN DE TRANSPORTE Y TURISMO, 2010)

Estos aspectos son claves y lo seguirán siendo para configurar, no solo los temas del transporte en la Unión y condicionar la movilidad de las personas, sino que afectarán poco a poco a las empresas de Europa.

Estas medidas que se han adoptado y que se están desarrollando se consideran que deben estar presentes en el contexto del transporte en general y de la movilidad de las personas. (COMISIÓN EUROPEA- COM 811, 2021)

La evolución que los temas ambientales, hacia objetivos de reducción y su aplicación en el transporte es importante para realizar un análisis de cómo ha evolucionado los conceptos de transporte y movilidad.

Tradicionalmente el concepto de transporte ha sido el desplazamiento de personas y mercancías de un lugar a otro, pero este concepto ha evolucionado en los últimos años y han aparecido el concepto de movilidad relacionado con las personas y el de logística aplicado sobre todo a las mercancías.

No podemos olvidar que este conjunto de acciones en los desplazamientos de las personas y mercancías tiene influencia en la economía de los países, en las relaciones sociales y laborales y sobre todo en los últimos años una creciente preocupación por los efectos ambientales que este transporte conlleva. Y seguramente la implantación de vehículos autónomos tendrá su impacto en estos sectores.

Como indica la Agencia Europea del Medio Ambiente:[6]

> *"El transporte desempeña un papel esencial en la sociedad y en la economía. Contar con un sistema de transporte eficiente y accesible es clave para nuestra calidad de vida. Al mismo tiempo, el transporte es una fuente principal de presiones medioambientales en la Unión Europea (UE) y contribuye al cambio climático, a la contaminación atmosférica y al ruido. También ocupa grandes franjas de terreno y contribuye a la expansión urbana descontrolada, a la fragmentación de los hábitats y al sellado de las superficies."*

Por eso las políticas de transporte de la Unión europea se centran en reducir los efectos adversos del transporte y es uno de los principales objetivos políticos de la UE. Las principales líneas de actuación consisten en desplazar el transporte hacia modalidades menos contaminantes y más eficientes, hacer uso de tecnologías de transporte, combustibles e infraestructuras más sostenibles y garantizar que los precios del transporte reflejen plenamente los efectos adversos en el medio ambiente y en la salud.

En España, según información del Ministerio para la Transición Ecológica, (MITECO)[7]:

> *"Las emisiones del transporte en España en el año 2014 fueron de 77,2 Mt-CO2-eq, habiéndose incrementado casi en un 50% desde 1990 como consecuencia del incremento en la demanda de movilidad de pasajeros y mercancías. No obstante, desde 2007 se ha registrado una disminución de las emisiones como consecuencia de la crisis económica y de las medidas de mitigación que se han puesto en marcha en este sector.*

---

6 www.eea.europa.eu/es/themes/transport/intro

7 https://www.miteco.gob.es/es/cambio-climatico/temas/mitigacion-politicas-y-medidas/transporte.html

> *El sector transporte representa el 25% de las emisiones totales de gases de efecto invernadero en España y casi el 40% de las emisiones de los sectores difusos. Por modos de transporte, la carretera representa casi el 95% de las emisiones, mientras que la contribución de otros modos de transporte es bastante más minoritaria."*

La movilidad es una cualidad o atributo de los seres humanos que se refiere a su capacidad de movimiento y desde la aparición de los medios de transporte modernos, como pueden ser el tren o el coche, el denominador común ha sido el derecho a desplazarse.

Pero la movilidad de las personas tiene un claro objetivo que es acceder a ciertos lugares, por lo tanto, la accesibilidad es el objetivo que a través de los medios de transporte persigue la movilidad. El mundo actual no puede entenderse sin integrar la movilidad; sobre todo en las ciudades y áreas metropolitanas, donde se concentran millones de personas y con actividades de todo tipo.

Una de las características de nuestra civilización y del ser humano es su necesidad de movimiento, el desplazamiento de un lugar a otro y la búsqueda constante de elementos que le permitan los desplazamientos más rápidos en el tiempo y más lejanos en distancia.

1. Concepto de movilidad

Hemos hablado mucho de movilidad y por ello debemos realizar una referencia a este concepto. Tradicionalmente cuando nos adentramos en la historia de la movilidad, podemos observar que es bastante reciente. Otro de los aspectos que debemos tener en cuenta es que el concepto de movilidad se ha desarrollado mucho en relación a la movilidad en las ciudades, como algo especifico y diferenciado de la movilidad en general.

Para tener una mejor perspectiva debemos iniciar un análisis y estudio del concepto de la movilidad urbana y sus efectos en las ciudades tal como se está destacando en los informes y documentos europeos sobre estos aspectos.

En estos momentos la movilidad urbana es de indiscutible importancia y de gran trascendencia para el desarrollo de las ciudades, pero que tiene difícil encaje en nuestro marco constitucional y que este concepto de movilidad urbana se encuentra muy ligado al tráfico de vehículos a motor y su desarrollo en la Ley de Tráfico (Ministerio de Interior-DGT, 2015).

Como indica el profesor Guillén López (Guillen López, 2014) para entender legalmente el concepto de movilidad debemos reparar en los diferentes ordenamientos que se han aproximado a la cuestión. Nuestros modelos de movilidad urbana no son comprensibles sin considerar que los mismos son el resultado de una suma de iniciativas de diferentes entidades políticas que han intervenido sobre la cuestión al amparo de diferentes títulos. Para definir el concepto de movilidad podemos tomar una definición de una ley pionera en el Estado español (Generalitat de Catalunya, 2003):

> *"La movilidad es un conjunto de desplazamientos que las personas y los bienes han de realizar por motivo laboral, formativo, sanitario, cultural o de ocio, o por cualquier otro".*

El acceso de la población al vehículo privado ha tenido y sigue teniendo unas consecuencias muy importantes para el modelo de desarrollo económico. Sin el coche no se entenderían hoy en día determinadas estructuras urbanas, modelos de desarrollo industrial o comercial, ni tampoco el crecimiento de la movilidad de las ciudades por motivos de trabajo o formación.

Pero la movilidad es sin duda uno de los más relevantes desafíos de una humanidad urbana (Dans & Seisdedos, 2016), no es casualidad que cuando pensamos en las ciudades lo primero que viene a nuestra mente son imágenes de congestión de tráfico.

En España carecemos de una Ley de movilidad y de momento nos debemos conformar con las leyes de movilidad que algunas comunidades autónomas han publicado, pero parece que esta carencia tendrá pronto un punto final.

IV. PROYECTO DE LEY DE MOVILIDAD SOSTENIBLE EN ESPAÑA

Desde el mes de febrero (Gobierno, 2024) ha entrado de nuevo en el Congreso el proyecto de Ley de Movilidad sostenible, esta ley debe constituir el marco normativo que permitirá a las distintas administraciones responder a las necesidades de movilidad y transporte de los ciudadanos y a los retos que se presenten en este siglo XXI, como son la sostenibilidad, la digitalización y la cohesión territorial y social.

Como se indica en la exposición de motivos se trata de evolucionar desde la política de transportes a la política de la movilidad sostenible de personas y mercancías que ha de guardar relación con las políticas económicas, sociales y ambientales. Se debe destacar en este proyecto que uno de los objetivos es avanzar en la transformación de la ciudad de los coches hacia la ciudad de las personas.

Otro de los objetivos o aspectos a destacar del proyecto de ley y esperemos de la nueva norma es que por primera vez una ley reconocerá la movilidad como un derecho de toda la ciudadanía y un elemento de cohesión social que contribuye a la consecución del Estado del Bienestar.

2. El vehículo automatizado en el proyecto de ley

El título V de la ley se dedicará a los aspectos de innovación, la digitalización y la formación en transporte y movilidad, dentro de este apartado el capítulo II, se dedica a los vehículos automatizados y su incorporación al sistema de transportes, regulado en los artículos 82 a 85 del proyecto de ley.

En estos artículos se destacan dos actuaciones como son:

- Crear una ventanilla única a través de la cual se puede consultar la información sobre los procedimientos de pruebas. Esta ventanilla será la Oficina para la Facilitación de Pruebas de Vehículos Automatizados en Vías Públicas (OFVA), esta oficina será desarrollada y gestionada por la Dirección General de Tráfico del Ministerio de Interior (DGT) y se establecerá reglamentariamente sus funciones y actuación.
- Regular el acceso a los espacios controlados de pruebas.

Como se indica en la exposición de motivos del proyecto de ley, la utilización de la inteligencia artificial es cada vez más intensa en el ámbito del transporte y movilidad. Pero no es objeto de la ley de movilidad sostenible regular el funcionamiento de los vehículos autónomos y sus condiciones de seguridad.

Esta ley puede ser el primer paso para centrar las bases de las futuras operaciones y la circulación de estos vehículos en las vías públicas.

3. Ley de Tráfico y modificación del Reglamento General de Circulación

Una vez visto el proyecto de Ley de movilidad sostenible y teniendo en cuenta las previsiones que tiene, también se debe tener en cuenta otro proyecto de modificación del Reglamento General de Circulación.

Pero la única regulación que en estos momentos existe en España, es el artículo 11 bis, de la Ley de Tráfico[8] y que entró en vigor en marzo de 2022 (Ministerio de Interior-DGT, 2015).

Esta regulación de la Ley de Tráfico obliga al titular del sistema de conducción automatizado de un vehículo a comunicar al Registro de Vehículos las capacidades y funcionalidades del vehículo autónomo.

> *"Artículo 11 bis. Obligaciones del titular de un sistema de conducción automatizado.*
>
> *El titular del sistema de conducción automatizado de un vehículo deberá comunicar al Registro de Vehículos del organismo autónomo Jefatura Central de Tráfico las capacidades o funcionalidades del sistema de conducción automatizada, así como su dominio de diseño operativo, en el momento de la matriculación, y con posterioridad, siempre que se produzca cualquier actualización del sistema a lo largo de la vida útil del vehículo."*

Como consecuencia y desarrollo de esta norma que está en vigor desde marzo de 2022, existe un proyecto de Real Decreto, por el que se modifican el Reglamento General de Circulación, aprobado por Real Decreto 1428/2003, de 21 de noviembre y el Reglamento General de Vehículos, aprobado por el Real Decreto 2822/1998, de 23 de diciembre, en materia de conducción automatizada[9], este proyecto ha quedado cerrado su tramitación el 15 de abril de 2024.

Si este proyecto sigue adelante y se modifican los dos reglamentos de desarrollo de la Ley de tráfico, se impulsará un despliegue seguro de los vehículos autónomos.

Con esta nueva regulación del Reglamento General de Circulación (en adelante RGC), se nos facilita un concepto jurídico de lo que debe entenderse por vehículo autónomo o mejor como indica la norma "vehículo totalmente automatizado", con ello además se facilitará en España la circulación de estos vehículos, siempre que se ajusten a la normativa.

En la modificación del articulado del RGC, se diferencia el concepto de vehículo totalmente automatizado (VTA en adelante) de los vehículos que disponen de ayuda en la conducción.

---

8 Ley 18/2021 que modifica el Real Decreto Legislativo 6/2015 y BOE21 de diciembre de 2021

9 Publicado en la página web del Ministerio del Interior: https://www.interior.gob.es/opencms/es/servicios-al-ciudadano/participacion-ciudadana/participacion-publica-en-proyectos-normativos/audiencia-e-informacion-publica/

Las características de los vehículos totalmente automatizados (VTA), en el proyecto de reglamento son:

- Tener sistema de conducción automatizado.
- El vehículo este diseñado y construido para desplazarse de manera totalmente autónoma.
- No se realiza supervisión por parte del conductor.

Con estas características, siempre que el vehículo se use conforme al reglamento de circulación y las normas de desarrollo se permite a estos vehículos totalmente automatizados la circulación. Estos VTA únicamente pueden funcionar dentro de su entorno operacional y con las condiciones de uso que estén previstas.

Con esta regulación se podrá limitar la circulación de estos vehículos, pero es importante que la propia normativa diferencia claramente los vehículos totalmente automatizados de los vehículos con sistema de ayuda a la conducción, que entran en el concepto general de vehículo, como un aparato apto para circular por las vías o terrenos con conductor que es quien maneja el mecanismo de dirección o va al mando de un vehículo, por lo tanto, es la persona que supervisa la conducción del vehículo.

Por último, indicar que este proyecto de Real Decreto también modificará el Reglamento de Vehículos, para que se tramite y permita las autorizaciones administrativas necesarias para circular, así como los datos que deben constar en el registro de vehículos de la Dirección General de Tráfico.

V. LEY DE MOVILIDAD EN FRANCIA

El mes de diciembre de 2019[10], se pública en Francia la Ley de Orientación a la movilidad. (Francia-Président de la République, 2019). Es importante tener como referencia esta normativa, ya que ha sido inspiración de otras normas como el proyecto de ley de movilidad sostenible de España.

La ley francesa tiene como objetivo la mejora de la movilidad cotidiana de todos los ciudadanos y permite avanzar hacia un modelo de transporte

---

[10] *Loi n° 2019-1428 du 24 décembre 2019 d'orientation des mobilités*: https://www.cepc.gob.es/biblioteca-y-documentacion/documentacion/base-de-datos-docex/disposiciones/loi-ndeg-2019-1428-du-24-decembre-2019-dorientation-des-mobilites-1

y de movilidad más sostenible y baja en carbono. La ley de nuestro país vecino, Francia, no es una ley *ex novo,* sino un compendio y recopilación de normas que muchas se encuentran recogidas en actuales normas en vigor.

En la ley de Francia el vehículo autónomo se encuentra integrado dentro de los programas que se plantean como alternativa al automóvil individual. Las competencias en movilidad en Francia también se encuentran distribuidas entre diversas administraciones (Estado y municipios) como sucede en España, donde las competencias en movilidad están diversificadas entre el Estado, las Comunidades Autónomas y la administración local.

El título 3, capitulo 1 y 2 de la norma francesa, define las nuevas formas de movilidad, con el objetivo de acelerar la apertura de datos y el desarrollo de los servicios digitales y fomentar la innovación en materia de movilidad.

En este sentido, en primer lugar, aborda el ámbito de los vehículos autónomos y vehículos conectados estableciendo que el Gobierno está autorizado a adoptar cualquier medida que corresponda al ámbito de aplicación de la ley:

> *"en caso de circulación en la vía pública de vehículos terrestres a motor cuyas funciones de conducción sean delegadas parcial o totalmente a un sistema de conducción automatizado".*

De esta forma, si bien la "*Loi d'orientation des mobilités*" no define el marco legal en el que debe producirse la circulación de vehículos autónomos, sí que abre la posibilidad de circulación de estos vehículos a la vez que establece quién y cuándo debe realizarse su regulación (artículos 32 a 44).

También se hace referencia a los vehículos conectados, aunque esta norma no entra en su regulación, y se establece que será el Gobierno quien deberá concretar el marco legal bajo el que se desarrolle esta nueva forma de movilidad.

Los datos de estos vehículos y sus desplazamientos serán en caso de accidente accesible a los agentes y organismos de investigación, los datos que se podrán acceder serán los procedentes de los dispositivos de registro del accidente y los del estado de la conducción en el período anterior al accidente, con el fin de determinar las responsabilidades.

VI. EL IMPACTO DEL VEHÍCULO AUTÓNOMO EN LA MOVILIDAD URBANA

No se puede dejar de valorar, y además es uno de los objetivos de este artículo, el impacto que tendrán estos vehículos totalmente autónomos en la movilidad y sobre todo en la movilidad urbana.

Queda claro que los vehículos totalmente autónomos podrán desplazarse por sí mismos, respetaran las señales de tráfico y las normas de circulación, por lo tanto esta conducción autónoma puede ser una revolución en el tráfico de nuestras ciudades, además está previsto que estos vehículos reducirán la contaminación y la congestión, pero a pesar de estas ventajas, existen aún muchas dudas y desafíos a superar, ya que la operación de los vehículos autónomos implica no solo el desarrollo de los vehículos sino también el desarrollo de todo el entorno de conducción (infraestructura digital y física, conectadas entre sí y con el vehículo), así como la consideración de un gran abanico de aspectos éticos, regulatorios y socio-económicos a tener en cuenta.

La Estrategia de Movilidad Segura, Sostenible y Conectada 2030 del MITMA[11] incluye una línea de actuación centrada en la automatización del transporte y el impulso a vehículos conectados y autónomos, dentro del Eje 5 de Movilidad Inteligente.

En particular, se propone:

> *Avanzar en el diseño de una Hoja de Ruta para el impulso del vehículo autónomo, que será desarrollada en el seno de un grupo interministerial que partirá de un "mapa" de las normas y estándares existentes que afectan al vehículo autónomo, con identificación de las autoridades competentes.*

4. Criterios de los expertos sobre movilidad y VTA

Recientemente se ha celebrado la exposición Intertraffic de 2024[12] en Ámsterdam, donde el profesor Nick Reed[13], experto en movilidad y que ha trabajado en aspectos de la inteligencia artificial y los avances de los VTA,

---

11 https://esmovilidad.transportes.gob.es/ejes-estrategicos

12 https://www.intertraffic.com/

13 Fue experto internacional en un panel convocado por la Comisión Europea para determinar el mejor enfoque para la ética de los vehículos autónomos: https://www.reed-mobility.co.uk/

valoró las implicaciones reales y prácticas de lo que puede suponer los vehículos autónomos en las ciudades, el experto se preguntaba ¿cómo gestionaremos el acceso a las aceras de las ciudades cuando los autobuses autónomos y los vehículos de reparto compitan por este espacio? ¿qué supondrá la implantación de los vehículos autónomos en los desplazamientos laborales, ya que el trabajador no deberá estar pendiente de la conducción?, también se planteaba el profesor Reed, si se podrá convencer al público de que la tecnología de conducción autónoma funciona de manera suficiente y segura para ser considerada como aceptable por los consumidores.

Pero el impacto real de estos vehículos en la movilidad urbana se está valorando con los actuales criterios de movilidad y seguridad, pero qué sucederá dentro de unos años cuando estos vehículos sean una realidad en las calles de nuestras ciudades. La implementación y el impacto de los vehículos autónomos, plantea muchos interrogantes y lo único que se esta haciendo es elaborar conjeturas y posibles soluciones, pero sin poder realizar pruebas reales en las vías públicas como primer paso para realizar una valoración de los resultados.

Para valorar este impacto de los VTA en la movilidad urbana, solo podemos recurrir a estudios y proyecciones como el presentado en junio de 2018 en el Foro Económico Mundial donde se presentó un estudio realizado en la ciudad de Boston[14]. Algunas de las conclusiones del estudio indican:

- Estos vehículos autónomos podrán contribuir en la reducción del número de automóviles, para ello se debe dar una propiedad o uso compartido.
- Se producirá una reducción de los tiempos de desplazamiento, gracias a la tecnología y como consecuencia de la reducción de vehículos.
- Mejorara la contaminación y la seguridad vial por una reducción de accidentes.
- El impacto de los vehículos autónomos no será igual en todas las zonas de una ciudad.

---

[14] Estudio: Reshaping Urban Mobility with Autonomus Vehicles. Lessons from City of Boston.

5. *Foro Económico Mundial y las ciudades*

El Foro Económico Mundial (en adelante FEM) se ha convertido en los últimos años en un punto de reflexión y análisis de las nuevas tendencias en el transporte y las aplicaciones tecnológicas y en especial en el tema de vehículos autónomos, en el año 2017[15] ya indicaba:

> *"Ya nadie duda de que los coches autónomos son el futuro de la movilidad. La carrera por ser la primera empresa en poner coches autónomos en el mercado ya ha comenzado y los protagonistas no están escatimando en esfuerzos para posicionarse como líderes en una industria que crece a un ritmo del 16% anual."*

Más recientemente el FEM, también ha indicado que electrificar los vehículos ya no es suficiente.

> *"Sólo si la electrificación se combina con un cambio hacia la movilidad compartida podrán las ciudades lograr las reducciones de emisiones necesarias, abordando al mismo tiempo problemas más amplios de congestión, salud y otros".*

La movilidad compartida es la clave del futuro. Esta es una de las conclusiones de los trabajos que sobre la contaminación y su impacto en las ciudades se realizan en el FEM, donde los vehículos autónomos pueden ser parte de la solución para conseguir una movilidad compartida.

Entre las recomendaciones expresadas en el Foro Económico Mundial, es que las ciudades no pueden tener una actitud hacia los vehículos autónomos de "esperar y ver" y que las ciudades deberán explorar políticas e incentivos para la promoción de los VTA, con la posible creación de carriles exclusivos y el rediseño de los espacios para peatones.

Los gestores políticos deberán tener en cuenta que el impacto de los VTA será diferente en cada ciudad y que dentro de una misma población pueden existir diferentes impactos según los barrios.

Ante estos estudios nos podemos plantear que la planificación de la movilidad urbana debe tener en cuenta la llegada de estos vehículos autónomos y su convivencia con los actuales vehículos con conductor.

Los objetivos ambientales se podrán cumplir ya que estos VTA serán eléctricos, pero puede producirse un incremento en la circulación de vehículos, para evitar los incrementos incontrolados se deberá potenciar los VTA de uso colectivo y así evitar el exceso de vehículos con un ocupante.

---

15 mailto:https://es.weforum.org/agenda/2017/05/asi-percibe-la-carretera-y-sus-senales-un-coche-autonomo/

Otra de las cuestiones es cómo será el diseño de estos vehículos, ya que con las actuales medidas seguiremos teniendo un problema de espacio en las ciudades.

6. Opinión de los conductores españoles sobre el VTA[16]

Uno de los estudios, que se puede considerar interesante y novedoso sobre la materia es conocer la opinión de los actuales conductores sobre los VTA, es el realizado por la Universidad de Valencia y CNAE. Este estudio sociológico explora, entre otras cuestiones, la percepción que tienen 1.205 conductores de entre 18 y 65 años sobre el coche autónomo, los requisitos formativos requeridos para su manejo, su viabilidad o la responsabilidad existente en caso de accidente.

El estudio completo se puede consultar[17] en las páginas de CNAE o de la Universidad de Valencia, los datos del estudio a destacar ponen un contrapunto a los criterios solo positivos y que presentan a los VTA como la solución de la movilidad urbana.

Los conductores consultados ya disponen el 99,8% de dispositivos tecnológicos (Tablet, Pc, etc.), pero un 43,7% no disponen de ningún sistema de asistencia a la conducción en su propio vehículo.

En relación a los vehículos autónomos los conductores consideran:

- El 84.6% de los conductores considera que el vehículo autónomo es un tipo de vehículo cuyo sistema permite desplazarse solo, y donde el conductor sí tiene posibilidad de tomar el volante y conducir en cualquier momento de forma manual.
- El 15.4% de los conductores entiende el vehículo autónomo como un sistema en el que el conductor no tiene posibilidad de conducir de manera manual.

---

16 Instituto Universitario de Tráfico y Seguridad Vial (INTRAS) de la Universidad de Valencia, junto con la Confederación Nacional de Autoescuelas (CNAE) presentan el estudio "Vehículo autónomo: la opinión de los conductores españoles". Enero 2018.

17 https://www.cnae.com/ficheros/files/prensa/estudios/Informe%20completo%20poblacion%20general%20(1).pdf

- Respecto a la utilidad del vehículo autónomo, el 30.2% lo considera poco o nada útil, el 26.4% se sitúa en un término medio, mientras que el 43.5% considera el vehículo autónomo como bastante o muy útil.
- La convivencia entre vehículos autónomos y convencionales, el 43.4% de los encuestados considera que el vehículo convencional será el mayoritario o el único, el 23.7% cree que el vehículo mayoritario o el único será el vehículo autónomo y un tercio (32.9%) opina que ambas modalidades compartirán por igual su presencia en las vías públicas.
- El 87.1% de los conductores no ha pensado en comprarse un vehículo autónomo.
- Ante la posibilidad de elección entre conducir uno mismo (de forma convencional/manual) o que le lleve un vehículo autónomo, el 77.4% de los conductores se inclinan por conducir ellos mismos.

En cuanto a las ventajas e inconvenientes del vehículo autónomo, las afirmaciones que cuentan con mayor grado de acuerdo por parte de los conductores (escala de 1 a 5, siendo 1 muy en desacuerdo con la afirmación y 5 muy de acuerdo) fueron:

- El vehículo autónomo será muy caro de comprar y mantener (3.88).
- El conductor dejará de prestar atención al tráfico (3.67).
- El vehículo autónomo reducirá el consumo de combustible y mejorará el medio ambiente (3.46).
- El conductor podrá utilizar el tiempo en otras actividades (3.38).

Se debe valorar este estudio que además de tener una muestra significativa pone de manifiesto la opinión de los futuros usuarios de los vehículos totalmente autónomos y sobre todo cómo se valora por los usuarios los impactos en la movilidad y seguridad vial, aspectos que no se deben olvidar en la regulación jurídica que permita la circulación de estos medios de transporte, ya que muchos estudios y valoraciones de los VTA parece que solo tienen en cuenta los aspectos tecnológicos pero sin valorar el factor humano.

VII. CONCLUSIONES

Lo que se puede concluir es que los VTA serán una realidad en los próximos años y las pruebas de estos vehículos se podrán realizar si entran en vigor los proyectos de modificación del Reglamento General de

Circulación, lo que permitirá de momento realizar pruebas reales y seguir profundizando en la convivencia de los VTA en las ciudades.

Es urgente la publicación sin demoras y la entrada en vigor de la regulación jurídica que permita la circulación y seguridad vial de estos vehículos como una prioridad y así poder realizar las pruebas en todas las infraestructuras, tanto interurbanas como urbanas.

No cabe duda de que los avances tecnológicos y la adopción de los VTA supondrá un cambio significativo en la movilidad de las ciudades. Pero sin olvidar la información y formación de los actuales conductores para que se conozcan las ventajas de estos vehículos.

Las autoridades deben incentivar el coche autónomo como un elemento de transporte compartido y que se acepten los coches autónomos en lugar de coches con conductor humano.

El camino hacia la movilidad sostenible de las ciudades no se consigue solo con los cambios tecnológicos, sino que es necesario la participación creativa de las personas para que se realicen y acepten las transformaciones que deben contribuir a lo que será un cambio social significativo.

El actual concepto de propiedad de los vehículos también debe cambiar y con la llegada de los vehículos autónomos y en particular del automóvil autónomo se mejorará la calidad ambiental urbana, con menos contaminación y ruido, se reducirán los accidentes y los nuevos modos de transporte deben permitir una mayor libertad e independencia en la forma de moverse.

El futuro no es la movilidad sostenible sino la movilidad autónoma.

VIII. BIBLIOGRAFÍA

COMISIÓN EUROPEA- COM 811. *El nuevo Marco de Movilidad Urbana de la UE.* Comunicación de la Comisión al Parlamento Europeo y otros, Estrasburgo 2021.

Dans, E., & Seisdedos, G.M., *Los retos de la movilidad urbana.* Madrid: IE Business School, 2016.

FORTES MARTÍN, A., *Los desplazamientos sostenibles en el derecho a la ciudad,* Iustel Portal Derecho, 2021.

Francia-Président de la République. (2019, Decembre 24). Loi 2019-1428 d'orientation des mobilites. *Journal Officiel de la Republique Française-n° 299.*

Generalitat de Catalunya, *Ley 9/2003, de 13 de junio, de la movilidad.* DOGC-3913- 27 junio 2003.

CONGRESO DE LOS DIPUTADOS, Proyecto de Ley de movilidad sostenible, Boletín oficial de las Cortes Generales, 23 de febrero de 2024.

GuillÉn López, E., "Perspectiva constitucional de la movilidad urbana", en A. Boix A. y Marzal, R., *Ciudad y movilidad. La regulación de la movilidad urbana sostenible,* Valencia: PUV-Universitat de Valencia, 2014.

Ministerio del Interior. *Real Decreto Legislativo 6/2015, de 30 de octubre, se aprueba el texto refundido de la Ley sobre Tráfico, Circulación de Vehículos a Motor y Seguridad Vial.* BOE 261, 31 octubre 2015.

PARLAMENTO EUROPEO-COMISIÓN DE TRANSPORTE Y TURISMO, *El futuro de la movilidad en la UE, 2010.*

SÁNCHEZ SÁEZ, A. J., *Las restricciones de tráfico en las ciudades por motivos ambientales y su afectación a la libertad de circulación.* Granada: Comares, 2019.

Advanced Driver Assistance Systems (ADAS): la ayuda invisible y gran desconocida

MANEL PASCUAL SÁNCHEZ

Graduado en Prevención y Seguridad Integral

Director de Seguridad, Perito Judicial y Formador en Movilidad Segura y Sostenible

SUMARIO: I. INTRODUCCIÓN. II. MOVILIDAD SEGURA Y SOSTENIBLE. NUEVAS REALIDADES. III. ACTUALIDAD TECNOLÓGICA Y CONDUCCIÓN AUTÓNOMA. 1. Antecedentes. 2. ADAS, la ayuda invisible. 3. Características de la conducción autónoma. 4. Estrategias de presente y futuro. IV. EL DESCONOCIMIENTO DE ADAS AFECTA A LA SEGURIDAD. 1. Referencias. 2. Estudio del desconocimiento de ADAS y la influencia negativa en la seguridad vial. 2.1. Factor humano. 2.2. Comercialización de vehículos. 2.3. Encuestas sobre vehículos y seguridad vial. 2.4. Análisis Encuesta sobre Vehículos y seguridad vial. 3. Otras cuestiones que relacionan ADAS y seguridad vial. V. CONCLUSIONES. VI. MARCO JURÍDICO. VII. BIBLIOGRAFÍA.

RESUMEN: La conducción autónoma ya es una realidad a pesar de la legislación intervencionista y garantista de la Unión europea que limita y frena su implementación. En nuestras carreteras y ciudades ya circulan vehículos en fases previas a la autonomía total, en la denominada conducción semiautónoma.

La tecnología aplicada, especialmente en los vectores de dispositivos que asisten a la conducción, de forma significativa los denominados ADAS, y en los programas de tratamiento de la información mediante complejos algoritmos, denominada mayoritariamente inteligencia artificial, permiten tomar consciencia del entorno y los agentes presentes en la movilidad, facilitando así la toma de decisiones en relación a la conducción.

De esta forma, los ADAS se convierten en el eje principal de la conducción autónoma como generadores de información, pero en las actuales fases de conducción semiautónoma, interaccionando con el ser humano, pueden presentar casuísticas que afecten negativamente a la seguridad de la movilidad, presentándose de forma pasiva como importantes, y a veces determinantes, agentes causales de accidentes.

El presente capítulo analiza las posibles relaciones entre el desconocimiento de la tecnología aplicada en la seguridad de los vehículos y la movilidad y siniestralidad vial. Los ADAS, como tecnología visible aplicada en la seguridad de vehículos, su desconocimiento y posible incremento de riesgos viales, ¿una relación real?

La formación e información adecuadas sobre ADAS resultan imprescindibles para una correcta y completa eficacia en la aplicación de la tecnología y su afectación a la seguridad vial.

PALABRAS CLAVE: Conducción autónoma, conducción semiautónoma, ADAS, sistemas de asistencia avanzada al conductor, movilidad segura, seguridad vial, formación vial, factor humano.

AGRADECIMIENTOS: En primer lugar, agradecer al coordinador y promotor del Congreso internacional sobre conducción autónoma y seguridad jurídica del transporte celebrado el 6 y 7 de junio del 2024 en la Universidad Autónoma de Barcelona por su trabajo y dedicación, Dr. Eliseo Sierra Noguero, y por extensión al Comité organizador formado por Dr. Félix Benito Osma, D. Jorge Ortega Soriano y Dra. Montserrat Iglesias Lucia.

Agradecer de forma solidaria el trabajo realizado por el Comité Científico del Congreso, participado por grandes expertos y expertas.

Mención especial a la Universidad Autónoma de Barcelona en la figura de Prevención y Seguridad Integral FUAB y a todo el equipo humano que facilitó la organización del Congreso con los máximos niveles de calidad, demostrando gran eficacia organizativa y facilitando un ambiente acogedor ayudando a los objetivos del congreso.

No quisiera olvidar la mención a ADEVIC, asociación sin ánimo de lucro de la cual soy miembro y que colabora en la organización del Congreso, vinculada con la educación vial y que siempre transmite una visión humanista, con la formación como pilar básico, de una movilidad segura y sostenible.

Y, por último, y no menos importante, deseo mencionar a todas las personas que han hecho posible el congreso, directa o indirectamente, a los asistentes presentes y virtuales, y personal que ha facilitado la gestión del congreso y la posterior publicación y acciones derivadas.

Gracias a todos, y especialmente a las personas y amigos que han facilitado mi participación.

I. INTRODUCCIÓN

La seguridad vial y especialmente la siniestralidad que se deriva de la movilidad de las personas en los diferentes ámbitos tales como el lúdico, laboral, comercial, doméstico, etc., presenta un incremento de víctimas considerado pandémico por la Organización Mundial de la Salud[1].

---

1 El informe *Global status report on road safety 2023* de la OMS sobre la situación mundial de muertes por accidente de tráfico arroja la cifra de 1,19 millones de muertes al año. Si bien los datos se interpretan como avance en estrategias, leyes y acciones para reducir la cifra de siniestralidad, el objetivo de Decenio de la ONU de acción para la seguridad vial 2021-2030 pretende reducir a la mitad las víctimas fallecidas y lesionadas de carácter grave.

La movilidad segura y sostenible (MSS), es un concepto que cada vez presenta más modalidades y diversidad de vehículos que conviven en el espacio público, a veces con más componentes de competición que de convivencia en ese espacio compartido, en un entorno heterogéneo de gran complejidad, con gran demanda de intervención administrativa y actualización normativa.

Algunas modalidades de movilidad eran totalmente impensables hace escaso tiempo: vehículos de movilidad personal como patinetes eléctricos, vehículos semiautónomos y conducción autónoma, convoyes y conjuntos de transporte de mercancía con grados de conducción semiautónoma, vías y entornos conectados, etc. Realidades que requieren enfoques multidisciplinares y nuevas perspectivas y estrategias de gobernanza. Muchas de estas perspectivas se proyectan al ámbito jurídico y civil, especialmente en relación a responsabilidades y nuevas regulaciones.

Las perspectivas legales y normativas y sus repercusiones, especialmente ante responsabilidades de fabricantes y proveedores, administraciones y la gestión de la información y la privacidad se analizaron de forma plural y diversa en el Congreso internacional sobre conducción autónoma y seguridad jurídica del transporte celebrado el pasado 6 y 7 de junio del presente en el seno de la Universidad Autónoma de Barcelona y que ponentes detallarán sus respectivos capítulos del presente trabajo, enmarcados en el Proyecto de I+D+I sobre Conducción Autónoma y Seguridad Jurídica del Transporte (ADLAW)[2].

En lo referente a seguridad vial, siniestralidad y conducción autónoma o semiautónoma, existe un aspecto muy relevante y al tiempo invisibilizado que presenta dos enfoques divergentes: el factor humano y la inferencia directa de conductores en la siniestralidad de vehículos semiautónomos, y la convivencia simultánea en espacio y tiempo de vehículos autónomos con vehículos semiautónomos o manuales y su relación con la siniestralidad vial.

Ambos enfoques presentan una correlación con la regulación de los niveles de conducción y las estrategias y normativas que de ellos se derivan.

A continuación, se intentará visualizar la actualidad de estos dos aspectos y la relación con la seguridad vial, mediante un enfoque analítico y una finalidad última de concretar estrategias y líneas de acción para

---

2 Proyecto financiado por la Convocatoria de Proyectos de Generación de Conocimiento 2021 del Ministerio de Ciencia e Innovación. Modalidad: Investigación No Orientada Tipo B. PID2021-123070NB-I00 (2022-2025).

prevenir la siniestralidad relacionada con la conducción autónoma y semiautónoma interaccionando con el factor humano[3].

II. MOVILIDAD SEGURA Y SOSTENIBLE. NUEVAS REALIDADES

Actualmente la Movilidad segura y sostenible (MSS) es una prioridad estratégica en el marco de los Objetivos de Desarrollo Sostenible (ODS) y la agenda europea 2030, con gran afección en las principales economías del mundo en el sector automovilístico y del transporte.

Si hablamos de movilidad segura se hace referencia a la seguridad de las personas y bienes, en cualquiera de sus acepciones: conductoras, pasajeros, peatones, vehículos, mercancías y otros bienes...

De forma genérica, la MSS se enfoca desde cuatro perspectivas que se interrelacionan entre ellas: las personas, los vehículos, el entorno y las políticas y estrategias sociales y políticas. En dichas cuatro áreas se pueden establecer acciones preventivas para incrementar la seguridad, de forma directa o indirecta, donde siempre estará presente el factor humano en mayor o menor grado a pesar de la asistencia y presencia de la tecnología. Esta última es fundamental en la gestión de los vehículos y entorno, donde se puede hablar de una jerarquía superior en la gestión de la seguridad y la prevención de forma proactiva gracias a la conectividad y tratamiento en tiempo real de la información, convirtiéndose en algunos casos predictiva.

La tecnología al servicio de la movilidad presenta nuevas realidades sin prácticamente limitaciones, algunas de las cuales vienen dadas por cuestiones legales y éticas, no tecnológicas. Los principales ámbitos de aplicación tecnológica en relación a la MSS son el vehículo y el entorno.

De forma proactiva, el entorno está cada vez más conectado. Las vías, señalización, inclemencias e incidencias, iluminación y mucho más, se interrelacionan con los vehículos prácticamente a tiempo real y en determinadas condiciones de forma anticipada.

---

3 El denominado factor humano, considerando todas aquellas variables y procesos relacionados con el usuario vial, está presente entre un 70%-90% de los siniestros (FESVIAL, 2023, p. 6).

Un ejemplo: desde enero de 2023 se comercializa la baliza V16 [4] conectada y funcionando, que sustituye a la señal de emergencia de los triángulos de pre-señalización de peligro, si bien la conectividad a DGT 3.0 no será obligatoria hasta el uno de enero de 2026, mediante geolocalización y conexión de datos, que permite conocer y ubicar en tiempo real vehículos con problemas o averías, señalizar y gestionar el trafico, al tiempo que avisa al resto de vehículos de la zona de forma que puedan adaptar la conducción a la proximidad de un accidente o avería con afección al tráfico y de forma proactiva prevenir accidentes por atropello en vías interurbanas.

Pero donde realmente más ha evolucionado la técnica y más se implementa es en los vehículos. Lejos quedan los pioneros sistemas de seguridad activa que ayudaban a prevenir accidentes. Sistemas como ABS (sistema de frenada y antibloqueo), ESP o similares (control de estabilidad), asistencia a la frenada y otros sistemas. Así, un repaso cronológico de fechas e implementaciones obligatorias por normativa europea para vehículos nuevos comercializados, indica la implementación del ABS en 2004; obligación de incorporar BAS (asistencia a frenada de emergencia) en 2009; ESP obligatorio a partir de 2011; y en 2012 los sensores de presión de neumáticos (TPMS). Desde esos inicios a la actualidad, en apenas 10 años, el incremento de sistemas de seguridad activos y otros de detección y percepción del entorno se han incrementado de forma directamente proporcional a la implementación de la conducción autónoma.

La duda surge al analizar la reacción y adaptación del hombre, especialmente en su rol de conductor, a las nuevas tecnologías y realidades ya implementadas o en vista de implementarse en breve espacio de tiempo. ¿Ha sido paralela la evolución y conocimiento de los conductores de vehículos con la tecnología? ¿Afecta a la seguridad vial el desconocimiento de la tecnología aplicada a la conducción? ¿Se evidencia la necesidad de formar e informar adecuadamente a la ciudadanía sobre las nuevas tecnologías

---

4 Regulada principalmente por Resolución de 30 de noviembre de 2021, de la Dirección General de Tráfico, por la que se define el protocolo y el formato para el envío de datos desde la señal V16 al Punto de Acceso Nacional, en el ámbito de la Directiva 2010/40/UE del Parlamento Europeo y del Consejo, de 7 de julio de 2010, por la que se establece el marco para la implantación de los sistemas de transporte inteligente en el sector del transporte por carretera, y por la reforma del Reglamento General de Vehículos, Anexo XI de "señales en los vehículos" del Real Decreto 2822/1998, de 23 de diciembre, por el que se aprueba el Reglamento General de Vehículos.

aplicadas a la conducción para alcanzar los más altos niveles de eficacia de dicha tecnología y su inferencia en la seguridad vial y la siniestralidad?

La MSS es una prioridad europea, política, social y económica. La siniestralidad en Europa ofrece datos como la estimación de los costes por accidentes viales en un 2% del PIB, más de 20.000M de euros; o en España 1,1M de accidentes con víctimas y más de 66.000M de euros de coste social en los últimos diez años. La respuesta en Europa se concreta en el Proyecto Visión Cero, que busca alcanzar cero fallecidos en carretera en el año 2050 y que, en los próximos años, asegura salvar 25.000 vidas y 140.000 pasajeros lesionados con carácter de gravedad gracias a los sistemas ADAS.

III. ACTUALIDAD TECNOLÓGICA Y CONDUCCIÓN AUTÓNOMA

En este capítulo no se abordarán cuestiones normativas y legales derivadas de la producción y homologación de sistemas tecnológicos que se implementan en la fabricación de vehículos y en los cuales se basan la asistencia a la conducción, interacción con el entorno viario y los algoritmos y análisis que permiten la toma de decisiones, que será analizado de forma particular en otros apartados por expertos en cada materia.

En estas líneas se abordará la tecnología bajo un prisma de funcionalidad y aplicación en el entorno de la MSS, alejado de puntos de vista técnicos, de ingeniería, legislativos y normativos, para centrarse en las personas. Una movilidad segura por y para las personas, con ellas en el centro del análisis.

1. Antecedentes

Un breve recorrido por la historia demuestra que la conducción autónoma de vehículos no es una meta contemporánea. A continuación, se relatan a modo anecdótico algunos de los momentos más significativos en la historia de la conducción automatizada de vehículos.

Norman Bel Geddes plantea en la Exposición Universal de Nueva York de 1939 carreteras magnéticas con railes integrados para, una vez en autopistas, activar sistemas automáticos hasta la salida escogida.

A lo largo del tiempo, diversas ideas e intentos con mayor o menor fortuna desarrollan conceptos relacionados, pero es la llegada de la era digital la que supone un cambio sustancial en la evolución tecnológica. Así en 1984 se lanza el estándar europeo RDSTMC (RDS), que consiste en la emisión de alertas de tráfico por radio con la intención que los conductores puedan responder en una aproximación a tiempo real ante circunstancias de densidad de tráfico, corte de carreteras y limitaciones a la circulación.

Un gran avance supuso el experimento de E. Dickmanns en 1987, al convertir una furgoneta Mercedes-Benz en un vehículo autónomo, guiado por visión y un ordenador de forma muy rudimentaria.

A nivel inversión y estrategia administrativa en Europa, en 1984 se inicia el proyecto *Eureka Prometeo* que juntamente con Alfa Romeo desarrollan tecnología avanzada para contribuir a la seguridad vial en referencia a prevenir colisiones de forma proactiva, estacionamiento asistido, adelantamiento asistido, control de crucero, comunicación vehículo e infraestructura vial, y un largo etc., que supone un antecedente relevante a la actualidad.

En 1995 el proyecto logra que un Mercedes-Benz clase S con distintos sistemas recorra de forma autónoma con la intervención eventual del conductor los casi 1.000 Km de ida y vuelta que separan Múnich y Copenhague.

La competitividad y su implicación en innovación y desarrollo de las marcas, muchas veces más relacionado con la mercadotecnia que con la seguridad, impulsan grandes avances. Así, Toyota lanza en 2003 un modelo Prius que se convierte en el primer vehículo comercializado que estaciona solo con asistencia del sistema de navegación y cámaras.

En lo concerniente al transporte de mercancías terrestre, el año 2011 acompaña el lanzamiento del Proyecto SARTRE (*Safe Road Trains for Environment*), que desarrolla la circulación de un convoy autónomo por autopistas tras un vehículo guía pilotado.

Google prueba en 2012 el sistema LiDAR en un Toyota y apuesta por el coche autónomo AVOS (*Automatic Vehicle Operation System*). LiDAR se convierte en un sistema fundamental de los actuales sistemas ADAS y en el modo de observar e interpretar el entorno como fundamento de una conducción proactiva y predictiva, base de la conducción autónoma. LiDAR es un sistema basado en la detección por láser que permite al vehículo funcionar prácticamente a tiempo real y realizar mediante la teledetección e interpretación de imágenes un mapeo tridimensional del entorno, así como de las velocidades de objetos y personas en el entorno del vehículo, superando en la actualidad los 250 metros de alcance.

En España, el 2017 supone la incorporación al proyecto europeo *C-Roads*, Carreteras conectadas, que pretende asentar las bases del uso de los sistemas inteligentes de transporte cooperativos y sistemas de conducción autónoma, así como garantizar la interoperabilidad en toda Europa, con el objetivo final de mejorar la seguridad vial.

A partir de estas fechas, las innovaciones, aplicaciones, experiencias pilotos, regulaciones y un largo sinfín de aspectos se suceden de forma exponencial, representando en la comercialización de vehículos aspectos distintivos de marcas y valor añadido en la mercadotecnia que en ocasiones se anticipa a las regulaciones administrativas, pero que sin duda, ayudan a la evolución global de la conducción autónoma, alcanzando idiosincrasias como que en determinados territorios, competencia de diferentes estados y administraciones, se comercialicen vehículos con tecnología anulada o limitada, a veces solo activando un comando de forma manual, y no siempre con una evidente inferencia positiva en la seguridad vial[5], evidenciando una vez más las diferentes velocidades en aplicar las nuevas tecnologías según los estados y la normativa propia.

2. *ADAS, la ayuda invisible*

Los sistemas avanzados de asistencia a la conducción son los sistemas tecnológicos físicos en los que se basa la conducción semiautónoma y autónoma en cuanto son los sistemas que recopilan información del entorno del vehículo y la gestión interna del mismo, complementados por sistemas de software y especialmente algoritmos que interpretan la información disponible para decidir acciones directas en el control y comportamiento de los vehículos, siempre relacionado con los niveles de conducción y el requerimiento o no de la intervención humana.

A nivel de obligación normativa de homologación y aplicación obligatoria de sistemas tecnológicos en vehículos matriculados y comercializados en el espació de la Unión Europea y su mercado único, la última gran reforma ha llegado recientemente. Así, los vehículos de nueva matriculación en la Unión Europea deberán venir equipados de serie con diez nuevos sistemas de asistencia y ayuda al conductor (ADAS). Estos ADAS, obligatorios en la UE para todos los vehículos de nueva homologación desde julio de

---

5 Existe mucha divulgación y bibliografía en medios de comunicación sobre accidentes y situaciones que incrementan los riesgos en la conducción autónoma y semiautónoma, en muchas ocasiones por una falta de periodo de simulación y experimentación real, en una carrera frenética por la conducción autónoma que recuerda en la distancia la carrera espacial entre EE.UU. y la URSS donde lo importante era la meta final, importando poco los costes, incluyendo los humanos.

2022, son: Frenada automática de emergencia, Sistema de mantenimiento de carril, Detección de marcha atrás, Asistente inteligente de velocidad, Sistema de detección de fatiga y atención del conductor, Avisador de cinturón de seguridad en plazas traseras, Sistema de detección de señales, Control de crucero adaptativo, EDR o conocida como caja negra (*Event Data Recorder*), y Preinstalación del *Alcolock* (sistema de detección del grado de alcoholemia del conductor e inmovilización de vehículo).

Estos serán los ADAS obligatorios en Europa, pero el listado de ADAS y sus aplicaciones es mucho mayor. Como se informaba anteriormente, la comercialización de ADAS se ha convertido en un valor añadido muy presente en las políticas de comercialización de las marcas, al tiempo que permite incrementar los márgenes de beneficios.

Los principales sistemas ya comercializados y que están presentes en nuestras carreteras ya permiten grandes niveles de autonomía en la conducción, desdibujando en muchas ocasiones los límites legales y una clara separación en los niveles de conducción autónoma existentes.

3. Características de la conducción autónoma

Los niveles de conducción son seis, y siempre hacen referencia a vehículos a motor diseñados con el fin último de una movilidad en vehículos sin supervisión del conductor, es decir, sin toma de decisiones y conductas humanas relacionadas con la movilidad de vehículos en espacios y vías públicas.

Los niveles de conducción autónoma se catalogan del cero al cinco y las características principales se muestran a continuación en la tabla 1.

Tabla 1: Niveles de conducción autónoma y características de estos

Nivel	Conducción	Característica	Descripción
0	Conducción manual	Nada o poco automatizado	El conductor se encarga de todas las tareas relativas a la conducción del vehículo, sin ningún sistema complejo de ayuda.
1	Conducción asistida		Un sistema de asistencia a la conducción se encarga de controlar la dirección o la aceleración y desaceleración, pero nunca los dos a la vez. El conductor realiza el resto de las tareas relativas a la conducción.

2	Conducción con automatización parcial	Parcialmente automatizado	Uno o varios sistemas de asistencia a la conducción se encargan de la dirección y la aceleración y desaceleración. El conductor debe estar atento y llevar a cabo el resto de las tareas de conducción.
3	Conducción con automatización condicionada		Un sistema de conducción automatizada realiza todas las tareas de conducción, pero con ciertas limitaciones. El conductor debe responder a cualquier solicitud de intervención.
4	Conducción con automatización alta	Altamente automatizado	Un sistema de conducción automatizada realiza todas las tareas de conducción, incluso si el conductor humano no responde adecuadamente a una solicitud de intervención.
5	Conducción con automatización total		Un sistema de conducción automatizada realiza todas las tareas de conducción en todas las condiciones posibles. El vehículo puede prescindir de la figura del conductor, de volante y de pedales

(Elaboración propia a partir de información de la Dirección General de Tráfico, 2024).

Actualmente la legislación en la Unión Europea[6] está unificada, especialmente en las características y definiciones de la conducción autónoma detallada en la tabla 1 y en las cuestiones técnicas de homologación de los sistemas tecnológicos que lo permiten, especialmente los denominados ADAS, pero se implementa en cada Estado a diferentes velocidades.

Así, recientemente a principios del presente 2024, una marca como Ford ha comercializado el denominado *Bluecruise*®[7] inicialmente en Gran Bretaña,

6 La Unión Europea es la administración con intervención más exigente y restrictiva, en contraposición con administraciones como California, donde ya circulan taxis sin conductor en fases iniciales y no sin gran controversia, o en China, donde circulan vehículos de nivel 5 y 6 a pesar de la falta de concreción en la regulación.

7 Sistema de conducción altamente autónoma, pero de uso exclusivo en vías catalogadas por cada Estado con características de vía rápida tipo autopistas y autovías con características generales que no tengan especiales limitaciones. Este sistema es de conducción totalmente autónoma, pero requiere que el conductor este permanentemente preparado para hacerse cargo de la dirección y otras funciones de control cuando el vehículo lo determine según las características de la vía, entorno, densidad de vehículos, etc.

Alemania y España, y en junio de 2024 se ha ampliado la comercialización y homologación a 17 países europeos (se quedan fuera por las características de las vías Irlanda, Luxemburgo, Rumanía y Suiza).

La conducción con este sistema de conducción autónoma ha sido probada en primera persona el día 4 de julio del presente año, durante un recorrido aproximado de una hora y media por carreteras del área metropolitana de Barcelona, en horario de alta densidad de circulación sin atascos, día laboral intersemanal de la primera semana de julio, pudiendo concluir de forma resumida como un alto grado de conducción autónoma en las vías catalogadas y permitidas para accionar el sistema.

La conducción solo requiere de una cierta y relativa atención del conductor a la circulación, la cual se realiza totalmente autónoma (control de velocidad, direccionalidad, cambio de carril, adelantamientos, maniobras evasivas y preventivas, etc.), pero focaliza toda autonomía en la atención permanente del conductor, es decir, los detectores de presión en volante y la cámara de visión interna analiza la actitud del conductor o conductora, y si este desvía la mirada más de lo necesario o demuestra una conducta de poca o nula atención a la conducción, el sistema realiza un preaviso que, en caso de no ser atendido correctamente en un plazo de 8 segundos, se desconecta y requiere que el conductor se haga cargo del volante, la dirección y control del vehículo.

4. Estrategias de presente y futuro

Las estrategias para implementar de forma segura los diferentes niveles de conducción previstos viven una constante evolución y adaptación a las realidades diarias.

Actualmente, las administraciones y organizaciones de ámbito europeo han observado la complejidad en la convivencia simultanea de diferentes niveles de conducción autónoma, especialmente entre el nivel tres de conducción autónoma y los siguientes. Si ya es una afirmación aceptada genéricamente de la complejidad en la interacción de vehículos pilotados y supervisados por conductores con otros vehículos altamente autónomos, esto se incrementa significativamente en el nivel 3, donde la autonomía del vehículo todavía permanece marcadamente supeditada al conductor, creando grandes problemas de seguridad y baja eficacia preventiva de los sistemas.

Adrian Hallmark, CEO de Bentley, califica el nivel 3 de conducción autónoma como la fase más arriesgada de la conducción autónoma, justificando la afirmación en que la tecnología delega demasiado en el conductor. Esta opinión y los análisis que demuestran baja fiabilidad en los resultados, están haciendo variar las diversas estrategias internacionales.

Actualmente se apuesta por implementar altos niveles de ADAS y popularizar el nivel 2 de conducción autónoma para saltar en el mayor espacio posible de tiempo al nivel 4 de conducción autónoma, donde la presencia del conductor es prácticamente testimonial excepto en situaciones o incidencias muy concretas. Esta estrategia en la implementación de la conducción autónoma busca minimizar la presencia humana y el consecuente factor humano en la casuística de la siniestralidad, minimizando al máximo la interacción con la tecnología y la toma de decisión de la IA de los vehículos autónomos y semiautónomos.

Los datos de ventas y producción vienen a confirmar estos hechos, y es probable que en Europa veamos en muy poco tiempo, quizá dos años como máximo, la presencia generalizada de vehículos autónomos nivel 4 con una presencia casi testimonial de vehículos estrictamente de nivel 3.

IV. EL DESCONOCIMIENTO DE ADAS AFECTA A LA SEGURIDAD

El título del presente capítulo, *ADAS, la ayuda invisible y gran desconocida,* ya deja entrever algún aspecto negativo relacionado con el conocimiento de la tecnología y su aplicación. En la introducción ya se manifiesta la cuestión principal del presente capítulo, concretado en las preguntas finales del apartado II.

Así, la hipótesis lanzada en el presente análisis y que da titulo al presente epígrafe es la siguiente: el desconocimiento de ADAS afecta a la seguridad vial.

El análisis de la cuestión presentada genera un tema subsidiario: el factor humano, siempre presente, afectará directamente al periodo en el que circulen simultáneamente vehículos con distintos niveles de intervención humana y, consecuentemente, afectará a la eficacia estratégica en la seguridad vial de la conducción autónoma.

Dos grandes cuestiones, que, sin pretender resolverse en el presente artículo, si analizar con la finalidad de crear precedentes para futuros estudios, y especialmente, concretar en conclusiones y propuestas que ayuden a prevenir situaciones de riesgo y fomentar conductas seguras en el marco de la movilidad global.

1. Referencias

La bibliografía existente refiere de forma reiterada el factor humano como principal causa de la siniestralidad vial, destacando como principales agentes causales la distracción y falta de atención, el exceso de velocidad, el consumo de drogas y alcohol que afectan a la conducción, y conductas imprudentes[8].

De igual forma es amplia la bibliografía relacionada con la tecnología y el incremento en la seguridad disminuyendo la siniestralidad vial, alcanzando su mayor expresión un estudio que concluye que los vehículos autónomos sin conductor son más seguros que los pilotados por personas, salvo condiciones extremas de baja visibilidad y en maniobras de giro[9].

Cabe destacar la escasez de artículos y estudios que analicen posibles efectos negativos de los ADAS y su posible relación causal con siniestros, probablemente por diferir de tendencias, del mercado y de posibles lobbies de presión. Por eso hay que mencionar y destacar dos conclusiones importantes que se alinean con la hipótesis del presente trabajo, una posible correlación entre desconocimiento de la tecnología y su afección en la seguridad vial.

El primero, la Dirección General de Tráfico en su Estrategia de Seguridad Vial 2030[10] concluye que un sistema seguro de movilidad debe cumplir cuatro Principios Básicos, sin prioridad ni jerarquía: un vehículo seguro, para ocupantes y restos de usuarios de la vía pública; una velocidad adecuada y segura[11]; carreteras y entornos seguros; y usuario seguro. Este último principio es el que resulta de interés para el presente trabajo, ya que puntualiza que un usuario seguro es aquel bien formado, informado y

---

8 Observatorio Nacional de Seguridad Vial. (2022). *Las principales cifras de la siniestralidad vial España 2022.* Ministerio del Interior, Dirección General de Tráfico.

9 Abdel-Aty, M. & Ding, S., “A matched case-control analysis of autonomous vs human-driven vehicle accidents”, in *Nat Commun* 15, 4931 (2024). https://doi.org/10.1038/s41467-024-48526-4

10 Observatorio Nacional de seguridad Vial. (2022). *Estrategia de seguridad vial 2030.* Ministerio de Interior, Dirección General de Tráfico. Levanta Comunicación Gráfica, SL.

11 A pesar de los avances tecnológicos y los grandes avances en seguridad activa y pasiva de los vehículos, la correlación de velocidad y gravedad de las consecuencias no ha disminuido sustancialmente, y numerosos estudios alertan de la gravedad de los efectos a partir de velocidades superiores a los 80 Km/h donde la gravedad de lesiones se incrementa exponencialmente.

concienciado, reconociendo la información y la formación como aspectos fundamentales de un conductor seguro y por ende una movilidad segura.

El segundo trabajo en hacer referencia es un estudio epidemiológico, Análisis de los sistemas ADAS para la reducción de la siniestralidad, la mortalidad y la lesividad vial [12]. El proyecto VIDAS investiga las características y funciones de los ADAS y pone en valor como estos sistemas son básicos en una movilidad más segura y sostenible. Al tiempo, también investigan el conocimiento y la normativa de los mismos, promoviendo el uso y acceso a los mismos.

De forma específica, los objetivos principales del proyecto VIDAS son el conocimiento del arte de los ADAS (normativas, regulaciones y directivas); conocimiento de estudios e investigaciones, y de forma significativa en el ámbito del presente análisis, el grado de conocimiento sobre ADAS por parte de público objetivo, conductores, concesionarios y talleres. De forma ampliada, también fijan objetivos sobre mantenimiento y reparaciones de ADAS y el intercambio de información entre sociedad, administraciones y empresa.

De esta forma se puede afirmar que existe una necesidad de formación e información sobre ADAS de forma generalizada en nuestro país, a falta de conocer la falta de conocimiento de los mismos y su influencia negativa en la seguridad vial, más aún cuando la mayoría de estudios y análisis se centran y refieren a la presencia e intervención de sistemas ADAS en la concreción de siniestros con un enfoque mayoritario positivo, es decir, a como la intervención de ADAS minimiza las consecuencias de accidentes, donde aquellos evitados no son conocidos y consecuentemente no analizados.

2. Estudio del desconocimiento de ADAS y la influencia negativa en la seguridad vial

Desde la asociación ADEVIC[13] siempre se promociona la formación y la educación como medio para promocionar valores y conductas preventivas y proactivas que fomenten una MSS. Por este motivo, nuestra colaboración

12 BOSCH & FESVIAL. (2021). *Estudio epidemiológico. Análisis de los sistemas ADAS para la reducción de la siniestralidad, la mortalidad y la lesividad vial.* Proyecto VIDAS

13 *Associació pel Desenvolupament de l'Educació Viària a Catalunya,* asociación sin ánimo de lucro cuyo principal objetivo es la educación como base de valores y conductas que promocionen una cultura de seguridad vial mediante la formación de las personas conductoras, pasajeras y peatones que conviven en el espacio público, y promotora del objetivo visión cero victimas.

con el Congreso y el presente trabajo es la afirmación que las nuevas realidades y las nuevas tecnologías precisan de nuevas formas de conocimiento, y, en consecuencia, nuevas modalidades de formación e información hacia la población en general.

Esta idea ha sido constatada en diferentes foros académicos, de la administración y del sector empresarial a lo largo de los últimos años, alcanzando plena vigencia el pasado 2023 gracias al centro de investigación *PPP for Cities* del *IESE Business School* y la Gerencia de Movilidad e Infraestructuras del Ayuntamiento de Barcelona que conceptualizaron las *Barcelona Mobility Dialogues* con el objetivo de dar una visión holística y actualizada de la movilidad segura y sostenible que aglutino a más de cincuenta expertos nacionales e internacionales en movilidad urbana, donde pudimos participar junto a cientos de actores clave representantes del sector público, privado y de la sociedad civil.

Así, ante la pregunta de si el desconocimiento de sistemas ADAS influye negativamente en la seguridad vial, se abren diferentes perspectivas siempre con el déficit de formación e información que fomenten una cultura de conocimiento de los sistemas ADAS y las nuevas tecnologías en pro de una movilidad más segura y sostenible: conducta humana, sintetizada como factor humano; la comercialización de vehículos; y la responsabilidad social de fabricantes y administraciones en el fomento del conocimiento de las nuevas tecnologías y regulaciones.

A continuación, un análisis de cada uno de los aspectos señalados.

2.1. Factor humano

El factor humano relacionado con el presente análisis presenta diversos enfoques. El conocimiento de la tecnología y posibles repercusiones, factores psicológicos como sesgos cognitivos, influenciabilidad, etc.

Cuestiones como el miedo a lo desconocido o el rechazo a lo innovador, que requieren de un esfuerzo por parte de las personas, se convierten en elementos determinantes en la aceptación activa de nuevas tecnologías. Así como la mayoría de las personas disponen de teléfonos *Smartphone* con grandes capacidades de los cuales se desconocen prestaciones, podría equipararse la presencia de los ADAS en los actuales vehículos comercializados, especialmente en gamas medias y altas y como componentes distintivos y clasistas, con una gran diferencia, a afección a la seguridad física de las personas, dado que un mal uso de la tecnología móvil puede perjudicar a nivel emocional, psicológico o, en casos de ciberseguridad, afecciones económicas, reputacional, etc.

Un enfoque funcional en relación a la conducción de vehículos con alta presencia de ADAS, algunos muy innovadores, pueden suponer conductas de riesgo en cuanto se desconocen reacciones (vibraciones, alertas acústicas, etc.), ciertos grados de autonomía desconocidos (frenadas automáticas, especialmente en maniobras a baja velocidad, redireccionamientos de carril, etc.), percepción de avería o mal funcionamiento del vehículo o de algunos componentes, y una variedad indeterminada de aspectos emocionales y psicológicos que pueden intervenir directamente en la eficacia de los ADAS, incluso en su desconexión voluntaria desconociendo sus consecuencias.

Si centramos el análisis específicamente en sesgos cognitivos de las personas y los relacionamos con los ADAS podremos observar conductas erráticas e inseguras. Algunos ejemplos serian patrones ilusorios de falsa seguridad que implique sobrepasar nuestros límites; el sesgo de arrastre, en referencia a un comportamiento de manada por imitación sin motivación lógica o consciente, adquiriendo equipamientos sin conocimiento; el sesgo cognitivo de percepción selectiva, que nos hará percibir la realidad según nuestras expectativas; heurísticas de disponibilidad sobreestimando la información de la que se dispone; sesgo de confirmación al favorecer información que confirma nuestras creencias; y así pueden manifestarse más de cincuenta sesgos cognitivos relacionados con la seguridad vial y el conocimiento y valoración de la tecnología aplicada en los ADAS, su funcionalidad y prestaciones.

Otra casuística presente en muchos casos es el miedo a lo desconocido y a romper algo, que en algunas ocasiones se transforma en no manipular comandos o desconectarlos por precaución a desperfectos y sus posibles consecuencias, a nivel mecánico, de conducción o costes derivados.

Hay aspectos económicos que también infieren en el ámbito del factor humano, donde puede influir positiva o negativamente según la capacidad adquisitiva a la hora de invertir en un nuevo vehículo y su equipamiento tecnológico, considerando algunos equipamientos de lujo o innecesarios, limitando el acceso a ADAS y en consecuencia accediendo a niveles más bajos de seguridad.

2.2. Comercialización de vehículos

Hay diversos aspectos relevantes en relación a la comercialización de vehículos que se pueden clasificar en dos grandes grupos: seguridad jurídica y estrategias comerciales. El primero está poco desarrollado y especialmente adaptado a las nuevas realidades y actualidad del sector. El segundo ofrece poca transparencia y acceso a información pública por la importancia de las marcas fabricantes y cuestiones de calidad, fidelización y servicios posventa con posibles afecciones de imagen y reputación.

Seguridad jurídica

Desde 2011 FACONAUTO[14] ha dirigido sus esfuerzos hacia la consecución de desarrollar y aprobar en las Cortes españolas el compromiso adquirido por nuestras instituciones de dotar al sector de la distribución de vehículos de automoción de un marco legislativo que garantizara la seguridad jurídica en la relación mercantil entre fabricantes y concesionarios, hoy en día inexistente.

En 2022 se aprueba el Reglamento de Exención por Categorías de los acuerdos verticales de Suministro y Distribución (VBER) con significativa relevancia en el sector automovilístico, y posteriormente se avanza en el trámite para aprobar el Reglamento de Exención por Categorías de Vehículos de Motor -MVBER- (MVBER es específico del sector y VBER se aplica a los sistemas de distribución selectiva de la mayoría de los demás sectores).

Al tiempo, se está tramitando en la sede de las instituciones europeas la conocida como Ley de Datos con la finalidad de conocer y defender el papel de los talleres de reparación oficiales o servicios autorizados para ofrecer un servicio al consumidor final donde FACONAUTO y AECDR[15] tienen una presencia significativa y abogan por una legislación específica en relación a los datos e información de los vehículos y su gestión.

---

14 Federación Nacional que integra las asociaciones de concesionarios oficiales de las marcas de turismos, vehículos industriales y maquinaria agrícola presentes en el mercado español.

15 *Alliance of European Car Dealers and Repairers.*

Estrategias de mercadotecnia y comercialización

Según Dña. Carolina Ceprián, consultora en el sector automovilístico, la entrega de un vehículo en concesionario es un factor diferenciador de marca. Se cuestionan aspectos como el coste de la entrega o incluso si se tiene que valorar y ponerle precio, la realidad de la entrega del vehículo como *cross selling*, una realidad hoy en día donde muchas aplicaciones tecnológicas se disfrutan bajo suscripciones con costes añadidos a la compra del vehículo, y la posible consideración de estos como parte de los objetivos de venta de los fabricantes. Pero donde más relevante resulta su análisis de los servicios de venta y postventa es en la cuestión que relaciona a los clientes y el acceso a una formación de calidad y si estos aceptarían el sobrecoste de dicho servicio.

La realidad, difícilmente demostrable por el secretismo de las marcas, es que el proceso de adquisición de un vehículo nuevo y el servicio de entrega presenta mucha variedad, y no tanto por marca, si no de forma individual por cada concesionario y especialmente en la figura del vendedor como principal agente informador de las nuevas tecnologías y sus aplicaciones.

No puedo divulgar información confidencial obtenida por entrevistas personales con diversos vendedores de diferentes marcas, pero sí puedo afirmar la falta de homogeneización en el proceso de entrega y los controles internos de calidad y protocolos de entrega basados en sencillos formularios de *checklist*. Alguna marca de amplia reputación europea ha informado que el listado chequeado en la entrega de un vehículo puede significar un tiempo estimado de veinte minutos. Así, han informado varios agentes que la entrega puede variar entre una hora escasa a una hora y media, considerado este tiempo por todos los entrevistados como insuficiente, siempre focalizando al consumidor privado final.

Ante esta realidad, informan que la entrega del vehículo y la información facilitada depende mucho de aspecto variables como son el comprador, día y hora de la semana, conocimientos previos, y muy significativamente aspectos emocionales donde el comprador esta deseando salir del concesionario y conducir su nueva adquisición. Es general la omisión de cualquier formación previa o específica en el momento de la entrega, y siempre se hace mención a un cierto nivel de asesoramiento en el proceso de compra y decisión, sin grandes detalles.

Algunas opiniones estiman que en la actualidad una entrega de vehículo de gama media-alta debería comportar una explicación del vehículo, comandos y aplicaciones tecnológicas de mínimo tres horas, cosa en principio difícil de estandarizar según los recursos disponibles en un sector que tiende a las restricciones. Parece ser que los fabricantes y vendedores no valoran el conocimiento del usuario y delegan la principal carga de la seguridad en la tecnología de los ADAS con la mínima intervención humana. Pero al tiempo contrasta la realidad de muchos conductores que desconectan dispositivos por desconocimiento o falsos inconvenientes, de igual forma que es generalizado en los concesionarios que a los pocos días de la entrega de un vehículo, el conductor se presente informando de averías o mal funcionamiento de algunos dispositivos relacionados con ADAS y la seguridad, o en la mejor de las situaciones, demandando ampliar información o formación sobre los dispositivos de seguridad de su vehículo.

Referente al personal que entrega los vehículos, y sin cuestionar la profesionalidad de los mismos, ¿están preparados y capacitados suficientemente como formadores o comunicadores? ¿Están todos plenamente actualizados en referencia a las nuevas tecnologías de los vehículos? Cuestiones que solo se plantean aquí como reflexión e ilustración de la complejidad del tema analizado.

Por último, quiero enfatizar una cuestión planteada por la Sra. Ceprián relacionada con las encuestas de satisfacción y calidad donde de forma generalizada se penaliza el proceso de comercialización y entrega de vehículos: ¿no debería la entrega de un vehículo ser el momento estrella en la venta de un vehículo? La respuesta implica inversión en personal cualificado, tiempo, reciclajes, y de forma especial, focalizar al cliente y la seguridad vial como principal objetivo, en lo que realmente se demuestra como una ilusión.

2.3. Encuestas sobre vehículos y seguridad vial

Toda la información presentada hasta el momento motivó un pequeño estudio sin validación académica, pero que muestra algunos indicadores significativos.

Se realiza una encuesta con el título *Encuesta sobre Vehículos y seguridad vial* con la finalidad de analizar el conocimiento de los ADAS por parte de la población y sus posibles afecciones en la seguridad vial, con el único objetivo de ilustrar el presente trabajo.

La metodología es un formulario de *Google* que requiere correo personal de validación y que se difunde mediante redes sociales y correos electrónicos intentando alcanzar el máximo de heterogeneidad en la muestra. La encuesta en concreto consta de veinte preguntas, estructuradas en cuatro de perfilación social y demográfica, cuatro específicas sobre ADAS, cinco preguntas sobre conducción autónoma y ADAS, seis relacionadas con la seguridad vial y los ADAS, y finalmente una pregunta de validación.

La muestra es de noventa y seis participaciones, que ofrece datos de validación estadística de un universo de 10.000 personas como población estudiada, 50% de heterogeneidad, un nivel de confianza del 95% y un margen de error del 10%.

El estudio y tratamiento de los datos obtenidos ofrecen como resultados más significativos los reflejados a continuación en la tabla 2.

Tabla 2: resumen Encuesta sobre Vehículos y seguridad vial

Pregunta (resumida)	Respuestas
¿Edad?	9 personas entre 18 y 30 años 2 personas entre 31 y 40 años 19 personas entre 41 y 50 años 46 personas entre 51 y 60 años 15 personas entre > 61 años
¿Género?	64 % femenino 26 % masculino 1 % no informa
¿Permiso de conducción	75,82 % B o A+B 24,18 % C o superior 12,09 % permiso + E 4,40 % ADR
¿Conocimiento ADAS?	78,02 % conoce 17,58 % NO conoce 4,40 % ns/nc
¿Los ADAS solo se relacionan con la conducción autónoma?	48,35 % NO 26,37 % ns/nc 25,27 % SI
¿Tiene formación específica sobre ADAS?	73,63 % NO 21,98 % SI 4,40 % ns/nc

SI ha recibido formación específica, ¿correcta y suficiente?	55 % NO 35 % SI 10 % ns/nc
¿La formación ADAS impartida por?	19,78 % no ha recibido formación 17,58 % concesionario o agente de ventas 15,38 % internet 6,59 % especialista o mecánico 3,30 % prensa o similar 37,36 % otro medio
¿ADAS afectan directamente a la Seguridad Vial?	69,23 % SI 23,08 % ns/nc 7,69 % NO
¿Desconocer los ADAS afecta negativamente a la Seguridad Vial?	59,34 % SI 23,08 % ns/nc 17,58 % NO

(Elaboración propia, 2024)

2.4. Análisis de la Encuesta sobre Vehículos y seguridad vial

La encuesta es simplemente un indicador, no estando validada demoscópica ni académicamente. No obstante, la muestra de casi un centenar de personas encuestadas es lo suficientemente variada en edad, género y colectivos sociales, evitando al máximo errores de selección de la muestra, intentando alcanzar gran parte de territorio nacional previendo centrarse en una zona concreta como podría resultar el área metropolitana de Barcelona y posibles sesgos estadísticos derivados.

La franja de edad resulta significativamente alta, probablemente por falta de interés de población joven e incluso la falta de permiso de conducir en personas jóvenes junto a un incremento significativo de movilidad compartida. En relación al género, el masculino representa un 70% frente a un 30% femenino, lo que viene a confirmar las tendencias sobre la masculinización de la conducción y la necesidad de visiones que contemplen el feminismo en políticas y estrategias públicas.

Se presupone un alto índice de conductores profesionales o con permisos superiores al básico, indicando un 45% la posesión de permiso de conducción de la clase C, ADR, D y E, todos del ámbito del transporte de mercancías o de personas.

En cuestiones especificas sobre los ADAS un 78% de la muestra dice conocer que son los ADAS, pero en una pregunta abierta donde se solicita mencionar 5 dispositivos ADAS no existe una correcta correlación con dicho resultado, manifestando un cierto desconocimiento preciso de que son los ADAS en una muestra significativa. Aproximadamente un 25% de la muestra afirma que los ADAS solo se relacionan con la conducción autónoma frente a un 48,5% que lo niega. Es muy relevante que un 73,63% de la población estudiada manifiesta no haber recibido nunca formación específica sobre ADAS, como un 55% opina que sí ha recibido dicha formación específica la misma se valora como insuficiente De igual forma, es muy significativa la poca presencia de los concesionarios en la transmisión de la formación o información de referencia, donde solo representa un 17,58% frente a la fuente de conocimiento mayoritaria con un 52,74% que representa internet, otros medios y otras personas.

Por último, la relación entre ADAS y seguridad vial se concreta con un porcentaje de casi el 70% de encuestados que sí reconocen relación directa entre ADAS y seguridad. Es muy importante también la afirmación de casi el 60% que opina que desconocer los sistemas ADAS afecta negativamente a la seguridad vial.

3. Otras cuestiones que relacionan ADAS y seguridad vial

Sin pretender ser un estudio exhaustivo, el presente trabajo no puede omitir otros ámbitos de gran relevancia donde el conocimiento de los ADAS infiere directamente en la seguridad de las personas.

Así, un vehículo a motor, en el ámbito laboral se redefine como herramienta o maquinaria de trabajo. Esto implica, según la legislación vigente del ámbito laboral y la prevención de riesgos laborales, una correcta y suficiente formación en el uso de las herramientas y maquinaria de trabajo, al tiempo de los riesgos y medidas preventivas ocasionados por el puesto de trabajo y las tareas desempeñadas.

De igual modo, flotas de vehículos a disposición de trabajadores para los desplazamientos propios de funciones comerciales, desplazamientos *in itinere*, *in misión* y diferentes casuísticas individualizadas según cada empresa o actividad económica, ofrecen una gran diversidad en las que los conductores no interfieren en los procesos de selección y compra de los vehículos, y en los que mayoritariamente no se recibe ninguna formación específica a los conductores, habituales o eventuales, presuponiendo que una licencia administrativa de conducción, obtenida quizá hace tiempo, ya habilita suficientemente en la conducción de los modernos vehículos.

Si el lector quiere hacer la reflexión, que piense a cuantos colectivos conoce, o profesionales que usen vehículos de empresa, a los que se haya formado adecuadamente en el pilotaje y conducción de vehículos de última generación, conociendo la mayoría de mandos y prestaciones de seguridad activa y ADAS. ¡Sorprendente será una elevada respuesta a dicha cuestión!

Se ofrece aquí todo un espacio de debate y estudio jurídico que puede concretarse en posibles responsabilidades hasta la fecha invisibilizadas del ámbito laboral, y quizá nuevas realidades por definir.

V. CONCLUSIONES

El presente estudio y análisis se puede valorar como suficiente para definir diferentes indicadores objetivos que confirman la hipótesis planteada sobre la afección en la seguridad vial e incremento de riesgos como resultado del desconocimiento tecnológico de los sistemas avanzados de asistencia al conductor (ADAS).

El informe final del proyecto VIDAS, publicado el 2022 y coparticipado por BOSCH y FESVIAL, concluye:

- El nivel de equipamiento en el parque de vehículos actual es medio-bajo en cuanto a los principales sistemas ADAS que evitan siniestros viales.
- Aunque la mayoría de los encuestados asignan a los sistemas ADAS atributos positivos, más de la mitad no tiene claro que actúen mejor que ellos en situaciones de riesgo.
- En más del 65% de las ventas de vehículos, la seguridad que aportan los sistemas ADAS no fue destacada como un argumento en la explicación de ventajas y equipamiento.
- El desconocimiento de la necesidad de recalibrar sensores y cámaras después de un siniestro o una sustitución de parabrisas alcanza el 35%.
- Para mejorar la seguridad vial, BOSCH y FESVIAL recomiendan focalizar los esfuerzos en favorecer la divulgación, el conocimiento, el acceso y el uso de los sistemas ADAS.

- Los sistemas ADAS evitarían el 40% de los siniestros viales y el 29% de las víctimas, según se desprende del primer estudio elaborado por VIDAS.

Si las premisas expuestas y analizadas en el conjunto del presente artículo se aceptan, aunque sea de forma parcial o relativa, las principales conclusiones que se derivan de las mismas son:

- Se evidencia la necesidad de mayor implicación de fabricantes, concesionarios y agentes de venta en relación al fomento de la formación e información sobre ADAS y nuevas tecnologías y su inferencia en la movilidad segura y sostenible.
- Mayor implicación de administraciones y entidades de referencia en la difusión de la información y fomento de campañas de divulgación y sensibilización sobre las nuevas tecnologías y la movilidad segura y sostenible destinadas a la población en general.
- Campañas de información y sensibilización especificas dirigidas a colectivos profesionales.
- Fomento de información y formación en el ámbito de la Ley de prevención de riesgos laborales y el uso de herramientas de trabajo y maquinaria en el puesto de trabajo.
- Incentivar y fomentar estudios y espacios donde compartir información relacionada con los ADAS y su posible incidencia negativa en la seguridad vial por desconocimiento, con análisis de datos de siniestralidad relacionados con la implementación de ADAS y los diferentes niveles de conducción autónoma.
- Fomento de estudios del ámbito social y psicológico sobre la aceptación, resistencia y resiliencia en la aceptación de las nuevas tecnologías en los vehículos y las nuevas modalidades de conducción autónoma.

VI. MARCO JURÍDICO

Comisión Europea. (5 de agosto de 2022). Reglamento de Ejecución (UE) 2022/1426 de la Comisión de 5 de agosto de 2022 por el que se establecen normas para la aplicación del Reglamento (UE) 2019/2144 del Parlamento Europeo y del Consejo en cuanto a los procedimientos uniformes y las especificaciones técnicas para la homologación de tipo del sistema de conducción automatizada (ADS) de los vehículos totalmente automatizados (Texto pertinente a efectos del EEE). Diario Oficial de la UE.

Dirección General de Tráfico. (21 de marzo de 2024). Instrucción, *Vehículos de conducción automatizada.* Obtenido de dgt.es: https://www.dgt.es/muevete-con-seguridad/tecnologia-e-innovacion-en-carretera/vehiculos-de-conduccion-automatizada/

Dirección General de Tráfico. (22 de marzo de 2022). Instrucción, *Autorización de pruebas o ensayos de investigación realizados con vehículos de conducción automatizada en vías abiertas al tráfico en general.*

Dirección General de Tráfico. (8 de agosto de 2019). Instrucción, *Procedimiento para la designación de Centros de Reconocimiento Tecnológico y para la certificación de sistemas ADAS Aftermarket.*

Jefatura del Estado. (10 de noviembre de 1995). *Ley 31/1995, de 8 de noviembre, de Prevención de Riesgos Laborales. (269).* BOE.

Jefatura del Estado. (13 de diciembre de 2003). *Ley 54/2003, de 12 de diciembre, de reforma del marco normativo de la prevención de riesgos laborales. (298).* BOE.

Ministerio de la Presidencia. (23 de diciembre de 2003). *Real Decreto 1428/2003, de 21 de noviembre, por el que se aprueba el Reglamento General de Circulación para la aplicación y desarrollo del texto articulado de la Ley sobre tráfico, circulación de vehículos a motor y seguridad* vial, aprobado por el Real Decreto Legislativo 339/1990, de 2 de marzo. *(306).* BOE.

Ministerio de la Presidencia. (26 de enero de 1999). *Real Decreto 2822/1998, de 23 de diciembre, por el que se aprueba el Reglamento General de Vehículos. (22).* BOE.

Ministerio del Interior. (8 de junio de 2009). *Real Decreto 818/2009, de 8 de mayo, por el que se aprueba el Reglamento General de Conductores. (138)*. BOE.

Ministerio del Interior. (31 de octubre de 2015). *Real Decreto Legislativo 6/2015, de 30 de octubre, por el que se aprueba el texto refundido de la Ley sobre Tráfico, Circulación de Vehículos a Motor y Seguridad Vial. (216).* BOE.

Parlamento Europeo. (27 de noviembre de 2019). Reglamento (UE) 2019/2144 del Parlamento Europeo y del Consejo, de 27 de noviembre de 2019, relativo a los requisitos de homologación de tipo de los vehículos de motor y de sus remolques, así como de los sistemas, componentes y unidades técnicas independientes destinados a esos vehículos, en lo que respecta a su seguridad general y a la protección de los ocupantes de los vehículos y de los usuarios vulnerables de la vía pública.

VII. BIBLIOGRAFÍA

BOSCH y FESVIAL, *Estudio epidemiológico. Análisis de los sistemas ADAS para la reducción de la siniestralidad, la mortalidad y la lesividad vial.* Proyecto VIDAS, 2021.

CEPRIÁN, C., *La entrega excelente del vehículo en concesionario como factor diferenciador.* (Escuela de ventas, Ed.). 2024. Recuperado el mayo de 2024, de https://www.escuelafuerzacomercial.com/entrega-excelente-del-vehiculo/

Dirección General de Tráfico, (España se incorpora al proyecto europeo C-Roads. *Tráfico y Seguridad Vial.* (Ministerio del Interior, Ed.) Madrid, 9 de noviembre de 2017.

FACONAUTO, *Los vehículos conectados salvarán 11.000 vidas y evitarán 260.000 accidentes cada año.* 26 de abril de 2022. Recuperado el mayo de 2024, de Faconauto.com: https://www.faconauto.com/noticias-automocion/los-vehiculos-conectados-salvaran-11-000-vidas-y-evitaran-260-000-accidentes-cada-ano/

FESVIAL, *Seguridad vial: Sobre su promoción, prevención y atención más allá de las carreteras.* Madrid: Ministerio de Sanidad, 2023.

Observatorio Nacional de seguridad Vial, *Estrategia de seguridad vial 2030.* Ministerio de Interior, Dirección General de Tráfico. Levanta Comunicación Gráfica, SL, 2022.

Observatorio Nacional de Seguridad Vial, *Las principales cifras de la siniestralidad vial España 2022.* Ministerio del Interior, Dirección General de Tráfico.

Communication standards for autonomous and connected cars

PABLO VALERIO
M.S. Electrical Engineering, The Ohio State University
Editor at EE Times and EPS News, Aspencore Media

SUMARIO: INTRODUCTION. COMMUNICATION STANDARDS FOR CONNECTED VEHICLES. V2X: The language of Self-Driving Cars. V2I: Talking to the Infrastructure. V2N: Tapping into the Cloud. HOW DO AUTONOMOUS VEHICLE WORK?. EARLY TRIALS OF AUTONOMOUS VEHICLES. DIFFERENT WIRELESS STANDARDS. DSRC: The First Standard Technology. Cellular Vehicle-To-Everything (C-V2x). THE 5.9 GHz SPECTRUM CONTROVERSY.. THE FUTURE OF V2X COMMUNICATION. EUROPEAN COMMISSION'S INITIAL PUSCH FOR DSRC. THE RISE OF 5G AND THE EVOLVING LANDSCAPE OF V2X. The 5G Lobby and the Push for Technological Neutrality. Europe's Hybrid Approach: Balancing Legacy and Future. The Cellular vs. WiFi Debate: a Battle for V2X Supremacy. Navigating the Transition: Challenges and Considerations. THE EUROPEAN COUNCIL AND THE 5G LOBBY.. THE OUTCOME: A HYBRID APPROACH. The road ahead for European Connectivity Standards. THE PROMISE OF 6G. BEYOND TERRESTRIAL NETWORKS: LOW-EARTH ORBIT (LEG) SATELLITES. BALANCING CONNECTIVITY WITH SUSTAINABILITY. CONCLUSION: THE ROAD TO A GREENER FUTURE. BIBLIOGRAPHY.

"Self-driving cars equipped with electric motors and deployed in a transportation service model are poised to become the biggest thing to hit the automobile industry since the invention of the automobile itself," wrote Lawrence D. Burns, former vice president of Research and Development for General Motors, in his 2018 book, "Autonomy: The Quest to Build the Driverless Car—And How It Will Reshape Our World."[1]

INTRODUCTION

The development of autonomous vehicles (AVs) and connected cars is one of the most significant technological advancements in recent history. These innovations promise to enhance road safety, efficiency, and user

---

1 BURNS, L., *Autonomy: The Quest to Build the Driverless Car–And How It Will Reshape Our World*, HarperCollins UK, 2018.

convenience. However, their success heavily relies on robust communication systems enabling interactions within the vehicle, with other vehicles, and with infrastructure.

This article explores the evolution and current state of communication standards for autonomous and connected cars, focusing on major technologies such as Dedicated Short-Range Communication (DSRC), Cellular Vehicle-to-Everything (C-V2X), and the role of 5G and future 6G networks. the implications of 5G advancements, and the potential future impact of 6G and Low-Earth Orbit (LEO) satellites.

COMMUNICATION STANDARDS FOR CONNECTED VEHICLES

Autonomous vehicles (AVs) rely on a complex interplay of sensors, software, and computing power to navigate roads. While cameras, radar, and LiDAR paint a detailed picture of the immediate surroundings, a crucial piece of the puzzle for safe and efficient operation lies in their ability to communicate. This communication acts as the nervous system of an AV, allowing it to perceive beyond its own sensor range and collaborate with the environment.

V2X: The Language of Self-Driving Cars

V2X, or Vehicle-to-Everything, communication forms the foundation for this interconnectivity. Imagine an AV approaching an intersection. V2X allows it to "talk" to other vehicles (V2V), exchanging information on speed, position, and direction. This real-time data exchange helps predict potential collisions and coordinate maneuvers, significantly reducing the risk of accidents.

V2I: Talking to the Infrastructure

The conversation doesn't stop with other vehicles. V2I, or Vehicle-to-Infrastructure, communication enables AVs to interact with traffic lights, smart signs, and road sensors. Traffic signals can transmit upcoming changes, allowing the AV to optimize speed and avoid congestion. Additionally, road sensors can report on hazards like accidents or slippery surfaces, providing valuable information for route planning and ensuring a smoother, safer journey.

V2N: Tapping into the Cloud

V2N, or Vehicle-to-Network, communication allows AVs to connect to a broader cloud network. This network can provide real-time updates on traffic conditions, weather patterns, and even potential hazards reported by other vehicles. By tapping into this collective intelligence, AVs can make informed decisions and constantly adapt to changing situations.

HOW DO AUTONOMOUS VEHICLES WORK?

Autonomous vehicles utilize a complex array of sensors, software, and computing power to navigate roads safely and efficiently. These sensors, including cameras, radar, and lidar, collect extensive data about the vehicle's surroundings. This data is processed by sophisticated software that makes real-time decisions on navigation, steering, acceleration, and braking. The capability of AVs to operate on public roads and in urban areas is significantly enhanced by their ability to communicate with other vehicles and infrastructure. This communication is essential for avoiding collisions, managing traffic efficiently, and providing up-to-date information about road conditions.

EARLY TRIALS OF AUTONOMOUS VEHICLES

The development of autonomous vehicles has witnessed significant progress in recent years. Early trials, such as the DARPA Grand Challenge, played a crucial role in propelling this technology forward[2]. The impact of these early trials, prepared the evolution from initial feasibility studies to present-day applications like robotaxis.

The Defense Advanced Research Projects Agency (DARPA) initiated the Grand Challenge to foster the development of self-driving vehicles for military applications. The primary objective was to create autonomous ground vehicles capable of navigating dangerous environments like war zones, minimizing human casualties (Urmson *et al.*, 2005).

---

2 THRUN, S., BURGARD, W., and FOX, D., *Probabilistic robotics,* MIT press, 2005.

The inaugural Grand Challenge in 2004[3], held in the Mojave Desert, proved immensely challenging. No vehicle could complete the course, highlighting the significant technical hurdles facing autonomous driving. However, the competition served a crucial purpose. It spurred significant research and development efforts, fostering collaboration between universities and industry leaders[4].

Subsequent Grand Challenge events in 2005 and 2007 witnessed increased success. The 2005 iteration, with a revised course, saw the Stanford Racing Team's "Stanley" emerge victorious (Lehmann *et al.*, 2006). The 2007 Urban Challenge, held in a simulated urban environment, further emphasized the importance of reliable communication between AVs for safe navigation[5] .

The DARPA Grand Challenge not only demonstrated the technical feasibility of autonomous driving but also laid the groundwork for practical applications. The initial focus on military utility has evolved to encompass civilian applications like robotaxis[6]. As AVs transition from research labs to real-world deployment, the emphasis has shifted towards developing robust communication protocols that ensure safety and interoperability between different AVs and connected infrastructure[7].

---

3 DARPA, "Grand Challenge: DARPA Announces the Results of the 2004 Urban Challenge", March 13, 2004, at https://www.darpa.mil/about-us/timeline/-grand-challenge-for-autonomous-vehicles

4 MANYIKA, J., CHUI, M., OSBORNE, M., GROVES, P., and WOMACK, P., "No driver? No problem: The future of transportation and how to survive it", in *McKinsey Global Institute,* 2016.

5 MONTEMERLO, H., ANDERSON, J., and BEETZ, M., "A survey of quantitative methods for vehicle maneuver planning", in *Journal of Field Robotics,* Vol. 24, nos. 9-10, 2007, pp. 887-944.

6 FAGNANT, D., KOCKELMAN, K., and HANSON, S., "Preparing for the future of transportation: Autonomous vehicles and public policy", in *International Journal of Sustainable Transportation,* vol. 10, no. 6, 2016, pp. 423-438.

7 XIAO, L., ZHU, Y., and LIU, X., "Security and privacy issues in vehicular cloud computing systems", in *IEEE Transactions on Intelligent Transportation Systems,* 2016.

DIFFERENT WIRELESS STANDARDS

Connected vehicles, a cornerstone of Intelligent Transportation Systems (ITS), rely on Vehicle-to-Everything (V2X) communication for safe and efficient operation[8]. This communication encompasses both Vehicle-to-Vehicle (V2V) and Vehicle-to-Infrastructure (V2I) interactions. Two primary standards are currently vying for dominance: Dedicated Short-Range Communication (DSRC) and Cellular Vehicle-to-Everything (C-V2X)[9].

DSRC: The First Standard Technology

DSRC, a WiFi-based technology built on the IEEE 802.11p standard, utilizes the 5.9 GHz band for low-latency, short-distance communication. Its focus on safety-critical applications and established deployment history make it a mature technology proven for collision avoidance, traffic signal timing, and emergency vehicle alerts[10]. Regulatory bodies like the US Federal Communications Commission (FCC) and the European Telecommunications Standards Institute (ETSI) have allocated spectrum in the 5.9 GHz band specifically for ITS.

Cellular Vehicle-To-Everything (C-V2x)

Cellular Vehicle-to-Everything (C-V2X) is a cellular technology that supports a wider range of applications beyond just safety, including traffic management and infotainment. Leveraging existing cellular infrastructure, C-V2X offers potential cost savings and scalability for future applications. Unlike DSRC, which relies on dedicated infrastructure, C-V2X can use the extensive cellular networks already in place. The rise of 5G technology has

---

8 INTELLIGENT TRANSPORTATION SYSTEMS JOINT PROGRAM OFFICE (ITS-JPO), "Connected Vehicle Standards", April 10, 2024, at https://www.its.dot.gov/research_archives/connected_vehicle/connected_vehicle_standards.htm

9 INTERNATIONAL ELECTROTECHNICAL COMMISSION (IEC), "Standards battle for the connected car", August 24, 2016, at https://www.iec.ch/blog/standards-battle-connected-car

10 EUROPEAN AUTOMOBILE MANUFACTURERS' ASSOCIATION (ACEA), "ACEA Position Paper Frequency bands for V2X", November, 2018, at https://www.acea.auto/uploads/publications/ACEA_position_paper-Frequency_bands_for_V2X.pdf

further bolstered the case for C-V2X, as it promises enhanced performance and broader application possibilities.

This technology is revolutionizing connected transportation by enabling direct communication between vehicles (V2V), infrastructure (V2I), pedestrians (V2P), and the cloud (V2N)[11]. While its initial focus was on enhancing road safety through real-time information sharing, C-V2X offers a wider range of applications that can transform the future of mobility.

C-V2X goes beyond the traditional focus of Vehicle-to-Everything (V2X) communication on accident prevention. By facilitating real-time data exchange, C-V2X empowers vehicles with a comprehensive understanding of their surroundings. This situational awareness enables a variety of applications that improve traffic flow, optimize resource allocation, and enhance the overall driving experience[12].

C-V2X can revolutionize traffic management by enabling real-time communication between vehicles and infrastructure. Vehicles can share data on speed, location, and lane changes, allowing traffic authorities to dynamically adjust traffic light timings and optimize traffic flow[13]. This collaborative approach can significantly reduce congestion, leading to shorter commutes and improved fuel efficiency. Additionally, C-V2X can be integrated with emergency vehicle notification systems, enabling smoother passage for ambulances and fire trucks, potentially saving lives during critical situations.

C-V2X extends its reach beyond core traffic management functions to provide a platform for enriching the in-vehicle experience. Information on nearby restaurants, gas stations, and parking availability can be seamlessly relayed to drivers, enhancing convenience and reducing time spent searching for these services.

---

11 3GPP, "Study on cellular enhancements for road safety (Mach Study)", 2020, at https://www.sciencedirect.com/science/article/pii/S1877050921025564

12 SHAUF, M., and XIANG, Y., "Vehicle-to-everything communications systems: A survey", in IEEE Communications Surveys & Tutorials, vol. 18, no. 4, 2016, pp. 2200-2219. https://ieeexplore.ieee.org/document/9854561

13 DHINESH, K. and RAMMOHAN, A., "Revolutionizing Intelligent Transportation Systems with Cellular Vehicle-to-Everything (C-V2X) technology: Current trends, use cases, emerging technologies, standardization bodies, industry analytics and future directions", July, 2023, at https://www.sciencedirect.com/science/article/pii/S2214209623000682

Additionally, C-V2X can facilitate personalized route optimization based on real-time traffic conditions, weather updates, and road closures, ensuring a smoother and more efficient journey.

THE 5.9 GHZ SPECTRUM CONTROVERSY

The 5.9 GHz band's appeal stems from its unlicensed nature and low latency, crucial for advanced driver-assistance systems (ADAS) and industrial IoT applications[14]. However, this attractiveness has sparked competition. The cellular industry advocates for exclusive use of the band for C-V2X, aiming to eliminate competition and leverage existing cellular infrastructure[15]. Conversely, the internet service providers desire access for home WiFi advancements. Automobile manufacturers using DSRC raise concerns about potential interference with vehicle control systems and communication.

THE FUTURE OF V2X COMMUNICATION

The future of V2X communication standards hinges on balancing safety, technological advancements, and economic interests.

DSRC boasts a mature infrastructure and focus on safety but faces challenges from competing interests in the 5.9 GHz band. C-V2X offers potential for broader connectivity but may require significant infrastructure investment. Further research and collaboration are necessary to determine the optimal path forward, ensuring robust and reliable communication for connected vehicles.

---

14 INTERNATIONAL ELECTROTECHNICAL COMMISSION (IEC). (2016, August 24). Standards battle for the connected car. https://www.iec.ch/blog/standards-battle-connected-car

15 AUTO ALLIANCE, "Letter to President Barack Obama Regarding the 5.9 GHz Band", January 21, 2016, at https://www.autosinnovate.org/

EUROPEAN COMMISSION'S INITIAL PUSH FOR DSRC

In 2019, the European Commission proposed DSRC[16] as the standard for V2X communication in Europe, citing its readiness for deployment and safety benefits. The Commission's proposal aimed to standardize V2X communication across Europe, ensuring interoperability and enhancing road safety. However, this decision sparked significant debate, particularly from telecom companies and proponents of cellular based technology.

The Commission's initial push for DSRC as the standard for V2X communication in Europe reflected the technology's maturity, established deployment, and its proven effectiveness in supporting safety-critical applications. The proposal was part of a broader strategy to enhance road safety and reduce traffic congestion by leveraging mature and reliable communication technology.

The Commission act defined a hybrid approach, endorsing the ITS-G5 standard as the baseline technology for direct vehicle-to-vehicle and vehicle-to-infrastructure communication, while using LTE and 5G cellular technology for additional communication to remote infrastructure and cloud services.

The European Commission finally issued the delegated act (bill) supplementing Directive 2010/40/EU of the European Parliament. The European Parliament approved the document on April 17, 2019.

THE RISE OF 5G AND THE EVOLVING LANDSCAPE OF V2X COMMUNICATION

The emergence of 5G technology has significantly impacted the landscape of Vehicle-to-Everything (V2X) communication, challenging the previously dominant Dedicated Short-Range Communication (DSRC) standard. This section explores the factors that led to the rise of 5G as a viable alternative for V2X communication and the ongoing debate surrounding its adoption.

---

[16] EUROPEAN COMMISSION, "Proposal for a Regulation of the European Parliament and of the Council on harmonised conditions for marketing vehicles and trailers, and their systems, components and separate technical units, and for the market access of vehicles, amending Regulations (EC) No 705/2007, (EU) No 2018/858, (EU) No 2019/621 and (EU) No 2019/622 and repealing Directives 2007/46/EC, 2009/33/EC and 2014/45/EU (COM(2019) 330 final)", 2019.

The 5G Lobby and the Push for Technological Neutrality

The telecom industry and car manufacturers, often referred to as the "5G lobby," have advocated for a technology-neutral approach in V2X communication[17]. This approach prioritizes long-term potential over short-term benefits, favoring the future-proof capabilities of 5G over the established but limited functionalities of DSRC. 5G offers significant advantages for V2X applications, including:

- Higher Data Rates: 5G boasts significantly faster data transfer speeds compared to DSCR. This enhanced bandwidth allows for the seamless transmission of complex data sets, crucial for real-time applications like cooperative adaptive cruise control and platooning[18].
- Lower Latency: 5G communication experiences minimal delays, enabling vehicles to react to critical situations in real-time. This ultra-low latency is essential for ensuring safety in autonomous driving scenarios[19].
- Greater Device Connectivity: The architecture of 5G can support a much larger number of connected devices compared to DSRC. This scalability is critical for future transportation systems where a vast network of vehicles, infrastructure, and pedestrians will require seamless communication[20].

---

17 SUN, C., WANG, J., XU, X., LI, G., and WANG, F., "5G for vehicle-to-everything communications: Enabling future transportation", in IEEE Communications Surveys & Tutorials, vol. 22, no. 2, 2020, pp. 964-988. https://ieeexplore.ieee.org/document/10070415

18 SHAUF, M., and XIANG, Y., "Vehicle-to-everything communications systems: A survey", in IEEE Communications Surveys & Tutorials, vol. 18, no. 4, 2016, pp. 2200-2219. https://ieeexplore.ieee.org/document/9854561

19 GERLACH, T., "Cooperative intelligent transport systems using C-V2X communication: Concepts, applications, and future directions", in Sensors, vol. 18, no. 12, 2018.

20 SUN, C., WANG, J., XU, X., LI, G., and WANG, F., "5G for vehicle-to-everything communications: Enabling future transportation", in IEEE Communications Surveys & Tutorials, vol. 22, no. 2, 2020, pp. 964-988. https://ieeexplore.ieee.org/document/10070415

Europe's Hybrid Approach: Balancing Legacy and Future

The European Council, recognizing the strengths of both technologies, adopted a hybrid approach, allowing both DSRC and 5G to coexist and play complementary roles in V2X communication[21]. This decision acknowledges the existing investments made in DSRC infrastructure while paving the way for a smoother transition towards the more versatile and future-oriented 5G technology.

The Cellular vs. WiFi Debate: A Battle for V2X Supremacy

The European landscape witnessed a significant debate between proponents of cellular technology and those advocating for the WiFi-based DSRC standard[22]. The cellular industry, fueled by the potential of 5G, emphasized the long-term benefits of a robust mobile network architecture. On the other hand, supporters of DSRC, including some cities and automotive players, highlighted the already existing infrastructure investments made using this standard.

Navigating the Transition: Challenges and Considerations

While 5G offers a promising future for V2X communication, challenges remain regarding the transition from DSRC. Upgrading existing infrastructure to accommodate 5G necessitates significant investments, potentially hindering the adoption rate[23]. Additionally, ensuring compatibility between DSRC and 5G devices in the short term requires careful planning and interoperability standards to avoid a fragmented V2X ecosystem.

---

21 EUROPEAN COMMISSION, "Delegated Regulation (EU) 2019/531 of the Commission supplementing Regulation (EU) 2016/797 of the European Parliament and of the Council with regard to interoperability requirements for the provision of the service of voice communication emergency calls (VoC) over cellular public land mobile networks (PLMNs) to support public safety", 2019, at https://eur-lex.europa.eu/legal-content/EN/TXT/?uri=CELEX%3A32016L0797

22 CARMELITA, C., BERGDAHL, L., and NIELSEN, J. I., "5G for cellular V2X: Enabling real-time cooperative ITS", in 2017 IEEE 85th Vehicular Technology Conference (VTC Spring), IEEE, 2017, pp. 1-5.

23 ERIKSSON, L., and GUSTAVSSON, I., "Cost analysis of cellular V2X deployment in Sweden", in *2017 19th International Conference on ITS Telecommunications (ITST)*, IEEE, 2017, pp. 1-6.

THE EUROPEAN COUNCIL AND THE 5G LOBBY

In 2017, the lobby won an important battle: The European Council of ministers reversed the Commission's decision to support the WiFi standard for vehicle to everything (V2X) communication in the Union[24].

That decision didn't mean that cellular-based ITS technologies need to be present in every vehicle or infrastructure. It only meant that manufacturers and road infrastructure providers could choose, and mix, the technologies suitable for their needs.

Obviously, the lack of a clear standard is creating a lot of uncertainty in the ecosystem, including vehicle manufacturers, cities, and technology providers.

Some cities and other players had invested over a decade in developing ITS infrastructure and technology based on the DSRC standard. Now they feel the urge to upgrade to cellular communication.

THE OUTCOME: A HYBRID APPROACH

Following the European Council's decision, a hybrid approach has emerged. DSRC remains an option for safety-critical V2X communication, while 5G is being used for broader applications and its long-term potential. This approach reflects the ongoing evolution of communication standards for connected cars, balancing the immediate need for reliable safety communication with the future potential of advanced 5G applications.

THE ROAD AHEAD FOR EUROPEAN CONNECTIVITY STANDARDS

The future of communication standards for connected cars in Europe is still evolving. Both DSRC and 5G are expected to coexist, contributing to the development of safe, reliable, and efficient communication solutions for AVs. The focus remains on integrating these technologies in a way

---

24 EUROPEAN COMMISSION. Delegated Regulation (EU) 2019/531 of the Commission supplementing Regulation (EU) 2016/797 of the European Parliament and of the Council with regard to interoperability requirements for the provision of the service of voice communication emergency calls (VoC) over cellular public land mobile networks (PLMNs) to support public safety. https://eur-lex.europa.eu/legal-content/EN/TXT/?uri=CELEX%3A32016L0797

that maximizes their combined potential. European projects and collaborations among industry stakeholders continue to refine these standards and develop new applications that enhance vehicle connectivity and safety.

THE PROMISE OF 6G

While 5G technology is still undergoing global deployment, researchers are already looking ahead to the next revolution in communication networks: 6G. Unlike a simple upgrade, 6G promises a paradigm shift, aiming to seamlessly integrate cellular communication, WiFi, and non-terrestrial networks (e.g., satellite internet)[25]. This groundbreaking integration will pave the way for ultra-reliable and low-latency communication, fundamentally altering how we connect and interact with the world around us.

One of the most anticipated applications of 6G lies in supporting the ever-growing data demands of connected vehicles. Imagine cars equipped with high-definition maps that update in real-time, allowing for unparalleled navigation accuracy[26]. Additionally, 6G's low latency will enable seamless communication between vehicles (V2V), facilitating cooperative driving and significantly enhancing road safety[27]. This technology holds the potential to revolutionize transportation by creating a network of intelligent vehicles that can communicate hazards, optimize traffic flow, and ultimately pave the way for autonomous driving.

Beyond connected cars, 6G promises significant advancements in positioning services. Current GPS technology, while widely used, has limitations in accuracy and signal availability, particularly in urban environments or indoors[28]. 6G networks, with their enhanced integration and broader spectrum utilization, are expected to deliver more precise and reliable positioning data. This improved accuracy will have a ripple effect across various industries, from navigation apps for pedestrians to location-based services for emergency response teams.

---

25 ERICSSON, "6G – Connecting a cyber-physical world", at https://www.ericsson.com/en/6g

26 CABLELABS, "The 6G Network Is On the Horizon", at https://www.cablelabs.com/blog/the-6g-network-is-on-the-horizon

27 SHAKIR, A. A., IMRAN, M., and WEBER, S., "Wireless 6G Connectivity for Massive Number of Devices and Critical Services", arXiv preprint arXiv:2401.01127, 2024.

28 RAPOPORT, J., *et al.*, "Mobile positioning and tracking techniques and applications", in *IEEE Wireless Communications Magazine*, vol. 15, no. 4, 2008, pp. 50-56.

Furthermore, 6G technology has the potential to bridge the digital divide by extending network coverage to remote and underserved areas. Traditional cellular networks often struggle to reach geographically isolated regions due to infrastructure limitations. 6G's potential to leverage non-terrestrial networks, such as low-orbiting satellites, offers a promising solution for providing internet access to these areas[29]. This expanded reach could have a transformative impact on education, healthcare, and economic development in remote communities.

The success of 6G hinges on achieving even greater integration of communication technologies. This will require significant advancements in network architecture, allowing seamless handoff between different network types (cellular, WiFi, satellite) and ensuring efficient resource allocation. Additionally, advancements in artificial intelligence (AI) will likely play a crucial role in managing the complex demands of a hyper-connected 6G network[30]. AI-powered network management systems could optimize resource utilization, predict network congestion, and automatically adjust configurations for optimal performance.

Looking ahead, 6G promises to usher in an era of unprecedented connectivity, characterized by ultra-reliable, low-latency communication, and broader network coverage. This technological leap will empower a vast array of applications, transforming industries from transportation and logistics to healthcare and education. As research and development in 6G progresses, collaboration between academia, industry, and policymakers will be crucial to ensure the responsible and equitable deployment of this transformative technology.

BEYOND TERRESTRIAL NETWORKS: LOW-EARTH ORBIT (LEO) SATELLITES

The future of autonomous vehicles (AVs) hinges not only on sophisticated onboard technology but also on reliable and ubiquitous communication infrastructure. While traditional terrestrial networks offer connectivity, their limitations in coverage, especially in remote areas, pose a significant

29 YIN, S., *et al.*, "A Survey on Low-Earth Orbit Satellite Constellations for Internet Access", in *IEEE Communications Surveys & Tutorials*, vol. 22, no. 3, 2020, pp. 1749-1777.

30 HU, Y., *et al.*, "Caching for 6G: A Survey," in *IEEE Communications Surveys & Tutorials*, 2023.

challenge. Here, Low-Earth Orbit (LEO) satellite constellations emerge as a game-changer, offering a revolutionary approach to communication for AVs.

LEO satellites, unlike their high-altitude counterparts, orbit considerably closer to Earth (typically between 200 and 2000 kilometers). This proximity translates into several key advantages for AV communication. Firstly, it significantly reduces signal latency. Latency refers to the time it takes for data to travel between two points. Traditional geosynchronous satellites experience delays of hundreds of milliseconds due to their vast distance from Earth. In contrast, LEO satellites offer latency in the range of tens of milliseconds, a critical factor for real-time decision-making in AVs[31].

Secondly, LEO constellations boast wider coverage compared to terrestrial networks. Cellular towers often struggle to provide reliable signals in rural areas, mountainous terrains, or dense urban environments with signal interference. LEO constellations, with a larger number of satellites orbiting closer to Earth, can overcome these challenges by ensuring a more continuous and consistent signal for AVs operating in such environments[32]. This characteristic is particularly crucial for achieving global deployment of AVs, where diverse geographical landscapes can significantly impact connectivity.

The continuous connectivity provided by LEO satellites is paramount for the safe and efficient operation of AVs. Imagine an AV navigating a remote highway with limited cellular coverage. A sudden loss of signal could disrupt critical real-time updates on traffic conditions, weather alerts, or hazard warnings. LEO satellites mitigate this risk by providing a constant data stream, ensuring that AVs remain informed and connected even in challenging environments[33].

Furthermore, LEO constellations hold immense potential for enabling real-time communication between AVs (V2V communication). This technology allows vehicles to share data on their location, speed, and

---

31 XIAO, Y., *et al.*, "Millimeter Wave Channel Modeling for Low-Earth-Orbit Satellite-Vehicle Communications", in *IEEE Transactions on Vehicular Technology*, 68.12 ,2019, pp. 12433-12443.

32 YIN, S., *et al.*, "A Survey on Low-Earth Orbit Satellite Constellations for Internet Access", in IEEE Communications Surveys & Tutorials, vol. 22, no. 3, 2020, pp. 1749-1777.

33 WANG, C., *et al.*, "Cellular Network Assisted LEO Satellite Communication for Next Generation V2X Services", in *IEEE Transactions on Intelligent Transportation Systems*, 2023.

direction, facilitating cooperative driving and enhancing road safety. With the low latency offered by LEO satellites, V2V communication can become more efficient and reliable, enabling vehicles to react swiftly to changing traffic situations and potential hazards[34].

However, integrating LEO satellites into AV communication networks does present challenges. One concern is the potential for signal interference between the vast number of LEO satellites currently being deployed. Additionally, the dynamic nature of LEO constellations, with satellites constantly moving, necessitates robust handover mechanisms to ensure seamless data transfer between satellites[35].

Despite these challenges, the potential benefits of LEO satellites for AV communication are undeniable. As research and development progress, advancements in areas like satellite constellation management and inter-satellite communication protocols will pave the way for the seamless integration of LEO technology into AV communication infrastructure.

BALANCING CONNECTIVITY WITH SUSTAINABILITY

The rise of connected cars, with their constant stream of data exchange, presents a significant environmental challenge. While offering undeniable benefits in terms of safety, efficiency, and convenience, the sheer volume of data transmission associated with these vehicles has a substantial environmental footprint. Here, we delve into the environmental considerations surrounding connected cars and explore avenues for mitigating their impact.

The primary concern lies in the energy consumption required to transmit and process massive amounts of data. A single connected car can generate an estimated 100 terabytes of data throughout its lifetime[36]. This data transfer relies on complex communication infrastructure, including cellular networks and data centers, all of which contribute to greenhouse gas (GHG) emissions through their energy demands.

---

34 SHAKIR, A. A., IMRAN, M., and WEBER, S., "Wireless 6G Connectivity for Massive Number of Devices and Critical Services", arXiv preprint arXiv:2401.01127, 2024.

35 FEDERAL COMMUNICATIONS COMMISSION, "Satellite Constellation Licensing Considerations", at https://www.fcc.gov/about-fcc/what-we-do

36 INTERNATIONAL TELECOMMUNICATION UNION (ITU), "Measuring digital development: Facts and Figures 2023", at https://www.itu.int/hub/publication/d-ind-ict_mdd-2023-1/

Studies suggest that the Information and Communications Technology (ICT) sector, which encompasses data transmission and processing, accounts for a growing share of global electricity consumption, with estimates ranging from 2% to 8%[37]. As the number of connected cars continues to rise, so too will the environmental burden associated with data transmission, potentially negating the potential sustainability benefits of connected vehicles.

The adoption of 5G technology offers some hope for mitigation. Compared to its predecessor, 4G, 5G boasts increased network efficiency, potentially resulting in lower power consumption per unit of data transmitted[38].

However, the environmental benefits of 5G are contingent on several factors. The full lifecycle of the technology, including the energy required for network infrastructure development and maintenance, needs to be factored in for a comprehensive assessment[39]. Furthermore, the projected surge in data traffic from connected cars could potentially offset the efficiency gains of 5G, highlighting the need for additional mitigation strategies.

Sustainable data management practices are crucial for minimizing the environmental impact of connected cars. This includes data reduction techniques, such as compressing data packets and filtering out unnecessary information before transmission. Additionally, optimizing data transmission protocols to minimize energy consumption per unit of data will be essential. Cloud computing solutions can offer energy efficiency benefits by consolidating data storage and processing in large-scale facilities that can implement more sustainable practices.

Investments in renewable energy sources to power communication infrastructure will be vital. Transitioning data centers and cellular networks to renewable energy sources like solar and wind power can significantly reduce their carbon footprint. Additionally, research and development efforts focused on energy-efficient hardware and software for connected car technology itself can contribute to a more sustainable future.

The environmental implications of connected cars demand careful consideration. While the benefits of connectivity are undeniable, mitigating

37 INTERNATIONAL TELECOMMUNICATION UNION (ITU), cit.

38 GHOSH, A., *et al.*, "Energy-aware resource allocation for massive MIMO heterogeneous cellular networks", in *IEEE Transactions on Wireless Communications*, vol. 13, no. 4, 2014, pp. 1762-1777.

39 BJÖRNEBORN, N., and GIERTZ, E., "The environmental impact of ICT: A survey of the literature", in *Journal of Cleaner Production*, vol. 117, 2016, pp. 259-273.

the environmental impact of data transmission is essential. By adopting a multi-pronged approach that includes sustainable data management practices, investment in renewable energy sources, and continuous technological advancements, we can ensure that the future of connected and autonomous vehicles is not only technologically advanced but also environmentally responsible.

CONCLUSION: THE ROAD TO A GREENER FUTURE

Effective communication between connected vehicles holds the key to optimizing traffic flow and reducing congestion. This translates to lower fuel consumption and reduced emissions, ultimately contributing to a greener transportation system. Additionally, the integration of electric vehicles within a robust ecosystem will become more feasible, further minimizing environmental impact.

In conclusion, collaboration is not simply a desirable feature for the connected vehicles market; it's an absolute necessity. By establishing effective communication standards, fostering a cooperative ecosystem among stakeholders, and integrating V2X technology with environmentally friendly initiatives, we pave the way for a safer, more efficient, and sustainable future of transportation.

The journey towards fully autonomous cars requires a collective effort, and the rewards for achieving this goal are substantial – a world where intelligent transportation not only improves our lives but also protects the environment for generations to come.

BIBLIOGRAPHY

AUTO ALLIANCE. "Letter to President Barack Obama Regarding the 5.9 GHz Band", January 21, 2016.

BURNS, Lawrence, *Autonomy: The Quest to Build the Driverless Car–And How It Will Reshape Our World*, HarperCollins UK, 2018.

CAR2CAR COMMUNICATION CONSORTIUM (C2C-CC). "CAR2CAR Communication Consortium Announces Potential Deployment of Dedicated Short-Range Communication (DSRC) Technology in Europe This Year", September 18, 2008.

CARMELITA, C., BERGDAHL, L., and NIELSEN, J. I., "5G for cellular V2X: Enabling real-time cooperative ITS", in *2017 IEEE 85th Vehicular Technology Conference (VTC Spring)*, IEEE, 2017, pp. 1-5.

CABLELABS. "The 6G Network Is On the Horizon".

DARPA. "Grand Challenge: DARPA Announces the Results of the 2004 Urban Challenge", March 13, 2004.

DHINESH, K. and RAMMOHAN, A., "Revolutionizing Intelligent Transportation Systems with Cellular Vehicle-to-Everything (C-V2X) technology: Current trends, use cases, emerging technologies, standardization bodies, industry analytics and future directions", July, 2023,

ERIKSSON, L., and GUSTAVSSON, I., "Cost analysis of cellular V2X deployment in Sweden", in *2017 19th International Conference on ITS Telecommunications (ITST)*, IEEE, 2017, pp. 1-6.

ERICSSON. "6G – Connecting a cyber-physical world".

EUROPEAN COMMISSION. "Proposal for a Regulation of the European Parliament and of the Council on harmonised conditions for marketing vehicles and trailers, and their systems, components and separate technical units, and for the market access of vehicles, amending Regulations (EC) No 705/2007, (EU) No 2018/858, (EU) No 2019/621 and (EU) No 2019/622 and repealing Directives 2007/46/EC, 2009/33/EC and 2014/45/EU (COM(2019) 330 final)", 2019.

FAGNANT, D., KOCKELMAN, K., and HANSON, S., "Preparing for the future of transportation: Autonomous vehicles and public policy", in *International Journal of Sustainable Transportation*, vol. 10, no. 6, 2016, pp. 423-438.

GERLACH, T., "Cooperative intelligent transport systems using C-V2X communication: Concepts, applications, and future directions", in *Sensors*, vol. 18, no. 12, 2018, art. 4312.

INTERNATIONAL ELECTROTECHNICAL COMMISSION (IEC). "Standards battle for the connected car", August 24, 2016.

INTELLIGENT TRANSPORTATION SYSTEMS JOINT PROGRAM OFFICE (ITSJPO). "Connected Vehicle Standards", April 10, 2024.

INTERNATIONAL TELECOMMUNICATION UNION (ITU). "Measuring digital development: Facts and Figures 2023".

MANYIKA, J., CHUI, M., OSBORNE, M., GROVES, P., and WOMACK, P., "No driver? No problem: The future of transportation and how to survive it", in McKinsey Global Institute, 2016.

MONTEMERLO, H., ANDERSON, J., and BEETZ, M., "A survey of quantitative methods for vehicle maneuver planning", in *Journal of Field Robotics*, vol. 24, nos. 9-10, 2007, pp. 887-944.

RAPOPORT, J. *et al.*, "Mobile positioning and tracking techniques and applications", in *IEEE Wireless Communications Magazine*, vol. 15, no. 4, 2008, pp. 50-56.

SHAKIR, A. A., IMRAN, M., and WEBER, S., "Wireless 6G Connectivity for Massive Number of Devices and Critical Services", arXiv preprint arXiv:2401.01127, 2024.

SHAUF, M., and XIANG, Y., "Vehicle-to-everything communications systems: A survey", in *IEEE Communications Surveys & Tutorials*, vol. 18, no. 4, 2016, pp. 2200-2219.

SUN, C., WANG, J., XU, X., LI, G., and WANG, F., "5G for vehicle-to-everything communications: Enabling future transportation", in *IEEE Communications Surveys & Tutorials*, vol. 22, no. 2, 2020, pp. 964-988.

THRUN, S., BURGARD, W., and FOX, D., *Probabilistic robotics (Vol. 1)*, MIT press, 2006.

WANG, C., *et al.*, "Cellular Network Assisted LEO Satellite Communication for Next Generation V2X Services", in *IEEE Transactions on Intelligent Transportation Systems*, 2023.

XIAO, L., ZHU, Y., and LIU, X., "Security and privacy issues in vehicular cloud computing systems", in *IEEE Transactions on Intelligent Transportation Systems*, 2016.

YIN, S., *et al.*, "A Survey on Low-Earth Orbit Satellite Constellations for Internet Access", in *IEEE Communications Surveys & Tutorials*, vol. 22, no. 3, 2020, pp. 1749-1777.

La integración de los robotaxis en la movilidad futura: desafíos y oportunidades

MÓNICA PERNA HERNÁNDEZ
Profesora Lectora de Derecho mercantil
Universidad Autónoma de Barcelona

SUMARIO: I. CONSIDERACIONES GENERALES REFERENTES A LOS ROBOTAXIS. 1. Escenarios relevantes del contexto actual. I.1. Evolución de la tecnología de los robotaxis. I.2. Panorama general del estado actual y avances de los principales actores del mercado. 2. Terminología y conceptualización de los robotaxis. 2.1. Concepto de robotaxi y su relevancia en la movilidad futura. 2.2. Modalidades de robotaxis. II. LAS INTERCONECTIVIDADES INTEGRADAS – IIMCS. MOVILIDAD, CONECTIVIDAD Y SOSTENIBILIDAD. 3. Integración en los ecosistemas de movilidad. 3.1. Los robotaxis en la movilidad urbana. 3.1.1. Impactos potenciales en el transporte público. 3.1.2. Convivencia de los servicios de taxi tradicionales, *ride-hailing* y *ride-sharing*. 3.2. Experiencia del usuario y su aceptación. 3.2.1. Percepción pública y desafíos de adopción. 3.2.2. Esfuerzos para restaurar y construir confianza pública. 4. Conectividad con las tecnologías urbanas. 4.1. Desafíos en la implementación de VA en ciudades inteligentes. 4.2. Integración de los robotaxis en las ciudades inteligentes y redes IoT. 4.3. Zonificación para la implementación de robotaxis. 5. El impacto de los robotaxis en la sostenibilidad. 5.1. Beneficios ambientales y sostenibilidad. 5.1.1. Reducción de emisiones y consumo de energía. 5.1.2. Contribución a la planificación urbana sostenible. 5.2. Desafíos de sostenibilidad para la integración de los robotaxis. III. DESAFÍOS LEGALES Y REGULATORIOS. 6. Marcos regulatorios para los robotaxi. 6.1. Desafíos normativos de los robotaxis. 6.2. Entornos normativos para los servicios de robotaxi. 6.3. El horizonte de los VA confiables. Desarrollo de estándares, protocolos y normas de seguridad. IV. DESAFÍOS FINANCIEROS Y ECONÓMICOS. 7. Análisis de costos y beneficios. Viabilidad Económica. 7.1. Examen del retorno de la inversión-ROI. Los modelos económicos y proyecciones. 7.2. Implicaciones para la industria e impacto económico en los usuarios. 7.3. Conectividad frente a servicios tradicionales de transporte. V. CONCLUSIONES. VI. BIBLIOGRAFÍA.

I. CONSIDERACIONES GENERALES REFERENTES A LOS ROBOTAXIS

Actualmente, es inevitable plantearse opciones de movilidad que en menos de un par de décadas podían considerarse ciencia ficción, como mucho remotas posibilidades futuras; en cambio hoy conviven en varias ciudades como alternativas en prueba al transporte tradicional urbano, los denominados robotaxis[1]. La presente comunicación académica pretende ofrecer una visión preliminar del estado de la situación a la fecha.

Esta modalidad de transporte representa un avance significativo en la movilidad urbana y puede tener el potencial de transformar la manera en que nos desplazamos, especialmente, en las ciudades. Hoy en día, los robotaxis están en una fase avanzada de desarrollo y prueba en varias partes del mundo[2], donde uno de los mayores retos es su integración en la movilidad urbana habitual, y por qué no, a ofrecer soluciones de accesibilidad a las zonas rurales.

Podemos determinar que un robotaxi es un vehículo totalmente autónomo diseñado para transportar pasajeros sin la necesidad de un conductor humano. Estos vehículos utilizan tecnologías avanzadas de conducción autónoma, como cámaras, radares, sensores y sistemas de inteligencia artificial, para navegar de manera segura y eficiente[3].

Los robotaxis están destinados a ser una solución de movilidad compartida, similar a los servicios de transporte actuales, citando algunos de ellos, como Uber, Lyft y Cabify, pero sin un conductor humano[4]. Además de reducir los costos operativos, se espera que contribuyan a la reducción del impacto medioambiental al optimizar rutas y disminuir la congestión del tráfico[5].

---

1 GONZÁLEZ VALENZUELA, C., "¿Qué es un robotaxi y cuándo los veremos circular por las calles?", *Computer Hoy*, 2023, en https://computerhoy.com/tecnologia/robotaxi-cuando-veremos-circular-calles-1174546 (visitado el 5 de mayo de 2024).

2 Redacción Fleet People, "¿Qué son los robotaxis y cuándo llegarán a nuestras calles?, *Fleet People,* 2024, en https://fleetpeople.es/que-son-los-robotaxis-y-cuando-llegaran-a-nuestras-calles (visitado el 5 de julio de 2024).

3 *Vid.* IGNATIOUS, H. A., SAYED, H. y KHAN, M., "An overview of sensors in Autonomous Vehicles", en *Procedia Computer Science Review*, Elsevier, Vol. 198, 2022, en https://www.sciencedirect.com/science/article/pii/S1877050921025540 (visitado el 20 de mayo de 2024), pp. 736-741.

4 KANG, C., "No Driver? Bring It On. How Pittsburgh Became Uber's Testing Ground", en *The New York Times,* 2016, en https://www.nytimes.com/2016/09/11/technology/no-driver-bring-it-on-how-pittsburgh-became-ubers-testing-ground.html (visitado el 22 de mayo de 2024).

5 *Vid.* DIN I. U., ALMOGREN, A. y RODRIGUES J. J. P. C., "AIoT Integration in Autonomous Vehicles: Enhancing Road Cooperation and Traffic Management", en *IEEE Internet of Things Journal,* 2024, en doi:10.1109/JIOT.2024.3387927 https://ieeexplore.ieee.org/document/10498079 (visitado el 15 de mayo de 2024).

Aunque la tecnología está avanzando rápidamente, la implementación generalizada de los robotaxis enfrenta desafíos significativos, como la regulación y el entorno de seguridad que deben proporcionar[6]; sin embargo, es previsible que esta modalidad de transporte urbano supere la implementación de vehículos autónomos privados ante la necesidad de ofrecer un transporte público, eficaz, sostenible e interconectado a las *Smart Cities*[7].

En resumen, los robotaxis representan una revolución en la movilidad urbana, pero aún hay varios obstáculos que superar antes de que se conviertan en una realidad cotidiana, uno de sus mayores retos será la aceptación de los vehículos autónomos, en adelante VA, por la población, debido a que exigirá la confiabilidad de sus usuarios[8].

1. Escenarios relevantes del contexto actual

Los taxis autónomos, basados en inteligencia artificial y tecnología de conducción sin conductor, tienen el potencial de ofrecer un servicio de transporte más inteligente, eficiente y cómodo. Para lograr esto, es necesario analizar cuidadosamente la evolución de las inversiones en tecnología hasta nuestros días, y la competencia en el mercado durante el desarrollo de estos vehículos, donde desde las grandes empresas del sector hasta las *Startup* tecnológicas se embarcan en el objetivo de revolucionar la movilidad urbana[9].

---

6 PARK, H. M. y VILLALOBOS F.,"Reining in the Risks of Robotaxis", en *Rand*, 2024, en https://www.rand.org/pubs/commentary/2024/02/reining-in-the-risks-of-robotaxis.html (visitado el 24 de mayo de 2024).

7 *Vid.* SCHNEIDER, B., "Robotaxis are here. It's time to decide what to do about them", *MIT Technology Review*, 2023, en https://www.technologyreview.com/2023/06/23/1074270/obotaxis-decision-time/ (visitado el 5 de mayo de 2024).

8 SHAHAN, Z., "Real (But Boring) Reasons Robotaxis May be Overhyped", *Clean Technica*, 2024, en https://cleantechnica.com/2024/06/23/real-but-boring-reasons-robotaxis-may-be-overhyped/ (visitado el 1 de julio de 2024).

9 *Vid.* ZHANGE, X. *et al.*, "Evolution of technology investment and development of robotaxi services", en *Transportation Research Part E: Logistics and Transportation Review*, Elsevier, Vol.188 103615, 2024, en https://doi.org/10.1016/j.tre.2024.103615 (visitado 10 de julio de 2024).

1.1. Evolución de la tecnología de los robotaxis

A nadie le sorprende poder acceder a un documental que muestre vehículos programados para realizar funciones de prospección e investigación en el espacio de forma totalmente autónoma, imágenes de vehículos circulando por la Luna ya desde la década de los 70, por lo tanto, no es de extrañar la evolución de la tecnología aplicada a los VA, más aún con las aplicaciones de inteligencia artificial[10].

En el marco de la evolución de los robotaxis se deben mencionar dos pilares tecnológicos indispensables que han determinado los modelos de la conducción actual y futura; por un lado, los sistemas de asistencia a la conducción, en adelante ADAS, los cuales han implementado tecnologías auxiliares autónomas de seguridad para la circulación en las carreteras, como pueden ser, los señalados en el Reglamento (UE) 2019/2144 de 27 de noviembre de 2019, donde la prioridad normativa era indicar los ADAS-que deben incorporar los vehículos actuales, como sistemas de asistencia de frenado de emergencia, los asistentes de velocidad inteligentes, los sistemas de emergencia de mantenimiento del carril, los sistemas de advertencia de somnolencia y pérdida de atención del conductor, los sistemas avanzados de advertencia de distracciones del conductor y el detector de marcha atrás son sistemas de seguridad, que tienen un elevado potencial de reducción de las cifras de víctimas de accidentes[11]; por otro lado, la

10 Los autores señalan que, aunque el concepto de vehículos sin conductor no es nuevo, los recientes avances en inteligencia artificial y tecnologías de recopilación y procesamiento de datos han impulsado la investigación en VA a niveles sin precedentes, gracias también a importantes inversiones de gobiernos, empresas tecnológicas, fabricantes de automóviles y otros actores clave. *Vid.* MA, Y. *et al.*, "Artificial intelligence applications in the development of autonomous vehicles: a survey", en *IEEE/CAA Journal of Automatica Sinica*, Vol. 7, Issue 2, 2020, en https://doi.org/10.1109/JAS.2020.1003021 (visitado el 15 de mayo de 2024), pp. 315-319.

11 Reglamento (UE) 2019/2144 del Parlamento Europeo y del Consejo de 27 de noviembre de 2019 relativo a los requisitos de homologación de tipo de los vehículos de motor y de sus remolques, así como de los sistemas, componentes y unidades técnicas independientes destinados a esos vehículos, en lo que respecta a su seguridad general y a la protección de los ocupantes de los vehículos y de los usuarios vulnerables de la vía pública, por el que se modifica el Reglamento (UE) 2018/858 del Parlamento Europeo y del Consejo y se derogan los Reglamentos (CE) nº 78/2009, (CE) nº 79/2009 y (CE) nº 661/2009 del Parlamento Europeo y del Consejo y los Reglamentos (CE) nº 631/2009, (UE) nº 406/2010, (UE) nº 672/2010, (UE) nº 1003/2010, (UE) nº 1005/2010, (UE) nº 1008/2010, (UE) nº 1009/2010, (UE) nº 19/2011, (UE) nº 109/2011, (UE) nº 458/2011, (UE)

Society of Automotive Engineers, en adelante SAE, estableció estándares con referencia a la conducción autónoma, es decir, a la posibilidad que un vehículo pueda circular de forma independiente sin la intervención o necesidad de incorporar un conductor humano, lo que implicaría una total automatización, identificada como el estándar de nivel 5.

Los niveles de conducción autónoma establecidos por la SAE son una manera habitual de clasificación estandarizada para concretar el nivel de automatización en los vehículos. Los robotaxis precisarán de la implementación tecnológica del denominado *Full Driving Automation*, correspondiente al nivel 5[12].

Se observa cómo los eslabones en los distintos niveles de automatización implementan funciones y aplicaciones desde el nivel 0, donde no existen ayudas a la conducción del vehículo pasando por diferentes niveles con sistemas de alertas y asistencias al conductor, hasta el nivel 4, que proporciona conducción autónoma en ciertas circunstancias, pero siempre este nivel debe contar con la presencia de un conductor humano que pueda tomar la conducción en un momento significativo, excepto en zonas delimitadas con autorización especial para operar sin conductor. Fabricantes como Audi, BMW, Citröen y Tesla, entre otros, invierten en el desarrollo y ampliación hasta el nivel 5, donde se obtiene la conducción autónoma completa de un vehículo equipado con la última tecnología

---

nº 65/2012, (UE) nº 130/2012, (UE) nº 347/2012, (UE) nº 351/2012, (UE) nº 1230/2012 y (UE) 2015/166 de la Comisión, de 27 de noviembre de 2019, publicado en *DOUE L* Nº 325, de 16 diciembre de 2019.

12 La SAE establece los sistemas estandarizados de los vehículos de circulación autónoma, así señala los diversos niveles del más básico al de máxima automatización donde no se precisa del conductor humano. ("*Level 0: No Driving Automation, Level 1: Driver Assistance, Level 2: Partial Driving Automation, Level 3: Conditional Driving Automation, Level 4: High Driving Automation, Level 5: Full Driving Automation*"). *Vid.* Society of Automotive Engineers International, *Taxonomy and Definitions for Terms Related to Driving Automation Systems for On-Road Motor Vehicles J3016_202104*, SAE, en https://www.sae.org/standards/content/j3016_202104/, (visitado el 15 de mayo de 2024). De igual forma, resulta relevante precisar que en el Salón de Frankfurt se presentaron los prototipos Audi ElAIne, así como el prototipo Alcom nivel 5, sin utilidad de circulación, en ambos se incorporan las letras IA, adelantando la aplicación de sistemas de inteligencia artificial, en 2017 un SUV eléctricos de nivel 5. *Vid.* AUDI, "The Audi vision of autonomous driving", *Audi Newsroom*, 2017, en https://media.audiusa.com/releases/184 (visitado el 10 de mayo de 2024).

con el objetivo que pueda reaccionar ante cualquier imprevisto, sin necesidad de la presencia de un conductor humano[13].

Asimismo, los VA necesitan conectarse con otros vehículos en la circulación, esta técnica de interconectividad se conoce como V2V, y además precisan de la conexión con sistemas inteligentes de tráfico, donde tecnologías de comunicación inalámbrica como redes celulares proporcionan lo que se conoce como vehículo-a-todo, conocido como V2X[14], sistemas que además de permitir interconectarse con el resto de los vehículos, también permite la interconexión a las infraestructuras de las ciudades y los sistemas inteligentes de la dirección de tráfico entre otras interconectividades.

La tecnología actual permite alcanzar este hito[15], aunque todavía se deben superar diversos obstáculos respecto a la carencia de regulaciones, así como de integración en los núcleos urbanos y otras vías públicas.

1.2. Panorama general del estado actual y avances de los principales actores del mercado

En la carrera tecnológica a la implementación del VA destinado al robotaxi encontramos diversas empresas con un claro objetivo de posicionar en el mercado de la movilidad los primeros de estos servicios. Actualmente entre los principales actores empresariales que desarrollan tecnologías de conducción autónoma, destacan Waymo, Cruise, Baidu, Tesla, General Motors, Google, y Uber entre otros[16]

---

13 En el salón de Frankfurt IAA 2017 Audi presentó el nuevo A8 en el IAA 2017, primer auto de producción con conducción autónoma condicional. Además, mostró dos prototipos que anticipan el futuro de la conducción autónoma de la marca. *Vid.* AUDI, "The Audi...", cit.

14 *Vid.* BOUALOUACHE, A. *et al.*, "5G Vehicle-to-Everything at the Cross-Borders: Security Challenges and Opportunities", *en IEEE Internet of Things Magazine*, Vol. 6, No.1, 2023, en https://univ-eiffel.hal.science/hal-04046664/file/%5BCamery_Ready%5D%205G_Vehicle_to_Everything_at_the_Cross_Borders__Security_Challenges_and_Opportunities.pdf (visitado el 10 de mayo de 2024), pp.114-119.

15 HULL, D. y LUDLOW, E., "Tesla Delays Robotaxi Event in Blow to Musk's Autonomy Drive", *Bloomberg*, 2024, en https://bloom.bg/4cKCoc1 (visitado el 15 de julio de 2024).

16 La revista especializada en tecnología presenta tablas informativas de las empresas con proyectos actuales de robotaxis tanto en EE. UU. como en otros países. *Vid.* JULIUSSEN, E, "Robotaxis: What Is Going On?", *EE Times Europe,* 2023, en https://www.eetimes.eu/robotaxis-what-is-going-on/ (visitado el 15 de mayo de 2024).

Resulta relevante señalar los avances tanto en EE.UU. como en China, potencias que se encuentran en una fase de desarrollo con mayor consolidación, habiendo incorporado los VA a la movilidad urbana, así podemos destacar algunos ejemplos de pruebas piloto integradas en los espacios de grandes ciudades. Así encontramos en EE.UU. las empresas Waymo y Cruise[17], que ahora ofrecen la posibilidad de realizar el transporte de pasajeros en áreas urbanas concretas con robotaxis, en ciudades como San Francisco y Phoenix, donde han obtenido autorizaciones y permisos para operar comercialmente en el marco de programas piloto[18], donde hoy podemos desde una simple aplicación solicitar el servicio de un robotaxi de estas empresas siendo el coste para el pasajero similar al servicio del sistema de las empresas de *ride-hailing* como Uber. A efectos de mencionar otros programas piloto, en Las Vegas, la empresa Zoox, filial de Amazon, opera robotaxis sin conductor totalmente autónomos desde el 16 de junio del 2023, este servicio que hasta ese momento solo se ofrecía a los empleados de Zoox ahora está disponible al público en general, este vehículo se caracteriza por diferenciarse de otro VA por no incorporar volante y que sus asientos están dispuestos frente a frente[19].

---

17 En la web de la empresa Waymo se puede observar que ya proporcionan un servicio de robotaxi en San Francisco con acceso a todo público. *Vid.* WAYMO, "Waymo One is now open to everyone in San Francisco", *Waypoint, Oficial Waymo blog,* 2024, https://waymo.com/blog/2024/06/waymo-one-is-now-open-to-everyone-in-san-francisco/ (visitado 10 de julio de 2024). Se da la circunstancia, como informan en el New York Times, de que incluso este servicio se ha convertido en una atracción turística para la población. *Vid.* SLOSS, L., "San Francisco's Hot Tourist Attraction: Driverless Cars", *The New York Times,* 2024, en https://www.nytimes.com/2024/05/22/travel/self-driving-cars-san-francisco.html (visitado el 25 de junio de 2024).

18 El presente artículo señala que el Departamento de Vehículos a Motor de California ya ha otorgado autorizado para operar en modo de pruebas a más de 40 empresas, desde Startups a grandes empresas tecnológicas que invierten y apuestan por VA. *Vid.* THADANI, T. y MERRIL, J., "California just opened the floodgates for self-driving cars", en *The Washignton Post,* 2023, en https://www.washingtonpost.com/technology/2023/08/10/san-francisco-robotaxi-approved-waymo-cruise/ (visitado el 9 de julio de 2024).

19 La publicación local de Las Vegas informa del lanzamiento del servicio de robotaxi con vehículos sin conductor en la ciudad por la empresa Zoox. *Vid.* HEMMERSMEIER, S., "Los taxis sin conductor ya circulan por las vías públicas de Las Vegas", en *Las Vegas Review-Journal,* en https://espanol.reviewjournal.com/noticias/local-noticias/los-taxis-sin-conductor-ya-circulan-por-las-vias-publicas-de-las-vegas-228354/ (visitado el 10 de Julio de 2024).

Hay que mencionar que la empresa Tesla anunció para el próximo 8 de agosto de 2024 la presentación oficial de su robotaxi con la más avanzada tecnología. Recientemente ha comunicado su postergación del nuevo modelo de robotaxi nivel 5 hasta el mes de octubre[20].

Asimismo, en China empresas como DiDi y AutoX están liderando el camino en Asia, con programas piloto en ciudades como Shenzhen, Shanghái y Pekín, con la meta de ofrecer estos servicios de manera generalizada y accesible a la población[21]. Además, Baidu, el líder en búsqueda en internet en China, ha dado un gran salto en el desarrollo de la tecnología autónoma. La compañía tiene desde 2022 la primera licencia de China para probar 10 robotaxis sin conductor ni operador de seguridad en una zona de 20 kilómetros cuadrados de Pekín. Esto convierte a Baidu en la primera empresa en operar una flota completamente autónoma en una capital mundial. Además, Baidu ha ampliado su servicio comercial de robotaxis sin conductor en Wuhan, triplicando su área de operación a través de una flota de 15 vehículos. La empresa planea ampliar el servicio a más de 200 robotaxis sin conductor en China durante este año[22].

No sucede algo similar con las inversiones europeas, que requerirán de regulaciones concretas y específicas para el sector, todo ello antes de incorporar programas piloto en las ciudades, si bien podemos destacar algunas autorizaciones de circuitos controlados, como por ejemplo en Galicia, España[23].

---

20 La noticia informa que Elon Musk, en la red social X, confirmó el retraso del lanzamiento del modelo de robotaxi de Tesla hasta octubre. *Vid.* O'KANE, S., "Elon Musk confirms Tesla 'robotaxi' event delayed due to design change", *TechCrunch,* 2024, https://techcrunch.com/2024/07/15/elon-musk-confirms-tesla-robotaxi-event-delayed-design-change/ (visitado el 18 de julio de 2024)

21 Los proveedores de servicios de movilidad automatizada en China, Didi y AutoX están ampliando los servicios de robotaxi en varias ciudades. *Vid.* SHEN, J., "Didi and AutoX are launching robotaxi pilot programs in Shanghai in May", en *Technode,* 2020, https://technode.com/2020/04/14/exclusive-didi-and-autox-are-launching-robotaxi-pilot-programs-in-shanghai-in-may/ (visitado el 11 de julio de 2024)

22 BAIDU INC, "Baidu to Add 200 Fully Driverless Robotaxis to Fleet in 2023, Aiming for World's Largest Fully Driverless Ride-hailing Area", en *Baidu News,* en https://www.prnewswire.com/news-releases/baidu-to-add-200-fully-driverless-robotaxis-to-fleet-in-2023-aiming-for-worlds-largest-fully-driverless-ride-hailing-area-301711296.html (visitado el 10 de mayo de 2024).

23 *Vid.* MINISTERIO DE TRANSPORTE Y MOBILIDAD SOSTENIBLE–MITMS, "La DGT y el Centro Tecnológico de la Automoción de Galicia realizan pruebas de vehículo autónomo en la A-55(Pontevedra)", en *Revista DGT,* 2023, en https://

2. *Terminología y conceptualización de los robotaxis*

Se engloban en el término de robotaxis diversas modalidades de VA que ofrecen el servicio de transporte a pasajeros urbanos, mayoritariamente, pero también puede tener interés el desarrollo con el objetivo de poder superar obstáculos de acceso a las zonas rurales[24].

Los robotaxis en la última década han ido evolucionando, cubriendo diversas prestaciones de servicios hasta concluir hoy en el transporte pasajero, pese a ello se les podrían otorgar multifuncionalidades como es el reparto a domicilio, traslado de personas con reducida movilidad, y servicios de movilidad compartida[25].

2.1. Definición de robotaxi y su relevancia en la movilidad futura

Los robotaxis, también conocidos como taxis autónomos o taxis sin conductor, son vehículos que operan sin intervención humana, utilizando tecnologías avanzadas de conducción autónoma. Estos vehículos están equipados con sensores, cámaras y software de inteligencia artificial que les permiten navegar y operar de manera segura en entornos urbanos[26]. En definitiva, vehículos capaces de navegar y percibir lo que ocurre a su alrededor, sin operador al volante. Se concreta en un vehículo totalmente

---

esmovilidad.transportes.gob.es/noticias/la-dgt-y-el-centro-tecnologico-de-la-automocion-de-galicia-realizan-pruebas-de-vehiculo (visitado el 12 de julio de 2024).

24 Se presenta el documental "The Brain Roads", que relata el proceso de creación y las pruebas realizadas en el Pallars Sobirà-Pirineos catalanes del coche autónomo del CVC. *Vid.* COMPUTER VISION CENTER-UAB, en https://www.uab.cat/web/sala-de-prensa/detalle-noticia/se-presenta-el-documental-the-brain-roads-que-relata-el-proceso-de-creacion-del-coche-autonomo-del-cvc-1345830290069.html?detid=1345908843401 (visitado el 12 de julio de 2024).

25 En la publicación de la DGT se incluye como ejemplo la empresa tecnológica Continental, que trabaja en la combinación de vehículos sin conductor y robots de reparto de mercancías y paquetes *Vid.* DIRECCIÓN GENERAL DE TRÁFICO-DGT, "El futuro del reparto a domicilio: el robotaxi'", *Revista DGT*, 2022, en https://revista.dgt.es/es/motor/noticias/2019/02FEBRERO/Robotaxi-de-reparto.shtml (visitado el 5 de julio de 2024)

26 GOYO, K., "Coches autónomos: tecnología, impacto y desafíos en la nueva Era de la movilidad", en *Ingenieria.es,* en https://www.ingenieria.es/coches-autonomos/ (visitada el 12 de julio de 2024)

autónomo que puede recoger y dejar pasajeros en sus destinos sin necesidad de que haya un conductor en el interior del vehículo[27].

Algunas de sus características principales serían la autonomía, eficiencia y sostenibilidad. Respecto a la primera se puede indicar que actualmente los robotaxis suelen operar en el nivel 4 o 5 de automatización, lo que significa que pueden circular de manera autónoma en áreas georreferenciadas sin necesidad de la intervención humana[28]. Con referencia a la segunda característica mencionada, son vehículos con mayor eficiencia que no precisan de la contratación de conductores, lo cual debería conllevar la reducción de costes operativos reflejándose éstos en la reducción de las tarifas para los usuarios de los mismo, pudiendo llegar a ser una modalidad de transporte urbana habitual[29].

La sostenibilidad es un punto focal al que apuntan muchos de los expertos tecnológicos y financieros, donde los robotaxis al ser vehículos eléctricos, contribuirán a la reducción de emisiones promoviendo una movilidad más sostenible[30].

2.2. Modalidades de robotaxis

Resulta práctico establecer una clasificación específica de las diversas modalidades propuestas para el mercado de la movilidad de pasajeros respecto a la utilización de los robotaxis.

Asimismo, se pueden diferenciar principalmente por el servicio que pueden ofrecer a la población. En primer lugar, identificamos los robotaxis de

---

27 Es cierto que se han realizado algunas pruebas usando robotaxis para reparto de mercancías, pero los servicios de robotaxi más comunes hoy son el transporte de personas. *Vid.* DIRECCIÓN GENERAL DE TRÁFICO-DGT, "El futuro...", *cit.*

28 Según la noticia publicada en IoT Times, *vid.* ASPENCORE, "The Next Steps to Consider as Vehicles Move Toward Autonomy", *IoT Times*, 2022, en https://iot.eetimes.com/the-next-steps-to-consider-as-vehicles-move-toward-autonomy/ (visitado el 13 junio de 2024).

29 *Vid.* FAGNANT, D. J. y KOCKELMAN, K., "Preparing a nation for autonomous vehicles: opportunities, barriers and policy recommendations", en *Transportation Research Part A: Policy and Practice*, Vol.77, Elsevier, 2015, en https://doi.org/10.1016/j.tra.2015.04.003 (visitado el 14 junio de 2024), pp. 167-181.

30 *Vid.* KRUEGER, R., RASHIDI, T. H., y ROSE, J. M., "Preferences for shared autonomous vehicles", en *Transportation Research Part C: Emerging Technologies,* Vol. 69, Elsevier, 2016, en https://doi.org/10.1016/j.trc.2016.06.015 (visitado 15 de junio de 2024), pp. 343-355.

transporte público, éstos están diseñados para transportar pasajeros en rutas predeterminadas, como autobuses[31]; en segundo lugar, los robotaxis de servicio de entrega, los cuales están diseñados para entregar paquetes o alimentos a los clientes[32], y también podemos diferenciar los robotaxis de uso personal, específicamente diseñados para el transporte individual de pasajeros[33].

A su vez, existe una clara diferencia entre los denominados robotaxis que pueden circular en cualquier lugar bajo ruta predeterminada por el usuario del servicio versus a los *roboshuttles o* robobus paralelos en servicios a los denominados *shuttles* actuales, también conocidos como lanzaderas; éstos mantienen rutas predefinidas con puntos fijos de salida y llegada. En principio esta última modalidad señalada podría obtener una aceptación para el transporte masivo en núcleos urbanos[34]. De hecho, existen servicios prestados por *roboshuttles* en entornos delimitados fuera de la vía pública, como pueden ser aeropuertos, puertos, campus universitarios, fábricas[35].

---

31 *Vid.* LUGANO, G., SIEGEL, L., COHEN, S., y THOMOPOULOS, N., "The wider use of autonomous vehicles in non-commuting journeys", en MILAKIS D., THOMOPOULOS, N., VAN WEE B. (Edits), *Advances in Transport Policy and Planning*, Elsevier, Oxford, 2020, doi.org/10.1016/bs.atpp.2020.02.003, https://www.sciencedirect.com/science/article/abs/pii/S2543000920300068?via%3Dihub (visitado el 20 de junio de 2024), pp. 125-148.

32 *Vid.* DIMITRAKOPOULOS, G., TSAKANIKAS, A., y PANAGIOTOPOULOS, E., *Autonomous vehicles: Technologies, Regulations, and Societal Impacts*, Elsevier, Oxford, 2023, pp. 65–66.

33 DIMITRAKOPOULOS, G., TSAKANIKAS, A., y PANAGIOTOPOULOS, E., *Autonomous…, cit.*, pp. 94-95.

34 *Vid.* HEIKOOP, D. D., VELASCO, J. P. N., BOERSMA, R., BJØRNSKAU, T., y HAGENZIEKER, M. P., "Automated bus systems in Europe: A systematic review of passenger experience and road user interaction", en MILAKIS D., THOMOPOULOS, N., VAN WEE B., (Edits), *Advances in Transport Policy and Planning*, Elsevier, Oxford, 2020, https://doi.org/10.1016/bs.atpp.2020.02.001 (visitado el 20 de junio de2024), pp. 51-72.

35 *Vid.* GARIKAPATI D, SHETIYA SS., "Autonomous Vehicles: Evolution of Artificial Intelligence and the Current Industry Landscape", en *Big Data and Cognitive Computing*, 2024, N° 8, en https://doi.org/10.3390/bdcc8040042 (visitado el 16 de mayo de 2024), pp. 1-25.

II. LAS INTERCONECTIVIDADES INTEGRADAS – IIMCS. MOVILIDAD, CONECTIVIDAD Y SOSTENIBILIDAD

La integración de los robotaxis en la movilidad urbana dependerá en gran medida de los planes propios de movilidad de cada una de las ciudades y los sistemas interconectados que permitan incorporar los propósitos y objetivos de Movilidad, Conectividad y Sostenibilidad.

3. Integración en los ecosistemas de movilidad

La integración de los robotaxis en el ecosistema de la movilidad urbana presenta tanto desafíos como oportunidades. Si bien prometen mejorar la eficiencia y reducir costos, su adopción plantea interrogantes sobre su impacto en el transporte público y la competencia con los taxis tradicionales y otras modalidades de transporte compartido. La percepción pública y la aceptación de esta tecnología son cruciales para su éxito, lo que requiere esfuerzos para generar confianza y abordar las preocupaciones sobre seguridad y privacidad.

3.1. Los robotaxis en la movilidad urbana

Los robotaxis, VA que operan sin conductor humano, están emergiendo como una posible solución a los desafíos de movilidad urbana. Estos vehículos, a menudo utilizados por empresas de transporte compartido, prometen una mayor flexibilidad y eficiencia en comparación con los taxis tradicionales. Por ello, se deben enumerar determinados beneficios potenciales:

- Reducción de accidentes: La eliminación del error humano podría disminuir significativamente los accidentes de tráfico. La tecnología avanzada puede reducir la cantidad de accidentes causados por errores humanos.
- Eficiencia y costos: Los robotaxis pueden operar de manera más eficiente y a menor costo, lo que podría traducirse en tarifas más bajas para los usuarios.
- Sostenibilidad: Muchos de estos vehículos son eléctricos, lo que contribuye a la reducción de emisiones y promueve una movilidad más sostenible.
- Accesibilidad: Pueden ofrecer servicios de transporte a personas que no pueden conducir, como ancianos o personas con discapacidades,

así como el acceso a zonas rurales con bajos índices de población y desabastecimiento de farmacias, comercios, entre otros aspectos.

- Aceptación Pública: La confianza de los usuarios en estos servicios es crucial. Incidentes aislados pueden afectar negativamente la percepción y aceptación de esta tecnología, es importante ofrecer confianza pública y demostrar la viabilidad económica.

3.1.1. Impactos potenciales en el transporte público

La introducción de robotaxis en el ecosistema de movilidad urbana plantea interrogantes sobre su impacto potencial en el transporte público. Si bien prometen beneficios como la reducción de costos y la mejora de la eficiencia, también existe la preocupación de que puedan competir con el transporte público tradicional, especialmente si no están bien integrados en él[36]. Esto podría llevar a una disminución en el uso del transporte público y un aumento del tráfico, lo que a su vez podría generar externalidades negativas como la congestión y la contaminación[37].

3.1.2. Convivencia de los servicios de taxi tradicional, ride-hailing y ride-sharing

Además de los posibles impactos en el transporte público, la integración de los robotaxis plantea desafíos en la convivencia con los servicios de taxi tradicionales y otras modalidades de transporte compartido como el *ride-hailing*, solicitud de viajes a través de aplicaciones móviles, en cambio el *ride-sharing* implica viajes compartidos. La competencia entre estos diferentes modelos de negocio podría llevar a una fragmentación del mercado y a una competencia asimétrica, especialmente si las plataformas de transporte privado no comparten datos de movilidad de manera abierta como

---

36 *Vid.* DUFFNER-KORBEE, D., NADERER, G., LIEBHAUSER, N, y FOURNIER, "Social Impact Assessment: Changing Mobility Behaviour by Understanding Customer Needs and Attitudes", en FOURNIER G., BOOS A., KONSTANTAS D, y ATTIAS D. (Edits.), *Automated vehicles as a game changer for sustainable mobility: Learnings and solutions*, Springer, 2024, pp. 361-365.

37 *Vid.* MAY, A. D., SHEPHERD, S., PFAFFENBICHLER, P., y EMBERGER, G., "The potential impacts of automated cars on urban transport: An exploratory analysis", *Transport Policy*, Vol. 98 (2), Elsevier, 2020, https://doi.org/10.1016/j.tranpol.2020.05.007 (visitado el 20 de junio de 2024), pp.127-132.

lo hacen los proveedores de transporte público[38]. El intercambio abierto de datos es fundamental para garantizar una competencia justa y equitativa en este mercado en evolución.

3.2. Experiencia del usuario y su aceptación

La experiencia del usuario y la aceptación pública son cruciales para el éxito de los robotaxis y de los VA en general. Mientras que los robotaxis como novedad en varias ciudades son generalmente aceptados por los usuarios, la posibilidad de grandes flotas de los mismos puede generar rechazo por ciudadanos que no confían en la seguridad y privacidad en el uso de los mismos en las vías públicas.

3.2.1. Percepción pública y desafíos de adopción

La percepción pública de los VA y los robotaxis está influenciada por diversos factores, como la confianza en la tecnología, la seguridad percibida y la comprensión de sus beneficios potenciales[39]. Los desafíos de adopción incluyen abordar las preocupaciones sobre la seguridad, la privacidad de los datos y la interacción con otros usuarios de la vía. Además, la falta de familiaridad con la tecnología y la resistencia al cambio pueden ser obstáculos para la adopción generalizada.

3.2.2. Esfuerzos para restaurar y construir confianza pública

Para fomentar la aceptación pública y generar confianza, es esencial implementar campañas de información y educación que destaquen los beneficios de los robotaxis y aborden las preocupaciones de seguridad

---

38 HASSANI, J. E., "Les entreprises de mobilités bientôt dépossédées de leurs données?", *Journal du Net*, 2018, en https://www.journaldunet.com/mobilites/1417359-loi-mobilites-ouverture-donnees-transport-open-data/ (visitado el 18 de junio de 2024).

39 *Vid.* KYRIAKIDIS, M., HAPPEE, R. y DE WINTER, J. C. F., "Public opinion on automated driving: Results of an international questionnaire among 5000 respondents", *Transportation Research Part F: Traffic Psychology and Behaviour*, Vol.32, 2015, https://doi.org/10.1016/j.trf.2015.04.014 (visitado el 10 de junio de 2024), pp.127–140.

y privacidad[40]. Estos esfuerzos deben centrarse en demostrar cómo los robotaxis pueden mejorar la seguridad vial al eliminar el error humano, aumentar la eficiencia del transporte y ofrecer opciones de movilidad más accesibles e inclusivas para todos los ciudadanos. La transparencia en la recopilación y el uso de datos, así como la demostración de la seguridad y la fiabilidad de la tecnología a través de pruebas exhaustivas y comunicación clara, son fundamentales para construir una imagen positiva y generar confianza en el público.

4. Conectividad mediante las ciudades inteligentes

La implementación de robotaxis en ciudades inteligentes plantea desafíos significativos debido a la rápida evolución de la tecnología y la necesidad de una integración efectiva en el ecosistema urbano. Además, se requiere una visión estratégica a largo plazo que considere las tendencias futuras en tecnología y urbanismo para garantizar la adaptabilidad y resiliencia de los sistemas implementados.

4.1. Desafíos en la implementación de VA en ciudades inteligentes

La tecnología de los VA se encuentra en constante evolución. Es necesario establecer estrategias para la actualización y mantenimiento continuo de los sistemas, garantizando que se mantengan seguros, eficientes y compatibles con las últimas innovaciones tecnológicas[41].

Es fundamental evaluar de manera continua el impacto de la integración de VA en las ciudades inteligentes. Esto incluye aspectos como la eficiencia del transporte, la reducción de emisiones, la satisfacción del usuario y el impacto económico y social. Los resultados de estas evaluaciones

---

40 *Vid.* NIJDAM, N. A., BENYAHYA, M. y COLLEN, A. "Cybersecurity and data privacy: Stakeholders' stand on regulations and standards", en FOURNIER G., BOOS A., KONSTANTAS D., y ATTIAS D. (eds.), *Automated vehicles as a game changer for sustainable mobility: Learnings and solutions*, Springer,2024, pp. 151–166.

41 Recientemente podemos comprobar la implementación del nuevo servicio a través de *shuttles* en el aeropuerto JFK de New York. *Vid.* RAMEY, J., "Autonomous Shuttles Debut at This US Airport", en *Microsoft Start*, 2024, en https://www.msn.com/en-us/travel/news/autonomous-shuttles-debut-at-this-us-airport/ar-BB1qeitO (visitado el 19 de Julio de 2024).

deben ser utilizados para mejorar continuamente el sistema y adaptarlo a las necesidades cambiantes de la ciudad.

La integración de VA debe considerarse como parte de una visión estratégica a largo plazo para el desarrollo de ciudades inteligentes sostenibles y habitables. Es necesario tener en cuenta las tendencias futuras en tecnología, urbanismo y movilidad para garantizar que los sistemas implementados sean adaptables y resilientes a los cambios a largo plazo[42].

Abordar estos desafíos de manera efectiva será crucial para garantizar una implementación exitosa de los VA en ciudades inteligentes y maximizar sus beneficios para la sociedad y el medio ambiente.

4.2. Integración de los robotaxis en las ciudades inteligentes y redes IoT

Para aprovechar plenamente los beneficios de la integración de VA en ciudades inteligentes, es esencial superar los desafíos relacionados con la interoperabilidad y conectividad. Además, se precisa de la colaboración de los diversos actores implicados en los diversos servicios ciudadanos.

Un ecosistema de movilidad exitoso requiere la colaboración entre diferentes actores, incluyendo las autoridades públicas, proveedores de transporte, desarrolladores de tecnología y usuarios. Esto implica la necesidad de estándares abiertos y protocolos comunes para garantizar una comunicación fluida entre los distintos sistemas involucrados.

Asimismo, una infraestructura de conectividad robusta, basada en sistemas de redes móviles e IoT es fundamental para el funcionamiento eficiente de los VA y su integración en el tejido urbano. El acceso confiable a datos en tiempo real sobre el tráfico, las condiciones climáticas y la disponibilidad de transporte público es esencial para optimizar las rutas y garantizar la seguridad.

La protección de datos personales y la ciberseguridad también son aspectos críticos para considerar. Es necesario establecer mecanismos sólidos para garantizar la privacidad de los usuarios y proteger los sistemas de transporte de posibles ataques cibernéticos.

---

42 *Vid.* MILAKIS, D., VAN AREM, B., y VAN WEE, B., "Policy and society related implications of automated driving: A review of literature and directions for future research", en *Journal of Intelligent Transportation Systems,* Vol. 21, 2017, en https://doi.org/10.1080/15472450.2017.1291351 (visitado el 16 de junio de 2024), pp. 324-348.

4.3. Zonificación para la implementación de robotaxis

La zonificación o implementación de zonas reservadas para la circulación de robotaxis se presenta como una estrategia efectiva para introducir gradualmente esta tecnología en las ciudades y evaluar su impacto en entornos controlados. Al delimitar áreas específicas para la operación de robotaxis, se pueden abordar las preocupaciones sobre seguridad y convivencia con otros usuarios de la vía de manera más controlada y progresiva.

Estas zonas reservadas pueden ser áreas urbanas con baja densidad de tráfico, como campus universitarios, parques empresariales o zonas residenciales con calles amplias y bien señalizadas [43]. También pueden ser rutas predefinidas que conecten puntos estratégicos de la ciudad, como estaciones de transporte público, centros comerciales o áreas de interés turístico.

La implementación de zonas reservadas permite a las autoridades y empresas recopilar datos valiosos sobre el rendimiento de los robotaxis en condiciones reales de tráfico, identificar posibles problemas y realizar ajustes necesarios antes de expandir su operación a áreas más amplias[44]. Además, estas zonas pueden servir como campo de pruebas para diferentes tecnologías y modelos de negocio, fomentando la innovación y la competencia en el mercado de la movilidad autónoma[45].

Es importante destacar que la zonificación debe ser parte de un plan integral de movilidad urbana que considere las necesidades de todos los usuarios de la vía, incluyendo peatones, ciclistas y usuarios del transporte público. La colaboración entre autoridades, empresas y ciudadanos es

---

43 *Vid.* BEUKERS, J. A., ZUTTRE, Q., HILBERT, G., KAEDING, D., HOFFMANN, A., ZINCKERNAGEL, C., FELHAUS, N. M., BOOM, N. V., BOOS, A., y KONSTANTAS, D., "AVENUE Site Demonstrators: Geneva, Lyon, Luxembourg, and Copenhagen", en FOURNIER G., BOOS A., KONSTANTAS D., y ATTIAS D. (eds.), *Automated Vehicles as a Game Changer for Sustainable Mobility: Learnings and Solutions,* Springer, 2024, en https://doi.org/10.1007/978-3-031-61681-5_2 (visitado el 18 de junio de 2024), pp. 15-70.

44 *Vid.* PAPADAKIS, A., LALAS, A., PETRIDOU, S., VOTIS, K., y TZOVARAS, D., "Technical Cybersecurity Implementation on Automated Minibuses with Security Information and Event Management (SIEM)", en FOURNIER G., BOOS A., KONSTANTAS D., y ATTIAS D. (eds.), *Automated Vehicles as a Game Changer for Sustainable Mobility: Learnings and Solutions,* Springer, 2024, en https://doi.org/10.1007/978-3-031-61681-5_7 (visitado el 18 de junio de 2024), pp. 169-182.

45 *Vid.* NOGUÉRO, D., y VINGIANO-VIRICEL, I., "Intelligence artificielle et véhicules autonomes", en BENSAMOUN A. y LOISEAU G. (eds.), *Droit de intelligence artificielle,* Vol. 15, 2nd ed., Lextenso, 2020, pp. 111-154.

fundamental para garantizar una implementación exitosa y equitativa de esta estrategia. Como se ha mencionado anteriormente, la integración de los robotaxis en la movilidad urbana dependerá en gran medida de los planes propios de movilidad de cada una de las ciudades.

La zonificación también puede facilitar la adaptación de la infraestructura urbana a las necesidades de los robotaxis, como la instalación de puntos de carga para vehículos eléctricos, la mejora de la señalización vial y la implementación de sistemas de comunicación V2X para mejorar la seguridad y la eficiencia del tráfico.

5. El impacto de los robotaxis en la sostenibilidad

Los robotaxis, como VA eléctricos compartidos, tienen el potencial de contribuir significativamente a la sostenibilidad en el transporte urbano.

Su adopción generalizada podría transformar la movilidad urbana, haciéndola más eficiente, ecológica y accesible[46].

5.1. Beneficios ambientales y sostenibilidad

Los robotaxis, al ser vehículos eléctricos y estar diseñados para compartir viajes, pueden ayudar a reducir las emisiones de gases de efecto invernadero y el consumo de energía, dos factores clave en la lucha contra el cambio climático y la promoción de la sostenibilidad ambiental.

La integración de los VA en sistemas de transporte intermodal y de movilidad como servicio *Mobility as a Service*–MaaS[47], respaldada por un sólido sistema de tecnologías de la información, esta modalidad de servicios presenta un potencial significativo para mejorar la sostenibilidad y el medio ambiente en las ciudades.

---

46 YANG, Z., "What's next for robotaxis in 2024", en *MIT Technology Review*, 2024, en https://www.technologyreview.com/2024/01/23/1086936/whats-next-for-robotaxis-2024/ (visitado el 28 de abril de 2024).

47 Mobility as a Service–MaaS son tecnologías con la visión de integrar distintos servicios de transporte donde el usuario se informa, contrata, y paga por opciones de distintos servicios de movilidad a través de una plataforma única digital. *Vid.* MLADENOVIC, M., "Mobility as a Service", en *International Encyclopedia of Transportation*, Elsevier, 2021, en https://doi.org/10.1016/B978-0-08-102671-7.10607-4 (visitado el 20 de junio de 2024) pp.12-18,

Operar un servicio de transporte público bajo demanda es muy costoso, especialmente si los conductores necesitan estar disponibles la mayor parte del día. En determinados entornos no es rentable establecer líneas regulares ni horarios fijos por el reducido volumen de usuarios que lo utilizan, en especial en entornos extraurbanos. Para reducir costes y ofrecer un servicio verdaderamente flexible, los VA podrían ser una solución[48].

Según estudio realizado en 2021 por el grupo alemán Klas, especialista en conectividad para ciudades inteligentes, el 30% de los entrevistados alemanes y británicos están a la expectativa de no tener que estacionar sus propios vehículos sustituyéndolos por robotaxis, y en cuanto a los entrevistados americanos fijan su objetivo en la reducción significativa de accidentes mediante la incorporación de VA en la movilidad [49.]

Al ofrecer opciones de movilidad flexibles y accesibles para todos los ciudadanos, incluyendo a las personas con movilidad reducida, los VA bajo demanda, o robotaxis[50], tienen el potencial de reducir la dependencia del vehículo privado. Esto, a su vez, puede contribuir a una disminución de las emisiones de gases nocivos, la congestión del tráfico y la contaminación acústica. Además, un VA, especialmente los eléctricos, puede funcionar las 24 horas del día ofreciendo servicios, con solo parar para recargar las baterías. Además, los nuevos sistemas de carga inalámbrica por inducción permiten hacerlo sin intervención humana[51].

Asimismo, la optimización de rutas y horarios mediante el uso de inteligencia artificial y la información recibida de las redes de Internet de las

---

48 *Vid.* VALERIO, P. "Cities Try Demand Responsive Transport and Autonomous Buses to Reduce Congestion", *IoT Times*, 2021, en https://iot.eetimes.com/cities-try-demand-responsive-transport-and-autonomous-buses-to-reduce-congestion/ (visitado el 20 de junio de 2024).

49 KLAS Group, "Ready for an Autonomous Vehicle Chauffeur? Consumers Say: 'Yes, Please!", *Klas Group*, 2021, en https://www.prnewswire.com/news-releases/ready-for-an-autonomous-vehicle-chauffeur-consumers-say-yes-please-301339166.html (visitado el 17 de junio de 2024).

50 *Vid.* RAHMAN, M. M., y THILL, J.C., "Impacts of Connected and Autonomous Vehicles on Urban Transportation and Environment: A Comprehensive Review", en *Sustainable Cities and Society*, 2023, Elsevier, Vol. 96, Nº 104649, en https://doi.org/10.1016/j.scs.2023.104649, (visitado el 20 de mayo de 2024).

51 PARIS, M. "Wireless charging: The roads where electric vehicles never need to plug in", *BBC News*, 2024, en https://www.bbc.com/future/article/20240130-wireless-charging-the-roads-where-electric-vehicles-never-need-to-plug-in (visitado el 20 de mayo de 2024).

Cosas, en adelante IoT, puede llevar a una utilización más eficiente de los recursos, incluyendo energía y materiales. La posibilidad de compartir viajes y reducir el número de vehículos en circulación también contribuye a una mayor sostenibilidad y además eficiencia y eficacia en la movilidad urbana[52].

5.1.1. *Reducción de emisiones y consumo de energía*

El uso de robotaxis eléctricos puede disminuir significativamente las emisiones de gases de efecto invernadero en comparación con los vehículos tradicionales de combustión interna[53]. Al no depender de combustibles fósiles, estos vehículos contribuyen a la mejora de la calidad del aire y a la mitigación del cambio climático. Además, los robotaxis, gracias a su conducción autónoma y optimizada, pueden reducir el consumo de energía al evitar aceleraciones y frenadas bruscas, así como al planificar rutas más eficientes[54].

5.1.2. *Contribución a la planificación urbana sostenible*

La integración de los robotaxis en los sistemas de transporte público puede fomentar una planificación urbana más sostenible. Al reducir la necesidad de estacionamiento en las ciudades, los robotaxis pueden liberar espacio para áreas verdes, carriles para bicicletas y otros usos que mejoren la calidad de vida urbana[55]. Además, al ofrecer una alternativa eficiente y

---

[52] DIN I. U., ALMOGREN A. y RODRIGUES J. J. P. C., "AIoT Integration…", *cit.*

[53] *Vid.* VIERE, T., BOOS, A., VAN DEN BOOM, N., BENYAHYA, M., BEN MOUSSA, M., y FOURNIER, G., "Environmental Impact Assessment: Automated Minibuses for Public Transport", en G. FOURNIER, A. BOOS, D. KONSTANTAS, y D. ATTIAS (eds.), *Automated vehicles as a game changer for sustainable mobility: Learnings and solutions,* Springer, 2024, pp. 279-314.

[54] *Vid.* ANTONIALLI, F., MIRA-BONNARDEL, S., y BULTEAU, J., "Economic Impact Assessment: Local Service Costs of Automated Vehicles for Public Transport", en G. FOURNIER, A. BOOS, D. KONSTANTAS, y D. ATTIAS (eds.), *Automated vehicles as a game changer for sustainable mobility: Learnings and solutions,* Springer, 2024, pp. 261-278.

[55] *Vid.* HEINEKE, K., KAMPSHOFF, P. y MÖLLER, T., "Spotlight on mobility trends ", en *McKinsey Center for Future Mobility,* McKinsey 2024, en https://www.mckinsey.com/industries/automotive-and-assembly/our-insights/spotlight-on-mobility-trends (visitado el 6 de junio de 2024).

atractiva al uso del automóvil privado, pueden contribuir a la reducción del tráfico y la congestión, mejorando así la fluidez del tráfico y disminuyendo la contaminación acústica y atmosférica.

5.2. Desafíos de sostenibilidad para la integración de los robotaxis

A pesar de los beneficios potenciales, la adopción de robotaxis también presenta desafíos que deben abordarse para garantizar una movilidad sostenible. Uno de los principales desafíos es la necesidad de una infraestructura de carga adecuada para los vehículos eléctricos. La disponibilidad de puntos de carga accesibles y rápidos es esencial para garantizar la viabilidad de los robotaxis y fomentar su uso generalizado.

Otro desafío importante es la gestión eficiente de las flotas de robotaxis. Es necesario desarrollar algoritmos y sistemas que optimicen la asignación de vehículos y la planificación de rutas para minimizar los tiempos de espera de los usuarios y maximizar la eficiencia del servicio. Además, es fundamental garantizar la seguridad y la fiabilidad de los robotaxis a través de pruebas exhaustivas y sistemas de monitoreo y mantenimiento rigurosos.

La integración de los robotaxis en el sistema de transporte existente también plantea desafíos en términos de regulación y políticas públicas[56]. Es necesario establecer un marco regulatorio claro y coherente que aborde cuestiones como la responsabilidad en caso de accidentes, la privacidad de los datos de los usuarios y la convivencia con otros modos de transporte.

Finalmente, es importante considerar el impacto social de la adopción de robotaxis. Si bien pueden mejorar la accesibilidad al transporte para personas con movilidad reducida o en áreas con servicios de transporte limitados, también existe la preocupación de que puedan reemplazar empleos en el sector del transporte[57]. Es fundamental abordar estas preocupaciones y garantizar una transición justa hacia un futuro de movilidad autónoma.

---

56 BENDIX, P., "Automated mobility in Europe: A future reality?", en *Tech Xplore*. 2024, en https://techxplore.com/news/2024-07-automated-mobility-europe-future-reality.html (visitado el 26 de junio de 2024).

57 *Vid.* DUFFNER-KORBEE, D., NADERER, G., LIEBHAUSER, N., y FOURNIER, G., "Social ...", *cit.*, pp. 361-392.

III. DESAFÍOS LEGALES Y REGULATORIOS

6. *Marcos regulatorios para los robotaxi*

La necesidad de desarrollar regulación es una demanda generalizada de los diversos actores que incursionan en los servicios de robotaxis. Esta tarea no es sencilla por dos motivos principales; deben ser regulaciones que introduzcan un elevado componente técnico, y de igual forma una exhaustiva regulación administrativa. En este sentido es preciso conformar un marco normativo claro y concreto que incluya no solo aspectos como licencias, homologaciones, autorizaciones, sino también otros elementos actualmente ausentes como las regulaciones actuales, como códigos de ética y normativas de identificación de responsabilidades entre los diversos actores partícipes en el uso de los VA.

Asimismo, será menester elaborar normas estandarizadas entre diversos Estados, en previsión de obtener una posible normativización regional e incluso a nivel internacional, que armonice los sistemas de los VA. La no estandarización podría llevar a la afectación de la libre competencia de oportunidades en el mercado regional e internacional para las empresas inversoras.

Muchos son los desafíos tecnológicos a los que se enfrentan los servicios de robotaxis y *roboshuttlers* y, aunque los avances son significativos, la precisión y seguridad de los sistemas autónomos aún es una asignatura pendiente, especialmente en entornos complejos y no controlados[58]. Con relación a la legislación, las regulaciones varían ampliamente entre países, lo que puede postergar la implementación de los robotaxis a gran escala[59].

---

58 *Vid.* FREEDMAN, I. G., KIM, E. y MUENNIG, P.A. "Autonomous vehicles are cost-effective when used as taxis", en *Inj. Epidemiol,* 2018, Vol. 5, 24, 2018, en https://doi.org/10.1186/s40621-018-0153-z (visitado el 15 de junio de 2024).

59 *Vid.* ANDERSON, J. M., KALRA, N., STANLEY, K. D., SORRELL, P., THOMPSON, B., y ULMEN, G., "Liability implications of Autonomous Vehicle Technology", en *Autonomous Vehicle Technology: A Guide for Policymakers,* en Rand Corporation, 2016, en https://doi.org/10.7249/RR443-2 (visitado el 15 de junio de 2024), pp. 111-132.

6.1. Desafíos normativos de los robotaxis

Hoy podemos afirmar que existe una falta de normativa que impide proporcionar un marco de seguridad jurídica y confiabilidad al pasajero usuario de estos servicios.

Tecnológicamente uno de los grandes desafíos es establecer normativas referentes a los sistemas sin conductor, los plenos VA. Un componente esencial es la colaboración entre diversos colectivos, fabricantes, juristas técnicos en diseño de normativa, y expertos en tecnología y seguridad. Estas tres perspectivas pueden facilitar la transición a la autonomía funcional. No solo la tecnología debe avanzar, sino que también deben acompañarla una serie de avances éticos, legales y sociales.

Entre los desafíos más relevantes que se deben afrontar podemos señalar; en primer lugar, la protección de la privacidad y la seguridad de los datos recopilados por los VA, ya que estos vehículos contarán con grandes cantidades de datos de los usuarios. Por lo tanto, se precisan marcos normativos sólidos para el almacenamiento y la protección de datos de los usuarios. En segundo lugar, se debe definir de manera muy exhaustiva las responsabilidades legales de los actores involucrados, como fabricantes, operadores empresariales, entidades públicas e incluso del usuario. En tercer lugar, se deben concretar las características de las pólizas de las aseguradoras para los VA, así como la adaptación de las licencias de conducción respecto a las capacidades requeridas para VA de nivel 4 o con plena autonomía en el nivel 5. Por último, se precisan normativas que regulen la interconectividad en las vías públicas, especialmente entre los VA como robotaxis o *roboshuttles,* los vehículos tradicionales, y la infraestructura vial.

Las decisiones éticas son uno de los aspectos más críticos de la conducción autónoma, ya que implica la toma de decisiones en situaciones de emergencia. Los algoritmos que gobiernan los VA deben programarse para minimizar los daños en caso de accidentes inevitables. Esta es una situación compleja, que ha sido objeto de investigaciones, como las realizadas por Audi para establecer marcos éticos, firmes y transparentes. Ello implica juicios de valor que requieren diálogos transparentes y participación pública para garantizar la confianza de los usuarios[60].

---

60 *Vid.* GOODALL, N. J., "Machine ethics and automated vehicles", en *Road Vehicle Automation,* Springer, 2014, en https://doi.org/10.1007/978-3-319-05990-7_9 (visitado el 22 de junio de 2024), pp.93-102.

La programación de los algoritmos para gestionar accidentes inevitables no debería discriminar en base a las características personales como la edad, el género o la condición física[61]. Según la Comisión de Ética sobre la Conducción Automatizada y Conectada del Ministerio Federal de Transporte e Infraestructura Digital de Alemania, está prohibido tomar decisiones que compensen a unas víctimas sobre otras. Los sistemas deben tratar de minimizar las lesiones personales tanto como sea posible[62]. El informe de la Comisión de Ética subraya que el objetivo principal es mejorar la seguridad vial para todos los usuarios. A medida que la tecnología avanza, los sistemas buscan reducir el número de accidentes y mejorar la seguridad vial general[63].

La introducción de los VA requiere una actualización significativa de los marcos legales existentes. La legislación actual varía ampliamente entre diferentes países y regiones, lo que crea un panorama regulatorio fragmentado. Existe la necesidad prioritaria de una armonización internacional en las regulaciones para facilitar la adopción segura y efectiva de esta tecnología. En la actualidad existe una situación legal desigual, algunos países han diseñado entornos normativos avanzados, mientras que otros se encuentran en procesos de actualización. La cuestión de la responsabilidad en caso de accidente es particularmente compleja, ya que las leyes actuales no están completamente adaptadas para los VA, lo que plantea desafíos en la asignación de responsabilidades de los diversos actores implicados.

Además, la integración de los VA podrá tener un impacto significativo en el mercado laboral y la vida diaria de las personas, estudios como el de Audi indican que los empleos relacionados con la conducción pueden ser afectados. Por ello, es necesario implementar políticas de transición que

---

61 *Vid.* FAGNANT, D. J., y KOCKELMAN, K., "Preparing ...", *cit.*, pp.167-181.

62 *Vid.* COMISIÓN DE ÉTICA SOBRE LA CONDUCCIÓN AUTOMATIZADA Y CONECTADA, *Informe de la Comisión de Ética sobre la Conducción Automatizada y Conectada. Ministro Federal de Transporte e Infraestructura Digital*, Ministerio Federal de Transporte e Infraestructura Digital de Alemania-Comisión Ética, 2017, *en* https://www.bmvi.de/SharedDocs/EN/publications/report-ethics-commission.pdf (visitado el 18 de junio de 2024), pp.21-31.

63 *Vid.* FLORIDI, L., COWLS, J., BELTRAMETTI, M., CHATILA, R., CHAZERAND, P., DIGNUM, V., y SCHAFER, B., "People—An ethical framework for a good AI society: Opportunities, risks, principles, and recommendations.", en *Minds and Machines*, Vol. 28, 2018, https://doi.org/10.1007/s11023-018-9482-5 (visitado el 22 de junio de 2024), pp. 689-707.

ayuden a los trabajadores a adaptarse a la nueva realidad[64]. Los robotaxis podrían transformar la movilidad urbana, pero también podrían desplazar a trabajadores en sectores relacionados[65].

6.2. Entornos normativos para los servicios de robotaxi

Existen diversos entornos, los cuales parten de diferentes perspectivas; procedamos a revisar algunos de los sistemas normativos de los Estados donde residen los principales actores empresariales del sector.

La Comisión Económica de las Naciones Unidas para Europa -CEPE- es una de las cinco comisiones regionales de la ONU, administrada por el Consejo Económico y Social. Reúne a 56 países de Europa, Asia Central y América del Norte para promover la cooperación económica. El Comité de Transporte Interior, CTI de la CEPE facilita el movimiento internacional de personas y mercancías mediante más de 50 acuerdos y convenciones internacionales que regulan el transporte por carretera, ferrocarril, fluvial e intermodal, así como el transporte de mercancías peligrosas y la construcción de vehículos.

El CTI tiene dos órganos subsidiarios permanentes importantes para la conducción automatizada, por un lado, el Grupo de Trabajo sobre Seguridad Vial, identificado como WP.1, administra convenciones internacionales sobre tráfico vial. Por otro lado, el Foro Mundial para la Armonización de la Reglamentación de Vehículos, identificado en WP.29, donde se armonizan los requisitos técnicos de los vehículos.

La Convención de Viena de 1968 en los aspectos referentes a la circulación de vehículos instituye normas internacionales establece que un conductor debe estar en todo momento al mando de su vehículo. Esta regla ha sido modificada en el 2014, a fin de autorizar pruebas con VA y, el consecuente ajuste de las respectivas legislaciones nacionales.

---

64 FUSTER MORELL, M., y VIDAL, V., "Sharing cities: A worldwide cities overview of public policies of platform economy", en FUSTER MORELL, M. (ed.), *Sharing cities: A worldwide cities overview on platform economy policies with a focus on Barcelona*, Dimmons Research Group, UOC, 2018, pp. 65-74.

65 LITMAN, T., "Autonomous vehicle implementation predictions: Implications for transport planning", en *Victoria Transport Policy Institute*, en https://www.vtpi.org/avip.pdf (visitado el 26 de junio de 2024), pp. 33-38.

Esta Convención con referencias al tráfico vial de 1968 establece normas de tráfico estándar para aumentar la seguridad vial. Recordar que el texto normativo ha sido ratificado por 73 países. Sin embargo, el Reino Unido y España no la han ratificado aún, asimismo EE.UU. hoy es signatario de la Convención de Ginebra de 1949, que tiene requisitos menos estrictos. En 2014, se aprobó una enmienda de la Convención de Viena mediante modificación del artículo 8, que ahora permite sistemas de conducción automatizada siempre que el conductor pueda anularlos. Concretamente en marzo de 2014, el Grupo de Trabajo 1 aprobó una enmienda a la Convención de Viena de 1968 que establece que los sistemas que influyen en la forma en que se conducen los vehículos, así como otros sistemas que el conductor pueda anular o desactivar, se consideran conformes y permiten la circulación de VA.

Por ejemplo, en EE.UU., los vehículos de pasajeros deben cumplir la normativa federal, pero los VA son regulados por los Estados. Sin una ley federal, las compañías certifican la fiabilidad de sus vehículos ante la agencia de seguridad federal, en concreto a la *National Highway Traffic Safety Administration*-NHTSA. Esta agencia establece una guía de actuación para las compañías de VA, que deben aportar los resultados de accidentes en las pruebas. La guía no es obligatoria ni tiene condición de estándar, pero las empresas la adoptan como buenas prácticas ante la NHTSA.

En China, una de las potencias emergentes en el sector, el gobierno ha autorizado a determinadas empresas a desplegar los VA en diversas ciudades, donde la legislación exige que un humano permanezca sentado en el asiento del copiloto[66], aunque sin actividad alguna aparente. Los vehículos circulan en zonas delimitadas y controladas, por ello el usuario hoy elige entre paradas realizadas por los *roboshuttles* o robotaxis.

En Europa, se ha priorizado la implementación de *roboshuttles,* en rutas predefinidas y con velocidades reducidas. La elaboración de un marco normativo en Europa exige del acuerdo y consenso de varios países; si bien es cierto que actualmente países como Francia y Alemania ya se integran en el sector del VA. Un paso importante fue la aprobación del Reglamento (UE) 2019/2144 del Parlamento Europeo y del Consejo de 27 de noviembre de 2019, que establece los requisitos de homologación de tipo para los vehículos de motor y de sus remolques, así como de los sistemas, componentes

---

66 ENDSLEY, M. R., "From here to autonomy: Lessons learned from human–automation research", en *Human Factors,* Vol. 59 (1), 2017, en https://doi.org/10.1177/0018720816681350 (visitado el 26 de junio de 2024), pp. 5-27.

y unidades técnicas independientes destinados a esos vehículos, en lo que respecta a su seguridad general y a la protección de los ocupantes de los vehículos y de los usuarios vulnerables de la vía pública. Sin embargo, los inversores europeos esperan el desarrollo y ampliación de diversas normativas, especialmente aquellas que armonicen y estandaricen la regulación de los VA en UE. Cabe mencionar que, en 2022, se autorizó a nivel europeo la circulación de vehículos con autonomía nivel 2 y 3.

Debemos identificar dos situaciones que han ocasionado que Europa no vaya tan avanzada como otras regiones, en primer lugar, la amplia red pública de transporte, donde la incorporación a la misma de *roboshuttles* resulta más integrador, en segundo lugar, debido a las políticas públicas que promueven la interconectividad de las redes de transporte municipales.

En el 2022 se modificó el Reglamento (UE) 2019/2144, estableciendo los procesos de homologación de los sistemas de conducción avanzada, pero deja en manos de los Estados la regulación de los VA en sus territorios. En España, el Ministerio de Interior y el Ministerio de Transporte y Movilidad Sostenible impulsan normas de tráfico y seguridad vial, mientras que el Ministerio de Industria y Turismo establece los requisitos técnicos exigibles para autorizar la circulación de los VA en vías públicas.

Específicamente en España, se prevé la actualización de la regulación de sistemas de conducción autónoma. La Dirección General de Tráfico–DGT prepara la normativa que permita avanzar hacia la implementación de la regulación de los VA, prevista para finales de 2024 o el primer trimestre del 2025[67]. Mediante un Real Decreto, en que se regulará la conducción autónoma en las carreteras de España, se precisarán modificaciones al Reglamento General de Circulación, habiendo elegido la vía de la integración en el cuerpo normativo de los VA. No elaborando una normativa

---

67 El autor señala que se prevé la modificación del Reglamento General de Circulación y en el Reglamento de Vehículos. En el primero aparece dos nuevos artículos que establecerán las obligaciones de los ocupantes de vehículos con sistemas de automatización de la conducción. Además, se adiciona una disposición referente al comportamiento de los vehículos en el tráfico, y un nuevo Anexo con normas y condiciones de circulación. *Vid.* MONTOYA, J., "El reglamento de conducción autónoma que prepara la DGT puede aprobarse antes del primer trimestre de 2025", en *Motor 16,* 2024, en https://www.motor16.com/noticias/el-reglamento-de-conduccion-autonoma-que-prepara-la-dgt-puede-aprobarse-antes-del-primer-trimestre-de-2025/ (visitado el 10 de julio de 2024).

diferenciada, se apuesta por la integración en el mismo cuerpo legal que el resto de las modalidades de circulación vial[68].

La DGT planea modificar el Reglamento General de Circulación y el Reglamento de Vehículos. En el primero, se incluirán nuevos artículos que definirán las responsabilidades de los ocupantes de vehículos con sistemas de conducción automatizada. En cuanto al Reglamento de Vehículos, se añadirá una disposición que exigirá que estos vehículos no puedan circular sin un permiso de la Jefatura Central de Tráfico, para asegurar su seguridad. Además, se incorporará un nuevo anexo sobre sistemas de conducción automatizada, que establecerá el procedimiento de certificación para verificar que estos vehículos cumplen con las normas de circulación. Este documento definirá las capacidades de automatización y los entornos apropiados para la circulación de estos vehículos.

Subrayar que ya la Ley 18/2021, de 20 de diciembre, por la que se modifica el texto refundido de la Ley sobre Tráfico, Circulación de Vehículos a Motor y Seguridad Vial, aprobado por el Real Decreto Legislativo 6/2015, de 30 de octubre, en materia del permiso y licencia de conducción por puntos, incorpora el artículo 11 bis, obligaciones del titular de un sistema de conducción automatizado, "*El titular del sistema de conducción automatizado de un vehículo deberá comunicar al Registro de Vehículos del organismo autónomo Jefatura Central de Tráfico las capacidades o funcionalidades del sistema de conducción automatizada, así como su dominio de diseño operativo, en el momento de la matriculación, y con posterioridad, siempre que se produzca cualquier actualización del sistema a lo largo de la vida útil del vehículo*".

A su vez, podemos identificar diversas normativas que de una u otra forma conforman el conjunto normativo que afecta directa o indirectamente a los VA en España hoy.

El Reglamento (UE) de Inteligencia Artificial de 13 de marzo de 2024. Aunque no se refiere exclusivamente a VA, este reglamento establece un marco para el desarrollo y uso responsable de la inteligencia artificial que, en definitiva, es la tecnología fundamental para los VA. Resulta relevante el análisis del responsable del despliegue indicado en el artículo 3 del Reglamento indicado, que no sería un sinónimo del precepto de usuario europeo.

---

68 DIRECCIÓN GENRAL DE TRÁFICO – DGT, "Vehículos de conducción automatizada", *Noticias web DGT*, 2024, en https://www.dgt.es/muevete-con-seguridad/tecnologia-e-innovacion-en-carretera/vehiculos-de-conduccion-automatizada/index.html (visitado el 20 de junio de 2024).

El Reglamento (UE) 2019/2144, en sus últimas modificaciones del 6 de julio de 2022, establece los requisitos de homologación para sistemas de seguridad en vehículos, incluyendo algunos que son relevantes para los VA, como pueden ser, por ejemplo, sistemas de frenado de emergencia autónomos.

Otras normativas, que, aunque no se refieren específicamente a VA, pueden ser relevantes para su regulación:

Reglamento (UE) 2023/988 de 10 de mayo de 2023 relativo a la seguridad general de los productos. Este reglamento establece requisitos de seguridad para todos los productos, incluidos los componentes de los VA.

Reglamento (UE) 2022/2065 del Parlamento Europeo y del Consejo, de 19 de octubre de 2022, relativo a un mercado único de servicios digitales. Este reglamento podría ser relevante para los servicios digitales relacionados con los VA, como las plataformas de movilidad compartida, conocido como Reglamento DSA.

Respecto a las normas de protección de datos, donde son competentes entre otros el Reglamento (UE) 2016/679 del Parlamento Europeo y del Consejo, de 27 de abril de 2016, relativo a la protección de las personas físicas en lo que respecta al tratamiento de datos personales y a la libre circulación de estos datos. Los VA recopilan y procesan grandes cantidades de datos, por lo que las normas de protección de datos son fundamentales para garantizar la privacidad de los usuarios.

También la Directiva (UE) 2016/680 del Parlamento Europeo y del Consejo, de 27 de abril de 2016, relativa a la protección de las personas físicas en lo que respecta al tratamiento de datos personales por parte de las autoridades competentes para fines de prevención, investigación, detección o enjuiciamiento de infracciones penales o de ejecución de sanciones penales, y a la libre circulación de dichos datos. Esta directiva regula el tratamiento de datos personales y es relevante para los VA.

El Real Decreto Legislativo 1/2007, de 16 de noviembre, por el que se aprueba el texto refundido de la Ley General para la Defensa de los Consumidores y Usuarios y otras leyes complementarias. Esta ley protege los derechos de los consumidores y usuarios, y podría ser relevante en caso de disputas relacionadas con VA y la salvaguarda de los derechos de los usuarios.

El Real Decreto Legislativo 8/2004, de 29 de octubre, por el que se aprueba el texto refundido de la Ley sobre responsabilidad civil y seguro en la circulación de vehículos a motor.

Es importante tener en cuenta que la regulación de los VA está en constante evolución, y por lo tanto es relevante el análisis de las diversas disciplinas jurídicas que pueden afectar a estos vehículos automatizados.

Al tratarse de los VA de sistemas complejos, en los cuales se producen actualizaciones constantes, no solamente de las características del vehículo, sino también del software y de los sistemas operativos, incorporando nuevas funciones y actualizando las existentes, es necesario que se elaboren nuevas normativas y se actualicen en consecuencia.

6.3. El horizonte de los VA confiables. Desarrollo de estándares, protocolos y normas de seguridad

El horizonte de los VA confiables se vislumbra en un futuro cercano, con avances significativos en la tecnología y la regulación. La colaboración entre fabricantes, operadores de transporte público y autoridades es esencial para lograr este objetivo. La implementación de flotas de minibuses autónomos en entornos urbanos, como se demostró en el proyecto AVENUE, ha sido un paso importante en esta dirección[69], los *roboshuttles.*

Sin embargo, aún existen desafíos técnicos, como la necesidad de mejorar la detección de obstáculos y la capacidad de conducción en condiciones climáticas adversas. A pesar de estos desafíos, se espera que para 2027, los VA de nivel 4, capaces de operar sin conductor en entornos controlados, estén disponibles comercialmente. La integración de estos vehículos en sistemas de transporte público y plataformas MaaS promete mejorar la eficiencia, la seguridad y la sostenibilidad del transporte urbano.

El desarrollo de protocolos de seguridad estándar es fundamental para garantizar la confianza y la seguridad en los VA. La colaboración entre diferentes actores, incluyendo fabricantes, autoridades y expertos en ciberseguridad, es esencial para establecer normas y regulaciones que aborden los riesgos de ciberataques y protejan la privacidad de los datos[70]. Iniciativas como la publicación de la norma ISO/SAE 21434[71] sobre ingeniería

---

[69] BEUKERS, J. A., ZUTTRE, Q., HILBERT, G., KAEDING, D., HOFFMANN, A., ZINCKERNAGEL, C., FELHAUS, N. M., BOOM, N. V., BOOS, A., y KONSTANTAS, D., "AVENUE *Site Demonstrators…* " *cit.*, pp.67-70.

[70] NIJDAM, N. A., BENYAHYA, M. y; COLLEN, A., "Cybersecurity…", *cit.*, pp.160-168.

[71] ISO/SAE 21434:2021 *Road vehicles — Cybersecurity engineering, Norma Internacional publicada,* 2021, en https://www.iso.org/es/contents/data/standard/07/09/70918.html (visitado el 10 de julio de 2024).

de ciberseguridad en vehículos y las regulaciones de la UNECE[72] sobre gestión de actualizaciones de software son pasos importantes en esta dirección. Sin embargo, aún se requiere un mayor esfuerzo para garantizar la seguridad y la privacidad en todos los niveles del ecosistema de los VA, desde los componentes internos del vehículo hasta las comunicaciones externas y la infraestructura de soporte.

IV. DESAFÍOS FINANCIEROS Y ECONÓMICOS

7. Análisis de costos y beneficios. Viabilidad Económica

El análisis del retorno de la inversión, en adelante ROI, en la implementación de robotaxis revela un escenario prometedor, impulsado por la reducción de costos operativos y una mayor eficiencia. Factores como la disminución de la siniestralidad, el aumento en la tasa de utilización de los vehículos y la eliminación de los costos asociados a los conductores contribuyen a un ROI favorable para los operadores.

7.1. Examen del retorno de la inversión-ROI. Los modelos económicos y proyecciones

La inversión inicial para operar un robotaxi es significativa, mayoritariamente por el coste del vehículo, por ello el ROI resulta fundamental para las empresas inversoras. Otros costes como mantenimiento, seguros, energía, licencias, e infraestructura representan menos, y dependen de las condiciones de cada mercado. Una vez conocidos los costes operativos de un vehículo durante su vida útil es posible determinar el precio por kilómetro a cobrar en el servicio para alcanzar el punto de equilibrio financiero.

Algunos factores pueden reducir los costes operativos. Por ejemplo, las pólizas de seguro son más bajas que a vehículos con conductor al reducirse significativamente la siniestralidad. Asimismo, los VA compartidos pueden

---

72 COMISIÓN ECONÓMICA DE LAS NACIONES UNIDAS PARA EUROPA – UNECE, *Reglamentación de las Naciones Unidas relativa a los vehículos para la seguridad vial: metodología costo-beneficio,* en https://unece.org/es/transport/publications/reglamentacion-de-las-naciones-unidas-relativa-los-vehiculos-para-la (visitado el 2 de julio de 2024).

lograr tasas de utilización considerablemente más altas en comparación con los vehículos de propiedad privada, que actualmente tienen una tasa de utilización de alrededor del 4%. Esta mayor utilización se traduce en un mejor retorno de la inversión para los operadores. Además, los VA eliminan la necesidad de conductores, lo que reduce significativamente los costos operativos[73].

Aunque las estructuras de tarifas varían según la región y la empresa, la mayoría de los servicios de transporte hoy cobran aproximadamente 1,20€ por km. en EE.UU. y 0,60€ por km. en China. Con costos operativos entre 0,28€ y 0,17€ por km. respectivamente, los operadores de robotaxi probablemente podrán ofrecer viajes más baratos que los servicios tradicionales de transporte compartido

En términos de eficiencia operativa, los VA pueden diseñarse para la durabilidad y facilidad de mantenimiento, lo que puede reducir los costos operativos a largo plazo. Los sistemas de gestión de flotas eficientes pueden optimizar rutas y horarios, mejorando aún más la eficiencia operativa y reduciendo los costos significativamente[74].

7.2. Implicaciones para la industria e impacto económico en los usuarios

La transición a los VA compartidos puede reducir los costos de viaje aproximadamente en dos tercios, haciendo el transporte más asequible para los consumidores. A medida que los VA compartidos se vuelvan más prevalentes, los consumidores pueden optar por renunciar a la propiedad de vehículos personales, confiando en su lugar en servicios bajo demanda para sus necesidades de transporte[75].

---

73 *Vid.* ROBINSON C., "The Economics of Robotaxis", en *Lux Research*, Boston, 2021 en https://luxresearchinc.com/resources/chemicals/the-economics-of-robotaxis/ (visitado el 20 junio de 2024), pp.1-12.

74 GIFFY, C., SCHILLER, T, y ROBINSON, R, "A reality check on advanced vehicle technologies", *Deloitte Insigts,* 2018, en https://www2.deloitte.com/us/en/insights/industry/automotive/advanced-vehicle-technologies-autonomous-electric-vehicles.html (visitado el 22 de junio de 2024).

75 *Vid.* OSTROVSKY, M. y SCHWARZ, M., "Carpooling and the Economics of Self-Driving Cars", ACM *Conference on Economics and Computation,* Phoenix, 2019, en https://web.stanford.edu/~ost/papers/sdc.pdf, (visitado el 12 julio de 2024), pp. 3-12.

El auge de los VA compartidos requerirá nuevos modelos de negocio enfocados en la gestión de flotas, servicios de mantenimiento e integración tecnológica. Los gobiernos y organismos reguladores deberán adaptarse al panorama cambiante, centrándose en cuestiones como los estándares de seguridad, la privacidad de los datos y el desarrollo de infraestructura para apoyar los VA[76].

En general, la economía de los robotaxis y los servicios de pasajeros bajo demanda presenta un caso convincente para un futuro donde la movilidad autónoma compartida juega un papel dominante, impulsada por ahorros significativos en costos, mejoras en la eficiencia operativa y un ROI favorable para los operadores.

7.3. Competitividad frente a servicios tradicionales de transporte

La introducción de los robotaxis en el sector del transporte plantea un desafío significativo para los servicios de taxi tradicionales. Los robotaxis, al no requerir conductores y al poder operar de manera autónoma, prometen una reducción significativa en los costos operativos. Esta reducción de costos podría traducirse en tarifas más bajas para los usuarios, lo que podría hacer que los robotaxis sean más atractivos que los taxis tradicionales[77]. Además, la eficiencia operativa de los robotaxis, gracias a su capacidad para operar las 24 horas del día y optimizar las rutas, podría suponer una ventaja competitiva adicional.

No obstante, la transición hacia un modelo de robotaxis también plantea desafíos para las empresas. La inversión inicial en la adquisición y el mantenimiento de estos VA puede ser considerable. Además, la implementación de robotaxis a gran escala requerirá una infraestructura de soporte adecuada, como estaciones de carga y sistemas de gestión de flotas, lo que también puede generar costos adicionales[78].

En última instancia, la rentabilidad de las empresas de robotaxis dependerá de su capacidad para equilibrar los ahorros en costos operativos con las inversiones necesarias para su implementación y mantenimiento, así como de su capacidad para competir eficazmente con los servicios de taxi tradicionales en términos de precio, comodidad y calidad del servicio.

---

76 GIFFY, C., SCHILLER, T, y ROBINSON, R, "A reality...", *cit.*

77 *Vid.* FUSTER MORELL, M. y VIDAL V., “Overview…”, *cit.*, pp. 60-68.

78 *Vid.* HEINEKE, K., KAMPSHOFF, P., y MÖLLER, T., “Spotlight on …”, *cit.*

V. CONCLUSIONES

Los robotaxis son un desafío pendiente y una oportunidad de mejora para la integración de los VA en la movilidad urbana, sin embargo, es necesario abordar los desafíos técnicos y elaborar regulaciones para garantizar una implementación exitosa. Podemos indicar que hoy existe la tecnología, diferente es la logística de adaptabilidad en la zonas urbanas y rurales para esta modalidad de vehículos.

Concluir que la movilidad autónoma, con los robotaxis, pero sobre todo en su modalidad de *roboshuttles,* se perfila como una alternativa eficiente y sostenible para la movilidad urbana. Estos vehículos convivirán con la movilidad tradicional, como taxis y plataformas de *ride-hailing* de solicitud de servicios a través de aplicaciones móviles de un taxi o VTCs como Uber, Lyft, o Cabify y *ride-sharing*, durante un periodo de transición.

La incorporación de robotaxis y *roboshuttles* impactará la infraestructura urbana y el transporte público, requiriendo estrategias de movilidad urbana, conectividad y análisis de sostenibilidad económica hacia el reto de la implementación de las *Smart Cities.* En áreas rurales, estos vehículos pueden ofrecer servicios esenciales en lugares con riesgo de despoblación o difícil accesibilidad, beneficiando a personas con movilidad reducida.

Los beneficios potenciales de los robotaxis y *roboshuttles* incluyen la reducción de accidentes al eliminar el error humano, mayor eficiencia y menores costos operativos, sostenibilidad gracias a vehículos eléctricos, y accesibilidad para personas que no pueden conducir. La aceptación pública es crucial, y es importante generar confianza y demostrar la viabilidad económica de estos servicios. Por ello, debemos concluir la factibilidad de implementar en los planes de movilidad urbana municipal, como en las zonas rurales.

La interoperabilidad y estandarización normativa en Europa son esenciales para ofrecer seguridad jurídica a las inversiones en robotaxis. La colaboración entre gobiernos, industria y sociedad civil es vital para establecer estándares de seguridad, garantizar la privacidad de los datos y promover la confianza pública. Un marco regulatorio claro y adaptable que aborde los desafíos legales y éticos emergentes impulsará la adopción de robotaxis, sentando las bases para una movilidad autónoma responsable y beneficiosa para todos. establecer estándares de seguridad rigurosos, garantizar la privacidad de los datos y promover la confianza pública en esta tecnología disruptiva creando nuevos modelos de negocio.

La regulación de los robotaxis debe ser un proceso continuo y dinámico, que se ajuste a medida que la tecnología evoluciona y se comprenden mejor sus implicaciones. Es fundamental encontrar un equilibrio entre la innovación y la seguridad, fomentando el desarrollo de esta tecnología prometedora al tiempo que se protegen los intereses de los usuarios y la sociedad en general. La creación de un marco legal claro y equitativo no sólo impulsará la adopción de los robotaxis, sino que también sentará las bases para un futuro de movilidad autónoma responsable y beneficioso para todos.

VI. BIBLIOGRAFIA

ANDERSON, J. M., KALRA, N., STANLEY, K. D., SORRELL, P., THOMPSON, B., y ULMEN, G. "Liability indications of Autonomous Vehicle Technology". *Autonomous Vehicle Technology: A Guide for Policymakers*, en Rand Corporation, 2016, en https://doi.org/10.7249/RR443-2 (visitado el 15 de junio de 2024), pp. 111-135.

ANTONIALLI, F., MIRA-BONNARDEL, S. y BULTEAU, J., "Economic Impact Assessment: Local Service Costs of Automated Vehicles for Public Transport", en G. FOURNIER, A. BOOS, D. KONSTANTAS, y D. ATTIAS (Edits.), *Automated vehicles as a game changer for sustainable mobility: Learnings and solutions*, Springer, 2024, pp. 261-278.

ASPENCORE, "The Next Steps to Consider as Vehicles Move Toward Autonomy", *IoT Times*, 2022, en https://iot.eetimes.com/the-next-steps-to-consider-as-vehicles-move-toward-autonomy/ (visitado el 13 junio de 2024).

AUDI, "The Audi vision of autonomous driving", *Audi Newsroom*, en https://media.audiusa.com/releases/184 (visitado el 10 de mayo de 2024).

BAIDU INC, "Baidu to Add 200 Fully Driverless Robotaxis to Fleet in 2023, Aiming for World's Largest Fully Driverless Ride-hailing Area", *Baidu News*, en https://www.prnewswire.com/news-releases/baidu-to-add-200-fully-driverless-robotaxis-to-fleet-in-2023-aiming-for-worlds-largest-fully-driverless-ride-hailing-area-301711296.html (visitado el 10 de mayo de 2024).

BENDIX, P., "Automated mobility in Europe: A future reality?", *Tech Xplore*. 2024, en https://techxplore.com/news/2024-07-automated-mobility-europe-future-reality.html (visitado el 26 de junio de 2024).

BEUKERS, J. A., ZUTTRE, Q., HILBERT, G., KAEDING, D., HOFFMANN, A., ZINCKERNAGEL, C., FELHAUS, N. M., BOOM, N. V., BOOS, A., y KONSTANTAS, D., "AVENUE Site Demonstrators: Geneva, Lyon, Luxembourg, and Copenhagen", en FOURNIER G., BOOS A., KONSTANTAS D., y ATTIAS D. (Eds.), *Automated Vehicles as a Game Changer for Sustainable Mobility: Learnings and Solutions*, Springer, 2024, en https://doi.org/10.1007/978-3-031-61681-5_2 (visitado el 18 de junio de 2024), pp. 15-70.

BOUALOUACHE, A. *et al.*, "5G Vehicle-to-Everything at the Cross-Borders: Security Challenges and Opportunities", en *IEEE Internet of Things Magazine*, Vol. 6, No.1, 2023, en doi: 10.1109/IOTM.001.2200140, https://ieeexplore.ieee.org/document/10070415 (visitado el 10 de mayo de 2024), pp.114-119.

COMISIÓN DE ÉTICA SOBRE LA CONDUCCIÓN AUTOMATIZADA Y CONECTADA, *Informe de la Comisión de Ética sobre la Conducción Automatizada y Conectada.* Ministro Federal de Transporte e Infraestructura Digital, Ministerio Federal de Transporte e Infraestructura Digital de Alemania-Comisión Ética para el estudio e identificación de los VA, 2017, en https://www.bmvi.de/SharedDocs/EN/publications/report-ethics-commission.pdf (visitado el 18 de junio de 2024), pp.1-36.

COMPUTER VISION CENTER-UAB, en https://www.uab.cat/web/sala-de-prensa/detalle-noticia/se-presenta-el-documental-the-brain-roads-que-relata-el-proceso-de-creacion-del-coche-autonomo-del-cvc-1345830290069.html?detid=1345908843401 (visitado el 12 de julio de 2024).

DIN I. U., ALMOGREN A. y RODRIGUES J. J. P. C., "AIoT Integration, in Autonomous Vehicles: Enhancing Road Cooperation and Traffic Management", *IEEE Internet of Things Journal,* 2024, en https://doi:10.1109/JIOT.2024.3387927, https://ieeexplore.ieee.org/document/10498079 (visitado el 15 de mayo de 2024).

DIMITRAKOPOULOS, G., TSAKANIKAS, A., y PANAGIOTOPOULOS, E., *Autonomous vehicles: Technologies, Regulations, and Societal Impacts,* Elsevier, Oxford, 2023.

DIRECCIÓN GENERAL DE TRÁFICO-DGT, "El futuro del reparto a domicilio: el robotaxi'", Revista DGT Noticias, 2022, en https://revista.dgt.es/es/motor/noticias/2019/02FEBRERO/Robotaxi-de-reparto.shtml (visitado el 5 de julio de 2024).

DUFFNER-KORBEE, D, NADERER, G., LIEBHAUSER, N., y FOURNIER, G., "Social Impact Assessment: Changing Mobility Behaviour by Understanding Customer Needs and Attitudes", en FOURNIER G., BOOS A., KONSTANTAS D., y ATTIAS D. (eds.), *Automated vehicles as a game changer for sustainable mobility: Learnings and solutions,* Springer, 2024, pp. 361-392.

ENDSLEY, M. R., "From here to autonomy: Lessons learned from human–automation research", en *Human Factors,* Vol. 59 (1), 2017, en https://doi.org/10.1177/0018720816681350 (visitado el 26 de junio de 2024), pp. 5-27.

FAGNANT, D. J., y KOCKELMAN, K., "Preparing a nation for autonomous vehicles: opportunities, barriers and policy recommendations", en *Transportation Research Part A: Policy and Practice,* Vol. 77, Elsevier, 2015, en https://doi.org/10.1016/j.tra.2015.04.003 (visitado el 14 junio de 2024), pp. 167-181.

FLEET PEOPLE, REDACCIÓN, "¿Qué son los robotaxis y cuándo llegarán a nuestras calles?, *Fleet People,* 2024, en https://fleetpeople.es/que-son-los-robotaxis-y-cuando-llegaran-a-nuestras-calles (visitado el 5 de julio de 2024).

FLORIDI, L., COWLS, J., BELTRAMETTI, M., CHATILA, R., CHAZERAND, P., DIGNUM, V., y SCHAFER, B., "People—An ethical framework for a good AI society: Opportunities, risks, principles, and recommendations.", en *Minds and Machines,* Vol.28, 2018, en https://doi.org/10.1007/s11023-018-9482-5 (visitado el 22 de junio de 2024), pp. 689-707.

FREEDMAN, I.G., KIM, E. y MUENNIG, P.A., "Autonomous vehicles are cost-effective when used as taxis" en *Inj. Epidemiol,* 2018, Vol. 5, 24 2018, en https://doi.org/10.1186/s40621-018-0153-z (visitado el 15 de junio de 2024).

FUSTER MORELL, M. y VIDAL, V., "Sharing cities: A worldwide cities overview of public policies of platform economy", en FUSTER MORELL, M., (Edit.), *Sharing cities: A worldwide cities overview on platform economy policies with a focus on Barcelona,* Dimmons Research Group, UOC, 2018, pp. 65-74.

GARIKAPATI D, SHETIYA SS., "Autonomous Vehicles: Evolution of Artificial Intelligence and the Current Industry Landscape", *Big Data and Cognitive Computing,* 2024, Nº 8, en https://doi.org/10.3390/bdcc8040042 (visitado el 16 de mayo de 2024), pp. 1-25.

GIFFY, C., SCHILLER, T, y ROBINSON, R., "A reality check on advanced vehicle technologies", *Deloitte Insigts,* 2018, en https://www2.deloitte.com/us/en/insights/industry/automotive/advanced-vehicle-technologies-autonomous-electric-vehicles.html (visitado el 22 de junio de 2024).

GONZÁLEZ VALENZUELA, C., "¿Qué es un robotaxi y cuándo los veremos circular por las calles?", *Computer Hoy,* 2023, en https://computerhoy.com/tecnologia/robotaxi-cuando-veremos-circular-calles-1174546 (visitado el 5 de mayo de 2024).

GOODALL, N. J., "Machine ethics and automated vehicles", en *Road Vehicle Automation,* Springer, 2014, en https://doi.org/10.1007/978-3-319-05990-7_9 (visitado el 22 de junio de 2024), pp. 93-102.

GOYO, K., "Coches autónomos: tecnología, impacto y desafíos en la nueva Era de la movilidad", *Ingenieria.es,* en https://www.ingenieria.es/coches-autonomos/ (visitada el 12 de julio de 2024).

HASSANI, J. E., "Les entreprises de mobilités bientôt dépossédées de leurs données?", en *Journal du Net,* 2018, en https://www.journaldunet.com/economie/transport/1417359-loi-mobilites-ouverture-donnees-transport-open-data/ (visitada el 18 de junio de 2024).

HEIKOOP, D. D., VELASCO, J. P. N., BOERSMA, R., BJØRNSKAU, T., y HAGENZIEKER, M. P., "Automated bus systems in Europe: A systematic review of passenger experience and road user interaction", en MILAKIS D., THOMOPOULOS, N., VAN WEE B. (eds.), *Advances in Transport Policy and Planning,* Elsevier, Oxford, 2020, https://doi.org/10.1016/bs.atpp.2020.02.001 (visitado el 20 de junio de 2024), pp. 51-72.

HEINEKE, K., KAMPSHOFF, P. y MÖLLER, T., "Spotlight on mobility trends", *McKinsey Center for Future Mobility,* McKinsey 2024, en https://www.mckinsey.com/industries/automotive-and-assembly/our-insights/spotlight-on-mobility-trends (visitado el 6 de junio de 2024).

HEMMERSMEIER, S., "Los taxis sin conductor ya circulan por las vías públicas de Las Vegas", *Las Vegas Review-Journal,* en https://espanol.reviewjournal.com/noticias/local-noticias/los-taxis-sin-conductor-ya-circulan-por-las-vias-publicas-de-las-vegas-228354/ (visitado el 10 de Julio de 2024).

HULL, D. y LUDLOW, E., "Tesla Delays Robotaxi Event in Blow to Musk's Autonomy Drive", *Bloomberg,* 2024, en https://bloom.bg/4cKCoc1 (visitado el 15 de julio de 2024).

IGNATIOUS, H.A., SAYED, H., y KHAN, M., "An overview of sensors in Autonomous Vehicles", *Procedia Computer Science Review*, Elsevier, Vol. 198, 2022, en https://www.sciencedirect.com/science/article/pii/S1877050921025540 (visitado el 20 de mayo de 2024), pp. 736-741.

ISO/SAE 21434:2021 *Road vehicles — Cybersecurity engineering*, Norma Internacional publicada, 2021, en https://www.iso.org/es/contents/data/standard/07/09/70918.html (visitado el 10 de julio de 2024).

JULIUSSEN, E., "Robotaxis: What Is Going On?", en *EE Times Europe*, 2023, en https://www.eetimes.eu/robotaxis-what-is-going-on/ (visitado el 15 de mayo de 2024).

KANG, C. "No Driver? Bring It On. How Pittsburgh Became Uber's Testing Ground", en *The New York Times*, 2016, en https://www.nytimes.com/2016/09/11/technology/no-driver-bring-it-on-how-pittsburgh-became-ubers-testing-ground.html (visitado el 22 de mayo de 2024).

KLAS Group, "Ready for an Autonomous Vehicle Chauffeur? Consumers Say: 'Yes, Please!", en *Klas Group*, 2021, en https://www.prnewswire.com/news-releases/ready-for-an-autonomous-vehicle-chauffeur-consumers-say-yes-please-301339166.html (visitado el 17 de junio de 2024).

KRUEGER, R., RASHIDI, T. H., y ROSE, J. M., "Preferences for shared autonomous vehicles", en *Transportation Research Part C: Emerging Technologies*, 2016, en https://www.sciencedirect.com/science/article/abs/pii/S0968090X16300870 (visitado el 18 de mayo de 2024), pp. 96–109.

KYRIAKIDIS, M., HAPPEE, R., y DE WINTER, J. C. F., "Public opinion on automated driving: Results of an international questionnaire among 5000 respondents", en *Transportation Research Part F: Traffic Psychology and Behaviour*, Vol.32, 2015, https://doi.org/10.1016/j.trf.2015.04.014 (visitado el 10 de junio de 2024), pp. 127-140.

LITMAN, T., "Autonomous vehicle implementation predictions: Implications for transport planning", en *Victoria Transport Policy Institute*, en https://www.vtpi.org/avip.pdf (visitado el 26 de junio de 2024), pp. 1-49.

LUGANO, G., SIEGEL, L., COHEN, S., y THOMOPOULOS, N., "The wider use of autonomous vehicles in non-commuting journeys", en MILAKIS, D., THOMOPOULOS, N., y VAN WEE, B. (eds.), *Advances in Transport Policy and Planning*, Elsevier, Oxford, 2020, https://doi.org/10.1016/bs.atpp.2020.02.003 (visitado el 20 de junio de 2024), pp. 125-148.

MA, Y. *et al.*, "Artificial intelligence applications in the development of autonomous vehicles: a survey", en *IEEE/CAA Journal of Automatica Sinica*, Vol. 7, Issue 2, 2020, en https://doi.org/10.1109/JAS.2020.1003021 (visitado el 15 de mayo de 2024), pp. 315-329.

MAY, A. D., SHEPHERD, S., PFAFFENBICHLER, P., y EMBERGER, G., "The potential impacts of automated cars on urban transport: An exploratory analysis.", en *Transport Policy*, Vol. 98 (2), Elsevier, 2020, https://doi.org/10.1016/j.tranpol.2020.05.007 (visitado el 20 de junio de 2024), pp. 127-138.

MILAKIS, D., VAN AREM, B., y VAN WEE, B., "Policy and society related implications of automated driving: A review of literature and directions for future research", en *Journal of Intelligent Transportation Systems*, Vol. 21, 2017, en https://doi.org/10.1080/15472450.2017.1291351 (visitado el 16 de junio de 2024), pp. 324-348.

MINISTERIO DE TRANSPORTE Y MOBILIDAD SOSTENIBLE–MITMS, "La DGT y el Centro Tecnológico de la Automoción de Galicia realizan pruebas de vehículo autónomo en la A-55 (Pontevedra)", en *DGT Noticias*, 2023, en https://esmovilidad.transportes.gob.es/noticias/la-dgt-y-el-centro-tecnologico-de-la-automocion-de-galicia-realizan-pruebas-de-vehiculo (visitado el 15 de junio de 2024).

MLADENOVIC, M., "Mobility as a Service", en *International Encyclopedia of Transportation*, Elsevier, 2021, en https://doi.org/10.1016/B978-0-08-102671-7.10607-4 (visitado el 20 de junio de 2024), pp.12-18.

MONTOYA, J., "El reglamento de conducción autónoma que prepara la DGT puede aprobarse antes del primer trimestre de 2025", en *Motor 16*, 2024, en https://www.motor16.com/noticias/el-reglamento-de-conduccion-autonoma-que-prepara-la-dgt-puede-aprobarse-antes-del-primer-trimestre-de-2025/ (visitado el 10 de julio de 2024).

NIJDAM, N. A., BENYAHYA, M., y COLLEN, A., "Cybersecurity and data privacy: Stakeholders' stand on regulations and standards", en G. FOURNIER, A. BOOS, D. KONSTANTAS, y D. ATTIAS (eds.), *Automated vehicles as a game changer for sustainable mobility: Learnings and solutions*, Springer, 2024, pp. 151-168.

NOGUÉRO, D. y VINGIANO-VIRICEL, I., "Intelligence artificielle et véhicules autonomes", en BENSAMOUN A. y LOISEAU G. (eds.), *Droit de intelligence artificielle*, Vol. 15, 2nd ed., Lextenso, 2020, pp. 111-154.

O'KANE, S., "Elon Musk confirms Tesla 'robotaxi' event delayed due to design change", en *TechCrunch*, 2024, https://techcrunch.com/2024/07/15/elon-musk-confirms-tesla-robotaxi-event-delayed-design-change/ (visitado el 18 de julio de 2024)

OSTROVSKY, M. y SCHWARZ, M., "Carpooling and the Economics of Self-Driving Cars", en *ACM Conference on Economics and Computation*, Phoenix, 2019, en https://web.stanford.edu/~ost/papers/sdc.pdf (visitado el 12 julio de 2024), pp. 1-24.

PAPADAKIS, A., LALAS, A., PETRIDOU, S., VOTIS, K., y TZOVARAS, D., "Technical Cybersecurity Implementation on Automated Minibuses with Security Information and Event Management (SIEM)", en FOURNIER G., BOOS A., KONSTANTAS D., y ATTIAS D. (Eds.), *Automated Vehicles as a Game Changer for Sustainable Mobility: Learnings and Solutions*, Springer, 2024, en https://doi.org/10.1007/978-3-031-61681-5_7 (visitado el 18 de junio de 2024), pp. 169-182.

PARIS, M. "Wireless charging: The roads where electric vehicles never need to plug in", en *BBC News*, 2024, en https://www.bbc.com/future/article/20240130-wireless-charging-the-roads-where-electric-vehicles-never-need-to-plug-in, (visitado el 20 de mayo de 2024).

PARK, H. M. y VILLALOBOS F., "Reining in the Risks of Robotaxis", en *Rand*, 2024, en https://www.rand.org/pubs/commentary/2024/02/reining-in-the-risks-of-robotaxis.html (visitadoel 24 de mayo de 2024).

RAHMAN, M. M., y THILL, J.C., "Impacts of Connected and Autonomous Vehicles on Urban Transportation and Environment: A Comprehensive Review", en *Sustainable Cities and Society*, 2023, Elsevier, Vol. 96, N°104649, en https://doi.org/10.1016/j.scs.2023.104649, (visitado el 20 de mayo de 2024).

RAMEY, J., "Autonomous Shuttles Debut at This US Airport", en *Microsoft Start*, 2024, en https://www.msn.com/en-us/travel/news/autonomous-shuttles-debut-at-this-us-airport/ar-BB1qeitO (visitado el 19 de Julio de 2024).

ROBINSON C., "The Economics of Robotaxis", *Lux Reasearch,* Boston, en https://luxresearchinc.com/resources/chemicals/the-economics-of-robotaxis/ (visitado el 20 junio de 2024), pp. 1-12.

SCHNEIDER, B, "Robotaxis are here. It's time to decide what to do about them", *MIT Technology Review,* 2023, en https://www.technologyreview.com/2023/06/23/1074270/obotaxis-decision-time/ (visitado el 5 de mayo de 2024).

SHAHAN, Z., "Real (But Boring) Reasons Robotaxis May be Overhyped", en *Clean Technica,* 2024, en https://cleantechnica.com/2024/06/23/real-but-boring-reasons-robotaxis-may-be-overhyped/ (visitado el 1 de julio de 2024)

SHEN, J., "Didi and AutoX are launching robotaxi pilot programs in Shanghai in May", en *Technode,* 2020, https://technode.com/2020/04/14/exclusive-didi-and-autox-are-launching-robotaxi-pilot-programs-in-shanghai-in-may/ (visitado el 11 de julio de 2024).

SLOSS, L, "San Francisco's Hot Tourist Attraction: Driverless Cars", en *The New York Times,* 2024, en https://www.nytimes.com/2024/05/22/travel/self-driving-cars-san-francisco.html (visitado el 25 de junio de 2024).

THADANI, T. y MERRIL, J., "California just opened the floodgates for self-driving cars", en *The Washignton Post,* 2023, en https://www.washingtonpost.com/technology/2023/08/10/san-francisco-robotaxi-approved-waymo-cruise/ (visitado el 9 de Julio de 2024).

VALERIO, P. "Cities Try Demand Responsive Transport and Autonomous Buses to Reduce Congestion", en *IoT Times,* 2021, en https://iot.eetimes.com/cities-try-demand-responsive-transport-and-autonomous-buses-to-reduce-congestion/ (visitado el 20 de junio de 2024).

VIERE, T., BOOS, A., VAN DEN BOOM, N., BENYAHYA, M., BEN MOUSSA, M., y FOURNIER, G., "Environmental Impact Assessment: Automated Minibuses for Public Transport", en G. FOURNIER, A. BOOS, D. KONSTANTAS, y D. ATTIAS (eds.), *Automated vehicles as a game changer for sustainable mobility: Learnings and solutions,* Springer, 2024, pp. 279-314.

WAYMO, "Waymo One is now open to everyone in San Francisco", en *Waypoint, oficial Waymo blog,* 2024, https://waymo.com/blog/2024/06/waymo-one-is-now-open-to-everyone-in-san-francisco/ (visitado 10 de julio de 2024).

YANG, Z., "What's next for robotaxis in 2024", en *MIT Technology Review,* 2024, en https://www.technologyreview.com/2024/01/23/1086936/whats-next-for-robotaxis-2024/ (visitado el 28 de abril de 2024).

ZHANGE, X. *et al.*, "Evolution of technology investment and development of robotaxi services", en *Transportation Research Part E: Logistics and Transportation Review,* Elsevier, Vol. 188 103615, 2024, en https://doi.org/10.1016/j.tre.2024.103615 (visitado 10 de julio de 2024).

The urban renaissance: autonomous vehicles as a catalysator for the expansion of public spaces and pockets of health

DR. HILA OREN
PhD, The University of Haifa
CEO, The Tel Aviv Foundation

SUMARIO: I. INTRODUCTION. II. THE CURRENT URBAN LANDSCAPE: CHALLENGES OF CAR-CENTRIC DESIGN. Dominance of Vehicular Infrastructure. The Social Cost of Car-Centric Design. Economic Inefficiencies. Inequality and Accessibility. The Challenge of Retro-fitting. III. THE POTENTIAL IMPACT OF AUTONOMOUS VEHICLES ON URBAN SPACES. Reclaiming Space from Cars. Reimagining Street Design. Reducing the Need for Parking Infras-tructure. Improving Accessibility and Equity. Enhancing Public Transportation. IV. STRATEGIES FOR IMPLEMENTING AV-DRIVEN PUBLIC SPACE TRANSFORMATION. V. ADDRESSING THE LONELINESS PANDEMIC THROUGH AV-ENABLED URBAN SPACES. Understanding the Loneliness Pandemic. The Role of AV-Enabled Public Spaces in Combating Loneliness. Strategies for Creating Connection-Fostering Spaces. Innovative Urban Interventions: The Tel Aviv "Friendship Benches" Project. VI. CONCLUSION: THE PATH TO VIBRANT, CONNEC-TED URBAN COMMUNITIES. VII. FOOTNOTES.

I. INTRODUCTION

The advent of autonomous vehicles (AVs) stands poised to catalyze one of the most significant transformations in urban environments since the widespread adoption of the automobile. While much attention has been focused on the technological aspects of AVs, their potential to reshape our cities' physical and social landscapes is equally profound. This chapter explores the intricate relationship between AV adoption and the expansion and enhancement of public spaces in urban environments, and its effects on public health and well - being.

Urban planning has long been dominated by the needs of private vehicles, resulting in sprawling parking lots, wide highways cutting through city centers, and a general prioritization of cars over pedestrians. However, as we stand on the brink of widespread AV adoption, we find ourselves at a critical juncture. Autonomous vehicles' efficiency and shared-use potential could significantly reduce the number of cars required in urban areas, potentially freeing up vast swathes of land currently dedicated to vehicular infrastructure.

This potential reduction in car usage and ownership opens up exciting possibilities for urban planners, architects, and city officials to reclaim and repurpose urban spaces. Parking lots could transform into parks, wide roads could incorporate expanded sidewalks and bike lanes, and the overall urban fabric could shift to prioritize human-scale interactions and experiences. The implications of such a transformation extend far beyond mere aesthetics; they touch upon fundamental aspects of urban life, including public health, social cohesion, economic vitality, and environmental sustainability.

In the complex ecosystem of urban life, public spaces serve as the great equalizer – the city's equator, if you will. These shared environments, be they parks, plazas, or streetscapes, are where the diverse threads of urban society intertwine, creating a tapestry of human interaction unbound by social, economic, or cultural divisions. Just as the Earth's equator divides our planet into equal hemispheres, public spaces divide the city into zones of equal opportunity for connection, recreation, and civic engagement. They are the stages upon which the daily drama of city life unfolds, offering equal access to all citizens regardless of their background or status. In these spaces, the CEO and the street vendor, the student and the retiree, all stand on common ground. This equalizing power of public spaces is not just metaphorical; it's a tangible force that shapes the social dynamics of our cities, fostering a sense of shared ownership and community identity.

Moreover, this urban transformation offers a powerful tool to combat what has been termed the "loneliness pandemic." As our societies grapple with increasing social isolation, particularly in the wake of global events that have forced physical distancing, the expansion of welcoming, accessible public spaces becomes more vital than ever. **By reclaiming urban areas from vehicles and dedicating them to human interaction, we can create environments that naturally foster connection, reduce feelings of isolation, and build stronger, more resilient communities.**

This chapter will delve into the current challenges faced by car-centric cities, analyze the projected impact of AVs on traffic patterns and car ownership, and examine the myriad possibilities for reclaiming and repurposing urban spaces. We will explore strategies for implementing AV-driven public space transformation, discuss how these changes can address the loneliness pandemic, and consider the balance between increased connectivity and sustainability in AV-enabled cities. As we explore the potential impact of autonomous vehicles on urban design, it's crucial to keep this equalizing function of public spaces at the forefront of our considerations, ensuring that our cities of the future remain inclusive, accessible, and truly public in the fullest sense of the word.

II. THE CURRENT URBAN LANDSCAPE: CHALLENGES OF CAR-CENTRIC DESIGN

To fully appreciate the transformative potential of autonomous vehicles in urban public spaces, it is crucial first to understand the current urban landscape shaped by decades of car-centric planning.

Dominance of Vehicular Infrastructure

In most modern cities, the sheer amount of space dedicated to cars is staggering. Studies indicate that in many urban areas, up to 50-60% of land is devoted to roads and parking. This prioritization of vehicular infrastructure has come at a significant cost to public spaces and pedestrian-friendly environments.

The Social Cost of Car-Centric Design

Perhaps the most insidious impact of our car-centric urban landscape is its effect on social cohesion and public health. The prevalence of high-speed roads and lack of safe, appealing pedestrian spaces discourage walking and chance encounters between residents.

This design paradigm contributes significantly to the loneliness pandemic we face today. A 2018 survey found that nearly half of Americans report sometimes or always feeling alone [^2]. The car-centric design exacerbates this issue by limiting opportunities for spontaneous social interaction and community building.

Economic Inefficiencies

The economic cost of maintaining extensive road networks and providing parking is substantial for cities. Furthermore, traffic congestion, a common feature of car-centric cities, leads to significant economic losses. In the United States alone, congestion costs were estimated at $88 billion in 2019, an average of $1,377 per driver [^3].

Inequality and Accessibility

Car-centric urban design often exacerbates social inequalities. Those who cannot afford cars or are unable to drive find themselves at a significant disadvantage in navigating the city. This can lead to reduced access to job opportunities, healthcare, and other essential services for vulnerable populations.

The Challenge of Retrofitting

Perhaps one of the most daunting aspects of our current urban landscape is the challenge of retrofitting these car-centric designs. **Many cities find themselves locked into certain patterns of development due to existing infrastructure, making it difficult and expensive to implement significant changes.**

III. THE POTENTIAL IMPACT OF AUTONOMOUS VEHICLES ON URBAN SPACES

As we envision the future of our cities in the age of autonomous vehicles (AVs), we stand at the cusp of a potential urban renaissance. The advent of AVs promises to reshape our urban landscapes in ways that could address many of the challenges we currently face. This section explores the key impacts AVs could have on our urban spaces, with a particular focus on the expansion and enhancement of public areas.

Reclaiming Space from Cars

One of the most significant impacts of AVs will be the potential to reclaim vast amounts of urban space currently dedicated to parking. Studies suggest that parking takes up about 15-30% of land area in many city centers [^4]. With the rise of shared autonomous vehicles, this space could be repurposed for public use, creating new parks, community gardens, or cultural venues.

Tel Aviv provides two compelling examples of successful urban space transformation. The first is Mesila Park, which converted a parking lot into a vibrant 7-kilometer park, demonstrating the potential for repurposing outdated infrastructure into thriving public spaces [^5]. The second is the recent closure of Levinsky Street to vehicular traffic, transforming it into a pedestrian-only zone. This initiative has revitalized the historic Levinsky Market area, creating a lively public space that encourages social interaction and supports local businesses.

While not directly related to AVs, these projects showcase the immense value that can be derived from reclaiming urban space for public use. As AVs reduce the need for extensive parking infrastructure, similar transformative projects could become increasingly feasible in cities worldwide. The success of the Mesila Park and Levinsky Street projects provides valuable insights into the potential benefits of repurposing urban areas currently dominated by vehicles.

Reimagining Street Design

With AVs, we can rethink the design of our streets. Narrower lanes for AVs could free up space for wider sidewalks, dedicated bike lanes, and green corridors. This transformation could significantly enhance the pedestrian experience and foster more social interactions. **Research suggests that AV-friendly street designs could reduce the space needed for vehicular traffic by up to 80%, creating opportunities for expanded public spaces** [^6].

Reducing the Need for Parking Infrastructure

AVs, especially when implemented as shared mobility services, could dramatically reduce the need for parking. Research suggests that one shared AV could replace up to 11 private vehicles [^7]. This could allow for the repurposing of parking garages and on-street parking spaces into innovative spaces for startups, art galleries, or community centers. A study estimates that widespread adoption of shared AVs could reduce parking demand by up to 90% in some urban areas [^8].

Improving Accessibility and Equity

AVs have the potential to greatly improve accessibility for those who cannot drive, including the elderly, children, and people with disabilities. This could lead to more inclusive public spaces and reduce social isolation. Projections indicate that AVs could enable two million people with disabilities to join the U.S. workforce, highlighting the potential for increased social and economic participation [^9].

Enhancing Public Transportation

AVs could revolutionize public transportation, making it more efficient and attractive. A network of autonomous shuttles could provide last-mile connectivity to existing public transit systems, reducing reliance on private cars and freeing up more space for public use. Research suggests that integrating AVs with public transit could increase ridership by up to 30% while reducing overall vehicle miles traveled [^10].

IV. STRATEGIES FOR IMPLEMENTING AV-DRIVEN PUBLIC SPACE TRANSFORMATION

As cities prepare for the integration of autonomous vehicles (AVs) and the subsequent transformation of urban spaces, it is crucial to develop comprehensive strategies that maximize the potential benefits while mitigating potential challenges. This section outlines key strategies for implementing AV-driven public space transformation, with a focus on creating vibrant, inclusive, and sustainable urban environments.

1. Integrated Urban and Transportation Planning
2. Pilot Programs and Living Labs
3. Public-Private Partnerships
4. Community Engagement and Participatory Design
5. Phased Implementation
6. Adaptive Reuse Strategies
7. Green Infrastructure Integration
8. Multimodal Transportation Support
9. Technology-Enhanced Public Spaces
10. Economic Transition Support
11. Continuous Evaluation and Adaptation

V. ADDRESSING THE LONELINESS PANDEMIC THROUGH AV-ENABLED URBAN SPACES

The loneliness pandemic is a growing global concern, with profound implications for public health, social cohesion, and overall quality of life in our cities. As we reimagine our urban landscapes in the age of autonomous vehicles (AVs), **we have a unique opportunity to address this challenge head-on by creating public spaces that foster connection, community, and social interaction - Pockets of health.**

Understanding the Loneliness Pandemic

Loneliness is not just a personal issue but a public health crisis. Research has shown that chronic loneliness can be as harmful to health as smoking

15 cigarettes a day [^11]. In urban environments, factors such as high-density living, transient populations, and car-centric design often exacerbate feelings of isolation.

Recent studies have highlighted the pervasiveness of loneliness in urban settings. A 2018 survey found that nearly half of Americans report sometimes or always feeling alone [^12]. Similarly, research in the UK revealed that over 9 million people often or always feel lonely [^13]. These findings underscore the urgent need for urban design solutions that promote social connection.

The economic impact of loneliness is also significant. In the UK, loneliness is estimated to cost employers up to £2.5 billion annually due to absenteeism, lower productivity, and increased staff turnover [^14]. This economic burden further emphasizes the importance of addressing loneliness through urban planning and design.

The Role of AV-Enabled Public Spaces in Combating Loneliness

The integration of AVs into urban environments offers a unique opportunity to redesign public spaces in ways that can actively combat loneliness:

1. Increased Pedestrian Zones: As AVs require less space for parking and can navigate narrower lanes, cities can reclaim significant amounts of space for pedestrian use. These expanded pedestrian zones can be designed to encourage social interaction and community gathering. Research demonstrates that well-designed pedestrian spaces can increase social interactions and improve urban livability [^15].
2. Flexible, Multi-Use Spaces: AV technology allows for dynamic use of urban space. Streets that serve as thoroughfares during peak hours could transform into public squares or markets during off-peak times, creating more opportunities for community engagement. Such flexible spaces are crucial for building social capital in urban environments [^16].
3. Improved Accessibility: AVs can enhance mobility for those who currently struggle to access public spaces, such as the elderly or disabled, allowing them to participate more fully in community life. A study found that improved accessibility in public spaces significantly reduces feelings of isolation among older adults [^17].

4. Green Spaces and Urban Nature: Land freed up by reduced parking needs can be converted into parks and green spaces. Studies show that access to nature not only reduces stress but also promotes social interaction [^18]. Research found that people living in areas with more green space reported less loneliness and perceived better social support [^19].

Strategies for Creating Connection-Fostering Spaces

To maximize the potential of AV-enabled urban transformation in combating loneliness, cities should consider the following strategies:

1. Intergenerational Design: Create spaces that encourage interaction between different age groups. For example, co-locating playgrounds with comfortable seating areas and game tables. Research found that intergenerational interactions in public spaces can reduce loneliness and improve well-being for both younger and older individuals [^20].
2. Active Frontages: Encourage ground-floor activities in buildings facing public spaces. This creates a more engaging street-level experience and opportunities for casual interactions [^21].
3. Public Art and Cultural Spaces: Integrate public art and cultural activities into reclaimed spaces. These serve as conversation starters and community gathering points. A study showed that cultural spaces can foster social cohesion and community identity [^22].
4. Technology-Enabled Social Spaces: Leverage technology to facilitate connections. This could include interactive public installations or apps that notify residents of community events in nearby public spaces. However, it's crucial to balance digital and face-to-face interactions [^23].
5. Community Gardens: Convert some reclaimed parking areas into community gardens. These spaces not only provide green areas but also foster a sense of shared responsibility and community. Research found that community gardening can reduce feelings of isolation and improve social connections [^24].
6. Public Living Rooms: Create comfortable, welcoming spaces that serve as "public living rooms" where people feel at ease spending time. These could include cozy seating areas, free WiFi, and spaces for quiet conversation or group activities [^25]. Recently, The Tel

Aviv Foundation has helped create such a "public living room" in Sderot, a city that suffered greatly from the October 7^{Th} attacks. The pace was created in the goal of fostering resilience in the affected community.

7. Living Classroom: Transform public spaces into living classrooms by designing areas that encourage learning and knowledge sharing. This strategy involves incorporating educational elements, creating flexible spaces for gatherings or classes, providing robust free public WiFi access, encouraging community-led education through partnerships with local experts and organizations, and integrating smart city technologies. By implementing this approach, public spaces can become dynamic centers of lifelong learning, fostering both social connections and intellectual growth within the community.

Innovative Urban Interventions: The Tel Aviv "Friendship Benches" Project

A groundbreaking initiative in Tel Aviv, Israel, demonstrates the potential for innovative urban interventions to address the loneliness pandemic. In May 2024, the Tel Aviv Foundation, collaborated with the Baruch Ivcher School of Psychology at Reichman University to launch the "Friendship Benches" project (ספסלי חוסן in Hebrew) in the city's public spaces.

This project, inspired by global models and local needs, aims to provide immediate emotional support in public spaces as a response to the loneliness epidemic and personal difficulties arising from ongoing societal challenges. The initiative showcases how repurposed urban spaces can serve as platforms for addressing critical social issues – a concept that aligns well with the potential of AV-enabled urban transformation.

Key features and findings of the project include:

1. Accessibility: The project operates in public spaces, making emotional support freely available to all citizens without cost. This model could be easily adapted to newly available spaces in AV-transformed cities.
2. Professional Support: The benches are staffed by students who were professionally trained, ensuring quality support.
3. Diverse Reach: The project attracted a wide range of participants, with significant engagement from older adults (48% of participants were 60 and above), who are often at higher risk of social isolation.
4. Immediate Impact: While long-term effects on loneliness require further study, participants reported feeling significantly helped by the conversations, with an average satisfaction rating of 4.2 out of 5.
5. Resilience Building: The conversations were successful in improving resilience and reducing stress among participants, demonstrating the potential of such interventions in building community well-being.

This innovative project illustrates how thoughtfully designed public spaces can play a crucial role in addressing urban social challenges. As cities transition to AV-enabled transportation, potentially freeing up more public space, similar initiatives could be expanded and integrated into the urban fabric. The Tel Aviv "Friendship Benches" model provides valuable insights into creating emotionally supportive environments within our evolving urban landscapes.

VI. CONCLUSION: THE PATH TO VIBRANT, CONNECTED URBAN COMMUNITIES

The integration of autonomous vehicles into our urban fabric presents a transformative opportunity to reshape our cities, expand public spaces, combat the loneliness pandemic, and create more sustainable urban environments. As we've explored throughout this chapter, the potential benefits are significant, touching on various aspects of urban life from social cohesion to environmental sustainability.

The reimagining of our urban landscapes in the age of AVs allows us to address longstanding challenges posed by car-centric design. By reclaiming space from vehicles, we can create vibrant, inclusive public spaces that foster community connections and improve the quality of life for city residents. This vision aligns with the transformative approach advocated by Sadik-Khan and Solomonow in their influential work "Streetfight: Handbook for an Urban Revolution", where they emphasize the power of reimagining our streets to create more livable and connected cities[1]. The potential to combat the loneliness pandemic through thoughtful urban design is particularly promising, offering a path to healthier, more socially connected communities.

However, realizing these benefits requires careful planning, innovative strategies, and a commitment to balancing technological advancement with sustainability. As we move forward with AV integration, it's crucial that we prioritize human needs, community well-being, and environmental considerations in our urban planning decisions.

The journey towards AV-enabled cities is complex and multifaceted, requiring collaboration between various stakeholders including city governments, urban planners, technologists, businesses, and citizens. It demands visionary leadership willing to embrace change and experiment with new ideas, much like the bold approaches outlined in "Streetfight" [^26]. While challenges remain, particularly in terms of ensuring equitable access to new technologies and managing the environmental impact of increased connectivity, the potential rewards in terms of improved urban life are substantial.

As we look to the future, the key to success lies in viewing AVs not as an end in themselves, but as a means to create more livable, sustainable, and socially connected cities. By keeping this human-centric focus at the forefront of our planning and implementation strategies, we can harness the power of autonomous vehicles to catalyze a true urban renaissance, creating cities that are not only smart and efficient, but also vibrant, inclusive, and deeply attuned to the needs and well-being of their residents.

VII. FOOTNOTES

[^1]: SHOUP, Donald C., *The High Cost of Free Parking*, Routledge, New York, 2017, p. 22.

[^2]: CIGNA, "Cigna U.S. Loneliness Index", Cigna, 2018, p. 1, in https://www.cigna.com/assets/docs/newsroom/loneliness-survey-2018-full-report.pdf (visited on June 13, 2024).

[^3]: INRIX, "INRIX 2019 Global Traffic Scorecard", INRIX Research, 2020, p. 2, in https://inrix.com/scorecard/ (visited on June 13, 2024).

[^4]: SHOUP, Donald C., cit., p. 25.

[^5]: TEL AVIV-YAFO MUNICIPALITY, "The Mesila Park", Tel Aviv-Yafo Municipality, 2023, in https://www.tel-aviv.gov.il/en/Pages/ArticlePage.aspx?WebID=9336473c-1537-4ab6-8a69-d299b5db8bcc&ListID=b4eda22c-a69a-4bef-9479-05d5a832ad16&ItemId=141 (visited on June 13, 2024).

[^6]: DUARTE, F., RATTI, C., "The Impact of Autonomous Vehicles on Cities: A Review", in *Journal of Urban Technology*, vol. 25, no. 4, 2018, pp. 3-18.

[^7]: FAGNANT, D. J., KOCKELMAN, K., "Preparing a nation for autonomous vehicles: opportunities, barriers and policy recommendations", in *Transportation Research Part A: Policy and Practice*, vol. 77, 2015, pp. 167-181.

[^8]: ZHANG, W., et al., "Exploring the impact of shared autonomous vehicles on urban parking demand: An agent-based simulation approach", in *Sustainable Cities and Society*, vol. 19, 2015, pp. 34-45.

[^9]: HARPER, C. D., et al., "Estimating potential increases in travel with autonomous vehicles for the non-driving, elderly and people with travel-restrictive medical conditions", in *Transportation Research Part C: Emerging Technologies*, vol. 72, 2016, pp. 1-9.

[^10]: SHEN, Y., ZHANG, H., ZHAO, J., "Integrating shared autonomous vehicle in public transportation system: A supply-side simulation of the first-mile service in Singapore", in *Transportation Research Part A: Policy and Practice*, vol. 113, 2018, pp. 125-136.

[^11]: HOLT-LUNSTAD, J., et al., "Loneliness and social isolation as risk factors for mortality: a meta-analytic review", in *Perspectives on Psychological Science*, vol. 10, no. 2, 2015, pp. 227-237.

[^12]: UNITED STATES DEPARTMENT OF HEALTH AND HUMAN SERVICES, Our Epidemic of Loneliness and Isolation: The U.S. Surgeon General's Advisory on the Healing Effects of Social Connection and Community, Office of the U.S. Surgeon General, Washington, D.C., 2023.

[^13]: OFFICE FOR NATIONAL STATISTICS, "Loneliness–What characteristics and circumstances are associated with feeling lonely?", ONS, 2018, in https://www.ons.gov.uk/peoplepopulationandcommunity/wellbeing/articles/lonelinesswhatcharacteristicsandcircumstancesareassociatedwithfeelinglonely/2018-04-10

[^14]: NEW ECONOMICS FOUNDATION, "The Cost of Loneliness to UK Employers", Co-op and New Economics Foundation, London, 2017, p. 3.

[^15]: GEHL, J., *Life Between Buildings: Using Public Space*, Island Press, Washington D.C., 2011, p. 73.

[^16]: MONTGOMERY, C., *Happy City: Transforming Our Lives Through Urban Design*, Farrar, Straus and Giroux, New York, 2013, p. 162.

[^17]: RIGGS, W., APPLEYARD, B., "The Economic Impact of One to Two-way Street Conversions: Advancing a Context-Sensitive Framework", in *Journal of Urbanism: International Research on Placemaking and Urban Sustainability*, vol. 11, no. 2, 2018, pp. 129-148.

[^18]: JENNINGS, V., BAMKOLE, O., "The Relationship between Social Cohesion and Urban Green Space: An Avenue for Health Promotion", in *International Journal of Environmental Research and Public Health*, vol. 16, no. 3, 2019, p. 452.

[^19]: MAAS, J., et al., "Social contacts as a possible mechanism behind the relation between green space and health", in *Health & Place*, vol. 15, no. 2, 2009, pp. 586-595.

[^20]: KAPLAN, M., et al., "Intergenerational programming in community-based organizations: A strategic review", in *International Journal of Environmental Research and Public Health*, vol. 17, no. 10, 2020, p. 3691.

[^21]: GEHL, J., *Cities for People*, Island Press, Washington D.C., 2010, p. 240.

[^22]: GRODACH, C., "Art spaces, public space, and the link to community development", in *Community Development Journal*, vol. 45, no. 4, 2010, pp. 474-493.

[^23]: HAMPTON, K. N., GOULET, L. S., ALBANESIUS, G., "Change in the social life of urban public spaces: The rise of mobile phones and women, and the decline of aloneness over 30 years", in *Urban Studies*, vol. 52, no. 8, 2015, pp. 1489-1504.

[^24]: OKVAT, H. A., ZAUTRA, A. J., "Community gardening: A parsimonious path to individual, community, and environmental resilience", in *American Journal of Community Psychology*, vol. 47, no. 3-4, 2011, pp. 374-387.

[^25]: OLDENBURG, R., *The Great Good Place: Cafés, Coffee Shops, Bookstores, Bars, Hair Salons, and Other Hangouts at the Heart of a Community*, Marlowe & Company, New York, 1999, p. 42.

[^26]: SADIK-KHAN, Janette, SOLOMONOW, Seth, Streetfight: Handbook for an Urban Revolution, Viking, New York, 2016

PARTE TERCERA
RESPONSABILIDAD CIVIL Y PENAL DERIVADA DE LA UTILIZACIÓN DE COCHES AUTOMATIZADOS Y AUTÓNOMOS

El camino hacia la construcción de un marco jurídico europeo uniforme en el ámbito de la responsabilidad civil por los daños derivados de la conducción totalmente automatizada o autónoma

Mª CARMEN NÚÑEZ ZORRILLA
Profesora Titular de Derecho Civil
Universidad Autónoma de Barcelona

SUMARIO: I. PLANTEAMIENTO: LAS LAGUNAS Y PROBLEMAS POR RESOLVER EN EL ÁMBITO DE LA RESPONSABILIDAD CIVIL DERIVADA DE LA CONDUCCIÓN ALTAMENTE AUTOMATIZADA O AUTÓNOMA. II. INICIATIVAS LEGISLATIVAS EUROPEAS CON INCIDENCIA EN LA RESPONSABILIDAD CIVIL DERIVADA DE LOS VEHÍCULOS AUTÓNOMOS. 1. La Propuesta de Reglamento del Parlamento Europeo y del Consejo relativa a la responsabilidad civil por el funcionamiento de los sistemas de inteligencia artificial, de 20 de octubre de 2020. 2. La Propuesta de Directiva del Parlamento Europeo y del Consejo, sobre responsabilidad por los daños causados por productos defectuosos, de 28 de septiembre de 2022. III. INICIATIVAS EN EL MARCO DE LA LEGISLACIÓN ESPAÑOLA. IV. OTROS TEXTOS NORMATIVOS COMUNITARIOS QUE INCIDEN EN LA RESPONSABILIDAD CIVIL

I. PLANTEAMIENTO: LAS LAGUNAS Y PROBLEMAS POR RESOLVER EN EL ÁMBITO DE LA RESPONSABILIDAD CIVIL DERIVADA DE LA CONDUCCIÓN ALTAMENTE AUTOMATIZADA O AUTÓNOMA

Se camina a nivel mundial hacia una cada vez mayor utilización de la inteligencia artificial (IA) en los sistemas de transporte. La IA aplicada al transporte y a la conducción se propone desarrollar en la máquina las mismas capacidades y conocimientos que el cerebro humano, incluyendo la imaginación y la creatividad. Actualmente se avanza en la configuración del vehículo autónomo de acuerdo con el pensamiento humano.

La transformación digital avanza a pasos agigantados y afecta a todos los aspectos de la vida de las personas, brindando grandes oportunidades para una mejor calidad de vida, el crecimiento económico y la sostenibilidad[1]. Uno de estos aspectos es, sin lugar a dudas, el que afecta al transporte y la movilidad de las personas, haciéndolo mucho más seguro y eficiente. Con todo, al mismo tiempo, la transformación digital plantea nuevos desafíos para nuestra sociedad por los riesgos que conlleva para los derechos fundamentales de las personas, especialmente en relación con las personas de avanzada edad, las que viven en zonas rurales, las personas con discapacidad o marginadas y las vulnerables[2]. Es por ello que uno de los principios básicos que presiden este fenómeno que se recoge en las declaraciones europeas para la Década Digital, es el que proclama que la IA debe ser un instrumento al servicio de las personas y su finalidad última aumentar el bienestar humano. A partir de este principio se considera que toda persona debe estar empoderada para poder beneficiarse de las ventajas de la IA, siendo capaz de tomar sus propias decisiones con conocimiento de causa, así como estar protegida frente a los riesgos para su salud y seguridad, garantizándose un nivel adecuado de información y de capacitación cuando interactúe con los algoritmos de la IA[3].

---

[1] PARLAMENTO EUROPEO, CONSEJO Y COMISIÓN EUROPEA, Considerando 2 de la *Declaración Europea sobre los Derechos y Principios Digitales para la Década Digital* (2023/C 23/01) (Diario Oficial de la Unión Europea, 23 de enero de 2023).

[2] Art.2. b) de la *Declaración Europea sobre los Derechos y Principios Digitales para la Década Digital* (2023/C 23/01) (Diario Oficial de la Unión Europea, 23 de enero de 2023).

[3] La Comisión Europea se ha referido recientemente a la IA como un sistema de software diseñado por humanos que ante un objetivo complejo actúa percibiendo su entorno a través de la adquisición e interpretación de datos, razonando sobre el conocimiento y procesando la información derivada de estos datos, decidiendo las mejores acciones para lograr el objetivo dado; MINISTERIO DE ASUNTOS ECONÓMICOS Y TRANSFORMACIÓN DIGITAL, *Estrategia Nacional de Inteligencia Artificial. España digital 2025*. Noviembre de 2020, p.7. Disponible en https://www.lamoncloa.gob.es/presidente/actividades/Documents/2020/ENIA2B.pdf
Las normativas europeas actuales restringen el concepto de inteligencia artificial a los sistemas desarrollados a través de estrategias de aprendizaje automático y estrategias basadas en la lógica y el conocimiento; CONSEJO DE LA UNIÓN EUROPEA, *Expediente institucional de la Propuesta de Reglamento del Parlamento Europeo y del Consejo por el que se establecen normas armonizadas en materia de inteligencia artificial (Reglamento de Inteligencia Artificial) y se modifican determinados actos legislativos de la Unión*. Comité de Representantes permanentes, 1ª parte. Expediente interinstitucional: 2021/0106(COD), Bruselas, 25 de noviembre de 2022, p. 4.

Este principio afecta especialmente al ámbito de la conducción de vehículos autónomos o vehículos que son conducidos por sistemas de IA y no por humanos, en el que se intenta velar por que los derechos fundamentales, no solo de terceros, sino también de los usuarios de esta tecnología se encuentren protegidos al objeto de reforzar la confianza en la misma[4]. Uno de los principales derechos que pueden verse amenazados en este ámbito y que actualmente representa un verdadero problema y riesgo elevado en el desarrollo de esta tecnología emergente, es el de la privacidad y la protección de los datos personales del propio usuario del vehículo, por los riesgos de ciberseguridad que se plantean, al tratarse de un producto (el vehículo) conectado a la red[5]. En este sentido, la responsabilidad civil derivada de los daños producidos por la conducción altamente automatizada, que como se insistirá más adelante es uno de los principales retos legislativos pendientes de abordar tanto a nivel europeo como en nuestro País, encuentra importantes lagunas y peligros, no solo en relación a los daños que puedan sufrir terceras personas ajenas al vehículo, sino también en relación con las amenazas al derecho a la intimidad y a la protección de los datos personales del propio usuario del sistema, quien también estará legitimado para reclamar responsabilidad cuando sufra daños en este sentido.

Para empezar, no debemos calificar como autónomo cualquier vehículo que posea mecanismos de ayuda o asistencia a la conducción, sino solamente aquel cuya tecnología sea capaz de detectar y reconocer el entorno en el que se encuentra y actuar de forma adecuada sin la intervención del ser humano. El vehículo robótico posee autonomía funcional y su total desarrollo permitirá en un futuro circular por las vías sin necesidad del manejo del conductor, al que solo se requerirá con carácter previo para ponerlo en funcionamiento y elegir el destino deseado[6], no teniendo entonces ya la consideración de conductor, sino solo de mero usuario, ocupante o pasajero.

---

4 Arts.8 a 10 de la *Declaración Europea sobre los Derechos y Principios Digitales para la Década Digital* (2023/C 23/01) (Diario Oficial de la Unión Europea, 23 de enero de 2023).

5 Véanse los arts.17 a 19 de la *Declaración Europea sobre los Derechos y Principios Digitales para la Década Digital* (2023/C 23/01) (Diario Oficial de la Unión Europea, 23 de enero de 2023).

6 AGUAS VALERO, Gerardo, "Notas sobre responsabilidad civil derivada de la conducción de vehículos autónomos". Trabajo de Final de Grado. En *Revista General de Legislación y Jurisprudencia,* nº. 3, 2021, p.630.

Se cree que los vehículos autónomos cambiarán considerablemente nuestra vida cotidiana, determinando el futuro del transporte a escala mundial, reduciendo su coste, mejorando la seguridad vial, aumentando la movilidad y reduciendo el impacto medioambiental. El sector del transporte por carretera puede abrir la vía a nuevos servicios y modalidades de transporte, respondiendo así a la creciente demanda de movilidad de personas y mercancías, pudiendo contribuir incluso a revolucionar la planificación urbana. Sin embargo, en la otra cara de la moneda se prevé que la movilidad inteligente también plantee nuevos riesgos informáticos, entre los que destacan por ejemplo el mal funcionamiento de los sistemas hardware y/o software del vehículo que determine una alteración persistente del mismo; mal funcionamiento de las redes de interfaz externas al vehículo que determine una alteración persistente del mismo y/o de diferentes vehículos conectados a la misma infraestructura; posible hackeo o control remoto no autorizado del vehículo; posibles ataques a infraestructuras críticas y/o estratégicas[7], y posible acceso a información personal de los ocupantes, dada la gran cantidad de datos que almacenan y producen.

Por medio de la transformación digital en el campo de la conducción, desde la UE se aspira a reducir considerablemente la cifra anual de muertes por accidentes de tráfico y la contaminación medioambiental a través de un proceso hacia la automatización total. Europa camina en la ruta hacia la movilidad automatizada, en la que se establece un planteamiento para que la UE asuma el liderazgo mundial en el despliegue de sistemas seguros de movilidad automatizada, aumentando la eficiencia y la seguridad en la carretera, combatiendo la congestión del tráfico, reduciendo el consumo energético y las emisiones del transporte y eliminando progresivamente los combustibles fósiles.

Los vehículos completamente autónomos o altamente automatizados estarán disponibles en el mercado en los próximos años y ante este panorama deben establecerse marcos reguladores apropiados lo antes posible que garanticen un funcionamiento seguro y ofrezcan un régimen claro de responsabilidad, en el que se concrete el sujeto o sujetos que deben asumir la responsabilidad en el caso de accidente[8].

---

7 QUARTA, Elena y TREZZA, Remo, "Coche sin conductor o ley sin conductor: ¿qué dirección tomará la ley para evitar los accidentes sistemáticos?". En *Revista de Derecho del Transporte*, nº. 28, Marcial Pons, 2021, p. 227.

8 PARLAMENTO EUROPEO, *Conducción autónoma en los transportes europeos. Resolución del Parlamento Europeo, de 15 de enero de 2019, sobre la conducción autónoma en los*

Para establecer la parte responsable es necesario tener en cuenta el grado de autonomía de la tecnología utilizada y su influencia en los hechos ocurridos[9]. Debe determinarse si la máquina circulaba en modo automático cuando tuvo lugar el accidente o bien era conducida en ese momento por el humano. Además, pueden haber intervenido otros factores en la causación del evento dañoso que no dependían del control de la persona que conducía el vehículo. En un accidente en el que interviene este tipo de tecnología la culpa se diluye entre posibles varios actores causantes del daño: diseñadores del trazado vial dentro de las ciudades; ejecutores de ese trazado; diseñadores de carreteras inteligentes; fabricante del vehículo; diseñadores del vehículo; programadores de la IA; conductores (si hay); el comportamiento de la víctima previo al atropello, importador, vendedor, programador, proveedor de servicios de internet....Estos roles se subdividen a su vez entre cientos de personas, por lo que resulta imprescindible regular mediante leyes exhaustivas el grado de responsabilidad de cada uno de los agentes[10], tanto en el ámbito de los vehículos totalmente automatizados o autónomos, que no necesitan la intervención de un conductor humano, como en el de los vehículos semiautónomos que todavía dependen en momentos puntuales de una persona que los dirija.

El problema es que el régimen actual presupone la existencia de una persona a los mandos del vehículo; no contempla la posibilidad de que un vehículo sea conducido de forma totalmente autónoma. Por tanto, la implantación de este tipo de conducción llevará aparejado necesariamente un cambio en el modelo y contenido de nuestra legislación[11].

---

transportes europeos (2018/2089(INI)), 2014-2019. Considerandos B, C, E, I, O, Q, R, principio 1, 19, 21, 30. Disponible en https://www.europarl.europa.eu/doceo/document/TA-8-2019-0005_ES.html

9 FRAS, Mariusz, "Ley aplicable en materia de responsabilidad por daño causado en accidentes de circulación con participación de vehículos autónomos". En Artificial Intelligence and human rights, coord. por Ruben Miranda Gonçalves y Aleksandra Party, Dykinson, Madrid, 2021, p. 314. Recuperado de https://elibro.net/es/ereader/uab/211538?page=315

10 MARTÍNEZ EUKLIDIADAS, Marcos, *Ética y responsabilidad en la conducción autónoma: ¿quién se hace cargo de los accidentes de una ia?* Nota de prensa. Viernes, 22 de julio de 2022. Apartado relativo a la "rendición de cuentas y responsabilidad". Disponible en TOMORROW.CITY. https://tomorrow.city/a/etica-conduccion-autonoma-responsabilidad-legal

11 AGUAS VALERO, Gerardo, "Notas sobre responsabilidad civil derivada de la conducción de vehículos autónomos". Trabajo de Final de Grado. En *Revista General de Legislación y Jurisprudencia*, nº. 3, 2021, p. 636.

Debe llevarse a cabo una evaluación exhaustiva que adapte el actual marco jurídico de la UE y que introduzca nuevas normas sobre la atribución de responsabilidades en el sector de la conducción autónoma. Deben regularse las responsabilidades y los derechos de los fabricantes, conductores y operarios en cada nivel de automatización en todos los modos de transporte[12].

Se avanza a nivel global de manera rápida y progresiva hacia la completa automatización de los vehículos o vehículos sin conductor, en los que es la propia máquina la que realiza todas las tareas de la conducción sin intervención de un conductor humano. El desarrollo de los vehículos automatizados se presenta como algo que inevitablemente beneficiará a la sociedad, al reducir el número de muertes por accidentes, la congestión del tráfico, la contaminación atmosférica, acústica y del agua y las emisiones nocivas del transporte. Estos dispositivos van a estar conectados entre sí y con otros elementos de la carretera, lo que permitirá evitar atascos, reduciéndose los tiempos de espera y el sobrecoste derivado. Además, esta innovación supone una reducción de la contaminación porque consumen energía eléctrica, lo que queda perfectamente enmarcado dentro del compromiso gubernamental de protección y cuidado del medioambiente dentro de la Agenda 2030 para el Desarrollo Sostenible y la reciente Ley 7/2021, de 20 de mayo, de Cambio Climático y Transición Energética[13]. Incrementan la movilidad de personas con limitaciones, como las personas mayores de edad y las discapacitadas, pueden llevar a la movilidad a las personas a las que no llegan los servicios de transporte público, pueden fomentar los programas de uso compartido de vehículos y la movilidad como servicio y un mayor acceso y comunicación con las zonas rurales.

A medida que se avanza en los niveles de automatización el papel del conductor se torna más pasivo: pasa de ser un conductor "de reserva" o "de respaldo" (nivel 3), hasta que en los niveles más altos de automatización llega a desaparecer para convertirse en un simple "pasajero" u "ocupante"

---

12 PARLAMENTO EUROPEO, *Conducción autónoma en los transportes europeos Resolución del Parlamento Europeo, de 15 de enero de 2019, sobre la conducción autónoma en los transportes europeos* (2018/2089(INI)), 2014-2019. Considerandos B, C, E, I, O, Q, R, principio 1, 19, 21, 30. Disponible en https://www.europarl.europa.eu/doceo/document/TA-8-2019-0005_ES.html

13 EXPÓSITO GÁZQUEZ, Ariana, "Hacia una realidad plausible del vehículo autónomo: análisis del estado de la técnica y de los retos legales". En *Revista Catalana de Dret Públic*, nº. 64, 2022, p. 110. Disponible en https://revistes.eapc.gencat.cat/index.php/rcdp/article/view/10.2436-rcdp.i64.2022.3700

(niveles 4 y 5). Actualmente en España nos encontramos en el nivel 3 (vehículos semiautónomos), que son aquellos que tienen automatizadas algunas tareas de la conducción y sólo pueden circular autónomamente en intervalos cortos de tiempo y bajo determinadas condiciones, por lo que todavía necesitan de un conductor humano que vigile y supervise las acciones del vehículo, y que sea capaz de ceder y retomar el control en cualquier momento, siendo capaz de reaccionar ante cualquier situación de fallo o peligro.

Así, con carácter general puede distinguirse frente a los vehículos tradicionales, entre los vehículos automatizados y los autónomos. Los primeros son capaces de realizar por sí mismos todas o algunas de las funciones de la conducción, pero siempre en última instancia bajo el control, supervisión o apoyo de un conductor humano. Mientras que en los autónomos es el propio vehículo el que reconoce el entorno y es capaz de tomar las decisiones de conducción oportunas sin intervención humana, mediante los adecuados dispositivos de radares, sensores y cámaras, así como del software y sistemas de IA necesarios para procesar los datos precisos. De este modo, los vehículos automatizados vendrían a ser el género dentro del cual se pueden distinguir distintos niveles de automatización, hasta llegar al nivel más alto; el de los vehículos autónomos, que constituirían una clase o especie de aquéllos[14].

---

14 En el nivel 0, de conducción no automatizada, aunque el vehículo pueda contar con algún tipo de sistema de alerta, es el conductor quien realiza las funciones básicas de conducción de forma constante, controlando manualmente el vehículo. En el nivel 1, de asistencia al conductor, el vehículo se halla dotado de algún dispositivo de asistencia a la conducción, pero resulta necesario el control humano. En el nivel 2, de conducción parcialmente automatizada, el vehículo dispone de un sistema que realiza ciertas tareas de conducción, pero el conductor asume el manejo general en todo momento. El nivel 3 o de conducción condicionalmente automatizada supone que el vehículo realiza ordinariamente las funciones de conducción, pero si detecta un peligro o un fallo avisará al conductor para que tome el control. Por su parte, en el nivel 4, de conducción altamente automatizada, el vehículo funciona autónomamente en determinadas circunstancias geográficas o ambientales y, solo si no se dan, asumiría el conductor humano la conducción. Finalmente, en el nivel 5, de conducción plenamente automatizada, el vehículo es completamente autónomo, realizando todas las funciones inherentes a la conducción, en todo momento y circunstancia, por lo que todos los ocupantes del mismo son meros pasajeros; limitándose el papel del conductor al de un mero operador que pone en marcha el vehículo y le señala la ruta; COUTO CALVIÑO, Roberto, "La regulación comunitaria del seguro de responsabilidad civil por la circulación de vehículos a motor y su aplicación a los vehículos

Ahora bien, desde la UE también se toma conciencia de que la transición a los vehículos autónomos genera nuevos riesgos y cuestiones no cubiertas por las normativas tradicionales, que ya no sirven y han quedado desfasadas, especialmente en el ámbito de la responsabilidad civil. El primer problema que plantean en el ámbito de la responsabilidad civil es que las normativas tradicionales se fundamentan en la existencia de un conductor humano que domina, controla y dirige el vehículo para asignar la responsabilidad, por lo que ya no sirven para imputar la responsabilidad cuando quien conduce es la propia máquina, pasando a ser la persona un simple pasajero, como sucede en los niveles más altos de automatización (niveles 4 y 5), en los que se incorporarán sistemas de IA capaces de adoptar sus propias decisiones no preestablecidas por el intelecto humano y apartadas y que van más allá de decisiones previamente programadas. Estos sistemas tienen capacidad para evolucionar y mejorar a partir de la experiencia y de los errores, escapando de las directrices de entrenamiento de sus creadores. Por tal motivo, este tipo de tecnología plantea, entre otras, una importante cuestión no resuelta por el momento en el ordenamiento comunitario en el sector de los vehículos autónomos: la relativa a determinar quién debe asumir la responsabilidad por los daños en el caso de accidentes cuando quien conducía era la máquina y no la persona. El futuro régimen de responsabilidad civil derivado de un accidente en el que un vehículo cien por cien autónomo estuviera involucrado sigue siendo una incógnita en el marco del ordenamiento comunitario[15].

A partir de aquí, se produce un desplazamiento de la responsabilidad al fabricante como sujeto que mayor control tiene sobre la prevención de los riesgos, pero el siguiente e inmediato problema que se plantea es que la Directiva de 1985, en materia de responsabilidad por los daños causados por productos defectuosos, no fue diseñada para dar respuesta a los nuevos retos que plantea la complejidad de esta alta tecnología, que viene dada por los rasgos que la caracterizan:

---

autónomos y automatizados". En Transporte, competencia y nuevas tecnologías, Marcial Pons, 2022, pp. 96 y 97. Recuperado de https://justis-vlex-com.are.uab.cat/#search/jurisdiction:ES+content_type:4+date:2021-01-25../%22veh%C3%ADculos+aut%C3%B3nomos%22/vid/regulacion-comunitaria-seguro-responsabilidad-910356306

15 AGUAS VALERO, Gerardo, "Notas sobre responsabilidad civil derivada de la conducción de vehículos autónomos". Trabajo de Final de Grado. En *Revista General de Legislación y Jurisprudencia,* nº. 3, 2021, p. 637.

- por su opacidad (imposibilidad o extremada dificultad para averiguar la causa del daño y el concreto defecto que lo ha provocado, y por tanto la elevada dificultad para probar el nexo causal entre el daño y el defecto. La averiguación o explicación de los motivos que han llevado a la máquina inteligente a reaccionar de una manera y no de otra, son imposibles o muy difíciles de determinar. A lo que se añade que la actuación lesiva de la máquina no tiene por qué deberse a un defecto, fallo o error de fabricación. En muchos supuestos el daño no será consecuencia de una falta de diligencia del fabricante en ningún aspecto, sino de una decisión autónoma errónea del sistema de IA):
- por su imprevisibilidad y autonomía en el rendimiento (capacidad para adoptar decisiones impredecibles que escapan a las directrices de entrenamiento de sus creadores, fruto de su aprendizaje autónomo a partir de la experiencia);–por su capacidad para evolucionar tras su puesta en circulación modificando sustancialmente sus funcionalidades iniciales o finalidad previstas y generando de esta forma nuevos riesgos no contemplados inicialmente;
- por los múltiples y diversos agentes que intervienen en su proceso de fabricación, haciendo muy difícil determinar cuál de todos ha causado el daño, y
- por su conectividad y gran dependencia de datos externos, generando riesgos de ciberseguridad. La posibilidad de que estos sistemas sean fácilmente hackeables o manipulables por terceros es un riesgo al que debe ponerse límites jurídicos.

El transporte autónomo, que debe estar necesariamente conectado a internet, se sirve de los datos tanto recogidos por sensores de la máquina en su relación con los elementos exteriores, como de aquéllos que producen los ocupantes del mismo vehículo y su propio sistema de funcionamiento, lo que conlleva la necesidad de regular la obligación de implantar mayores elementos de seguridad que garanticen la privacidad e integridad de sus ocupantes[16]. El vehículo autónomo estará conectado de muchas formas diferentes. Lo estará al *smartphone* del conductor, a la red móvil que dará acceso a los datos de la carretera, al sistema GPS, a los vehículos que haya a su alrededor para comunicarse con ellos y que la conducción sea segura

16 EXPÓSITO GÁZQUEZ, Ariana, "Hacia una realidad plausible del vehículo autónomo: análisis del estado de la técnica y de los retos legales", *cit.*, pp. 113 a 116.

y eficiente, y a un enorme número de dispositivos y sensores que vayan surgiendo en unas ciudades cada vez más conectadas. Todas estas conexiones aumentan la exposición del sistema a posibles intrusos malintencionados. Por ese motivo, la ciberseguridad es un concepto vital en la conducción autónoma. De forma muy resumida, uno de los principales problemas a los que se exponen estos vehículos es la injerencia de un tercero en la circulación, lo que supondría la pérdida del control del vehículo, así como el robo de los datos generados por la máquina. Tampoco hay que olvidar la posibilidad de robo, ya que el coche conectado tendrá la debilidad de que sus sistemas de seguridad se podrán anular desde cualquier parte del mundo[17].

Todo ello conduce a la necesidad desde la UE de regular este vacío legal, revisando y adaptando las categorías jurídicas existentes afectadas.

Ante esta panorámica, desde la UE se avanza en la elaboración de una normativa homogénea en el ámbito de la responsabilidad civil derivada de la IA de alto riesgo en general, aunque no en el sector concreto de los vehículos autónomos, que es un sector de alto riesgo, habiéndose dejado en manos de los Estados miembros, por el momento, la concreción de una regulación específica en esta materia.

Con todo, dentro de esta regulación genérica contamos actualmente con dos iniciativas legislativas europeas que nos pueden ayudar a colmar las lagunas mencionadas y a configurar un régimen aplicable en el ordenamiento español en este sector concreto.

II. INICIATIVAS LEGISLATIVAS EUROPEAS CON INCIDENCIA EN LA RESPONSABILIDAD CIVIL DERIVADA DE LOS VEHÍCULOS AUTÓNOMOS

Desde la UE se avanza en la elaboración de una normativa genérica en el ámbito de la responsabilidad civil derivada de la IA de alto riesgo, pero no en el sector concreto de los vehículos autónomos. Lo ideal es que llegaran a elaborarse en un futuro próximo normativas sectoriales europeas en todos los sectores del transporte autónomo, en las que se detallasen los

---

17 TELEFÓNICA. EQUIPO DE COMUNICACIÓN, *Ciberseguridad en el coche autónomo, el reto de la próxima movilidad.* Nota de prensa, 10-5-2023. Disponible en https://www.telefonica.com/es/sala-comunicacion/blog/ciberseguridad-en-el-coche-autonomo-el-reto-de-la-proxima-movilidad/

concretos sujetos responsables y el régimen para imputar esta responsabilidad. De momento, dentro de esta regulación genérica contamos con dos iniciativas legislativas europeas, que, hasta que se elabore una normativa específica en el sector de los vehículos autónomos, si es que se elabora, nos van a servir de soporte o de ayuda para poder configurar un régimen de ámbito nacional aplicable a la responsabilidad civil.

1. *La Propuesta de Reglamento del Parlamento Europeo y del Consejo relativa a la responsabilidad civil por el funcionamiento de los sistemas de inteligencia artificial, de 20 de octubre de 2020*

La primera de estas actuaciones ha tenido lugar con la *Propuesta de Reglamento del Parlamento Europeo y del Consejo relativa a la responsabilidad civil por el funcionamiento de los sistemas de inteligencia artificial,* de 20 de octubre de 2020, que fue desechada como opción legislativa de Reglamento porque se prefiere en todo caso su continuidad como Directiva, para de esta forma dejar margen de libertad a los Estados miembros para regular esta materia según sus particularidades nacionales. Esperemos que su texto se recoja en un futuro próximo como Directiva, ya que contiene un régimen de interesante aplicación a los vehículos autónomos. De entre los criterios que contempla, merece la pena resaltar los siguientes:

Si el sistema autónomo causa un daño como consecuencia de una incorrecta configuración o defecto de fabricación o error del productor o del usuario, no cabe duda de que el responsable será la persona física, como hasta ahora ocurría (fabricante, diseñador, programador, entrenador, usuario., etc.), pero no son estos supuestos los que plantean el problema de la falta de regulación. En el ámbito de los daños provocados por este tipo de sistemas, el vacío legal no se produce en estos casos ya contemplados por los ordenamientos actuales, sino en aquellos en los que no se puede identificar al sujeto causante del daño. El daño no es imputable ni al fabricante, ni al programador, ni al entrenador de la máquina, ni al usuario que la detenta, porque es una decisión tomada por el propio agente autónomo, imprevisible, que no tiene su causa en un defecto de fabricación o de diseño o de información (causas estas ya previstas por los ordenamientos vigentes), y aún en el caso de que el daño hubiere sido debido realmente a un defecto en la máquina, resultaría muy difícil determinar de qué tipo de defecto o fallo se trata y al agente causante del mismo. El problema estriba en el hecho de que, como ya se ha señalado, la actuación lesiva de la máquina no tiene por qué deberse a un defecto, y aún en el caso de que se debiera a un defecto, este podría resultar muy difícil de identificar, al igual que el concreto sujeto causante del mismo. El régimen tradicional de la carga de la prueba en el ámbito de los sistemas de IA con procesos automáticos de toma de decisiones es un sinsentido, si se tiene en consideración que en muchos supuestos el daño no será consecuencia de una falta de diligencia del fabricante en ningún aspecto, ni de ningún fallo o error en el diseño o programación, sino de una decisión autónoma completamente imprevisible del sistema de IA. Por tanto, en este ámbito no se le puede exigir a la víctima la prueba del defecto, porque en muchos casos el mismo no existe y, aun así, debe repararse el daño, y aun en el supuesto de que el defecto existiera, tampoco sería justo cargar a la víctima con una prueba tan costosa o dificultosa, dado que esta se encuentra en una posición de clara desventaja en lo que se refiere a la información técnica o científica sobre el producto o servicio con IA.

Por tal motivo, las enormes dificultades a las que se enfrenta la persona perjudicada para poder demostrar algún tipo de culpa o negligencia en el autor del daño, se solucionan en la Propuesta de Reglamento estableciendo un criterio de imputación objetiva para los sistemas de IA alto riesgo, entre los que se incluyen expresamente a los vehículos con niveles elevados de automatización, y en el que la víctima solo debe probar el daño y la relación de causalidad, siendo de parte del demandado la carga de probar alguna causa que le exima de responsabilidad, que en este sistema únicamente pueden ser la fuerza mayor o la culpa exclusiva de la víctima. El demandado no podrá eximirse de responsabilidad probando que actuó con la diligencia debida o que el perjuicio fue causado por un proceso autónomo de toma de decisiones del sistema de IA.

La responsabilidad objetiva que aquí se propone, también vendría avalada por el hecho de que es más justo facilitar la carga probatoria a aquella de las partes que se encuentra en una posición de mayor vulnerabilidad de poder sufrir daños por el uso de tecnologías digitales avanzadas potencialmente peligrosas (consumidores y usuarios), haciendo recaer el mayor peso de la prueba a aquella de las partes que más se lucra o beneficia económicamente por la puesta en circulación en el mercado de las mismas (empresario), quien, además, goza de una mayor facilidad para poder acceder a la explicación/ averiguación técnica de los hechos y decisiones adoptadas por el sistema de transporte inteligente[18].

---

[18] NÚÑEZ ZORRILLA, Mª Carmen, "Los nuevos avances en la regulación europea de la responsabilidad civil por los daños ocasionados en el ámbito del transporte

Las dificultades para averiguar al verdadero causante del daño se salvan en la Propuesta de Reglamento por medio de la introducción de la figura del "operador", que es la persona que va a asumir la responsabilidad por el daño causado, por el hecho de aparecer como el sujeto que ejerce el mayor grado de control o de influencia sobre el funcionamiento del sistema causante de la lesión, con independencia de la verdadera causa del defecto o fallo concreto que haya llevado efectivamente al resultado lesivo, el cual será normalmente imposible o muy difícil de detectar. Los principales problemas que este régimen de responsabilidad pretende afrontar son: la opacidad (elemento "caja negra") de los sistemas de IA, que puede hacer extremadamente costoso, o incluso imposible determinar quién controlaba realmente el riesgo asociado al sistema de IA, o qué código o entrada ha provocado en última instancia el funcionamiento lesivo, y la creciente autonomía de estos sistemas, debido a sus capacidades de aprendizaje automático y aprendizaje profundo, que los convierte en cada vez más imprevisibles. La opacidad y la autonomía son los rasgos que dificultan la trazabilidad (explicación) de las causas o motivos de sus acciones. Su complejidad, su modificación una vez puestos en servicio, a través de actualizaciones o autoaprendizaje durante el funcionamiento y su vulnerabilidad frente a amenazas de ciberseguridad, contribuyen a hacer extremadamente difícil, cuando no imposible, averiguar la acción concreta que ha provocado el daño.

Bajo este prisma, la responsabilidad será imputable a quien pudo y debió haber evitado el daño en cada caso concreto, mediante los sistemas de prevención de riesgos del producto, servicio o proceso, no pudiendo recaer en el sistema de IA, que hoy por hoy carece de personalidad jurídica, sino en el promotor de la actividad y quien obtiene un beneficio de la misma[19].

La Propuesta de Reglamento tiene en cuenta la posibilidad de que puedan participar en la producción del daño más de un operador, articulando para estos supuestos una responsabilidad solidaria. Asimismo, también establece los criterios para determinar cuándo las demandas contra

---

con inteligencia artificial". En *Revista Española de Derecho Europeo*, nº. 78-79, abril-septiembre de 2021, Editorial Marcial Pons, pp. 211 a 215.

19 NÚÑEZ ZORRILLA, Mª Carmen, "Los nuevos avances en la regulación europea de la responsabilidad civil por los daños ocasionados en el ámbito del transporte con inteligencia artificial", *cit.*, pp. 221 y 222.

el fabricante deberán encauzarse a través de este Reglamento y cuando a través de la Directiva sobre productos defectuosos.

Esta responsabilidad puede ser accionada tanto por particulares como por empresarios públicos o privados que sufren daños en bienes destinados a un uso exclusivamente profesional, ampliándose así el ámbito de protección respecto a la Directiva sobre productos defectuosos, que circunscribe su protección a los consumidores o usuarios.

Teniendo en cuenta que los programas informáticos desempeñan un papel cada vez más importante en la seguridad y funcionalidad de los productos con IA, otro de los avances significativos que incorpora es que abarca a todo tipo de sistemas, tanto a los productos como a los servicios, con independencia de si se encuentran incorporados a soportes tangibles o intangibles. Esta solución elimina el problema de tener que delimitar si nos encontramos ante un producto o ante un servicio en un sistema concreto de IA, ya que en este tipo de tecnología esta concreción en ocasiones resulta difícil de aclarar. De este modo, se evitan los problemas que ha venido planteando la aplicación de la Directiva sobre productos defectuosos de 1985 en relación con la amplitud que puede abarcar la noción de producto o en relación a la inclusión de los elementos intangibles dentro de la noción de producto, lo que es especialmente relevante si tenemos en cuenta que el cerebro con IA del vehículo es un *software*. A ello debe añadirse, además, que la Propuesta de Reglamento amplía los tipos de daños indemnizables en relación con la Directiva de 1985 sobre productos defectuosos, ya que incluye dentro de su ámbito de protección a todos los tipos de daños morales, no solo los derivados de muerte; asimismo, los daños a la salud mental y, además, los daños que pueda sufrir el mismo bien causante de la lesión, siendo consciente de que los daños morales cobran mayor importancia en las relaciones humano-robots[20].

Contempla la obligatoriedad para los operadores de los sistemas de IA de alto riesgo, de concertar un seguro obligatorio de responsabilidad civil. Desde las instancias europeas se ha reconocido expresamente que este seguro debe articularse para los vehículos autónomos, ya que nunca van a ser 100% seguros y siempre existirá el riesgo de accidente. Debería concretarse en el ámbito de la normativa europea el tipo de seguro y sus

---

20 NÚÑEZ ZORRILLA, Mª Carmen, "Los nuevos avances en la regulación europea de la responsabilidad civil por los daños ocasionados en el ámbito del transporte con inteligencia artificial", *cit.*, pp. 223 y 224.

características. Por el momento, éste es un aspecto que se deja en manos de las legislaciones nacionales de los Estados miembros.

En el Reino Unido (antiguo Estado miembro de la UE) por ejemplo, este sector ha sido regulado de manera específica por medio de la *Ley de vehículos automatizados y eléctricos* (LVAE), de 19 de julio de 2018, en la que se da una especial relevancia al seguro como mecanismo para compensar a las víctimas de daños. La LVAE parte de que los seguros de automóviles se centran en un conductor humano, por lo que debe ampliarse para cubrir tanto a los vehículos completamente automatizados cuando el automóvil es el conductor, como a los supuestos en los que el conductor es a veces un pasajero. La intención de la mencionada Ley es enfatizar en que, ante un accidente, la vía de compensación que debe prevalecer es la que se encuentra en el marco del seguro y no en el marco de la responsabilidad del producto contra el fabricante, en la que el perjudicado por el daño puede encontrarse con más complicaciones para cobrar la indemnización. En el sector de los vehículos autónomos la cuestión de quien debe afrontar el pago del seguro ya no está directamente relacionada con la habilidad o el historial del conductor, sino con el fabricante del vehículo. Por consiguiente, la cuestión que se plantea la LVAE es si el seguro debe recaer en el fabricante o seguir recayendo en el conductor o en ambos. Finalmente, se decanta por un seguro a cargo del propietario que cubra la responsabilidad del fabricante y también las lesiones que puedan sufrir el conductor humano del vehículo, los pasajeros y terceros. En virtud de este seguro la víctima tiene un derecho directo contra la aseguradora, y ésta, a su vez, tendrá un derecho de repetición contra la parte responsable[21].

2. *La Propuesta de Directiva del Parlamento Europeo y del Consejo, sobre responsabilidad por los daños causados por productos defectuosos, de 28 de septiembre de 2022*

La otra iniciativa de la UE que forma parte del paquete de medidas que nos sirve para abordar las cuestiones de la responsabilidad civil relacionadas con los vehículos con IA es la *Propuesta de Directiva del Parlamento Europeo y del Consejo, sobre responsabilidad por productos defectuosos*, de 28 de

---

[21] CARNICERO TIM EDMONS, Luisa, *Ley de vehículos automatizados y eléctricos de 2018.* Documento informativo nº. CBP 8118, 15 de agosto de 2018. House of Commons Library, pp. 3 a 23. Disponible en http://www.parliament.uk/commons-library

septiembre de 2022, que ha sido aprobada en marzo del 2024 por el Parlamento Europeo, derogando así a la Directiva de 1985. Soluciona muchos de los problemas que venía planteando la Directiva de 1985 en relación con los productos que llevan incorporada IA, como los coches autónomos, llevando a cabo una revisión exhaustiva de las normas de la misma con la finalidad de adaptarlas al desarrollo tecnológico.

Sin ánimo de abordar aquí todos los cambios que introduce, me voy a referir a continuación de manera sintética a los más destacados por su incidencia en el ámbito de los vehículos autónomos:

En cuanto a la noción de "producto", se actualiza ampliándola y aclarando los elementos que son considerados productos. Un elemento que venía planteando confusión en este sentido es el *software* como soporte lógico de un sistema informático que comprende el conjunto de los componentes que hacen posible la realización de tareas específicas, en contraposición a los componentes físicos (*hardware*). El dilema se planteaba porque hay discusión y disparidad acerca de si este elemento es un producto o un servicio. Queda claro que el *hardware* es un producto, por su tangibilidad, pero el software no se define. La concreción de su naturaleza era importante porque en función de la categoría que se le asigne, las reglas de responsabilidad civil aplicables serían distintas. El problema es que no todos los Estados miembros han interpretado el concepto de «producto» de la Directiva 85/374/CEE de la misma forma, ya que la definición que proporcionaba esta Directiva era demasiado genérica y daba lugar a confusión acerca de si solo podían considerarse productos los bienes corporales o tangibles, o si también abarcaba a los bienes intangibles. Por ello, venía siendo una urgencia la necesidad de reconocer, por parte del legislador europeo, al *software* expresamente como producto, para poder encauzar las demandas de responsabilidad a través de la Directiva por productos defectuosos. Ahora, la nueva Propuesta de Directiva sobre productos defectuosos confirma que los sistemas de IA y los bienes habilitados para IA son «productos», sin importar si son tangibles o digitales, y que por lo tanto entran dentro de su alcance. Asimismo, amplía su ámbito de protección, no solo al producto en sí mismo considerado, sino también a los servicios que afectan a los productos, al dejar claro que pueden ser considerados responsables, no solo los fabricantes de *hardware* y de *software*, sino también los proveedores de servicios digitales que afectan al funcionamiento de un producto (como un servicio de navegación en un vehículo autónomo), aclarando cuando un servicio relacionado debe ser tratado como un componente de un producto. En este sentido, la nueva Directiva reconoce expresamente al *software* del vehículo como un producto[22].

Efectivamente, si bien la nueva Directiva no se aplica a los servicios como tales, amplía su ámbito de protección, considerando productos o componentes del producto también a los servicios digitales conexos o interconectados (a los que denomina servicios relacionados) al producto que son necesarios para que pueda desempeñar sus funciones y su finalidad prevista, y que son determinantes para la seguridad del producto), tanto si forman parte físicamente de él (integrados) o tienen una funcionalidad en el producto sin formar parte físicamente de él (no integrados)[23].

En cuanto a los "sujetos responsables", dada la complejidad técnica que caracteriza a los productos que incorporan tecnologías avanzadas derivada de la diversidad de personas, normalmente empresarios, que participan en su creación, como es el caso de los vehículos autónomos, en la Propuesta se articulan nuevos criterios para hacer responder conjuntamente a todos los agentes que intervengan en el proceso de fabricación, distinguiéndose entre el fabricante del producto acabado y los fabricantes de los componentes que intervienen en la cadena de producción (el fabricante del producto y el fabricante del componente que haya causado el defecto del producto pueden ser responsables de forma conjunta y solidaria), haciéndose responder a los proveedores de servicios digitales, como el *software.*

Amplía así el alcance del régimen de responsabilidad, que ahora abarca no solo a los fabricantes de componentes tangibles, sino también digitales, introduciendo nuevos agentes u operadores económicos que son típicos en los procesos de fabricación de productos con IA, incluyendo explícitamente a los proveedores de *software*, a los proveedores de servicios digitales integrados o interconectados con el producto y que afectan a su funcionamiento, a las empresas que realizan modificaciones sustanciales en los

---

22 NÚÑEZ ZORRILLA, Mª Carmen, "La nueva Directiva europea sobre responsabilidad civil por productos defectuosos y su aplicación a los vehículos totalmente automatizados o autónomos". En *Revista Crítica de Derecho Inmobiliario*, Nº. 796, Año XCIX, marzo-abril, Colegio de Registradores de la Propiedad, Mercantiles y de Bienes Muebles, pp. 811 y 812.

23 Véase la Resolución legislativa del Parlamento Europeo, de 12 de marzo de 2024, sobre la propuesta de Directiva del Parlamento Europeo y del Consejo sobre responsabilidad por los daños causados por productos defectuosos (COM(2022)0495 – C9-0322/2022 – 2022/0302(COD)), considerando 17 disponible en https://www.europarl.europa.eu/RegistreWeb/search/simpleSearchHome.htm?references=P9_TA(2024)0132&sortAndOrder=DATE_DOCU_DESC

productos, a los representantes autorizados y a los proveedores de servicios logísticos, favoreciendo con ello que las personas lesionadas tengan más probabilidades de ser indemnizadas, y potenciando la igualdad de condiciones entre todas las posibles empresas intervinientes en el producto. De esta forma, no se habla ya de productor, sino de fabricante del producto defectuoso o del componente defectuoso, de importador o representante autorizado, de proveedor de servicios y de distribuidor[24].

En cuanto a las nociones de "defecto" y de "seguridad del producto", en las nuevas normas un producto es defectuoso cuando no ofrece la seguridad que el público en general tiene derecho a esperar, pero en los productos con IA con capacidad para evolucionar mediante el aprendizaje automático, que pueden modificar su funcionamiento y características a lo largo de su ciclo de vida, generando de esta forma nuevos riesgos, esta expectativa de seguridad debe ir referida, no al momento de su puesta en circulación, como sucede en la Directiva de 1985, sino que se refuerza para extenderse a toda su vida útil[25]. Este tipo de riesgos no se abordan adecuadamente en la anterior Directiva, que se centra sobre todo en los riesgos de seguridad en el momento de la comercialización. A partir de aquí, se articula un mecanismo en el que se parte de que las decisiones erróneas e incorrectas inesperadas del vehículo que se desvía de lo esperable ya revela la existencia de un defecto de fabricación (el defecto se presume) precisamente, por no haber acatado el vehículo las reglas básicas que le fueron incorporadas en la fase de programación.

La Directiva de 1985 no se pronuncia sobre quien es responsable cuando un producto sufre una modificación sustancial una vez ya se encuentra en el mercado; dinámica esta, que es propia del funcionamiento de los productos con IA, ya que mantienen un proceso de aprendizaje evolutivo a lo largo de todo su ciclo de vida, lo que obliga a que las expectativas de seguridad esperadas de un producto deban ser evaluadas y exigidas, no únicamente teniendo en cuenta el momento de su puesta en circulación,

---

24 NÚÑEZ ZORRILLA, Mª Carmen, "La nueva Directiva europea sobre responsabilidad civil por productos defectuosos y su aplicación a los vehículos totalmente automatizados o autónomos", *cit.*, p. 816.

25 En su considerando 32, la Resolución legislativa del Parlamento Europeo, de 12 de marzo de 2024, sobre la propuesta de Directiva del Parlamento Europeo y del Consejo sobre responsabilidad por los daños causados por productos defectuosos, *cit.*, dispone que "*un fabricante que diseñe un producto con la capacidad de desarrollar un comportamiento inesperado debe seguir siendo responsable de todo comportamiento que cause daños*".

como sucede en la Directiva de 1985, sino también tras su comercialización, para poder imputar la responsabilidad al fabricante ante tales modificaciones. Ahora, las normas revisadas garantizan que los fabricantes puedan ser considerados responsables de los cambios que sufran los productos que introducen en el mercado, aun y cuando estos cambios sean provocados por actualizaciones del *software* o aprendizaje automático. Con ello, se amplía la noción de «defecto» o de «producto defectuoso», al contemplar en la misma aquellas nuevas circunstancias que pueden hacer que el producto experimente modificaciones sustanciales debido a su autoaprendizaje tras su comercialización, a través de algoritmos de aprendizaje automático; circunstancia esta, que no eximirá al fabricante de responsabilidad[26].

Coherentemente con esta extensión de la responsabilidad, la normativa europea reguladora de los requisitos de seguridad que deben reunir los sistemas de IA de alto riesgo impone a los fabricantes un deber estricto de vigilancia y de seguimiento posterior a la comercialización, con el objeto de detectar la posible necesidad de aplicar inmediatamente cualquier tipo de medida correctora o preventiva que resulte necesaria.

A las dificultades mencionadas se añade que, entre los elementos que tradicionalmente debe probar el perjudicado por el daño para obtener el resarcimiento, se incluye la prueba del «defecto», cuando en las tecnologías con IA, debido a la opacidad que caracteriza su rendimiento, se hace muy difícil identificar el origen exacto del defecto y el defecto mismo, así como también la averiguación de si el daño ha sido debido a un defecto o simplemente, a una decisión autónoma del sistema fruto de su aprendizaje. En cualquier caso, la prueba del defecto es costosa y compleja. La víctima precisará la colaboración de un perito experto. La experiencia adquirida con la aplicación de la Directiva de 1985 ha demostrado que las personas lesionadas se enfrentan a dificultades para obtener una indemnización debido a los obstáculos a la hora de reunir pruebas, especialmente en las reclamaciones relacionadas con las nuevas tecnologías con IA. Pongamos por ejemplo el caso en el que un vehículo con tecnología autónoma decide de manera incorrecta dentro de su capacidad de autoaprendizaje, causando un daño que podría haber sido evitado reaccionando de una manera distinta, la pregunta que se plantea es ¿se trata de un defecto de fabricación? Si se trata de sistemas que

---

26 NÚÑEZ ZORRILLA, Mª Carmen, "La nueva Directiva europea sobre responsabilidad civil por productos defectuosos y su aplicación a los vehículos totalmente automatizados o autónomos, *cit.*, p. 812.

pueden actuar según sus propias decisiones no programadas de fábrica, y que, por lo tanto, en este sentido, ya se sabe de antemano que son impredecibles y que escapan al pleno control desde el momento mismo en que se ponen en circulación, ¿puede afirmarse que estamos ante un error de la persona que ha construido el sistema? Desde mi punto de vista la respuesta debe ser negativa. No es que se trate de un error o defecto del sistema, sino de una acción que es propia y entra dentro de los riesgos y de la normalidad en este tipo de tecnología, lo que excluye la idea de error o de defecto propiamente dicha. Siempre, tarde o temprano, existirá el riesgo de que estas máquinas adopten decisiones incorrectas, como los humanos, al fin y al cabo. No puede afirmarse que sean defectuosos en el sentido de la Directiva de 1985, ya que se trata de una inseguridad que es propia e innata en este tipo de tecnología; un rasgo que la caracteriza y que es de esperar. Son unos riesgos que se asumen de entrada cuando se pone el vehículo en el mercado, lo que excluye que este tipo de riesgo pueda ser considerado un defecto tal y como lo concibe la Directiva de 1985. Esto lleva a la necesidad de articular algún mecanismo jurídico de protección que sea capaz de resarcir a las víctimas de la tecnología autónoma sin que estas se vean obligadas a probar un defecto en el funcionamiento del producto[27].

En las normas revisadas se mantiene que es el demandante quien debe probar el defecto, el daño y la relación de causalidad entre ambos, pero se introducen mecanismos para facilitarle el acceso a la información y mecanismos basados en presunciones para facilitarle la demostración del defecto y de la relación de causalidad, ayudándole a ponerse en condiciones de igualdad respecto a los fabricantes en los casos más complejos, como los relacionados con productos con IA de alto riesgo, en los que el demandante se enfrenta a dificultades excesivas para acreditar aquéllos elementos y para acceder a las pruebas, debido a la complejidad técnica o científica del asunto, siempre que acredite una serie de probabilidades. En consecuencia, el denunciante debe demostrar que el producto ha contribuido al daño, y la probabilidad del defecto o de la relación entre el defecto y el daño. En este caso, no es necesario demostrar científicamente ni el defecto ni el nexo de causalidad[28].

---

27 NÚÑEZ ZORRILLA, Mª Carmen, "La nueva Directiva europea sobre responsabilidad civil por productos defectuosos y su aplicación a los vehículos totalmente automatizados o autónomos", *cit.*, pp. 813 y 814.

28 Dictamen del Comité Económico y Social Europeo sobre la «Propuesta de Directiva del Parlamento Europeo y del Consejo sobre responsabilidad por los

En este escenario, producido un accidente en el que la prueba del defecto es muy difícil, puede presumirse directamente que el vehículo autónomo es defectuoso por no haber detectado, previsto y evitado la causa del accidente. De esta manera, se esquivan las complicaciones de tener que entrar a averiguar si la actuación lesiva de la máquina ha sido debida a un defecto o simplemente, a su proceso de autoaprendizaje autónomo. Así, por tanto, a la convicción y demostración de que un vehículo es defectuoso, se puede llegar, en ausencia de pruebas directas, a través de la prueba de presunciones y de un juicio de probabilidad cualificada, del que pueda desprenderse que el producto adolecía de la falta de seguridad que cabía esperar. Es decir, para facilitar al perjudicado la carga de la prueba del defecto del producto, se puede presumir que el daño causado por la máquina inteligente se deriva de su defectuosidad cuando no ofreció la seguridad razonablemente esperada. Estas presunciones hacen virar la responsabilidad cuasi-objetiva diseñada en la normativa tradicional sobre productos defectuosos hacia una responsabilidad ya puramente objetiva, en la que la prueba del defecto ya no tiene tanto interés. De esta forma, la carga de la prueba se comparte de manera más justa entre las personas perjudicadas y los fabricantes en los casos más complejos, que son aquellos relacionados con las tecnologías digitales emergentes. Todo ello, de cara a lograr un equilibrio justo entre los intereses de la industria y los consumidores para evitar el freno a la innovación[29].

Las víctimas podrán obtener una orden del órgano jurisdiccional que dé acceso a la información necesaria para determinar qué ha provocado el daño sufrido y a qué persona física o jurídica pueden demandar por dicho daño.

Cuando se pueda acceder fácilmente a las pruebas, la presunción ya no es aplicable. Ahora bien, estas presunciones no deben llevar a una inversión total de la carga probatoria, porque este hecho frenaría la innovación y el incentivo para los fabricantes de comercializar con estas tecnologías, elevando además el precio de estos productos para los usuarios. Por tal motivo, para mantener una justa distribución del riesgo, la Propuesta exige siempre al reclamante la aportación de unos indicios probatorios de los

---

daños causados por productos defectuosos», [COM (2022) 495 final — 2022/0302 (COD)] (Diario Oficial de la Unión Europea, 21-4-2023; párrafo 5.2).

29 NÚÑEZ ZORRILLA, Mª Carmen, "La nueva Directiva europea sobre responsabilidad civil por productos defectuosos y su aplicación a los vehículos totalmente automatizados o autónomos", *cit.*, p. 816.

que pueda desprenderse la probabilidad del defecto o de la relación de causalidad para poder beneficiarse de la presunción.

En lo referente a las "causas eximentes de la responsabilidad del empresario", vienen a ser coincidentes con las que contempla la Directiva de 1985, pero con la diferencia de que se recoge una interpretación actualizada de las mismas, teniéndose en cuenta que deben aplicarse en el escenario de las tecnologías emergentes. Entre ellas, cabe hacer mención a la nueva interpretación de la *exención por riesgos de desarrollo,* que no debe ser aplicada a las tecnologías que continúan aprendiendo tras su puesta en servicio cuando el vehículo adopta una decisión errónea que se desvía de lo esperable. La excepción por riesgos de desarrollo está pensada para aquellos riesgos que, por el estado de los conocimientos científicos y tecnológicos del momento de la puesta en circulación del vehículo, no pueden ser previstos. Los riesgos anteriormente explicados no entran dentro de esta causa de exoneración del fabricante porque pueden ser previstos por éste, aunque sean inevitables. Son riesgos que se asumen y que son innatos al funcionamiento típico de la máquina.

La revisión también modifica las normas de la Directiva de 1985, suprimiendo el umbral inferior y el límite máximo que impedían indemnizar totalmente a las personas por los daños sufridos.

Si bien se mantiene sustancialmente la regulación de la prescripción de las acciones encaminadas a reclamar daños causados por productos defectuosos, introduce una importante modificación en cuanto a la extinción de los derechos del perjudicado. Dado que los productos envejecen con el tiempo y que se desarrollan estándares de seguridad más altos como consecuencia del progreso de la ciencia y la tecnología, se considera que no sería justo responsabilizar a los fabricantes por un período de tiempo ilimitado por los defectos de sus productos. Así, se mantiene el período de 10 años para iniciar un procedimiento desde la fecha en que el producto que causó el daño se puso en circulación o fue sustancialmente modificado, pero este plazo se amplía a 15 años cuando el perjudicado no haya podido instar el procedimiento dentro del plazo de 10 años debido a la latencia del daño personal. Es decir, en aquellos casos en los que los síntomas de lesiones personales tarden en aparecer o se manifiesten lentamente[30].

---

30 NÚÑEZ ZORRILLA, Mª Carmen, "La nueva Directiva europea sobre responsabilidad civil por productos defectuosos y su aplicación a los vehículos totalmente automatizados o autónomos", *cit.*, p. 817.

Amplía, asimismo, la definición de daño, añadiendo ahora los daños psico-físicos (a la salud psíquica) como categoría de daño independiente, y, además, los daños morales no solo derivados de muerte, sino también de los otros tipos de daños, contemplándose además la pérdida o corrupción de datos fuera del ámbito estrictamente profesional, reconociéndose así la importancia de los datos en la era digital. Aspecto éste de gran trascendencia en los vehículos no tripulados, los cuales son especialmente vulnerables a las amenazas de ciberseguridad.

III. INICIATIVAS EN EL MARCO DE LA LEGISLACIÓN ESPAÑOLA

En España, tanto la *Instrucción de 13 de noviembre de 2015,* como la *Instrucción de 1 de abril de 2022,* de la DGT, que la deroga con el propósito de adaptarse al progreso en el desarrollo de estas tecnologías en nuestro País, no dan solución a estos problemas, ya que, de los daños sufridos por un tercero, ambas Instrucciones hacen responder a una persona que debe supervisar y mantener una vigilancia constante sobre el vehículo, siendo capaz de retomar el control y de asumir la conducción en cualquier momento. Por ello, puede decirse que las Instrucciones están pensando solo en los vehículos automatizados (semiautónomos – nivel 3) y no en los vehículos totalmente automatizados o autónomos. A lo que debe añadirse que tampoco se pronuncian acerca del concreto criterio de imputación que debe seguirse para atribuir la responsabilidad por los daños ocasionados por estas máquinas.

Efectivamente, de conformidad con ambas instrucciones el conductor debe monitorizar el vehículo y ser capaz de retomar el control del mismo en todo momento. Es decir, imputan la responsabilidad a la persona del conductor porque exigen que durante la circulación se encuentre en todo momento en disposición de tomar el pleno control del vehículo ante cualquier eventualidad que comporte una situación de riesgo para los ocupantes del mismo o para el resto de usuarios de la vía. Cuando nos encontramos en los niveles más altos de automatización o cuando el vehículo es, propiamente autónomo (niveles 4 y 5), no puede afirmarse que haya una persona al mando del vehículo o que tenga el control, ya sea porque la persona es un pasajero sin función alguna en la conducción, o porque el vehículo circula desocupado. La cuestión que se plantea entonces es ¿quién es el conductor en el vehículo autónomo? La necesidad de identificar a un conductor aparece, así como el primer obstáculo en las Instrucciones para atribuir la responsabilidad cuando el vehículo es conducido por un sistema automatizado de nivel 4 o 5. En los vehículos de nivel 3 siempre habrá una persona a la que se le pueda imputar la responsabilidad: el "conductor de reserva" o de "respaldo" que no responde a la solicitud del vehículo de retomar el control. La tarea de la conducción no es sólo manejar directamente el volante, sino que supone también monitorizar el entorno y mantener un control constante en la actividad de la conducción y de las maniobras, siempre que el usuario tenga la oportunidad de recuperar el control manual del vehículo, como sucede en el nivel 3 de automatización. Un vehículo de nivel 3 solo puede conducirse en situaciones específicas y limitadas. Fuera de esas situaciones, el vehículo le pedirá al usuario que se haga cargo, por lo que deberá estar disponible para conducir en todo momento. Por ello, en el nivel 3 el vehículo sigue dependiendo ampliamente de la vigilancia del conductor, y sigue existiendo una persona que técnicamente "conduce". Sin embargo, no hay un conductor, ni siquiera de reserva, en los vehículos de nivel 4 y 5, en los que la persona no puede tener en todo momento el dominio del vehículo.

Lo único que ha cambiado para actualizarse en la Instrucción de 2022 es el término "conductor" utilizado por la anterior Instrucción, que ha sido sustituido por el de "operador"; un término más amplio y flexible que sirve para designar a una persona usuaria de una tecnología que avanza en la autonomía, que ya no asume tanto la tarea del conductor tradicional o convencional, para pasar a ser una persona que solo supervisa o que toma el control en determinados momentos; situación que tiene lugar en los denominados "vehículos automatizados o vehículos de conducción automatizada", que tienen un "motor diseñado y construido para desplazarse de manera autónoma durante determinados períodos de tiempo sin supervisión continuada por parte del conductor, pero respecto del cual se sigue esperando o necesitando la intervención del "conductor"[31].

No ha sido hasta el año 2024 cuando por fin se ha iniciado un paso importante en la construcción de un marco regulatorio en materia de conducción totalmente automatizada (para los niveles 4 y 5), por medio de un texto impulsado por la Dirección General de Tráfico. Éste es el *Proyecto de Real Decreto por el que se modifican el Reglamento General de Circulación del 2003 y el Reglamento General de Vehículos de 1998, en materia de conducción*

---

31 NÚÑEZ ZORRILLA, Mª Carmen, "Hacia un marco legal europeo uniforme en la prevención de los riesgos y de la responsabilidad civil en el ámbito de la conducción automatizada inteligente". En *Cuadernos de Derecho Transnacional*, Universidad Carlos III de Madrid (marzo 2023), Vol. 15, Nº 1, pp. 704 a 707.

automatizada, a través del cual se propone ponerse a la altura de economías avanzadas como Francia, Alemania, Estados Unidos o Japón; países que están avanzando mucho en la regulación de este sector.

Ante todo debe señalarse que este Proyecto no es una regulación independiente específica para los vehículos autónomos, sino que lo que hace es simplemente adaptar y actualizar los Reglamentos citados a la conducción totalmente automatizada en lo que concierne a los requerimientos derivados de la normativa europea sobre los requisitos técnicos de homologación y sobre las condiciones de circulación de estos vehículos, estableciendo, asimismo, las obligaciones del titular del sistema de conducción automatizada.

El problema es que, en lo que concierne a la responsabilidad civil, se ha quedado bastante parco, porque solo se limita a concretar quién es el responsable de los daños cuando el sistema funciona en modo autónomo. El sistema de conducción automatizada es considerado el conductor mientras está activo, siendo por tanto responsable en última instancia el titular de este sistema.

Se actualiza la información que debe contener el Registro de Vehículos, en el que debe hacerse constar la identificación del titular del sistema de conducción automatizada, y se incorpora dentro del vehículo un sistema diseñado para registrar y almacenar los eventos relacionados con una colisión o accidente para facilitar la explicación de los hechos y la concreción de los sujetos responsables[32], dando cumplimiento así al mandato recogido en el Reglamento de Inteligencia Artificial. Nada más se añade a la responsabilidad civil, ya que no se modifica *el Texto Refundido de la Ley sobre responsabilidad civil y seguro en la circulación de vehículos a motor*, de 2004, que es la norma española que recoge la responsabilidad civil en caso de accidente. Así que tal y como se encuentra actualmente este régimen, debemos entender que cuando el daño se produzca estando el vehículo en modo automático, la responsabilidad debe exigirse por el régimen de la responsabilidad del fabricante por productos defectuosos, como titular del sistema de conducción automatizada, mientras que cuando el daño se produzca

---

[32] Disponible en https://www.interior.gob.es/opencms/pdf/servicios-al-ciudadano/participacion-ciudadana/Participacion-publica-en-proyectos-normativos/Audiencia-e-informacion-publica/03_2024_Proyecto_RD_modifica_Reglamento_General_Circulacion_y_Reglamento_General_Vehiculos_conduccion_automatizada.pdf

estando el vehículo en modo manual, se le debe exigir la responsabilidad al conductor humano por los criterios del citado Texto Refundido.

Tratándose de una actividad de alto riesgo, a mi entender, quizás, la mejor solución sería la creación de un régimen nacional específico para la conducción autónoma (niveles 4 y 5 de automatización), en el que se aclaren las responsabilidades del humano y el criterio de imputación para asignar la responsabilidad diferenciando las situaciones en las que la máquina está en modo autónomo o en modo manual.

Todo lo dicho, pone de manifiesto la gran insuficiencia y vacío legal de que todavía adolece nuestro ordenamiento en este sector, y que al legislador español le queda todavía mucho por regular en esta materia[33].

IV. OTROS TEXTOS NORMATIVOS COMUNITARIOS QUE INCIDEN EN LA RESPONSABILIDAD CIVIL

Por último, las normativas mencionadas deben complementarse con otras dos normativas que, aunque no están centradas en la responsabilidad civil, nos aportan directrices para concretarla y asignarla a los agentes pertinentes. Éstas son, por un lado, el *Reglamento del Parlamento Europeo y del Consejo por el que se establecen normas armonizadas en materia de inteligencia artificial (Reglamento de Inteligencia Artificial)*, de 2021, que ha sufrido una reciente reforma en 2023, con la finalidad de garantizar que la IA se desarrolla en un entorno ético centrado en el ser humano. La reforma introduce variaciones en la categorización de los sistemas de alto riesgo, entre los que se incluye a los vehículos autónomos. Ahora, para recibir tal consideración, el sistema de IA debe plantear un riesgo significativo de dañar la salud, la seguridad, los derechos fundamentales de las personas y el medio ambiente, ampliando los casos de uso que serán considerados de alto riesgo. Introduce, además, una nueva obligación de realizar una evaluación de impacto para los derechos fundamentales

---

33 Otra posibilidad sería la regulación de la responsabilidad civil derivada de accidentes ocasionados por los vehículos autónomos dentro del propio Texto Refundido de la Ley sobre Responsabilidad Civil y Seguro en la Circulación de Vehículos a Motor, del 2004, por medio de las modificaciones pertinentes dentro de su propio texto, en las que se distinguiera la responsabilidad en los niveles 1, 2 y 3 de automatización por un lado, y en los niveles 4 y 5 por otro.

en caso de implementar sistemas de alto riesgo, que, aunque no se prohíben, sí se les hace una evaluación y seguimiento cercano[34].

La nueva normativa establece los requisitos específicos que deben cumplir los sistemas de IA de alto riesgo y las obligaciones para los operadores de dichos sistemas. Todos los sistemas de IA de alto riesgo serán evaluados antes de su comercialización y en su ciclo de vida[35].

Destaca la obligación que el Reglamento impone a los usuarios de controlar el funcionamiento del sistema de IA de alto riesgo sobre la base de las instrucciones de uso. Cuando tengan motivos para considerar que el uso según las instrucciones pueda generar un riesgo para la salud, seguridad o los derechos fundamentales, informarán al proveedor o distribuidor y suspenderán el uso del sistema. También informarán al proveedor o distribuidor cuando hayan identificado cualquier incidente grave o cualquier mal funcionamiento e interrumpan el uso del sistema de IA[36].

---

34 ANDONI EGUILUZ, Josu y ÁLVAREZ RODRÍGUEZ, Paula, *El Reglamento de IA supera una votación clave en el Parlamento. Los comités parlamentarios alcanzan un compromiso sobre las enmiendas a la Propuesta de Reglamento de IA, que introducen importantes novedades.* Noticia de la UE (12 de mayo de 2023), en https://www.cuatrecasas.com/es/spain/propiedad-intelectual/art/reglamento-ia-supera-votacion-clave-parlamento
Véase en tal sentido a GONZÁLEZ, Fernanda, *El Parlamento Europeo aprueba el Proyecto de la Ley para regular la inteligencia artificial. Europa está más cerca de convertirse en la primera región del mundo en tener un marco regulatorio vigente alrededor de la IA.* Negocios, 14 de junio de 2023, pp.2 y 3. Disponible en https://es.wired.com/articulos/parlamento-europeo-aprueba-el-proyecto-ley-para-regular-la-ia
La nueva Propuesta de Reglamento clasifica las plataformas de IA en función del "riesgo potencial" que suponen para el bienestar social: 1) Riesgo mínimo: Aquellas plataformas que serán de uso mínimo al representar una amenaza mínima o nula para la sociedad; 2) Riesgo limitado: servicios y aplicaciones que a través de su funcionamiento o nacimiento dejen en claro a los usuarios que están interactuando con un sistema IA. Son plataformas IA que tienen obligaciones específicas de transparencia; 3) Alto riesgo: desarrollos IA con obligaciones legales más estrictas que, por su funcionamiento y objetivo, requieren de supervisión humana y el uso de datos de alta calidad para evitar problemas como la discriminación de los usuarios; 4) Riesgo inaceptable: sistemas que sin más quedarán prohibidos en la Unión Europea.

35 GONZÁLEZ, Rocío, *La Unión Europea define las "reglas del juego": todo sobre la ley de IA.* Nota de prensa, 18 de agosto de 2023, pp. 3 y 4. Disponible en https://www.sage.com/es-es/blog/ley-ia-union-europea-regulacion-inteligencia-artificial/

36 Véase la nueva redacción del art. 29, apartado 4º de las modificaciones adoptadas por el Parlamento Europeo sobre la propuesta de Reglamento del Parlamento

Especial importancia en el sector de los vehículos autónomos tiene, asimismo, la obligación que impone el Reglamento de que los sistemas de IA de alto riesgo se diseñen y desarrollen con capacidades que permitan el registro automático de eventos (que incluyan registros que recojan el historial de los hechos) mientras están en funcionamiento. Estas capacidades de registro deben garantizar la trazabilidad (explicación) de las acciones del sistema a lo largo de su ciclo de vida, permitiendo el seguimiento de situaciones que puedan hacer que el sistema de IA presente un riesgo o dar lugar a una modificación sustancial, facilitando el seguimiento posterior a la comercialización[37] y la identificación de los sujetos responsables.

De otro lado, el documento de *Directrices 1/2020, sobre el tratamiento de datos personales en el contexto de los vehículos conectados y las aplicaciones relacionadas con la movilidad*, adoptadas por el Comité Europeo de Protección de Datos, el 9 de marzo de 2021[38], cuyo ámbito de aplicación se centra en el tratamiento de los datos personales en relación con el uso no profesional de vehículos conectados por parte de los interesados Estas Directrices juntamente con el nuevo Reglamento UNECE/TRANS/WP.29/2020/79, aprobado el 23 de junio de 2020, por el Consejo Económico y Social para Europa, y en vigor desde el día 1 de enero de 2021,

---

Europeo y del Consejo por el que se establecen normas armonizadas sobre inteligencia artificial (*Artificial Intelligence Act*) y se modifican determinados actos legislativos de la Unión. Texto adoptado en Estrasburgo el 14 de junio de 2023. Disponible en https://www.europarl.europa.eu/doceo/document/TA-9-2023-0236_EN.html

37 Véase la nueva redacción del art. 12, apartados 1º y 2º de las modificaciones adoptadas por el Parlamento Europeo sobre la propuesta de Reglamento del Parlamento Europeo y del Consejo por el que se establecen normas armonizadas sobre inteligencia artificial (*Artificial Intelligence Act*) y se modifican determinados actos legislativos de la Unión. Texto adoptado en Estrasburgo el 14 de junio de 2023. Disponible en https://www.europarl.europa.eu/doceo/document/TA-9-2023-0236_EN.html

38 El Reglamento exige a los fabricantes un certificado de ciberseguridad para cada uno de sus vehículos dentro del mercado europeo y les da un plazo para conseguirlo: será obligatorio a partir del 1 de julio de 2022 para vehículos de nueva homologación y a partir del 1 de julio de 2024 para todos los vehículos nuevos. Véase, United Nations. Economic Commission for Europe. Inland Transport Committee. World Forum for Harmonization of Vehicle Regulations. Proposal for a new UN Regulation on uniform provisions concerning the approval of vehicles with regards to cyber security and cyber security management system. Submitted by the Working Party on Automated/autonomous and Connected Vehicles. Disponible en https://unece.org/DAM/trans/doc/2020/wp29grva/ECE-TRANS-WP29-2020-079-Revised.pdf

constituyen, por el momento, la reglamentación europea básica sobre ciberseguridad en los coches automatizados.

Las Directrices tienen por objetivo facilitar el cumplimiento del tratamiento de datos personales realizado por una amplia gama de partes interesadas que operan en este entorno. Más concretamente, se centra en los datos personales: i) que se tratan dentro del vehículo, ii) se intercambian entre el vehículo y los dispositivos personales conectados a él (por ejemplo, el teléfono inteligente del usuario) o iii) se recogen localmente en el vehículo y se exportan a entidades externas (por ejemplo, fabricantes de vehículos, administradores de infraestructuras, compañías de seguros, reparadores de automóviles) para su tratamiento ulterior. Muchos de los datos que genera un vehículo conectado se refieren a una persona física identificada o identificable y, por tanto, constituyen datos personales. Estaríamos hablando, por ejemplo, de datos directamente identificables (la identidad completa del conductor), así como datos indirectamente identificables como la información de los viajes realizados, datos de uso del vehículo (datos relativos al estilo de conducción o la distancia recorrida), o datos técnicos del vehículo (datos relativos al desgaste de las piezas del vehículo) que, mediante referencias cruzadas con otros archivos, y especialmente el número de identificación del vehículo, pueden relacionarse con una persona física.

Están dirigidas a los fabricantes de vehículos, fabricantes de equipos y proveedores de automóviles, reparadores de automóviles, concesionarios, proveedores de servicios para vehículos, gestores de flotas, compañías de seguros de automóviles, proveedores de entretenimiento, operadores de telecomunicaciones, administradores de infraestructuras viales y autoridades públicas, así como a los interesados[39].

En ellas se parte de la posibilidad de que los conductores y los pasajeros de los vehículos no estén siempre adecuadamente informados sobre el tratamiento de datos que tiene lugar en un vehículo conectado o a través de

---

[39] El "interesado" es la persona física a la que se refieren los datos objeto del tratamiento. En el contexto de los vehículos conectados, puede ser, en particular, el conductor (principal u ocasional), el pasajero o el propietario del vehículo. Véanse en tal sentido las Directrices 1/2020, sobre el *tratamiento de los datos personales en el contexto de los vehículos conectados y las aplicaciones relacionadas con la movilidad,* aprobadas por el Comité Europeo de protección de Datos el 9 de marzo de 2021, pp. 8 a 11. Disponible en https://www.edpb.europa.eu/system/files/2021-08/edpb_guidelines_202001_connected_vehicles_v2.0_adopted_es.pdf

él. La información puede facilitarse solo al propietario del vehículo, que puede no ser el conductor, y también puede no proporcionarse a tiempo. Por lo tanto, existe el riesgo de que las funcionalidades u opciones propuestas para ejercer el control necesario no basten para que los afectados puedan hacer valer sus derechos de protección de los datos y a la intimidad. Este aspecto es importante ya que, a lo largo de su vida útil, los vehículos pueden pertenecer a más de un propietario, ya sea porque se venden o porque se alquilan en régimen de arrendamiento financiero en lugar de comprarse. En muchos casos, el usuario puede no ser consciente del tratamiento de datos que se realiza en su vehículo. Esta falta de información constituye un obstáculo importante para demostrar un consentimiento válido, ya que el consentimiento debe ser informado. En tales circunstancias, el consentimiento no puede invocarse como base jurídica para el correspondiente tratamiento de datos. Los mecanismos clásicos utilizados para obtener el consentimiento de los interesados pueden ser difíciles de aplicar en el contexto de los vehículos conectados, lo que da lugar a un consentimiento de «baja calidad» debido a la falta de información o a la imposibilidad fáctica de dar un consentimiento ajustado a las preferencias expresadas por las personas.

En la práctica, el consentimiento también puede ser difícil de obtener para los conductores y pasajeros que no estén relacionados con el propietario del vehículo en el caso de vehículos de segunda mano o que han sido objeto de arrendamiento financiero, alquiler o préstamo.

La pluralidad de funcionalidades, servicios e interfaces que ofrecen los vehículos conectados aumenta la superficie de ataque y, por lo tanto, el número de posibles vulnerabilidades a través de las cuales se podrían comprometer los datos personales. Los vehículos conectados son sistemas críticos en los que un fallo de seguridad puede poner en peligro la vida de sus usuarios y de las personas de su entorno. Por lo tanto, se acentúa la importancia de abordar el riesgo de que los piratas informáticos intenten explotar las vulnerabilidades de esta tecnología. En las Directrices se pone especial énfasis en los "datos de localización". Al recopilar datos personales, los fabricantes de vehículos y equipos, los proveedores de servicios y otros responsables del tratamiento de datos deben tener en cuenta que los datos de localización son especialmente reveladores de los hábitos de vida de los interesados. Los desplazamientos realizados son muy característicos, ya que permiten deducir el lugar de trabajo y de residencia, así como los centros de interés (ocio) del conductor, y posiblemente revelen información sensible como la religión a través del lugar de culto, o la orientación sexual a través de los lugares visitados. En consecuencia, el fabricante de vehículos y equipos, el proveedor de servicios y otros responsables del tratamiento de datos deben prestar especial atención a no recopilar datos de localización, excepto si es absolutamente necesario para la finalidad del tratamiento[40].

RELACIÓN DE BIBLIOGRAFÍA CITADA

AGUAS VALERO, Gerardo, "Notas sobre responsabilidad civil derivada de la conducción de vehículos autónomos". Trabajo de Final de Grado. En *Revista General de Legislación y Jurisprudencia,* nº. 3, 2021.

ANDONI EGUILUZ, Josu y ÁLVAREZ RODRÍGUEZ, Paula, *El Reglamento de IA supera una votación clave en el Parlamento. Los comités parlamentarios alcanzan un compromiso sobre las enmiendas a la Propuesta de Reglamento de IA, que introducen importantes novedades.* Noticia de la UE (12 de mayo de 2023), en https://www.cuatrecasas.com/es/spain/propiedad-intelectual/art/reglamento-ia-supera-votacion-clave-parlamento

CARNICERO TIM EDMONS, Luisa, *Ley de vehículos automatizados y eléctricos de 2018.* Documento informativo nº. CBP 8118, 15 de agosto de 2018. House of Commons Library. Disponible en http://www.parliament.uk/commons-library

COMISIÓN EUROPEA, *Declaración Europea sobre los Derechos y Principios Digitales para la Década Digital* (2023/C 23/01) (Diario Oficial de la Unión Europea, 23 de enero de 2023).

COMITÉ ECONÓMICO Y SOCIAL EUROPEO, Dictamen del Comité Económico y Social Europeo sobre la «Propuesta de Directiva del Parlamento Europeo y del Consejo sobre responsabilidad por los daños causados por productos defectuosos», [COM (2022) 495 final — 2022/0302 (COD)] (Diario Oficial de la Unión Europea, 21-4-2023; párrafo 5.2)

COMITÉ EUROPEO DE PROTECCIÓN DE DATOS, Directrices 1/2020, sobre el *tratamiento de los datos personales en el contexto de los vehículos conectados y las aplicaciones relacionadas con la movilidad,* aprobadas por el Comité Europeo de protección de Datos el 9 de marzo de 2021, pp. 8 a 11. Disponible en https://www.edpb.europa.eu/system/files/2021-08/edpb_guidelines_202001_connected_vehicles_v2.0_adopted_es.pdf

CONSEJO DE LA UNIÓN EUROPEA, *Expediente institucional de la Propuesta de Reglamento del Parlamento Europeo y del Consejo por el que se establecen normas armonizadas en materia de inteligencia artificial (Reglamento de Inteligencia Artificial) y se modifican determinados actos legislativos de la Unión.* Comité de Representantes permanentes, 1ª parte. Expediente interinstitucional: 2021/0106(COD), Bruselas, 25 de noviembre de 2022.

---

[40] Directrices 1/2020, sobre el *tratamiento de los datos personales en el contexto de los vehículos conectados y las aplicaciones relacionadas con la movilidad,* cit, pp.13 a 16.

COUTO CALVIÑO, Roberto, "La regulación comunitaria del seguro de responsabilidad civil por la circulación de vehículos a motor y su aplicación a los vehículos autónomos y automatizados". En *Transporte, competencia y nuevas tecnologías,* Marcial Pons, 2022. Recuperado de https://justis-vlex-com.are.uab.cat/#search/jurisdiction:ES+content_type:4+date:2021-01-25../%22veh%C3%ADculos+aut%C3%B3nomos%22/vid/regulacion-comunitaria-seguro-responsabilidad-910356306

EXPÓSITO GÁZQUEZ, Ariana, "Hacia una realidad plausible del vehículo autónomo: análisis del estado de la técnica y de los retos legales". En *Revista Catalana de Dret Públic,* nº. 64, 2022, disponible en https://revistes.eapc.gencat.cat/index.php/rcdp/article/view/10.2436-rcdp.i64.2022.3700

GONZÁLEZ, Fernanda, *El Parlamento Europeo aprueba el Proyecto de la Ley para regular la inteligencia artificial. Europa está más cerca de convertirse en la primera región del mundo en tener un marco regulatorio vigente alrededor de la IA.* Negocios, 14 de junio de 2023. Disponible en https://es.wired.com/articulos/parlamento-europeo-aprueba-el-proyecto-ley-para-regular-la-ia

GONZÁLEZ, Rocío, *La Unión Europea define las "reglas del juego": todo sobre la ley de IA.* Nota de prensa, 18 de agosto de 2023, pp. 3 y 4. Disponible en https://www.sage.com/es-es/blog/ley-ia-union-europea-regulacion-inteligencia-artificial/

MARTÍNEZ EUKLIDIADAS, Marcos, *Ética y responsabilidad en la conducción autónoma: ¿quién se hace cargo de los accidentes de una ia?* Nota de prensa. Viernes, 22 de julio de 2022. Apartado relativo a la "rendición de cuentas y responsabilidad". Disponible en TOMORROW.CITY. https://tomorrow.city/a/etica-conduccion-autonoma-responsabilidad-legal

MINISTERIO DE ASUNTOS ECONÓMICOS Y TRANSFORMACIÓN DIGITAL, *Estrategia Nacional de Inteligencia Artificial. España digital 2025.* Noviembre de 2020, p.7. Disponible en https://www.lamoncloa.gob.es/presidente/actividades/Documents/2020/ENIA2B.pdf

NÚÑEZ ZORRILLA, Mª Carmen, "Hacia un marco legal europeo uniforme en la prevención de los riesgos y de la responsabilidad civil en el ámbito de la conducción automatizada inteligente". En *Cuadernos de Derecho Transnacional,* Universidad Carlos III de Madrid, marzo 2023, Vol. 15, Nº 1.

NÚÑEZ ZORRILLA, Mª Carmen, "La nueva Directiva europea sobre responsabilidad civil por productos defectuosos y su aplicación a los vehículos totalmente automatizados o autónomos". En *Revista Crítica de Derecho Inmobiliario,* Nº. 796, Año XCIX, marzo-abril 2023, Colegio de Registradores de la Propiedad, Mercantiles y de Bienes Muebles.

NÚÑEZ ZORRILLA, Mª Carmen, "Los nuevos avances en la regulación europea de la responsabilidad civil por los daños ocasionados en el ámbito del transporte con inteligencia artificial". En *Revista Española de Derecho Europeo,* nº. 78-79, abril-septiembre de 2021, Editorial Marcial Pons.

PARLAMENTO EUROPEO, Resolución legislativa de 12 de marzo de 2024, sobre la propuesta de Directiva del Parlamento Europeo y del Consejo sobre responsabilidad por los daños causados por productos defectuosos (COM(2022)0495 – C9-0322/2022 – 2022/0302(COD)), considerando 17 disponible en https://www.europarl.europa.eu/RegistreWeb/search/simpleSearchHome.htm?references=P9_TA(2024)0132&sortAndOrder=DATE_DOCU_DESC

PARLAMENTO EUROPEO, *Conducción autónoma en los transportes europeos Resolución del Parlamento Europeo, de 15 de enero de 2019, sobre la conducción autónoma en los transportes europeos* (2018/2089(INI)), 2014-2019. Considerandos B, C, E, I, O, Q, R, principios 1, 19, 21, 30. Disponible en https://www.europarl.europa.eu/doceo/document/TA-8-2019-0005_ES.html

PARLAMENTO EUROPEO, CONSEJO Y COMISIÓN EUROPEA, Considerando 2 de la *Declaración Europea sobre los Derechos y Principios Digitales para la Década Digital* (2023/C 23/01) (Diario Oficial de la Unión Europea, 23 de enero de 2023).

PARLAMENTO EUROPEO, Modificaciones del Parlamento Europeo sobre la Propuesta de Reglamento del Parlamento Europeo y del Consejo por el que se establecen normas armonizadas sobre inteligencia artificial (*Artificial Intelligence Act*) y se modifican determinados actos legislativos de la Unión. Texto adoptado en Estrasburgo el 14 de junio de 2023. Disponible en https://www.europarl.europa.eu/doceo/document/TA-9-2023-0236_EN.html

QUARTA, Elena y TREZZA, Remo, "Coche sin conductor o ley sin conductor: ¿qué dirección tomará la ley para evitar los accidentes sistemáticos?". En *Revista de Derecho del Transporte*, nº. 28, Marcial Pons, 2021.

TELEFÓNICA. EQUIPO DE COMUNICACIÓN, *Ciberseguridad en el coche autónomo, el reto de la próxima movilidad.* Nota de prensa, 10-5-2023. Disponible en https://www.telefonica.com/es/sala-comunicacion/blog/ciberseguridad-en-el-coche-autonomo-el-reto-de-la-proxima-movilidad/

UNITED NATIONS. ECONOMIC COMMISSION FOR EUROPE. Inland Transport Committee. World Forum for Harmonization of Vehicle Regulations. Proposal for a new UN Regulation on uniform provisions concerning the approval of vehicles with regards to cyber security and cyber security management system. Submitted by the Working Party on Automated/autonomous and Connected Vehicles. Disponible en https://unece.org/DAM/trans/doc/2020/wp29grva/ECE-TRANS-WP29-2020-079-Revised.pdf

Accidentes de tráfico causados por vehículos automatizados y autónomos y la LRCSCVM

MÓNICA NAVARRO-MICHEL
Profesora agregada de Derecho Civil
Institut de Recerca TransJus – Facultad de Derecho
Universitat de Barcelona

SUMARIO: I. INTRODUCCIÓN. II. SUJETOS RESPONSABLES EN LOS ACCIDENTES DE CIRCULACIÓN. 1. La progresiva desaparición de la figura del conductor humano. 2. Nuevas figuras: el supervisor técnico (en Alemania) o el operador (en el Reino Unido). 3. El propietario no conductor. III. CRITERIOS DE IMPUTACIÓN. IV. CAUSAS DE EXONERACIÓN. V. OBSERVACIÓN FINAL.

I. INTRODUCCIÓN

En el ámbito de la circulación, como en cualquier otro sector, el riesgo cero no existe. Lo que sí es posible es la reducción de las cifras de siniestralidad vial, y precisamente esta es una de las mayores ventajas de los vehículos autónomos y automatizados. Si las principales causas de los accidentes de tráfico están vinculadas al factor humano (distracciones, exceso de velocidad, consumo de alcohol o drogas) cabe pensar que, si eliminamos la conducción humana, disminuirán los accidentes de manera significativa[1].

---

1 Según el Informe de la Comisión europea, de 12 de diciembre de 2016, "Salvar vidas: impulsar la seguridad de los vehículos en la UE. Informe sobre el seguimiento y la evaluación de las funciones de seguridad avanzadas para vehículos, su rentabilidad y viabilidad con vistas a la revisión de los reglamentos sobre seguridad general de los vehículos y sobre la protección de los peatones y otros usuarios vulnerables de la vía pública" (COM (2016) 0787 final), "los expertos afirman que alrededor del 95 % de los accidentes de tráfico implican algún grado de error humano, mientras que se calcula que el 75 % se deben únicamente a errores

A la responsabilidad civil derivada de los accidentes de tráfico causados por vehículos automatizados y autónomos les será de aplicación el Texto refundido de la Ley sobre responsabilidad civil y seguro en la circulación de vehículos a motor (LRCSCVM), aprobado por Real Decreto Legislativo 8/2004, de 29 de octubre. Habrá que ver qué cambios se deberían introducir para resolver los retos jurídicos que introducen los vehículos en los distintos niveles de automatización. Este trabajo se centra en el análisis de tres cuestiones, que giran en torno a los sujetos responsables, los criterios de imputación y las causas de exoneración aplicables a los accidentes causados por vehículos automatizados de nivel 3, 4 y 5. Creo que el régimen de la responsabilidad por accidentes de tráfico actualmente vigente puede aplicarse sin excesivos esfuerzos a los causados por vehículos automatizados y autónomos[2].

Tanto los vehículos convencionales como los más automatizados comparten el ámbito de aplicación material de la LRCSCVM: accidente causado por un "vehículo a motor" durante un "hecho de la circulación"[3]. Pueden surgir dudas acerca de la aplicación de algunas de sus normas a los vehículos en los niveles más altos de automatización, pero la mayoría pueden ser resueltas por la vía de la interpretación, teniendo en cuenta la realidad de los vehículos altamente automatizados. Sería recomendable, eso sí, introducir alguna modificación, como que el propietario del vehículo responda de manera objetiva tanto por los daños corporales como materiales causados[4].

---

humanos". Para ver datos en España, ver el Informe de la DGT, "Siniestralidad en vías convencionales 2022", de 8 de abril de 2024, accesible en https://www.dgt.es/menusecundario/dgt-en-cifras/dgt-en-cifras-resultados/dgt-en-cifras-detalle/Siniestralidad-en-vias-convencionales-2022/.

2 En el mismo sentido ÁLVAREZ OLALLA, Pilar, "Responsabilidad civil en la circulación de vehículos autónomos", en E. MONTERROSO CASADO (Dir) / A. MUÑOZ VILLARREAL (Coord.), *Inteligencia artificial y riesgos cibernéticos. Responsabilidades y aseguramiento*, Tirant lo Blanch, Valencia, 2019, pp. 145-170, en p. 164. En cambio, ITURMENDI MORALES, Gonzalo, "Coches autónomos y conectados. El papel de las aseguradoras", *Revista de la Asociación Española de Abogados especializados en Responsabilidad civil y seguros*, nº 61, 2017, pp. 9-24, en p. 21, considera que el legislador deberá regular *ex novo* la responsabilidad civil del dueño del vehículo.

3 Conceptos definidos por el Real Decreto 1507/2008, de 12 de septiembre, por el que se aprueba el Reglamento del seguro obligatorio de responsabilidad civil en la circulación de vehículos a motor.

4 Me he ocupado de la responsabilidad en caso de accidentes de circulación causados por vehículos en los distintos niveles de automatización en NAVARRO-MICHEL,

A modo introductorio, cabe recordar que la clasificación de los distintos niveles de automatización procede de la Sociedad de Ingenieros de Automoción Internacional (SAE por su acrónimo en inglés, *Society of Automotive Engineers*), cuya última modificación data de 3 de abril de 2021[5]. Los niveles de automatización van desde la ausencia de automatización (nivel 0) hasta la automatización completa (nivel 5). Los distintos niveles se basan no sólo en lo que el vehículo es capaz de hacer o no hacer, sino, sobre todo, en quién monitoriza la conducción y el entorno. El vehículo de nivel 0 (sin automatización) no tiene mecanismos de asistencia a la conducción, el conductor humano realiza todas las tareas de conducción dinámica. El nivel 1 (asistencia a la conducción) dispone de algún dispositivo de asistencia en la conducción, como el de mantenimiento en el carril, y el de nivel 2 (automatización parcial) incorpora más de un sistema de asistencia en la conducción. Pero en estos niveles bajos de automatización, el conductor humano asume la conducción del vehículo en todo momento. El gran salto en la automatización de la conducción se produce a partir del nivel 3 (automatización condicional). Aquí el vehículo realiza las funciones de conducción y, si detecta un fallo en el sistema o un entorno desconocido, avisa al usuario del vehículo para que asuma la conducción. Por tanto, el humano debe estar atento a los avisos del vehículo y debe estar preparado para asumir la conducción en todo momento. Este usuario es un conductor "de reserva".

El vehículo de nivel 4 (automatización alta) y el de nivel 5 (automatización completa) puede conducir de forma autónoma; la diferencia es que éste puede hacerlo en todas las situaciones viales y ambientales, mientras que aquel puede conducir autónomamente únicamente cuando concurren determinadas circunstancias geográficas (barrios residenciales, campus universitarios, autopistas) o ambientales (meteorológicas y diurnas/nocturnas). En el vehículo de nivel 4, cuando existen las condiciones para ello, el vehículo puede conducir en modo autónomo, y cuando no concurren, el conductor humano debe asumir la conducción. Los vehículos de

---

Mónica, "La aplicación de la normativa sobre accidentes de tráfico a los causados por vehículos automatizados y autónomos", *Cuadernos de Derecho Transnacional*, vol. 12, nº 1, 2020, pp. 941-961. Este trabajo ahonda en los argumentos y actualiza algunas de las ideas que expuse entonces por primera vez.

5 SAE *Recommended Practice J3016. Taxonomy and Definitions for Terms Related to Driving Automation Systems for On-Road Motor Vehicles.* Este documento se actualiza periódicamente, y es accesible a través de https://www.sae.org/standards/content/j3016_202104/

nivel 4 son los utilizados en determinados lugares como taxis o robotaxis, que no esperan que el pasajero realice ninguna función de conducción.

En España, los vehículos con altos niveles de automatización circulan en fase de pruebas, y deben obtener una autorización especial de la Dirección General de Tráfico (DGT) para circular en vías públicas[6]. La regulación actual procede de la Instrucción VEH 2022/07, de 1 de abril, de la DGT, sobre autorización de pruebas o ensayos de investigación realizados con vehículos de conducción automatizada en vías abiertas al tráfico en general, que deroga la Instrucción anterior, de 2015[7].

La Instrucción de 2022 distingue entre vehículo automatizado y vehículo autónomo. Ambos son vehículos diseñados y construidos para desplazarse de manera autónoma, la diferencia es que el vehículo autónomo lo puede hacer sin supervisión por parte del conductor, mientras que el vehículo automatizado esta conducción autónoma está limitada a determinados períodos de tiempo, en que puede conducir sin supervisión continuada por parte del conductor, pero sigue esperando o necesitando la intervención del conductor. A estos efectos, no tendrán la consideración de tecnología autónoma aquellos sistemas de seguridad activa o de ayuda a la conducción que para su manejo o conducción requieran necesariamente control o supervisión humana activa.

La Instrucción de 2022 no contiene ninguna particularidad en relación con la responsabilidad civil. Eso sí, impone al propietario del vehículo o a cualquier persona que tenga interés en la realización de las pruebas, la obligación de suscribir y mantener en vigor un contrato de seguro obligatorio de vehículos a motor, así como la responsabilidad civil derivada de los posibles daños causados en las personas o los bienes con motivo de la circulación durante su realización en vías abiertas al tráfico en general, por una cuantía de cinco millones de euros (epígrafe 5.2.1). La obligación de concertar un seguro obligatorio no es novedosa, aunque sí lo son las cuantías.

---

6 Según el Reglamento General de Vehículos, aprobado por Real Decreto 2822/1998, de 23 de diciembre (art. 47).

7 Instrucción 15/V-113, de 13 de noviembre de 2015.

II. SUJETOS RESPONSABLES EN LOS ACCIDENTES DE CIRCULACIÓN

1. *La progresiva desaparición de la figura del conductor humano*

Los sujetos potencialmente responsables por los daños causados por un accidente de tráfico son, según la LRCSCVM, el conductor y el propietario no conductor.

El conductor de un vehículo es la persona que "maneja el mecanismo de dirección o va al mando de un vehículo", según las definiciones del Anexo I de la Ley de tráfico y circulación de los vehículos a motor y seguridad vial, cuyo texto refundido fue aprobado por Real Decreto Legislativo 6/2015, de 30 de octubre (LTCVMSV). Aunque generalmente se identifica con una determinada posición en el vehículo[8], no es eso lo relevante, sino que lo imprescindible es el manejo de los mandos del vehículo.

Sin embargo, esta definición no agota todas las posibilidades, ya que el precepto continúa diciendo que también tienen la consideración de conductor otras personas, como aquella "a cuyo cargo está un animal o animales" y, "en vehículos que circulen en función de aprendizaje de la conducción, tiene la consideración de conductor la persona que está a cargo de los mandos adicionales." Luego la noción de conductor está vinculada a la idea de control, ya que tiene la consideración de conductor quien de algún modo ejerce, o puede ejercer, el control, sea de los animales, sea del vehículo en prácticas.

A medida que avanza el proceso de automatización de los vehículos, pueden surgir dudas acerca de si el ocupante del vehículo es (o sigue siendo) el conductor o si, por el contrario, se ha convertido en un mero pasajero. A efectos de aplicación de las normas de responsabilidad por accidente de tráfico, tenemos que averiguar si es posible hacer una interpretación

8 En la Unión Europea, generalmente el conductor está sentado detrás del volante, situado en el lado izquierdo del vehículo en el sentido de la marcha. Se atribuye esta posición para que el conductor pueda tener mayor visibilidad respecto a los vehículos que vienen en sentido contrario. Por eso, en los países que conducen por el carril izquierdo, el volante está colocado en el lado derecho del vehículo. En la UE, conducen por el carril izquierdo en Chipre, Irlanda y Malta. https://europa.eu/youreurope/citizens/travel/driving-abroad/road-rules-and-safety/index_es.htm#inline-nav-1

extensiva de la figura del conductor para incluir en ella al ocupante, o si, por el contrario, resulta preferible focalizar toda la responsabilidad en otra persona, como el propietario del vehículo.

La persona que ocupa el vehículo, que no conduce directamente, pero puede ejercer alguna función en el control de la conducción, aún residual, ¿puede ser considerada conductora? Acaso por la activación o conexión del modo automatizado. En algunos casos, parece que la respuesta es afirmativa. Esto ocurre con el sistema de estacionamiento asistido, que se puede ejercer de modo remoto. La Instrucción 16 TV/89, de 20 de enero de 2016, de la Dirección General de Tráfico, sobre estacionamiento asistido de vehículos a motor, considera conductor a la persona que, estando fuera del vehículo, ejerce el control remoto del estacionamiento asistido. El sistema de asistencia al estacionamiento realiza la maniobra de estacionamiento autónomamente, sin la intervención directa del conductor. En algunos vehículos, este sistema puede ser accionado por control remoto. La Instrucción de 2016 aclara que, en todo caso, el conductor humano es el responsable del vehículo. Y ello, aunque el control de los mandos del vehículo se realice desde fuera del vehículo, a través de un mando adicional. La activación del sistema automatizado es suficiente, en este caso, para atribuir la condición de conductor a quien activa el sistema automatizado[9].

La idea clave para identificar al conductor radica en el control. Las dudas sobre la figura del conductor surgen a partir del nivel 3 de automatización. En ese nivel, el papel del conductor se torna más pasivo, pasa a ser un conductor "de reserva", pero no deja de ser conductor, debe estar aún atento y monitorizar tanto la conducción como el entorno, y ser capaz de asumir el control de la conducción en todo momento.

En los niveles más altos de automatización, cuando el vehículo es, propiamente, autónomo (nivel 4 en modo autónomo, o nivel 5), no hay una persona al mando del vehículo, sea porque la persona es un pasajero sin función alguna en la conducción, sea porque el vehículo circula desocupado. En estos casos, parece evidente que no hay un conductor al mando del vehículo. Sin embargo, cabe averiguar si la función de conductor se puede asignar al pasajero o si resulta más conveniente focalizar la responsabilidad en el propietario del vehículo.

---

9 En California, por ejemplo, el operador del vehículo autónomo es el que está sentado en la posición del conductor o, si no hay una persona en el asiento del conductor, la persona que hace que la tecnología autónoma se active. *California Vehicle Code* § 38750 (a)(4). Actualizado el 1 de enero de 2023.

El usuario o pasajero, persona que ocupa el vehículo sin ninguna función en la supervisión de la conducción o el entorno, no puede ser responsable. La ausencia de control de la persona que ocupa el vehículo debe incidir en su responsabilidad, pues carece de sentido imputarle responsabilidad si no controla ni puede controlar la conducción. Creo que no puede ser de otra manera, puesto que el vehículo altamente automatizado está pensado para que pueda ser ocupado por personas que no pueden asumir, en ningún caso, el control de la conducción. Estoy pensando en ocupantes que son menores de edad, ancianos y personas con alguna discapacidad física, o incluso personas que, siendo adultas con capacidad física, no tienen ya carnet de conducir[10]. Por no hablar del hecho de que los vehículos de nivel 4 y 5 podrán circular sin ocupantes.

Este ejercicio de adaptar la idea de conductor humano para incluir al que simplemente activa el sistema de conducción autónoma en el nivel 4 y 5, expandiendo el concepto de conductor hasta que resulta irreconocible, es un ejercicio, en gran medida, estéril. La definición legal de conductor es instrumental, necesaria para identificar a un sujeto a quien imputar la responsabilidad en los niveles altos de automatización. En la medida en que existe otro posible sujeto responsable, fácilmente identificable, como es el propietario del vehículo, puede ser innecesario dedicar tanta atención a la identificación del conductor.

La Convención de las Naciones Unidas sobre la circulación vial hecha en Viena el 8 de noviembre de 1968, que han firmado y ratificado la mayoría de países, salvo España, EE.UU. y Reino Unido[11], define al conductor como "toda persona que conduzca un vehículo, automóvil o de otro tipo (comprendidos los ciclos), o que por una vía guíe cabezas de ganado, solas o en rebaño, o animales de tiro, carga o silla" (art. 1.v). Necesariamente, "todo vehículo en movimiento deberá tener un conductor" (art. 8.1), que deberá poseer las cualidades físicas y psíquicas necesarias y hallarse en

10 Será necesario aclarar los requisitos que se van a exigir en el futuro para obtener el carnet de conducción de vehículos automatizados, en su caso, aunque en la medida en que el pasajero no va a asumir la conducción, puede resultar innecesario. Se ha planteado que las personas deberían alguna formación específica (*European Transport Safety Council*) por si se ven en la necesidad de activar el frenado de emergencia. Sin embargo, en la medida en que exista un operador que supervise la conducción, aún de forma remota, decae esta necesidad.

11 Para un listado de países que han firmado y, en su caso, ratificado, ver https://treaties.un.org/pages/ViewDetailsIII.aspx?src=TREATY&mtdsg_no=XI-B-19&chapter=11

estado físico y mental de conducir (art. 8.3). Además, deberá poseer los conocimientos y la habilidad necesarios para la conducción del vehículo[12] (art. 8.4), y deberá tener, "en todo momento", el dominio de su vehículo (art. 8.5). El conductor de un vehículo deberá reducir al mínimo cualquier actividad que no sea la conducción y por ello las legislaciones nacionales deberán prohibir que el conductor de un automóvil o de un ciclomotor utilice, mientras éste se encuentre en movimiento, un teléfono que tenga que sujetar con la mano (art. 8.6).

El Acuerdo Europeo que complementa la Convención añade algunos párrafos (versión consolidada de 2006). Así, según el Anexo de la Convención, el texto del párrafo 5 del art. 8 deberá ser el siguiente: "Todo conductor deberá tener en todo momento el dominio de su vehículo. Deberá conocer las normas en materia de circulación y de seguridad y ser consciente de los factores que pueden afectar a su comportamiento, como la fatiga, la ingestión de medicamentos y la conducción bajo la influencia del alcohol o las drogas."[13]

Esta exigencia de un conductor humano que controle el vehículo podía ser un obstáculo para los vehículos altamente automatizados. La Convención de Viena fue adaptada a los coches autónomos en 2014, aunque de manera algo confusa. Sin mencionar expresamente a los vehículos autónomos o automatizados, señalaba que los vehículos pueden incorporar sistemas "que influyen la manera en que los vehículos son conducidos", lo cual será conforme con los preceptos que obligan al conductor a controlar el vehículo, "siempre que esos sistemas puedan ser anulados o desactivados por el conductor"[14]. Existe un debate en torno a la necesidad, o no, de incorporar sistemas de frenado de emergencia en los vehículos de nivel 5.

---

12 Esta disposición no se opone, sin embargo, al aprendizaje de la conducción según la legislación nacional.

13 Se añade un nuevo párrafo, cuyo texto es el siguiente: "En la legislación nacional deberán establecerse disposiciones específicas relativas a la conducción bajo la influencia del alcohol y deberán fijarse un nivel legal de alcohol en la sangre y, en su caso, un nivel legal de alcohol en el aire espirado que sean incompatibles con la conducción de un vehículo.
En la legislación nacional, el nivel máximo de alcohol no deberá en ningún caso exceder de 0,50 g por litro de alcohol puro en la sangre o de 0,25 mg por litro en el aire espirado."

14 El Grupo de trabajo sobre la seguridad vial (WP.1) aprobó su Informe de la 68ª sesión, celebrada en Ginebra del 24-26 de marzo de 2014, en el que procedía a la modificación de los arts. 8 y 39 del Convenio de Viena.

Permitir la asunción del control a la persona que ocupa el vehículo puede suponer un aumento del riesgo de colisión, máxime cuando no hay propiamente un conductor, sino un pasajero, distraído de la conducción. Poder recuperar el control del vehículo en caso de emergencia puede suponer un riesgo adicional, y entonces el vehículo debe impedirlo.

En 2020, la Convención de Viena fue nuevamente modificada: la exigencia de conductor se considerará satisfecha cuando el vehículo utilice un sistema de conducción automatizada (art. 34 bis). La conducción automatizada supone un sistema que utiliza *hardware* y *software* para ejercer el control dinámico de la conducción de manera sostenida (art. 1). Y este precepto define el control dinámico como la realización de las tareas en tiempo real operacionales y tácticas necesarias para mover el vehículo. Incluye el control del movimiento lateral y longitudinal, la supervisión de la carretera, y la respuesta a los eventos de tráfico, así como la planificación y señalización de las maniobras. Esta modificación entró en vigor el 14 de julio de 2022. Por tanto, ya no es necesario que, en todo caso, el vehículo tenga un conductor, como venía exigiendo desde 1968.

2. Nuevas figuras: el supervisor técnico (en Alemania) o el operador (en el Reino Unido)

La progresiva desaparición de la figura del conductor humano ha llevado a algunos países a buscar otra, que es la persona que ejerce, o puede ejercer, un control del vehículo automatizado. Alemania y el Reino Unido son los primeros países, en nuestro entorno próximo, en aprobar normas específicas sobre los vehículos altamente automatizados[15].

En Alemania, la Ley de Tráfico fue modificada el 16 de junio de 2017[16], para incluir a los vehículos automatizados de nivel 3 y 4. La normativa considera que es conductor quien activa la función automatizada y utiliza esa función, aunque no controle directamente el vehículo (§ 1a.(4)). Según su §1b, cuando el vehículo está circulando en modo automatizado, el conductor puede desviar la atención del tráfico y del vehículo, pero debe estar

---

15 Para conocer la regulación en otros países, ver EASTMAN, Brittany, COLLINS, Shay, JONES, Ryan, MARTIN, JJ, BLUMENTHAL, Marjory S., STANLEY, Karlyn D., "Comparative Look at Various Countries' Legal Regimes Governing Automated Vehicles", *Journal of Law and Mobility*, 2023, pp. 1-79.

16 *Straßenverkehrsgesetz*, de 5 de marzo de 2003 (BGBl. I S.310, 919), modificada por el art. 8 de la Ley de 17 de junio de 2017 (BGBl. I S. 2421).

receptivo para poder asumir el control del vehículo en todo momento; el conductor está obligado a asumir el control del vehículo inmediatamente, cuando el sistema automatizado le avisa, o cuando reconoce, por circunstancias obvias, que los requisitos de uso ya no existen.

Con posterioridad, la Ley de Tráfico fue reformada en julio de 2021[17] para introducir la figura del "supervisor técnico". Esta es la persona física que puede desactivar el sistema automatizado del vehículo durante su funcionamiento autónomo y autorizar una maniobra de conducción alternativa (art. 1d(3)). Este supervisor no está obligado a monitorizar constantemente el vehículo (art. 1e(2)(1)); recibe mensajes de emergencia del sistema automatizado del vehículo y entonces decide si debe desactivar el sistema (con lo que el vehículo se coloca en una posición de riesgo mínimo[18]) o si debe iniciar una maniobra de conducción alternativa[19].

La creación de la figura del supervisor técnico es coherente con la obligación de la Convención de Viena (art. 8.5 bis) de que el sistema automatizado o autónomo debe poder ser desactivado. Y aunque inicialmente esa desactivación debía poder ser realizada por alguien en el interior del vehículo, lo cierto es que las últimas modificaciones del Convenio de Viena permiten esta opción de control remoto, así como prescindir totalmente de un conductor en el interior del vehículo.

La reforma alemana de 2021 no ha alterado las reglas de responsabilidad civil. Dado que el régimen de responsabilidad del supervisor técnico no está contemplado en la Ley de Tráfico, será de aplicación el Código civil alemán (pár. 832 (1) BGB). En consecuencia, el perjudicado deberá demostrar la negligencia del supervisor técnico para obtener una indemnización. La responsabilidad del propietario sigue siendo objetiva (pár. 18 (1)(1) de la Ley de Tráfico alemana), y ello conduce a pensar que las demandas no se presentarán únicamente contra el supervisor técnico, sino que se dirigirán (también) contra el propietario.

El Reino Unido abordó la regulación de los daños causados por vehículos automatizados en 2018, con la aprobación de la *Automated and Electric Vehicles Act* (AEVA) de 19 de julio. Esta normativa se ocupa de los

---

17 *Straßenverkehrsgesetz*, modificada el 7 de julio de 2021 (BGBl. I S. 3108).

18 El vehículo se detiene en el lugar más seguro posible y activa las luces de emergencia.

19 Sobre el debate en torno a las cualificaciones que debe tener este supervisor técnico, ver EBERS, Martin, *Civil Liability for Autonomous Vehicles in Germany* (5 febrero 2022), pp. 11-12. Accesible en SSRN: https://ssrn.com/abstract=4027594

accidentes causados por vehículos que "se conducen a sí mismos" (*self-driving*), lo que ocurre cuando esté "funcionando en un modo en que no está siendo controlado, ni necesita ser monitorizado, por una persona" (art. 8.1). Por tanto, aunque no lo diga expresamente, se refiere a los vehículos altamente automatizados o totalmente autónomos, niveles 4 y 5. Permite extender los efectos del seguro obligatorio a los vehículos automatizados[20], de manera que la entidad aseguradora asume el pago de una indemnización a cualquier víctima, incluyendo al pasajero del vehículo. Si un vehículo no cuenta con el seguro obligatorio, la obligación de pagar los daños causados por el vehículo autónomo recae en el propietario del vehículo.

El 20 de mayo de 2024 se aprobó la *Automated Vehicles Act* (AVA) y, aunque no modifica las normas de responsabilidad civil en caso de accidente de circulación de la AEVA, sí contempla nuevos sujetos y normas de responsabilidad penal que resulta oportuno traer a colación aquí por la incidencia que pueden tener en relación con el control del vehículo.

El art. 1(5) AVA señala que un vehículo circula autónomamente si está siendo controlado por el equipamiento del vehículo, no por una persona, y que ni el vehículo ni el entorno están siendo monitorizados por un individuo con el propósito de intervenir de forma inmediata en la conducción del vehículo. Por tanto, aunque no lo diga expresamente, se refiere a los vehículos altamente automatizados o totalmente autónomos, niveles 4 y 5.

La legislación contempla dos figuras: el usuario y el operador, y hace una distinción en función de si el usuario está en condiciones de asumir la conducción en algún momento (*user-in-charge*), o no. En este caso, será necesario contar con un operador que, de manera remota pueda dar respuesta a los problemas que puedan surgir en la conducción del vehículo.

El usuario-a-cargo de un vehículo viene definido en el art. 46 AVA: (a) el vehículo es un vehículo automatizado autorizado que cuenta con una función de usuario-a-cargo, (b) dicha función está activada, y (c) la persona se encuentra en el vehículo y en posición de ejercer el control del mismo, pero no lo controla. En principio, un usuario del vehículo no será responsable de la conducción mientras esté activado el dispositivo de conducción autónoma, es decir, si no controla el vehículo en el momento de comisión de la infracción (art. 47 AVA). Sin embargo, hay ciertas excepciones a esta regla, que podrían exponer al usuario a responsabilidad

---

20 La obligación de concertar un seguro obligatorio proviene de la *Road Traffic Act* de 15 de noviembre de 1988 (art. 143).

penal, contempladas en el art. 48 AVA. Entre otras, el usuario será responsable tras la emisión de una solicitud de transición por parte del vehículo, si la persona no asume la conducción tras agotar el período de transición[21]. En este caso, el usuario responderá como cualquier otro conductor.

Cuando el usuario no esté en condiciones de asumir el control de la conducción o cuando el vehículo automatizado circule desocupado, será necesario que exista un operador autorizado para supervisar el trayecto (art. 12(3) AVA). Este operador será responsable de detectar y dar respuesta a los problemas que surjan durante el trayecto (art. 12(5) AVA). La obtención de la licencia y los requisitos de operador se dejan para una regulación futura.

En España, la Instrucción VEH 2022/07, ya vista, hace referencia al operador como la "persona que, sentada en el asiento del conductor o bien en un puesto de control remoto, hace que se active la tecnología autónoma y supervisa su correcto funcionamiento durante las pruebas en la vía pública" (apt. 2). De momento, los vehículos de altos niveles de automatización se encuentran en la vía pública solo en fase de prueba, y la instrucción no tiene valor normativo, pero trasmite la idea de que, cuando el sistema de conducción automatizado (pienso en los de nivel 4 o 5) está activado, no hay un conductor sino un operador, que supervisa el correcto funcionamiento del vehículo, desde dentro o desde fuera del vehículo.

Como se trata de un operador de vehículos automatizados en fase de pruebas, el apt. 5.2.2 indica que el operador del vehículo será en todo momento el responsable de la conducción y manejo del vehículo y que deberá estar, durante la duración de la circulación, en disposición de tomar el pleno control del vehículo, tanto si se encuentra en el interior del habitáculo como si lo conduce o maneja en remoto. En todo caso, el operador estará obligado a tomar el pleno control del vehículo ante cualquier eventualidad que suponga una situación de riesgo para los ocupantes del vehículo o para el resto de los usuarios de la vía.

La Instrucción 2022 contempla los requisitos que debe reunir ese operador (apt. 5.2.2): deberá ser designado e identificado por el solicitante de la autorización; la solicitud podrá incluir uno o varios operadores; el

---

21 Queda sin resolver cuánto ha de durar la petición de transición. El art. 7 AVA simplemente dice que el vehículo puede realizar una solicitud de transición al usuario-a-cargo, que consiste en una petición comunicada por el equipamiento del vehículo para que asuma el control del vehículo al final del período que empieza con la comunicación de la solicitud.

solicitante deberá aportar declaración responsable de las aptitudes de los operadores designados, acreditando bajo su responsabilidad que los mismos conocen la tecnología y sistemas del vehículo, han recibido la formación requerida para el tipo de prueba solicitada y tienen capacidad para conducir, manejar o controlar el vehículo, en términos de seguridad y bajo cualquier condición; el operador del vehículo automatizado deberá ser titular, con una antigüedad mínima de dos años, del permiso de conducción en vigor correspondiente a la categoría del vehículo objeto de la prueba o ensayo.

Existe un Anteproyecto de Real Decreto en materia de conducción automatizada, que ha de modificar el Reglamento General de Circulación[22] y el Reglamento General de Vehículos[23], de marzo de 2024. Aunque no establece un régimen de responsabilidad concreto, daría cobertura normativa en España a la distinción entre conductor y operador.

3. El propietario no conductor

El otro posible sujeto a quien imputar la responsabilidad por daños causados por accidente de circulación es el propietario no conductor. Según el artículo 1.3 LRCSCVM, "el propietario no conductor responderá de los daños a las personas y en los bienes ocasionados por el conductor cuando esté vinculado con este por alguna de las relaciones que regulan los artículos 1.903 del Código Civil y 120.5 del Código Penal." Y si hasta ahora se pensaba, como no podía ser de otra manera, en la relación de dependencia con un conductor humano, en el futuro también podemos pensar en el propietario, sin más[24].

La responsabilidad del propietario no conductor del vehículo es una responsabilidad subjetiva con presunción de negligencia, pues decaerá cuando pueda probar que "empleó toda la diligencia de un buen padre de familia para prevenir el daño" (art. 1.3 *in fine* LRCSCVM).

---

22 Real Decreto 1428/2003, de 21 de noviembre.

23 Real Decreto 2822/1998, de 23 de diciembre.

24 Señala BADILLO ARIAS, José Antonio, *La responsabilidad civil automovilística. El hecho de la circulación,* Cizur Menor, Thomson-Reuters Aranzadi, 2016, p. 203, que el propietario responde por la cosa que genera un riesgo para los demás, y que el propietario tiene un control sobre el vehículo que no desaparece por prestarlo a un tercero (el conductor). Acaso sería posible decir también que el control del propietario no se pierde por conducirlo un sistema automatizado.

Atribuir responsabilidad al propietario procede de la lógica de que los vehículos a motor tienen un propietario. Sin embargo, el vehículo autónomo también está llamado a introducir un cambio en el modelo de propiedad sobre los vehículos[25]. Se apunta que los ciudadanos no tendrán interés en adquirir la propiedad de un coche si pueden acceder fácilmente al uso de un vehículo autónomo. Los modelos de negocio que giran en torno a los vehículos compartidos, o al transporte sin conductor, pueden satisfacer las necesidades de las personas. Al fin y al cabo, si no voy a conducir ¿para qué me voy a comprar un coche? El coste del vehículo (que incluye gasolina o electricidad, mantenimiento, plaza de aparcamiento, impuestos, prima de seguro) puede ser demasiado elevado para justificar la propiedad privada de titularidad individual. En todo caso, aunque el número de propietarios privados disminuya, existirá una persona, física o jurídica, propietaria del vehículo.

En Alemania, la reforma de 2021 de la Ley de Tráfico ha introducido nuevas obligaciones para el propietario del vehículo. Está obligado a mantener la seguridad vial y la compatibilidad medioambiental del vehículo. Y en concreto, debe garantizar el mantenimiento regular de los sistemas necesarios para la función de conducción autónoma, el cumplimiento de las normas de tráfico no destinadas a la conducción del vehículo, así como el cumplimiento de las tareas de supervisión técnica (pár. 1f (1) Ley de Tráfico). Nada parece impedir que el propietario sea el encargado de realizar la función de supervisión técnica; ahora bien, como debe ser realizada por una persona física, si el propietario es una persona jurídica, deberá delegar esa supervisión en una persona física.

III. CRITERIOS DE IMPUTACIÓN

El criterio de imputación de la responsabilidad por accidente de circulación varía actualmente en función del sujeto responsable y de si se causan daños a las personas o a las cosas. Según el art. 1.1 LRCSCVM, el conductor

[25] Todavía hay muchas variables desconocidas, pero algunos estudios estiman que la titularidad de vehículos se reducirá hasta el 43% como consecuencia del aumento del uso compartido. Véase el Informe de la *Transportation Research Institute* de la Universidad de Michigan, elaborado por SCHOETTLE, Brandon, SIVAK, Michael, "*Potential impact of self-driving vehicles on household demand and usage*", 2015, pp. 1-18. Accesible en https://deepblue.lib.umich.edu/bitstream/handle/2027.42/110789/103157.pdf?sequence=1&isAllowed=y

del vehículo a motor responde de los daños causados a las personas de manera objetiva, pues sólo quedará exonerado cuando pruebe que los daños fueron debidos a la culpa exclusiva del perjudicado o a fuerza mayor extraña a la conducción o al funcionamiento del vehículo. Cuando se trate de daños en los bienes, el conductor responderá frente a terceros cuando resulte responsable según lo establecido en los artículos 1.902 CC que, como es sabido, está basado en la culpa o negligencia del causante del daño.

El propietario no conductor responde, conforme al art. 1.3 LRCSCVM, según las normas de la responsabilidad subjetiva, con presunción de negligencia. Lo que no tendrá mucho sentido, en el contexto de los vehículos automatizados o autónomos, es la referencia legal a la vinculación entre conductor y propietario. Hoy la norma exige una vinculación entre ambas "por alguna de las relaciones que regulan los artículos 1.903 del Código Civil y 120.5 del Código Penal"; típicamente las relaciones de dependencia de los padres por los hechos de sus hijos o de los empresarios por sus empleados.

El conductor "debe estar en todo momento en condiciones de controlar su vehículo" (art. 13.1 LTCVMSV), y "debe utilizar el vehículo con la diligencia, precaución y atención necesarias para evitar todo daño, propio o ajeno, cuidando de no poner en peligro, tanto a sí mismo como a los demás ocupantes del vehículo y al resto de usuarios de la vía" (art. 10.2 LTCVMSV).

Respecto del vehículo de nivel 3 de automatización aún tiene sentido mantener el criterio de responsabilidad subjetiva del conductor de reserva, porque, efectivamente, existe una persona que debía estar atenta a la conducción del vehículo y al entorno para, en caso necesario, asumir la conducción del vehículo. El sistema de automatización de nivel 3 avisa al conductor de reserva para indicarle que debe asumir la conducción. Una vez hecha la solicitud de intervención, el vehículo generalmente reduce la velocidad durante unos segundos para permitir al conductor asumir la conducción y, si la persona no asume esa conducción, algunos vehículos son capaces de realizar una maniobra para colocar al vehículo en una situación de riesgo mínimo.

Cabe, por tanto, analizar la negligencia del conductor de reserva: debe recuperar el control de la conducción bien cuando el vehículo solicita su intervención, tras haber detectado una situación que no sabe gestionar, bien cuando el conductor identifica una situación que el vehículo no está resolviendo adecuadamente, o cuando ya no se dan las condiciones precisas para que el vehículo pueda conducir autónomamente. El humano debe estar atento a los avisos del vehículo y debe monitorizar la conducción y el entorno, y debe estar preparado para asumir la conducción en todo momento.

La posición del conductor de reserva resulta compleja en la medida en que puede parecer contradictoria: es posible no atender a la conducción y, a la vez, estar receptivo, y esa simultaneidad es una de las dificultades del nivel 3 de automatización. Las personas se distraen, dejan de prestar atención, sea por cansancio, aburrimiento, o exceso de confianza, pero, en esta situación, es difícil que puedan reaccionar "inmediatamente" si algo falla. El tiempo de respuesta o reacción es clave para el buen funcionamiento del vehículo automatizado, y es uno de los retos de este nivel[26]. Por otra parte, esta exigencia de asunción "inmediata" del control resulta excesiva, pues es necesario dejar un tiempo de respuesta para que el conductor pueda asumir eficazmente el control de la conducción.

Y de ahí la importancia de la llamada "caja negra", aparato instalado para grabar información y datos relacionados con la conducción automatizada que ha de permitir conocer al detalle cómo se han producido los hechos. Permitirá saber cómo se ha producido la comunicación entre el vehículo y el conductor de reserva: cuándo se ha producido el aviso o solicitud, por parte del vehículo, para que el conductor de reserva asumiese la conducción, si ha habido un fallo en el aviso, cuál ha sido el tiempo de respuesta del conductor antes de asumir la conducción, o si el "conductor de reserva" no ha respondido a la solicitud del vehículo de retomar el control del vehículo.

En los vehículos de nivel 4 y 5 de automatización ya no tendrá sentido hablar de negligencia del conductor. Porque la persona que ocupe el vehículo será un pasajero, un usuario, pero no un conductor. Es más, no hay motivo para pensar que deba asumir en momento alguno la conducción. Además, estos vehículos deben poder circular vacíos, sin ocupantes, al menos en la zona geoperimetrada, por lo que carece de sentido contemplar la negligencia. En relación con estos vehículos automatizados parece adecuado introducir un criterio de responsabilidad objetiva del propietario. Para los daños personales, si no hay conductor, la responsabilidad objetiva solo puede recaer en el propietario. Para los daños materiales, difícilmente se podrá analizar la negligencia del conductor, si no existe, y se podría extender la responsabilidad del propietario para cubrirlos, también de manera objetiva. Tal vez cabría extender, para los vehículos

---

26 ERIKSSON, Alexander, STANTON, Neville A., "Takeover time in highly automated vehicles", *Human Factors*, vol. 59, nº 4, 2017, pp. 689-705.

autónomos, la responsabilidad objetiva en caso de daños materiales, incluso para los daños causados al usuario del vehículo automatizado causante del accidente[27]. Esta modificación no sería descabellada, sino que sería volver al régimen originario de responsabilidad por accidente de tráfico, que no distinguía en función de la naturaleza del daño[28]. La inclusión de esta categoría de daño no debería llevar aparejado un aumento de la prima del seguro, pues es previsible una reducción de la siniestralidad con el uso de vehículos automatizados.

La responsabilidad objetiva está vinculada a la introducción de una fuente de peligro. La sociedad acepta la introducción de los riesgos, por la utilidad de la actividad, pero la persona que se beneficia de esa actividad o fuente de peligro (animales, trenes, aviones, energía nuclear, etc.) debe asumir el coste de la producción de daños. Los vehículos automatizados están llamados a reducir la tasa de siniestralidad, mejorando la seguridad, por lo que puede ser incoherente imponer una responsabilidad objetiva al propietario de un vehículo que es más seguro y reduce los riesgos. A pesar de esta aparente contradicción, la responsabilidad objetiva del propietario del vehículo automatizado cumple el objetivo de asegurar un alto nivel de protección de la víctima, y hacerlo de un modo eficiente[29].

IV. CAUSAS DE EXONERACIÓN

La LRCSCVM contempla dos causas de exoneración, que son la culpa exclusiva de la víctima y la fuerza mayor "extraña a la conducción o al funcionamiento del vehículo" (art. 1.1.2º párrafo). Y puntualiza que no se considera fuerza mayor "los defectos del vehículo ni la rotura o fallo de alguna de sus piezas o mecanismos". Cabe incluir aquí los errores en los sistemas de conducción automatizado, pues no son fallos que ocurren al

---

27 Cfr. ÁLVAREZ OLALLA, Pilar, "Desafíos legales ante la circulación de los coches autónomos: implicaciones éticas, responsabilidad por accidente y ciberseguridad", *Revista Doctrinal Aranzadi Civil-Mercantil*, nº 2, 2017, pp. 1-7, BIB 2017/10732, versión *on line*.

28 No distinguía el art. 39 de la Ley 122/1962, de 24 de diciembre, sobre uso y circulación de vehículos de motor.

29 En el mismo sentido, PÜTZ, Fabian, MURPHY, Finbarr, MULLINS, Martin, MAIER, Karl, FRIEL, Raymond, ROHLFS, Torsten, "Reasonable, Adequate and Efficient Allocation of Liability Costs for Automated Vehicles: A Case Study of the German Liability and Insurance Framework", *European Journal of Risk Regulation*, vol. 9, nº 3, 2018, pp. 548-563, en p. 561.

margen de la conducción, sino que son inherentes a la conducción, y, por tanto, no exoneran de responsabilidad.

Para la víctima de un accidente de tráfico causado por un vehículo automatizado o autónomo, originado en un fallo del *software* o de la interfaz vehículo-persona, es una ventaja poder demandar, en cualquier caso, al propietario del vehículo. El sujeto responsable no puede alegar fallos o defectos mecánicos, técnicos y, ahora, también, tecnológicos, con lo que el perjudicado podrá obtener una indemnización por daños en estos casos. Eso sí, una vez pagada la indemnización, el responsable podrá dirigirse contra el tercero que haya causado el daño, típicamente el fabricante que ha introducido en el mercado un producto defectuoso.

La culpa exclusiva del conductor (nivel 3) se puede generar por alteración del *software* o por la falta de instalación de actualizaciones de seguridad, que puede ser una causa de exoneración de responsabilidad, o acaso puede constituir una cláusula de exclusión de cobertura, cuando la víctima es el propio asegurado, como establecen las normas del Reino Unido.

En cuanto a la contribución causal de la víctima, si no es exclusiva, puede reducir la responsabilidad, y la LRCSCVM hace referencia al incumplimiento de las normas de seguridad. Y aunque el art. 1.2.1° *in fine* solo hace referencia a la falta de uso o uso inadecuado de cinturones y cascos, nada impide incluir aquí "otros elementos protectores" como pueden ser las actualizaciones del *software* que afecten a la seguridad[30].

V. OBSERVACIÓN FINAL

En este trabajo he analizado únicamente la LRCSCVM y su aplicación a los accidentes de tráfico causados por vehículos automatizados o autónomos. Siguen vigentes otros posibles regímenes de responsabilidad: por un lado, la responsabilidad del fabricante por producto defectuoso; por otro, la responsabilidad de la administración pública, tanto por falta de mantenimiento de las carreteras, la señalización y las marcas viales, como por falta de implementación de los sistemas de conectividad, que posibilitarán los sistemas de transporte inteligente, o su inadecuación o incumplimiento del deber de mantenimiento. En todo caso, el régimen previsto en la

---

[30] Para conocer más detalles sobre las causas de exoneración y los vehículos automatizados, véase ZORNOZA SOMOLINOS, Alejandro, *Vehículos automatizados y seguro obligatorio de automóviles. Estudio de Derecho Comparado,* Dykinson, Madrid, pp. 145-153.

LRCSCVM es el más adecuado para responder por los daños causados a las víctimas de un accidente de tráfico. Desde el punto de vista del perjudicado, resuelve la función compensatoria con eficacia, dada la complejidad del resto de posibles regímenes de responsabilidad.

BIBLIOGRAFÍA

ÁLVAREZ OLALLA, Pilar, "Desafíos legales ante la circulación de los coches autónomos: implicaciones éticas, responsabilidad por accidente y ciberseguridad", *Revista Doctrinal Aranzadi Civil-Mercantil,* nº 2, 2017, pp. 1-7, BIB 2017/10732.

IDEM, "Responsabilidad civil en la circulación de vehículos autónomos", en E. MONTERROSO CASADO (Dir.) / A. MUÑOZ VILLARREAL (Coord.), *Inteligencia artificial y riesgos cibernéticos. Responsabilidades y aseguramiento,* Tirant lo Blanch, Valencia, 2019.

BADILLO ARIAS, José Antonio, *La responsabilidad civil automovilística. El hecho de la circulación,* Thomson-Reuters Aranzadi, Cizur Menor, 2016.

CHANNON, Matthew, "Road Traffic Law and Application to Automated Vehicles", en *The Regulation of Automated and Autonomous Transport,* Kyriaki Noussia y Matthew Channon (eds.), Springer, 2022, pp. 405-423.

DIMITRAKOPOULOS, George, TSAKANIKAS, Aggelos, PANAGIOTOPOULOS, Elias, *Autonomous Vehicles. Technologies, Regulations, and Societal impacts,* Elsevier, 2021.

EASTMAN, Brittany, COLLINS, Shay, JONES, Ryan, MARTIN, JJ, BLUMENTHAL, Marjory S., STANLEY, Karlyn D., "Comparative Look at Various Countries' Legal Regimes Governing Automated Vehicles", *Journal of Law and Mobility,* 2023, pp.1-79.

EBERS, Martin, *Civil Liability for Autonomous Vehicles in Germany* (5 febrero 2022). Accesible en SSRN: https://ssrn.com/abstract=4027594

ERIKSSON, Alexander, STANTON, Neville A., "Takeover time in highly automated vehicles", Human Factors, vol. 59, nº 4, 2017, pp. 689-705.

ITURMENDI MORALES, Gonzalo, "Coches autónomos y conectados. El papel de las aseguradoras", *Revista de la Asociación Española de Abogados especializados en Responsabilidad civil y seguros,* nº 61, 2017, pp. 9-24.

NAVARRO-MICHEL, Mónica, "La aplicación de la normativa sobre accidentes de tráfico a los causados por vehículos automatizados y autónomos", *Cuadernos de Derecho Transnacional,* vol. 12, nº 1, 2020, pp. 941-961.

PÜTZ, Fabian, MURPHY, Finbarr, MULLINS, Martin, MAIER, Karl, FRIEL, Raymond, ROHLFS, Torsten, "Reasonable, Adequate and Efficient Allocation of Liability Costs for Automated Vehicles: A Case Study of the German Liability and Insurance Framework", *European Journal of Risk Regulation,* vol. 9, nº 3, 2018, pp. 548-563.

SCHOETTLE, Brandon, SIVAK, Michael, "Potential impact of self-driving vehicles on household demand and usage", 2015, pp. 1-18.

ZORNOZA SOMOLINOS, Alejandro, *Vehículos automatizados y seguro obligatorio de automóviles. Estudio de Derecho Comparado,* Dykinson, Madrid.

Responsabilidad del fabricante por el aprendizaje continuado del producto

GUILLEM IZQUIERDO GRAU
Profesor Agregado
Departamento de Derecho Privado. Universidad Autónoma de Barcelona
Instituto de Derecho y Tecnología (IDT)

SUMARIO: I. INTRODUCCIÓN. II. HARDWARE, SOFTWARE E INTELIGENCIA ARTIFICIAL. ¿QUÉ CARACTERIZA A UN PRODUCTO QUE INCORPORA INTELIGENCIA ARTIFICIAL?. 1. Una nueva concepción del producto. 2. Inteligencia artificial aplicada a productos. III. ESTATUTO JURÍDICO DEL FABRICANTE: BREVE REFERENCIA AL REGLAMENTO DE INTELIGENCIA ARTIFICIAL. IV. EL APRENDIZAJE CONTINUADO DEL PRODUCTO DESPUÉS DE SU INTRODUCCIÓN EN EL MERCADO O PUESTA EN SERVICIO. 1. Algunos aspectos de carácter general. 1.1. El producto que es capaz de aprender continuamente está sujeto al control del fabricante. 1.2. Aprendizaje continuado y valoración del carácter defectuoso del producto. 1.3. El límite de 10 años de la responsabilidad del fabricante. ¿Cómo debe aplicarse en el caso de daños atribuibles al aprendizaje continuado del producto?. 1.4. Defectuosidad del producto y expectativas de los consumidores. 2. Manifestaciones del carácter defectuoso de un producto por el efecto del aprendizaje continuado. 2.1. Corrección de errores y ejecución de funciones. 2.2. Aprendizaje continuado y explotación de vulnerabilidades. 2.3. Sesgo de datos. V. CONCLUSIONES. VI. BIBLIOGRAFÍA.

I. INTRODUCCIÓN

Los productos con elementos digitales que incorporan sistemas de inteligencia artificial han irrumpido en el mercado y se han convertido en el objeto de deseo de los consumidores que, mediante este tipo de productos, quieren aumentar la efectividad de determinadas acciones o tareas. La evolución de la tecnología aplicable a los productos ha comportado que la actualmente vigente Directiva 85/374/CEE haya quedado desfasada por las nuevas tecnologías y la inteligencia artificial generativa. En este sentido, el DOUE del día 18 de noviembre de 2024 publicaba la Directiva (UE) 2024/2853 del Parlamento Europeo y del Consejo, de 23 de octubre de 2024, sobre responsabilidad por los daños causados por productos defectuosos y por la que se deroga la Directiva 85/374/CEE del Consejo (PLD), habida cuenta que, en el ámbito de que nos ocupa[1], que incorpora las enmiendas del Consejo, la experiencia también está demostrando que el aumento de la complejidad técnica de los productos repercute en mayores dificultades para obtener una indemnización por los daños causados por los productos defectuosos, especialmente por las dificultades de reunir pruebas a los efectos de responsabilizar al fabricante por los daños causados por sus productos.

Los posibles efectos adversos de la inteligencia artificial aplicada a los productos y que conviertan al producto en defectuoso tiene especial reconocimiento en el art. 7.2.c) DRP, que se refiere al *"el efecto en el producto de toda capacidad de seguir aprendiendo o adquirir nuevas características después de su introducción en el mercado o puesta en servicio"*. La DRP dedica poca atención a esta circunstancia para apreciar el carácter defectuoso de un producto, a pesar de tratarse de uno de los aspectos más novedosos que incorpora.. Esta circunstancia obliga a hacer referencia a otras normas que, en el momento de la redacción de este trabajo, acaban de ser adoptadas y que completan las obligaciones impuestas a los fabricantes en relación con la seguridad y la gestión de la inteligencia artificial que integran sus productos. Me estoy refiriendo, fundamentalmente, al Reglamento sobre Ciberresiliencia, en adelante RCR[2] y al Reglamento de Inteligencia Artificial, en adelante RIA, este último publicado en el DOUE del día 12 de julio de 2024.[3]

---

1 Directiva (UE) 2024/2853 del Parlamento Europeo y del Consejo, de 23 de octubre de 2024, sobre responsabilidad por los daños causados por productos defectuosos y por la que se deroga la Directiva 85/374/CEE del Consejo (DOUE de 18 de noviembre de 2024).

2 Reglamento (UE) 2024/2847 del Parlamento Europeo y del Consejo, de 23 de octubre de 2024, relativo a los requisitos horizontales de ciberseguridad para los productos con elementos digitales y por el que se modifica el Reglamento (UE) nº 168/2013 y el Reglamento (UE) 2019/1020 y la Directiva (UE) 2020/1828 (DOUE de 20 de noviembre de 2024).

3 Reglamento (UE) 2024/1689 del Parlamento Europeo y del Consejo, de 13 de junio de 2024, por el que se establecen normas armonizadas en materia de inteligencia artificial y por el que se modifican los Reglamentos (CE) nº 300/2008, (UE) nº 167/2013, (UE) nº 168/2013, (UE) 2018/858, (UE) 2018/1139 y (UE) 2019/2144 y las Directivas 2014/90/UE, (UE) 2016/797 y (UE) 2020/1828 (Reglamento de Inteligencia Artificial), de 12 de julio de 2024.

El objetivo que persigue este trabajo es, por tanto, analizar qué repercusiones tiene en torno a la responsabilidad civil del fabricante el aprendizaje continuado de sus productos una vez introducidos en el mercado o puestos en servicio, qué manifestaciones tiene el aprendizaje continuado de los productos y cuál es el alcance de las medidas que debe adoptar el fabricante para reducir o eliminar los riesgos de los sistemas de inteligencia artificial que integran sus productos.

II. HARDWARE, SOFTWARE E INTELIGENCIA ARTIFICIAL: ¿QUÉ CARACTERIZA A UN PRODUCTO QUE INCORPORA INTELIGENCIA ARTIFICIAL?

1. Una nueva concepción del producto

El principal motivo por el cual es necesario adoptar una nueva directiva en la materia que nos ocupa es la necesidad de adaptar la nueva regulación a la complejidad de los productos que han irrumpido en el mercado: los llamados bienes con elementos digitales que pueden incorporar sistemas de inteligencia artificial. La particularidad de este tipo de bienes es que, por un lado, podemos distinguir el bien mueble tangible (hardware) y, por otro lado, los elementos (contenidos y servicios) digitales. Además, en la era digital no todos los productos son tangibles, sino que se han introducido en el mercado los productos o servicios digitales (sistemas operativos, programas de ordenador, aplicaciones o sistemas de inteligencia artificial) que no necesariamente se encuentran incorporados en un bien mueble tangible y que se pueden descargar e incorporar posteriormente en productos, fuera del ámbito de control del productor (considerando núm. 13 DRP).

Son conocidos los problemas de encaje de este tipo de bienes dentro de la definición de producto de la Directiva 85/374/CEE. Es por ello que la DRP pretende cerrar el debate doctrinal existente e incluir dentro del ámbito de aplicación de la futura norma el software y los servicios y contenidos digitales, independientemente de la forma de suministro. En este sentido, el art. 4.1) DRP define el concepto de producto de la siguiente forma: *"cualquier bien mueble, aun cuando esté incorporado a otro bien mueble o a un bien inmueble o interconectado con estos; incluye la electricidad, los archivos de fabricación digital, las materias primas y los programas informáticos".*

La definición de producto que incorpora la DRP está inspirada en la definición contenida en la Directiva 85/374/CEE[4]. El elemento nuclear de la nueva definición de producto es su carácter mueble, que puede estar incorporado en otro bien mueble o en un bien inmueble. Hasta aquí nada aporta de nuevo la definición de la DRP. Seguidamente la definición incorpora dos nuevos conceptos inexistentes en la definición de producto de la Directiva 85/374/CEE, además de la electricidad: los archivos o copias de fabricación digital (considerandos núm. 16 y 17 DRP) y el software.

El considerando núm. 16 DRP da algunas pautas para interpretar qué debe entenderse por "archivos de fabricación digital", haciéndolo en contraposición a los "archivos digitales". Los primeros contienen "*información funcional necesaria para producir un elemento tangible permitiendo el control automatizado de máquinas o herramientas, como taladros, tornos, molinos e impresoras 3D, deben considerarse productos a fin de garantizar la protección de las personas físicas en los casos en que esos archivos sean defectuosos*". Se trata, por tanto, de archivos digitales que tienen contienen la información necesaria para producir nuevos productos. Por su parte, los archivos digitales, según el considerando núm. 16 DRP no entran dentro del concepto de producto. Se trataría por tanto, de archivos digitales que no contienen información codificada para producir nuevos productos, como las fotografías y los archivos de vídeo o de audio (considerando núm. 13 DRP *in fine*). La DRP hubiera podido referirse a este tipo de archivos digitales como meros contenidos digitales, concepto que utiliza el art. 2.1) Directiva (UE) 2019/770 (DCDS) para referirse a este tipo de archivos y, de esta forma, dotar de coherencia interna la legislación europea de responsabilidad contractual y extracontractual.

Por su parte, el considerando núm. 17 DRP se refiere a los servicios digitales. El art. 4 DRP no contiene una definición del concepto de servicios digitales, por lo que las pautas que establece el considerando núm. 17 DRP adquieren mayor relevancia a los efectos de aproximarnos correctamente a este concepto. No obstante, si que se trata de un concepto definido en el art. 2.2) DCDS:

> "a) un servicio que permite al consumidor crear, tratar, almacenar o consultar datos en formato digital, o

---

4 REPORT FROM THE EXPERT GROUP ON LIABILITY AND NEW TECHNOLOGIES., Liability for Artificial Intelligence and Other Emerging Digital Technologies, Luxemburgo, 2019, p. 28.

b) un servicio que permite compartir datos en formato digital cargados o creados por el consumidor u otros usuarios de ese servicio, o interactuar de cualquier otra forma con dichos datos".

A tenor de lo dispuesto en el considerando núm. 17 DRP para el caso de los servicios digitales el criterio de la incorporación o interconexión en productos tangibles es fundamental para aplicar a este tipo de productos las previsiones de la DRP. A pesar de que el considerando núm. 17 DRP declare que no debe aplicarse a los servicios digitales como tales, sí que es necesario extender sus efectos a los servicios digitales cuando estos estén incorporados o interconectados con productos, de tal forma que a falta de aquellos el producto no podría realizar sus funciones. Por tanto, a mi juicio el criterio de la incorporación o interconexión del software y los servicios digitales en productos resulta determinante para que la DRP sea aplicable a los daños causados por productos intangibles.

Una vez conceptualizado el producto según la definición de este concepto contenida en la DRP, debemos detenernos en las características de los productos con elementos digitales que incorporan sistemas de inteligencia artificial para comprender sus riesgos.

2. *Inteligencia artificial aplicada a productos*

Los productos, tal y como se concebían en el momento de adoptar la Directiva 85/374/CEE, estaban sujetos al poder del individuo, que los usaba para satisfacer sus necesidades según el uso razonable que pudiera esperarse del producto (art. 6.1.b) Directiva 85/374/CEE), o aun estando equipados con un software, este, aunque estaba incorporado en el producto está preprogramado y ejecuta sus funciones según las órdenes del individuo. En el contexto actual, el software de los productos ha adquirido nuevas funcionalidades, hasta el punto de que es capaz de tomar sus propias decisiones sin la necesidad de que su actuación obedezca a un patrón rígido, preprogramado y unidirecciona. En atención a las circunstancias en las que se encuentra el producto y de estímulos exteriores, el producto es capaz de adoptar sus propias decisiones.[5] Esta circunstancia conlleva que un producto que incorpora inteligencia artificial pueda producir daños a terceros por su comportamiento imprevisible y que sea necesario determinar quién

---

5 WAGNER, Gerhard, "Liability Rules for the Digital Age", *Journal of European Tort Law*, vol. 13, no. 3, p. 193. ABBOTT, Ryan., *The Reasonable Robot*, Cambridge University Press, Londres, 2020, pp. 32-35.

debe responder por ello, lo que la PLD resuelve siguiendo un sistema de responsabilidad de los operadores económicos en cascada, apuntando en primer lugar al productor si el sistema de inteligencia artificial está bajo el control del fabricante del producto (considerando núm. 36 y 37 y art. 8 PDL).[6]

Asimismo, otra característica común de los productos que incorporan elementos digitales e inteligencia artificial es su capacidad de conectarse con otros productos o estructuras, de tal forma que esta característica puede convertirlos en vulnerables frente ataques (*hacking*) de terceros malintencionados. Por tanto, los defectos en la ciberseguridad de un producto (art. 7.2.f) DRP) han adquirido mucha relevancia en el entorno digital, hasta el punto de obligar al legislador europeo a dotarse de una legislación en este campo.[7]

III. ESTATUTO JURÍDICO DEL FABRICANTE: BREVE REFERENCIA AL REGLAMENTO DE INTELIGENCIA ARTIFICIAL

El pasado 14 de mayo de 2024 el Consejo aprobó el Reglamento sobre Inteligencia Artificial, después que lo hiciera el Parlamento Europeo el día 13 de marzo de 2024. Finalmente, el procedimiento legislativo ordinario se culminó con la publicación del Reglamento de Inteligencia Artificial en el DOUE del día 12 de julio de 2024. Una de las principales novedades que

---

6 BECKERS, Anna, y TEUBNER, Gunther, *Three Liability Regimes for Artificial Intelligence*, Hart, London, 2021, pp. 71-84. Estos autores defienden la responsabilidad civil vicaria para los daños causados por productos defectuosos que incorporan sistemas de inteligencia artificial.

7 Reglamento (UE) 2024/2847 del Parlamento Europeo y del Consejo, de 23 de octubre de 2024, relativo a los requisitos horizontales de ciberseguridad para los productos con elementos digitales y por el que se modifica el Reglamento (UE) nº 168/2013 y el Reglamento (UE) 2019/1020 y la Directiva (UE) 2020/1828 (DOUE de 20 de noviembre de 2024). *"En determinadas condiciones, todos los productos con elementos digitales integrados en un sistema electrónico de información más amplio o conectados a este pueden servir de vector de ataque para agentes malintencionados. En consecuencia, incluso los equipos y programas informáticos considerados menos críticos pueden facilitar que un dispositivo o red se vea comprometido en una fase inicial, lo que permite a los agentes malintencionados obtener un acceso privilegiado a un sistema o moverse lateralmente entre sistemas. Por consiguiente, los fabricantes deben garantizar que todos los productos con elementos digitales se diseñen y desarrollen de conformidad con los requisitos esenciales de ciberseguridad establecidos en el presente Reglamento."*

trae el futuro reglamento es que, con la finalidad de proteger a los usuarios y consumidores, el RIA se aplicará a: *"los fabricantes de productos que introduzcan en el mercado o pongan en servicio un sistema de IA junto con su producto y con su propio nombre o marca"* (art. 2.1.e) RIA). El deseo del legislador europeo es obligar a los fabricantes de productos que incorporan inteligencia artificial al cumplimiento de las obligaciones del RIA, cuando el sistema de inteligencia artificial se encuentre incorporado o instalado en el producto.

Sin embargo, en atención a lo dispuesto en el considerando núm. 87 RIA, parece que el RIA diferencia entre la función que cumple el sistema de inteligencia artificial una vez integrado en el producto, pudiéndose distinguir entre su función como un "componente de seguridad" y cuando no cumple dicha función. El considerando núm. 87 RIA hace especial hincapié a la función del sistema de inteligencia artificial como componente de seguridad: *"Además, cuando un sistema de IA de alto riesgo que sea un componente de seguridad de un producto que entre dentro del ámbito de aplicación de un acto legislativo de armonización de la Unión basado en el nuevo marco legislativo no se introduzca en el mercado ni se ponga en servicio de forma independiente del producto, el fabricante del producto, tal como se define en el acto legislativo pertinente, debe cumplir las obligaciones que el presente Reglamento impone al proveedor y, en particular, debe garantizar que el sistema de IA integrado en el producto final cumpla los requisitos del presente Reglamento."* El concepto de "componente de seguridad" aparece definido en el art. 3.14) RIA del siguiente modo: *"un componente de un producto o un sistema de IA que cumple una función de seguridad para dicho producto o sistema de IA, o cuyo fallo o defecto de funcionamiento pone en peligro la salud y la seguridad de las personas o los bienes"*. Habida cuenta de las anteriores consideraciones, el sistema de inteligencia artificial que actúa como un componente de seguridad respecto de un producto asume una función de control de dicho producto, evitando que con su funcionamiento se ponga en peligro la salud y la seguridad de las personas y, por tanto, es el elemento de la seguridad el que es tenido en cuenta por el RIA a los efectos de incluir el sistema de inteligencia artificial incorporado en un producto dentro del ámbito de aplicación del RIA.

El art. 25.3 RIA se ocupa de esta cuestión y dispone que cuando el sistema de inteligencia artificial de alto riesgo funcione como un componente de seguridad de un producto de los referenciados en la sección A del Anexo I del RIA, el fabricante actuará como un proveedor de un sistema de inteligencia artificial y estará sujeto a las obligaciones que impone el art. 16 RIA. Si observamos los actos legislativos armonizados que aparecen en la sección A del Anexo I RIA vemos que se refieren a productos cuyos defectos de funcionamiento son especialmente críticos para la seguridad y la salud de las personas, como por ejemplo las máquinas, los juguetes, las embarcaciones de recreo, los ascensores y los componentes de seguridad, etc.

Lo anterior no permite afirmar que el RIA solo contempla los sistemas de seguridad que son un complemento de seguridad de productos que entran dentro del ámbito de aplicación de los actos legislativos armonizados de la sección A del anexo I RIA, sino que un sistema de inteligencia artificial puede ser catalogado de alto riesgo según los criterios del RIA, pero que se integre en productos referenciados en la sección B del anexo I RIA. En este caso, el art. 2.2 RIA relaja las obligaciones de los fabricantes cuyos productos que incorporan sistemas de inteligencia artificial aparecen referenciados en la sección A del anexo I. Es el caso de los fabricantes de vehículos de motor, que pueden incorporar sistemas de inteligencia artificial que actúan como un componente de seguridad.

En consecuencia, se constata que el RIA se centra fundamentalmente en la función de seguridad que cumplen los sistemas de inteligencia artificial incorporados en productos. Cuando estos sean catalogados de alto riesgo y se inserten en los productos referenciados en el Anexo A, los fabricantes deberán cumplir con los requisitos de los sistemas de inteligencia artificial de alto riesgo previstos en el RIA. En caso contrario, si los sistemas de inteligencia artificial son catalogados de alto riesgo, pero se insertan en productos referenciados en el Anexo B, solo serán aplicables las obligaciones previstas en los arts. 6 (1), 102-109, y 112 RIA (art. 2.2 RIA).

IV. EL APRENDIZAJE CONTINUADO DEL PRODUCTO DESPUÉS DE SU INTRODUCCIÓN EN EL MERCADO O PUESTA EN SERVICIO

El aprendizaje continuado de un producto después de ser introducido en el mercado o puesto en servicio es una característica propia de los productos con elementos digitales que integran sistemas de inteligencia artificial. El art. 7.2.c) DRP se refiere a este requisito para apreciar el carácter defectuoso de un producto: *"el efecto en el producto de toda capacidad de seguir aprendiendo o adquirir nuevas características después de su introducción en el mercado o puesta en servicio."* A pesar de la transcendencia que puede tener la capacidad de autoaprendizaje continuado en lo que concierne a la responsabilidad del fabricante, no se contienen más referencias sobre este aspecto en la DRP. Tan solo el considerando núm. 32 DRP aporta algo de luz:

> *"Con el fin de reflejar la creciente prevalencia de productos interconectados, la valoración de la seguridad de un producto también debe tener en*

cuenta los efectos razonablemente previsibles de otros productos en el producto en cuestión, como por ejemplo en un sistema doméstico inteligente. También debe tenerse en cuenta el efecto en la seguridad de un producto de toda capacidad de aprendizaje o de adquisición de nuevas características tras su introducción en el mercado o su puesta en servicio, a fin de reflejar la expectativa legítima de que el programa informático de un producto y los algoritmos subyacentes estén diseñados de manera que se evite un comportamiento peligroso del producto. Por consiguiente, un fabricante que diseñe un producto con la capacidad de desarrollar un comportamiento inesperado debe seguir siendo responsable de todo comportamiento que cause daños. Para reflejar el hecho de que, en la era digital, muchos productos permanecen bajo el control del fabricante tras su introducción en el mercado, el momento en que un producto deja de estar bajo el control del fabricante también debe tenerse en cuenta en la valoración de su seguridad. Un producto también puede considerarse defectuoso debido a su vulnerabilidad en materia de ciberseguridad, por ejemplo cuando el producto no cumpla los requisitos de ciberseguridad pertinentes."

El considerando transcrito aporta algunos elementos para valorar el posible carácter defectuoso de un producto como consecuencia del aprendizaje continuado después de la introducción en el mercado o la puesta en servicio: la adquisición de nuevas propiedades y la capacidad del sistema de inteligencia artificial de evitar comportamientos peligrosos del producto. Estos elementos y cómo afectan al producto serán analizados en las páginas siguientes. Además, el hecho que el producto adopte un comportamiento imprevisible no será una circunstancia que exonere de responsabilidad al fabricante. Por tanto, se descarta que una decisión adoptada autónomamente por el producto pueda anular o reducir la responsabilidad del fabricante, en tanto que el producto sigue bajo su ámbito de control y debe seguir respondiendo por cualquier comportamiento o decisión que adopte el producto de forma autónoma.

Considerando, por tanto, lo dispuesto en el texto de la DRP, se parte de las siguientes premisas que conducirán al desarrollo posterior de esta cuestión:

1) La capacidad de aprendizaje continuado del producto es una circunstancia para apreciar su carácter defectuoso, que puede manifestarse en múltiples facetas del producto.

2) En general, el momento relevante para evaluar el carácter defectuoso de un producto por su capacidad de aprendizaje continuado es cuando se introduce en el mercado o se pone en servicio. Sin embargo, las particularidades de los productos con elementos digitales que pueden actualizarse porque siguen bajo el control del fabricante

obligan a tomar en consideración el momento en que el producto deja de estar sujeto al control del fabricante.

3) Debe partirse de la expectativa legítima de los consumidores o usuarios para valorar la capacidad de autoaprendizaje del producto, tendente a evitar un comportamiento peligroso del producto y a la adquisición de nuevas propiedades o cumplimiento de nuevas funciones.

4) Un producto puede ser defectuoso por una vulnerabilidad que comprometa su ciberseguridad. Nos preguntamos, por tanto, si la capacidad del producto de reaccionar frente a la vulnerabilidad es una circunstancia que deba comprender la capacidad de aprendizaje automático.

1. Algunos aspectos de carácter general

1.1. El producto que es capaz de aprender continuamente está sujeto al control del fabricante

En el contexto actual, donde predominan los productos con elementos digitales, debemos partir de un concepto dinámico de producto, es decir, el producto que por ser defectuoso causa un daño a un tercero puede que no tenga las mismas propiedades que cuando fue introducido en el mercado o puesto en servicio, sino que sus características hayan variado por el hecho que el fabricante sigue teniendo el producto bajo su ámbito de control y lo actualice para que sea más seguro o pueda cumplir nuevas funciones. Por tanto, el concepto de "control del fabricante" es sumamente relevante para valorar la responsabilidad del fabricante.

Se trata de un concepto que aparece definido en el art. 4.5) DRP y que ha sufrido cambios significativos a razón de las enmiendas propuestas por el Consejo.

> *"a) la acción del fabricante de un producto mediante la que realiza o, con respecto a las acciones de un tercero, autoriza o consiente en:*
>
> i) la integración, interconexión o suministro de un componente, incluidas las actualizaciones o mejoras de los programas informáticos, o
>
> ii) la modificación del producto, incluidas las modificaciones sustanciales;
>
> *b) la capacidad del fabricante de un producto de suministrar actualizaciones o mejoras de programas informáticos, por sí mismo o a través de un tercero".*

Vemos, pues, que el fabricante mantiene el producto bajo su ámbito de control tanto si el mismo interviene en el producto por medio de una actualización del software, como si el cambio producido en el producto es obra de un tercero que actúa con su autorización. En el primer caso, el fabricante o bien un tercero autorizado actuando por su cuenta integran, interconectan o suministra un componente en el producto o llevan a cabo una modificación en el producto. En el segundo caso, el fabricante o tercero autorizado suministran actuaciones del producto, de tal modo que en ambos casos el producto cambia sus propiedades permaneciendo bajo el ámbito de control del fabricante una vez introducido en el mercado y es por ello que la DRP le imputa la responsabilidad derivada del daño.

Además, nótese que en el supuesto de que el daño se produzca después de la intervención del tercero, este puede intentar exonerarse de su responsabilidad si logra probar que el daño no está relacionado con su intervención (art. 11.1.f) DRP, o bien se debe a las instrucciones dadas por el fabricante. Esta posible causa de exoneración de responsabilidad solo es alegable para el tercero que actúa dentro del ámbito del control del fabricante (art. 8.1.b) DRP. En el caso que el tercero actúa fuera del ámbito de control del fabricante, este tercero tendrá igualmente la consideración de fabricante (art. 8.4 DRP), a los efectos de imputarle el daño que resulte de su intervención en el producto.

1.2. Aprendizaje continuado y valoración del carácter defectuoso del producto

Por lo que se refiere al momento de apreciación del carácter defectuoso del producto, el concepto de control del fabricante es sumamente relevante a los efectos de determinar la responsabilidad del fabricante. En atención a la evolución continua del producto con elementos digitales, el carácter defectuoso no puede valorarse según su estado en el momento de su primera introducción en el mercado o puesta en servicio. El art. 7.2.e) DRP dice que, en estos supuestos, el carácter defectuoso del producto deberá valorarse en el momento en que el producto dejó el control del fabricante. Por tanto, los cambios producidos en el software del producto con elementos digitales que pueden convertir el producto en defectuoso no deberán valorarse según su estado en el momento de la introducción en el mercado o puesta en servicio, entre otras cosas, porque han cambiado las propiedades del producto.[8] En estos casos, el momento relevante es la independencia del producto respecto del control del fabricante.

Cuando el aprendizaje continuado del producto sea consecuencia del sistema de inteligencia artificial de alto riesgo que lleva incorporado, el art. 8.2 RIA impone al proveedor del sistema el cumplimiento de los requisitos generales que se imponen a los sistemas de inteligencia de alto riesgo (art. 8.1 RIA). En el desarrollo de estos requisitos, los arts. 9.2 y 15.1 RIA establecen, respectivamente, que el proveedor de inteligencia artificial debe gestionar los riesgos de la IA durante toda la vida útil del producto y velar por la precisión, solidez y la ciberseguridad del sistema de inteligencia artificial durante todo el periodo de vida útil. En consecuencia, incorporada la inteligencia artificial de alto riesgo en el producto que permite el aprendizaje continuado, si el proveedor debe seguir gestionando el sistema de inteligencia artificial que incorpora el producto, el fabricante que haya equipado sus productos con dicho sistema de inteligencia artificial será el responsable de controlar sus riesgos (considerando núm. 87 RIA), pero si el producto sale de su ámbito de control, por ejemplo, por una modificación sustancial operada por un tercero ajeno a su círculo o que actúa sin su autorización, entonces parece razonable afirmar que el fabricante original pueda exonerarse de responsabilidad si la modificación sustancial ha afectado el sistema de inteligencia artificial. En caso contrario, si la modificación sustancial no ha alterado el sistema de inteligencia artificial, parece claro que en virtud de los arts. 9.2 y 15.1 RIA el fabricante original seguirá respondiendo (considerando núm. 84 RIA).

La realización de una modificación sustancial del producto, mediante un proceso de reacondicionamiento o remanufacturación fuera del ámbito de control del fabricante original y actuando sin su autorización determina que el tercero adquiera la condición de fabricante (art. 8.2 DRP). Atendiendo a lo dispuesto en el considerando núm. 84 RIA, el operador económico que haya realizado la modificación sustancial estará obligado al cumplimiento de las obligaciones impuestas en el RIA, en tanto que también tendrá la consideración de fabricante.

---

8 WAGNER, Gerhard, "Liability Rules for the Digital Age...", *op. cit.*, p. 206. Este autor afirma que el momento de la emancipación del producto del control del fabricante a los efectos de valorar su carácter defectuoso solamente es aplicable al software y, en particular, sus propiedades en materia de seguridad, y no respecto del hardware, cuyo carácter defectuoso deberá valorarse según el estado que presente en el momento de la introducción en el mercado o puesta en servicio.

1.3. El límite de 10 años de la responsabilidad del fabricante. ¿Cómo debe aplicarse en el caso de daños atribuibles al aprendizaje continuado del producto?

Esta "concepción dinámica" del producto con elementos digitales que incorpora inteligencia artificial, que puede aprender, mejorar y actualizarse durante el transcurso del tiempo mientras se encuentra bajo el ámbito de control del fabricante, tiene un "límite estático" en el tiempo, en cuanto a la responsabilidad del fabricante (art. 17 DRP) derivada de los daños causados por el producto defectuoso: el fabricante no será responsable de los daños ocasionados por el producto más allá de los diez años desde su introducción en el mercado o puesta en servicio, salvo que se produzca una modificación sustancial en el producto, hecho que es considerado una nueva introducción en el mercado y, por tanto, que se reinicie el plazo de responsabilidad del fabricante (art. 17.1.b) DRP).

La previsible continuada evolución del producto debido a las actualizaciones del software y al aprendizaje continuado después de la introducción en el mercado o la puesta en servicio del producto no encaja bien con la fijación de un límite estático para extinguir la responsabilidad del fabricante, máxime cuando los arts. 9.2 y 15.1 RIA obligan al productor a gestionar los riesgos del sistema de inteligencia artificial durante todo el ciclo de vida útil del producto.

El art. 17.2 DRP se refiere a la posibilidad de extender el plazo de responsabilidad del fabricante hasta los 25 años: *"Como excepción a lo dispuesto en el apartado 1, cuando una persona perjudicada no haya podido interponer una acción en un plazo de diez años a partir de las fechas a que se refiere el apartado 1, debido a la latencia de una lesión corporal, la persona perjudicada dejará de tener derecho a indemnización en virtud de la presente Directiva al vencimiento de un plazo de veinticinco años, a menos que esa persona perjudicada haya interpuesto, entre tanto, una acción contra un operador económico que pueda ser considerado responsable con arreglo al artículo 8."* A tenor de lo dispuesto en el considerando núm. 57 DRP, parece que el legislador europeo está pensando en daños causados por productos médicos, cuyos daños pueden manifestarse al transcurso de un período de tiempo más largo de 10 años a contar desde la introducción en el mercado del producto. Por tanto, aduciendo a las obligaciones de seguridad que el RIA impone a los proveedores de sistemas de inteligencia artificial durante toda la vida útil del producto, se deduce de la última parte del considerando núm. 57 DRP *-el plazo de caducidad debe ampliarse a veinticinco años en los casos en que los síntomas de una lesión corporal sean, según pruebas médicas, de aparición lenta-* que el plazo de

25 años es difícilmente aplicable a los daños causados por la inteligencia artificial y el aprendizaje continuado del producto.

1.4. Defectuosidad del producto y expectativas de los consumidores

El carácter defectuoso de un producto debe valorarse según las legítimas expectativas de seguridad que cabe esperar de un producto un criterio que ya fue adoptado por la Directiva 85/374/CEE y que ahora se mantiene vigente con la regulación de la DRP.

El art. 6.1 Directiva 85/374/CEE se refiere a *"la seguridad a la que una persona tiene legítimamente derecho"*, adoptando una apreciación subjetiva del carácter defectuoso del producto, a pesar de que el considerando que se dedica a esta cuestión se adopta un enfoque objetivo, refiriéndose a *"las condiciones de seguridad a que tiene derecho el gran público"*. La DRP adopta el mismo criterio (art. 7.1 DRP): "Un producto se considerará defectuoso cuando no ofrezca la seguridad que una persona tiene derecho a esperar y que se exige asimismo en virtud del Derecho de la Unión o nacional. "A pesar de este enfoque subjetivo, el considerando núm. 30 DRP objetiviza las expectativas de una persona en concreto en cuanto a la seguridad del producto: *"La valoración del carácter defectuoso debe incluir un análisis objetivo de la seguridad que el público en general tiene derecho a esperar y no referirse a la seguridad que una persona concreta tiene derecho a esperar. La seguridad que el público en general tiene derecho a esperar debe valorarse teniendo en cuenta, entre otras cosas, la finalidad prevista, el uso razonablemente previsto, la presentación, las características objetivas y las propiedades del producto de que se trate, incluido su ciclo de vida previsto, así como las necesidades específicas del grupo de usuarios al que se destina el producto.*" En todo caso, independientemente del enfoque que se adopte, el criterio de las legítimas expectativas de los consumidores debe valorarse objetivamente, desvinculado el juicio sobre la defectuosidad de un producto de los sesgos y prejuicios de un consumidor en particular.[9]

El legislador europeo es conocedor de que las expectativas del público en general en torno a los productos que funcionan con inteligencia artificial pueden ser más elevadas, especialmente en aquellos productos que entrañan un riesgo vital: *"Algunos productos, como los productos sanitarios de*

---

9 STAPLETON, Jane, *Product Liability*, Butterworths, 1994, p. 234. BORGHETTI, Jean-Sébastien, "Taking EU Product Liability Law Seriously: How Can Product Liability Directive Effectively Contribute to Consumer Protection", *French Journal of Legal Policy*, núm. 1, 2023, p. 33.

soporte vital, conllevan un riesgo especialmente elevado de daños para las personas y, por lo tanto, generan unas expectativas de seguridad especialmente elevadas." (considerando núm. 30 DRP). Esta posible graduación de las expectativas de los consumidores parece ser acorde con las directrices del Reglamento sobre inteligencia artificial, que diferencia entre sistemas de inteligencia artificial de alto riesgo y sistemas de inteligencia artificial que no son de alto riesgo. Por tanto, las expectativas de los consumidores sobre la inteligencia artificial que incorpora el producto deberán valorarse objetivamente y de acuerdo con los riesgos que entrañen los productos que incorporen inteligencia artificial y sus características.

2. Manifestaciones del carácter defectuoso de un producto por el efecto del aprendizaje continuado

2.1. Corrección de errores y ejecución de funciones

Los productos, tal y como se concebían en el momento de adoptar la Directiva 85/374/CEE, estaban sujetos al poder del individuo, que los usaba para satisfacer sus necesidades según el uso razonable que pudiera esperarse del producto (art. 6.1.b) Directiva 85/374/CEE), o si estaban equipados con un software, este, aunque estaba incorporado en el producto estaba preprogramado y ejecutaba sus funciones según las órdenes del individuo. En el contexto actual, el software de los productos ha adquirido nuevas funcionalidades, hasta el punto de que es capaz de tomar sus propias decisiones sin la necesidad de que su actuación obedezca a un patrón rígido, preprogramado y unidireccional.[10] Esto es posible gracias al *machine learning* o, lo que es lo mismo, la capacidad de aprender del producto una vez ha sido introducido en el mercado o puesto en servicio y a la inteligencia artificial.

El *machine learning* es el proceso mediante el cual un producto puede realizar nuevas funciones o cumplir nuevas tareas mediante la exposición continuada a una gran cantidad de datos.[11] A medida que el producto

---

[10] WAGNER, Gerhard, "Liability Rules for the Digital Age", *op. cit.*, p. 193. ABBOTT, Ryan, *The Reasonable Robot…*, *op.cit.*, pp. 32-35.

[11] HUBERMAN, Pinchas, "Tort Law, Corrective Justice and the Problem of Autonomous-machine-Caused Harm", *Canadian Journal of Law & Jurisprudence*, núm. 1, 2021, p. 109.

entra en contacto con más datos y se entrena, el algoritmo que incorpora es capaz de mejorar su rendimiento para optimizar el cumplimiento de sus funciones.[12] La capacidad de aprendizaje de los productos que incorporan inteligencia artificial permite que los productos funcionen con una independencia parcial respecto de las instrucciones predeterminadas por sus programadores. La creciente autonomía de los productos se debe, por tanto, a la capacidad del algoritmo de detectar patrones estadísticos que subyacen en los datos analizados y que conforman modelos automáticamente construidos sin una programación manual.[13] A pesar de la creciente autonomía del producto, indudablemente el software debe ser inicialmente programado e introducido en el mercado o puesto en servicio para cumplir sus funciones y, gracias a su capacidad de aprendizaje, será capaz de adoptar nuevas soluciones. No obstante, los datos, las decisiones que adopte el producto y las funciones que progresivamente pueda adquirir como consecuencia de su capacidad de aprendizaje determinarán su posible carácter defectuoso. A este respecto, la doctrina ha realizado diversas aportaciones que se refieren al defectuoso aprendizaje continuado del *machine learning*:[14]

a) Incorrección de los datos que constituyen el *machine learning* sobre los cuales el algoritmo adopta la decisión. En este caso, el sistema de aprendizaje continuado no se ha nutrido de datos actualizados y, por tanto, la decisión que ha adoptado sobre datos o parámetros desfasados es incorrecta.

b) Error del algoritmo por la decisión adoptada, es decir, pudiendo cumplir su función optando por diversos procedimientos, el algoritmo se equivoca de acuerdo con las instrucciones dadas por el usuario del producto. Pongamos por caso el ejemplo de un sistema de navegación GPS donde el usuario selecciona la ruta más rápida posible. Si el producto obvia la situación del tráfico actual, quizá la ruta escogida no será la más rápida, habiendo otras alternativas.

---

12 VALLOR, Shannon y BEKEY, George A., "Artificial Intelligence and the Ethics of Self-Learning Robots", LIN, Patrick, ABNEY, Keith y JENKINS, Ryan (eds.), *Robot Ethics 2.0: From Autonomous Cars to Artificial intelligence,* Oxford University Press, p. 340.

13 SURDEN, Harry, "Machine Learning and Law", *Washington Law Review,* núm. 89, 2014, pp. 89-95.

14 CORMEN, Thomas H., *Algorithms Unlocked,* MIT Press, Londres, 2013, pp. 2-4.

c) Defectuosa ejecución de nuevas funciones. La idea de que los productos que incorporan inteligencia artificial están completamente codificados para cumplir sus funciones debe descartarse. Estos productos son, o deberían ser capaces, de cumplir nuevas funciones que, en el momento de la introducción en el mercado o puesta en servicio del producto aún son desconocidas, o bien adoptar decisiones de acuerdo a un patrón de datos no programado. En este caso, el producto no está preparado de inicio para realizar sus funciones, pero puede aprender a realizarlas si el algoritmo y el aprendizaje continuado lo permiten mediante su entrenamiento.[15] Es decir, el producto debe aprender continuamente a realizar nuevas funciones analizando los datos de que dispone y elaborando nuevos patrones. En este supuesto, el proceso de aprendizaje continuado es controlado según los datos y métodos del desarrollador del software, por lo que la actuación del producto no es completamente autónoma.

Los supuestos que se agrupan en los grupos anteriores permiten, aunque sea esquemáticamente, esbozar los defectos que puede adolecer un producto que afectan a su capacidad de aprendizaje continuado. En todos ellos el fabricante o desarrollador del software pueden ejercer un control, en el sentido de corregir los errores existentes en los datos del sistema, mejorar el proceso de decisión del algoritmo o bien preparando el producto para que pueda cumplir nuevas funciones. Por tanto, la premisa de la cual parte de la DRP de concentrar la responsabilidad en el fabricante que deriva de daños causados por productos defectuosos es adecuada. Asimismo, la responsabilidad conjunta y solidaria de los operadores económicos que consagra el art. 12 DRP tiene el usuario como principal beneficiario, puesto que, presentándose el producto como un todo, incluyendo el hardware y el software, no tendrá que probar a cuál de los operadores económicos es imputable el daño.

2.2. Aprendizaje continuado y explotación de vulnerabilidades

El punto de partida de la DRP es que si el producto, una vez se produce su primera introducción en el mercado o puesta en servicio, sigue estando bajo el ámbito de control del fabricante, por lo que su carácter defectuoso no debe valorarse desde aquel momento, sino desde el momento en que

---

15 DESAI, Deven R., y KROLL, Joshua A., "Trust but Verify: A Guide to Algorithms and the Law", *Harward Journal of Law & Technology*, núm. 31, 2017, pp. 26-27.

el fabricante deja de ejercitar un control sobre él. Durante este plazo de tiempo, y mientras se ejerce el control sobre el producto, el fabricante lo podrá actualizar, para mejorar su seguridad o sus prestaciones.

El suministro de actualizaciones ha sido abordado en el ámbito de la responsabilidad contractual derivada de una falta de conformidad subjetiva y objetiva del producto, concretamente en la Directiva (UE) 2019/771, en adelante DCCB.[16] Las actualizaciones constituyen un elemento fundamental para que los bienes con elementos digitales no queden obsoletos y sigan satisfaciendo las expectativas del consumidor y, en consecuencia, la falta de suministro de actualizaciones o el suministro de actualizaciones incompletas o defectuosas son un supuesto de falta de conformidad de los bienes (considerando núm. 28 DCCB).

En el ámbito de la responsabilidad del fabricante, nos preguntamos cómo pueden materializarse los ataques en el sistema de inteligencia artificial y, consiguientemente, en la capacidad de aprendizaje automático del producto. En general, pueden distinguirse tres formas de ataques que afectan a los sistemas de aprendizaje continuado: el envenenamiento de datos, el envenenamiento de modelos y la evasión de modelos (art. 15.5 RIA).[17] En los ataques por evasión de datos, el tercero que ataca un producto aprovecha una vulnerabilidad en su seguridad para insertar nuevos datos a los datos originales que tiene el producto para conducir a un resultado erróneo.[18] En los ataques por contaminación de datos, el atacante

---

16 Directiva (UE) 2019/771 del Parlamento Europeo y del Consejo, de 20 de mayo de 2019, relativa a determinados aspectos de los contratos de compraventa de bienes, por la que se modifican el Reglamento (CE) núm. 2017/2394 y la Directiva 2009/22/CE y se deroga la Directiva 1999/44/CE, DOUE núm. L 136, de 22 de mayo de 2019.

17 GOODFELLOW, Ian J., SHLENS, Jonathon y SZEGEDY, Christian, "Explaining and Harnessing Adversarial Examples", *Proceedings of International Conference on Learning Representations,* San Diego, 2015, pp. 1-11. KURAKIN, Alexey, GOODFELLOW, Ian J. y BENGIO, Samy, *Proceedings of International Conference on Learning Representations,* Toulon 2017, p. 1-14. GOODFELLOW, Ian J., McDaniel, Patrick y PAPERNOT, Nicolas, "Making Machine Learning Robust Against Adversarial Inputs", en *Communications of the AC,* vol. 61, núm. 7, 2018, pp. 56-68.

18 BAMSHAD, Mobasher, BURKE, Robin y BHAUMIK, Runa, "Toward Trustworthy Recommender Systems: An Analysis of Attack Models and Algorithm Robustness", *ACM Transactions on Internet Technology,* vol. 7, núm. 4, pp. 23 y ss. Un ejemplo de este tipo de ataques es el que consiste en la infiltración de perfiles falsos en los algoritmos que tienen una función de asignación de una publicidad determinada a un perfil de usuarios.

altera los datos originales del producto, con lo que se contaminan y también conduce al resultado de una predicción errónea. Finalmente, en los ataques a modelos entrenados, el atacante se apropia del modelo y de los datos originales del producto.[19]

En el ámbito de la responsabilidad por daños causados por productos defectuosos, pueden hacerse diversas observaciones sobre el efecto de las actualizaciones en un producto, según el estado de esta cuestión en la DRP. En primer lugar, la DRP. se refiere exclusivamente a las actualizaciones de seguridad del producto y lo hace como una reacción frente a las vulnerabilidades de ciberseguridad del producto (considerandos núm. 38 y 41 Propuesta de Directiva) y para dejar claro que un defecto consistente en una vulnerabilidad de la seguridad del producto puede convertirlo en defectuoso (considerando núm. 51 DRP). En segundo lugar, el hecho que el producto reciba una actualización no debe conducir a la conclusión que el producto es defectuoso (art. 7.3 DRP). Y, finalmente, el fabricante no podrá exonerarse de su responsabilidad si, mientras el producto se encuentra bajo su ámbito de control, el defecto se deba a programas informáticos, incluidas las actualizaciones o mejoras de programas informáticos o la falta de actualizaciones o mejoras de los programas informáticos necesarias para mantener la seguridad (art. 11.2 DRP).

Por tanto, el punto de partida en esta materia es que los defectos de ciberseguridad, que se materializan en vulnerabilidades del producto, deben subsanarse mediante actualizaciones de seguridad. La Unión Europea recientemente ha adoptado el Reglamento sobre Ciberresiliencia (RCR),[20] que regula las obligaciones de los fabricantes de productos con elementos digitales en aquello relativo a la ciberseguridad de los productos. El texto impone un conjunto de obligaciones a los fabricantes y al resto de operadores económicos que intervienen en la cadena de producción de un producto con elementos digitales. Entre estas obligaciones destaca la declaración (UE) de conformidad y la presunción de conformidad de aquel tipo de productos. A través de la declaración de conformidad, el legislador europeo pretende que cuando los productos

---

19 FUWEI, Li, LIFENG, Lai, y SHUGUANG, Cui, *Machine Learning Algorithms Adversarial Robustness in Signal Processing*, Springer, 2022, pp. 1-2.

20 Para una introducción general, *vid.* CHIARA, Pier Giorgio, "The Cyber Resilience Act: the EU Commission's proposal for a horizontal regulation on cybersecurity for products with digital elements," *International Cybersecurity Law Review*, No. 3, 2022, p. 255-272.

con elementos digitales sean introducidos en el mercado se presuma su conformidad si cumplen los requisitos de ciberseguridad del Anexo I de RCR.

Según el art. 1 RCR, el ámbito de aplicación del futuro reglamento sobre ciberresiliencia gira en torno a los productos con elementos digitales y su ciberseguridad. A este respecto, el RCR establece: a) normas para la introducción en el mercado de productos con elementos digitales a fin de garantizar la ciberseguridad de dichos productos; b) requisitos esenciales para el diseño, el desarrollo y la fabricación de productos con elementos digitales y las obligaciones de los operadores económicos en relación con dichos productos, en lo que respecta a la ciberseguridad; c) requisitos esenciales para los procesos de gestión de la vulnerabilidad establecidos por los fabricantes para garantizar la ciberseguridad de los productos con elementos digitales a lo largo de todo el ciclo de vida, y las obligaciones de los operadores económicos en relación con dichos procesos; y d) normas relativas a la vigilancia del mercado y a la aplicación de los requisitos y las normas antes mencionados. El RCR, por tanto, prevé unos requisitos horizontales en materia de ciberseguridad aplicables a todos los productos con elementos digitales.

El RCR impone a los fabricantes que las vulnerabilidades[21] que presenta el producto deben subsanarse mediante actualizaciones de seguridad (Anexo I, parte I, 2.c) RCR) y que difundan sin demora y de forma gratuita parches o actualizaciones de seguridad para hacer frente a los problemas de seguridad detectados (Anexo I, parte II 2.8) RCR). Por tanto, a tenor de lo dispuesto en el RCR no parece que el aprendizaje continuado del producto una vez introducido en el mercado o puesto en servicio requiera que el propio producto sea capaz de detectar, corregir, y prevenir las vulnerabilidades que le pudieran hacer vulnerables frente ataques malintencionados de terceros. Por tanto, la obligación del fabricante de velar requiere un atento examen del producto y una evaluación periódica de los riesgos existentes y una reacción rápida ante los riesgos o vulnerabilidades desconocidos.

---

21 SCHMITZ, Sandra y SCHIFFNER, Stefan, "Responsible Vulnerability Disclosure under the NIS 2.0 Proposal," disponible en https://www.jipitec.eu/issues/jipitec-12-5-2021/5495/schmitz_schiffner_pdf.pdf (consulta realizada en fecha 15 de marzo de 2024). *"A vulnerability is a set of conditions that allows the violation of a security (or privacy) policy. Such conditions might be created by software flaws, configuration mistakes and other human errors of operators, or unexpected conditions of the environment a system runs in."*

Vemos que, según el enfoque adoptado por el RCR, la gestión de las vulnerabilidades del producto se canaliza a través de la obligación de suministrar actualizaciones de seguridad del fabricante y no en la capacidad del sistema de autoprotegerse ante un ataque, aprovechando su capacidad de aprendizaje continuado, en este caso, después de ser objeto de un ataque de un tercero ajeno al fabricante.

Considerando los posibles ataques que pueden afectar a los sistemas de aprendizaje automático, ¿es exigible que estos sistemas de inteligencia artificial lleven integrados sistemas de defensa para aprender, también, de dichos ataques y prevenirlos en el futuro? El aprendizaje automático en materia de seguridad no es algo que se imponga expresamente a los fabricantes de productos con elementos digitales, pero que puede deducirse implícitamente de la obligación de gestionar de forma eficaz las vulnerabilidades de sus productos (art. 11.6 RCR) o, al menos, se desprende de una interpretación extensiva de dicha obligación en aras a garantizar la protección eficaz de los consumidores. En este sentido, la doctrina ha puesto de relieve diversas estrategias para afrontar con éxito los ataques dirigidos a los productos, por lo que el estado de la técnica en esta materia se encuentra sumamente avanzado y, por tanto, si estos sistemas de defensa están al alcance de los fabricantes, deben interpretarse en un sentido amplio las obligaciones que les impone el RCR en esta materia para proteger adecuadamente a los usuarios de sus productos.[22]

El RIA también ha adoptado alguna previsión relativa a la gestión de vulnerabilidades de los sistemas de inteligencia artificial. El considerando núm. 76 RIA hace referencia a los riesgos en materia de ciberseguridad que se materializan en vulnerabilidades de los sistemas y aboga por imponer a los proveedores de sistemas de inteligencia artificial de alto riesgo la obligación de adoptar medidas adecuadas, como controles de seguridad, para alcanzar un nivel de seguridad adecuado. Posteriormente, es el art. 15.4 y 5 RIA el que concreta las directrices del considerando núm. 76 RIA en esta materia e impone a los proveedores de sistemas de inteligencia artificial de alto riesgo el deber de valar para que los sistemas de inteligencia artificial sean resistentes frente a ataques de terceros mediante la explotación de vulnerabilidades.

---

22 BARRENO, Marco, NELSON, Blaine y JOSEPH, Anthony. D., "The security of machine learning", *Mach Learn*, núm. 81, 2010, pp. 121-148.

2.3. Sesgo de datos

El sistema de inteligencia artificial que incorpora el producto se alimenta de los datos que tiene almacenados para la toma de decisiones. Los datos que constituyen el *machine learning* van evolucionando a través de las sucesivas actualizaciones del producto y, también, de la experiencia del usuario. El aprendizaje continuado del producto a través de la experiencia del usuario es un aspecto que ha merecido la atención del RIA. La versión del RIA aprobada por el Consejo el día 14 de mayo del 2024 hace referencia, en el art. 15.4 RIA, a la necesidad de que los sistemas de inteligencia artificial que continúan aprendiendo después de su introducción en el mercado o puesta en servicio eliminen o reduzcan los posibles riesgos implícitos en los datos sesgados introducidos en el sistema como consecuencia de su entrenamiento, validación y de la experiencia adquirida por el producto (considerando núm. 67 RIA). En este sentido, deben adoptarse medidas eficaces para mitigar este riesgo (bucle de retroalimentación o *feedback loops*).

La experiencia americana ha demostrado que la aplicación de la inteligencia artificial en ámbitos determinados, como por ejemplo la evaluación de la solvencia, ha dado lugar a que determinadas comunidades, como los negros o latinos, obtengan unos peores resultados en los procesos de evaluación de la solvencia, como consecuencia de la discriminación que han sufrido estos grupos en algunas políticas públicas. A la práctica, esto se ha traducido en la denegación del acceso al crédito o a la imposición de peores condiciones financieras, como tipos de intereses moratorios más elevados.[23] Por tanto, el tratamiento de grandes cantidades de datos permite a

---

[23] RICE, Lisa, y SWESNIK, Deidre, "Discriminatory Effects of Credit Scoring on Communities of Color", *Suffolk University Law Review*, núm. 935, 2013, p. 940-943. NOEL, Nick, PINDER, Duwain, STEWART, Shelley y WRIGHT, Jason, "The economic impact of closing the racial wealth gap", puede consultarse en: *https://www.mckinsey.com/~/media/mckinsey/industries/public%20and%20social%20sector/our%20insights/the%20economic%20impact%20of%20closing%20the%20racial%20wealth%20gap/the-economic-impact-of-closing-the-racial-wealth-gap-final.pdf*.

los responsables del tratamiento elaborar perfiles[24] que pueden reproducir sesgos discriminatorios, incrementando la discriminación algorítmica.[25]

La reducción o eliminación del sesgo existente en los datos que constituyen la base del aprendizaje continuado del producto es otra manifestación de esta causa para determinar el carácter defectuoso del producto.

V. CONCLUSIONES

El aprendizaje continuado de un producto y cómo esta circunstancia afecta a su carácter defectuoso es una de las principales novedades que trae la nueva regulación europea sobre responsabilidad por daños causados por productos defectuosos.

Una de las características de los productos con elementos digitales que incorporan inteligencia artificial es que cuando son introducidos en el mercado o puestos en servicio el fabricante sigue ejerciendo un control sobre el producto, que se actualizará periódicamente para corregir errores de su software, para cumplir nuevas funciones o para mejorar su seguridad. El concepto de control del fabricante es fundamental para entender su responsabilidad derivada del aprendizaje continuado del producto. Considerando, por tanto, que el producto sigue en el ámbito de control del fabricante, el carácter defectuoso del producto con elementos digitales que integra inteligencia artificial deberá valorarse cuando el producto se emancipe de dicho control del fabricante.

---

24 Reglamento (UE) 2016/679 del Parlamento Europeo y del Consejo de 27 de abril de 2016 relativo a la protección de las personas físicas en lo que respecta al tratamiento de datos personales y a la libre circulación de estos datos y por el que se deroga la Directiva 95/46/CE (DOUE núm. L 119/1, de 4 de mayo de 2016). Art. 4.4): "*«elaboración de perfiles»: toda forma de tratamiento automatizado de datos personales consistente en utilizar datos personales para evaluar determinados aspectos personales de una persona física, en particular para analizar o predecir aspectos relativos al rendimiento profesional, situación económica, salud, preferencias personales, intereses, fiabilidad, comportamiento, ubicación o movimientos de dicha persona física*".

25 PRABHAKAR, Tarunima, "A new Era for Credit Scoring: Financial Inclusion, Data Security, and Privacy Protection in the Age of Digital Lending", puede consultarse en: *https://cltc.berkeley.edu/wp-content/uploads/2020/06/A_New_Era_for_Credit_Scoring.pdf*. El uso de datos alternativos a los tradicionales para evaluar la solvencia ha supuesto el incremento del tipo de interés para los colectivos discriminados.

El aprendizaje continuado del producto también es una circunstancia que afecta al período de responsabilidad del fabricante. El art. 17.1 DRP dice que la responsabilidad del fabricante se extiende por un período a contar desde los diez años de la introducción en el mercado o puesta en servicio del producto. El inicio del *dies a quo* del plazo de responsabilidad del fabricante que prevé el art. 17.1 DRP casa mal con los productos con elementos digitales que funcionan con inteligencia artificial, que siguen bajo el ámbito de control del fabricante después de su primera introducción en el mercado o puesta en servicio, que se actualizan periódicamente y que son capaces de aprender después del despliegue. Por este motivo, se propone una interpretación del art. 17.1 DRP en relación con el art. 7.2.e) DRP, para que el plazo de responsabilidad del fabricante comience cuando el producto sale del ámbito de control del fabricante. En caso contrario, a pesar de que el RIA imponga al proveedor la supervisión del sistema de inteligencia artificial durante toda la vida útil del sistema, la responsabilidad del fabricante por los daños causados por el producto que incorpora inteligencia artificial quedaría limitada a los diez años desde la introducción en el mercado o la puesta en servicio del producto, prescindiendo del hecho que el producto puede ser defectuoso como consecuencia del aprendizaje continuado más allá del plazo de diez años.

El aprendizaje continuado del producto y, por consiguiente, la defectuosidad del producto por esta causa puede tener distintas manifestaciones. En primer lugar, el aprendizaje continuado debe servir para corregir errores del producto o para que este adquiera nuevas propiedades o que cumpla nuevas funciones. En segundo lugar, el aprendizaje continuado también puede desplegar sus efectos en la seguridad del producto, ofreciendo una mayor resistencia del producto frente a ataques malintencionados de terceros y, en tercer lugar, el aprendizaje continuado también debe servir para corregir los sesgos existentes en los datos almacenados en el producto que constituyen la base para la toma de sus decisiones. Habida cuenta de la incidencia de la inteligencia artificial en el funcionamiento de los productos con elementos digitales y la capacidad dañina de estos productos, se aboga por una interpretación extensiva de la causa de defectuosidad del aprendizaje continuado, para que comprenda las múltiples vertientes susceptibles de manifestarse sus efectos.

VI. BIBLIOGRAFÍA

ABBOTT, Ryan, *The Reasonable Robot,* Cambridge University Press, 2020, Londres.

BECKERS, Anna, y TEUBNER, Gunther., *Three Liability Regimes for Artificial Intelligence,* Hart, London, 2021, pp. 71-84.

BAMSHAD, Mobasher, BURKE, Robin y BHAUMIK, Runa, "Toward Trustworthy Recommender Systems: An Analysis of Attack Models and Algorithm Robustness", *ACM Transactions on Internet Technology,* vol. 7, núm. 4, pp. 23-38.

BARRENO, Marco, NELSON, Blaine y JOSEPH, Anthony. D., "The security of machine learning", *Mach Learn,* núm. 81, 2010, pp. 121-148.

BORGHETTI, Jean-Sébastien, "Taking EU Product Liability Law Seriously: How Can Product Liability Directive Effectively Contribute to Consumer Protection", *French Journal of Legal Policy,* núm. 1, 2023, pp. 1-41.

CHAGAL-FEDERKORN, Karni A, "Am I an Algorithm or a Product? When Products Liability Should Apply to Algorithmic Decision-Makers", en *Stanford Law & Policy Review,* vol. 30, núm. 61, 2019, pp. 61-114.

CHIARA, Pier Giorgio, "The Cyber Resilience Act: the EU Commission's proposal for a horizontal regulation on cybersecurity for products with digital elements," *International Cybersecurity Law Review,* No. 3, 2022, pp. 255-272.

COMISIÓN EUROPEA, Propuesta de Directiva del Parlamento Europeo y del Consejo sobre responsabilidad por los daños causados por productos defectuosos. Bruselas, 28.9.2022. CM(2022) 495 final. 2022/0302(COD).

CONSEJO DE LA UNIÓN EUROPEA, Proposal for a Directive of the European Parliament and of the Council on liability for defective products–Letter sent to the European Parliament, Bruselas, 24 de enero de 2024.

CORMEN, Thomas H., *Algorithms Unlocked,* MIT Press, Londres, 2013.

DESAI, Deven R., y KROLL, Joshua A., "Trust but Verify: A Guide to Algorithms and the Law", *Harward Journal of Law & Technology,* núm. 31, 2017, pp. 1-64.

FUWEI, Li, LIFENG, Lai y SHUGUANG, Cui, *Machine Learning Algorithms Adversarial Robustness in Signal Processing,* Springer, 2022.

GOODFELLOW, Ian J., SHLENS, Jonathon y SZEGEDY, Christian, "Explaining and Harnessing Adversarial Examples", en *Proceedings of International Conference on Learning Representations,* San Diego, 2015, pp. 1-11.

GOODFELLOW, Ian J., McDaniel, Patrick y PAPERNOT, Nicolas, "Making Machine Learning Robust Against Adversarial Inputs", en *Communications of the AC,* vol. 61, núm. 7, 2018, pp. 56-68.

HUBERMAN, Pinchas, "Tort Law, Corrective Justice and the Problem of Autonomous-machine-Caused Harm", *Canadian Journal of Law & Jurisprudence,* núm. 1, 2021, pp. 105-147.

KURAKIN, Alexey, GOODFELLOW, Ian J., y BENGIO, Samy, *Proceedings of International Conference on Learning Representations,* Toulon 2017, pp. 1-14.

NOEL, Nick, PINDER, Duwain, STEWART, Shelley y WRIGHT, Jason, "The economic impact of closing the racial wealth gap", puede consultarse en: https://www.mckinsey.com/~/media/mckinsey/industries/public%20and%20social%20sector/our%20insights/the%20economic%20impact%20of%20closing%20the%20racial%20wealth%20gap/the-economic-impact-of-closing-the-racial-wealth-gap-final.pdf.

PRABHAKAR, Tarunima, "A new Era for Credit Scoring: Financial Inclusion, Data Security, and Privacy Protection in the Age of Digital Lending", puede consultarse en: https://cltc.berkeley.edu/wp-content/uploads/2020/06/A_New_Era_for_Credit_Scoring.pdf.

PARLAMENTO EUROPEO, European Parliament legislative resolution of 12 March 2024 on the proposal for a directive of the European Parliament and of the Council on liability for defective products (COM(2022)0495 – C9-0322/2022 – 2022/0302(COD)).

PARLAMENTO EUROPEO, European Parliament legislative resolution of 12 March 2024 on the proposal for a regulation of the European Parliament and of the Council on horizontal cybersecurity requirements for products with digital elements and amending Regulation (EU) 2019/1020 (COM(2022)0454 – C9-0308/2022 – 2022/0272(COD)).

REPORT FROM THE EXPERT GROUP ON LIABILITY AND NEW TECHNOLOGIES, Liability for Artificial Intelligence and Other Emerging Digital Technologies, Luxemburgo, 2019, pp. 1-70.

RICE, Lisa, y SWESNIK, Deidre, "Discriminatory Effects of Credit Scoring on Communities of Color", *Suffolk University Law Review*, núm. 935, 2013, pp. 936-966.

SCHMITZ, Sandra y SCHIFFNER, Stefan, "Responsible Vulnerability Disclosure under the NIS 2.0 Proposal," disponible en https://www.jipitec.eu/issues/jipitec-12-5-2021/5495/schmitz_schiffner_pdf.pdf (consulta realizada en fecha 15 de marzo de 2024).

STAPLETON, Jane, *Product Liability*, Butterworths, 1994.

SURDEN, Harry, "Machine Learning and Law", *Washington Law Review*, núm. 89, 2014, p. 87-115.

VALLOR, Shannon y BEKEY, George A., "Artificial Intelligence and the Ethics of Self-Learning Robots", LIN, Patrick., ABNEY, Keith y JENKINS, Ryan (eds.), *Robot Ethics 2.0: From Autonomous Cars to Artificial Intelligence*, Oxford University Press, 2017, pp. 338-353.

WAGNER, Gerhard, "Liability Rules for the Digital Age", *Journal of European Tort Law*, vol. 13, no. 3, 2022, pp. 191-243.

WANDEHORST, Christiane, "Safety and Liability Related Aspects of Software", European Comission, Luxemburgo, 2021, pp. 1-99.

Vehículos autónomos y responsabilidad penal en caso de accidente

JOSEFA MUÑOZ RUIZ
Catedrática acreditada de Derecho Penal

SUMARIO: I. INTRODUCCIÓN: EL USO DE SISTEMAS DE INTELIGENCIA ARTIFICIAL EN LA CONDUCCIÓN DE VEHÍCULOS AUTÓNOMOS. II. VEHÍCULO AUTÓNOMO Y NIVEL DE DEPENDENCIA RESPECTO DEL CONTROL HUMANO. III. RESPONSABILIDAD PENAL EN CASO DE VEHÍCULO AUTÓNOMO INVOLUCRADO EN ACCIDENTE CON VÍCTIMAS. 1. En el momento actual: responsabilidad penal por imprudencia de las personas que lo crean o utilizan. 2. Responsabilidad directa del vehículo plenamente autónomo: ¿una ficción jurídica para el futuro?. IV. A MODO DE CONCLUSIÓN. BIBLIOGRAFÍA.

I. INTRODUCCIÓN: EL USO DE SISTEMAS DE INTELIGENCIA ARTIFICIAL EN LA CONDUCCIÓN DE VEHÍCULOS AUTÓNOMOS

Desde los coches tirados por caballos hasta los modernos vehículos que circulan impulsados por motores eléctricos, el avance de los modelos de movilidad representa una pieza clave en la economía mundial.

Su evolución está en la base de las sociedades avanzadas, pero comporta externalidades que hay que abordar: contaminación, congestión y muy especialmente los accidentes. Y es que a nadie escapa el impacto del tránsito vehicular en el crecimiento y bienestar social; pero, paradójicamente, se ha convertido, a la vez, en una actividad generadora de riesgos para la vida y salud de las personas. La Tercera Conferencia Ministerial Mundial, auspiciada por Naciones Unidas, sobre seguridad vial, celebrada en Estocolmo los días 19 y 20 de febrero de 2020, bajo el lema "Alcanzar los objetivos globales 2030"[1], tras constatar que las colisiones en la carretera

1 Recurso electrónico disponible en: https://www.roadsafetysweden.com/ y https://www.who.int/es.

son la octava causa principal de muerte en todo el mundo en personas de todas las edades, y la primera entre niños y adultos jóvenes de 5 a 29 años, subrayó que hoy alrededor de 1,35 millones de personas pierden la vida en las carreteras del mundo cada año, y hasta 50 millones resultan heridas. Es por ello que la siniestralidad vial es considerada actualmente un "gravísimo problema de salud pública".

La movilidad está cambiando y el escenario actual es diferente al que se afrontó a principios de siglo: los entornos urbanos cada vez son más concurridos y compartidos por diferentes formas de movilidad; los vehículos son cada vez más tecnológicos y conectados; cada vez tenemos más distracciones y la población adulta es cada vez mayor. Pero los componentes de la seguridad -el triángulo factor humano, vías y vehículos- son los mismos. Muchos de los asuntos que preocupan a la sociedad del presente y que son aparentemente exclusivos del tráfico rodado contemporáneo -diseño de las vías, de las señalizaciones, las normas reguladoras de la circulación, las prestaciones y seguridad de los vehículos, etc.- han convivido con el ser humano desde hace cientos de años (de hecho, la primera muerte documentada por accidente de tráfico en el mundo, datada el 17 de agosto de 1896 en Londres, tuvo su origen en la velocidad[2]) y lo seguirán acompañando en el futuro[3]. Pero ha sido precisamente en las últimas décadas del siglo XX y principios del XXI, cuando se percibe, en la mayoría de los Estados europeos, una expansión incontrolada del uso de vehículos a motor como medio de transporte de personas y mercancías;

---

2 HERNÁNDEZ-CARRILLO FUENTES, J. Mª.: "Seguridad vial, velocidad y reforma del Código Penal", en *Revista de responsabilidad civil y seguro*, p. 2. Recurso electrónico disponible en: http://www.asociacionabogadosrcs.org/doctrina/19%20%Jose%20Maria%20Hernandez-Carrillo.pdf

> "El 17 de agosto de 1896 Bridget Driscoll, una mujer de 44 años, madre de dos hijos, se convirtió en la primera víctima mortal. Su hija adolescente y ella iban de camino a un espectáculo público de baile en el Cristal Palace de Londres, cuando Bridget fue arrollada por un coche al atravesar los jardines del palacio. "El coche iba a gran velocidad", afirmó un testigo. Posiblemente fuera a 12,8 km/h, cuando no debía ir a más de 6,4 km/h. El conductor era un joven que ofrecía paseos en coche para mostrar el nuevo invento, y, según algunos testigos, estaba tratando de impresionar a una joven pasajera. En la investigación el funcionario encargado afirmó: "Esto no debe volver a ocurrir nunca más".

3 Vid. MONTORO GONZÁLEZ, L.: "Antropología viària: un enfocament humanistic. Tráfico y seguridad vial: 6000 años de historia", pp. 1 y 2. Recurso electrónico disponible en: http://www.fundacioabertis.org/rcs_jor/montoro_2.pdf; MUÑOZ RUIZ, J.: *El delito de conducción temeraria: análisis dogmático y jurisprudencial*, Madrid, 2014, p. 26.

lo que unido el notabilísimo incremento del parque automovilístico[4] ha hecho de la seguridad vial uno de los problemas de mayor actualidad en las sociedades contemporáneas y una seria preocupación para los Gobiernos de todos los países de nuestro entorno ante los altos índices de siniestralidad[5]. Por ello, a lo largo de las últimas décadas, ingenieros e investigadores en la industria del automóvil han intentado diseñar y construir automóviles más seguros. Pero, pese al progreso y perfeccionamiento ininterrumpido de la técnica automovilística, el tráfico y los accidentes son inevitables[6]. Pues, aunque, según el Informe sobre la situación mundial de la seguridad vial publicado en 2023 por la Organización Mundial de la Salud (OMS), desde 2010 las víctimas mortales por accidentes de tráfico han disminuido en un 5%, aún se cifra en 1,19 millones ese año[7].

---

4 Señala De Vicente Martínez que en la Unión Europea el parque automovilístico se ha triplicado en 30 años, lo que supone un aumento de tres millones de automóviles al año. Cada año se producen 1.300.000 accidentes que causan más de 40.000 muertos y más de 1.700.000 heridos en el conjunto de la Unión Europea. La preocupación del Parlamento Europea está más que justificada ante los bajos niveles de seguridad vial en algunos Estados miembros, en particular en muchos de los diez nuevos Estados Miembros (DE VICENTE MARTÍNEZ, R.: "Seguridad Vial y el Derecho Penal. En especial el homicidio imprudente cometido con vehículo a motor", p. 1. Recurso electrónico disponible en: http://www.unifr.ch/ddp1/derechopenal/articulos/a_20090209_02.pdf).

5 *Ibidem.* Añade De Vicente Martínez que, a pesar de los progresos, en 2007 se produjeron 43.000 muertes en accidentes de circulación, y aunque la cifra es menor que en el año 2001 en el que perdieron la vida 54.000 personas en las carreteras europeas de los 27 países que son actualmente miembros de la Unión Europea, el número de 43.000 muertes aún sigue siendo muy preocupante.

6 BECK, U. (1986/1998). *La sociedad del riesgo. Hacia una nueva modernidad* (trad. J. Navarro, D. Jiménez y M. R. Borrás). Paidós.

7 Según el Informe de situación global sobre seguridad vial 2023, esta organización internacional teme que en el año 2030 los accidentes de tráfico se conviertan en la quinta causa de muerte en todo el mundo. En relación al informe la Alianza Global de ONG para la Seguridad Vial, basado en esta presentación, reflexiona de la siguiente manera: *"Cada año mueren en las carreteras del mundo 1,19 millones de personas, lo que supone un descenso del 5% desde 2010. En ese tiempo, 10 países lograron una reducción de al menos el 50% de las muertes en carretera y 85 consiguieron reducciones de entre el 10 y el 49%, lo que demuestra que los objetivos de seguridad vial para 2030 son posibles si los gobiernos invierten en las medidas adecuadas. El informe señala que algunas de las mayores reducciones se lograron "cuando se aplicó el enfoque de sistema seguro, que sitúa a las personas y la seguridad en el centro de los sistemas de movilidad". Sin embargo, en otros 66 países aumentaron las muertes en carretera (Recurso electrónico disponible en: https://contralaviolenciavial.org/*

Y es que el tránsito es uno de los sistemas más peligrosos y complejos a los que las personas se enfrentan cada día[8]. La conducción de vehículos constituye, en sí, el ejercicio de una actividad multitarea complicada, en la que quien la ejecuta debe poseer determinadas capacidades que aseguren en todo momento el mantenimiento de óptimas condiciones de seguridad[9]. De ahí que los accidentes de tráfico y su gravedad sean el resultado de una pluralidad de factores, entre los que si bien destacan las actitudes y aptitudes en la conducción que tiene cada persona -factor humano- también los aspectos relacionados con el vehículo tienen una notable incidencia en la accidentalidad vial[10].

A lo largo de las últimas décadas los nuevos modelos de movilidad y los sistemas de seguridad implantados por la industria automovilística han ido progresando, contribuyendo a una reducción altamente significativa de las cifras de muertes y heridos de gravedad en lo que a accidentes de tráfico se refiere, tanto en entornos urbanos como interurbanos. Así, en los tres siglos que han transcurrido desde el primer automóvil de la historia, el

---

actualidad/2023-oms-informe-sobre-la-situacion-mundial-de-la-seguridad-vial-2023/gmx-niv44-con902.htm). En España, según los datos de de prensa de la DGT de 4 de enero de 2024, p. 1. Recurso electrónico disponible en: https://www.dgt.es/comunicacion/notas-de-prensa/, 1.145 personas fallecieron en siniestros de tráfico en carretera durante 2023. Se mantiene estable el número de personas fallecidas y aumentan los desplazamientos de largo recorrido (+2%), el parque de vehículos (+1,7%) y el censo de conductores (+0,4). La salida de la vía sigue siendo el tipo de siniestro que más fallecidos registra con 486 personas, el 42% del total de víctimas mortales. Se reduce un 9% los fallecidos en colisiones frontales: 225 en 2023 frente a los 246 del año anterior. Los motoristas son el colectivo que más incrementa su mortalidad con 299 fallecidos, 45 más que en 2022. Disminuyen los peatones muertos por atropello (118 en 2023 frente a los 127 en el año anterior) y casi la mitad de ellos fallecieron en siniestros que tuvieron lugar en autopistas y autovías (56).

8 GARRIDO, R.: "Accidentes de tráfico, una pandemia del presente", en *Revista Española de Economía de la Salud*, núm.4, 2005, p.1.

9 MUÑOZ RUIZ, J.: "TDAH y delitos contra la seguridad vial: reflexiones sobre las alternativas a la prisión", en Morillas Fernández, D. (coord.), *El trastorno por déficit de atención e hiperactividad y su repercusión en la responsabilidad penal*, Madrid, 2017, p. 187.

10 Según el "Informe de accidentes laborales de tráfico año 2018", publicado por el Instituto Nacional de Seguridad y Salud en el Trabajo (INSST), los turismos son los vehículos presentes en el mayor porcentaje de accidentes laborales de tráfico, tanto en los ocurridos en jornada de trabajo como *in itinere*. Se refiere el Informe concretamente al tipo de vehículo, su antigüedad y estado y mantenimiento.

cual se sitúa en torno al año 1771[11], hasta nuestros días, la industria automovilística se ha enfrentado a grandes desafíos, situándonos hoy frente a la gran revolución tecnológica en el sector automovilístico[12]. Y en la escalada hacia este hito se ha contado con el impulso de la Comisión Europea que se comprometió a integrar la tecnología en vehículos e infraestructura vial a través de diversas iniciativas comenzando con la implantación del eCall (European Comission, 2018) (ya implantado en Europa desde abril del 2018) o el ERTRAC (European Road Transport Research, 2018), entre otros, que han fomentado el desarrollo de sistemas avanzados de asistencia y ayuda al conductor (ADAS), sin duda un paso crucial en la hoja de ruta hacia la autonomía vial[13]. El siguiente paso es reemplazar el conductor, inicialmente solo bajo ciertas circunstancias para, posteriormente, reemplazarlo por completo. Este es un gran desafío técnico que dependerá en gran medida del aprendizaje automático[14]. De hecho, el impacto que está experimentando el sector logístico a raíz de la crisis por COVID19 está acelerando el despliegue general de nuevas tecnologías como por ejemplo IoT, drones, y la Inteligencia Artificial (en adelante IA) que está cambiando el mundo. Y es que la presente era de la IA[15] parece decidida a liderar la

---

11 SHLADOVER, S. E.: «Automated vehicles for highway operations (automated highway systems). Proceedings of the Institution of Mechanical Engineers», Part I: *Journal of Systems and Control Engineering*, 219(1), 2005, pp. 53-75.

12 TEIJÓN ALCALÁ M./GARCÍA CUENCA, L.: "La responsabilidad penal en los supuestos de accidentes provocados por vehículos de conducción autónoma", en Teijón Alcalá M. (dir.), *El enjuiciamiento de la delincuencia vial: aspectos prácticos, La Ley*, Madrid, 2024, p. 384.

13 En este sentido, vid. MARK, P.: "¿Qué está pasando en el mundo de los vehículos autónomos?", en *Revista Española de Electrónica*, nº 831, 2024, p. 42.

14 *Ibidem.*

15 Sin entrar en profundidad en la definición de inteligencia, podemos considerar que la IA es un sistema que puede realizar tareas como si las realizasen humanos (Inf. Barcelona Declaration for the Proper Development and Usage of Artificial Intelligence in Europe, 2017, p. 2). La Asociación por el avance de la IA la define como "la disciplina científico-técnica que se ocupa de la comprensión de los mecanismos subyacentes en el pensamiento y la conducta inteligente y su incorporación en las máquinas" (Inf. ASSOCIATION FOR THE ADVANCEMENT OF ARTIFICIAL INTELLIGENCE, 2016, p. 1. Recurso electrónico disponible: https://ai100.stanford.edu/2016-report/section-i-what-artificial-intelligence/defining-ai). Por otro lado, el grupo de expertos de alto nivel en IA de la Comisión Europea, que ha redactado las guías éticas para su uso fiable, afirma que los "Sistemas de inteligencia artificial son sistemas de software (y posiblemente, también, hardware) diseñados por humanos que, dado un objetivo complejo, actúa en

transformación de la movilidad. No en vano la Resolución del Parlamento Europeo de 16 de febrero de 2017[16], determina que nos hallamos ante nueva revolución industrial. La sociedad actual no es concebible sin la intervención de una maquina dotada de cierta autonomía. Están presentes en la industria, en la agricultura, en la medicina, en el sector servicios, y el sector automovilístico no es una excepción[17].

En la última década diferentes investigaciones, proyectos, y sobre todo fabricantes, vuelcan sus esfuerzos en desarrollar sistemas inteligentes que permitan mejorar la conducción. Y es que el avance tecnológico de la industria automotriz está permitiendo el progreso en el diseño y desarrollo de dispositivos robotizados como es el vehículo autónomo, que, con naturaleza y especialidades propias a distintos niveles, puede alcanzar, en su grado máximo de autonomía, la conducción plenamente automatizada[18]. En este sentido Salvadori ha distinguido entre IA y aprendizaje automático como parámetros delimitadores de los llamados agentes artificiales –utilizados para identificar los *software*- y sistemas de IA -capaces de desarrollar funciones para otro agente, ya sea humano o artificial-, los cuales están apoyando o sustituyendo a las personas en la realización de actividades, siendo en este ámbito donde cabría incluir los de coches autónomos, esto es, no se habla ya de meros instrumentos u objetos sino de verdaderos agentes artificiales capaces de interactuar con la realidad circulante, con otras máquinas inteligentes y seres humanos, siendo capaces de tomar en muy poco tiempo decisiones complejas de indudable relevancia social[19]. Así, la movilidad inteligente utiliza el alto potencial que tienen las nuevas

---

la dimensión física o digital mediante la percepción de su entorno, adquiriendo datos, interpretando datos estructurados y desestructurados, razonando el conocimiento o procesando la información derivados de estos datos la/s mejor acción/es para conseguir el fin perseguido. Los sistemas de IA pueden usar reglas simbólicas, aprender un modelo numérico o pueden adaptar su comportamiento analizando como el entorno se ve afectado por sus acciones previas".

16 Resolución del Parlamento Europeo, de 16 de febrero de 2017, con recomendaciones destinadas a la Comisión sobre normas de Derecho civil sobre robótica (2015/2103(INL)) (2018/C 252/25).

17 BENÍTEZ ORTÚZAR, I.F.: "Reflexiones sobre robótica y Derecho. Especial referencia al vehículo autónomo", en *Foro Gallego,* N° 208, 2020, p. 75.

18 MACÍAS ESPEJO, B.: "Criminal compliance program y exención de responsabilidad penal ante la hipotética, si no inminente, industrialización del coche sin conductor", en *Revista Aranzadi Doctrinal* num.6/2020, p. 2.

19 SALVADORI, I.: "Agentes artificiales, capacidad tecnológica y distribución de la responsabilidad penal", en *Cuadernos de Política Criminal,* n° 133, 2021, pp. 138 y 129.

tecnologías para mejorar los servicios a través de nuevas posibilidades de gestión de la información y de la interconexión. Estamos ante la era del automóvil conectado[20].

Las investigaciones existentes sobre la conducción autónoma son hoy en día una inversión garantizada que ha comenzado a dar resultados y expectativas muy positivas en entornos no urbanos y en situaciones controladas y que pueden predecirse con facilidad, estando todavía lejos su aplicación en otros entornos más complejos[21]. Se prevé que la tecnología aplicada a los vehículos de autoconducción permitan, próximamente, el tráfico viario sin necesidad de contar con un conductor al volante; lo que trae consigo múltiples ventajas, como la mejora de la seguridad en la carretera, mayor eficiencia en el consumo, la reducción del número de accidentes, la descongestión del tráfico, aparte de un mercado de negocio para la industria tecnológica y automovilística[22]. Y con un informe de la NHTSA que atribuye más del 90 % del total de accidentes de tráfico al conductor, se puede entender que las organizaciones de seguridad vial estén muy interesadas en que esto suceda rápidamente, ya que confían en que la conducción

---

20 TEIJÓN ALCALÁ, M./GARCÍA CUENCA, L.: "La responsabilidad penal…", cit., p. 380.

21 Ibidem, p. 385, recuerdan que conducir un vehículo es una tarea que requiere un alto nivel de habilidad, atención y experiencia en la conducción humana y por tanto dichas habilidades deberían ser extrapoladas a la conducción autónoma.

22 MORILLAS FERNÁNDEZ, D.: "Implicaciones de la inteligencia artificial en el ámbito del Derecho Penal", en Peris Riera, J./Massaro, A. (dirs.), *Derecho Penal, Inteligencia artificial y Neurociencias*, Roma, 2023, p. 61, refiere la propia conducción de vehículos donde no sólo ya hay sistemas automáticos para aparcar, frenar automáticamente en caso de emergencia, detectar la salida de la calzada y proceder inmediatamente a la protección de los ocupantes tensando los cinturones de seguridad y activando un sistema de absorción de impactos en los asientos con el propósito de proteger la columna vertebral de los usuarios (…) sino igualmente vehículos conducidos autónomamente –vid., por ejemplo, el modelo Tesla, que saca el coche del garaje y lo deja en la calzada, o yendo más allá, permite la conducción autónoma por vía pública- una ingeniería que cada día va a más y recibe el nombre de vehículo autónomo o robótico. Aunque en opinión de GRECO L.: "Vehículos autónomos y situaciones de colisión", en Cancio Meliá, M./Maraver Gómez, M./Fakhouri Gómez, Y./Guérez Tricarico, P./Rodríguez Horcajo, D./ Basso, G.J. (edts.), *Libro Homenaje al Profesor Dr. Agustín Jorge Barreiro*, Vol. I, Madrid, 2019, p. 485, ya no estamos tan alejados de una visión de futuro del mundo en la que los coches son autónomos en el sentido de que son "ellos mismos" los que conducen, esto es, no tienen conductor, sino sólo pasajeros.

autónoma reducirá drásticamente las muertes en la carretera[23]. En consecuencia, deviene en un futuro inmediato una apuesta por la tecnología robotizada sobre conducción completamente autónoma a través de vehículos que combinen una serie de tecnologías que le permiten interpretar la información proveniente del exterior, identificando los obstáculos, señales, ruta, así como todos los elementos de que se compone la carretera, y tomar las decisiones adecuadas para la conducción autónoma[24].

Realmente los vehículos con cierto grado de conducción autónoma ya están en el mercado. Pero un automóvil que conduce de forma plenamente autónoma es un objetivo a largo plazo de la IA[25].Y es que la conducción autónoma es una meta muy complejo, ya que los automóviles involucrados en ella no sólo están sujetos a factores tales como compartir la carretera con otros vehículos (manuales o autónomos) o calcular la distancia y/o velocidad de los obstáculos presentes en el entorno del tráfico, por citar algunos ejemplos[26], sino que también deberá emular las capacidades humanas de manejo y control de la conducción y percibir el entorno y adaptarse[27]. Asimismo, deberán adoptar decisiones superando incluso las habilidades de las

---

23 MARK, P.: "¿Qué está pasando…?", cit., p. 42.

24 Considerando que la conducción automatizada es un importante avance digital, la Resolución del Parlamento Europeo de 13 de marzo de 2018, sobre estrategia europea sobre los sistemas de transportes inteligentes cooperativos (http://www.europarl.europa.eu/oeil/popups/ficheprocedure.do?lang=fr&reference=2017/2067 (IN I), recuerda que los vehículos automatizados son vehículos capaces de funcionar y maniobrar de forma autónoma en situaciones de tráfico real y en los que uno o más de los principales controles de la conducción (dirección, aceleración, frenado) permanecen automatizados.

25 De esta opinión, TEIJÓN ALCALÁ, M./GARCÍA CUENCA, L.: "La responsabilidad penal…", cit., p. 2.

26 NARANJO, J. E., GONZÁLEZ, C., GARCÍA, R., PEDRO, T. DE, Y DE, I.: "Automated Vehicle Control". *IEEE intelligent systems, 22*(1), 2017, pp. 36 y ss.

27 MARK, P.: "¿Qué está pasando…?", cit., p. 42, apunta que inicialmente, los vehículos autónomos compartirán la carretera con vehículos conducidos por humanos, pero con el tiempo todos los vehículos serán autónomos y confiarán en sensores y sistemas de comunicación entre vehículos para tomar buenas decisiones. De hecho, esta comunicación V2V entre vehículos cambiará las reglas del juego, ya que permitirá a los vehículos no solo comunicar sus intenciones y advertir de ellas, sino también compartir su experiencia para ofrecer un entorno de conducción más seguro.

personas. De manera que se espera no sólo que tomen una decisión, sino que ésta sea la mejor posible atendiendo a las circunstancias[28].

En cualquier caso, como sucede con todos los avances en la tecnología, este nuevo modelo de movilidad además del perfeccionamiento de la vida diaria de las personas cambiará los paradigmas del sector de la automoción, y deparará también grandes retos jurídicos en los ámbitos civil y administrativo. También la responsabilidad penal está encima de la mesa y preocupa no sólo a académicos sino también a legisladores y gobiernos. Precisamente en la esfera penal, en cuanto la conducción autónoma se consolide y se incorpore de forma definitiva en nuestra sociedad, presentará una serie de interrogantes de naturaleza legal que es necesario acometer (especialmente la culpabilidad). Pues como señala Benítez Ortúzar, no podemos ignorar que estamos hablando de la aplicación práctica de la IA, mediante algoritmos, en un ámbito muy concreto en el que el riesgo socialmente asumido es muy elevado y en el que el Derecho Penal tiene cada vez más margen de actuación en la tutela de la seguridad vial, y de forma más mediata de la vida y la integridad de las personas[29].

En el presente trabajo se estudia la legítima intervención penal en contextos de incertidumbre científica como el que nos ocupa, y, en base a ello, se analiza qué tipo de responsabilidad se puede atribuir en su caso y quiénes pueden ser los sujetos responsables -dependiendo de sus obligaciones y del impacto que tienen sus actuaciones en los bienes jurídicos protegidos- en supuestos en los que se produzca un accidente vial con víctimas[30].

II. VEHÍCULO AUTÓNOMO Y NIVEL DE DEPENDENCIA RESPECTO DEL CONTROL HUMANO

El Diccionario de la RAE identifica la autonomía con la condición de quien, para ciertas cosas, no depende de nadie. Pese a que la autonomía, entendida como esa capacidad de los seres humanos de autogestionarse, pensar y elegir un objetivo o tarea en la vida, en un sentido ético solo puede

---

28 A propósito de la IA en términos generales, VALLS PRIETO, J.: "Sobre la responsabilidad penal por la utilización de sistemas inteligentes", en *RECPC*, 24-27 (2022), p. 6.

29 BENÍTEZ ORTÚZAR, I.F.: "Reflexiones sobre robótica...", cit., p. 87.

30 Sobre este particular vid. TEIJÓN ALCALÁ, M./GARCÍA CUENCA, L.: "La responsabilidad penal...", cit., pp. 399 y ss.

atribuirse a las personas, y no sea apropiado, como bien apunta Benítez Ortúzar, aplicar la palabra "autonomía" a meros artefactos por mucho que sean sistemas inteligentes o complejos, sin embargo, la expresión "sistemas autónomos" está ganando popularidad en la literatura científica y en el debate público referente a esta área de automatización e independencia del ser humano[31]. Y precisamente en base a ese nivel de la autonomía/dependencia del vehículo respecto del control humano, en 2016 la *National Highway Traffic Safety Administration* americana elaboró una clasificación que ha sido asumida como estándar internacional SAE J3016, actualizada en 2018, que establece las siguientes características para cada nivel:

Nivel 0: *Ausencia total de automatismo en la conducción*: El conductor realiza continuamente todas las tareas asociadas a la conducción incluso cuando son mejoradas a través de un aviso o intervención del sistema.

Nivel 1: *Asistencia al conductor*: El sistema de ayuda al conductor realiza alguna tarea específica como la conducción dinámica lateral o longitudinal mientras el conductor realiza el resto de tareas. Son coches que incorporan el control de crucero o el mantenimiento del coche en el carril en el que se encuentra.

Nivel 2: *Automatismo parcial o coche semiautónomo*. El conductor supervisa la conducción dinámica lateral o longitudinal, que es realizada por el vehículo. El conductor ha de permanecer atento por si existe un fallo.

Nivel 3: *Automatismo condicional*. El vehículo puede circular por entornos determinados como autopistas de forma autónoma, pero necesita la supervisión del conductor. El vehículo circula de forma autónoma, pero a la expectativa de que el conductor reaccione cuando sea necesario.

Nivel 4: *Alto nivel de automatismo*. Los vehículos pueden circular por determinadas vías, en las que el vehículo pueda obtener la información que precisa, sin que sea necesaria la supervisión del conductor.

Nivel 5: *Automatismo total*. El coche puede circular por cualquier vía sin control por parte del conductor. El vehículo está equipado con sistemas de detección y seguridad suficientes para reaccionar ante cualquier eventualidad[32].

---

31 BENÍTEZ ORTÚZAR, I.F.: "Reflexiones sobre robótica…", cit., p. 81.

32 Clasificación que se corresponde con la establecida por SALVADORI, I.: "Agentes artificiales, opacidad…", cit., pp. 147-149, distinguiendo cuatro tipos de agentes artificiales según el grado/nivel de automatización y autonomía del ente: i) De primer nivel, los cuales operan automáticamente estando sujetos al control humano,

Conforme a ello, frente a los vehículos a motor estandarizados en la actualidad, que cumplen los requisitos prescritos en el Real Decreto Legislativo 6/2015, de 30 de octubre, por el cual se aprueba el Texto Refundido de la Ley sobre Tráfico, circulación de vehículos a motor y seguridad vial[33], la Dirección General de Tráfico (DGT), acogiendo la definición de la *Sociedad de Ingenieros Automotrices (SAE)* J3016, se refiere al coche autónomo o autopilotado como "*Todo vehículo con capacidad motriz equipado con tecnología que permita su manejo o conducción sin precisar la forma activa de control o supervisión de un conductor, tanto si dicha tecnología autónoma estuviera activada o desactivada, de forma permanente o temporal. A estos efectos, no tendrá consideración de tecnología autónoma aquellos sistemas de seguridad activa o de ayuda a la conducción incluida como equipamiento de los vehículos que para su manejo o conducción sí requieran necesariamente control o supervisión humana activa*".

Se trata, pues, de tecnología que ayuda a reducir las faltas humanas, que son, con diferencia, las que mayor tasa de incidencia registran en la

tal y como podría ser el caso de los coches inteligentes disponibles en el mercado automovilístico actual, en los cuales una persona puede supervisar su funcionamiento e intervenir en cualquier momento para corregir la conducción; ii) De segundo nivel, cuyo funcionamiento depende de algoritmos deterministas, pudiendo resolver problemas ya previstos por sus programadores y desarrolladores o reaccionar de manera autónoma ante situaciones preestablecidas, tal y como puede ser el caso, por ejemplo, del software que reconoce señales de tráfico y permite que los vehículos autónomos se detengan ante un semáforo en rojo. iii) De tercer nivel, los cuales incorporan algoritmos de aprendizaje autónomo, capaces de aprender, corregir y mejorar su comportamiento de acuerdo con la experiencia que adquieren. Aquí la intervención humana se mantiene en las fases de aprendizaje, pudiendo el programador hacer un seguimiento del citado proceso de aprendizaje e intervenir en los datos que se recogen y procesan; iv) El cuarto nivel o sistema multiagente puede interactuar con otros agentes y objetos adaptando autónomamente su comportamiento en función del entorno en el que opera. El ejemplo más claro se encontraría en los vehículos completamente autónomos, los cuales pueden compartir informaciones que van desde el estado del tráfico, las obras, condiciones meteorológicas, espacios en un parking (...) no sólo con el centro de información de carreteras sino también con otros coches con los que se encuentran conectados, perdiendo, con ello, y de manera progresiva, el hombre el papel de conductor del vehículo y adquiriendo el rol de mero pasajero.

33 Vid. Anexo I del Real Decreto Legislativo 6/2015, de 30 de octubre, por el cual se aprueba el Texto Refundido de la Ley sobre Tráfico, circulación de vehículos a motor y seguridad vial -BOE núm. 261 de 31 de octubre-.

accidentalidad vial[34]; por lo que, *a priori*, el vehículo autónomo vendrá al sustituir al imperfecto ser humano por un fiable software, que ni bebe alcohol, ni sufre estrés, ni infringe reglas de circulación, que mantiene la distancia de seguridad entre los coches y que reduce los índices de contaminación[35]. La capacidad de los vehículos para comunicarse entre sí y con su entorno comportará muchos beneficios, incluida una mayor seguridad, menos tráfico y menos contaminación gracias a la notificación de problemas o atascos temporales, y la consecuente búsqueda de rutas alternativas[36]. Pero a día de hoy, pese a los distintos niveles de automatización, como bien subraya Valls Prieto, no existe un sistema inteligente capaz de reaccionar como un humano, aunque pueda realizar tareas humanas con mayor eficacia[37]. Aún así todavía queda lejos la comercialización del vehículo plenamente autónomo, eficaz y seguro. De hecho, con anterioridad a la crisis ocasionada por la COVID-19 los principales fabricantes de coches autopilotados coincidían en señalar que en el año 2020 sería posible adquirir en el mercado automóviles plenamente autónomos o autopilotados. Otros, más cautos, lo posponían a 2023. Lo cierto es que es una realidad en la que las grandes compañías están haciendo un importante esfuerzo inversor. Aunque también existen reservas entre los propios fabricantes, advirtiendo, como por ejemplo hace Toyota en su web, que el coche completamente autónomo "*idealizado y representado en las películas está aun en desarrollo*", afirmando que: "*actualmente no existen los coches 100% autónomos. Los prototipos no están testados para garantizar seguridad. Desde Toyota se pretende desarrollar y orientar la tecnología a un entorno cada vez más automatizado, pero siempre bajo la supervisión de un conductor*"[38].

Y a este control por el conductor apunta la Convención sobre circulación por carretera y de señales de tráfico, adoptada en Viena el 8 de noviembre de 1968 -tratado multilateral que estandariza las leyes de seguridad vial internacionales al objeto de ayudar al tráfico viario internacional y la seguridad de carretera- al disponer en su art. 8.1 que «todo vehículo en movimiento o todo conjunto de vehículos en movimiento deberá tener un

---

34 Según la Fundación MAPFRE el 90 % de las causas de siniestralidad vial son las actitudes y los comportamientos desadaptativos de los conductores. Recurso electrónico disponible en: https://www.fundacionmapfre.org/educacion-divulgacion/seguridad-vial/movilidad-segura-salud/sabias-que/factor-humano-seguridad-vial

35 MACÍAS ESPEJO, B.: "Criminal compliance program…", cit., p. 5.

36 MARK, P.: "¿Qué está pasando…?", cit., p. 45.

37 VALLS PRIETO, J.: "Sobre la responsabilidad penal…", cit., pp. 5 y 6.

38 Recurso electrónico disponible en: https://www.toyota.es/

conductor»; al tiempo que en el apartado 5 del referido precepto determina que «todo conductor deberá en todo momento tener el dominio de su vehículo». En el mismo sentido, a día de hoy, en España, los conductores deben mantener el control de su vehículo en todo momento (art. 17 Real Decreto 1428/2003, de 21 de noviembre)[39]; lo que descarta la conducción altamente automatizada. También el art. 13 del Real Decreto Legislativo 6/2015, de 30 de octubre, establece que «el conductor debe estar en todo momento en condiciones de controlar su vehículo». Aunque también es cierto que desde 2015 la Dirección General de Tráfico (DGT) viene autorizando la realización de pruebas, en vías abiertas al tráfico en general, de los vehículos de conducción automatizada, en virtud de la Instrucción 15/V-113, de 13 de noviembre. El ámbito de esta Instrucción se focaliza en aquellos vehículos que incorporan tecnología con funciones asociadas a los niveles de automatización 3 (conducción automatizada condicionada), 4 (conducción altamente automatizada) y 5 (conducción plenamente automatizada). Y el objetivo, en virtud de lo dispuesto en el art. 47 del Real Decreto 2822/1998 de 23 de diciembre, por el que se aprueba el Reglamento General de Vehículos, es que la DGT conceda autorizaciones especiales para la realización de pruebas o ensayos de investigación extraordinarios realizados con vehículos autónomos[40]. La facultad de conceder estas autorizaciones supone, sin duda, un paso más en la materialización del impulso del vehículo autónomo y de la industria de automoción en España.

La importancia de esta apuesta en el sector automovilístico queda reseñada en la Declaración de Ámsterdam sobre la cooperación en el sector de la conducción conectada y automatizada, de 14 de abril de 2016, primer texto europeo específico sobre cooperación en conducción en este sentido (apoyada por España), en la que se exhortaba la creación de una estrategia europea para la implantación de estos vehículos. Más recientemente, de conformidad con el Reglamento de 13 de marzo de 2024, del Parlamento

---

39 Por el que se aprueba el Reglamento General de Circulación para la aplicación y desarrollo del texto articulado de la Ley sobre tráfico, circulación de vehículos a motor y seguridad vial, aprobado por el Real Decreto Legislativo 339/1990, de 2 de marzo.

40 El artículo 47 «BOE» núm. 22, de 26/01/1999 dispone: "1. Con sujeción a las normas establecidas en la presente subsección podrán otorgarse a los fabricantes de vehículos o a sus representantes legales, a los carroceros y a los laboratorios oficiales, que sean titulares de permisos temporales de empresa, autorizaciones para realizar con un determinado vehículo pruebas o ensayos de investigación extraordinarios...".

Europeo, que busca garantizar un nivel elevado y coherente de protección en toda la Unión para lograr una IA fiable, se establecen diferentes tipologías de tecnologías: unas que quedan por defecto prohibidas (y con unas excepciones muy tasadas que escapan al alcance de este análisis) y otras que pudieran considerarse de alto riesgo, de modo que los sistemas de IA de un vehículo pudieran estar incluidas en uno de los supuestos definidos en el anexo III de dicha norma, «sistemas de IA que conlleven el riesgo de causar un perjuicio a la salud y la seguridad». Calificación que reitera la flamante Ley de IA [Reglamento(UE) 2024/1689[41] por el que se establecen normas armonizadas sobre inteligencia artificial], que ofrece a los desarrolladores e implementadores de IA requisitos y obligaciones claros en relación con los usos específicos de la IA y constituye el primer marco jurídico que aborda los riesgos de la IA y posiciona a Europa para desempeñar un papel de liderazgo a nivel mundial. Este instrumento normativo incluye entre los sistemas de IA identificados como de alto riesgo los utilizados en infraestructuras críticas (por ejemplo, el transporte), que podrían poner en peligro la vida y la salud de los ciudadanos. Y como todos los sistemas de IA de alto riesgo, los vehículos autónomos están sujetos a obligaciones estrictas antes de que puedan introducirse en el mercado: sistemas adecuados de evaluación y mitigación de riesgos; alta calidad de los conjuntos de datos que alimentan el sistema para minimizar los riesgos y los resultados discriminatorios; registro de la actividad para garantizar la trazabilidad de los resultados; documentación detallada que proporcione toda la información necesaria sobre el sistema y su finalidad para que las autoridades evalúen su conformidad; información clara y adecuada al implementador; medidas adecuadas de supervisión humana para minimizar el riesgo; alto nivel de robustez, seguridad y precisión. Asimismo, están sometidos a estrictas salvaguardas adicionales

---

41 La Ley de IA entró en vigor el 1 de agosto y será plenamente aplicable 2 años después, con algunas excepciones: las prohibiciones surtirán efecto al cabo de seis meses, las normas de gobernanza y las obligaciones para los modelos de IA de uso general serán aplicables al cabo de doce meses y las normas para los sistemas de IA —integrados en productos regulados— se aplicarán al cabo de treinta y seis meses. Para facilitar la transición al nuevo marco regulador, la Comisión ha puesto en marcha el Pacto sobre la IA de 1 de agosto de 2024, una iniciativa voluntaria que pretende apoyar la futura aplicación e invita a los desarrolladores de IA de Europa y de fuera de ella a cumplir con antelación las obligaciones clave de la Ley de IA.

frente a los de "riesgo limitado", que en muchos casos pueden requerir de transparencia para los usuarios finales y consumidores[42].

Con este horizonte, es indiscutible que el progreso tecnológico de la industria automotriz ha permitido el diseño y desarrollo exponencial de vehículos que trascienden la regulación actual y exigen un nuevo marco normativo para hacer frente a una amplia variedad de situaciones del mundo real actualmente no previstas. Es evidente que se precisa que ello se haga de manera urgente pues, como se expone en el Marco de la política de la Unión Europea en materia de seguridad vial para 2021-2030[43], resulta fundamental superar las trabas para poder avanzar en el despliegue del tráfico automatizado. Pero a nivel interno, no existen importantes avances normativos. Sólo cabe significar el Real Decreto 662/2012, de 13 de abril, por el que se establece el marco para la implantación de los sistemas inteligentes de transporte (SIT) en el sector del transporte por carretera y para las interfaces con otros modos de transporte[44], que vino a trasponer la Directiva 2010/40/UE del Parlamento Europeo y del Consejo, de 7 de julio de 2010, por la que se establece el marco para la implantación de los sistemas de transporte inteligentes en el sector del transporte por carretera y para las interfaces con otros modos de transporte[45]. De otro lado, la Fiscalía General del Estado insistía en 2016 en la necesidad de establecer un marco de regulación propio sobre el vehículo autónomo reseñando, a tal efecto, las principales materias jurídicas que origina su instauración[46]; y en el mismo sentido, la DGT que en su nota de prensa de 4 de enero de 2024 anunciaba la revisión de la normas reguladoras del tráfico, se refería concretamente a la reforma del Reglamento de Circulación para actualizar el Código de señales de tráfico y al

---

42 Reglamento (UE) 2024/1689 del Parlamento Europeo y del Consejo, de 13 de junio de 2024, por el que se establecen normas armonizadas en materia de inteligencia artificial y por el que se modifican los Reglamentos (CE) nº 300/2008, (UE) nº 167/2013, (UE) nº 168/2013, (UE) 2018/858, (UE) 2018/1139 y (UE) 2019/2144 y las Directivas 2014/90/UE, (UE) 2016/797 y (UE) 2020/1828 (Reglamento de Inteligencia Artificial). DOUE-L-2024-81079.

43 Documento de trabajo de los servicios de la Comisión. Marco de la política de la Unión Europea en materia de seguridad vial para 2021-2030. Bruselas, 19.6.2019 SWD (2019) 283 draft, p. 24.

44 «BOE» núm. 90, de 14 de abril de 2012.

45 «DOUE» núm. 207, de 6 de agosto de 2010.

46 Recurso electrónico disponible en: www.fiscal.es

impulso de los Reglamentos de Conductores, Vehículos y de Circulación, para la regulación del vehículo autónomo[47].

Sin embargo, el vehículo de conducción autónoma es todavía una incógnita, aunque es cierto que muchas de las tecnologías de la conducción autopilotada están ya entre nosotros en forma de sistemas de asistencia opcionales que incrementan la seguridad y el confort al volante. Y es que dejar todo en manos de la IA del vehículo no es algo sencillo de asumir[48]. Los coches autopilotados son capaces de causar accidentes, daños personales y económicos[49]. Y es que a pesar de que los coches autónomos pueden ofrecer diversos beneficios, entre ellos y de un modo directo en el sector de la fabricación automovilística, existen razones para que los productores sean reacios a su implantación en el mercado por cuanto que la resolución de interrogantes acerca de la responsabilidad es aún incierta. Esto hace que los fabricantes sigan cautelosos en un terreno en el que la tecnología avanza, pero que requiere ser dotado de seguridad jurídica. Especialmente y en lo que se refiere a la responsabilidad por accidentes en los que están involucrados vehículos autónomos que incorporan sistemas de IA, se plantea un interrogante ¿a quién se le podría atribuir la responsabilidad en caso de accidente? En mi opinión no cabe una respuesta única. El actual estado de cosas nos obliga a situarnos en dos estadios diferentes: en el presente, caracterizado por el control del vehículo autopilotado por el humano; y el futuro, a largo plazo, presidido por la comercialización y uso del vehículo plenamente autónomo.

---

47 Nota de prensa de la DGT de 4 de enero de 2024, p. 6. Recurso electrónico disponible en: https://www.dgt.es/comunicacion/notas-de-prensa/

48 TEIJÓN ALCALÁ, M./GARCÍA CUENCA, L.: "La responsabilidad penal…", cit., p. 390.

49 Basta recordar el caso del vehículo de marca prestigiosa que atropelló a una mujer que circulaba en bicicleta, causándole su muerte. El proyecto piloto "vehículos sin conductor" que había iniciado la empresa Uber, entre otros lugares, en Tempe (Arizona), causándose en el mes de marzo de 2018 el atropello de una ciclista que iba andando con la bicicleta fuera de un paso de peatones provocándole la muerte.

III. RESPONSABILIDAD PENAL EN CASO DE VEHÍCULO AUTÓNOMO INVOLUCRADO EN ACCIDENTE CON VÍCTIMAS

El desarrollo e implementación de la conducción autónoma conlleva un esfuerzo colaborativo que involucra a empresas y otros actores clave en la industria de la tecnología y el automóvil[50]. Los sistemas de IA facilitan la vida diaria y ayudan a reducir las faltas humanas, pero no están exentos de riesgos y por supuesto son capaces de causar daños. Los coches autopilotados no son infalibles, pudiendo verse involucrados en colisiones o accidentes. De modo que eliminar el conductor humano reporta ventajas, pero también plantea complicaciones legales.

Pues, como bien apuntaba Benítez Ortúzar, "hasta la irrupción del "big data" y el tratamiento automatizado de datos estas "máquinas" siempre estuvieron bajo el directo control humano. Así que las respuestas jurídicas ante resultados no deseados en su funcionamiento si bien plantearon complejos procesos facticos, no presentaron grandes fallas en la dogmática jurídica clásica o tradicional. La computadora, que facilitaba la actividad humana, también la actividad ilícita, en ningún momento dejó de ser un objeto para el Derecho"[51]. De modo que si, como apunta Velasco Núñez, entendiéramos que la IA no es más que una informática sofisticada, la delincuencia vinculada a ella se estudiaría/clasificaría, según el modo/objeto/sujeto de ataque con entidad penal en función de entenderla como un simple medio comisivo, como simple instrumento del delito fijando la responsabilidad en función de la actitud de la persona que la use (el hombre por detrás, autoría mediata), integrándola, según el ataque afecte a los diversos bienes jurídicos que protege el Derecho Penal; o como objeto de ataque (*contra*), donde lo protegido por la norma, la propia IA, es la información derivada del análisis de sus datos

---

50 TEIJÓN ALCALÁ, M./GARCÍA CUENCA, L.: "La responsabilidad penal...", cit., p. 389.

51 BENÍTEZ ORTÚZAR, I.F.: "Reflexiones sobre robótica...", cit., p. 81, apunta que incluso puede decirse que la generalización de la informática y la implementación de las metodologías de la información y la comunicación, que tuvieron una incidencia decisiva en las transformaciones de las relaciones derivadas del proceso de producción, transformación y distribución de bienes y servicios, en el ámbito de la dogmática jurídica quedó limitada a su adaptación a las nuevas vías de hecho, en tanto que los sujetos y objeto de la relación jurídica no variaban.

conforme a su pre-programación y entrenamiento, el producto de su tratamiento y por supuesto los dispositivos y artilugios que la integran[52].

De mayor interés sería el tratamiento penal de la IA como sujeto, ya que, como vamos a ver seguidamente, el hecho de que, a diferencia de la informática clásica, sea capaz de tomar decisiones que afectan a su entorno, haciéndola ejecutiva nos obliga a reconsiderar muchos planteamientos clásicos, y muy especialmente respecto de un sector en desarrollo creciente como es el de los vehículos autónomos[53]. Porque ya no se trata de la redefinición del marco jurídico derivado de la introducción de las maquinas en el proceso de producción y distribución de bienes y servicios, que aconteció en otras revoluciones industriales, tampoco de los cambios generados con la implementación de la llamada revolución digital en las relaciones industriales, comerciales, profesionales, e -incluso- personales de la última década[54]. Los sistemas de IA que incorpora el vehículo autónomo de máximo nivel permiten a éste, a través de algoritmos con capacidad de ir adquiriendo un "aprendizaje" mediante su propia experiencia, actuar con cierta autonomía: autonomía respecto del artífice de la programación con la que fue concebida y creada, de un lado, y autonomía respecto del titular que la adquiere y se convierte en su usuario. Por ello, como advierte Benítez Ortúzar, la nueva realidad que presenta la IA aplicada al vehículo autónomo no sólo suscita cuestiones jurídicas en el plano del Derecho civil y administrativo, sino que en la esfera penal también se hace preciso el estudio de cuestiones tales como la culpabilidad (que por su actual configuración no se determina inherente a las máquinas)[55].

Llegados a este punto y en relación a su posible consideración como sujeto, se abre la puerta a la reflexión y discusión en la dogmática penal desde los siguientes interrogantes: ¿puede la IA, en general, y el vehículo autónomo, en particular, considerarse autora de un delito y, consecuentemente, ser objeto de pena? En relación a la primera cuestión, en opinión de Morillas Fernández, la respuesta debe ser negativa toda vez que se trata de una máquina que no hace más que obedecer/interactuar sobre los parámetros asignados por su primigenio al respecto[56]. Entonces, ¿quién

---

52 VELASCO NÚÑEZ, T./ALONSO CEBRIÁN, J. Mª.: "Delitos por/con inteligencia artificial: presente y futuro", en *Diario La Ley* Nº 82, abril 2024, p. 5.

53 *Ibidem.*

54 BENÍTEZ ORTÚZAR, I.F.: "Reflexiones sobre robótica...", cit., p. 81.

55 *Ibidem,* p. 87.

56 MORILLAS FERNÁNDEZ, D.: "Implicaciones de la inteligencia...", cit., p. 74.

respondería penalmente por semejante ilícito? Es aquí donde, como muy bien ha referido De la Cuesta Aguado, el jurista debe precisar cuándo o con qué grado de inteligencia se supera el umbral de la responsabilidad; es decir, el instante en el que la IA pueda ser considerada responsable de sus decisiones[57]. En este sentido, teniendo en cuenta que la responsabilidad penal en este ámbito puede variar dependiendo de factores como la autonomía del vehículo, la intervención humana en la conducción y la capacidad de control del conductor, entre otros aspectos[58], se puede distinguir entre la situación actual de conducción controlada y predecible, y la conducción hipotética o de futuro, plenamente autónoma. Al análisis de ambos supuestos me refiero a continuación.

1. En el momento actual: responsabilidad penal por imprudencia de las personas que lo crean o utilizan

Actualmente la IA aplicada a la conducción es predecible, calculada y controlable en todo momento por quien concibió o programó el vehículo, por quien lo fabricó o, en su caso, por quien es su usuario[59]. En este caso el sistema inteligente no tiene todavía conciencia que le permita comprender la relevancia jurídico-penal de sus acciones y captar la función preceptiva del Derecho Penal. Quedan en el aire igualmente considerables dudas sobre la presunta posibilidad de actuar dolosamente, es decir, con "voluntad consciente" de cometer un hecho constitutivo de delito, o de forma imprudente, como actitud de cumplimiento de la norma cautelar. Pues, como subraya Salvadori, "un agente artificial (hasta la fecha) no puede ser culpable, como tampoco puede percibir el efecto intimidatorio ni disuasorio de la pena y, menos aún, garantizar la función especial de prevención ya que la sanción no sería adecuada para reeducar ni resocializar al agente artificial, quedando únicamente la vía de restablecer los algoritmos que han determinado o influido en su toma de decisión"[60].

---

57 DE LA CUESTA AGUADO, P.: "Inteligencia artificial y Derecho Penal", en *Revista Penal México*, n. 16 y 17, 2019-2020, p. 52.

58 VALLS PRIETO, J.: "Sobre la responsabilidad penal…", cit., p. 23, advierte que sin perder de vista que cuanto más preciso es un análisis realizado por esta tecnología más difícil es conseguir una explicación de por qué la máquina ha tomado esa decisión.

59 BENÍTEZ ORTÚZAR, I.F.: "Reflexiones sobre robótica…", cit., p. 77, a propósito del robot en general.

60 SALVADORI I.: "Agentes artificiales, capacidad…", cit., pp. 151-155.

En este primer caso dada la ausencia de responsabilidad de la IA en los términos referidos en los artículos 27 y 28 CP, en cuanto "no realiza el hecho por sí sola, conjuntamente o por medio de otro del que se sirve como instrumento", debe concretarse, a título doloso o imprudente, la persona que debe responder por las consecuencias jurídicas derivadas de la actuación de un sistema de IA, en este caso del vehículo, debiendo recurrir a criterios que permitan verificar cómo y por qué se ha producido el fallo correspondiente o bien la existencia de una voluntad criminal previamente establecida (dolo directo o eventual).

Así, en la actualidad, mientras no pueda atribuirse autonomía a las entidades con IA el sistema de la teoría del delito sigue siendo totalmente válido para resolver los diferentes problemas causales y de atribución de responsabilidad, generalmente imprudente. Aunque de entrada no parece revertir problema jurídico-penal alguno el hecho de que un sujeto utilice consciente y voluntariamente un vehículo dotado de un sistema de IA para desarrollar un comportamiento criminal, respondiendo dolosamente en concepto de autor -ya que en estos casos se utilizaría al sistema de IA como herramienta o medio para la comisión del delito-, la verdadera problemática subyacerá cuando no existe semejante grado de conocimiento respecto del posible resultado ilícito o simplemente cuando se genera el delito sin ser ésa la voluntad inicial del individuo, abriendo en estos casos la puerta a la imputación a título imprudente[61].

En relación a los supuestos en que podría desencadenarse la aplicación de los tipos penales imprudentes según el rol desarrollado por la persona, siempre que haya una previsibilidad del riesgo, Valls Prieto[62] -que ha establecido una metodología de actuación basada en la fase de interactuación-, distingue tres niveles de imputación: a) compuesto por desarrolladores y fabricantes del vehículo autónomo que lo diseñan e introducen en el mercado. En este caso, los hechos lesivos que tienen lugar debido a un error de programación o funcionamiento del agente artificial podrán ser imputados a título imprudente a quienes lo han programado, desarrollado, producido o aprobado[63]; b) profesionales que utilizan estos sistemas inteligentes para

---

61 MARK, P.: "¿Qué está pasando...?", cit., p. 45.

62 VALLS PRIETO, J.: "Sobre la responsabilidad penal...", cit., p. 24.

63 Al respecto, MORILLAS FERNÁNDEZ, D.: "Implicaciones de la inteligencia...", cit., p. 83, considera muy relevante la hipótesis relativa al caso de la conducción de un vehículo de manera autónoma en el que, fruto de un error del sistema, por el fallo de un sensor o no reconocimiento de una señal -piénsese, en un semáforo en

realizar una parte de su trabajo y, por tanto, interaccionan con la máquina de forma diferente a como realizarían los desarrolladores; y c) los usuarios finales, en muchos casos, los consumidores del vehículo[64]. De modo que como subraya Salvadori quien utiliza un agente artificial podrá ser llamado a responder de las consecuencias lesivas que se deriven de su uso si tiene poder efectivo para prevenir el hecho. Piénsese, como paradigma, en el vehículo semiautomático que, cerca de un cruce, no se detiene en la señal de stop, golpeando fatalmente a un peatón. El fallecimiento del peatón será atribuido al conductor si se demuestra que con la debida diligencia podría (debería) haber tomado medidas para tomar el control del automóvil y evitar el golpe[65]. No obstante, en opinión de Marck, respecto de estos últimos, en el nivel 3 de autonomía, la situación es menos clara ya que el conductor designado podría no haber tenido tiempo suficiente para reaccionar o no haber podido evitar un accidente provocado por los sistemas automáticos. En estos casos, los registros de datos de la «caja negra» (obligatorios en California) tendrán un valor incalculable para atribuir la responsabilidad[66].

En todo caso en este estadio cabe poner de relieve tres aspectos que merecen mención: en primer lugar, que cuanto mayor sea el nivel de autono mía del agente artificial, más elevada será la dificultad para imputar responsabilidad penal a personas físicas. De manera que ni siquiera los creadores del sistema son capaces de encontrar una explicación a la decisión tomada.

---

rojo no detectado o simplemente en la salida del garaje del vehículo para posicionarse en la calzada- se genera el atropello de una o varias personas. Inicialmente, parece claro que el ocupante del vehículo automatizado exigirá responsabilidad a la empresa responsable del vehículo, siempre y cuando el mantenimiento y estado de los sensores correspondientes fuera el adecuado, ya que ha adquirido una máquina con una determinada fiabilidad probada científicamente con una serie de test y otros protocolos de seguridad. Sin embargo, las empresas fabricantes y comercializadoras no dejan margen a la improvisación y, para evitar riesgos de este tipo, incluyen cláusulas referentes a que la conducción automática exige la supervisión del conductor quien debe estar en todo momento atento a cualquier incidencia que pueda acontecer para evitar riesgos indeseados o, dicho en otras palabras, hay un deber de cuidado o actuación implícito en el ocupante del vehículo quien, pese a no manejar la máquina, debe estar preparado para tomar el control ante la menor incidencia, pudiendo derivar su inatención de una inobservancia del deber de cuidado que le era exigible con la consiguiente traslación de la responsabilidad penal a su persona.

64 Vid. en términos generales VALLS PRIETO, J.: "Sobre la responsabilidad penal…", cit., p. 24.

65 SALVADORI, I.: "Agentes artificiales, capacidad…", cit., pp. 151-155.

66 MARK, P.: "¿Qué está pasando…?", cit., p. 45.

Este oscurantismo que Valls Prieto llama "black box" hace imposible establecer un nexo causal claro entre la lesión del bien jurídico y el proceso de toma de decisiones del sistema inteligente[67]. Aunque, en opinión de Salvadori en cualquier caso habría que hacer un rastreo hasta llegar a los sujetos que diseñaron, programaron y produjeron el software; al fabricante del software al cual se le podría reprochar a través de la imprudencia, cualquier error cometido en las fases de producción; e incluso al desarrollador o programador por un "fallo de programación" o por no haber previsto la posibilidad de permitir, ante situaciones de emergencia, la intervención manual de piloto en situaciones críticas[68]; en segundo lugar, la imputación debe realizarse extensiva en el caso de que verificados problemas de seguridad posteriores no se lancen las actualizaciones necesarias para remediar fallos del software o, en caso de ser posible, no se retire del mercado; y por último, la responsabilidad a título imprudente no tiene por qué cerrarse en una única persona si consigue verificarse el error de varios operadores[69]. Pues la compleja interacción de hardware y software en los vehículos autónomos hace difícil identificar un único culpable cuando algo sale mal.

De otro lado, De la Cuesta Aguado considera fundamental distinguir según la responsabilidad provenga por el producto o por los daños. El primer caso no es ajeno al Derecho Penal y así podrían establecerse distintas responsabilidades individuales según los siguientes supuestos: i) de quien comete el error en su ámbito de competencia que puede implicar errores de distintas personas; ii) por culpa *in vigilando*; y iii) derivada de la creación o uso de una fuente de peligro. De otro lado, y en relación a la responsabilidad penal por daños, lesiones o, en general, resultado delictivo, aquí el agente artificial podría ser considerado como dependiente de la responsabilidad de la persona, ya por errores humanos de consecuencias previsibles o imprevisibles[70].

En definitiva, el vehículo sin conductor –también los drones, etc.-, por más autonomía que tenga debe mantener, a fecha de hoy, la configuración y el tratamiento jurídico de las cosas o fuente generadora de peligro. Por lo tanto, su utilización por un sujeto para cometer un delito significará, como bien apunta Dupuy, que el dominio del hecho siempre le corresponderá al humano y, en base a ello, la imputación se realizará

---

67 VALLS PRIETO, J.: "Sobre la responsabilidad penal...", cit., p. 23.

68 SALVADORI, I.: "Agentes artificiales, capacidad...", cit., pp. 155-159.

69 *Ibidem.*

70 DE LA CUESTA AGUADO, P.: "Inteligencia artificial y...", cit., p. 58.

con base en la comisión directa y personal de la acción típica, abriendo un nuevo debate sobre qué persona y en qué condiciones se encontraría detrás de la responsabilidad penal[71]. De modo que no es el sistema de IA sino el fabricante, programadores y usuarios los que tienen el dominio del hecho. Siendo así, ¿podría plantearse la responsabilidad penal de las grandes compañías del sector automovilístico, y las plataformas tecnológicas que asumen la programación (que deben afrontarla en función de su previsibilidad sobre el riesgo) por los resultados lesivos? En principio podría admitirse que estas entidades deben acoplar su necesaria corresponsabilidad administrativa también al campo de lo penal, mediante la genérica obligación de minoración de riesgos penales -adopción del *compliance*- e incluso su posible responsabilidad penal propia conforme al artículo 31 bis CP (esto es, cuando el delito sea cometido en nombre o por cuenta de la persona jurídica, y en su beneficio directo o indirecto, por las personas físicas que se mencionan en los apartados a) y b) del artículo 31 bis 1 CP). Sin embargo, y pese a que algún autor aboga por una interpretación *lapsa* en base a la idea de que todos los delitos pueden cometerse en beneficio de las personas jurídicas[72], el sistema *numerus clausus* del repertorio de delitos susceptibles de ser cometido por las personas jurídicas, recogido en el texto punitivo, veta esta posibilidad. Entre las actuaciones que pudieran generar su responsabilidad en tal escenario se hallan las relacionadas con la intimidad (por ejemplo, interceptación de las comunicaciones de los usuarios de dichos sistemas); la propiedad, por daños informáticos; o acciones delictivas relativas a la propiedad industrial (verbigracia usurpación de patente), al mercado (v.gr. espionaje empresarial) y a los consumidores (por ejemplo, por publicidad engañosa), pero se limita respecto de los delitos de lesiones y homicidio, cuya comisión generalmente será imprudente.

2. *Responsabilidad directa del vehículo plenamente autónomo: ¿una ficción jurídica para el futuro?*

A largo plazo podría darse el caso de un vehículo programado para desarrollar un proceso de aprendizaje que le permita adoptar sus propias decisiones ante situaciones complejas, haciendo difícil la predictibilidad

---

71 DUPUY, D.: "*Inteligencia artificial aplicada al Derecho Penal y Procesal Penal*", en Dupuy D. (dir.), *Cibercrimen II*, Buenos Aires, 2018, pp. 297 y 298.

72 En este sentido, MACÍAS ESPEJO, B.: "Criminal compliance program…", cit., p. 9.

de la respuesta desde el momento de su fabricación o, incluso, desde su puesta en uso. Piénsese en la significativa noticia publicada a nivel mundial acerca del proyecto piloto de "vehículos sin conductor" que había iniciado la empresa Uber, entre otros lugares, en Tempe (Arizona), causándose en el mes de marzo de 2018 el atropello de una ciclista que iba andando con la bicicleta fuera de un paso de peatones provocándole la muerte. Parece que el vehículo autónomo detectó a la víctima, pero no frenó a tiempo; "*el sistema decidió frenar 1,3 segundos antes del impacto para mitigar el golpe, una decisión demasiado tardía y supeditada a que el frenado de emergencia que equipa el Volvo CX90 no está activado en las pruebas de conducción autónoma para evitar comportamientos erráticos*".

En este caso, ¿se podría considerar que la IA es la única autora del delito? Respecto de los agentes artificiales dotados de una alta autonomía sus actuaciones no pueden ser determinadas ni previstas *ex ante* por los operadores que lo diseñaron, desarrollaron, probaron o produjeron, al depender directamente de los *inputs* que adquieren con su experiencia y procesan de manera independiente[73]. Ello ha llevado a un sector de la doctrina a revisar el modelo de responsabilidad de la teoría del delito para adaptarlo a los nuevos retos y proponer diferentes alternativas[74]. Pues, como Demetrio Crespo apunta, los desafíos para la teoría de la acción penal van hoy día más allá debido a la irrupción de la IA, que pone a prueba la capacidad de rendimiento del actual sistema de imputación jurídico penal[75]. En estos casos las construcciones tradicionales de la teoría jurídica del delito presentan múltiples fisuras, difíciles de abordar desde las concepciones dogmáticas y respuestas jurídicas previsibles en el Código Penal vigente, que parte del ser humano como sujeto del Derecho. Estas se ponen en entredicho cuando el vehículo que se crea tiene capacidad de actuar de acuerdo con su propio aprendizaje. Esto ocurrirá cuando, aunque sea de forma un tanto metafórica pueda afirmarse que el vehículo hace algo similar a lo que

---

73 SALVADORI, I.: "Agentes artificiales, capacidad…", cit., pp. 138 y 129.

74 De esta opinión, a propósito de la IA, en general, vid. DEL ROSAL BLASCO, B.: "¿El modelo de responsabilidad penal de las personas jurídicas para los daños punibles derivados del uso de la inteligencia artifical?", en *Revista de Responsabilidad Penal de las Personas Jurídicas*, Volumen Nº 2, junio 2023, p. 6.

75 DEMETRIO CRESPO, E.: "El Derecho penal ante el desafío neurotecnológico y algorítimico: reflexiones preliminares", en Demetrio Crespo E. (dir.), *Derecho Penal y comportamiento humano*, Valencia, 2022, pp. 24 y 25.

hace el ser humano antes de dar una respuesta: "pensar", razonar conforme a su conocimiento y experiencias previas[76].

Así, en opinión de Mark con vehículos totalmente autónomos del nivel SAE 4 y 5, no hay conductor ni ningún método de intervención del pasajero, por lo que los accidentes no se pueden atribuir a nadie que viaje dentro del vehículo. La culpa debe recaer en el fabricante del automóvil, el desarrollador de los algoritmos, los fabricantes de sensores o, quizás, un conductor humano de otro vehículo[77]. En el mismo sentido, Greco mantiene que en esta discusión no se ventila el comportamiento o la responsabilidad del vehículo mismo, tampoco de un conductor que ya no está presente, sino que se impone una mayor responsabilidad al desarrollador de algoritmos, esto es, al programador, y, en última instancia, al fabricante del vehículo[78]. Sin embargo, Salvadori centra la cuestión en el sentido de considerar a los agentes artificiales capaces de aprender y de autodeterminarse; es ahí donde puede cuestionarse si el Derecho Penal debe reconocer su autonomía efectiva y plena y equipararlos con sujetos (humanos) penalmente responsables[79]. De modo que, probada la autonomía en la toma de la decisión exterior, y que muchas de las actuaciones de estos vehículos autopilotados, tendrían implicaciones y consecuencias sobre la esfera humana (perjuicio, daño) se debe valorar si pertenecen a una de las categorías jurídicas existentes o si debe crearse una nueva categoría con sus propias características jurídicas.

Así, Dupuy tiene clara la actuación directa desde una perspectiva de responsabilidad civil derivada de los daños ocasionados, no cabiendo realizar una traslación idéntica desde la perspectiva penal debido al referido problema de la culpabilidad, por lo que la autora sugiere dos vías de actuación: aplicando las reglas del Derecho vigente en relación con esta nueva realidad –excluiría la intervención penal- o creando un *corpus iuris* propio de la robótica, lo que requiere como presupuesto central el reconocimiento de cierta entidad (personalidad jurídica) a los robots

---

76 De esta opinión, BENÍTEZ ORTÚZAR, I.F.: "Reflexiones sobre robótica...", cit., p. 77, añade que de forma un tanto metafórica podría afirmarse que la máquina dotada de IA, que va ampliando de forma autónoma los algoritmos que le permiten dar respuestas ante situaciones no previsibles en el momento de su creación.

77 MARK, P.: "¿Qué está pasando...?", cit., p. 45.

78 En este sentido, GRECO L.: "Vehículos autónomos y...", cit., p. 486; MARK, P.: "¿Qué está pasando...?", cit., p. 43.

79 SALVADORI, I.: "Agentes artificiales, capacidad...", cit., p.146.

como sujetos de Derecho, dando entrada al cuestionado Derecho Penal de los robots[80]. Pues, como bien apunta Santos González, conforme a la normativa vigente "no pueden ser considerados: a) persona física, ya que chocaría frontalmente con el art. 30 del Código Civil al exigir unos requisitos biológicos que no pueden predicarse de un robot; b) como persona jurídica, sería posible su configuración requiriendo ser destinatario de derechos y obligaciones, si bien nuevamente vuelven a surgir imposibilidades debido, entre otras circunstancias, a que la persona jurídica se configura sobre la unión de un grupo de personas físicas, algo claramente alejado de los robots, al igual que el hecho de generar daños por sí mismo, algo respecto de lo cual la IA tendría capacidad mientras la persona jurídica no; c) como animal, tampoco enlazaría con el citado reconocimiento al no existir una base genética o biológica que permita experimentar a la fecha sentimientos naturales; d) como cosa, la cual se identifica como algo inanimado, carente de vida frente a los robots, respecto de los cuales en su nivel de máxima autonomía se persigue justamente lo contrario, que realicen conductas inteligentes, tengan autonomía para moverse e interactuar, debiendo considerarse como algo animado"[81].

Con estas premisas, nos preguntamos si es necesario para que respondan penalmente esas IAs que, además de operar de forma diferenciada/propia/singular, tengan personalidad en el sentido ontológico del término (personalidad maquinal/artificial/electrónica/robótica), dado que si hay autonomía decisional pero se carece de autoconsciencia y comprensión, no parece fácil poder hablar de que haya entidad (hasta el Art. 129 CP al hablar de responsabilidad corporativa, incluida la que carece de personalidad jurídica, parece exigir su relación con los humanos que la integran)[82]. Para Velasco Núñez/Alonso Cebrián, si aceptamos un concepto científico que admita que ciertas IAs autónomas, independientemente de la interacción humana, puedan llegar a «cometer/decidir» acciones dañinas/de riesgo, cabría pensar en una responsabilidad penal propia de las mismas, a nada que las asociásemos en su causación a algún grado de reprochabilidad propia[83]. Pues como bien sugiere Salvadori, de futuro resulta previsible que

---

80 DUPUY, D.: "Inteligencia artificial aplicada…", cit., p. 297.

81 SANTOS GONZÁLEZ, Mª.J.: "Regulación legal de la robótica y la inteligencia artificial: retos de futuro", en *Revista Jurídica de la Universidad de León*, nº 4, 2017, pp. 39-45.

82 SALVADORI, I.: "Agentes artificiales, capacidad…", cit., pp. 151-155.

83 VELASCO NÚÑEZ, T./ALONSO CEBRIÁN, J. Mª.: "Delitos por/con inteligencia…", cit., p. 5, señalan que constan ya en la actualidad modelos computacionales

los agentes artificiales lleguen a ser completamente autónomos, lo que significaría la capacidad propia de actuar y, en algunos aspectos, ser capaces de percibir la realidad que les rodea y de operar de forma "consciente", lo que devendría en el reconocimiento de la personalidad jurídica de la entidad no humana, algo que, por otro lado, tampoco resultaría una novedad, dado que muchos ordenamientos jurídicos, tanto del *common law* como del *civil law*, se reconoce pacíficamente a las entidades y personas jurídicas incluso a efectos penales[84]. A ello debe contribuir, para superar las limitaciones actuales, el hecho de que la existencia de la libertad de la voluntad en la cabeza del hombre no tiene un fundamento ontológico, sino que es el resultado de una construcción social que podría hacerse valer también contra los agentes artificiales completamente autónomos en el momento en el que, como las personas, interactúan e intervienen en las relaciones sociales y tienen un poder de conformación de la realidad[85]. Sin embargo, en tanto no se le reconozca consciencia y sentimiento de empatía al sistema inteligente usado en la conducción autónoma, no sería posible predicarles la imputabilidad y reprochabilidad que exige la culpabilidad penal, al menos dada la necesidad de hacerlas susceptibles de prevención especial ante el resultado dañino que aceptan.

Sin embargo, en los últimos tiempos cobra peso la idea de crear una personalidad jurídica electrónica, lo cual en opinión de un sector de la doctrina sería el producto de dos aspectos distintos: uno, el legislativo, que ha pretendido establecer una dinámica de control jurídico de la evolución científica en el ámbito de la robótica; y, otro, el argumento de equivalencia funcional entre personalidad humana y electrónica, el cual debe tomar como punto de partida, la concepción de la acción anclada en la mecánica newtoniana y la expresión de subjetividad al partir del modelo cartesiano

---

de aprendizaje automático *(Machine Learning)* que son capaces por sí mismos de aprender/detectar correlaciones entre variables y factores, y, actuar en consecuencia, pero, sobre todo, otros neuronales *(Deep Learning)* que incluso aprecian relaciones de causalidad entre la información que procesan por capas de análisis y las decisiones que ejecutan. Con la llegada de la IA Generativa, donde tenemos modelos que son capaces de inferir decisiones en billones de parámetros, la toma de decisiones delegada a un sistema informático es una práctica habitual, hablándose de tecnología creada *NoCode* o *LowCode*, porque ha sido creada incluso con IA.

84 SALVADORI, I.: "Agentes artificiales, capacidad…", cit., pp. 151-155.

85 *Ibidem*.

del *cogito ergo sum*[86]. De lo contrario se caería en el riesgo de sancionar la mera fuerza computacional, la masividad del resultado, o su objetiva lesividad, que si bien es entendible en el campo de la responsabilidad civil —nadie debe soportar las consecuencias dañinas generadas por culpa ajena— no parece propio de quien además es sancionado con penas —excluimos aquí las consecuencias accesorias: las del art. 127 y siguientes CP y otras nuevas con que «castigar» a las IAs como la destrucción, reprogramación, reconversión, prohibición de uso, botón del pánico, destino legal….— porque, de permitirlo, estaríamos castigando la tecnología, de quien siempre debe predicarse su neutralidad instrumental. En definitiva, ¿cabría la atribución ficticia de una especie de responsabilidad penal por obra de la Ley/ *ope legis* (ficción legal) en casos aislados de las mismas, como ha ocurrido con la de las personas jurídicas (ex Art. 31 bis CP)? Se entra, de este modo, directamente en el ámbito de la ficción jurídica, como ya ocurriera en las construcciones dogmáticas que permitieron a la persona jurídica ser actor directo en la relación jurídica, si bien desde parámetros muy diferentes[87].

En esta dirección, Romeo Casabona llama la atención sobre el instante futuro en el que la máquina pudiera tener esa intención criminal de manera idéntica a un humano, lo cual implicaría indefectiblemente la necesidad de modificar el actual sistema de responsabilidad penal para adaptarlo a los entes autónomos[88], una situación que como dice Miró Llinares

---

86 BUSATO P.C.: "De máquinas y seres vivos", en Demetrio Crespo, E. (dir.), *Derecho Penal y comportamiento humano,* Valencia, 2022, pp. 352 y ss., quien recuerda que este segundo aspecto puede observarse en el hecho de que la evolución de la IA ha llegado a tal punto que pueden observarse en ella características humanas como la comunicación, la internalización del conocimiento, la capacidad de aprendizaje, la toma de decisiones, incluso la creatividad y la espontaneidad, lo que significaría que las máquinas razonan de forma similar a un humano, con lo que merecerían idéntico tratamiento jurídico, concluyendo que los robots dotados de IA son capaces de realizar tanto el *actus reus* -la capacidad de acción se correspondería con la capacidad de producción de un movimiento físico que produce un resultado- como el *mens rea* -capacidad de pensar, la cual se vincularía al aprendizaje autónomo- exigidos para la responsabilidad penal; es decir, resultan ser capaces de atender a los requisitos objetivos y subjetivos de la imputación.

87 VELASCO NÚÑEZ, T./ALONSO CEBRIÁN, J.Mª.: "Delitos por/con inteligencia…", cit., p. 5.

88 ROMEO CASABONA, C.M.: "Criminal responsability of robots and autonomous artificial intelligent systems", en *Comunicaciones en propiedad industrial y derecho de la competencia,* n. 91, 2020, pp. 170-172.

aún queda lejos toda vez que a día de hoy no existe una IA autónoma total[89]. En cualquier caso, por más autonomía que tengan los vehículos sin conductor deben mantener, a día de hoy, la configuración y el tratamiento jurídico de las cosas. Por lo tanto, su utilización por un sujeto para la comisión de un delito significaría que el dominio del hecho siempre lo va a tener el humano y, conforme a ello, la imputación se realizará con base en la comisión directa y personal de la acción típica, abriendo un nuevo debate sobre qué persona y en qué condiciones se encontraría detrás de la responsabilidad penal[90].

De otro lado, más allá de la pregunta sobre quién, cómo y por qué debe responder jurídicamente por los daños (materiales o personales) que eventualmente ocasione un coche autónomo, se ha desarrollado también una viva discusión sobre el programa de conducta desde el que hay que dotar al vehículo para determinadas situaciones de colisión. Como se ha señalado, incluso durante la fase de prueba o investigación, se han producido varias muertes con vehículos autónomos en los que los algoritmos de detección no han reconocido un accidente inminente o no han detectado otro vehículo en las proximidades[91].

Lo cierto es que tales vehículos se verán involucrados en situaciones de necesidad que plantean, al tiempo, un importante reto ético-jurídico adicional: ¿qué bien jurídico proteger en caso de atropello o colisión? Se trata de un dilema ético y moral que los consumidores, los legisladores, las aseguradoras y los fabricantes de vehículos deben abordar. Los coches autopilotados han de ser programados para responder a situaciones de necesidad en las que la infracción de una norma o la causación o no evitación de un daño resultan inevitables, es decir los coches autopilotados deberán incorporar a través de algoritmos un determinado código de conducta para situaciones excepcionales, una especie de "moral" que le permita decidir si infringe la ley de tráfico en supuestos de necesidad, todo ello contando con la presencia de otros vehículos con vidas humanas, la existencia de peatones en la vía, las inclemencias meteorológicas,

---

89 MIRÓ LLINARES, F.: "Inteligencia artificial y justicia penal: más allá de los resultados lesivos causados por robots", en *Revista de Derecho Penal y Criminología*, n. 20, 2018, pp. 91-92.

90 DUPUY, D.: "Inteligencia artificial aplicada…", cit., pp. 297 y 298.

91 Piénsese en el ya mencionado proyecto piloto de "vehículos sin conductor" que había iniciado la empresa Uber, entre otros lugares, en Tempe (Arizona), causándose en el mes de marzo de 2018 el atropello de una ciclista que iba andando con la bicicleta fuera de un paso de peatones provocándole la muerte.

otros factores que pudieran aparecer de improviso en el concreto momento (animales, objetos, accidentes, en la vía) y en general, la salvaguarda o lesión de otros intereses en juego[92]. Como humanos, tomamos decisiones en los segundos previos a un accidente, por ejemplo, conducir el coche hacia donde dañará a la menor cantidad de personas, una decisión tomada por instinto en una fracción de segundo sin tiempo para analizar profundamente la situación[93]. Pues como concluye Greco, "es lícito (pero no obligatorio) programar a los vehículos autónomos para la solución de casos de colisión con base en criterios de cuantificación. Esta opción encuentra su expresión dogmática en la causa de justificación de la colisión de deberes, a cuyos principios cabe recurrir para desarrollar el contenido del riesgo permitido que rige la situación de la programación"[94]. De modo que, una vez que los vehículos sean completamente autónomos, esta elección la hará el vehículo y será necesario desarrollar un algoritmo en tal sentido.

Todo esto nos llevaría a un sistema de *compliance* similar al de las personas jurídicas en nuestro actual sistema penal, entendido como un sistema en el que se valora la existencia de un sistema de organización y gestión de riesgos que prevenga de la utilización de conclusiones no validadas y rutinarias que salgan de la máquina[95]. Sobre este extremo, Valls Prieto hace especial hincapié en la necesidad de determinar cuáles son las normas de cuidado que se tienen que respetar y que son exigibles a los ciudadanos en el uso de sistemas inteligentes para poder delimitar quién ha cometido el delito. Así pues, dentro de los diferentes códigos éticos que existen los principios expuestos por las guías éticas de la Comisión Europea resultan, a juicio de este autor, "la fuente más completa, lo cual se traduciría, siguiendo los parámetros de algunos autores, en trasladar el sistema de *compliance* de las personas jurídicas a los sistemas inteligentes, si bien el modelo y la responsabilidad no podría ser idéntico por los problemas

---

92 BENÍTEZ ORTÚZAR, I.F.: "Reflexiones sobre robótica…", cit., p. 84.

93 MARK, P.: "¿Qué está pasando…", cit., p. 45, advierte que esto crea un campo jurídico complicado que se vuelve más complejo a medida que las actitudes frente a las acciones que los humanos pueden tomar también varían según la región.

94 GRECO L.: "Vehículos autónomos y situaciones…", cit., p. 494, quien con cita del § 34 StGB del Código Penal alemán el principio según el cual la vida humana no es susceptible de cuantificación queda incólume pues, materialmente, la situación de programar no implica sustraer nada a lo que ta tenga derecho alguien, sino que tan sólo se le niega una oportunidad de salvamento.

95 ROMEO CASABONA, C.: "Criminal responsability of robots…", cit., p. 173.

presentados, a saber: los programas en caso de cumplir les exime de responsabilidad penal. Por contra, el sistema inteligente no puede realizar por sí mismo este cumplimiento normativo, siendo un externo el que tomará la decisión de realizarlo o no. Además, mientras que dentro de la empresa se pueden tomar este tipo de decisiones, en el sistema inteligente no es posible, siendo una persona externa al sistema quién tomará las decisiones. Finalmente, el cumplimiento normativo implica la necesidad de un marco jurídico que regule el incumplimiento, mientras en materia de IA se parte de principios éticos (no normativizados) y, en consecuencia, los sistemas de prevención de riesgos son más amplios que en el caso de *compliance*"[96].

En cualquier caso, dada la inminente capacidad de transformación del modo de vida que el coche autónomo presenta para la sociedad, se precisa, de manera urgente, dotar de normas al Ordenamiento Jurídico que garanticen su adecuado desarrollo, incorporando en su fabricación aquellos algoritmos que permitan una precisa seguridad jurídica para todos los sectores implicados y garanticen unos niveles éticos suficientes. ¿Cómo podemos crear un mundo seguro con dispositivos autónomos y de IA interconectados y cómo podemos medir los riesgos? Porque de inicio la IA es un instrumento neutro que, como todo, se puede utilizar para bien o para mal. Ya depende de hasta dónde estemos dispuestos a llegar.

IV. A MODO DE CONCLUSIÓN

El sector de la automoción está cambiando a pasos agigantados, y aún quedan muchos más cambios por llegar. Si bien los motores de combustión interna son la tecnología de propulsión actualmente dominante, en el sector del transporte se han desarrollado varias tecnologías alternativas. Estamos comenzando a aplicar la energía eléctrica, y la revolución de los vehículos autónomos está en marcha, impulsada por avances impresionantes en IA, aprendizaje automático y tecnologías de sensores. Estos vehículos prometen transformar nuestra manera de desplazarnos, ofreciendo potenciales beneficios como la reducción de accidentes de tráfico, la disminución de congestiones y la mejora de la eficiencia en el transporte. Sin embargo, junto a estas promesas, emergen importantes

---

96 VALLS PRIETO, J.: "Sobre la responsabilidad penal...", cit., p. 23.

desafíos y preguntas sobre la responsabilidad penal en caso de accidentes o incidentes que involucren a estos vehículos.

Tradicionalmente la responsabilidad en los accidentes de tráfico ha recaído en el conductor humano. Sin embargo, con la automatización creciente debemos reconsiderar este enfoque. En la actualidad, los fallos en el sistema inteligente que usa el vehículo autónomo podrían desencadenar la aplicación de los tipos imprudentes -artículos 142 CP (homicidio imprudente) y 152 CP (lesiones imprudentes) si hay víctimas- a desarrolladores, fabricantes del vehículo y usuarios finales, según el rol desarrollado por la persona, siempre que haya una previsibilidad del riesgo. Pero si se trata de autonomía en nivel máximo, en ausencia de conductor y/o pasajeros la cuestión es aún más problemática desde el punto de vista jurídico, porque en ella la vinculación de la responsabilidad a un comportamiento humano es mucho más difícil de determinar, precisamente, por el grado de autonomía del algoritmo. En estos supuestos, doctrinalmente, se vienen discutiendo, en los últimos años, diversos modelos; unos, que preconizan la responsabilidad penal directa del sistema de IA, en general, y del vehículo autónomo, en particular, y otros, que rechazan esa posibilidad y, en aplicación de la actual teoría jurídica del delito, establecen distintas hipótesis según el fallo del agente artificial sea atribuible al programador, fabricante y/o usuario. Aunque también es posible atribuirla a una pluralidad de intervinientes, pues los vehículos autónomos operan mediante una compleja interacción de *hardware* y *software*, lo que hace difícil identificar un único culpable cuando algo sale mal.

En conclusión, los vehículos autónomos representan una frontera emocionante en la tecnología, pero desde el punto de vista jurídico-penal su implementación nos desafía, según un sector de la doctrina, a reconsiderar y redefinir nuestras leyes y valores éticos. Sin embargo, en mi opinión, en tanto no pueda atribuirse autonomía a los sistemas de IA incorporados el vehículo sin conductor el sistema tradicional de la teoría jurídica del delito sigue siendo en estos casos totalmente válido para resolver los diferentes problemas causales y de atribución de responsabilidad, generalmente imprudente, a creadores y usuarios del mismo, dependiendo de sus obligaciones y del impacto que tienen sus actuaciones en los bienes jurídicos.

En cualquier caso, a día de hoy, no estamos preparados para la implementación de vehículos autónomos. La conducción plenamente autónoma es un tema complejo que requiere una evolución significativa de las normas y consideraciones éticas para abordar adecuadamente la responsabilidad penal en caso de accidentes. Las leyes y regulaciones deben ser rigurosas y adaptarse continuamente para mantener el equilibrio entre la innovación tecnológica y la seguridad jurídica incluso en la fase de prueba e investigación.

BIBLIOGRAFÍA

BECK, U.: *La sociedad del riesgo. Hacia una nueva modernidad* (trad. J. Navarro, D. Jiménez y M. R. Borrás). Paidós, (1986/1998).

BENÍTEZ ORTÚZAR, I.F.: "Reflexiones sobre robótica y Derecho. Especial referencia al vehículo autónomo", en *Foro Gallego*, Nº 208, 2020.

BUSATO P.C.: "De máquinas y seres vivos", en Demetrio Crespo, E. (dir.), *Derecho Penal y comportamiento humano*, Valencia, 2022.

DE LA CUESTA AGUADO, P.: "Inteligencia artificial y Derecho Penal", en *Revista Penal México*, n. 16 y 17, 2019-2020.

DE VICENTE MARTÍNEZ, R.: "Seguridad Vial y el Derecho Penal. En especial el homicidio imprudente cometido con vehículo a motor". Recurso electrónico disponible en: http://www.unifr.ch/ddp1/derechopenal/articulos/a_20090209_02.pdf).

DEL ROSAL BLASCO, B.: "¿El modelo de responsabilidad penal de las personas jurídicas para los daños punibles derivados del uso de la inteligencia artifical?", en *Revista de Responsabilidad Penal de las Personas Jurídicas*, Volumen Nº 2, junio 2023.

DEMETRIO CRESPO, E.: "El Derecho penal ante el desafío neurotecnológico y algorítimico: reflexiones preliminares", en Demetrio Crespo E. (dir.), *Derecho Penal y comportamiento humano*, Valencia, 2022.

DUPUY, D.: "*Inteligencia artificial aplicada al Derecho Penal y Procesal Penal"*, en Dupuy D. (dir.), *Cibercrimen II*, Buenos Aires, 2018.

GARRIDO, R.: "Accidentes de tráfico, una pandemia del presente", en *Revista Española de Economía de la Salud*, núm.4, 2005

GRECO L.: "Vehículos autónomos y situaciones de colisión", en Cancio Meliá, M./ Maraver Gómez, M./Fakhouri Gómez, Y./Guérez Tricarico, P./Rodríguez Horcajo, D./Basso, G.J. (eds.), *Libro Homenaje al Profesor Dr. Agustín Jorge Barreiro*, Vol. I, Madrid, 2019.

HERNÁNDEZ-CARRILLO FUENTES, J. Mª.: "Seguridad vial, velocidad y reforma del Código Penal", en *Revista de responsabilidad civil y seguro*. Recurso electrónico disponible en: http://www.asociacionabogadosrcs.org/doctrina/19%20%Jose%20 Maria%20Hernandez-Carrillo.pdf

MACÍAS ESPEJO, B.: "Criminal compliance program y exención de responsabilidad penal ante la hipotética, si no inminente, industrialización del coche sin conductor", en *Revista Aranzadi Doctrinal* num.6/2020.

MARK, P.: "¿Qué está pasando en el mundo de los vehículos autónomos?", en *Revista Española de Electrónica*, Nº 831, 2024.

MIRÓ LLINARES, F.: "Inteligencia artificial y justicia penal: más allá de los resultados lesivos causados por robots", en *Revista de Derecho Penal y Criminología*, n. 20, 2018.

MONTORO GONZÁLEZ, L.: Antropología viària: un enfocament humanistic. Tráfico y seguridad vial: 6000 años de historia". Recurso electrónico disponible en: http://www.fundacioabertis.org/rcs_jor/montoro_2.pdf

MORILLAS FERNÁNDEZ, D.: "Implicaciones de la inteligencia artificial en el ámbito del Derecho Penal", en Peris Riera, J./Massaro, A. (dirs.), *Derecho Penal, Inteligencia artificial y Neurociencias*, Roma, 2023.

MUÑOZ RUIZ, J.: "TDAH y delitos contra la seguridad vial: reflexiones sobre las alternativas a la prisión", en Morillas Fernández, D. (coord.), *El trastorno por déficit de atención e hiperactividad y su repercusión en la responsabilidad penal*, Madrid, 2017.

MUÑOZ RUIZ, J.: *El delito de conducción temeraria: análisis dogmático y jurisprudencial*, Madrid, 2014.

NARANJO, J. E., GONZÁLEZ, C., GARCÍA, R., PEDRO, T. DE, Y DE, I.: "Automated Vehicle Control". *IEEE intelligent systems, 22*(1), 2017.

ROMEO CASABONA, C.M.: "Criminal responsability of robots and autonomous artificial intelligent systems", en *Comunicaciones en propiedad industrial y derecho de la competencia*, n. 91, 2020.

SALVADORI, I.: Agentes artificiales, capacidad tecnológica y distribución de la responsabilidad penal", en *Cuadernos de Política Criminal*, nº 133, 2021.

SANTOS GONZÁLEZ, Mª.J.: "Regulación legal de la robótica y la inteligencia artificial: retos de futuro", en *Revista Jurídica de la Universidad de León*, nº 4, 2017.

SHLADOVER, S. E.: «Automated vehicles for highway operations (automated highway systems). Proceedings of the Institution of Mechanical Engineers», Part I: *Journal of Systems and Control Engineering*, 219(1), 2005.

TEIJÓN ALCALÁ M./GARCÍA CUENCA, L.: "La responsabilidad penal en los supuestos de accidentes provocados por vehículos de conducción autónoma", en Teijón Alcalá M. (dir.), *El enjuiciamiento de la delincuencia vial: aspectos prácticos, La Ley*, Madrid, 2024.

VALLS PRIETO, J.: "Sobre la responsabilidad penal por la utilización de sistemas inteligentes", en *RECPC*, 24-27 (2022).

VELASCO NÚÑEZ, T./ALONSO CEBRIÁN, J.Mª.: "Delitos por/con inteligencia artificial: presente y futuro", en *Diario La Ley* Nº 82, abril 2024.

PARTE CUARTA
RÉGIMEN DE ASEGURAMIENTO DE LOS COCHES SEMIAUTÓNOMOS / AUTOMATIZADOS Y EL RIESGO DE ATAQUES CIBERNÉTICOS

Sistemas de transportes y vehículos inteligentes. Riesgos y seguros

FÉLIX BENITO OSMA
Profesor Doctor Acreditado de Derecho Mercantil
Universidad Carlos III de Madrid.
Secretario General de SEAIDA. Sección Española de la Asociación Internacional de Derecho de Seguros.
https://orcid.org/0000-0002-4660-2969
Email: felix.benito.osma@uc3m.es

SUMARIO: 1. SISTEMAS INTELIGENTES DE TRANSPORTE Y COOPERATIVOS (SITYC). SEGURIDAD Y SOSTENIBILIDAD. 2. PROCEDIMIENTO UNIFORME DE HOMOLOGACIÓN Y SEGURIDAD DE VEHÍCULOS CON SISTEMAS DE AYUDA A LA CONDUCCIÓN (ADAS. ADVANCED DRIVER ASSISTANCE SYSTEMS). 3. PROCEDIMIENTO UNIFORME DE HOMOLOGACIÓN Y SEGURIDAD DE VEHÍCULOS CON SISTEMAS DE CONDUCCIÓN AUTOMATIZADA (ADS, AUTOMATED DRIVING SYSTEM). 4. EL CONCEPTO DE VEHÍCULO A MOTOR EN LA NUEVA DIRECTIVA (UE) 2021/2118 RELATIVA AL SEGURO DE RESPONSABILIDAD CIVIL DE VEHÍCULOS A MOTOR. 5. LA LEY DE TRÁFICO Y SEGURIDAD VIAL. EL REGLAMENTO DE CIRCULACIÓN Y DE VEHÍCULOS EN MATERIA DE CONDUCCIÓN AUTOMATIZADA. 6. LAS DELIMITACIONES DE LA RESPONSABILIDAD CIVIL DERIVADA DE LA CIRCULACIÓN DE VEHÍCULOS A MOTOR. 7. EL SEGURO DE RESPONSABILIDAD CIVIL Y CIRCULACIÓN DE VEHÍCULOS A MOTOR. 8. LA RESPONSABILIDAD DEL FABRICANTE Y SU ASEGURAMIENTO. 9. EL SEGURO DE ACCIDENTES. 10. CONSIDERACIONES FINALES. 11. BIBLIOGRAFÍA.

1. SISTEMAS INTELIGENTES DE TRANSPORTE Y COOPERATIVOS (SITYC). SEGURIDAD Y SOSTENIBILIDAD

La implantación de las tecnologías digitales y de los servicios de sistemas de transporte inteligentes y cooperativos surgen dentro de la necesidad de fomentar dentro la UE un mercado de transporte global mediante sistemas de transportes inteligentes y cooperativos (STIyC)[1] basados

[1] Comunicación de la Comisión al Parlamento Europeo, al Consejo, al Comité económico y Social europeo y al Comité de las Regiones. Estrategia europea sobre

en la comunicación e interacción entre los vehículos (V2V), los vehículos y las infraestructuras (V2I) y otros usuarios en la gestión del tráfico de las carreteras y la seguridad vial.

Los STIyC[2] son aquellos que integran las telecomunicaciones, la electrónica y las tecnologías de la información con la ingeniería de transporte con vistas a planear, diseñar, manejar, mantener y gestionar los sistemas de transporte como la interoperabilidad de datos y compartir información y conocimientos[3].

---

los sistemas de transportes inteligentes cooperativos, un hito hacia la movilidad cooperativa, conectada y automatizada (COM 2016, 766), de 30 de noviembre de 2016.Posteriomente, la Comunicación de la Comisión, de 9 de diciembre de 2020, titulada «Estrategia de movilidad sostenible e inteligente: encauzar el transporte europeo de cara al futuro» (en lo sucesivo, «Estrategia de Movilidad Sostenible e Inteligente») define la implantación de los sistemas de transporte inteligentes (en lo sucesivo, «STI») como una medida fundamental para lograr una movilidad multimodal conectada y automatizada, y contribuir así a la transformación del sistema europeo de transporte para alcanzar el objetivo de lograr una movilidad eficiente, segura, sostenible, inteligente y resiliente.

2 Son sistemas de transporte inteligentes» o «STI»: los sistemas en los que se aplican tecnologías de la información y las comunicaciones en el ámbito del transporte por carretera, incluidos infraestructuras, vehículos y usuarios, y en la gestión del tráfico y de la movilidad, así como para las interfaces con otros modos de transporte (art. 4 de la Directiva 2010/40/UE, de 7 de julio de 2010, por la que se establece el marco para la implantación de los sistemas de transporte inteligentes en el sector del transporte por carretera y para las interfaces con otros modos de transporte).

3 Directiva 2010/40/UE, de 7 de julio de 2010 por la que se establece el marco para la implantación de los sistemas de transporte inteligentes en el sector del transporte por carretera y para las interfaces con otros modos de transporte. Considerando (4): <<Los STI integran las telecomunicaciones, la electrónica y las tecnologías de la información con la ingeniería de transporte con vistas a planear, diseñar, manejar, mantener y gestionar los sistemas de transporte. La aplicación de las tecnologías de la información y las comunicaciones al sector del transporte por carretera y sus interfaces con otros modos de transporte contribuirá de forma decisiva a mejorar el impacto ambiental, la eficiencia, en particular la eficiencia energética, la seguridad y la protección del transporte por carretera, incluido el transporte de mercancías peligrosas, la seguridad pública y la movilidad de viajeros y mercancías, garantizando al mismo tiempo el funcionamiento del mercado interior y unos niveles más altos de competitividad y empleo. Sin embargo, las aplicaciones de STI deben entenderse sin perjuicio de materias relativas a la seguridad nacional o necesarias para la defensa>>.

Mediante estos sistemas los vehículos se intercambian datos e interactúan con las infraestructuras y con otros vehículos para así proporcionar información ante una reacción óptima del conductor e incluso que sea automática.

El Real Decreto 662/2012[4] incorpora la Directiva 2010/40/UE[5]. Establece la norma marco para la implantación[6], el uso de manera coordinada y coherente de las estaciones SITyC[7] en España[8]. Se distinguen 3 tipos de estaciones ITS que se comunican entre ellas para el intercambio de información cooperativa:

- Estación ITS de Vehículo (VIS).
- Estación ITS de Carretera (RIS).
- Estación ITS central (CIS).

Esta interacción permitirá la coordinación entre los vehículos, los conductores y los centros responsables de la gestión del tráfico con la puesta en común de información y de datos de la red viaria, del tráfico, movilidad y desplazamientos en las carreteras. De igual manera, tenemos que mencionar el Plan ITS de la Dirección General de Tráfico (DGT) con la finalidad de incrementar la seguridad y la sostenibilidad de las carreteras. Dentro de ellos, cabe distinguir los siguiente, atendiendo a la:

---

4 Real Decreto 662/2012, de 13 de abril, por el que se establece el marco para la implantación de los sistemas inteligentes de transporte (SIT) en el sector del transporte por carretera y para las interfaces con otros modos de transporte (BOE núm. 90, de 14 de abril 2012).

5 Directiva (UE) 2023/2661, de 22 de noviembre de 2023 que modifica la Directiva 2010/40/UE por la que se establece el marco para la implantación de los sistemas de transporte inteligentes en el sector del transporte por carretera y para las interfaces con otros modos de transporte.

6 Véase el anexo I- ámbito y acciones prioritarias- y el anexo II- principios para la implantación de los SIT.

7 La estación ITS es el componente funcional encargado de proveer la comunicación en los distintos escenarios cooperativos basándose en las distintas tecnologías de comunicación.

8 España forma parte de la plataforma europea C-Roads (Carreteras conectadas), proyecto impulsado y cofinanciado por la Unión Europea con el que se pretende asentar las bases del uso de los sistemas inteligentes de transporte cooperativos y sistemas de conducción autónoma, incluyendo el vehículo autónomo, y garantizar la interoperabilidad de estos sistemas a lo largo de toda Europa, con el objetivo final de mejorar la seguridad vial. Está en proyecto en diversas carreteras españolas, según ha anunciado la DGT, a desarrollar en los años próximos a 2030.

a) seguridad vial: sistemas cuya función principal es contribuir a la mejora de la seguridad vial (desvío automatizado por condiciones meteorológicas adversas- niebla y viento-); sistema para el guiado del tráfico en condiciones meteorológicas adversas; cruces inteligentes (instrucción 28/TV-110); detección automática de animales en la calzada; detección de usuarios vulnerables en el arcén; semáforos inteligentes en travesías; pulsaciones para la activación de señalización luminosa en puntos de especial riesgo para la seguridad vial de los peatones

b) gestión del tráfico: se integran por aquellos destinados a mejorar la eficiencia del tráfico (carriles reversibles, carriles bus-vao, tiempos de recorrido, desvío automatizado en áreas de embolsamiento en situación de vialidad invernal, adaptación dinámica de los límites de velocidad, sistemas de control y gestión de accesos en vías con medidas excepcionales de circulación).

c) vigilancia y control: sistemas que velan por el cumplimiento de las normas de circulación y señalización (control de exceso de velocidad puntual a través de radares fijos, control de exceso de velocidad en secciones a través de radares de tramo, adaptación dinámica de los límites de velocidad con vinculación a radar, sistema de control semafórico de paso de vehículos en fase roja, sistema para el control de la correcta realización de la detención en stop, detección del uso de cinturón de seguridad, tramos con avisadores de incumplimiento del límite de velocidad mostrando matrícula, tramos que muestran advertencia tras detección del incumplimiento de distancia de seguridad).

También mencionar la plataforma de vehículo conectado de la DGT (3.0)[9] que facilita la interconexión de todos los actores del ecosistema de la movilidad con el ánimo de ofrecer información del tráfico en tiempo real permitiendo una movilidad más segura e inteligente.

---

[9] Dispositivo luminoso y dotado de conectividad denominado "señal V-16"; advertencia de obras; zonas de bajas emisiones; señal V-2 Vehículo obstáculo en la vía; vehículo de auxilio en carretera, etc.

La implantación de los STIyC exige el cumplimiento del marco vigente en materia de protección de datos[10], como también el régimen de responsabilidad previsto en el TRLGDCU[11], relativo a bienes o servicios defectuosos.

El contenido del RD (2012) debe adecuarse a la nueva Directiva (UE) 2023/2661[12] para cumplir con los siguientes objetivos[13]:

1. Establecer un modelo común de confianza europeo de los STIyC, independientemente de las TIC utilizadas, promoviendo una política sobre el uso de una infraestructura de clave pública (ICP).
2. Mejorar la tasa de mortalidad en todas las carreteras de España para 2050[14].
3. Apoyar servicios sostenibles de transporte que mejoren la movilidad.
4. Fomentar la transición hacia unos modos de transporte menos contaminantes[15].

---

10 DA 1ª Real Decreto 662/2012.

11 DA 4ª Real Decreto 662/2012.

12 Esa adaptación puede realizarse bien mediante una modificación del RD 662/2012 o bien mediante un nuevo RD.

13 El Ministerio de Transportes y Movilidad Sostenible ha publicado en su página web la consulta pública previa al proyecto de RD para establecer el marco para adaptar la normativa sobre sistemas inteligentes de transporte (SIT) en el sector del transporte por carretera (RD 662/2012) a los cambios introducidos por la Directiva 2023/2661 del Parlamento Europeo y del Consejo, de 22 de noviembre de 2023. La opción parece elegida será un nuevo RD que derogue y sustituya al anterior RD 662/2012.

14 La Estrategia de Seguridad Vial 2030 establece como objetivo conseguir a final de esta década la reducción del número de personas fallecidas y gravemente lesionadas por accidentes de circulación y seguridad vial en un 50%. Igualmente, la protección de los usuarios vulnerables, promoviendo activamente la seguridad peatonal y la movilidad en bicicleta.

15 Reglamento (UE) 2024/1257 de 24 de abril de 2024 relativo a la homologación de tipo de los vehículos de motor y los motores y de los sistemas, componentes y unidades técnicas independientes destinados a esos vehículos en lo que respecta a sus emisiones y a la durabilidad de las baterías (Euro 7), por el que se modifica el Reglamento (UE) 2018/858 del Parlamento Europeo y del Consejo y por el que se derogan los Reglamentos (CE) nº 715/2007 y (CE) nº 595/2009 del Parlamento Europeo y del Consejo, el Reglamento (UE) nº 582/2011 de la Comisión, el Reglamento (UE) 2017/1151 de la Comisión, el Reglamento (UE) 2017/2400 de la Comisión y el Reglamento de Ejecución (UE) 2022/1362 de la Comisión.

5. Incluir la accesibilidad obligatoria de nuevos conjuntos de datos dinámicos, así como una evaluación de la necesidad de una intervención reguladora sobre los derechos y deberes de los proveedores de servicios digitales multimodales.
6. Armonizar y facilitar el intercambio de datos en los sectores de la movilidad, el transporte y la logística con una perspectiva multimodal.
7. Impulsar la utilización de infraestructuras basadas en satélites o cualquier otra tecnología que proporcione un nivel equivalente de precisión.

2. PROCEDIMIENTO UNIFORME DE HOMOLOGACIÓN Y SEGURIDAD DE VEHÍCULOS CON SISTEMAS DE AYUDA A LA CONDUCCIÓN (*ADAS. ADVANCED DRIVER ASSISTANCE SYSTEMS*)

Los vehículos que se fabrican disponen de sistemas de tecnología electrónica de ayuda a la conducción y de conexión plena, que son capaces de recibir y transmitir datos, incluso disponen de funciones automatizadas. Hay que tener presente la normativa europea[16] que establece la obligación general y específica a los fabricantes de automóviles de instalar el *e-call* de sistema de emergencia y *e-call* SPT[17] que permitirán transmitir y recibir información y, en caso de accidente, enviar un aviso automático a los servicios de emergencia, indicando la localización GPS del vehículo.

---

16 Reglamento (UE) 2015/758 del Parlamento Europeo y del Consejo, de 29 de abril de 2015, relativo a los requisitos de homologación de tipo para el despliegue del sistema eCall basado en el número 112 integrado en los vehículos y por el que se modifica la Directiva 2007/46/CE.

17 10) «sistemas eCall basados en servicios prestados por terceros» o «eCall SPT»: una llamada de emergencia efectuada desde el vehículo a un tercero proveedor de servicios bien automáticamente mediante la activación de sensores integrados en el vehículo o bien manualmente, que transmite, a través de redes públicas de comunicaciones inalámbricas móviles, el MSD y establece un canal audio entre el vehículo y el tercero proveedor de servicios; 11) «tercero proveedor de servicios»: una organización reconocida por las autoridades nacionales como autorizada para recibir una eCall SPT y transmitir el MSD al PSAP eCall; 12) «sistema eCall integrado en el vehículo basado en servicios prestados por terceros» o «sistema eCall SPT integrado en el vehículo»: sistema activado, bien automáticamente mediante sensores integrados en el vehículo o bien manualmente, que transmite, a través de redes públicas de comunicaciones inalámbricas móviles, el MSD y establece un canal audio entre el vehículo y el tercero proveedor de servicio.

El *e-call* constituye uno de los sistemas de transporte inteligente para la seguridad vial que mediante la instalación de unos sensores puede reducir los tiempos de espera en el rescate y asistencia en caso de accidente, como también mitigar la gravedad y las secuelas de los lesionados. Con ello, supondrá un paso más hacia la coordinación y comunicación del parque automovilístico, de las infraestructuras y de los centros titulares y gestores del tráfico y de la seguridad vial.

Pero ya es preciso añadir otros sistemas que están incluidos en las especificaciones técnicas de los vehículos para la homologación del vehículo de conducción automatizada (ADS) y de los vehículos totalmente automatizados[18], como son los siguientes:

1. ISA. Asistente inteligente de velocidad.
2. REV. Detector de marcha atrás.
3. BSM. Sistema de monitorización de ángulos muertos.
4. FCW+P+C. Aviso de colisión frontal con detección de peatones y bicicletas.
5. LDW. Sistema de advertencia de abandono de carril.
6. AEB. Frenado de emergencia urbano e interurbano.
7. TSR. Reconocimiento de señales de tráfico.
8. RCTA. Alerta de tráfico cruzado.
9. DDR. Sistema de advertencia de somnolencia y distracción.
10. LKA. Sistema avanzado de mantenimiento de carril.
11. AEB+P+C. Sistema de frenada avanzada de emergencia con detección de peatones y ciclistas.
12. ESS. Sistema de frenado de emergencia.
13. ACC. Control de crucero adaptativo.

---

[18] Reglamento (UE) 2019/2144, de 27 de noviembre, relativo a los requisitos de homologación de tipo de los vehículos de motor y de sus remolques, así como de los sistemas, componentes y unidades técnicas…. Reglamento de ejecución (UE) 2022/1426, de la Comisión de 5 de agosto de 2022, por el que se establecen normas para la aplicación del Reglamento (UE) 2019/2144 en cuanto a los procedimientos uniformes y las especificaciones técnicas para la homologación de tipo del sistema de conducción automatizada (ADS) de los vehículos totalmente automatizados.

14. EDR. Registrador de Datos de incidencias (*Crash Data Retrieval-* CDR-).

15. Sistema de Alcoholímetro antiarranque.

16. Alerta de uso de cinturón en todas las plazas.

3. PROCEDIMIENTO UNIFORME DE HOMOLOGACIÓN Y SEGURIDAD DE VEHÍCULOS CON SISTEMAS DE CONDUCCIÓN AUTOMATIZADA (ADS, *AUTOMATED DRIVING SYSTEM*)

Atendiendo a las definiciones del Reglamento (UE) 2018/858 y del Reglamento 2019/2144[19]:

> *"Sistema de conducción automatizada (ADS[20]): aplicación de hardware y software del ADS diseñada para un uso específico en un dominio del diseño operativo.*

Los vehículos de conducción automatizada están diseñados y configurados para desplazarse de manera autónoma durante determinados periodos de tiempo sin supervisión continuada por parte del conductor, pero respecto del cual se sigue esperando o necesitando la intervención del conductor. En este tipo de vehículos se incorporarán tecnologías diversas (sensores de percepción del entorno, sistemas de posicionamientos, sistemas de comunicaciones, sistemas de aprendizaje automático, algoritmos, etc.). De tal forma que puedan percibir detalle del entorno, así como de información procesada que permita efectuar instrucciones a los actuadores del vehículo. El desarrollo constante de tales tecnologías incide directamente en las capacidades del vehículo, lo que conlleve a incluirse en alguna de las clasificaciones de nivel de automatización impulsada por la sociedad de ingenieros de automoción (SAE), en función del nivel de atención e intervención del humano en la conducción.

Este estándar define hasta seis niveles de automatización:

0. (sin automatización)

1. (asistencia en la conducción)

---

19 Art. 2 del Reglamento de Ejecución (UE) 2022/1426, de 5 de agosto 2022.

20 "Característica del ads": aplicación de hardware y software del ADS diseñada para un uso específico en un dominio del diseño operativo.
"Función del ads": aplicación de hardware y software del ADS diseñada para realizar una parte específica de la tarea de conducción dinámica.

2. (automatización parcial)
3. (automatización condicionada)
4. (automatización alta)
5. (automatización plena)

La Instrucción 15V-113 DGT define el vehículo autónomo[21]: <<todo vehículo con capacidad motriz equipado con tecnología que permita su manejo o conducción sin precisar la forma activa de control o supervisión de un conductor, tanto si dicha tecnología autónoma estuviera activada o desactivada, de forma permanente o temporal. A estos efectos, no tendrá consideración de tecnología autónoma aquellos sistemas de seguridad activa o de ayuda a la conducción incluida como equipamiento de los vehículos que para su manejo o conducción sí requieran necesariamente control o supervisión humana activa. Son objeto de esta instrucción aquellos vehículos que incorporan tecnología con funciones asociadas a los niveles automatización 3,4 y 5 recogidos en la tabla I>>.

También debe tenerse presente el Reglamento nº 155 de la Comisión Económica para Europa (CEPE) de las Naciones Unidas[22], sobre disposiciones relativas a la homologación de los vehículos a motor en lo que respecta a la ciberseguridad y al sistema de gestión (certificado de conformidad del sistema de gestión de la ciberseguridad).

Ese certificado de gestión de ciberseguridad se impone a los fabricantes[23] que ha de aplicarse en las fases siguientes: desarrollo, producción y posproducción. Ese certificado debe ser expedido por una empresa

---

[21]
- MODO AUTÓNOMO: modalidad de conducción consistente en el manejo o conducción del vehículo autónomo sin el control activo de un conductor cuando su tecnología autónoma está activada.
- MODO CONVENCIONAL: modalidad de conducción de un vehículo autónomo en la que la tecnología autónoma está desactivada y su conducción o manejo debe efectuarse mediante el control activo de un conductor.

Debe tenerse también en cuenta la Instrucción VEH 2022/07. Autorización de pruebas o ensayos de investigación realizados con vehículos de conducción automatizada en vías abiertas al tráfico en general.

[22] ONU / UNECE WP.29 R155.

[23] Turismos, furgonetas camiones y autobuses, los vehículos ligeros de cuatro ruedas si están equipados con funciones de conducción automatizada a partir del nivel 3 y remolques si están equipados con al menos una unidad de control electrónico, que hubiera que homologar nuevos modelos a partir de julio de 2022 o vender vehículos nuevos a partir del 1 de julio de 2024 en la UE.

autorizada e independiente del fabricante donde se comprueben y detecten los riesgos y las ciberamenazas que pudieran afectar al vehículo y que ellos son gestionados adecuadamente. Y además requieran su mitigación en un plazo razonable.

4. EL CONCEPTO DE VEHÍCULO A MOTOR EN LA NUEVA DIRECTIVA (UE) 2021/2118 RELATIVA AL SEGURO DE RESPONSABILIDAD CIVIL DE VEHÍCULOS A MOTOR

La nueva Directiva (UE) de automóviles[24](2021) ha definido lo que debe entenderse por vehículo a motor y hecho de la circulación siguiendo la jurisprudencia del TJUE, entre otras, (sentencia de 4 de septiembre de 2014, asunto C-162, sentencia TJUE de 28 de noviembre de 2017, asunto C-514/16 y sentencia de 20 de diciembre de 2017, asunto C-334/16)[25]. No puede entenderse de forma aislada la misma si no es con su antecedente inmediato como es la Propuesta de Directiva del Parlamento Europeo y del Consejo de 24 de mayo de 2018 que modifica la Directiva

---

24 Directiva (UE) 2021/2118 del Parlamento Europeo y del Consejo, de 24 de noviembre de 2021, por la que se modifica la Directiva 2009/103/CE relativa al seguro de responsabilidad civil por la utilización de vehículos de motor y al cumplimiento de la obligación de asegurar contra dicha responsabilidad. En la actualidad, España está pendiente de su transposición completa tras una transposición parcial mediante la disposición adicional sexta de la Ley 11/2023, de 8 de mayo, en lo relativo a las medidas necesarias para dar cumplimiento a las modificaciones establecidas en el artículo 1, puntos 8 y 18, de la Directiva (UE) 2021/2118 en lo que atañe al artículo 10 bis, apartado 13, párrafo segundo, y al artículo 25 bis, apartado 13, párrafo segundo, respectivamente, de la Directiva 2009/103/CE. Téngase en cuenta que el plazo ha expirado. Los Estados miembros adoptarán y aplicarán dichas medidas a partir del 23 de diciembre de 2023, salvo algunas modificaciones antes del 23 de junio 2023. Puede verse un breve comentario de la Directiva en MARÍN LÓPEZ, J. J., "La reforma de la Directiva del seguro del automóvil", *Revista Española de Seguros, RES*, núm. 188, 2021, pp. 709-710. Más extenso, MORILLAS JARILLO, M.ª J., "La nueva Directiva 2021/2118, de 24 de noviembre de 2021, del seguro de responsabilidad civil de vehículos automóviles y su repercusión en el Ordenamiento español, *Cuadernos de Derecho Privado*, núm.5, 2023, pp. 100-143.

25 Considerando 5 de la Directiva.

2009/103/CE, que sugiere la redacción de un nuevo artículo 1 bis, la evaluación de impacto, así como las enmiendas[26].

El concepto de vehículo en esta Directiva 2021 tiene una nueva redacción:<<a) todo vehículo automóvil accionado exclusivamente mediante una fuerza mecánica que circula por el suelo y que no utiliza una vía férrea, con: i) una velocidad máxima de fabricación superior a 25km/h o ii) un peso neto máximo superior a 25 kg y una velocidad máxima de fabricación superior a 14 km/h; b) todo remolque destinado a ser utilizado con uno de los vehículos a que se refiere la letra a), tanto enganchado como no enganchado>>. También, debe destacarse la nueva redacción de hecho de circulación y la sustitución del término "víctima" por el de "perjudicado": << 1 bis) "circulación de un vehículo": toda utilización de un vehículo que sea conforme con la función del vehículo como medio de transporte en el momento del accidente, con independencia de las características de este, del terreno en el que se utilice el vehículo automóvil y de si está parado o en movimiento… 2) *«perjudicado»: toda persona que tiene derecho a la reparación del daño causado por un vehículo*; se sustituye por: "perjudicado": toda persona que tiene derecho a la indemnización de los daños y perjuicios causados por un vehículo>>.

La transposición de la Directiva, tras varias iniciativas prelegislativas, se encuentra en el Congreso (proyecto de ley, 7 de junio 2024) donde se modifican y se clarifican los conceptos de "vehículo a motor[27]" y circulación de vehículos o "hechos de la circulación[28]", a los efectos de seguro obligatorio de responsabilidad civil de vehículos a motor.

Durante este tiempo de reflexión o debate parlamentario y de recogida de datos estadísticos, así como de nuevas realidades tecnológicas debiera pensarse también la regulación sobre los vehículos inteligentes[29]-

---

[26] Puede verse de manera ampliada en MONTERO FUENTES-GUERRA, E., "Los vehículos de movilidad personal y su aseguramiento obligatorio", *Revista Española de Seguros, RES*, núm. 179, 2019, pp. 265-268. También, FERNÁNDEZ MARTÍN, M.ª J., "Una Directiva para el futuro en la responsabilidad civil del automóvil", LÓPEZ Y GARCÍA DE LA SERRANA, J. (Dir.)., *Sobre Responsabilidad Civil y Seguro. Homenaje a Mariano Medina Crespo,* Sepín, 2020, pp. 371 y ss.

[27] Nuevo art. 1 bis. 1 y 2.

[28] Art. 1 bis. 3 y 4.

[29] Véase, BENITO OSMA, F., "Vehículos y sistemas inteligentes en la circulación: responsabilidad civil y seguro· *Revista Española de Seguros, RES,* núm. 173, 2018, pp. 43-61.

autónomos[30] y automatizados[31]-, como así prevé la Directiva (UE) 2021, artículo 28 *quater*[32].

5. LA LEY DE TRÁFICO Y SEGURIDAD VIAL. EL REGLAMENTO DE CIRCULACIÓN Y DE VEHÍCULOS EN MATERIA DE CONDUCCIÓN AUTOMATIZADA

La Estrategia de Seguridad Vial 2030 "en particular el área de vehículos seguros y conectados propone un marco regulatorio estable y general para todas las Administraciones y entidades en el ámbito de la legislación sobre tráfico y seguridad vial. La exposición de motivos de la ley 18/2021[33] que modifica el texto refundido de la LTCVMSV dispone: <<... *El progreso tecnológico de la industria automotriz está permitiendo el desarrollo de dispositivos y vehículos equipados con diversas tecnologías, que vienen a proponer distintos niveles de automatización, en su grado máximo, la conducción plenamente automatizada o autónoma. Por ello, se impone la necesidad de prever el diseño de un futuro marco normativo que regule la circulación de estos vehículos que por su naturaleza trascienden la regulación actual*>>. Así introduce competencia normativa a la Administración General del Estado [art.4, letras c) y k)] para:

---

30 Véase ELIZALDE SALAZAR, I., *Vehículos autónomos. Responsabilidad civil y seguro,* Aranzadi. 2022.

31 Véase ZORNOZA SOMOLINOS, A., *Vehículos automatizados y seguro obligatorio de automóviles.* Estudio de Derecho comparado, Dykinson, 2021.

32 << 2. A más tardar el 24 de diciembre de 2030, la Comisión presentará al Parlamento Europeo, al Consejo y al Comité Económico y Social Europeo un informe de evaluación de la aplicación de la presente Directiva, a excepción de los elementos a los que afecta la evaluación a que se refiere el apartado 1, también en lo que respecta:

a) la aplicación de la presente Directiva en lo que atañe a los avances tecnológicos, en particular en relación con los vehículos autónomos y semiautónomos.

b) la adecuación del ámbito de aplicación de la presente Directiva, teniendo en cuenta los riesgos de accidente que comportan los distintos vehículos automóviles...>>.

33 Ley 18/2021, de 20 de diciembre, por la que se modifica el texto refundido de la Ley sobre Tráfico, Circulación de Vehículos a Motor y Seguridad Vial, aprobado por el Real Decreto Legislativo 6/2015, de 30 de octubre, en materia del permiso y licencia de conducción por puntos.

- la aprobación de las normas básicas y mínimas para la programación de la educación vial para la movilidad segura y sostenible, en las distintas modalidades de la enseñanza, incluyendo la formación en conducción ciclista y en vehículos de movilidad personal
- la regulación del vehículo automatizado, de conformidad con lo dispuesto en la ley.

Para ello, corresponde al Ministerio del Interior el desarrollo de las normas en materia de tráfico y seguridad vial que deberán cumplir los vehículos dotados de un sistema de conducción automatizado para su circulación. Mientras que aquellas referidas a los requisitos técnicos para la homologación de los mismos corresponde al Ministerio competente en materia de industria.

La citada ley introduce un nuevo artículo 11 bis: <<El titular del sistema de conducción automatizado de un vehículo deberá comunicar al Registro de Vehículos del organismo autónomo Jefatura Central de Tráfico las capacidades o funcionalidades del sistema de conducción automatizada, así como su dominio de diseño operativo, en el momento de la matriculación, y con posterioridad, siempre que se produzca cualquier actualización del sistema a lo largo de la vida útil del vehículo>>.

En el permiso de circulación deberán consignarse, en el caso de vehículos dotados de sistema de conducción automatizada, sus características, tanto de grado de automatización como del entorno operacional de uso, conforme se desarrolle reglamentariamente (art. 66.1).

En atención a la modificación prevista en el año 2021 y dentro de la habilitación contenida en la misma nace a principios de 2024 un borrador de RD que establece un marco normativo de los vehículos totalmente automatizados dentro del ámbito de la legislación de tráfico y seguridad vial, protección de los ocupantes y de los usuarios vulnerables de la vía pública. Regula el procedimiento por el que se certifique que un vehículo automatizado cumple con las normas de circulación, así como la definición de las capacidades y de los entornos operaciones: registro de vehículos y permiso de circulación. No se permitirá su circulación mientras no cuente con el correspondiente permiso de circulación, donde se especificará las funcionalidades y dominio de diseño operativo, destinado a asegurar su aptitud para circular de manera autónoma sin supervisión por parte del conductor con seguridad.

6. LAS DELIMITACIONES A EFECTOS DE LA RESPONSABILIDAD CIVIL DERIVADA DE LA CIRCULACIÓN DE VEHÍCULOS A MOTOR

La inclusión, separación incluso la nueva configuración a las nuevas realidades dará lugar a la constitución de unos principios generales y de unas nuevas normas jurídicas[34] muy necesarias que respondan a las oportunidades y a los retos que plantean para el desarrollo tecnológico y económico de una sociedad del S.XXI o del nuevo milenio.

El vehículo autónomo es una auténtica realidad de mercado en estos momentos, por cuanto que están fabricándose y además probando su circulación por carretera[35], incluso ya han existido colisiones[36].

Pero hablamos únicamente de automóvil, cuando también nos vamos a referir a otros vehículos terrestres, como camiones, autobuses[37], tractores[38], trenes[39], como a otros vehículos aéreos, como los drones[40] y otros marítimos, como los barcos[41] , buques y embarcaciones autónomas[42].

---

34 Esas nuevas normas están siendo incorporadas recientemente con el Reglamento (UE) 2024/1689, de 13 de junio, por el que se establecen normas armonizadas en materia de inteligencia artificial y por el que se modifican los Reglamentos CE nº 300/2008, (UE) nº 167/2013, (UE) nº 168/2013, (UE) 2018/858, (UE) 2018/1139 y (UE) 2019/2144 y las Directivas 2014/90/UE, (UE) 2016/797 y (UE) 2020/1828 (L 12.07.2024). Resolución del Parlamento Europeo, de 20 de octubre de 2020, con recomendaciones destinadas a la Comisión sobre un régimen de responsabilidad civil en materia de inteligencia artificial [2020/2014 (INL)].

35 Instrucción VEH 2022/07.

36 Estas colisiones han provocado en muchos casos la suspensión de los programas de prueba en su circulación, como se producido en fechas recientes, a título de ejemplo, con los coches de Uber y Google.

37 Ya existen varias ciudades europeas -Londres, Ámsterdam y San Sebastián- donde se han probado micro autobuses autónomos en los últimos años.

38 Destaca por la eliminación de la cabina del conductor diseñado por la compañía Case IH.

39 Se acaba de anunciar en la Comunidad de Madrid el proyecto de trenes sin conductor para la línea 6 de metro.

40 Véase RD 517/2024, de 4 de junio, desarrolla el régimen jurídico para la utilización civil de sistemas de aeronaves no tripuladas (UAS).

41 Por ejemplo, la compañía Rolls-Royce planea poner en marcha antes de 2020 sus primeros barcos autónomos. Existe un proyecto conjunto con otras entidades noruegas como Tekes.

42 En el ámbito normativo, citar el Real Decreto 186/2023, de 21 de marzo, por el que se aprueba el Reglamento de Ordenación de la Navegación Marítima. En la

Ello plantea, aparte de esa alternativa de vehículos, otra disyuntiva en cuanto a la responsabilidad civil del conductor, en tanto que estamos ante un vehículo a motor en el que el propietario queda sometido al deber de suscripción obligatoria del seguro de responsabilidad civil, como el del automóvil[43].

No existe duda que es un vehículo a motor[44], que estará sujeto a los deberes y responsabilidades que acontezcan por un hecho de la circulación[45].

---

doctrina, RODRIGUEZ DELGADO, J.P., "La incidencia del buque autónomo en la obligación de navegabilidad del buque", MADRID PARRA, A., Derecho mercantil y tecnología, Marcial Pons, 2018, pp. 1123-1151; DÍAZ DE LA ROSA, A., "Algunas cuestiones planteadas en torno al régimen jurídico de los buques autónomos", *Revista de Derecho Mercantil (RDM)*, núm. 320, 2021. En el ámbito del seguro, SIERRA NOGUERO, E., "Los seguros de buques operados por control remoto y de buques autónomo", en IBAÑEZ GÓMEZ, F. y BALLESTEROS MARTÍN, M.A., *Seguridad marítima: una incertidumbre permanente*, Bosch, 2024, pp. 481-510.

43 Esa obligación de aseguramiento se establece al propietario de vehículo a motor con estacionamiento habitual en España o a cualquier persona que tenga interés en dicho aseguramiento (art. 2 LRCSCVM).

44 A efectos de la responsabilidad y del seguro obligatorio, tienen la consideración de vehículos a motor, conforme al art.1 del RD 1507/2008, de 12 de septiembre, por el que se aprueba el Reglamento del seguro obligatorio de responsabilidad civil en la circulación de vehículos a motor (RSORCVM): todos los vehículos idóneos para circular por la superficie terrestre e impulsados a motor, incluidos los ciclomotores, vehículos especiales, remolques, semirremolques, cuya puesta en circulación requiera autorización administrativa de acuerdo con lo dispuesto en la legislación sobre tráfico, circulación de vehículos a motor y seguridad vial.

45 Sobre el hecho de la circulación se ha de acudir al art. 2 RSORCVM que son aquellos derivados del riesgo creado por la conducción de los vehículos a motor según el precepto anterior, tanto por garajes y aparcamientos, como por vías o terrenos públicos y privados aptos para la circulación, urbanos o interurbanos, así como por vías o terrenos que sin tener tal aptitud sean de uso común. Conforme al art. 1.6 LRCSCVM: <<... No se consideran hechos de la circulación la utilización del vehículo a motor como instrumento de la comisión de delitos dolosos contra las personas y los bienes>>. Aunque sí será hecho de la circulación la utilización de un vehículo a motor en cualquiera de las formas descritas en el CP como conducta constitutiva de delito contra la seguridad vial, incluido el supuesto previsto en el art. 382 CP.

La Convención de Viena sobre la circulación vial[46] no permite la circulación de vehículos sin conductor cuando exige que todo vehículo a motor en movimiento debe tener un conductor[47] y poseer en todo momento su dominio[48].

El conductor debe actuar diligentemente para prevenir y evitar un daño propio o ajeno[49].

Sin embargo, el hecho de que la responsabilidad civil sea imputable a su conductor habría que plantearse, a continuación, los supuestos de diligencia y de responsabilidad en el caso de circulación de vehículo autónomo, semiautónomo o conectado. Ahora reducido el planteamiento, conforme a la norma proyectada, a vehículos totalmente automatizados donde la conducción en la que el vehículo[50] incorpora un sistema de conducción automatizada[51] no se requiere la supervisión por parte de un conductor u

46 Convención de Viena sobre la circulación vial de 8 de noviembre de 1968 (CVCV). Ha de advertirse que algunos países no forman parte de la misma, como puede ser Estados Unidos. Por ello, el Departamento de Transporte (DOT) y NHTSA-septiembre 2016 adoptó reglas para la conducción autónoma (*federal automated vehicles policy. Accelerating in the next revolution in roadway safety*). Los fabricantes deben registrar todos los movimientos tanto en fase de prueba como en caso de circulación para el estudio del funcionamiento normal o anormal que permitan al esclarecimiento del accidente. Esa información debe respetar el acuerdo de privacidad entre el fabricante y el propietario.

47 Art. 8.1 CVCV.

48 Art. 8.5 CVCV. El artículo 13.1 Real Decreto Legislativo 6/2015, de 30 de octubre, por el que se aprueba el texto refundido de la Ley sobre Tráfico, Circulación de Vehículos a Motor y Seguridad Vial: << El conductor debe estar en todo momento en condiciones de controlar su vehículo>>.

49 Art. 10.2 Real Decreto Legislativo 6/2015, de 30 de octubre, por el que se aprueba el texto refundido de la Ley sobre Tráfico, Circulación de Vehículos a Motor y Seguridad Vial: <<El conductor debe utilizar el vehículo con la diligencia, precaución y atención necesarias para evitar todo daño, propio o ajeno, cuidando de no poner en peligro, tanto a sí mismo como a los demás ocupantes del vehículo y al resto de usuarios de la vía especialmente a aquellos cuyas características les hagan más vulnerables.
3. El titular y, en su caso, el arrendatario de un vehículo tiene el deber de actuar con la máxima diligencia para evitar los riesgos que conlleva su utilización, mantenerlo en las condiciones legal y reglamentariamente establecidas, someterlo a los reconocimientos e inspecciones que correspondan e impedir que sea conducido por quien nunca haya obtenido el permiso o la licencia de conducción correspondiente.>>.

50 Art. 3 bis.

51 SCA.

operador, y teniendo todos los ocupantes la condición de pasajeros. Mientras que los vehículos con sistemas de autoayuda no son vehículos totalmente automatizados.

En el primer caso planteado, podríamos pensar que tanto el vehículo como la conducción no se separan, atribuyendo la responsabilidad a su titular o propietario o por el contrario el propietario del sistema es otra persona distinta del dueño del vehículo. Mientras que, en el segundo y tercer caso, podría imputarse o repartirse a quien controla y dirige indirectamente el vehículo, teniendo en cuenta las diferentes modulaciones de niveles de automatismo de los vehículos[52] y de la interacción humano y máquina, con sus implicaciones en principios éticos de recomendables[53]. Aunque con ciertos matices en el primer planteamiento. El sistema de conducción automatizada, según la norma proyectada reglamentaria, mientras esté activo, tiene la consideración de conductor y los ocupantes deberán adaptar en todo momento, su comportamiento de acuerdo con las condiciones de uso del sistema y a las normas que lo regulan. Sin embargo, parece evidenciarse que un vehículo automatizado se vincula a un titular del sistema de conducción automatizada que es la persona a cuyo nombre figura inscrito el sistema en el registro de vehículos y en el permiso de circulación. Y también "vehículos de modo dual[54]": vehículos totalmente automatizados, con un asiento para el conductor, diseñados y fabricados:

---

52 SAE international Standard J3016.
- Nivel 0: No hay automatización alguna en la conducción *(No Automation)*
- Nivel 1: Asistencia al conductor *(Driver Assistance)*
- Nivel 2: Automatización parcial de la conducción *(Partial Automation)*
- Nivel 3: Automatización condicionada de la conducción *(Conditional Automation)*
- Nivel 4: Automatización elevada de la conducción *(High Automation)*
- Nivel 5: Automatización completa de la conducción *(Full Automation)*

Vid. https://www.dgt.es/muevete-con-seguridad/tecnologia-e-innovacion-en-carretera/vehiculos-de-conduccion-automatizada/

53 Puede verse una serie de principios o reglas éticas de programación de vehículos autónomos en un informe elaborado por el Ministerio Federal Alemán de Transportes e Infraestructuras Digitales (BMVI) a través de un Comité de Expertos http://www.bmvi.de/SharedDocs/DE/Publikationen/DG/bericht-der-ethik-kommission.pdf?__blob=publicationFile.
También, Resolución del Parlamento Europeo, de 20 de octubre de 2020, con recomendaciones destinadas a la Comisión sobre un régimen de responsabilidad civil en materia de inteligencia artificial [2020/2014 (INL)].

54 Su tránsito sólo puede hacerse cuando el vehículo esté parado, no cuando el vehículo esté en movimiento.

a) para ser conducidos por el conductor en el modo de conducción manual, y

b) para ser conducidos por el ADS sin supervisión del conductor en el modo de conducción totalmente automatizada.

En estos casos se está destacando que es el sistema de conducción automatizada lo que complementa la funcionalidad y uso del vehículo, debiéndose identificar su titularidad. Entonces se dan las razones que se planteaban con anterioridad sobre esa doble consideración o delimitación entre el propietario del vehículo y la persona del conductor. En este caso, será el titular del sistema de conducción automatizada, quien deberá acreditar la suscripción del correspondiente seguro y de responsabilidad en caso de fallo del sistema.

7. EL SEGURO DE RESPONSABILIDAD CIVIL Y CIRCULACIÓN DE VEHÍCULOS A MOTOR

En cuanto al seguro de este tipo, las primas se calculan actualmente en atención a diversos factores que tienen mucho que ver con la persona del conductor, pero también con otros muchos, referidos, principalmente a las características propias del vehículo y del fabricante, así como ahora la existencia de los sistemas de conducción automatizada y de ayuda a la conducción. Aunque los más significativo para un cálculo real y suficiente de las primas es conocer el estado del riesgo, el conocimiento sobre el grado de afección a la seguridad y a la siniestralidad respecto a los vehículos con sistemas de ayuda (ADAS) de otros totalmente automatizados. Y en particular en qué medida repercutirá este tipo de vehículos al acceso de los datos en caso de siniestro, principalmente los proporcionados por los CDR (*Crash Data Retrieval*), vulgarmente conocidos como cajas negras.

Todo ello, significará que, en cualquiera de los casos planteados, supondrá cambios evidentes para las entidades aseguradoras en la forma de estimar los riesgos y de los cálculos actuariales, en tanto que la información necesaria provendrá principalmente de los propios fabricantes, de los distribuidores de dichos vehículos, así como de los titulares de los sistemas de conducción automatizada y sistemas de autoayuda.

Por otra parte, el canal de distribución puede limitarse o restringirse hasta el punto incluso a uno solo en tanto que la fuente de la información recaerá exclusivamente en el propio fabricante del vehículo que incluso sea el mismo del sistema de conducción dual o automatizada.

Sin embargo, ofrecerá negocio sobre los diferentes accesorios tecnológicos del vehículo, si bien también los sistemas de ayuda podrán permitir una reducción significativa de la siniestralidad y una mejora en la seguridad vial.

Es importante conocer, en caso de colisión o accidente con daños en personas y en bienes, el régimen de responsabilidad y la valoración de aquéllos, que dependerá si la responsabilidad causada deriva del hecho propio de la circulación o si la causa del accidente sea, precisamente, otra que no tiene nada que ver con la circulación sino más bien a fallos del sistema/s y aquellos otros dispositivos tecnológicos principales o accesorios incorporados en los vehículos. Esta diferenciación no es una cuestión baladí. Por eso, esa diferenciación entre vehículo totalmente automatizado de aquel que no lo es, pues habrá de acreditarse el seguro de automóviles (vehículo) y otro sobre responsabilidad en caso de fallo del sistema (seguro sobre el sistema automatizado).

Las compañías aseguradoras tendrán que conocer antes de la suscripción del seguro, primero, quién es el propietario o usuario del vehículo, el grado de autonomía del automóvil y, a continuación, quiénes, a efectos de responsabilidad, son los fabricantes, diseñadores y otros operadores y proveedores dentro de la cadena del proceso de producción del vehículo y de los sistemas de ayuda y de conducción automatizada.

Entre esos actores y los niveles de autonomía, dependerá, tanto la obligatoriedad de la suscripción del seguro[55], como de la responsabilidad civil- "*dentro de los riesgos de la actividad humana, el específico de la conducción*[56]".

---

55 Sea de la propia responsabilidad civil por el hecho de la circulación o la responsabilidad del fabricante por producto defectuoso.

56 Así se expresa la exposición de motivos el preámbulo (I, párrafo) de la ley 35/2015, de 22 de septiembre, de reforma del sistema para la valoración de los daños y perjuicios causados a las personas en accidentes de circulación (BOE nº 228, de 23 de septiembre). También, BADILLO ARIAS, J.A., *La responsabilidad civil automovilística. El hecho de la circulación*, Aranzadi, 2016, pp. 145 y ss que identifica la responsabilidad por riesgo como criterio y título atributivo de imputación de la responsabilidad civil automovilística. También, en REGLERO CAMPOS, F (Dir.)., *Accidentes de circulación: responsabilidad civil y seguro*, 3ª ed., Aranzadi, 2013, p. 315, cita 105: <<(...) En este sentido, la LRCSCVM es ley especial, respecto al artículo 1902 del Código Civil y, precisamente, su articulado da comienzo acogiendo específicamente la responsabilidad por riesgo en la conducción del vehículo por los daños causados en la circulación, sin efectuar distinción entre daños materiales y corporales>>.

Ese riesgo específico de la circulación aparece expresamente reconocido en la Ley (art. 1.1. LRCSCVM), como título de atribución de responsabilidad, frente a la tradicional responsabilidad por culpa o subjetiva, en el que el título de imputación consiste en la negligencia del agente causante del resultado dañoso.

Más que el título de imputación dependa del conductor quienes circulan, hoy y mañana por las carreteras, son y serán los vehículos, por lo que el riesgo específico será el de la circulación, entendida como una acción de peligro y además por su propio principio objetivo en cuanto que aquéllos constituyen el objeto de peligro.

En este caso, tanto el vehículo como el hecho de la circulación continuarán constituyendo los elementos esenciales a la hora de la delimitación de la responsabilidad[57].

La responsabilidad civil de circulación de vehículos a motor está fundada en un régimen basado en una actividad de riesgo o de peligro que se deriva de la circulación de los vehículos a motor[58], en el que el conductor responde respecto a los daños en las personas de forma objetiva, salvo que los daños fueron debidos a la culpa exclusiva de la víctima o perjudicado[59]

---

57 Así puede verse en DE ANGULO RODRÍGUEZ, L y CAMACHO DE LOS RÍOS, J., *Comentario al Reglamento sobre responsabilidad civil y seguro en la circulación de vehículos a motor*, Atelier, 2001, p. 98.

58 Sobre el concepto de circulación de vehículos, *vid.* STJUE (Sala 6ª), de 20 de diciembre de 2017 (TOL6.454.616) y STJUE, de 4 de septiembre de 2014 (TOL4479781). *Vid.* BARRERO RODRÍGUEZ, E., "Los daños causados por vehículos agrícolas o industriales (una posible ampliación del ámbito de la responsabilidad civil automovilística a la luz de la doctrina del Tribunal de Justicia de la Unión Europea", *Revista Española de Seguros*, nº 167, 2016, pp. 421-436.

59 El art. 1.1. párrafo 2º LRCSCVM contempla expresamente como causa de exoneración <<la culpa exclusiva del perjudicado>>. Con anterioridad a la modificación operada por la ley 35/2015 se refería a la conducta o negligencia del perjudicado. Sobre la distinción entre víctima y perjudicado y sobre la modificación operada, *vid.* BADILLO ARIAS, J.A., *La responsabilidad civil automovilística. El hecho de la circulación, op. cit.*, pp. 169-178. También, debe tenerse presente la doctrina jurisprudencial unificando doctrina aplicable respecto a la colisión recíproca sentada por la STS, Sala 1ª, (pleno) núm. 536/2012, de 10 de septiembre (TOL2.694.011). *Vid.* PEÑA LÓPEZ, F., "Causalidad, eficiencia causal, imputación objetiva y reparto de responsabilidades aplicando el régimen de la LRCSCVM: notas a la STS de 10 de septiembre 2012", *Revista de la Asociación Española de Abogados Especializados en Responsabilidad Civil y Seguro*, nº 46, 2013, pp. 9-22.

o a fuerza mayor[60] extraña a la conducción o al funcionamiento del vehículo. Aquí debemos plantearnos el acomodo de los defectos o fallos de la técnica o del sistema automatizado dentro del sistema de responsabilidad civil del funcionamiento del vehículo. ¿Responde el titular del sistema, conductor, o el productor[61]?

Mientras que los daños en los bienes[62], cuando sea responsable civilmente, conforme a la regla general, se estará a lo dispuesto en los artículos 1902 CC y 109 CP.

El sistema establecido, por otra parte, permite hacer responsable al propietario no conductor cuando esté vinculado con este por alguna de las relaciones que regulan los artículos 1903 CC y 120.5 CP, salvo que aquél pruebe el empleo de la diligencia debida para prevenir el daño.

Ahora bien, los daños ocasionados por dolo, salvo que el automóvil haya sido utilizado como instrumento o arma para la comisión del delito. Aunque son indemnizables por el asegurador cuando la víctima ejerza la acción directa, aquél tiene facultades de repetición[63].

---

60 No se consideran casos de fuerza mayor los defectos del vehículo ni la rotura o fallo de alguna de sus piezas o mecanismo.

61 Véase el encaje de producto y de riesgos de desarrollo en IZQUIERDO GRAU, G., "La responsabilidad del productor de vehículos autónomos en el marco de la (futura) legislación en materia de responsabilidad por daños causados por productos defectuosos", *Revista de Derecho Civil*, vol. X, núm. 2, 2023, pp. 117-161. IDEM., "La causa de exoneración de los riesgos por desarrollo en el nuevo paradigma digital", *Cuadernos de Derecho Transnacional*, vol.15, nº 2, 2023, pp. 650-664.

62 Se está argumentando extender la responsabilidad objetiva en los daños a los bienes en caso de coches autónomos a efectos de compensar la menor siniestralidad que se le atribuye la circulación de estos vehículos. *Vid.* ÁLVAREZ OLALLA, M, P., "Desafíos legales ante la circulación de los coches autónomos: implicaciones éticas, responsabilidad por accidente y ciberseguridad, *Revista Aranzadi doctrinal civil-mercantil*, nº 2, 2017, pp. 129-138.

63 Art. 10 LRCSCVM: El asegurador, una vez efectuado el pago de la indemnización, podrá repetir:

a) Contra el conductor, el propietario del vehículo causante y el asegurado, si el daño causado fuera debido a la conducta dolosa de cualquiera de ellos o a la conducción bajo la influencia de bebidas alcohólicas o de drogas tóxicas, estupefacientes o sustancias psicotrópicas.
b) Contra el tercero responsable de los daños.
c) Contra el tomador del seguro o asegurado, por las causas previstas en la Ley 50/1980, de 8 de octubre, de Contrato de Seguro, y, conforme a lo previsto en el contrato, en el caso de conducción del vehículo por quien carezca del permiso de conducir.

Sin embargo, en este tipo de automóviles la facultad de repetición únicamente podrá efectuarse contra el propietario, productor, fabricante, el asegurado o tercero responsable del daño.

Pero, también, la aplicación del sistema de valoración de los daños y perjuicios causados que, en la actualidad, rige exclusivamente para aquéllos ocasionados en accidentes de circulación, siempre que estén contemplados en la LRCSCVM.

Su carácter es vinculante y excluyente a otros ámbitos que no sean de circulación. Su finalidad es garantizar que la víctima logre la total indemnidad respecto de los daños y perjuicios causados y ocasionados por un accidente de circulación.

Entendemos que no será la conducta del conductor el presupuesto esencial, sino que será el riesgo propio de la actividad circulatoria de un vehículo a motor[64], sea normal, autónomo, semiautónomo o conectado, sin perjuicio de cuál sea la causa que lo condiciona y que lo causa.

No puede pretenderse que con un vehículo de las características indicadas haga desplazar la responsabilidad del conductor en otros sujetos[65].

En este extremo, el seguro obligatorio de automóviles está concebido a cubrir exclusivamente la responsabilidad civil del conductor[66]

---

d) En cualquier otro supuesto en que también pudiera proceder tal repetición con arreglo a las leyes.

La acción de repetición del asegurador prescribe por el transcurso del plazo de un año, contado a partir de la fecha en que hizo el pago al perjudicado.

64 El requisito para el que surja la responsabilidad será la actuación de un sujeto, el conductor, con motivo de la circulación.

65 De esa opinión se muestra ITURMENDI MORALES, G., "Coches conectados y autónomos. Papel de las aseguradoras", *Revista de la Asociación Española de Abogados de Responsabilidad y Seguro*, núm. 61, 2017, p. 16: <<... el vehículo autónomo comunicado desplaza jurídicamente la responsabilidad del conductor y del propietario del vehículo, tal y como ahora la conocemos, sobre los fabricantes de los productos implicado en el accidente (el propio vehículo, los dispositivos tecnológicos de la vía pública y las redes de comunicación de los vehículos y de los dispositivos externos), en unos casos, y en otros, sobre los agentes que pueden estar implicados en el siniestro, encargados del mantenimiento de los anteriores productos, etc.>>.

66 Así lo puso de manifiesto MEDINA CRESPO, M., "Los principios normativos del seguro obligatorio y el desvanecimiento de su singularidad", *Coloquios sobre la responsabilidad civil del automóvil. XXX. Aniversario de los Coloquios de Bilbao*, Ministerio de Justicia e Interior, 1995, p. 231: <<... el seguro obligatorio se estructura como un seguro de responsabilidad civil del conductor -nunca como un seguro de accidentes-, enmarcado por ello en un sistema de cobertura de concreta necesidad>>.

frente a terceros perjudicados[67] en resarcimiento de la víctima y mantener el patrimonio del asegurado a salvo de las consecuencias jurídicas y económicas de su responsabilidad automovilística[68].

No se extiende la cobertura a los daños y perjuicios ocasionados por las lesiones o fallecimiento del conductor del vehículo causante del accidente ni a los daños en los bienes sufridos por el vehículo asegurado, por las cosas en él transportadas ni por los bienes de los que resulten titulares el tomador, el asegurado, el propietario o el conductor, así como los del cónyuge o los parientes hasta el tercer grado de consanguinidad o afinidad de los anteriores[69].

El asegurador por dicho seguro ha de satisfacer al perjudicado[70] el importe de los daños sufridos en su persona y en sus bienes, así como los

---

[67] Debe citarse la STJUE (Sala 6ª), de 14 de septiembre de 2017 (TOL6.337.875) que estima la vulneración alegada y sostiene la condición de perjudicado con derecho a la indemnización por el seguro del automóvil cuando el peatón atropellado en un accidente de circulación sea el tomador y propietario del vehículo que causó el accidente. <<De ello resulta que el artículo 3, apartado 1, de la Primera Directiva y los artículos 1, apartado 1, y 2, apartado 1, de la Segunda Directiva deben interpretarse en el sentido de que se oponen a que el asegurador de la responsabilidad civil que resulta de la circulación de vehículos automóviles pueda ampararse en una normativa nacional como la normativa controvertida para denegar la indemnización al tercero víctima de un accidente causado por un vehículo asegurado por los daños corporales y materiales sufridos como consecuencia del accidente. Habida cuenta del conjunto de consideraciones que preceden, debe responderse a la cuestión planteada que el artículo 3, apartado 1, de la Primera Directiva, los artículos 1, apartado 1, y 2, apartado 1, de la Segunda Directiva y el artículo 1 *bis* de la Tercera Directiva deben interpretarse en el sentido de que se oponen a una normativa nacional como la controvertida en el litigio principal que excluye de la cobertura y, por tanto, de la indemnización por el seguro obligatorio de la responsabilidad civil que resulta de la circulación de vehículos automóviles los daños corporales y materiales sufridos por un peatón víctima de un accidente de circulación exclusivamente por ser dicho peatón el tomador del seguro y el propietario del vehículo que causó tales daños. En tercer lugar, debe señalarse que tal conclusión no queda desmentida por la alegación de CA Seguros de que el sistema de responsabilidad civil se vería gravemente afectado si dicha responsabilidad pudiera generarse con respecto a la propia persona asegurada, que es lo que considera que implica la pretensión de indemnización formulada en el litigio principal>>.

[68] MORILLAS JARILLO, Mª J., *El seguro del automóvil: el aseguramiento obligatorio de la responsabilidad civil automovilística*, Bosch, 1992, pp. 116-117.

[69] Art. 5 LRCSCVM.

[70] El perjudicado tiene acción directa frente al asegurador para exigir los daños y otros perjuicios, que prescribe por el transcurso de un año (art. 7.1, párrafo 2º).

gastos y otros perjuicios a los que tenga derecho (art. 7.1 LRCSCVM), salvo que el vehículo causante del daño hubiera sido robado[71] o en el caso de que el vehículo o el origen del daño fuera desconocido[72] o no exista una cobertura de seguro[73].

Por último, una de las propuestas legislativas[74] es extender la responsabilidad a los aseguradores del asegurado propietario del vehículo, sin perjuicio de las facultades de exoneración y de repetición de aquéllos frente a los responsables[75], pero siempre con unos límites cuantitativos a efectos de seguro

---

[71] En este caso, surge de aplicación la función del CCS (art. 11.1 LRCSCVM)

[72] Cuando no se pueda conocer la causa, el responsable del accidente o digamos la proporcionalidad de la culpa del accidente entre diversos responsables (propietario, fabricante, productor, distribuidor, etc) será el CCS quien satisfará la indemnización al perjudicado, sin perjuicio de su facultad para interponer acción u acciones frente al responsable o responsables de dicho daño al perjudicado.

[73] Así, ITURMENDI MORALES, G., "Coches conectados y autónomos. Papel de las aseguradoras", *op.cit.,* p. 22.

[74] House of Commons Public Bill Committee on the Vehicle Technology and Aviation Bill 2016-2017; Vehicle Technology and Aviation Bill (HC Bill 143): https://services.parliament.uk/bills/2016-17/vehicletechnologyandaviation/committees/houseofcommonspublicbillcommitteeonthevehicletechnologyandaviationbill201617.html - https://publications.parliament.uk/pa/bills/cbill/2016-2017/0143/cbill_2016-20170143_en_1.htm

[75] Liability of insurers etc where accident caused by automated vehicle

(1) Where—

(a) an accident is caused by an automated vehicle when driving itself,

(b) the vehicle is insured at the time of the accident, and

(c) an insured person or any other person suffers damage as a result of the accident, the insurer is liable for that damage.

(2) Where—

(a) an accident is caused by an automated vehicle when driving itself,

(b) the vehicle is not insured at the time of the accident,

(c) section 143 of the Road Traffic Act 1988 (users of motor vehicles to be insured or secured against third-party risks) does not apply to the vehicle at that time—

(i) because of section 144(2) of that Act (exemption for public bodies etc), or

(ii) because the vehicle is in the public service of the Crown, and

(d) a person suffers damage as a result of the accident, the owner of the vehi cle is liable for that damage.

(3) In this Part "damage" means death or personal injury, and any damage to property other than—

(a) the automated vehicle,

obligatorio. El Reino Unido ha aprobado la Ley de Vehículos automatizados (*Automated Vehicles Act 2024*) donde hace recaer la responsabilidad en la entidad autónoma autorizada (ASDE) distinguiendo con usuario a cargo y sin usuario a cargo a la que se espera otra norma más reglamentaria.

8. LA RESPONSABILIDAD DEL FABRICANTE POR PRODUCTO Y SU ASEGURAMIENTO

Por el contrario, la naturaleza de la responsabilidad civil del fabricante por productos defectuosos es distinta de la del conductor automovilístico como también sus fines[76], incluso también la póliza de seguro[77]. En este

---

(b) goods carried for hire or reward in or on that vehicle or in or on any trailer (whether or not coupled) drawn by it, or
(c) property in the custody, or under the control, of—
(i) the insured person (where subsection (1) applies), or
(ii) the person in charge of the automated vehicle at the time of the accident (where subsection (2) applies).
(4) In respect of damage to property caused by, or arising out of, any one accident involving an automated vehicle, the amount of the liability under this section of the insurer or owner of the vehicle is limited to the amount for the time being specified in section 145(4)(b) of the Road Traffic Act 1988 (limit on compulsory insurance for property damage).
(5) This section has effect subject to section 3.
(6) Except as provided by section 4, liability under this section may not be limited or excluded by a term of an insurance policy or in any other way.
(7) The imposition by this section of liability on the insurer or vehicle owner does not affect any other person's liability in respect of the accident

76 El seguro automovilístico aparte de dar seguridad al conductor ante el riesgo de la circulación cumple una función social de garantía de indemnidad al perjudicado en un accidente de circulación. Sobre la responsabilidad civil por daños causados por defecto defectuoso del vehículo puede verse en DÍEZ BALLESTEROS, J. A., "La responsabilidad civil del fabricante de vehículos defectuosos. Los vehículos sin conductor", *Revista de responsabilidad civil, circulación y seguro,* nº8, 2015, pp.11-16. También, la SAP de Barcelona nº 144/2014, de 27 de marzo (TOL4.206.143) que establece la responsabilidad del fabricante por el accidente de circulación ocasionado por el mal funcionamiento o la falta de funcionamiento del airbag- no se activaron el día del accidente-, con aplicación por analogía del baremo de autos. Igualmente, la SAP de Guipúzcoa nº 53/2011, de 15 de febrero (TOL4.388.903) que se refiere a la responsabilidad del fabricante del vehículo por el fallo en el componente eléctrico del motor que causó la calcinación del vehículo y su propagación a otros.

77 La póliza de seguro sería la de responsabilidad civil general dentro de la cobertura de RC producto sobre los daños personales, materiales y sus perjuicios

caso, argumentar, igualmente, que nos encontramos con pólizas de seguro de grandes riesgos de responsabilidad civil frente a terceros con ocasión del suministro del producto en la cobertura de daños materiales y/o personales que sean causados por los productos fabricados por el asegurado.

Se establecen sublímites por siniestro y periodo de seguro en la suma asegurada, excluyéndose el propio producto defectuoso[78]. Los daños materiales comprenden tanto el directo- emergente- como el indirecto- lucro cesante- sufrido por el tercero perjudicado[79].

La responsabilidad del fabricante es garantizar que el producto[80] o el servicio cumpla las expectativas de su comprador, además de indemnizar al perjudicado el daño, a consecuencia de defectos[81], que afecten a su seguridad.

---

consecuenciales causados a terceros por los productos fabricados, suministrados o distribuidos por el asegurado. Se excluyen los daños o defectos que sufran los propios productos del asegurado, así como los gastos destinados a averiguar o subsanar tales daños o defectos. *Vid.* MARTÍN GIL, S., "Seguro de responsabilidad civil de productos. Cobertura de responsabilidad civil contractual y extracontractual", *Revista de Responsabilidad civil, Circulación y Seguro,* febrero 2003, pp. 64-70.

78 *Vid.* STS, Sala 1ª, sección 1ª, núm. 78/2014, de 3 de marzo (TOL4.183.476).

79 STS, Sala 1ª, sección 1ª, núm. 854/2010, de 22 de diciembre (TOL2.023.972).

80 El concepto de producto, conforme al TRLGDCU, se refiere a cualquier bien mueble, aun cuando esté incorporado a otro bien mueble o a un bien inmueble. En cuanto a la consideración de vehículo como bien mueble y como producto, puede verse en PICATOSTE BOBILLO, V., *La protección de los consumidores en la compraventa de vehículos automóviles,* Aranzadi, 2011, pp. 54-64.
Definición de producto (art. 4) de la Directiva UE 2024/2853, de 23 de octubre, sobre responsabilidad por los daños causados por productos defectuosos: "cualquier bien mueble, aunque se incorpore a otro bien mueble o a un inmueble o interconectado con estos; incluye la electricidad, los archivos de fabricación digital, las materias primas y los programas informáticos".

81 Art. 135 TRLGDCU: <<los productores serán responsables de los daños causados por los defectos de los productos que, respectivamente, fabriquen o importen>>. Sobre la noción de defecto y sus distintas tipologías, *vid.* PASQUAU LIAÑO, M., "La noción de defecto a efectos de la responsabilidad civil del fabricante por daños ocasionados por productos", VV.AA., *Responsabilidad civil por los daños causados por productos defectuosos,* Centro de Estudios del Seguro, núm 5, 1995, pp. 88 y ss.
El artículo 8 de la Directiva UE 2024/2853 la responsabilidad se centra en los denominados "operadores económicos responsables de los daños".

Téngase en cuenta que esta responsabilidad específica tiene límites[82] (art. 141 TRLGDCU), sin perjuicio de acudir a los criterios de la responsabilidad civil general[83].

La automovilística es una responsabilidad por riesgo de la circulación como también lo es la de producto, pero aquí en la puesta o circulación en el mercado de un producto[84] que no ofrezca la seguridad que cabe legítimamente esperar, poniendo en riesgo la integridad personal o patrimonial[85].

Si queremos dotar de seguridad a la víctima por un hecho de circulación a consecuencia de un accidente con un vehículo a motor equipado con estas prestaciones se necesita además ampliar el espectro de las coberturas del seguro obligatorio automovilístico, no dirigidas tan sólo a

---

82 Artículo 141. Límite de responsabilidad.
La responsabilidad civil del productor, por los daños causados por productos defectuosos, se ajustará a las siguientes reglas:
a) De la cuantía de la indemnización de los daños materiales se deducirá una franquicia de 500,00 euros.
b) La responsabilidad civil global del productor por muerte y lesiones personales causadas por productos idénticos que presenten el mismo defecto tendrá como límite la cuantía de 63.106.270,96 euros.

83 Sobre esta precisión legal, los autores han planteado que se excluyen, dentro del régimen de responsabilidad civil de producto, los daños morales, *vid.* GUTIÉRREZ SANTIAGO, P., "Aporías y distorsiones en el "carácter objetivo" de la responsabilidad civil por productos defectuosos", *Revista Aranzadi doctrinal civil-mercantil,* nº 1, v. 2º, 2014, pp. 79-150.
El artículo 6 de la Directiva UE incluye los daños a la salud psicológica reconocidos médicamente.

84 Así puede desprenderse del art. 137.1 TRLGDCU: <<Se entenderá por producto defectuoso aquél que no ofrezca la seguridad que cabría legítimamente esperar, teniendo en cuenta todas las circunstancias y, especialmente, su presentación, el uso razonablemente previsible del mismo y el momento de su puesta en circulación>> y del art. 140.1 TRLGDCU: <<El productor no será responsable si prueba:
a) Que no había puesto en circulación el producto.
b) Que, dadas las circunstancias del caso, es posible presumir que el defecto no existía en el momento en que se puso en circulación el producto>>.

85 PASQUAU LIAÑO, M., "La noción de defecto a efectos de la responsabilidad civil del fabricante por daños ocasionados por productos", *op. cit.*, p. 87. IDEM., "El defecto de seguridad como criterio de imputación de responsabilidad al empresario de servicios", ORTI VALLEJO, A y GARCÍA GARNICA, Mª C., *La responsabilidad civil por daños causados por servicios defectuosos,* Aranzadi, 2015: <<Responde por quien, por no haber ofrecido la seguridad que legítimamente cabía esperar, ha causado a alguien un daño del que no tenía que precaverse especialmente>>.

los daños provocados por el vehículo en circulación sino también cuando ellos sean debidos a fallos, interrupciones del servicio o a accesos no permitidos por los terceros (hackers[86], etc).

Pues, hoy día, la realidad es muy distinta a la situación precedente en todos estos años.

Los vehículos son bienes muebles[87] especialísimos aptos en circulación por vía pública[88] que presentan diversas particularidades o cualidades en atención a diversos criterios, entre los cuales, son destacables el servicio al que vaya a destinarse. A ello, habrá que añadirse que además se encuentran conectados mediante *software* y otra tecnología que permite a aquellos el conocimiento interno de la máquina como el externo de las diversas circunstancias que se van desarrollando durante la circulación.

Téngase presente que casi todos vehículos incorporan navegadores que muestran el camino correcto e informaciones adicionales como la velocidad permitida o la distancia con el vehículo precedente.

De este modo, los vehículos están programados con un software, equipados con hardware actualizados, con sensores[89] capaces de percibir, de

---

86 Acceso al sistema informático que supone una amenaza a la seguridad.
El carácter defectuoso del producto se tiene en cuenta además, otras circunstancias, los requisitos de seguridad del producto pertinentes, "incluidos los requisitos de ciberseguridad pertinentes para la seguridad" (art. 7 de la Directiva UE 2024/2853).

87 Téngase en cuenta el art. 355 CC, en cuanto la consideración de bien mueble.

88 Fundamentalmente porque la matrícula lo diferencia de cualquiera otro. Están inscritos en el Registro de Bienes Muebles, sección de automóviles y otros vehículos de motor. También, existe un Registro de vehículos de la DGT. Así puede observarse en el Anexo II (definiciones) del RD 2822/1998, por el que se aprueba el Reglamento General de Vehículos. También en su exposición de motivos: *Los vehículos son bienes muebles fácilmente identificables a través de sus placas de matrícula y el número del bastidor o de la estructura autoportante (artículos 8, 49 y anexo 18 del Reglamento) y, por tanto, susceptibles de determinada publicidad registral, si bien el Registro de Vehículos regulado en el artículo 2 del Reglamento, lo mismo que los Registros del derogado artículo 244 del Código de la Circulación, tiene carácter puramente administrativo, a diferencia del Registro de Hipoteca Mobiliaria y de Prenda sin Desplazamiento de la Posesión, establecido por la Ley de 16 de diciembre de 1954, y del Registro de Reserva de Dominio y Prohibición de Disponer, creado por la Ley 50/1965, de 17 de julio, sobre Venta de Bienes Muebles a Plazos, en los que se inscriben los actos por los que se crean, modifican o extinguen aquellas garantías o gravámenes, a los efectos de dotarles de la adecuada publicidad y consiguiente oponibilidad frente a terceros.*

89 Sensor de fatiga que analiza los niveles de cansancio y de atención del conductor que enviará una alerta y, en su caso, el coche se detendrá.

reconocer la carretera, las señales y cualquier obstáculo que pueda existir durante aquella[90].

Quiere significar que, de antemano, y a diferencia, pero con matices, de la persona humana, el vehículo autónomo podrá advertir, corregir y anticiparse a los posibles riesgos inminentes en la circulación.

Ha de ser capaz de prever los escenarios habituales que se llegan a producir antes de una colisión o de un accidente y en el caso de imposibilidad real ha de estar en posesión de un sistema de modo seguro validado y actualizado que pueda llegar a su parada.

Puede decirse que los automóviles que dispongan de tales medidas de seguridad llamadas preventivas pueden ser susceptibles de circulación y además presuntamente tener precios de seguro mucho más competitivos que otros que no las tengan o sean limitadas. También, ofrecer pólizas de pago por uso o el pago según la conducción, como de pólizas de seguro estándar y coberturas complementarias que incluso podrán ser contratadas en el momento del inicio de la circulación y en el propio vehículo. Es más, se podrá percibir desde dentro los factores suficientes de información para la correcta evaluación y declaración del riesgo.

La recopilación de datos de los dispositivos móviles hace posible un sistema de alertas ante problemas inminentes. Para la plena incorporación jurídica de los automóviles sin conductor y/o conectado será preciso, igualmente, la innovación y el establecimiento de lo que se denominan carreteras inteligentes y la tecnología aplicada a la seguridad vial[91] capaces de comunicar a los vehículos que circulan por las mismas y su interactuación entres demás usuarios e intervinientes en la circulación.

De este modo, la mirada no ha de centrarse únicamente en el vehículo autónomo o conectado sino también a todo aquello que gira en torno a la circulación por carretera y fuera de ella.

Además, los fabricantes han de estar en todo momento predispuestos a que sus vehículos o productos además de conectados estén actualizados y

---

90 Dispositivos que calculan la velocidad respecto a objetos de nuestro alrededor. Detectan un obstáculo sin reacción por parte del conductor, reduciendo la velocidad.

91 Sistemas de alerta anti-atropellos; sistemas de reconocimiento de las señales mediante cámaras especiales, sistema de control electrónico de la estabilidad (ESP), que corrige errores del conductor (pérdida de control, exceso de velocidad, etc.).

protegidos constantemente[92]. Todo ello, provocará implicaciones en cuanto al diseño, la titularidad de los datos y de sus bases, la información previa al usuario, el consentimiento explícito, las políticas de cumplimiento y de certificación de seguridad, pero también de conductas empresariales relativas al Derecho de la competencia y de los consumidores[93], como del Derecho de las TIC y de la Protección de Datos.

9. EL SEGURO DE ACCIDENTES

Cuando el vehículo autónomo puede ser destinado al transporte público colectivo de viajeros terrestre[94] por carretera[95], ferrocarril[96], o por cable[97], marítimo[98]

---

92 Considerando (50) de la Directiva UE 2024/2853: "...los fabricantes deben seguir siendo responsables de las deficiencias que se originen después de ese momento (de puesta en el mercado) como resultado de programas informáticos o servicios conexos que estén bajo su control, ya sea en forma de actualizaciones o mejoras o de algoritmos de aprendizaje automático".

93 En este caso conductas colusorias, abuso de posición de dominio incluso actos de engaño (Derecho de la competencia) y del Derecho de los consumidores.

94 Téngase en cuenta la aplicación de la Ley 16/1987, de 30 de julio, de Ordenación de los Transportes Terrestres (LOTT).

95 Art. 10.a) RD 1575/1989:<<Los que tienen por objeto transportes de viajeros realizados en vehículos automóviles que circulen, sin camino de rodadura fijo, y sin medios fijos de captación de energía, por toda clase de vías terrestres urbanas e interurbanas, de carácter público, y asimismo de carácter privado, cuando el transporte que en los mismo se realice sea público>>.

96 Art. 10. b) RD 1575/1989: <<Los que tienen por objeto transportes de personas por ferrocarril, considerándose como tales aquellos en los que los vehículos en los que se realizan circulan por un camino de rodadura fijo que les sirve de sustentación y de guiado, incluyendo los denominados «trenes-cremallera» constituyendo el conjunto camino-vehículo una unidad de explotación>>.
Aquí podemos incluir los funiculares totalmente automatizados existentes, por ejemplo, en Montmarte (París), incluso en el metro tenemos claros ejemplos en las principales ciudades del mundo, que puede verse en Madrid con la T4.

97 Art. 10. c) RD 1575/1989: <<Los que tienen por objeto transportes de personas que se lleven a cabo en trolebús, así como los realizados en teleféricos, funiculares, telesquís, telesillas, telecabinas u otros medios en los que la tracción se haga por cable y en los que no exista camino de rodadura fijo>>.
Existe legislación autonómica de transporte por cable (citar la ley 8/2012, de Transporte de personas por cable de Cantabria y ley 12/2002 de Cataluña).

98 El art. 10. d) incluye en la cobertura del seguro obligatorio de accidentes a: <<las embarcaciones de matrícula y pabellón españoles que estén autorizadas para el transporte público colectivo de pasajeros>>.

y aéreo[99], aparte de los seguros observados de responsabilidad civil, surgen, además de la responsabilidad patrimonial por funcionamiento anormal o defectuoso del servicio[100], la operatividad junto con la compatibilidad y acumulación[101] de los seguros obligatorios de viajeros (sovi)[102], que tienen la naturaleza de seguro de personas[103], como modalidad del seguro de accidentes[104], que cubre los daños corporales a los viajeros con ocasión de un siniestro ocasionado en el desplazamiento en transporte público colectivo.

Son riesgos que afectan a la existencia, integridad corporal o salud[105], correspondiendo el interés a la propia persona objeto del riesgo.

Ese derecho del asegurado no depende de la conducta o responsabilidad del conductor o del transportista, como así exige en la responsabilidad civil del automóvil, aunque sea objetiva. Se trata de un seguro por el cual los asegurados son los viajeros o derechohabientes que, en cuanto

---

99 La DF2ª RD 1575/1989: <<La aplicación del Seguro Obligatorio de Viajeros a los transportes aéreos quedará en suspenso en tanto concurran las circunstancias que se señalan en la disposición final tercera de la Ley 48/1960, de 21 de julio, de Navegación Aérea>>.

100 STS, Sala 3ª, sección 6ª, de 22 de diciembre de 2014 (TOL4.557.930): responsabilidad de la administración por caída a las vías del metro, por ser un servicio público que proporciona la Administración -Comunidad de Madrid-; STS, Sala 3ª, sección 4ª, de 7 de diciembre 2011 TOL2.295.502): responsabilidad de la Administración por incumplimiento del deber de mantener en adecuadas condiciones de seguridad las carreteras, a consecuencia de una caída del conductor del ciclomotor por el mal estado de la carretera.

101 *Vid.* MAGRO SERVET, V., "Acerca de si existe compatibilidad del seguro obligatorio de responsabilidad civil del automóvil con el seguro obligatorio de viajeros en los transportes urbanos", *Tráfico y seguridad vial*, núm. 155, 2011, pp. 7-14.

102 RD 1575/1989, de 22 de diciembre, por el que se aprueba el Reglamento del Seguro obligatorio de viajeros (BOE nº 311, de 28 de diciembre de 1989). Téngase en cuenta el Real Decreto 627/2014, de 18 de julio, de asistencia a las víctimas de accidentes ferroviarios y sus familiares (BOE nº 175, de 19 de julio de 2014), en el que aparte de otorgar un derecho de asistencia integral, su DA2ª establece la aplicación del baremo de indemnizaciones que recoge el anexo de este Real Decreto.

103 TIRADO SUÁREZ, F.J., "Los seguros obligatorios de accidentes. Especial referencia al seguro obligatorio de viajeros. El seguro obligatorio de los deportistas. Otros seguros obligatorios de accidentes", ORTÍ VALLEJO, A y GARCÍA GARNICA, Mª C., *La responsabilidad civil por daños causados por servicios defectuosos*, Aranzadi, 2ª ed., 2015, p. 274.

104 Art. 2.2. RD 1575/1989:<< El Seguro Obligatorio de Viajeros constituye una modalidad del Seguro Privado de Accidentes individuales, compatible con cualquier otro seguro concertado por el viajero o a él referente>>.

105 Se trata de un seguro de personas con arreglo al art. 80, concretamente, de accidentes contemplado en el art. 100 LCS.

perjudicados, tendrán derecho a ser indemnizados por el daño corporal sufrido de la simple ocurrencia del accidente. Por tanto, con ocasión del siniestro, el perjudicado o víctima podrá tener derecho a la indemnización correspondiente por el seguro obligatorio de vehículo a motor como del seguro de accidentes, en tanto que su naturaleza es distinta[106].

10. CONSIDERACIONES FINALES

Parece con todo ello que resultará necesaria una revisión de la normativa europea[107],internacional[108] e interna[109] sin distinciones[110], a efectos de

---

106 STS, Sala 1ª, núm. 627/2011, de 19 de septiembre (TOL2.245.397). También ha sido señalado por CALZADA CONDE, Mª A., "El seguro de responsabilidad civil", BERCOVITZ RODRÍGUEZ CANO, A. (Dir.) *Contratos Mercantiles,* t. II, Aranzadi, 6ª ed., 2017, pp. 397-398.

107 Automóvil, inteligencia artificial, producto defectuoso, etc.

108 Convenio de Viena sobre circulación vial, de 8 de noviembre 1968 y el Convenio de la Haya sobre la Ley aplicable en materia de accidentes de circulación por carretera.

109 Real Decreto Legislativo 6/2015, de 30 de octubre, por el que se aprueba el texto refundido de la Ley de Tráfico, Circulación de Vehículos a motor y Seguridad Vial; Real Decreto 750/2010, de 4 de junio, por el que se regulan los procedimientos de homologación de vehículos de motor y sus remolques, máquinas autopropulsadas o remolcadas, vehículos agrícolas, así como de sistemas, partes y piezas de dichos vehículo Real Decreto Legislativo 8/2004, de 29 de octubre. Debe destacarse la Proposición no de Ley sobre el impulso y desarrollo del vehículo autónomo (162/000451), de 10 de octubre de 2017, en la que se insta al Gobierno a:" 1. Promover el desarrollo del vehículo autónomo evaluando el funcionamiento de la actual legislación específica e identificando posibles mejoras en la misma, que impulsen la realización de investigación y desarrollo, así como validación de prototipos. 2. Impulsar el desarrollo del sector del automóvil, así como el ecosistema de empresas y PYMEs altamente innovadoras asociadas a la fabricación del automóvil y a la creación de empleo de calidad, todo ello complementado con programas de I+D+i para el sector. 3. Desarrollar medidas que fortalezcan la competitividad industrial del automóvil en nuestro país facilitando su transición hacia las necesidades del vehículo autónomo, fomentando la especialización y cualificación del empleo asociado a las nuevas necesidades tecnológicas de esta nueva industria. 4. Fomentar acciones que permitan la consolidación de España como referente mundial para las pruebas del vehículo autónomo conectado, asistido y semiautónomos y en todos sus niveles. Evaluando también el impacto social y medioambiental del desarrollo de esta industria.". Pueden verse las enmiendas que se formularon por los grupos parlamentarios del Congreso de los Diputados, así como su aprobación con modificaciones (BOCCGG, Serie D, núm. 232, de 19 de octubre de 2017).

110 A favor de esa distinción, puede verse en la opinión de la Comisión de Transportes y Turismo de 16 de noviembre de 2016, sobre las recomendaciones destinadas

responsabilidad civil y de aseguramiento, entre vehículos automatizados, conectados y autónomos, de acuerdo con un principio objetivo basado en el riesgo específico creado por la circulación con las particularidades de su uso y de las características técnicas y tecnológicas propias de su entorno.

En definitiva, el nuevo escenario complejo por la propia tecnología, la cual nos resulta no ya desconocida sino incierta, no hará cambiar demasiado los regímenes y los principios normativos de responsabilidad civil y de aseguramiento, tanto generales y especiales, que han sido perfilados, principalmente, en los siglos XIX y XX.

No se tratará de llevar a cabo una legislación específica "*ad hoc*" sino una actualización y adaptación a las nuevas condiciones de la circulación y de las características específicas de los vehículos, de la conducción y de los seguros involucrados.

El impacto en el seguro puede incidir en la gestión, valoración del riesgo y también en el siniestro; facilitará la entrada en el sector asegurador de nuevos operadores y grupos distintos a los actuales sea en la oferta de seguros para la personalización de servicios y productos como para la adaptación de las necesidades del cliente a la nueva demanda, perspectiva social y del mercado. Y, a su vez, a los nuevos riesgos que habrá que asegurar.

11. BIBLIOGRAFÍA

ÁLVAREZ OLALLA, M, P., "Desafíos legales ante la circulación de los coches autónomos: implicaciones éticas, responsabilidad por accidente y ciberseguridad, *Revista Aranzadi doctrinal civil-mercantil*, nº 2, 2017.

BADILLO ARIAS, J.A., *La responsabilidad civil automovilística. El hecho de la circulación*, Aranzadi, 2016.

BARRERO RODRÍGUEZ, E., "Los daños causados por vehículos agrícolas o industriales (una posible ampliación del ámbito de la responsabilidad civil automovilística a la luz de la doctrina del Tribunal de Justicia de la Unión Europea", *Revista Española de Seguros*, nº 167, 2016.

BENITO OSMA, F., "Vehículos y sistemas inteligentes en la circulación: responsabilidad civil y seguro· *Revista Española de Seguros, RES*, núm. 173, 2018.

a la Comisión sobre normas de Derecho Civil sobre robótica: <<B. Considerando que, a efectos de responsabilidad civil, es necesario establecer una distinción entre vehículos automatizados (que contienen un dispositivo que permite la realización automática de ciertas operaciones de conducción) y vehículos autónomos (que garantizan la totalidad de estas operaciones); que, en el primer caso, la

CALZADA CONDE, Mª A., "El seguro de responsabilidad civil", BERCOVITZ RODRÍGUEZ CANO, A. (Dir.) *Contratos Mercantiles,* t. II, Aranzadi, 6ª ed., 2017.

DE ANGULO RODRÍGUEZ, L y CAMACHO DE LOS RÍOS, J., *Comentario al Reglamento sobre responsabilidad civil y seguro en la circulación de vehículos a motor,* Atelier, 2001.

DÍAZ DE LA ROSA, A., "Algunas cuestiones planteadas en torno al régimen jurídico de los buques autónomos", *Revista de Derecho Mercantil (RDM),* núm. 320, 2021.

DÍEZ BALLESTEROS, J. A., "La responsabilidad civil del fabricante de vehículos defectuosos. Los vehículos sin conductor", *Revista de responsabilidad civil, circulación y seguro,* nº8, 2015.

ELIZALDE SALAZAR, I., *Vehículos autónomos. Responsabilidad civil y seguro,* Aranzadi. 2022.

FERNÁNDEZ MARTÍN, M.ª J., "Una Directiva para el futuro en la responsabilidad civil del automóvil", LÓPEZ Y GARCÍA DE LA SERRANA, J. (Dir.)., *Sobre Responsabilidad Civil y Seguro. Homenaje a Mariano Medina Crespo,* Sepín, 2020.

GUTIÉRREZ SANTIAGO, P., "Aporías y distorsiones en el "carácter objetivo" de la responsabilidad civil por productos defectuosos", *Revista Aranzadi doctrinal civil-mercantil,* nº 1, v. 2º, 2014.

ITURMENDI MORALES, G., "Coches conectados y autónomos. Papel de las aseguradoras", *Revista de la Asociación Española de Abogados de Responsabilidad y Seguro,* núm. 61, 2017.

IZQUIERDO GRAU, G., "La responsabilidad del productor de vehículos autónomos en el marco de la (futura) legislación en materia de responsabilidad por daños causados por productos defectuosos", *Revista de Derecho Civil,* vol. X, núm. 2, 2023.

– "La causa de exoneración de los riesgos por desarrollo en el nuevo paradigma digital", *Cuadernos de Derecho Transnacional,* vol.15, nº 2, 2023.

MAGRO SERVET, V., "Acerca de si existe compatibilidad del seguro obligatorio de responsabilidad civil del automóvil con el seguro obligatorio de viajeros en los transportes urbanos", *Tráfico y seguridad vial,* núm. 155, 2011.

MARÍN LÓPEZ, J. J., "La reforma de la Directiva del seguro del automóvil", *Revista Española de Seguros, RES,* núm. 188, 2021.

MARTÍN GIL, S., "Seguro de responsabilidad civil de productos. Cobertura de responsabilidad civil contractual y extracontractual", *Revista de Responsabilidad civil, Circulación y Seguro,* febrero 2003.

MEDINA CRESPO, M., "Los principios normativos del seguro obligatorio y el desvanecimiento de su singularidad", *Coloquios sobre la responsabilidad civil del automóvil. XXX. Aniversario de los Coloquios de Bilbao,* Ministerio de Justicia e Interior, 1995.

MONTERO FUENTES-GUERRA, E., "Los vehículos de movilidad personal y su aseguramiento obligatorio", *Revista Española de Seguros, RES,* núm. 179, 2019.

MORILLAS JARILLO, M.ª J., "La nueva Directiva 2021/2118, de 24 de noviembre de 2021, del seguro de responsabilidad civil de vehículos automóviles y su repercusión en el Ordenamiento español, *Cuadernos de Derecho Privado,* núm.5, 2023.

– *El seguro del automóvil: el aseguramiento obligatorio de la responsabilidad civil automovilística,* Bosch, 1992.

PEÑA LÓPEZ, F., "Causalidad, eficiencia causal, imputación objetiva y reparto de responsabilidades aplicando el régimen de la LRCSCVM: notas a la STS de 10 de septiembre 2012", *Revista de la Asociación Española de Abogados Especializados en Responsabilidad Civil y Seguro*, nº 46, 2013.

PASQUAU LIAÑO, M., "La noción de defecto a efectos de la responsabilidad civil del fabricante por daños ocasionados por productos", VV.AA., *Responsabilidad civil por los daños causados por productos defectuosos*, Centro de Estudios del Seguro, núm 5, 1995.

– "El defecto de seguridad como criterio de imputación de responsabilidad al empresario de servicios", ORTI VALLEJO, A y GARCÍA GARNICA, Mª C., *La responsabilidad civil por daños causados por servicios defectuosos*, Aranzadi, 2015.

PICATOSTE BOBILLO, V., *La protección de los consumidores en la compraventa de vehículos automóviles*, Aranzadi, 2011.

REGLERO CAMPOS, F (Dir.)., *Accidentes de circulación: responsabilidad civil y seguro*, 3ª ed., Aranzadi, 2013.

RODRIGUEZ DELGADO, J.P., "La incidencia del buque autónomo en la obligación de navegabilidad del buque", MADRID PARRA, A., Derecho mercantil y tecnología, Marcial Pons, 2018.

SIERRA NOGUERO, E., "Los seguros de buques operados por control remoto y de buques autónomo", IBAÑEZ GÓMEZ, F y BALLESTEROS MARTÍN, M.A., *Seguridad marítima: una incertidumbre permanente*, Bosch, 2024.

TIRADO SUÁREZ, F.J., "Los seguros obligatorios de accidentes. Especial referencia al seguro obligatorio de viajeros. El seguro obligatorio de los deportistas. Otros seguros obligatorios de accidentes", ORTÍ VALLEJO, A y GARCÍA GARNICA, Mª C., *La responsabilidad civil por daños causados por servicios defectuosos*, Aranzadi, 2ª ed., 2015.

ZORNOZA SOMOLINOS, A., *Vehículos automatizados y seguro obligatorio de automóviles.* Estudio de Derecho comparado, Dykinson, 2021.

Vehículos inteligentes: riesgo cibernético, responsabilidad civil y seguro

JOAQUÍN ALARCÓN FIDALGO

Abogado

Presidente h.c del Grupo de Trabajo de Nuevas Tecnologías de AIDA

Miembro del Consejo directivo de SEAIDA

Administrador único de la Ed. Española de Seguros

SUMARIO: 1. ESCENARIO CONTROVERTIDO. 2. CLASIFICACIÓN DE LOS TIPOS DE VEHÍCULOS. 3. INFLUENCIA DE LA CONDUCCIÓN AUTOMATIZADA EN EL RÉGIMEN DE RESPONSABILIDAD CIVIL Y SEGURO. 3.1. El debate actual. 3.2. Cuestiones planteadas. 3.3. Cambio de mentalidad. 3.4. Necesidad o no de revisión de las normas. 3.5. La legislación comunitaria sobre productos defectuosos. 3.6. Acciones de repetición. 4. LA INTELIGENCIA ARTIFICIAL ESPECIALIZADA Y EL HACKEO DEL SISTEMA AUTOMÁTICO. 4.1. Ventajas de esta inteligencia. 4.2. La inteligencia artificial especializada. 4.3. Vulnerabilidad y riesgos. 4.4. Ejemplos ilustrativos. 5. OBSERVACIONES SOBRE EL SEGURO. 5.1. Eventuales modificaciones. 5.2. Primas. 5.3. Prevención. 6. CONCLUSIONES. 7. BIBLIOGRAFÍA CONSULTADA.

1. ESCENARIO CONTROVERTIDO

Los coches autónomos, en sus distintos niveles, y los ataques cibernéticos plantean cuestiones interesantes, entre ellas la eventual necesidad de cambios legislativos en general, modificación de la regulación de la responsabilidad civil con problemas para la fijación de la misma, eventuales modificaciones del seguro y sus prácticas (en automóviles, en productos, en el riesgo de retirada, en la Responsabilidad Patrimonial del Estado...). Todo ello hace surgir nuevos escenarios que exigen profundizar en materias ajenas como puede ser la inteligencia artificial, los retos que plantea la propia inteligencia artificial contra la misma, los *Big Data* etc., escenarios alejados del puro escenario jurídico y que obligan al profesional a un cambio radical de perspectivas. Como resumen del nuevo escenario podemos hacer las siguientes constataciones:

- Las nuevas tecnologías suponen, en varios ámbitos, complejos problemas jurídicos, cuya superación no siempre es fácil, de ahí que se afirme que viejos problemas legislativos son solucionados mediante el planteamiento de nuevos problemas.

  Un ejemplo: en la legislación alemana se dice, en relación con nuestro tema, que el conductor se puede desentender del tráfico y puede dedicarse a otras cosas "como envío de e-mails en el Infotaintment-System". Pero poco después se indica que "debe mantenerse tan atento que pueda cumplir sus obligaciones según el párrafo 2". Entre estas se encuentra la de tener tal atención que le permita actuar de inmediato "cuando reconoce o por circunstancias obvias pueda reconocer que las condiciones para una utilización adecuada de las funciones automatizadas no se dan ya". (Art. 1 a y b, párrafo 1 y párrafo 2 Nr.2 de la StVG- Ley alemana de la Circulación Viaria). Otro ejemplo: ahora se puede aparcar sin estar dentro del vehículo; el proceso se realiza controlado mediante un sistema de asistencia y por el conductor mediante un teléfono inteligente. Aquí se plantea la pregunta de si los deberes de control previstos en el 1b de la StVG exigen un conductor dentro del vehículo.

- Ante este escenario confuso, no es de extrañar que se indique que el control jurídico de las nuevas tecnologías deba hacerse en tres etapas: en primer lugar, el legislador crea la norma, sin poder explicar muchas veces sus posibilidades de aplicación; en segundo lugar, la jurisprudencia es la encargada de desarrollar lo que el legislador no sabe y, finalmente, esta debe orientarse en lo que el sentido común del ciudadano considera razonable. Resumiendo: los jueces disponen de un sistema de reglas que marcan imperativamente su tarea, reglas, a veces imprecisas, que están sometidas a interpretación y controversia; la jurisprudencia interpreta según los valores de la Constitución que informan nuestro ordenamiento jurídico y valiéndose, como hemos dicho, del sentido común.

- La distinción entre coche autónomo (sin conductor) y automatizado (conductor presente); los grados de automatización.

- El régimen de responsabilidad: si debe mantenerse o no el régimen actual, el eventual traspaso de la responsabilidad al fabricante, suministrador, programador- afectación de la protección de datos en general y en el caso de algoritmos no neutrales.

- Los ataques cibernéticos: posibilidades de los hackers de controlar remotamente vehículos en marcha y sus consecuencias; ataque que ocasiona un accidente: responsabilidad del fabricante/programador/distribuidor del sistema por no impedir o evitar el ataque; responsabilidad del conductor/tenedor; el caso de fuerza mayor : el vehículo intacto no se ve involucrado en un accidente ocasionado por fuerzas de la naturaleza, etc., sino que reacciona defectuosamente, aunque haya sido manipulado por un tercero; justificación de la responsabilidad del conductor/tenedor; la manipulación de las funciones como prueba de insuficientes medidas de protección; afectación de la protección de datos; medidas de protección y uso de la inteligencia artificial y de la física cuántica como medidas preventivas.

2. CLASIFICACIÓN DE LOS TIPOS DE VEHÍCULOS

La conducción automatizada se puede clasificar en dos tipos de vehículos: los autónomos, que no necesitan de un conductor humano, salvo en circunstancias muy concretas y los semiautónomos, aquellos que tienen automatizadas solamente algunas funciones, equipados con sistemas que monitorizan la conducción, con técnicas de visión artificial que recogen información y ayudan al conductor. Están dotados con ADAS (sistemas avanzados de asistencia al conductor). Se suele hablar de cinco niveles de automatización, donde el nivel O es sin automatización, el 1 con asistencia, el 2 con automatización parcial, el 3 de automatización condicionada (entorno controlado y conductor que asume el control cuando es requerido), el 4 con alto nivel de automatización y el 5 donde el sistema realiza todas las tareas de conducción, sin limitación alguna. Hay varios niveles, según países, faltando una deseable uniformidad. La DGT, con la Instrucción 15/V-113, se ocupó de la conducción automatizada, fijando las condiciones del vehículo automatizado para pruebas de circulación en vías abiertas. Hablaba solo de autónomo, modo autónomo y modo convencional, pero autorizó experimentar con vehículos de nivel 3, 4 y 5.

3. INFLUENCIA DE LA CONDUCCIÓN AUTOMATIZADA EN EL RÉGIMEN DE RESPONSABILIDAD CIVIL Y SEGURO

3.1. El debate actual

La cuestión clave se centra en qué medida la conducción automatizada influye en el régimen de responsabilidad civil y en el seguro obligatorio de vehículos. Hay dudas sobre el impacto de dicha conducción en el ordenamiento jurídico, dado que el vehículo autónomo tiene autonomía y capacidad de decisión, pero esta autonomía de la ingeniería automática es distinta a la del Código Civil (capacidad de autogobierno del propio pensamiento y hacer humanos).

De ahí la división de los tratadistas: mientras unos opinan que la conducción automatizada tiene cabida en la legislación vigente, otros opinan que es necesario elaborar una normativa especial de la responsabilidad civil y modificar el seguro obligatorio, incluso apartando al coche automático de este seguro.

3.2. Cuestiones planteadas

Es conocido que el seguro sigue, en principio, a la responsabilidad. De ahí que se planteen cuestiones interesantes como el traspaso de la responsabilidad derivada de daños ocasionados por el uso de sistemas autónomos desde el usuario (propietario, tenedor, servidor) al fabricante y sus proveedores, incluso al prestador de los servicios de navegación o al explotador de las infraestructuras, estos últimos si bien en menor medida. El fabricante queda afectado tanto por el sistema de responsabilidad civil general como por la legislación sobre productos defectuosos. El tenedor del vehículo tiene la obligación de vigilar y observar el sistema y en caso de riesgo de bienes de terceros intervenir en caso necesario. El propietario distinto del tenedor tiene solo la obligación de control y vigilancia del tenedor. En los vehículos autónomos la responsabilidad del fabricante y del tenedor sería solidaria frente al usuario-pasajero si, por ejemplo, un defecto de los frenos ocasiona un daño personal o material. Los problemas probatorios habituales del perjudicado no existen pues un vehículo autónomo no puede aprender del pasajero que tiene un papel pasivo únicamente, sino que aprende de la interacción con otros partícipes del tráfico (peatones, ciclistas), con otros vehículos, con la infraestructura y con el respaldo tecnológico. El tenedor, sin embargo, sigue teniendo la responsabilidad por los daños a terceros, salvo caso de fuerza mayor, pues el grado de tecnificación, teniendo en cuenta el carácter protector de la norma de circulación del art. 1 del Texto refundido de la Ley sobre responsabilidad civil y seguro en la circulación de vehículos a motor ("el conductor es responsable en virtud del riesgo creado") no juega ningún papel al igual que la normativa por productos defectuosos. El desplazamiento o transferencia de la responsabilidad al fabricante por fallos de (observación) producto se produciría solo por la vía del derecho de repetición (Koch, R., págs. 741 y ss.).

La cuestión es complicada. En el caso de un vehículo completamente autónomo podría ser necesario modificar determinadas reglas jurídicas, procedimientos y comportamientos de los participantes en el tráfico vial. La razón puede ser que en el vehículo plenamente autónomo no hay asiento para el conductor sino únicamente sitio para los pasajeros u ocupantes. El vehículo puede desplazarse de manera fiable por todos los sitios hasta llegar a su meta y a una plaza de aparcamiento, todo ello sin conductor. Para casos de incidentes se prevé la introducción de un sistema de control remoto, a distancia, como sustituto del sistema normal. Esta situación plantea diversas cuestiones, una de ellas si se puede permitir o prohibir un tráfico combinado de autónomos, semiautónomos o "normales". Otra cuestión planteada es la drástica reducción de accidentes. La verdad es que, si el vehículo no tiene conductor, decae la responsabilidad del art. 1, antes citado, pues no se puede obligar a un ocupante a que asuma la dirección del vehículo en el caso de un fallo técnico. Pero siempre habrá un titular del vehículo que lo utiliza en su propio interés y que debe responder del riesgo de funcionamiento y tener el correspondiente seguro de responsabilidad civil. La responsabilidad del tenedor decae, sin embargo, en el caso de fuerza mayor, pero el fallo de instalaciones técnicas como un sistema automático no cae dentro del concepto de fuerza mayor. Si un hacker ocasiona un accidente y el fabricante del sistema no puede ser hecho responsable de haber impedido o evitado el accidente, la cuestión es si también decae la responsabilidad del tenedor por causa de fuerza mayor. En este caso no se trata de que un coche intacto se vea involucrado en un accidente causado por fuerzas de la naturaleza o por un tercero ajeno a la conducción del mismo (por ejemplo, un suicida o quien arroja una piedra). Se puede decir que el vehículo reacciona defectuosamente aun cuando ha sido manipulado por un tercero. Por ello autores opinan que es correcto hacer responsable al titular por el ataque del hacker a su vehículo (Freise, R., pág. 69).

3.3. Cambio de mentalidad

La pregunta crucial es si debemos cambiar de mentalidad respecto a la responsabilidad civil derivada de accidentes de tráfico. Se puede pensar como evidente que mientras el vehículo funciona en modo automático y no existe intervención humana, la responsabilidad, tanto civil como penal, que puede surgir de un accidente debería trasladarse del conductor al fabricante del vehículo, es decir a la empresa que ha desarrollado el vehículo y su sistema de funcionamiento. La responsabilidad no debería recaer sobre la persona que se encuentre físicamente en el interior del vehículo ni tampoco al titular del mismo, siempre que estos no intervengan directamente en la conducción (Touriño, A., pág. 105).

La responsabilidad de mantener el sistema automatizado recae tanto sobre el fabricante, como garante de las medidas de seguridad necesarias para mantener el vehículo protegido, como sobre el propietario que debe velar porque el vehículo esté actualizado en todo momento. De ahí que un ciberataque y la exención de responsabilidad por el estado del arte puedan chocar en el sentido de que un ciberataque a un sistema informático no depende tanto de la tecnología del momento sino de la capacidad intelectual del hacker actuante.

En algunos países como Italia o Alemania la propuesta es que los vehículos automatizados incluyan cajas negras, un sistema diseñado exclusivamente para registrar y almacenar parámetros e información críticos relacionados con una colisión, poco antes, en el transcurso o inmediatamente después de ésta (Zornoza, A., pág. 207).

3.4. ¿Necesidad de revisión de las normas?

Las características y capacidades de los sistemas inteligentes (grado de autonomía, asistencia y autoaprendizaje), su relación e interacción con otras tecnologías, su conectividad, la pluralidad de sujetos intervinientes y la ausencia de regulación nos plantean la necesidad de revisar y, en su caso, adaptar la normativa de la responsabilidad, en concreto cuándo se aplica la responsabilidad subjetiva y cuándo la objetiva. Los propios contratos entre los distintos agentes intervinientes (diseñadores, desarrolladores, científicos de datos, entrenadores, fabricantes de sus productos, proveedores, operadores, usuarios) nos pueden permitir, de momento, fijar marcos de responsabilidad entre aquellos. Pero, en resumen, el régimen general de responsabilidad civil no es el marco adecuado en su plenitud para abordar todos los supuestos que se pueden presentar en la práctica (Muñoz Vela, J. M., págs. 202 y ss.).

Los riesgos pueden surgir del diseño, desarrollo, de la elaboración del algoritmo y su conversión al lenguaje-máquina, en el suministro del sistema, en la introducción de los datos, puesta en funcionamiento, su entrenamiento, aprendizaje, aplicación, su uso, mantenimiento etc. Por ello se ve la dificultad de atribuir la responsabilidad, probar el hecho generador del daño y el nexo causal, dada la pluralidad de sujetos intervinientes a que hemos aludido.

En España, en principio, el responsable por los daños causados por un vehículo automatizado es el conductor convencional o el conductor de respaldo por el riesgo generado con la conducción. El de respaldo, que supervisa la conducción e interviene si es necesario, es responsable, aunque no controle el volante directamente. De ahí que algunos autores (Zornoza, A. págs. 141, 192) se decanten por la no necesidad de elaborar un nuevo régimen de responsabilidad., siendo el vigente válido incluso para el nivel 5. El vehículo automatizado, en sus diversas versiones, tiene una doble naturaleza jurídica, como bien mueble y como producto de consumo.

La nueva Ley de Seguridad Vial (6/2015 con modificaciones de 21/12/2021) introduce por primera vez el concepto de vehículo automatizado con el objetivo de regular su uso y desarrollo, pero se hace con previsión de futuro. En el art. 11 bis se contemplan las obligaciones del titular de un sistema de conducción automatizado (el fabricante) sobre el que pesa la obligación de comunicar al Registro de Vehículos de la DGT las capacidades o funcionalidades del sistema de conducción automatizada, así como su dominio de diseño operativo, en el momento de la matriculación y con posterioridad las actualizaciones del sistema. En el art. 66.1 se indica también que los vehículos dotados de sistema de conducción automatizada deben consignar en el permiso de circulación sus características tanto del grado de automatización como del entorno operacional de uso, aunque todo ello sujeto a posterior desarrollo reglamentario.

3.5. La legislación comunitaria sobre productos defectuosos

La propuesta de nueva **Directiva por productos defectuosos**, de 28 de septiembre de 2022), indica que:

- La víctima solo tiene que probar el daño y la relación de causalidad
- El demandado (operador, fabricante) solo se exime con la prueba de fuerza mayor o culpa exclusiva de la víctima
- Traspaso de la responsabilidad del conductor al productor/fabricante.

La **Directiva del 85** no cubre productos derivados de las tecnologías digitales, como productos inteligentes y la IA. La nueva Directiva dice que los sistemas de inteligencia artificial y los bienes habilitados para la IA son "productos", sin importar si son tangibles o digitales. El ámbito de protección se extiende al producto y a los servicios que afecten a los productos, siendo responsables:

- El fabricante de hard- y software

- El proveedor de servicios digitales que afecten al funcionamiento del producto (ej. el servicio de navegación en un vehículo autónomo).

Pero hay problemas con la prueba de un defecto. El código fuente del software no es producto al tratarse de información "pura"; curiosamente, el defecto de diseño de vehículos automatizados que más interesa se refiere al código fuente del sistema, pues la escritura de este es la que determina el comportamiento del vehículo, que se comporta combinando los datos del exterior con la información que le ha sido suministrada. No se puede olvidar que los errores en el código o los problemas de ciberseguridad son relativamente habituales, en especial en aquellos softwares que pueden ser actualizados por vía telemática.

La Directiva no se aplica al software libre y de código abierto al margen de una actividad comercial.

La noción de defecto: según la propuesta, producto defectuoso es cuando "no ofrece la seguridad que el público en general tiene derecho a esperar". La Directiva del 85, en cambio, indica "cuando no ofrece la seguridad que una persona tiene legítimamente derecho a esperar". (Ver también ISO/SAE 21434, 2021, p. 825, sobre ciberseguridad).

3.6. Acciones de repetición

El reparto del riesgo de la responsabilidad civil mediante las **acciones de repetición** en accidentes ocurridos en el modo automático es otro aspecto a tener en cuenta. De los tres involucrados en el accidente (tenedor/titular, conductor, asegurador del seguro obligatorio), el perjudicado tiene acción contra el tenedor/titular, e incluso de acuerdo con el art. 1902 CC bajo determinadas circunstancias con base en su posición de propietario. Acciones contra el conductor, de acuerdo con la legislación vigente, podrían fundamentarse en el hecho de que el conductor ha infringido su deber de supervisión del modo automático, puesto que no estaba observando-concentrado debidamente y por ello omitió hacerse cargo de la conducción aun sin haber sido requerido para ello. El perjudicado tiene una acción directa contra el asegurador del seguro obligatorio de acuerdo con la ley. Si el tenedor hubiera estado dentro del vehículo y hubiera sufrido un daño personal podría también utilizar la acción directa. También podría el perjudicado reclamar contra el fabricante del vehículo porque el vehículo no tenía el equipamiento técnico adecuado. Los tres involucrados responden solidariamente (Koch, R., págs.901 y ss.)

4. LA INTELIGENCIA ARTIFICIAL ESPECIALIZADA Y EL HACKEO DEL SISTEMA AUTOMÁTICO

4.1. Ventajas de esta inteligencia

La sustitución progresiva del ser humano por una máquina en diversas tareas es una de las consecuencias de la digitalización. La ventaja de esta tecnología frente a la tradicional consiste, en principio, en una mayor seguridad vial, se manejan enormes cifras de ahorro de víctimas, junto con una disminución del efecto contaminante mediante la racionalización del tráfico y reducción del número de vehículos. Las tecnologías de aprendizaje automático analizan los datos que recogen los sensores, identifican los objetos y monitorizan su desplazamiento. Las técnicas del razonamiento automático hacen que el ordenador de a bordo planifique los movimientos del vehículo y establezca las mejores rutas (Parra, S. y otro, pág.126).

4.2. La IA especializada

Ahora está desarrollándose la IA especializada; su peculiaridad, frente a la general, es que está diseñada para una tarea específica como el sistema que controla el vehículo autónomo; es capaz de dirigir el coche, observar las normas de tráfico evitando accidentes y hacer frente a sucesos imprevistos (por ejemplo, un objeto que cae repentinamente en la vía de circulación); esta IA es capaz de tomar decisiones basadas en su conocimiento. Junto a este conocimiento, los sistemas de IA tienen cualidades relevantes como su capacidad de actuar de manera independiente (autonomía), la capacidad de actuar sobre respuestas preestablecidas a desencadenantes específicos (automatización) y la capacidad de alterar el entorno físico (agencia física).

Un sistema de IA es un sistema diseñado para funcionar con un cierto grado de autonomía; se basa en datos de entradas proporcionadas por máquinas o personas e infiere cómo lograr un conjunto de objetivos establecidos utilizando estrategias de aprendizaje automático o basadas en la lógica y el conocimiento y genera información de salida, como contenidos (sistema de IA generativo), predicciones, recomendaciones o decisiones, que influyen en los entornos con los que interactúa. Hay sistemas de IA de "alto riesgo", como el coche automático, al ser un sistema de IA destinado a utilizarse como componentes de seguridad en la gestión y funcionamiento del tráfico rodado (Real Decreto 817/2023, de 8 de noviembre).

Entre las recomendaciones-consideraciones del Parlamento Europeo (20 de octubre de 2020), destinadas a la Comisión sobre un régimen de responsabilidad civil en materia de IA, se considera objetivamente responsable a la parte demandada si un riesgo que dicha parte haya creado para el público, por ejemplo, mediante automóviles o actividades peligrosas, resulta en un daño o perjuicio, teniendo en cuenta que el concepto de IA comprende un amplio grupo de tecnologías distintas que incluye la simple estadística, el aprendizaje automático y el aprendizaje profundo; los retos jurídicos se derivan también de la conectividad entre un sistema de IA y otros, su dependencia de los datos externos, su vulnerabilidad frente a las violaciones de la ciberseguridad y el diseño de sistemas cada vez más autónomos mediante las citadas técnicas de aprendizaje automático y profundo, entre otros (letras C, F, I). También se considera que las legislaciones en materia de responsabilidad subjetiva ofrecen, en la mayoría de los casos, un nivel de protección suficiente al perjudicado por los perjuicios causados por un tercero interferidor como un pirata informático… (Introducción p. 9).

4.3. Vulnerabilidad y riesgos

Los vehículos autónomos dependen de un conjunto avanzado de sensores, cámaras, radares y software de IA para navegar de manera segura por las carreteras. Utilizan algoritmos de aprendizaje automático para interpretar datos en tiempo real y tomar decisiones de conducción, lo que incluye detectar otros vehículos, peatones, señales de tráfico y obstáculos en carretera. Las principales características de estos vehículos son sistemas avanzados de asistencia al conductor, capacidad de navegación autónoma, comunicación con otros vehículos y la infraestructura, sensores para detectar el entorno, capacidad de estacionamiento y recuperación remota e integración de sistemas de entretenimiento y conectividad.

El hackeo puede tener consecuencias devastadoras (toma de control del vehículo mientras viajamos a alta velocidad). El ciberdelincuente puede explotar las vulnerabilidades en el sistema del coche autónomo y acceder a funciones críticas como la dirección y los frenos. Puede encender a distancia el vehículo o utilizar repetidores o inhibidores de frecuencia para evitar que el vehículo reciba la señal correcta y, por ejemplo, las puertas queden abiertas.

Pero faltan regulaciones claras; la responsabilidad en caso de accidentes y la privacidad de los datos son cuestiones a abordar. El Internet de las Cosas (*Internet of Things*) y las redes 5G tienen un papel crucial en la conducción autónoma. Los vehículos autónomos están conectados a una red que les permite comunicarse entre sí y con la infraestructura vial. Esto es esencial para la coordinación del tráfico y la seguridad. Sin embargo, al aumentar la interconexión también aumenta la superficie de ataque para el ciberdelincuente.

El sistema eCall, obligatorio en la UE, permite que el vehículo autónomo se comunique automáticamente con los servicios de emergencia en caso de accidente. Pero plantea preguntas sobre la privacidad y la seguridad de los datos transmitidos.

Pero los sistemas de IA son vulnerables, especialmente los sistemas de *machine learning* (ML) o aprendizaje automático. Estos reciben enormes cantidades de datos, recibiendo instrucciones para encontrar soluciones por sí mismos, pero se pueden hackear, robar los datos para enseñar al propio sistema o robar el modelo de ML en el que se basa el sistema o incluso configurar el sistema de ML para que tome decisiones incorrectas o simplemente malas que no es otra cosa que una colección de hackeos.

Un sistema de IA puede ser objeto de un ataque en vulnerabilidades que no hayan sido detectadas en su diseño, desarrollo o interacción. El propio hacker puede crear herramientas que le permiten entrar en el sistema, alterar los algoritmos, instrucciones, autonomía, medidas de seguridad, tomar el control del vehículo provocando un accidente o facilitando su robo.

Los riesgos derivados de un ciberataque son múltiples, al menos desde nuestra perspectiva actual: hacer que el conductor de respaldo, cuando es necesario, pierda el control de la dirección del vehículo, o hacer, mediante la alteración del sistema, que el vehículo pierda la visión artificial no pudiendo procesar correctamente las señales de circulación, peatones u otros vehículos, el secuestro del vehículo y ocupantes.

4.4. Ejemplos ilustrativos

La tecnología actual hace posible que cualquiera sin demasiados conocimientos informáticos pueda vulnerar el sistema del vehículo con sólo cambiar el código de las actualizaciones del software. Con un kit básico, que se compra en Internet, se pueden manipular los mandos a distancia de apertura y cierre del vehículo. El sistema CAN Bus (*Controller Area Network*), encargado de enviar señales que controlan desde el sistema de infoentretenimiento hasta los frenos y la dirección, está a merced de los hackers.

Hay diversos ejemplos como colocar unas pegatinas, aparentemente inofensivas, sobre una señal de STOP que engaña a un clasificador de IA haciendo que crea que se trata de una señal de límite de velocidad o colocar las mismas en la carretera para engañar al coche autónomo, haciendo que vaya directamente contra el tráfico que se aproxima o conducir de manera errática, chocando contra otros vehículos etc. (Schneier, B., págs. 231-235).

El ejemplo de la pegatina es ya un clásico del hackeo que manipula un coche autónomo con un simple engaño mediante la manipulación de los datos que capta. En el año 2017 se consiguió engañar a un algoritmo de reconocimiento de señales de tráfico mediante la utilización de técnicas de aprendizaje automático, que constituyen la base de los sistemas inteligentes: se alteró una señal de tráfico con una pegatina imperceptible para el ojo humano, pero no para la máquina que, en lugar de identificar el límite de velocidad en 35 millas por hora, lo identificó en 85 millas/hora (Muñoz Vela, J. M., pág.162).

El hacking es tan antiguo como la humanidad. El ordenador que controla el vehículo es el mejor instrumento para un hackeo, por su complejidad e interfaces programables. Cuando se combina el hacking con las técnicas de la IA se dice que se acelera en velocidad, escala, alcance y sofisticación. La IA es la que nos da indicaciones para conducir, reemplazando cada vez más al conductor, pudiendo realizar funciones más complejas e imprevistas que el ser humano (Schneier, B., págs. 250 y ss.). El flujo de datos continúa entrenando a la IA conforme ésta actúa, incrementando incesantemente su experiencia. Una IA puede hackear, sin que se note, un sistema durante sus operaciones, aunque no entiende, de manera instintiva que está haciendo trampa, que está hackeando un sistema. La defensa más eficaz contra un hackeo está basada en identificar la vulnerabilidad correspondiente mediante la propia IA y parchearla antes de que el hacker la utilice para subvertir el sistema en cuestión (Schneier, B., págs. 231 y ss.).

La Agencia de Ciberseguridad de la UE y el *Joint Research Centre* de la Comisión Europea, en un informe de 2021 sobre los retos de la IA en la conducción autónoma, con la idea de analizar los retos de ciberseguridad relacionados con el uso de la IA en la conducción autónoma, indicaba que las técnicas de aprendizaje automático, base de los sistemas inteligentes, han mostrado ser muy vulnerables a una amplia gama de ataques que podrían comprometer el funcionamiento del vehículo autónomo. Los ataques se realizan en el entorno donde circula el vehículo y están diseñados para engañar a los sistemas mediante la difusión de patrones que alteran el proceso de toma de decisiones (ejemplo de las pegatinas).

También los ataques pueden lanzarse sobre el sistema interno del vehículo y sus componentes (Muñoz Vela, J. M., págs. 188 y ss.).

5. OBSERVACIONES SOBRE EL SEGURO

5.1. Eventuales modificaciones

La pregunta sobre quién es responsable de los daños causados por un vehículo autónomo es frecuente y no siempre tiene la respuesta adecuada. De ahí se deriva la siguiente sobre la necesidad o no de crear un nuevo sistema de responsabilidad para estos vehículos y consecuentemente un nuevo sistema de seguro. Hay opiniones en todos los sentidos.

En España, en la actualidad, el obligado a contratar el seguro obligatorio es el propietario del vehículo o cualquier persona que tenga interés en el aseguramiento que debe expresar el concepto en que contrata (art. 2 LRCSCVM). La responsabilidad del conductor, aunque es objetiva, está matizada por las causas de exoneración como la fuerza mayor extraña a la conducción del vehículo y la culpa exclusiva del perjudicado.

El sistema ofrece dudas si consideramos que esta responsabilidad surge del riesgo creado por la conducción y no de la culpa del conductor, pues la responsabilidad objetiva tiene su fundamento en el **riesgo creado** por quien realiza una actividad peligrosa o se beneficia de ella. Los sistemas autónomos, caso de fallar, plantean la cuestión de si el responsable es el usuario, el fabricante o el programador o mantenedor del mismo, es decir si se altera el régimen de responsabilidad de los propios actos, pero no el de estos últimos. Se puede confundir la responsabilidad con la culpa si se piensa que solo se puede ser responsable sobre lo que se tiene control. Lo que genera el riesgo es el hecho de la circulación con el vehículo, siendo los daños producidos por este hecho de la circulación los que se tienen que asegurar mediante el SOA de acuerdo a la Directiva 2009/103/CE. El propio art. 2.1 del Reglamento del SOA indica que "se entienden por hechos de la circulación los derivados del riesgo creado por la conducción de los vehículos a motor..." Por otro lado, el conductor de respaldo sigue, en realidad, conduciendo, aunque no ejerza el control directo sobre el volante, pues solo supervisa e interviene en caso de necesidad. Pero en los vehículos del nivel 5, en los que no existe la posibilidad de intervenir en la conducción, el panorama presenta otra dimensión, pues si no se es conductor, ni siquiera de respaldo, se podría pensar que se degrada a un simple ocupante, lo que conlleva a pensar que el sistema convencional de responsabilidad por riesgo creado por el hecho de la conducción del vehículo quede desdibujado o suprimido y habría que ir por otras vías, siendo el obligado a contratar el seguro de responsabilidad civil el fabricante, operadores ... y no el propietario del vehículo.

La realidad es que estamos en presencia de un riesgo emergente conectado con un alto nivel de inseguridad, por ello es necesario un cambio en la forma de evaluación del riesgo mediante la utilización de los sistemas de *big data* y un cálculo de las primas con factores relacionados con el conductor, características del vehículo y fabricante; fijación de dónde recae la línea que separa al ser humano del vehículo robotizado; la aseguradora como coordinadora de empresas que operan entre el asegurado y aseguradora recogiendo datos; cambios legislativos eventualmente necesarios; eventual dotación de personalidad jurídica a los sistemas robotizados; viabilidad de las acciones de repetición.

El Parlamento Europeo, en su Resolución de 20 de octubre de 2020, consideraba razonable establecer un régimen común de responsabilidad objetiva para los sistemas autónomos de alto riesgo, dentro de los cuales entraría el de los coches autónomos, bajo la premisa "responsabilidad civil diferente para riesgo diferente" (Introducción p.13), opinando que, sobre la base del potencial significativo para causar un daño o perjuicio, todos los operadores de sistemas de IA de alto riesgo deben tener un seguro de responsabilidad civil, teniendo como modelo el seguro de responsabilidad civil derivado de la circulación de vehículos automóviles; pero la falta de datos sobre los riesgos asociados a los sistemas de IA y la incertidumbre sobre su evolución dificulta al asegurador elaborar un nuevo o adaptado producto; existe la probabilidad de que dejar que el mercado desarrolle un seguro obligatorio podría resultar en primas desproporcionadamente elevadas y en incentivos equivocados, alentando a los operadores a optar por un seguro más barato en lugar de por la mejor cobertura; por ello el Parlamento considera que la Comisión debe colaborar estrechamente con el sector de seguros "para estudiar la forma de poder utilizar datos y modelos innovadores para crear pólizas de seguro que ofrezcan una cobertura adecuada a un precio asequible" (Introducción punto 25).

5.2. Primas

En relación con este tema se plantean una serie de cuestiones relacionadas con la conducción automatizada como puede ser si esta trae consigo una disminución de las primas del SOA, ya que, si se saca al conductor, cuyos errores producen la mayoría de los accidentes, la disminución de accidentes conlleva la disminución de prima. La realidad es que hoy en día es muy difícil el cálculo correcto de una prima para un vehículo automatizado al desconocer los riesgos futuros y el índice de siniestralidad. La prima hoy en día se calcula para un vehículo convencional teniendo en cuenta factores tales como la carga siniestral, el perfil del conductor, zona de circulación, vehículo empleado...), pero faltaría en el cálculo el factor de la supervisión por el conductor de respaldo en la automatización como factor humano. De ahí que se hable ya de la necesidad de validar las capacidades del conductor de respaldo.

5.3. Prevención

Importante, aunque aún remota, es la posibilidad de la **prevención cuántica**. Se suele decir que si no hay seguridad cuántica no hay tampoco ciberseguridad. Para que los datos viajen de un lugar a otro, se utilizan normalmente en informática amplificadores de señal. Pero en cuántica no se pueden utilizar porque para amplificar el dato hay que leerlo algo que en cuántica no se puede hacer pues en el momento en que se leen, se produce el denominado colapso por observación. Esta ilegibilidad se podría emplear para crear redes de transmisión de datos totalmente confidenciales, imposibles de hackear. Para tener seguridad cuántica hay que utilizar dos fibras, es decir duplicar el cable de fibra; la comunicación cuántica precisa unos aparatos llamados QKD (*Quantum Key Distribution*) que encriptan la información para hacerla inviolable, pero en el estado actual de la tecnología hay que montar una pareja de estos aparatos en cada tramo de doble fibra de unos cien kilómetros, uno al inicio que encripta la información y otro al final que la desencripta, lo que complica mucho la situación, haciendo, por el momento, poco viable el cerrar las brechas de seguridad *on line* (El País, 18 de febrero de 2024).

Los hackers pueden ser muy buenos aliados de los fabricantes para detectar vulnerabilidades; los fabricantes los contratan (ej. Tesla) para descubrir fallos de seguridad en el software. La agencia estatal estadounidense NHTSA (*National Highway Traffic Safety Administration*- Administración Nacional de Seguridad del Tráfico en las Carreteras) ha publicado un manual de buenas prácticas para evitar los hackeos. En el informe se destacan las vulnerabilidades de los sensores del coche mediante su manipulación o las interferencias en el LiDAR (*Light Detection and Ranging*), sistema de medición masiva de posiciones de forma remota, basado en un sensor de barrido laser que emite pulsos y registra los retornos contra la superficie o los radares, la falsificación del GPS o la modificación de señales de tráfico y límites de velocidad para engañar al sistema mediante el ataque al software. Son también puerta de entrada de los hackeos las actualizaciones inalámbricas OTA (*Over the Air*).

Entre las recomendaciones se puede destacar la de mantener las actualizaciones cruciales del vehículo- remotas o no- y también los servidores subyacentes que albergan las actualizaciones OTA, así como el mecanismo de transmisión entre vehículo y servidores. También hay que preocuparse (el fabricante) en general por la seguridad cibernética, como amenazas internas, ataques de intermediarios, vulnerabilidades de protocolo y servidores comprometidos; dispositivos aparentemente inofensivos, como los adaptadores o llaves USB que transfieren datos o dispositivos de recolección telemática (como los que usan aseguradores para recompensar a los buenos conductores), pueden usarse como *proxy* para ataques cibernéticos.

Junto al informe citado de la NHTSA con su manual de buenas prácticas, la Agencia de Ciberseguridad de la UE, en su informe del 2021, recomienda también una serie de medidas para la ciberseguridad del vehículo autónomo: validación sistemática de la seguridad de los diversos modelos de seguridad, seguridad de las cadenas de suministro de la IA, control de ciberseguridad de las técnicas de IA en la conducción autónoma, aumento de la capacidad de respuesta a incidentes y aumento de la capacidad y experiencia en ciberseguridad de la IA para los sistemas de autoconducción.

En la nueva configuración del aseguramiento del vehículo autónomo-inteligente habría que incorporar estas ideas a la hora de hacer el análisis de riesgo y la plasmación de este en la cobertura.

6. CONCLUSIONES

El escenario relacionado con los denominados vehículos inteligentes (autónomos, semiautónomos) conlleva complejos problemas tanto prácticos como jurídicos. Es un escenario confuso, en el que, a la hora de interpretar, es necesario hacer amplio uso del sentido común.

Existen diversas clasificaciones de vehículos inteligentes, que no ayudan a clarificar la situación.

Se debate, a su vez, la cuestión de en qué medida la conducción automatizada influye en el régimen de responsabilidad civil y en el seguro obligatorio de vehículos. Por ello la doctrina se divide entre quienes opinan que la conducción automatizada tiene cabida en la legislación vigente y quienes sostienen la necesidad de elaborar una normativa especial de la responsabilidad civil y modificar el seguro obligatorio. De ahí que sea razonable meditar sobre la posibilidad de traspasar la responsabilidad por los daños ocasionados por el uso de sistemas autónomos desde el usuario (propietario, tenedor, servidor) al fabricante, proveedores, o incluso otros prestadores de servicios, en determinados supuestos, modificando determinadas reglas jurídicas, incluso procedimientos y comportamientos de los participantes en el tráfico vial.

Todo ello supone un cambio de mentalidad pues mientras el vehículo funciona en modo automático, sin intervención humana, la responsabilidad, tanto civil como penal, debería trasladarse del conductor a la empresa que ha desarrollado el vehículo y su sistema de funcionamiento, entre otros. Ese traslado supone, sin duda, una dificultad adicional al atribuir la responsabilidad, probar el hecho generador del daño y el nexo causal, dada la pluralidad de intervinientes.

Los sistemas de IA, diseñados para funcionar con cierto grado de autonomía, son sistemas de alto riesgo en el caso del coche automático. Los vehículos autónomos dependen de un conjunto avanzado de sensores, cámaras, radares y software de IA para navegar de manera segura por las carreteras, pero el riesgo cibernético, el denominado hackeo, puede tener consecuencias devastadoras, pues el ciberdelincuente puede explotar las vulnerabilidades en el sistema autónomo y acceder a funciones críticas como la dirección y los frenos, encender el vehículo a distancia, incluso, mediante repetidores o inhibidores de frecuencia, evitar que el vehículo reciba la señal correcta.

La defensa frente a estos ataques se basa en identificar la vulnerabilidad correspondiente mediante la propia inteligencia artificial y parchearla antes de que el hacker la utilice para subvertir el sistema en cuestión. La prevención es elemental en este nuevo panorama.

Si ahora la responsabilidad surge del riesgo creado por la conducción, pero ese riesgo no es creado por el usuario, sino por el fabricante, programador y mantenedor del mismo y si en un determinado nivel de automatización no existe la posibilidad de intervenir en la conducción, pues el conductor es degradado a la condición de simple ocupante, es evidente que el obligado a contratar en seguro de responsabilidad civil tendría necesariamente que ser el fabricante, los operadores y no el propietario del vehículo.

7. BIBLIOGRAFÍA CONSULTADA

Bachmeier, W.: "Smartwatches, Smartglasses, sonstige Wearables und das Handy-Verbot-oder Technik und das Fehlen effektiver Normensetzung", en Versicherungsrecht 22/2019.

Freise, R.: "Rechtsfragen des automatisierten Fahrens", en Versicherungsrecht 2/2019, pág. 69.

Koch, R.: "Herausforderungen für die Haftplichtversicherung autonomer Ssysteme und der Sharing Economy" en Versicherungsrecht 12/2020, pág. 741 y ss. y "Verteilung des Haftpflichtversicherungs -/Regressrisikos bei Kfz-Unfällen während der Fahrzeugführung im Autopilot-Modus gem. párr.1 a, apdo. 2 StVG", en Versicherungsrecht 15/2018, pág. 901 y ss.

Muñoz Vela, J. M.: "Seguridad y responsabilidad", en Retos, riesgos, responsabilidad y regulación de la inteligencia artificial, págs. 202 y ss., Editorial Aranzadi, Navarra, 2022.

Parra, S. y otros: "El futuro es hoy. La IA en el mundo real", en La Inteligencia Artificial, pág. 126, RBA Editores México, 2017.

Schneier, B.: "Inteligencia artificial y robótica", Cap.50 y "hackear la IA", cap. 5, págs. 231-235 en La mente del hacker, Editorial Anaya, 2023.

Touriño, A.: "Vehículos autónomos y otros dispositivos inteligentes", en Derecho Digital, pág. 105, The Valley Digital Business School, 2016.

Zornoza Somolinos, A.: "Vehículos automatizados y seguro obligatorio de automóviles", Editorial Dykinson, 2021, Madrid.

Droit français des assurances et conduite autonome

DAVID NOGUÉRO
Professeur à l'Université de Paris Cité (IDS–UMR-INSERM 1145)
www.davidnoguero.com

SUMARIO: I. LES RISQUES DE LA CIRCULATION DU VÉHICULE AUTONOME. 1. L'obligation à la dette : la couverture de l'accident. 1.1. La victime non-conductrice. 1.2. La victime, utilisateur du véhicule. 2. La contribution à la dette : les recours. 2.1. Le fondement du recours. 2.2. Les éléments de preuve à disposition. II. LES RISQUES DU DYSFONCTIONNEMENT DU VÉHICULE AUTONOME. 1. Le risque diffusé hors du conducteur. 1.1. Le véhicule autonome à maîtriser. 1.2. Le véhicule autonome comme cible. 2. Les solutions assurantielles. CONCLUSION.

Dans le cadre imparti[1], serons présentées les grandes lignes de la problématique du droit des assurances de la France confronté au véhicule autonome[2]. L'interrogation première est de se demander si le dispositif existant est ou non adapté aux évolutions technologiques actuelles et, surtout, à celles de l'avenir, y compris avec une prospective forte. Ce virage en construction relatif à la mobilité des transports a-t-il un impact sur la pratique et le droit des assurances?

---

1 La présente contribution a conservé l'architecture et le style de la contribution au Congreso internacional sobre conducción autónoma y seguridad juridica del transporte, 6-7 juin 2024. Mes remerciements à mon collègue Eliseo Sierra Noguero pour son invitation à participer à ce projet après notre rencontre à Madrid.

2 Sur la question, en général, NOGUÉRO D. et VINGIANO-VIRICEL I., « Intelligence artificielle et véhicules autonomes », Chapitre 4, in Traité *Droit de l'intelligence artificielle*, Lextenso-LGDJ, coll. *Les Intégrales*, Alexandra Bensamoun et Grégoire Loiseau (ss. dir.), vol. 15, 2e éd., 2022, n°s 173-271, pp. 111-154. La première édition remonte à 2019 (p. 99-130). V. les nombreuses références citées (actualisées jusqu'en 2022). Dans la présente contribution, on y renvoie. Seront surtout mis en avant des points plus récents.

On ne reviendra pas ici sur la gradation de l'autonomie des véhicules classés en catégories par différentes sources techniques, qui peut laisser une place plus ou moins importante à l'être humain jusqu'à l'éliminer de toute maîtrise, en respectant tout de même son souhait de transport d'un lieu à un autre[3]. Des normes techniques permettent d'appréhender des niveaux d'automatisation[4] dans un contexte de normalisation pour faciliter l'homologation indispensable, ne serait-ce déjà que pour renforcer la confiance du public. Toutefois, le choix du système juridique n'est pas forcément le décalque servile de la taxinomie technique; inspiration et évasion peuvent concourir à l'approche juridique[5]. L'avènement du véhicule autonome peut nourrir différentes espérances dans une nouvelle philosophie des transports[6].

A été observé le phénomène d'automatisation de la plupart des modes de transport, en dehors des véhicules terrestres à moteur, de la mer à l'air[7]. En repoussant le risque de l'erreur humaine, facteur accidentogène primordial à lire les études, la sécurité routière serait augmentée. Le constat est fréquemment rappelé comme les causes liées aux comportements humains[8]. Toutefois, quel que soit le gain attendu ou obtenu, le véhicule autonome ne saurait éliminer tout risque qui reste donc à traiter[9]. Il faut

---

3 Lors du colloque, différentes interventions ont détaillé ce point technique. Il y sera renvoyé.

4 NOGUÉRO D. et VINGIANO-VIRICEL I., « Intelligence artificielle et véhicules autonomes », préc., n° 184 suiv., p. 117 suiv., avec des illustrations.

5 NOGUÉRO D. et VINGIANO-VIRICEL I., « Intelligence artificielle et véhicules autonomes », préc., n°s 183-184, pp. 116-117.

6 Jusqu'à la préoccupation environnementale. V. notamment, TERESI L., « Véhicule à délégation de conduite et risque automobile : une lecture juridique », LPA 17 nov. 2020, n° 230, doctr., 157k6, p. 6 ; KNETSCH J., « La voiture autonome face au droit : les réponses en droit positif et en droit prospectif (Regards d'aujourd'hui vers le futur ?) », RIDC 2023-2, Étude, p. 251, spéc. pp. 251-252. Encore : NOGUÉRO D. et VINGIANO-VIRICEL I., « Intelligence artificielle et véhicules autonomes », préc., n° 174, p. 112.

7 BONNARDEL N., « Les risques générés par les véhicules autonomes », Resp. civ. et assur. févr. 2023, dossier 4, spéc. n° 1, n° 5 *in fine*. *Adde* : CORREIA V., « Intelligence artificielle et drones civils », Chapitre 20, in Traité *Droit de l'intelligence artificielle*, Lextenso-LGDJ, coll. *Les Intégrales*, Alexandra Bensamoun et Grégoire Loiseau (ss. dir.), vol. 15, 2e éd., 2022, n°s 952-965, pp. 563-576.

8 BONNARDEL N., « Les risques générés par les véhicules autonomes », Resp. civ. et assur. févr. 2023, dossier 4, spéc. n° 2.

9 NOGUÉRO D. et VINGIANO-VIRICEL I., « Intelligence artificielle et véhicules autonomes », préc., n° 217 et suiv., p. 130 et suiv., n° 223, p. 132, n° 234, p. 137, n° 239, p. 140, n° 241, p. 140 et note 208, n° 268, p. 153 ; BONNARDEL N., « Les ris-

regarder les limites du progrès technologique, voire les sources nouvelles de dommages, sauf à tomber dans le scientisme béat. L'enthousiasme ne saurait sacrifier la réflexion et la prudence, démarche assurantielle habituelle face aux risques évolutifs ou émergents.

Le droit français connaît un régime spécial pour appréhender les accidents de la circulation, distinct du droit commun de la responsabilité civile. Il est d'ordre public[10] qui conduit à son application exclusive[11] en cas d'accident de la circulation impliquant un véhicule terrestre à moteur[12]. Le juge est tenu de mettre en œuvre d'office ce régime juridique[13]. Néanmoins, la jurisprudence a précisé que « Si les dispositions de la loi du 5 juillet 1985 relatives à l'indemnisation des victimes d'accidents de la circulation sont d'ordre public, elles n'excluent pas l'application de celles relatives à la responsabilité civile extracontractuelle de droit commun à l'encontre de toute personne autre que les conducteurs et gardiens des

---

ques générés par les véhicules autonomes », Resp. civ. et assur. févr. 2023, dossier 4, spéc. n° 2 : « ce logiciel pourrait connaître diverses défaillances techniques lors de la conduite du véhicule autonome, cette nouvelle technologie, aussi sophistiquée soit-elle, n'étant pas infaillible ».

10 Crim. 11 mars 2014, n° 12-86.769 : Bull. crim. n° 69.

11 Civ. 2e, 4 mai 1987, n° 85-17.051 : Bull. civ. II, n° 87 : « l'indemnisation d'une victime d'un accident de la circulation dans lequel est impliqué un véhicule terrestre à moteur ne peut être fondée que sur les dispositions de la loi n° 85-677 du 5 juillet 1985 à l'exclusion de celles des articles 1382 et suivants du Code civil ». Encore : Civ. 2e, 24 janv. 1996, n° 94-10.923 : Bull. civ. II, n° 7 ; Civ. 2e, 29 janv. 1997, n° 94-21.733 : Bull. civ. II, n° 23 ; Civ. 2e, 11 juin 2009, n° 08-14.224 : Bull. civ. II, n° 145. La doctrine évoque parfois un « exclusivisme relatif ». Il faut prêter attention au champ précis d'application de la loi *Badinter*. En outre, il y a les recours en contribution avec le jeu du droit commun entre coauteurs.

12 EUDIER F., « Ordre public substantiel et office du juge : l'application d'office de la loi du 5 juillet 1985 », *in* Mélanges en l'honneur du Professeur Suzanne Carval, IRJS éditions, 2021, p. 351.

13 Civ. 2e, 5 juillet 2018, n° 17-19.738 : Bull. civ. II ; D. 2018, AJ, p. 1489 ; Dalloz actualité 13 sept. 2018, obs. HACENE A. ; Resp. civ. et assur. déc. 2018, comm. 267, note GROUTEL H. ; RTD civ. 2018, p. 929, obs. JOURDAIN P. ; Gaz. Pal. 27 nov. 2018, n° 337t7, p. 66, obs. MAYER L. ; D. 2019, Pan., p. 1196, spéc. p. 1202, obs. BACACHE M. : « selon ses propres constatations, les dommages avaient été causés par un accident de la circulation survenu entre deux véhicules à moteur, de sorte qu'il lui incombait pour trancher le litige de faire application, au besoin d'office, des dispositions d'ordre public de la loi du 5 juillet 1985 ».

véhicules terrestres à moteur impliqués dans l'accident »[14]. Tous les moyens de déplacement ne sont pas tous des véhicules terrestres à moteur.

C'est la loi dite *Badinter*, Robert de son prénom, qui est décédé le 9 février 2024, fameux ancien ministre et avocat, qui a donné son nom à ce texte[15]. Plus exactement–objectifs affichés -, il s'agit de la loi n° 85-677 du 5 juillet 1985 tendant à l'amélioration de la situation des victimes d'accidents de la circulation et à l'accélération des procédures d'indemnisation. En 2025, elle fêtera donc ses 40 ans d'existence. L'expérience depuis son installation en droit positif n'empêche aucunement de songer à son caractère perfectible en vue d'une amélioration[16].

Pour l'heure, relevons qu'elle fait un sort différent aux victimes selon qu'elles sont ou non conductrices. En synthèse, la victime conductrice est moins bien traitée que les autres pour son indemnisation. Pour certains, la loi *Badinter* a sacrifié les victimes conductrices avec cette situation en deçà de celle des autres victimes, véritable inégalité de traitement. Pour d'autres, afin de créer un régime différencié, il a été tenu compte de ceux créant le risque automobile par cet engin animé d'énergie cinétique. Les considérations prosaïques du coût financier d'une indemnisation généreuse pour tous ne sont probablement pas à négliger. Il demeure que pour rejeter une question prioritaire de constitutionnalité, la Cour de cassation a clairement jugé que « le principe d'égalité ne s'oppose ni à ce que le

---

14 Civ. 2e, 30 novembre 2023, n° 22-18.525 : Bull. civ. II ; Lettre de chambre ; D. 2023, AJ, p. 2191 ; Dalloz actualité 20 déc. 2023, obs. CAYOL A. ; Resp. civ. et assur. janv. 2024, comm. 8, obs. BLOCH L. ; Gaz. Pal. 12 mars 2024, n° 9, GPL460k2, p. 50, note EHRENFELD M. ; RLDC avr. 2024, n° 224, 7504, p. 15, LATIL C. ; Gaz. Pal. 21 mai 2024, n° 17, GPL463p4, p. 9, obs. MAZEAUD V. ; D. 2024, Pan., p. 1163, spéc. p. 1167, obs. CAYOL A. : au visa de l'article 1 de la loi n° 85-677 du 5 juillet 1985 et des articles 1382 et 1384, alinéa 1, devenus 1240 et 1242, alinéa 1, du code civil, il est jugé, en l'espèce, que « la victime pouvait demander, sur le fondement de la responsabilité civile de droit commun, réparation de son préjudice au cycliste qui l'avait fait chuter, qui n'était ni conducteur ni gardien d'un véhicule terrestre à moteur, ainsi qu'à l'assureur de responsabilité de ce dernier ». Comp., responsabilité du fait d'autrui, Crim. 15 juin 2011, n° 10-87.312 Bull. crim., n° 126; Resp. civ. et assur. oct. 2011, comm. 327 et 317, note GROUTEL H. ; RGDA 2011, p. 999, note LANDEL J.

15 PLANCKAERT H., « Robert Badinter, c'est aussi la loi du 5 juillet 1985 », RLDC avr. 2024, n° 224, Éditorial, p. 3.

16 *Adde* : DENIZOT A., DUBUISSON B., DE CONINCK B., FERNÁNDEZ M., GARDNER D. (dir.), *La responsabilité civile des accidents de la circulation. Nouvelles tendances du droit comparé*, éditions Ibañez, 2021.

législateur règle de façon différente des situations différentes, ni à ce qu'il déroge à l'égalité pour des raisons d'intérêt général pourvu que, dans l'un et l'autre cas, la différence de traitement qui en résulte soit proportionnée et en rapport direct avec la loi qui l'établit. La disposition législative critiquée ne contrevient pas à ce principe, dès lors qu'au regard de l'objet de la loi, les victimes conductrices ne se trouvent pas dans la même situation que les victimes non-conductrices, et que leur droit à indemnisation ne se trouve limité ou exclu qu'en cas de faute de leur part, en lien de causalité avec leur dommage ». Elle a ajouté que « l'article 4 de la loi du 5 juillet 1985, laquelle a instauré un droit à indemnisation pour toutes les victimes d'accidents de la circulation, en ce qu'il prévoit, pour des motifs d'intérêt général, notamment de sécurité routière, que la faute de la victime conductrice, en lien avec son dommage, est de nature à limiter ou à exclure son droit à indemnisation, en considération de sa gravité appréciée par le juge, ne porte pas une atteinte disproportionnée [au] principe constitutionnel (...) selon lequel l'auteur par la faute duquel est survenu un dommage s'oblige à le réparer ne fait pas obstacle à ce que le législateur aménage, pour des motifs d'intérêt général les conditions d'indemnisation des victimes, sous réserve qu'il n'en résulte pas une atteinte disproportionnée à leurs droits »[17].

Différents projets de réforme existent depuis quelques années visant notamment à améliorer la situation des victimes conductrices par rapprochement des autres, si ce n'est un alignement. Il s'agit de projets qui traitent plus globalement de la réforme de la responsabilité civile[18] qui, à ce jour, n'est pas

---

[17] Civ. 2e, 11 mai 2023, n° 22-22.884 ; Resp. civ. et assur. août 2023, comm. 183, obs. BLOCH L. ; LEDA juill. 2023, DAS201k2, p. 2, obs. GRÉAU F. ; Gaz. Pal. 21 nov. 2023, n° 38, GPL456j0, p. 56, note EHRENFELD M.

[18] Projet de réforme de la responsabilité civile du ministère de la Justice, 26 juillet 2012, art. 18 à art. 21. Avant-projet de réforme de la responsabilité civile du 29 avril 2016 de la Chancellerie, art. 1285 à art. 1288, et art. 1271, spéc. art. 1287. Puis projet de réforme de la responsabilité civile du 13 mars 2017 de la Chancellerie, art. 1285 à art. 1288, et art. 1271, spéc. art. 1287. Et, en dernier lieu, rétraction d'ambition, par Proposition de loi n° 678, Sénat, 29 juillet 2020 portant réforme de la responsabilité civile. Le régime d'indemnisation des victimes d'accidents de la circulation n'entrerait plus dans le périmètre de la réforme. Le sujet est perçu comme étant bloquant. V. NOGUÉRO D. et VINGIANO-VIRICEL I., « Intelligence artificielle et véhicules autonomes », préc., n° 179, p. 115, note 21, n° 232, p. 136. Et la critique sur cette « procrastination », LEDUC F., « La réparation des préjudices résultant d'un accident de la circulation en droit prospectif », *in* La Responsabilité, Arch. phil. droit, t. 63, Dalloz, 2022, p. 421,

encore concrètement entreprise, étant plutôt très ensommeillée[19]. Dans les débats doctrinaux, la loi *Badinter* est à la frontière des préoccupations de responsabilité et d'indemnisation.

Dans l'actualité 2024, figure encore, pour l'Europe[20], le fameux *AI act*, s'agissant de l'intelligence artificielle (ou IA)[21]. Déjà intéressée par la question[22],

---

spéc. p. 425. Dans les projets, l'auteur regrette « que la question des accidents impliquant un véhicule autonome ait été totalement éludée ».

19 BORGHETTI J.-S., « Le soleil se lève au nord : ou comment la réforme belge de la responsabilité extracontractuelle fait pâlir le projet français », D. 2024, p. 643. V. le faible apport de la Loi n° 2024-346 du 15 avril 2024 visant à adapter le droit de la responsabilité civile aux enjeux actuels. Elle traite de la responsabilité pour les troubles anormaux de voisinage (C. civil, art. 1253).

20 Comp. LE ROY M., « L'encadrement des systèmes d'intelligence artificielle par les États-Unis. Bref panorama et convergence avec l'Europe », Comm. com. électr. juin 2024, Étude 8.

21 Sur la définition européenne de l'IA, NOGUÉRO D. et VINGIANO-VIRICEL I., « Intelligence artificielle et véhicules autonomes », préc., n° 177, p. 114.

22 BOINE C., « Les systèmes d'intelligence artificielle à finalité générale et la proposition de règlement de la Commission européenne », Dalloz IP/IT févr. 2022, in dossier *Quel futur droit de l'intelligence artificielle ? Analyses choisies de la proposition de règlement de la Commission européenne*, p. 79 ; CASTETS-RENARD C., « Quel droit de l'intelligence artificielle dans le droit de l'Union européenne ? Ou les multiples ambitions normatives de l'*AI Act* », Dalloz IP/IT févr. 2022, in dossier *Quel futur droit de l'intelligence artificielle ? Analyses choisies de la proposition de règlement de la Commission européenne*, p. 67, et « Proposition de règlement sur l'intelligence artificielle (derniers développements) », D. 2023, p. 680 ; MANGEMATIN C., « Les propositions européennes visant à encadrer la responsabilité civile découlant des dommages causés par l'IA. Bien mais peut mieux faire ! », Resp. civ. et assur. mai 2022, Étude 5 ; BÉGUIN-FAYNEL C., « Jalons introductifs sur l'intelligence artificielle en assurance », *in* dossier *L'intelligence artificielle en assurance*, Dalloz IP /IT juill.-août 2022, p. 355 ; TOUZAIN A., « Vers un régime européen de la responsabilité du fait de l'intelligence artificielle : aperçu des textes adoptés par la Commission le 28 septembre 2022 », BJDA. fr 2022, n° 83 ; LOISEAU G., « Le droit de la responsabilité civile s'adapte aux systèmes d'intelligence artificielle », Comm. com. électr. nov. 2022, comm. n° 75 ; BERNELIN M., « Intelligence artificielle : une proposition de directive sur la responsabilité civile extracontractuelle », Dalloz actualité 22 nov. 2022 ; PIERRE P., « Responsabilité civile et intelligence artificielle : une proposition de directive européenne a minima », Resp. civ. et assur. janv. 2023, Alertes, Focus, n° 1 ; SÉNÉCHAL J., « L'IA Act déjà obsolète face aux IA de nouvelle génération ? L'exemple de ChatGPT », Dalloz actualité 1er févr. 2023, et « Les dynamiques actuelles de la future régulation de l'IA, aux niveaux européen et français : entre complexité et angle mort », 19 oct. 2023 ; BENSAMOUN A., « Maîtriser les risques

la doctrine a examiné les apports de cette réglementation[23]. Elle a été consacrée par le règlement européen du 13 juin 2024[24], qui nourrit les analyses[25]. Avec une optique d'encadrement, c'est notamment la façon

---

de l'intelligence artificielle : entre éthique, responsabilisation et responsabilité », JCP G 2023, Étude 181 ; GRYNBAUM L., « La future « Législation sur l'IA » à l'aune de la responsabilité civile. L'indemnisation au défi de l'innovation », JCP G 2023, Aperçu rapide, act. 859 ; PLEDEL C., GALBOIS-LEHALLE D. et CASSAR B., « L'articulation du projet de règlement sur l'intelligence artificielle avec le droit du numérique européen », Dalloz actualité 17 juill. 2023 ; CAUSSE H., « Les systèmes d'intelligence artificielle arrivent ! », LPA sept. 2023, n° LPA202n0, p. 11 ; BALMES J., BARRY L., DENOUVEAUX A., DUBOIS D., SIBONY E., « L'intelligence artificielle dans l'assurance : quels enjeux quelles limites ? », Risques. Les cahiers de l'assurance sept. 2023, n° 135 ; BLOCH L., « L'intelligence artificielle : amie ou ennemie ? », Resp. civ. et assur. avr. 2024, Repère n° 4.

23 SÉNÉCHAL J., « L'*AI Act* dans sa version finale – provisoire –, une hydre à trois têtes », Dalloz actualité 11 mars 2024 ; DESGENS-PASANAU G., « Nouveau règlement européen sur les données (Data Act). Quelles conséquences pour les professionnels ? Morceaux choisis et premiers éléments d'analyse », Comm. Com. électr. mai 2024, Étude 7 ; LEQUESNE C., « Adoption de l'*AI Act* : promesses et ambitions de la première législation occidentale sur l'intelligence artificielle », D. 2024, p. 864 ; MIGLIORE E., « Création du Bureau européen de l'IA : retour sur ses missions et tâches », Dalloz actualité 18 mars 2024.

24 Règlement (UE) 2024/1689 du Parlement européen et du Conseil du 13 juin 2024 établissant des règles harmonisées concernant l'intelligence artificielle et modifiant les règlements (CE) n° 300/2008, (UE) n° 167/2013, (UE) n° 168/2013, (UE) 2018/858, (UE) 2018/1139 et (UE) 2019/2144 et les directives 2014/90/UE, (UE) 2016/797 et (UE) 2020/1828 : JOUE L 1/144, 12 juill. 2024. Comp. sans effet direct, afin de faire converger les droits des États, avec l'optique des droits fondamentaux, la Convention-cadre du 17 mai 2024 sur l'intelligence artificielle du Conseil de l'Europe, traité international. V. POUZET C. et PETEL A., « Intelligence artificielle : adoption d'une convention-cadre par le Conseil de l'Europe », JCP G 2024, Entretien, act. 1105.

25 BENSAMOUN A., « Intelligence artificielle : (ré)concilier innovation et protection », JCP G 2024, Édito, act. 1082; GRYNBAUM L., « « IA ACT » : une définition des systèmes d'IA et une régulation entre protection et soutien à l'innovation », JCP G 2024, act. 1085 ; MIGLIORE E., « Le règlement sur l'intelligence artificielle enfin publié ! Retour sur les dispositions principales », Dalloz actualité 25 sept. 2024; VALETTE E., MÉTAIS P. et GAFSI E., « IA: vers la « responsabilité civile 3.00 » », LPA sept. 2024, n° LPA203g3, p. 65; PICART-CARTRON E., « Le domaine de la responsabilité pour faute au sein du règlement sur l'intelligence artificielle », RLDC oct. 2024, n° 229; MARLY P.-G., « Assurance et intelligence artificielle (IA): entrée en vigueur de l'AI

d'appréhender le développement de l'intelligence artificielle qui est en cause, comme les conséquences en termes de responsabilité civile[26]. L'IA a vocation à être embarquée dans l'aventure du véhicule autonome gourmand des nouvelles technologies. Le domaine de l'assurance est fort intéressé par l'IA[27].

En outre, fin 2023, le législateur national a transposé la directive européenne n° 2021/2118 du 24 novembre 2021 modifiant la directive 2009/103/CE concernant l'assurance de la responsabilité civile résultant de la circulation de véhicules automoteurs et le contrôle de l'obligation d'assurer cette responsabilité[28]. Les premiers commentateurs ont apprécié

Act », LEDA oct. 2024, DAS202e7, p. 7; HO-DAC M., « Premier décryptage du règlement européen sur l'intelligence artificielle (AI Act) : vers un standard mondial de l'IA de confiance ? », D. 2024, p. 1678 ; VAMPARYS X., « L'IA Act et l'assurance : quels principes, quelles limites ? », RGDA nov. 2024, RGA202b8, p. 4 ; BOUGHERARA A., « AI Act : décryptage de la nouvelle réglementation européenne sur l'intelligence artificielle », LPA déc. 2024, n° 12, LPA203m8, p. 7 ; MERABET S., « Règlement sur l'intelligence artificielle : les principales obligations applicables aux systèmes d'intelligence artificielle », GPL 14 janv. 2025, n° 2, doctr., GPL471y5, p. 30.

26 GOUT O., *Responsabilité civile et intelligence artificielle*, Bruylant, coll. du GRERCA, 2022 ; BACACHE M., « Intelligence artificielle et droits de la responsabilité et des assurances », Chapitre 3, in Traité *Droit de l'intelligence artificielle*, Lextenso-LGDJ, coll. *Les Intégrales*, Alexandra Bensamoun et Grégoire Loiseau (ss. dir.), vol. 15, 2e éd., 2022, nos 120-172, pp. 79-110.

27 LEVENEUR L., « Assurances et nouvelles technologies. Introduction », Resp. civ. et assur. févr. 2023, dossier 2 ; FAUGÈRE J.-P., « Assurances et nouvelles technologies. Introduction », Resp. civ. et assur. mars 2023, dossier 8 ; KULLMANN J., « Colloque Assurances et nouvelles technologies. Propos conclusifs », Resp. civ. et assur. mars 2023, dossier 14 ; TOUZAIN A., « Les risques générés par l'intelligence artificielle », Resp. civ. et assur. févr. 2023, dossier 3, et « Les perspectives liées à l'intelligence artificielle », BJDA.fr 2023, dossier 6 ; BÉGUIN-FAYNEL C., « Intelligences artificielles génératives et assurance », in dossier *L'intelligence artificielle en assurance : Partie II*, Dalloz IP/IT sept. 2023, p. 456; SOUVERAIN-DEZ B. et FLICHE O., « Intelligence artificielle et supervision », RD banc. et fin. 2024-5, dossier 26. Et *Seguro de personas e inteligencia artificial*, éd. Thomson Reuters, Civitas, Abel B. Veiga Copo (dir.), Miguel Martínez Muñoz (coord.), 2022.

28 Art. 5 de la Loi n° 2023-171 du 9 mars 2023 portant diverses dispositions d'adaptation au droit de l'Union européenne dans les domaines de l'économie, de la santé, du travail, des transports et de l'agriculture. Puis par cette habilitation du Gouvernement : Ordonnance n° 2023-1138 du 6 décembre 2023 portant transposition de la directive n° 2021/2118 du 24 novembre 2021 modifiant la directive 2009/103/CE concernant l'assurance de la responsabilité

cette transposition dans le corpus national[29]. Il n'y a pas une intervention spécifique pour le véhicule autonome, qui est incontestablement un véhicule terrestre à moteur[30] soumis à l'assurance[31].

Précédemment, la loi a néanmoins pris en compte l'apparition du véhicule autonome pour son déploiement. L'appellation est générique mais la réalité connaît des degrés d'autonomie[32]. Par facilité d'expression,

civile résultant de la circulation de véhicules automoteurs et le contrôle de l'obligation d'assurer cette responsabilité ; décret n° 2023-1225 du 21 décembre 2023 relatif à l'indemnisation des dommages causés à la suite d'accidents de la circulation ; décret n° 2023-1152 du 8 décembre 2023 portant simplification des modalités de preuve et de contrôle de l'assurance de responsabilité civile automobile obligatoire.

29 BIGOT R. et CAYOL A., « Assurance automobile : transposition de la directive européenne (UE) 2021/2118 du 24 novembre 2021 », Dalloz actualité 15 janv. 2024, et « Assurance automobile : suite de la transposition de la directive européenne (UE) 2021/2118 du 24 novembre 2021 », Dalloz actualité 16 janv. 2024, et « Modification des règles de preuve de l'assurance des véhicules immatriculés », Dalloz actualité 17 janv. 2024 ; COYAULT E., « Les impacts juridiques de la transposition en droit français de la directive (UE) 2021/2118 du 21 novembre 2021 relative à l'assurance de responsabilité civile résultant de la circulation de véhicule automoteurs », Resp. civ. et assur. avr. 2024, Entretien n° 1 ; LANDEL J., « La 7e directive automobile est sur les rails », RGDA mars 2022, doctr., RGA200q5, p. 7, et « Une ordonnance transpose a minima la septième directive automobile », RGDA janv. 2024, RGA201s0, p. 4 ; MARLY P.-G., « Transposition de la 7e directive automobile : quels véhicules doivent être assurés ? », LEDA févr. 2024, DAS201t6, p. 3; EHRENFELD M., « La septième directive Automobile : une transposition française à géométrie variable », Gaz. Pal. 26 nov. 2024, n° 38, GPL470j7, p. 40.

30 Selon la définition retenue en 2023, C. assur., art. L. 211-4, II ; encore, C. assur., art. L. 211-1, alinéa 1er.

31 NOGUÉRO D. et VINGIANO-VIRICEL I., « Intelligence artificielle et véhicules autonomes », préc., n° 224, p. 133.

32 BONNARDEL N., « Les risques générés par les véhicules autonomes », Resp. civ. et assur. févr. 2023, dossier 4, spéc. n° 1 : « Concrètement, les différents capteurs, caméras et radars présents dans le véhicule autonome permettront au logiciel de diriger le véhicule en temps réel, sans intervention nécessaire du conducteur ». L'auteur de conclure que « le conducteur pourra se laisser diriger par le véhicule sans être tenu de conserver les mains sur le volant, tant que la fonction autonome du véhicule peut être maintenue. On mesure donc l'immense différence avec les précédents véhicules parfois présentés improprement comme « *autonomes* », dans lesquels le conducteur doit conserver les mains sur le volant et superviser en permanence le contrôle et la direction du véhicule ». Il y a là « davantage une assistance de conduite qu'une véritable automatisation ».

on retiendra de façon générale l'expression de véhicule autonome pour comprendre l'ensemble des situations, tout en insistant sur le caractère plus ou moins fort de l'automatisation en cause.

Dès 2015, l'expérimentation déjà débutée[33] a été officiellement autorisée par un encadrement mieux fixé[34]. En 2019, dans un certain cadre de circulation, a été autorisé le véhicule sans conducteur humain à bord[35]. La supervision de l'extérieur est possible[36]. Quant à sa place, le conducteur est ainsi susceptible d'être « déporté »–expression employée -, à savoir à distance afin d'exercer le contrôle[37]. L'optique demeure de garantir la sécurité car l'introduction de tels véhicules s'opère parfois en cohabitation avec le trafic habituel sur les voies publiques. Plus largement, fin 2019, est intervenue la loi d'orientation des mobilités dite loi LOM[38]. La stratégie nationale initiée par les pouvoirs publics « vise à faire de la France un lieu privilégié en Europe du déploiement des services de mobilité routière automatisée en se fondant sur trois principes : sécurité, progressivité et

---

33 NOGUÉRO D. et VINGIANO-VIRICEL I., « Intelligence artificielle et véhicules autonomes », préc., n° 2008 et suiv., p. 127 et suiv. : illustrations internationales et nationales.

34 Art. 37, IX de la loi n° 2025-992 du 17 août 2015 relative à la transition énergétique pour la croissance verte : « Dans les conditions prévues à l'article 38 de la Constitution, le Gouvernement est autorisé à prendre par ordonnance toute mesure relevant du domaine de la loi afin de permettre la circulation sur la voie publique de véhicules à délégation partielle ou totale de conduite, qu'il s'agisse de voitures particulières, de véhicules de transport de marchandises ou de véhicules de transport de personnes, à des fins expérimentales, dans des conditions assurant la sécurité de tous les usagers et en prévoyant, le cas échéant, un régime de responsabilité approprié (…) ». Puis : Ordonnance n° 2016-1057 du 3 août 2016 relative à l'expérimentation de véhicules à délégation de conduite sur les voies publiques ; Décret n° 2018-211 du 28 mars 2018 relatif à l'expérimentation de véhicules à délégation de conduite sur les voies publiques.

35 Art. 125 de la loi n° 2019-486 du 22 mai 2019 relative à la croissance et la transformation des entreprises, dite loi PACTE. Il s'agit d'un élargissement de la possibilité de l'expérimentation.

36 Art. 1, al. 2, Ordonnance n° 2016-1057 du 3 août 2016.

37 NOGUÉRO D. et VINGIANO-VIRICEL I., « Intelligence artificielle et véhicules autonomes », préc., n°s 201-202, pp. 124-125. Depuis 2021, un détachement de la notion de conducteur s'est opéré en certains cas (C. transports, art. R. 3151-1).

38 Loi n° 2019-1428 du 24 décembre 2019 d'orientation des mobilités, dite loi LOM. V. notamment MIRAS A., « L'innovation de la délégation de conduite appréhendée par la Loi d'orientation des mobilités », RRJ 2020-1, p. 117.

acceptabilité »[39]. Remarquons simplement–en observation–que toute législation nationale doit considérer qu'un véhicule est susceptible de franchir des frontières, de changer de pays par sa (libre) circulation, avec les conséquences corrélatives au regard de différents aspects de la réglementation.

En dehors de l'expérimentation, le législateur a habilité le gouvernement à accueillir le véhicule autonome. Ainsi, en 2021[40], les règles de la responsabilité pénale ont été adaptées s'agissant de l'utilisation de véhicules dits à « délégation de conduite »[41], expression habituelle. Par parenthèse, sans entrer ici dans la présentation ou l'appréciation[42] de ce corpus pénal décidé par le législateur[43], relevons que la spécificité de la situation a retenu

---

39 NOGUÉRO D. et VINGIANO-VIRICEL I., « Intelligence artificielle et véhicules autonomes », préc., n° 176, p. 114.

40 VINGIANO-VIRICEL I., « Les évolutions du cadre législatif permettant la circulation des véhicules équipés de systèmes d'automatisation de la conduite », *Bulletin d'Aix* 2021-3, p. 12.

41 Ordonnance n° 2021-443 du 14 avril 2021 relative au régime de responsabilité pénale applicable en cas de circulation d'un véhicule à délégation de conduite et à ses conditions d'application ; décret n° 2021-873 du 29 juin 2021 portant application de l'ordonnance n° 2021-443 du 14 avril 2021 relative au régime de responsabilité pénale applicable en cas de circulation d'un véhicule à délégation de conduite et à ses conditions d'application.

42 DETRAZ S., « De la mauvaise conduite des véhicules autonomes en droit pénal. À propos de l'ordonnance n° 2021-443 du 14 avril 2021 relative au régime de responsabilité pénale applicable en cas de circulation d'un véhicule à délégation de conduite et à ses conditions d'utilisation », D. 2021, doctr., p. 1039 ; CHRISTODOLOU H., « Quand la responsabilité pénale embarque à bord d'un véhicule à délégation de conduite », Gaz. Pal. 29 juin 2021, n° 24, doctr., 422k0, p. 10 ; DREYER E., « De l'intelligence à la responsabilité artificielle, s'agissant des véhicules autonomes », Gaz. Pal. 7 déc. 2021, n° 43, doctr., 429z8, p. 13. Et NOGUÉRO D. et VINGIANO-VIRICEL I., « Intelligence artificielle et véhicules autonomes », préc., n° 244 et suiv., p. 142 et suiv. : avec la distinction des infractions routières et pénales, et celle de l'expérimentation et du déploiement pérenne. L'objectif de répression oblige à une identification claire du « responsable ».

43 Création par art. 1, Ordonnance n° 2021-443 du 14 avril 2021, C. route, art. L. 123-4 : « Les modalités d'application du présent chapitre sont fixées par décret en Conseil d'Etat ».

l'attention[44]. Cette préoccupation s'inscrit dans un contexte international

[44] Dans la continuité de ce que l'expérimentation avait prévu, il est tenu compte de la répartition des rôles entre l'humain et le système pour la distribution de responsabilité. Le mode délégué de conduite, en contrôle dynamique, peut produire l'exonération de responsabilité. Originalité, le constructeur peut même être « redevable pécuniairement ». La doctrine a livré son analyse de ce dispositif spécial.
C. route, art. L. 123-1 : « Les dispositions du premier alinéa de l'article L. 121-1 ne sont pas applicables au conducteur, pour les infractions résultant d'une manœuvre d'un véhicule dont les fonctions de conduite sont déléguées à un système de conduite automatisé, lorsque ce système exerce, au moment des faits et dans les conditions prévues au I de l'article L. 319-3, le contrôle dynamique du véhicule.
Le conducteur doit se tenir constamment en état et en position de répondre à une demande de reprise en main du système de conduite automatisé.
Les dispositions du premier alinéa de l'article L. 121-1 sont à nouveau applicables: 1° Dès l'instant où le conducteur exerce le contrôle dynamique du véhicule à la suite d'une reprise en main de celui-ci ; 2° En l'absence de reprise en main du véhicule par le conducteur à l'issue de la période de transition faisant suite à une demande du système de conduite automatisé dans les conditions prévues au II de l'article L. 319-3 ; 3° Au conducteur qui ne respecte pas les sommations, injonctions ou indications données par les forces de l'ordre ou les règles de priorité de passage des véhicules d'intérêt général prioritaires prévues au présent code ».
C. route, art. L. 123-2 : « Pendant les périodes où le système de conduite automatisé exerce le contrôle dynamique du véhicule conformément à ses conditions d'utilisation, le constructeur du véhicule ou son mandataire, au sens de l'article 3 du règlement (UE) 2018/858 du Parlement européen et du Conseil du 30 mai 2018, est pénalement responsable des délits d'atteinte involontaire à la vie ou à l'intégrité de la personne prévus aux articles 221-6-1, 222-19-1 et 222-20-1 du code pénal lorsqu'il est établi une faute, au sens de l'article 121-3 du même code.
Sauf dans les cas prévus au 3° de l'article L. 123-1, lorsqu'une manœuvre effectuée par le système de conduite automatisé exerçant le contrôle dynamique du véhicule conformément à ses conditions d'utilisation contrevient à des règles dont le non-respect constitue une contravention, le constructeur du véhicule ou son mandataire, au sens de l'article 3 du règlement (UE) 2018/858 du Parlement européen et du Conseil du 30 mai 2018, est redevable pécuniairement de l'amende encourue ».
C. route, art. L. 123-3 : « I.-Sans préjudice des dispositions des articles 60-1, 60-2, 77-1-1 et 99-3 du code de procédure pénale, ont accès aux données du dispositif d'enregistrement des données d'état de délégation de conduite :

1° Les fonctionnaires du corps de commandement ou d'encadrement de la police nationale mentionnés aux articles L. 130-1 et L. 130-3 du présent code, lorsque le véhicule est impliqué dans un accident de la circulation ayant occasionné un dommage corporel;
2° Les agents compétents pour constater les contraventions au présent code en application de l'article L. 130-4, à l'occasion des contrôles des véhicules et de leurs conducteurs ;

sur la thématique de ce genre de véhicule[45].

Il s'agit d'un mode d'approche du véhicule autonome par la délégation partielle ou totale qui invite à s'intéresser à la part de l'automatisation et à celle de l'homme[46]. Par le biais du code de la route, il a été précisé que le véhicule à délégation de conduite, équipé d'un système de conduite automatisé, peut être partiellement, hautement ou totalement automatisé[47]. Il

---

3° Le titulaire du certificat d'immatriculation du véhicule ou les personnes visées aux trois derniers alinéas de l'article L. 121-3, en cas de constatation d'une des contraventions mentionnées à cet article.

II.-Pour les fins précisées au I, le constructeur du véhicule ou son mandataire, au sens de l'article 3 du règlement (UE) 2018/858 du Parlement européen et du Conseil du 30 mai 2018, garantit l'intégrité des données mentionnées au premier alinéa ainsi que leur accès.

Dans le cas où le constructeur du véhicule ou son mandataire, au sens de l'article 3 du règlement (UE) 2018/858 du Parlement européen et du Conseil du 30 mai 2018, a accès à ces données à distance, lorsque le véhicule est équipé de moyens de communication permettant de les échanger avec l'extérieur de celui-ci, les modalités de cet accès et de conservation des données, dont la durée ne peut dépasser six ans à compter de la date de l'accident dans le cas prévu au 1° du I, ou un an à compter de la date des faits dans les autres cas, sont précisées par décret en Conseil d'Etat ». C'est le moyen de vérifier ce qu'il en a été concrètement.

45 Sur le règlement *Automated Lane Keeping System* dit ALKS (ONU, règl. n° 157 énonçant des prescriptions uniformes relatives à l'homologation des véhicules en ce qui concerne leur système automatisé de maintien dans la voie : ECE/TRANS/WP.29/2020/81) édictant les prescriptions uniformes relatives à l'homologation des véhicules équipés de tels systèmes, entré en vigueur sur le 22 janvier 2021. V. RODRIGUEZ N., « Les premiers arbitrages du comportement d'un véhicule automatisé par le règlement ALKS », RGDA avr. 2021, doctr., 200b5, p. 6 ; VINGIANO-VIRICEL I., « ALKS, une approche juridique du système », JCP G 2021, Libre propos, 346.

46 TERESI L., « Véhicule à délégation de conduite et risque automobile : une lecture juridique », LPA 17 nov. 2020, n° 230, doctr., 157k6, p. 6 : l'auteur évoque les rapports de l'automatisation et du dessaisissement de l'homme ; KNETSCH J., « La voiture autonome face au droit : les réponses en droit positif et en droit prospectif (Regards d'aujourd'hui vers le futur ?) », RIDC 2023-2, Étude, p. 251, spéc. p. 253 : l'auteur rappelle l'absence de définition légale du véhicule autonome par le niveau d'automatisation, pour la notion de délégation jugée plus précise selon le choix politique réalisé.

47 *In* Livre III Le véhicule, Titre Ier Dispositions techniques, Chapitre Ier Dispositions générales et définitions, C. route, art. R. 311-1, 8 : « Véhicule à délégation de conduite : véhicule à moteur des catégories M, N, L, T ou C, telles que définies aux 1,2,4 et 5.1, ou navette urbaine telle que définie au 6.13, équipé d'un système de conduite automatisé. Le véhicule à délégation de conduite peut être

s'agit donc de trois catégories à distinguer des systèmes de transport routier automatisé (STRA) pour lesquels aucun conducteur n'est physiquement à bord afin de transporter des personnes sur un parcours ou des zones prédéfinis, mais dont la supervision reste assurée à distance[48]. Les dispositions donnent une définition avec détail technique, notamment de la reprise en main du véhicule[49]. Pendant un temps plus ou moins prolongé, un système de conduite automatisé assure par délégation le contrôle dynamique du

---

partiellement, hautement ou totalement automatisé »; 8.1 : « Véhicule partiellement automatisé : véhicule équipé d'un système de conduite automatisé exerçant le contrôle dynamique du véhicule dans un domaine de conception fonctionnelle particulier, devant effectuer une demande de reprise en main pour répondre à certains aléas de circulation ou certaines défaillances pendant une manœuvre effectuée dans son domaine de conception fonctionnelle » ; 8.2 : « Véhicule hautement automatisé : véhicule équipé d'un système de conduite automatisé exerçant le contrôle dynamique d'un véhicule dans un domaine de conception fonctionnelle particulier, pouvant répondre à tout aléa de circulation ou défaillance, sans exercer de demande de reprise en main pendant une manœuvre effectuée dans son domaine de conception fonctionnelle. Ce véhicule peut être intégré dans un système technique de transport routier automatisé tel que défini au 1° de l'article R. 3151-1 du code des transports » ; 8.3 : « Véhicule totalement automatisé : véhicule équipé d'un système de conduite automatisé exerçant le contrôle dynamique d'un véhicule pouvant répondre à tout aléa de circulation ou défaillance, sans exercer de demande de reprise en main pendant une manœuvre dans le domaine de conception technique du système technique de transport routier automatisé auquel ce véhicule est intégré, tels que définis aux 1° et 4° de l'article R. 3151-1 du code des transports ».

48 Création par art. 5, Ordonnance n° 2021-443 du 14 avril 2021, in 3e Partie Transport routier, Livre Ier Le transport routier de personnes, Titre V Les systèmes de transport routier automatisés, Chapitre Ier Sécurité et responsabilité pénale (en vigueur au 1er septembre 2022), C. transports, art. L. 3151-1 et suiv., et art. R. 3151-1 (définitions).

49 Création par Décret n° 2021-873 du 29 juin 2021, C. route, art. R. 311-1-1: « Pour l'application du présent code, les termes ci-après ont le sens qui leur est donné dans le présent article :

1. Système de conduite automatisé : système associant des éléments matériels et logiciels, permettant d'exercer le contrôle dynamique d'un véhicule de façon prolongée ;
2. Contrôle dynamique : exécution de toutes les fonctions opérationnelles et tactiques en temps réel nécessaires au déplacement du véhicule. Il s'agit notamment du contrôle du déplacement latéral et longitudinal du véhicule, de la surveillance de l'environnement routier, des réactions aux événements survenant dans la circulation routière et de la préparation et du signalement des manœuvres ;

véhicule, c'est-à-dire l'exécution de toutes les fonctions opérationnelles et tactiques en temps réel nécessaires au déplacement du véhicule.

Reste l'étape de la commercialisation. Elle suppose un processus d'homologation de tels véhicules par les autorités en vue de leur vente puis de leur circulation effective[50]. Dans cette optique, il y aura l'effort de normalisation à entreprendre dans le but d'une harmonisation technologique afin de faciliter la compatibilité des divers instruments en cause. La sécurité technique se double du vœu de celle juridique pour le développement de l'activité d'un secteur avec ses acteurs et investisseurs. Il y a également lieu de franchir les obstacles psychologiques que peut susciter une innovation.

---

3. Reprise en main : action du conducteur aux fins d'exercer le contrôle dynamique du véhicule. Les modalités de la reprise en main sont définies dans les conditions d'utilisation du système de conduite automatisé ;
   3.1. Demande de reprise en main : requête du système de conduite automatisé aux fins de reprise en main du conducteur avant expiration de la période de transition ;
   3.2. Période de transition : délai maximal dont le conducteur est informé entre une demande de reprise en main et une manœuvre à risque minimal;
4. Domaine de conception fonctionnelle : conditions notamment géographiques, météorologiques, horaires, de circulation, de trafic et d'infrastructure dans lesquelles un système de conduite automatisé est spécifiquement conçu pour exercer le contrôle dynamique du véhicule et en informer le conducteur ;
5. Manœuvre à risque minimal : manœuvre ayant pour finalité la mise à l'arrêt du véhicule en situation de risque minimal pour ses occupants et les autres usagers de la route, automatiquement effectuée par le système de conduite automatisé, suite à un aléa non prévu dans ses conditions d'utilisation, à une défaillance grave ou un défaut de reprise en main à expiration de la période de transition ;
6. Manœuvre d'urgence : manœuvre automatiquement effectuée par le système de conduite automatisé en cas de risque imminent de collision, dans le but de l'éviter ou de l'atténuer ;
7. Dispositif d'enregistrement des données d'état de délégation de conduite : dispositif de stockage de données permettant de déterminer les interactions entre le conducteur et le système de conduite automatisé ».

[50] BONNARDEL N., « Les risques générés par les véhicules autonomes », Resp. civ. et assur. févr. 2023, dossier 4, spéc. n° 1 : relevant la genèse du véhicule autonome, l'auteur ajoute que « les routes sur lesquelles ces véhicules seront autorisés à circuler n'ont pas été déterminées, ce qui interdit, en fait, la circulation de véhicules autonomes venus de l'étranger sur le réseau routier français (note 4 : La localisation géographique du véhicule s'opposerait à l'activation de la conduite automatisée du véhicule). À l'heure actuelle, l'autorisation de circulation des véhicules autonomes est donc essentiellement d'ordre théorique, ce qui ne doit pas occulter son importance pour les années à venir ».

Ce sont encore les balbutiements. Strictement, le véhicule autonome se distingue du véhicule simplement connecté, même si le premier passe aussi par la connectivité pour son déplacement. Dans les formes de véhicules « intelligents »[51], il la comprend sans y correspondre car « la connectivité n'est pas intrinsèque à l'automatisation du véhicule »[52]. Potentiellement, le véhicule communique avec le système (ou programme), les autres véhicules, les infrastructures routières (notamment, des balises).

La réglementation instaurée à ce jour appréhende seulement sous certains aspects le véhicule autonome[53]. Cela n'empêche aucunement l'appréciation de l'existant comme la projection[54]. Depuis 1958[55]–avant même l'exigence du droit communautaire[56] -, la circulation d'un véhicule terrestre à moteur (VTM ou VTAM)[57] est soumise à l'assurance de

---

51 V. sur le vocabulaire employé, NOGUÉRO D. et VINGIANO-VIRICEL I., « Intelligence artificielle et véhicules autonomes », préc., n° 182, p. 116.

52 CAYOL A., « Le droit de la responsabilité civile et des assurances face au développement des véhicules autonomes », Revue TRANSIDIT, n° 75, 2020, p. 20.

53 KNETSCH J., « La voiture autonome face au droit : les réponses en droit positif et en droit prospectif (Regards d'aujourd'hui vers le futur ?) », RIDC 2023-2, Étude, p. 251, spéc. p. 257. Reprenant un constat partagé, l'auteur affirme : « Bien qu'il faille se féliciter de ces prémices d'un cadre normatif pérenne pour l'utilisation de voitures autonomes, on peine à voir dans ces nouveaux textes une règlementation complète. À ce jour, il n'existe dans la législation française qu'un « droit des voitures autonomes » composé de textes éparpillés, issus de mesures législatives et réglementaires adoptées par à-coup, sans souci de cohérence et de lisibilité ».

54 TERESI L., RAKOTOVAHINY M.-A. et JAMBORT S., « Incidence des systèmes de conduite automatiques sur les responsabilités civiles et pénales », JCP G 2019, Étude n° 83, p. 161 ; TERESI L., « Véhicule à délégation de conduite et risque automobile : une lecture juridique », LPA 17 nov. 2020, n° 230, doctr., 157k6, p. 6; TSIAKLAGKANOU D., « Voiture autonome et responsabilité civile », RLDI déc. 2021, n° 187.

55 Loi n° 58-208 du 27 février 1958 instituant une obligation d'assurance en matière de circulation de véhicules terrestres à moteur, JORF 28 février 1958, p. 2148.

56 NOGUÉRO D. et VINGIANO-VIRICEL I., « Intelligence artificielle et véhicules autonomes », préc., n° 263, p. 150.

57 Le vélo à assistance électrique n'est pas un véhicule terrestre à moteur et il n'est pas soumis à l'obligation d'assurance : CJUE, 12 octobre 2023, aff. n° C-286/22 ; D. 2023, AJ, p. 1798 ; Dalloz actualité 9 nov. 2023, obs. BIGOT R. et CAYOL A. ; RGDA nov. 2023, RGA201p3, p. 25, note LANDEL J. ; La Tribune de l'assurance 5 déc. 2023, obs. PEREZ R. ; LEDA déc. 2023, DAS201q9, p. 4, obs. BÉGUIN-FAYNEL C. ; HOCQUET-BERG S., « L'échappée de la CJUE sur le vélo à assistance électrique », Resp. civ. et assur. déc. 2023, alerte, Focus 125 ; BJDA.fr 2023, n° 90,

responsabilité obligatoire[58]. Sans superposition totale[59], il y a un lien fort entre la loi *Badinter* et l'obligation d'assurance. Le système suppose la couverture assurantielle afin de garantir les victimes avec des distinctions entre elles selon qu'elles sont ou non conductrices.

Grosso modo, nous pouvons privilégier une approche par les risques. La circulation du véhicule s'inscrit dans un contexte relationnel ; elle est une source du risque pour des tiers identifiée depuis longtemps. D'autres risques peuvent déjà se situer en amont, dans un problème de fonctionnement *optimum* et sécurisé du véhicule, pouvant éventuellement avoir une incidence sur un accident. Dans la circulation, on va retrouver la tradition et une relative permanence des règles. En revanche, dans le dysfonctionnement du système automatisé, il y aura davantage d'innovation nécessitant probablement des adaptations juridiques à plus ou moins long terme. En ce domaine évolutif où il convient déjà de dresser un état des lieux, on suggérera davantage des pistes de réflexion plutôt que des recettes éprouvées.

Traitons, en premier lieu, des risques de la circulation du véhicule autonome (I) et, en second lieu, des risques du dysfonctionnement du véhicule autonome (II).

I. LES RISQUES DE LA CIRCULATION DU VÉHICULE AUTONOME

D'emblée, la perspective est, ici, celle des tiers lésés ou victimes. Les critères que sont l'implication d'un véhicule terrestre à moteur dans un accident de la circulation[60], véhicule obligatoirement assuré, ressurgissent

---

obs. TRESCASES A. ; Gaz. Pal. 12 mars 2024, n° 9, GPL460k0, p. 46, note EHRENFELD M. ; D. 2024, Pan., p. 1163, spéc. p. 1168, obs. BIGOT R.

58 C. assur., art. L. 211-1. En son alinéa 1er, le texte indique l'objet de l'obligation d'assurance : « tout véhicule terrestre à moteur, c'est-à-dire tout véhicule automoteur destiné à circuler sur le sol et qui peut être actionné par une force mécanique sans être lié à une voie ferrée, ainsi que toute remorque, même non attelée ». Sur la territorialité de la couverture RC, C. assur., art. L. 211-4, I. V. hors du champ de l'assurance imposée au VTM, C. assur., art. L. 211-2 : « Les dispositions de l'article L. 211-1 ne sont pas applicables aux dommages causés par les chemins de fer et les tramways ».

59 Par exemple, sur l'absence d'identité des champs d'application de l'assurance automobile obligatoire et de la loi *Badinter*, Civ. 2e, 9 nov. 2023, n° 21-24.116 ; Dalloz actualité 8 déc. 2023, obs. BIGOT R. et CAYOL A. ; RGDA déc. 2023, RGA201q5, p. 29, note LANDEL J. ; Resp. civ. et assur. janv. 2024, comm. 30, note COYAULT E.

60 Art. 1 de la loi n° 85-677 du 5 juillet 1985 : « Les dispositions du présent chapitre s'appliquent, même lorsqu'elles sont transportées en vertu d'un contrat,

pour le véhicule autonome. La garantie de la victime ne doit pas occulter l'identification du responsable réel.

Il convient d'envisager, d'abord, l'obligation à la dette qui se traduit par la couverture de l'accident (1) et, ensuite, la contribution à la dette au travers des recours (2).

1. L'obligation à la dette: la couverture de l'accident

Le système résultant de la loi *Badinter* ne nécessite pas la démonstration de la preuve d'une faute du conducteur. Il suffit de l'implication du véhicule dans l'accident dommageable–la notion étant assez largement entendue par l'analyse prétorienne[61]. L'objectif est de faciliter l'indemnisation par une procédure privilégiant un règlement à l'amiable grâce à l'intervention des assureurs. À défaut de ceux-ci, un fonds de garantie est susceptible de procéder à l'indemnisation. Pour l'heure, dans le champ civil, le législateur a préféré le *statu quo ante* en s'abstenant d'intervenir spécifiquement au sujet du véhicule autonome[62]. Distinguons successivement la victime non-conductrice (1.1) et la victime, utilisateur du véhicule (1.2).

---

aux victimes d'un accident de la circulation dans lequel est impliqué un véhicule terrestre à moteur ainsi que ses remorques ou semi-remorques, à l'exception des chemins de fer et des tramways circulant sur des voies qui leur sont propres ».

61 Notamment : ROUVIÈRE F., « L'implication dans la loi du 5 juillet 1985: une causalité apparente », D. 2012, chron., p. 2186 ; CARVAL S., « L'implication et la causalité », Resp. civ. et assur. sept. 2015, Étude 15 ; LEDUC F., « L'évolution de l'implication », Resp. civ. et assur. févr. 2019, Dossier 8.

62 Approbatif, BONNARDEL N., « Les risques générés par les véhicules autonomes », Resp. civ. et assur. févr. 2023, dossier 4, spéc. n° 3 : « À la différence du droit pénal, le législateur n'est pas intervenu pour répondre à ces questions, ce qui pourrait surprendre. Quitte à légiférer, n'aurait-il pas été plus cohérent de le faire d'un seul bloc afin d'instituer une nouvelle réglementation d'ensemble propre aux véhicules autonomes ? On pourrait le penser, d'autant plus que le droit civil et le droit des assurances ne jouent pas, en matière de circulation routière, un rôle moindre que celui du droit pénal (...). Pour autant, il faut sans doute se féliciter de cette sobriété législative, la nécessité d'une nouvelle législation civile et assurantielle propre aux véhicules autonomes n'étant pas, pour le moment, démontrée ».

1.1. La victime non-conductrice

La victime directe non-conductrice de l'accident de la circulation provoqué par le véhicule autonome reste à l'abri. Il n'y a pas de différence avec un véhicule *lambda.* En effet, la loi *Badinter* s'intéresse au gardien ou au conducteur du véhicule s'agissant des dommages causés aux tiers. Les deux qualités peuvent se trouver réunies sur la tête d'une même personne ou sont parfois dissociées.

Le propriétaire du véhicule est présumé être son gardien. La présomption simple peut être renversée dès lors que le propriétaire du véhicule est capable de démontrer qu'il n'en avait pas l'usage, le contrôle et la direction, suivant la définition prétorienne classique depuis des décennies. La notion de garde est définie à partir du droit commun de la responsabilité. Cela suppose un transfert de la garde à autrui[63]. Pour le véhicule autonome, certains ont envisagé une résurgence de la distinction de la garde de la structure et celle du comportement de la chose[64]. Le conducteur est censé disposer d'une certaine maîtrise lors de l'accident[65]. Toutefois, la jurisprudence a pu retenir, à certaines conditions, que la personne endormie pouvait continuer à être considérée comme étant aux manettes du véhicule[66]. En fonction des circonstances,

---

63 Illustration de cette analyse, Civ. 2e, 7 juillet 2022, n° 20-23.240 : Bull. civ. II ; JCP G 2022, 899, obs. TOURNAIRE V. ; D. 2022, AJ, p. 1357 ; Dalloz actualité 14 sept. 2022, obs. CAYOL A. ; LEDA oct. 2022, DAS200x4, p. 4, obs. ABRAVANEL-JOLLY S. ; Resp. civ. et assur. oct. 2022, comm. 226, note BLOCH L. ; D. 2022, chron. p. 1993, obs. ITTAH S. et PRADEL X. ; Gaz. Pal. 22 nov. 2022, n° 38, GPL442s5, p. 53, note EHRENFELD M. ; D. 2022, p. 2143, note MESSANG-BLANSCHÉ K. ; Gaz. Pal. 17 janv. 2023, n° 2, GPL444h2, p. 8, obs. DUGUÉ M.; RTD civ. 2022, p. 902, obs. JOURDAIN P.

64 V. *infra.*

65 BACACHE M., « Intelligence artificielle et droits de la responsabilité et des assurances », préc., n° 165, pp. 106-107. L'auteur cherche une réponse nuancée en fonction du niveau d'autonomie, afin de s'interroger sur l'évolution de cette notion-clé de conducteur à propos du véhicule autonome et de l'IA. Le stade de l'autonomie totale en tout contexte amène à juger « artificielle » la notion actuelle de conducteur. Des pistes sont proposées : responsabilité du constructeur du véhicule ou du concepteur de l'intelligence artificielle. Voir, à partir de l'inspiration allemande, « une sorte de responsabilité alternative » selon « qui » est aux commandes au moment de l'accident.

66 NOGUÉRO D. et VINGIANO-VIRICEL I., « Intelligence artificielle et véhicules autonomes », préc., n° 201, p. 124 : « La maîtrise connaît déjà une forme de

se devine une certaine forme de souplesse quant à l'appréhension de la notion de conducteur. Sa ductilité pourrait être éprouvée à l'avenir.

Même avec une totale autonomie du véhicule par la mise à l'écart de l'utilisateur humain passager passif, voire en l'absence de personne à bord, il reste toujours un gardien tenu d'indemniser[67]. Conducteur ou gardien, il y a un répondant et une couverture d'assurance. En toute hypothèse, la loi ne permet pas leur exonération par la force majeure ou le fait d'un tiers[68]. Par exemple, une défaillance ou une attaque du système embarqué ne pourrait dispenser de l'indemnisation si le véhicule impliqué a causé des dommages à autrui, même si le conducteur ou gardien subit l'événement[69]. Encore faut-il être en présence d'un accident de la circulation[70], ce que la jurisprudence apprécie en fonction de l'espèce[71].

---

relativisme, teinté parfois d'opportunisme ». L'objectif d'indemnisation n'est pas étranger à cette « souplesse ».

67 En ce sens, KNETSCH J., « La voiture autonome face au droit : les réponses en droit positif et en droit prospectif (Regards d'aujourd'hui vers le futur ?) », RIDC 2023-2, Étude, p. 251, spéc. p. 260. L'auteur envisage le transfert prouvé de la garde au constructeur ou au concepteur du logiciel de conduite.

68 Art. 2 de la loi n° 85-677 du 5 juillet 1985 : « Les victimes, y compris les conducteurs, ne peuvent se voir opposer la force majeure ou le fait d'un tiers par le conducteur ou le gardien d'un véhicule mentionné à l'article 1er ».

69 NOGUÉRO D. et VINGIANO-VIRICEL I., « Intelligence artificielle et véhicules autonomes », préc., n° 231, p. 136.

70 Comp. CAYOL A., « Le droit de la responsabilité civile et des assurances face au développement des véhicules autonomes », Revue TRANSIDIT, n° 75, 2020, p. 20, spéc. p. 21 : « Défini comme un événement soudain et fortuit, [l'accident de la circulation] ne peut pas consister en un dommage volontairement causé au moyen d'un véhicule terrestre à moteur. Une cyber-attaque pourra toutefois donner lieu à une indemnisation par le Fonds de garantie des victimes des actes de terrorisme et d'autres infractions (FGTI) ».

71 Par exemple, Civ. 2e, 7 juillet 2022, n° 21-10.945 : Bull. civ. II ; D. 2022, AJ, p. 1357 ; BJDA.fr 2022, n° 82, note GROSSER P. ; Dalloz actualité 21 sept. 2022, obs. CAYOL A. ; Resp. civ. et assur. oct. 2022, comm. 227, note HOCQUET-BERG S. ; D. 2022, chron., p. 1993, obs. ITTAH S. et PRADEL X. ; Gaz. Pal. 22 nov. 2022, n° 38, GPL442s6, p. 54, note EHRENFELD M. ; LPA déc. 2022, LPA201x9, p. 60, note DAGORNE-LABBE Y. ; Gaz. Pal. 17 janv. 2023, n° 2, GPL444h1, p. 7, obs. DUGUÉ M. ; RTD civ. 2022, p. 905, obs. JOURDAIN P. *Adde* : HOCQUET-BERG S., « La notion d'accident de la circulation », Resp. civ. et assur. 2015, Étude 7; LEDUC F., « La résistance des juges du fond en matière d'accidents de la circulation », Resp. civ. et assur. juill.-août 2024, in *Divergences de jurisprudence entre les juridictions du fond et la Cour de cassation en droit de la responsabilité civile (2e partie)*, Dossier 19.

Pour la réparation, il y a lieu de s'adresser surtout à l'assureur du véhicule impliqué dans l'accident. Même avec un véhicule entièrement automatisé, le droit positif permet de s'adresser à l'assureur de celui-ci afin d'obtenir une indemnisation. On retrouve l'action directe du tiers lésé[72]. La délégation au système automatisé n'enlève rien[73]. Doublée de l'assurance obligatoire, la loi *Badinter* ne semble donc pas dépassée.

1.2. La victime, utilisateur du véhicule

Une question pourrait se poser en considérant que le conducteur du véhicule autonome devient un passager lorsque le système automatisé est activé, pour prétendre à la réparation de ses propres dommages[74]. Il n'est alors qu'un simple utilisateur. Précisons l'hypothèse : il ne s'agit pas d'agir contre son propre assureur mais à l'encontre de celui d'un autre véhicule impliqué. Le conducteur passager devenant tiers lésé. Cela revient à s'interroger sur la notion de conducteur[75]. La perte de la qualité

---

[72] NOGUÉRO D., « Aspects de l'action directe en droit français des assurances de responsabilité », in *Dimensiones y desafíos del seguro de responsabilidad civil*, éd. Thomson Reuters, Civitas, Abel B. Veiga Copo (dir.), Miguel Martínez Muñoz (coord.), 2021, *Quinta Parte : Accíon directa, terceros, inoponibilidades*, Capítulo 24, pp. 703-745 ; CHOISEZ S., « L'action directe en droit des assurances : entre simplicité et subtilité », RGDA mai 2024, RGA201x1, p. 5.

[73] BONNARDEL N., « Les risques générés par les véhicules autonomes », Resp. civ. et assur. févr. 2023, dossier 4, spéc. n° 7 : « il serait vain de soutenir qu'une telle délégation permettrait au conducteur d'échapper à sa responsabilité civile, cette modalité de conduite automatisée ne figurant pas dans la liste des causes exonératoires de responsabilité énumérées par la loi Badinter ».

[74] BONNARDEL N., « Les risques générés par les véhicules autonomes », Resp. civ. et assur. févr. 2023, dossier 4, spéc. n° 5. L'auteur relève la contradiction apparente en cas de conduite déléguée. « Dire qu'un véhicule autonome n'a pas de conducteur repose en réalité sur un anachronisme consistant à transposer la notion traditionnelle de conducteur–et le rôle imparti à ce dernier–dans un nouvel environnement technologique qui lui est étranger. Plutôt que de procéder de la sorte, mieux vaudrait faire évoluer la notion de conducteur au regard du progrès technique (…) ».

[75] KNETSCH J., « La voiture autonome face au droit : les réponses en droit positif et en droit prospectif (Regards d'aujourd'hui vers le futur ?) », RIDC 2023-2, Étude, p. 251, spéc. p. 261. Pour l'auteur, si « des dispositions admettent donc l'existence d'un conducteur qui puisse être « situé à l'extérieur du véhicule », elles ne résolvent pas pour autant la question des obligations qui pèsent sur celui-ci et ne se prononcent ni sur le statut des utilisateurs à bord, ni sur la qualité juridique des

de conducteur–sans en être le gardien–servirait la revendication du statut de la victime non-conductrice, plus favorable, spécialement pour les atteintes à sa personne (les dommages corporels)[76]. La passivité transformerait l'intéressé en simple passager avec le bénéfice d'une indemnisation plus étendue que celle d'un conducteur[77].

En effet, la faute quelconque de la victime directe[78] non conductrice ne lui est pas opposable pour la priver d'indemnisation. Pour cela, il faut établir une faute inexcusable cause exclusive de l'accident de la part de la victime protégée[79]. En pratique, il est particulièrement difficile de l'établir.

---

utilisateurs de véhicules à délégation partielle de conduite » ; BONNARDEL N., « Les risques générés par les véhicules autonomes », Resp. civ. et assur. févr. 2023, dossier 4, spéc. n°s 5-6. Encore sur la notion et ses évolutions : NOGUÉRO D. et VINGIANO-VIRICEL I., « Intelligence artificielle et véhicules autonomes », préc., n° 199 et suiv., p. 123 suiv.

76 Comp. art. 5 de la loi n° 85-677 du 5 juillet 1985 : « La faute, commise par la victime a pour effet de limiter ou d'exclure l'indemnisation des dommages aux biens qu'elle a subis. Toutefois, les fournitures et appareils délivrés sur prescription médicale donnent lieu à indemnisation selon les règles applicables à la réparation des atteintes à la personne.
Lorsque le conducteur d'un véhicule terrestre à moteur n'en est pas le propriétaire, la faute de ce conducteur peut être opposée au propriétaire pour l'indemnisation des dommages causés à son véhicule. Le propriétaire dispose d'un recours contre le conducteur ».

77 Comp. sur l'absence de recours subrogatoire de l'assureur automobile contre le passager fautif du véhicule qu'il assure, Civ. 2e, 30 mars 2023, n° 21-17.466 : Bull. civ. II ; D. 2023, AJ, p. 685 ; Dalloz actualité 20 avr. 2023, obs. TOURNAIRE V. ; LEDA mai 2023, DAS201h4, p. 4, obs. CASSON P. ; RGDA mai 2023, RGA201h8, p. 30, note LANDEL J. ; JCP G 2023, 665, note WALTZ-TERACOL B. ; D. 2023, Pan., p. 1142, spéc. p. 1148, obs. CAYOL A. ; Resp. civ. et assur. juin 2023, comm. 169, note COYAULT E. ; Gaz. Pal. 11 juill. 2023, n° 23, GPL451s8, p. 55, note EHRENFELD M. ; Resp. civ. et assur. déc. 2023, chron. 5, spéc. n° 23, obs. BERTOLASO S.

78 Art. 6 de la loi n° 85-677 du 5 juillet 1985 : « Le préjudice subi par un tiers du fait des dommages causés à la victime directe d'un accident de la circulation est réparé en tenant compte des limitations ou exclusions applicables à l'indemnisation de ces dommages ».

79 Art. 3, alinéa 1er, de la loi n° 85-677 du 5 juillet 1985 : « Les victimes, hormis les conducteurs de véhicules terrestres à moteur, sont indemnisées des dommages résultant des atteintes à leur personne qu'elles ont subis, sans que puisse leur être opposée leur propre faute à l'exception de leur faute inexcusable si elle a été la cause exclusive de l'accident ».

La jurisprudence est singulièrement stricte en usant depuis 1987[80] d'une définition qu'elle a forgée : seule est inexcusable la faute volontaire d'une exceptionnelle gravité exposant sans raison valable son auteur à un danger dont il aurait dû avoir conscience[81]. L'application en est rigoureuse au point que les auteurs évoquent une faute introuvable. La Cour de cassation n'a admis une telle faute que dans de rares circonstances[82]. De surcroît, il existe des victimes souvent dites surprotégées, pour lesquelles la faute inexcusable est repoussée[83]. Ces dernières ne sont privées d'indemnisation, comme les autres, que si elles commettent une faute volontaire[84], recherchant le dommage intentionnellement, ce qui recouvre, en fait, le suicide ou sa tentative[85]. Là encore, la jurisprudence est stricte dans le but de permettre le jeu de l'indemnisation. En définitive, par une telle faute intentionnelle, c'est la notion d'accident, événement fortuit et soudain

80 Série de 11 décisions à la même date, dont Civ. 2e, 20 juillet 1987, n° 86-11.275: Bull. civ. II, n° 160.

81 Ass. plén., 10 novembre 1995, n° 94-13.912 : Bull. civ. AP, n° 6. En dernier lieu, Civ. 2e, 21 décembre 2023, n° 22-18.480 : Bull. civ. II ; Lettre de chambre, n° 10, janv. 2024 ; D. 2024, AJ, p. 8 ; Dalloz actualité 19 janv. 2024, obs. BIGOT R. et CAYOL A. ; Resp. civ. et assur. févr. 2024, comm. 35, 1re esp., note S. HOCQUET-BERG ; BJDA.fr 2024, n° 91, comm. 8, note ABRAVANEL-JOLLY S. ; Gaz. Pal. 12 mars 2024, n° 9, GPL460i8, p. 51, note WALTZ-TERACOL B. ; Gaz. Pal. 21 mai 2024, n° 17, GPL463o6, p. 10, obs. DUGUÉ M. ; D. 2024, Pan., p. 1163, spéc. p. 1169, obs. NOGUÉRO D.

82 Par exemple, Civ. 2e, 20 avril 2023, n° 21-22.374 ; Resp. civ. et assur. juin 2023, comm. 151, obs. HOCQUET-BERG S. ; BJDA.fr 2023, n° 87, obs. GROSSER P.

83 Art. 3, alinéa 2, de la loi n° 85-677 du 5 juillet 1985 : « Les victimes désignées à l'alinéa précédent, lorsqu'elles sont âgées de moins de seize ans ou de plus de soixante-dix ans, ou lorsque, quel que soit leur âge, elles sont titulaires, au moment de l'accident, d'un titre leur reconnaissant un taux d'incapacité permanente ou d'invalidité au moins égal à 80 p. 100, sont, dans tous les cas, indemnisées des dommages résultant des atteintes à leur personne qu'elles ont subis ».

84 Art. 3, alinéa 3, de la loi n° 85-677 du 5 juillet 1985 : « Toutefois, dans les cas visés aux deux alinéas précédents, la victime n'est pas indemnisée par l'auteur de l'accident des dommages résultant des atteintes à sa personne lorsqu'elle a volontairement recherché le dommage qu'elle a subi ».

85 Par exemple, Civ. 2e, 24 février 1988, n° 86-19.076 : Bull. civ. II, n° 49 ; Civ. 2e, 9 février 2023, n° 21-18.715 ; Resp. civ. et assur. avr. 2023, comm. 84, note HOCQUET-BERG S. ; Gaz. Pal. 11 juill. 2023, n° 23, Actualité, GPL451v7, p. 38, obs. WALTZ-TERACOL B.

qui est interrogée. On peut retrouver un parallèle, sur ce plan, lorsque le conducteur adopte un comportement volontaire, qui chasse l'accident[86].

Revenons à l'interrogation sur la perte de la qualité de conducteur. En l'état du droit, ce n'est pas possible. Le zeste de maîtrise qui doit être conservée par l'utilisateur du véhicule autonome ne paraît pas autoriser la disqualification de la qualité de conducteur[87]. La variabilité du contrôle ou l'intensité des pouvoirs de commandement n'annihilent pas forcément l'exigence de surveillance et de réaction, que ce soit spontanément ou par l'effet d'une mise en garde.

Les dommages qu'il subit obéissent à ce statut au moment de l'accident. Sa faute simple peut donc diminuer voire supprimer son indemnisation de conducteur[88]. À ce propos, il faut bien comprendre la position de

---

86 Dernièrement, Civ. 2e, 15 févr. 2024, n° 21-22.319 : Bull. civ. II ; Lettre de chambre mars 2024, n° 11, p. 16 ; D. 2024, AJ, p. 356 ; Gaz. Pal. 5 mars 2024, n° 8, GPL460a4, p. 27, obs. BERLAUD C. ; JCP E 2024, act. 220 ; JCP G 2024, act. 291 ; Resp. civ. et assur. avr. 2024, comm. 78, note BLOCH L. ; RLDC avr. 2024, n° 224, 7495, p. 4, obs. PEREIRA C. ; Dalloz actualité 2 avr. 2024, obs. BIGOT R. et CAYOL A. ; BJDA.fr 2024, n° 92, obs. TSOMEVOU R. G. ; RGDA juin 2024, RGA201x8, note DUPONT N.: « Ne constitue pas un accident au sens de ce texte, celui qui, volontairement provoqué par le conducteur ou un tiers, ne présente pas, de ce fait, un caractère fortuit ».

87 En ce sens, LOISEAU G., « La responsabilité du conducteur d'un véhicule à délégation de conduite automatisée », Comm. com. électr. janv. 2022, comm. n° 3 : « L'automatisation du véhicule ne fait pas cependant disparaître la qualité de conducteur, ni ne l'éclipse pendant le temps où le système de conduite automatisé exerce le contrôle dynamique du véhicule, le conducteur devant être en situation de répondre à tout moment à une demande de reprise en main ou d'effectuer sans délai une reprise en main » ; BONNARDEL N., « Les risques générés par les véhicules autonomes », Resp. civ. et assur. févr. 2023, dossier 4, spéc. n° 5 : « le rôle de la personne assise au volant d'un véhicule partiellement ou hautement automatisé n'est pas purement passif » d'où l'exigence de reprise en main « qui s'assimile à un véritable rôle de conduite du véhicule ». « La circulation des véhicules autonomes devrait ainsi uniquement impliquer une modification du rôle imparti aux conducteurs de ces véhicules, et non une suppression de leur présence à bord ». En outre, « le conducteur du véhicule autonome ne se confond pas avec un passager : il est investi d'un nouveau rôle, celui d'être tenu de reprendre le contrôle du véhicule lorsque le système automatisé le lui demande ».

88 Art. 4 de la loi n° 85-677 du 5 juillet 1985 : « La faute commise par le conducteur du véhicule terrestre à moteur a pour effet de limiter ou d'exclure l'indemnisation des dommages qu'il a subis ».

la jurisprudence constante depuis 1997[89] dans son application de l'article 4 de la loi *Badinter*. En effet, lorsque plusieurs véhicules sont impliqués dans un accident de la circulation, chaque conducteur a droit à l'indemnisation des dommages qu'il a subis, directement ou par ricochet, sauf s'il a commis une faute ayant contribué à la réalisation de son préjudice. Il appartient alors au juge d'apprécier souverainement si cette faute a pour effet de limiter l'indemnisation ou de l'exclure. Cette conséquence sur le droit à indemnisation est proportionnelle à la gravité de sa faute et doit être appréciée en faisant abstraction du comportement des autres conducteurs[90]. Il faut un lien de causalité avec le dommage dont réparation est sollicitée. Il convient donc de se reporter au seul comportement du conducteur dont le droit à indemnisation est examiné. Si son manquement à la vigilance pour la reprise en main peut avoir une incidence (au moins pour la réduction de son indemnisation), l'interrogation peut se poser lorsqu'il a fait confiance au système automatisé sans avoir rien à se reprocher[91]. En ce cas, son sort serait assez proche, en fait, d'une victime non-conductrice, à supposer qu'un véhicule tiers soit bien impliqué.

A minima, une vigilance est sollicitée pour répondre aux alertes et, le cas échéant, exercer une reprise en main[92]. La neutralisation du système ou sa désactivation montrent la place réservée à la personne humaine. De

---

89 Ch. mixte, 28 mars 1997, n° 93-11.078 : Bull. civ. CM, n° 1.

90 Illustrations récentes : Civ. 2e, 20 janvier 2022, n° 20-16.469 ; Civ. 2e, 9 mars 2023, n° 21-11.157 ; BJDA.fr 2023, n° 86, obs. ABRAVANEL-JOLLY S. ; Resp. civ. et assur. mai 2023, comm. 123, obs. HOCQUET-BERG S. ; LEDA mai 2023, DAS201h3, p. 3, obs. GRÉAU F. ; Gaz. Pal. 11 juill. 2023, n° 23, Actualité, GPL451v8, p. 38, obs. EHRENFELD M. ; Civ. 2e, 9 mars 2023, n° 20-23.593 ; BJDA.fr 2023, n° 86, obs. GROSSER P. ; Resp. civ. et assur. mai 2023, comm. 123, obs. HOCQUET-BERG S. ; Civ. 2e, 15 juin 2023, n° 22-13.117 ; LEDA sept. 2023, DAS201m5, p. 5, obs. GRÉAU F. ; Civ. 2e, 12 octobre 2023, n° 22-17.125.

91 Dans le sens de l'indemnisation à accorder, BONNARDEL N., « Les risques générés par les véhicules autonomes », Resp. civ. et assur. févr. 2023, dossier 4, spéc. n° 7 : « Serait-il cohérent d'appliquer ces dispositions lorsque le conducteur a enclenché la fonction autonome du véhicule ? Rien ne s'y oppose pour deux raisons. En principe, aucune faute personnelle de conduite ne pourrait être imputée au conducteur puisque, par hypothèse, il aurait délégué le contrôle dynamique du véhicule. Son droit à réparation ne devrait donc pouvoir être diminué ou exclu en raison d'une défaillance du système automatisé qui ne lui est pas imputable. Par exception, les fautes commises par le conducteur, étrangères à la conduite automatisée, devraient continuer à lui être opposables ».

92 C. route, art. R. 412-17-1, I. Du moins pour le véhicule partiellement ou hautement automatisé.

ce point de vue, il ne semble pas que doive être retenue une interprétation amplifiante de l'amendement de 2022 à la Convention de Vienne[93]. L'amendement à la Convention de Vienne sur la circulation routière du 8 novembre 1968, modifiant son article 1er et ajoutant un article 34 *bis*, intitulé « Conduite automatisée », a été adopté le 15 janvier 2022. Son entrée en vigueur a été officiellement fixée au 15 juillet 2022. Pour une application en droit interne, il fallait attendre la publication du décret portant publication de cet amendement. Cela a été chose faite avec le décret n° 2022-1034 du 21 juillet 2022 portant publication de l'amendement à la convention internationale sur la circulation routière de Vienne du 8 novembre 1968, adopté à Genève le 14 janvier 2022. Reproduit en annexe, l'article 34 *bis* prévoit : « L'exigence selon laquelle tout véhicule ou tout ensemble de véhicules en mouvement doit avoir un conducteur est réputée satisfaite lorsque le véhicule utilise un système de conduite automatisé qui est conforme : a) à la réglementation technique nationale et à tout instrument juridique international applicable aux véhicules à roues et aux équipements et pièces susceptibles d'être montés ou utilisés sur un véhicule à roues ; b) à la législation nationale régissant le fonctionnement du véhicule. (...) ». La présomption instituée ne doit pas tromper. Les auteurs analysent généralement la disposition comme maintenant l'exigence de principe du conducteur personne physique dans le véhicule[94].

Pour le futur, la réflexion pourrait rebondir avec un véhicule totalement automatisé, sans la moindre intervention humaine exigée ou possible[95].

---

93 NOGUÉRO D. et VINGIANO-VIRICEL I., « Intelligence artificielle et véhicules autonomes », préc., n°s 195-198, pp. 121-123 ; VINGIANO-VIRICEL I., « Les conducteurs des systèmes de conduite automatisés à l'épreuve de la Convention de Vienne de 1968 », JCP G 2024, doctr. 1359.

94 En ce sens, BONNARDEL N., « Les risques générés par les véhicules autonomes », Resp. civ. et assur. févr. 2023, dossier 4, spéc. n° 5 : « Ces dispositions ne doivent pas être mal interprétées : elle ne suppriment pas la présence d'un conducteur personne physique au sein d'un véhicule autonome. Elles présument au contraire son existence, peu important l'éventuelle délégation du contrôle dynamique du véhicule à un système de conduite automatisé. Parallèlement, le droit français n'a pas non plus supprimé l'exigence d'une personne physique à bord du véhicule autonome ». Déjà NOGUÉRO D. et VINGIANO-VIRICEL I., « Intelligence artificielle et véhicules autonomes », préc., n° 196, p. 122.

95 BONNARDEL N., « Les risques générés par les véhicules autonomes », Resp. civ. et assur. févr. 2023, dossier 4, spéc. n° 5 : « peut-être en sera-t-il un jour autrement lors de l'avènement des véhicules totalement autonomes où la présence d'un volant ne sera même plus nécessaire au pilotage du véhicule, mais la technologie n'a pas encore atteint ce stade ».

Toutefois, il ne faut pas négliger les fictions juridiques pour appréhender certaines situations. Quel que soit le degré de haute automatisation, le législateur pourrait d'autorité décider de désigner un conducteur humain : un conducteur par détermination de la loi. L'ordre de la loi peut s'affranchir de la réalité des faits si le besoin s'en fait sentir[96]. En poussant plus loin, le système lui-même pourrait être assimilé au conducteur–il resterait alors à identifier le répondant ou garant.

Pour l'heure, même en l'absence de tiers responsable, il existe des assurances facultatives pouvant par exemple couvrir les dommages corporels du conducteur[97]. Dans l'ensemble, du point de vue assurantiel, la sécurité de la victime est acquise ; la spécificité du véhicule autonome est reportée ailleurs.

2. La contribution à la dette: les recours

Lorsqu'il s'agit d'envisager le règlement final, il faut s'intéresser à l'origine de l'accident. La recherche satisfaite des causes exactes du sinistre doit permettre l'imputation à tel responsable et à son assureur. Admettons qu'un assureur soit intervenu au premier chef au titre de la loi *Badinter*, il pourrait se retourner pour un remboursement d'un certain montant auprès d'un responsable identifié[98]. La pluralité de responsables et d'assureurs est évidemment envisageable au titre des payeurs finaux[99].

Intéressons-nous au fondement du recours (2.1) et aux éléments de preuve à disposition (2.2).

---

96 Comp. en matière de transport maritime. C. transports, art. L. 5000-2-1 et art. L. 5511-3-1.

97 Il s'agit d'une assurance dite, en pratique, individuelle du conducteur ou garantie personnelle du conducteur, s'agissant de la couverture directe de ses dommages corporels.

98 BONNARDEL N., « Les risques générés par les véhicules autonomes », Resp. civ. et assur. févr. 2023, dossier 4, spéc. n° 7 : « Cela ne signifie pas que l'assureur devra nécessairement assumer seul et définitivement le poids de la dette, mais il demeurera tenu, en première ligne, à une obligation d'indemnisation », n° 8.

99 NOGUÉRO D. et VINGIANO-VIRICEL I., « Intelligence artificielle et véhicules autonomes », préc., n° 225, p. 133.

2.1. Le fondement du recours

En présence d'un véhicule autonome, la victime non-conductrice pourrait être tentée d'élargir sa recherche des répondants de ses dommages. Pourrait être envisagée la responsabilité d'un fabricant du véhicule[100] ou de l'un de ses éléments constitutifs, à la source de l'accident dommageable.

Néanmoins, en pratique, on devine que l'assureur du véhicule qui aura versé sa prestation, voire le fonds de garantie (mécanisme prévu en cas de défaut d'assurance)[101], sera davantage intéressé par la récupération d'au moins une partie des sommes déboursées. Il va chercher un ou des tiers responsables comme payeurs définitifs. On mettra de côté les suggestions de création d'un énième fonds de garantie ou d'indemnisation[102]–véritable réflexe pavlovien national face à une difficulté nouvelle plus que réflexion toujours fondée[103]–qui prendrait en charge les dommages générés par le véhicule autonome, sauf à rappeler que tout fonds doit se financer et que son intervention peut être de première ligne ou subsidiaire, outre que des recours peuvent être prévus. La difficulté est plutôt décalée qu'éliminée. En outre, il convient de ne pas négliger les risques de déresponsabilisation au-delà du transfert du poids économique des risques. Le risque social pris en charge par la solidarité n'est pas la panacée.

---

100 En ce sens, KNETSCH J., « La voiture autonome face au droit : les réponses en droit positif et en droit prospectif (Regards d'aujourd'hui vers le futur ?) », RIDC 2023-2, Étude, p. 251, spéc. p. 261, *in fine*. Pour la nuance en opportunité, BONNARDEL N., « Les risques générés par les véhicules autonomes », Resp. civ. et assur. févr. 2023, dossier 4, spéc. n° 8, note 23 : « En théorie, la victime de l'accident pourrait également exercer un tel recours, mais l'intérêt d'une telle action devrait être nul en pratique, la victime pouvant agir plus efficacement à l'encontre de l'assureur automobile pour obtenir la réparation de ses préjudices ».

101 Des variables possibles: auteur de l'accident non identifié ou insolvable.

102 Notamment : TSIAKLAGKANOU D., « Voiture autonome et responsabilité civile », RLDI déc. 2021, n° 187, spéc. § 15.

103 NOGUÉRO D. et VINGIANO-VIRICEL I., « Intelligence artificielle et véhicules autonomes », préc., n° 241, p. 140-141. Plus largement, pour la responsabilité et l'IA, jusqu'au niveau européen, BACACHE M., « Intelligence artificielle et droits de la responsabilité et des assurances », préc., n° 145, p. 95.

Les yeux se tourne vers le droit commun[104]. C'est la recherche d'un fondement idoine[105]. Si le régime juridique de la faute prouvée s'applique, il est parfois possible d'envisager un fondement moins subjectif pour le recours subrogatoire. Ainsi, en va-t-il pour la responsabilité générale du fait des choses[106], de plein droit, en distinguant notamment la garde de la structure (constructeur) et la garde du comportement (conducteur)[107]. Dans cette optique de division de la garde entre plusieurs personnes exerçant des pouvoirs différents sur la chose–distinction qui, en elle-même, n'a pas toujours les faveurs de la doctrine -, la défaillance du système se rapporterait ainsi à la garde de la structure dont les occurrences, certes rares pour les choses dotées d'un dynamisme propre, n'ont pas disparu du droit positif[108]. La remontée possible vers la responsabilité d'un constructeur ne préjuge ni de l'existence, ni de l'objet, de l'étendue ou de la qualité de sa

---

[104] Rappelant sous forme critique la tentation, un temps, de la consécration de la personnalité juridique afin d'appréhender la question de la responsabilité de l'intelligence artificielle, au regard de l'autonomie décisionnelle, raisonnement transporté au véhicule autonome, CAYOL A., « Le droit de la responsabilité civile et des assurances face au développement des véhicules autonomes », Revue TRANSIDIT, n° 75, 2020, p. 20, spéc. p. 22. Encore, sur la voiture robot avec personnalité électronique, TSIAKLAGKANOU D., « Voiture autonome et responsabilité civile », RLDI déc. 2021, n° 187, spéc. § 12 suiv. *Adde* : BACACHE M., « Intelligence artificielle et droits de la responsabilité et des assurances », préc., n° 168 et suiv., p. 108 et suiv., sur le débat de la reconnaissance de la personnalité spécifique du robot ; NOGUÉRO D. et VINGIANO-VIRICEL I., « Intelligence artificielle et véhicules autonomes », préc., n° 243, p. 141.

[105] NOGUÉRO D. et VINGIANO-VIRICEL I., « Intelligence artificielle et véhicules autonomes », préc., n° 227 et suiv., p. 134 et suiv..

[106] C. civil, art. 1242.

[107] BONNARDEL N., « Les risques générés par les véhicules autonomes », Resp. civ. et assur. févr. 2023, dossier 4, spéc. n° 9 : l'auteur relève ce fondement évoqué par la doctrine en admettant que « l'analyse n'a rien d'inconcevable ».

[108] Pour un véhicule atteint d'un vice, Civ. 2e, 31 mars 2022, n° 20-22.594 : Bull. civ. II ; D. 2022, p. 702 ; Dalloz actualité 13 avr. 2022, obs. CAYOL A. ; Gaz. Pal. 19 avr. 2022, n° 13, GPL434k6, p. 28, obs. BERLAUD C. ; Gaz. Pal. 26 avr. 2022, n° 14, GPL434o9, p. 26, obs. BERLAUD C. ; RLDC juin 2022, n° 204, obs. LATIL C. ; D. 2022, Pan., p. 1117, spéc., p. 1123, obs. CAYOL A. ; Resp. civ. et assur. juin 2022, comm. 151, obs. HOCQUET-BERG S. ; HOCQUET-BERG S., « La garde de la structure et du comportement est bien vivante ! », Resp. civ. et assur. juin 2022, Alertes, Focus n° 17 ; RGDA août 2022, RGA200w4, p. 18, note LANDEL J. ; Gaz. Pal. 12 juill. 2022, n° 23, GPL438j0, p. 53, note EHRENFELD M. ; BJDA.fr 2022, n° 81, obs. ABRAVANEL-JOLLY S. ; Gaz. Pal. 20 sept. 2022, n° 29, GPL440a1, p. 4, obs. DUGUÉ M. ; RTD civ. 2022, p. 634, obs. JOURDAIN P.

couverture assurantielle. Toutefois, si la qualité de gardien devait lui être reconnue, elle fait partie de celles soumises à l'obligation d'assurance pour les accidents de la circulation[109]. Il a été observé qu'il faudrait considérer que ce gardien a la qualité d'assuré pour compte[110], ce qui priverait l'assureur de recours à l'encontre du constructeur[111]. La conclusion ne nous paraît pas certaine, tant s'en faut, au-delà des exclusions légales de la qualité d'assuré. En effet, la jurisprudence sait se montrer stricte pour admettre l'assurance pour compte. Lorsque cette dernière est implicite, encore faut-il vérifier la volonté non équivoque des parties, dont celle de l'assureur[112]. On devine les hésitations à partir d'un régime qui n'a pas été conçu pour l'hypothèse dans laquelle il serait utilisé.

Dans la projection, la doctrine envisage fréquemment le régime autonome de la responsabilité du fait des produits défectueux mis en circulation

---

109 C. assur., art. L. 211-1, alinéa 3 : « Les contrats d'assurance couvrant la responsabilité mentionnée au premier alinéa du présent article doivent également couvrir la responsabilité civile de toute personne ayant la garde ou la conduite, même non autorisée, du véhicule, à l'exception des professionnels de la réparation, de la vente et du contrôle de l'automobile, ainsi que la responsabilité civile des passagers du véhicule objet de l'assurance. Toutefois, en cas de vol d'un véhicule, ces contrats ne couvrent pas la réparation des dommages subis par les auteurs, coauteurs ou complices du vol ».

110 C. assur., art. L. 112-1, alinéa 2.

111 BONNARDEL N., « Les risques générés par les véhicules autonomes », Resp. civ. et assur. févr. 2023, dossier 4, spéc. n° 9 : « Une telle discordance entre le droit de la responsabilité civile et des assurances semble inenvisageable. L'assurance automobile obligatoire n'a jamais eu pour objet de couvrir la responsabilité civile des constructeurs automobiles qui, dans l'hypothèse envisagée, bénéficieraient de garantie d'assurance sans bourse délier. Ou alors faudrait-il considérer que le constructeur du véhicule autonome est un « *professionnel de la vente automobile* » au sens de l'article L. 211-1 (…), dont la qualité d'assuré est expressément exclue du champ de l'assurance automobile, peu important que ce professionnel soit le conducteur ou le gardien du véhicule. Le cas échéant, l'assureur disposerait de nouveau du droit d'agir contre le constructeur ne pouvant plus se prévaloir du bénéfice de l'assurance obligatoire ».

112 Civ. 2e, 25 juin 2020, nos 18-26.685 et 19-10.157 : Bull. civ. II ; D. 2020, p. 1404 ; Dalloz actualité 27 juill. 2020, obs. BIGOT R. ; BJDA.fr 2020, n° 70, obs. ASTEGIANO-LA RIZZA A. ; RGDA sept. 2020, 117s2, p. 14, note PÉLISSIER A. ; Gaz. Pal. 27 oct. 2020, n° 37, GPL389r1, p. 61, note WALTZ-TERACOL B. ; Resp. civ. et assur. nov. 2020, comm. 198, note GROUTEL H. : « Il résulte de l'article L. 112-1 du code des assurances que, si elle ne se présume pas, l'assurance pour compte peut être implicite et résulter de la volonté non équivoque des parties ». Ici, volonté non établie.

et trahissant la sécurité légitimement attendue[113]. Pour l'essentiel, dans le présent cadre, il sera renvoyé aux règles applicables de ce régime de responsabilité[114] d'inspiration communautaire depuis 1985[115]. Sa révision est dans l'actualité au regard de l'IA. A été adoptée la directive du 23 octobre 2024, à transposer au plus tard le 9 décembre 2026 (art. 22), qui a notamment pour but de s'adapter aux nouvelles technologies[116].

---

113 C. civil, art. 1245 et suivants. V. notamment, KNETSCH J., « La voiture autonome face au droit : les réponses en droit positif et en droit prospectif (Regards d'aujourd'hui vers le futur ?) », RIDC 2023-2, Étude, p. 251, spéc. p. 262 et suiv. : l'auteur relève justement que les juridictions françaises n'ont pas encore eu à se prononcer pour le véhicule autonome ; BONNARDEL N., « Les risques générés par les véhicules autonomes », Resp. civ. et assur. févr. 2023, dossier 4, spéc. n° 8 : sans prétendre à la présentation de l'exhaustivité des fondements, l'auteur souligne que celui-ci semble « davantage en mesure de constituer celui sur lequel pourront être exercés les recours contre les constructeurs automobiles », n° 9 : un fondement « plus adapté et cohérent », et n° 10.

114 Le producteur demeure responsable sur un autre fondement – préservation des droits de la victime sur le terrain des responsabilités contractuelle ou extracontractuelle ou d'un régime spécial de responsabilité (C. civil, art. 1245-17) -, par exemple pour faute lorsqu'elle est distincte de la défectuosité du produit. V. affaire du Mediator, Civ. 1re, 15 novembre 2023, 4 arrêts, n° 22-21.174, n° 22-21.178, n° 22-21.179 et n° 22-21.180, Bull. civ. I ; JCP G 2024, doctr. 783, spéc. n° 8, obs. KNETCH J., Articulation entre responsabilité du fait des produits défectueux et responsabilité pour faute : comment sortir de l'impasse ? Le commentaire conduit à souligner l'isolement du droit français au sein de l'Union européenne.

115 Un projet de révision a été proposé en 2022 par la Commission européenne au regard des évolutions technologiques. V. BACACHE M., « Intelligence artificielle et droits de la responsabilité et des assurances », préc., n° 146 et suiv., p. 95 et suiv. Le 12 mars 2024, le Parlement européen a adopté la proposition de directive, avec des modifications. Dans les évolutions, l'actualisation de la notion de produit sera notamment envisagée à l'ère de l'immatériel.

116 Directive (UE) 2024/2853 du Parlement européen et du Conseil du 23 octobre 2024 relative à la responsabilité du fait des produits défectueux et abrogeant la directive 85/374/CEE du Conseil, JOUE, 18 nov. 2024. Outre les meubles incorporels, seraient-ils incorporés (hors l'information), il est confirmé que les logiciels sont par principe qualifiés de produits (not. art. 2, 4 et 11.2). Sur le défaut, apparaît la prise en compte de l'IA (art. 7). La liste des responsables potentiels (opérateurs économiques) s'est allongée (art. 8), comme la preuve facilitée au-delà des habituelles présomptions (art. 9 et 10), ce qui peut paraître pertinent face aux technologies développées. Voir l'art. 20 sur l'évaluation du dispositif, à propos de la disponibilité d'une assurance de responsabilité. PETITPREZ E. et BIGOT R., « Premières vues sur la directive européenne (UE) 2024/2853 relative à la responsabilité du fait des produits défectueux », Dalloz actualité 28 nov. 2024.

Le constructeur serait le producteur du véhicule autonome[117].

Il faut qualifier le véhicule de produit[118] ou l'un de ses éléments, et identifier l'un ou l'autre, comme celui qui est derrière. Le véhicule autonome ne peut pas forcément être perçu comme un corps monolithique. La construction automobile montre la pluralité d'intervenants au regard de la technicité requise. Il n'y a qu'à songer aux logiciels[119] ou autres radars, influençant la conduite. L'élaboration du véhicule autonome multiplie les acteurs, du constructeur principal aux équipementiers en passant par les distributeurs[120]. Malgré leur éventuelle solidarité admise à l'égard de la victime, il resterait encore à sous-distinguer entre eux.

La survenance d'un dommage ne traduit pas mécaniquement l'existence d'un défaut à reprocher. En outre, il ne faut pas négliger l'application du risque de développement, cause d'exonération retenue en droit

---

Les auteurs critiquent les causes d'exonération (la notion de contrôle du fabricant) au regard des particularités occultées de l'IA. Parmi leurs interrogations, figure encore l'articulation de la directive « avec d'autres normes qui ont pour objet d'appréhender les questions du numérique et des nouvelles technologies » dont la protection des données et l'IA Act.

117 Comp. pour la défectuosité d'une pièce du véhicule à l'origine d'un accident de la circulation, Com. 18 mai 2016, n°s 14-16.234 et 14-25.331 : Bull. civ. IV.

118 Comme tout véhicule terrestre à moteur, le véhicule autonome peut présenter un défaut de sécurité.

119 KNETSCH J., « La voiture autonome face au droit : les réponses en droit positif et en droit prospectif (Regards d'aujourd'hui vers le futur ?) », RIDC 2023-2, Étude, p. 251, spéc. pp. 263-264 : « L'intégration de logiciels de pilotage autonome n'empêche pas de qualifier le véhicule tout entier de produit défectueux. La mise en œuvre d'un logiciel au sein d'un système technique plus large (on parle alors de « système embarqué » [*embedded system*] n'est pas un obstacle à l'application des règles sur la responsabilité du fait des produits défectueux, quand bien même l'origine de l'accident se situerait à l'interface entre logiciel et système automobile mécanique ». Pour un logiciel, composante du produit (à l'intégration dématérialisée possible), l'auteur rappelle le débat doctrinal pour l'application de ce type de responsabilité aux choses corporelles comme aux choses incorporelles. La loi ne distingue pas entre les meubles. Face à la conception extensive plutôt privilégiée en général, l'auteur invite lui à la prudence en ce qui concerne la position des juges tant français qu'européens. Surtout, il retient la difficulté de preuve pour les défauts de fabrication ou de conception ou ceux caractérisés par un manque d'information sur les risques du produit, avec des illustrations (*Ibid.*, p. 265).

120 Chiffres sur les composants et l'externalisation, KNETSCH J., « La voiture autonome face au droit : les réponses en droit positif et en droit prospectif (Regards d'aujourd'hui vers le futur ?) », RIDC 2023-2, Étude, p. 251, spéc. p. 263.

français, avec ses incertitudes[121]. Dans une optique de renforcement de la responsabilité, il faudrait voir le sort réservé aux moyens d'y échapper[122]. La prévention du comportement de l'intelligence artificielle auto-apprenante laissera place à des interrogations[123].

En parallèle, il convient de ne pas négliger une possible responsabilité administrative au regard du réseau d'infrastructures qui serait à la charge de collectivités publiques ou de l'État[124]. En mettant de côté le vandalisme ou les incidents climatiques, ou le mauvais état de la chaussée, il

---

[121] C. civil, art. 1245-10, alinéa 1er : « Le producteur est responsable de plein droit à moins qu'il ne prouve : (...) 4° Que l'état des connaissances scientifiques et techniques, au moment où il a mis le produit en circulation, n'a pas permis de déceler l'existence du défaut ; (...) ». V. KNETSCH J., « La voiture autonome face au droit : les réponses en droit positif et en droit prospectif (Regards d'aujourd'hui vers le futur ?) », RIDC 2023-2, Étude, p. 251, spéc. p. 268, *in fine*: « Appliquée aux véhicules autonomes, la notion de risque de développement n'est dès lors pas sans susciter des interrogations », et p. 269.

[122] C. civil, art. 1245-10, alinéa 1er, 2°. V. KNETSCH J., « La voiture autonome face au droit : les réponses en droit positif et en droit prospectif (Regards d'aujourd'hui vers le futur ?) », RIDC 2023-2, Étude, p. 251, spéc. p. 267 : pour l'auteur, la pertinence de cette cause d'exonération « s'agissant des véhicules autonomes peut interroger », qui évoque l'auto-apprentissage. « Il nous semble que la seule éventualité que le véhicule puisse tirer de mauvaises leçons de sa propre expérience devra être considérée comme un défaut originel »; BONNARDEL N., « Les risques générés par les véhicules autonomes », Resp. civ. et assur. févr. 2023, dossier 4, spéc. n° 10 : « Sauf à ruiner la confiance des potentiels acquéreurs de ces véhicules dans cette technologie, les constructeurs doivent être en mesure de produire des véhicules autonomes dont on peut légitimement attendre que leur fonctionnement automatisé ne soit pas à l'origine d'un accident de la circulation. Si tel n'est pas le cas, il devrait être considéré que le défaut du véhicule autonome était présent dans celui-ci au jour de sa mise en circulation, ce qui ne pouvait être ignoré de son constructeur ». Comparaison à faire, depuis, avec l'art. 11 de la directive (UE) 2024/2853 du 23 octobre 2024, préc.

[123] DUPRÉ M., « Proposition de directives en matière de produits défectueux et d'IA », Resp. civ. et assur. nov. 2022, Alertes, Veille n° 39 ; MANGEMATIN C., « Responsabilité du fait des produits défectueux et intelligence artificielle : une proposition presque parfaite », Resp. civ. et assur. juin 2023, Étude 8 ; NOGUÉRO D. et VINGIANO-VIRICEL I., « Intelligence artificielle et véhicules autonomes », préc., n° 238, p. 139, note 192.

[124] NOGUÉRO D. et VINGIANO-VIRICEL I., « Intelligence artificielle et véhicules autonomes », préc., n° 239, pp. 139-140. Ou des prestataires privés avec le régime de responsabilité alors applicable.

reste nombre de difficultés ayant un impact sur la circulation, comme une mauvaise signalisation, par simple exemple.

Un régime spécial de responsabilité, adapté au cas spécifique du véhicule autonome, peut également naître un jour. Tel n'est pas encore le cas dans le droit national[125]. Il demeure que la difficulté juridique classique est d'attribuer à chacun sa part lorsque le véhicule est perçu moins comme un tout que comme des pièces additionnées[126]. La complexité réside dans la démarche probatoire.

2.2. Les éléments de preuve à disposition

Le problème de la charge de la preuve s'accompagne de celui des moyens ouverts et performants[127]. « Les systèmes de transport intelligents sont des dispositifs utilisant des technologies de l'informatique et des communications électroniques (...) », selon l'article L. 1513-1 du code des transports[128]. On parle souvent de véhicule autonome connecté (VAC).

On peut évoquer la récolte, le traitement et l'accès aux données qui doit permettre de faciliter la recherche du déroulement des événements, sans certitude absolue, en vue de l'imputation finale des responsabilités.

---

125 NOGUÉRO D. et VINGIANO-VIRICEL I., « Intelligence artificielle et véhicules autonomes », préc., n° 233, pp. 136-137, n° 241, p. 140.

126 Sur l'appréhension de la causalité, NOGUÉRO D. et VINGIANO-VIRICEL I., « Intelligence artificielle et véhicules autonomes », préc., n° 226, p. 134.

127 NOGUÉRO D. et VINGIANO-VIRICEL I., « Intelligence artificielle et véhicules autonomes », préc., n° 254 et suiv., p. 145 et suiv.

128 Création par art. 1, Ordonnance n° 2012-809 du 13 juin 2012 relative aux systèmes de transport intelligent, *in* Livre V Dispositions communes aux infrastructures, aux équipements et aux matériels, Titre Ier Dispositions générales, Chapitre III Les systèmes de transport intelligent, C. transports, art. L. 1513-1 : « Les systèmes de transport intelligents sont des dispositifs utilisant des technologies de l'informatique et des communications électroniques et mis en œuvre dans le secteur du transport routier et ses interfaces avec d'autres modes de transport pour améliorer la gestion de la circulation, renforcer la sécurité du transport routier, accroître son efficacité en termes d'économie d'énergie et réduire ses effets sur l'environnement et permettre des utilisations plus sûres, mieux coordonnées et plus rationnelles des réseaux de transport.
Un décret définit les domaines et actions prioritaires pour lesquels les systèmes de transport intelligents et les services qu'ils fournissent doivent être conformes à des spécifications de nature à assurer la compatibilité, l'interopérabilité et la continuité de ces services ».

Le véhicule autonome comprend un enregistreur de données[129], mémoire du déroulement des événements. Il est rappelé que, depuis 2022, les véhicules traditionnels soumis à homologation disposent d'un boîtier d'enregistreur de données d'événement (*Even data recorder*, EDR)[130]. Pour le véhicule à délégation de conduite, il est fait référence au système de stockage des données pour la conduite automatisée (DSSAD).

Les données peuvent porter sur le comportement de l'utilisateur comme sur le positionnement du véhicule[131]. Dans l'esprit, *mutatis mutandis*, on peut faire une comparaison avec la boîte noire des aéronefs. En fonction des évolutions, différents paramètres pourront entrer dans cette traçabilité à multiples facettes.

Le véhicule autonome doit être obligatoirement équipé d'un tel enregistreur. L'équipement d'un dispositif d'enregistrement doit permettre de savoir si, à tel moment, le véhicule a circulé en mode de délégation partielle ou totale de conduite. Le facteur humain est à séparer de l'incidence technique. Il faut veiller à préciser la répartition des rôles.

---

[129] En ce sens, NAMIN L., « Assurance : esquisse en matière de gestion des sinistres automobiles impliquant des véhicules à délégation de conduite », Resp. civ. et assur. févr. 2023, dossier 5, spéc. n° 4 et n° 6 : ces véhicules « seront dès leur homologation obligatoirement équipés par un autre enregistreur qui est un système de stockage des données, identifiable sous l'intitulé « *système de stockage des données pour la conduite automatisée (DSSAD)* ». Cet enregistreur va collecter des données d'état de délégation de conduite, celles notamment relatives aux conditions d'activation, de désactivation et de reprise en main du système de conduite automatisé conformément aux prescriptions du règlement 157 de l'ONU ».

[130] NAMIN L., « Assurance : esquisse en matière de gestion des sinistres automobiles impliquant des véhicules à délégation de conduite », Resp. civ. et assur. févr. 2023, dossier 5, spéc. n° 5 : l'auteur indique les prescriptions uniformes relatives à l'homologation au regard notamment de normes européennes. Il présente, pour un véhicule traditionnel, le boitier actuel qui « recueille certaines données : la vitesse, la position et l'inclinaison du véhicule sur la route, l'état et la position de tous les systèmes de sécurité d'évitement des accidents, l'accélération, le freinage, l'angle du volant, le port de ceinture, ou encore la force de collision ».

[131] NAMIN L., « Assurance : esquisse en matière de gestion des sinistres automobiles impliquant des véhicules à délégation de conduite », Resp. civ. et assur. févr. 2023, dossier 5, spéc. n° 6 : « Cette boîte noire qui équipera des véhicule à délégation de conduite permettra de savoir : combien de fois la délégation de conduite a été activée, combien de fois il a été demandé au conducteur de reprendre le volant (et si cela a été suivi dans les faits), et enfin quelles ont été les manœuvres entreprises avec un minimum de risques. Le DSSAD enregistrera également les dysfonctionnements du système ».

La multitude des données récoltées interroge tant sur leur mode de stockage que sur la durée de conservation[132], afin d'organiser leur éventuelle consultation et utilisation. Ce point est objet de réglementation. Par nature, celle-ci peut évoluer. Par exemple, a été adopté le décret n° 2023-644 du 20 juillet 2023 relatif à l'accès à certaines données des véhicules pour la prévention des accidents et l'amélioration de l'intervention en cas d'accident, la connaissance et la cartographie de l'infrastructure routière et de son équipement et la connaissance du trafic routier. Le pouvoir réglementaire a pu détailler une liste des accidents, incidents ou conditions génératrices d'accident, à détecter[133], comme les altérations des éléments de l'infrastructure routière, de son état et de son équipement situés dans l'environnement de conduite du véhicule[134].

Parmi les questions à traiter, il y a celle des destinataires de ces données pour tel ou tel usage – un accès finalisé. On retrouve l'arbitrage délicat entre la protection des données personnelles, voire de l'intimité de la vie privée à l'occasion[135]–donc le cadre communautaire transposé en 2018 dans

---

132 NAMIN L., « Assurance : esquisse en matière de gestion des sinistres automobiles impliquant des véhicules à délégation de conduite », Resp. civ. et assur. févr. 2023, dossier 5, spéc. n°s 5-7 : l'auteur distingue véhicule traditionnel et celui à délégation de conduite. Pour le premier, « il s'agira des trente secondes qui précèdent l'impact et des dix secondes qui le suivent ». Pour le second, « Toutes ces données, à la différence de celles qui sont enregistrées dans l'EDR, seront stockées dans le boitier des véhicules à délégation de conduite sur une durée de 6 mois avant accident ». On prend cette temporalité plus longue qui permet d'appréhender différentes choses.

133 C. transports, art. D. 1514-1.

134 C. transports, art. D. 1514-2. Aussi, les conditions de l'écoulement du trafic routier, C. transports, art. D. 1514-3.

135 CAYOL A., « Le droit de la responsabilité civile et des assurances face au développement des véhicules autonomes », Revue TRANSIDIT, n° 75, 2020, p. 20, spéc. p. 21 : évoquant les « profilages comportementaux » et le dispositif de protection; ARCHAMBAULT L. et EHRWEIN B., « L'incontournable dépendance du véhicule connecté aux données à caractère personnel », Gaz. Pal. 20 oct. 2020, n° 36, doctr., GPL389m2, p. 15 ; CLÉMENT-FONTAINE M., « Les véhicules autonomes dans l'œil du cyclone des réformes de la robotique, en matière de données personnelles et de responsabilité civile », *in* Martine Béhar-Touchais (dir.), Les objets connectés, IRJS, 2018, t. 96, p. 115. Encore : BÉGUIN-FAYNEL C., « Clarification des principes de protection des données personnelles en matière d'assurance », Resp. civ. et assur. févr. 2022, Étude n° 3, et « L'assureur, les données et l'intelligence artificielle », in dossier *L'intelligence artificielle en assurance : Partie II*, Dalloz IP/IT sept. 2023, p. 449.

le droit interne avec le règlement général sur la protection des données (dit RGPD)[136] -, leur confidentialité, et le légitime accès à des éléments de preuve[137]. L'ouverture peut être plus ou moins large[138]. L'intelligence

---

136 Il est renvoyé à ce corpus. Notamment : DOUVILLE T., « Intelligence artificielle et données à caractère personnel », Chapitre 10, *in* Traité *Droit de l'intelligence artificielle,* Lextenso-LGDJ, coll. *Les Intégrales,* Alexandra Bensamoun et Grégoire Loiseau (ss. dir.), vol. 15, 2e éd., 2022, n°s 512-545, pp. 321-345. V. encore, toilettage, Décret n° 2020-1638 du 21 décembre 2020 précisant les conditions d'accès aux informations des traitements de données à caractère personnel relatifs à la circulation des véhicules et modifiant le code de la route. Et à propos de la Commission nationale de l'informatique et des libertés (CNIL), JAULT-SESEKE F., « IA et RGPD : les premières recommandations de la CNIL », Dalloz actualité 29 avr. 2024.

137 Sur l'application du RGPD et le pack sectoriel de la CNIL en assurance, NOGUÉRO D. et VINGIANO-VIRICEL I., « Intelligence artificielle et véhicules autonomes », préc., n° 257, pp. 146-147.

138 Pour des véhicules traditionnels, permission légale, avec anonymisation et usage spécifié et d'autres interdits ; *in* Chapitre IV Les données du véhicules, création par art. 1, Ordonnance n° 2021-442 du 14 avril 2021, C. transports, art. L. 1514-1 : « I.-Les données mentionnées au II produites par les systèmes intégrés à un véhicule terrestre à moteur équipé de moyens de communication permettant d'échanger ces données avec l'extérieur sont transmises sous un format structuré exploitable au moyen d'outils informatiques, par le constructeur du véhicule terrestre à moteur ou son mandataire, aux gestionnaires d'infrastructures routières, aux forces de police et de gendarmerie et aux services d'incendie et de secours, aux fins de prévention des accidents, en vue d'apporter des réponses rapides aux risques identifiés, ou d'amélioration de l'intervention en cas d'accident, dans le cadre exclusif de l'exécution de leurs missions de service public et sous réserve, le cas échéant, de l'acceptation des conditions financières prévues au VIII.
II.- Les données transmises sont limitées à celles qui sont strictement nécessaires à la détection d'accidents, d'incidents ou de conditions génératrices d'accidents situés dans l'environnement de conduite du véhicule, à l'exclusion des données destinées aux systèmes de communications aux centres d'appels d'urgence.
Elles sont anonymisées par un procédé garantissant la suppression irréversible du lien entre lesdites données et le numéro de série ou tout identifiant du véhicule, de son conducteur, propriétaire ou locataire.
Elles excluent tout support permettant d'identifier les personnes ou véhicules dans l'environnement de conduite du véhicule.
III.- La transmission de ces données peut s'appuyer sur des réseaux de communication ouverts au public et des systèmes de transports intelligents coopératifs.
IV.- Ces données sont utilisées par les gestionnaires d'infrastructures routières, les forces de l'ordre de police et de gendarmerie et les services d'incendie et de secours exclusivement aux fins mentionnées au I. Elles ne peuvent notamment être

artificielle accentue l'attention sur la protection[139]. En définitive, la réponse dépend surtout de la finalité poursuivie. La promotion de l'innovation dans un environnement concurrentiel doit composer avec la protection des droits et libertés. La conciliation demeure délicate.

Pour ce qui concerne le constat des infractions routières, des autorités sont désignées pouvant accéder aux informations et données numériques en vue du contrôle[140]. Au-delà des autorités publiques, en France, d'autres

---

utilisées ni comme preuve de la commission d'infractions au code de la route, ni aux fins de fourniture commerciale d'informations aux usagers de la route.
V.- Le consentement de la personne concernée, conducteur ou utilisateur du véhicule, au traitement de ces données n'est pas requis pour ces finalités.
VI.- La personne concernée est informée, préalablement à ce traitement, par le constructeur du véhicule terrestre à moteur ou son mandataire, selon des modalités définies par voie réglementaire.
VII.- Les données concernées ainsi que leurs modalités d'accès, de mise à jour et de conservation sont précisées par voie règlementaire.
VIII.- Si des conditions financières d'accès aux données sont appliquées, elles ne peuvent couvrir que les coûts de transmission et de traitement des données spécifiques à la détection des accidents et incidents ou conditions de circulation génératrices d'accidents, localisés dans l'environnement de conduite du véhicule ».

139 Rapport d'information de l'Assemblée nationale n° 2207 du 14 février 2024 par la commission des lois constitutionnelles, de la législation et de l'administration générale de la République, sur les défis de l'intelligence artificielle générative en matière de protection des données personnelles et d'utilisation du contenu généré, par PRADAL P. et RAMBAUD S., députés rapporteurs.

140 Création art. 37, Loi n° 2016-1547 du 18 novembre 2016 de modernisation de la justice du XXIe siècle, C. route, art. L. 311-2 : « A l'occasion des contrôles des véhicules et de leurs conducteurs effectués dans les conditions prévues au code de procédure pénale ou au présent code, les agents compétents pour effectuer ces contrôles, dont la liste est fixée par voie réglementaire, sont autorisés à procéder aux opérations leur permettant d'accéder aux informations et aux données physiques et numériques embarquées relatives à l'identification et à la conformité du véhicule et de ses composants, afin de vérifier le respect des prescriptions fixées au présent livre III et de vérifier si ce véhicule ou tout ou partie de ses équipements n'ont pas été volés ou recelés.
Les informations et données embarquées du véhicule autres que celles mentionnées au premier alinéa ne peuvent être utilisées comme preuve de la commission d'autres infractions prévues par le présent code ».
Création art. 1, Décret n° 2017-589 du 20 avril 2017 pris pour l'application de l'article L. 311-2 du code de la route, C. route, art. D. 311-4 : « A l'occasion des contrôles des véhicules et de leurs conducteurs, sont seuls compétents pour procéder, en application de l'article L. 311-2, aux opérations permettant d'accéder aux informations et aux données numériques embarquées relatives à l'identification

personnes dont des organismes privés, peuvent disposer des données. Il en va ainsi pour les gestionnaires d'infrastructures routières[141] ou encore les autorités organisatrices de la mobilité[142]. Il en va de même pour les besoins d'une enquête technique après un accident[143]. Dans l'optique d'amélioration de la sécurité, le constructeur du véhicule a également un accès aménagé[144].

---

et à la conformité du véhicule et de ses composants les officiers ou agents de police judiciaire de la gendarmerie ou de la police nationales territorialement compétents ainsi que les fonctionnaires ou agents de l'Etat chargés du contrôle des transports terrestres placés sous l'autorité du ministre chargé des transports et détenteurs d'un dispositif technique permettant la lecture de ces informations et données.

Lorsqu'elles sont de nature physique, les informations et données relatives à l'identification et à la conformité du véhicule et de ses composants peuvent être relevées par l'ensemble des agents habilités à procéder à ces contrôles conformément aux dispositions du code de procédure pénale ou du présent code ».

141 C. transports, art. L. 1514-2. Toujours avec certaines finalités autorisées.

142 C. transports, art. L. 1514-3.

143 C. transports, art. L. 1514-4 : « I.-En cas d'accident de la route, les organismes chargés de l'enquête technique prévue à l'article L. 1621-2 ont accès aux données des dispositifs d'enregistrement des données d'état de délégation de conduite, pour la seule finalité de l'étude et de l'analyse des accidents.

II.-A cette fin, le constructeur du véhicule terrestre à moteur ou son mandataire garantit l'intégrité de ces données.

Dans le cas où le constructeur du véhicule terrestre à moteur ou son mandataire a accès à ces données à distance, lorsque le véhicule est équipé de moyens de communication permettant de les échanger avec l'extérieur, les modalités d'accès aux données et de leur conservation par ces personnes, dont la durée ne peut dépasser six ans à compter de la date de l'accident considéré, sont précisées par décret en Conseil d'Etat ».

144 C. transports, art. L. 1514-7 : « I.-Le constructeur d'un véhicule terrestre à moteur à délégation de conduite, ou de l'un de ses équipements, ou son mandataire, peut accéder aux données, recueillies par le système d'automatisation du véhicule pendant sa circulation, qui sont nécessaires au renforcement de la sécurité des systèmes de délégation de conduite. Les données concernées sont définies par voie réglementaire.

II.-Lorsque des données recueillies par le système d'automatisation d'un véhicule terrestre à moteur à délégation de conduite permettent de reconstituer des scénarios caractérisant des situations de conduite susceptible d'entraîner des blessures graves aux occupants du véhicule ou aux autres usagers de la route, ces scénarios sont mis à la disposition, par le constructeur automobile ou son mandataire, des organismes désignés par le ministre chargé des transports pour

Par le biais du constructeur ou de son mandataire et sans la nécessité du consentement du conducteur ou de l'utilisateur, les assureurs ont obtenu un droit d'accès direct comme le fonds de garantie des assurances obligatoires de dommages (FGAO)[145]. La finalité est celle de l'exécution du contrat d'assurance en cas d'accident de la route, gestion du sinistre conduisant

---

élaborer les scénarios de conduite utilisés pour la réception des véhicules, selon des modalités fixées par voie règlementaire.
III.-Les données recueillies ne peuvent pas être utilisées comme preuve de la commission d'infraction au code de la route.
IV.-Les données sont anonymisées par un procédé garantissant la suppression irréversible du lien entre lesdites données et le numéro de série ou tout identifiant du véhicule, de son conducteur, propriétaire ou locataire. Elles ne permettent pas d'identifier les personnes, véhicules, logements et lieux d'activités situés dans l'environnement de conduite du véhicule concerné ». V. encore, C. transports, art. L. 1514-6.

145 Création par art. 1, Ordonnance n° 2021-442 du 14 avril 2021, C. transports, art. L. 1514-5 : « I.-En cas d'accident de la route, ont accès aux données des dispositifs d'enregistrement des données d'état de délégation de conduite relatives aux conditions d'activation, de désactivation et de reprise en main du système de conduite automatisé, sous réserve, le cas échéant, de l'acceptation des conditions financières prévues au VI :

1° Les entreprises d'assurance qui garantissent les véhicules impliqués dans l'accident, aux fins de déterminer les indemnisations nécessaires à l'application du contrat d'assurance concerné prévus à l'article L. 121-12 du code des assurances, exclusivement lorsque le traitement de ces données est nécessaire à l'exécution du contrat d'assurance concerné ;

2° Le fonds de garantie des assurances obligatoires de dommages mentionné à l'article L. 421-1 du code des assurances pour la même finalité, lorsqu'aucune entreprise d'assurance n'est en mesure de procéder aux indemnisations dans le cadre de l'exécution d'un contrat d'assurance.

II.- Le consentement de la personne concernée, conducteur ou utilisateur de l'un des véhicules impliqués, au traitement de ces données n'est pas requis pour ces finalités.

III.- Seules les données strictement nécessaires pour déterminer l'activation ou non de la délégation de conduite du véhicule, ou les conditions de reprise en main, aux fins d'indemniser les victimes en application de la loi n° 85-677 du 5 juillet 1985 tendant à l'amélioration de la situation des victimes d'accidents de la circulation et à l'accélération des procédures d'indemnisation, sont transmises.

IV.- Les données pertinentes, lorsqu'elles ne sont pas définies dans les prescriptions en matière de construction, de montage et d'utilisation énoncées dans les instruments juridiques internationaux relatifs aux véhicules à roues et à leurs équipements, sont précisées par voie réglementaire.

à des indemnisations[146]. La part du système sera vérifiée comme celle de l'homme dans le contrôle dynamique du véhicule. Il demeure qu'il ne faut en rien négliger le rôle complémentaire et indispensable de l'expertise[147]. La collecte fiable comme la transmission efficace doivent être financées et organisées[148]. Le cas échéant, des recours pourront avoir lieu.

V.- Dans le cas où le constructeur du véhicule terrestre à moteur ou son mandataire a accès à ces données à distance, lorsque le véhicule est équipé de moyens de communication permettant de les échanger avec l'extérieur, les modalités d'accès aux données et de leur conservation par ces personnes, laquelle ne peut aller au-delà d'une période de dix ans à compter de la date de l'accident considéré, sont précisées par décret en Conseil d'Etat.

VI.- Si des conditions financières d'accès aux données sont appliquées, elles ne peuvent couvrir que les coûts de collecte et de transmission des données spécifiques à la caractérisation de l'état de l'activation de la délégation de conduite. Les données sont transmises au fonds de garantie des assurances obligatoires de dommage gratuitement ».

146 NAMIN L., « Assurance : esquisse en matière de gestion des sinistres automobiles impliquant des véhicules à délégation de conduite », Resp. civ. et assur. févr. 2023, dossier 5, spéc. n° 8 : « À l'avenir, ces données serviront à établir les circonstances d'un accident de la circulation dans lequel est impliqué un véhicule à délégation de conduite, en permettant notamment à l'assureur qui instruit son sinistre automobile d'identifier qui exerçait la charge du « contrôle dynamique du véhicule » au moment de l'accident : l'homme ou le système. Cela facilitera, en particulier, la gestion des accidents corporels et accélérera les procédures judiciaires ». Peut-être faut-il ajouter une dose de nuance à ce grand optimisme, en tenant compte des limites inhérentes à la technique.

147 Insistant sur ce point qui permet le traitement des informations à disposition, NAMIN L., « Assurance : esquisse en matière de gestion des sinistres automobiles impliquant des véhicules à délégation de conduite », Resp. civ. et assur. févr. 2023, dossier 5, spéc. n° 9 et suiv. : la sous-traitance des données est autorisée dans le respect du règlement général sur la protection des données (RGPD).

148 NAMIN L., « Assurance : esquisse en matière de gestion des sinistres automobiles impliquant des véhicules à délégation de conduite », Resp. civ. et assur. févr. 2023, dossier 5, spéc. n° 6 : « cette récupération sera soumise à des coût de collecte et de transmission des données. L'utilisation des données stockées dans le DSSAD nécessite un encadrement juridique, qui sera complété par la voie réglementaire. Un texte est en préparation par les services du ministère de la Transition écologique et solidaire ».

II. LES RISQUES DU DYSFONCTIONNEMENT DU VÉHICULE AUTONOME

Nous avons vu poindre cette situation. Il faut à présent y insister sous l'angle de l'assurance. L'hypothèse concerne davantage l'utilisateur du véhicule autonome dans ses rapports avec les différents protagonistes qui offrent le produit et le service qu'est le véhicule autonome.

Envisageons, d'une part, le risque diffusé hors du conducteur (1) et, d'autre part, les solutions assurantielles (2).

1. Le risque diffusé hors du conducteur

Indépendamment du conducteur ou de l'utilisateur du véhicule autonome, il faut s'intéresser aux acteurs qui permettent sa circulation et à ceux qui voudraient la perturber.

Examinons le véhicule autonome à maîtriser (1.1) puis le véhicule autonome comme cible (1.2).

1.1. Le véhicule autonome à maîtriser

Indépendamment de la formation de l'utilisateur du véhicule autonome[149], les professionnels du secteur automobile sont chargés d'un suivi *ex post* après mise en circulation de ce genre de véhicule[150]. Il est également exigé une démarche *ex ante* pour la mise à disposition du véhicule autonome.

Le vendeur ou loueur du véhicule à délégation de conduite est chargé d'une obligation d'information précontractuelle au profit du consommateur s'agissant des conditions d'utilisation. En ce sens, l'article L. 224-68-1, alinéa 1er, du code de la consommation[151] énonce: « Préalablement à la conclusion d'un contrat de vente ou de location d'un véhicule à délégation de conduite tel que défini par le code de la route, le professionnel communique

---

149 NOGUÉRO D. et VINGIANO-VIRICEL I., « Intelligence artificielle et véhicules autonomes », préc., n°s 204-206, pp. 125-126.

150 Classiquement, cela pourrait aller jusqu'à une procédure de rappel de certains véhicules après détection de tel ou tel problème.

151 Création par art. 4, Ordonnance n° 2021-443 du 14 avril 2021. V. NOGUÉRO D. et VINGIANO-VIRICEL I., « Intelligence artificielle et véhicules autonomes », préc., n° 204, p. 126.

au consommateur une information relative aux conditions d'utilisation du système de conduite automatisé dont le véhicule est équipé »[152]. La sanction pénale de l'amende administrative est prévue[153].

Le contenu de l'information est transmis au professionnel par le constructeur du véhicule (ou son mandataire)–qui assume en outre sa diffusion publique. Il est vrai que « Le système de conduite automatisé est soumis à des conditions d'utilisation définies par le constructeur du véhicule ou son mandataire, au sens de l'article 3 du règlement (UE) 2018/858 du Parlement européen et du Conseil du 30 mai 2018 »[154].

Un manquement est susceptible de générer un préjudice[155]. On voit la chaîne des informateurs[156] et, le cas échéant, leur responsabilité. L'objectif est de permettre à l'utilisateur du véhicule de gagner la maîtrise de ce type de véhicule car une collaboration homme-machine s'organise[157]. Malgré

---

[152] C. consom., art. L. 224-68-1, alinéas 2 à 5 : « Le contrat de vente ou de location comporte la mention expresse de la fourniture de l'information mentionnée au premier alinéa.
Le contenu de l'information visée au premier alinéa est mis à la disposition du professionnel par le constructeur du véhicule ou son mandataire, au sens de l'article 3 du règlement (UE) 2018/858 du Parlement européen et du Conseil du 30 mai 2018, sur tout support.
Le constructeur du véhicule ou son mandataire, au sens de l'article 3 du règlement (UE) 2018/858 du Parlement européen et du Conseil du 30 mai 2018, garantit également l'accès public à des contenus informatifs par tout support, y compris de communication électronique.
Un arrêté conjoint des ministres chargés des transports, de la sécurité routière et de l'économie fixe le contenu et les modalités de fourniture des informations prévues au présent article ».

[153] C. consom., art. L. 242-25-1.

[154] Création par art. 3, Ordonnance n° 2021-443 du 14 avril 2021. *In* Livre III Le véhicule, Titre Ier Dispositions techniques, Chapitre 9 Dispositions applicables au véhicule à délégation de conduite ; C. route, art. L. 319-1. Renvoi au pouvoir réglementaire, C. route, art. L. 319-4 : « Les modalités d'application du présent chapitre sont fixées par décret en Conseil d'Etat ».

[155] NOGUÉRO D. et VINGIANO-VIRICEL I., « Intelligence artificielle et véhicules autonomes », préc., n° 235, p. 137.

[156] C. route, art. L. 319-2 : « Les obligations d'information, préalables à la mise à disposition d'un véhicule à délégation de conduite, en cas de vente ou de location, sont fixées par l'article L. 224-68-1 du code de la consommation ».

[157] L'adaptation des principes généraux de circulation pour la délégation de conduite. Création par art. 4, Décret n° 2021-873 du 29 juin 2021, C. route, art. R. 412-17 : « Lorsque le système de conduite automatisé exerce le contrôle dynamique

le dessaisissement partiel du « conducteur », perdure l'exigence de la surveillance de la route et du système de conduite automatisé, qui doit faire réagir en temps utile, de façon adéquate, au regard des circonstances rencontrées. Par exemple, il doit connaître les modalités de reprise en main ou les conditions d'une manœuvre d'urgence du système automatisé[158].

Sont réglementées les conditions d'utilisation. L'emploi de l'adverbe « notamment » traduit l'idée qu'est dressée une liste non exhaustive mais qui est déjà nourrie[159]. La reprise en main est imposée qui laisse une place

---

du véhicule conformément aux conditions d'utilisation mentionnées à l'article L. 319-3, les dispositions de l'article R. 412-6 ne sont pas applicables au conducteur ».

158 C. route, art. L. 319-3 : « I.-La décision d'activer un système de conduite automatisé est prise par le conducteur, préalablement informé par le système que ce dernier est en capacité d'exercer le contrôle dynamique du véhicule conformément à ses conditions d'utilisation.

II.-Lorsque son état de fonctionnement ne lui permet plus d'exercer le contrôle dynamique du véhicule ou dès lors que les conditions d'utilisation ne sont plus remplies ou qu'il anticipe que ses conditions d'utilisation ne seront vraisemblablement plus remplies pendant l'exécution de la manœuvre, le système de conduite automatisé doit :

1° Alerter le conducteur ;

2° Effectuer une demande de reprise en main ;

3° Engager et exécuter une manœuvre à risque minimal à défaut de reprise en main à l'issue de la période de transition ou en cas de défaillance grave ».

159 Création par art. 3, Décret n° 2021-873 du 29 juin 2021, C. route, art. R. 319-1 : « I.-Les conditions d'utilisation du système de conduite automatisé mentionnées à l'article L. 319-1 précisent notamment :

1° Le domaine de conception fonctionnelle du véhicule ;

2° L'état et la position dans lesquels le conducteur doit se maintenir, afin notamment de répondre à une demande de reprise en main du système de conduite automatisé, et de respecter les sommations, injonctions ou indications données par les forces de l'ordre ou les règles de priorité de passage des véhicules d'intérêt général prioritaires en application de l'article L. 123-1 ;

3° Les conditions dans lesquelles une demande de reprise en main est adressée au conducteur par le système, notamment la période de transition et les modalités d'information du conducteur;

4° Les conditions dans lesquelles le système est, le cas échéant, en mesure d'exécuter le contrôle dynamique du véhicule sans effectuer de demande de reprise en main, quelles que soient les conditions de circulation, les situations de conduite et les défaillances rencontrées ;

5° Les modalités de reprise en main du véhicule par le conducteur ;

6° Les fonctions du système de conduite automatisé permettant de présumer que le conducteur est en état et en position de répondre à une demande de reprise en main ;

irréductible à la personne humaine pour effectuer des manœuvres[160]. Autre chose serait un véhicule qui imposerait une passivité totale à l'homme, sans la moindre prérogative d'intervention. Confronté à l'asymétrie des compétences et pouvoirs en présence, on pourrait s'interroger sur les critères de l'imputation des risques créés.

Au-delà, il faut se préoccuper du véhicule autonome pouvant défaillir. La cause peut être interne ou extrinsèque, accidentelle ou sciemment mise en œuvre. Dans un but de sécurité, le constructeur doit exercer une veille sur les possibles défauts à corriger, grâce à son accès aux données

---

7° Les conditions dans lesquelles une manœuvre à risque minimal est activée par le système de conduite automatisé, ainsi que les conditions dans lesquelles une reprise en main est possible pendant l'exécution de cette manœuvre ;
8° Les conditions dans lesquelles une manœuvre d'urgence est activée par le système de conduite automatisé, ainsi que les conditions dans lesquelles une reprise en main est différée jusqu'à sa complète exécution pour des raisons de sécurité.
II.-Sous réserve des dispositions du 8° du I, le système de conduite automatisé doit pouvoir être désactivé à tout moment par une reprise en main du conducteur ».

160 Création par art. 4, Décret n° 2021-873 du 29 juin 2021, C. route, art. R. 412-17-1 : « I.-Lorsque le véhicule est partiellement ou hautement automatisé, le conducteur doit se tenir constamment en état et en position de répondre à une demande de reprise en main. Ses possibilités de mouvement et son champ de vision ne doivent pas être réduits par le nombre ou la position des passagers, par les objets transportés ou par l'apposition d'objets non transparents sur les vitres.
II.-En application du 3° de l'article L. 123-1 et dans les conditions mentionnées au I, le conducteur doit également se tenir en état et en position d'effectuer sans délai une reprise en main afin d'exécuter les manœuvres qui lui incombent en application des dispositions du présent code afin:
1° D'obtempérer à une sommation de s'arrêter émanant d'un fonctionnaire ou agent chargé de constater les infractions et muni des insignes extérieurs et apparents de sa qualité ;
2° De respecter les indications données par les agents réglant la circulation en application des dispositions de l'article R. 411-28 ;
3° De faciliter le passage d'un véhicule d'intérêt général en application des dispositions des articles R. 414-2 et R. 414-9 ;
4° De céder le passage à un véhicule d'intérêt général prioritaire en application de l'article R. 415-12.
III.-Le fait, pour tout conducteur, de contrevenir aux dispositions des I et II ci-dessus est puni de l'amende prévue pour les contraventions de deuxième classe.
IV.-En cas d'infraction aux dispositions du présent article, l'immobilisation du véhicule peut être prescrite dans les conditions prévues aux articles L. 325-1 à L. 325-3 ».

du véhicule[161]. La défaillance technique fait partie des risques encourus[162]. Le logiciel peut connaître des dysfonctionnements ou des pannes, que ce soit dans l'action ou l'abstention[163].

Il est souvent défendu qu'un tel véhicule est un produit dont le défaut de sécurité pourrait générer la responsabilité du fait des produits défectueux,

---

161 C. transports, art. L. 1514-6 : « I.-Le constructeur d'un véhicule terrestre à moteur ou son importateur peut procéder à la correction par voie télématique des défauts d'un ou plusieurs systèmes, composants ou entités techniques pouvant affecter l'ensemble d'une série de véhicules et susceptibles de compromettre, de façon grave, la sécurité du véhicule, des occupants ou des autres usagers de la route en portant atteinte aux intérêts vitaux des personnes.
II.-Aux fins d'identification de ces défauts, le constructeur ou l'importateur peut, lorsque le véhicule est équipé de moyens de communication permettant d'échanger des données avec l'extérieur, accéder aux données du véhicule caractérisant le fonctionnement de ces systèmes, composants ou entités techniques.
III.-Le consentement du propriétaire ou du titulaire du contrat de location de longue durée au traitement de ces données n'est pas requis pour cette finalité.
IV.-Le constructeur du véhicule concerné, ou l'importateur, informe, préalablement à la correction, le propriétaire ou le titulaire du contrat de location de longue durée des défauts qui ont été identifiés, selon des modalités définies par voie réglementaire.
V.-La transmission des données d'identification et de correction de ces défauts au constructeur du véhicule terrestre à moteur ou au véhicule peut s'appuyer sur des services de communications électroniques accessibles au public et des systèmes de transports intelligents coopératifs. Elle est protégée de manière à garantir l'intégrité et la confidentialité des données transmises.
VI.-Lorsque le propriétaire ou le titulaire d'un contrat de location de longue durée, de location avec option d'achat ou de crédit-bail demande la correction par voie télématique du défaut d'un ou plusieurs systèmes, composants ou entités techniques du véhicule, la personne en charge de cette correction accède aux paramètres des systèmes, composants ou entités techniques et aux moyens de communication nécessaires pour assurer cette correction, dans le respect de la sécurité de la conduite du véhicule, et en informe le propriétaire ou le titulaire du contrat de location de longue durée ».

162 NOGUÉRO D. et VINGIANO-VIRICEL I., « Intelligence artificielle et véhicules autonomes », préc., n° 236, pp. 137-138.

163 BONNARDEL N., « Les risques générés par les véhicules autonomes », Resp. civ. et assur. févr. 2023, dossier 4, spéc. n° 2, note 2 : « On songe notamment aux erreurs de lecture de la signalisation routière, à des obstacles présents sur les voies et non détectés par le véhicule et, plus généralement, à tout éventuel bug du système automatisé ». L'auteur se prononce sur le plan civil et celui pénal.

transposition d'une directive communautaire[164]–devant subir des évolutions par suite de l'abrogation résultant de la directive (UE) 2024/2853 du 23 octobre 2024. L'*IA Act* prend en considération une telle évolution. Sous cet aspect, la réflexion sur l'obligation d'assurance est susceptible d'être nourrie[165]. La réflexion est également menée pour suggérer d'autres voies quant au régime de responsabilité[166], ce qui peut entraîner des répercussions sur l'assurance.

1.2. Le véhicule autonome comme cible

Comme tout mode de transport, le véhicule autonome évolue dans un environnement. Il est en interaction avec les circonstances routières[167].

S'agissant du lieu de circulation, il faut s'intéresser aux voies autorisées ou non, que ce soit pour une expérimentation ou pour tout usage. La circulation sur les voies publiques peut s'opérer avec restriction ou librement, selon l'encadrement applicable. Avant une éventuelle généralisation du caractère autonome de tous les véhicules, dans un futur incertain, cela contraint à organiser la cohabitation de différents types de véhicules. On n'ose imaginer une ségrégation par des voies exclusivement propres aux véhicules autonomes ; en toute hypothèse, il faudrait gérer les points de croisement ou de contact[168].

---

164 KNETSCH J., « La voiture autonome face au droit : les réponses en droit positif et en droit prospectif (Regards d'aujourd'hui vers le futur ?) », RIDC 2023-2, Étude, p. 251, spéc. p. 259.

165 NOGUÉRO D. et VINGIANO-VIRICEL I., « Intelligence artificielle et véhicules autonomes », préc., n° 238, p. 139.

166 DEFFAINS B. et DE MONTCUIT G., « Proposition d'un régime de responsabilité objective applicable au dommage causé par une machine auto-apprenante », RTD civ. 2022, p. 257.

167 Par exemple, NAMIN L., « Assurance : esquisse en matière de gestion des sinistres automobiles impliquant des véhicules à délégation de conduite », Resp. civ. et assur. févr. 2023, dossier 5, spéc. n° 3 : « le système embarqué reçoit des informations sur la géométrie de la route, l'itinéraire, les panneaux de signalisation et les événements de circulation inhabituels ».

168 Comp. sur les voies propres et le domaine de la loi *Badinter*, art. 1 de la loi n° 85-677 du 5 juillet 1985 (V. *supra*). V. tramways et détermination de la voie propre : Civ. 2e, 21 décembre 2023, n° 21-25.352 : Bull. civ. II ; Lettre de chambre n° 10, janv. 2024 ; D. 2024, AJ, p. 8 ; Dalloz actualité 16 janv. 2024, obs. BIGOT R. et CAYOL A. ; Resp. civ. et assur. févr. 2024, comm. 35, 2e esp., note HOCQUET-BERG S.

Le véhicule est en liaison avec une infrastructure routière avec laquelle des échanges peuvent intervenir. Il s'agit d'une route intelligente afin de favoriser l'autonomie. Il peut y avoir une collecte et un échange de données avec le conducteur, entre véhicules ou avec les infrastructures. Le réseau à équiper interagit. Il peut connaître des problèmes.

Les véhicules autonomes qui sont connectés éprouvent le risque de cette connectivité[169]. La numérisation du véhicule présente des risques[170]. Le système automatisé, qui suppose à l'occasion des mises à jour, pourrait être déréglé ou paralysé, en dehors même de pannes.

Il existe un enjeu relatif à la cybersécurité en lien avec la sécurité routière. On retrouve le risque cyber ou les cyber-risques[171]. Lors du congrès international, le panel 4 était consacré à la thématique : Régimen de aseguramiento de los coches semiautónomos/automatizados y el riesgo de ataques cibernéticos[172]. Il s'agit des attaques extérieures, comme le piratage de données, appliquées au véhicule autonome. Celui-ci pourrait devenir un instrument de production d'accidents. Même manipulé, il pourrait être détourné de sa finalité de transport.

De tels événements peuvent se produire ; il faut les connaître pour les recenser et étudier leurs profils pour mieux les identifier et les prévenir, voire tenter d'écarter leur survenance. Déjà, par une obligation de notification à l'autorité compétente, le constructeur est strictement impliqué dans la lutte contre ce genre de risque des attaques par voie

---

169 BÉGUIN-FAYNEL C., « Objets connectés et appréciation du risque », Resp. civ. et assur. mars 2023, dossier 10.

170 Distinguant la sécurité du système de conduite puis celle des systèmes d'information, TERESI L., « Véhicule à délégation de conduite et risque automobile : une lecture juridique », LPA 17 nov. 2020, n° 230, doctr., 157k6, p. 6.

171 NOGUÉRO D. et VINGIANO-VIRICEL I., « Intelligence artificielle et véhicules autonomes », préc., n° 270, p. 154.

172 BENITO OSMA Félix, « Vehículos y sistemas inteligente en la circulación : responsabilidad civil y seguro »; ALARCÓN FIDALGO Joaquin, « Vehículos autónomos y automatizados y el riesgo cibernético: implicaciones en la responsabilidad y en el seguro »; FERNÁNDES BALDOMERO Eugenia, « Prevención y responsabilidad en la era del automóbil autónomo : el impacto de los ataques cibernéticos y el rol de la IA »; RÍOS OSSA Roberto, « Riesgo asegurado y deberes de previsíon y mitigación del daño frente al ciberataque ». V. aussi VEIGA COPO A. B., *Seguro y tecnología. El impacto de la digitalización en el contrato de seguro*, Thomson Reuters, Civitas, 2020, p. 435 et suiv. : seguros cibernéticos.

électronique du système d'information du véhicule[173]. Dans le prolongement, évoquons sommairement le point suivant.

2. Les solutions assurantielles

Nul ne doute de l'intérêt pratique de recourir à l'assurance et, pour certains acteurs, de l'indéniable intérêt d'assurance au sens technique[174]. On ne reviendra pas ici sur le principe de soumission à l'assurance obligatoire du véhicule autonome (sanction pénale en cas de défaut ; et intervention éventuelle du Bureau central de tarification en cas de difficulté pour trouver un assureur). Son assurabilité est acquise en droit[175]. En fait, le coût économique du produit sera à suivre qui dépend de plusieurs paramètres. La tarification est un facteur à ne pas négliger. De même, il faudra être attentif aux conditions et exclusions de garanties qui ne manqueront pas de fleurir pour la prévention des risques et les modalités de prise en charge.

Remarque générale dépassant les risques du véhicule autonome : « L'adaptabilité du droit commun de la responsabilité civile est renforcée par le soutien de l'assurance. Si les nouveaux risques de responsabilité peuvent susciter l'émergence de nouvelles polices d'assurances inverse-

---

173 C. transports, art. L. 1514-8 : « I.-Le constructeur d'un véhicule terrestre à moteur ou son mandataire notifie à l'autorité nationale de réception des véhicules, sans délai après en avoir pris connaissance, les attaques par voie électronique qui sont susceptibles de porter atteinte aux systèmes d'information contribuant au fonctionnement ou à la sécurité du véhicule. A cette fin, il communique à cette autorité les données techniques dont il dispose et permettant d'analyser les modalités de ces attaques.
II.-Est puni de 75 000 euros d'amende le fait, pour les dirigeants de la personne morale mentionnée au I, de ne pas satisfaire à l'obligation de notification d'une attaque prévue au I.
Est puni de la même amende le fait, pour les dirigeants de cette personne morale, de ne pas satisfaire à l'obligation de communication des données techniques prévue au I.
III.-Un arrêté du ministre chargé des transports précise la nature des attaques devant faire l'objet d'une notification à l'autorité nationale de réception des véhicules, les modalités de leur notification et les informations à communiquer à cette autorité. ».

174 C. assur., art. L. 121-6.

175 NOGUÉRO D. et VINGIANO-VIRICEL I., « Intelligence artificielle et véhicules autonomes », préc., n° 265, p. 151, n° 268, p. 153.

ment les possibilités assurantielles facilitent ou conditionnent le développement de la responsabilité civile »[176].

Pour les risques cyber, le législateur français a adopté un texte, en 2023[177], permettant d'appréhender certains aspects du phénomène pour autoriser l'extension du champ de l'assurabilité[178]. Il faudra suivre

---

[176] BACACHE M., « Intelligence artificielle et droits de la responsabilité et des assurances », préc., n° 141, p. 93. L'auteur considère que si les « assurances de bien ne semblent pas particulièrement affectées par le développement de l'intelligence artificielle, il n'en va pas de même des assurances de responsabilité », ce qui amène à s'interroger sur l'assurance obligatoire (*Ibid.*, n° 144, p. 94).

[177] Loi n° 2023-22 du 24 janvier 2023 d'orientation et de programmation du ministère de l'Intérieur (dite loi LOPMI, art. 5). Création (en vigueur au 24 avril 2023) – et curieuse numérotation -, au sein du titre II du livre Ier du code des assurances qui est complété par un chapitre X L'assurance des risques de cyberattaques, C. assur., art. L. 12-10-1 : « Le versement d'une somme en application de la clause d'un contrat d'assurance visant à indemniser un assuré des pertes et dommages causés par une atteinte à un système de traitement automatisé de données mentionnée aux articles 323-1 à 323-3-1 du code pénal est subordonné au dépôt d'une plainte de la victime auprès des autorités compétentes au plus tard soixante-douze heures après la connaissance de l'atteinte par la victime.
Le présent article s'applique uniquement aux personnes morales et aux personnes physiques dans le cadre de leur activité professionnelle ».
Rapport d'évaluation des politiques publiques en matière de cybersécurité (art. 29 de la loi LOPMI). Sur la sanction pénale (art. 6 de la loi LOPMI), C. pénal, art. 323-1.

[178] PIERRE P., « Assurabilité des sommes extorquées par les rançonlogiciels : vers une prochaine approbation légale ? », Resp. civ. et assur. juill.-août 2022, Alerte, Focus, n° 21 ; MARLY P.-G., « Quel avenir pour l'assurance du risque cyber ? », LEDA oct. 2022, DAS200x0, p. 2, et « 3 QUESTIONS–Vers un encadrement de l'assurance des cyber-rançons ? », JCP E 2022, 807, et « L'assurance des risques de cyberattaques », D. 2023, Point de vue, p. 112 ; LINAIS P. et LYON LYNCH O., « LOPMI : un éclaircissement bienvenu sur la légalité de l'assurabilité des cyber-rançons », JCP G 2023, Aperçu rapide, 4 ; ZAROUI A., « L'assurance des risques de cyberattaques fait son entrée dans le code des assurances », Dalloz actualité 1er févr. 2023 ; BÉGUIN-FAYNEL C., « 2023 : entrée du cyber-risque dans le Code des assurances », Resp. civ. et assur. mars 2023, Étude 5 ; DOUVILLE T., « L'assurance des risques de cyberattaques », LEDA avr. 2023, DAS201f9, p. 3 ; TOUZAIN A., « Le développement de l'assurance du risque cyber : rapport de la Direction générale du Trésor », BJDA.fr 2022, n° 83, et « L'assurance des risques de cyberattaque est (légalement) née ! », BJDA.fr 2023, n° 85 ; ALLIX N., « L'assurabilité des sanctions pécuniaires civiles », BJDA.fr 2023, n° 86 ; MONNET J., « Prévention des risques et assurance », BJDA.fr 2023, dossier 6 ; RAMPARANY H. et SCATTOLIN A., « Quelques réflexions sur l'assurabilité

l'évolution du marché afin de mesurer l'effet tangible de cette couverture[179]. Relevons que ce type de risque avec la possibilité de suites d'ampleur tend à nuancer l'affirmation habituelle de moindre accidentologie en présence du véhicule autonome[180]. Le risque sériel peut exister.

En fonction des nouveaux rôles liés au véhicule autonome, certains acteurs pourraient être exposés à un type de risque à faire assurer, de façon facultative ou obligatoire[181]. L'articulation des garanties d'assurance sera alors à organiser en même temps que les voies de recours subrogatoires[182]. Le risque à assumer invite à se prononcer sur l'initiative à prendre ou à imposer s'agissant de la couverture assurantielle. L'offre assurantielle ne manquera pas le tournant de la diversification imposée.

Déjà susceptible de subir parfois des conséquences des infractions pénales[183], les constructeurs sont incités à certaines précautions pouvant se

des sanctions pécuniaires relevant de la matière pénale », RGDA nov. 2023, RGA201p1, p. 4 ; JCP E 2023, 1318, n° 12, obs. ASSELAIN M., Légalité de la garantie du risque de cyber-attaque ; BEN HADJ YAHIA S., « Législation de l'assurance des risques de cyberattaques », RLDC janv. 2024, n° 221, 7457, p. 47, spéc. p. 50.

179 LUTFALLA E., GÉROT M. et BENAZZA M., « LOPMI : une perspective prometteuse pour le marché de l'assurance cyber », RGDA juill. 2023, RGA201k1, p. 19 ; VINGIANO-VIRICEL I., « Assurance auto : bientôt des nouvelles garanties pour les véhicules automatisés ? », Jurisprudence automobile & nouvelles mobilités, L'Argus de l'assurance, nov.-déc. 2024, n° 977/978, p. 50.

180 NOGUÉRO D. et VINGIANO-VIRICEL I., « Intelligence artificielle et véhicules autonomes », préc., n° 241, p. 140, note 208, n° 270, p. 154.

181 BACACHE M., « Intelligence artificielle et droits de la responsabilité et des assurances », préc., n° 167, p. 107 : « Le questionnement sur les qualités de conducteur va nécessairement rejaillir sur la qualité de la personne sur qui pèse l'obligation d'assurance contre les risques de responsabilité civile. (…) L'obligation d'assurance pourrait peser alors, à défaut de conducteur, sur le constructeur du véhicule ou le concepteur du système intelligent » ; et n° 144, p. 94 sur l'assurance obligatoire et les acteurs de l'IA au regard des préconisations européennes.

182 BACACHE M., « Intelligence artificielle et droits de la responsabilité et des assurances », préc., n° 167, p. 107. Pour l'auteur, la « diversité de responsables potentiels augmentera les chances de succès de l'action récursoire de l'assureur qui a indemnisé la victime et pourrait justifier à terme une diminution des primes ». Diminution peut-être pour certains ; mais pas pour d'autres, peut-on penser !

183 V. *supra*. La réponse du droit positif en 2021 afin de saisir certaines situations en remontant parfois jusqu'au constructeur.

traduire par une meilleure prévention. Il faut également songer à ceux délivrant des autorisations ou certification des véhicules autonomes, ceux chargés de la mise en place, de l'entretien et du bon fonctionnement des infrastructures routières[184].

En l'état du développement des véhicules autonomes utilisés et du cadre juridique disponible, il est généralement admis, en France, que le corpus en place suffit à appréhender les difficultés contemporaines[185]. Il n'en demeure pas moins que certains voudraient d'ores et déjà réorienter l'assurance en délaissant la perspective de la responsabilité à couvrir pour passer à une assurance directe souscrite par tout un chacun pour une socialisation du risque auquel nous sommes tous exposés[186]. Il peut y

---

[184] BACACHE M., « Intelligence artificielle et droits de la responsabilité et des assurances », préc., n° 167, p. 107. L'auteur évoque un développement qui « serait de nature à engager la responsabilité pour faute de nouveaux acteurs tels que la collectivité responsable du bon fonctionnement de l'infrastructure routière intelligente qui communique avec le véhicule, l'État ayant délivré une autorisation de mise en circulation du véhicule, ou encore les prestataires de service chargés de la mise en place et du contrôle des balises ».

[185] LOISEAU G., « La responsabilité du conducteur d'un véhicule à délégation de conduite automatisée », Comm. com. électr. janv. 2022, comm. n° 3 : « ces règles adaptées à l'utilisation d'un système de conduite automatisé n'ébranlent nullement l'édifice de la loi de 1985 » ; BONNARDEL N., « Les risques générés par les véhicules autonomes », Resp. civ. et assur. févr. 2023, dossier 4, spéc. n° 11 : « La révolution technologique issue du futur déploiement des véhicules autonomes ne devrait pas, pour le moment, emporter de révolution sur le plan juridique. Le droit positif, tant sous le prisme du droit civil que sous celui du droit des assurances, est en mesure d'appréhender des risques générés par ces véhicules, qui ne sont en réalité pas si différents de ceux générés par des véhicules traditionnels. La présence maintenue d'un conducteur à bord des véhicules partiellement ou hautement automatisés permet de le penser. En revanche, rien ne permet d'affirmer que tel sera encore le cas au jour de l'avènement des véhicules totalement automatisés, dans lesquels la présence d'un conducteur pourrait ne devenir qu'une simple option. Le moment venu, une réflexion sur une adaptation de la loi à cette nouvelle technologie deviendra alors nécessaire ». Déjà, NOGUÉRO D. et VINGIANO-VIRICEL I., « Intelligence artificielle et véhicules autonomes », préc., n° 271, p. 154 ; BACACHE M., « Intelligence artificielle et droits de la responsabilité et des assurances », préc., n°s 164-165, p. 106 : notion de VTM et d'implication.

[186] Dernièrement, LEDUC F., « La réparation des préjudices résultant d'un accident de la circulation en droit prospectif », *in* La Responsabilité, Arch. phil. droit, t. 63, Dalloz, 2022, p. 421, spéc. pp. 426-427 : un « chamboulement » en

avoir projection : « la logique de l'assurance directe est, mieux que celle de la responsabilité, en adéquation avec le développement à l'avenir des véhicules autonomes, pour lesquels l'identification, en première ligne, d'un responsable pourrait s'avérer délicate : l'utilisateur ? le constructeur du véhicule ? le concepteur du logiciel de pilotage automatisé ? »[187] Le glissement serait en partie motivé par ce problème d'identification, qui ne saurait être entièrement dissipé au stade des recours. L'appréciation optimiste du système jugé mieux adapté ne saurait convaincre tout le monde.

Autre chose serait probablement l'arrivée consommée d'un véhicule totalement automatisé sur toutes voies de circulation, usant d'intelligence artificielle[188]. Il faudrait alors s'adapter à de nouvelles problématiques dont certaines encore insoupçonnées à cette heure[189].

Plus largement, les usages des véhicules vont avoir un impact sur l'offre assurantielle elle-même[190]. Il faut prêter attention à l'arrivée de nouveaux acteurs délivrant une prestation globale avec un véhicule entretenu et assuré, mis à disposition pour des clients utilisateurs occasionnels. Il pourrait y avoir des flottes de véhicules pour différents usages, des passagers aux marchandises.

---

option, inspiré de projets d'André Tunc en 1966 et 1981, pour une assurance directe pour compte du propriétaire du véhicule contre les accidents corporels et une assurance de choses, y compris pour des victimes alors assurées et bénéficiaires. Il n'est pas sûr que les arguments avancés puissent être tous partagés sans discussion.

187 LEDUC F., « La réparation des préjudices résultant d'un accident de la circulation en droit prospectif », *in* La Responsabilité, Arch. phil. droit, t. 63, Dalloz, 2022, p. 421, spéc. p. 427.

188 Position contemporaine d'expectative, NOGUÉRO D. et VINGIANO-VIRICEL I., « Intelligence artificielle et véhicules autonomes », préc., n° 173, p. 112, n° 178, p. 115.

189 Sur l'assurance des robots et la responsabilité civile des dommages causés par l'IA, VEIGA COPO A. B., *Seguro y tecnología. El impacto de la digitalización en el contrato de seguro,* Thomson Reuters, Civitas, 2020, p. 401 et suiv.

190 BACACHE M., « Intelligence artificielle et droits de la responsabilité et des assurances », préc., n° 167, p. 107.

CONCLUSION

Le véhicule autonome est peut-être encore trop perçu au prisme d'une relation individuelle qu'une personne entretient avec lui pour l'exercice de sa liberté d'aller et venir[191]. Les mentalités et pratiques évoluent. La mobilité s'inscrit dans le pluralisme et doit composer avec les contraintes d'aménagement du territoire, d'urbanisme[192], écologiques et économiques, et autres. Sans forcément être menacé dans son existence (une biodiversité de la multimodalité du transport en recul) et devenir un mode de déplacement de privilégiés (*happy few* des sièges réservés, à défaut de volant confisqué), ou tout du moins d'usages sélectionnés en raison de leur utilité sociale (véhicules de secours, médicaux…), le transport individuel, dans les agglomérations d'une certaine densité, va probablement devoir céder davantage de place aux modes collectifs ou collectivisés de transport[193]. On peut voir naître des interdictions de circulation ou des aménagements stricts. Il ne faudra pas négliger la variété des besoins et l'accueil du grand public : l'acceptabilité sociale importe toujours face à l'innovation[194]. Le véhicule autonome s'inscrit dans une réflexion plus large sur le sort du transport, déjà terrestre, ce qui est un autre vaste sujet !

---

191 Pour certaines populations vulnérables dans la démographie des pays dits développés, comme les personnes âgées ou/et handicapées, on peut y voir une technologie facilitant leurs déplacements.

192 La mobilité urbaine ou celle interurbaine n'obéissent pas forcément aux mêmes logiques et contraintes.

193 NOGUÉRO D. et VINGIANO-VIRICEL I., « Intelligence artificielle et véhicules autonomes », préc., n° 174, p. 113, note 5.

194 NOGUÉRO D. et VINGIANO-VIRICEL I., « Intelligence artificielle et véhicules autonomes », préc., n° 221, p. 132.

PARTE QUINTA

AERONAVES NO TRIPULADAS Y MOVILIDAD AÉREA URBANA. RESPONSABILIDAD CIVIL Y SEGURO. DRONES MILITARES AUTÓNOMOS

La regulación de los drones autónomos y altamente automatizados[1]

Mª JOSÉ CASTELLANOS RUIZ
Profesora Visitante (Acreditada a Titular) de Derecho Internacional Privado
Universidad Carlos III de Madrid
orcid ID: 0000-0003-1869-4488

SUMARIO: I. INTRODUCCIÓN. II. REGULACIÓN ESPECÍFICA EN MATERIA DE DRONES. 1. Reglamento (UE) 2018/1139 sobre normas comunes en la aviación civil. 1.1. Ámbito de aplicación: Comparativa con el Reglamento (UE) 216/2008. 1.2. Ámbito de aplicación: comparativa con el Real Decreto 1036/2017. 1.3. Normativa específica sobre drones: "Conformidad de las aeronaves no tripuladas". 2. Reglamento Delegado (UE) 2019/945, sobre diseño, fabricación y comercialización de aeronaves no tripuladas. 3. Reglamento de Ejecución (UE) 2019/947, sobre las operaciones de vuelo de las aeronaves no tripuladas. 3.1. Categorías. 3.2. Requisitos de los operadores de drones. 3.3. Requisitos de los pilotos de drones. III. NORMATIVA APLICABLE A LOS DRONES ALTAMENTE AUTOMATIZADOS O DRONES AUTÓNOMOS. 1. Niveles de automatización de los drones. 2. Incidencia de la Ley de Inteligencia Artificial (IA) en la regulación sobre drones. 2.1. Modificación del Reglamento (UE) 2018/1139. 2.2. Drones como sistemas de IA de alto riesgo. 2.3. Responsabilidades a lo largo de la cadena de valor de la IA. 2.4. Multas. IV. CONCLUSIONES.

I. INTRODUCCIÓN

1. Se puede afirmar que los drones son una realidad en los cielos de algunas ciudades y países, si bien se pueden encontrar fuera del entorno europeo y en menos cantidad de las que podría haberse esperado, si se tiene en cuenta que empezaron a utilizarse en los años 90 básicamente para

---

[1] Este estudio ha sido realizado en el marco del Proyecto de Generación de Conocimiento 2021. Modalidad: Investigación No Orientada Tipo B. PID2021-123070NB-I00, financiado por el Ministerio de Ciencia e Innovación, que lleva por título: Conducción autónoma y seguridad jurídica del transporte. IP: Eliseo Sierra Noguero.

fines militares[2]. De hecho, la palabra "dron" tiene su origen en la aviación militar, aunque también se utiliza en el ámbito civil[3].

La utilización de drones civiles ha crecido de forma exponencial, tanto en cantidad, tamaño y peso, como en la disparidad de usos, cuyo número sigue aumentando. Los drones son utilizados en áreas tan diversas como las siguientes: labores de precisión agrícola, control e inspección de infraestructuras (electricidad, oleoductos y gaseoductos, instalaciones industriales), control de los recursos naturales, compromiso con el medio ambiente, investigación atmosférica, información y medios de comunicación, fotos deportivas, filmación, investigación y protección de la fauna, catástrofes del relieve, seguridad civil (búsqueda y rescate, contaminación, actividades policiales, control de multitudes, etc.) y actividades de ocio[4]. El tamaño, la configuración y la complejidad de los drones es extremadamente variado, aspectos que van a depender de los diferentes tipos de operaciones que se pretendan realizar con ellos, así como de los usuarios. Lo cual quiere decir que los drones no están siendo diseñados y fabricados sólo por las compañías que habitualmente construyen grandes aeronaves civiles, como por ejemplo Airbus o Boeing, sino que otras empresas también están fabricando estos aparatos, que bien pueden ser pequeñas o medianas empresas, entre las que destacan las empresas chinas DJI (empresa tecnológica), AutoFlight o EHang o las empresas americanas como Joby Aviation[5]. Se puede afirmar que, en el sector de los drones, como está

---

2 KLEINSCHMIDT, J., "Drones y el orden legal internacional", *Colombia Internacional*, mayo-agosto 2015, pp. 23-26. Aunque en Japón también se han venido utilizando los drones para fines agrícolas desde finales de los años 90 ("Unmanned Aerial Vehicles–The Economic Case for Drones", editor MarketLine, a Progressive Digital Media business, London, United Kingdom of Great Britain & Northern Ireland, 6 de enero de 2014, p. 2).

3 Dictamen del Comité Económico y Social Europeo sobre la Comunicación de la Comisión al Parlamento Europeo y al Consejo «Una nueva era de la aviación — Abrir el mercado de la aviación al uso civil de sistemas de aeronaves pilotadas de forma remota de manera segura y sostenible», COM (2014) 207 final, DO núm. C 12, 15 enero 2015, pp. 87-92.

4 *Notice of Proposed Amendment 2017-05 (B): Introduction of a regulatory framework for the operation of drones; Unmanned aircraft system operations in the open and specific category*" (NPA 2017-05 (B)), p. 8, disponible en línea en https://www.easa.europa.eu/sites/default/files/dfu/NPA%202017-05%20%28B%29.pdf (visitado el 27 de abril de 2018).

5 Así a modo de ejemplo, en relación a los taxis aéreos: AutoFlight ha logrado el primer vuelo interurbano de taxi aéreo, conectando Shenzhen con Zhuhai en solo

sucediendo con la transformación digital en lo que concierne a la movilidad, las empresas europeas se están quedando por detrás de las empresas chinas y americanas, sobre todo por la regulación que es más restrictiva, pero también por la falta de financiación[6].

Según un estudio realizado en el año 2015, sobre la previsión del mercado global de drones entre los años 2015 y 2020, que se centra en el mercado de drones de menos de 25 kg, se observa cómo los drones destinados al entretenimiento y a los medios de comunicación suponen una mayor cuota de mercado, con una tasa de crecimiento anual del 26% (1,3 billones de dólares)[7]. En segundo lugar, en dicho estudio se encontrarían

---

20 minutos, y planea demostraciones en la Expo Mundial de Osaka 2025; EHang ha puesto a la venta su taxi aéreo EH216-S en Taobao por aproximadamente $332,060 con la aprobación de la Autoridad Civil de Aviación China (CAAC); Joby Aviation promete transformar los cielos de Nueva York con su eVTOL (*Electric Vertical Take-Off and Landing*), habiendo completado un vuelo desde Manhattan hasta el aeropuerto John F. Kennedy en solo siete minutos. Por otro lado, DJI es líder en ventas de drones y tecnología, pues tiene una cuota de mercado del 76% a nivel global. Disponible en línea en https://www.linkedin.com/posts/alejandroadiaz_eh216-evtol-innovaciaejn-ugcPost-7189187890382327811-Md7v/?utm_source=share&utm_medium=member_desktop (visitado el 1 de mayo del 2024).

6 Así lo pone de manifiesto la Comisión, al señalar el camino a seguir en la década digital, haciendo referencia a la década del 2020 al 2030, donde afirma que se debe prestar especial atención a la innovación disruptiva y de vanguardia. De forma que, aunque Europa ya está creando tantas empresas emergentes como Estados Unidos, necesita crear condiciones más favorables y un mercado único verdaderamente funcional para su ampliación y crecimiento rápido. En este sentido, Europa ya cuenta con diversas herramientas, pero la brecha de inversión para financiar el crecimiento de las empresas emergentes entre Estados Unidos y Europa, e incluso entre la Unión Europea y China sigue siendo considerable. *Vid. Communication from the Commission to the European Parliament, the Council, the European Economic and Social Committee and the Committee of the regions '2030 Digital Compass: the European way for the Digital Decade'*, COM (2021) 118 final, 9 marzo 2021, pp. 9-10, disponible en línea en https://eur-lex.europa.eu/resource.html?uri=cellar:12e835e2-81af-11eb-9ac9-01aa75ed71a1.0001.02/DOC_1&format=PDF (visitado el 30 de abril de 2024).

7 *Vid.* Graph 1–Global UAS market size, by application, 2015-2020 (in USD million). Source: market research report "UAV Drones Market by Type (Fixed wing, Rotary Blade, Nano, Hybrid), Application (Law Enforcement, Precision Agriculture, Media and Entertainment, Retail) & Geography (Americas, Europe, APAC, Row) – Analysis & Forecast to 2020" MarketsandMarkets, 2015 (*Notice of Proposed Amendment 2017-05 (B): Introduction of a regulatory framework for the operation of drones; Unmanned aircraft system operations in the open and specific category*" (NPA 2017-

los drones destinados al control e inspección en general (infraestructuras, etc.), seguidos en tercer lugar, de los drones que realizan labores de precisión agrícola.

En este estudio, el mercado de drones se ha dividido en ocho categorías: seguridad civil, tareas de precisión agrícola, entretenimiento y medios de comunicación, paquetería, control e inspección, topografía y cartografía, ocio y educación. Del cual se puede deducir que los drones destinados a actividades de ocio (hobby, "*do-it-yourself*") también ocupan una importante cuota de mercado, situándose en el cuarto lugar. Esto se debe a que los aficionados de la aviación han hecho volar modelos reducidos de aviones teledirigidos, desde hace décadas. Pero, desde el año 2000, la utilización de drones, y en concreto, los de reducido tamaño, han experimentado un rápido crecimiento, los cuales han sido diseñados tanto para fines recreativos como de ocio, volviéndose en consecuencia cada vez más populares[8].

Por otro lado, en relación al peso de los drones, en un cuestionario que realizó la Agencia Europea de Seguridad Aérea o EASA (*European Aviation Safety Agence*) a los operadores de drones, se puso de manifiesto que, dentro del segmento de los drones de menos de 25 kg, más del 90% tienen un peso entre 0 y 4 kg[9]. De los cuatro tipos de drones objeto del cuestionario, con alas giratorias, con alas fijas, híbridos y nanos-drones, se esperaba que hubiese una demanda mayor de unidades de los drones de alas giratorias; en segundo lugar, de aquellos drones que tienen alas fijas; y, en tercer lugar, de los conocidos como nanos-drones[10]. Estos últimos son del tamaño de

---

05 (B)), p. 8, disponible en línea en https://www.easa.europa.eu/sites/default/files/dfu/NPA%202017-05%20%28B%29.pdf (visitado el 27 de abril de 2018)).

8 Resolución del Parlamento Europeo, de 29 de octubre de 2015, sobre el uso seguro de los sistemas de aeronaves pilotadas de forma remota (RPAS), comúnmente conocidos como vehículos aéreos no tripulados (UAV), en el ámbito de la aviación civil, 2014/2243(INI), DO núm. C 355, 20 octubre 2017, pp. 63-70.

9 *Notice of Proposed Amendment 2017-05 (B): Introduction of a regulatory framework for the operation of drones; Unmanned aircraft system operations in the open and specific category*" (NPA 2017-05 (B)), pp. 9-10, disponible en línea en https://www.easa.europa.eu/sites/default/files/dfu/NPA%202017-05%20%28B%29.pdf (visitado el 27 de abril de 2018).

10 *Vid.* Table 2–Global UAS market size, by type, 2014-2020 (units). Source: market research report "UAV Drones Market by Type (Fixed wing, Rotary Blade, Nano, Hybrid), Application (Law Enforcement, Precision Agriculture, Media and Entertainment, Retail) & Geography (Americas, Europe, APAC, Row) – Analysis & Forecast to 2020" MarketsandMarkets, 2015 (*Notice of Proposed Amendment 2017-05 (B): Introduction of a regulatory framework for the operation of drones; Unmanned aircraft*

la palma de la mano, con un peso de menos de 30 g., pero que tienen más capacidades que muchos drones que son más grandes: utilizan sistemas de navegación avanzados, tecnologías de auto-pilotaje, enlaces de datos digitales, así como multi-sensores de carga explosiva[11]. El radio de acción de los nanos-drones es de 1,5 km y vuelan fácilmente cuando el viento es fuerte. Los desarrollos actuales y futuros permitirán drones más pequeños incluso, con más capacidades y con mayor autonomía. Pero, desde luego, donde se ha producido un incremento desproporcionado de ventas es en los drones de alas giratorias o rotatorias y es donde la empresa china DJI cubre gran parte de la demanda.

2. En el lado opuesto, en relación con los sectores de actividad que está pendiente de explosionar, la ICAO (*International Civil Aircraft Organization*) prevé que el mercado mundial del transporte y de la logística, apoyado por sistemas de aeronaves no tripuladas crezca de 11.000 millones de dólares estadounidenses en 2022 hasta 29.000 millones en 2027[12]. Se pronostica

---

system operations in the open and specific category" (NPA 2017-05 (B)), p. 10, disponible en línea en https://www.easa.europa.eu/sites/default/files/dfu/NPA%20 2017-05%20%28B%29.pdf (visitado el 27 de abril de 2018)).

11 *Notice of Proposed Amendment 2017-05 (B): Introduction of a regulatory framework for the operation of drones; Unmanned aircraft system operations in the open and specific category*" (NPA 2017-05 (B)), p. 9, disponible en línea en https://www.easa.europa.eu/sites/default/files/dfu/NPA%202017-05%20%28B%29.pdf (visitado el 27 de abril de 2018)

12 En castellano es conocida como OACI, Organización de Aviación Civil Internacional, pero se utilizarán las siglas en inglés, ICAO, para que haya uniformidad en el presente trabajo, pues todas las siglas que se mencionan se refieren a los términos en inglés, no en castellano. Este organismo fue creado en el Convenio de Chicago, el 7 de diciembre de 1944, con el objetivo de regular la aviación civil internacional, y por eso, a este Convenio también se le conoce como Convenio de la OACI. El principio fundamental de dicho Convenio es el reconocimiento de que todo Estado tiene soberanía exclusiva en el espacio aéreo sobre su territorio, de manera que ningún servicio aéreo internacional no programado, puede operar sobre o dentro de un territorio de un Estado contratante sin su consentimiento previo. Actualmente, los Estados contratantes son 193, entre los que está España, los países de la Unión Europea y los Estados del continente americano, como Canadá y Estados Unidos. Aunque las funciones de la ICAO son muchas, entre sus objetivos fundamentales está mejorar la seguridad a nivel mundial, fomentar el desarrollo de un sistema de aviación civil económicamente viable y reducir los perjuicios medioambientales de las actividades de aviación.

también que el número de drones producidos crecerá de 2 millones de unidades en 2021 hasta 6,5 millones en 2030[13].

Los drones utilizados en el ámbito profesional ofrecen importantes beneficios para los diferentes usos civiles, cuyo valor añadido se incrementa con la distancia entre el aparato y el piloto que lo controla (vuelos fuera del alcance visual)[14]. Entre estos usos, muy diversos y con potencial para un desarrollo mayor del actual en los próximos años se encuentran las inspecciones de seguridad y el control de infraestructuras (vías ferroviarias, presas y centrales eléctricas), la evaluación de catástrofes naturales, las labores agrícolas de precisión (agricultura sostenible) y la producción mediática, la termografía aérea o incluso la entrega de paquetes en zonas aisladas[15].

En relación con estos usos profesionales de los drones, se debe señalar la importancia de una de las tecnologías disruptivas y trasversales, la Inteligencia Artificial. El crecimiento de la capacidad de computación está agilizando la aplicación de las técnicas de Inteligencia Artificial, procesando e interpretando grandes volúmenes de información y extrayendo conclusiones y datos de gran relevancia en un menor tiempo. El concepto de Inteligencia Artificial es muy amplio, como se puede comprobar en el recién aprobado Reglamento, sin embargo, las técnicas de *Machine Learning*, pero más concretamente la disciplina de *Deep Learning* son las que están teniendo una mayor aplicación de momento[16]. Existen varias arquitecturas de

---

13 ICAO, *Informe anual de 2021*, "Cuestiones emergentes y transversales de la aviación – Uso creciente de sistemas de aeronaves no tripuladas (UAS)", disponible en línea en línea en https://www.icao.int/annual-report-2021/Pages/emerging-and-cross-cutting-aviation-issues-increased-use-of-unmanned-aircraft-systems-uas_es.aspx (visitado el 1 de mayo de 2024).

14 Si bien los vuelos BVLOS (*Beyond Visual Line of Sight*) están generando más problemas de los que inicialmente parecía, pues todavía se están estudiando formas de controlar el vuelo del dron, de manera, que de momento la regulación europea no lo permite, pues se trataría del segundo escenario para la categoría específica de los drones que todavía no se ha aprobado.

15 Resolución del Parlamento Europeo, de 29 de octubre de 2015, sobre el uso seguro de los sistemas de aeronaves pilotadas de forma remota (RPAS), comúnmente conocidos como vehículos aéreos no tripulados (UAV), en el ámbito de la aviación civil, 2014/2243(INI), DO núm. C 355, 20 octubre 2017, pp. 63-70.

16 *Vid.* La recién aprobada Ley de Inteligencia Artificial, que es un Reglamento y que se empezará a aplicar dos años después de su entrada en vigor, es decir, en el 2026 (Resolución legislativa del Parlamento Europeo, de 13 de marzo de 2024, sobre la propuesta de Reglamento del Parlamento Europeo y del Consejo por el que

Deep Learning basadas en redes neuronales capaces de realizar la detección de objetos, junto con su clasificación y categorización, lo cual las hace idóneas para analizar imágenes capturadas por drones y obtener información de relevancia.

Para una comprensión rápida de dichos conceptos, la Inteligencia Artificial (IA) se define como una máquina que es capaz de imitar el razonamiento humano. En esta misma línea, la Ley de Inteligencia Artificial define un sistema de IA como: "*un sistema basado en máquinas que está diseñado para funcionar con diversos niveles de autonomía y que puede mostrar capacidad de adaptación tras su despliegue, y que, para objetivos explícitos o implícitos, infiere, a partir de la entrada que recibe, cómo generar salidas tales como predicciones, contenidos, recomendaciones o decisiones que pueden influir en entornos físicos o virtuales*"[17]. Dentro de la IA, se encontrarían los conceptos de *Machine Learning* (ML) y *Deep Learning* (DL). Por *Machine Learning* (ML) se entiende como un subconjunto de Inteligencia Artificial (IA) donde las personas "entrenan" a las máquinas para reconocer patrones basados en datos y hacer sus predicciones. Mientras que por *Deep Learning* se hace referencia a un subconjunto de *Machine Learning* (ML) en el que la máquina es capaz de razonar y sacar sus propias conclusiones, aprendiendo por sí misma[18].

En definitiva, combinando la Inteligencia Artificial y los drones podremos conseguir aplicaciones de mayor complejidad. Cuando se utilizan los drones para la recopilación de datos o las inspecciones, estos datos son incorporados en cadenas de valor dentro de sectores como la agricultura, la construcción, la seguridad, etc., donde pueden ser procesados y analizados para propósitos específicos. En este sentido, el punto clave es el dron

---

se establecen normas armonizadas en materia de inteligencia artificial (Ley de Inteligencia Artificial) y se modifican determinados actos legislativos de la Unión (COM(2021)0206 – C9-0146/2021 – 2021/0106(COD)), disponible en línea en https://www.europarl.europa.eu/doceo/document/TA-9-2024-0138_ES.pdf (visitado el 24 de abril de 2024). En adelante, se utilizará como fuente la "*EU Artificial Intelligence Act*", puesto que, aunque el contenido fundamental es el mismo, se han introducido pequeños cambios hasta su texto definitivo que será aprobado previsiblemente a finales de mayo de 2024. *Vid. EU Artificial Intelligence Act*, disponible en línea en https://artificialintelligenceact.eu/es/ (visitado el 25 de mayo de 2024).

17 Art. 3.(1) Ley de Inteligencia Artificial, disponible en línea en https://artificialintelligenceact.eu/es/article/3/ (visitado el 25 de mayo de 2024).

18 ALONSO, R., "IA, Machine Learning y Deep Learning, ¿cuál es la diferencia?", *Hardzone*, disponible en línea en https://hardzone.es/tutoriales/rendimiento/diferencias-ia-deep-machine-learning/ (visitado el 10 de mayo de 2024).

como instrumento de recopilación de datos en una cadena de valor más larga que incluye otras aplicaciones tecnológicas, para hacer el mejor uso posible de los datos recopilados[19]. Pero para seleccionar e integrar estas tecnologías habrá que tener en cuenta el tipo de escenario y la aplicación para la que va a ser utilizado el dron[20].

3. Según un estudio de mercado de la empresa *Teal Group Corporation* realizado en 2024, el mercado de drones destinado a usos civiles promete ser uno de los más dinámicos del sector aeronáutico, pasando de 7.200 millones de dólares (valor del vehículo aéreo) en 2022 a cerca del triple, 19.800 millones de dólares en 2031. Durante los próximos 10 años, el mercado llegará a los 139 mil millones de dólares. Sin embargo, se pronostica una expansión máxima para la mayoría de los sectores alrededor del año 2029, a medida que las empresas comprendan los requisitos de los drones, la tecnología madure y la regulación se estabilice. Así que muchos tipos pasarán a un ciclo de reemplazo a partir de entonces. La excepción es Estados Unidos, donde los cambios regulatorios que se esperan hacia el final del período impulsarán una mayor demanda, especialmente de sistemas más grandes, en varios sectores[21]. Si bien, no se puede estar de acuerdo con esta última afirmación, pues sobre todo en China y en menor medida en Europa, los cambios regulatorios también propiciarán que los drones más grandes, como los destinados a la movilidad aérea urbana, sean demandados.

En esta misma línea, ya en el año 2020, la Comisión Europea consideró que el desarrollo de servicios de drones apoyados por una industria competitiva podría ser la base de la doble transición de Europa hacia

---

19 *Commission Staff Working Document: EU Drone Sector state of play. Accompanying the document "Communication from the Commission to the European Parliament, the Council, the European Economic and Social Committee and the Committee of the Regions 'A Drone Strategy 2.0 for a Smart and Sustainable Unmanned Aircraft Eco-System in Europe'"*, COM (2022) 652 final, 29 noviembre 2022, p. 19, disponible en línea en https://transport.ec.europa.eu/document/download/a37d608a-a433-4714-8d23-1fe28ea892b3_en?filename=SWD_2022_366_drone_strategy_2.0.pdf (visitado el 30 de abril de 2024).

20 PÉREZ GARCÍA, E., "Inteligencia Artificial y Drones: Nuevas soluciones de seguridad", *Securitecnia*, noviembre 2019, p. 34.

21 *Research & Markets*, "2022/2023 World Civil Unmanned Aerial Systems Market Profile & Forecast", disponible en línea en https://www.researchandmarkets.com/reports/5685194/20222023-world-civil-unmanned-aerial-systems (visitado el 1 de mayo de 2024).

una economía verde y digital, favorecer la recuperación posterior a la COVID-19, así como colaborar en la futura resiliencia de la economía de la Unión Europea. En este sentido, desde los desplazamientos de personas diariamente y la entrega de mercancías hasta el desarrollo de un amplio espectro de nuevas aplicaciones y servicios, los drones podrían facilitar la vida económica y social, así como convertirse en un motor de una mayor digitalización de la economía europea.

Por todo ello, en la Estrategia de Movilidad Sostenible e Inteligente del 2020, la Comisión anunció su intención de adoptar una "Estrategia de drones 2.0 para un ecosistema de aeronaves no tripuladas inteligentes y sostenibles en Europa" en el año 2022, con el fin de aprovechar todo el potencial que ofrecen los drones para contribuir a que el mercado único funcione correctamente[22]. Es más, las aplicaciones de los drones pueden contribuir en gran medida a la transformación digital de muchas empresas, así como a cumplir los objetivos de la Estrategia Digital de Europa[23].

El objetivo de la "Estrategia de drones 2.0" es mejorar la competitividad del ecosistema europeo de drones, por lo que las acciones establecidas en la Comunicación deben garantizar operaciones con drones seguras, inteligentes, resilientes, inclusivas y limpias en la Unión Europea[24]. El alcance

---

22 Este documento de trabajo acompaña a la Comunicación de la Comisión sobre "Un Estrategia de drones 2.0 para un ecosistema de aeronaves no tripuladas inteligentes y sostenibles en Europa", que establece las acciones necesarias para garantizar el despliegue de un ecosistema de drones en la Unión Europea, de manera que apoye los objetivos del Pacto Verde Europeo, de la transformación digital de la Economía Europea y de la Estrategia de Movilidad Sostenible e Inteligente. *Vid. Commission Staff Working Document: EU Drone Sector state of play. Accompanying the document "Communication from the Commission to the European Parliament, the Council, the European Economic and Social Committee and the Committee of the Regions 'A Drone Strategy 2.0 for a Smart and Sustainable Unmanned Aircraft Eco-System in Europe'"*, COM (2022) 652 final, 29 noviembre 2022, p. 3, disponible en línea en https://transport.ec.europa.eu/document/download/a37d608a-a433-4714-8d23-1fe28ea892b3_en?filename=SWD_2022_366_drone_strategy_2.0.pdf (visitado el 30 de abril de 2024).

23 *Communication from the Commission to the European Parliament, the Council, the European Economic and Social Committee and the Committee of the regions '2030 Digital Compass: the European way for the Digital Decade'*, COM (2021) 118 final, 9 marzo 2021, disponible en línea en https://eur-lex.europa.eu/resource.html?uri=cellar:12e835e2-81af-11eb-9ac9-01aa75ed71a1.0001.02/DOC_1&format=PDF (visitado el 30 de abril de 2024).

24 *Communication from the Commission to the European Parliament, the Council, the European Economic and Social Committee and the Committee of the Regions 'A Drone Strategy*

de esta estrategia va más allá del *Urban Air Mobility* (Mobilidad Aérea Urbana), concepto que se ha venido mencionando en el contexto de las nuevas iniciativas de movilidad urbanas. Si bien la EASA, en línea con un enfoque centrado en la regulación de las operaciones, ha desarrollado la noción de *Innovative Aerial Services* (Servicios Aéreos Innovadores), IAS. Estos se corresponden con el conjunto de operaciones y/o servicios que benefician a los ciudadanos y al mercado de la aviación y que son posibles gracias a las nuevas tecnologías relacionadas con el transporte aéreo: las operaciones y/o los servicios incluyen tanto el transporte de pasajeros y/o carga como las operaciones aéreas (por ejemplo, vigilancia, inspecciones, cartografía, redes de telecomunicaciones, etc.)[25]. Por lo que las IAS comprenderían tanto las operaciones aéreas ya mencionadas, como todo un nuevo mercado denominado *Innovative Air Mobility* (Movilidad Aérea Innovadora), IAM, que a su vez incluye *Urban Air Mobility* (Mobilidad Aérea Urbana), *Regional Air Mobility* (Movilidad Aérea Regional) e International Air Mobility (Movilidad Aérea Internacional)[26]. Esto implicaría que no solo las

---

2.0 for a Smart and Sustainable Unmanned Aircraft Eco-System in Europe', COM (2022) 652 final, 29 noviembre 2022, pp. 1-25, disponible en línea en https://transport.ec.europa.eu/system/files/2022-11/COM_2022_652_drone_strategy_2.0.pdf (visitado el 30 de abril de 2024).

25 Una investigación muestra que tan pronto como la demanda de drones para entrega de mercancías aumente, el número de "nidos" de drones económicamente viables en la Unión Europea podría ser sustancialmente mayor que en Estados Unidos, debido al patrón de uso del suelo de las ciudades de la Unión Europea, lo que representaría un potencial mercado interesante. *Vid. Commission Staff Working Document: EU Drone Sector state of play. Accompanying the document "Communication from the Commission to the European Parliament, the Council, the European Economic and Social Committee and the Committee of the Regions 'A Drone Strategy 2.0 for a Smart and Sustainable Unmanned Aircraft Eco-System in Europe'"*, COM (2022) 652 final, 29 noviembre 2022, p. 22, disponible en línea en https://transport.ec.europa.eu/document/download/a37d608a-a433-4714-8d23-1fe28ea892b3_en?filename=SWD_2022_366_drone_strategy_2.0.pdf (visitado el 30 de abril de 2024).

26 El concepto de IAM pretende incluir operaciones con nuevos diseños de aeronaves, que no entran dentro de ninguna de las categorías conocidas, pero que tienen capacidades de despegue y aterrizaje vertical (*Vertical Take-Off and Landing*-VTOL), características de propulsión específicas (distribuidas), que pueden operar en configuración no tripulada, etc.; y que están concebidos para ofrecer una nueva movilidad aérea de personas y de carga, en particular en zonas (urbanas) congestionadas, basándose en una infraestructura aérea y terrestre integrada. Por lo tanto, IAM describe una amplia gama de tipos de aeronaves, tanto tripuladas, como no tripuladas, cuyos diseños incorporan las

aeronaves tripuladas, sino las no tripuladas, es decir, los drones podrían entrar en un espacio aéreo diferente del Estado en el que el dron o el operador del dron estén matriculados.

4. Este incremento del número de drones está generando en la actualidad problemas reales y cada vez mayores, puesto que tanto la regulación europea como las nacionales, limitan la altura del vuelo de los drones a los 150 m (500 pies), éstos invaden el espacio aéreo no controlado[27]. A pesar de que las aeronaves comerciales operan en espacio aéreo controlado, en el espacio aéreo no controlado tiene lugar el despegue y aterrizaje de los mismos, así como el aterrizaje de helicópteros en la azotea de hospitales y edificios, lo cual puede provocar colisiones de los drones con cualquier aparato de la aviación en general[28]. Hasta la implantación completa del conocido como *U-Space* no será posible que la aviación tripulada y no tripulada operen compartiendo el mismo espacio aéreo, ya sea controlado o no controlado[29]. Se han contemplado 4 niveles del *U-Space*, y en el nivel

---

innovaciones en curso, especialmente en las áreas de híbridos y electrificación de los sistemas de propulsión, almacenamiento de energía, materiales ligeros, digitalización y automatización. Estas innovaciones han hecho posible una variedad de diseños novedosos que abarcan multirrotor, ala basculante, rotor basculante y ala motorizada, ofreciendo la posibilidad de despegue y aterrizaje corto (*Short Take-Off and Landing*-STOL), así como de despegue y aterrizaje vertical (*Vertical Take-Off and Landing*-VTOL). *Vid. Commission Staff Working Document: EU Drone Sector state of play. Accompanying the document "Communication from the Commission to the European Parliament, the Council, the European Economic and Social Committee and the Committee of the Regions 'A Drone Strategy 2.0 for a Smart and Sustainable Unmanned Aircraft Eco-System in Europe'"*, COM (2022) 652 final, 29 noviembre 2022, pp. 5-6, disponible en línea en https://transport.ec.europa.eu/document/download/a37d608a-a433-4714-8d23-1fe28ea892b3_en?filename=SWD_2022_366_drone_strategy_2.0.pdf (visitado el 30 de abril de 2024).

27 *Notice of Proposed Amendment 2017-05 (B): Introduction of a regulatory framework for the operation of drones; Unmanned aircraft system operations in the open and specific category"* (NPA 2017-05 (B)), pp. 40-41, disponible en línea en https://www.easa.europa.eu/sites/default/files/dfu/NPA%202017-05%20%28B%29.pdf (visitado el 27 de abril de 2018).

28 *Notice of Proposed Amendment 2017-05 (B): Introduction of a regulatory framework for the operation of drones; Unmanned aircraft system operations in the open and specific category"* (NPA 2017-05 (B)), p. 40, disponible en línea en https://www.easa.europa.eu/sites/default/files/dfu/NPA%202017-05%20%28B%29.pdf (visitado el 27 de abril de 2018).

29 El *U-Space* se ha desarrollado, dada su complejidad, a través de 4 reglamentos, pero que no son objeto de estudio en el presente trabajo.

último, el 4 se ofrecerían servicios completos de *U-Space*, es decir, niveles muy altos de automatización, conectividad y digitalización tanto para el dron como para el sistema *U-Space*[30]. Si bien no se espera llegar a este nivel 4 del *U-Space* hasta después del 2035[31].

Mientras se implementa de manera completa el *U-Space*, los incidentes con drones pueden poner en peligro a las aeronaves y a sus ocupantes. En línea con lo anteriormente señalado, la mayoría de los sucesos se han notificado durante la aproximación/aterrizaje y el despegue/ascenso, que son las fases más críticas de un vuelo[32]. Pero además de estos riesgos físicos, los drones también pueden causar daños económicos y operativos. Las perturbaciones más graves relacionadas con drones han tenido lugar en el aeropuerto de Gatwick (Londres) entre el 19 y el 21 de diciembre de 2018. Tras los informes de avistamientos de drones, se cerró la pista del aeropuerto, lo que provocó la cancelación de aproximadamente 1.000 vuelos afectando a 140.000 pasajeros. Se estima que este incidente le costó a la industria hasta 64 millones de euros. Un estudio de 2020 sugiere que, si el aeropuerto de Frankfurt tuviera que cerrarse durante un período continuo de 48 horas debido a avistamientos de drones, le costaría 3 millones de euros al aeropuerto y otros 34 millones de euros a las aerolíneas. Los incidentes de menor escala también pueden causar elevados costes, particularmente si provocan el cierre de la pista de aterrizaje. Se estima

---

30 Para ver en detalle cuáles serían aproximadamente los requisitos que se tendrían que cumplir en las distintos niveles del *U-Space*, esto es en el U1, U2, U3 y U4, *Vid. Notice of Proposed Amendment 2017-05 (B): Introduction of a regulatory framework for the operation of drones; Unmanned aircraft system operations in the open and specific category*" (NPA 2017-05 (B)), p. 42, disponible en línea en https://www.easa.europa.eu/sites/default/files/dfu/NPA%202017-05%20%28B%29.pdf (visitado el 27 de abril de 2018).

31 No obstante, existen autores que consideran que se podría llegar al nivel completo de integración de la aviación en el espacio aéreo, es decir, al nivel 4 del *U-Space* para el año 2030 (LAMON, M., "Remotely Piloted Aircraft Systems: The future of aviation", *Revista de Derecho del Transporte: Terrestre, marítimo, aéreo y multimodal*, nº 29, 2022, pp. 151-167). Si bien esta fecha no parece realista, dado que si tenemos en cuenta que cada país europeo puede estar en un nivel diferente del *U-Space*, nos encontraríamos entre el nivel 2 y 3. Existen multitud de proyectos para contribuir al desarrollo completo del *U-Space*, como DIODE (*D-Flight Internet of Drones Environment*) o SAFEDRONE, entre otros muchos proyectos ya finalizados, disponibles en línea en https://www.sesarju.eu/U-space (visitado el 30 de mayo de 2023).

32 Para comprender mejor la vulnerabilidad de los aviones tripulados a los ataques con drones, la EASA gestiona un proyecto apoyado por Horizonte 2020.

que, para los diez aeropuertos europeos más grandes, el coste del cierre de una pista de 30 minutos estaría entre 325.000 y 514.000 euros[33].

Los incidentes con drones de aficionados se han venido produciendo porque quienes los operan no conocen la regulación existente, que prohíbe el vuelo de los mismos en zonas próximas a aeropuertos o aeródromos, como es el caso de la legislación española, por ejemplo, que establece que la distancia a la que pueden volar con respecto a un aeropuerto debe ser de al menos de 8 km. No obstante, como actualmente existe un mayor conocimiento de los aficionados sobre cómo pueden operar sus drones, se ha ido reduciendo el uso de los mismos al menos cerca de aeropuertos o aeródromos. Pero, además, las autoridades públicas de los distintos Estados intervienen detectando e inhibiendo drones cerca de aeropuertos o de infraestructuras críticas, con el objeto de garantizar la seguridad del tráfico aéreo.

Por lo que respecta a los profesionales, estos suelen conocer muy bien la normativa específica de uso de drones, pero desconocen el uso de drones en situaciones de emergencia, como es el caso de los incendios, o la normativa existente en materia de medio ambiente, pudiendo provocar incidentes o accidentes por un mal uso de los drones. También, se plantean problemas con las grandes concentraciones humanas, como las que se producen por la gente para ver la Vuelta Ciclista a España, en cuyo caso las autoridades españolas publican áreas restrictivas temporales para evitar que la gente opere con los drones en determinados días a unas horas concretas.

Con el objetivo de delimitar las responsabilidades en caso de incidente o accidente con los drones, una de las propuestas es la del registro o matriculación de los mismos. Las distintas legislaciones nacionales europeas ya obligan a la inscripción de los drones, pero únicamente de aquellos que superen los 25 kg, cuando son las aeronaves inferiores a estos pesos las que suelen autorizarse a operar de noche o sobre aglomeraciones de personas[34]. Sin embargo, existen especialistas en la materia que se inclinaban por copiar

---

33 European Union Aviation Safety Agency (EASA), *Drone Incident Management at Aerodromes*, 8 March 2021.

34 *Vid.* Appendix V- "Overview of EASA Mss UAS regulatory framework" (*Notice of Proposed Amendment 2017-05 (B): Introduction of a regulatory framework for the operation of drones; Unmanned aircraft system operations in the open and specific category*" (NPA 2017-05 (B)), pp. 126-127, disponible en línea en https://www.easa.europa.eu/sites/default/files/dfu/NPA%202017-05%20%28B%29.pdf (visitado el 27 de abril de 2018). En este apéndice se recoge un cuadro que destaca los aspectos más importantes de las legislaciones nacionales de los Estados miembros en materia de drones.

la regulación estadounidense, pues la FAA (*Federal Aviation Administration*) ha introducido la obligatoriedad de la inscripción de los drones cuyo peso esté entre los 250 g y los 25 kg[35]. Aunque la FAA afirma que esta es sólo una herramienta más entre otras muchas para lograr la integración de los drones con el resto del tráfico aéreo en condiciones de seguridad. No obstante, la regulación europea, como se podrá comprobar, ha optado finalmente por la obligatoriedad del registro del operador del dron cuando éste supere los 250 g. de peso.

5. Se abordará la regulación europea específica en materia de drones, relacionada con la navegación aérea, y las modificaciones que sufrirá a raíz de la entrada en vigor de Ley de Inteligencia Artificial. El incumplimiento de dicha normativa sobre drones, que básicamente es de carácter administrativo, deriva en una serie de sanciones que establece cada Estado y en el caso de España están recogidas en la Ley de Seguridad Aérea[36].

En cualquier caso, se estudiará la incidencia que podría tener la Ley de Inteligencia Artificial sobre los drones, por si alguna parte de la normativa fuese de aplicación a los drones altamente automatizados o a los drones autónomos. Por adelantar algún aspecto relevante de la Ley de Inteligencia Artificial, es que todas las aeronaves no tripuladas son consideradas "sistemas de IA de alto riesgo" con independencia de su nivel de automatización, es decir, que no solo los drones altamente automatizados o los drones autónomos son incluidos dentro de los "sistemas de IA de alto riesgo", sino todos los tipos de drones[37].

II. REGULACIÓN ESPECÍFICA EN MATERIA DE DRONES

6. Hasta la entrada en vigor del nuevo Reglamento (UE) 2018/1139, la regulación existente en materia de drones se limitaba a ciertos tipos de drones, en concreto se centraba en las aeronaves que eran controladas por pilotos remotos. Bajo el concepto genérico de drones se incluyen las aeronaves pilotadas por controles remotos o RPAS (*Remotely Piloted Aircraft*

---

35 STEVENSON, B., "A320 Collision heightens UAV safety concerns", *FlightGlobal*, 21 abril 2016, disponible en línea en https://www.flightglobal.com/news/articles/a320-collision-heightens-uav-safety-concerns-424419/ (visitado el 18 de abril de 2018).

36 Art. 55 Ley 21/2003, de 7 de julio, de Seguridad Aérea, BOE núm. 162, 8 julio 2003.

37 Art. 6.1 Ley de Inteligencia Artificial, disponible en línea en https://artificialintelligenceact.eu/es/article/6/ (visitado el 25 de mayo de 2024).

System), los sistemas de aviones no tripulados o UAS (*Unmanned Aircraft System*), los vehículos aéreos no tripulados o UAV (*Unmanned Aerial Vehicle*) o las aeronaves no tripuladas o UA (*Unmanned Aircraft*). Por lo tanto, con el término dron se hace referencia a todo tipo de avión no tripulado[38].

No obstante, la normativa europea ha acogido la acepción de UA (*Unmanned Aircraft*), que incluye a cualquier aeronave que opere o esté diseñada para operar de forma autónoma o para ser pilotada a distancia sin un piloto a bordo[39]; mientras que utiliza el término UAS (*Unmanned Aircraft System*), para hacer referencia a la aeronave más el sistema que hace posible el control por parte del piloto remoto[40].

7. En este sentido, las regulaciones existentes de ámbito nacional, como la española, permiten los usos civiles de los drones bajo ciertos límites, entre los que merece la pena destacar: tienen que ser de pequeño tamaño, menos de 150 kg; que vuelen por debajo de los 500 pies, es decir 150 m; dentro del alcance visual del piloto; que vuelen de día; que operen dentro de determinadas zonas geográficas alejadas de grupos de población o de zonas de exclusión aérea como son los aeropuertos, las centrales eléctricas, las centrales nucleares, las plantas químicas y otras infracstructuras críticas[41]. Aunque las regulaciones nacionales también ofrecen la posibilidad de realizar sobrevuelos fuera del alcance visual del piloto, de noche o sobre grupos de población, cuando se trate de aeronaves más pequeñas y/o bajo determinados escenarios.

El Reglamento (UE) 2018/1139 viene a modificar la regulación de drones que, a diferencia de la normativa europea que existía hasta su entrada en vigor, el Reglamento (CE) 216/2008, se solapaba con las regulaciones nacionales. Efectivamente, el 22 de agosto de 2018 se publicó en el Diario Oficial de la Unión Europea, el Reglamento (UE) 2018/1139 del

---

38 FINGER, M./ BERT, N./ KUPFER, D. (editores), "Regulating Drones –Creating European Regulation that is smart and proportionate", *Florence School of Regulation – Transport (European University Institute)*, nº 3, 2015, p. 5.

39 Art. 3, apartado 30 Reglamento (UE) 2018/1139; art. 3, apartado 1 Reglamento Delegado (UE) 2019/945.

40 Art. 3, apartado 3 Reglamento Delegado (UE) 2019/945; art. 2, apartado 1 Reglamento de Ejecución (UE) 2019/947.

41 Resolución del Parlamento Europeo, de 29 de octubre de 2015, sobre el uso seguro de los sistemas de aeronaves pilotadas de forma remota (RPAS), comúnmente conocidos como vehículos aéreos no tripulados (UAV), en el ámbito de la aviación civil, 2014/2243(INI), DO núm. C 355, 20 octubre 2017, pp. 63-70.

Parlamento Europeo y del Consejo, de 4 de julio de 2018, sobre normas comunes en el ámbito de la aviación civil y por el que se crea una Agencia de la Unión Europea para la Seguridad Aérea[42]. Mediante el nuevo Reglamento (UE) 2018/1139 se derogó entre otras normas, el Reglamento (CE) 216/2008, teniendo efectos esta nueva normativa desde el 11 de septiembre de 2018, aunque una compleja disposición transitoria recogida en el art. 140 ha implicado una eficacia escalonada, en distintas fechas.

Efectivamente, el ámbito de aplicación material del Reglamento anterior, el Reglamento (CE) 216/2008, eran los drones cuya masa máxima en el despegue sea superior a los 150 kg. Por esta razón, en la Comunicación de la Comisión del 2014, Europa ya manifestó su interés por las aplicaciones comerciales de los drones de menos de 150 kg de peso[43]. En la misma se señalaba que la disponibilidad de drones menos costosos, más flexibles y menos invasivos estaba siendo asumida sólo parcialmente por el papel de las aeronaves tripuladas, y más concretamente de los helicópteros. Pero la mayor utilidad de los drones venía dada por los nuevos usos que podían proporcionar los aparatos de pequeño tamaño, que no eran objeto en ese momento de la regulación europea. Lo cual generaría nuevas aplicaciones, que incidirían en el empleo directo e indirecto, lo cual repercutiría en la economía general, por ejemplo, aumentando la productividad[44]. De ahí, la necesidad de desarrollar una nueva normativa

---

42 Reglamento (UE) núm. 2018/1139 del Parlamento Europeo y del Consejo, de 4 de julio de 2018, DO núm. *L 212, 22 agosto 2018,* sobre normas comunes en el ámbito de la aviación civil y por el que se crea una Agencia de la Unión Europea para la Seguridad Aérea y por el que se modifican los Reglamentos (CE) núm. 2111/2005, (CE) núm. 1008/2008, (UE) núm. 996/2010, (CE) núm. 376/2014 y las Directivas 2014/30/UE y 2014/53/UE del Parlamento Europeo y del Consejo y se derogan los Reglamentos (CE) núm. 552/2004 y (CE) núm. 216/2008 del Parlamento Europeo y del Consejo y el Reglamento (CEE) núm. 3922/91 del Consejo.

43 Dictamen del Comité Económico y Social Europeo sobre la Comunicación de la Comisión al Parlamento Europeo y al Consejo «Una nueva era de la aviación — Abrir el mercado de la aviación al uso civil de sistemas de aeronaves pilotadas de forma remota de manera segura y sostenible», COM (2014) 207 final, DO núm. C 12, 15 enero 2015, pp. 87-92.

44 Dictamen del Comité Económico y Social Europeo sobre la Comunicación de la Comisión al Parlamento Europeo y al Consejo «Una nueva era de la aviación — Abrir el mercado de la aviación al uso civil de sistemas de aeronaves pilotadas de forma remota de manera segura y sostenible», COM (2014) 207 final, DO núm. C 12, 15 enero 2015, pp. 87-92.

europea como el Reglamento (UE) 2018/1139, que a diferencia de su antecesor es de aplicación a los drones de todos los tamaños y pesos.

En dicha Comunicación de la Comisión del 2014, se establecía que la evolución e integración de los drones civiles en el espacio aéreo común debería realizarse en un plazo de quince años, es decir para el 2028, si se tiene en cuenta que la hoja de ruta europea se realizó en al año 2013[45]. En dicha hoja de ruta, se señalaban tres pilares específicos: (1) Investigación y desarrollo; (2) Normativa en materia de seguridad operacional, armonización de las normas técnicas y medidas adicionales, tales como la privacidad y la protección de datos; (3) seguros y responsabilidad[46]. En ese momento, el Parlamento Europeo también daba recomendaciones a la Comisión sobre normas de Derecho civil sobre robótica, donde ya se hacía referencia a la inteligencia artificial en relación con los drones[47].

En este sentido, la seguridad operacional era una prioridad de la política europea de aviación, de manera que la normativa existente hasta el momento obstaculizaba el mercado europeo, ya que las autorizaciones nacionales no gozaban de reconocimiento mutuo por parte de los Estados miembros y, por consiguiente, de toda Europa. El objetivo era que el nuevo marco reglamentario tuviera en cuenta la amplia variedad de aeronaves y se centrara en las tecnologías maduras, para después ir introduciendo normas

---

45 La previsión de la Comisión no parecía que fuera a cumplirse en los próximos 11 años, dado que ni la tecnología, ni el espacio aéreo están preparados para la integración de los drones en el espacio aéreo con el resto de usuarios. Sin embargo, con la entrada en vigor el 11 de septiembre de 2018, del Reglamento 2018/1139, la posibilidad de que los drones compartan el espacio aéreo con el resto de aeronaves, parece algo más próxima. Aunque este Reglamento señala que las disposiciones pertinentes del Reglamento 216/2008 seguirán siendo de aplicación hasta que entren en vigor los actos delegados a que se refiere el artículo 58 y los actos de ejecución a que se refiere el artículo 57 del Reglamento 2018/1139, según la disposición transitoria del art. 140.2 de dicho Reglamento.

46 "Roadmap for the integration of civil Remotely-Piloted Aircraft Systems into the European Aviation System", *Informe final del Grupo Director del RPAS europeo,* junio 2013 (Dictamen del Comité Económico y Social Europeo sobre la Comunicación de la Comisión al Parlamento Europeo y al Consejo «Una nueva era de la aviación — Abrir el mercado de la aviación al uso civil de sistemas de aeronaves pilotadas de forma remota de manera segura y sostenible», COM (2014) 207 final, DO núm. C 12, 15 enero 2015, pp. 87-92).

47 Resolución del Parlamento Europeo, de 16 de febrero de 2017, con recomendaciones destinadas a la Comisión sobre normas de Derecho civil sobre robótica (2015/2103(INL)), *DO núm. C 252, 18 julio 2018, pp. 239-257.*

más detalladas, lo que permitiera en un futuro llevar a cabo operaciones con drones más complejas[48]. Efectivamente la nueva normativa europea, el Reglamento (UE) 2018/1139, es de aplicación a una gran variedad de aeronaves, pero es una regulación muy básica que ha sido desarrollada reglamentariamente con posterioridad[49].

Por lo tanto, las futuras normas europeas y mundiales en materia de drones tenían que abarcar cuestiones relacionadas con: la aeronavegabilidad, las especificaciones de certificación, el uso recreativo y comercial, la identificación del dron, del propietario o del operador, la aprobación de las organizaciones de formación de los pilotos, la formación y la concesión de la licencia de los pilotos, las operaciones, la responsabilidad y el seguro, la protección de datos y la intimidad, "el geoperimetraje", la tecnología que permita detectar y evitar a otros ("*detect-and-avoid*") o las zonas de exclusión aérea[50]. Y todo en aras de la creación de un mercado europeo de drones, que, en ese momento, estaba fragmentado por las legislaciones nacionales[51]. Aunque muchas de las cuestiones señaladas ya

---

48 Dictamen del Comité Económico y Social Europeo sobre la Comunicación de la Comisión al Parlamento Europeo y al Consejo «Una nueva era de la aviación — Abrir el mercado de la aviación al uso civil de sistemas de aeronaves pilotadas de forma remota de manera segura y sostenible», COM (2014) 207 final, DO núm. C 12, 15 enero 2015, pp. 87-92.

49 El sector aeronáutico en sí mismo – y por tanto su regulación- ya era complejo cuando únicamente navegaban por el espacio aéreo las aeronaves tripuladas, así que la incursión en el mismo de las aeronaves tripuladas por control remoto sólo ha venido a incrementar su grado de complejidad, y previsiblemente será mayor cuando se introduzca la posibilidad de que estas últimas puedan transportar personas o cosas, o incluso que estas aeronaves no tripuladas sean completamente autónomas.

50 Resolución del Parlamento Europeo, de 29 de octubre de 2015, sobre el uso seguro de los sistemas de aeronaves pilotadas de forma remota (RPAS), comúnmente conocidos como vehículos aéreos no tripulados (UAV), en el ámbito de la aviación civil, 2014/2243(INI), DO núm. C 355, 20 octubre 2017, pp. 63-70.

51 En el año 2015, Estados Unidos representaba el principal mercado para la utilización de los RPAS, pero su uso está centrado en las operaciones militares. Europa lideraba el sector civil, con 2.500 operadores (400 en el Reino Unido, 300 en Alemania, 1.500 en Francia, 250 en Suecia, etc.) frente a 2.342 operadores en el resto del mundo, y que debe hacer todo lo posible por fomentar su firme postura competitiva. Por su parte, Japón cuenta con un gran número de operadores de RPAS y con dos décadas de experiencia, especialmente en la utilización de estos sistemas en trabajos agrícolas de precisión, como la fumigación de los cultivos; de hecho, este país fue el primero en autorizar, a mediados de los años noventa,

se han conseguido, las relacionadas con la responsabilidad y el seguro no se han visto modificadas por un desarrollo normativo posterior.

El sentido de la Propuesta de la EASA, que derivó en el desarrollo de la normativa actual, era que existiese una normativa europea que reflejase los distintos tamaños de los drones, así como las distintas actividades a desarrollar, de forma que se permitiese establecer mejor la responsabilidad civil hacia terceros, así como los posibles seguros[52]. Si bien, en línea con lo anteriormente señalado, no existe todavía una normativa específica para drones en esta materia, sino que es de aplicación la normativa prevista para la aviación tripulada.

1. Reglamento (UE) 2018/1139 sobre normas comunes en la aviación civil

8. El Reglamento (UE) 2018/1139 entró en vigor el 11 de septiembre de 2018, fecha a partir de la cual era de aplicación a todas las aeronaves, tanto las tripuladas como las no tripuladas, con independencia de su tamaño[53]. Sin embargo, el Reglamento (UE) 2018/1139 es un Reglamento Básico, que debía ser desarrollado mediante actos delegados y de ejecución, como así ha sido a través de los dos Reglamentos que serán estudiados en los siguientes epígrafes.

Hasta ese momento, como se ha comentado, existía un mercado fragmentado en relación a los drones, ya que cada Estado poseía su propia legislación interna. Por lo que había que desarrollar una normativa de la Unión Europea para conseguir una regulación uniforme, que impulsara la creación de un mercado europeo de drones, en el que los avances científicos y la innovación tecnológica era y es fundamental.

---

la utilización de esta tecnología en las actividades agrícolas, lo que hizo que el número de operadores se multiplicase en pocos años (Resolución del Parlamento Europeo, de 29 de octubre de 2015, sobre el uso seguro de los sistemas de aeronaves pilotadas de forma remota (RPAS), comúnmente conocidos como vehículos aéreos no tripulados (UAV), en el ámbito de la aviación civil, 2014/2243(INI), DO núm. C 355, 20 octubre 2017, pp. 63-70).

52 Dictamen del Comité Económico y Social Europeo sobre la Comunicación de la Comisión al Parlamento Europeo y al Consejo «Una nueva era de la aviación — Abrir el mercado de la aviación al uso civil de sistemas de aeronaves pilotadas de forma remota de manera segura y sostenible», COM (2014) 207 final, DO núm. C 12, 15 enero 2015, pp. 87-92.

53 Art. 141 Reglamento (UE) 2018/1139.

1.1. Ámbito de aplicación: Comparativa con el Reglamento (UE) 216/2008

9. Las novedades introducidas por el nuevo Reglamento (UE) 2018/1139 con respecto a su antecesor el Reglamento (CE) 216/2008 es que la regulación de las aeronaves no tripuladas no se va a establecer solamente en función del peso de la aeronave.

Aunque el Anexo I del Reglamento (UE) 2018/1139 contiene un listado de las aeronaves excluidas de su ámbito de aplicación, ninguna aeronave no tripulada está excluida, a diferencia de lo que sucedía con el Reglamento (UE) 216/2008 (Anexo II). Así resulta paradójico que el Reglamento (UE) 2018/1139 se aplique a todas las aeronaves no tripuladas, pero se excluya de su ámbito de aplicación a las aeronaves tripuladas con masa inferior a 70 kg[54]. Esto es como consecuencia de que el legislador europeo considera que ningún tipo de aeronave no tripulada supone un riesgo bajo para la seguridad aérea[55]. En este mismo sentido, se manifiesta la actual Ley de Inteligencia Artificial, al considerar a todos los drones como "sistemas de alto riesgo"[56]. También se debe a que se pretende que la nueva normativa aplicable a las aeronaves no tripuladas sea uniforme en todos los Estados miembros.

Sin embargo, se mantiene la exclusión de aquellas aeronaves que: "*lleven a cabo actividades o servicios militares, de aduanas, policía, búsqueda y salvamento, lucha contra incendios, control fronterizo, vigilancia costera o similares, bajo el control y la responsabilidad de un Estado miembro, emprendidas en el interés general*

---

54 Tampoco contempla el Reglamento (UE) 2018/1139, a diferencia del Reglamento (CE) 216/2008 (letra b) del Anexo II), la exclusión de su ámbito de aplicación de las aeronaves no tripuladas específicamente diseñadas o modificadas para la investigación o para propósitos de experimentación o científicos, y que puedan producirse en número muy limitado –esto es las aeronaves no tripuladas destinadas a operaciones aéreas especializadas o vuelos experimentales–; aunque siguen estando excluidas este tipo de aeronaves en el caso de que sean tripuladas (letra b) apartado 1 del Anexo I del Reglamento (UE) 2018/1139).

55 El Anexo I Reglamento (UE) 2018/1139 señala las aeronaves excluidas del ámbito de aplicación del Reglamento, porque suponen un riesgo para la seguridad aérea, siempre que no se les haya expedido un certificado conforme al Reglamento anterior, el Reglamento (CE) 216/2008 (precepto 2.3.d) Reglamento (UE) 2018/1139). *Vid.* GALLARDO ROMERA, E., "Régimen jurídico de los drones en España. Drones civiles: uso profesional, uso recreativo y uso deportivo. Drones militares", *Derecho de los drones*, Walters Kluwer, Madrid, 2018, p. 123.

56 Art. 6.1 Ley de Inteligencia Artificial, disponible en línea en https://artificialintelligenceact.eu/es/article/6/ (visitado el 25 de mayo de 2024)

por un organismo investido de autoridad pública o en nombre de este", teniendo en cuenta que los Estados miembros garantizarán que las actividades y servicios realizados por dichas aeronaves se realizan teniendo en cuenta los objetivos de seguridad del Reglamento, y que cuando sea necesario, dichas aeronaves estarán separadas del resto de aeronaves de forma segura[57].

10. El Reglamento (UE) 2018/1139 también introduce otra novedad con respecto al Reglamento (CE) 216/2008 y es que dentro del concepto de aeronave no tripulada se encuentran tanto las aeronaves pilotadas por control remoto como las aeronaves autónomas, es decir, en las que no existe un piloto remoto[58]. Si bien esa normativa de momento, en materia de navegación aérea, sólo se ha desarrollado a través de una disposición en el Reglamento de Ejecución (UE) 2019/947, que será estudiada en dicho epígrafe.

1.2. Ámbito de aplicación: comparativa con el Real Decreto 1036/2017

11. El Reglamento (CE) 216/2008 no era de aplicación ni a los drones con una masa máxima en el despegue inferior a 150 kg; ni a las aeronaves en general, ya fueran tripuladas o no tripuladas, destinadas a operaciones aéreas especializadas o a vuelos experimentales, bajo determinadas condiciones establecidas en el Anexo II del Reglamento (CE) 216/2008, que recoge las aeronaves que están excluidas del ámbito de aplicación de dicho instrumento internacional. En España, se hizo a través del Real Decreto 1036/2017 de 15 de diciembre, por el que se regula la utilización civil de las aeronaves pilotadas por control remoto, excluyendo de forma expresa a las aeronaves autónomas.

Así que, en principio, el Real Decreto 1036/2017 queda desplazado en relación con las aeronaves de masa inferior a 150 kg que no efectúen actividades de aduanas, policía, búsqueda y salvamento, lucha contra incendios, guardacostas o similares con la norma europea[59]. De manera, que el Real Decreto 1036/2017 no va a ser de aplicación a las aeronaves no tripuladas destinadas a la realización de operaciones especializadas distintas de las

---

57 Precepto 2.3.a) y párrafo penúltimo del precepto 2.3 Reglamento (UE) 2018/1139.

58 Art. 3, apartado 30 Reglamento (UE) 2018/1139. Hasta el Reglamento (UE) 2018/1139 no existía todavía ninguna regulación en relación con las aeronaves autónomas. *Vid.* DÍAZ ALABART, S., *Robots y responsabilidad civil*, Reus, Madrid, 2018, p. 47.

59 *Vid.* GALLARDO ROMERA, E., cit., p. 124.

arriba mencionadas –esto es, las no desarrolladas con fines públicos– y a la ejecución de vuelos experimentales.

Por otro lado, el Reglamento (UE) 2018/1139 permite que las autoridades nacionales españolas –o a las de cualquier Estado miembro–, con objeto de lograr mejoras en términos de seguridad, interoperabilidad o eficiencia, pueden decidir que las aeronaves no tripuladas que realizan actividades y servicios militares realizados en interés público, les sean de aplicación las normas del Reglamento (UE) 2018/1139. En cuyo caso, el Real Decreto 1036/2017 quedaría totalmente desplazado por el Reglamento (UE) 2018/1139, cuando son precisamente estos dos tipos de operaciones realizados con aeronaves no tripuladas, el objetivo fundamental de este Real Decreto 1036/2017. En ese sentido, uno de los caracteres fundamentales de este nuevo Reglamento es la flexibilidad.

12. Además, en opinión de ciertos autores, el apartado 8 situado al final del artículo 56 del Reglamento (UE) 2018/1139, que recoge la "Conformidad de las aeronaves no tripuladas", abre la posibilidad a una regulación nacional adicional y concurrente, "*por razones ajenas al ámbito de aplicación del presente Reglamento, en particular por razones de seguridad pública o de protección de la privacidad y de los datos personales con arreglo al Derecho de la Unión*"[60]. Sin embargo, esto no debería suponer un resquicio legal para el desarrollo de normas nacionales por parte de los Estados miembros, puesto que esta opción se contempla en el Reglamento (UE) 2018/1139 tanto para las aeronaves no tripuladas, como para las aeronaves tripuladas.

Por último, cuando se trate aeronaves que no se encuentren dentro el ámbito de aplicación del Reglamento (UE) 2018/1139, con el fin de facilitar la elaboración de normas nacionales para las aeronaves que no estén incluidas en el ámbito de aplicación del presente Reglamento, la Agencia podrá emitir documentación orientativa con este propósito[61].

1.3. Normativa específica sobre drones: "Conformidad de las aeronaves no tripuladas"

13. Teniendo en cuenta que el Reglamento (UE) 2018/1139 es una regulación muy básica, que debía ser desarrollada posteriormente mediante

---

60 *Vid.* GALLARDO ROMERA, E., cit., p. 124.

61 Considerando (4) Reglamento (UE) 2018/1139.

actos delegados y de ejecución, la regulación de las aeronaves no tripuladas está recogida en:

(a) la Sección VII bajo el título "Aeronaves no tripuladas", dentro del Capítulo III que aborda "Requisitos sustantivos" de todas las aeronaves;

(b) y el Anexo IX que recoge "Requisitos esenciales para aeronaves no tripuladas".

La Sección VII destinada a "Aeronaves no tripuladas", está compuesta por cuatro artículos, del art. 55 al 58. El art. 55 recoge los "Requisitos esenciales para las aeronaves no tripuladas", el art. 56 comprende la "Conformidad de las aeronaves tripuladas", el art. 57 contempla los "Actos de ejecución y competencias delegadas" y por, último, el art. 58 desarrolla las "Competencias delegadas".

14. En primer lugar, las aeronaves no tripuladas que entren dentro del ámbito de aplicación del Reglamento (UE) 2018/1139 deberán cumplir con los requisitos esenciales previstos para las aeronaves no tripuladas, que están desarrollados en el Anexo IX[62].

En cuanto a las aeronaves no tripuladas que entran dentro del ámbito de aplicación del Reglamento (UE) 2018/1139, en virtud del precepto 2.1, letra b), son: (a) aquellas matriculadas en un Estado miembro, salvo que el Estado miembro haya transferido sus responsabilidades de acuerdo con el Convenio de la ICAO a un tercer país y que por tanto, la explotación de la aeronave recaiga en un operador de aeronaves de un tercer país[63] ; (b) aquellas matriculadas en un tercer país, pero explotadas por un

---

62 El art. 55 del Reglamento (UE) 2018/1139 detalla exactamente que deben cumplirse los requisitos en cuanto al diseño, la producción, el mantenimiento y la explotación de las aeronaves no tripuladas, y sus motores, hélices, componentes, equipos no instalados y equipos para controlarlas de forma remota, así como al personal, incluidos los pilotos a distancia, y a las organizaciones que intervengan en estas actividades.

63 Es posible que una aeronave que esté matriculada en un Estado miembro sea explotada por un operador de un tercer Estado. En cuyo caso, en virtud del art. 83 del Convenio de la ICAO, las autoridades del Estado de matrícula de la aeronave pueden transferir ciertas responsabilidades, tales como las relacionadas con la aeronavegabilidad, la formación de los pilotos o las operaciones de cabina, a las autoridades del Estado en el que la aerolínea realiza sus operaciones. Esta opción está destinada a la aviación tripulada, pero también es de aplicación a las aeronaves no tripuladas, porque los dos primeros criterios, (a) y (b), para la aplicación del Reglamento tienen como objeto los dos tipos de aeronaves, tanto las tripuladas como las no tripuladas. A propósito de la

operador de aeronaves que tenga su "domicilio" (establecimiento, residencia o un centro de actividad principal) en un lugar en el que se aplican los Tratados (Tratado de la Unión Europea, TUE, y Tratado de Funcionamiento de la Unión Europea, TFUE); (c) aquellas que no estén matriculadas ni en un Estado miembro, ni en un tercer país, pero que estén explotadas en el territorio al que se aplican los Tratados por un operador de aeronaves con "domicilio" en el sentido del Reglamento, en dicho territorio; (d) y en caso de que las aeronaves no tripuladas no cumplan ninguno de los requisitos anteriores, aquellas que estén sometidas a la supervisión de la Agencia o de un Estado miembro.

15. Bajo el título "Conformidad de las aeronaves no tripuladas", el art. 56 establece los requisitos necesarios para que dichas aeronaves obtengan la conformidad. En el apartado 1 se establece que de conformidad con los actos delegados (art. 58) y los actos de ejecución (art. 57), se podrá requerir un certificado para las aeronaves no tripuladas. Sin embargo, también teniendo en cuenta los mismos aspectos que para la solicitud del certificado, los actos delegados (art. 58) y los actos de ejecución (art. 57) podrían exigir una declaración que confirme el cumplimiento de dichos actos delegados y de ejecución[64].

Al igual que sucede con el requerimiento de los certificados, la declaración relativa a las aeronaves no tripuladas puede solicitarse sobre: (a) el diseño, la producción, el mantenimiento y la operación de las misma; (b) de sus motores, hélices, componentes, equipos no instalados y equipos para controlarlas de forma remota; (c) el personal, incluidos los pilotos a distancia, y las organizaciones que intervengan en tales actividades.

En este sentido, ya se establecía que iban a existir disposiciones adaptadas a las particularidades de la aviación deportiva y recreativa. Así, las organizaciones que realizasen el diseño y la fabricación de productos utilizados en la aviación deportiva y recreativa, componentes y equipos no instalados aeronáuticos deben tener la posibilidad de declarar el cumplimiento de dichos requisitos con las normas del sector pertinentes, pero siempre con sujeción a las limitaciones y condiciones adecuadas para garantizar la seguridad[65].

---

transferencia de determinadas responsabilidades entre el Estado de matrícula y el Estado en el que el explotador tiene su oficina principal, o en su defecto, su residencia permanente, *vid.* CASTELLANOS RUIZ, M.-J., *Compraventa Internacional de Grandes Aeronaves Civiles,* Dykinson, Madrid, 2016, pp. 88-108.

64 Precepto 56.5 Reglamento (UE) 2018/1139.

65 Considerando (25) Reglamento (UE) 2018/1139.

16. Finalmente, el desarrollo del Reglamento (UE) 2018/1139 se ha realizado a través de dos instrumentos, el Reglamento Delegado (UE) 2019/945, sobre diseño, fabricación y comercialización de aeronaves no tripuladas y el Reglamento de Ejecución (UE) 2019/947, sobre las operaciones de vuelo de las aeronaves no tripuladas, que han comenzado a aplicarse en fechas diferentes.

2. Reglamento Delegado (UE) 2019/945 sobre diseño, fabricación y comercialización de aeronaves no tripuladas

17. El Reglamento Delegado (UE) 2019/945, sobre diseño, fabricación y comercialización de aeronaves no tripuladas, entró en vigor y es de aplicación desde el 1 de julio de 2019[66]. En el mismo, se establecen los requisitos de diseño para UAS pequeños, de hasta 25 kg, que se implementarán mediante el uso de la conocida como marca CE ("Conforme Europa") para productos comercializados en Europa. El operador encontrará en cada uno de estos drones, dependiendo de si es clasificado como C1, C2, C3 o C4, una información relativa a lo que puede o no puede hacer con el dron para no poner en peligro a las personas[67]. Esta clasificación de los drones será explicada en el siguiente epígrafe, al estudiar las diferentes categorías de operaciones que pueden hacer los UAS.

Esta normativa es de aplicación exclusivamente a los UAS diseñados para operar en la categoría abierta o de riesgo medio, a las que no se les exige certificado de aeronavegabilidad, pero sí marcado CE y en su caso la etiqueta de identificación de clase. La Directiva 2014/53/UE del Parlamento Europeo y del Consejo, relativa a la armonización de las legislaciones de los Estados miembros sobre la comercialización de equipos radioeléctricos conformarían la nueva legislación armonizada de la Unión Europea cuando se trata de drones que operan en la categoría abierta[68].

---

[66] Reglamento Delegado (UE) 2019/945 de la Comisión, de 12 de marzo de 2019, DO núm. L 152, 11 junio 2019, sobre los sistemas de aeronaves no tripuladas y los operadores de terceros países de sistemas de aeronaves no tripuladas.

[67] *Vid.* Partes 1 a 5 del Anexo Reglamento Delegado (UE) 2019/945.

[68] Directiva 2014/53/UE del Parlamento Europeo y del Consejo, de 16 de abril de 2014, DO núm. L 153, 22 mayo 2014, relativa a la armonización de las legislaciones de los Estados miembros sobre la comercialización de equipos radioeléctricos, y por la que se deroga la Directiva 1999/5/CE.

Dicho Reglamento debe aplicarse también a los UAS considerados juguetes en el sentido de la Directiva 2009/48/CE del Parlamento Europeo y del Consejo, sobre la seguridad de los juguetes; pero también deben ser conformes con dicha Directiva[69].

3. Reglamento de Ejecución (UE) 2019/947 sobre las operaciones de vuelo de las aeronaves no tripuladas

18. El Reglamento de Ejecución (UE) 2019/947 establece las normas que deben cumplir las aeronaves no tripuladas para poder operar en condiciones de seguridad; más concretamente, deben respetar los requisitos relacionados con la aeronavegabilidad, las organizaciones, las personas que participan en la utilización de UAS (*Unmanned Aircraft System*) y las operaciones de las aeronaves no tripuladas[70]. Este instrumento internacional entró en vigor el 31 de diciembre de 2020.

Esto se debe a que las aeronaves no tripuladas, independientemente de su masa, pueden ser utilizadas dentro del mismo espacio aéreo del cielo único europeo que las aeronaves tripuladas, ya sean estos aviones o helicópteros[71]. Así que las normas señaladas en este Reglamento de Ejecución tienen como objetivo garantizar la seguridad tanto de las personas en tierra, como de otros usuarios del espacio aéreo durante las operaciones de este tipo de aeronaves, ya que pueden realizar una amplia gama de operaciones[72].

En este contexto, se debe realizar una clasificación conforme al riesgo de la operación realizada con el dron, y no sólo teniendo en cuenta el peso del dron. Se usa, por tanto, el riesgo a la hora de clasificar las operaciones de los drones ya que, por ejemplo, una aeronave no pilotada en el mar abierto ofrece un peligro menor que una más pequeña que sobrevuela a los espectadores de un estadio.

---

69 Directiva 2009/48/CE del Parlamento Europeo y del Consejo, de 18 de junio de 2009, DO núm. L 170, 30 junio 2009, sobre la seguridad de los juguetes.

70 Considerando (4) Reglamento de Ejecución (UE) 2019/947 de la Comisión, de 24 de mayo de 2019, DO núm. L 152, 11 junio 2019, relativo a las normas y los procedimientos aplicables a la utilización de aeronaves no tripuladas.

71 Considerando (1) Reglamento de Ejecución (UE) 2019/947.

72 Considerando (4) Reglamento de Ejecución (UE) 2019/947.

3.1. Categorías

19. Las tres categorías en las que se clasifican las operaciones de los UAS se establecen en función del riesgo que la operación de dicho UAS supone para terceros (personas y propiedades)[73]:

(a) Categoría abierta, que es aquella que implica un riesgo bajo.

(b) Categoría específica, que es la que implica un riesgo medio.

(c) Categoría certificada, que es aquella que conlleva un riesgo alto.

20. En relación con dichas categorías, antes de la redacción definitiva del Reglamento (UE) 2018/1139 y de sus dos reglamentos que lo desarrollan (Reglamento Delegado (UE) 2019/945 y Reglamento de Ejecución (UE) 2019/947), se realizó una evaluación de la seguridad en relación con el impacto social o económico de las tres categorías, antes de definir exactamente sus características[74].

a) Categoría abierta

21. En la categoría abierta o de riesgo bajo, la seguridad se garantiza con limitaciones operacionales, cumplimiento con estándares de seguridad industriales, requisitos para ciertas funcionalidades y set mínimo de normas operacionales. La policía es la principal encargada de supervisar su cumplimiento[75].

22. Los límites para que una operación entre dentro de la categoría abierta son: que el UAS tenga una masa máxima en el despegue o MTOM (*Maximum take-off mass, Masa máxima en el despegue*) inferior a 25 kg; que la altura no supere los 120 m; que esté dentro del alcance visual del piloto o VLOS (*Operations in visual line of sight*)[76].

---

[73] *A-NPA 2015-10*, p. 1, disponible en línea en http://easa.europa.eu/system/files/dfu/A-NPA%202015-10.pdf (visitado el 27 de noviembre de 2019).

[74] *NPA 2017-05 (B)*, p. 113, disponible en línea en https://www.easa.europa.eu/sites/default/files/dfu/NPA%202017-05%20%28B%29.pdf (visitado el 27 de noviembre de 2019).

[75] *A-NPA 2015-10*, p. 14, disponible en línea en http://easa.europa.eu/system/files/dfu/A-NPA%202015-10.pdf (visitado el 27 de noviembre de 2019).

[76] Art. 4 Reglamento de Ejecución (UE) 2019/947. *Vid. NPA 2017-05 (A)*, p. 10, disponible en línea en https://www.easa.europa.eu/sites/default/files/dfu/NPA%202017-05%20%28A%29_0.pdf (visitado el 27 de noviembre de 2019).

Las operaciones de la categoría abierta no deben exigir la utilización de UAS sujetos a procedimientos estándar de conformidad aeronáutica, es decir que necesiten una certificación o una declaración, sino que deben realizarse con las clases de UAS definidas en el Reglamento Delegado (UE) 2019/945[77].

Las operaciones de UAS realizadas en la categoría abierta no estarán sujetas a ninguna autorización previa, ni a una declaración operacional del operador de UAS antes de que se realice la operación[78]. Pero, además, las operaciones de UAS en esta categoría se dividirán en tres subcategorías[79]:

23. Dentro de la categoría abierta se distinguen tres subcategorías de operaciones, que nunca deben realizarse sobre aglomeraciones de personas[80]:

a) A1. Es aquella en la que se engloban las operaciones que se realizan sobre personas, de forma excepcional. Estas operaciones sólo pueden ser realizadas por: un UA clasificado como C0 o de forma privada, ambos con una masa máxima en el despegue inferior a 250 g., incluida su carga útil; o un UA clasificado como C1, cuya masa máxima en el despegue es inferior a 900 g, incluida su carga útil; cuyos operadores han de estar registrados[81].

Se ha considerado que la MTOM de una aeronave no tripulada que transmite 80 julios de energía cinética es de aproximadamente 900 gramos, y estos 80 julios de energía cinética es lo máximo que la cabeza de una persona puede absorber sin fracturarse el cráneo[82]. Por eso, se ha decidido que sea obligatoria la inscripción de los operadores de aeronaves no tripuladas a partir de 250 g., o que en caso de colisión pueda transferir una energía cinética superior a 80 julios,

---

77 Considerando (8) Reglamento de Ejecución (UE) 2019/947.

78 Art. 3 Reglamento de Ejecución (UE) 2019/947.

79 Los requisitos para la operación de los UAS en cada subcategoría se señalan en la parte A del Anexo de dicho Reglamento (Art. 4.2 Reglamento de Ejecución (UE) 2019/947).

80 *NPA 2017-05 (A)*, pp. 14-15, disponible en línea en https://www.easa.europa.eu/sites/default/files/dfu/NPA%202017-05%20%28A%29_0.pdf (visitado el 27 de abril de 2018).

81 UAS.OPEN.020 (Operaciones de UAS de la subcategoría A1) Parte A del Anexo Reglamento de Ejecución (UE) 2019/947.

82 *NPA 2017-05 (B)*, pp. 117-121, sobre todo p. 119, disponible en línea en https://www.easa.europa.eu/sites/default/files/dfu/NPA%202017-05%20%28B%29.pdf (visitado el 27 de noviembre de 2019).

es decir, en principio, cuando se trate de un UA de 900 g. Y que sea precisamente la categoría C1 la que pueda volar por encima de personas aisladas, no sobre concentraciones de personas.

b) A2. Es la categoría en la que se engloban las operaciones que se realizan de forma próxima a la gente. Y estas operaciones sólo pueden ser realizadas por un UA clasificado como C2, que tiene una masa máxima en el despegue inferior a 4 Kg., incluida carga útil[83].

c) A3. Es la que corresponde a las operaciones que se realizan lejos de la gente. Dichas operaciones sólo pueden ser realizadas por un UA clasificado como C2 (MTOM inferior a 4 kg. incluida carga útil), C3 o C4 (estos últimos con una masa máxima en el despegue inferior a 25 Kg, incluida carga útil)[84]. Para que sea clasificado el UA como un C3, además, deber tener una dimensión característica máxima inferior a 3 m.

   Por otro lado, C4 es una clasificación que está pensada para los drones actuales que no cumplen la normativa y tienen un MTOM de menos de 25 Kg. Como consecuencia del buen nivel de seguridad alcanzado por las aeronaves de clase C4, se ha permitido la realización de operaciones de bajo riesgo de estas aeronaves en la categoría abierta. Estas aeronaves, utilizadas a menudo por operadores de aeromodelos, son comparativamente más simples que otras clases de aeronaves no tripuladas, por lo que no están sujetas a requisitos técnicos desproporcionados[85].

24. Cuando la operación a la que se destina el dron excede uno de los límites de la categoría abierta, entonces la operación entra dentro de la categoría específica[86].

---

[83] UAS.OPEN.030 (Operaciones de UAS de la subcategoría A2) Parte A del Anexo Reglamento de Ejecución (UE) 2019/947.

[84] UAS.OPEN.040 (Operaciones de UAS de la subcategoría A3) Parte A del Anexo Reglamento de Ejecución (UE) 2019/947.

[85] Considerando (28) Reglamento de Ejecución (UE) 2019/947.

[86] *NPA 2017-05 (A)*, p. 10, disponible en línea en https://www.easa.europa.eu/sites/default/files/dfu/NPA%202017-05%20%28A%29_0.pdf (visitado el 27 de noviembre de 2019).

b) Categoría específica

25. En la categoría específica o de riesgo medio, se precisará de la autorización de una autoridad aeronáutica nacional, posiblemente asistida por una Entidad cualificada tras una evaluación de riesgos elaborada por el operador. En un manual de operaciones se enumerarán las medidas para reducir el riesgo[87].

26. En la categoría específica se incluyen, por tanto, todas las operaciones que excedan las restricciones de la categoría abierta. Al principio, en la propuesta de modificación del Reglamento (UE) 216/2018, se señaló que una operación realizada por un UAS sería clasificada dentro de la categoría certificada cuando al considerar los riesgos, se requiriese la certificación de la UA (*Unmanned aircraft*) y de su operador, así como la licencia del piloto[88]. Sin embargo, esto finalmente ha sido cambiado, y también en la categoría específica, además de en la categoría certificada, se podría exigir un certificado expedido por las autoridades competentes para la utilización de aeronaves no tripuladas, así como para el personal, en particular los pilotos a distancia, y las organizaciones que participen en tales actividades, o para las aeronaves con arreglo al Reglamento Delegado (UE) 2019/945[89].

De hecho, también en un primer momento, se había señalado que la categoría certificada podría no ser necesaria, puesto que todas las operaciones que no entrasen dentro de la categoría abierta podrían ser cubiertas por la categoría específica. Aunque esto teóricamente podría ser así, habría casos en los que las medidas para mitigar el riesgo serían tan numerosas que la certificación sería más eficiente y permitiría, además, cubrir más operaciones que las descritas en la evaluación de riesgos[90]. En definitiva, en la categoría abierta entrarían las operaciones de los UAS que no están comprendidas en las otras dos categorías, ni en la categoría abierta, ni en la certificada.

---

87 *A-NPA 2015-10*, p. 14, disponible en línea en http://easa.europa.eu/system/files/dfu/A-NPA%202015-10.pdf (visitado el 27 de noviembre de 2019).

88 *NPA 2017-05 (A)*, p. 10, disponible en línea en https://www.easa.europa.eu/sites/default/files/dfu/NPA%202017-05%20%28A%29_0.pdf (visitado el 27 de noviembre de 2019).

89 Considerando (12) Reglamento de Ejecución (UE) 2019/947.

90 *NPA 2017-05 (A)*, p. 10, disponible en línea en https://www.easa.europa.eu/sites/default/files/dfu/NPA%202017-05%20%28A%29_0.pdf (visitado el 27 de noviembre de 2019).

27. Dentro de esta categoría pueden realizarse un amplio abanico de operaciones, desde las que implican un riesgo bajo, hasta las que entrañan un mayor riesgo. Por ello, el Reglamento de Ejecución (UE) 2019/947 contempla un sistema de declaración del operador para facilitar la garantía del cumplimiento del Reglamento en caso de operaciones de bajo riesgo para la categoría específica, respecto a la cual se ha definido un escenario estándar con medidas detalladas de atenuación del riesgo[91].

El escenario estándar está definido en el apéndice 1 del anexo, para el que se ha determinado una lista precisa de medidas de atenuación, de tal manera que la autoridad competente pueda conformarse con declaraciones de los operadores en las que afirmen que aplicarán las medidas de atenuación al ejecutar este tipo de operación[92]. Si la operación específica se lleva a cabo en este escenario estándar, no será necesaria autorización operacional o de vuelo previa[93].

Los dos escenarios previstos son:

- STS-01, que comprendería aquellas actividades desarrolladas VLOS (dentro del alcance visual del piloto), sobre una zona terrestre controlada, en un entorno poblado y con un dron clasificado como C5 (este puede ser un dron C3 más un kit).
- STS-02, que abarcaría las actividades realizadas BVLOS (fuera del alcance visual del piloto), con observadores del espacio aéreo, sobre una zona terrestre controlada, en un entorno poco poblado; donde los observadores del espacio aéreo deberán estar situados a 1 km. del piloto y existir 1 km. entre observadores; y con un dron clasificado como C6.

No obstante, si la aeronave no tripulada no opera en cualquiera de estos dos escenarios estándar, tendrá que obtener una autorización operacional de la autoridad competente, de la EASA, para poder volar[94].

28. Aunque no se trate de una autorización operacional en el sentido del Reglamento de Ejecución (UE) 2019/947, la autoridad competente emitirá una autorización cuando se trate de operaciones de UAS en el marco de clubes y asociaciones de aeromodelismo, a petición de los

[91] Considerando (10) Reglamento de Ejecución (UE) 2019/947.

[92] Art. 2 Reglamento de Ejecución (UE) 2019/947.

[93] Art. 5 Reglamento de Ejecución (UE) 2019/947.

[94] Art. 12 Reglamento de Ejecución (UE) 2019/947.

mismos[95]. Esta autorización se expedirá de conformidad con cualquiera de las opciones siguientes: las normas nacionales pertinentes; o los procedimientos, la estructura organizativa y el sistema de gestión establecidos en el club o asociación de aeromodelismo[96]. En la autorización se establecerán las condiciones en las que podrán efectuarse operaciones en el marco de clubes o asociaciones de aeromodelismo, y dicha autorización se limitará al territorio del Estado miembro en el que se expida[97].

La solicitud de autorización operacional tampoco es obligatoria si el operador de UAS posee un LUC (*Light UAS operator Certificate, Certificado de Operador de UAS ligero*) con las facultades adecuadas de conformidad con lo establecido en dicho Reglamento, en relación con dicho certificado[98].

29. Se debe destacar, que es posible realizar operaciones transfronterizas u operaciones fuera del Estado de registro, algo que, hasta la entrada en vigor de este Reglamento de Ejecución, no estaba contemplado en ninguna normativa sobre drones. Así pues, cuando un operador de UAS tenga previsto realizar una operación en la categoría específica, que vaya a tener lugar total o parcialmente en el espacio aéreo de un Estado miembro distinto del Estado miembro de registro, dicho operador tendrá que presentar una solicitud o una declaración a la autoridad competente del Estado miembro donde se pretende llevar a cabo dicha operación[99].

---

95 Art. 3 Reglamento de Ejecución (UE) 2019/947.

96 En ese último caso, en el que la autorización se expida de acuerdo con las normas establecidas en el club o asociación de aeromodelismo, deberán asegurarse determinados aspectos, tales como, que los pilotos a distancia que operen en el marco de clubes o asociaciones de aeromodelismo estén informados de las condiciones y las limitaciones definidas en la autorización expedida por la autoridad competente, entre otros (art. 16.2 Reglamento de Ejecución (UE) 2019/947).

97 Art. 16.3 Reglamento de Ejecución (UE) 2019/947.

98 Para aquellos operadores que vuelen UAS habitualmente con el fin de no tener que estar solicitando autorización o emitiendo declaración según corresponda, éstos podrán solicitar un Certificado de operador de UAS ligero (Certificado LUC). La normativa relativa al LUC (*Light UAS operator Certificate,* Certificado de operador de UAS ligero) está recogida en la Parte C del Anexo del Reglamento de Ejecución (UE) 2019/947 (UAS.SPEC.030 (Solicitud de autorización operacional) Parte B del Anexo Reglamento de Ejecución (UE) 2019/947).

99 Se presentará solicitud o declaración por parte del operador del UAS, en función del tipo de operación que se vaya a realizar en la categoría específica: si es de mayor o menor riesgo, atendiendo a la regulación establecida para la categoría específica (Art. 13 Reglamento de Ejecución (UE) 2019/947).

30. En esta categoría específica estarían todas las operaciones realizadas por aeronaves no tripuladas que realizan todas las actividades de precisión agrícola y de supervisión e inspección de infraestructuras, que se suelen realizar fuera del alcance visual del piloto (BVLOS)[100]. También entrarían dentro de esta categoría, cuando los drones realicen tareas de filmación o toma de fotografías fuera del alcance visual del piloto. En esta misma categoría estarían aquellas aeronaves no tripuladas destinadas al transporte de cosas, tales como los drones que Amazon, DHL o Google tienen preparados desde hace años para realizar entregas de paquetes[101].

c) Categoría certificada

31. En la categoría certificada o de riesgo alto, los requisitos son comparables a aquellos que tienen que cumplir las aeronaves tripuladas. Será supervisada por la agencia aeronáutica nacional en cuanto a emisión de licencias y aprobación de mantenimiento, operaciones, formación, gestión del tránsito aéreo y servicios de navegación aérea, y organizaciones de aeródromos; y por la EASA (*European Union Aviation Safety Agence, Agencia de la Unión Europea para la Seguridad Aérea*) para el diseño y autorización de las organizaciones extranjeras[102].

Las operaciones de la categoría certificada deben estar sujetas, por principio, a normas sobre la certificación de los operadores y la concesión de licencias de pilotos a distancia, además de la certificación de los UAS con arreglo al Reglamento Delegado (UE) 2019/945[103].

32. Dado que para determinar si una operación entraba dentro de la categoría certificada, se analizaban los criterios similares a los estudiados

---

100 *NPA 2017-05 (B)*, p. 11, disponible en línea en https://www.easa.europa.eu/sites/default/files/dfu/NPA%202017-05%20%28B%29.pdf (visitado el 27 de noviembre de 2019).

101 "Unmanned Aerial Vehicles–The Economic Case for Drones", editor MarketLine, *a Progressive Digital Media business*, London, United Kingdom of Great Britain & Northern Ireland, 6 de enero de 2014, p. 2; OLSEN, R.-G., "Paperweights: FAA Regulation and the Banishment of Commercial Drones", *Berkeley Technology Law Journal*, volumen 32, nº 2, 2018, p. 651.

102 *A-NPA 2015-10*, p. 14, disponible en línea en http://easa.europa.eu/system/files/dfu/A-NPA%202015-10.pdf (visitado el 27 de noviembre de 2019).

103 Art. 3 y Considerando (11) Reglamento de Ejecución (UE) 2019/947.

en la evaluación de riesgos, se llegó a la conclusión de que una operación sólo podía ser certificada después de una detallada investigación[104].

Sin embargo, las operaciones que inicialmente fueron propuestas para que fuesen clasificadas dentro de la categoría certificada[105]: UAS grande o complejo que opera continuamente sobre concentraciones de personas; UAS grande o complejo que realiza operaciones más allá del alcance visual del piloto o BVLOS en el espacio aéreo con alta densidad; UAS utilizados para el transporte de personas; y UAS para el transporte de productos peligroso, que pueda suponer un riesgo elevado para terceras personas en caso de colisión.

Finalmente, en el Reglamento de Ejecución (UE) 2019/947, se ha establecido que entran dentro de la categoría certificada únicamente las operaciones con UAS que cumplan las dos condiciones siguientes[106]:

a) que el UAS esté certificado de conformidad por cumplir alguna de las condiciones siguientes: tenga una dimensión característica de 3 metros o más y esté diseñado para ser utilizado sobre concentraciones de personas; esté diseñado para el transporte de personas; o esté diseñado para el transporte de mercancías peligrosas y requiera una gran solidez para atenuar los riesgos para terceros en caso de accidente[107];

b) que la operación del UAS se realice en cualquiera de las condiciones siguientes: implique volar sobre concentraciones de personas; conlleve el transporte de personas; o conlleve el transporte de mercancías peligrosas que pueden entrañar un riesgo elevado para terceros en caso de accidente.

33. En consecuencia, las operaciones con UAS destinados al transporte de personas, es decir los taxis aéreos o *coches voladores* entrarían dentro de la categoría certificada. En general podría afirmarse que estos UAS, tendrían

---

104 *NPA 2017-05 (B)*, p. 113, disponible en línea en https://www.easa.europa.eu/sites/default/files/dfu/NPA%202017-05%20%28B%29.pdf (visitado el 27 de noviembre de 2019).

105 En ese momento esa lista todavía estaba siendo desarrollada por el grupo de trabajo 7 de JARUS (WG-7) (*NPA 2017-05 (A)*), p. 11, disponible en línea en https://www.easa.europa.eu/sites/default/files/dfu/NPA%202017-05%20%28A%29_0.pdf (visitado el 27 de noviembre de 2019)).

106 Art. 6 Reglamento de Ejecución (UE) 2019/947.

107 Art. 40.1 Reglamento Delegado (UE) 2019/945.

que cumplir los mismos requisitos que las aeronaves tripuladas. Por lo que, los fabricantes de estos modelos de aeronaves se han dado cuenta de que, si es necesario obtener la misma certificación que para las aeronaves tripuladas, han decidido optar por los helicópteros, pues pueden realizar el servicio de transporte aéreo urbano. Si bien es cierto que los helicópteros, a diferencia de la mayoría de los prototipos de aeronaves no tripuladas señaladas en la introducción, no son eléctricos, ni autónomos.

El Reglamento (UE) 2018/1139, sobre normas comunes en la aviación civil, ya señala que dicha regulación es de aplicación a todo tipo de aeronaves no tripuladas, ya operen a través de control remoto o de forma autónoma, pero estaba pendiente el desarrollo de una normativa sobre este tipo de drones[108]. Esta misma definición de aeronave no tripulada se recoge en el Reglamento de Ejecución (UE) 2019/947, así que todo lo establecido en dicho instrumento internacional es de aplicación tanto a las aeronaves pilotadas por control remoto, como a las aeronaves que operan de forma autónoma[109]. Sin embargo, el Reglamento de Ejecución (UE) 2019/947 sólo contempla una disposición sobre las *operaciones autónomas*, entendidas estas como aquellas operaciones durante las cuales una aeronave no tripulada funciona sin que el piloto a distancia pueda intervenir[110]. Se alude a estas operaciones en relación con las responsabilidades de los operadores de UAS cuando se trata de una operación que está dentro de la categoría específica[111].

3.2. Requisitos de los operadores de drones

34. Los operadores de UAS estarán obligados a registrarse cuando utilicen en la categoría abierta, cualquier aeronave no tripulada[112]:

a) con una MTOM de 250 g o más, o que, en caso de colisión, pueda transferir a un ser humano una energía cinética superior a 80 julios;

---

108 Art 3 Reglamento (UE) 2018/1139.

109 El Reglamento Delegado (UE) 2019/945 también contempla en su art. 3, esa misma definición de aeronave no tripulada, en la que incluye a las aeronaves que operan de forma autónoma, pero no contiene ninguna disposición específica sobre este tipo de aeronaves no tripuladas.

110 Art. 2 Reglamento de Ejecución (UE) 2019/947.

111 UAS.SPEC.050 (Operaciones de UAS en la categoría específica) Parte B del Anexo Reglamento de Ejecución (UE) 2019/947.

112 Art. 14.5 Reglamento de Ejecución (UE) 2019/947.

o que esté equipada con un sensor capaz de capturar datos personales, salvo que sea conforme con la Directiva 2009/48/CE, relativa a la seguridad de los juguetes[113].

b) cuando utilicen una aeronave no tripulada de cualquier masa en la categoría específica.

Los operadores de UAS indicarán su número de registro en todas las aeronaves no tripuladas que cumplan las condiciones arriba señaladas[114].

Estos operadores de UAS se registrarán en el Estado miembro en el que residan si son personas físicas, o en el que tengan su centro de actividad principal si son personas jurídicas, y se asegurarán de que su información de registro es exacta. Un operador de UAS no podrá estar registrado en más de un Estado miembro a la vez[115].

35. Por otro lado, cualquier aeronave no tripulada cuyo diseño esté sujeto a certificación deberá ser registrada por su propietario[116]. Cuando se realizó la evaluación de la seguridad en relación con el impacto social o económico de las tres categorías, en un primer momento, se propuso la obligatoriedad del registro de las aeronaves no tripuladas que entren dentro de la denominada categoría abierta que tengan una masa máxima en el despegue mayor de 900 g[117]. Finalmente, esta propuesta no se ha incorporado en ninguna disposición, lo cual difiere bastante de la mayoría de las legislaciones nacionales sobre drones, como la española, que establecen que las aeronaves no tripuladas con una masa máxima en el despegue superior a 25 kg deberán ser registradas[118].

---

113 Directiva 2009/48/CE del Parlamento Europeo y del Consejo, de 18 de junio de 2009, DO núm. L 170, 30 junio 2009, sobre la seguridad de los juguetes.

114 Art. 14.8 Reglamento de Ejecución (UE) 2019/947.

115 Además, los Estados miembros expedirán un número de registro digital único para los operadores de UAS y para los UAS que requieran registro, que permita su identificación individual. El número de registro de los operadores de UAS se establecerá sobre la base de normas que promuevan la interoperabilidad de los sistemas de registro (Art. 14.6 Reglamento de Ejecución (UE) 2019/947).

116 Las marcas de nacionalidad y de matrícula de una aeronave no tripulada se establecerán de conformidad con el anexo 7 del Convenio de Chicago (Art. 14.7 Reglamento de Ejecución (UE) 2019/947).

117 *NPA 2017-05 (B)*, p. 113, disponible en línea en https://www.easa.europa.eu/sites/default/files/dfu/NPA%202017-05%20%28B%29.pdf (visitado el 27 de noviembre de 2019).

118 Art. 9 del Real Decreto 1036/2017.

Se ha debido considerar que con la inscripción del operador de UAS con una MTOM superior a 250 g. es posible determinar quién es el responsable del dron, y puesto que sólo los drones clasificados C1 pueden volar sobre alguna persona de forma excepcional, con la inscripción de los operadores se estaban cumpliendo suficientemente los requisitos de seguridad.

36. En relación con las *operaciones autónomas* el operador del UAS deberá garantizar que durante todas las fases de la operación del UAS se asignen adecuadamente las responsabilidades y tareas, dado que en estas operaciones no es posible designar un piloto remoto. Esto quiere decir, que el operador es el responsable de actividades que se atribuyen al piloto remoto, cuando es este el que tripula la aeronave[119]. Se debe destacar que esta disposición sobre las *operaciones autónomas* sólo está incluida en la categoría específica.

37. Por último, los Estados miembros podrán permitir que los clubes y asociaciones de aeromodelismo registren a sus miembros, en su nombre, en los sistemas de registro señalados. En caso contrario, los miembros de clubes y asociaciones de aeromodelismo se registrarán de conformidad con lo que se ha establecido anteriormente[120].

3.3. Requisitos de los pilotos de drones

38. La edad mínima de los pilotos a distancia que utilicen UAS en las categorías abierta y específica será de dieciséis años[121].

No se exigirá ninguna edad mínima para los pilotos a distancia: que operen en la subcategoría A1 con un UAS de la clase 0 (MTOM inferior a 250 g. incluida la carga útil), que sea un juguete en el sentido de la Directiva 2009/48/CE; o que operen con UAS de construcción privada con una masa máxima de despegue inferior a 250 g[122].

Los Estados miembros podrán reducir la edad mínima siguiendo un planteamiento basado en el riesgo, teniendo en cuenta los riesgos específicos relacionados con las operaciones realizadas en su territorio: en hasta

---

119 UAS.SPEC.050 (Operaciones de UAS en la categoría específica) Parte B del Anexo Reglamento de Ejecución (UE) 2019/947.

120 Art. 16.4 Reglamento de Ejecución (UE) 2019/947.

121 Art. 9.1 Reglamento de Ejecución (UE) 2019/947.

122 Art. 9.2 Reglamento de Ejecución (UE) 2019/947.

cuatro años en el caso de los pilotos a distancia que operen en la categoría abierta; en hasta dos años en el caso de los pilotos a distancia que operen en la categoría específica[123].

Ahora bien, cuando un Estado miembro reduzca la edad mínima de los pilotos a distancia, estos solo podrán utilizar un UAS en el territorio de ese Estado miembro[124].

Por otro lado, los Estados miembros podrán especificar una edad mínima diferente de los pilotos a distancia que operen en el marco de clubes o asociaciones de aeromodelismo, en la autorización expedida para llevar a cabo la operación en sus instalaciones[125].

39. En cuanto a la formación de los pilotos a distancia, para la categoría abierta, será necesaria poseer una formación acreditada para aquellos UAS de más de 250 g., pero esta formación varía según el tipo de dron y deberá actualizarse cada 5 años[126]. Para la categoría específica, la competencia de los pilotos a distancia es establecida en su caso, en la autorización operacional expedida por la autoridad competente; o en el escenario estándar definido en el Apéndice 1 del Anexo; o en el LUC (*Light UAS operator Certificate, Certificado de Operador de UAS ligero*)[127].

III. NORMATIVA APLICABLE A LOS DRONES ALTAMENTE AUTOMATIZADOS O DRONES AUTÓNOMOS

40. Como ya se ha adelantado anteriormente, combinando los drones y la Inteligencia Artificial se pueden realizar operaciones de mayor complejidad y por tanto de mayor riesgo. Pero para seleccionar e integrar estas tecnologías habrá que tener en cuenta el tipo de escenario y la aplicación para la que va a ser utilizado el UAS. Por lo tanto, será necesario ir siguiendo una serie de fases para conseguir una solución óptima y adaptada a cada caso: 1º. Selección del tipo de UAS; 2º. Selección de la carga de pago; 3º. Proceso y análisis; 4º. Integración de sistemas[128].

---

123 Art. 9.3 Reglamento de Ejecución (UE) 2019/947.

124 Art. 9.4 Reglamento de Ejecución (UE) 2019/947.

125 Art. 9.5 Reglamento de Ejecución (UE) 2019/947.

126 Parte A del Anexo Reglamento de Ejecución (UE) 2019/947.

127 Art. 8.2 Reglamento de Ejecución (UE) 2019/947.

128 PÉREZ GARCÍA, E., *cit.*, p. 34.

1º. Selección del tipo de dron

Dependiendo del área a recorrer, la zona a monitorear, el tipo de información a capturar, etc.., en definitiva, dependiendo de la misión a realizar será necesario escoger un tipo de UAS u otro. Para una operación de escaneo de mapas y de zonas forestales generalmente será más apropiado seleccionar un dron de ala fija eléctrico relativamente pequeño –porque estos drones no son de los más pequeños–, fiable y robusto que puede realizar su cometido durante, al menos una o dos horas, sin que sea necesario cambiarlo de baterías. La desventaja de estos drones es la carga y que no tiene la agilidad de movimiento que los multi-rotores. Por eso, han surgido los drones híbridos, con un generador de combustible.

Por otro lado, la supervisión del tendido eléctrico puede requerir de un UAS de un tamaño mayor con una autonomía de entre cinco y diez horas, capaz de recorrer cientos de kilómetros e informar del tipo de vegetación y el modelo predictivo de crecimiento, ya que la vegetación puede dañar los tendidos con el paso del tiempo. La inspección con drones ayuda a prevenir y solucionar averías y puede suponer un ahorro considerable en reparaciones. Los drones multi-rotores o de alas giratorias, que son los más comunes, que son relativamente pequeños –normalmente menos de 250 gramos–, de fácil manejo y con libertad de movimientos, tienen un problema con la velocidad y la autonomía que están muy limitadas, pues la duración de sus baterías está entre 15 y 20 minutos[129]. Por ello, se recurre a drones de este tipo, pero más grandes que pueden llegar a tener una envergadura de entre 1 metro y 1 metro y medio y con mayor autonomía de vuelo. Pueden pesar cerca de 25 kg, porque para hacer la inspección del tendido eléctrico necesitará incorporar un sistema LiDAR. Es más exacto que las otras opciones que existen para desarrollar esta actividad, porque a través del mismo se realiza una foto real mediante láser (entre 300 y 1000 puntos por m^2), de modo que se levanta un plano real sobre el terreno. Estas mediciones se visualizan en una nube de puntos 3D que permite crear mapas y modelos 3D muy precisos y detallados para otras muchas aplicaciones, como la construcción o la topografía. Es un sistema que tiene mucho alcance y se puede utilizar de noche, frente a otros sistemas como la fotogrametría que únicamente se puede utilizar de día, y en la foto que realiza elimina la vegetación[130]. Si bien

---

129 PÉREZ GARCÍA, E., *cit.*, pp. 34-35.

130 Mediante la fotogrametría, se hace una foto a través de nubes de puntos del GPS (*Global Positioning System*), no hace líneas rectas, por lo que es menos preciso, pues no usa mediciones reales; y además no se puede utilizar de noche.

son drones bastante caros, entre 100.000 y 500.000 euros, pero compensa el ahorro en personal que se necesitaría para esta actividad, por no mencionar, del coste humano que pueden implicar estas actividades que por la altura a la que se desarrollan, se convierten en peligrosas.

No obstante, aunque pueda parecer extraño, los drones cautivos pueden ser muy útiles en la realización de determinadas actividades, como son las de seguridad realizadas por entes privados o por las Fuerzas y Cuerpos de Seguridad del Estado[131]. Gracias a su alimentación continua, ofrecen una cobertura aérea rápida e ininterrumpida en grandes espacios, pues ya no tiene la limitación de la duración de las baterías para volar; y, además, se vuelve prácticamente inmune a accesos o robos de datos externos ya que no difunde ninguna señal que pueda ser intervenida. La operación con este tipo de drones es más segura, porque no hay riesgos de que el dron salga volando sin control y produzca daños a terceros; y la operación es tremendamente sencilla, pues no es necesario planificar una laboriosa ruta tridimensional con puntos de trazado que puedan cruzar zonas sensibles o con obstáculos sobrevenidos[132]. Permiten mejorar la seguridad en eventos, monitorizar crisis, reforzar la seguridad pública, actuar como puente de radio o facilitar la vigilancia, tanto con fines privados como públicos[133]. Así, por ejemplo, son útiles en labores de vigilancia de tráfico en zonas de alta densidad de tráfico concentradas

---

131 El elemento que ancla el dron al suelo es un cable que también puede conducir electricidad y en los casos en los que no se ha reconvertido un dron normal en un dron cautivo –es decir, el dron ha sido diseñado como dron cautivo desde el principio– el cable también sirve como conducción para las señales de control y datos del sensor embarcado en el dron. *Vid.* VALDIVIESO, R., "Drones cautivos", *Aertec*, disponible en línea en https://aertecsolutions.com/2021/04/12/drones-cautivos/ (visitado el 30 de abril de 2024).

132 Los drones cautivos tienen dos características fundamentales. La primera es que permite ser alimentado eléctricamente de forma indefinida, pues se sustituye el peso de las baterías por el del cable –que suele ser bastante menor que el de las baterías–, así que sus características de vuelo son mucho más flexibles que en su configuración no cautiva. No obstante, la mayoría de los sistemas cautivos suelen tener una pequeña batería de emergencia, para que en los casos de que haya algún corte de la alimentación por cable, se permita hacer una toma segura. La segunda característica es que los datos de control y de sensor no tienen que ser esparcidos por radiofrecuencia para poder ser recibidos por el operador, sino que también se transfieren por el cable. *Vid.* VALDIVIESO, R., "Drones cautivos", *Aertec*, disponible en línea en https://aertecsolutions.com/2021/04/12/drones-cautivos/ (visitado el 30 de abril de 2024).

133 PÉREZ GARCÍA, E., *cit.*, p. 35.

en días concretos como fines de semana o vueltas de vacaciones, pues las autoridades de tráfico pueden saber de antemano los conflictos que se van produciendo, pudiendo actuar con mayor antelación para su prevención y/o mitigación. También, por ejemplo, mediante el uso de los drones cautivos en grandes eventos deportivos o grandes concentraciones de personas, los servicios de seguridad pueden observar de forma continuada las zonas críticas, tanto durante todo el evento como en los momentos anteriores y posteriores al mismo.

2º. Selección de la carga de pago (sensores)

Para mejorar la conciencia situacional se recurre al uso de sensores que ofrezcan información precisa del espacio que se está controlando. El desarrollo de sensores de nueva generación, cuya reducción de tamaño, peso y consumo está jugando un papel fundamental, facilita que los drones puedan embarcar cada vez más tipos de sensores.

Las cámaras visuales son el sensor más utilizado en drones, si bien dependiendo de la actividad a desarrollar se pueden incorporar otros, como cuando se trata de realizar tareas de precisión agrícola. Determinadas características de las cámaras como el *zoom*, la resolución, la apertura y la sensibilidad son fundamentales para muchas operaciones. Pero también existen cámaras nocturnas, cámaras térmicas, sistemas LiDAR –ya mencionados–, cámaras multi-espectrales y otros tipos de sensores se pueden realizar operaciones de mayor complejidad[134].

---

134 A través de los sistemas LiDAR, el dron está conectado con su servidor y con el Instituto Geográfico Nacional, de forma que va dejando un registro del recorrido que va realizando. Para mejorar la eficiencia de las operaciones con sistemas LiDAR existen planificadores de vuelo, de forma que realiza un seguimiento automático del terreno, se consigue la previsualización de las nubes de puntos y cuenta con herramientas para ajustar los parámetros de vuelo en función de las características específicas de los sensores LiDAR utilizados, optimizando en última instancia la recogida de datos ("Planificadores de vuelos de drones: La continua integración de LiDAR y UAVs", *YellowScan*, disponible en línea en https://www.yellowscan.com/es/knowledge/drone-flight-planners-the-continuing-integration-of-lidar-and-uavs/ (visitado el 1 de mayo de 2024).

3º. Procesado y análisis

Toda la información capturada puede ponerse a disposición del operador. Sin embargo, se genera un gran volumen de información en las actividades profesionales realizadas con drones, como, por ejemplo, en la inspección de infraestructuras o en las labores de vigilancia y seguridad. La necesidad de analizarla en tiempo real exige el procesamiento de dicha información, ya sea mediante técnicas clásicas de identificación de patrones o técnicas de Inteligencia Artificial basadas en el aprendizaje, como el *Machine Learning*. En actividades de seguridad, como la detección y seguimiento de un intruso en un determinado espacio o la localización de una embarcación ilegal en una zona fronteriza, el procesamiento en tiempo real es imprescindible. En otras actividades como inspección de tendidos eléctricos o de infraestructuras conviene mandarla, por si se estropeara el dron o si, en el peor de los casos, este fuera robado, la información recabada se perdería. Si bien, para estos últimos casos, el dron cuenta con un GPS (*Global Positioning System*) para su localización.

En cualquier caso, cuando es necesario el procesamiento e interpretación de toda la información en tiempo real, pueden surgir problemas. En el mejor de los casos, cuando el canal de comunicaciones disponga de un buen ancho de banda –pues los datos pesan mucho– y se garanticen comunicaciones ininterrumpidas, como sucede con el dron cautivo, el procesamiento se puede hacer en tierra desplegando toda la capacidad de computación necesaria. Pero, cuando el canal de comunicación de vídeo no esté tan asegurado, pueda haber interferencias –al usar enlaces por radiofrecuencia–, el ancho de banda sea muy caro –si usamos enlaces por satélites–, o tenga alta latencia –por usar tecnología 4G–, es fundamental realizar este procesamiento de manera embarcada[135]. De este modo, el propio dron captura la información del entorno, procesará e interpretará los datos en tiempo real mediante un procesador embarcado, utilizando técnicas de Inteligencia Artificial, y mandará la información relevante junto con la posición del dron.

[135] Para transmitir la información se necesitan en ocasiones anchuras de banda de 90 gigas cuando se trata de inspección de tendidos eléctricos, por ejemplo.

4º. Integración de sistemas

Finalmente, esta información deberá integrarse en los centros de control que tenga el operador, para proceder a un análisis de los datos. Así, por ejemplo, en tareas de inspección de tendidos eléctricos, el dron realiza la inspección de los mimos puntos, en distintos días para hacer un seguimiento de la evolución a lo largo del tiempo.

O si se está desarrollando una tarea de vigilancia, la información recogida por el dron se integra en los centros de control y en los sistemas finales de gestión de alertas y de vídeo, así como con sistemas externos (sistemas de información meteorológica o registros de entrada y salida) que permitan verificar las alertas recibidas y cotejarlas con otra información para poder descartarlas o reafirmarlas.

Los procesadores gráficos pequeños cada vez tienen más capacidad de cómputo, se desarrollan redes neuronales más rápidas y con mejor capacidad de aprendizaje y de interpretación en diferentes escenarios. Esto unido a que existen drones con mejores prestaciones capaces de llegar más lejos en menos tiempo, ha derivado en que las soluciones que ofrecen en materia de seguridad se hayan multiplicado[136]. Sin embargo, aunque los drones son utilizados por la policía y la guardia civil en algunas partes de España, deberían utilizarse de manera generalizada para obtener mejores soluciones de seguridad que respondan a sus necesidades y reduzcan sus riesgos.

41. En función de la actividad a desarrollar el nivel de automatización variará hasta llegar a actividades en las que sea necesaria la total autonomía del dron, como los servicios de *Urban Air Mobility* (Mobilidad Aérea Urbana) y más aun si cabe, los servicios de *Innovative Aerial Services* (Servicios Aéreos Innovadores). Si bien para poder realizar estas operaciones y para el desarrollo pleno de la Inteligencia Artificial, será necesario una interconectividad total, en la que los gestores de estos y otros servicios relacionados juegan también un papel fundamental.

1. Niveles de automatización de los drones

42. De la misma manera que no existe el vehículo completamente autónomo, haciendo referencia a los vehículos terrestres, tampoco existe

---

[136] PÉREZ GARCÍA, E., *cit.*, p. 35.

todavía el dron completamente autónomo. En relación con los vehículos, no puede confundirse un vehículo autónomo con aquél que tiene un elevado grado de autonomía[137].

Existe, en cualquier caso, una diferencia importante en relación a la automatización de ambos medios de transporte, puesto que el objetivo último en lo que respecta a los vehículos es conseguir un vehículo completamente autónomo. Sin embargo, en materia de aviación no tripulada, el concepto de aeronave autónoma, entendida esta como aquella en la que no se permite al piloto intervenir en la dirección del vuelo, ha sido sustituido, de momento, por el concepto de operaciones autónomas[138]. Se denomina operación autónoma a cualquier diseño del sistema que determine e implemente cambios en el funcionamiento de la aeronave y prohíba a cualquier persona que intervenga en las operaciones normales de la aeronave. Dentro del concepto de autónomo no se incluye al piloto automático tradicional, la gestión de sistemas de vuelo o sistemas similares donde el piloto al mando puede realizar cambios directa o indirectamente, o cuando el piloto debe confirmar los cambios en las operaciones antes de que se produzcan. Además, las acciones de contingencia pre-programadas en un sistema tampoco entrarían dentro de esta definición, por ejemplo, acciones que ocurren sólo cuando se producen fallas de alguna parte del sistema[139]. En esta misma línea, en el actual Reglamento de Ejecución

---

[137] NOGUÉRO, D./ VINGIANO-VIRICEL I., "Intelligence artificielle et véhicules autonomes", en BENSAMOUN, A./ LOISEAU, G. (dirs.), *Droit de l'intelligence artificielle,* Collection Les Intégrales, vol. 15, 2e édition, Lextenso-LGDJ, París, 2022, p. 113.

[138] Definición de aeronave autónoma recogida en ICAO Circular 328 AN/190 *Unmanned Aircraft Systems (UAS),* 2011 ("Roadmap for the integration of civil Remotely-Piloted Aircraft Systems into the European Aviation System", *Informe final del Grupo Director del RPAS europeo, Anexo 1–A Regulatory Approach for the integration of civil RPAS into the European Aviation System,* junio 2013, p. 49, disponible en línea en https://www.sesarju.eu/sites/default/files/European-RPAS-Roadmap_Annex-1_130620.pdf (visitado el 1 de mayo de 2024).

[139] "Roadmap for the integration of civil Remotely-Piloted Aircraft Systems into the European Aviation System", *Informe final del Grupo Director del RPAS europeo, Anexo 1–A Regulatory Approach for the integration of civil RPAS into the European Aviation System,* junio 2013, pp. 49-50, disponible en línea en https://www.sesarju.eu/sites/default/files/European-RPAS-Roadmap_Annex-1_130620.pdf (visitado el 1 de mayo de 2024). También en relación con la aviación tripulada existen sistemas que consiguen que el despegue y el aterrizaje se desarrolle de forma autónoma. Por ejemplo, el sistema ATTOL se integra tanto del *software* como del hardware compuesto por multitud de cámaras, sensores LiDAR y otras herramientas. Funciona

(UE) 2019/947, también se hace referencia a "operaciones autónomas", pero no prevé ninguna regulación para las aeronaves completamente autónomas, al menos de momento[140]. Esto podría deberse a su peligrosidad, ya que una aeronave completamente autónoma puede convertirse en un arma letal, llegando a reproducir los mismos resultados nefastos que los atentados de las Torres Gemelas de Nueva York[141].

La diferencia, por tanto, es que un dron automatizado sigue las órdenes sobre su destino y la ruta para llegar al mismo, pero no puede tomar decisiones; mientras que un dron completamente autónomo debería decidir sobre su destino y ruta, así como sobre el control en el aire[142].

43. Al igual que sucede con los vehículos autónomos, existen cinco niveles de automatización[143].

En el nivel 0, sin automatización, el piloto tiene el control total de cada movimiento y los drones se controlan en todo momento de forma manual. Entre los usos más comunes de este tipo de drones se encuentran

---

de un modo similar al de los coches autónomos, es decir, reconoce el entorno en el que se encuentra (la pista del aeropuerto, las condiciones climáticas...) y según eso actúa de un modo u otro para despegar o aterrizar. No obstante, aunque el objetivo a largo plazo sea la realización de un vuelo de 400 pasajeros de forma autónoma, el piloto no será prescindible, pues controlará que no se produce ningún fallo y podrán centrarse más en la toma de decisiones estratégicas que en las operaciones del avión en sí mismo. En definitiva, el piloto se encargaría de decidir qué hacer y sería el avión el que se encargue de hacerlo con dicho sistema. *Vid.* C. Rus, "Así despega y aterriza un Airbus de 400 pasajeros de forma totalmente autónoma", *Xataka,* 5 agosto 2020, disponible en línea en https://www.xataka.com/vehiculos/asi-despega-aterriza-airbus-400-pasajeros-forma-totalmente-autonoma (visitado el 18 de junio de 2024).

140 Art. 2.17) Reglamento de Ejecución (UE) 2019/947.

141 BUSTOS MORENO, Y., "La irrupción de los drones (sistemas de aeronaves no tripuladas, UAS) y la responsabilidad civil. El futuro de los UAS autónomos", en ATAZ LÓPEZ, J./ COBACHO GÓMEZ, J.-A. (coord.), *Cuestiones clásicas y actuales del Derecho de daños, Estudios en Homenaje al Profesor Dr. Roca Guillamón,* Tomo I, Aranzadi, Cizur Menor (Navarra), 2021, pp. 942-943.

142 MCNABB, M., "DRONE II: Tech Talk – Unraveling 5 Levels of Drone Autonomy", *dronelife,* 11 marzo 2019, disponible en línea en https://dronelife.com/2019/03/11/droneii-tech-talk-unraveling-5-levels-of-drone-autonomy/ (visitado el 10 de abril de 2024).

143 NÚÑEZ ZORRILLA, C., "La nueva directiva europea sobre responsabilidad civil por productos defectuosos y su aplicación a los vehículos totalmente automatizados o autónomos", *Revista Crítica de Derecho Inmobiliario,* nº. 796, 2023, p. 835.

los drones recreativos, como los utilizados para las carreras de drones y el aeromodelismo. De hecho, sólo los drones con estos fines tienen un nivel 0 de automatización.

Por lo que respecta al nivel 1, de asistencia al piloto, el control del funcionamiento general y la seguridad del vehículo lo mantiene el piloto, pero el dron puede asumir al menos una función vital durante un período de tiempo limitado. Por lo tanto, el dron no tiene el control sostenido del vehículo y nunca controla ni la velocidad, ni la dirección de vuelo al mismo tiempo, pero puede brindar apoyo para la navegación y/o mantener la altitud y la posición. Por su parte, el piloto cuenta con soporte GNSS para estabilizar el vuelo, mientras que todas las entradas en términos de rumbo, altitud y velocidad se realizan mediante entrada manual[144]. En este nivel, las funciones de detectar y evitar están disponibles para alertar al piloto de la proximidad de los drones a los obstáculos, sin embargo, la parte de evitar depende de la entrada manual del piloto.

En cuanto a las aplicaciones de este tipo de drones se encuentran, además de los usos de los mismos por aficionados, respecto de los usos profesionales, los de inspección y mantenimiento, localización y detección, fotografía y filmación, protección y seguridad, y monitoreo. Un alto porcentaje de los drones posee este nivel de automatización, es decir, todos salvo los que se usan de forma recreativa, que no necesitan ningún nivel de automatización.

44. En cuanto al nivel 2, la automatización parcial, el piloto sigue siendo responsable del funcionamiento seguro del vehículo y debe estar preparado para tomar el control del dron en caso de cualquier fallo. Sin embargo, "bajo ciertas condiciones", el dron puede tomar el control en términos de rumbo, altitud y velocidad. El piloto todavía está totalmente a cargo, incluido el seguimiento del espacio aéreo, las condiciones de vuelo y la reacción en caso de emergencia. La mayoría de los fabricantes construyen drones a este nivel, donde el dron puede ayudar con las funciones de navegación y permitir al piloto desconectarse de algunas de sus tareas. El dron posee un sistema de detectar y alertar al piloto de los posibles obstáculos, que el piloto manualmente deberá salvar, como en el nivel 1 de automatización.

En este nivel de automatización se carga en el dron una ruta de vuelo pre-programada en la que no interviene el piloto y el dron comenzará a

144 *GNSS son las siglas de Global Navigation Satellite System* (Sistema Mundial de Navegación por Satélite).

ejecutar la tarea de volar a lo largo de estos trayectos después del despegue. Algunos drones con este nivel de autonomía tienen incorporada una función de despegue y aterrizaje automatizado, lo cual facilita el manejo del dron, pero no lo hace más autónomo. Las aplicaciones de este tipo de drones son mapeo, topografía, esterilización y siembra, y medición. Este nivel de automatización también lo tiene un alto porcentaje de drones, siendo menor que los que tienen un nivel 1 de autonomía

45. Por lo que respecta al nivel 3, la automatización condicional, al igual que en el nivel 2, el dron puede volar solo, pero el piloto remoto aún debe prestar atención y estar preparado para tomar el control en cualquier momento. El dron notificará al piloto si es necesaria cualquier intervención, por lo que el piloto es el sistema de respaldo del dron. Este nivel implica que el dron puede realizar todas las funciones "bajo ciertas condiciones", mientras que en el nivel 2, sólo algunas funciones.

En este nivel, el dron vuela a lo largo de una trayectoria de vuelo pre-programada cuando los sensores a bordo detectan un obstáculo. Después de la detección de ese obstáculo, por ejemplo, de la copa de un árbol, el dron se detendrá y enviará al piloto una alarma de un objeto muy cerca. Después, el piloto corrige manualmente el rumbo/altitud antes de que el dron continúe volando a lo largo de su trayectoria pre-programada. La cartografía, topografía y entrega de bienes, serían las principales aplicaciones de este tipo de drones. Este nivel de automatización lo tienen una cantidad de drones menor que la cantidad de drones que tienen un nivel 2 de autonomía.

Dentro del nivel 3, se encontraría el nivel 3+, conocido como despliegue automatizado de drones. En este sentido, otra forma de medir la autonomía de un dron es tener en cuenta su entorno de trabajo. Algunos fabricantes han logrado avances en la automatización del despliegue de drones mediante la construcción de "cajas de drones totalmente automatizadas". Esto implica que no se necesita ningún ser humano en el circuito para supervisar el vuelo.

Este nivel consiste en tener un dron en un lugar concreto para realizar frecuentemente la misma tarea, por ejemplo, inspeccionar una mina a cielo abierto dos veces por semana. La ruta de vuelo pre-programada sigue siendo la misma, el dron está equipado con capacidades automáticas de despegue y aterrizaje y la caja del dron brinda refugio, así como la posibilidad de recargar las baterías y desplegar automáticamente el dron según el programa establecido. Las áreas de aplicación actuales de ese tipo de drones son cartografía, topografía y protección y seguridad.

46. En cuanto al nivel 4, de alta automatización, el dron puede ser controlado por una persona, pero no siempre es necesario. Este puede volar solo a tiempo completo en las circunstancias adecuadas. Se espera que el dron tenga sistemas de apoyo para que, si uno de los sistemas falla, siga estando operativo. Su comportamiento depende de una funcionalidad incorporada fija o de un conjunto de reglas fijas que establecen el comportamiento del sistema. En este nivel de automatización, el sistema de detectar y evitar presente en los drones con nivel 3 de automatización, se transforma en detectar y navegar.

En este nivel de automatización, un dron equipado con una serie de sensores puede seguir a una persona o a un objeto. Mientras hace esto, el dron detecta los obstáculos en la trayectoria de vuelo y evita activamente el contacto cambiando el rumbo y/o la altitud, es decir, encuentra una manera de seguir la tarea mientras altera automáticamente la forma de realizarla. La aplicación de los drones con nivel 4 de automatización son la fotografía y filmación, así que el porcentaje de drones que disponen de este nivel de automatización es bastante bajo[145].

47. En el nivel 5, de automatización completa, el dron se controla a sí mismo en todas las circunstancias sin esperar intervención humana. Esto incluye la automatización a tiempo completo de todas las tareas de vuelo bajo cualquier condición.

Estos drones son los que se están desarrollando en la actualidad y lo que se espera es que puedan utilizar herramientas de inteligencia artificial para planificar sus vuelos, es decir, sistemas de aprendizaje autónomos con la capacidad de modificar comportamientos rutinarios, conocidos como *Deep Learning*. Así, por ejemplo, si a un dron de nivel 5 de automatización, se le asignara la tarea de monitorear tiburones en la costa, de forma que cada día el dron vigilara la costa, pero lo más habitual es que los problemas surjan en una determinada zona de su trayectoria de vuelo. Pues bien, este dron podrá en su próximo vuelo utilizar los conocimientos adquiridos de vuelos anteriores para planificar un vuelo con el fin de monitorear esa zona problemática primero[146].

---

[145] La fotografía y filmación no son considerados un uso profesional para las empresas operadoras de drones que realizan otras actividades profesionales como inspección de infraestructuras, cartografía o topografía.

[146] MCNABB, M., "DRONEII: Tech Talk – Unraveling 5 Levels of Drone Autonomy", *dronelife*, 11 marzo 2019, disponible en línea en https://drone-

También se debe destacar que es en el nivel 5 de automatización, donde el dron es completamente autónomo, cuando se podrán lograr los dos objetivos clave en la industria de los drones, que son la movilidad aérea urbana y los grandes drones de reparto de carga.

La regulación aérea americana está más avanzada en este sentido y la europea está dando pasos más pequeños en esta misma línea, para que en un futuro próximo se permitan los vuelos de los drones completamente autónomos, ya que, a nivel tecnológico, la sofisticación de los procesadores de los drones es elevada y a nivel de infraestructuras aéreas se ha avanzado mucho para que sea posible su incorporación al espacio aéreo con el resto de operadores. Sin embargo, los problemas vienen generados por la frecuencia y el volumen de datos, de forma que su peso es tan elevado, que su transmisión en tiempo real no es posible y en muchas ocasiones tampoco su procesamiento. Así que los principales avances deben ir en este sentido, porque todavía no se permite su uso generalizado, como sí lo están los drones con el resto de niveles de automatización. De hecho, los drones con niveles 0, 1, 2 y 3 de automatización suponen el grueso de los drones, mientras que en el nivel 4 de automatización operan un bajo porcentaje de drones.

2. *Incidencia de la Ley de Inteligencia Artificial (IA) en la regulación sobre drones*

48. La Ley de Inteligencia Artificial (IA) establece una serie de requisitos preventivos que, junto con otras normas de seguridad, pretenden proteger a los ciudadanos de los efectos perversos del uso de los sistemas de Inteligencia Artificial[147]. Por medio de esta Ley, la Comisión ha propuesto normas destinadas a reducir los riesgos para la seguridad y proteger los derechos fundamentales[148]. Sin embargo, si a pesar de estos mecanismos *ex ante* se producen daños, la Comisión quiere desarrollar un sistema eficaz en su política de responsabilidad civil en materia de inteligencia artificial,

---

life.com/2019/03/11/droneii-tech-talk-unraveling-5-levels-of-drone-autonomy/ (visitado el 10 de abril de 2024).

147 *Vid.* Ley de Inteligencia Artificial, disponible en línea en https://artificialintelligenceact.eu/es/ (visitado el 25 de mayo de 2024).

148 *Vid.*, sobre la ética de la Inteligencia Artificial, F.-H. Llano Alonso, *Homo ex machina. Ética de la inteligencia artificial y Derecho digital ante el horizonte de la singularidad tecnológica*, Tirant lo Blanch, Valencia, 2024.

por lo que además ha decidido elaborar dos propuestas legislativas más, mecanismos *ex post*, que promoverán la confianza en la IA, asegurando que las víctimas puedan recibir una indemnización efectiva de la misma forma que si se tratara de cualquier otro tipo de producto que no incorporase IA.

La Comisión adopta, por tanto, un enfoque holístico en su política de responsabilidad en materia de IA, proponiendo adaptaciones de la responsabilidad del productor por productos defectuosos en virtud de la Directiva sobre responsabilidad por los daños causados por productos defectuosos, y la Directiva sobre responsabilidad en materia de IA[149]. Si bien, de momento ambas son Propuestas de Directiva y no son objeto de estudio de forma amplia, aunque serán mencionadas cuando corresponda[150].

Si bien, el primer aspecto importante que se puede extraer de la Ley de Inteligencia Artificial es que las normativas previstas en materia de responsabilidad civil, ya sea la de productos defectuosos o la de responsabilidad

---

149 *Vid.*, en relación a la aplicación de la nueva Propuesta de Directiva sobre responsabilidad por los daños causados por productos defectuosos a los vehículos automatizados o vehículos autónomos, NÚÑEZ ZORRILLA, C., *cit.*, pp. 801-851; IZQUIERDO GRAU, G., "La responsabilidad del productor de vehículos autónomos en el marco de la (futura) legislación en materia de responsabilidad por daños causados por productos defectuosos", *Revista de Derecho Civil*, vol. X, nº. 2 (junio 2023), pp. 117-161; MARTÍN CASALS, M., "Las propuestas de la Unión Europea para regular la responsabilidad civil por los daños causados por sistemas de inteligencia artificial", *Indret*, 3, 2023, pp. 75-94. *Vid.*, en relación a la Directiva sobre responsabilidad en materia de IA, MARTÍN CASALS, M., "Las propuestas de la Unión Europea para regular la responsabilidad civil por los daños causados por sistemas de inteligencia artificial", *Indret*, 3, 2023, pp. 67-74.

150 Ambas Propuestas están estrechamente vinculadas para abarcar todas las acciones que se presenten en materia de responsabilidad civil como consecuencia de un sistema de IA, ya que las demandas que entran dentro de sus ámbitos de aplicación se refieren a diferentes tipos de responsabilidad. La Directiva sobre responsabilidad por los daños causados por productos defectuosos cubre la responsabilidad objetiva del productor por productos defectuosos, lo que da lugar a una indemnización por determinados tipos de daños, fundamentalmente sufridos por particulares. La Directiva sobre responsabilidad en materia de IA cubre las demandas nacionales de responsabilidad fundamentadas principalmente en la culpa de cualquier persona con el fin de indemnizar por cualquier tipo de daño y a cualquier tipo de víctima. Se complementan entre sí para formar un sistema general de responsabilidad civil eficaz. *Vid.* Propuesta de Directiva del Parlamento Europeo y del Consejo, relativa a la adaptación de las normas de responsabilidad civil extracontractual a la inteligencia artificial (Directiva sobre responsabilidad en materia de IA), COM (2022) 496 final, 28 septiembre 2022, pp. 1-37.

civil en materia de IA son perfectamente aplicables y, por lo tanto, complementarias a la Ley de Inteligencia Artificial. En relación a la Propuesta de Directiva en materia de productos defectuosos, así lo prevé expresamente la Ley de Inteligencia Artificial en su Considerando (9)[151]. Sin embargo, con respecto a la Propuesta de Directiva sobre responsabilidad en materia de IA, la Ley de IA no señala expresamente que se pueda realizar una reclamación por daños y perjuicios en virtud de dicha Directiva, por los efectos dañosos producidos por un sistema de IA, pero se deduce implícitamente de los fundamentos ya mencionados de la Ley de IA y de forma algo más explícita de la redacción del art. 7.2.(k) de la Ley de IA[152]. En esta misma línea, puede afirmarse que la Ley de IA prevé un régimen de sanciones administrativas por la infracción de sus

---

151 Considerando (9) Ley de Inteligencia Artificial: "*(…) En consecuencia, permanecen inalterados y siguen siendo plenamente aplicables todos los derechos y vías de recurso que el citado Derecho de la Unión otorga a los consumidores y demás personas que puedan verse afectados negativamente por los sistemas de IA, en particular en lo que respecta a la reparación de los posibles daños de conformidad con la Directiva 85/374/CEE del Consejo (…)*". Esta normativa es la Directiva sobre responsabilidad por productos defectuosos que está actualmente en vigor, si bien se espera que sea sustituida por la actual Propuesta de Directiva en la materia, en la que, entre otras novedades, se introduce precisamente la Inteligencia Artificial y adopta soluciones alineadas con la Ley de Inteligencia Artificial. *Vid.* art. 7 Ley de Inteligencia Artificial, disponible en línea en https://artificialintelligenceact.eu/es/recital/9/ (visitado el 25 de mayo de 2024).

152 En relación con la clasificación de los sistemas de alto riesgo, la Ley de IA prevé que esta lista puede ser modificada bajo ciertas condiciones. Así lo señala el art. 7: Modificaciones del anexo III: "*1. La Comisión estará facultada para adoptar actos delegados con arreglo al artículo 97 a fin de modificar el anexo III añadiendo o modificando casos de uso de sistemas de IA de alto riesgo cuando se cumplan las dos condiciones siguientes: (a) los sistemas de IA están destinados a utilizarse en cualquiera de los ámbitos enumerados en el anexo III; (b) los sistemas de IA plantean un riesgo de daño para la salud y la seguridad, o un impacto adverso en los derechos fundamentales, y ese riesgo es equivalente o superior al riesgo de daño o de impacto adverso que plantean los sistemas de IA de alto riesgo ya mencionados en el anexo III. 2. Al evaluar la condición prevista en la letra b) del apartado 1, la Comisión tendrá en cuenta los siguientes criterios: (a) la finalidad prevista del sistema de IA; (…) (k) la medida en que el Derecho de la Unión vigente prevé: (i) medidas efectivas de reparación en relación con los riesgos que plantea un sistema de IA, con exclusión de las reclamaciones por daños y perjuicios; (ii) medidas eficaces para prevenir o reducir sustancialmente dichos riesgos (…)*. El subrayado es de la autora, no del texto. *Vid.* art. 7 Ley de Inteligencia Artificial, disponible en línea en https://artificialintelligenceact.eu/es/article/7/ (visitado el 25 de mayo de 2024).

disposiciones, pero no se ocupa de la responsabilidad que pueda derivar de los daños causados por tal infracción[153].

En este sentido, mientras que la normativa sobre responsabilidad civil suele resarcir los daños personales, incluidos los causados por el fallecimiento, y los daños materiales o a las cosas, otros no se contemplan. Por lo tanto, la razón de ser de muchas de las prohibiciones y deberes establecidos por la Ley de IA es resarcir de los daños que deriven de una intromisión en los derechos de la personalidad o el daño emocional o moral puro[154]. Así pues, la Ley de IA ofrece soluciones para intentar evitar que se produzcan esos efectos dañosos, por lo que su objetivo es preventivo, no correctivo, como sí lo son las distintas normativas sobre responsabilidad civil[155].

49. Aunque se han señalado algunos aspectos relevantes de la Ley de IA que se deben destacar en relación con los drones, la Ley busca en su totalidad mejorar el funcionamiento del mercado anterior, promover una IA centrada en el ser humano y digna de confianza, así como asegurar un alto nivel de protección de los derechos fundamentales.

En su articulado recoge: a) Normas armonizadas para introducir en el mercado, poner en servicio y utilizar sistemas IA en la Unión Europea; b) Prohibición de ciertas prácticas de IA; c) Requisitos específicos para los sistemas IA de alto riesgo; d) Normas de transparencia armonizadas para determinados sistemas de IA; e) Normas armonizadas para comercializar modelos de IA de uso general; f) Reglas sobre supervisión del mercado, sobre gobernanza de la vigilancia del mercado y sobre ejecución; g) Medidas de apoyo a la innovación, especialmente a las pequeñas y medianas empresas, incluyendo las de nueva creación[156].

A continuación, se señalará qué incidencia ha tenido la Ley de IA en la normativa europea que regula los drones, ya que, de hecho, la ha venido a modificar.

---

153 MARTÍN CASALS, M., *cit.*, p. 67.

154 MARTÍN CASALS, M., *cit.*, p. 68.

155 MARTÍN CASALS, M., *cit.*, p. 60.

156 *Vid.* Ley de Inteligencia Artificial, disponible en línea en https://artificialintelligenceact.eu/es/ (visitado el 25 de mayo de 2024).

2.1. Modificación del Reglamento (UE) 2018/1139

50. Dentro de estos mecanismos *ex ante* para reducir los riesgos para la seguridad y proteger los derechos fundamentales, además del desarrollo de la Ley de Inteligencia Artificial, la Comisión propone también una revisión de las normas sectoriales y horizontales en materia de seguridad de los productos[157].

Se realizó en el año 2020, por parte de la Comisión un "Informe sobre las repercusiones en materia de seguridad y responsabilidad civil de la inteligencia artificial, el internet de las cosas y la robótica", donde quedó claro que las disposiciones en materia de seguridad de los productos y de responsabilidad civil por productos defectuosos son dos mecanismos complementarios que persiguen el mismo objetivo estratégico: un mercado de bienes único y operativo que garantice niveles elevados de seguridad, de forma que reduzca al mínimo el riesgo de daños para los usuarios y contemple indemnizaciones por daños derivados de los productos[158].

51. Concretamente, se procedió a evaluar la normativa de la Unión Europea en materia de seguridad de los productos, para comprobar que contenía los elementos necesarios para garantizar que las tecnologías emergentes y concretamente los sistemas de Inteligencia Artificial integraban funcionalidades de seguridad desde el diseño[159].

---

[157] Propuesta de Directiva del Parlamento Europeo y del Consejo, relativa a la adaptación de las normas de responsabilidad civil extracontractual a la inteligencia artificial (Directiva sobre responsabilidad en materia de IA), COM (2022) 496 final, 28 septiembre 2022, pp. 1-37.

[158] Informe de la Comisión al Parlamento Europeo, al Consejo y al Comité Económico y Social Europeo "Informe sobre las repercusiones en materia de seguridad y responsabilidad civil de la inteligencia artificial, el internet de las cosas y la robótica", COM/2020/64 final, 19 febrero 2020, disponible en https://eur-lex.europa.eu/legal-content/ES/TXT/?uri=CELEX%3A52020DC0064 (visitado el 30 de abril de 2024).

[159] La normativa de la Unión en materia de seguridad de los productos tiene por objeto garantizar que los productos comercializados en el mercado de la Unión cumplan unos requisitos elevados en materia de salud, seguridad y medio ambiente, y que dichos productos puedan circular libremente por la Unión Europea. Además, las normas de seguridad se complementan con la vigilancia del mercado y la atribución de competencias a las autoridades nacionales. *Vid.* Informe de la Comisión al Parlamento Europeo, al Consejo y al Comité Económico y Social Europeo "Informe sobre las repercusiones en materia de seguridad y responsabilidad civil de la inteligencia artificial, el internet de las cosas y la robótica", COM/2020/64 final, 19 febrero 2020, disponible en https://eur-lex.europa.eu/legal-content/ES/TXT/?uri=CELEX%3A52020DC0064 (visitado el 30 de abril de 2024).

En este sentido, la autonomía es una de las funcionalidades principales que caracteriza a la IA, siendo los resultados no deseados producidos por la IA los que podrían poner en peligro a los usuarios y a todas aquellas personas expuestas a ella[160].

Como el "comportamiento" de los productos de IA puede determinarse previamente mediante la evaluación del riesgo realizada por el fabricante antes de la comercialización de los productos, el marco de la Unión en materia de seguridad de los productos ya establece obligaciones para que los productores tengan en cuenta en la evaluación del riesgo el "uso" de los productos a lo largo de su vida útil[161]. También dispone que los fabricantes deben redactar las instrucciones pertinentes, así como la información de seguridad para los usuarios o, incluso, realizar advertencias. Así, por ejemplo, la Directiva sobre equipos radioeléctricos exige al fabricante que incluya instrucciones sobre cómo utilizar el equipo radioeléctrico de conformidad con su uso previsto[162]. Precisamente esta Directiva relativa a la armonización de las legislaciones de los Estados miembros sobre la comercialización de equipos radioeléctricos es de aplicación a los drones, pues el piloto controla al dron mediante un aparato radioeléctrico.

---

160 Aunque los productos basados en la IA pueden actuar de manera autónoma sirviéndose de su percepción del entorno sin seguir una serie de instrucciones predeterminadas, su comportamiento está limitado por el objetivo que se les ha asignado y otras opciones de diseño establecidas por sus desarrolladores. Esto es así de momento, al menos en lo que respecta a los drones, y en general, a los vehículos de transporte, de forma que si los sistemas de IA de dichos medios de transporte tienen un comportamiento autónomo no significa que desempeñen tareas no previstas por los desarrolladores.

161 En la normativa de la Unión Europea en materia de seguridad de los productos, los productores hacen la evaluación del riesgo basándose en el uso previsto del producto, en el uso previsible y/o en el mal uso razonablemente previsible. *Vid.* Informe de la Comisión al Parlamento Europeo, al Consejo y al Comité Económico y Social Europeo "Informe sobre las repercusiones en materia de seguridad y responsabilidad civil de la inteligencia artificial, el internet de las cosas y la robótica", COM/2020/64 final, 19 febrero 2020, disponible en https://eur-lex.europa.eu/legal-content/ES/TXT/?uri=CELEX%3A52020DC0064 (visitado el 30 de abril de 2024).

162 Así se establece en su art. 10.8 relativo a las instrucciones para el usuario final y el anexo VI, relativo a la declaración UE de conformidad (Directiva 2014/53/UE del Parlamento Europeo y del Consejo, de 16 de abril de 2014, DO núm. L 153, 22 mayo 2014, relativa a la armonización de las legislaciones de los Estados miembros sobre la comercialización de equipos radioeléctricos, y por la que se deroga la Directiva 1999/5/CE).

Además, en el ámbito del transporte, existen normas de la Unión Europea y nacionales adicionales para la puesta en circulación de un vehículo de motor, una aeronave, entre las que se encuentran los drones, o un buque; así como normas claras que rigen la seguridad durante su funcionamiento, que establecen las actividades a desarrollar por los operadores, así como las tareas de vigilancia por parte de las autoridades[163].

No obstante, pueden darse situaciones en las que los resultados de los sistemas de IA no puedan determinarse previamente. En estos casos, la evaluación del riesgo realizada antes de comercializar el producto no puede seguir reflejando el uso, el funcionamiento o el comportamiento del producto. Por lo que, siempre que se vea modificado el uso inicialmente previsto por el fabricante debido al comportamiento autónomo y tenga incidencia en el cumplimiento de los requisitos de seguridad, se puede contemplar la necesidad de exigir una nueva evaluación del producto que incorpora aprendizaje automático[164].

De conformidad con el marco actual, cuando los productores tengan conocimiento de que un producto, a lo largo de todo su ciclo de vida, presenta riesgos en materia de seguridad, deben informar inmediatamente a las autoridades competentes y tomar medidas para prevenir los riesgos para los usuarios[165]. Si bien, el problema se plantea cuando los productores

---

[163] Informe de la Comisión al Parlamento Europeo, al Consejo y al Comité Económico y Social Europeo "Informe sobre las repercusiones en materia de seguridad y responsabilidad civil de la inteligencia artificial, el internet de las cosas y la robótica", COM/2020/64 final, 19 febrero 2020, disponible en https://eur-lex.europa.eu/legal-content/ES/TXT/?uri=CELEX%3A52020DC0064 (visitado el 30 de abril de 2024).

[164] Dicha exigencia está en consonancia con la Guía azul sobre la aplicación de la normativa de la UE relativa a los productos, de 2016, sección 2.1. *Vid.* Informe de la Comisión al Parlamento Europeo, al Consejo y al Comité Económico y Social Europeo "Informe sobre las repercusiones en materia de seguridad y responsabilidad civil de la inteligencia artificial, el internet de las cosas y la robótica", COM/2020/64 final, 19 febrero 2020, disponible en https://eur-lex.europa.eu/legal-content/ES/TXT/?uri=CELEX%3A52020DC0064 (visitado el 30 de abril de 2024).

[165] Art. 5 Directiva 2001/95/CE del Parlamento Europeo y del Consejo, de 3 de diciembre de 2001, DOCE núm. L 11, 15 enero 2002, relativa a la seguridad general de los productos. Si bien esta Directiva será derogada el 13 de diciembre de 2024, fecha a partir de la cual será de aplicación el Reglamento (UE) 2023/988 del Parlamento Europeo y del Consejo de 10 de mayo de 2023 (DOUE núm. L 135, 23 mayo 2023) relativo a la seguridad general de los productos, por el que se modifican el Reglamento (UE) nº 1025/2012 del Parlamento Europeo y del

carezcan de esta información y se produzca un daño al usuario, en cuyo caso, habrá que recurrir a la Ley de IA y al mecanismo de la responsabilidad civil para que el usuario pueda ser resarcido de los efectos no deseados de los productos que incorporan sistemas de IA. En este sentido, la Ley de IA contempla requisitos específicos de supervisión humana, que sirven como salvaguarda, desde el diseño y durante todo el ciclo de vida de los productos y sistemas de IA; o, en relación a la comercialización de los productos, contempla obligaciones explícitas de los productores de, por ejemplo, robots con IA humanoide, para que valoren expresamente el daño mental que sus productos pueden causar a los usuarios, en particular, a los usuarios vulnerables como las personas mayores en entornos sanitarios[166].

En los primeros estudios sobre responsabilidad civil en materia de IA se abordó la cuestión de quién sería el sujeto responsable en caso de que el producto que incorporase IA produjera un daño como consecuencia de su comportamiento autónomo, por lo que podría ser necesario a largo plazo otorgar personalidad jurídica a los robots autónomos complejos. En ese caso dichos robots podrían ser considerados personas electrónicas responsables de reparar los daños que pudiesen causar y aplicar la personalidad electrónica a aquellos supuestos en los que los robots tomasen decisiones autónomas inteligentes o interactuasen con terceros de forma independiente[167]. Sin embargo, en estudios posteriores esta idea fue rechazada de plano, en primer lugar, porque el estado de la técnica no permite afirmar que existan robots completamente autónomos, en el sentido de que puedan realizar actividades diferentes a las pre-programadas por el desarrollador y que, por esa razón y al menos de momento, siempre ha de existir una persona responsable de las actividades desarrolladas por un robot[168].

Consejo y la Directiva (UE) 2020/1828 del Parlamento Europeo y del Consejo, y se derogan la Directiva 2001/95/CE del Parlamento Europeo y del Consejo y la Directiva 87/357/CEE del Consejo.

166 *Vid.*, en relación a los daños mentales que puedan producir sobre las personas mayores los robots con IA humanoide, AKALIN, N./ KRISTOFFERSSON, A./ LOUTFI, A., "Evaluating the Sense of Safety and Security in Human-Robot Interaction with Older People", en KORN, O. (ed.), *Social Robots: Technological, Societal and Ethical Aspects of Human-Robot Interaction*", Springer, Switzerland, 2019, pp. 237-264.

167 Resolución del Parlamento Europeo, de 16 de febrero de 2017, con recomendaciones destinadas a la Comisión sobre normas de Derecho civil sobre robótica (2015/2103(INL)), *DO núm. C 252, 18 julio 2018, pp. 239-257.*

168 Informe "Liability for Artificial Intelligence and other emerging technologies", *Report from the Expert Group on Liability and New Technologies – New Technologies*

Finalmente, esta última corriente de pensamiento ha tenido su reflejo en la Ley de IA que sigue un enfoque en el que en el centro de la Ley se encuentran a las personas, ya que otorgar personalidad jurídica a un robot implicaría una serie de cuestiones éticas que la Ley de IA tendría que haber abordado y que no aborda porque no contempla dicha posibilidad[169].

52. Otra característica fundamental de los productos y sistemas basados en la IA es la dependencia de datos, de forma que la exactitud y pertinencia de los datos es crucial para garantizar que los sistemas y productos basados en la IA tomen las decisiones que el productor ha previsto.

La normativa de la Unión en materia de seguridad de los productos no aborda explícitamente el tema de los riesgos para la seguridad derivados de datos erróneos. Sin embargo, de acuerdo con el "uso" del producto, los productores deben anticipar durante las fases de diseño y ensayo la exactitud de los datos y su pertinencia para las funciones de seguridad.

Por ejemplo, un sistema basado en la IA diseñado para detectar objetos específicos puede tener dificultades para reconocer objetos en condiciones de iluminación, por lo que los diseñadores deben incluir datos procedentes de ensayos de productos en entornos tanto típicos como mal iluminados. Esto es especialmente relevante en el caso de los drones, pues muchas de sus actividades se basan en la visualización de terreno u objetos, como pudiera ser las tareas de precisión agrícolas, entre las que se encuentra la fumigación. Si bien, aunque en la actualidad los algoritmos correspondientes ya muestran unas tasas de error muy bajas, un defecto en los conjuntos de datos en los que se basan dichos algoritmos puede hacer que los drones tomen una decisión errónea y acaben lesionando a un animal o a una persona.

Por lo tanto, la cuestión que debía resolverse entonces es si la normativa de la Unión Europea en materia de seguridad de los productos debía incluir requisitos específicos en la fase de diseño, en relación con el riesgo para la seguridad provocado por datos erróneos, así como mecanismos para garantizar la calidad de los datos cuando se usan con productos

---

Formation, Comisión Europea, 2019, pp. 37-39, disponible en línea en https://op.europa.eu/en/publication-detail/-/publication/1c5e30be-1197-11ea-8c1f-01aa75ed71a1/language-en (visitado el 30 de abril del 2024).

169 Considerando (8) Ley de Inteligencia Artificial, disponible en línea en https://artificialintelligenceact.eu/es/recital/8/ (visitado el 25 de mayo de 2024).

y sistemas de IA[170]. Pues bien, obviamente, este aspecto también ha sido tenido en cuenta en la normativa sobre seguridad de los productos, así como en la Ley de Inteligencia Artificial y, además, el sujeto perjudicado siempre tiene la posibilidad de recurrir al mecanismo de la responsabilidad civil.

53. Como consecuencia de lo dispuesto anteriormente, la Ley de Inteligencia Artificial, viene a modificar el Reglamento (UE) 2018/1139 sobre normas comunes en la aviación civil. El art. 108 de la Ley de IA modifica todos aquellos preceptos del Reglamento en los que se adoptan actos de ejecución y delegados relativos a sistemas de inteligencia artificial que sean componentes de seguridad en el sentido de la Ley de Inteligencia Artificial; en cuyo caso se tendrán en cuenta los requisitos de los sistemas de IA de alto riesgo, recogidos en la sección 2 del capítulo III de la Ley de IA, que se explicarán más adelante[171].

Más concretamente, en lo relativo a las aeronaves no tripuladas, es decir drones, se tendrán en cuenta las condiciones a cumplir de los sistemas de IA de alto riesgo, definidos en la Ley de IA, al adoptar actos de ejecución y delegados, referidos a los proveedores de GTA/SNA (Servicios de gestión del tránsito aéreo y la navegación aérea) y para las organizaciones que intervengan en el diseño, la producción o el mantenimiento de sistemas y componentes de GTA/SNA, que incorporen sistemas IA como componentes de seguridad[172]. De la misma forma, que deberán observarse los requisitos de los sistemas de alto riesgo de la Ley de IA, cuando se adopten actos de ejecución y delegados para las aeronaves no tripuladas, que incorporen sistemas de IA que sean componentes de seguridad en el sentido de la Ley de IA[173].

---

170 Informe de la Comisión al Parlamento Europeo, al Consejo y al Comité Económico y Social Europeo "Informe sobre las repercusiones en materia de seguridad y responsabilidad civil de la inteligencia artificial, el internet de las cosas y la robótica", COM/2020/64 final, 19 febrero 2020, disponible en https://eur-lex.europa.eu/legal-content/ES/TXT/?uri=CELEX%3A52020DC0064 (visitado el 30 de abril de 2024).

171 Art. 108 Ley de Inteligencia Artificial, disponible en línea en https://artificialintelligenceact.eu/es/article/108/ (visitado el 25 de mayo de 2024).

172 Art. 43.4 y 47.3 Reglamento (UE) 2018/1139, tras la modificación realizada por la Ley de IA.

173 Art. 57, párrafo final, y 58.3 Reglamento (UE) 2018/1139, tras la modificación realizada por la Ley de IA.

2.2. Drones como sistemas de IA de alto riesgo

54. En primer lugar, se excluyen del ámbito de aplicación de la Ley de IA, aquellos sistemas de IA cuando y en la medida en que se comercialicen, se pongan en servicio o se utilicen, con o sin modificaciones, exclusivamente con fines militares, de defensa o de seguridad nacional, independientemente del tipo de entidad que lleve a cabo dichas actividades[174].

Por otro lado, la Ley de IA clasifica la IA en función de su riesgo, siguiendo, por tanto, un enfoque basado en el riesgo:

1º) Se prohíben las aplicaciones y sistemas que supongan riesgos inaceptables, como son los sistemas de puntuación social gestionados por los gobiernos, siendo el caso de China, así como la IA manipuladora.

2º) La mayor parte del texto aborda los sistemas de IA de alto riesgo, como por ejemplo una herramienta de escaneo del *curriculum vitae* que clasifica a los solicitantes de empleo, de forma que debe cumplir requisitos legales específicos.

3º) Una sección más pequeña se ocupa de los sistemas de IA de riesgo limitado, sujetos a obligaciones de transparencia menos estrictas, de forma que los desarrolladores e implantadores deben garantizar que los usuarios finales sean conscientes de que están interactuando con IA, siendo el caso de los *chatbots* y *deep fakes*.

4º) El riesgo mínimo no está regulado, incluida la mayoría de las aplicaciones de IA actualmente disponibles en el mercado único de la UE, como los videojuegos con IA y los filtros de spam, si bien esto está cambiando con la IA generativa[175]. De hecho, la Ley de IA prevé la posibilidad de que se pueda añadir o modificar la clasificación de los sistemas de alto riesgo recogidos en el anexo III, aunque se exigen unos requisitos para ello[176].

---

174 Art. 2.3 Ley de Inteligencia Artificial, disponible en línea en https://artificialintelligenceact.eu/es/article/2/ (visitado el 25 de mayo de 2024).

175 Resumen de la Ley de Inteligencia Artificial, disponible en línea en https://artificialintelligenceact.eu/es/high-level-summary/ (visitado el 25 de mayo de 2024).

176 Así lo señala el art. 7: Modificaciones del anexo III: "*1. La Comisión estará facultada para adoptar actos delegados con arreglo al artículo 97 a fin de modificar el anexo III añadiendo o modificando casos de uso de sistemas de IA de alto riesgo cuando se cumplan las dos condiciones siguientes: (a) los sistemas de IA están destinados a utilizarse en cualquiera de los ámbitos enumerados en el anexo III; (b) los sistemas de IA plantean un riesgo de daño para la salud y la seguridad, o un impacto adverso en los derechos fundamentales,*

55. Por lo que respecta a los drones, como ya se ha adelantado, la Ley de IA clasifica a todos los drones como sistemas de IA de alto riesgo, no realizando ninguna distinción entre los distintos niveles de automatización de los drones[177].

Efectivamente, tal y como señala el art. 6.1 de la Ley de IA, se consideran sistemas de IA de alto riesgo utilizados como componente de seguridad de un producto o como producto en sí mismo, que estén sujeto a la legislación de armonización de salud y seguridad de la Unión Europea enumerada en el anexo I; y además, debe someterse, en cualquiera de los dos casos, a una evaluación de la conformidad por terceros, con vistas a la introducción en el mercado o la puesta en servicio de dicho producto con arreglo a la legislación señalada recogida en el anexo I[178]. Además, el art. 6.2 define como sistemas de IA de alto riesgo los agrupados en el anexo III de la Ley de IA en ocho áreas específicas, siempre que creen un riesgo significativo de daño para la salud, la seguridad o los derechos fundamentales de las personas físicas o, en determinados casos, al medio ambiente[179]. Sin embargo, un sistema de IA contemplado en el anexo

III no se considerará de alto riesgo cuando no plantee un riesgo significativo de perjuicio para la salud, la seguridad o los derechos fundamentales de las personas físicas, por no influir materialmente en el resultado de

y ese riesgo es equivalente o superior al riesgo de daño o de impacto adverso que plantean los sistemas de IA de alto riesgo ya mencionados en el anexo III. (…)". *Vid.* art. 7 Ley de Inteligencia Artificial, disponible en línea en https://artificialintelligenceact.eu/es/article/7/ (visitado el 25 de mayo de 2024).

177 Se volverá sobre este asunto más adelante. En relación a esta problemática, *vid.* BUSTOS MORENO, Y., cit., p. 892.

178 Art. 6.1 Ley de Inteligencia Artificial, disponible en línea en https://artificialintelligenceact.eu/es/article/6/ (visitado el 25 de mayo de 2024).

179 Por su parte, la Comisión proporcionará directrices para clarificar las circunstancias del anexo III que enumera y que son: la identificación biométrica y categorización, en la medida en que no se encuentren comprendidas entre las prácticas prohibidas; la gestión y operación de infraestructuras críticas; la educación y la formación profesional; el empleo, gestión de los trabajadores y acceso al autoempleo; el acceso a servicios privados esenciales y a servicios y ayudas públicas esenciales y disfrute de dichos servicios y ayudas; asuntos relacionados con la aplicación de la ley; la gestión de la migración, el asilo y el control fronterizo; y la administración de justicia y procesos democráticos (MARTÍN CASALS, M., cit., pp. 64-65).

la toma de decisiones[180]. Por otro lado, el proveedor que considere que un sistema de IA contemplado en el anexo III no es de alto riesgo documentará su evaluación antes de que dicho sistema se comercialice o se ponga en servicio. Dicho proveedor estará sujeto a la obligación de registro en virtud del art. 49.2 de la Ley de IA[181].

Pues bien, los drones se encontrarían entre los sistemas de alto riesgo, según el art. 6.1 de la Ley de IA, puesto que el Reglamento (UE) 2018/1139, que regula la navegación aérea civil, es una de las legislaciones de armonización de la Unión Europea basada en el nuevo marco legislativo, concretamente aparece en la sección B, del anexo I, pero únicamente en lo que respecta a las aeronaves no tripuladas, es decir, los drones[182]. Más concretamente, se aplicaría exclusivamente al diseño, la producción y la comercialización de las aeronaves no tripuladas a las que se refiere el art. 2.1 de la Ley de IA –que recoge el ámbito de aplicación de la Ley de IA–, pero únicamente en relación con: (a) los proveedores que comercialicen o pongan en servicio sistemas de IA o comercialicen modelos de IA de uso general en la Unión; y (b) los implantadores de sistemas de IA que tengan su lugar de establecimiento o estén situados en la Unión[183].

---

180 Esto es así cuando se cumpla alguna de las condiciones siguientes: "*(a) el sistema de IA está destinado a realizar una tarea de procedimiento limitada; (b) el sistema de IA está destinado a mejorar el resultado de una actividad humana previamente realizada; (c) el sistema de IA está destinado a detectar patrones de toma de decisiones o desviaciones de patrones de toma de decisiones anteriores y no está destinado a sustituir o influir en la evaluación humana previamente completada, sin la debida revisión humana; o bien (d) el sistema de IA está destinado a realizar una tarea preparatoria de una evaluación pertinente a efectos de los casos de uso enumerados en el anexo III. No obstante, lo dispuesto en el párrafo primero, un sistema de IA mencionado en el anexo III se considerará siempre de alto riesgo cuando el sistema de IA realice la elaboración de perfiles de personas físicas*" (art. 6.3 Ley de Inteligencia Artificial, disponible en línea en https://artificialintelligenceact.eu/es/article/6/ (visitado el 25 de mayo de 2024).

181 En este sentido, a petición de las autoridades nacionales competentes, el proveedor facilitará la documentación de la evaluación. *Vid.* art. 6.4 Ley de Inteligencia Artificial, disponible en línea en https://artificialintelligenceact.eu/es/article/6/ (visitado el 25 de mayo de 2024).

182 *Vid.* sección B, anexo I, párrafo 20 Ley de Inteligencia Artificial, disponible en línea en https://artificialintelligenceact.eu/es/annex/1/ (visitado el 25 de mayo de 2024).

183 No serían de aplicación el resto, donde el tenor literal del apartado 1 del art. 2 es el siguiente: "*1. El presente Reglamento se aplica a: (a) los proveedores que comercialicen o pongan en servicio sistemas de IA o comercialicen modelos de IA de uso general en la Unión, con independencia de que dichos proveedores estén establecidos o ubicados en la Unión o en*

Por lo tanto, las aeronaves tripuladas no serían objeto de la Ley de IA, al no estar dentro del anexo I, sobre legislación armonizada de la Unión Europea, ya que, además, la inteligencia artificial no tiene, en principio, una incidencia especial en la aviación tripulada. Sin embargo, sí que se encontrarían dentro del listado de legislaciones, exactamente en la sección A del anexo I, y, por tanto, serían objeto de la Ley de IA, dos normativas que afectan también a la regulación de los drones: la Directiva de seguridad en los juguetes y la de equipos radioeléctricos[184].

56. En relación con los sistemas de IA de alto riesgo, regulados en el capítulo III, la sección 2 de la Ley de IA recoge los requisitos de los sistemas de alto riesgo, mientras que en la sección 3 se señalan las obligaciones de los proveedores e implantadores de sistemas de IA de alto riesgo y otras partes interesadas.

En relación a la sección 2, la Ley de IA establece un sistema de gestión de riesgos que consistirá en un proceso iterativo continuo, planificado y ejecutado durante todo el ciclo de vida del sistema, que requerirá actualizaciones sistemáticas periódicas y que constará de diversas etapas[185]. Entre otras medidas contempla el establecimiento de estándares de calidad para la capacitación, la validación y la prueba de conjuntos de datos en aquellos sistema de IA que impliquen el entrenamiento de modelos con datos; el establecimiento de los requisitos de la documentación técnica del sistema; el mantenimiento de registros, transparencia y suministro de información

---

un tercer país; (b) los implantadores de sistemas de IA que tengan su lugar de establecimiento o estén situados en la Unión; (c) proveedores e implantadores de sistemas de IA que tengan su lugar de establecimiento o estén situados en un tercer país, cuando el producto generado por el sistema de IA se utilice en la Unión; (d) importadores y distribuidores de sistemas de IA; (e) fabricantes de productos que comercialicen o pongan en servicio un sistema de IA junto con su producto y bajo su propio nombre o marca; (f) los representantes autorizados de los prestadores que no estén establecidos en la Unión; (g) personas afectadas que se encuentren en la Unión".

184 Directiva 2009/48/CE del Parlamento Europeo y del Consejo, de 18 de junio de 2009, DO núm. L 170, 30 junio 2009, sobre la seguridad de los juguetes; Directiva 2014/53/UE del Parlamento Europeo y del Consejo, de 16 de abril de 2014, DO núm. L 153, 22 mayo 2014, relativa a la armonización de las legislaciones de los Estados miembros sobre la comercialización de equipos radioeléctricos, y por la que se deroga la Directiva 1999/5/CE.

185 Art. 9 Ley de Inteligencia Artificial, disponible en línea en https://artificialintelligenceact.eu/es/article/9/ (visitado el 25 de mayo de 2024).

a los usuarios; la supervisión humana de los sistemas de IA; y las reglas relativas a un nivel adecuado de precisión, robustez y ciberseguridad[186].

En la sección 3 del capítulo III, en relación a las obligaciones de los proveedores y usuarios de sistemas de IA de alto riesgo y de otras partes, se aborda la necesidad de establecer un sistema de gestión de la calidad que garantice el cumplimiento de la Ley de IA; la obligación de elaborar la documentación técnica establecida; el sometimiento del sistema de IA de alto riesgo al correspondiente procedimiento de evaluación de la conformidad antes de su comercialización o puesta en servicio; la conservación de los archivos de registro generados automáticamente por sus sistemas de IA de alto riesgo; la colocación del marcado CE en el sistema de IA de alto riesgo; y la adopción de las medidas correctoras necesarias, así como facilitar la información exigida[187]. Como aspecto relevante, se debe destacar la necesidad de realizar una evaluación de impacto sobre los derechos fundamentales de los sistemas de IA de alto riesgo[188]. También se debe destacar que los proveedores de sistemas de IA de alto riesgo deberán registrar sus sistemas en una base de datos de toda la Unión Europea, que estará gestionada por la Comisión Europea, antes de comercializar o poner en servicio dicho sistema de IA de alto riesgo, además de cumplir con otras obligaciones estipuladas en la Ley de IA[189].

Sin embargo, con respecto a las aeronaves no tripuladas, además de las limitaciones señaladas anteriormente para la aplicación de la Ley de IA –es decir, únicamente en relación con los proveedores que comercialicen o pongan en servicio sistemas de IA o comercialicen modelos de IA de uso general en la Unión y los implantadores de sistemas de IA que tengan su lugar de establecimiento o estén situados en la Unión–, también se reducen los preceptos de la Ley de IA a los que estarían sujetas las aeronaves no tripuladas. Así se establece en el art. 2, que señala el ámbito de aplicación de la Ley de IA, y que puntualiza que para los sistemas de IA clasificados

---

186 Arts. 10-15 Ley de Inteligencia Artificial, disponible en línea en https://artificialintelligenceact.eu/es/section/3-2/ (visitado el 25 de mayo de 2024). *Vid.* MARTÍN CASALS, M., cit., pp. 65-66.

187 Arts. 16-20 Ley de Inteligencia Artificial, disponible en línea en https://artificialintelligenceact.eu/es/section/3-3/ (visitado el 25 de mayo de 2024). *Vid.* MARTÍN CASALS, M., cit., p. 66.

188 Art. 27 Ley de Inteligencia Artificial, disponible en línea en https://artificialintelligenceact.eu/es/article/27/ (visitado el 25 de mayo de 2024).

189 Art. 49 Ley de Inteligencia Artificial, disponible en línea en https://artificialintelligenceact.eu/es/article/49/ (visitado el 25 de mayo de 2024).

como sistemas de alto riesgo relacionados con productos cubiertos por la legislación de armonización de la Unión enumerada en la sección B del anexo I, únicamente serán de aplicación determinados preceptos de la Ley de IA[190]. Pues bien, precisamente en este listado de leyes del anexo I, y justamente en la sección B, se encontraría el Reglamento (UE) 2018/1139, que como ya se ha señalado en varias ocasiones establece las normas comunes en materia de navegación aérea, pero exclusivamente en relación con las aeronaves no tripuladas, excluyendo del ámbito de aplicación de la Ley de IA a la aviación tripulada. Por lo tanto, los preceptos que serían de aplicación a los sistemas de IA de alto riesgo en relación con las aeronaves no tripuladas son: el art. 6.1 de la Ley de IA, que ya ha sido estudiado y que define los sistemas de IA de alto riesgo; los arts. 102 a 109 recogen las modificaciones de la normativa de la Unión Europea, ya sea Reglamento o Directiva, introducidas por la Ley de IA, y que a los efectos del presente trabajo, se debe mencionar el art. 108, que versa sobre la modificación del Reglamento (UE) 2018/1139, estudiado en el apartado anterior; y el art. 112, sobre evaluación y revisión, que entre otros aspectos señala que la Comisión evaluará la necesidad de modificar la lista de los sistema de alto riesgo que figuran en el anexo III y la lista de prácticas de IA prohibidas establecida en el art. 5. Pero, además, el artículo 57 se aplicaría únicamente en la medida en que los requisitos para los sistemas de IA de alto riesgo con arreglo a dicha Ley se hayan integrado en dicha legislación de armonización de la Unión, que en el caso de las aeronaves no tripuladas efectivamente ha sido así. Dicho precepto regula la necesidad de crear espacios aislados de regulación de la IA, con el fin de proporcionar un entorno controlado que fomente la innovación y facilite el desarrollo, la formación, las pruebas y la validación de sistemas innovadores de IA durante un tiempo limitado. Este espacio deberá desarrollarse antes de su comercialización o puesta en servicio con arreglo a un plan específico de entorno aislado acordado entre los proveedores o posibles proveedores y la autoridad competente. Dichos *sandboxes* pueden incluir pruebas en condiciones del mundo real supervisadas en ellos[191].

57. En definitiva, la incidencia de la Ley de IA en la regulación de las aeronaves no tripuladas se manifiesta en dos aspectos: 1°) La catalogación de las aeronaves no tripuladas como sistemas de IA de alto riesgo; 2°) En lo

---

[190] Art. 2.2 Ley de Inteligencia Artificial, disponible en línea en https://artificialintelligenceact.eu/es/article/2/ (visitado el 25 de mayo de 2024).

[191] Art. 57.5 Ley de Inteligencia Artificial, disponible en línea en https://artificialintelligenceact.eu/es/article/57/ (visitado el 25 de mayo de 2024).

que respecta a los sistemas de IA que sean componentes de seguridad en el sentido de la Ley de Inteligencia Artificial, se tendrá en cuenta lo establecido en el capítulo III, sección 2 de la Ley de IA, que trata los requisitos que tienen que cumplir de los sistemas de IA de alto riesgo, entre los que se encuentra la realización de un sistema de gestión de riesgos, tal y como ya se ha mencionado, y cuya consecuencia directa ha sido la modificación del Reglamento (UE) 2018/1139 en este sentido.

No obstante, los drones podrían ser objeto de una aplicación más amplia de la Ley de IA, si como consecuencia de las actividades desarrolladas con los drones se encontraran en cualquiera de las ocho circunstancias consideradas de alto riesgo en el anexo III y que podrían ser: cuando los drones son utilizados para realizar tareas de identificación biométrica a distancia en tiempo real para el control de aforos en grandes eventos; o cuando son utilizados en el contexto de la gestión de la migración, el asilo o el control de fronteras, con el fin de detectar, reconocer o identificar a personas físicas.

58. Por lo tanto, una de las conclusiones fundamentales de la Ley de IA en relación a los drones es que son considerados sistemas de IA de alto riesgo, con independencia de su nivel de automatización. La Ley no señala en el art. 3 que recoge las definiciones qué es un sistema de IA de alto riesgo. Lo que sí que contempla es una definición del sistema de IA como un sistema basado en máquinas que está diseñado para funcionar con diversos niveles de autonomía[192]; así que un sistema de IA es también aquél en el que el grado de autonomía es bajo. Además, la Ley de IA precisa qué es riesgo, pero no define qué es "alto riesgo", de forma que por riesgo se entiende "*la combinación de la probabilidad de que se produzca un daño y la gravedad de ese daño*"[193]. Por lo tanto, de una primera aproximación a la Ley de IA, a través de estas definiciones, se podría deducir que un sistema de IA de alto riesgo debe entenderse como un sistema basado en máquinas que, con independencia de su nivel de autonomía, tiene una alta probabilidad de que produzca un daño grave. Finalmente, la Ley de IA ha venido a señalar que los sistemas de IA de alto riesgo son aquellos que generan un impacto

192 Art. 3.(1) Ley de Inteligencia Artificial, disponible en línea en https://artificialintelligenceact.eu/es/article/3/ (visitado el 25 de mayo de 2024).

193 Art. 3.(2) Ley de Inteligencia Artificial, disponible en línea en https://artificialintelligenceact.eu/es/article/3/ (visitado el 25 de mayo de 2024).

adverso en la seguridad de las personas o en sus derechos fundamentales, para después pasar a enumerar los sistemas de IA de alto riesgo[194].

Sin embargo, hasta el desarrollo de la Ley de IA, como consecuencia de la falta de definición, como señalan algunos autores, se ha tendido a simplificar en exceso la terminología, pues entendían que sólo los UAS autónomos debían ser considerados de alto riesgo por emplear sistemas de IA, de forma que debería tenerse en cuenta los distintos niveles de automatización que tienen los drones, tal y como se ha puesto de manifiesto en el apartado anterior[195]. En este sentido, otros autores han considerado, pero en relación con los vehículos autónomos, que por sistemas de IA de alto riesgo debían entenderse los vehículos con niveles altos de automatización o los vehículos completamente autónomos[196].

En el hecho de que solo los aparatos totalmente automatizados o completamente autónomos debían ser considerados sistemas de IA de alto riesgo, ha influido la Propuesta de Reglamento en materia de responsabilidad civil por el uso de sistemas de inteligencia artificial realizada por el Parlamento Europeo y publicada el 20 de octubre de 2020, que también diferencia los sistemas de alto riesgo del resto[197]. En ella se establece una distinción entre los denominados sistemas de alto riesgo, que estarían sometidos a un régimen de responsabilidad objetiva impuesto a los operadores de dicho sistema, si bien con límites indemnizatorios muy severos; y los sistemas que no son de alto riesgo, en los cuales el operador quedaría sometido a un sistema de responsabilidad cuasiobjetiva, con inversión de la carga de la prueba de la culpa, pero sin límites indemnizatorios predeterminados[198]. En este sentido el art. 3.c) de la Propuesta de Reglamento

---

194 Arts. 6 y 7 Ley de Inteligencia Atificial, disponible en en línea en https://artificialintelligenceact.eu/es/article/6 y en línea en https://artificialintelligenceact.eu/es/article/7/ ((visitado el 25 de mayo de 2024).

195 En este sentido, *vid.* BUSTOS MORENO, Y., cit., pp. 892-893.

196 NÚÑEZ ZORRILLA, C., *cit.*, pp. 806 y 810; IZQUIERDO GRAU, G., *cit.*, p. 151.

197 Propuesta de Reglamento del Parlamento Europeo y del Consejo relativo a la responsabilidad civil por el funcionamiento de los sistemas de inteligencia artificial, recogida en la Resolución del Parlamento Europeo, de 20 de octubre de 2020, con recomendaciones destinadas a la Comisión sobre un régimen de responsabilidad civil en materia de inteligencia artificial (2020/2014(INL) (DO núm. C 404, 6 octubre 2021), pp. 107-128.

198 Propuesta de Reglamento del Parlamento Europeo y del Consejo relativo a la responsabilidad civil por el funcionamiento de los sistemas de inteligencia artificial, recogida en la Resolución del Parlamento Europeo, de 20 de octubre de 2020,

sobre responsabilidad civil en materia de inteligencia artificial sí que define el "alto riesgo" haciendo referencia al potencial dañino de un sistema de inteligencia artificial que funciona de forma autónoma de causar daños a una o varias personas de forma aleatoria excediendo de lo que cabe razonablemente esperar. Parece, por lo tanto, que por sistemas de IA de alto riesgo se está haciendo referencia únicamente a los vehículos o UAS con niveles altos de automatización o completamente autónomos, aunque en la definición se hace alusión al grado de autonomía[199]. Si bien esta Propuesta de Reglamento no va a ser de aplicación por el momento, pues existe una propuesta de Directiva posterior sobre la misma materia, como ya se ha señalado anteriormente. Aunque esta Propuesta de Reglamento sigue la misma distinción que realiza la Ley de IA entre sistemas de alto riesgo del resto, que es donde pone énfasis la regulación de la Ley de IA, si bien esta última también recoge una sección más pequeña destinada a los sistemas de IA de riesgo limitado; sin embargo, como se ha podido comprobar no contemplan el mismo concepto de lo que debe entenderse por sistema de IA de alto riesgo[200].

59. En este sentido, la Ley de IA sigue un enfoque basado en el riesgo. Aunque la Propuesta de Reglamento sobre responsabilidad en materia de IA sigue también este enfoque, la Ley de IA estima que un sistema de IA es de alto riesgo cuando produce daños en la seguridad de las personas o en sus derechos fundamentales, con independencia del nivel de automatización del sistema de IA. El Reglamento sobre responsabilidad en materia de IA, por su parte, considera que debe haber un riesgo mayor cuanto mayor es el nivel de automatización, por lo que, en el caso de las aplicaciones relacionadas con la IA en el sector del transporte que tienen un perfil de alto

---

con recomendaciones destinadas a la Comisión sobre un régimen de responsabilidad civil en materia de inteligencia artificial (2020/2014(INL) (DO núm. C 404, 6 octubre 2021), pp. 107-128. En adelante, será denominada Propuesta de Reglamento sobre responsabilidad en materia de IA. *Vid.* ÁLVAREZ OLALLA, M.-P., "Propuesta de Reglamento en materia de responsabilidad civil por el uso de inteligencia artificial, del Parlamento Europeo, de 20 de octubre de 2020", *Revista CESCO De Derecho De Consumo*, nº 38, 2021 pp. 1-10.

199 Art. 3.c) Propuesta de Reglamento sobre responsabilidad en materia de IA: "«*alto riesgo*»*: potencial significativo en un sistema de IA que funciona de forma autónoma para causar daños o perjuicios a una o más personas de manera aleatoria y que excede lo que cabe esperar razonablemente; la magnitud del potencial depende de la relación entre la gravedad del posible daño o perjuicio, el grado de autonomía de la toma de decisiones, la probabilidad de que el riesgo se materialice y el modo y el contexto en que se utiliza el sistema de IA*".

200 MARTÍN CASALS, M., *cit.*, p. 71.

riesgo específico, es necesario que se siga un enfoque basado en el riesgo en función del nivel de automatización y de autoaprendizaje del sistema. Por lo que dicho enfoque no debe basarse en la determinación previa de ciertos sectores, por ejemplo, el del transporte, como sectores en los que se utiliza IA de alto riesgo, sino en evaluaciones de campos específicos que sean neutras desde el punto de vista tecnológico[201]. Sin embargo, esta Propuesta de Reglamento sobre responsabilidad en materia de IA no va a tener un recorrido mayor que el que ya ha tenido, porque la Ley de IA no recoge el mismo concepto de sistema de IA de alto riesgo, por ejemplo, en el sector del transporte, por las razones que se pasan a detallar y porque se ha elaborado una Propuesta de Directiva sobre responsabilidad en materia de IA que sí que está alineada con la Ley de IA y que se explicará de forma breve posteriormente.

Así pues, en el ámbito del transporte aéreo, es conocido por todos que las autoridades de aviación civil se han mostrado reticentes a permitir que los UAS compartan el mismo espacio aéreo que el tráfico comercial. Las reticencias de las autoridades de aviación civil se deben a dos motivos principales: los límites del marco legal actual y las preocupaciones por la seguridad. Por lo tanto, la tecnología más avanzada sugiere que el riesgo del uso de UAS sigue siendo inaceptable, porque tales sistemas deben considerarse como "actividad ultra-peligrosa", de manera muy similar a como se concebía la aviación tradicional en la década de 1930[202]. De esta situación se desprende que el marco jurídico actual que se aplica al uso civil de los drones depende de normas de responsabilidad estricta, más que de responsabilidad basada en la culpa, ya que las reglas de responsabilidad objetiva tradicionalmente representan la técnica adecuada para reducir este tipo de actividades de riesgo[203]. A la luz de la Convención de Roma del 7 de octubre 1952 sobre daños

---

201 Sugerencia 5 Opinión de la comisión de transportes y turismo (15.7.2020) para la Comisión de Asuntos Jurídicos con recomendaciones destinadas a la Comisión sobre el régimen de responsabilidad civil en materia de inteligencia artificial (2020/2014(INL)), disponible en línea en https://www.europarl.europa.eu/doceo/document/A-9-2020-0178_ES.html#_section5 (visitado el 25 de mayo de 2024).

202 *Vid.* RAPP, G.-C., "Unmanned Aerial Exposure: Civil Liability Concerns Arising from Domestic Law Enforcement Employment of Unmanned Aerial Systems", *North Dakota Law Review*, vol. 85, nº 3, art. 2, 2009, p. 628.

203 BUSTOS MORENO, Y., *cit.*, p. 906.

causados a terceros en la superficie por aeronaves extranjeras, por ejemplo, dicha responsabilidad objetiva puede atribuirse a los operadores de UAS[204].

Pues bien, precisamente porque se trata de actividades de alto riesgo es posible que las normas de responsabilidad objetiva existentes en los Estados miembros ya se apliquen a las tecnologías digitales emergentes, como la IA. Tal y como se manifiesta en los regímenes de responsabilidad para vehículos motorizados que en la mayoría de los países ya se aplica a los automóviles autónomos o a las aeronaves, entre las que se encuentran los drones[205]. Sin embargo, la situación entre los distintos países europeos todavía varía mucho. Algunas jurisdicciones tienen más o menos cláusulas generales generosas, o al menos presentan una analogía con los regímenes legales existentes, mientras que otras suelen prescindir del requisito de culpa sólo en muy pocas situaciones, estrictamente definidas, pero a menudo se amplía la noción de culpa. La responsabilidad estricta normalmente sólo se aplica en casos de daño físico a personas o propiedad, pero no por pura pérdida económica. Incluso en el mismo país, se puede comprobar la existencia de diferencias notables entre los distintos regímenes de responsabilidad objetiva, como lo pone de manifiesto la diversa gama de defensas a disposición de la persona responsable, o por la elección del legislador a favor o en contra de los topes indemnizatorios[206].

---

204 Instrumento de Ratificación del Convenio sobre daños causados a terceros en la superficie por aeronaves extranjeras, firmado en Roma el 7 de octubre de 1952, BOE núm. 117, 17 mayo 1961. Este instrumento es de aplicación también a los casos en que son los drones quienes producen daños a terceros en la superfice y está en vigor para España, pero no para Francia, ni Alemania. *Vid.* "Roadmap for the integration of civil Remotely-Piloted Aircraft Systems into the European Aviation System", *Informe final del Grupo Director del RPAS europeo, Anexo 3–A study on the societal impact of the integration of civil RPAS into the European Aviation System,* junio 2013, p. 5, disponible en línea en https://info.publicintelligence.net/EU-RPA-Roadmap-4.pdf (visitado el 1 de mayo del 2024).

205 La responsabilidad estricta puede no ser apropiada para robots meramente estacionarios (como robots quirúrgicos o industriales), incluso si están impulsados por IA, que se emplean exclusivamente en un entorno confinado, con un rango reducido de personas expuestas al riesgo y que además están protegidas por un régimen diferente, incluido el contractual (como los pacientes protegidos por responsabilidad contractual o el personal de fábrica cubierto por planes de compensación laboral). Así, por ejemplo, en relación con los drones que operan en la categoría abierta, es decir, sobre un número reducido de personas, el riesgo también es limitado, por lo que no estaría justificada la responsabilidad objetiva.

206 Informe "Liability for Artificial Intelligence and other emerging technologies", *Report from the Expert Group on Liability and New Technologies – New Technologies Formation,*

Así pues, detrás de que un sistema de IA sea considerado de alto riesgo, está el hecho de que sea posible recurrir a un sistema de responsabilidad objetiva por parte del sujeto perjudicado, de conformidad con la normativa vigente, tanto internacional como de producción interna. Por lo tanto, sólo si se alcanza el umbral de riesgo relevante para una tecnología digital emergente, como es el caso de la IA, sería apropiado someter el funcionamiento de esta tecnología a un régimen de responsabilidad estricta, que debería compartir las mismas características que otros pasivos sin culpa para riesgos comparables. También, debería resolver la cuestión de qué pérdidas son recuperables y en qué medida, incluso si deberían introducirse límites máximos y si el daño moral es recuperable. Esta última cuestión sí que es resuelta por la Ley de IA, pues el resarcimiento el daño emocional o moral son el núcleo de la razón de ser de muchas de las prohibiciones y deberes establecidos por la Ley de IA[207]; pero no resuelve ninguna cuestión en relación al tipo de responsabilidad, que queda sometida a la normativa vigente en cada Estado en materia de responsabilidad civil y a la Propuesta de Directiva sobre responsabilidad en materia de IA, si bien esta última de momento sigue siendo eso, una propuesta[208].

En este sentido, la introducción de la responsabilidad objetiva debería ofrecer a las víctimas un acceso más fácil a la indemnización, sin excluir, una reclamación paralela de responsabilidad por culpa si se cumplen sus requisitos. Además, mientras que la responsabilidad estricta normalmente canalizará la responsabilidad hacia la persona responsable, por ejemplo, el operador de la tecnología, esta persona conservará el derecho de recurrir a otros que contribuyen al riesgo, como pudiera ser el productor[209]. Efectivamente, es posible demandar al fabricante por productos defectuosos, en virtud de la Directiva sobre responsabilidad por los daños causados por productos defectuosos, si bien existe una Propuesta para modificar esta

---

Comisión Europea, 2019, p. 39, disponible en línea en https://op.europa.eu/en/publication-detail/-/publication/1c5e30be-1197-11ea-8c1f-01aa75ed71a1/language-en (visitado el 30 de abril del 2024).

207 MARTÍN CASALS, M., *cit.*, p. 68.

208 *Vid.*, en relación a la Directiva sobre responsabilidad en materia de IA, MARTÍN CASALS, M., cit., pp. 67-74

209 Informe "Liability for Artificial Intelligence and other emerging technologies", *Report from the Expert Group on Liability and New Technologies – New Technologies Formation*, Comisión Europea, 2019, pp. 39-41, disponible en línea en https://op.europa.eu/en/publication-detail/-/publication/1c5e30be-1197-11ea-8c1f-01aa75ed71a1/language-en (visitado el 30 de abril del 2024).

directiva teniendo en cuenta entre otras cuestiones los productos que incorporan sistemas de IA, pero que de momento tampoco está en vigor[210].

60. Por lo tanto, todos los daños producidos por los drones sobre los bienes y personas que se encuentren en la superficie estarán sometidos al Convenio de Roma de 1952, siempre que deriven de desprendimientos de partes del dron o por el impacto con otra aeronave en vuelo que sea extranjera –es decir, que esté registrada en otro Estado–, que bien puede ser otro dron o una aeronave tripulada[211]. Este Convenio es de aplicación en España, mientras que de los Estados miembros de la Unión Europea no es de aplicación ni en Francia, ni en Alemania[212]. Es un convenio que para los países que esté en vigor es de aplicación *erga omnes*, pues no admite ningún tipo de reservas, tal y como se establece en su art. 39[213]. Los arts. 1.1 y 11 de dicho Convenio establecen la responsabilidad objetiva y limitada del operador de la aeronave, en nuestro caso dron, frente a terceros respecto al *quantum indemnizatorio*[214]. Por supuesto que estos

---

210 Directiva 85/374/CEE del Consejo, de 25 de julio de 1985, *DO núm. L 210, 7 agosto 1985, pp. 29-33,* relativa a la aproximación de las disposiciones legales, reglamentarias y administrativas de los Estados Miembros en materia de responsabilidad por los daños causados por productos defectuosos. *Vid.*, en relación a la aplicación de la nueva Propuesta de Directiva sobre responsabilidad por los daños causados por productos defectuosos a los vehículos automatizados o vehículos autónomos, NÚÑEZ ZORRILLA, C., *cit.*, pp. 801-851; IZQUIERDO GRAU, G., *cit.*, pp. 117-161; MARTÍN CASALS, M., *cit.*, pp. 75-94.

211 Instrumento de Ratificación del Convenio sobre daños causados a terceros en la superficie por aeronaves extranjeras, firmado en Roma el 7 de octubre de 1952, BOE núm. 117, 17 mayo 1961.

212 *Vid.* "Roadmap for the integration of civil Remotely-Piloted Aircraft Systems into the European Aviation System", *Informe final del Grupo Director del RPAS europeo, Anexo 3–A study on the societal impact of the integration of civil RPAS into the European Aviation System,* junio 2013, p. 5, disponible en línea en https://info.publicintelligence.net/EU-RPA-Roadmap-4.pdf (visitado el 1 de mayo del 2024).

213 En relación a la aplicación equivocada de los límites indemnizatorios del Convenio de Roma de 1952, como consecuencia de una comprensión errónea de su ámbito de aplicación, *vid.* BUSTOS MORENO, Y., *cit.*, p. 910.

214 Debe destacarse que para los daños causados a terceros en superficie por aeronaves extranjeras se conservan los escasos límites indemnizatorios previstos en el art. 11 del Convenio de Roma de 1952. Sin embargo, cuando se trate de aeronaves nacionales la indemnización será muy superior, así, por ejemplo, la Ley de Navegación Aérea española (Ley 48/1960, de 21 de julio, sobre Navegación Aérea, BOE núm. 176, 23 julio 1960) sí que ha actualizado dichos límites indemnizatorios con el fin de aproximarlos a los niveles de los países de nuestro entorno. *Vid.* ÁLVAREZ LATA,

límites indemnizatorios son los previstos para la aviación tripulada, con lo cual no ha sido adaptado a los drones, de forma que sería interesante que se produjese una modificación, donde además del peso del dron –que es lo que se tiene en cuenta actualmente–, se tuviese en cuenta la categoría operacional del dron[215].

Ahora bien, cuando el daño producido por un dron extranjero no se deba al desprendimiento de una pieza del dron, sino como consecuencia del líquido irrogado por la fumigación de un terreno agrícola, estaríamos fuera del ámbito de aplicación del Convenio de Roma de 1952. En cuyo caso, si los tribunales que conocen del asunto son los tribunales de un Estado miembro, salvo que se trate de Dinamarca, aplicarán el Reglamento Roma II, que determina la ley aplicable en materia de responsabilidad extracontractual[216]. En virtud del art. 4.1 de dicho Reglamento, que contempla la regla general, la ley aplicable será la del Estado en el que se ha producido el daño. Por lo que, si ese daño se ha producido en España, sería de aplicación la Ley de Navegación Aérea española, que también contempla en su art. 120 la responsabilidad objetiva y limitada del operador del dron[217].

En cualquier caso, la aplicación de la responsabilidad estricta es el criterio mayoritario en relación con el transporte aéreo en otros países europeos, como ya se ha señalado anteriormente, con independencia del nivel de automatización del dron, en la medida en que es una actividad potencialmente peligrosa[218]. En este sentido, sólo algunos países

---

N./ BUSTOS MORENO, Y., "Responsabilidad civil en el ámbito el transporte y la navegación aérea", en REGLERO CAMPOS, L.-F. / BUSTO LAGO, J.-M. (coord.), *Tratado de responsabilidad civil*, Tomo II, 5ª edición, Aranzadi, Cizur Menor (Navarra), 2014, p. 1074; BUSTOS MORENO, Y., *cit.*, pp. 910-911.

215 Para un análisis en profundidad sobre esta cuestión, *vid.* BUSTOS MORENO, Y., *cit.*, pp. 909-916.

216 Reglamento (CE) n°. 864/2007 del Parlamento Europeo y del Consejo, de 11 de julio de 2007, DOUE núm. L 199, 31 julio 2007, pp. 40-49, relativo a la ley aplicable a las obligaciones extracontractuales. En relación al ámbito de aplicación del Convenio de Roma de 1952, *vid.* CALVO CARAVACA, A.-L./ CARRASCOSA GONZÁLEZ, J., "Obligaciones extracontractuales", en CALVO CARAVACA, A.-L./ CARRASCOSA GONZÁLEZ, J. (dirs.), *Tratado de Derecho internacional privado*, Tomo III, Tirant lo Blanch, Valencia, 2020, pp. 3767-3768.

217 Art. 120 Ley 48/1960, de 21 de julio, sobre Navegación Aérea, BOE núm. 176, 23 julio 1960.

218 BUSTOS MORENO, Y., *cit.*, pp. 906-907.

han desarrollado una regulación específica en materia de responsabilidad por daños producidos por los drones, que entienden tienen algún grado de automatización, siendo este el caso de Grecia o Portugal dentro de la Unión Europea o de Australia, donde el uso de los drones para una gran variedad de actividades está muy extendido desde hace mucho tiempo. Así, en Grecia existe un reglamento administrativo sobre sistemas de aeronaves no tripuladas (UAS) que prevé la responsabilidad estricta respecto de los daños causados por pilotos remotos u operadores durante la ejecución de los vuelos, donde el operador puede ser el propietario, arrendatario u ocupante (persona en posesión o control) de la aeronave. Por su parte, en Portugal, el Decreto Ley n.º 58/2018 exige un seguro de responsabilidad civil obligatorio para drones con un peso superior a 900 gramos y el régimen de responsabilidad civil por daños está sujeto a responsabilidad objetiva que será atribuida al operador, con independencia de su culpabilidad, salvo que el operador pueda demostrar que el accidente se ha producido por culpa del perjudicado[219].

Pues bien, el problema en materia de responsabilidad se plantea en relación con los drones altamente automatizados o drones autónomos cuando no sea posible la aplicación de un sistema de responsabilidad objetiva, sino un sistema de responsabilidad basado en la culpa. En este sentido, tanto el Convenio de Roma de 1952 (art. 12.1), como la Ley de Navegación Aérea española (art. 121), señalan que el operador del dron o aquellas personas sobre las que ejerce un control, como el piloto remoto o los observadores, mientras operaban en el ejercicio de sus funciones, responderán ilimitadamente en caso de que hubieran operado de forma dolosa o por medio de culpa grave[220]. Así que, si se acredita una mayor cuantificación de los daños, el demandado deberá indemnizar a la parte demandante, si

---

219 Evas, T., *Civil liability regime for artificial intelligence*, Study EPRS (European Parliamentary Research Service), septiembre 2020, p. 47, disponible en línea en https://www.europarl.europa.eu/RegData/etudes/STUD/2020/654178/EPRS_STU(2020)654178_EN.pdf (visitado el 1 de mayo de 2024).

220 Tampoco se aplicarán los límites indemnizatorios en caso de utilización de las aeronaves sin el consentimiento del operador, es decir, en caso de interferencia ilícita o como medio para cometer un atentado terrorista, para colisionar con otra aeronave, para hacer el mayor daño posible. Además, el art. 12.1 de la Convención de Roma de 1952 añade que los dependientes deberán haber actuado no sólo en el ejercicio de sus funciones, sino también dentro de los límites de sus atribuciones.

esta justifica una cuantificación de los daños mayor que el máximo previsto conforme al criterio de imputación objetivo[221].

Así pues, las acciones de indemnización por accidentes aéreos se pueden presentar en virtud del art. 121 de la Ley de Navegación Aérea española, junto con los arts. 1902 y 1903 CC[222]. El régimen común es más favorable y menos restrictivo para la víctima, porque el grado de culpa exigible para la víctima es menor, leve. Además, se amplía el círculo de posibles sujetos responsables, pues la Ley de Navegación Aérea sólo permite demandar por responsabilidad civil al operador y a sus dependientes.

Pero el elemento más beneficioso para la víctima al recurrir al 1902 CC se debe a la teoría del riesgo como criterio de imputación. Se trataría de una responsabilidad cuasi objetiva, en virtud de la cual se exigirá al operador (y piloto a distancia) una elevación proporcionada de la diligencia, en función del riesgo asumido. El riesgo no es un concepto unitario, sino graduable y tiene importancia para la ponderación del nivel de diligencia requerido, que es justamente lo que prevé la normativa especifica sobre drones, al dividir las actividades que pueden realizar los drones en función del riesgo asumido, en tres categorías operacionales: abierta, específica y certificada. Así que la diligencia exigible irá en aumento, según la categoría en la que esté operando el dron. Por lo que, si se produce un suceso dañoso, el incumplimiento de las obligaciones a realizar en cada una de las categorías, como por ejemplo volar un dron por encima de los 120 m, que es el límite establecido en la categoría abierta, podría ser indicativo de la falta de diligencia, salvo que dicha circunstancia no tenga relevancia causal en el daño final producido[223].

Por otro lado, ante accidentes en los que participan drones con más razón que cuando es la aviación tripulada la que está involucrada, se plantea un problema en relación con la prueba de la culpa, de forma que el

---

221 Bustos Moreno, Y., *cit.*, p. 916.

222 Esta solución es la ofrecida, con base en el art. 5.2 de la Ley de Navegación Aérea española, por el Tribunal Supremo desde las Sentencias de 3 mayo 1968 (TOL4.276.517) y de 10 junio 1988 (TOL1.733.963). *Vid.* Bustos Moreno, Y., *cit.*, p. 917.

223 Todo ello, sin perjuicio de las elevadas sanciones administrativas que la AESA podría imponer, por incumplimiento de la normativa sobre navegación aérea, de hasta 225.000 euros, cuando se trata de usos lúdicos o recreativos y de hasta 4.500.000 euros, si se trata de usos profesionales. *Vid.* art. 55 Ley 21/2003, de 7 de julio, de Seguridad Aérea, BOE núm. 162, 8 julio 2003.

demandado debería facilitar la carga de probar que hizo todo lo que le era exigible para para prevenir el daño. En estos casos, como el operador o el piloto del dron no va a bordo de la aeronave, éste normalmente va a sobrevivir al accidente y puede aportar mucha más información, que cuando en el accidente participa una aeronave tripulada y no hay supervivientes, salvo por los datos que hayan quedado grabados en la caja negra del avión. En cualquier caso, el dañado debería poder beneficiarse de los principios de "*disponibilidad y facilidad probatoria*" mediante la inversión de la carga de la prueba de conformidad con la ley española (art. 217.7 LEC)[224].

En cualquier caso, con independencia de a quien corresponda la carga de la prueba, nos encontramos ante un problema importante, que se agrava si el dron es completamente autónomo o altamente automatizado, también por tener que demostrar la relación de causalidad, en aquellos ordenamientos que así se exija. Es cierto que los drones, por su perfil de riesgo específico, en los Estados miembros, a menudo, están regidos por un sistema de responsabilidad objetiva. Sin embargo, los detalles de dicha responsabilidad varían sustancialmente entre estos Estados, empezando por la gama de drones cubiertos y siguiendo por los límites indemnizatorios; y en otros se sigue un régimen culpabilístico, donde el problema se plantea en relación con la carga de la prueba y la relación de causalidad[225].

61. Por ello, entendiendo que los sistemas de IA completamente autónomos no se han desarrollado, es decir, teniendo en cuenta el estado actual de la técnica en materia de IA, la Propuesta de Directiva sobre responsabilidad en materia de IA ha surgido con el objetivo de cubrir las demandas nacionales de responsabilidad fundamentadas principalmente en la culpa de cualquier persona con el fin de indemnizar por cualquier tipo de daño y a cualquier tipo de víctima[226].

---

224 Para un análisis en profundidad de la aplicación del segundo nivel de responsabilidad, de acuerdo con la legislación española, *vid.* Bustos Moreno, Y., cit., pp. 916-922.

225 KARNER, E./ KOCH, B./ GEISTFELD, M., *Comparative law study on civil liability for artificial intelligence*, European Commission, Directorate-General for Justice and Consumers Publications Office of the European Union, 2021, pp. 92-95, disponible en línea en https://data.europa.eu/doi/10.2838/77360 (visitado el 20 de abril de 2024).

226 Propuesta de Directiva del Parlamento Europeo y del Consejo, relativa a la adaptación de las normas de responsabilidad civil extracontractual a la inteligencia artificial (Directiva sobre responsabilidad en materia de IA), COM (2022) 496 final, 28 septiembre 2022, pp. 1-37.

Los algoritmos basados en el aprendizaje automático de la máquina pueden ser difíciles, si no imposibles, de comprender, lo que se conoce como "efecto caja negra". Además de la complejidad expuesta anteriormente, debido al efecto caja negra de algunas IA, puede resultar difícil obtener una indemnización por los daños causados por aplicaciones de IA autónomas. Para comprender el algoritmo y los datos utilizados por la IA hacen falta una capacidad analítica y unos conocimientos técnicos que pueden ser excesivamente costosos para las víctimas. Es más, sin la cooperación de la parte aparentemente responsable puede resultar imposible acceder al algoritmo y a los datos. Como consecuencia, es posible que, en la práctica, las víctimas no puedan presentar una demanda viable de responsabilidad civil.

Esta Propuesta de Directiva está pensada, en realidad, para las demás aplicaciones de IA, que no tengan un perfil de riesgo específico, como sí sucede con las aeronaves, incluidos los drones, que justifican un sistema de responsabilidad objetiva. Así, en su Informe, la Comisión reflexionó sobre si procedía adaptar la carga de la prueba relativa a la causalidad y la culpa. A este respecto, una de las cuestiones señaladas por el informe de la formación sobre nuevas tecnologías del grupo de expertos sobre responsabilidad y nuevas tecnologías era la situación en la que la parte presuntamente responsable civilmente no ha registrado los datos pertinentes para valorar la responsabilidad civil o no está dispuesto a compartirlos con la víctima[227].

Los elementos de prueba, cuya carga normalmente recae sobre el demandante, pero que podrían asignarse al demandado son: a) incumplimiento de un deber de diligencia por parte del demandado –el productor, en lo que respecta al diseño, fabricación, monitorización, etc., y el usuario en cuanto a la elección de la tecnología y el funcionamiento o monitorización–; b) intención o negligencia del demandado; c) calidades deficientes de la tecnología; d) y funcionamiento incorrecto de la tecnología. No obstante, en diversos ordenamientos jurídicos se reconocen diversos factores que justifican la modificación de la carga de prueba a favor del demandante: a) alta probabilidad de falla; b) capacidad práctica de las partes para probar la culpa; violación de obligación legal por parte del demandado;

227 Informe de la Comisión al Parlamento Europeo, al Consejo y al Comité Económico y Social Europeo "Informe sobre las repercusiones en materia de seguridad y responsabilidad civil de la inteligencia artificial, el internet de las cosas y la robótica", COM/2020/64 final, 19 febrero 2020, disponible en https://eur-lex.europa.eu/legal-content/ES/TXT/?uri=CELEX%3A52020DC0064 (visitado el 30 de abril de 2024).

c) particular peligrosidad de la actividad del demandado que derivó en daños; d) y naturaleza y alcance del daño[228].

Las características de las tecnologías digitales emergentes, entre las que se encuentra la Inteligencia Artificial, como la opacidad, la apertura, la autonomía y la predictibilidad limitada, a menudo, puede derivar en dificultades o costos irrazonables para el demandante, que tiene que probar los hechos para conseguir el establecimiento de la culpa. Al mismo tiempo, la prueba de hechos relevantes podrá ser mucho más fácil para el demandado (productor u operador de la tecnología). Esta asimetría justificaría la inversión de la carga de la prueba. Si bien, en muchos casos los tribunales pueden lograr resultados similares con diversas disposiciones procesales, de forma que la introducción de una norma clara garantizaría la deseada convergencia y previsibilidad en la aplicación de la ley[229].

Por ello, los criterios establecidos en Propuesta de Directiva sobre responsabilidad en materia de IA, en relación a la carga de la prueba son vinculantes para todos los Estados miembros, sin perjuicio de que estos puedan adoptar o mantener disposiciones nacionales más favorables para los demandantes, siempre que sean compatibles con el derecho de la Unión. Se deben destacar de manera resumida estos aspectos:

- En materia de exhibición de pruebas concede a los demandantes potenciales el derecho a solicitar que un órgano jurisdiccional pueda ordenar la exhibición de pruebas relativas a sistemas de IA de alto riesgo –siguiendo la misma terminología de la Ley de Inteligencia Artificial– de los que se sospeche que han causado daños, a los proveedores (fabricantes), a las personas sujetas a las obligaciones de los proveedores y a los usuarios demandados, antes de presentar una demanda por daños y perjuicios[230].

---

228 Informe "Liability for Artificial Intelligence and other emerging technologies", *Report from the Expert Group on Liability and New Technologies – New Technologies Formation*, Comisión Europea, 2019, p. 54, disponible en línea en file:///C:/Users/user/Downloads/ds0319853enn_8F2D16AC-B321-5D09-5D00CF00D6CC39C5_63199.pdf (visitado el 30 de abril del 2024).

229 Informe "Liability for Artificial Intelligence and other emerging technologies", *Report from the Expert Group on Liability and New Technologies – New Technologies Formation,* Comisión Europea, 2019, p. 55, disponible en línea en https://op.europa.eu/en/publication-detail/-/publication/1c5e30be-1197-11ea-8c1f-01aa75ed71a1/language-en (visitado el 30 de abril del 2024).

230 Art. 3 Directiva sobre responsabilidad en materia de IA.

- En la Directiva se tiene en cuenta el hecho de que, en ocasiones, pueda resultar muy dificultoso la obtención de pruebas que demuestren el nexo causal. El gran número de personas que suele participar en el diseño, desarrollo, la introducción generalizada y el funcionamiento de sistemas de IA, hace difícil que los perjudicados puedan identificar a la persona potencialmente responsable del daño causado, y puedan reunir los elementos que se requieren para poder probar la culpa con el fin de interponer una demanda. En estos casos se contempla una presunción de causalidad *iuris tantum*, entre la culpa y el resultado lesivo producido por la IA, que será aplicada por el órgano jurisdiccional siempre que concurran las condiciones del art. 4 de la Directiva. Si la víctima puede demostrar que alguien ha incurrido en culpa por no cumplir una determinada obligación pertinente en relación con el daño y que es razonablemente probable que exista un nexo causal con el rendimiento de la IA, el órgano jurisdiccional puede presumir que ese incumplimiento ha provocado el daño[231].

62. Por último, se debe destacar que la catalogación de todos los drones como sistemas de IA de alto riesgo tampoco coincide con la clasificación que se realiza por parte de la normativa específica en materia de drones.

Mientras que la Ley de IA considera a todos los drones como sistemas de IA de alto riesgo, el Reglamento de Ejecución (UE) 2019/947 sobre las operaciones de vuelo de las aeronaves no tripuladas establece tres categorías en función del riesgo que entrañe la operación: categoría abierta, de riesgo bajo; categoría específica, de riesgo medio; y categoría certificada, de riesgo alto. Si bien, como se ha comentado antes, estas categorías pueden ser relevantes en cuanto al nivel de diligencia exigida, de forma que la diligencia exigible irá en aumento si la categoría de la operación a realizar por el dron implica un mayor riesgo.

En este sentido, como se ha comentado antes, la normativa específica sobre drones señala que las operaciones completamente autónomas,

---

[231] No obstante, el aligeramiento de la carga de probar la causalidad no es apropiado en virtud de la Directiva cuando el demandado no sea un profesional, sino un usuario particular o persona que utiliza el sistema de IA para sus actividades privadas, siempre que se produzca una de estas circunstancias: haber alterado el sistema de modo que afecte a su seguridad o, pudiendo atender a las condiciones de funcionamiento del sistema, no se hayan tenido en cuenta (art. 4.6 Directiva sobre responsabilidad en materia de IA).

orientadas a llevar paquetería, tendrán que desarrollarse en la categoría específica, que es considerada de riesgo medio[232]; mientras que los taxis aéreos, para llevar personas estarían, lógicamente, en la categoría certificada, esto es de riesgo alto. Por último, considerar como sistema de IA de alto riesgo a un dron que opera en la categoría abierta, en la cual se llevan a cabo operaciones alejadas de concentraciones de personas y de manera excepcional por encima de algunas personas, no tiene mucho sentido, teniendo en cuenta además que no se van a poder realizar operaciones autónomas en esta categoría.

2.3. Responsabilidades a lo largo de la cadena de valor de la IA

63. La normativa de la Unión en materia de seguridad de los productos tiene en cuenta la complejidad de las cadenas de valor e impone obligaciones a una serie de agentes económicos en consonancia con el principio de "responsabilidad compartida".

Si bien la responsabilidad del productor respecto de la seguridad del producto final sido adecuada para las hasta ahora para las cadenas de valor complejas actuales, contar con disposiciones explícitas que pidan específicamente la cooperación entre los agentes económicos de la cadena de suministro y los usuarios puede aportar seguridad jurídica quizás hasta en cadenas de valor más complejas. En particular, cada agente de la cadena de valor que influya en la seguridad del producto (por ejemplo, los productores de programas informáticos) y los usuarios (al modificar el producto) asumirían su responsabilidad y proporcionarían al siguiente agente de la cadena la información y las medidas necesarias[233].

64. Precisamente, en relación a este asunto, al art. 25 contempla un precepto destinado a las responsabilidades a lo largo de la cadena de valor de

---

[232] En relación con las *operaciones autónomas* el operador del UAS deberá garantizar que durante todas las fases de la operación del UAS se asignen adecuadamente las responsabilidades y tareas, dado que en estas operaciones no es posible designar un piloto remoto. *Vid.* UAS.SPEC.050 (Operaciones de UAS en la categoría específica) Parte B del Anexo Reglamento de Ejecución (UE) 2019/947.

[233] Informe de la Comisión al Parlamento Europeo, al Consejo y al Comité Económico y Social Europeo "Informe sobre las repercusiones en materia de seguridad y responsabilidad civil de la inteligencia artificial, el internet de las cosas y la robótica", COM/2020/64 final, 19 febrero 2020, disponible en https://eur-lex.europa.eu/legal-content/ES/TXT/?uri=CELEX%3A52020DC0064 (visitado el 30 de abril de 2024).

la IA. En este sentido, cualquier distribuidor, importador, implantador u otro tercero será considerado proveedor de un sistema de IA de alto riesgo cuando pongan su nombre o marca comercial en un sistema de IA de alto riesgo ya comercializado; cuando realicen una modificación sustancial de un sistema de IA de alto riesgo ya comercializado; o cuando modifiquen la finalidad prevista de un sistema de IA de alto riesgo que no haya sido clasificado como de alto riesgo y que ya haya sido comercializado. Con lo cual, este segundo o siguientes proveedores de un sistema de IA de alto riesgo se convertirán en responsables del mismo y deberán cumplir las obligaciones establecidas en la normativa de IA[234].

Por lo tanto, el proveedor que inicialmente comercializó o puso en servicio el sistema de IA dejará de ser considerado proveedor de ese sistema de IA específico. Además, este proveedor inicial cooperará estrechamente con los nuevos proveedores y pondrá a su disposición la información necesaria y facilitará el acceso técnico y demás asistencia que sean necesarios para el cumplimiento de las obligaciones establecidas en la Ley de IA[235].

Todo lo anterior se entiende sin perjuicio de la necesidad de respetar y proteger los derechos de propiedad intelectual, la información comercial confidencial y los secretos comerciales de conformidad con el Derecho de la Unión y nacional[236].

65. En relación con los drones el art. 25 de la Ley de IA tiene especial importancia, pues es necesario que queden definidas las responsabilidades a lo largo de la cadena de valor del dron, ya que este puede ser transferido o incluso modificado, de forma que, tal y como se ha podido comprobar a lo largo del presente estudio, el operador del dron en cada momento de la vida de uso del dron será el responsable, salvo que pueda transferir dicha responsabilidad al fabricante del dron que incorpore el software, o sólo al fabricante del software; o incluso al piloto de dron, si bien no suele ser habitual. En cualquier caso, la transmisión de la responsabilidad al piloto del dron no es posible en los casos de los drones autónomos o altamente automatizados, pues el dron estaría operando sin la intervención del piloto.

---

234 Art. 25.1 Ley de Inteligencia Artificial, disponible en línea en https://artificialintelligenceact.eu/es/article/25/ (visitado el 25 de mayo de 2024).

235 Art. 25.2 Ley de Inteligencia Artificial, disponible en línea en https://artificialintelligenceact.eu/es/article/25/ (visitado el 25 de mayo de 2024).

236 Art. 25.5 Ley de Inteligencia Artificial, disponible en línea en https://artificialintelligenceact.eu/es/article/25/ (visitado el 25 de mayo de 2024).

2.4. Multas

66. Por lo que respecta a las multas en caso de incumplimiento de la Ley de IA, de conformidad con el Considerando (168) de dicha ley: "*Se debe poder exigir el cumplimiento del presente Reglamento mediante la imposición de sanciones y otras medidas de ejecución (...) El Supervisor Europeo de Protección de Datos debe estar facultado para imponer multas a las instituciones, los órganos y los organismos de la Unión incluidos en el ámbito de aplicación del presente Reglamento*"[237].

Por su parte, el art. 99.3 de la Ley de IA establece que el incumplimiento de la prohibición de las prácticas de IA a que se refiere el art. 5 estará sujeto a multas administrativas de hasta 35.000.000 de euros; pero si el infractor es una empresa, la multa será de hasta el 7% de su volumen de negocios mundial correspondiente al ejercicio financiero anterior, si esta cuantía fuese superior.

Por último, el art. 99.4 de la Ley de IA señala que el incumplimiento por parte de un sistema de IA de cualquiera de las disposiciones que figuran en relación con los operadores o los organismos notificados, distintas de las mencionadas en el art. 5, estará sujeto a multas administrativas de hasta 15.000.000 EUR; pero si el infractor es una empresa, de hasta el 3% de su volumen de negocios mundial correspondiente al ejercicio financiero anterior, si esta cuantía fuese superior. Aunque todas las disposiciones señaladas son relevantes en relación a los drones, como el cumplimiento de las obligaciones de los prestadores o de los distribuidores, establecidos respectivamente por los arts. 16 y 24 de la Ley de IA, son de especial relevancia las obligaciones a cumplir de los importadores de acuerdo con el art. 24 de la Ley de IA, si se tiene en cuenta que se importan gran cantidad de drones de Estados Unidos y de China, de hecho, uno de los mayores fabricantes de drones es chino, DJI.

IV. CONCLUSIONES

67. De la normativa específica en materia de drones, se deben destacar los dos reglamentos de desarrollo del Reglamento (UE) 2018/1139 en materia de navegación civil aérea.

---

[237] Considerando (168) Ley de Inteligencia Artificial, disponible en línea en https://artificialintelligenceact.eu/es/recital/168/ (visitado el 25 de mayo de 2024).

El Reglamento Delegado (UE) 2019/945, sobre diseño, fabricación y comercialización de aeronaves no tripuladas, establece los requisitos de diseño para UAS pequeños, de hasta 25 kg, que se han implementado mediante el uso de la conocida como marca CE ("Conforme Europa") para productos comercializados en Europa.

Por su parte, el Reglamento de Ejecución (UE) 2019/947 establece las normas que deben cumplir las aeronaves no tripuladas para poder operar en condiciones de seguridad; más concretamente, deben respetar los requisitos relacionados con la aeronavegabilidad, las organizaciones, las personas que participan en la utilización de UAS (*Unmanned Aircraft System*) y las operaciones de las aeronaves no tripuladas. Se debe destacar del mismo, las categorías operacionales en las que además del peso del dron, se tiene en cuenta el riesgo de la operación, de forma que se desglosan en tres: categoría abierta, de riesgo bajo; categoría específica, de riego medio; y categoría certificada, de riesgo alto.

68. Actualmente, en relación con los usos profesionales de los drones, se debe señalar la importancia de una de las tecnologías disruptivas y trasversales, la Inteligencia Artificial. El crecimiento de la capacidad de computación está agilizando la aplicación de las técnicas de Inteligencia Artificial, procesando e interpretando grandes volúmenes de información y extrayendo conclusiones y datos de gran relevancia en un menor tiempo.

No obstante, el nivel de automatización de los drones varía en función de los usos de los mismos y los drones con nivel 5 de automatización, es decir completamente autónomos, todavía no pueden operar en Europa, aunque en Estados Unidos existen mayores avances en este sentido. Así pues, los drones con niveles 0, 1, 2 y 3 de automatización suponen el grueso de los drones, sobre todo los que poseen nivel 1 de automatización; mientras que en el nivel 4 de automatización, que implica alta automatización, operan un bajo porcentaje de drones.

Sin embargo, es en el nivel 5 de automatización, donde el dron es completamente autónomo, cuando se podrán lograr los dos objetivos clave en la industria de los drones, que son la movilidad aérea urbana y los grandes drones de reparto de carga.

69. Dado que la mayoría de los drones tienen cierto nivel de automatización es importante conocer cuál va a ser la incidencia de la Ley de Inteligencia Artificial en los drones completamente autónomos o altamente automatizados. Pues bien, la Ley de IA establece una serie de requisitos preventivos que, junto con otras normas de seguridad, propone una serie de reglas destinadas a reducir los riesgos para la seguridad, así como para proteger los derechos fundamentales.

En resumen, la incidencia de la Ley de IA en la regulación de las aeronaves no tripuladas se refleja en dos aspectos: 1º) La catalogación de las aeronaves no tripuladas como sistemas de IA de alto riesgo, con independencia del nivel de automatización del dron; 2º) En lo que respecta a los sistemas de IA que sean componentes de seguridad en el sentido de la Ley de Inteligencia Artificial, se tendrá en cuenta lo establecido en el capítulo III, sección 2 de la Ley de IA, que trata los requisitos que tienen que cumplir de los sistemas de IA de alto riesgo, entre los que se encuentra la realización de un sistema de gestión de riesgos, tal y como ya se ha mencionado, y cuya consecuencia directa ha sido la modificación del Reglamento (UE) 2018/1139 en este sentido.

Sin embargo, los drones podrían ser objeto de una aplicación más amplia de la Ley de IA, si como consecuencia de las actividades desarrolladas con los drones se encontraran en cualquiera de las ocho circunstancias consideradas de alto riesgo en el anexo III y que podrían ser: cuando los drones son utilizados para realizar tareas de identificación biométrica a distancia en tiempo real para el control de aforos en grandes eventos; o cuando son utilizados en el contexto de la gestión de la migración, el asilo o el control de fronteras, con el fin de detectar, reconocer o identificar a personas físicas.

70. Por lo que respecta a los drones, como ya se ha adelantado, la Ley de IA clasifica a todos los drones como sistemas de IA de alto riesgo, no realizando ninguna distinción entre los distintos niveles de automatización de los drones. Por lo tanto, la Ley de IA sigue un enfoque basado en el riesgo, aunque recoge una definición de lo que debe entenderse por IA de alto riesgo no directamente relacionada con el nivel de automatización, sino que un sistema de IA de alto riesgo es aquel que produce daños en la seguridad de las personas o en sus derechos fundamentales

No obstante, la Propuesta de Reglamento en materia de responsabilidad civil por el uso de sistemas de inteligencia artificial realizada por el Parlamento Europeo del 2020 había venido realizando una interpretación de los sistemas de IA de alto riesgo diferente, de forma que solo los aparatos totalmente automatizados o completamente autónomos debían ser considerados sistemas de IA de alto riesgo y, estar sometidos, por tanto, a un sistema de responsabilidad objetiva. Sin embargo, esta Propuesta de Reglamento sobre responsabilidad en materia de IA, no va a tener un recorrido mayor que el que ya ha tenido, porque se ha elaborado una Propuesta de Directiva sobre responsabilidad en materia de IA que sí que está alineada con la Ley de IA.

Así pues, en el ámbito del transporte aéreo, al igual que sucedió en su momento con las aeronaves, la tecnología más avanzada sugiere que el riesgo del uso de UAS sigue siendo inaceptable, porque tales sistemas deben considerarse como "actividad ultra-peligrosa". Por lo tanto, el marco jurídico actual que se aplica al uso civil de los drones depende de normas de responsabilidad estricta, más que de responsabilidad basada en la culpa, ya que las reglas de responsabilidad objetiva tradicionalmente representan la técnica adecuada para reducir este tipo de actividades de riesgo. A la luz del Convenio de Roma del 7 de octubre 1952 sobre daños causados a terceros en la superficie por aeronaves extranjeras, o la Ley de Navegación Aérea española dicha responsabilidad objetiva puede atribuirse a los operadores de UAS.

Ahora bien, tanto el Convenio de Roma de 1952 (art. 12.1), como la Ley de Navegación Aérea española (art. 121), señalan que el operador del dron o aquellas personas sobre las que ejerce un control, como el piloto remoto o los observadores, mientras operaban en el ejercicio de sus funciones, responderán ilimitadamente en caso de que hubieran operado de forma dolosa o por medio de culpa grave[238]. Así que, si se acredita una mayor cuantificación de los daños, el demandado deberá indemnizar a la parte demandante, si esta justifica una cuantificación de los daños mayor que el máximo previsto conforme al criterio de imputación objetivo. Si bien esta normativa es de aplicación a todos los drones, porque son aeronaves, cuando se cumpla el ámbito de aplicación de alguna de ellas, con independencia del nivel de automatización del dron.

Por lo tanto, el problema en materia de responsabilidad se plantea en relación con los drones altamente automatizados o drones autónomos cuando no sea posible la aplicación de un sistema de responsabilidad objetiva, sino un sistema de responsabilidad basado en la culpa.

71. Pero además se deben dar soluciones a las demás aplicaciones de IA, que no tengan un perfil de riesgo específico, como sí sucede con las aeronaves, incluidos los drones, que justifican un sistema de responsabilidad

---

[238] Tampoco se aplicarán los límites indemnizatorios en caso de utilización de las aeronaves sin el consentimiento del operador, es decir, en caso de interferencia ilícita o como medio para cometer un atentado terrorista, para colisionar con otra aeronave, para hacer el mayor daño posible. Además, el art. 12.1 de la Convención de Roma de 1952 añade que los dependientes debrán haber actuado no sólo en el ejercicio de sus funciones, sino también dentro de los límites de sus atribuciones.

objetiva. En esas situaciones para el resarcimiento de los daños causados por los sistemas de IA deberá acudirse a las reglas generales de responsabilidad civil de cada uno de los Estados Miembros, dando lugar a soluciones muy dispares, no solo por la diversidad de regulaciones sustantivas sino también por las dificultades que plantea la prueba de algunos de los presupuestos de la responsabilidad civil. En este sentido, el carácter opaco de tales sistemas, es decir, la dificultad de comprender y explicar cómo han tomado sus decisiones, por las propias características de la tecnología que utilizan, también complica de modo especial la prueba, no solo de la culpa, sino también de la relación de causalidad.

Por ello, se ha desarrollado la Propuesta de Directiva sobre responsabilidad en materia de IA, para facilitar la carga de la prueba a los demandantes, cuyas disposiciones son vinculantes para todos los Estados miembros, sin perjuicio de que estos puedan adoptar o mantener disposiciones nacionales más favorables para los demandantes, siempre que sean compatibles con el derecho de la Unión.

72. Por último, debe mencionarse uno de los principios éticos, en mi opinión fundamental, pero que sólo es uno de todos los principios que deben respetarse en relación con los bienes que incorporen sistemas de IA, que fueron desarrollados en los primeros estudios que se hicieron en relación a los problemas que podía suscitar la Inteligencia Artificial y que son la base de la actual Ley de Inteligencia Artificial:

> *"12. Pone de relieve el principio de transparencia, que consiste en que siempre ha de ser posible justificar cualquier decisión que se haya adoptado con ayuda de la inteligencia artificial y que pueda tener un impacto significativo sobre la vida de una o varias personas; considera que siempre debe ser posible reducir los cálculos del sistema de inteligencia artificial a una forma comprensible para los humanos; estima que los robots avanzados deberían estar equipados con una «caja negra» que registre los datos de todas las operaciones efectuadas por la máquina, incluidos, en su caso, los pasos lógicos que han conducido a la formulación de sus decisiones"*[239].

No se debe olvidar a este respecto, las multas en caso de incumplimiento de la Ley de IA, de conformidad con el Considerando (168) de dicha ley. Debe destacarse el art. 99.4 de la Ley de IA que señala que el incumplimiento por parte de un sistema de IA de cualquiera de las disposiciones

---

[239] Resolución del Parlamento Europeo, de 16 de feb*rero de 2017, con recomendaciones destinadas a la Comisión sobre normas de Derecho civil sobre robótica (2015/2103(INL)), DO núm. C 252, 18 julio 2018, pp. 239-257.*

que figuran en relación con los operadores o los organismos notificados, distintas de las prácticas prohibidas por la Ley de IA, estará sujeto a multas administrativas de hasta 15.000.000 EUR; pero si el infractor es una empresa, de hasta el 3% de su volumen de negocios mundial correspondiente al ejercicio financiero anterior, si esta cuantía fuese superior.

BIBLIOGRAFÍA

AKALIN, N./ KRISTOFFERSSON, A./ LOUTFI, A., "Evaluating the Sense of Safety and Security in Human-Robot Interaction with Older People", en KORN, O. (ed.), *Social Robots: Technological, Societal and Ethical Aspects of Human-Robot Interaction*", Springer, Switzerland, 2019, pp. 237-264.

ALONSO, R., "IA, Machine Learning y Deep Learning, ¿cuál es la diferencia?", *Hardzone*, disponible en línea en https://hardzone.es/tutoriales/rendimiento/diferencias-ia-deep-machine-learning/ (visitado el 10 de mayo de 2024).

ÁLVAREZ LATA, N./ BUSTOS MORENO, Y., "Responsabilidad civil en el ámbito el transporte y la navegación aérea", en REGLERO CAMPOS, L.-F. / BUSTO LAGO, J.-M. (coord.), *Tratado de responsabilidad civil*, Tomo II, 5ª edición, Aranzadi, Cizur Menor (Navarra), 2014, pp. 996-1098.

ÁLVAREZ OLALLA, M.-P., "Propuesta de Reglamento en materia de responsabilidad civil por el uso de inteligencia artificial, del Parlamento Europeo, de 20 de octubre de 2020", *Revista CESCO De Derecho De Consumo*, nº 38, 2021, pp. 1-10.

BUSTOS MORENO, Y., "La irrupción de los drones (sistemas de aeronaves no tripuladas, UAS) y la responsabilidad civil. El futuro de los UAS autónomos", en ATAZ LÓPEZ, J./ COBACHO GÓMEZ, J.-A. (coord.), *Cuestiones clásicas y actuales del Derecho de daños, Estudios en Homenaje al Profesor Dr. Roca Guillamón*, Tomo I, Aranzadi, Cizur Menor (Navarra), 2021, pp. 889-950.

CASTELLANOS RUIZ, M.-J., *Compraventa Internacional de Grandes Aeronaves Civiles*, Dykinson, Madrid, 2016.

CALVO CARAVACA, A.-L./ CARRASCOSA GONZÁLEZ, J., "Obligaciones extracontractuales", en CALVO CARAVACA, A.-L./ CARRASCOSA GONZÁLEZ, J. (dirs.), *Tratado de Derecho internacional privado*, Tomo III, Tirant lo Blanch, Valencia, 2020.

DÍAZ ALABART, S., *Robots y responsabilidad civil*, Reus, Madrid, 2018.

EVAS, T., *Civil liability regime for artificial intelligence*, Study EPRS (European Parliamentary Research Service), septiembre 2020, disponible en línea en https://www.europarl.europa.eu/RegData/etudes/STUD/2020/654178/EPRS_STU(2020)654178_EN.pdf (visitado el 1 de mayo de 2024).

FINGER, M./ BERT, N./ KUPFER, D. (editores), "*Regulating Drones –Creating European Regulation that is smart and proportionate*", *Florence School of Regulation – Transport (European University Institute)*, nº 3, 2015.

GALLARDO ROMERA, E., "Régimen jurídico de los drones en España. Drones civiles: uso profesional, uso recreativo y uso deportivo. Drones militares", *Derecho de los drones*, Walters Kluwer, Madrid, 2018, pp. 109-144.

IZQUIERDO GRAU, G., "La responsabilidad del productor de vehículos autónomos en el marco de la (futura) legislación en materia de responsabilidad por daños causados por productos defectuosos", *Revista de Derecho Civil*, vol. X, nº. 2 (junio 2023), pp. 117-161.

KARNER, E./ KOCH, B./ GEISTFELD, M., *Comparative law study on civil liability for artificial intelligence*, European Commission, Directorate-General for Justice and Consumers Publications Office of the European Union, 2021, disponible en línea en https://data.europa.eu/doi/10.2838/77360 (visitado el 20 de abril de 2024).

KLEINSCHMIDT, J., "Drones y el orden legal internacional", *Colombia Internacional*, mayo-agosto 2015, pp. 23-26.

LAMON, M., "Remotely Piloted Aircraft Systems: The future of aviation", *Revista de Derecho del Transporte: Terrestre, marítimo, aéreo y multimodal*, nº 29, 2022, pp. 151-167.

MARTÍN CASALS, M., "Las propuestas de la Unión Europea para regular la responsabilidad civil por los daños causados por sistemas de inteligencia artificial", *Indret*, 3, 2023, pp. 55-100.

MCNABB, M., "DRONEII: Tech Talk – Unraveling 5 Levels of Drone Autonomy", *dronelife*, 11 marzo 2019, disponible en línea en https://dronelife.com/2019/03/11/droneii-tech-talk-unraveling-5-levels-of-drone-autonomy/ (visitado el 10 de abril de 2024).

NOGUÉRO, D./ VINGIANO-VIRICEL I., "Intelligence artificielle et véhicules autonomes", en BENSAMOUN, A./ LOISEAU, G. (dirs.), *Droit de l'intelligence artificielle*, Collection Les Intégrales, vol. 15, 2e édition, Lextenso-LGDJ, París, 2022, pp. 111-154.

NÚÑEZ ZORRILLA, C., "La nueva directiva europea sobre responsabilidad civil por productos defectuosos y su aplicación a los vehículos totalmente automatizados o autónomos", *Revista Crítica de Derecho Inmobiliario*, nº. 796, 2023, pp. 801-851.

OLSEN, R.-G., "Paperweights: FAA Regulation and the Banishment of Commercial Drones", *Berkeley Technology Law Journal*, volumen 32, nº 2, 2018.

PÉREZ GARCÍA, E., "Inteligencia Artificial y Drones: Nuevas soluciones de seguridad", *Securitecnia*, noviembre 2019, pp. 34-36.

RAPP, G.-C., "Unmanned Aerial Exposure: Civil Liability Concerns Arising from Domestic Law Enforcement Employment of Unmanned Aerial Systems", *North Dakota Law Review*, vol. 85, nº 3, art. 2, 2009, pp. 623-648.

STEVENSON, B., "A320 Collision heightens UAV safety concerns", *FlightGlobal*, 21 abril 2016, disponible en línea en https://www.flightglobal.com/news/articles/a320-collision-heightens-uav-safety-concerns-424419/

(visitado el 18 de abril de 2018).

VALDIVIESO, R., "Drones cautivos", *Aertec*, disponible en línea en https://aertecsolutions.com/2021/04/12/drones-cautivos/(visitado el 30 de abril de 2024).

Insurance of unmanned aviation

KRISTIAAN BERNAUW
Professor of Transport and Insurance Law
Ghent University

SUMARIO: 1. INTRODUCTION: RATIONALE AND SCOPE. 2. CONCEPTS AND DIVISION. 2.1. According to the steering modality. 2.1.1. Unmanned operation. 2.1.2. Remote controlled or autonomous. 2.2. According to the traffic mode. 2.3. According to the private or public use. 2.4. According to the location of the ocurrence. 3. THE AVIATION INSURANCE REGIME. 3.1. On the E.U. regional level. 3.1.1. Substantive law. 3.1.2. Jurisdiction. 3.1.3. E.U. Regulations. 3.2. On the global worldwide level. 4. INADEQUATE VICTIM PROTECTION. 4.1. Lack of mandatory contract law. 4.2. Lack of effective enforcement of insurance obligation. 4.3. Lack of a compensation body. 4.4. Lack of direct action right. 4.5. Lack of unenforceability of defences. 4.6. Lack of a consultable data base. 4.7. Weight based limitation. 5. CONCLUSION.

1. INTRODUCTION: RATIONALE AND SCOPE

As about 80% of (air) traffic accidents are caused by human error, automation will reduce the accident incidence rate, but in absolute terms the (expected)[1] proliferation of "drone" activity will increase the accident occurrence.

The insolvency risk of unmanned aircraft operators (often private individuals or Small and Medium Enterprises (SME)) is higher than that of manned aircraft operators (often large companies). Without effective third-party liability insurance cover, the parties suffering a loss pursuant to an unmanned aviation accident could be left without compensation.

Therefore this paper will discuss third-party liability insurance cover and will not dwell on first-party insurance. It will focus on insurance for liability vis-à-vis other prejudiced parties than the contract partners of the air carrier/operator, because passengers and air cargo owners knowingly

---

[1] See E.U. U-space and urban air mobility: Commission implementing regulation (EU) 2021/664 of 22 April 2021 on a regulatory framework for the U-space.

assume the aviation risk and are thus in a position to provide themselves in advance for their own first-party insurance cover.

As (unmanned) military aviation usually is not the object of insurance cover, it will not be discussed.

2. CONCEPTS AND DIVISION

Unmanned aviation is aviation and therefore it is in principle governed by the aviation legal regime, but just like other aviation types or categories, unmanned aviation may be subject to particular precepts.

Unmanned aviation insurance raises a few qualification, classification and localization issues that may affect the applicable legal regime (compulsory insurance cover, mandatory insurance contract law etc.).

2.1. According to the steering modality

2.1.1. Unmanned operation

The differentiation between manned and unmanned aircraft is not appropriate. The distinction to be made is between manned and unmanned operations. In the same manner as an IFR (Instrument Flight Rules) certified aircraft may also be operated according to Visual Flight Rules (VFR), an aircraft that is certified for unmanned operations, may also be operated by a crew on board (provided the aircraft so accommodates).

2.1.2. Remote controlled or autonomous

The term "unmanned" is to be understood as without flight crew on board in the sense that there is no navigating personnel in the cockpit to steer the aircraft. It does not imply the absence of human beings in the cabin of the aircraft. There may well be passengers and even cabin crew (flight attendants) on board of an unmanned aircraft.

Aircraft operations may be unmanned, either because they are controlled in real time remotely by a ground-based (or even airborne on board of another aircraft or seaborne on board of a vessel) operator or because they are pre-programmed for a certain journey without any human intervention during the flight. In the latter case, the aviation operation is referred to with the term autonomous.

The liability of the operating system software developer for autonomous craft may gain in importance, but the application of the product liability regime is controversial[2], although this may change under the new E.U. directive 2024/2853.

The distant location, from where respectively the steering or programming are performed, may be situated in another jurisdiction than that of the physical flight operation (cfr. infra nr. 2.4.).

2.2. According to the traffic mode

The aviation insurance regime is designed on a modal basis: it is applicable to aviation risks: the E.U. aviation insurance regulation 785/2004[3] applies to "aircraft" in "flight" (airborne).

However some (unmanned) devices[4] are multimodal, because they are capable of operating in all modal media: they can be deployed to ride on land, to fly in the air and to sail on and dive in the water. The device simultaneously qualifies as a full-fledged aircraft, landcraft and watercraft.

For the purpose of determining the applicable legal regime, the issue is the modal qualification criterion for operations of amphibious and hybrid craft: the question is not whether a device such as a Loon Copter is or qualifies as an aircraft, but whether it operates in the capacity of an aircraft. The issue of qualification as an aircraft is altogether different and arises e.g. with respect to ground-effect machines, that derive lift from reactions of the air against the surface of the earth and for that reason do not qualify as an aircraft (art. 3(28) E.U. Basic Civil Aviation Regulation 2018/1139[5] and

---

2 BERNAUW, K. "The insurance of driverless vehicles, pilotless aircraft and unmanned vessels", *European Transport Law*, 2017, p. 372, § 4.2.2.3.

3 Regulation (EC) No 785/2004 of the European Parliament and of the Council of 21 April 2004 on insurance requirements for air carriers and aircraft operators.

4 E.g. the "Loon Copter", developed by Oakland University.

5 Regulation (EU) 2018/1139 of the European Parliament and of the Council of 4 July 2018 on common rules in the field of civil aviation and establishing a European Union Aviation Safety Agency.

art. 1 Annex 7 to Chicago Convention[6]): see the discussion on "air cushion vehicles" and "wing-in-ground craft" (WIG craft)[7].

The 3 traditional theories to designate the proper rule of law in the case of mixed legal links are:

(i) The "*accessorium sequitur principale*" rule (absorption theory). In the present case it could not apply, for lack of predominant and ancillary modes in the deployment of the craft. The assumed scenario is a full-fledged operation in either one of the respective modes and differs e.g. from the incidental taxi phase on land in the operation of an aircraft or the temporary transit through the airspace of a spacecraft.

(ii) The network rule (combination theory) applies the respective regimes according to the "situs" criterion: the actual mode of operation is paramount for the purpose of traffic rules, liability and insurance regime. This spatial approach is based on the (physical) location of the risk in terms of the type of medium in which the craft evolves. E.g. while operating on the water, a seaplane is considered a vessel for the purpose of traffic rules (COLREGs[8] rule 18).

The "status" criterion according to the type of craft operated does not provide a solution because the craft equally qualifies as an aircraft, a vessel and a land vehicle (see above). However the cumulative "status" of the device in principle requires multiple registration, insurance cover, technical certification (roadworthiness, airworthiness, seaworthiness), navigation personnel qualification (pilot's, driver's, sailing, etc. license) to operate the craft.

(ii) The "*sui generis*" regime, specifically for the mixed situation, was not adopted (yet) by the lawmaker.

2.3. *According to the private or public use*

Local civil public authorities with limited solvency may deploy unmanned aircraft without third party liability insurance coverage for lack of being governed by the private legal/regulatory regime. In case of mishap, the prejudiced parties may be deprived of compensation.

---

6 Convention on International Civil Aviation, signed at Chicago on 7 December 1944.

7 IMO MSC.1/Circ.1592, 18 May 2018 Guidelines for wing-in-ground craft.

8 International Regulations for Preventing Collisions at Sea, 1972.

In this context private aviation is to be distinguished from public aviation. Public aviation in its turn can be subdivided into civil public aviation and military aviation. Or *vice versa* civil aviation in its turn can be subdivided into private and non-military public aviation.

The latter category of public aviation refers to operations by or for public authorities (other than military), such as police, firefighting, search and rescue, customs, border control, coast guard, postal service, etc.

The relevant international instruments exclude in several instances public aviation from the scope of application of the aviation legal (insurance) regime, but they do not always follow this classification and adopt assimilations: see:

- The Montreal Convention[9] applies in principle to carriage performed by the State or by legally constituted public bodies (art. 2,1), but art. 57 of the Convention allows the signatories to formulate a reservation to the effect of excluding: "carriage *operated by the state in sovereign capacity for non-commercial purposes and/or carriage for military authorities on aircraft registered or leased by the state*".
- Art. 26 of the Rome Convention[10] excludes from its field of application: "*damage caused by military, customs or police aircraft*".
- Art. 2 of the E.U. Aviation insurance regulation 785/2004 excludes from its scope: *state aircraft as referred to in Article 3(b) of the Convention on International Civil Aviation, signed at Chicago on 7 December 1944.*
- Art. 3 Chicago Convention[11] excludes from its ambit: state aircraft, whereby aircraft used in military, customs and police services shall be deemed to be state aircraft.
- Art. 2,3 (a) E.U. Basic Civil Aviation Regulation 2018/1139[12] excludes public aviation operations from its scope of application.

---

9 Convention for the unification of certain rules for international carriage by air, Montreal 28 May 1999.

10 Convention on Damages Caused by Foreign Aircraft to Third Parties on the Surface, Rome 7 October 1952.

11 Convention on International Civil Aviation, signed at Chicago on 7 December 1944.

12 Regulation (EU) 2018/1139 of the European Parliament and of the Council of 4 July 2018 on common rules in the field of civil aviation and establishing a European Union Aviation Safety Agency.

In any case the question arises what is the criterion to distinguish military from civil aviation and public from private aviation.

Several criteria are conceivable: the status of the aircraft, the status of the crew, the nature of the operation.

While the international instruments referred to above apply differential criteria, in most cases the nature of the operation is decisive, regardless of the status of the aircraft and crew. This is relevant because in some instances private aircraft and crews are deployed to perform public (and even non-combat military) operations.

2.4. According to the location of the occurrence

The conflicts of laws issue is relevant for aviation insurance as the applicable national liability law may, in addition to the applicable insurance contract law, provide the legal basis for a direct action right against the third-party liability insurer (cfr. art. 18 Rome II Regulation[13]). Even if the applicable insurance contract law does not provide for a direct action right, the applicable liability law may provide for such a direct action right.

In turn the geographic location of the occurrence is relevant for the purpose of determining the application of the substantive liability law and the jurisdiction in cross-border (aviation) accidents.

Ubiquity

In the case of unmanned aviation, the possible dissociation of the occurrence into the accident location and the remote control or programming location may raise issues of conflicts of laws when those locations are situated in different jurisdictions.

The principle of ubiquity offers the choice between the place where the prejudice was suffered (*locus damni*) and the place where the tort/delict was committed (*locus delicti commissi*). The *locus damni* is generally considered to be the place of the accident, that caused the bodily injury and/or material damage and not the place where the consequential financial loss was suffered (cfr. recital 17 of the EU Rome II Regulation preamble).

---

13 Regulation (EC) No 864/2007 of the European Parliament and of the Council of 11 July 2007 on the law applicable to non-contractual obligations (Rome II).

The *locus delicti commissi* is the place where the wrongful remote control was exercised or the erroneous programming of the unmanned aircraft was performed.

International airspace

Pursuant to its art. 3, the EU Rome II Regulation is universally applicable, but its basic rule of *lex loci damni* under art. 4,1 is not practicable in international airspace for lack of a national law (*locus sine lege*). In that case the national law of the aircraft (*locus registrationis*) or else the *lex fori* are alternatives. The closer connection rule is applied by the Rome II Regulation (art. 4,3).

Granted, the unresolved question of the applicable national law on aviation accidents in international airspace over the high seas is not specific for unmanned devices.

The EU aviation insurance regulation 785/2004 does not apply if take-off and landing of the aircraft are situated outside the E.U. and if the aircraft does not overfly E.U. territory.

3. THE AVIATION INSURANCE REGIME

3.1. On the E.U. regional level

3.1.1. Substantive law

According to the Rome I Regulation[14] for the coverage of large risks contract partners enjoy party autonomy in the choice of the national law that governs their insurance contract (art. 7§2).

Art. 13(27) Solvency II Directive[15] qualifies the risk classes 11 (aircraft operator and carrier liability) and 12 (vessel operator and carrier liability)

---

14 Regulation (EC) No 593/2008 of the European Parliament and of the Council of 17 June 2008 on the law applicable to contractual obligations (Rome I).

15 Directive 2009/138/EC of the European Parliament and of the Council of 25 November 2009 on the taking-up and pursuit of the business of Insurance and Reinsurance (Solvency II).

as large risks and the risk class 10 (motor vehicle operator and carrier liability) as a conditional large risks, depending on the economic size of the policy holder. Consequently for aviation liability insurance as a large risk, party autonomy determines the applicable national insurance contract law (art. 7§2 Rome I Regulation).

For lack of expression of such choice by the contract partners, the default regime designates the national law of the member state, where the insurer is established (art. 7§2).

In case of a compulsory insurance cover, the national law imposing the insurance obligation prevails over the national law of the risk location (art. 7§4 Rome I Regulation). National laws normally impose the insurance obligation to cover the risks of aerial operations in the national airspace.

Art. 13(13) of the Solvency II Directive defines the member state in which the risk is situated on the basis of a legal fiction as: [...] (b) for vehicles: the registration state.

As the E.U. aviation insurance regulation 785/2004 imposes the insurance obligation, there is not necessarily a national law of the member states to that effect.

But the E.U. aviation insurance regulation 785/2004 does not contain any further substantive insurance contract law and in this respect the E.U. Commission emphasized that the Regulation is only addressed to the aircraft operators and carriers and does not intervene in the contractual relationship between the insurers and the aircraft operators (cfr. infra nr. 4.1.).

3.1.2. Jurisdiction

The Brussels IBis Regulation[16] in general offers a choice of several fora (insurer's seat/branch, insured's residence) (art. 11). Actions with respect to liability insurance cover must be brought in the court of the place of loss (art. 12). For disputes on large risk insurance cover, party autonomy is granted (art. 15(5) and 16 (5)).

Furthermore the third party liability insurer may be joined in the victim's action against the insured (art. 13).

---

[16] Regulation (EU) No 1215/2012 of the European Parliament and of the Council of 12 December 2012 on jurisdiction and the recognition and enforcement of judgments in civil and commercial matters (Brussels Ibis).

Finally the validity of an arbitration clause is made subject to the applicable substantive national law (art. 1 (d)).

3.1.3. E.U. Regulations

The insurance of the aviation risk is addressed by the E.U. aviation insurance regulation 785/2004 (both with respect to the operator's liability vis-à-vis third persons and with respect to the carrier's liability vis-à-vis his customers and contract partners, the passengers and cargo owners, consignors-consignees) and by the E.U. Regulation 2027/97 of 9 October 1997 on (passenger) air carrier liability with respect to the carrier's liability vis-à-vis his customers and contract partners, the passengers.

As the E.U. aviation insurance regulation sets minimum insurance requirements (art. 1), it does not affect more demanding insurance requirements imposed by international and/or national law.

Delimitation of the risk covered

The E.U. aviation insurance regulation expressly defines the minimum extent of the insurance cover in several dimensions:

- the categories of insureds (art. 1)
- the types of aircraft (2,2)
- the geographic scope (art. 2,1)
- the type of liability (art. 4)
- the causes of liability (art. 4)
- the amount of the cover (art. 6 and 7)

The inference *a contrario* is to assume that with the exception of the expressly permitted exclusions and limitations, for lack of further specification, the liability that must mandatorily be covered by the insurance contract, is the full ordinary legal liability.

Consequently other contractual limitations, exclusions and lapses or forfeitures of the insurance cover than those flowing from the regulation itself, are not allowed in the policy conditions.

E.g. a deductible would thus not be allowed by the regulation.

Follow some comments on relevant cover dimensions.

Type of peril/damage insured

The compulsory insurance covers only aviation-specific liability (art. 4,1 EU aviation insurance regulation 785/2004), i.e. death, personal injury and damage to property caused by accidents (recital 14), thus excluding liabilities stemming from privacy violation, trespassing, nuisance, etc., although they are particularly relevant for drone operations.

Type of device

The E.U. aviation insurance regulation 785/2004 excludes a number of smaller devices from its scope of application (art.2,2). Unless on the basis of its weight category or its qualification as a model aircraft, a toy drone (as defined in the Toy Directive 2009/48/EC) is not excluded from the ambit of the E.U. aviation insurance regulation 785/2004. From the prejudiced party's perspective, the distinction between professional and recreational operations is not appropriate, as their damaging potential does not depend on the capacity of their operator.

Type of operation

As mentioned above, operations by public authorities are not within the scope (art. 2,2 (a) of the E.U. aviation insurance regulation 785/2004)

Area of cover

The Regulation applies to flight operations within, into, out of, or over the E.U. territory (art. 2,1)

Amount of cover

Art. 3, 1 (b) E.U. Regulation 2027/97 of 9 October 1997 on air carrier liability in the event of accidents as amended by EU Regulation 889/2002, requires the air carrier to take out insurance cover up to an adequate level to ensure compensation of customers in accordance with the carrier liability regime, that implements the Montreal Convention regime.

Art. 4 (h) Regulation 1008/2008 on the licensing of air carriers refers to the EU aviation insurance regulation for the insurance cover as a prerequisite for granting the air carrier license.

The E.U. aviation insurance regulation 785/2004 specifies more precisely the minimum air operator and air carrier third party liability insurance cover in financial terms (art. 6).

The extent of the compulsory cover is weight based. This approach is a major factor of inadequacy of the system for unmanned aviation, because of its usual lightweight (cfr. infra nr. 4.7.).

3.2. On the global worldwide level

Vis-à-vis the transport contract partners (passengers, consignors): art. 50 Montreal Convention 1999 requires carriers to maintain "adequate" insurance to cover their liability under the convention.

Vis-à-vis third parties on the surface: art. 15 Rome Convention 1952[17] allows the overflown state to require the foreign aircraft operator to take out insurance (or to provide another financial security) covering his liability under the convention. Unless the ambit of the convention was extended by the implementing national act, its regime does not apply to aircraft operat ed in the airspace of their home state of registration.

4. INADEQUATE VICTIM PROTECTION

Despite its other deficiencies, the older Rome Convention already contains the fundamental attributes of a victim protective compulsory third-party liability insurance cover regime, viz.: victim's priority right over other creditors on the insurance payment (art. 18), in some instances victim's direct action right against the insurer (art. 15,5) and victim's immunity from insurer's defences (art. 16,1).

The more recent E.U. Aviation insurance Regulation does not contain such protective precepts.

The reports[18] failed to identify the following (see below) shortcomings of the E.U. aviation insurance regulation's regime.

---

17 Convention on damage caused by foreign aircraft to third partes on the surface, signed at Rome, on 7 October 1952.

18 Steer Davies Gleave *Midterm evaluation of Regulation 785/2004 on insurance requirements of air carriers and aircraft operators* Prepared for European Commission Final Report (2012).

Yet a model that was well tested over the years in motor third party liability insurance provides the inspiration for an effective aviation insurance regime, viz. the E.U Motor Third Party Liability Insurance Directive[19].

4.1. Lack of mandatory contract law

An E.U. regulation has direct effect[20], also in the horizontal relationship between subjects and it is mandatory.

The E.U. Commission stated[21] that the EU Aviation Insurance Regulation 785/2004 is only unilaterally addressed at the aircraft operators and does not intervene in the contractual relationship between the insurers and the aircraft operators.

The achievement of that effect would have to fall back on the applicable national insurance contract law (if any), that could allow the court to enforce the mandatory E.U. aviation insurance regulation precepts by supplementing any lacuna in the insurance contract policy conditions or to override any conflicting insurance contract clauses, by refusing the insurer's reliance on such invalidated clauses or to substitute them with or convert them to valid clauses.

4.2. Lack of effective enforcement of insurance obligation

The air carriers and operators are to demonstrate evidence of compliance with the insurance cover precept via an insurance certificate (art. 5 E.U. aviation insurance regulation 785/2004).

The E.U. member states are charged with the task of enforcement of the insurance obligation (art. 8 E.U. aviation insurance regulation).

---

19 Directive 2009/103/EC of the European Parliament and of the Council of 16 September 2009 relating to insurance against civil liability in respect of the use of motor vehicles, and the enforcement of the obligation to insure against such liability.

20 Art. 288 Treaty on the functioning of the European Union.

21 Communication from the Commission to the European Parliament and the Council "Insurance Requirements for Aircraft Operators in the EU–A Report on the Operation of Regulation 785/2004", Brussels, 24 April 2008 COM (2008) 216 final, paragraphs 3 and 4.

However experience shows that the national civil aviation authorities only perform a formal check of the insurance certificate without a substantive perusal or screening of the insurance cover in the policy conditions. Due to contract clauses in the policy conditions limiting the cover via exclusions, lapses, forfeitures, etc., the insurance certificate may prove to be an empty box. This practice could engage state liability if the victim is deprived of compensation from an insolvent liable operator, whose insurance cover was not in conformity with the precept of the E.U. aviation insurance regulation 785/2004.

An insurance certificate, stating on the one hand that it is issued "in accordance with the E.U. aviation insurance regulation 785/2004", but on the other hand "subject to the terms, definitions, conditions, limitations and exclusions of the policy", is inherently contradictory.

In combination with the alleged lack of direct effect of the E.U. aviation insurance regulation 785/2004 on the contractual relationship (cfr. supra nr. 4.1.), this lacuna may compromise or render precarious the victim's position.

4.3. Lack of a compensation body

A system of compulsory insurance cover (art. 4,1 E.U. aviation insurance regulation), even with a concomitant (criminal and administrative) sanction system (art. 8,4 E.U. aviation insurance regulation), cannot guarantee that all (unmanned) aviation operations are actually insured in case of an accident. In that case the operator may be insolvent.

Also the insurance cover of a fault based liability does not protect victims in case the circumstances and the cause of the accident remain unknown.

The device and/or its operator, that caused the accident may remain unidentified.

In all those instances only a safety net in the form of a compensation body may protect the victims' interests. Artt. 10 and 25 of the motor third party liability insurance directive 2009/103/EG provide a model for inspiration.

4.4. Lack of direct action right

The lack of direct action right deprives the victim of compensation in case the liable operator is insolvent and the insurance money disappears in the liable operator's insolvent estate.

Art. 18 of the motor third party liability insurance directive 2009/103/EG provides a model for inspiration.

4.5. Lack of unenforceability of defences

The lack of unenforceability of defences based on the exclusion from the insurance cover or the lapse or forfeiture of the insurance cover on the grounds of violation of the policy conditions (e.g. gross negligence) also may deprive the victim of compensation.

Immunity of the victim to such defences from the internal insurance relationship between the insurer and the insured should be provided by law.

Art. 13 of the motor third party liability insurance directive 2009/103/EG provides a model for inspiration.

4.6. Lack of a consultable data base

The lack of a consultable data base recording the air operators' and carriers' third-party liability insurance cover complicates the prejudiced parties' opportunity to learn the insurers' identities. Only with this knowledge the victims would be in a position to exercise their direct action right.

Alternatively victims would have to request the information from the competent national civil aviation administration.

Art. 23 of the motor third party liability insurance directive 2009/103/EG provides a model for inspiration.

4.7. Weight based limitation

The compensation of the prejudiced parties pursuant to an aviation accident may be limited, both at the liability level in some instances (e.g. Rome 1952 Convention, Montreal Convention 1999) and at the insurance cover level (EU aviation insurance regulation 785/2004).

Since those instruments base the financial limitation on the weight category of the device that caused the accident, for drones it may result in a futile amount compared to their damaging potential.

Whereas for damage caused on the surface, the weight category of the aircraft may provide a valid basis, the weight (mass) of the device is not an appropriate criterion to determine the liability and insurance cover limitation in case of mid-air collision, where not the weight (mass) of the colliding device is the preponderant damaging factor, but the speed of the collided craft. According to the equation $E_k = \frac{1}{2}mv^2$ the kinetic energy of a collision is produced by the square of the impact velocity and only by half of the mass. Ample experience with the so-called "bird strikes" supports this assertion.

5. CONCLUSION

Unless to accommodate specific characteristics, unmanned aviation is to be governed by the general aviation legal/regulatory and insurance regime.

A few conceptual misunderstandings (e.g. autonomous and automated operations) ought to be eliminated.

An appropriate legal/regulatory regime for multimodal devices should be elaborated: e.g. a mode neutral regime could be considered.

The exclusion from the general (insurance) legal/regulatory regime of unmanned aviation operations performed by civilian public authorities should be reconsidered.

Above all, for the sake of victim protection, a more effective third-party liability insurance cover system is required. The inspiration can be drawn from the model of the E.U. motor third-party liability insurance regime, that contains the necessary features, based on a long-standing experience.

El peligro de la autonomía en el cielo: la proliferación de drones autónomos en manos privadas como armas de defensa personal

ROSER MARTÍNEZ QUIRANTE
Prof. Titular de Derecho Administrativo UAB

SUMARIO: I. PRESENTACIÓN. II. LA AUTONOMÍA Y EL NUEVO PETRÓLEO DEL SIGLO XXI: EL RETO DE CONVERTIR EL CONOCIMIENTO EN DATOS. III. LÍNEAS ROJAS DE LA ACTUACIÓN DE UNA MÁQUINA: DECIDIR LA MUERTE DE UNA PERSONA. IV. LA AUTONOMÍA Y EL NUEVO PETRÓLEO DEL SIGLO XXI: EL RETO DE CONVERTIR EL CONOCIMIENTO EN DATOS. V. INVERSIÓN EN AUTONOMÍA DE LOS SISTEMAS: ¿IA BENÉFICA O MALÉFICA? ¿DEFENSA O ATAQUE?. VI. LA MUERTE A MANO DE UN DRON AUTÓNOMO NO ES UNA MUERTE DIGNA. VII. LA MUERTE NO SE PUEDE DELEGAR A UN DRON AUTÓNOMO. VIII. *SMALL WEAPONS OF MASS DESTRUCTION* (SWMD). IX. CONCLUSIONES.

I. PRESENTACIÓN

En la actualidad, estamos presenciando dos revoluciones paralelas que están redefiniendo las reglas tanto de la guerra como de la movilidad y, consecuentemente, del ordenamiento jurídico global. Nos referimos a la revolución tecnológica en los drones letales que surcan los cielos y a la de los vehículos autónomos que transitarán por nuestras carreteras.

Aunque a primera vista parecen mundos aparte, tienen un núcleo en común: la utilización de la Inteligencia Artificial (IA) en la toma de decisiones que pueden afectar la vida de las personas.

El presente artículo pretende sumergirse en el corazón de esta simbiosis tecnológica y explorar los peligros y riesgos que dicha autonomía tiene para nuestra sociedad, poniendo el acento en los drones militares con capacidad letal y en su futuro acceso a manos de ciudadanos como armas de defensa personal, lo cual proporcionará una perspectiva única para comprender los desafíos éticos y legales de la conducción autónoma.

Los drones, que en el pasado fueron juguetes de aficionados, han escalado rápidamente en la jerarquía de la innovación para, con la ayuda de la IA, convertirse en agentes letales de la estrategia militar moderna como hemos visto en los recientes conflictos bélicos (en Ucrania, Siria, Yemen, Palestina, etc.). Su ascenso plantea cuestiones legales que resuenan en el desarrollo de los vehículos autónomos: ¿podemos delegar cualquier tipo de tarea a una máquina? ¿Qué papel tiene el derecho ante el avance de la autonomía tecnológica? Y al final... ¿es necesaria la decisión humana en la ecuación de la movilidad autónoma? Quizás las respuestas sean muy parecidas tanto si hablamos de drones militares[1] como si hablamos de automóviles autónomos o quizás no. Intentaremos responderlas.

II. LA AUTONOMÍA Y EL NUEVO PETRÓLEO DEL SIGLO XXI: EL RETO DE CONVERTIR EL CONOCIMIENTO EN DATOS

Los avances en la inteligencia artificial y el aprendizaje automático han permitido tanto a los drones como a los vehículos autónomos operar con una independencia sin precedentes, ayudados por una fuente nueva y aparentemente sostenible, gratuita e inagotable: los datos.

Drones y automóviles podrán llegar a moverse y actuar sin combustible fósil, pero no si les faltan los datos, ya que sin ellos la IA y el aprendizaje automático no pueden existir.

La autonomía no solo se mide en km, sino que el sistema será autónomo en la medida que obtenga los datos necesarios para poder tomar las decisiones adecuadas sin que un humano se los facilite directamente. Y aquí es donde aparece la primera similitud: la dependencia feroz tanto en el mundo de la automoción por carretera como en el de los drones autónomos, del desarrollo exponencial de los gigantes oligopolistas de los datos. Estos suministran los datos necesarios para alimentar la metacognición de

---

1 Vid. la extensa bibliografía sobre robótica y ética de la inteligencia artificial de nuestros compañeros en el *Comité Internacional para el control de Armas robóticas* (ICRAC) Noel Sharkey y Peter Asaro, así como la labor de Mary Cummings, una de las primeras mujeres piloto de combate de la Armada americana, experta en ingeniería computacional en la Universidad de Duke desde donde defiende el control y la supervisión humana de sistemas autónomos críticos.

cualquier sistema autónomo, por lo que directa o indirectamente pueden acabar teniendo en sus manos decisiones, incluso, letales.

Las empresas monopolistas del *Big Data* saben que los datos son el nuevo petróleo para nuestra economía y es una mercancía que genera una industria muy lucrativa en rápido crecimiento.

Como se señaló en *The Economist*, "el recurso más valioso del mundo ya no es el petróleo, sino los datos" y el derecho administrativo está llamado a actuar para prevenir estas amenazas oligopolistas a la seguridad y la privacidad por parte de los imparables titanes Google, Amazon, Apple, Meta y Microsoft. Ciertamente, alertan los expertos, "los reguladores antimonopolio deberán intervenir pronto para restringir a quienes controlan su flujo (...). Si los gobiernos no quieren una economía de datos dominada por unos pocos gigantes, deberán actuar pronto"[2].

Precisamente, los algoritmos de los que se nutre la IA para la autonomía de los automóviles o de los drones, necesitan los datos suministrados por dichas empresas y, por ello, algunos autores como McQuillan han denominado a la situación en la que vivimos como Estado de excepción algorítmico, en el que el análisis, la vigilancia y la acumulación masiva y pormenorizada de datos a través de sistemas inteligentes están conduciendo a cambios profundos en la gobernanza y provocando daños en el núcleo de la sociedad civil[3].

Es difícilmente imaginable el grado de estado policial público-privado de IA al que estamos sometidos. Los monopolios globales como Meta o Google -que poseen y manejan la información más privada de millones de ciudadanos- están protegidos, de momento, por la regulación, por lo que podemos decir que estamos viviendo en un Estado policial artificialmente inteligente[4].

---

2 The Economist, "The word's most valuable resource is no longer oil, but data. Regulating the Internet giants", https://www.economist.com/leaders/2017/05/06/the-worlds-most-valuable-resource-is-no-longer-oil-but-data?utm_medium=cpc.adword.pd&utm_source=google&ppccampaignID=18151738051&ppcadID=&utm_campaign=a.22brand_pmax&utm_content=conversion.direct-response.anonymous&gad_source=1&gclid=Cj0KCQjwkdO0BhDxARIsANkNcrcV26pBukMSSpZ95CANnEwGsShZzGEZxidV6VOukw9Y0G8FCbnXbUUaAl1LEALw_wcB&gclsrc=aw.ds, 6/5/2017.

3 McQuillan, D., "Algorithmic states of exception", *European Journal of Cultural Studies*, vol.18, 2015, p. 564.

4 Martínez, R. y Rodríguez, J., *Inteligencia artificial y armas letales autónomas. Un nuevo reto para Naciones Unidas*, Trea, 2018.

En el mismo sentido, la matemática y científica de datos Caty O'Neil ha sido una de las defensoras de restringir la influencia de los algoritmos en la gestión de nuestras vidas en según qué ámbitos críticos ya que no son siempre justos e imparciales como solemos creer[5] por lo que deberíamos tener más en cuenta el sentido (humano) común en nuestras decisiones.

Su libro *Armas de destrucción matemática* se está refiriendo al *Big Data* por los efectos que tiene sobre la sociedad ya que su uso indiscriminado aumenta la desigualdad y amenaza la democracia[6]. La autora explora los sesgos que están sistemáticamente presentes en el análisis de datos, sus consecuencias imprevisibles y la ética que rodea a dicha gestión: "*los procesos de Big Data codifican el pasado. No inventan el futuro. Hacerlo requiere imaginación moral, y eso es algo que sólo los humanos pueden proporcionar. Tenemos que integrar explícitamente mejores valores en nuestros algoritmos, crear modelos de Big Data que sigan nuestra línea ética. A veces eso significará poner la equidad por delante de la utilidad*".[7]

Los algoritmos complejos toman decisiones discrecionales, imprevisibles, opacas y pueden llegar a ser destructivos: "las armas de destrucción matemática son algoritmos utilizados en todo tipo de empresas como una forma de control social que se dirige a los más vulnerables codificando el racismo o los prejuicios."[8]

La mayor parte de los gigantescos presupuestos dedicados a crear los modelos de lenguaje GPT, Gemini, o LLAMA, se han dedicado a entrenarlos con todos los datos disponibles. Por ello, si no alimentas la IA con datos, no te podrá responder cuando le preguntes. De hecho, hoy la IA no puede ingerir otro alimento que no sean datos[9].

A raíz de esta preocupación por una situación verdaderamente inquietante respecto al desarrollo de la autonomía de los sistemas, los Estados se

---

5 Vid. sobre cómo juzgamos diferente a los algoritmos que a las decisiones totalmente humanas: Hidalgo, C., Orghian, D. *et al.*, *How Humans Judge machines,* The MIT Press, 2021.

6 O'Neil, C., *Weapons of math destruction: how big data increases inequality and threatens democracy*, Broadway, 2016.

7 O'Neil, C., *Ibidem.*

8 O'Neil, C., *Ibidem.*

9 Martínez Aldanondo, J., "Los datos no son el nuevo petróleo", *ORH*, 4.6.2024. https://www.observatoriorh.com/opinion/los-datos-no-son-el-nuevo-petroleo.html#:~:text=%2D%20%C2%ABSi%20los%20datos%20son%20el,m%C3%A1s%20valioso%20es%20el%20conocimiento%E2%80%9D.

han visto obligados a analizar la conveniencia de regular la IA en general y limitar el poder de estas empresas -de acrónimo MAGMA- que sigilosamente están creando un Estado dentro del Estado.

Y aquí es donde el mundo de la conducción autónoma tiene un papel importantísimo en esta lucha. Tenemos el reto de utilizar la IA para empoderarnos utilizando el potencial que nos ofrece el aprendizaje de las máquinas, pero sin ausentarnos o acabaremos convirtiéndonos en los nuevos siervos de las empresas monopolistas de los datos por propia desidia, autocomplacencia o irresponsabilidad en entregarles el poder biométrico o geoposicional que necesitan para existir.

De ahí la importancia de la protección de los datos en estas cuestiones para que ese *Big data* no se convierta en el "arma de destrucción matemática" de nuestra sociedad, se tenga en cuenta la magnitud de la afectación, la retroalimentación de errores propios o no (los sesgos) y, sobre todo, valorar la opacidad con que actúa.

El aprendizaje a partir de los datos se refiere a la capacidad de un sistema para perfeccionarse a sí mismo, e idealmente, aprender de sus errores. Se denomina *generalización (IA generativa)* cuando implica aplicar la experiencia a situaciones nuevas de manera similar a como lo hacen los humanos. Por ello, en la IA, no existe un aprendizaje real[10] sino algoritmos de aprendizaje automático a través de redes neuronales, sin comprensión dentro del cálculo y con patrones de correlación sin causalidad y sin consciencia de su existencia[11].

Debemos resaltar que el valor de los datos radica precisamente en su reutilización infinita. En este sentido, "el valor de los datos se calcula sobre la base de todas las formas posibles en las que podrían usarse en el futuro y no simplemente sobre la base de su uso actual".[12] De esta forma, la recombinación de datos, su acumulación y su extensión, son su valor real y, por lo tanto, el impulso y el interés económico para su acumulación por parte de Google, Meta, X, Amazon, Visa y un largo etcétera de organizaciones.

La gran paradoja aquí parece radicar en que los datos iniciales son susceptibles de ser eternos, reiterados, repetidos continuamente y aplicados

---

10 Vid. Lim, H.Y., *Autonomous vehicles and the law: technology, algorithms and Ethics*, Elgar Law, Technology and society series, 2018.

11 Martínez, R. y Rodríguez, J., *IA y armas ..., op.cit.*, p.17.

12 Rosembuj, T. "Governing artificial intelligence", *LLR*, n.2/2017. http://elfisco.com/articulos/governing-artificial-intelligence-2.

sistemáticamente, lo que facilitaría la cristalización de los sesgos por parte de la inteligencia artificial según los intereses de las empresas propietarias de los datos[13]. Además, en caso de que se trate de datos personales, el sujeto perderá el rastro de su identidad por la privación de los derechos personales[14]. El origen de los datos y el consentimiento explícito de sus propietarios para su uso con finalidades armamentísticas es, pues, otro de los principales problemas relacionados con el desarrollo de los drones letales militares a diferencia de la industria de la conducción autónoma.

De esta forma, y por lo que se refiere a los avances del complejo militar-industrial (calificado de «complejo financiero global especulador no productivo y sin fronteras estatales»),[15] podemos afirmar que estos se han sucedido a gran velocidad a lo largo de las últimas décadas gracias a la connivencia y la monopolización de sistemas que van desde lo tecnológico hasta lo militar, pasando por lo científico y lo financiero. Si el general Eisenhower, en su despedida como presidente, alertó de los peligros del complejo militar-industrial y de la necesidad de su control, imaginemos lo que diría ante el surgimiento de los drones letales autónomos cuyo control reside en manos de un oligopolio privado y cuyo objetivo es un beneficio económico a corto plazo y ofrecer al mundo nuevas armas y nuevas formas de entender el conflicto, la guerra y el control del territorio.[16]

Sin embargo, hasta ahora no existen instrumentos internacionales jurídicamente vinculantes o incluso leyes nacionales que limiten el desarrollo, la producción y el uso de la tecnología autónoma letal.

Los fallos del mercado en la crisis financiera del 2008 provocaron la intervención administrativa[17] y esa necesidad vuelve a ser apremiante. La

---

13 Martínez, R. y Rodríguez, J., "El lado oscuro de la inteligencia artificial. El caso de los sistemas de armamento letal autónomo o los Killer Robots", *IDEES*, 4.5.2020. https://revistaidees.cat/es/el-lado-oscuro-de-la-inteligencia-artificial/

14 Rosembuj, T., *op.cit.*

15 Vid. Servent, R., "Ballbé y el capitalismo casino", *El PAÍS*, 30.11.2011. Y también: https://ballbe.wordpress.com/2015/01/04/el-nuevo-capitalismo-financiero-de-estado/

16 Martinez, R., *Armas: libertad americana o prevención europea*, Ariel, 2003.

17 Ballbé, M., Martínez, R., Cabedo, Y., "La crisis financiera causada por la deregulation del derecho administrativo americano. El conflicto competencial entre Washington y los Estados para el (des) control de las hipotecas depredadoras: las sentencias de la Corte Suprema Watters v. Wachovia Bank de 2007 y Cuomo v. Clearinghouse de 2009 ", en *Administración y Justicia. Un análisis jurisprudencial*, García de Enterría, E. y Alonso García, R. (Coord.), Thomson Reuters, 2012.

única garantía de progreso y sostenibilidad de los derechos de los ciudadanos ante la inteligencia artificial en drones autónomos es en primer lugar, la regulación y la intervención administrativa sobre la gestión de la información por parte de las empresas que, como oligopolios, controlan los datos. En segundo lugar, la presencia de la intervención y supervisión humana. La IA ya nos permite aprender de la información que recogemos. Y si la respuesta está en los datos, se requiere preguntas adecuadas, es decir, sentido común y conocimiento. El ser humano debe estar presente en la gestión de los datos puesto que el conocimiento decide qué datos son importantes para tomar las decisiones adecuadas. Capturar y sistematizar conocimiento es mucho más complejo que recoger datos porque plasmar acciones y justificar decisiones con palabras es una tarea que exige un proceso cognitivo complejo humano. De ahí que para avanzar sea necesario el paso del *Big data* al *Big knowledge*[18].

El *Big Knowledge* implica la comprensión, interpretación y aplicación de esos datos para obtener *insights* relevantes y tomar decisiones informadas. Esta transición resalta la importancia de no solo tener acceso a datos masivos, sino también de poder extraer conocimientos significativos que impulsen la innovación y el progreso en diversos campos.

III. LÍNEAS ROJAS DE LA ACTUACIÓN DE UNA MÁQUINA: DECIDIR LA MUERTE DE UNA PERSONA

Tanto drones como vehículos autónomos comparten la capacidad de tomar decisiones críticas en fracciones de segundo[19]. Mientras que un coche puede frenar automáticamente para evitar un peatón, un dron militar puede ser programado para activar un arma basándose en algoritmos complejos que utilizan sensores biométricos para localizar y acabar con sus víctimas.

El paralelismo entre ambos no es casualidad, sino que es el resultado de una convergencia tecnológica que nos obliga a considerar cómo se deben

---

18 Martínez Aldanondo, J., "Los datos ..., *op.cit.*

19 Wilkins, N., Robotics. *What beginners need to know about robotic process automation, Mobile robots, artificial intelligence, Machine learning, autonomous vehicles, speech recognition, drones and our future.* WN, 2019.

establecer límites legales[20] o protocolos de *soft law* en el uso de sistemas autónomos en todos los ámbitos ya sean letales o benéficos.

En sede de Naciones Unidas se lleva años negociando entre los Estados qué tipo de limitación debe establecerse con las armas autónomas (intentando firmar un tratado internacional que las prohíba) y, más recientemente, la Unión Europea ha aprobado ciertos límites a través del Reglamento sobre IA[21].

Si no actuamos pronto poniendo límites con los drones militares, se le atribuirá a una máquina el poder de decidir -en el campo de batalla o en tiempo de paz- la muerte de una persona[22] lo cual comporta otorgar el poder de ejecutar a alguien de forma extrajudicial. En el fondo, lo que están haciendo algunos Estados es dar a un sistema algorítmico "licencia para matar" con la excusa de que esta tecnología no comete errores, ni tiene sesgos, ni cometerá abusos. Nada más lejos de la realidad.

Los drones letales autónomos están dentro de la categoría de los llamados *killer robots*[23], son sistemas de armamento que tienen el potencial de carecer de cualquier *control humano significativo* en el proceso, bucle o ciclo de decisión de matar a un ser humano[24]. Es decir, cuando hablamos de drones autónomos nos referimos a un sistema capaz de disparar discrecionalmente

---

20 Navas Navarro, S. (coord.), *Inteligencia artificial: tecnología/derecho*, Tirant lo Blanch, 2017.

21 European Law, *EU Règlement établissant des règles harmonisées concernant l'intelligence artificielle (Règlement sur l'IA). Règlement (UE) 2024/1689 du Parlement et du Conseil*, 2024.

22 Schneider, S., *Artificial you: AI and the future of your mind*, Princeton University Press, 2019. La autora defiende que la creación de "mentes mecánicas" debe llevar aparejada una comprensión suficiente de la naturaleza de esas nuevas entidades y comprender las cuestiones filosóficas que subyacen en la aplicación de determinados algoritmos. El problema para el derecho, advierte, será prever las consecuencias de que los robots puedan ser conscientes o cuando los humanos conscientes nos fusionemos con la tecnología y es ahí cuando debemos encontrar un camino sensato a seguir si se trata de dañar o hacer desaparecer a seres conscientes.

23 Vid. documentación de la *Campaña Stop Killer Robots* de Human Rights Watch con el lema "menos autonomía y más humanidad", https://www.stopkillerrobots.org/es/

24 Vid. reciente estudio multidisciplinar sobre el desarrollo ético de los sistemas de IA desde el prisma del Control Humano Significativo y la responsabilidad en Mecacci, G., Amoroso, D., Cavalcante, L. ABBINK, D., Van der Hoven, J., Dantoni de Sio, F., (Ed.), *Research handbook on Meaningful Human Control of Artificial Intelligence Systems*, Edward Elgar Publ., 2024.

al objetivo, pero sin necesidad de la orden humana («fuera de control humano» *o human out-of-the-loop)*[25] gracias a los datos que consigue de la nube para que los algoritmos y redes neuronales decidan. Y ello es inadmisible.

La sustitución de personas por la inteligencia artificial puede aceptarse en ciertas actividades que requieren de alta precisión con vistas a incrementar la seguridad de los resultados y salvar vidas, pero en otros casos, como en los sistemas letales autónomos, deberíamos seguir confiando en la toma de decisiones humanas completadas cuando sea necesario con la adecuada asistencia tecnológica[26].

Es imperativo que nos anticipemos al futuro y seamos capaces de implementar barreras sólidas a los peligros irreversibles que la inteligencia artificial conlleva si se la apareja a armas nucleares, biológicas o convencionales y sistemas de selección de objetivos individualizados.

Cuando de lo que se trata es de acabar con la vida de personas, la línea debería ser infranqueable y no se debería permitir a los estados se utilizaran armas que no estuvieran en manos del control humano en alguna de las fases de ejecución. De lo contrario, se producirán muertes extrajudiciales a manos de sistemas autónomos letales con completa impunidad y opacidad y se pondrán en peligro la paz y la estabilidad regionales y/o mundiales.

IV. DEFENSA PRIVADA: DERECHO A PORTAR ARMAS AUTÓNOMAS

Las reuniones de Expertos gubernamentales de la Convención sobre Armas Convencionales de las Naciones Unidas centran sus esfuerzos en incluir un artículo que prohíba las grandes armas autónomas para la guerra (macrodrones militares como Reaper, Tarannis, Talon, etc.). Pero debemos ir más allá, y sacar a la luz el verdadero peligro de los drones autónomos

---

25 Sharkey, N., "Staying in the loop: human supervisory control of weapons" en Bhuta et al.(ed.) *Autonomous Weapons Systems. Law, ethics and policy.* Cambridge U.P., 2016.

26 Pasquale, F., *New laws of robotics. Defending human expertise in the age of AI,* Harvard University Press, 2020. Pasquale propone formas de democratizar la toma de decisiones haciendo que los humanos no sean substituidos automáticamente por máquinas, sino que se potencie la colaboración entre ambos, teniendo en cuenta que las capacidades y los conocimientos humanos son el centro insustituible de una economía inclusiva.

letales militares: la tecnología de doble uso o el paso de lo militar a lo civil, el paso de lo gigante a lo pequeño, asequible y doméstico.

En esta línea debemos resaltar que cuando estos drones letales autónomos pasen de ser controlados por las fuerzas militares a estar en manos de cualquier ciudadano en aras de su seguridad privada la situación de inseguridad global puede llegar a un punto de no retorno. Porque la gran amenaza que nos sobrevuela no son los grandes y pesados drones utilizados en los conflictos bélicos sino los microdrones o los enjambres de drones en manos de ciudadanos que enarbolan su derecho a su libertad y seguridad a través derecho a llevar armas garantizado constitucionalmente.

Nos referimos a los efectos que puede tener la Segunda enmienda de la Constitución federal norteamericana, ya sea a través del derecho a armar a los integrantes de las Guardias Nacionales (ejércitos de los 50 estados formados en parte por ciudadanos voluntarios) y o a través de la posesión privada para defensa personal[27].

El desafío es importante. Por un lado, las milicias y las Guardias Nacionales dirigidas por los gobernadores de los 50 Estados estarían tentadas a dotarse de armamento autónomo. Por otro lado, la jurisprudencia de la Corte Suprema no ofrece restricciones claras sobre el tipo de armamento de que puede disponer el ciudadano americano para su autodefensa y garantizar su libertad.

Ciertamente, el derecho a tener y portar armas se reafirmó en las sentencias de la Corte Suprema Columbia vs. Heller (2008) y McDonald vs. Chicago (2010) que recordaron que los ciudadanos estadounidenses tienen derecho a tener cualquier arma que consideren necesaria para su seguridad e incluso armas automáticas. Además, en 2022 se ampliaron, si cabe, los derechos a la posesión de armas con la sentencia *NY State Rifle & Pistol Ass. v. Bruen.*[28]

Así pues, según el significado original de la Constitución americana, si el ciudadano puede defenderse privadamente contra la posible tiranía del poder público y la criminalidad con armas, podría llegar a exigir el derecho a

---

27 Martínez, R., *Armas: ¿libertad americana o Prevención Europea? Dos modelos contrapuestos.* Editorial académica española, 2019.

28 Cabe decir que en 2024 la Corte Suprema norteamericana ha ratificado la ley federal que prohíbe la posesión de armas a aquellas personas relacionadas con la violencia doméstica.

la tenencia de un dron letal autónomo que decidiera por él quien considera un peligro en su hogar y a quien abatir para proteger su seguridad.

Por ello alertamos de que los drones letales domésticos serán una nueva amenaza si su posesión se generaliza entre la población. Esta tecnología puede convertir los drones en una nueva pistola para la defensa personal (*pocket-gun-air*) de los ciudadanos que tienen derecho a armarse de acuerdo con su legislación. Pero, además, esta situación puede tener un efecto de imitación, de emulación, en ciudadanos de otros países que, sin tener dicho derecho a armarse, pueden pretender equiparse con un dron para defenderse de ataques de otros drones u otras posibles amenazas a la seguridad. Como señala Kreps: "la revolución de los drones ya ha cambiado la guerra, y pronto se convertirá en una herramienta común en un contexto civil también. Está claro que la tecnología de drones ha llegado para quedarse"[29].

Desde este punto de vista, el peligro puede provenir no solo de estados irresponsables, corruptos o totalitarios, o de grupos terroristas que se apoderen de esta tecnología, sino de ciudadanos libres de cualquier sospecha pero que, teniendo derecho a armarse, si eligen hacerlo con sistemas autó nomos de este tipo, pueden provocar una auténtica escalada de accidentes, muertes y terror incontrolado. Se ha señalado que "el tamaño y la ventaja de sigilo, sin embargo, también hace que los mini-drones sean difíciles de regular o defender, ya que la tecnología será demasiado pequeña para ser controlada con eficacia"[30].

Las armas tradicionales de autodefensa (automáticas y semiautomáticas) representan hoy diez veces más víctimas en sociedades armadas como Estados Unidos que en Europa. Cada año se producen más de 30.000 víctimas a causa de la posesión de armas de fuego (homicidios, asesinatos, accidentes y suicidios) en EE.UU. Las masacres o las víctimas anónimas diarias por disparos de armas convencionales en manos de ciudadanos en tiempo de paz son una tragedia cotidiana, con casi 100 muertos al día en Norteamérica.

Ahora bien, de momento, las armas utilizadas son manejadas por una persona y, por tanto, las muertes son causadas por alguien que aprieta el disparador. Sin embargo, si no hay un humano disparando, sino que este

---

29 KREPS, S. E. y FURHMANN, M., "Separating fact from fiction in the debate over drone proliferation", *International Security*, 41(2), pp. 7-42, 2016.

30 KREPS, S. E. y FURHMANN, M., "Separating ...*op.cit.*, 2016, pp. 7-42.

cede su derecho a un sistema complejo de algoritmos, las consecuencias serán aún más dramáticas porque estos ciudadanos, protegidos por su Constitución, podrían exigir equiparse con armas letales autónomas con inteligencia artificial para uso privado en defensa de su seguridad.

En lugar de los 320 millones de armas cortas y largas, automáticas y semiautomáticas que circulan actualmente en los EE. UU. en una población de 320 millones de habitantes, podríamos enfrentarnos a 320 millones de drones armados con IA para la defensa personal de sus dueños, con una multiplicación exponencial de víctimas inocentes y con unas consecuencias parecidas a lo que sería el efecto de un arma de destrucción masiva-selectiva.

Además, la citada Segunda Enmienda tiene el peligro de globalizarse porque se está creando fuera de sus fronteras la necesidad de autoprotección individualizada. Sin embargo, detrás de toda esta demanda de seguridad, protección y armas, hay gigantescos poderes industriales-financieros-comerciales que no podemos ignorar y pueden hacernos creer que sus intereses son nuestras necesidades dentro o fuera de Norteamérica.

Así pues, los drones letales con IA pueden llegar a nuestras manos en primer lugar con un propósito defensivo, como lo han hecho los drones autónomos a nivel militar. Y llegarán sin levantar sospechas, inocente y silenciosamente, incluso como herramientas de control o reducción de la violencia. Estos robots/drones con IA "beneficiosa" que ya están entrando sistemáticamente en nuestra sociedad y en nuestras vidas para ayudarnos en nuestras tareas más mecánicas, pueden pasar a tener funciones de seguridad de todo tipo, incluyendo controlar y analizar la información recogida gracias a la información que proporciona la nube.

Desde las funciones de defensa y protección contra tiroteos (Louisville está impulsando un programa que se conectaría a *shotSpotter*, un programa que escucha los disparos a través de micrófonos colocados en toda la ciudad) a las funciones de ataque o disparo directo (como sugería Bolsonaro en Brasil para su policía) no hay mucha distancia. Y desde la posesión de un microdrón hasta un enjambre de microdrones para la seguridad y protección del hogar tampoco.

Ojalá sepamos cómo detener el inquietante empuje de los intereses financieros y comerciales en la robótica militar y no nos dejemos llevar por las falsas promesas de que tener un robot para nuestra protección personal privada nos traerá más seguridad. No dejemos que un estado de excepción algorítmico lidere nuestras libertades ausentándonos del control del desarrollo de drones o robots con IA para defensa o ataque.

A las muertes sigilosas por inhalación de CO2, por contaminación por plomo, o por consumo masivo e involuntario de microplásticos, se sumarán las víctimas por las acciones de drones armados con IA no solo a manos de servicios secretos de Estado como ha sucedido y está sucediendo ya, sino en manos de miles de ciudadanos desconocidos y, aparentemente, libres de sospecha de que se arrogarán el derecho a defenderse.

La ley debe impedir la creación de estas armas de destrucción masiva individualizadas antes de que sea demasiado tarde y debe aflorar la información que está en poder de los diferentes agentes involucrados sobre este nuevo peligro a nivel mundial para que podamos decidir cuanto antes mejor poner límites a la tecnología letal.

De lo contrario los ciudadanos se sentirán empujados no solo a armarse con un arma convencional, una pistola o un arma de asalto automática como el AK46, sino a usar un dron letal autónomo de bolsillo para su seguridad. Pasaremos de una amenaza militar a una amenaza de pequeñas armas de destrucción masiva o selectiva en manos de individuos libres de cualquier sospecha inicial, y conducirá a una falta de control desapercibida, indescriptible e impredecible. Además, será un negocio atractivo que la industria armamentística en combinación con la industria tecnológica especializada en IA.

V. INVERSIÓN EN AUTONOMÍA DE LOS SISTEMAS: ¿IA BENÉFICA O MALÉFICA? ¿DEFENSA O ATAQUE?

Todos los Sistemas Autónomos de Armas (drones o robots) desarrollados hasta ahora dependen o deberían depender de la supervisión humana o del juicio humano previo en al menos algunas de sus fases críticas (selección de objetivos o cancelación de la orden) antes de que se produzca una muerte. Sin embargo, no hay ninguna ley que obligue a los Estados que los utilizan en conflictos bélicos a que sea así o a que den la información necesaria para comprobarlo.

Además, la situación actual de no regulación de los drones autónomos letales permite, por inactividad de los Estados, una especie de carrera competitiva para ser líderes en I+D+I que puede ser muy peligrosa. Los estados justifican la investigación en IA y en autonomía asegurando que la tecnología autónoma no se utiliza para atacar al enemigo sino para la defensa nacional.

Pero eso no parece más que un subterfugio para legitimar sistemas absolutamente letales dotados de la capacidad de "independizarse" de su creador o de su responsable. Es imprescindible desarrollar una regulación internacional que prohíba los usos letales con drones autónomos, no permitiendo la existencia de vasos comunicantes entre el desarrollo de sistemas de defensa y aquellos cuya finalidad es la acción letal contra las personas. De lo contrario, podría atribuirse a una máquina sin humanidad el poder de decidir, en un conflicto, a quién vencer en función del interés general: es decir, una licencia para matar que debería ser exclusiva del poder público.

China está modernizando rápidamente su ejército y ha optado por armas nucleares de última generación, a través de ojivas con IA diseñadas para limitar el daño atacando objetivos específicos. En contraste, Estados Unidos sigue siendo el heredero de las armas del pasado, lo que hace que se muevan más lentamente en lo que se ha llamado el "complejo militar-industrial-congresional" (MICC)[31]. Así, China está llevando a cabo centenares de experimentos para simular una explosión nuclear, mientras que EE.UU., en el mismo período, ha llevado a cabo no más de 50. La carrera emprendida por China es evidente. Al final, como señala el Informe de Michael Hartnett de Bank of America, la guerra comercial debe ser reconocida por lo que realmente es: la primera etapa de una nueva carrera armamentista entre Estados Unidos y China para alcanzar la superioridad nacional en tecnología a largo plazo a través de la computación cuántica, la inteligencia artificial, los aviones de combate hipersónicos, los vehículos electrónicos, la robótica y la ciberseguridad[32].

De ahí que la inversión en tecnología esté ligada al gasto en defensa (aunque esto no siempre significa obtener una mayor seguridad): la previsión del FMI es que China supere progresivamente a EE.UU. hasta 2050, y que se convierta en la superpotencia dominante del mundo.

---

31 Es el denominado *Triángulo de hierro* a tres bandas. Estas relaciones incluyen contribuciones políticas, aprobación política del gasto militar, presión para apoyar a las burocracias y supervisión de la industria; o más ampliamente para incluir toda la red de contratos y flujos de dinero y recursos entre individuos, así como corporaciones, instituciones de los contratistas de defensa, contratistas militares privados, el Pentágono, el Congreso y el poder ejecutivo.

32 Informe Hartnett, https://serenitymarkets.com/noticias-bolsa/informe-hartnett, 25/2/24.

Específicamente, en 2032 superará la economía y la fuerza militar de los Estados Unidos, así como su influencia global. [33]

VI. LA MUERTE A MANO DE UN DRON AUTÓNOMO NO ES UNA MUERTE DIGNA

El derecho a la vida significa el derecho a no ser asesinado arbitraria o caprichosamente, inexplicable o inhumanamente o como daño colateral, es decir, precisa de la garantía de la dignidad humana. Se puede decir que la dignidad humana es un derecho más importante que el derecho a la vida, porque este último se puede perder, pero incluso en decisiones legales donde se decida la muerte de una persona, la muerte debe ser digna.

Alemania tiene una de las concepciones legales más desarrolladas con respecto a la dignidad humana: el artículo 1 de su Constitución establece que la dignidad humana es inviolable e incluso más importante que el derecho a la vida (art. 2), que puede perderse bajo ciertas condiciones y términos. Según la Carta Magna alemana, la dignidad humana es intangible, por lo que respetarla y protegerla es obligación de todos los poderes públicos. En 2005, la ley de seguridad del transporte aéreo de ese país autorizó a sus fuerzas armadas a derribar aviones comerciales sospechosos de haber sido secuestrados por terroristas. Si un avión parecía dirigirse hacia una colisión con un edificio, destruir el avión y sacrificar pasajeros se consideraba un mal menor con respecto a permitir que el vuelo continuara y matar a miles de personas en tierra. Pero en 2006 el Tribunal Constitucional Federal anuló esta ley como inconstitucional, ya que trataba a las personas como objetos, como parte del avión en sí y no como individuos que merecen respeto y consideración[34].

---

33 Danzig, R., *Technology roulette. Managing loss of control as many militaries pursue Technological superiority*, Centre for a New American Security, 2018. https://s3.amazonaws.com/files.cnas.org/documents/CNASReport-Technology-Roulette-DoSproof2v2.pdf

34 Bundesverfassungsgericht [BVerfG] [Federal Constitutional Court], "Aviation Security Case", Feb. 15, 2006, AMTLICHE ENTSCHEIDUNGSSAMMLUNG DES BUNDESVERFASSUNGSGERICHTS (BVerfGE), paras. 155-218. Case developed in Muller (2018) "Identifying German legal approaches to terror: how the Constitution shapes legislation allowing the shooting down of a hijacked plane", *German Law Journal*, vol. 19, núm. 1.

Los sistemas autónomos letales también habrían tratado a las personas como números o estadísticas, predeterminando sus muertes debido a la posibilidad de salvar un mayor número de vidas no identificadas. Y "hay algo malo, irrespetuoso y deshumanizante en hacer ética sólo por números"[35]. Los drones no reconocen a las personas como seres humanos, sino simplemente como objetos o, peor aún, como bytes de información. El tribunal alemán señaló, de manera concluyente, que la sociedad civilizada no podía tratarlos de la misma manera.

El miedo a un futuro distópico parece una razón legítima para una prohibición total o una moratoria sobre la autonomía letal de los drones a través de la aplicación del principio de precaución, pero para defender esa posición se debe fortalecer previamente la noción de dignidad humana y la cláusula Martens, así como los conceptos relacionados con el control humano significativo y la autodeterminación de los sistemas letales.

También es necesario profundizar en nuevas formas de convivencia considerando que la deshumanización ya provocada por los drones autónomos incluso con control humano en los conflictos bélicos deja en el papel todo lo que se había aprendido en la Primera Guerra Mundial sobre la cooperación y la dignidad humana, sobre la comunicación no verbal y sobre la relación humana entre combatientes.

El progreso en la comunicación humanitaria no verbal se detiene e incluso retrocede cuando se lucha con drones autónomos letales. En palabras de Sparrow, "debemos mantener una relación interpersonal con otros seres humanos incluso durante la guerra" o no estaremos respetando los fundamentos mismos de la ley[36]. El enorme avance que, por ejemplo, supuso la Tregua Dei a partir del siglo XI solo podía lograrse entre combatientes humanos[37]. Las zonas de seguridad reservadas no se habrían logrado sin los componentes de humanidad y reciprocidad. La historia demuestra que las guerras han sido cada vez más humanas e, incluso, en la "guerra de trincheras", la comunicación no verbal permitía momentos de

---

35 Jenkins, R. y Abney, K., *Robot ethics 2.0: from autonomous cars to artificial intelligence*, Oxford University Press. 2015.

36 SPARROW, R., "Robots and respect: assessing the case against autonomous weapon systems", *Ethics and International Affairs*, 30, 1, 2016, pp. 93-116.

37 Martínez, R., *Armas: ¿libertad americana o prevención europea?*, Barcelona: Ariel, 2002.

tregua y baja letalidad sin que los soldados contendientes hubieran recibido ninguna orden en ese sentido[38].

Los defensores de estos nuevos sistemas de armas, ignorando la necesidad de este componente de humanidad, les atribuyen numerosas ventajas como reducción de los costos operativos, rapidez en desarrollar ciertas tareas, efectividad, etc. Aseguran que, durante la última década, los drones armados han entrado en el arsenal militar estadounidense como táctica central para luchar sobre todo contra el terrorismo. Así, "cuando se combinan con el acceso a información confiable, hacen posible desplegar fuerza letal con precisión a través de las fronteras, manteniendo a los propios soldados fuera de peligro. La posibilidad de dirigir la fuerza con gran precisión también ofrece la posibilidad de reducir el daño a los civiles. Al mismo tiempo, como los drones eliminan algunas de las limitaciones tradicionales al uso de la fuerza, como la necesidad de obtener apoyo político para una movilización total, reducen el umbral para lanzar ataques militares"[39].

Entre estos autores también se defiende que los sistemas letales autónomos "pueden diseñarse para enfrentarse a mayores riesgos, pueden tener los mejores sensores, no les afectarán emociones como el miedo o la ira, ni sufrirán de prejuicios cognitivos que afectan al ser humano e incluso pueden distinguir legítima y confiablemente los objetivos legítimos de los ilegítimos"[40].

Estas ventajas prácticas son ciertas y no deben ser ignoradas, pero tampoco debemos pasar por alto los graves problemas legales y éticos que todo esto implica. El hecho de que en numerosas ocasiones haya sido precisamente el factor humano, la emoción humana[41], la negociación[42], lo que ha impedido procesos de escalada militar: hay numerosos ejemplos de hombres y mujeres de todo tipo y condición que en un momento se negaron a presionar el botón que habría desencadenado un conflicto bélico.

Es más, creemos que, aunque la autonomía de los drones letales podría llegar a ofrecer mejores resultados basados en un cálculo de costo-beneficio,

---

38 Vid. interesante estudio sobre la guerra de trincheras en Ashworth, T., *Trench Warfare 1914-18. The live and let live system,* Pan MacMillan, 1980.

39 Cortright, D. y Fairhurst, R., (ed.) *Drones and the future of armed conflict; Ethicat, legal and strategic implications,* University of Chicago press, 2015.

40 Arkin, R., *Governing lethal behavior in autonomous robots,* Routledge, 2009.

41 FISHER, R. y SHAPIRO, D., *Beyond reason: Using emotions as you negotiate,* 2006, Penguin Books.

42 Uri, W., *Getting past NO. Negotiating in difficult situations,* Batam, 1993.

deberían prohibirse por razones éticas y legales. La concepción de Kant sobre la dignidad humana es utilizada por los detractores de la autonomía letal, según la cual las personas tienen un derecho inherente a ser tratadas como seres humanos únicos y completos, especialmente cuando sus vidas están en juego.

Esa dignidad humana sería negada si las víctimas que quisieran apelar a la humanidad de su verdugo no pudieran porque se tratara de un ser artificial, de un sistema complejo de algoritmos y redes neuronales que decide si vive o muere sin la presencia de un juicio humano adecuado.

En definitiva, actualmente el desarrollo efectivo de los drones militares en docenas de países aumenta la necesidad de establecer estándares globales sobre el uso de estas armas para asegurar que su despliegue sea ética y legalmente sólido para que no conculque el principio de dignidad humana en su acción.

VII. LA MUERTE NO SE PUEDE DELEGAR A UN DRON AUTÓNOMO

La esencia, el desarrollo de la IA ha tenido el objetivo de delegar a las máquinas lo que hasta ahora solo podían hacer las personas. Eso implica un enorme nivel de responsabilidad que comienza por no delegar las decisiones más importantes de nuestra vida.

Los drones autónomos obvian la dimensión racional, cooperativa, intuitiva, moral y ética de las decisiones humanas[43], contradicen el derecho internacional humanitario, las leyes de la guerra, e internamente, el propio derecho administrativo que establece que el monopolio de la fuerza legítima la tiene el Estado. En este sentido, las decisiones que comporten un poder exorbitante de la Administración como es el empleo de la fuerza legítima sobre una persona, no podría delegarse a un sistema autónomo, acabe o no con su vida, ni a seres sintéticos o redes neuronales.

El poder de matar no se puede delegar a drones autónomos letales ya que una vez activados podrían seleccionar objetivos y acabar con la vida

43 Lieblich, E. y Benvenisti, E, "The obligation to exercice discretion in warfare: why autonomous weapons systems are unlawful", en Bhuta, N., Beck, S., Geib, R., Liu, H., Kreb, C. (eds.), *Autonomous Weapons Systems. Law, Ethics, policy* Cambridge, 2016.

de las personas a su libre albedrío, de forma irrevocable y sin intervención humana, lo que supondría el otorgamiento de una facultad administrativa contraria al orden jurídico internacional, incluso en conflictos bélicos.

La supresión de una vida humana sólo puede justificarse legal o moralmente si no es arbitraria. Sin embargo, para no ser considerado arbitrario, el acto letal del agente debe basarse en una decisión informada y un juicio cognitivo humano, ya que solo una decisión humana garantiza el pleno reconocimiento del valor de la vida individual y la importancia de su pérdida. Sólo en ella entran en juego todas las complejas normas modernas del derecho humanitario: proporcionalidad, compasión, uso de métodos menos gravosos o menos restrictivos, vigilancia constante, caballerosidad...[44].

En consecuencia, las acciones letales de los drones autónomos letales no son legítimas ni moralmente justificables y deben prohibirse en virtud del principio de dignidad humana y *ius cogens*, que como norma obligatoria contiene las normas fundamentales del derecho humanitario.

Los drones carecen de intuición, de consciencia de sí mismos. El derecho hasta ahora no ha considerado un elemento cognitivo fundamental, la intuición humana, cuando regula las facultades públicas discrecionales en la toma de decisiones, tal vez porque asume que son los seres humanos quienes las llevan a cabo. Sin embargo, los drones autónomos letales pueden ser hipotéticos receptores de esos poderes, por lo que debe analizarse si tienen las capacidades que la ley reclama y si, por lo tanto, pueden ejercer tales poderes cuando la vida de un humano está en riesgo.

La intuición es parte de nuestra esencia misma como humanos y de todas nuestras acciones, y siempre ha jugado un papel fundamental en la guerra. Además, los sistemas autónomos letales pueden estar dotados de mecanismos de imitación e incorporar procesos integradores y cognitivos, pero no fenomenológicos. Nunca pueden ser intuitivos o sentir emociones, sino solo

---

44 Asaro, P., "On banning autonomous weapon systems: human rights, automation and the dehumanization of lethal decision-making", *International Review of the Red Cross*, 94, pp. 687-709, 2012; Sharkey, N., "On banning autonomous weapon systems: human rights, automation and the dehumanization of lethal decision-making", *International Review of the Red Cross*, 94, 2017, pp. 687-709.

replicarlas[45]. Como dice el neurocientífico G. Rizzolatti, descubridor de las neuronas espejo, "los robots puede imitar, no sentir"[46].

Además, si este es el caso, si los algoritmos incluidos en los drones autónomos letales no pueden alcanzar las características humanas necesarias para tomar decisiones discrecionales trascendentales referidas al ejercicio de la fuerza legítima contra las personas, no debería aceptarse la transferencia de tales poderes a sistemas autónomos. El poder no solo de defender al Estado que los creó de ataques extranjeros de otras naciones, sino de decidir que el enemigo está dentro del mismo Estado y que debe combatirlo arrebatándole vidas, reviste tanto *imperium* que no se puede otorgar a seres artificiales.

VIII. *SMALL WEAPONS OF MASS DESTRUCTION* (SWMD)

R. Nader ya en los años 70 vio que el mayor peligro eran los ataques terroristas contra las centrales nucleares[47]. Pero también existe un peligro latente cuando se amenaza con utilizar material radiactivo en pequeñas dosis sobre una población a través de la denominada "bomba sucia", es decir, un dispositivo explosivo convencional (dinamita, amosal, etc.) enriquecido con material radiactivo que se dispersa en la atmósfera cuando explota[48].

La mayoría de estos dispositivos de dispersión radiológica (RDD) no liberarían la suficiente radiación para matar a personas (el explosivo sería más dañino que el material radiactivo) pero su utilización podría provocar una gran alarma social y una contaminación del ambiente inauditas. Hasta este momento, las bombas sucias no se consideraban "armas de destrucción masiva" sino "armas de perturbación masiva", ya que la contaminación y la ansiedad provocada en la población podrían ser las

---

45 Howard, A., Zhang, c. y Horvitz, e., "Addresing bias in machine learning algorithms: a pilot study on emotion recognition for intelligent systems", in *IEEE Workshop on Advanced Robotics and its Social Impacts,* Austin, 8-10 March 2017.

46 RODELLA, F., "Los robots pueden imitar, no sentir", *El País,* 28.4.2018. <https://elpais.com/elpais/2018/04/26/ciencia/ 1524760728_658244.html>

47 Nader, R. y Abbotts, J., *The menace of atomic energy,* W.W. Norton and Company, 1979.

48 U.S.NRC, "Backgrounder on Dity Bombs", feb.2022. https://www.nrc.gov/reading-rm/doc-collections/fact-sheets/fs-dirty-bombs.html

principales consecuencias de su uso, como señala la Comisión reguladora de la energía nuclear americana.

Por su parte, el Organismo Internacional de Energía Atómica, una división de la ONU con sede en Viena ha documentado más de 400 casos de tráfico de material nuclear y radiactivo desde 1993. Si revisamos los casos recientes de envenenamiento de políticos o disidentes con material radiactivo, veremos cómo las técnicas de terrorismo nuclear ya se han utilizado[49].

A pesar de todo ello, imaginemos qué ocurriría si usáramos drones autónomos para diseminar sustancias atómicas, neurotóxicas, dioxinas o simplemente venenosas. Los drones letales con IA serían la nueva amenaza del siglo. Sobre todo, teniendo en cuenta que los drones letales con IA pueden ser armas que están a disposición de los ciudadanos para su propia defensa en estados donde, como hemos visto, se permite la posesión de armas civiles o militares para su protección en el hogar.

En este sentido, también debemos tener en cuenta la influencia en los Estados Unidos de la "doctrina del castillo"[50]. Es una línea argumentativa que designa la residencia de una persona como un lugar en el que este tiene protecciones e inmunidades que le permiten, en ciertas circunstancias, usar la fuerza letal para defenderse contra el intruso, por tratarse de un ataque directo contra su seguridad sin tener en cuenta el tipo de arma que el intruso utilice para ello.

Su vestigio sigue siendo un conjunto de principios que se incorporan en gran medida a través de la legislación y la jurisprudencia. Si a esto le sumamos la interpretación extensiva de la Segunda Enmienda, la regulación de los drones autónomos letales es claramente urgente para limitar a la autonomía de la tecnología letal en los cielos.

---

[49] La muerte del espía ruso Alexander Litvinenko (ex miembro de la agencia de inteligencia sucesora de la KGB) en Londres en 2006 fue descrita como "un acto de terrorismo nuclear en las calles de Londres", un ataque radiológico en la capital, utilizando polonio 210, una sustancia mortal que destruye las células del cuerpo cuando se ingiere. También causó contaminación ambiental, ya que el polonio se encontró en el metro de Londres, en aviones, en trenes y estaciones, en un estadio de fútbol, en restaurantes y hoteles, etc. aunque no se hizo público para no crear pánico entre la población. El polonio 210 proviene del reactor nuclear de la planta de Avangard en Sarov, pero también se puede producir a partir del radio 226, o de rocas con uranio radiactivo. Obviamente no es una bomba sucia como se define tradicionalmente, pero los efectos radiactivos sobre la población podrían ser similares.

[50] Martínez, R., *Armas…, op. cit.*, 2002.

En definitiva, podemos señalar que las nuevas armas de destrucción masiva serán armas pequeñas (*micro letal autonomous weapons systems*) en forma de drones o microdrones letales militares con cargas de explosivos convencionales, radioactivos, biológicos o químicos.

Y si los drones letales cargados con dichas substancias son espantosamente poderosos para fines militares, más aún lo serán los letales microdrones domésticos que podrían estar en un futuro próximo en manos de los ciudadanos fomentado todo ello por ciertos poderes económicos y financieros sin escrúpulos que verán un nuevo arrecife en este sector, como lo han sido las armas convencionales.

El riesgo para la salud pública y para el medio ambiente es más que evidente en este escenario. La posibilidad de que los drones (cargados con material explosivo de cualquier tipo) se estrellen, se pierdan o sean hackeados y se desvíen de su ruta planeada aumentaría significativamente la probabilidad de contaminación radiactiva en áreas pobladas. Esto podría comportar daños a la salud de las personas expuestas, así como en la contaminación del suelo, el agua y la fauna circundante. Es crucial implementar medidas estrictas de seguridad y supervisión para prevenir este tipo de situaciones y garantizar la protección de la población y el entorno

El derecho administrativo, tanto estatal como global, y el derecho internacional deben ser los protagonistas en regular este sector de forma clara y sin dudarlo, ya que advertimos que el uso militar de esta tecnología conducirá en paralelo a un uso civil (puesto que ya es una realidad en el uso de drones para la policía, aunque aún no con fines letales). Pero el siguiente paso será más aterrador por la falta de control e inseguridad que acarreará: el uso indiscriminado civil-privado de drones domésticos letales con IA.

Por ello, se deben establecer regulaciones que impidan el conflicto que se avecina entre la garantía del derecho del ciudadano a armarse con esta tecnología para su seguridad personal y la del derecho a su restricción por seguridad nacional.

Por su parte, el Departamento de Seguridad Nacional (DHS) americano ya ha considerado la posibilidad de armar sus drones con armas letales o no para inmovilizar objetivos. Ante esta estrategia, los defensores de la privacidad temen que la presencia constante de drones públicos en la vida cotidiana pueda convertirse en algo común y se les permita infringir aún más los derechos individuales a medida que los estos sean adoptados por la policía para usos más controvertidos.

Los drones podrían estar equipados con armas no letales (por ejemplo, balas de goma, gases lacrimógenos, dardos eléctricos) para el control de multitudes y fines de dispersión, o incluso eventualmente, con armas letales.

Ciertamente, el peligro de los robots asesinos no se limitará a un contexto de guerra, sino que se extenderá a la propia sociedad civil si no hacemos nada para evitarlo. El derecho administrativo, en palabras de Sunstein, ya ha ido a "la guerra", pero ahora tiene que prevenir urgentemente para evitar una pandemia, un uso incontrolado de estas armas, ayudado de instrumentos internacionales vinculantes para los Estados.

IX. CONCLUSIONES

En definitiva, es evidente que a los drones autónomos letales militares no se les puede delegar cualquier tipo de acción que ponga en riesgo la vida de las personas y, por supuesto, nunca se les debería delegar la decisión de acabar con una vida sin la intervención de un humano que asuma la responsabilidad de la acción.

El derecho tiene un papel fundamental para delimitar los derechos y buscar un equilibrio entre la libertad y la seguridad del individuo.

Es necesario el control humano también para aportar conocimiento y sentido común en el proceso de gestión de datos de los que se nutre la IA para actuar.

Es imprescindible mantener la supervisión humana en distintos grados de intensidad (tanto en la movilidad con vehículos autónomos como en lo que respecta a los drones militares) para asegurar que las decisiones tomadas por la IA se alineen con los valores y principios éticos de la sociedad.

De lo contrario, la actuación autónoma de drones letales puede poner en peligro varios principios fundamentales, entre los que se incluyen:

1. **Derecho a la vida:** La posibilidad de que drones autónomos tomen decisiones letales sin intervención humana puede llevar a la pérdida de vidas inocentes debido a errores, malentendidos o fallos en la programación.

2. **Responsabilidad y rendición de cuentas:** La falta de un responsable humano directo para las acciones de un dron autónomo complica la rendición de cuentas y la responsabilidad en caso de errores o abusos.

3. **Proporcionalidad en el uso de la fuerza:** Los principios de proporcionalidad y necesidad en el uso de la fuerza pueden verse

comprometidos si las decisiones letales se delegan a sistemas autónomos sin juicio humano.

4. **Discriminación y distinción:** En el derecho internacional humanitario, es fundamental distinguir entre combatientes y no combatientes. Los drones autónomos pueden tener dificultades para realizar estas distinciones de manera precisa y ética.
5. **Transparencia:** La toma de decisiones autónoma puede ser opaca, dificultando la comprensión de por qué se tomó una decisión específica y reduciendo la transparencia necesaria en operaciones militares.
6. **Libertad y privacidad:** La vigilancia y recopilación de datos por parte de drones autónomos pueden infringir el derecho a la privacidad y la libertad de las personas, especialmente si se usan para vigilancia sin el debido proceso.
7. **Ética y humanidad:** La delegación de decisiones de vida o muerte a máquinas puede ir en contra de principios éticos y morales que valoran la humanidad y el juicio compasivo en situaciones de conflicto.
8. **Justicia y debido proceso:** La capacidad de un dron autónomo para actuar sin un proceso legal justo puede socavar los principios de justicia y debido proceso, llevando a ejecuciones sumarias o extrajudiciales.

Estas preocupaciones destacan la necesidad de un control y supervisión humanos en el uso de drones letales, para garantizar que se respeten los principios fundamentales de los derechos humanos, el derecho internacional y el derecho público de los Estados, para conseguir una mayor seguridad humana a nivel global.

BIBLIOGRAFÍA

ARKIN, R., *Governing lethal behavior in autonomous robots*, Routledge, 2009.

ASARO, P., "On banning autonomous weapon systems: human rights, automation and the dehumanization of lethal decision-making", *International Review of the Red Cross*, 94, pp. 687-709, 2012.

ASHWORTH, T., *Trench Warfare 1914-18. The live and let live system,* Pan MacMillan, 1980.

BALLBÉ, M., MARTÍNEZ, R., CABEDO, Y., "La crisis financiera causada por la deregulation del derecho administrativo americano. El conflicto competencial entre Washington y los Estados para el (des) control de las hipotecas depredadoras: las sentencias de la Corte Suprema Watters v. Wachovia Bank de 2007 y Cuomo v. Clearinghouse de 2009 ", en *Administración y Justicia. Un análisis jurisprudencial,* García de Enterría, E. y Alonso García, R. (Coord.), Thomson Reuters, 2012.

CORTRIGHT, D., FAIRHURST, R., (ed.) *Drones and the future of armed conflict; Ethicat, legal and strategic implications*, University of Chicago press, 2015.

DANZIG, R., *Technology roulette. Managing loss of control as many militaries pursue Technological superiority*, Centre for a New American Security, 2018. https://s3.amazonaws.com/files.cnas.org/documents/CNASReport-Technology-Roulette-DoSproof2v2.pdf

European Law, *EU Règlement établissant des règles harmonisées concernant l'intelligence artificielle (Règlement sur l'IA). Règlement (UE) 2024/1689 du Parlement et du Conseil*, 2024.

FISHER, R. y SHAPIRO, D., *Beyond reason: Using emotions as you negotiate*, 2006, Penguin Books.

HIDALGO, C., ORGHIAN, D. *et al.*, *How Humans Judge machines*, The MIT Press, 2021.

HOWARD, A., ZHANG, C. y HORVITZ, E., "Addresing bias in machine learning algorithms: a pilot study on emotion recognition for intelligent systems", in *IEEE Workshop on Advanced Robotics and its Social Impacts*, Austin, 8-10 *March* 2017.

JENKINS, R. y ABNEY, K., *Robot ethics 2.0: from autonomous cars to artificial intelligence*, Oxford University Press, 2015.

KREPS, S.E y FUHRMANN, M. "Separating fact from fiction in the debate over drone proliferation", *International Security*, 41(2),2016, pp. 7-42.

LIEBLICH, E. y BENVENISTI, E., "The obligation to exercice discretion in warfare: why autonomous weapons systems are unlawful", en Bhuta, N., Beck, S., Geib, R., Liu, H., Kreb, C. (eds.), *Autonomous Weapons Systems. Law, Ethics, policy* Cambridge, 2016.

LIM, H.Y, *Autonomous vehicles and the law: technology, algorithms and Ethics*, Elgar Law, Technology and society series, 2018.

MARTÍNEZ ALDANONDO, J., Los datos no son el nuevo petróleo, *ORH*, 4.6.2024. https://www.observatoriorh.com/opinion/los-datos-no-son-el-nuevo-petroleo.html#:~:text=%2D%20%C2%ABSi%20los%20datos%20son%20el,m%C3%A1s%20valioso%20es%20el%20conocimiento%E2%80%9D

MARTINEZ, R. *Armas: libertad americana o prevención europea*, Ariel, 2003.

MARTÍNEZ, R., *Armas: ¿libertad americana o Prevención Europea? Dos modelos contrapuestos.* Editorial académica española, 2019.

MARTÍNEZ, R. y RODRÍGUEZ, J., "El lado oscuro de la inteligencia artificial. El caso de los sistemas de armamento letal autónomo o los Killer Robots", *IDEES*, 4.5.2020. https://revistaidees.cat/es/el-lado-oscuro-de-la-inteligencia-artificial/

MARTÍNEZ, R. y RODRÍGUEZ, J., *Inteligencia artificial y armas letales autónomas. Un nuevo reto para Naciones Unidas*, Trea, 2018.

MARTÍNEZ, R. y RODRÍGUEZ, J., *Towards a new AI race. The challenge of lethal autonomous weapons systems (LAWS) for the United Nations*, Thomson Reuters Aranzadi, 2019.

MCQUILLAN, D., "Algorithmic states of exception", *European Journal of Cultural Studies*, vol. 18, 2015, p. 564.

MECACCI, G., AMOROSO, D., CAVALCANTE, L. ABBINK, D., VAN DER HOVEN, J., DANTONI DE SIO, F., (Ed.), *Research handbook on Meaningful Human Control of Artificial Intelligence Systems*, Edward Elgar Publ., 2024.

MULLER, I., "Identifying German legal approaches to terror: how the Constitution shapes legislation allowing the shooting down of a hijacked plane", *German Law Journal*, vol. 19, núm. 1, 2018.

NADER, R. y ABBOTTS, J., *The menace of atomic energy*, W.W. Norton and Company, 1979.

NAVAS NAVARRO, S. (coord.), *Inteligencia artificial: tecnología/derecho*, Tirant lo Blanc, 2017.

O'NEIL, C., *Weapons of math destruction: how big data increases inequality and threatens democracy*, Broadway, 2016.

PASQUALE, F., *The Black Box Society: the secret algorithms that control money and information*, Harvard University Press, 2015.

PASQUALE, F., *New laws of robotics. Defending human expertise in the age of AI*, Harvard University Press, 2020.

RODELLA, F., "Los robots pueden imitar, no sentir", *El País*, 28.4.2018.https://elpais.com/elpais/2018/04/26/ciencia/ 1524760728_658244.html

ROSEMBUJ, T. "Governing artificial intelligence", *LLR*, n.2/2017. http://elfisco.com/articulos/governing-artificial-intelligence-2

SCHNEIDER, S., *Artificial you: AI and the future of your mind*, Princeton University Press, 2019.

SHARKEY, N., "Staying in the loop: human supervisory control of weapons" en Bhuta et al. *Autonomous Weapons Systems. Law, ethics and policy*. Cambridge U.P., 2016.

SHARKEY, N., "On banning autonomous weapon systems: human rights, automation and the dehumanization of lethal decision-making", *International Review of the Red Cross*, 94, pp. 687-709, 2017.

SINGER, P. W., *Wired for War, The Robotics Revolution and Conflict in the 21st Century*, Penguin Press, 2009.

SPARROW, R., "Robots and respect: assessing the case against autonomous weapon systems", *Ethics and International Affairs*, 30, 1, 2016, pp. 93-116.

The Economist, "The word's most valuable resource is no longer oil, but data. Regulating the Internet giants", https://www.economist.com/leaders/2017/05/06/the-worlds-most-valuable-resource-is-no-longer-oil-but-data?utm_medium=cpc.adword.pd&utm_source=google&ppccampaignID=18151738051&ppcadID=&utm_campaign=a.22brand_pmax&utm_content=conversion.direct-response.anonymous&gad_source=1&gclid=Cj0KCQjwkdO0BhDxARIsANkNcrcV26pBukMSSpZ95CANnEwGsShZzGEZxidV6VOukw9Y0G8FCbnXbUUaAl1LEALw_wcB&gclsrc=aw.ds, 6/5/2017.

URI, W., *Getting past NO. Negotiating in difficult situations*, Batam, 1993.

WILKINS, N., *Robotics. What beginners need to know about robotic process automation, Mobile robots, artificial intelligence, Machine learning, autonomous vehicles, speech recognition, drones and our future*, WN, 2019.

PARTE SEXTA

BUQUES AUTÓNOMOS Y OPERADOS POR CONTROL REMOTO: REGULACIÓN, ACCIDENTES, RESPONSABILIDAD Y SEGUROS. CIBERSEGURIDAD. TERMINALES PORTUARIAS

Análisis del Código Internacional de Seguridad para buques autónomos de la OMI (borrador del Código MASS)

JUAN PABLO RODRÍGUEZ DELGADO
Profesor Visitante Doctor
Universidad Carlos III de Madrid
Departamento de Derecho Privado
ORCID: 0000-0001-9650-2870

SUMARIO: I. ¿POR QUÉ LA OMI EMPEZÓ A ESTUDIAR LOS MASS? LABOR PREPARATORIA PREVIA. II. EL CÓDIGO INTERNACIONAL DE SEGURIDAD PARA BUQUES AUTÓNOMOS DE LA OMI (CÓDIGO MASS). 1. ¿Por qué un Código?. 2. Estructura, objetivos y ámbito de ampliación del Código (Parte I del Código). 3. Proceso de aprobación y certificación de los MASS. 4. Principios fundamentales para la operativa de los MASS y sus funciones (Parte II del Código). 4.1. Mantener el MASS dentro de un contexto operacional adecuado. 4.2. Evaluación de riesgos. 4.3. Principios del diseño del sistema. 4.4. Principios del software y conectividad. 4.5. Gestión de emergencias. 4.6. El elemento humano: pieza clave del sistema. 5. Requisitos de funcionamiento y rendimiento esperado de los MASS (Parte III del Código).

Desde la creación de la Organización Marítima Internacional (OMI), los Instrumentos internacionales elaborados por esta organización han partido siempre, como no podía ser de otra manera, de la base de que un buque, cualquier que fuese su finalidad, contaba con un nivel mínimo de dotación a bordo encargada de llevar a cabo las diversas funciones necesarias para garantizar que las operaciones del buque fuesen seguras (en su vertiente de *safety* y *security*[1]) y, en la medida de lo posible, respetuosas con el medio marino.

[1] En español el concepto "seguridad marítima" corresponde en inglés a dos conceptos nítidamente diferenciados, que son "*safety*" y "*security*". "*Maritime safety*" es el conjunto de reglas y procedimientos tendentes a garantizar la seguridad de un buque en la mar, comenzando antes de su construcción hasta el hecho de ir verificando a lo largo de la vida útil que se mantenga en condiciones técnicas aceptables, dotándole de medios para combatir emergencias, implantando reglas para evitar abordajes, formando adecuadamente al personal que debe tripularlo, dotándole con una tripulación mínima adecuada, dándole apoyo mediante ayudas a la navegación, información meteorológica, medios de salvamento, etc.

La sola idea de que un buque navegue, no ya sin tripulación a bordo (aunque controlado a distancia desde un Centro de Operación Remoto -COR-), sino de manera totalmente autónoma, controlado por sistemas de inteligencia artificial, en sus diversas estructuras -*deep learning, maching learning, supervised learning, reinforcement learning*, etc.- escapa a la lógica y estructura empleadas durante cientos de años en la navegación marítima *tradicional*.

Sin embargo, tanto la navegación tripulada como la navegación autónoma se refieren a funciones específicas, así como a los buques en su conjunto. Funciones que pueden ser autónomas (o totalmente automáticas), mientras que otras pueden ser realizadas por personal (marinos) a bordo, lo que no sólo hace que esas funciones no sean autónomas, sino que también clasifican al buque como tripulado. Además, los buques (y las funciones específicas) pueden estar tripulados o automatizados en distinta medida y en distintos momentos, de ahí que, como ha dicho algún autor[2], la dotación no debe considerarse de modo binario (o está o no está).

La inquietud que desde el principio ha mostrado para la industria marítima esta nueva tecnología se explica, creemos, no por la incertidumbre que podría generar una alteración del vehículo usado, sino por los "nuevos" roles[3] (tanto de las personas que los operan como de la propia tecnología utilizada hasta ahora) y los "nuevos" y/o "viejos" riesgos implicados en esta navegación. Sin embargo, y en comparación con la navegación y el transporte marítimo tradicional, la mejora en la automatización del transporte es una gran oportunidad para que las partes interesadas del sector lleven a cabo mejoras en la seguridad, fiabilidad y se reduzcan costes.

El objetivo de las páginas que siguen consiste, principalmente, en analizar las principales disposiciones y recomendaciones que el borrador del Código Internacional de Seguridad para Buques Marítimos de Superficie Autónomos (en adelante, "Código MASS" o "Código") realiza sobre algunos aspectos (no todos) del diseño, funcionamiento y de la navegación de buques que utilicen sistemas o dispositivos autónomos (o controlados

---

Por otro lado, "*maritime security*" es el conjunto de medidas enfocadas a garantizar la seguridad marítima, no contra los peligros normales de la navegación, sino contra actos ilícitos provocados por el ser humano.

2 VEAL, R., «Regulation and Liability in Autonomous Shipping: A Panoptic View», en *Tulane Maritime Law Journal*, vol. 45, 2021, p. 106.

3 Es por ello que puede decirse sin temor a equivocarse que la operativa de buques sin tripulación (ya sean autónomos o controlados remotamente) incide en uno de los elementos nucleares de la navegación tradicional, los sujetos (y no tanto en la noción de vehículo, pese a que sea este el que esté en cuestión).

remotamente[4]), que permita la integración segura, eficiente y respetuosa con el medio marino de dicha navegación (buques equipados con sistemas de automatización capaces, en diversos grados, de tomar decisiones y realizar acciones con o sin interacción humana, y sus centros de control remoto asociados, si los hay). Buques que denominaremos de acuerdo con la terminología de la OMI, *Maritime Autonomous Surface Ships* (en adelante, MASS).

I. ¿POR QUÉ LA OMI EMPEZÓ A ESTUDIAR LOS MASS? LABOR PREPARATORIA PREVIA

En 2015, el Comité Marítimo Internacional (CMI) creó un Grupo de Trabajo Internacional (IWG) sobre buques no tripulados (*Maritime Law for Unmanned Craft*), reconociendo que se trataba de un desarrollo tecnológico que requeriría una cuidadosa atención jurídica antes de que su operativa pudiera tener cabida en el marco legal y reglamentario de las normas internacionales que rigen el transporte marítimo. El objetivo del IWG fue identificar las cuestiones jurídicas que rodean la adopción del transporte marítimo no tripulado y proporcionar una perspectiva jurídica internacional a las cuestiones implicadas, especialmente aquellas que tienen que ver con la seguridad operacional de estos buques en coexistencia con los buques tradicionales.

En junio de 2017[5], el CMI informó al Comité de Seguridad Marítima (MSC) de la OMI[6] sobre sus trabajos y progresos en su 98° periodo de

---

4 Las disposiciones del presente Código se deberán aplicar, como el mismo texto anticipa en su Preámbulo, tanto a las funciones autónomas como a aquellas controladas a distancia (desde una ubicación remota), incluso cuando haya personas a bordo del buque que se ocupen de otras funciones.

5 Sin embargo, el primer documento en el que la OMI, por primera vez, pone atención en los MASS se publica unos meses antes (febrero de 2017). Es la Nota presentada por varios Estados (Dinamarca, Estados Unidos, Estonia, Finlandia, Japón, Noruega, Países Bajos, Reino Unido y República de Corea), que contenía una propuesta para llevar a cabo un estudio exploratorio sobre la reglamentación y que estableciese hasta qué punto era necesario enmendar el marco regulatorio de los instrumentos de la OMI existentes para permitir una operación en condiciones de seguridad y protección del medio marino de los MASS completamente o parcialmente sin dotación (MSC 98/20/2, documento en el que por primera vez aparece el término MASS). Con el objetivo adicional de que, tras la finalización del estudio exploratorio, el Comité pudiese examinar la mejor manera de abordar las cuestiones identificadas.

6 La OMI, debido a su representación universal (cuenta actualmente con más de 175 estados miembros) y mandato de las Naciones Unidas, era el lugar idóneo para tratar estas cuestiones.

sesiones, tras la cual se le solicitó al Comité que continuara con su trabajo e informara al MSC en su 99º periodo de sesiones. El Comité de Seguridad, atendiendo a la propuesta de un importante número de Estados miembros, acordó incluir en su agenda de trabajo bienal (para el periodo 2018-2019) a los MASS, por entender que la Organización podía liderar los desafíos en materia de seguridad de la navegación empezaban a esbozarse del posible uso de los buques operados a control remoto o totalmente autónomos [si bien, como veremos, el Código proyectado no permite dicha forma de navegación, ya que requiere la intervención de, al menos una persona, en cualquier etapa y modo de navegación (Apartado 4.28, Parte I] . En su agenda provisional del MSC 99, introdujo un resultado titulado "*Estudio exploratorio sobre la reglamentación para el uso de buques marítimos autónomos de superficie (MASS)*", con 2020 como año de ultimación previsto para su presentación[7]. Con ello, el Comité convino que la OMI debería adelantarse en esta cuestión y asumir un papel preponderante, que debería realizarse a modo de investigación centrada en determinar los instrumentos y reglas pertinentes en relación con los MASS y, en concreto, aquellos que pudiesen afectar a la incorporación de estos buques, o, por el contrario, ser una limitación para su operativa.

A finales de 2017, tras su Asamblea anual, la OMI acordó incluir, en su Plan estratégico sexenal (para el periodo 2018-2023), como uno de sus siete principios estratégicos (PE 2) "Integrar las tecnologías nuevas y avanzadas en el marco reglamentario" [Resolución A.1149(32)], dicho Estudio, con el propósito de buscar el equilibrio entre las ventajas de las tecnologías emergentes frente a las necesidades de seguridad y protección en la navegación marítima.

En enero de 2018, Canadá y varios países y organizaciones no gubernamentales más propusieron al Comité Jurídico (LEG), en el 105 periodo de sesiones (véase LEG 105/11/1), que emprendiera un ejercicio de alcance normativo de los Convenios sobre los que tiene competencia respecto a los buques autónomos, así como un estudio exploratorio sobre el análisis

---

7 El trabajo propuesto debería incluir la identificación de las reglas internacionales que, en su forma actual, (a) impidiesen las operaciones sin dotación; (b) los instrumentos internacionales que no serían aplicables a las operaciones sin dotación (ya que se refieren exclusivamente a la presencia humana a bordo); y (c) las reglas que no impidiesen las operaciones sin dotación. El MSC también acordó que el examen adecuado debería tener en cuenta los aspectos jurídicos, especialmente en quién recaería la responsabilidad en caso de que se produjera un accidente relacionado con un MASS, sus consecuencias para la carga y las repercusiones para tierra.

de lagunas jurídicas con respecto a los MASS, poniéndose sobre la mesa algunos de los problemas más relevantes que hoy día se siguen debatiendo (las figuras del capitán y de la tripulación, cuestiones de responsabilidad o la necesidad de un seguro obligatorio, entre otras).

Desde que la OMI comenzó a plantearse la necesidad de un estudio de esta nueva tecnología, se evidenció que la política a seguir para la integración de los MASS en el marco normativo debía mantener el principio de actuación conjunta que inspira el esquema de la Convención de las Naciones Unidas sobre Derecho del Mar[8] (en adelante CNUDM) y la labor de la OMI, no solo para reforzar a nivel global los fines ya presentes en la política marítima (seguridad marítima), sino igualmente para alcanzar las condiciones que permitiesen la navegación internacional de los nuevos buques y su máxima expansión[9].

En febrero de 2018, el CMI, que ya venía trabajando con su IWG en esta materia desde hacía un par de años, envió a la OMI (MSC 99/INF.8) un sumario de las respuestas recibidas de las Asociaciones Nacionales de Derecho Marítimo sobre cómo las disposiciones de los Convenios internacionales (SOLAS[10], MARPOL[11], COLREG[12], STCW[13], FAL[14], SAR[15], SUA[16] y el Convenio de Salvamento[17]) deberían ser enmendadas ante la utilización de estos nuevos buques.

En marzo de 2018, el MSC, en su 99º periodo de sesiones (MSC 99/5), aprueba la realización del Estudio exploratorio sobre la reglamentación para el uso de MASS, marcando el año 2020 como fecha para que dicho

---

8 Aprobada en Montego Bay el 10 de diciembre de 1982 y en vigor en España desde febrero de 1997.

9 ALBA FERNÁNDEZ, M., «Buques navegados por control remoto y buques autónomos en la evolución futura del derecho de la navegación marítima», *Revista de Derecho del Transporte*, vol. 28, 2021, p. 74.

10 Convenio para la Seguridad de la Vida Humana en el Mar, 1974.

11 Convenio para Prevenir la Contaminación por los Buques,1973.

12 Convenio sobre el Reglamento Internacional para Prevenir Abordajes, 1972.

13 Convenio sobre Normas de Formación, Titulación y Guardia para la Gente de Mar, 1978.

14 Convenio para Facilitar el Tráfico Marítimo Internacional, 1965.

15 Convenio sobre Búsqueda y Salvamento Marítimos, 1979.

16 Convenio para la Represión de actos ilícitos contra la seguridad de la navegación marítima, 2005.

17 Convenio sobre Salvamento marítimo, 1989.

Estudio estuviese finalizado. La finalidad del Estudio Exploratorio ha sido la de identificar las barreras a la integración de los MASS en la navegación internacional, y con ello, las futuras reformas a emprender. Paralelamente, se acordó constituir un Grupo de Trabajo Mixto interperiodos (*Joint Working Group -JWG-*[18]) formado por el MSC, y bajo su coordinación, junto con el Comité Jurídico (LEG) y el Comité de Facilitación del tráfico marítimo internacional (FAL)[19], con la finalidad de evaluar cómo podrían aplicarse los convenios y demás instrumentos existentes en la OMI, que son competencia de dichos Comités, a los buques con diversos grados de automatización, es decir, la necesidad de explorar las disposiciones que se aplican a los MASS y no impiden sus operaciones, ni requieren medidas al respecto; las que no impiden las operaciones de las MASS, pero podrían requerir enmiendas o aclaraciones o contener algunas lagunas; y las que no se aplican a las operaciones de los MASS.

En abril de 2018, Dinamarca presentó un primer informe (elaborado por su Autoridad Marítima y en colaboración con la Universidad Politécnica de Dinamarca), en el que se describen las potencialidades de los buques autónomos, en sus diferentes niveles de automatismo (MSC 98/INF.13). El Informe final se presentó bajo el título "*Analysis of Regulatory Barriers to the use of Autonomous Ships*" cuyo objetivo era identificar, sistematizar y presentar recomendaciones sobre cómo hacer frente a los obstáculos reglamentarios al desarrollo de buques autónomos. Este informe fue, sin duda, una primera aproximación a la hora de introducir las necesarias modificaciones legislativas a escala internacional y nacional en este ámbito[20].

---

18 Hasta la fecha, el JWG ha mantenido 2 reuniones: la primera, celebrada a distancia, entre los días 7 a 9 de septiembre de 2022, y la segunda, que tuvo lugar entre los días 17 y 21 de abril de 2023 en la sede de la OMI. La próxima reunión se celebrará en septiembre de 2024.

19 Debido a las cuestiones transversales relacionadas con la explotación comercial de buques autónomos que se han ido identificando durante el proceso de estudio, en el seno de la OMI hay actualmente tres Comités que participan en las labores, no solo de redacción del Código MASS o en las posibles enmiendas a los instrumentos internacionales de la Organización, sino también para garantizar que los instrumentos de la OMI se ajustan a su finalidad y tienen en cuenta los rápidos avances tecnológicos que se están produciendo: El Comité de Seguridad Marítima (MSC), el Comité Legal (LEG) y el Comité de Facilitación del tráfico internacional (FAL).

20 Desde ese momento se suceden múltiples documentos en los que tanto la Secretaría del MSC, FAL o LEG, así como los diferentes Estados participantes, van publicando los avances en el Estudio exploratorio sobre la reglamentación de los

En junio de 2019 fueron aprobadas también en el MSC las *Interim Guidelines for Maritime Autonomous Surface Ships* (MSC.1/Circ.1604). Estas directrices asignan la responsabilidad de garantizar que los MASS cumplen los requisitos de los instrumentos existentes de la OMI o proporcionan una norma equivalente o alternativa adoptada para la seguridad y la protección del medio marino. Éstas deben lograr la aceptación del Estado de abanderamiento del buque y de los Estados costeros y portuarios donde se realicen las pruebas. Los Estados de abanderamiento deben aprobar y documentar los diseños equivalentes o alternativos según las directrices de la OMI "MSC.1/Circ.1455–Directrices para la aprobación de alternativas y equivalentes según lo dispuesto en diversos instrumentos de la OMI".

En junio de 2021 se publica por el MSC, en su 103° periodo de sesiones (MSC.1/Circ.1638), el *Resultado del Estudio Exploratorio sobre la reglamentación para el uso de buques marítimos autónomos de superficie* (en adelante, REE), el cual constituye una evaluación detallada de la medida en que el marco reglamentario actual de que se ocupa el MSC podría verse afectado a la hora de abordar las operaciones de los MASS, identificándose, de manera preliminar, los instrumentos posiblemente afectados por la futura reforma[21]. El REE contiene una sección de antecedentes en la que se incluye el proceso seguido; información sobre los grados de autonomía referida a cada instrumento de la esfera del MSC a los que se prevé que afecten las operaciones de los MASS (se estandarizan los 4 niveles de autonomía que hoy en día son internacionalmente aceptados[22]); los modos más adecuados de abordar las operaciones de los MASS en los instrumentos analizados;

MASS: MSC 100/INF.3; MSC 101/5; MSC 102/5/1; MSC 102/5/16; LEG 106/8/1; LEG 107/8/4; LEG 107/8/17; LEG 108/7; FAL 43/19/2; FAL 44/14/1, entre otros.

21 La lista de instrumentos que se incluyó en el estudio exploratorio abarca no solo el Convenio s códigos que adquirieron carácter obligatorio en virtud del Convenio SOLAS, sino también incluye el Reglamento de abordajes (COLREG); el Convenio de líneas de carga de 1988; el Convenio SAR; o el Convenio internacional sobre arqueo de buques, entre otros.

22 Grado 1: Buque con procesos automatizados y apoyo en la toma de decisiones: La gente de mar está a bordo para operar y controlar los sistemas y las funciones de a bordo. Algunas operaciones pueden estar automatizadas y, en ocasiones, no ser supervisadas, pero con gente de mar a bordo lista para tomar el control.
Grado 2: Buque controlado a distancia con gente de mar a bordo: El buque se controla y opera desde otro emplazamiento. Hay gente de mar a bordo, disponible para tomar el control y operar los sistemas y funciones de a bordo del buque.
Grado 3: Buque controlado a distancia sin gente de mar a bordo: El buque se controla y opera desde otro emplazamiento. No hay gente de mar a bordo.

indicación de los temas y/o posibles lagunas que deberían abordarse; o indicación de los vínculos posibles entre instrumentos.

Como resultado del REE, se sugirió que el MSC elaborase un instrumento específico sobre los MASS, a modo de instrumento nuevo (y autónomo), en lugar de enmendar los Convenios ya existentes, como inicialmente se pensó. En su 105° período de sesiones, que tuvo lugar en abril de 2022, el MSC comenzó a trabajar en la elaboración de un instrumento basado en objetivos que regule el funcionamiento de los buques marítimos autónomos de superficie (MASS), aprobando una hoja de ruta que preveía la elaboración de un instrumento en forma de Código no obligatorio, elaborado siguiendo un enfoque basado en objetivos (y en la neutralidad tecnológica de las normas). Posteriormente, se podría dar al Código MASS carácter obligatorio mediante enmiendas a los instrumentos en vigor, e.g. el Convenio SOLAS, COLREG, MARPOL, STCW o al CNUDM, entre otros, conforme al procedimiento de aceptación tácita de las enmiendas.

Este Código, en el que participan numerosas delegaciones pertenecientes a la OMI, se empezó a elaborar con miras a su adopción en el segundo semestre de 2024 y su entrada en vigor el 1 de enero de 2025, como primera etapa (fechas que ya se han retrasado al menos un año), para, posteriormente y sobre la base de la experiencia adquirida en su aplicación, elaborar un Código MASS obligatorio cuya entrada en vigor está prevista para el 1 de enero de 2028.

Lo llamativo de todo este proceso normativo es su carácter innovador, ya que lo normal es que la regulación se realice a la vista de una situación existente[23]. Sin embargo, la labor legislativa de la OMI en el Código MASS se está produciendo a la vez que se desarrollan los buques autónomos. Esta particularidad implica que no se dispone de una experiencia previa y que los problemas que se pretenden identificar y mitigar mediante la regulación que se está elaborando sean difíciles de anticipar.

Grado 4: Buque totalmente autónomo: El sistema operativo del buque puede tomar decisiones y determinar acciones por sí mismo.

23 RODRÍGUEZ DELGADO, J. P., «La irrupción del buque autónomo (o controlado remotamente) en los aspectos jurídico-privados del Derecho marítimo», en PUETZ, A., PETIT LAVALL, V. (eds.) *El transporte como motor del desarrollo socioeconómico*, Marcial Pons, Madrid, 2019, p. 319.

II. EL CÓDIGO INTERNACIONAL DE SEGURIDAD PARA BUQUES AUTÓNOMOS DE LA OMI (CÓDIGO MASS)

1. ¿Por qué un Código?

La tecnología en la que se basan los MASS no es el primer caso de tecnología innovadora empleada en buques y en el ámbito marítimo. Sin embargo, el uso cada vez mayor de la automatización en el funcionamiento de los buques, junto con el aumento previsto en el uso del control remoto y el funcionamiento autónomo de las funciones claves de la navegación, requerirá un enfoque diferente -al acometido hasta ahora- y, por lo tanto, ciertos ajustes de las normas actuales relativas a la intervención y el control manual a bordo, tal como figuran en el Convenio SOLAS (a modo de ejemplo, la Regla 24, Capítulo V sobre seguridad de la navegación) y otros instrumentos de la OMI. Esto plantea además la cuestión, que escapa del ámbito de este trabajo, de si la tecnología MASS y sus posibles fallos requieren una reconsideración del marco jurídico sobre responsabilidad establecida en los Convenios internacionales actuales[24].

A la hora de afrontar los retos legislativos, tecnológicos y operativos de un MASS, se reconoce que algunos aspectos relacionados con esos buques no se abordan de forma adecuada o completa en el Convenio SOLAS ni en otros instrumentos de la OMI y que se requieren orientaciones adicionales sobre el diseño y el funcionamiento del buque para garantizar un nivel de seguridad equivalente al que se espera de un buque operado de forma convencional.

Son varias las posibilidades que se propusieron inicialmente para la articulación sistemática de la reforma necesaria para integrar los MASS en las normas de navegación actuales (y que ya fueron identificadas por la OMI en el REE). Soluciones que pasaban, bien por enmendar cada uno de los instrumentos existentes en la medida de lo necesario para adaptar su contenido a los nuevos buques (sin alterar, por lo demás, la distribución de materias entre los instrumentos relevantes); crear un instrumento (actualmente bajo la forma de Código) específico que, con los fines que guían la normativa internacional, abordase los diferentes aspectos de la navegación

---

24 Sobre esto, véase el documento titulado "Medidas para abordar los MASS en los instrumentos bajo los auspicios del Comité jurídico" presentado por el CMI (LEG 111/10/2).

y la operación de los MASS[25]; o bien, una combinación de ambas, no incompatibles entre sí[26]. El REE, como indicamos, concluyó que "la forma más adecuada de abordar las operaciones MASS sería preferiblemente a través de un nuevo instrumento (e.g. un Código), dado que abordar cada instrumento o capítulo de SOLAS por separado podría dar lugar a incoherencias, confusión y plantear posibles obstáculos para la aplicación de la normativa existente a los buques convencionales"[27].

Por lo tanto, la decisión que se adoptó, de la cual ahora es fruto el Código MASS, fue la de crear un instrumento basado en objetivos (y no según la tecnología empleada) y en consonancia con las Directrices elaboradas por la Organización[28], con miras a garantizar que no queden lagunas normativas en los instrumentos existentes que impidan las operaciones de los MASS (véase MSC 108/4/1 de 2023). Abordar en un Código[29] todos

25 Discrepa, entre otros, Osinuga, D., «Unmanned Ships: Coping in the Murky Waters of Traditional Maritime Law», en *Poredbeno pomorsko pravo*, vol. 174, 2020, p. 101.
El autor sugiere que en lugar de la posición actual de tener un marco internacional previo, debería fomentarse por parte de los Estados de bandera un marco nacional que regulase de manera adecuada el uso de los MASS.

26 ALBA FERNÁNDEZ, M., «Buques navegados por control remoto...», cit., p. 75; PULIDO BEGINES, J. L., «Buques mercantes autónomos: concepto, naturaleza jurídica y personalidad», *Anuario de Estudios Marítimos*, 2024, p. 4.

27 Estudio exploratorio sobre la reglamentación para el uso de buques marítimos autónomos de superficie (MASS), p. 8.

28 Directrices genéricas para la elaboración de normas de la OMI basadas en objetivos (MSC.1/Circ.1394/Rev.2) y los Principios que deben tenerse en cuenta al redactar instrumentos de la OMI (Resolución A.1103(29)).

29 El futuro Código no es una técnica legislativa desconocida para la OMI. En 1993 el organismo de ONU adoptó el Código internacional de gestión de la seguridad operacional del buque y la prevención de la contaminación -Código IGS- [Resolución A.741(18)], de cumplimiento obligatorio en todos los Estados parte, en virtud de la Regla III del Capítulo IX del SOLAS. En 2002, la OMI adoptó el Código internacional para la protección de los buques y de las instalaciones portuarias (Código PBIP) y las enmiendas conexas para conferirle obligatoriedad en virtud del Convenio SOLAS. Y en 2014, la OMI adoptó también otro instrumento con la forma de Código, el Código internacional para los buques que operen en aguas polares (Código Polar) y las enmiendas conexas para conferirle obligatoriedad tanto en virtud del Convenio SOLAS (Capítulo XIV) como del Convenio MARPOL. Al igual que el futuro Código para buques autónomos, el Código Polar abarca -de manera integral- cuestiones relacionadas con el proyecto, la construcción, el equipo, el funcionamiento, la formación, la búsqueda y el salvamento y la protección del medio marino para los buques que operen en las aguas que rodean ambos polos.

aquellos aspectos relevantes, y que bajo la tecnología actual necesitaban de nuevas normas, para la seguridad de la navegación y la prevención de la contaminación (más allá de que se puedan adaptar los instrumentos con los que contamos actualmente), a juicio de la OMI, garantiza que se mantengan los niveles de seguridad requeridos al implantar el funcionamiento autónomo o remoto en las funciones clave de la navegación. Si bien, creemos que seguirá siendo necesario abordar todas aquellas reformas necesarias en los instrumentos existentes que puedan resultar necesarias para asegurar una adecuada consistencia y claridad[30].

De conformidad con las decisiones adoptadas por el MSC, en su 108º periodo de sesiones, está prevista la celebración de la tercera reunión del Grupo de trabajo inter-periodos sobre MASS (MSC/ISWG/MASS 3) en septiembre de 2024, con el propósito de ultimar la elaboración de la parte 3 del Código, así como algunos capítulos de la parte 2. De dicha reunión, se espera que el Grupo presente un informe en el MSC 109[31] (donde se prevé igualmente que se empiecen a considerar las enmiendas al SOLAS mediante un nuevo capítulo de este Convenio). Está previsto que los trabajos de la OMI sobre los MASS continúen hasta 2027 y se espera que para finales del primer semestre de 2025 se pueda evaluar la versión final del Código MASS voluntario y estudiar las enmiendas al texto (en el MSC 110), así como posibles propuestas y directrices de nuevas normas, en caso de ser necesarias[32]. El primer semestre de 2026 (sesión 111 del MSC) es la fecha elegida para finalizar el trabajo sobre el Código MASS obligatorio y revisar

---

30 En este sentido también ALBA FERNÁNDEZ, M., «Buques navegados por control remoto...», cit.
De hecho, en el Convenio SOLAS no sólo se hace referencia a otros instrumentos, sino también que diversos códigos son obligatorios en virtud del propio Convenio, de manera que al aplicar las disposiciones del SOLAS en el Código MASS, dichos instrumentos también serán aplicables.

31 Circular nº 4888 de la OMI de 25 junio 2024.

32 El Comité Jurídico de la OMI aprobó, en su Sesión 111, celebrada en abril de 2024, el siguiente plan: Se espera que en la reunión del LEG 112 (primavera 2025) se pueda evaluar el código MASS no obligatorio finalizado y considerar la necesidad de enmiendas o interpretaciones de los tratados que son competencia del Comité Jurídico basándose en los resultados del MASS-JWG, el MSC y el Comité de Facilitación. En la reunión del LEG 113 (primavera 2026) se tenga el código MASS obligatorio aprobado y considerar la necesidad de enmiendas o interpretaciones de los tratados que son competencia del Comité Jurídico. Y en la sesión del LEG 114 (primavera 2027), se adopten las enmiendas o interpretaciones de los tratados pendientes.

las nuevas normas presentadas para su consideración, dejando para 2027 la adopción de enmiendas o interpretaciones de los textos existentes de la OMI que sean competencia del Comité Jurídico.

2. Estructura, objetivos y ámbito de ampliación del Código (Parte I del Código)

El propósito de este Código es proporcionar un marco regulador uniforme sobre algunos aspectos del diseño, funcionamiento y de la navegación de buques que utilicen sistemas o dispositivos autónomos (o controlados remotamente), que permita la integración segura, eficiente y respetuosa con el medio marino de dicha navegación (véase el Preámbulo del Borrador[33]). La concepción de MASS adoptada por la OMI es la de un buque -bajo las premisas de una concepción tradicional de este vehículo marítimo- que, en mayor o menor grado (niveles 2 a 4 de autonomía), puede operar independientemente de la interacción humana[34].

El Código se ha elaborado sobre la base de los principios de complementariedad / suplementariedad[35], enfoque integral[36], basado en objetivos[37]

---

33 Versión que se encuentra, en formato borrador, en el documento de la OMI MSC 108/4.Anexo1 (*Report of the Correspondence Group submitted by Marshall Islands,* 13 de febrero de 2024).

34 Apartado 4.25, de la Parte I.

35 Como ya indicamos, el Código (pese a su carácter de norma autónoma) parte de la idea de complementar instrumentos y legislaciones preexistentes, abordando las cuestiones en la medida en que esta no están suficientemente tratadas en otros instrumentos de la OMI que sean aplicables. Queda por ver si este Código MASS operará de manera autónoma o se incluirá dentro del Convenio SOLAS, en un primer momento como norma no imperativa (bajo la forma de capítulo del Convenio, a modo similar al Capítulo IX por el que se introduce y confiere carácter obligatorio al Código, el Capítulo VII para los buques nucleares o XII para los graneleros, entre otros), y obligatoria posteriormente; bien como un Código separado, tal y como hemos visto en el caso del Código Polar.

36 El Código MASS busca un enfoque holístico para asegurar que los objetivos, propósitos y principios de los instrumentos base de la OMI se mantengan al abordar las funciones y operaciones de los MASS en todos los instrumentos.

37 El Código MASS se define como un documento basado en objetivos y requisitos detallados asociados, abordando los problemas a nivel funcional. A diferencia de una aproximación basada en la tecnología específica utilizada como requisitos para su aprobación, el "*goal-based standard approach*" trata de asegurar que estos buques puedan navegar únicamente si se alcanza un nivel de seguridad equivalente al de los buques tradicionales. Un reto importante de los instrumentos basados en objetivos es el de mantener su coherencia durante su articulado, algo en lo que se

(no obligatorios[38]) y neutralidad tecnológica[39], y entre sus objetivos está el de mantener las normas y estándares aceptados por la industria para el diseño, construcción y operación de buques tradicionales favoreciendo la adopción e integración de nuevas tecnologías para las operaciones de los buques autónomos o controlados remotamente, asegurando el nivel de seguridad esperado de un buque convencional, garantizando que todos los buques puedan coexistir de manera segura sin interferirse negativamente, sin importar si ciertas funciones se controlan de manera remota o autónoma. También es importante reconocer y superar barreras regulatorias involuntarias en la aplicación de nuevas tecnologías de control remoto o autónomo. Finalmente, se debe facilitar la supervisión y el control humano sobre el funcionamiento de los MASS[40].

El borrador del Código consta, en su versión actual (2024[41]), de tres Partes:

- La primera parte tiene un contenido y carácter introductorio, en la que se recoge el propósito, principios y objetivos de Código, así como cuestiones generales que deben tenerse en cuenta en su aplicación: ámbito de aplicación, estructura, relación con otros instrumentos de la OMI, las definiciones, el proceso de aprobación y certificación.
- La segunda parte recoge los principios técnicos fundamentales aplicables al funcionamiento de los MASS (tanto en su operativa remota como autónoma), tales como evaluación de riesgos, diseño del sistema, principios rectores del software utilizado, conectividad, gestión de alertas y la interacción con el elemento humano de la operativa.
- La tercera parte, la más extensa del Código, detalla, en 16 capítulos, los objetivos, requisitos de funcionamiento para el cumplimiento del(los) objetivo(os) establecidos y el rendimiento esperado asociado a dichos requisitos de funcionamiento.

---

está trabajado por los redactores. Véase, en este sentido, la conferencia impartida por Charles McHardy, MASS CG Chair en el Simposio organizado por la OMI y la República de Corea en mayo de 2024 sobre el Código MASS de la OMI titulada "Development of MASS Code".

38 Si bien las disposiciones el Código se han redactado de forma que faciliten la futura transición a la obligatoriedad.

39 Apartado 1.2 de la Parte I.

40 Objetivos que se recogen en el Código MASS (Parte I, Cap. 1).

41 MSC 108/4.Anexo1. Dado que estamos trabajando sobre un Borrador, las disposiciones que se citarán en estas páginas podrán estar sujetas a modificación o eliminación en su versión definitiva.

El Código MASS se aplicará a los buques de carga a los que se aplica el Capítulo I del Convenio SOLAS y que tengan además funciones que permitan operaciones autónomas[42] o a distancia, incluyendo cualquier COR(s) asociado(s). Esto es, se aplicará, por tanto, a los buques de pasaje y mercancías dedicados a la navegación internacional que tengan derecho a enarbolar el pabellón de los Estados parte en dicho Convenio. Salvo disposición expresa en otro sentido (en este caso, las reglas contenidas en los anexos del SOLAS definen con precisión las clases de buques aplicables en casa situación), quedan excluidos de la aplicación del SOLAS los buques de guerra, mercantes de menos de 500 GT, pesqueros o yates no dedicados al tráfico comercial, por lo que estos estarán también excluidos del Código.

La finalidad básica del Convenio SOLAS -y por analogía del Código MASS- es la consecución, en toda la medida de lo posible, de la seguridad de la vida humana en el mar, a través del establecimiento de diversas normas mínimas e internacionales reguladoras de la construcción, el equipo y la utilización de los buques autónomos o controlados remotamente. Este control del cumplimiento de esas normas se atribuye, ante todo al Estado del pabellón del buque, aunque también se prevén competencias en dicho sentido al Estado del puerto al que dicho vehículo arribe[43].

El Código MASS prevé más de 50 definiciones de términos empleados en sus disposiciones (véase apt. 4, Parte I), los cuales tendrán, a menos que se disponga expresamente lo contrario, el significado definido en el propio Código (a pesar de que ciertos términos son definiciones recogidas ya en otros instrumentos de la OMI y no añadirían valor, por

---

42 Importante precisar que el Código se aplica no a los buques con procesos automáticos mejorados (respecto de los actuales), sino a aquellos que tecnología de operación autónoma o remota que aumente o sustituya las funciones realizadas por la gente de mar a bordo e implicada en la realización o el control de estas funciones del buque (Preámbulo actual del Código MASS).

43 Como puede observarse a lo largo de estas páginas, el Código aborda cuestiones de naturaleza jurídico-públicas, dejando cuestiones relativas a la responsabilidad de los MASS y de los operadores a otros instrumentos o a las normas nacionales correspondientes. Por lo tanto, cuestiones tan relevantes como las funciones y responsabilidad del capitán (y su necesaria presencia o no a bordo), la posibilidad de que varios capitanes sean responsables en un único MASS, o a la inversa, que un capitán sea responsable de varios MASS, funciones y responsabilidad de la tripulación o de los operadores remotos, las funciones y responsabilidades de los COR, o cuestiones relativas a la jurisdicción y responsabilidad del Estado de abanderamiento respecto de la ubicación de un COR, no son tratadas por el Código.

lo que se prevé que estos acaben siendo eliminados en versiones posteriores). En lo que aquí interesa, recogemos algunos de los términos -más allá del MASS como elemento nuclear y tangible del sistema propuesto- adoptados por el Código que, por su novedad[44], consideramos que revisten de importancia.

En lo que respecta a la operativa de un MASS, cabe destacar:

Sistema de navegación autónomo: se entiende un conjunto de elementos de un sistema que dispone de las funcionalidades relacionadas con la navegación autónoma de conocimiento de la situación, planificación y determinación de la ruta para evitar el riesgo de colisión, control del rumbo, la velocidad, derrota del buque, etc.

Interacción hombre-máquina: se entiende la forma en que un ser humano realiza una función de control[45] o se ve afectado por la automatización, la controla y recibe información de ella mientras realiza una tarea.

Elemento humano: se entiende la interacción entre los sistemas autónomos y los operadores humanos implicados en el funcionamiento y la gestión del MASS. Estos factores deben incluir, entre otros, los protocolos de comunicación, el trabajo en equipo, los procesos de toma de decisiones o los requisitos de formación de los operadores humanos.

En lo que respecta a los operadores/tripulación, en sus diferentes escenarios, de un MASS, cabe destacar:

Por **empresa** se entiende el propietario del MASS o cualquier otra organización o persona, como el gestor, o el fletador a casco desnudo, que haya asumido la responsabilidad de la explotación del buque de manos del propietario y que, al asumir dicha responsabilidad, haya aceptado

---

44 Muchos de los términos recogidos han sido ya recogidos por las guías elaboradas por las sociedades de clasificación sobre navegación autónoma: *Guidelines for Autonomous Shipping* (Bureau Veritas, 2019); *ShipRight Design and Construction Additional Design Procedures, LR Code for Unmanned Marine Systems (*Lloyd's Register, 2017); Remote-Controlled and Autonomous Ships in the Maritime Industry (DNV-GL, 2018); o *Maritime Autonomous Ship Systems (MASS) UK Industry Conduct Principles and Code of Practice* (Maritime UK Code, 2023 -versión 7-), entre otras.

45 El Código define "función" como "un grupo de tareas, deberes y responsabilidades necesarias para el funcionamiento del MASS, la seguridad de la vida humana en el mar, la protección del buque y/o la protección del medio marino". Entre las funciones, la de control (*control function*) conlleva las acciones realizadas por personas o software para la consecución de un objetivo funcional (apt. 4.11).

hacerse cargo de todas las obligaciones y responsabilidades impuestas a la Compañía por el Código MASS[46].

El **capitán de un MASS** es la persona que ostenta su mando del MASS (función nuclear en todas las jurisdicciones[47]). El Código parece acordar (1) que debe haber un capitán humano responsable de un MASS, independientemente de su modo de funcionamiento (es decir, el texto proyectado no permite una navegación totalmente autónoma, ya que requiere la intervención de, al menos una persona -aunque esta esté situada de forma remota en un COR-, en cualquier etapa y modo de navegación[48]); (2) puede que no sea necesario que dicho capitán se encuentre a bordo del buque, dependiendo de la tecnología utilizada en el MASS y de la presencia humana -tripulación, pasajeros, etc.- a bordo, en su caso; (3) independientemente del modo de funcionamiento, el capitán de un MASS debe disponer de los medios para intervenir sobre el buque cuando sea necesario; y (4) varios capitanes pueden ser responsables de un MASS en un mismo viaje, si bien sólo un capitán debe ser responsable en un momento dado de un MASS (si bien esas condiciones todavía no se han concretado). Nada indica el Código sobre su designación (entendemos que esta deberá ser realizada por el armador/propietario). El Capitán de un MASS podrá encontrarse en un COR (capitán remoto), siempre que pueda mantenerse el nivel requerido de mando, control y comunicación para desempeñar estas funciones.

El Código diferencia entre **tripulación remota** -que incluiría al capitán en tierra, los operadores remotos y toda persona que intervenga en el control de un MASS a distancia o le preste asistencia- y **tripulación que se encuentre físicamente a bordo de un MASS** – ya sea el capitán, oficiales o personal operativo-.

El **Operador Remoto** (OR) significa una persona cualificada (normas de formación y cualificación a las que no se aplicará el Convenio STCW, por lo que será necesario o bien su modificación o la elaboración de protocolos nuevos) que está empleada para operar algunos o todos los aspectos de las funciones de un MASS desde un COR (mediante control remoto, sin interferencia de ninguna persona a bordo del buque), y mantener dicho

46 Definición similar a la propuesta por para "Sistema de buques autónomos" (Maritime UK Code) o a la contenida en la Regla I, Capítulo IX del SOLAS.

47 En nuestra Ley de Navegación Marítima, art. 171. De igual manera, s.313 of the Merchant Shipping Act (UK).

48 Apartado 4.28, Parte I.

buque en condiciones de navegabilidad y de conformidad con todos los instrumentos pertinentes de la OMI y la legislación nacional.

El **Centro de Operaciones Remoto** (COR) será un lugar alejado del MASS en el que se pueden operar algunos o todos los aspectos de las funciones del MASS[49]. Será la práctica y la industria la que, conforme a parámetros económicos, tecnológicos o de eficiencia, determinen si dicho centro se encontrará en tierra o en una estación situada en otro buque o en una estación marítima. El COR plantea diferentes dudas, tanto técnicas (comunicaciones fiables, seguridad, etc.) como por el control efectivo de estos centros por el Estado de bandera del MASS. Se plantea la posibilidad de que un COR, y por tanto el mando sobre la operativa del MASS, puedan estar en el territorio de otro Estado que no sea el del pabellón del buque, lo que abre la posibilidad a que este tercer Estado también sea responsable por los daños que el buque pueda causar. Situación esta que altera un principio fundamental del Derecho del Mar y que establece que un buque solo puede estar bajo el control de un único Estado.

3. Proceso de aprobación y certificación de los MASS

El Derecho marítimo ha sometido tradicionalmente a los buques a una serie de reconocimientos, cuyo objeto es verificar el cumplimiento de los requisitos técnicos y operativos exigidos por razón de la seguridad marítima, de la preservación del medio marino y de las condiciones de trabajo a bordo. Superar estos controles da derecho a la obtención de los respectivos certificados que acreditan la aptitud de ese buque para navegar y para realizar cualquier actividad asociada al mismo.

Por ello, dado que los procesos de reconocimiento, aprobación y certificación de los buques se tratan de aspectos clave para el funcionamiento de los MASS en condiciones de seguridad, el Código prevé normas relativas a estos procesos, en el que se deberá incluir la emisión de los certificados necesarios relacionados con los requisitos para la operativa prevista de estos buques (según el Concepto de Operación[50] que defina su diseño), además de incluir las prescripciones -adaptadas a la tipología de buques y su

---

49 Definición similar a la propuesta para "Centro de Control Remoto" (Bureau Veritas Guidelines).

50 Véase II.4.1 del presente capítulo.

navegación- de reconocimiento del capítulo I del Convenio SOLAS[51]. Las normas que se integran en el Código no distan de las reglas e instrumentos que las Sociedades de Clasificación han elaborado para esta tipología de buques[52]. Reglas que serán también de aplicación a los MASS, ya que el propio Convenio SOLAS remite a las reglas de las sociedades de clasificación cuando señala que, sin perjuicio de las prescripciones del propio Convenio, "*los buques se proyectarán, construirán y mantendrán cumpliendo las prescripciones sobre aspectos estructurales, mecánicos y eléctricos de una sociedad de clasificación reconocida*" por la administración del Estado de pabellón (Regla 3-1, Capítulo II).

El principio básico para determinar los criterios de evaluación para obtener la aprobación debe ser la equivalencia en materia de seguridad y protección medioambiental. Los criterios de evaluación -que serán acordados por la administración marítima del Estado cuya bandera enarbole el MASS- deberán desarrollarse mediante el cumplimiento de los objetivos y requisitos funcionales de la parte 3 del Código en combinación con una adecuada evaluación de riesgos (base para su certificación[53]).

---

51 En el proceso de aprobación y certificación de los MASS deberían enumerarse todas las equivalencias y exenciones con respecto a los instrumentos obligatorios pertinentes, en particular el Convenio SOLAS, de conformidad con los principios establecidos en las *Directrices para la aprobación de alternativas y equivalencias previstas en varios instrumentos de la OMI* (MSC.1/Circ.1455). Véase Informe del Grupo de trabajo interperiodos sobre los MASS (MSC 108/4/1), p. 7. El Código somete a los MASS a un proceso certificación bajo las Reglas 6 (Inspección y Reconocimiento), 11 (Mantenimiento del estado del buque después del reconocimiento), 13 (Expedición o referendo de certificado por otro Gobierno), 17 (Aceptación de los certificados) y 19 a 21 (Supervisión, Privilegios y Siniestros) del Capítulo I del SOLAS (Apartado 6.1.3, Parte II del Código).

52 Véanse algunas de las ya indicadas: *Guidelines for Autonomous Shipping* (Bureau Veritas, 2019); Remote-Controlled and Autonomous Ships in the Maritime Industry (DNV-GL, 2018); o *Maritime Autonomous Ship Systems (MASS) UK Industry Conduct Principles and Code of Practice* (Maritime UK Code, 2023 -versión 7-), entre otras. Vid. igualmente observaciones de ALBA FERNÁNDEZ, M., «Buques navegados por control remoto...», *cit.*
Sobre la labor de las Sociedades de Clasificación en la implementación futura de los MASS, véase SIERRA NOGUERO, E., «La labor de las sociedades de clasificación en la implementación de los buques autónomos», en *Sostenibilidad, movilidad y vulnerabilidad en el transporte: una visión jurídica*, Aranzadi, 2023.

53 Véase Informe del Grupo de trabajo interperiodos sobre los MASS (MSC 108/4/1), p. 7.

El proceso de aprobación debe llevarse a cabo siguiendo los siguientes pasos (no secuenciales), los cuales deberán ser presentados a la autoridad competente para su aprobación[54] -acompañados de los documentos correspondientes-:

1. Desarrollo preliminar del diseño
2. Aprobación preliminar del diseño
3. Pruebas, simulación y otros métodos de verificación
4. Aprobación final
5. Inspección y certificación
6. Operación

Todo buque al que sea de aplicación el Código deberá disponer de un "Certificado MASS" válido[55], expedido tras una inspección inicial o de renovación (además de las inspecciones propias de otros Instrumentos OMI, como las previstas en el SOLAS[56]). Serán objeto de inspección las funciones del MASS antes de que el buque entre en servicio (verificación y pruebas/ensayos completos de sus funciones) y una inspección -según periodo acordado- para la renovación del certificado MASS (que no exceda de 5 años tras la última). El certificado emitido acreditará que el MASS ha superado las inspecciones previstas en el Código y en los convenios correspondientes y cumple por tanto sus prescripciones técnicas y operacionales en el momento de la inspección.

La inspección inicial debería incluir la verificación y prueba de la funcionalidad del MASS, para garantizar que cumple las prescripciones del presente Código. Junto al Certificado MASS, el Código también prevé que

54 En aquellos países en los que no exista un servicio especializado para velar por el cumplimiento de este proceso, cabrá delegar estas funciones inspectoras y certificadoras por parte de dicho Estado de pabellón en organizaciones reconocidas, como son las Sociedades de Clasificación.

55 Dado que la elaboración de la reglamentación de los MASS está en una fase inicial, por ahora se contempla la propuesta de expedir un certificado MASS "provisional", que se extendería a los MASS que estuvieran realizando ensayos hasta que se verificasen las limitaciones y capacidades operacionales, momento en el que podría expedirse el certificado MASS completo (Véase MSC 108/4/1, p.7).

56 Toda certificación de un MASS en virtud del Código ha de contar con todos los certificados correspondientes prescritos en todos los instrumentos existentes de la OMI. Véase Informe del Grupo de trabajo interperiodos sobre los MASS (MSC 108/4/1), p. 7.

los COR -que operen diversos MASS con pabellones de diferentes Estados- se sometan a dichos procesos de verificación e inspección para la obtención de un "Certificado COR", cuya periodicidad deberá indicarse por la autoridad competente donde esté ubicado dicho Centro, o por la del Estado de abanderamiento del MASS controlado por dicho COR[57]. En la certificación de los MASS y de los COR deberían describirse las funciones específicas en relación con las operaciones remotas/autónomas, así como las limitaciones de las operaciones que realicen[58].

Los MASS deberán disponer, al igual que el resto de los buques tradicionales, de un Certificado ISM/IGS (*International Safety Management*) que acredite el cumplimiento del Código Internacional de Gestión de la Seguridad, obligatorio para todos los Estados Parte del SOLAS. Pese a que todavía no está decidido, entendemos que el Certificado MASS, al igual que ocurre con el IGS, podrá ser expedido por la administración del Estado de bandera o por una organización reconocida por ella a quien se haya cedido dicha competencia (en muchos casos, Sociedades de Clasificación de reconocido prestigio). En los MASS, la obligación de llevar a bordo los documentos y certificados (tal y como requiere la Regla IV, Capítulo IX del SOLAS), con el propósito de custodia por capitán y su posible presentación a las autoridades extranjeras cuando sea requerido, parece que no tendrá sentido (de hecho, la tecnología y comunicación actual ya hace desfasada esta obligación).

Tanto el MASS, como el COR que opere un buque autónomo, deberán estar provistos del Documento relativo a la dotación mínima de seguridad de acuerdo con las *Directrices para la aplicación de los principios relativos a la dotación mínima de seguridad*[59]. A diferencia de los buques tradicionales, este documento podrá disponer un número total de dotación

---

57 Cabe la posibilidad de que un COR controle diferentes MASS abanderados en diversos Estados, por lo que los COR estarían sujetos a las inspecciones y el control por parte de la Administración de abanderamiento, aunque se encuentre fuera de su jurisdicción. Es decir, los COR estarían sujetos a las inspecciones y el control por parte de la Administración de abanderamiento que haya autorizado las operaciones a distancia de los buques que enarbolen su pabellón (consideración introducida por Bélgica en MSC 108/4/2).

58 Véase Informe del Grupo de trabajo interperiodos sobre los MASS (MSC 108/4/1), p. 7.

59 Resolución A.1047(27) de la OMI de 2011.

de cero[60] y podrá hacer referencia a los requisitos de formación y titulación del personal que opere dichos centros, tal como se especifica en el Código MASS[61].

Por otro lado, dado que por lo que parece, en su redacción actual, el Convenio sobre formación, titulación y guardia de la gente de mar (STCW) no se aplicaría a los COR, el Documento de Dotación Mínima para el COR puede incluir personal ajeno al STCW, pudiendo hacer referencia a los requisitos de formación y titulación del personal conforme a las especificaciones del propio Código MASS. En este sentido, para los COR que operen uno o varios MASS, deberán tener vinculado un Certificado de dotación mínima que cubra la operativa de uno o de todos los MASS específicos (en materia de turnos, guardias, supervisiones, etc.), dado que dicha dotación, en el número que se especifique, dependerá de la necesidad concreta de la operativa/sistema de dicho buque.

4. Principios fundamentales para la operativa de los MASS y sus funciones (Parte II del Código)

La operativa de un MASS regulada por el Código debe quedar encuadrada en los siguientes principios fundamentales: (a) mantener el MASS dentro de un contexto operacional adecuado; (b) evaluación de riesgos; (c) principios del diseño del sistema y del software; (d) conectividad; (e) gestión de emergencias; y (f) el elemento humano.

---

60 En los buques tradicionales, al determinar la dotación mínima de seguridad, debe observarse que esta tenga capacidad para mantener guardias seguras, amarrar y desamarrar el buque, atender las funciones de seguridad, prestar cuidados médicos a bordo, utilizar equipos contra incendios, correcto funcionamiento de la maquinaria propulsora, etc. Todas estas funciones, en un MASS, dejarán de tener eficacia, por lo que no será necesaria una dotación mínima de seguridad.

61 El Ministerio de Transportes y Movilidad Sostenible creó en 2020 el Grupo de Trabajo Nacional sobre Buques Autónomos, agrupando a expertos de ámbitos tan diferentes como astilleros, empresas tecnológicas, sociedades de clasificación, despachos de abogados, etc. Entre sus cometidos está la elaboración del contenido para una futura formación de una titulación para el manejo de embarcaciones autónomas.

4.1. Mantener el MASS dentro de un contexto operacional adecuado

El contexto o entorno operacional de un MASS debe, dentro del marco regulatorio aplicable, considerar todos los aspectos de la operación del MASS y describir las funciones del buque autónomo u operado remotamente y el entorno externo que influye en su operación. Este contexto debe abarcar un Concepto Operacional (ConOps[62]), un Rango o Límite Operativo (OE[63]) que detalle las capacidades y limitaciones operativas específicas del MASS, un Dominio Operativo de Diseño (ODD[64]), un estado de respaldo[65] para mantener el MASS en un nivel de riesgo tolerable en caso de un inadecuado funcionamiento de las funciones autónomas u operadas remotamente del buque, y los posibles Modos de Operación (MdO) del MASS durante su viaje[66]. Todos estos factores (ConOps, OE, ODD, estado de respaldo y los MdO) deberán formar parte de la certificación del MASS.

62 La expresión "concept of operation" (concepto operacional) se refiere a un documento o descripción que detalla cómo se espera que un sistema o proceso propuesto funcione desde el punto de vista del operador (o usuario final). Incluye información sobre el propósito del sistema, los objetivos de las operaciones, las funciones que realizará, los escenarios de uso y las condiciones bajo las cuales operará.

63 La expresión "operational envelope" (rango o límite operativo) se refiere a los límites dentro de los cuales un sistema, equipo o vehículo (como un buque) puede operar de manera segura y eficiente. Incluye factores como la velocidad, la altitud, la temperatura, la carga, y otras condiciones ambientales y operacionales.

64 La expresión "operational design domain" (Dominio Operativo de Diseño) se refiere a la especificación de las condiciones bajo las cuales un sistema es diseñado para funcionar correctamente sin intervención humana. Incluye todos los factores y parámetros como el entorno, las condiciones de tráfico, las características de la ruta, las condiciones climáticas, la velocidad y otros aspectos relevantes que definen el ámbito en el que el sistema puede operar de manera segura y efectiva.

65 El término "fallback state" se refiere a un estado o condición de emergencia que se activa, para evitar daños a la vida, a otros buques o al medio ambiente, cuando un sistema no puede realizar sus funciones principales de manera adecuada. En el contexto de sistemas autónomos o remotamente operados, el "fallback state" se diseñaría para mantener el sistema en un nivel de riesgo tolerable y garantizar la integridad del sistema y la seguridad de su entorno en caso de que las funciones autónomas no se desempeñen adecuadamente.

66 Es importante destacar que el diseño del MASS debe considerar varios MdO, y dado que estos pueden variar durante el viaje, se especificarán qué funciones son autónomas o remotas durante los mismos, así como deberán asignarse a los agentes (ya sean personas o parte del sistema IA), la supervisión de las funciones y qué roles y sistemas están involucrados en el control (Parte II, punto 1.4 del Código).

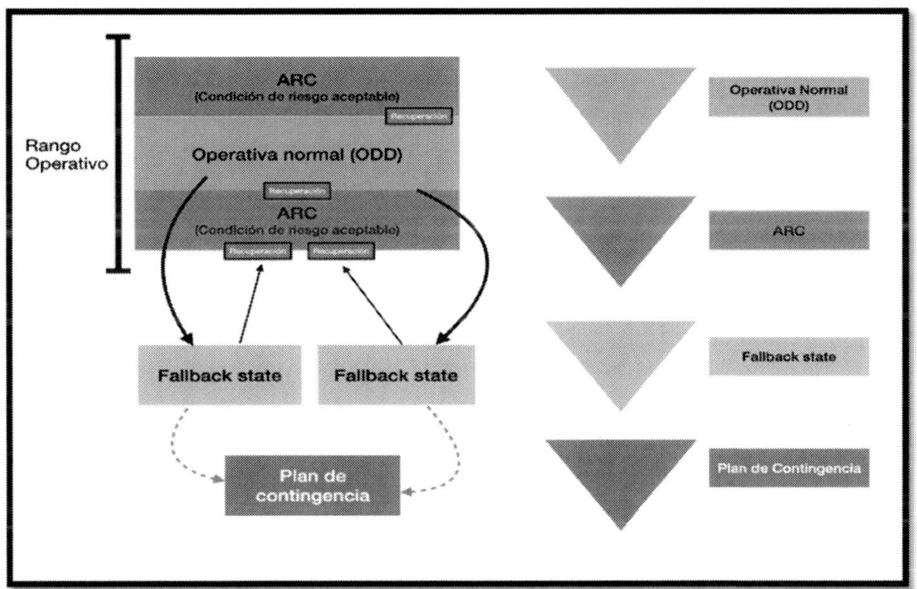

Fuente: Código MASS

Una operación adecuada requiere una evaluación exhaustiva de los riesgos asociados con todas las funciones del MASS, incluyendo los riesgos relacionados con la ciberseguridad, los fallos del sistema y las condiciones ambientales. También implica la implementación de medidas de mitigación proporcionales al nivel de riesgo identificado. Una operación de un MASS (dentro del rango operativo dentro de los cuales puede operar de manera segura y eficiente) mantendría el buque autónomo dentro de su ODD, mientras que si se producen desviaciones de sus funciones o una degradación en su estado podría situarlo en situación de emergencia (ARC – *acceptable risk condition*). Situación que podría ser aceptable, en un primer momento, pese a que se activasen los estados de respaldo (*fallback state).* En caso de que esta situación empeorase, habría que acudir a los planes de contingencia, elaborados para hacer frente, en caso de que se produzca un deterioro sustancial de las funciones u operativas del MASS (pese a que este haya entrado en situación de respaldo).

4.2. Evaluación de riesgos

Otro de los principios rectores del Código, para garantizar un nivel de seguridad equivalente al de un buque convencional, es la evaluación de riesgos derivados del uso del MASS o de sus funciones (incluidas también las de los COR) en la medida que afectan a las personas a bordo del buque (si las hubiese), al medio marino o a la propia integridad del buque, con el objetivo de que sean abordados y mitigados adecuadamente. Este enfoque basado en el riesgo que el buque autónomo pueda entrañar en las personas es el principio adoptado también por el Reglamento (UE) 2024/1689 del Parlamento Europeo y del Consejo, de 13 de junio de 2024, de Inteligencia Artificial ("Reglamento IA"), el cual apuesta por adaptar el tipo y contenido de sus normas a la intensidad y alcance de los riesgos que presentan los sistemas de IA sobre los que se aplica.

Esta evaluación de riesgos se llevará a cabo por personal cualificado y con experiencia, según se requiera por la administración marítima del Estado de bandera (o en su caso el de Puerto para determinadas situaciones), o en su nombre por las sociedades de clasificación legalmente acreditadas. Evaluación que se podrá realizar tanto en la fase de diseño del MASS como posteriormente en las modificaciones significativas que puedan repercutir en sus funciones (Riesgo inaceptable, Alto riesgo, Riesgo limitado y Mínimo riesgo). Además, esta evaluación debe incluir una descripción exhaustiva de la utilización, eficacia y fiabilidad de la función autónoma y de control remoto del buque, realizando un análisis exhaustivo de los peligros, mitigación, evaluación de los riesgos identificados y aplicación de medidas eficaces de control[67].

La evaluación de riesgos no es un evento asilado o único, sino un proceso continuo que debe llevarse a cabo en diferentes etapas del ciclo de vida del MASS. Esto incluye la fase de diseño del sistema, así como después de cualquier modificación importante de las características del buque, del OE o del ConOps. Este enfoque iterativo permite identificar y mitigar nuevos riesgos a medida que se desarrollan e implementan nuevas tecnologías y procedimientos.

En resumen, la evaluación de riesgos es un proceso fundamental y continuo en el desarrollo, la implementación y la operación de los MASS. El Código MASS proporciona un marco para este proceso, enfatizando la necesidad de un enfoque integral que considere todos los aspectos de la operativa del buque y se adapte a la evolución de la tecnología y las condiciones operacionales. A este respecto, la Agencia Europea de Seguridad

---

67 La evaluación debe abordar los peligros asociados a su rango operativo descritos en las ConOps (entre otros, la pérdida de funciones, ciberataques, daños a componentes, incendios, explosiones y descargas eléctricas, peligros aleatorios o sistémicos dentro del rango de sus operaciones).

Marítima (EMSA) ha licitado varios contratos en materia de elaboración de una herramienta para análisis de riesgos en la operación de buques autónomos (la denominada RBAT, *Risk Based Assessment Tool*) y en materia de los contenidos de formación específica para el manejo remoto de buques autónomos y en las especificaciones de los COR[68].

4.3. Principios del diseño del sistema

Dada la especialidad tecnológica de los MASS (y de sus sistemas), además de cumplir con las normas y reglamentos propios de los buques tradicionales, estos deben cumplir con los siguientes principios o requisitos (que he agrupado en tres categorías):

1. Principios relativos a la seguridad operacional del buque

El diseño de las funciones del MASS deberá estar centrado en la seguridad. Los sistemas que permitan funciones autónomas o controladas remotamente deben diseñarse para minimizar los riesgos para el buque, la tripulación (si hubiese a bordo), la carga y el entorno marino, e incorporar mecanismos a prueba de fallos y protocolos de emergencia. Para ello deberán incorporarse medidas de seguridad para proteger los sistemas del MASS y el COR con el fin de evitar accesos no autorizados y amenazas cibernéticas. Igualmente, en aras a la eficiencia energética y consideración medioambiental, todo MASS deberá diseñarse bajo principios de sostenibilidad con el objetivo de reducir el impacto medioambiental y la huella ecológica (eficiencia energética) del sistema a lo largo de su ciclo de vida.

2. Principios relativos a la adaptación (diseño) interfaz hombre-máquina

La interfaz hombre-máquina diseñada deberá ser intuitiva y centrada en el usuario/operador, de tal modo que pueda satisfacer las necesidades y capacidades de los operadores (remotos). Debe igualmente garantizarse la compatibilidad, transparencia (en particular en lo relativo a la autonomía del sistema y la toma de decisiones) e interoperabilidad con sistemas, dispositivos, aplicaciones y tecnologías, presentes o futuras. La

68 *Vid.* https://revistamar.seg-social.es/-/buques-autónomos.

interfaz diseñada deberá ser adecuada para todas las interacciones posibles entre la tripulación/OR y el MASS.

3. Principios relativos a la fiabilidad del sistema autónomo

Los sistemas, que deberán validarse para garantizar que cumplen las especificaciones de diseño y los requisitos operativos, tendrán la capacidad de adaptarse a entornos, tareas y requisitos de usuario cambiantes, y permitir actualizaciones técnicas (escalabilidad en caso de cambios en la tecnología) y normativas cuando sean necesarias. Deben implementarse subsistemas redundantes para mantener la funcionalidad -aunque sea a nivel básico- en caso de fallos de los componentes (sistémicos o no). Los sistemas deben ser capaces de funcionar eficazmente en condiciones adversas durante el periodo operativo especificado.

Se ha reiterado que los datos son la materia prima que alimenta los algoritmos de *machine learning* e inteligencia artificial, los cuales permiten al sistema tomar decisiones en función de análisis de comportamiento histórico y poder así predecir comportamientos futuros. Por ello, la gestión y utilización de estos es el verdadero valor añadido. Bajo esta consideración, el Código MASS establece que se incorporen sistemas eficaces de gestión de datos para garantizar su exactitud, integridad y calidad de los mismos, de tal manera que mejoren el rendimiento y redunde en una eficaz toma de decisiones.

4.4. Principios del software y conectividad

Junto a los principios relativos al diseño del sistema, en el contexto normativo del Código MASS, deben también aplicarse principios que garanticen que el software utilizado[69] (incluidos los sistemas con y sin IA), sea fiable y seguro. Los principios deben considerarse como parte del proceso

---

69 La *International Association of Classification Societies* (IACS), que agrupa a las Sociedades de Clasificación más importantes, ha expresado que el principal inconveniente para los buques autónomos es la falta de requerimientos de hardware y software como principal barrera al desarrollo de MASS, pues sin ellos no es posible actividades de verificación y validación (Vid. en SIERRA NOGUERO, E., «La labor de las sociedades de clasificación en la implementación de los buques autónomos», *cit.*, p. 142.

de aprobación, y esto puede hacerse utilizando las normas que garanticen calidad del software empleado.

- El software debe tener un rango operativo explícito y definido, por lo que su uso proporcional no debe ir más allá de lo previsto en el concepto operativo, debiendo recurrirse a las evaluaciones de riesgos necesarias para prevenir los peligros que puedan derivarse de dichos usos.
- Los riesgos para la seguridad (incluida la ciberseguridad) deben identificarse, abordarse y mitigarse a lo largo de la vida operativa del software para evitar y/o limitar cualquier daño potencial o real para la navegación del buque, los seres humanos o el medio ambiente.
- El software debe ser transparente y explicable[70] en todas las etapas de su operativa y para todos los procesos de toma de decisiones, permitiendo que los usuarios y los reguladores dispongan de información suficiente sobre el software, sus entradas (*inputs*), decisiones y salidas asociadas (*outputs*); permitir que los usuarios cuestionen los resultados; y garantizar que los terceros sepan cuándo están interactuando con un MASS que utiliza software.
- Los programas informáticos se diseñarán y crearán para cumplir las funciones previstas y, al mismo tiempo, poseerán la capacidad de detectar y evitar consecuencias imprevistas (pudiendo desconectarse si los sistemas desplegados muestren un comportamiento no deseado).
- Se deben implementar mecanismos para proporcionar responsabilidad sobre las empresas y los individuos que desarrollan, despliegan u operan el software del MASS para garantizar su correcto funcionamiento. Para ello, el software debe ser auditable y trazable hasta dichas empresas o individuos, debiendo de existir mecanismos para

---

70 Tomado del término inglés "*explainability*". En el contexto de la inteligencia artificial y aprendizaje automático, se refiere a la capacidad de comprender y explicar cómo funcionan los modelos y los resultados obtenidos, de manera que los humanos puedan entender las decisiones o predicciones realizadas por algoritmos complejos. Sin embargo, a menudo los sofisticados sistemas basados en algoritmos que operan en un ecosistema tecnológico no son transparentes («*black box effect*»). El complejo conjunto de instrucciones, criterios, factores de ponderación, datos u opciones alternativas no suele ser visible (ni fácilmente comprensible) para el usuario final. Un equilibrio en esta materia supone un reto legal y tecnológico importante.

su supervisión, evaluación del impacto, auditoría y la diligencia debida para garantizar la responsabilidad derivada sobre el impacto del software a lo largo de su vida operativa.

- El software debería funcionar de forma coherente con los objetivos previstos, de manera estable y resistente en diversas circunstancias. La robustez de estos sistemas debería probarse y garantizarse a lo largo de todo su ciclo de vida.
- Los programas informáticos deberían diseñarse y desarrollarse para garantizar que las personas que gestionan las operaciones del MASS puedan ejercer una supervisión significativa, incluida la capacidad de verificar las decisiones del sistema cuando sea necesario, prevenir o minimizar los riesgos y dejar sin efecto las decisiones que repercutan en el funcionamiento seguro del MASS.

Igualmente se deberá garantizar[71] la conectividad en todo momento de las operaciones del MASS, también entre el MASS y el COR, aplicando para ello medidas de redundancia basadas en la evaluación de riesgos.

4.5. Gestión de emergencias

El Código MASS contiene normas sobre gestión de alertas cuyo objetivo es mejorar cómo se operan, distribuyen y presentan las alertas en un MASS, tanto durante su operativa ordinaria como en situaciones de emergencia, enfocándose en la interacción entre el sistema de alertas y los operadores humanos para optimizar la forma en que se les presenta la información crítica para la toma de decisiones (y todo ello bajo las prescripciones del SOLAS para estas situaciones).

Un aspecto crucial que se destaca es la necesidad de optimizar la gestión de alertas tomando en cuenta el ConOps del buque. Esto implica considerar cómo se alertará al operador humano (remoto o a bordo) sobre situaciones anormales, cómo se le ayudará a comprender la situación, y cómo se le permitirá evaluar la urgencia de múltiples alertas cuando estas sea simultáneas.

---

71 Pese a que el Código no lo dice expresamente, se desprende que la infraestructura para la conectividad deberá ser garantizada por la Administración marítima del Estado de abanderamiento, quien podrá recurrir a Prestadores de Servicios autorizados.

El Código también establece criterios de rendimiento del sistema de gestión de alertas (teniendo en cuenta los estándares de rendimiento de la OMI), buscando minimizar la cantidad de alertas, especialmente las de alta prioridad, y asegurar que la información se presente de forma consistente en todas las estaciones de trabajo. Se enfatiza que el capitán debe tener acceso al sistema de gestión de alertas en todo momento, sin importar su ubicación. Además de las alertas convencionales, el Código propone la inclusión de alertas específicas para la operativa del MASS, abarcando situaciones como la entrada en un estado de reserva (*fallback*), fallos en los sistemas autónomos de navegación, problemas de conectividad, o posibles brechas de ciberseguridad.

4.6. El elemento humano: pieza clave del sistema

Un análisis eficaz de las cuestiones relacionadas con el uso de buques autónomos no puede olvidar, pese a la aparente contradicción, el elemento humano durante el uso y operativa del MASS. Este aspecto es abordado por el Código como una de las piezas clave en la concepción, el diseño, la valoración del riesgo y la certificación del sistema de navegación autónoma y el MASS de cara a la seguridad y la protección del medio marino. En este sentido, es fundamental, y el Código así lo refleja, no sólo la colaboración e interacción hombre-máquina, sino las funciones[72] y actividades (y, en su caso, sus efectos y responsabilidades) en las que interviene una persona (armador o propietario del buque, el personal a bordo de un MASS, los operadores de los COR en tierra, los organismos reguladores, los astilleros, los legisladores, los desarrolladores de software y otras partes relevantes en la operativa de un MASS).

Para abordar las cuestiones relacionadas con el elemento humano, la OMI ha tenido en cuenta: la carga de trabajo (tanto a bordo como en tierra), la toma de decisiones, el entorno de vida y de trabajo, el funcionamiento y el mantenimiento de buque, y otras medidas adicionales (como son la formación, el desarrollo de habilidades prácticas y competencias, los procedimientos, la dotación de repuestos, la información/los manuales,

---

[72] Y su reparto, ya sea entre personas, o entre persona y máquina. El Código define "función" como "un grupo de tareas, deberes y responsabilidades necesarias para el funcionamiento del MASS, la seguridad de la vida humana en el mar, la protección del buque y/o la protección del medio marino". Entre las funciones, la de control (*control function*) conlleva las acciones realizadas por personas o software para la consecución de un objetivo funcional.

los requisitos de seguridad en el trabajo, o el apoyo en tierra). Teniendo en cuenta lo anterior, el Código proporciona una serie de principios que garantizan que las cuestiones relativas al elemento humano se aborden de manera eficaz durante las operaciones de un MASS (y sus funciones).

El Código (Cap. 7, Parte II) destaca la importancia de considerar el espectro completo de interacciones entre humanos y máquinas, reconociendo que la operación segura de los MASS involucra a las partes interesadas tanto a bordo del buque como en tierra. Algunos de los puntos nucleares de esta interacción son:

a) Responsabilidad compartida: Pese a que el Código no entra en cuestiones de responsabilidad de los operadores (ya estén en tierra o a bordo), sí que quiere dejar claro que la operación de un MASS (en sentido técnico-náutico) es responsabilidad del capitán, con el apoyo de la tripulación, personal del COR y otras partes intervinientes tanto a bordo como en tierra. Esta configuración requiere conectividad constante y personal competente para desempeñar las funciones asignadas.

b) Claridad de roles: El Código enfatiza la necesidad de definir claramente los roles y responsabilidades de las personas involucradas en las operaciones de los MASS. Esto incluye establecer funciones para operadores remotos como parte del Sistema de Gestión de Seguridad de MASS.

c) Interacción humano-sistema: El Código reconoce la importancia de una sólida interacción humano-máquina/sistema, incluida la creación de estrategias de intervención para situaciones predecibles (normales, anormales y de emergencia) y el suministro de medios de control de reversión de las decisiones tomadas por el sistema autónomo.

d) Competencias, formación y familiarización: El Código destaca la importancia de equipar a la gente de mar y a los operadores remotos con las competencias y la formación necesarias para las operaciones de los MASS. Esto incluye garantizar que el personal posea una comprensión integral de las capacidades y limitaciones operativas del sistema, la competencia técnica para controlar manualmente el buque cuando sea necesario y habilidades de gestión técnicas para mitigar los riesgos asociados a la automatización. El Código también enfatiza la formación en operaciones de emergencia, mantenimiento, seguridad y ciberseguridad, adaptando los requisitos de formación a los roles específicos y al nivel de autonomía del MASS.

e) Las operaciones de los MASS y del COR incluyen competencias en tres niveles: apoyo (funcionamiento práctico y preparación del sistema MASS), de apoyo operativo (operaciones cotidianas a bordo) y de gestión (aspectos estratégicos y de gestión del MASS y del COR).

Al abordar los roles, responsabilidades, competencias, formación y factores de interacción humano-sistema, el Código tiene como objetivo crear un entorno operativo seguro y eficiente para los buques autónomos.

5. Requisitos de funcionamiento y rendimiento esperado de los MASS (Parte III del Código)

La Parte III del Código MASS describe los objetivos, requisitos de funcionamiento y el rendimiento esperado para las funciones autónomas o controladas a distancia de los buques. Esta parte del Código, tal y como está diseñada actualmente, no pretende ser un catálogo exhaustivo de requisitos de funcionamiento y rendimiento de los buques, sino que pretende proporcionar un marco jurídico-público *ad hoc* para evaluar la seguridad y la viabilidad de las operaciones de los MASS. Entendemos que dependiendo del modo de funcionamiento y de la funcionalidad que se certifique, es posible que no sea necesario cumplir todos los capítulos de la Parte III del Código.

El Código contiene 16 capítulos en donde se recogen elementos nucleares que, en consonancia con el SOLAS, deben ser considerados en el diseño, construcción y operativa de un MASS. Todos los capítulos tienen una estructura similar: (a) objetivos, (b) requisitos de funcionamiento[73] y (c) rendimiento o prestaciones esperadas asociadas a dichos requisitos.

A continuación, recogemos, de manera exclusivamente recopilatoria y totalmente descriptiva, los Capítulos:

Capítulo 1–Navegación: Este capítulo establece los requisitos de funcionamiento y rendimiento esperados para garantizar una navegación segura de los MASS. Se requiere, como es lógico (esta ha sido la base de todo el Código), que los MASS cumplan con las normas de navegación existentes, tanto cuando operen de forma autónoma o por control remoto. Se hace hincapié en la importancia de un sistema de navegación fiable

---

[73] Se considera que un MASS cumple cada uno de los requisitos de funcionamiento si el diseño del buque cumple con las prestaciones esperadas; o bien, cumple con las reglas específicas del Convenio SOLAS.

y redundante, así como en la capacidad de un operador humano para controla (e incluso anular) el sistema autónomo cuando sea necesario. El capítulo también aborda subfunciones específicas de la navegación, como la planificación de rutas, la evitación de colisiones y la gestión de la información de navegación.

Capítulo 2–Operaciones remotas: Este capítulo del Código se centra en garantizar la seguridad y la eficacia de las operaciones remotas de los MASS desde un centro de operaciones a distancia (COR), es decir, cuando el buque viaje en una operativa de control remoto. Se establecen requisitos para la infraestructura del COR, incluyendo la conectividad necesaria, la seguridad y la competencia del personal que opere en esas instalaciones. Se aborda también la importancia de una interfaz hombre-sistema/máquina robusta, la gestión de riesgos y los procedimientos de transferencia de control entre el COR y el MASS.

Capítulo 3–Comunicaciones: Este capítulo aborda la necesidad de una comunicación fiable y segura entre los MASS, los COR y otras entidades relevantes que participen en la operativa. Se destaca la importancia de la ciberseguridad en las comunicaciones de los MASS, así como otras cuestiones relativas a latencia y demás parámetros necesarios para un adecuado funcionamiento.

Capítulo 4–Estabilidad e integridad del sistema: Este capítulo se centra en garantizar que los MASS mantengan un nivel adecuado de estabilidad, subdivisiones e integridad del sistema, ya operen de forma autónoma o por control remoto.

Capítulo 5–Protección/seguridad contra incendios: Se hace hincapié en la importancia de los sistemas de detección y extinción de incendios fiables, así como en la capacidad de un operador humano a bordo o de un sistema autónomo para responder eficazmente ante un incendio en el buque. El capítulo también aborda la necesidad de procedimientos de seguridad contra incendios específicos para los MASS, teniendo en cuenta los distintos modos de funcionamiento y la posible ausencia de personal a bordo.

Capítulo 6–Dispositivos y equipos de salvamento: Este capítulo trata de la disposición de equipos de salvamento en los MASS, garantizando la seguridad de las personas a bordo en situaciones de emergencia. Se requiere que los MASS cumplan con las normas existentes sobre elementos de salvamento a bordo, con consideraciones adicionales para afrontar los desafíos específicos de las operaciones autónomas y de control remoto. El capítulo subraya la necesidad de planes de evacuación claros y específicos, así como de formación para el personal tanto a bordo como en tierra.

Capítulo 7–Gestión de las operaciones seguras: Este capítulo se centra en la importancia de un Sistema de Gestión de la Seguridad para las operaciones de los MASS. Se requiere que el sistema aborde los riesgos específicos asociados a las funciones autónomas y controladas a distancia, incluyendo la ciberseguridad, la interfaz hombre-máquina y los procedimientos de respuesta a emergencias. El capítulo también destaca la necesidad de una formación adecuada para el personal involucrado en las operaciones de los MASS.

Capítulo 8 – Seguridad: Este capítulo aborda las medidas de seguridad necesarias para proteger los MASS de amenazas intencionadas, como actos de piratería, terrorismo o sabotaje. Se hace hincapié en la aplicación de un enfoque integral de la seguridad, teniendo en cuenta los aspectos físicos, cibernéticos y operativos.

Capítulo 9 – Búsqueda y salvamento[74]: Este capítulo describe cómo los MASS deben cumplir las obligaciones de búsqueda y rescate en el mar (Convenio SAR). Se abordan los requisitos para la detección de señales de socorro, la respuesta a las llamadas de socorro y la prestación de asistencia a las personas en peligro. El capítulo también subraya la necesidad de coordinar las actividades SAR con los centros de coordinación de salvamento marítimo (CCSM) y otras embarcaciones que operen en la zona.

Capítulo 10–Manipulación de la carga: Este capítulo establece los principios para la manipulación segura de la mercancía durante su estiba en los MASS, de forma que se garantice la seguridad del buque, de las personas a bordo y del medio marino. Se hace hincapié en la necesidad de proporcionar información clara sobre la mercancía y los procedimientos de manipulación, teniendo en cuenta los modos de funcionamiento de los MASS y los peligros potenciales asociados a los tipos de carga específicos.

Capítulo 11–Seguridad y comodidad del personal, tanto a bordo de los MASS como en los COR: Este capítulo se centra en garantizar la salud, la seguridad y el bienestar del personal que trabaja en los MASS o en los COR, reconociendo los riesgos y desafíos únicos asociados a estos entornos operativos. Se establecen directrices para el diseño adecuado a dicho fin

---

74 Capítulo redactado por la Delegación Española bajo la dirección de Hernán de Frade.

de los espacios de trabajo, la gestión de la fatiga, la prevención de riesgos profesionales y la atención médica.

Capítulo 12–Remolque y amarre: Este capítulo trata de las operaciones seguras de remolque y amarre de los MASS, considerando los procedimientos, equipos y factores de riesgo específicos asociados a estos tipos de operaciones. Se abordan las directrices para las evaluaciones de riesgos, los preparativos de las operaciones, la comunicación y la coordinación entre los MASS y las instalaciones portuarias (terminales de atraque).

Capítulo 13–Ingeniería naval/Instalaciones de maquinaria: Este capítulo aborda los requisitos para las instalaciones de maquinaria de los MASS, centrándose en la fiabilidad, la redundancia y la capacidad de mantener el funcionamiento del buque en diversas condiciones operativas, incluidas las situaciones de emergencia.

Capítulo 14–Ingeniería eléctrica y electrónica: Este capítulo se ocupa de los sistemas eléctricos y electrónicos de los MASS, garantizando su seguridad, fiabilidad y compatibilidad con las operaciones autónomas o controladas a distancia del buque. Abarca aspectos como la generación y distribución de energía, los sistemas de propulsión, la navegación y comunicación, la automatización y el control.

Capítulo 15–Mantenimiento y reparación: El objetivo de este capítulo es prever el mantenimiento y la reparación para garantizar que todos los sistemas HME (estructura, maquinaria y equipo, en sus siglas en inglés) sean aptos para la navegación, sin peligro para el buque o las personas a bordo. Para su logro, se requiere que el mantenimiento de los sistemas informáticos integrados debe garantizar la seguridad de las operaciones en situaciones normales y de emergencia. Se abordan directrices para la planificación del mantenimiento, los procedimientos, los registros y las inspecciones, teniendo en cuenta los requisitos específicos de los equipos y sistemas utilizados en los MASS.

Capítulo 16: Respuesta a emergencias: Este capítulo establece un marco para gestionar y responder a las emergencias que puedan surgir durante las operaciones de los MASS. Se hace hincapié en la necesidad de planes integrales de respuesta a emergencias, sistemas de comunicación fiables, procedimientos claros de toma de decisiones y formación del personal para gestionar eficazmente diversas situaciones de emergencia.

La responsabilidad extracontractual por daños causados por el buque de navegación autónoma

MANUEL ALBA FERNÁNDEZ
Profesor Titular de Derecho Mercantil
Universidad Carlos III de Madrid
Orcid: https://orcid.org/0000-0002-0512-4622

SUMARIO: I. NAVEGACIÓN AUTÓNOMA POR MAR. II. CONCEPCIÓN DE LOS SISTEMAS DE NAVEGACIÓN AUTÓNOMA Y SUS POSIBLES CONFIGURACIONES OPERATIVAS EN EL BORRADOR DE CÓDIGO MASS DE LA OMI. III. LAS NORMAS PROYECTADAS EN LA UNIÓN EUROPEA SOBRE RESPONSABILIDAD EXTRACONTRACTUAL POR LOS DAÑOS CAUSADOS POR SISTEMAS DE INTELIGENCIA ARTIFICIAL. IV. DAÑOS CAUSADOS POR SISTEMAS O BUQUES DE NAVEGACIÓN AUTÓNOMA Y NORMAS SOBRE RESPONSABILIDAD EXTRACONTRACTUAL EN EL DERECHO DE LA NAVEGACIÓN MARÍTIMA. 1. Las normas especiales sobre responsabilidad extracontractual por daños en el Derecho de la navegación marítima. 2. La responsabilidad extracontractual por culpa en el Derecho de la navegación marítima y su aplicación a los buques o sistemas de navegación autónoma. V. CONCLUSIÓN.

I. NAVEGACIÓN AUTÓNOMA POR MAR

La aplicación de nuevas tecnologías a la navegación marítima, y en concreto a los buques y su navegación u operación, abren espacio a nuevas hipótesis sobre el funcionamiento de estos vehículos, y el papel de las personas en él, que muestran una diversidad significativamente mayor que las hasta ahora existentes en la práctica. Algunas de ellas suponen importantes desafíos, también para el Derecho, porque se basan en la navegación remota, posiblemente sin dotación (sin personal a bordo). Otras, además de quizá prescindir de la dotación, introducen el empleo de dispositivos o sistemas de inteligencia artificial que pueden asumir un mayor o menor protagonismo en la dirección y operación del buque. La introducción de dispositivos de inteligencia artificial en la navegación de un buque supone, como mínimo, que la iniciativa y la autoridad inmediatas en su conducción y manejo pasan a estar compartidas entre humano y máquina y, como máximo, que dicha autoridad pasa a ser asignada en su totalidad al vehículo como sistema de inteligencia artificial dotado de autonomía e independencia.

La expresión navegación o conducción autónoma probablemente se asocia más con este último escenario, sin duda el más disruptivo de todos los posibles también en el contexto marítimo. Sin embargo, como puede verse, la navegación autónoma, o la navegación basada en un sistema de inteligencia artificial o autónomo, para ser más precisos, puede obedecer a configuraciones variadas. La novedad más importante que introducen los sistemas de navegación autónoma es que todas o parte de las labores necesarias para la navegación pasan a ser realizadas por el sistema integrado en el vehículo, por estar este dotado de la capacidad de, sobre la base de la información recibida, recolectada, percibida o seleccionada, llevar a cabo de manera autónoma e independiente (sin necesidad de intervención humana) un proceso que finaliza con un resultado, que puede reflejarse en una opinión, una creación, una decisión y/o, incluso, una acción (cuando el sistema integra también mecanismos para ello, como sucede con el buque).

Las configuraciones que de momento se contemplan en los trabajos de la Organización Marítima Internacional sobre buques autónomos (*Maritime Autonomous Surface Ships*, en la nomenclatura OMI[1]), en los diferentes "niveles de autonomía" en que se estructuran, tal como veremos, conservan la intervención humana en la navegación basada en un sistema de inteligencia artificial, en una relación al menos de supervisión entre hombre y máquina. En concreto, y en cualquiera de las fases en las que se descompone la dirección náutica u operacional del buque (recopilación o recepción de información, valoración o análisis de la misma, planificación o identificación de decisiones, acción o ejecución), las que probablemente resultarán ser las configuraciones comunes en la práctica repartirán el peso de la navegación entre humano y máquina de manera alternativa, en unos casos con navegación humana asistida por la máquina (mediante directrices o recomendaciones sujetas en cualquier caso al criterio del

---

[1] Esta expresión, como su acrónimo (MASS), se ha consolidado como la usada en la nomenclatura OMI para incluir, con todo, varias configuraciones posibles, desde un primer momento identificadas en el *Regulatory Scoping Exercise for the Use of Maritime Autonomous Surface Ships* iniciado en el Comité de Seguridad Marítima de la OMI, en su 99ª sesión en enero de 2018 (IMO Secretariat, Regulatory Scoping Exercise for the Use of Maritime Autonomous Surface Ships (MASS), Comments on the Regulatory Scoping Exercise, Doc. MSC99/5, 2018).

marino), en otros con navegación autónoma supervisada por el marino en actitud de partida, por tanto, pasiva, pero con intervención y paso a manual a su criterio[2].

La estrategia finalmente adoptada por la OMI para la integración de los MASS en el marco aplicable a los buques de navegación internacional combina la modificación puntual de determinados convenios con la elaboración de un Código específico sobre los MASS que aborde de manera unificada los aspectos relevantes para la seguridad de la navegación y la prevención de la contaminación que necesitan nuevas normas (más allá de la adaptación de los instrumentos en vigor)[3]. El Código MASS se halla en este momento en fase de elaboración y, por consiguiente, en estado de borrador[4]. Con todo, su texto refleja ya el variado abanico de posibilidades que admiten los MASS en su configuración. En breve trataremos de resaltar los aspectos del Código más relevantes en el contexto de este trabajo, pero antes resulta necesario recordar las ya repetidamente destacadas implicaciones que el empleo o la dependencia de los sistemas de inteligencia artificial tiene en el terreno de la responsabilidad extracontractual por daños[5]. Las normas sobre responsabilidad extracontractual con las que

---

2 Vid. los niveles de autonomía 4 y 5 en la clasificación OMI, en *Regulatory Scoping Exercise for the use of Maritime Autonomous Surface Ships (MASS). Final Report: Analysis of Regulatory Barriers to the use of Autonomous Ships (Submitted by Denmark)*, IMO Doc. MSC 99/INF.3, 18 de enero de 2018, p. 4-5.

3 *Regulatory Scoping Exercise for the Use of Maritime Autonomous Surface Ships (MASS) – Proposals for the Development of a Work Plan Submitted by ICS*, IMO Doc. MSC 99/5/2, 8 de marzo de 2018, pp. 2-3; *Outcome of the Regulatory Scoping Exercise for the Use of Maritime Autonomous Surface Ships (MASS)*, MSC.1/Circ.1638, de 3 de junio de 2021, p. 9.

4 El Código MASS se está elaborando bajo la colaboración del Comité de Seguridad Marítima, el Comité Jurídico y el Comité de Facilitación de la OMI; y la versión más reciente a la que el autor ha tenido acceso se ha difundido como Anexo 1 (*Borrador de Código Internacional de Seguridad para los Buques Maritimos Autónomos de Superficie*) al documento *Development of a Goal-Based Instrument for Maritime Autonomous Surface Ships (MASS). Report of the Correspondence Group submitted by Marshall Islands*, Doc. IMO MSC 108/4, 13 de febrero de 2024; en adelante borrador de Código MASS.

5 *Vid.* más extensamente Comisión Europea, *Liability for Artificial Intelligence and other emerging digital technologies*, Expert Group on Liability and New Technologies – New Technologies Formation (European Commission), 2019; RODRÍGUEZ DE LAS HERAS BALLELL, T., "Legal challenges of artificial intelligence: modelling the disruptive features of emerging technologies and assessing their possible legal impact", en *Uniform Law Review*, Vol. 24, núm. 2, 2019, *passim*; WENDEHORST, C., "Strict Liability for AI and other Emerging Technologies", en *Journal of European Tort Law*, Vol. 11, No. 2, 2020, pp. 151 y ss.

contamos responden, como tantas otras, a una lógica antropocéntrica, en la que el criterio de imputación de responsabilidad está esencialmente vinculado con la conducta humana como fuente o causa del daño, y se basa, por tanto, en estándares específicamente diseñados para valorar dicha conducta; en nuestro campo, el del buen o competente marino[6].

El Derecho de la navegación marítima presenta normas cuyos rasgos se separan ocasionalmente de esta lógica, y esta es una de las ventajas con las que, creemos, cuenta esta disciplina para integrar nuevas tecnologías. Pero, dicho esto, el principio general aplicable continúa siendo el basado en la culpa; en el Derecho español, por ejemplo, por efecto de la aplicación subsidiaria del Código civil (y sin perjuicio de normas especiales basadas también en este criterio, como las relativas a la responsabilidad por abordaje o la responsabilidad por daños causados con práctico en funciones)[7]. El criterio de imputación subjetivo basado en la diligencia tiene difícil adaptación y aplicación en los casos de daños causados por un sistema de inteligencia artificial. Aunque nuestro Derecho cuenta con normas pensadas para situaciones quizá análogas, el peso del criterio subjetivo en las normas existentes, que no contemplan como es lógico este fenómeno, genera problemas frente a varias de las características más frecuentemente asociadas a los sistemas de inteligencia artificial. Entre ellas destacan especialmente y partiendo de su autonomía, por un lado, la opacidad o "inexplicabilidad" de parte de los procesos que generan los resultados de su funcionamiento (el llamado efecto "caja negra")[8], y por otro la posibilidad de que, a pesar de su diseño y la definición de su comportamiento previsto o esperado,

---

6 Sin perjuicio de todas las numerosas normas técnicas y operacionales específicas que lo integran, el estándar del buen marino es identificado como patrón objetivo de conducta en normas nacionales e internacionales. Ejemplo de estas últimas puede verse en la Regla 2, par. a), o la Regla 8 par. a) del Reglamento Internacional para Prevenir los Abordajes de 1972 (Convenio de Londres de 20 de octubre de 1972, Instrumento de Adhesión de España de 13 de mayo de 1974, BOE núm. 163, de 9 de julio de 1977, p. 15421), que se refieren, respectivamente, a la "práctica normal del marino" y a las "buenas prácticas marineras". En la normativa nacional, la Ley de Navegación Marítima (Ley 14/2014, de 24 de julio, BOE núm. 180, de 25 de julio de 2014, p. 59193; en adelante LNM) se refiere al "marino competente" como canon de conducta y diligencia exigible en la actividad del capitán, pero en patrón aplicable también, en el marco de sus competencias, al resto de los miembros de la dotación.

7 Art. 328, Art. 340 y concordantes LNM.

8 RODRÍGUEZ DE LAS HERAS BALLELL, T., *cit.*, p. 9-10; WENDEHORST, C., *cit.*, p. 151-152.

el sistema tenga un comportamiento o resultado no previsto que, además, pueda ser causa de daño[9]. Aun si pudiesen identificarse estándares de funcionamiento para los sistemas de inteligencia artificial en alguna medida análogos a los aplicados a otras tecnologías o a las personas, el efecto caja negra de dichos sistemas dificulta, por un lado, la valoración de los procesos que puedan generar un resultado dañoso, así como el establecimiento de la relación de causalidad entre diseño, funcionamiento y daño. Cuando además el comportamiento del sistema es inesperado o no previsto, y quizá imprevisible, se plantea un dilema de imputación: el Derecho de momento no ofrece un criterio claro para imputar los daños así causados a alguna de las personas vinculadas con la puesta en funcionamiento o el uso del sistema.

Los problemas relativos al criterio de imputación de responsabilidad en este contexto se ven además seguidos de otras dificultades que pueden minar la eficacia del principio escogido de cara a la compensación del daño. Los más fáciles de anticipar son las dificultades de prueba que surgen para la víctima del daño en cualquiera de los escenarios descritos y otros posibles, dada la complejidad de los dispositivos autónomos o los sistemas basados en IA[10].

Las dificultades y los problemas indicados afectan probablemente a cualquier actividad que pueda servirse de un sistema de inteligencia artificial, especialmente cuando, por razón de su contenido y contexto, genere un riesgo de daño suficientemente importante; pero entre ellos, a la vista de la experiencia, parece claro que debemos situar la navegación marítima con finalidad empresarial (y en general las redes y mercados de servicios de transporte de personas y mercancías). En la Unión Europea, la inteligencia artificial está siendo en la actualidad objeto de un esfuerzo normativo que abarca múltiples aspectos de su uso y sus posibles consecuencias, incluida la responsabilidad extracontractual por daños. La finalidad que pretendemos cubrir con este breve escrito, como se anuncia en el título escogido, es

---

9 *Liability for Artificial Intelligence and other emerging digital technologies, cit.*, pp. 53-54; RODRÍGUEZ DE LAS HERAS BALLELL, T., *cit.*, pp. 306-307.

10 Complejidad vinculada, de nuevo, con su posible capacidad de aprendizaje y autonomía, y magnificada por su opacidad, pero igualmente resultante de su carácter abierto o su habilidad posiblemente evolutiva, su conectividad, su dependencia de datos y, quizá, otros elementos en su entorno, así como la pluralidad de actores implicados en su funcionamiento (*Liability for Artificial Intelligence and other emerging digital technologies*, cit., p. 53 y ss.; RODRÍGUEZ DE LAS HERAS BALLELL, T., cit., p. 308-309, 311).

valorar el estado actual de las normas marítimas sobre responsabilidad extracontractual para abordar la compensación de los daños causados a terceros por los buques autónomos durante su operación o navegación, para quizá plantear las alternativas que pueden seguirse en la ley de cara a su adaptación al nuevo escenario que los buques autónomos sin duda descubrirán.

Con esta finalidad, en el siguiente apartado trataremos de sintetizar los aspectos más relevantes de la lógica que está tomando forma en los trabajos de la OMI para dotar a estos buques de un marco jurídico y una regulación en el Derecho internacional público de la navegación. En un apartado posterior trataremos de resumir el marco por el momento previsto en la Unión Europea sobre la responsabilidad por los daños causados por los sistemas de inteligencia artificial. En un tercer apartado trataremos de confrontar la política seguida en este último aspecto de manera genérica para los sistemas de inteligencia artificial con las normas y principios del Derecho de la navegación marítima que pueden resultar útiles para afrontar este problema. En el cuarto y último apartado concluiremos.

II. CONCEPCIÓN DE LOS SISTEMAS DE NAVEGACIÓN AUTÓNOMA Y SUS POSIBLES CONFIGURACIONES OPERATIVAS EN EL BORRADOR DE CÓDIGO MASS DE LA OMI

El borrador de Código MASS, si bien parece estar llamado a experimentar cambios importantes, contiene ya varios elementos que revelan cuál es la concepción del buque autónomo que las normas probablemente acaben por reflejar, y cómo percibe el regulador internacional algunos aspectos del funcionamiento y de la navegación de los buques que se sirvan de dispositivos autónomos.

La concepción del buque marítimo autónomo de superficie que revela el borrador de Código MASS, y que se erige en objeto de la labor primigenia de los Estados del pabellón en la certificación, registro y control, responde en cierta medida a la noción de sistema, en la línea ya adelantada en los instrumentos elaborados por las sociedades de clasificación[11]. Más allá del

---

11 *Maritime Autonomous Ship Systems (MASS) UK Industry Conduct Principles and Code of Practice*, Maritime UK (noviembre de 2020, en adelante *MASS UK Code*), p. 21, 36, 49; *ShipRight Design and Construction – Additional Designs Procedures – LR Code for*

buque como el elemento tangible que constituye el vehículo, los sistemas de navegación autónoma se definen también por el centro de operación remoto (COR), desde el cual se realiza total o parcialmente su navegación y operación, así como todos los componentes necesarios para la operación a distancia, incluida la comunicación entre el buque y el COR[12]. El sistema de navegación constituido por buque y COR incluyen también el denominado Concepto de Operación y la Envoltura Operativa, que abordan los aspectos del diseño y las capacidades que delimitan el uso previsto y, por tanto, las limitaciones operacionales del buque[13].

Por consiguiente, y aunque se trata esta de una cuestión técnica (al menos en parte, más allá de nuestra capacidad de entendimiento y de criterio), el elemento tecnológico que hasta ahora hemos identificado en los

---

Unmanned Marine Systems, Lloyd's Register (febrero de 2017, en adelante *Lloyd's Code*), p. 15; *Remote-Controlled and Autonomous Ships in the Maritime Industry – DNV-GL Group Technology & Research, Position Paper 2018* (en adelante *DNV GL Guideline*), p. 23; *Bureau Veritas Guidelines for Autonomous Shipping Cuidance Note NI 611 DT R01 E* (octubre de 2019, en adelante *Bureau Veritas Guidelines*), pp. 14, 29. Vid. igualmente observaciones de DURMUŞ, Aybüke Naz, "The Intersection Between Law and Technology in Maritime Law", AA.VV., *The Regulation of Automated and Autonomous Transport*, Springer, Cham, 2023, p. 117.

12 Los conceptos relevantes en relación con el Centro de Operación a Distancia, e incluso los términos que puedan ser empleados en relación con el mismo, están todavía en construcción y presentan algunas alternativas. En su estado actual, el borrador de Código MASS define en primer lugar la noción de "control remoto" como la actividad en la que el buque, o una o más de sus funciones, es operado a distancia sin interferencia de ninguna persona a bordo del mismo, incluido el control mediante instrucciones a una función autónoma [par. 4.37]. Sobre esa base, el borrador proporciona varias alternativas para la definición de "estación de control remoto" o "centro de control remoto" (par. 4.39), todas las cuales, de un modo u otro, se refieren al espacio y el equipo desde o con los cuales puede realizarse el control remoto del buque.

13 En la línea también adelantada por las sociedades de clasificación (*MASS UK Code*, pp. 22, 25, 26; *Lloyd's Code*, p. 2, 5, 9; *Bureau Veritas Guidelines*, p. 12-13; *DNV GL Guideline*, p. 27-28). Estos conceptos aparecen definidos, respectivamente, en los pars. 4.10 y 4.34 del borrador de Código. Ambas definiciones presentan un tono de cierta provisionalidad, pero resultan a nuestros efectos interesantes. La primera define el Concepto de Operación (ConOps) como un "documento que describe las características de un sistema propuesto. El ConOps sería parte de la certificación de un MASS". La segunda señala que "la Envoltura Operacional debería establecer las capacidades y limitaciones operacionales el buque y las capacidades y limitaciones específicas del buque" (ambos entrecomillados, t.p. del original en inglés). Véase igualmente el Capítulo 1, Parte 2 del borrador de Código MASS (pp. 22-23).

vehículos de la navegación (los buques o embarcaciones) como uno de los ejes que vertebran la lógica de las normas marítimas, en las normas en construcción pasará a concebirse, al menos para ciertos fines o efectos, como un sistema de navegación integrado por diversos componentes, algunos de ellos tangibles (incluido el vehículo), otros intangibles, tales como el dispositivo o los dispositivos de navegación o el diseño de su concepto de operación, que además, aun constituyendo una unidad desde un punto de vista funcional, están distantes entre sí[14]. Guiado por el enfoque basado en objetivos (no en tecnologías específicas) seguido por la OMI, y bajo el principio de equivalencia en los niveles de seguridad con respecto a los buques convencionales[15], la concepción que revela el borrador de Código MASS contempla de manera separada la autorización de los CORs y la certificación y el registro del buque autónomo u operado remotamente[16]. Con todo, un MASS, como sistema de navegación, debe ser certificado en necesaria vinculación entre el buque y uno o más CORs (en consonancia con el Concepto de Operación que defina su diseño). El COR o los CORs deberán figurar, por un lado, en el documento demostrativo o de cumplimiento de la compañía y, por otro, en el Certificado de Gestión de la Seguridad del buque, emitidos conforme a las disposiciones del Capítulo IX

---

14 *Vid.*, de todos modos, par. 4.7, que proporciona dos definiciones alternativas de "*autonomous navigation system*".

15 Premisas identificadas desde el inicio de los trabajos de la OMI sobre los MASS [*Regulatory Scoping Exercise for the use of Maritime Autonomous Surface Ships (MASS). Final Report: Analysis of Regulatory Barriers to the use of Autonomous Ships (Submitted by Denmark)*, IMO Doc. MSC 99/INF.3, 18 de enero de 2018, p. 22], y expresamente formuladas en el borrador de Código MASS, en su Preámbulo, pars. 3 y 7, así como en la Parte 1 (Introducción), apartado 1.2 (Principios).

16 El borrador de Código MASS, Capítulo 6 de la Parte 1 (p. 20) somete los COR de los MASS a certificación inicial y periódica, sometiendo igualmente a estos efectos los certificados de los COR a las Reglas 6 (Inspección y Reconocimiento), 11 (Mantenimiento del estado del buque después del reconocimiento), 13 (Expedición o referendo de certificado por otro Gobierno), 17 (Aceptación de los certificados) y 19 a 21 (respectivamente, Supervisión, Privilegios y Siniestros) del Capítulo I del Anexo SOLAS (Convenio Internacional para la Seguridad de la Vida Humana en el Mar de 1974, instrumento de ratificación por España en *BOE* nos. 144 a 146, 16 a 18 de junio de 1980, con sus posteriores enmiendas). La autoridad que el borrador de Código MASS identifica a los efectos de certificación es el Estado de ubicación (física o geográfica) del COR.

SOLAS y el Código de Gestión de la Seguridad que figura en su Anexo[17]. Lo que todo esto sugiere es que todos los elementos habrán de contemplarse de manera integrada a los varios efectos relevantes para el marco que regula la navegación por mar. Su titularidad a efectos administrativos, y las obligaciones que la misma conlleva, por ejemplo, se atribuirán al solicitante del registro como armador (o a la "compañía", a los efectos de gestión de la seguridad operacional del MASS[18]). Igualmente, la noción de navegabilidad habrá de concebirse y aplicarse respecto del sistema de navegación en su conjunto, con todos sus elementos.

De entre todas las importantes implicaciones que tendrá el salto tecnológico y conceptual que hemos intentado describir, el punto que más nos interesa en este momento es el relativo a la configuración del sistema respecto del papel del elemento humano y del elemento máquina en la navegación y la operación del buque durante su uso. Una parte de la lógica que refleja en este sentido la normativa vigente creemos que no cambia en el borrador de Código, que se formula de hecho como un marco complementario a los convenios existentes que puedan aplicar a los MASS[19]. En la actualidad, el buque, su diseño y su concepción determinan la configuración de la dotación. Aunque el buque debe necesariamente navegar en cualquier caso bajo el mando de un capitán, su dotación mínima de seguridad (número de personas, formación y funciones) viene definida por las características del vehículo y las exigencias de seguridad. El papel de las personas en un sistema de navegación autónoma (y en los sistemas de navegación remota no autónoma) está definido igualmente por sus características, su diseño y el concepto de operaciones.

El contenido del borrador de Código MASS presenta dos aspectos relevantes desde este punto de vista; uno de ellos es la concepción de buque

---

17 Véase el borrador del Código MASS (pp. 20-21), que especifica además que todos los procedimientos operacionales especificados para el MASS y/o el COR deberán abordarse en el Sistema de Gestión de la Seguridad del MASS y/o del COR.

18 La definición de este término en el borrador de Código MASS, par. 4.9: "Company *means the owner of the MASS or any other organization or person such as the manager, or the bareboat charterer, who has assumed the responsibility for operation of the ship from the shipowner and who, on assuming such responsibility, has agreed to take over all the duties and responsibilities imposed on the Company by the MASS Code*" (el texto viene a adaptar a los MASS las definiciones que figuran en la Regla I, par. 2 Cap. IX SOLAS y en la definición 1.1.2 del apartado 1, Parte A de su Anexo (el Código de Gestión de la Seguridad).

19 Apartado 5 del Preámbulo del borrador de Código MASS.

autónomo (en sentido estricto) que por el momento refleja, y el otro es lo que denomina los "modos de operación" y el encaje de los marinos en el sistema, lo que hemos denominado en el título de este apartado su configuración operativa. En lo que respecta al primero de los aspectos, el borrador, como en algunos otros puntos, presenta algo de indefinición todavía. Con todo, ya distingue de manera más o menos clara los sistemas de navegación autónoma, dentro del más amplio conjunto de los resultantes de la automatización de acciones o decisiones, como aquellos (navegados a distancia o no) que se basan en dispositivos que pueden operar en entornos abiertos y complejos con un elevado nivel de independencia y autodeterminación, para responder a cambios inesperados en dichos entornos, dada su conciencia situacional y sus capacidades de percepción, de aprendizaje y de razonamiento[20].

En relación con el segundo de los aspectos destacados, la configuración operativa o los modos de operación del MASS y el papel de las personas en cada caso, el borrador de Código parece que aspira a dejar un margen suficientemente amplio para amparar toda la diversidad de diseños presentes y probables o futuros. Los nuevos sujetos que concibe en función de la tecnología se apartan cuanto menos parcialmente de los que en la actualidad subsumimos en el concepto de dotación, sobre todo porque pasan a ubicarse fuera del buque para el desempeño de sus funciones. A pesar de ello, su texto mantiene el empleo de algunos de los términos actuales para referirse a ellos.

Así, por ejemplo, el borrador de Código distingue la "dotación a bordo" y la "dotación remota" del buque[21]. Asimismo, requiere que todo MASS navegue bajo la autoridad de un capitán, que puede tratarse de un "capitán remoto", cuyas funciones serán las propias del capitán a pesar de su ubicación a distancia[22]. El texto tipifica también al que denomina "operador remoto",

---

20 Las definiciones relevantes a estos efectos son múltiples y están en fase de discusión todavía. Por este motivo, contempladas en conjunto, en algunos casos resultan algo redundantes. Dicho esto, resulta interesante comprobar que el borrador de Código parece ya reflejar la intención de diferenciar la automatización y la autonomía, como género y especie, para reservar este último término a los sistemas o funciones basados en el empleo de dispositivos de inteligencia artificial [aunque hay escasas referencias expresas a la misma; *vid.* las definiciones en pars. 4.4 a 4.7, y 4.45 ("*situational awareness*")].

21 Pars. 4.26 y 4.27, el último de los cuales se refiere a la "*MASS remote crew*".

22 La definición de capitán de un MASS en par. 4.28 se basa en la noción de mando, mientras que la de "*remote master*" en par. 4.40 conceptúa éste simplemente como

abarcando cualquier persona empleada o contratada para operar todos o algunos de los aspectos de las funciones de un MASS desde el Centro de Operación Remoto[23]. La posible distribución de funciones y la variada asignación de responsabilidades que el marco parece permitir, por el momento, admiten varias combinaciones que pueden implicar a varias personas, cuya interacción con el sistema de navegación autónoma puede obedecer a diferentes modos de operación alternativos.

En cualquier caso, el borrador de Código, reflejando en este punto también el enfoque adelantado por algunas sociedades de clasificación, parece admitir por el momento diferentes configuraciones para y en función de las tareas o fases en las que se descompone la dirección náutica y operacional del buque (tal como las relacionábamos en el primer apartado: selección o recepción de información, valoración o análisis de la misma, planificación o identificación de decisiones, y acción o ejecución). Y ello no sólo en el reparto de funciones entre las personas, sino entre estas y el software o la máquina[24]. El borrador de Código, con todo y tal como

---

"el capitán que está en el Centro de Operaciones Remoto fuera del MASS" (t.p. del original en inglés). El texto del borrador de Código se adentra, parcialmente por el momento, en un cierto esfuerzo de adaptación para tratar de clarificar cómo un capitán (remoto o no) al mando de un MASS ha de desempeñar sus funciones como tal, en particular como responsable de la seguridad (*e.g.*, pp. 29-31) y búsqueda y salvamento (pp. 50-51). Ha de tenerse en cuenta en este punto que en los convenios internacionales preexistentes la figura del capitán se define por su función de mando y la autoridad resultante (incluida la independencia y primacía del criterio del capitán en el ejercicio de sus funciones técnicas), pero sobre todo también por las obligaciones que pesan sobre el cargo. La plasmación específica de lo que el mando implica en términos de autoridad, y en un no desdeñable número de obligaciones concretas, depende en buena medida de las normas nacionales; es decir, las domésticas del Estado del Pabellón, con la posible aplicación preferente de las normas del Estado Ribereño o del Estado del Puerto según las circunstancias y en los casos previstos en la normativa internacional. El efecto entendemos que esperado de las definiciones que incluye el borrador del Código es que el capitán remoto sea considerado a todos los efectos capitán del MASS, pero algunas normas nacionales, actualmente basadas en la presencialidad de manera como mínimo tácita, quizá necesiten ser adaptadas para su completa eficacia y claridad.

23 Par. 4.38 del borrador de Código MASS.

24 Partiendo de una definición de "función" ("*function*") como "un grupo de tareas, deberes y responsabilidades, tal como se especifican en el Código MASS, necesarias para la operación del MASS, la seguridad de la vida humana en el mar, [la protección del buque] o la protección del medio marino" (par. 4.16,

decíamos también con anterioridad, no admite la navegación u operación completamente autónoma y exige la intervención y autoridad de al menos una persona en cualquiera de las fases de la navegación y de la singladura[25], lo cual supone, no sólo que el sistema, el COR y/o el MASS (el buque) deberá contar con dotación (a bordo o remota), sino que además deberá operar con una dotación mínima de seguridad, aunque sea exclusivamente remota[26].

Como decíamos, y siguiendo la pauta presente, la dotación y el reparto de una parte de las funciones de cada uno de sus miembros dependerán de las necesidades del sistema, pero, finalmente, conviene destacar que el borrador de Código contempla también el desglose de funciones en varios

---

t.p. del original inglés). Previamente, el par. 4.12 define "*control action*" como *"the acquisition of information, analysis of information, decision-making, or implementation of physical actions performed as part of a control function*", mientras que este término, "*control function*", es definido en el par. 4.11 como "*actions performed by humans or software for the accomplishment of a functional goal*". Resultan también relevantes las definiciones de "*Human-Automation interaction*" (par. 4.19) y "*Human Element*" (par. 4.20), ambas relativas a las condiciones de interacción entre el humano y la máquina en las funciones de control necesarias para la operación y la dirección del MASS. Este aspecto es abordado en el borrador de Código como una de las piezas clave en la concepción, el diseño, la valoración del riesgo y la certificación del sistema de navegación autónoma y el MASS de cara a la seguridad y la protección del medio marino (Capítulo 7, Parte 2 del borrador de Código MASS).

25 El borrador de Código MASS incluye actualmente una serie de principios clave vinculados a la noción de capitán (par. 4.28), de entre los cuales destacan dos: primero, debe haber siempre un capitán (a bordo o remoto) responsable del MASS, con independencia del modo de operación de los varios quizá posibles, y segundo, el capitán debe contar con los medios para intervenir (en la navegación u operación, entendemos) cuando sea necesario (conforme a su criterio profesional, entendemos también).

26 El borrador de Código (p. 21, Capítulo 6, Parte 1) expresamente indica que buque y COR deberán contar con un certificado de dotación mínima de seguridad (que para el buque puede ser 0, siempre que el sistema cuente con al menos una persona en su dotación). Dado que el Convenio STCW (Convenio para la Formación, Titulación y Guardia de la Gente de Mar de 1978, instrumento de adhesión de España de 11 de octubre de 1984, BOE núm. 267, de 7 de noviembre, con enmiendas posteriores) no aplica a los COR, éstos pueden incluir cargos (personas) no contemplados en dicho convenio, con la formación y la certificación que el Código MASS pueda llegar a requerir. El certificado de dotación mínima de seguridad del COR deberá estar necesariamente vinculado a uno o más MASS (buques) específicos, pues la dotación mínima deberá responder también a las necesidades concretas del buque y del sistema.

niveles y personas para su desempeño o aplicación en la dirección náutica o técnica del buque (tal como puede darse ya en la actualidad, *e.g.*, entre capitán y un oficial de puente en determinadas maniobras) o incluso de una flota[27].

Todos los aspectos del contenido del borrador del Código MASS brevemente abordados presentan todavía, como hemos visto, un cierto grado de indefinición, una clara situación de provisionalidad, y puntualmente algo de falta de coherencia entre sí para algunos fines, lo cual debe naturalmente achacarse a su embrionario estado. Así y todo, merece la pena tenerlos en cuenta ya, pues, al igual que los materiales precedentes en los que probablemente se apoya, nos parece que son buen reflejo de una de las diferencias fundamentales que los buques autónomos o los MASS presentan respecto de los "convencionales".

Los MASS, creemos que sobre todo cuando el sistema se sirva de uno o más dispositivos de inteligencia artificial, muestran una mucho más elevada diversidad de configuraciones operativas y modos de operación, en función de la asignación o reparto de funciones entre dotación y máquina. Además de por las posibilidades ya expuestas, en algunas hipótesis que ya se anticipan en el texto un MASS, durante una misma singladura, puede, por ejemplo, navegar bajo el control y la dirección remota alternativamente realizada desde varios CORs, y bajo la autoridad de más de un capitán, cambiando de uno a otro (pues en cada momento sólo un COR y un capitán pueden ejercer esta responsabilidad) en función de las necesidades de seguridad. Del mismo modo, un MASS, cambie o no de COR y de capitán, podrá cambiar de modo de operación varias veces en una misma singladura (e.g., entre manual, asistida o autónoma monitorizada), nuevamente a resultas de las exigencias de la seguridad y la protección del medio marino. Todas estas posibilidades contrastan con la más rígida estructura y organización que presenta el reparto de funciones en los buques actuales.

---

27 Aunque, nuevamente, la permanencia, la completa definición y la plasmación del efecto de estas nociones en el resto del texto está todavía por finalizar, el borrador de Código se refiere en este sentido (par. 4.41) a las labores de "monitorización" , "control estratégico" (con la capacidad de emitir instrucciones o definir funciones específicas de los dispositivos para la automatización, en relación con una flota), "control táctico" (la capacidad para definir parámetros para el funcionamiento de dispositivos para la automatización de decisiones o acciones en un buque determinado), o "control directo" (la capacidad para controlar un parámetro o una función específica en un dispositivo para la automatización en un buque concreto).

Tal como sucede en general con los sistemas de IA, la mayor complejidad que desde esta perspectiva muestran los sistemas de navegación autónoma puede repercutir, como decíamos en el apartado introductorio, al menos en dos cuestiones relevantes en el contexto de la compensación de daños a terceros causados por el buque durante su operación o navegación: en una mayor diversidad de las fuentes u orígenes de los daños y, por tanto, una mayor complejidad en la determinación de su causación, por un lado, y en una mayor dificultad probatoria para las víctimas a la hora de reclamar, por otro. Estas y quizá otras circunstancias deben ser tomadas en consideración en el debate sobre cuál puede ser el régimen más idóneo para la compensación extracontractual de los daños causados por los buques autónomos, y la medida en que resultan necesarias normas nuevas o cambios en las existentes.

III. LAS NORMAS PROYECTADAS EN LA UNIÓN EUROPEA SOBRE RESPONSABILIDAD EXTRACONTRACTUAL POR LOS DAÑOS CAUSADOS POR SISTEMAS DE INTELIGENCIA ARTIFICIAL

El rápido incremento y expansión de soluciones y herramientas basadas en inteligencia artificial ha venido generando durante los últimos años, como es lógico, cierta preocupación en el legislador, o, mejor dicho, en los legisladores de varios Estados, y en nuestro caso también en el europeo. Las consecuencias y los riesgos derivados del uso de sistemas de IA son múltiples y tienen naturaleza enormemente diversa, pero uno de los focos de preocupación desde el inicio ha sido precisamente el riesgo de daños que conlleva el uso de este tipo de tecnologías y la compensación de los mimos.

El paquete de instrumentos dirigidos a conformar un marco jurídico para la IA incluye disposiciones relativas a la responsabilidad extracontractual por daños. El tenor de las normas progresivamente elaboradas con este fin, con todo, ha variado a lo largo del tiempo, y han sido varias, y visiblemente diferente entre sí, las alternativas discutidas hasta llegar al que parece será el texto finalmente adoptado.

La elaboración de normas en este campo choca con las varias dificultades ya apuntadas, y con algunas más. Parte de ellas derivan de la falta de experiencia en la identificación y la reclamación de daños causados por una tecnología de creación más o menos reciente y en expansión. Otras están vinculadas con las específicas características de los sistemas de IA y su funcionamiento, tal como tratamos de resumir en el apartado introductorio, que cuestionan la eficacia plena de los principios y las normas hasta ahora presentes en la ley, y en particular las basadas en la culpa o negligencia como criterio de imputación de responsabilidad[28]. Y una tercera dificultad en el régimen discutido y proyectado tiene que ver con su planteamiento y alcance objetivo; las normas de la UE desde sus versiones iniciales han tratado de proporcionar un marco genérico para la compensación extracontractual de daños vinculados con un fenómeno y una tecnología que, aun definiéndose por ciertas características esenciales comunes (las que se resumen en la idea o la noción de inteligencia artificial), presentan una enorme variedad de fines y contextos, con diferencias entre sí, incluido el riesgo o potencial dañino[29].

El recorrido de las propuestas realizadas para abordar la responsabilidad civil por daños causados por los sistemas de IA puede resumirse en dos fases. La primera está definida por una propuesta para crear un régimen sustantivo específico con esta finalidad, caracterizada, como veremos enseguida, por un criterio de imputación objetivo[30]. La segunda[31] puede resumirse en la opción por crear un marco armonizado que renuncia a introducir normas sustantivas o materiales sobre responsabilidad extracontractual, parte por tanto de la aplicación de las ya existentes, y se limita a introducir especialidades procesales en este escenario que tratan de mejorar la posición de la víctima del daño ante las dificultades probatorias que pueda encontrar. El contraste entre ambas opciones es manifiesto.

La propuesta de Reglamento del año 2020[32] en una parte importante responde claramente a la lógica tan característica de los regímenes especiales de responsabilidad extracontractual por daños, que también vemos

---

28 *Vid.* nuevamente *Liability for Artificial Intelligence and other emerging digital technologies*, cit., pp. 3, 19, 23, 26.

29 *Liability for Artificial Intelligence and other emerging digital technologies, cit.*, p. 34.

30 Esta propuesta puede verse en la Resolución del Parlamento Europeo de 10 de octubre de 2020 con recomendaciones de la Comisión sobre el régimen de la responsabilidad civil para la Inteligencia Artificial [*(2020/2014(INL))*, P9_TA(2020)0276]–en adelante Propuesta de Reglamento o *Resolución P9_TA(2020)0276.*

31 Propuesta de Directiva del Parlamento Europeo y del Consejo, de 28 de septiembre de 2022, relativa a la adaptación de las normas de responsabilidad civil extracontractual a la inteligencia artificial [COM(2022) 496 final]–en adelante Propuesta de Directiva.

32 Que parece inspirarse en varias de las recomendaciones formuladas en el informe *Liability for Artificial Intelligence and other emerging digital technologies, cit. supra* nota 27, *vid.* pp. 3, 4, 7, 8, 36, 40, 41, 61.

en el Derecho de la navegación marítima y en el Derecho aeronáutico. Lo hace, además, en la conciencia de las dificultades que la prueba de los hechos para las víctimas de daños puede llegar a alcanzar[33], pero guiada de manera visible por la difícil estimación de los riesgos derivados del comportamiento posiblemente inesperado de los sistemas de IA a pesar de su diseño y empleo[34], el alcance potencialmente masivo de los daños provocados por algunos de dichos sistemas, y las dificultades que para las reclamaciones puede llegar a suponer también la complejidad y la deslocalización o dispersión de todos los elementos relevantes: víctimas, daños, tecnología y sujetos implicados o potencialmente responsables[35].

El esquema en su momento previsto para este instrumento perseguía también crear un régimen armonizado en esta parcela, para reforzar la certidumbre e igualar las condiciones de responsabilidad en todo el mercado interior[36]. Con todos estos objetivos, la propuesta identificaba al sujeto responsable en el operador del sistema de IA, como la persona idónea para administrar los riesgos asociados a su uso[37]. Para los sistemas que mejor

---

[33] *Resolución P9_TA(2020)0276*, p. 4, 6

[34] *Resolución P9_TA(2020)0276*, pp. 4-5.

[35] *Resolución P9_TA(2020)0276*, p. 7; par 13 del Preámbulo de la Propuesta de Reglamento incluida en el apartado B del Anexo.

[36] *Resolución P9_TA(2020)0276*, p. 3, 5, así como apartado A del Anexo (p. 11).

[37] *Resolución P9_TA(2020)0276*, p. 6-7, así como Art. 3 pars. (e) a (g) Propuesta de Reglamento incluida en el apartado B del Anexo. Una de las piezas quizá más compleja de la Propuesta, a la vista de la diversidad de hipótesis que captura, es precisamente la identificación del sujeto responsable en el operador, cuyas definiciones distinguen entre el "operador principal" y el "operador de soporte". El operador principal se define como la persona que ejerce un cierto grado de control sobre un riesgo conectado con la operación y el funcionamiento del sistema de IA y se beneficia de su operación. Por su parte, el operador de soporte se conceptúa como la persona que, de manera continuada, define las características de la tecnología y proporciona datos y un servicio de soporte esencial, y, por tanto, ejerce también un cierto grado de control sobre el riesgo conectado con la operación y el funcionamiento del sistema de IA – salvo que su responsabilidad caiga en el ámbito de aplicación de las normas de la Unión sobre responsabilidad por productos defectuosos. Como concepto clave en estas definiciones, el texto define "control" como las acciones con la capacidad de influir en la operación de un sistema de IA y, por consiguiente, en el grado en que puede exponerse a terceros a los riesgos potenciales asociados a dicha operación, por tratarse de actos con impacto en la misma mediante la determinación de la información de entrada, la de salida o el resultado, o mediante el cambio específico de funciones o procesos en el sistema de IA. El concepto de "control" está destinado en este

encajan en el perfil descrito en el párrafo previo, los sistemas de IA de alto riesgo[38], la responsabilidad por daños se imputaba al operador sobre la base de un criterio de imputación objetivo atenuado[39], de carácter imperativo[40], complementado con la limitación de su responsabilidad por suceso dañoso[41] y con la obligación de contratar un seguro de responsabilidad civil hasta el importe del límite previsto en el texto[42]. Para el resto de los sistemas de IA (no calificados como de alto riesgo), el esquema establecía una presunción de responsabilidad por culpa, una vez probado el daño y su causación por el resultado de un sistema de IA, debiendo probar

---

esquema a dotar a las nociones formuladas para identificar al sujeto responsable de cierta capacidad de adaptación a las múltiples y diferentes hipótesis cubiertas por el Reglamento (WENDEHORST, C., cit., p. 173-174, 176). El Preámbulo de la Propuesta, con todo, aclaraba (par. 11) que la responsabilidad del operador no excluía la posible responsabilidad por negligencia de otras personas (*e.g.*, el usuario del sistema que no encaje en la definición de operador) bajo otras normas, cuando se cumpliesen las condiciones necesarias para ello (véase con todo Art. 2, par. 3 de la Propuesta de Reglamento incluida en el apartado B del Anexo, que se refería en este contexto a las "reclamaciones de responsabilidad adicionales" conforme a las normas sobre productos defectuosos, protección de consumidores, no discriminación, relaciones laborales y protección medioambiental en el Derecho de la Unión).

38 *Resolución P9_TA(2020)0276*, p. 7; par. 13 del Preámbulo, así como Art. 3, par. (c) de la Propuesta de Reglamento incluida en el apartado B del Anexo, que define los sistemas de alto riesgo en atención a su potencial dañino en términos de riesgo, autonomía, imprevisibilidad y alcance en función del contexto de su uso. El Art. 4, par. 2 disponía la inclusión en una lista exhaustiva, en un anexo, de los sistemas de alto riesgo a los efectos del texto, así como los sectores críticos en los que se enmarcase su uso.

39 Art. 4, pars. 1 y 3 de la Propuesta de Reglamento, que excluían la responsabilidad del operador cuando el daño hubiese sido causado por fuerza mayor.

40 Art. 2, par. 2 de la Propuesta de Reglamento.

41 Art. 5 de la Propuesta de Reglamento, que disponía un límite de 2 millones de euros para daños personales, y un millón de euros para daños en la propiedad y la pérdida económica comprobada que resulte del daño inmaterial sufrido por la víctima (para aclarar el significado de esta última expresión, daño inmaterial, el pár. (16) del Preámbulo se refería al daño, detrimento o deterioro de los intereses personales de la víctima, en expresión aparentemente referida al daño moral o a los derechos de la persona–WENDEHORST, C., cit., p. 167). La distribución de la cantidad resultante de la aplicación del límite, cuando el daño fuse superior, se sometía a la regla proporcional.

42 *Resolución P9_TA(2020)0276*, p. 9, Art. 4, par. 4 de la Propuesta de Reglamento.

el operador que el daño no fue causado por su culpa o negligencia[43]. En cualquiera de estos casos, además, el operador no es responsable por los daños en la medida en que su causa sea la conducta de la víctima[44].

La Propuesta de Directiva para la adaptación de las normas de responsabilidad civil extracontractual a la inteligencia artificial de 2022, tal como decíamos, cambia notablemente la línea de política jurídica seguida por el esquema anterior. El preámbulo revela que este cambio de tendencia estuvo motivado por el deseo de no crear un campo de juego excesivamente hostil desde este punto de vista para la industria europea en comparación con el de otras regiones u otros países, a falta de una mayor experiencia en la reclamación y compensación de daños extracontractuales en este contexto[45]. La propuesta de Directiva, por ello, no se embarca en la adaptación de normas materiales existentes o en la creación de nuevas normas. En lugar de ello, introduce especialidades procesales (o con utilidad en o de cara al proceso) para las reclamaciones extracontractuales por daños causados por sistemas de IA, partiendo de la aplicación de las normas sustantivas en la ley del o los Estados Miembros que corresponda basadas en

43 *Resolución P9_TA(2020)0276*, p. 8, Art. 8, pars. 1 y 2 de la Propuesta de Reglamento. El segundo de estos párrafos prescribe de forma taxativa la prueba a satisfacer alternativamente por el operador para desvirtuar la presunción de culpa y responsabilidad. El Art. 8, par. 2, letra (a) exonera al operador si prueba que el sistema fue activado sin su conocimiento, siempre que haya adoptado todas las medidas razonablemente necesarias para evitar dicha activación sin su control. El texto, en particular el par. 2, letra (b) del Art. 8, requiere alternativamente que el operador pruebe su diligencia en la selección del sistema, su puesta en operación, su vigilancia o monitorización, y en el mantenimiento de su fiabilidad mediante su regular actualización. Con ello, por un lado, evita al operador la necesidad de identificar y probar la concreta causa del daño; pero por otro parece que hace al operador responsable cuando no pueda probar su diligencia en todos estos aspectos, a pesar de que las circunstancias puedan indicar que el daño no ha sido causado por su conducta en algún punto negligente (vid. la crítica en este sentido de WENDEHORST, C., cit., p. 157). El precepto excluye la responsabilidad del operador también cuando pruebe fuerza mayor como causa del daño.

44 Art. 10 de la Propuesta de Reglamento.

45 Art. 5 y EM de la Propuesta de Directiva (pp. 7, 9, 10), que aclara que, para una segunda fase, y tras la evaluación de su impacto, se contempla la posibilidad de introducir un régimen de responsabilidad objetiva (con seguro de responsabilidad civil obligatorio) en los concretos casos en que la experiencia adquirida así lo justifique.

un criterio de imputación subjetivo[46]. Conforme a esta premisa, la Propuesta de Directiva parte de la necesidad de la víctima de probar el nexo causal entre la información de salida (o su omisión) y el daño[47]. Pero, satisfecho este requisito, en síntesis y dentro del ámbito material delimitado en su texto, sus preceptos establecen para este escenario el derecho de las víctimas a reclamar al sujeto potencialmente responsable la información no accesible para ellas de la que éste disponga[48], contempla también la facultad del juez para pedir dicha información cuando la víctima del daño no la haya obtenido tras sus intentos razonables[49], permite igualmente al juez presumir la culpa del sujeto demandado ante su negativa a proporcionar la información o las pruebas requeridas[50], y, probada o presunta la culpa, habilita igualmente una presunción *iuris tantum* de causalidad entre la culpa y el resultado producido por el sistema (o la omisión del resultado esperado) con consecuencias dañosas[51].

---

46 EM de la Propuesta de Directiva, p. 13; Preámbulo, par. (7); Art. 1, pars. 1 y 2, Art. 2, par. 5.

47 EM de la Propuesta de Directiva, p. 15; *vid.* también Art. 4, par. 1.c).

48 Derecho limitado a la información relevante y necesaria para la valoración de la reclamación a la vista de los hechos–Preámbulo, par. (20).

49 Art. 3, pars. 1 a 4 de la Propuesta de Directiva.

50 Preámbulo, par. (21), Art. 3, par. 5 de la Propuesta de Directiva.

51 *Vid.* también EM de la Propuesta de Directiva, p. 15, Preámbulo par. (30), y Art. 4. En este contexto, el par. (22) del Preámbulo y el Art. 4, par. 1.a) aclaran que la presunción de causalidad entre información de salida (o su omisión) y el daño aplica únicamente cuando la (probada o presunta) infracción del deber de diligencia se refiera concretamente a normas destinadas directamente a evitar los daños que se hayan producido (*e.g.*, incumplimiento de normas sobre seguridad, frente a meros incumplimientos documentales con trascendencia puramente formal). Para los proveedores de sistemas de inteligencia artificial de alto riesgo (en este caso identificados conforme al Reglamento de Inteligencia Artificial – cfr. *infra* nota siguiente) o las personas sujetas a las obligaciones del proveedor, este requisito exige la infracción de alguna de las obligaciones listadas en el Art. 4, par. 2, mientras que para los responsables del despliegue de dichos sistemas es necesario el incumplimiento de alguno de los deberes a los que se refiere el par. 3 del Art. 4. Además, el par. (25) del Preámbulo y el Art. 4, par. 1.b) especifican también que, incluso cuando quede cumplido el requisito anterior, la presunción de causalidad solo aplica cuando pueda considerarse razonablemente probable, en función de las circunstancias del caso, que dicha culpa ha influido en la información de salida producida por el sistema de IA o en la no producción de la información de salida por parte del sistema de IA que haya dado lugar al daño.

Sin perjuicio de su tono general calculadamente armonizador, la Propuesta de Directiva tiene algunas implicaciones que, entendemos, incurren tímidamente en algunos aspectos sustantivos de la responsabilidad por los daños que aborda. La lógica que adopta busca asegurar la coherencia con el marco regulatorio dispuesto en el Reglamento de Inteligencia Artificial[52]. Para ello, cuando se dirija una reclamación contra alguno de los sujetos tipificados en dicho Reglamento, localiza el estándar de conducta a aplicar para determinar la existencia o ausencia de culpa (bajo el Derecho nacional aplicable) en el conjunto de obligaciones en él creado para proveedores, importadores, distribuidores o responsables del despliegue de estos sistemas en el mercado interior. Este habría sido quizá efecto del Reglamento de IA por razón de sus propios términos, pero esta buscada relación de complementariedad tiene también por objeto limitar la aplicación del juego de deberes de información y presunciones que crea la Propuesta de Directiva a las reclamaciones iniciadas contra los sujetos en la cadena de suministro de sistemas de inteligencia artificial tal como los tipifica el Reglamento de IA[53], parece que con exclusión de otros posibles demandados conforme a las normas sobre responsabilidad por culpa.

La propuesta de Directiva todavía necesita entrar en vigor y ser transpuesta por los Estados Miembros. Tal como decíamos, su tenor limita su ámbito de aplicación a las "demandas de responsabilidad civil extracontractual subjetiva (basada en culpa)" en la medida y la forma brevemente expuesta, de manera que no afecta a otros regímenes de responsabilidad que puedan potencialmente aplicarse a los daños causados por sistemas de IA[54]. Uno de sus preceptos llama la atención porque dispone de manera un tanto escueta o genérica que la directiva no afecta a "las normas del Derecho de la Unión que regulan las condiciones de responsabilidad

52 Reglamento (UE) 2024/1689 del Parlamento Europeo y del Consejo, de 13 de junio de 2024, por el que se establecen normas armonizadas en materia de inteligencia artificial y por el que se modifican los Reglamentos (CE) nº 300/2008, (UE) nº 167/2013, (UE) nº 168/2013, (UE) 2018/858, (UE) 2018/1139 y (UE) 2019/2144 y las Directivas 2014/90/UE, (UE) 2016/797 y (UE) 2020/1828 (Reglamento de Inteligencia Artificial) (DOUE L 1/144, de 12 de julio de 2024).

53 EM de la Propuesta de Directiva, p. 14 ("Las solicitudes (de información) no pueden dirigirse a partes que no estén sujetas a obligaciones en virtud de la Ley de IA y que, por tanto, no tengan acceso a las pruebas"); Preámbulo, par. (16); Art. 2, pars. 1) a 4), Art. 3, par. 1.

54 Nuevamente, Art. 1, pars. 1 y 2 de la Propuesta de Directiva.

en el ámbito del transporte"[55]. No está muy claro cuáles son las normas del Derecho de la Unión a las que se refiere esta exclusión expresa. Las normas especiales sobre responsabilidad extracontractual en el Derecho del transporte, entendido este en su sentido más amplio, normalmente se basan en un criterio de imputación objetivo, de modo que caerían más allá del alcance de la Propuesta de Directiva, conforme al tenor de esta. Otras normas específicas, como las relativas a la responsabilidad del porteador por incumplimiento frente a cargadores, destinatarios o pasajeros, en ocasiones se basan en la culpa, suele decirse, con inversión de la carga de la prueba (i.e., la prueba del mero incumplimiento genera la responsabilidad del porteador), pero su carácter contractual sitúa esta materia también más allá del alcance de la Propuesta de Directiva. Las normas que regulan los derechos de los pasajeros en el Derecho de la Unión, incluidas las compensaciones en casos de cancelación, retraso o sobreventa, están en igual situación.

IV. DAÑOS CAUSADOS POR SISTEMAS O BUQUES DE NAVEGACIÓN AUTÓNOMA Y NORMAS SOBRE RESPONSABILIDAD EXTRACONTRACTUAL EN EL DERECHO DE LA NAVEGACIÓN MARÍTIMA

La reforma iniciada para abordar el empleo de buques basados en sistemas de navegación autónoma por el momento está principalmente centrada en la creación del esquema administrativo necesario para dar acceso a la navegación a este tipo de buques, asegurando el mantenimiento de la seguridad de la navegación y la prevención de la contaminación en la medida actualmente procurada por las normas en vigor. Aun siendo esta la prioridad más inmediata (la habilitante y también preventiva), los esfuerzos de la OMI no han descuidado las implicaciones de Derecho privado que su uso conlleva en el marco de los convenios auspiciados por la Organización[56]. La responsabilidad extracontractual por los daños que puedan causar durante su navegación está sin duda entre los principales aspectos a clarificar de cara a una ordenada integración de estos sistemas en el tráfico. A la hora de abordar esta cuestión, a las dificultades y los

---

55 EM de la Propuesta de Directiva, p. 13; Preámbulo, par. (11); Art. 1, par. 3.

56 *Vid. Outcome of the Regulatory Scoping Exercise and Gap Analysis of Conventions Emanating from the Legal Committee with respect to Maritime Autonomous Surface Ships (MASS)*, Doc. IMO Leg.1/Circ.11, 15 de diciembre de 2021, p. 5 y ss. del Anexo.

riesgos que en general se asocian al uso de sistemas de inteligencia artificial en este contexto, debemos añadir también la necesidad de tomar en consideración todas las normas generales y especiales que incluye el Derecho de la navegación marítima en esta materia.

1. Las normas especiales sobre responsabilidad extracontractual por daños en el Derecho de la navegación marítima

La navegación por mar, especialmente la realizada con finalidad empresarial, es una actividad con un riesgo incrementado, que genera un cierto volumen de accidentes y daños de manera recurrente. Por ello, y a pesar de su énfasis en la prevención y la seguridad de personas y bienes, las normas y la práctica en su aplicación cuentan con bastante experiencia a la hora de abordar su compensación o liquidación y las dificultades que genera. En el ordenamiento marítimo existen varios convenios internacionales que reflejan este hecho, centrados en concreto en la responsabilidad civil y la compensación de los daños provocados por contaminación del medio marino causada por hidrocarburos y los causados por el transporte de sustancias nocivas o potencialmente peligrosas.

El primero en el tiempo, y el seguramente más destacado por su más prolongada aplicación práctica, es el Convenio sobre responsabilidad civil nacida de daños debidos a contaminación por hidrocarburos de 1992 (el CLC)[57]. El CLC, que forma parte de un sistema también integrado por el Convenio Internacional sobre la constitución de un fondo internacional de indemnización de daños debidos a contaminación por hidrocarburos de 1992[58], responde a la prioridad de asegurar a las víctimas de los daños que aborda[59] una compensación mínima en condiciones razonables. Los problemas que en la práctica afrontaban las víctimas en los vertidos de hidrocarburos transportados en buques tanque a la hora de reclamar, en un escenario caracterizado por la aplicación del régimen basado en la culpa y

---

57 Instrumento de Adhesión de España en BOE núm. 225, de 20 de septiembre de 1995, pág. 20081.

58 Instrumento de Adhesión de España en *BOE* núm. 244, de 11 de octubre de 1997, pág. 29586; modificado por el Protocolo de 2003, Instrumento de Ratificación por España en *BOE* núm. 28 de 2 de febrero de 2005, pág. 3629 (en adelante, Convenio sobre el Fondo).

59 Art. I, pars. 1, 5, 6 y 7, y Art. II CLC, que, por un lado, delimitan el ámbito de aplicación material y geográfico del especial régimen del Convenio y, por otro, delimitan el daño indemnizable conforme a su texto.

por la inexistencia de normas uniformes, coinciden con varios de los identificados para los daños causados por sistemas de inteligencia artificial en los trabajos prelegislativos en el seno de la UE: deslocalización de los elementos relevantes (sujeto causante del daño, víctimas y sus daños –con las consiguientes barreras a la hora de reclamar por la vía judicial), problemas para identificar al sujeto responsable y dificultad probatoria de los actos generadores del daño, su posible carácter negligente y su eficacia causativa.

El esquema reflejado en el CLC se basa de hecho en una combinación de elementos sustancialmente equivalente a la que presentaba la Propuesta de Reglamento de 2020 sobre responsabilidad extracontractual por daños causados por sistemas de inteligencia artificial. Su texto facilita todavía en mayor medida la identificación del sujeto responsable (pues este es uno de sus objetivos específicos), al hacer responsable con carácter objetivo atenuado al propietario registral del buque, aun cuando las causas del daño sean completamente ajenas a su conducta[60]. Adicionalmente, la responsabilidad por los daños del propietario se somete a un límite calculado en función del tamaño del buque, pesando sobre este la obligación de contar con un seguro de responsabilidad civil o garantía financiera que cubra específicamente la responsabilidad derivada del convenio[61].

El esquema descrito ha sido replicado en el Convenio Internacional sobre responsabilidad e indemnización de daños en relación con el transporte marítimo de sustancias nocivas y potencialmente peligrosas de 1996 (modificado mediante Protocolo de 2010), pendiente aún de entrar en vigor[62]. Un tercer ejemplo, el Convenio Internacional sobre responsabili-

---

60 Art. I, pars. 3 y 8, Arts. III y IV CLC, en los que se listan igualmente determinados eventos que, con carácter excepcional, excluyen la responsabilidad del propietario cuando puedan identificarse como la causa de los daños.

61 Arts. V y VII. El texto además condiciona el derecho a invocar la limitación de responsabilidad del propietario a la constitución de un fondo de limitación que queda afecto al pago de las indemnizaciones (Art. V, pars. 3 y 4, Art. VI), reconoce el derecho de las víctimas entablar una acción directa contra el asegurador o el proveedor de la garantía (Art. VII, par. 8), y regula también con carácter imperativo la competencia judicial internacional para conocer de las reclamaciones dirigidas contra uno y otro (Art. IX CLC).

62 En adelante SNP. Para una descripción de la mecánica de este convenio puede verse GABALDÓN GARCÍA, José Luis, *Curso de Derecho Marítimo Internacional*, Marcial Pons, Madrid, 2024, Segunda Ed., p. 1126 y ss.; LÓPEZ QUIROGA, Julio, "La responsabilidad por daños derivados del transporte marítimo de sustancias nocivas y potencialmente peligrosas en el convenio SNP", AA.VV., *Estudios de Derecho Marítimo en Homenaje a Tomás Fernández-Quirós Tuñón*, Barcelona, Uría Menéndez, 2022, pp. 107 y ss.

dad civil nacida de daños debidos a contaminación por hidrocarburos para combustible de los buques de 2001[63], a la hora de regular la indemnización de los daños que contempla[64], se basa igualmente en un criterio de imputación de carácter objetivo atenuado, si bien identifica al "propietario del buque" como responsable, en concepto que incluye el propietario (incluido el propietario registral), el arrendatario ("fletador a casco desnudo"), el gestor naval y el armador del buque, siendo todos ellos solidariamente responsables por el daño[65]. Este instrumento no dispone de forma específica un derecho del sujeto responsable a limitar su responsabilidad, básicamente por la previsible menor entidad de los daños causados por el derrame de hidrocarburos usados como combustible a bordo, además de por la existencia de otras normas con este fin con alcance general. Al igual que los convenios previamente citados, en este marco se prevé también la obligación de que el propietario inscrito del buque cuente con un seguro obligatorio o garantía financiera que cubra específicamente la responsabilidad por los daños abordados en su texto hasta un importe mínimo (el resultante de la limitación global de responsabilidad), así como el derecho de las víctimas de los daños a reclamar directamente su compensación del asegurador o proveedor de la garantía[66].

Las normas especiales sobre responsabilidad extracontractual por daños del Derecho de la navegación marítima recién aludidas, junto a las necesidades repetidamente destacadas, responden también a la oportunidad que brindan la actividad y el contexto empresariales en los que se ubica su aplicación para la socialización de los daños cuya indemnización procuran. Además de los fondos de compensación respectivamente creados (o por crear) para la socialización de una cierta proporción de los daños por contaminación provocada por hidrocarburos[67] y para los causados por sustancias nocivas y potencialmente peligrosas transportadas por mar[68], en esta mecánica el seguro de responsabilidad civil obligatorio juega un papel crucial como último colchón financiero para la internalización del riesgo de que se produzcan accidentes, con sus daños, en la navegación y

---

63 Instrumento de Ratificación de España en BOE núm. 43, de 19 de febrero de 2008, p. 9011 (en adelante BUNKERS).

64 Art. 1, pars. 1, 5, 7 y 9, Arts. 2 y 4 BUNKERS.

65 Art. 1, pars. 3 y 8, Art. 3 BUNKERS.

66 Art. 8 BUNKERS.

67 Art. 1, pars. 3 y 8, Arts. 10 y ss. del Convenio sobre el Fondo.

68 Art. 1, par. 4, Arts. 13 y ss. SNP.

el transporte por mar[69]. El coste del seguro (en el contexto de cada uno de los convenios citados, pero también en general) tiende a repercutirse de manera más inmediata en el precio de los servicios de transporte, y en última instancia en el de los bienes o mercancías transportados.

A la vista de su tenor y su probada eficacia (aun con sus limitaciones cuantitativas), pero sobre todo en atención a su ámbito y literalidad, la aplicación de los regímenes descritos en relación con la navegación de buques o sistemas de navegación autónoma no ha sido puesta en duda[70]. No parece que la introducción de dispositivos de inteligencia artificial o de sistemas y buques de navegación autónoma por sí misma cuestione la validez de los principios en que se asientan estas normas, sino más bien al contrario. Incluso en un escenario en el que puedan coexistir con regímenes específicos de responsabilidad pensados para buques autónomos, o en general para sistemas de inteligencia artificial, los convenios citados, sin perjuicio de las adaptaciones que puedan ser necesarias[71], deberían

---

69 THOMAS, R., "Third Party Direct Rights of Action against Insurers under UK Law and International Maritime Liability Conventions", AA.VV., *Regulation of Risk. Transport, Trade and Environment in Perspective,* Abhinayan Basu Bal, Trisha Rajput, Gabriela Argüello and David Langlet (Eds.), Brill Nijhoff, Leiden–Boston 2023, pp. 687, 713-714.

70 *Outcome of the Regulatory Scoping Exercise and Gap Analysis of Conventions, cit.*, pp. 4-7.

71 Algunas de las posibles adaptaciones que han sido identificadas como quizá necesarias se refieren, por un lado, a la definición de buque que cada uno de estos instrumentos incluye (aunque en principio no parece que plantee dificultades para capturar a los autónomos) y, por otro, a la posibilidad de incluir en el texto a los nuevos sujetos encargados de la dirección técnica o de la navegación. En particular, el CLC y el SNP se basan en el frecuentemente denominado principio de canalización (o canalización parcial) de la responsabilidad hacia el propietario, dado que, además de identificar a éste como sujeto responsable en la forma vista, excluyen la posibilidad de reclamar la compensación de los daños indemnizables a determinados sujetos, aun cuando hayan podido contribuir a la causación del daño (salvo que hayan actuado con la intención de causar el daño o temerariamente y a sabiendas de que con sus actos probablemente lo causarían). Esta lista de sujetos "inmunes" incluye a los dependientes del propietario, los miembros de la dotación, el práctico o cualquier otra persona ajena a la dotación que preste servicios para el buque (a bordo del mismo), el arrendatario, el fletador, el gestor naval, el armador del buque, las personas que realicen labores de salvamento para el buque con la autorización del propietario o siguiendo instrucciones de una autoridad pública, las personas que tomen medidas preventivas (en el sentido de cada uno de estos convenios), y los empleados o dependientes de cualquiera de todos estos sujetos (Art. III, par. 4 CLC; Art. 7, par. 5 SNP). Por causa de su posición análoga a la de algunos de los sujetos citados, puede plantearse la

conservar aplicación preferente por razón de especialidad. Muchas de las dificultades que para las víctimas de daño surgen en el tipo de situaciones en cada caso contempladas derivan de las especiales características de la navegación por mar, los espacios en los que tiene lugar y las características y movilidad de los vehículos (los buques), pero en estos concretos supuestos el principal riesgo al que responde la normativa está estrechamente vinculado con la carga o con las sustancias empleadas como combustible. Los cambios en el vehículo no parecen alterar la validez de sus principios. Mayores dudas plantean las normas especiales o generales basadas en un criterio de imputación subjetivo (culpa o negligencia), tal como trataremos de exponer a continuación.

2. La responsabilidad extracontractual por culpa en el Derecho de la navegación marítima y su aplicación a los buques o sistemas de navegación autónoma

Al margen y sin perjuicio de las normas especiales sobre responsabilidad extracontractual por daños, en el Derecho de la navegación por mar rige con carácter general, y aplica también en normas que contemplan determinados supuestos de manera específica, el criterio de imputación de responsabilidad basado en la culpa o negligencia. En España, por ejemplo, lo dicho resulta de las disposiciones expresas de la Ley de Navegación Marítima sobre responsabilidad del armador[72], las relativas a la responsabilidad por los daños derivados de abordaje, ya citadas, y la aplicación subsidiaria del Código civil[73]. Es casi ya tópica la constatación de que la inmensa mayor parte de los accidentes o situaciones que resultan en daños

---

inclusión en esta lista de los que asuman la navegación o la operación del buque a distancia (el capitán y el operador remoto), o incluso otros con intervención en el funcionamiento de un sistema de navegación autónoma (*Outcome of the Regulatory Scoping Exercise and Gap Analysis of Conventions, cit.*, pp. 4-7, 18-20). Una duda de mucho mayor calado que se plantea en las discusiones en el seno del Comité Jurídico de la OMI es si los sujetos responsables en estos convenios, incluido el BUNKERS, deben serlo también en los casos en que la causa del daño pueda localizarse, por ejemplo, en un funcionamiento inesperado o no previsto del sistema de navegación o de los elementos provistos por terceros en los que se apoye (*Id.*, p. 12-13, 21), duda que nos resulta algo sorprendente a la vista de que supuestos análogos (e.g., actos de terceros no incluidos en los supuestos excepcionales de exoneración, o defectos de navegabilidad no imputables a negligencia alguna) en la actualidad carecen de relevancia liberatoria para el sujeto responsable.

72 Art. 149 LNM.

73 Por efecto del Art. 2, par. 1 LNM.

personales o materiales tiene causa en el error humano[74]. Siendo así, hay dos cauces a través de los cuales esto puede tener lugar, con clara presencia en las normas tanto contractuales como extracontractuales. Uno de ellos es la innavegabilidad del buque causada por negligencia, y el otro es el error en la navegación, en la operación o, en términos generales, en el empleo del buque o la administración o manipulación de su carga.

Son estas las normas cuya idoneidad creemos que puede quedar en entredicho en la navegación total o parcialmente autónoma, muy en especial a la vista de las características de los sistemas de inteligencia artificial, de sus implicaciones y de las múltiples configuraciones en la que puede quedar reflejado su empleo cuando se aplican a los buques.

La aplicación del criterio de imputación subjetivo basado en la culpa a los daños causados por sistemas de navegación puramente autónoma plantea las mismas dificultades que las señaladas en general para los sistemas de inteligencia artificial. Los remedios previstos en la Propuesta de Directiva para mejorar la situación de las víctimas de daños, si bien aplican y pueden suponer una diferencia apreciable en cualesquiera normas sobre responsabilidad extracontractual basadas en la culpa o negligencia, creemos que, al menos en sus términos generales, no se adaptan del todo a la lógica que asienta el Derecho de la navegación por mar.

Tal como veíamos anteriormente, las medidas que de manera principal trata de introducir la Propuesta de Directiva tienen naturaleza procesal y se ubican en un contexto litigioso, pero parte de ellas van más allá para vincular su funcionamiento al marco previsto en el Reglamento de IA. Con ello, la propuesta de Directiva limita la aplicación de los derechos de la víctima, las facultades del juez y el juego de presunciones que establece a los sujetos tipificados en el texto del Reglamento, además de identificar la culpa o negligencia relevante en el diseño, introducción en el mercado, comercialización, puesta en servicio y uso o despliegue con el incumplimiento de las obligaciones previstas para cada uno de dichos sujetos: proveedor, fabricante, importador, distribuidor y responsable del despliegue

---

74 *Vid.*, por ejemplo, y precisamente en el contexto de la irrupción de los sistemas de navegación autónoma, TROWERS, S. N., "Uncharted Legal Waters: The Applicability of the Law on Seaworthiness & Good Seamanship to Autonomous Vessels", en AA.VV., *The Regulation of Automated and Autonomous Transport*, Springer, Cham, 2023, p. 208.

(profesional)[75]. En la cadena de suministro de los sistemas de inteligencia artificial, tal como la concibe el Reglamento de IA, el peso de la obligaciones más significativas, y por tanto, y de manera refleja, de las responsabilidades por su incumplimiento (incluida la responsabilidad extracontractual por daños cuando deba determinarse bajo el criterio culpabilístico) recae en el proveedor y en los sujetos encargados de verificar el cumplimiento de las obligaciones de este, y pierde intensidad en el responsable del despliegue (el usuario, en las versiones previas del Reglamento), cuyo papel se vincula en menor medida con las características y riesgos del sistema.

La definición y el papel de los sujetos en la estructura lógica del Derecho de la navegación muestra un aspecto algo diferente, en el que el protagonismo corresponde de manera visible al armador del buque, como usuario del vehículo y del sistema. En ello tiene mucho que ver precisamente el hecho de tener la posesión y el control del buque y emplearlo para navegar en su propio nombre, en el caso más común e importante, con un fin empresarial. Pero también resulta seguramente relevante el hecho de que el buque sea un vehículo sujeto, no sólo a normas específicas, sino también al control administrativo primario del Estado del Pabellón con impacto en su diseño, aprobación, construcción, pruebas y registro, con carácter previo a su puesta en operación. Los astilleros encargados de la construcción o la reparación del buque, u otros proveedores de equipo, responden frente al armador por el incumplimiento de sus obligaciones en las relaciones contractuales que puedan existir entre ellos, y operan también bajo las normas administrativas aplicables a su actividad, servicios, equipos o productos. Sin embargo, una vez el buque es puesto en operación, la tan característica obligación de navegabilidad en su más amplio sentido (construcción y mantenimiento de la estructura, máquinas y equipo del buque, su dotación, su avituallamiento o su gestión operacional en todos los aspectos relativos a la seguridad de la navegación, la de la vida humana en el mar y la prevención de la contaminación) pesa sobre el armador (y alcanza en algunos casos a sus colaboradores dependientes o independientes[76]), sin que pueda excusar su incumplimiento negligente

[75] *Vid.*, principalmente, Arts. 1 a 3, 6, 8 a 20, 23-26, 40, 42, 43, 47, 48, 72, 73, para los sistemas de alto riesgo, Art. 50 del Reglamento de IA.

[76] Concretamente, en las funciones que competen a alguno de los miembros de la dotación, y en particular al capitán, y, en el marco de la gestión operacional del buque, a los colaboradores las personas que caigan en la definición de compañía del Capítulo IX del Anexo del SOLAS y del Código Internacional de Gestión de la Seguridad.

en el hecho de haber implicado en estas labores a un tercero, incluso bien elegido por su perfil pericial. Más allá de ello, y repitiendo también lo ya dicho, el armador responde frente a terceros, no sólo por los daños causados por sus actos negligentes, sino también por los de los miembros de la dotación del buque y el resto de sus dependientes.

Los sistemas de navegación autónoma y los buques equipados con sistemas de inteligencia artificial para su navegación y operación, así como todos sus componentes con este rasgo, parece claro que acabarán incluidos en el ámbito y alcance del esquema basado en el control del diseño, la construcción y el rendimiento, así como en la inspección del Estado del Pabellón desde un momento inicial y previo a su puesta en funcionamiento, tal como revela el borrador de Código MASS y resulta de la lealtad a la mecánica y los principios ya presentes en los instrumentos de la OMI y el Derecho nacional concordante. El Reglamento de IA, si bien de hecho incluye entre los sistemas de alto riesgo los sistemas de inteligencia artificial destinados a integrarse como componentes de los equipos marinos[77], excluye dichos sistemas de la aplicación de su esquema específico[78] para remitir su régimen de introducción en el mercado o puesta en circulación a la Directiva sobre equipos marinos[79].

La remisión que hace el Reglamento de IA a la normativa marítima específica de la Unión sobre equipos marinos, que se basa a su vez en los instrumentos de la OMI, mantiene el estado de cosas actual en lo que respecta a la elaboración de normas marítimo-administrativas de manera centralizada en dicha organización, también para los sistemas de IA aplicados a la navegación por mar. Cuando llegue a resultar de cumplimiento obligatorio, este conjunto integrará también el Código MASS y otras normas relevantes que acaben por configurar el régimen aplicable a los MASS. En el marco de la propuesta de Directiva sobre responsabilidad extracontractual, con todo, esta exclusión y remisión plantea alguna duda. Parece claro que, bajo el texto de la propuesta y las normas nacionales sobre responsabilidad por

77 Art. 6, par. 1, y Anexo I, Sección B del Reglamento de IA.

78 Art. 2, par. 2 del Reglamento de IA.

79 Directiva 2014/90/UE del Parlamento Europeo y del Consejo, de 23 de julio de 2014, sobre equipos marinos y por la que se deroga la Directiva 96/98/CE del Consejo (DOUE L 257, de 28 de agosto de 2014), que ha sido objeto de trasposición a nuestro ordenamiento mediante el Real Decreto 701/2016, de 23 de diciembre, por el que se regulan los requisitos que deben cumplir los equipos marinos destinados a ser embarcados en los buques (BOE núm. 310, de 24 de diciembre de 2016, p. 90376).

culpa, el incumplimiento de las normas sobre diseño, construcción y rendimiento, o sobre introducción en el mercado de equipos marinos supondría la infracción de un deber de diligencia. No está tan claro, con todo, que las medidas previstas en la propuesta de Directiva (acceso a información o pruebas y presunciones) aplique en estos casos (como en otros con tratamiento similar a los sistemas de IA en equipos marinos), pues es su texto, al menos en su literalidad, limita a aplicación de dichas medidas frente a los sujetos tipificados en el Reglamento de IA. Lo lógico sería desde luego que las medidas previstas en la propuesta de Directiva aplicasen igualmente en estos y otros casos con igual tratamiento en la Ley de IA, pero el texto no lo deja claro.

Dicho lo anterior, con todo y con el foco puesto de nuevo en los sistemas y los buques de navegación autónoma, más allá de los equipos marinos que integren, la confrontación del esquema resultante de la propuesta de Directiva y el Reglamento de IA plantea otras dudas. En primer lugar, y aunque nada en el Derecho de la navegación marítima impide reclamar la compensación de los daños causados en la navegación u operación de un buque a proveedores, importadores o distribuidores de equipos, o a astilleros, con base en su conducta negligente (o quizá recurriendo a otras disposiciones, como las que regulan la responsabilidad por daños causados por productos defectuosos), la lógica en las que se basan las normas marítimas identifica como sujeto principal en la cadena de responsabilidades al armador, en su condición de titular del buque (no en términos de propiedad, sino a efectos administrativos, con la repercusión que ello tiene en la cadena de responsabilidades patrimoniales). La responsabilidad del armador en estos casos, aun basada en la culpa o negligencia, trasciende la que en las normas de la Unión (en el Reglamento de IA) se atribuye al usuario o responsable del despliegue, incluso en casos, por ejemplo, de innavegabilidad por defectos en el diseño, el mantenimiento, la evolución, las mejoras o actualizaciones, la solidez, la ciberseguridad y/o la alimentación de datos del sistema, cualquiera de ellos quizá dependientes de un tercero proveedor de bienes o servicios. Todos estos aspectos, que pasarán a integrarse en el concepto de navegabilidad en los sistemas de navegación por mar basados en inteligencia artificial, son responsabilidad del armador (pues su control y supervisión, de seguirse la lógica actual, pasarán a formar parte del estándar de conducta pericial del buen armador de buques).

Otro punto que, en segundo lugar, resulta controvertido, al menos en el contexto de la responsabilidad por daños en las normas marítimas, es el efecto que el principio basado en la culpa, incluso complementado con el texto de la propuesta de Directiva, genera con respecto a los comportamientos inesperados (el riesgo asociado a la posible imprevisibilidad) de los sistemas de IA a pesar de su diseño. En el esquema de la Unión, a falta de prueba o presunción de culpa de alguno de los sujetos potencialmente responsables, los daños causados por un comportamiento del sistema inesperado y, en esa medida, anómalo, no son compensados. Este riesgo, por consiguiente, recae en las potenciales víctimas.

Esta consecuencia es poco amistosa con la política seguida en las normas sobre responsabilidad patrimonial del Derecho de la navegación marítima frente a los riesgos (de daños) difíciles de administrar y el dilema de imputación que plantean. Dejando de lado algunas excepciones (si es que no anomalías) totalmente caducas y superadas por multitud de normas posteriores[80], que son las que realmente marcan la pauta, este tipo de riesgos (y las dificultades probatorias que puedan conllevar) tienden a descargarse sobre la industria armadora (en su mayor parte transportista), en lugar de sobre las posibles víctimas de daños. Y ello no sólo mediante los ya mencionados regímenes especiales basados en responsabilidad objetiva, sino también a través de normas enmarcadas en la responsabilidad por culpa (contractuales o extracontractuales), ante la mera dificultad probatoria que puedan enfrentar dichas víctimas en sus reclamaciones por variados motivos (e.g., mediante la identificación de más de un sujeto responsable, o con recurso expreso en las normas a la aplicación de la regla de la solidaridad cuando de un modo u otro haya más de uno[81]). Esta política no es

80 En concreto, y en el contrato de transporte de mercancías por mar, la excepción de la falta náutica, todavía vigente en el Art. 4, par. 2, letra a) de las Reglas de La Haya-Visby (Convenio Internacional para la Unificación de ciertas reglas en materia de conocimientos de embarque de 1924 -*Gaceta de Madrid* núm. 212, de 31 de julio de 1930, pág. 724– enmendado por los Protocolos al convenio de 1968 y de 1979, conforme a los Arts. 1 y 6 par. 2 de este último – Instrumento de Ratificación por España de 16 de noviembre de 1981, BOE núm. 36, de 11 de febrero de 1984, pág. 3674).

81 Nuestra LNM está plagada de ejemplos, algunos tomados del Derecho uniforme; tanto en el ámbito contractual (Arts. 207 y 278, para el porteador contractual y el porteador efectivo; Art. 284 para los porteadores sucesivos; Art. 316, par. 2, sobre responsabilidad solidaria de armador y gestor naval; Art. 321, sobre la posible responsabilidad solidaria de consignatario y armador en un contrato de transporte), como en el extracontractual (Art. 304, par. 2, sobre responsabilidad frente a terceros de los armadores de dos buques en un tren de remolque por los daños causados por este; Art. 318, sobre responsabilidad solidaria extracontractual de gestor naval y armador; Art. 328, sobre responsabilidad solidaria extracontractual de práctico, capitán o armador en casos de culpa compartida; Art. 342, par. 1 sobre responsabilidad solidaria frente

caprichosa; se basa, como otras normas ya citadas, en las posibilidades que la cadena de suministro de los servicios basados en la navegación por mar proporciona para la internalización financiera del riesgo a través del seguro de responsabilidad civil (cuya prima, en la medida en que el mercado lo permita, quedará reflejada en el precio de dichos servicios –en el más común de los casos, de transporte–, y ulteriormente en el coste de otros servicios y productos o materias cuyo tráfico y mercado dependan de ellos).

Más allá de lo anterior, y, en tercer lugar, si bien la configuración operativa de los sistemas o los buques de navegación autónoma o basados en inteligencia artificial puede conservar la utilidad del principio culpabilístico, la dificultad de su aplicación, en particular desde el punto de vista de las posibles víctimas de daños, se dispara. El borrador de Código MASS, siguiendo la política previsiblemente general o mayoritaria en las normas sobre sistemas de inteligencia artificial, conserva la autoridad humana en la navegación basada en o asistida por uno o más dispositivos autónomos o inteligentes, en cualquiera de las configuraciones o modos contemplados. La formación necesaria y el papel del marino en la navegación u operación del buque y del sistema, ya sea de manera activa, pero asistida, o con navegación autónoma supervisada (con un papel por tanto pasivo), están todavía por definir, y en parte además dependerán quizá del propio diseño del sistema de navegación, el buque y el COR. En cualquier caso, es previsible que el estándar de conducta del buen marino, además de conservar todo su contenido y relevancia actual (permitiendo por tanto la navegación manual en cualquier situación), deba pasar a incluir la pericia necesaria para la interacción con el sistema, y para valorar el comportamiento o el resultado por él producido u omitido, identificando la conducta consecuentemente procedente en cada situación. Aun siendo esto así, la introducción del elemento tecnológico en la dirección náutica u operacional del buque en medida más extensa que la observada en el presente puede incrementar la complejidad fáctica de los accidentes. Además de la derivada de la interacción entre humano y máquina, y en conexión con la misma, se plantearán quizá nuevas manifestaciones del problema relativo a la intersección entre negligencia del marino e innavegabilidad del buque, ya conocidos en la jurisprudencia, o la dificultad derivada, no sólo de la diversidad de configuraciones operativas o modos de operación, incluida la remota, sino además de la alternancia entre ellos en una misma singladura (con cambio de COR incluido).

---

a terceros de los armadores en los casos de abordaje por culpa compartida; Art. 385, para los daños causados por contaminación cuando haya más de un armador responsable).

V. CONCLUSIÓN

Todas las circunstancias apuntadas en las páginas previas nos parece que aconsejan, al menos, valorar la posibilidad de elaborar un régimen específico de responsabilidad extracontractual por los daños causados por sistemas y buques de navegación autónoma, que conserve la preeminencia del armador como sujeto responsable, y que en una medida razonable facilite la obtención de compensación por parte de las víctimas.

Con esta finalidad, y concretamente en los casos en los que pueda vincularse causalmente el daño con el comportamiento del buque, su navegación o su operación, las alternativas a la aplicación estricta del criterio basado en la culpa son quizá varias. Una de ellas es recurrir a un criterio de imputación objetivo con carácter atenuado (en la línea de los precedentes ya indicados). Otra opción es idear un esquema que se sirva de una presunción de culpa y responsabilidad del armador, con el derecho de este de aportar la prueba suficiente para su exoneración (en cuyo caso sería necesario definir el umbral de la prueba suficiente). Tanto en uno como en otro caso, resulta difícil de aceptar que el armador pueda evitar su responsabilidad por el mero hecho de que el daño haya sido causado por el resultado producido por un sistema autónomo o basado en inteligencia artificial. En este escenario, resulta muy cuestionable incluso que el armador deba quedar liberado de la obligación de compensar los daños cuando hayan sido causados por un comportamiento no previsto del sistema, aun cuando no exista culpa por su parte y la de sus dependientes. En la valoración de esta última variable deben tomarse en cuenta las mejores condiciones de la industria para internalizar este riesgo y la incertidumbre que pueda suponer, a la vista del régimen de limitación global de responsabilidad y la obligación de contar con un seguro de responsabilidad civil obligatorio que cubra al menos el límite resultante para cada buque[82]. La elaboración de normas especiales en esta línea, para reforzar su definición y la certidumbre en su aplicación, puede igualmente abordar los daños indemnizables, también con el ejemplo de los precedentes internacionales existentes. Finalmente, un hipotético régimen que siga cualquiera de las pautas anteriores (aunque en especial el que se decante por un criterio de imputación objetivo) habría de clarificar hasta qué punto se basa también en la canalización de la responsabilidad por este tipo daños hacia el

---

82 Vigente en la UE bajo la Directiva 2009/20/CE del Parlamento Europeo y del Consejo, de 23 de abril de 2009, relativa al seguro de los propietarios de buques para las reclamaciones de Derecho marítimo (DOUE L 131, de 28 de mayo de 2009).

armador, con exclusión de otros sujetos. No parece haber motivo en este contexto, sin embargo, para que la aplicación preferente de un régimen especial con estos rasgos deba cerrar la puerta a la aplicación de otras normas de carácter general para reclamar contra otros sujetos posiblemente causantes del daño.

La responsabilidad civil en la operación de buques autónomos de superficie dedicados al transporte marítimo de mercancías

JOSÉ ANTONIO PEJOVÉS MACEDO
Profesor de Derecho marítimo y comercio internacional
Universidad de Lima

SUMARIO: I. INTRODUCCIÓN. II. UNA APROXIMACIÓN A LOS BUQUES AUTÓNOMOS DE SUPERFICIE (MASS) Y A LAS FORMAS DE NAVEGACIÓN. 1. Definición de MASS y clasificación de acuerdo con la OMI. 2. Los MASS en el mar: el estado del arte. 3. La IA y la aparición de la navegación autónoma, la navegación automatizada y la navegación-e en el transporte marítimo. 3.1. Definiciones de IA. 3.2. La navegación convencional, la navegabilidad del buque, la navegación autónoma y automatizada, y la navegación-e. 3.2.1. La navegación convencional. 3.2.2. La navegabilidad del buque. 3.2.3. La navegación autónoma y automatizada. 3.2.4. La navegación electrónica (navegación-e). III. LA RESPONSABILIDAD CIVIL EN LA OPERACIÓN DE BUQUES AUTÓNOMOS DE SUPERFICIE EN EL TRANSPORTE MARÍTIMO DE MERCANCÍAS. 1. La responsabilidad en el Derecho civil. 2. Los regímenes especiales de responsabilidad en el transporte marítimo internacional de mercancías. 3. La responsabilidad en la operación de buques autónomos dedicados al transporte marítimo internacional de mercancías. 3.1. La responsabilidad vicaria del porteador por hechos del operador remoto como auxiliar dependiente. 3.2. La responsabilidad del porteador por hechos del operador remoto como tercero o auxiliar independiente. 3.3. La posibilidad de dirigir la acción de daños a las mercancías, solidariamente contra el porteador y el operador remoto independiente o desarrollador del software. 3.4. Alcances de la cláusula Himalaya en el operador remoto independiente. IV. REFLEXIONES FINALES. V. REFERENCIAS BIBLIOGRÁFICAS.

"El dueño de un navío o el de una posada o caballeriza, en razón del perjuicio o del robo cometido en el navío, o en la posada o en la caballeriza, se halla igualmente obligado como por delito, si no es él quien ha cometido el delito, sino alguno de los que se hallan empleados en el navío, en la posada o en la caballeriza".

Item exercitor navis aut cauponae aut stabuli de dolo aut furto, quod in navi aut caupona aut stabulo factum erit, quasi ex maleficio teneri videtur, si modo ipsius nullum est maleficium, sed alicuius eorum, quorum opera navem aut cauponam aut stabulum exerceret

Justiniano. Institutas. 4, 5, 3,

I. INTRODUCCIÓN

Los buques autónomos o de navegación remota, sin dotación o tripulantes a bordo -denominados por la Organización Marítima Internacional (OMI): *maritime autonomous surface ships* (MASS)-, son una realidad y por esta razón surge la necesidad de adoptar normas en el Derecho internacional y en los ordenamientos nacionales, que regulen ciertos aspectos de estos novedosos objetos flotantes con propulsión propia y con sistemas de navegación artificial -por oposición a los sistemas de navegación convencional-, en las circunstancias actuales, en las que se tiene que su irrupción en los mares puede entenderse como una innovación disruptiva en la industria marítima de tanta trascendencia como en su momento lo fue el motor cuando reemplazó a la conjunción del viento y el velamen como sistema de propulsión de los buques, o como lo fue el contenedor cuando irrumpió como factor de revolución en el transporte.

El MASS es un objeto de nuestro tiempo, época en la que los avances científicos, -específicamente la Inteligencia Artificial (IA)-, se han desplegado y seguirán penetrando con innovaciones aceleradas que mutan rápidamente, todas las actividades de los seres humanos en las que determinadas herramientas u objetos son indispensables y en este contexto el transporte acuático no podría estar ajeno.

La IA como históricamente ha ocurrido con los cambios científicos y tecnológicos aparecen y el Derecho luego fija las reglas de utilización que permitan, especialmente, dilucidar aquellas cuestiones relacionadas con la responsabilidad civil las cuales al menos desde la Ilustración han sido para las ciencias jurídicas asuntos de calado.

El tratamiento jurídico de los MASS puede contemplarse en todos los ángulos del Derecho marítimo, así puede serlo desde las normas técnicas relativas a la seguridad de la vida humana en el acto navegatorio y en la prestación de los servicios de transporte marítimo, la prevención y la responsabilidad por contaminación del medio marino, o la prevención de abordajes y colisiones por parte de los buques, solo por citar algunas cuestiones que además de técnicas son de Derecho público. En este extremo, las normas convencionales formuladas por la Organización Marítima Internacional (OMI) tienen su propio anclaje. Luego hay otros aspectos vinculados con la utilización de MASS que también están en el radar del Derecho marítimo desde el ángulo privatístico y es desde este sector, que en este ensayo trataremos aquello relacionado con la responsabilidad civil en la operación de buques autónomos de superficie dedicados al transporte marítimo de mercancías, y en esta línea como sabemos existen normas internacionales de Derecho marítimo mercantil en cuya formulación han tenido un rol crucial la Conferencia de la Naciones Unidas sobre Comercio y Desarrollo -actualmente: Naciones Unidas Comercio y Desarrollo- (UNCTAD, por sus siglas en inglés) y la Comisión de las Naciones Unidas para el Derecho Mercantil Internacional (UNCITRAL, por sus siglas en inglés). La alusión al Derecho marítimo convencional, claro está, no soslaya la importancia que tienen los ordenamientos marítimos nacionales que deberán adecuarse a la nueva circunstancia que trae la explotación de los MASS.

De resultar necesario porque la operación de los buques autónomos lo demanda, las modificaciones en los convenios internacionales, en lo concerniente especialmente a la responsabilidad y las obligaciones del operador del MASS, suponen la reforma de instrumentos internacionales técnicos, como el Reglamento Internacional para Prevenir Abordajes de 1972 (COLREG, por sus siglas en inglés), el MARPOL 73/78 y el SOLAS 1974, por citar únicamente algunos; o, en materia laboral, el Convenio sobre el Trabajo Marítimo de 2006; o, en lo relativo a la atribución y limitación de responsabilidad, lo estipulado en instrumentos como el convenio de Bruselas de 1910 para la Unificación de Ciertas Reglas en Materia de Abordaje, el CLC 1969, el Convenio sobre Limitación de la Responsabilidad Nacida de Reclamaciones de Derecho Marítimo de 1976 (LLMC, por sus siglas en inglés) o las Reglas de La Haya-Visby (1924 y 1968) y las Reglas de Hamburgo de 1978, por citar solamente algunos ejemplos. Diego Chami con relación a los instrumentos internacionales técnicos recuerda que "El Comité de Seguridad Marítima de la OMI ha sugerido identificar: i) las normas que impedirían el empleo de buques sin tripulación; ii) las normas que no serían aplicables a estos buques; iii) las normas que, si bien no prohíben a los buques sin tripulación, requerirían modificaciones para amoldarse a ellos; y iv) las nuevas normas que podrían ser necesarias"[1].

La aparición de los buques autónomos de superficie en el tráfico marítimo trae aparejados novedosos nexos conceptuales para el Derecho marítimo y abre un repertorio muy variado de problemas en la práctica, piénsese solo en los relacionados con las condiciones de navegabilidad del buque, cuando se tiene un sistema de IA asociado al *seaworthiness*, que no es operado necesariamente por el naviero y cuyos defectos operativos pueden tener consecuencias jurídicas en el plano de la atribución de responsabilidad.

---

1 CHAMI, Diego, *Curso de derecho de la navegación*, 2da. edición actualizada, Abeledo Perrot, Buenos Aires, 2022, p. 120.

En realidad, la forma como se tendrá que regular la responsabilidad civil por la explotación de los MASS, o en general, por los sistemas de IA ligados con la prestación (provisión) de servicios marítimos y portuarios es una cuestión objetiva y vigente, que ya está en tráfico de salida de lo puramente experimental y por supuesto de la ciencia ficción.

Este trabajo tiene como centro de gravedad lo concerniente al transporte marítimo de mercancías que se documenta mediante conocimiento de embarque o similar, el cual generalmente, sin ser esto absoluto, se relaciona con el servicio de transporte marítimo en tráfico regular o de línea, por esta razón se alude a los convenios internacionales vinculados con el transporte marítimo internacional de mercancías.

II. UNA APROXIMACIÓN A LOS BUQUES AUTÓNOMOS DE SUPERFICIE (MASS) Y A LAS FORMAS DE NAVEGACIÓN

Los buques[2], como se sabe, son objetos flotantes con propulsión propia destinados a la navegación por mar o por cualquier espacio acuático que les permita el desplazamiento. También se puede asumir que los buques, como lo sugiere alguna legislación moderna, son vehículos capaces de navegar y transportar personas o cosas. Se entiende que los objetos flotantes generalmente sin propulsión propia, que constituyen un soporte de apoyo para el transporte marítimo, son artefactos navales.

Es un dato por todos conocido que los seres humanos utilizamos buques desde hace mucho tiempo, aproximadamente hace unos cuatro mil años[3].

---

2 Los buques a los que nos referimos en este trabajo son los buques de superficie por oposición a los buques submarinos. Los buques de superficie navegan a ras del mar y no pueden sumergirse en el agua como si pueden hacerlo los buques submarinos.

3 Antonio Brunetti recuerda que "En la edad más antigua (era mediterránea, hasta el 850 antes de Jesucristo), egipcios, asirios, caldeos, fenicios, como atestigua Herodoto, en diversas proporciones, contribuyeron al incremento del comercio por el mar, y por los ríos (especialmente en el Nilo). El Código de Hammurabi (descubierto en 1901) que se remonta al 2100 a.C. sobre el cual existe ya una rica y científica literatura, que consta de 282 párrafos (de los cuales faltan 35, y que resulta ser el monumento más antiguo que se conoce, contiene algunos artículos (234 a 240; 275 a 277) relacionados con las construcciones navales, la medida de los fletes, las convenciones sobre enrolamiento, la responsabilidad del transportista, etc.". Véase: BRUNETTI, A., *Derecho marítimo privado*, tomo I, Bosch, Barcelona, 1950, p. 80.

Sin embargo, el uso de MASS es de nuestros días y su empleo masivo en la industria marítima seguramente no tardará tantos años en hacerse realidad en distintas partes del planeta.

La doctrina maritimista se ha ocupado extensamente de desentrañar la naturaleza jurídica del buque y esta definición ha variado en el transcurso del tiempo, desde asumir que los buques son bienes muebles porque precisamente se diseñan y construyen para moverse o desplazarse de un lugar a otro con el objeto muchas veces de transportar mercancías o pasajeros, para luego sentar su naturaleza inmobiliaria y así tornarlos susceptibles de ser gravados con garantías como la hipoteca naval. Esta visión dogmática no ha sido del todo superada en los diversos sistemas jurídicos y de algún modo coexiste con aquellos planteamientos más recientes que identifican la naturaleza jurídica del buque como un bien registrable, es decir como un objeto que puede ser inscrito en un registro público.

Si la gestión náutica del buque se lleva a cabo con tripulantes a bordo o se realiza en forma remota con un operador -*remote operator* u operador remoto- localizado en tierra firme o en algún otro buque u objeto o superficie flotante, bajo alguna de las formas que se mencionan más adelante, la naturaleza jurídica del buque se mantiene incólume, no varía la sustancia, luego, se trata del mismo objeto con la diferencia en cuanto al manejo de los instrumentos que mueven las máquinas de propulsión y eventualmente lo relacionado con la toma de decisiones respecto a la navegación.

Los MASS se integran en los denominados sistemas de transporte inteligentes (STI), en los cuales la IA y las nuevas tecnologías, teóricamente deberían generar transportes más seguros y sostenibles, aunque no exentos de riesgos. En este orden de ideas, aunque cabe señalar que en el transporte marítimo está más próxima la navegación automatizada que la navegación autónoma, María del Carmen Núñez sostiene que "Los STI están diseñados para reunir, procesar, analizar y utilizar información que sirva para mejorar los problemas del tráfico, aumentar la seguridad de los conductores y mejorar la movilidad dentro de las ciudades. Uno de los avances tecnológicos más significativos dentro de los STI, es el Transporte Autónomo, en el que la tripulación de un automóvil, una aeronave, un buque, un camión, etc., es realizada por algoritmos de inteligencia artificial, con diferentes niveles de intervención humana"[4].

---

4 NÚÑEZ, María del Carmen, "Hacia un marco legal europeo uniforme en la prevención de los riesgos y de la responsabilidad civil en el ámbito de la conducción automatizada inteligente", en *Cuadernos de derecho transnacional*, Vol. 15, N° 1,

1. *Definición de MASS y clasificación de acuerdo con la OMI*

Entre las diversas definiciones que se han dado respecto a los buques autónomos de superficie, nos referimos a dos de ellas; en este sentido, los MASS de acuerdo con la OMI (2021), pueden definirse como "todo buque que, en diversos grados, puede funcionar sin depender de la interacción humana"[5]. López, Salgado y Pérez (2021), con relación a los *buques no tripulados,* sostienen que "El CMI [los autores se refieren al Comité Marítimo Internacional] define los *unmanned ships* como aquellos capaces de navegar de forma controlada sin tripulación a bordo"[6].

Cuando se trata de buques autónomos de superficie o buques no tripulados, se asume que la referencia es al mismo objeto, por esta razón, los buques que se operan -navegan- tripulados y los buques no tripulados y que por tanto navegan en forma autónoma o automatizada, no varían en sustancia.

La OMI, desde junio de 2017, a través del Comité de Seguridad Marítima (CSM), empezó a analizar el hecho de que en la industria marítima se estaba experimentando un incremento en la utilización de los MASS, debido entre otras razones a las ventajas económicas de su uso porque se puede prescindir del costo de la mano de obra, llámese tripulación.

Existen diversas clasificaciones de navegación autónoma o niveles de autonomía en los buques, que muestran como la operación se modifica con la aplicación de la IA y en todas estas clasificaciones se combina la participación o no de tripulantes con el grado de autonomía o automatización que la tecnología permite, así se tiene: los *Maritime Autonomous Ship Systems (MASS) UK Industry Conduct Principles and Code of Practice* (de noviembre de 2020) de Maritime UK, las *Guidelines for Autonomous Shipping- Guidance Note NI 641 DT R01* (de octubre de 2019) de Bureau Veritas, y

---

Universidad Carlos III, Madrid, 2023, p. 691, en https://e-revistas.uc3m.es/index.php/CDT/article/view/7558 (visitado el 12 de julio de 2024).

5 Organización Marítima Internacional (OMI), MSC.1/Circ.1638. *Resultados del estudio exploratorio sobre la reglamentación para el uso de los buques marítimos autónomos de superficie (MASS) (3 de junio de 2021)*, p. 3, en https://wwwcdn.imo.org/localresources/es/MediaCentre/Documents/MSC.1-Circ.1638.pdf (visitado el 12 de julio de 2024).

6 LÓPEZ, Pablo, *et al.*, ob. cit., p. 533.

la *Class Guideline DNVGL-CG-0264- Autonomous and Remotely Operated Ships* (de septiembre de 2018) de DNV GL[7].

El CSM en su 99° y 100° periodos de sesiones en 2018, a efecto de analizar cómo la autonomía de los MASS puede reflejarse en la aplicación de los instrumentos internacionales formulados por la OMI para velar por la seguridad y la protección marítima, determinó cuatro grados de autonomía de los MASS que reflejan distintos niveles de automatización. En este sentido, resumimos como la OMI identifica cada grado de autonomía de los buques autónomos de superficie:

(i) Buques inteligentes con sistemas parcialmente automatizados para la toma de decisiones, con tripulantes a bordo;

(ii) Buques gestionados desde tierra u otro buque con tripulación a bordo;

(iii) Buques con gestión náutica controlada desde tierra, sin tripulantes; y

(iv) Buques con sistemas completamente autónomos, capaces de ejecutar todas las etapas del acto navegatorio sin necesidad de intervención humana.

Evidentemente existe una relación cercana entre los grados de autonomía de los buques y la navegación autónoma y automatizada, que mencionaremos más adelante. La navegación automatizada se puede realizar mediante buques que tengan los grados de autonomía (i), (ii) y (iii); y la navegación autónoma en la que la toma de decisiones en la navegación queda a *criterio* de la IA, se podrá realizar con buques con grado de autonomía (iv).

2. Los MASS en el mar: el estado del arte

Como se señaló antes, en los últimos diez años se han producido una serie de iniciativas vinculadas con la navegación-e y con proyectos relacionados con MASS, además de la referida iniciativa de la OMI, otros organismos internacionales gubernamentales y no gubernamentales, así como la academia y la empresa privada, han desplegado esfuerzos para abordar la cuestión en sus diversas dimensiones: técnica, científica y regulatoria.

---

[7] Véase: ALBA, Manuel, "Buques navegados por control remoto y buques autónomos en la evolución futura del derecho de la navegación marítima", en *Revista de Derecho de Transporte*, N° 28, 2021, p. 70.

En ese sentido, Lloyd´s Register en 2017 publicó el documento titulado *Unmanned Marine Systems Code*, documento que en nueve capítulos y dos anexos desarrolla un manual para diseñar, construir y mantener buques sin tripulación, y como lo recuerda Chami "Rolls Royce abre un centro de investigación en la ciudad de Turku, Finlandia, para el desarrollo de los centros de control remoto de los buques y del uso de la inteligencia artificial en la operación de los buques autónomos"[8].

La presencia en los mares de MASS es una realidad, y se puede decir que el paradigma es el buque portacontenedores "Yara Birkeland" de la empresa noruega Yara International, cuyo proyecto se inició en el 2017 y que el pasado 18 de noviembre de 2021 realizó su primer viaje entre los puertos de Horten y Oslo. El "Yara Birkeland" es un MASS cuyo motor de propulsión es eléctrico, puede alcanzar una velocidad de trece nudos y movilizar hasta 120 contenedores.

Además del proyecto noruego en ejecución antes citado existen otros. En esta línea los repetidos López, Salgado y Pérez mencionan que "Los proyectos más importantes en este campo son el MUNIN (*Maritime Unmanned Navigation Through Intelligence in Networks,* 2013-2015), SWANS (*Shared Waterspace Autonomous Navigation by Satellite,* 2017-2020), Hull-to-Hull (2018-2020) y SIMVEE (*Synthetic Imagery Training for Machine Vision in Extreme Environments,* 2018-2020)"[9], y en el mismo sentido Chami se refiere a diversos proyectos en curso y menciona que "El 'Re-Volt' es todavía un prototipo en escala que se desarrolla en Noruega. Con 60 m de eslora y capacidad para cien contenedores, el buque 'Re-Volt' será propulsado a baterías y no llevará tripulación. Además, Noruega estableció al fiordo de Trondheim como lugar de pruebas de buques autónomos y se llevan a cabo programas de desarrollo en la *Norwegian University of Science and Tech.* Robert Allan Ltd. desarrolla el remolcador 'Ramora' para ser operado a distancia. Bourbon Offshore, la empresa francesa de servicios *offshore,* desarrolla un proyecto de buque autónomo -el 'Hrönn'–para esa industria con Automated Ships Ltd. en colaboración con Kongsberg. Por supuesto que hay proyectos en

---

8 CHAMI, Diego, ob. cit., p. 119.

9 LÓPEZ, Pablo, SALGADO, Alsira y PÉREZ, José Manuel, "Análisis crítico de la navegación-e a bordo: situación actual y perspectivas de futuro", en GARCÍA-PITA Y LASTRES, José Luis, DÍAZ, Angélica y QUINTÁNS-EIRAS, María (dirs.), *El derecho marítimo, las nuevas tecnologías y los retos del progreso,* Aranzadi, Navarra, 2021, p. 508.

Japón, por ejemplo, el de Mitsui OSK Lines Ltd. y Kawasaki Kisen Kaisha Ltd., como también en los Estados Unidos"[10].

Aunque es cierto que MASS completamente autónomos seguramente tardarán todavía algunos años en aparecer y masificarse. En los países donde se han registrado avances en las investigaciones correspondientes se han dado expresiones para eliminar las exigencias regulatorias que de algún modo impidan el desarrollo de los MASS. Estos pedidos naturalmente se formulan en un contexto en el que se intenta ver los avances científicos desde un punto de vista positivo.

3. La IA y la aparición de la navegación autónoma, la navegación automatizada y la navegación-e en el transporte marítimo

En esta parte, resulta conveniente realizar un acercamiento a la IA y a la aparición de la navegación autónoma y automatizada y la navegación-e en el transporte marítimo, por el vínculo natural existentes entre el buque y la navegación.

Es cierto que la IA no es tan novedosa como podría suponerse. Los orígenes se remontan a los estudios del matemático Alan Turing en 1936, y al trabajo del neurólogo y psiquiatra Warren McCulloch y del matemático Walter Pitts en 1940; y el referente de la IA simbólica, fue el *jugador de damas* de Arthur Samuel, desarrollado en la década de 1950.

Lo que sorprende y está generando cierto resquemor en la humanidad recientemente, son los pasos agigantados en el desarrollo y sofisticación de la IA y su rápida penetración en todo orden de cosas. El impacto de la IA en la vida real produce incertidumbre en una época de grandes incertidumbres como la que vivimos. La irrupción en noviembre de 2022 del ChatGPT[11] que fue lanzado por la empresa OpenAI, aparentemente ha encendido otras alarmas en el mundo debido a los riesgos que podría conllevar la utilización negligente o dolosa de la IA.

---

10 CHAMI, Diego, ob. cit., p. 119.

11 El ChatGPT "Es un 'software' construido con redes neuronales y otros algoritmos que permite un diálogo natural sobre cualquier tema. Su principal función es generar contenido, pero se puede usar como herramienta de consulta, traducción o asistente" (BBVA, s.f).

3.1. Definiciones de IA

Al entender que la IA es indispensable para la existencia de los buques autónomos de superficie, pues precisamente su empleo en la gestión náutica remota vuelve "prescindibles" en algunos casos a los tripulantes que en los buques convencionales son protagonistas en la configuración del hecho técnico de la navegación, torna necesario referirnos a algunas nociones o definiciones que permitan entender que es la IA.

José Catalán señala que para Arkoudas y Bringsjord en *The Cambridge Handbook of Artificial Intelligence*, "La IA es la disciplina que se dedica a la creación de artefactos -en sentido amplio- capaces de mostrar, en determinados entornos y periodos de tiempo, comportamientos que consideramos 'inteligentes'. Es decir, comportamientos asociados a la mente humana"[12]. Por su parte Margaret Boden dice que "La inteligencia artificial (IA) tiene por objeto que los ordenadores hagan la misma clase de cosas que puede hacer la mente"[13].

Un cuerpo normativo publicado en el Perú el 5 de julio de 2023, la Ley que promueve el uso de la inteligencia artificial en favor del desarrollo económico y social del país -Ley N° 31814-, define a la IA en artículo 3° literal a) como "Tecnología emergente de propósito general que tiene el potencial de mejorar el bienestar de las personas, contribuir a una actividad económica global sostenible positiva, aumentar la innovación y la productividad, y ayudar a responder a los desafíos globales clave"; y el literal b) del mismo artículo 3° define el sistema basado en IA como "Sistema electrónico-mecánico que puede, para una serie de objetivos definidos por humanos, hacer predicciones, recomendaciones o tomar decisiones, influenciando ambientes reales o virtuales. Está diseñado para funcionar con diferentes niveles de autonomía".

Si nos apoyamos en las referidas definiciones, es posible afirmar que la IA, es decir, aquella disciplina tecnológica que permite crear artefactos inteligentes para bienestar de la humanidad, al aplicarse a los buques

---

12 CATALÁN, José, "Arbitraje e inteligencia artificial: algunas ideas sobre su implantación en el arbitraje marítimo", en FONTESTAD, Leticia (dir.), *Buques autónomos, puertos inteligentes y solución alternativa de conflictos marítimos: retos del derecho procesal y del derecho marítimo*, Aranzadi, Navarra, 2022, p. 78.

13 BODEN, Margaret, *Inteligencia artificial*, Turner, Madrid, 2017, p. 11.

mercantes convierte a estos en objetos inteligentes al servicio de la humanidad y capaces de integrarse al llamado internet de las cosas[14].

3.2. La navegación convencional, la navegabilidad del buque, la navegación autónoma y automatizada, y la navegación-e

3.2.1. La navegación convencional

Llamaremos navegación convencional al acto navegatorio realizado con buques de superficie tripulados con una dotación integrada por marinos mercantes con diferentes jerarquía, responsabilidades y competencias a bordo. Navegación convencional que se realiza también con buques convencionales en los que se puede distinguir gente de mar de distinto rango en el escalafón.

Una navegación diferente es la autónoma, para cuya realización es indispensable la existencia de buques autónomos de superficie que puedan desplazarse en espacios acuáticos sin necesidad de tripulantes a bordo.

3.2.2. La navegabilidad del buque

Desde el ángulo jurídico, al menos para efectos de este trabajo, importa la operación de los MASS en lo relativo a la actividad navegatoria -vinculada con la aptitud del buque para la navegación- y su repercusión en el transporte marítimo, especialmente en el transporte marítimo internacional de mercancías.

El hecho técnico de la navegación puede configurarse como todos los preparativos y las acciones realizados por gente de mar que posee un conocimiento científico y técnico para desplazar un buque por el agua. En esta línea, se entiende que el buque debe tener aptitud para navegar, es decir debe tener las condiciones de navegabilidad requeridas para hacerse a la mar y poder desplazarse -*seaworthiness*-, y para recibir el tipo de carga a

14 En la página web de IBM se define el internet de las cosas como "El Internet de las cosas (IoT) se refiere a una red de dispositivos físicos, vehículos, electrodomésticos y otros objetos físicos que están integrados con sensores, software y conectividad de red que les permite recopilar y compartir datos". Véase: https://www.ibm.com/es-es/topics/internet-of-things (visitado el 15 de julio de 2024).

bordo que el embarcador tiene interés en que sea transportada -*cargoworthiness*-, pues no debe perderse de vista que conceptualmente, como se mencionó precedentemente, los buques son objetos flotantes destinados a la navegación, y consecuentemente al transporte de personas y mercancías. En este contexto no es posible por los alcances de este trabajo, ahondar en los pormenores técnicos relacionados con la navegabilidad del buque, cuestión que por lo demás ha sido abundantemente tratada por la doctrina maritimista.

3.2.3. La navegación autónoma y automatizada

En lo que atañe a la navegación autónoma y la navegación automatizada con buques de superficie, se puede afirmar que las definiciones tan útiles en algunos casos para el Derecho, en este caso se encuentran en una etapa auroral, porque los estudios técnicos -iniciados hace menos de una década por organismos públicos y privados- también lo están y aún no es posible asumir que haya conceptos establecidos o fijos, sin embargo, sí disponemos de definiciones que tienen como elemento común, el hecho que se combinan la presencia o ausencia de tripulantes con el grado o nivel de automatización o autonomía del buque.

La diferencia entre navegación autónoma y navegación automatizada podría precisarse en que ésta se realiza con la autoridad humana en la toma de decisiones de gobierno del buque, por ejemplo: lo relativo a las decisiones sobre el rumbo o la velocidad a emplear en la singladura; en tanto la navegación autónoma, aun cuando el buque siempre estará supeditado a la iniciativa humana, el desplazamiento se realiza con una autoridad basada en IA para la toma de decisiones de gobierno del buque. En la navegación automatizada la actividad cuenta con la programación y supervisión de una persona -un marino mercante-, que pueda intervenir en el gobierno del buque y se da una interacción entre esa persona y la IA. En la navegación autónoma, aunque el gobierno del buque lo tiene la IA y se dé la intervención "accesoria" de un marino, toda la actividad navegatoria puede llegar a depender de la IA, aunque siempre atrás de esta se encontrará el desarrollador del *software*.

En ese orden de ideas, una distinción notable entre la navegación autónoma y la automatizada radica en el cambio que se produce en la toma de decisiones respecto al gobierno del buque, el cual se materializa en la *sustitución* de la inteligencia humana por la inteligencia artificial.

Las diferencias entre navegación autónoma y automatizada, cuya materialización práctica de esta última se encuentra en un periodo experimental avanzado, se refleja en la clasificación de los MASS de acuerdo al grado de autonomía, mencionada anteriormente.

3.2.4. La navegación electrónica (navegación-e)

En relación con la navegación electrónica (navegación-e), que registra casi un cuarto de siglo de existencia, que en una línea de tiempo puede determinarse desde que se equipararon las cartas electrónicas a los portulanos impresos, con las reformas al capítulo V del Convenio Internacional para la Seguridad de la Vida en el Mar (SOLAS). Pablo López, Alsira Salgado y José Manuel Pérez señalan que la OMI la define como "La recopilación, integración, intercambio, presentación y análisis de manera armonizada de la información marítima a bordo y en tierra, por medios electrónicos, para mejorar la navegación de punto de atraque a punto de atraque y los servicios conexos, en pro de la seguridad y la protección marítima, y la defensa del medio marino"[15].

La navegación-e tiene relación tanto con la navegación convencional, como con la navegación autónoma y automatizada y se va sofisticando cada vez más e interactúa con las ventanillas únicas -*single windows*-[16] y con los sistemas de comunidad portuaria -*port community systems*-[17].

---

15 LÓPEZ, Pablo, *et al.*, ob. cit., p. 494.

16 La ventanilla única -*single window*-, de acuerdo con el Centro de las Naciones Unidas de Facilitación del Comercio y las Transacciones Electrónicas (CEFACT/ONU), en la Recomendación N° 33, se define como "una facilidad que permite a las partes involucradas en el comercio y el transporte, presentar información y documentos estandarizados en un solo punto de entrada, para cumplir con todos los requisitos reglamentarios relacionados con la importación, la exportación y el tránsito. Si la información es electrónica, los elementos de datos individuales sólo se deben presentar una vez" -traducción libre-. Véase: CENTRO DE LAS NACIONES UNIDAS DE FACILITACIÓN DEL COMERCIO Y LAS TRANSACCIONES ELECTRÓNICAS, *Recommendation N° 33 -2020 edition-, p. 3* en https://unece.org/sites/default/files/2020-12/ECE-TRADE-352_Rev.1E_Rec33_2020Edition.pdf (visitado el 15 de julio de 2024).

17 El sistema de comunidad portuaria -*port community system*- de acuerdo con Richard Morton de la Asociación Internacional de Sistemas de Comunidad Portuaria (IPCSA, por sus siglas en inglés) en una presentación hecha en un evento organizado por la UNCTAD en 2018, es "Una plataforma electrónica neutral y abierta que permite una comunicación inteligente y un intercambio seguro de

III. LA RESPONSABILIDAD CIVIL EN LA OPERACIÓN DE BUQUES AUTÓNOMOS DE SUPERFICIE EN EL TRANSPORTE MARÍTIMO DE MERCANCÍAS

La responsabilidad civil en la operación de MASS es la parte medular de este ensayo, por esta razón es oportuno recordar algunos conceptos fundamentales sobre la responsabilidad civil provenientes del Derecho común, relacionados con el régimen general de responsabilidad, y tratar también algunos aspectos propios del régimen de responsabilidad especial aplicable al porteador en el transporte marítimo de mercancías, con cierto énfasis en el tráfico internacional.

La operación de los buques autónomos de superficie, como se ha venido desarrollando en este trabajo, se encuentra estrechamente relacionada con la navegación autónoma y con la navegación automatizada, y en estas nuevas modalidades de navegación, además del naviero, del capitán del buque y de la dotación, se incorpora un nuevo actor que es el desarrollador del *software* u operador remoto[18], este nuevo sujeto de derecho que irrumpe en la escena es totalmente ajeno al Derecho marítimo, sus actos tienen seguramente un correlato regulatorio en el Derecho civil, pero resulta necesario que las actividades que despliega dicho operador remoto, sean reguladas por normas de Derecho marítimo, en particular lo relativo a la responsabilidad que asumirá si es que esa conducción remota del buque, por negligencia o culpa de su parte, tiene consecuencias en el traslado de la carga. En este sentido, Alba recuerda que "El Derecho de la navegación de momento no ampara la navegación de buques sin

---

información entre actores públicos y privados para mejorar la posición competitiva de las comunidades marítimas y aeroportuarias. Optimiza, gestiona y automatiza procesos eficientes portuarios y logísticos a través de un único envío de datos y conectando transporte y logística cadenas" -traducción libre-. Véase: MORTON, Richard, *"Sustainable freight transport in support of the 2030 agenda for sustainable development"*, en la Reunión Mutianual de expertos de la UNCTAD sobre transporte, logística comercial y facilitación del comercio, en Ginebra, 21-23 de noviembre de 2018, s.p., en https://unctad.org/system/files/non-official-document/MyEM6th_day03ppt_Morton_en.pdf (visitado el 15 de julio de 2024).

18 El *desarrollador del software* y el *operador remoto*, pueden coincidir en un mismo sujeto. El desarrollador del software es quien diseña y fabrica el sistema electrónico-mecánico, léase la IA; y el operador remoto es el que utiliza esa IA para operar el MASS.

dotación, incluidos los de navegación remota manual o automatizada, ni la navegación enteramente autónoma, con o sin dotación a bordo"[19].

Es cierto que la responsabilidad del operador remoto, puede abarcar todas aquellas situaciones en las que una actitud negligente de su parte tenga consecuencias dañosas, *v.gr.*: accidentes como abordajes, embarrancamientos, colisiones o derrames de hidrocarburos, sin embargo, este trabajo se concentra en la responsabilidad civil derivada del transporte marítimo de mercancías, en concreto sobre cómo podría regularse esa responsabilidad en los convenios que regulan el transporte marítimo internacional y extensivamente en las leyes nacionales.

1. La responsabilidad en el Derecho civil

Con el objeto de ubicar con precisión lo concerniente a la responsabilidad en la operación de MASS dedicados al transporte marítimo de mercancías, es conveniente recoger algunas definiciones sobre responsabilidad contenidas en diccionarios jurídicos, y algunas reflexiones doctrinarias de especialistas que se han ocupado del tema.

La responsabilidad es definida por Guillermo Cabanellas como "La obligación de reparar y satisfacer por uno mismo, o en ocasiones especiales por otro, la pérdida causada, el mal inferido o el daño originado[20]". Por su parte, Manuel Ossorio dice de la responsabilidad civil que es "La que lleva consigo el resarcimiento de los daños causados y de los perjuicios provocados por uno mismo o por tercero, por el que debe responderse"[21].

Guido Alpa, connotado civilista y quien tiene una extensa producción doctrinaria dedicada a la responsabilidad civil, sostiene que "El área que designa convencionalmente con el término *responsabilidad civil* (y que encuentra homólogas terminologías y disciplinas en Italia, Francia, España, Portugal y América Latina) connota en todas partes -también en Alemania, Inglaterra, Estados Unidos de América-, el mismo fenómeno: el acaecimiento de daños considerados jurídicamente relevantes, el ejercicio de actividades o el cumplimiento de actos de los cuales se deriva aquel daño,

---

19 ALBA, Manuel, ob. cit., p. 73.

20 CABANELLAS, Guillermo, *Diccionario enciclopédico de derecho usual,* Editorial Heliasta, Buenos Aires, 1986, p. 191.

21 OSSORIO, Manuel, *Diccionario de ciencias jurídicas, políticas y sociales,* Editorial Heliasta, Buenos Aires, 2011, p. 847.

la obligación de un sujeto -a veces el autor directo y material del acto, o el sujeto elegido por el ordenamiento para que asuma económicamente las consecuencias- de resarcir el daño"[22].

En relación con la voz *responsabilidad,* José Domingo Ray (1996), recuerda que su utilización en el campo jurídico no es de muy antigua data, en este contexto menciona que "En la primera página de la obra de los Hermanos Mazeaud, publicada en 1957, con la colaboración del profesor de Grenoble, André Tunc, se nos dice que el término responsabilidad, de uso corriente hoy día, entró no hace mucho en nuestro lenguaje jurídico. Pothier lo empleaba excepcionalmente y la expresión habría sido tomada del derecho inglés, por los filósofos del Siglo XVIII, encontrándose en el Diccionario Crítico de 1789 de Mr. Necker y el abate Feraud[23]".

En la actualidad la responsabilidad civil se decanta como una institución jurídica relevante. Su estrecha vinculación con los daños, el hecho que en el lenguaje jurídico corriente esté siempre presente cuando se materializan determinadas circunstancias de connotación jurídica; el que la responsabilidad sea objeto de estudios desde hace muchos años en las facultades de Derecho y que en torno a ella se hallan moldeado diversos planteamientos teóricos, nos indica la importancia del instituto, dicho en singular, si asumimos que pueda ser válido constreñir como una sola figura jurídica el portentoso poliedro que la responsabilidad civil exterioriza en sus diversas expresiones, tales como: la responsabilidad contractual y la responsabilidad extracontractual, o la responsabilidad subjetiva y la responsabilidad objetiva.

En el sentido de lo señalado anteriormente, respecto a la responsabilidad en la operación de MASS dedicados al transporte marítimo de mercancías, cabe indicar para ser más precisos, que la responsabilidad vinculada con los servicios de transporte marítimo de mercancías es una responsabilidad de base contractual, fundada en la culpa.

---

22 ALPA, Guido, *Responsabilidad civil y daño. Lineamientos y cuestiones,* Gaceta Jurídica, Lima, 2001, pp. 25-26.

23 RAY, José Domingo, "*Distintos Enfoques sobre la Responsabilidad en el Derecho*", en Anticipo de Anales, año XL, segunda época, número 33, Academia de Derecho y Ciencias Sociales de Buenos Aires, Buenos Aires, 1996, p. 4.

2. Los regímenes especiales de responsabilidad en el transporte marítimo internacional de mercancías

Como se sabe, la responsabilidad del porteador en el contrato de transporte marítimo de mercancías en régimen de conocimiento de embarque tiene un régimen especial que está regulado en convenios internacionales y en leyes nacionales de navegación integrantes del Derecho marítimo, y tiene vínculos con el Derecho civil en lo que corresponde al referido régimen general de responsabilidad. Por esta razón es más apropiado referirse a regímenes especiales de responsabilidad en plural, ya que la responsabilidad del porteador en los convenios internacionales y en las leyes nacionales de navegación, si bien es cierto tienen elementos comunes, tienen también particularidades que distinguen unos de otros, sin embargo, no es objeto de este trabajo analizar detalladamente esos elementos comunes o distintivos que han sido desarrollados en otros estudios.

Si bien es cierto que este ensayo aborda principalmente la responsabilidad en la operación de MASS dedicados al transporte marítimo de mercancías, que involucra necesariamente a las empresas navieras que intervienen como porteadores contractuales o como porteadores efectivos[24], en la prestación de servicios de traslado de mercancías de un puerto de origen a otro de destino, localizados en Estados diferentes, y que incluye también al operador remoto o desarrollador del software, resulta oportuno efectuar una aproximación a la responsabilidad civil especial del Derecho marítimo aplicable al porteador, pues nos permitirá entender con mayor claridad cómo a su vez se aplicará el régimen especial de responsabilidad al operador remoto del MASS.

Lo relativo a la responsabilidad del porteador en el transporte marítimo internacional de mercancías es un aspecto central en el contrato de transporte marítimo, especialmente por las prestaciones que debe cumplir la empresa naviera en el traslado de la carga y por la vinculación que tiene este contrato con las ventas marítimas, que como se sabe es una relación jurídica en la confluyen el contrato de compraventa internacional y el aludido contrato de transporte marítimo de mercancías, en algunos casos junto con el contrato de seguro de mercancías o facultades y en muchas oportunidades

---

24 Los porteadores efectivos son las empresas navieras que realizan el traslado de carga de un punto a otro. El porteador efectivo y el contractual pueden ser la misma empresa, cuando ésta firma el contrato y ejecuta directamente el transporte marítimo.

con el contrato de crédito documentario[25]. En este sentido, Ray señala que "El tema de la responsabilidad del transportador es de fundamental importancia en el comercio exterior porque el transporte se encuentra en el centro de las transacciones comerciales, principalmente de las internacionales, y de ahí que la mayor parte de la labor realizada para la armonización del derecho comercial ha girado alrededor de la formulación de convenciones internacionales sobre transporte marítimo, aéreo y terrestre"[26].

El régimen de responsabilidad adoptado en las convenciones internacionales sobre transporte marítimo de mercancías es el subjetivo, fundado en la culpa o negligencia y las normas que lo regulan tienen carácter imperativo, esto es, son reglas inderogables para las partes, salvo que se pacte, por ejemplo, un límite de responsabilidad mayor en favor del embarcador, es decir se acuerde un incremento en el monto de la deuda resarcitoria si se producen daños que menoscaban el valor de las mercancías transportadas.

En este ensayo no se trata sobre la responsabilidad derivada de los contratos de fletamento de buques, solo se mencionan -en lo que resulte necesario- algunos aspectos de los regímenes de responsabilidad del porteador en el transporte marítimo internacional de mercancías, recogidos en el Convenio Internacional para la unificación de ciertas reglas sobre transporte marítimo de mercancías en régimen de conocimiento de embarque (Bruselas, 1924), mejor conocido como las *Reglas de La Haya,* sus modificaciones plasmadas en el Protocolo de Bruselas de 1968, que se conoce como las *Reglas de La Haya-Visby* o Protocolo de 1968, y en el Protocolo de Bruselas de 1979 que incorpora los llamados Derechos Especiales de Giro (DEG)[27]; en el Convenio de las Naciones Unidas sobre transporte

---

25 Georges Ripert, hace unos años, ya decía que "Se llama venta marítima, la venta comercial de mercancías que son enviadas del vendedor al adquiriente por mar. Son, por consecuencia, ventas en las cuales entra en consideración el transporte marítimo efectuado con la mercancía vendida". Véase: RIPERT, Georges, *Derecho marítimo,* Tipográfica Editora Argentina, Buenos Aires, 1954. p. 247.

26 RAY, José Domingo "Responsabilidad de los Porteadores en las Convenciones Internacionales sobre Conocimientos de Embarque", en el *Anticipo de Anales,* segunda época, año XXXVIII, número 31, Academia Nacional de Derecho y Ciencias Sociales de Buenos Aires, Buenos Aires, 1994, p. 7.

27 El DEG es una unidad de cuenta creada por el Fondo Monetario Internacional (FMI) y en algunos convenios internacionales sobre transporte marítimo internacional de mercancías, se emplea en vez del patrón dólar o cualquier otro, a efecto de calcular los topes indemnizatorios derivados de la responsabilidad en el transporte marítimo de mercancías.

marítimo de mercancías (Hamburgo, 1978), mejor conocido como las *Reglas de Hamburgo*; y en el Convenio de las Naciones Unidas sobre el contrato de transporte internacional de mercancías total o parcialmente marítimo (Nueva York, 2008), denominado *Reglas de Róterdam*, instrumento internacional que todavía no ha entrado en vigor y que fue aprobado, entre otras razones, con la finalidad de reemplazar los instrumentos internacionales antes citados.

El porteador en el contrato de transporte marítimo de mercancías, que se documenta mediante un conocimiento de embarque -*bill of lading*- o documento similar, se obliga a recibir las mercancías para su desplazamiento desde un puerto localizado en un Estado hasta otro puerto o lugar ubicado en otro Estado. Esa obligación de resultado supone que la carga que el porteador recibe en custodia debe conservarla y entregarla al tenedor del documento facultado para recibirla en el puerto de destino y en el plazo acordado.

Cuando el naviero o porteador no cumple efectivamente con sus prestaciones, bien porque la carga se pierde totalmente o llega averiada o con retraso, por culpa que le resulta atribuible, deberá responder por los daños causados y resarcir al titular de la carga.

Con relación a los regímenes de responsabilidad del porteador en el transporte marítimo internacional de mercancías -y con algunos matices en las legislaciones nacionales que regulan estos servicios-, recogidos en los instrumentos internacionales citados, es factible afirmar que tienen en común algunos elementos, con las particularidades propias en cada caso, así se tienen: i. la internacionalidad de las Reglas y la calidad de tratados internacionales, conforme al Derecho de los tratados; ii. El carácter imperativo de las normas que regulan la responsabilidad del porteador; iii. La responsabilidad subjetiva o fundada en la culpa; iv. La responsabilidad limitada del porteador o limitación de la deuda resarcitoria; v. La inversión de la carga de la prueba en las causas de exoneración de responsabilidad; vi. Los supuestos de incumplimiento que generan responsabilidad; vii. La derogación de la responsabilidad del porteador en favor del titular de la carga; viii. Los eximentes de responsabilidad del porteador; ix. El periodo de responsabilidad; y x. La prescripción de las acciones.

No es objetivo de este trabajo ni sus alcances lo permiten tocar todos los pliegues -complejos algunos- de la responsabilidad del porteador en el transporte marítimo de mercancías, pues para ello nos remitimos a las monografías especializadas que han analizado detalladamente la cuestión, sin embargo, resaltamos dos de los mencionados elementos: las formas cómo se norman en los convenios internacionales lo relativo a las exoneraciones o eximentes de responsabilidad del porteador por daños a la carga, específicamente cómo la culpa náutica contenida en las Reglas de La Haya opera como un poderoso eximente de responsabilidad y cómo en las Reglas de Hamburgo se elimina la posibilidad que el porteador pueda invocar la culpa náutica para librarse del peso de indemnizar al cargador por daños a sus mercancías -sobre este aspecto nos referimos más adelante-. Otro elemento que también se puede comentar como *botón de muestra* es el monto fijado en los distintos instrumentos internacionales como límite de responsabilidad: las Reglas de La Haya establecen los límites de la deuda resarcitoria del porteador por pérdidas o daños a las mercancías transportadas en 100 libras esterlinas por bulto o unidad o el equivalente de esa suma en otra moneda, a no ser que la naturaleza y el valor de esas mercancías hayan sido declaradas por el embarcador; el protocolo de Visby de 1968 establece el límite en 10,000 francos por bulto o unidad o 30 francos por kilogramo de peso bruto de las mercaderías, si esta cantidad es mayor; las Reglas de Hamburgo fijan el límite de responsabilidad en 835 unidades de cuenta por bulto o unidad de carga, o 2,5 unidades de cuenta por kilogramo de peso bruto si esta cantidad es mayor -por unidad de cuenta se entiende el DEG creado por el FMI-; y las Reglas de Róterdam establecen el límite en 875 unidades de cuenta por bulto u otra unidad de carga o 3 unidades de cuenta por kilogramo de peso bruto de las mercancías si esta última cantidad es mayor. Como resulta evidente, los montos a los que asciende la deuda resarcitoria difieren y esto como ocurre con las exoneraciones de responsabilidad, tiene consecuencias económicas.

Como se sabe y es algo repetido en la doctrina y en los congresos o seminarios sobre las materias, un objetivo principal de los especialistas en Derecho marítimo y en el Derecho uniforme del comercio internacional, con el que coinciden también las agencias formuladoras de Naciones Unidas y las organizaciones internacionales no gubernamentales vinculadas con el comercio y el transporte marítimo internacional, radica en alcanzar la uniformidad de las normas que regulan los intercambios comerciales y el tráfico marítimo internacional. Las bondades de la pretendida uniformidad son de alto calado y tienen que ver con la previsibilidad en la aplicación de las normas y la seguridad jurídica que debería ofrecer todo sistema y que debería imperar en toda relación jurídica. Sin embargo, conseguir la uniformidad global de las normas aplicables al comercio y al transporte marítimo transnacional es complejo y si se quiere es algo utópico, por las diferencias de intereses existentes en el comercio marítimo, tanto en el plano empresarial como en el interestatal. Prueba de esto es la existencia de diversos sistemas de responsabilidad aplicables al transporte marítimo internacional de mercancías que se encuentran vigentes y que han sido mencionados anteriormente.

3. La responsabilidad en la operación de buques autónomos dedicados al transporte marítimo internacional de mercancías

En la operación de buques autónomos de superficie, como se ha señalado, podrán concurrir con el naviero, el desarrollador de *software* u operador remoto, actor que no participa en la navegación convencional. La presencia del operador remoto es gravitante y constituye uno de los elementos que distinguen la navegación automatizada y la autónoma de la navegación convencional.

El operador remoto participará tanto en la navegación automatizada como en la navegación autónoma. En la navegación automatizada sin capitán ni tripulantes a bordo y en la navegación autónoma, sustituirá al capitán y a la dotación del buque en las funciones vinculadas con la actividad navegatoria, lo que supone que deba tener conocimientos técnicos en la materia.

El CSM de la OMI, como se mencionó, ha determinado cuatro grados de autonomía en los MASS, que abarcan distintos niveles de automatización. La mayor sensibilidad por parte de los organismos internacionales, especialmente el CMI y la OMI respecto a la operación de buques autónomos de superficie y a la responsabilidad civil relacionada con ella, recae en los MASS de grado (iii) y (iv), es decir, aquellos que prescinden de tripulantes a bordo y también los que son controlados por una IA. Esto se advierte en el resumen del análisis realizado por el Grupo de Trabajo del CMI sobre los buques autónomos de superficie (CMI IWG MASS) en relación con los convenios que son competencia del Comité Jurídico de la OMI, contenido en el documento LEG 107/-8, publicado el 13 de diciembre de 2019 y en el documento LEG 107/8/17, publicado el 10 de enero de 2020[28].

---

28 Véanse los documentos de la OMI: LEG 107/8 y LEG 107/8/17, de 13 de diciembre de 2019 y de 10 de enero de 2020, respectivamente, ambos bajo el mismo título *Estudio exploratorio sobre la reglamentación y análisis de las lagunas de los convenios resultantes de la labor del Comité Jurídico con respecto a los buques autónomos de superficie (MASS),* en los URL consignados en las referencias bibliográficas.

La integración del operador remoto en la empresa marítima puede darse de distintas formas. Una manera simplificada de graficar esas formas de integración sería asumiendo que dicho operador remoto esté incorporado en la estructura orgánica de la empresa naviera que opera el MASS como un auxiliar dependiente del naviero o que su actividad se realice como un auxiliar independiente, es decir, que tenga un vínculo laboral con una empresa prestadora de servicios que no es el operador convencional del buque[29]. En ambos casos, si se producen daños a las mercancías transportadas[30] que obedezcan a la responsabilidad del operador del buque autónomo, se podría canalizar esa responsabilidad de manera diferente.

Ante la ocurrencia de un hecho dañoso en el transporte marítimo internacional de mercancías en el que participe un desarrollador de *software* u operador remoto, en la actualidad no existen normas convencionales y hasta donde se conoce tampoco normas nacionales, que regulen la responsabilidad de dicho sujeto. El operador remoto es una figura inexistente para el Derecho marítimo, y corresponde prever situaciones cuya eventual materialización no está lejos de suceder, si es que nos encontramos en 2024 en un estadio experimental especialmente de la navegación automatizada, que se puede decir muy avanzado.

Cuando nos encontramos ante el acaecimiento de daños a las mercancías trasladadas en virtud a un contrato de transporte marítimo, cuya causa es atribuible al operador remoto y éste se encuentra incorporado a la empresa naviera como dependiente, no se presentan inconvenientes por falta de regulación o vacío normativo, toda vez que los instrumentos que regulan el transporte marítimo internacional, como son las citadas Reglas de La Haya-Visby y las Reglas de Hamburgo, contienen normas que regulan suficientemente ese tipo de supuestos, con lo cual la demanda por daños siempre se dirigirá contra el porteador.

La cuestión difiere cuando ese operador remoto o desarrollador del *software* es un tercero, esto es, cuando se trata de una empresa distinta de la

---

29 Se puede asumir que el operador remoto pueda ser un colaborador o trabajador dependiente de la empresa naviera, pero sería más complicado que el desarrollador del *software* lo fuera, porque generalmente estos especialistas están vinculados con empresas tecnológicas.

30 La alusión a daños a las mercancías, para efecto de este trabajo, se refiere a cualquier tipo de pérdidas, averías, o menoscabos, e incluso el retraso en la entrega, que sufran las mercancías transportadas.

empresa naviera y es contratada por esta para la operación del MASS. Es el supuesto de la presencia y actividad de un operador remoto independiente.

Un supuesto que agrava en complejidad las circunstancias se presenta cuando el operador remoto independiente es a su vez un sujeto o empresa distinta del desarrollador del *software*. El operador remoto independiente puede ser una empresa que presta el servicio de operación del MASS, con una IA desarrollada por otra empresa y puede plantearse la hipótesis de que el *software* sea un producto defectuoso, con lo cual habría un responsable *más distante* frente al cual el embarcador no tendría por qué accionar, ni tampoco tendría la legitimidad para hacerlo, pero sí podrían interponer las acciones correspondientes tanto la empresa naviera como el operador remoto de ser el caso.

3.1. La responsabilidad vicaria del porteador por hechos del operador remoto como auxiliar dependiente

Existe la responsabilidad indirecta atribuible al porteador por los incumplimientos contractuales, generada por hechos de los subordinados o auxiliares dependientes -la denominada responsabilidad vicaria o refleja-, que conecta con la elección negligente de un subordinado -la llamada *culpa in eligendo*- o con la falta de vigilancia en el cumplimiento de las instrucciones dadas para la correcta realización de la prestación -la *culpa in vigilando*-. La responsabilidad vicaria se contempla en el artículo 1981 del Código civil peruano, que establece *"Aquel que tenga a otro bajo sus órdenes responde por el daño causado por este último, si ese daño se realizó en el ejercicio del cargo o en cumplimiento del servicio respectivo. El autor directo y el autor indirecto están sujetos a responsabilidad solidaria"* y un sentido similar se encuentra recogido en el artículo 1903 del Código civil español. En estos casos, la reclamación por daños a las mercancías tendría que dirigirse contra el porteador, y en el Perú como se encuentra regulada la responsabilidad solidaria para estos casos en el Código civil, sería factible ejercitar la acción de responsabilidad contra el porteador y el operador remoto dependiente.

La acción que pueda dirigir el titular de la carga por daños a esta, contra los auxiliares dependientes del porteador, tendrá naturaleza extracontractual, de acuerdo con el artículo 1969 del Código civil peruano, cuyo correlato en el Código civil español se encuentra en el artículo 1902. De acuerdo con la jurisprudencia emanada en distintos sistemas jurídicos, esa responsabilidad extracontractual puede acumularse con la responsabilidad contractual del porteador. Sin embargo, como se sabe, es el porteador el legitimado pasivamente cuando se trata de una pretensión que busca que se declare su responsabilidad por las prestaciones derivadas del contrato de transporte marítimo.

Como es dato conocido, la responsabilidad refleja o vicaria puede resultar extraña o inexistente cuando resultan aplicables las Reglas de La Haya-Visby a casos concretos, y el porteador invoca la exoneración por culpa náutica[31], la misma que las Reglas de Hamburgo, instrumento internacional más adecuado a las circunstancias actuales, expulsaron y dejaron sin efecto.

No parece que se abuse de la hipérbole si se dice que, en virtud a las Reglas de La Haya-Visby, es posible que, con un *software* defectuoso o los servicios de un operador remoto negligente, el porteador pueda exonerarse de responsabilidad si es demandado por los daños a las mercancías transportadas, si la culpa que se le imputa, envuelta en forma de *culpa náutica* se la puede atribuir a ese operador remoto o desarrollador del *software.* En este extremo, las Reglas de Hamburgo resultan más coherentes en su aplicación práctica que las referidas Reglas de La Haya-Visby. Las Reglas de Róterdam también suprimen la exoneración de responsabilidad por culpa náutica.

3.2. La responsabilidad del porteador por hechos del operador remoto como tercero o auxiliar independiente

Caso distinto al anterior, aunque no por las consecuencias del evento dañoso, sería cuando los daños causados a las mercancías transportadas se deben a un acto negligente o doloso del operador remoto quien actúa como un tercero que ha sido contratado por el naviero y que no suscribe el contrato de transporte marítimo. En estos casos la demanda por daños podría dirigirse contra el naviero y solidariamente contra el operador remoto, sin embargo, esto aún no se encuentra suficientemente regulado ni en el plano internacional ni en el local, y la factibilidad de poder incoar la

31 Sobre la falta culpa náutica en el transporte marítimo internacional de mercancías, es decir, el error o la negligencia en la navegación en la que incurren los dependientes del porteador y que exoneran a este de responsabilidad por daños a las mercancías transportadas, nos hemos referido en otras monografías y ensayos, en los que hemos acusado su anacronismo. Véase: PEJOVÉS, José Antonio (2022), *Derecho marítimo y comercio internacional (capítulos sobre puertos, transporte y comercio marítimo),* primera reimpresión, Fondo Editorial de la Universidad de Lima, Lima, 2023, pp. 99-100.

demanda contra el operador remoto, quien no ha suscrito el contrato de transporte marítimo de mercancías, se difumina por no decir que es imposible. Esta situación se da en paralelo a que tampoco es posible percibir con claridad, por el vacío normativo existente, si quien reclama el daño a las mercancías transportadas puede sustentar su demanda eventualmente contra el operador remoto, bien sea amparado en las normas del Derecho marítimo o en las del Derecho común, pues como se sabe, el régimen general de responsabilidad civil difiere del régimen especial -o regímenes especiales- del Derecho marítimo.

Es aceptado que las normas de Derecho civil, las cuales en buena parte se encuentran codificadas desde el siglo XIX -naturalmente en el sistema romano germánico-, se aplican supletoriamente a las relaciones jurídicas de Derecho marítimo.

En el Derecho común, la responsabilidad del deudor por el incumplimiento de las obligaciones contractuales se extiende también a aquellas prestaciones incumplidas o mal ejecutadas por terceros que este ha contratado o ha empleado para su realización. Es decir, a la responsabilidad por el hecho propio se agrega la responsabilidad por el hecho ajeno o de terceros. En este orden de ideas, en el plano marítimo, la responsabilidad civil directa del porteador que en un contrato de transporte marítimo internacional de mercancías incumple las prestaciones a su cargo frente al titular de las mercancías, se ve extendida pues el mismo porteador sería responsable indirecto por los hechos dolosos o culposos de un tercero que contrate, *v.gr.:* los daños causados por un operador remoto independiente de un MASS, contratado por el porteador para la ejecución del contrato de transporte marítimo. Si se diese el caso en el Perú, en un contrato de transporte marítimo en tráfico nacional, regulado por el obsoleto Libro III del Código de comercio de 1902[32], se aplicaría supletoriamente el artículo 1325 del Código civil peruano, el cual establece: "El deudor que para ejecutar la obligación se vale de terceros, responde los hechos dolosos o culposos de estos, salvo pacto en contrario".

La fórmula legal señalada anteriormente podría ser invocada supletoriamente en un contrato de transporte marítimo internacional de mercancías, celebrado en el Perú, en donde rigen las Reglas de Hamburgo[33].

---

32 El Libro III del Código de comercio peruano de 1902, es copia literal del derogado Libro III del Código de comercio español de 1885.

33 Mediante el Decreto Supremo N° 006-2021-RE, el Perú adhirió al Convenio de las Naciones Unidas sobre el transporte marítimo de mercancías de 1978. Las Reglas

3.3. La posibilidad de dirigir la acción de daños a las mercancías, solidariamente contra el porteador y el operador remoto independiente o desarrollador del software

Cuando se trata de plantear una reclamación por daños a las mercancías transportadas, el titular de estas podría convenirle demandar también al operador remoto independiente del MASS, y de ese modo quizá disponer de una mejor garantía para conseguir el resarcimiento por los daños causados.

La acción de responsabilidad civil o demanda por daños a las mercancías, si las normas lo permitiesen, el embarcador podría dirigirla contra el operador remoto independiente y el porteador -en forma de litisconsortes pasivos- con el objeto de que respondan solidariamente, no tanto así contra el desarrollador del *software,* si fuese un sujeto distinto del operador remoto. Como se mencionó anteriormente la hipótesis se vuelve más compleja, en un caso en el que se dé una disociación subjetiva de esta naturaleza, ya que hasta el momento no existen normas que regulen una situación jurídica como la descrita.

El principio de no presunción de la solidaridad se remonta al Derecho romano y desde el Código civil de 1804 se recoge en los códigos civiles del sistema continental. En efecto, el artículo 1202 del Código de Napoleón, estipula que "La solidaridad nunca se presume; deberá ser expresamente estipulada". En el mismo sentido se regula la solidaridad en el artículo 1137 del Código civil español y también el Código civil peruano el cual en el artículo 1183 estatuye: "La solidaridad no se presume. Sólo la ley o el título de la obligación la establecen en forma expresa".

Para interponer una demanda solidaria por daños a las mercancías transportadas, contra el porteador y contra el operador remoto independiente, sería necesario regular la solidaridad entre éstos, lo cual no se encuentra normado en ningún instrumento internacional y seguramente tampoco lo está en ninguna ley nacional que regule el transporte marítimo de mercancías, sea en tráfico nacional o cabotaje, o en tráfico internacional.

En las Reglas de Hamburgo se considera la responsabilidad solidaria del porteador y del porteador efectivo, así lo dispone el artículo 10.4 cuando estatuye que "En los casos y en la medida en que el porteador

---

de Hamburgo entraron en vigor en el Perú el 1 de abril de 2022 y reemplazaron a las Reglas de La Haya que rigieron desde 1964.

y el porteador efectivo sean ambos responsables, su responsabilidad será solidaria". Ninguna norma vigente sea en el plano internacional o en el nacional, como fue mencionado, contempla la existencia jurídica del operador remoto independiente, por consiguiente no existe certeza respecto a si la imaginación creadora de los jueces o de los árbitros podrá equiparar en algunos casos al operador remoto independiente con el porteador efectivo, porque se entiende que este sería también un naviero ontológicamente similar al porteador contractual, que necesariamente será una empresa naviera constituida bajo determinadas normas societarias y domiciliada en un Estado que le ha otorgado bajo el cumplimiento de ciertos requisitos administrativos el correspondiente título habilitante para prestar servicios de transporte marítimo.

Una fórmula legal similar a la del citado artículo 10.4 de las Reglas de Hamburgo quizá podría diseñarse para regular la responsabilidad solidaria del porteador y del operador remoto independiente por los daños a las mercancías transportadas.

Al moldear coherentemente la figura legal del operador remoto independiente, se disiparía esa sombra propiciada por la novedad de su aparición en el tráfico marítimo, y se les ofrecería a los titulares de las mercancías transportadas -es decir a los usuarios de los servicios de transporte marítimo de mercancías- y también a los navieros, una regulación que reconozca a ese nuevo actor que tendrá un rol preponderante en la navegación autónoma y automatizada.

La finalidad del antiguo anhelo del CMI de dotar a la comunidad marítima internacional de normas de Derecho marítimo uniformes, entiendo que también se encamina en detectar esos vacíos o lagunas jurídicas presentes en todo ordenamiento y cubrirlos o llenarlos, de tal forma que se disponga de normas transparentes, -escritas en un lenguaje claro- y equilibradas, cuya aplicación práctica produzca el mejor ambiente de seguridad jurídica posible, tan necesario para el comercio marítimo internacional.

El vacío en la regulación del operador remoto independiente, cuyas faltas náuticas pueden devenir en hechos dañosos con impactos en las mercancías transportadas, podría conllevar a una situación de inseguridad jurídica semejante a la que se presenta con los *freight forwarders* o transitarios, cuando de daños a las mercancías se refiere, claro está, no desde el ángulo en el que un embarcador celebre un contrato de transporte marítimo de mercancías con un operador remoto, porque si fuese así este sería un porteador -un naviero-, sino desde la perspectiva de que el titular de la carga tenga el interés en iniciar la reclamación por daños contra el operador remoto y el porteador, y es que la disociación entre navegación y transporte o mejor dicho entre la actividad navegatoria y el servicio de transporte marítimo, en los casos en que concurran el naviero porteador y el operador remoto, será evidente.

Cuando se producen daños a las mercancías transportadas y ha intervenido un *freight forwarder* cuya actuación en las operaciones de transporte marítimo no está regulada con nitidez, en algunas oportunidades se presentan situaciones de inseguridad jurídica perjudiciales para los usuarios de los servicios de transporte marítimo y también de transporte multimodal. Fernando Aguirre y Cecilia Fresnedo recuerdan la opinión de Jan Ramberg sobre esa problemática en un artículo titulado "Unification of the law of international freight forwarders" -publicado en la *Uniform Law Review,* vol. III, UNIDROIT, Roma) 1998-, en el que Ramberg ante la incertidumbre del rol que cumplen los *freight forwarders* ya sea como agente o como porteador, por la inexistencia de normas que regulen su actuación, recordaba una estrofa de la canción inglesa "*The Scarlet Pimpernel*", cuya letra se refiere a la facilidad con que Pimpernel elude a sus perseguidores, y que Aguirre y Fresnedo comentan "Creo que la única traducción adecuada para explicar esto en español es referirse a nuestra rima infantil del Gran Bonete: la responsabilidad del *freight forwarder* es algo que nadie sabe quien la tiene. Invariablemente los *freight forwarders* demandados alegan ser meros agentes y piden que se demande al transportador efectivo. El transportador efectivo lo devuelve diciendo que con él no contrataron. ¿Quién tiene la responsabilidad? Los que intentan establecer la responsabilidad en un caso concreto, se encuentran con un círculo de negativas que recuerdan al juego infantil: '*¿Pues entonces quién la tiene? La tiene el Gran Bonete...*'[34]".

Diferencias aparte, pues como se mencionó el operador remoto no se asemeja al *freight forwarder* ni tampoco al porteador efectivo ni celebra el contrato de transporte marítimo; sin embargo, sí podría escudarse en el vacío normativo para dificultar u oponerse a que el titular de las mercancías lo demande directamente por daños cuando en efecto tiene algún grado de responsabilidad. En el Perú el referido juego infantil se conoce como el *Gran Bonetón* e igual conecta con situaciones de elusión de responsabilidades.

---

34 AGUIRRE, Fernando y FRESNEDO, Cecilia, *Transporte multimodal,* Fundación de Cultura Universitaria, Montevideo, 1999, p. 42.

3.4. Alcances de la cláusula Himalaya en el operador remoto independiente

Como se recuerda, la cláusula Himalaya tiene su origen en el caso Adler contra Dickson de 1954. La señora Adler, pasajera del buque "Himalaya" operado por la empresa naviera Peninsular and Oriental Steam Navigation Company (como P&O), interpuso una demanda de responsabilidad civil por daños como consecuencia de las lesiones que sufrió tras caer de la escala del buque al muelle.

La señora Adler no pudo demandar al porteador porque se encontraba exonerado de responsabilidad bajo los términos del contrato de pasaje y por esta razón demandó al capitán del buque, el señor Dickson, y a su contramaestre y de este modo consiguió que la jurisdicción inglesa *(Court of Appeal)* declarara la responsabilidad de los miembros de la tripulación al señalar que el régimen de responsabilidad limitada alcanzaba exclusivamente a la empresa naviera. Desde ese entonces las cláusulas Himalaya son insertadas en los conocimientos de embarque con la finalidad de intentar que el régimen especial de responsabilidad del porteador, alcance no solo a los auxiliares dependientes del naviero, sino también a los auxiliares independientes, como son los operadores de terminales portuarios o empresas de estiba y desestiba a cargo de la manipulación de la carga en las terminales portuarias.

El artículo 4.2 bis de las Reglas de La Haya-Visby, que tiene relación con la mencionada cláusula Himalaya, respecto a la acción contra el porteador por daños a las mercancías transportadas, estipula que "Si esa acción se intenta contra un dependiente o agente del porteador, este dependiente o agente podrá prevalecerse de las exoneraciones y limitaciones de responsabilidad que el transportador puede invocar en virtud de esta Convención".

Con la palabra *dependiente* mencionada en el citado artículo 4.2 bis de las Reglas de La Haya-Visby, no debería haber duda semántica en el sentido de que dicho vocablo no resulta equiparable a la expresión operador remoto independiente y con relación a este mismo sujeto tampoco la voz *agente* referida en el repetido artículo 4.2 bis le resultaría equiparable porque el operador remoto independiente no actúa como agente del porteador, como sí lo hacen, por ejemplo, el agente marítimo -consignatario de buques- o el agente general, que intervienen como mandatarios en el marco de un contrato de agenciamiento. Sobre este particular, Fernando Sánchez Calero señala que "A estos efectos se ha de recordar que cuando se ejercita una acción contra algún dependiente ('encargado' en la traducción española, 'prépóse' en la versión francesa, 'servant or agent' en la inglesa) del porteador, puede el dependiente de acuerdo con el artículo 4 bis del

Convenio, introducido por el protocolo de 1968, acogerse a las exoneraciones y limitaciones previstas por el Convenio a favor del porteador y el dependiente (...)"[35].

En un contexto similar al descrito, el artículo 7.2 de las Reglas de Hamburgo con relación a la acción por responsabilidad extracontractual que se pudiera interponer por daños a las mercancías, establece que "Si se ejercita tal acción contra un empleado o agente del porteador, ese empleado o agente, si prueba que ha actuado en el ejercicio de sus funciones, podrá acogerse a las exoneraciones y límites de responsabilidad que el porteador pueda invocar en virtud del presente convenio", y una norma de similar alcance también se recoge en las Reglas de Róterdam.

La referida norma de las Reglas de Hamburgo, como sucede con la contenida en las Reglas de La Haya de fórmula semejante, en nuestra opinión no surtiría efectos en relación con el operador remoto independiente pues éste no tiene la calidad de empleado ni de agente del naviero.

En las Reglas de Róterdam, se ha introducido la figura de la denominada *parte ejecutante marítima*[36] en la cual encaja el operador remoto independiente del MASS, pues al tener bajo su control la navegación automatizada o autónoma sin la cual el transporte de las mercancías sería de imposible realización, está llevando a cabo una de las *obligaciones* del porteador, como lo establece el artículo 1.7 de las referidas Reglas; y el influjo de la cláusula Himalaya se advierte también en el artículo 19.1 de las repetidas Reglas de Róterdam, cuando se estipula que esa parte ejecutante marítima, bajo ciertas condiciones, "(...) gozará de las exoneraciones y los límites de la responsabilidad que el Convenio reconoce al porteador...".

---

35 SÁNCHEZ CALERO, Fernando, *El contrato de transporte marítimo de mercancías*, Aranzadi, Navarra, 2000, p. 458.

36 Artículo 1.7 de las Reglas de Róterdam: "Por 'parte ejecutante marítima' se entenderá toda parte ejecutante en la medida en que ejecute o se comprometa a ejecutar alguna de las obligaciones del porteador durante el período que medie entre la llegada de las mercancías al puerto de carga de un buque y su salida del puerto de descarga de un buque. Un transportista interior o terrestre sólo será considerado parte ejecutante marítima si lleva a cabo o se compromete a llevar a cabo sus actividades únicamente dentro de una zona portuaria".

IV. REFLEXIONES FINALES

El diseño y construcción de buques autónomos de superficie supone la aparición de operadores remotos que pilotarán los MASS en las navegaciones automatizadas y autónomas, en las que seguramente surgirán nuevos riesgos y nuevas causas generadoras de hechos dañosos y nuevos responsables.

Con la irrupción de estos buques innovadores, a estas alturas todavía son mucho más las interrogantes que las respuestas, pero si la pregunta formulada consiste en indicar si será necesario regular en el plano internacional los MASS desde los ámbitos técnico, laboral y mercantil, la respuesta será indudablemente afirmativa. La OMI ha detectado aquellos instrumentos internacionales de carácter técnico en los que seguramente habrá que proponer algunas enmiendas para que surtan efecto en los MASS; y seguramente la Organización Internacional del Trabajo (OIT) ya se encuentra analizando el impacto que tendrá de la operación de los buques autónomos de superficie en el trabajo marítimo.

No menos importantes que las normas técnicas vinculadas con la seguridad de la vida humana en el mar y el cuidado del ambiente marino, son las normas de naturaleza laboral, y también son relevantes los convenios internacionales formulados por la UNCITRAL y la UNCTAD, especialmente los vinculados al transporte marítimo de mercancías.

¿Será necesario darle existencia jurídica desde el Derecho marítimo al operador remoto del MASS? En nuestra opinión sí, para que cuando se den las circunstancias, se pueda canalizar la responsabilidad civil en forma más eficaz y transparente, permitiéndole al actor cuyas mercancías han sido dañadas, alcanzar un mejor resarcimiento. En este sentido, se podría analizar la conveniencia de proponer enmiendas al menos a las Reglas de La Haya-Visby y a las Reglas de Hamburgo, de tal forma que consideren en primer lugar la existencia del operador remoto en la operación de MASS, y, en segundo lugar, precisar su responsabilidad cuando se producen daños a las mercancías en el transporte marítimo internacional. Como un planteamiento de *lege ferenda,* entre otros, se podría formular la regulación de la solidaridad del operador remoto con el porteador, de manera similar a como regulan las Reglas de Hamburgo la solidaridad entre el porteador contractual y el porteador efectivo.

La operación de buques autónomos de superficie en el transporte marítimo internacional de mercancías, ¿conllevará a una reconfiguración del sistema especial de responsabilidad que plantee un cambio del esquema subjetivo basado en la culpa o negligencia a uno objetivo fundado en el riesgo?

¿Será necesario que el Derecho marítimo regule a los *sujetos electrónicos* vinculados con la navegación y el transporte marítimo? No lo sabemos aún.

V. REFERENCIAS BIBLIOGRÁFICAS

AGUIRRE, Fernando y FRESNEDO, Cecilia, *Transporte multimodal*, Fundación de Cultura Universitaria, Montevideo, 1999.

ALBA, Manuel, "Buques navegados por control remoto y buques autónomos en la evolución futura del derecho de la navegación marítima", en *Revista de Derecho de Transporte*, N° 28, 2021.

ALPA, Guido, *Responsabilidad civil y daño. Lineamientos y cuestiones*, Gaceta Jurídica, Lima, 2001.

BANCO BILBAO VIZCAYA ARGENTARIA (BBVA), Cómo pueden las empresas aplicar ChatGPT a sus negocios, s.f., en https://www.bbva.com/es/innovacion/como-pueden-las-empresas-aplicar-chatgpt-a-sus-negocios/ (visitado el 12 de julio de 2024).

BODEN, Margaret, *Inteligencia artificial*, Turner, Madrid, 2017.

BRUNETTI, ANTONIO, *Derecho marítimo privado*, tomo I, Bosch, Barcelona, 1950.

CABANELLAS, Guillermo, *Diccionario enciclopédico de derecho usual*, Editorial Heliasta, Buenos Aires, 1986.

CATALÁN, José, "Arbitraje e inteligencia artificial: algunas ideas sobre su implantación en el arbitraje marítimo", en FONTESTAD, Leticia (dir.), *Buques autónomos, puertos inteligentes y solución alternativa de conflictos marítimos: retos del derecho procesal y del derecho marítimo*, Aranzadi, Navarra, 2022.

CENTRO DE LAS NACIONES UNIDAS DE FACILITACIÓN DEL COMERCIO Y LAS TRANSACCIONES ELECTRÓNICAS, *Recommendation N° 33 -2020 edition-, p. 3* en https://unece.org/sites/default/files/2020-12/ECE-TRADE-352_Rev.1E_Rec33_2020Edition.pdf (visitado el 15 de julio de 2024).

CHAMI, Diego, *Curso de derecho de la navegación*, 2da. edición actualizada, Abeledo Perrot, Buenos Aires, 2022.

INTERNATIONAL BUSINESS MACHINES CORPORATION (IBM), definición de internet de las cosas, en https://www.ibm.com/es-es/topics/internet-of-things (visitado el 15 de julio de 2024).

LÓPEZ, Pablo, SALGADO, Alsira y PÉREZ, José Manuel (2021), "Análisis crítico de la navegación-e a bordo: situación actual y perspectivas de futuro", en GARCÍA-PITA Y LASTRES, José Luis, DÍAZ, Angélica y QUINTÁNS-EIRAS, María (dirs.), *El derecho marítimo, las nuevas tecnologías y los retos del progreso*, Aranzadi, Navarra, 2021.

MORTON, Richard, *"Sustainable freight transport in support of the 2030 agenda for sustainable development"*, en la Reunión Multianual de expertos de la UNCTAD sobre transporte, logística comercial y facilitación del comercio, en Ginebra, 21-23 de noviembre de 2018, en https://unctad.org/system/files/non-official-document/MyEM6th_day03ppt_Morton_en.pdf (visitado el 15 de julio de 2024).

NÚÑEZ, María del Carmen, "Hacia un marco legal europeo uniforme en la prevención de los riesgos y de la responsabilidad civil en el ámbito de la conducción automatizada inteligente", en *Cuadernos de derecho transnacional*, Vol. 15, Nº 1., Universidad Carlos III, Madrid, 2023, en https://e-revistas.uc3m.es/index.php/CDT/article/view/7558 (visitado el 12 de julio de 2024).

ORGANIZACIÓN MARÍTIMA INTERNACIONAL (OMI), MSC.1/Circ.1638. *Resultados del estudio exploratorio sobre la reglamentación para el uso de los buques marítimos autónomos de superficie (MASS)*, de 3 de junio de 2021, en https://wwwcdn.imo.org/localresources/es/MediaCentre/Documents/MSC.1-Circ.1638.pdf (visitado el 12 de julio de 2024).

ORGANIZACIÓN MARÍTIMA INTERNACIONAL (OMI), Estudio exploratorio sobre la reglamentación y análisis de las lagunas de los convenios resultantes de la labor del Comité Jurídico con respecto a los buques autónomos de superficie (MASS), documento LEG 107/8, de 13 de diciembre de 2019, en https://www.gob.mx/cms/uploads/attachment/file/540537/LEG_107-8_-_Resumen_de_los_resultados_del_an_lisis_de_los_instrumentos_de_la_OMI_que_son_competencia_d...__Comit__Maritime_Internati..._.pdf (visitado el 15 de julio de 2024)

ORGANIZACIÓN MARÍTIMA INTERNACIONAL (OMI), Estudio exploratorio sobre la reglamentación y análisis de las lagunas de los convenios resultantes de la labor del Comité Jurídico con respecto a los buques autónomos de superficie (MASS), documento LEG 107/8/17, de 10 de enero de 2020, en https://www.gob.mx/cms/uploads/attachment/file/540554/LEG_107-8-17_-_Resumen_de_las_lagunas_principales_y_temas_comunes_en_los_instrumentosdentro_del__mbito_de...__Secretar_a_.pdf (visitado el 15 de julio de 2024)

OSSORIO, Manuel, *Diccionario de ciencias jurídicas, políticas y sociales*, Editorial Heliasta, Buenos Aires, 2011.

PEJOVÉS, José Antonio, *Derecho marítimo y comercio internacional (capítulos sobre puertos, transporte y comercio marítimo)*, primera reimpresión, Fondo Editorial de la Universidad de Lima, Lima, 2023.

RAY, José Domingo "Responsabilidad de los Porteadores en las Convenciones Internacionales sobre Conocimientos de Embarque", en el *Anticipo de Anales*, segunda época, año XXXVIII, número 31, Academia Nacional de Derecho y Ciencias Sociales de Buenos Aires, Buenos Aires, 1994.

RAY, José Domingo, "*Distintos Enfoques sobre la Responsabilidad en el Derecho*", en Anticipo de Anales, año XL, segunda época, número 33, Academia de Derecho y Ciencias Sociales de Buenos Aires, Buenos Aires, 1996.

RIPERT, Georges, *Derecho marítimo*, Tipográfica Editora Argentina, Buenos Aires, 1954.

SÁNCHEZ CALERO, FERNANDO, *El contrato de transporte marítimo de mercancías*, Aranzadi, Navarra, 2000.

Los seguros de cascos y de responsabilidad civil de buques operados por control remoto y/o autónomos

ELISEO SIERRA NOGUERO
Catedrático contratado de Derecho Mercantil UAB
Presidente del Grupo de Seguro Marítimo de SEAIDA
Investigador del Instituto de Inteligencia Artificial IIIA-CSIC
Investigador del Institut de Dret i Tecnologia

SUMARIO: I. INTRODUCCIÓN. II. SEGURO DE CASCOS Y SEGURO DE RESPONSABILIDAD CIVIL (INCLUIDO EL DE PROTECCIÓN E INDEMNIZACIÓN). III. CLASIFICACIÓN PRIVADA POR UNA SOCIEDAD DE CLASIFICACIÓN. IV. CERTIFICACIÓN ADMINISTRATIVA POR EL ESTADO DE BANDERA. V. DAÑOS CAUSADOS POR NEGLIGENCIA O DOLO DEL OPERADOR REMOTO. 1. Seguro de cascos. 2. Seguro de responsabilidad civil. VI. DAÑOS CAUSADOS POR UN DEFECTO LATENTE O ERROR DE DISEÑO DEL MASS. 1. Seguro de cascos. 2. Seguro de responsabilidad civil. VII. DAÑOS CAUSADOS POR ATAQUES INFORMÁTICOS. 1. Seguro de cascos. Cláusula especial de exclusión de riesgos cibernéticos. 2. Seguro de responsabilidad civil. 3. Seguros no marítimos de ciberriesgos. 4. Programas de *compliance* contra riesgos cibernéticos. VIII. CONCLUSIONES. IX. BIBLIOGRAFÍA.

I. INTRODUCCIÓN

El objeto del presente capítulo son los contratos de seguro de los buques y embarcaciones de control remoto[1] y/o de navegación autónoma mediante inteligencia artificial[2]. La Organización Marítima Internacional

---

[1] Se trata de que el buque o embarcación vaya dotado con un equipo marino que le permita ser controlado a distancia por humanos desde un Centro de Operación Remoto (COR), bien ubicado en tierra, bien situado en otro buque, en Díaz de la Rosa, A., "Algunas cuestiones planteadas en torno al régimen jurídico de los buques autónomos", en *Revista de Derecho Mercantil*, núm. 320, 2021, par. 1. El COR puede a su vez gestionar simultáneamente una flota. Este centro es una de las novedades tecnológicas que más interesa a fabricantes, armadores y sociedades de clasificación y que la OMI valora como posibilidad en el borrador del Código MASS.

[2] Son buques dotados de sistemas de inteligencia artificial que le permiten analizar las condiciones de navegación y adoptar por sí mismo las decisiones que

(OMI) los denomina en inglés *Marine Autonomous Surface Ships* (MASS)[3]. Como ocurre con el Derecho marítimo nacional e internacional, también las pólizas de seguros marítimos utilizadas en la actualidad en la práctica aseguradora están redactadas para buques con capitán y dotación a bordo, no para buques operados por control remoto, ni por supuesto para buques que puedan guiarse autónomamente por inteligencia artificial.

---

correspondan para la seguridad del viaje. El equipo marino del buque autónomo le ha de permitir: 1° captar datos a través de radares, láseres, cámaras u otros medios; 2° fusionar los datos del sensor y generar un mapa utilizando varios algoritmos de fusión de sensores, 3° reconocer objetos y tomar decisiones de navegación. Así, VILJANEN, M., "Insuring autonomous vessels. Scoping the issues", en RINGBOM, H., Rosæg, E. y Solvang, T. (eds.), *Autonomous Ships and the Law*, Routledge, Oxon-New York, 2021, p. 208. Por tanto, la seguridad de la navegación depende íntegramente de la inteligencia artificial, en concreto, de un funcionamiento del equipo marino con que el buque autónomo va equipado.

3 IMO, *Outcome of the Regulatory Scoping Exercise for the Use of Maritime Autonomous Surface Ships (MASS)*, MSC.1/Circ1638. 3 June 2021, e IMO, *Autonomous Shipping*, página web: https://bit.ly/3y4wHTL, consultadas el 21 de octubre de 2024. En concreto, los grados de automatización, según la OMI, son los siguientes:
Grado 1. Buque con procesos automatizados y apoyo en la toma de decisiones: La gente de mar está a bordo para operar y controlar los sistemas y las funciones de a bordo. Algunas operaciones pueden estar automatizada y en ocasiones sin supervisión, pero con gente de mar a bordo lista para tomar el control.
Grado 2. Buque controlado a distancia con gente de mar a bordo: El buque se controla y opera desde otro emplazamiento. Hay gente de mar a bordo, disponible para tomar el control y operar los sistemas y funciones de a bordo del buque.
Grado 3. Buque controlado a distancia sin gente de mar a bordo: El buque se controla y opera desde otro emplazamiento. No hay gente de mar a bordo.
Grado 4. Buque totalmente autónomo: El sistema operativo del buque es capaz de tomar decisiones y de determinar acciones por sí mismo.
Esta clasificación de los MASS es seguida por los Comités de Seguridad Marítima, Legal y de Facilitación de la OMI.
La Comisión Europea también ha establecido un grupo de expertos y ha adoptado el documento *EU Operational Guidelines on trials of Maritime Autonomous Surface Ships (MASS). Vid* EUROPEAN COMMISSION, *Maritime Autonomous Ships and Shipping*, página web: https://bit.ly/3frPTEA, consultado el 21 de octubre de 2024. Entre las asociaciones privadas, el Comité Marítimo Internacional igualmente está llevando a cabo estudios en lo que denomina *unmanned ships* (https://bit.ly/3y3WzPL, consultada el 21 de octubre de 2024), en forma principalmente de cuestionarios sometidos a las asociaciones nacionales de los Estados, como señala PORTALES, J., "El desafío legal de los buques autónomos", en PETIT LAVALL, M. V. y PUETZ. A. (Dirs.), *El transporte como motor del desarrollo socioeconómico*, Marcial Pons, Barcelona-Madrid, 2018. (Portales 2018).

Por ejemplo, en la póliza de seguro de cascos (*hull insurance*) *Institute Time Clauses – Hulls*, 1/11/1995, señala que el seguro cubre la perdida o daño que sufra el buque asegurado causado por la "negligencia del Capitán Oficiales Dotación (...)" (cláusula 6.2.2) o por la "baratería del Capitán Oficiales Dotación" (cláusula 6.2.4). También está cubierto la pérdida o daño en el buque asegurado causado por la acción de una autoridad gubernamental para prevenir o mitigar el riesgo de contaminación o daño al medio ambiente, salvo que haya habido falta de diligencia del asegurado, propietarios del buque o gestores de este. "Capitán Oficiales Dotación (...) no se consideran propietarios del buque" (cláusula 7). En el seguro de protección e indemnización (*protection and indemnity insurance*, P&I), una variedad de seguro de responsabilidad civil armadora[4], las menciones expresas al Capitán, Oficiales y Dotación son más comunes incluso que en el seguro de cascos (*hull*).

Sin embargo, que las pólizas marítimas al uso se ideen sobre el elemento humano a bordo del buque o embarcación no es de por sí suficiente para deducir la incapacidad del mercado asegurador marítimo para absorber los riesgos vinculados a la navegación de control remoto y la navegación autónoma. Los contratos al uso no son un obstáculo insalvable para la cobertura. La industria aseguradora marítima tiene una experiencia muy amplia para captar las necesidades del cliente, observar posibilidades de negocio y realizar las variaciones oportunas en sus reglas contractuales o para crear nuevos contratos *ad hoc*. En realidad, esta

---

4 Este seguro está ideado para un buque tripulado, definiendo la dotación (*crew*) como el conjunto de personas, incluido el capitán, obligadas contractualmente a prestar servicios en un buque inscrito, incluidos los sustitutos de dichas personas y dichas personas mientras se dirigen hacia o desde el buque (apéndice 1, Reglas P&I 2023-2024 de Skuld). De hecho, el seguro P&I cubre una serie de riesgos de responsabilidad civil del armador vinculados con la dotación del buque. En particular, el seguro estándar para dotación cubrirá la responsabilidad del asegurado por lesión, enfermedad o muerte; gastos hospitalarios y médicos derivados de lesiones, enfermedades o muerte; pérdida o daño de efectos personales; costos de repatriación y mantenimiento en tierra resultantes de lesiones, enfermedades o muerte, o de un siniestro grave del buque que lo haga no apto para navegar y requiera el alta de la tripulación; costos de funeral; compensación por la pérdida de empleo de los miembros de la tripulación en servicio como resultado de su despido debido a un siniestro importante ocurrido en el buque que lo hace inservible y requiere el despido de la tripulación, y costos de proporcionar un miembro de tripulación sustituto requerido como resultado de la lesión, enfermedad o muerte de un marinero (regla 7, Reglas P&I 2023-2024 de Skuld).

adaptación contractual es eminentemente económica: si al asegurador de cascos y al de responsabilidad civil, respectivamente, les resulta rentable el seguro sobre el MASS y puede reasegurar una parte del riesgo, nada indica que los buques de control remoto y los buques autónomos vayan a quedar sin seguros. Ha de ser una operación rentable y segura, tanto para el armador asegurado, como para sus aseguradores.

Sobre el contenido que pueden tener los contratos de seguro de cascos y de responsabilidad civil de los MASS, destacamos las limitaciones derivadas de la limitada implementación práctica. Por tanto, el análisis tiene un importante connotación especulativa. El mercado asegurador marítimo de los MASS no está suficientemente maduro para haber creado prácticas y usos uniformes, que faciliten la atenta observación de la realidad y de la *lex mercatoria*. Ello no significa que no se estén contratando seguros *ad hoc* por algunas aseguradoras, si bien a una escala muy restringida. En concreto, para atender los intereses de los armadores que ya emplean pequeñas embarcaciones dotadas con equipos marinos que permiten el control remoto y/o la navegación autónoma. En efecto, se distinguen dos niveles de comercialización o de preparación para la comercialización de MASS:

1° Los *buques mercantes*. Pueden ser enteramente autónomos mediante inteligencia artificial, de control remoto o con funcionamiento bimodal que admita ambos sistema de gestión náutica del buque. También se prevé que la dotación a bordo pueda tomar los mandos del buque si es necesario. Estas combinaciones de automatismos y autonomía de nivel avanzado en buques mercantes están todavía en fase de pruebas y ensayos en algunas áreas marítimas[5]. Para su realización, hay dispensas temporales de las autoridades nacionales de los Estados de bandera con arreglo al Convenio internacional de seguridad de la vida humana en el mar de 1974 (SOLAS)[6]. Se trata de ensayos variados, resultantes de proyectos de investigación financiados con fondos públicos y de la industria. También surgen de acuerdos de colaboración entre fabricantes, sociedades de clasificación, compañías navieras y administraciones públicas y otros interesados[7].

---

5 *Vid* página web de IMO, *Autonomous shipping, cit.*

6 Smeele, F., "Switching off regulatory requirements. Flag state exemptions as a tool to facilitate experiments with highly automated vessels and their operational implementation", en Ringbom, H., Rosæg, E. y Solvang, T. (eds.), *Autonomous Ships and the Law*, Routledge, Oxon-New York, 2021, p. 72.

7 Son numerosos los supuestos que se han difundido la realización de estas pruebas con MASS. Por ejemplo, Maritime Unmanned Navigation through Intelligence in Network (MUNIN); acuerdo Rolls-Royce y Finferries; acuerdo de la Administración

Con relación a los plazos de comercialización de los buques mercantes autónomos y/o de control remoto, fuentes de la OMI han afirmado que[8]: "*Las perspectivas son disponer de las primeras unidades de buques autónomos de corta distancia entre 2025-2030*". Incluso es previsible que primero se implementen en el tráfico de cabotaje que en el internacional. Los buques mercantes autónomas y/o de control remoto, incluso también eléctricos[9], pueden constituir una alternativa económica para el transporte marítimo de corta distancia (*short sea shipping*), como convoy de buques autónomos dirigidos por buques tradicionales[10], sin perjuicio de su progresiva utilización en los tráficos interoceánicos.

No obstante, la introducción de los buques mercantes de control remoto y/o autónomos exige el respeto de las numerosas normas internacionales sobre la seguridad de la vida humana en el mar, el Convenio SOLAS y muchas otras, y va a ser necesario implementar cambios en el Derecho marítimo, aún no realizados[11], para dotar de seguridad jurídica al empleo de los MASS. En este sentido, el borrador del Código MASS[12], que actualmente se discute en el seno de la OMI.

Pública de Transportes sueca (Trafikverket) y Holland Shipyards Group; pruebas de Kongsberg Maritime; o, acuerdo de Samsung Heavy Industries con la sociedad de clasificación DNV. También dan ejemplos Nguyen. G. T. H. *et al*, "Insights on the introduction of autonomous vessels to liner shipping networks", en *Journal of Shipping and Trade*, núm. 7:12, 2022.

8 Información atribuida a Víctor Jiménez, representante español en la OMI, en https://bit.ly/3y2Ftl9, consultada el 20 de septiembre de 2024.

9 Por ejemplo, es el caso del buque portacontenedores noruego "Yara Birkenland", construido en 2021, eléctrico y preparado para su posible control remoto y su operación autónoma, y dedicado al cabotaje noruego. Sigue llevando dotación a bordo. *Vid* https://www.vesselfinder.com/vessels/details/9865049 y https://www.sustainable-ships.org/stories/2021/worlds-first-electric-cargo

10 WRÓBEL, K., MONTEWKA, J. y KUJALA, P., "Towards the assessment of potential impact of unmanned vessels on maritime transportation safety", en *Reliability Engineering and System Safety*, núm. 165, 2017.

11 RODRÍGUEZ DELGADO, J. P., "La irrupción del buque autónomo (o controlado remotamente) en los aspectos jurídico-privados del Derecho marítimo", en PETIT LAVALL, M. V. y PUETZ, A. (Dirs.), *El transporte como motor del desarrollo socioeconómico*, Marcial Pons, Barcelona-Madrid, 2018.

12 Development of a Goal-Based Instrument for Maritime Autonomous Surface Ships (MASS). Report of the Correspondence Group submitted by Marshall Islands, Doc. IMO MSC 108/4, 13 de febrero de 2024, disponible en https://rs-class.org/upload/iblock/01f/01f10869d178a34e3d02234862c56fad.pdf (consultado el 21 de octubre de 2024).

2º Algunas *embarcaciones pequeñas* autónomas y/o de control remoto ya han superado las pruebas de seguridad y están en fase de comercialización efectiva. Se trata de prototipos que han obtenido el certificado de clase de una sociedad de clasificación, por haber superado satisfactoriamente los requisitos dispuestos en el reglamento interno para embarcaciones no tripuladas dispuesto por la misma. A diferencia de los buques mercantes, las embarcaciones clasificadas se benefician de su exclusión, por razón de tener menos de 500 toneladas de arqueo bruto, del ámbito de aplicación del Convenio SOLAS (Regla 3.a.iii). Su puesta en marcha opera así de forma más flexible. Y así parece que va a seguir siendo, pues el borrador del Código MASS, sólo pretende regular los buques a los que es de aplicación el Convenio SOLAS.

En concreto, los modelos de embarcaciones autónomas y/o de control remoto clasificadas y ya en comercialización son realmente pequeñas, de unos 20 metros de eslora o menos, las que hemos analizado[13]. Se ofertan por los fabricantes para cualquier interesado, con control remoto, autónomo o con funcionamiento bimodal. Cada modelo se presenta útil para fines diversos: monitorización costera y portuaria, mapeo de fondos marinos, fines militares de defensa, lucha contra la piratería, control de pesca ilegal, narcotráfico, seguridad transfronteriza y costera, recopilación datos como niveles de contaminación, corrientes, etc.

El trabajo no se enfoca en las pequeñas embarcaciones en los MASS en general, intentando presentar cuestiones comunes y posibles soluciones contractuales. En particular, se trata sobre los dos seguros principales de los buques mercantes:

1) El seguro de cascos y

2) El seguro de responsabilidad civil, especialmente un seguro P&I.

Sin ánimo exhaustivo por las limitaciones de la presente publicación, se seleccionan algunas temas de relevancia especial en los seguros de estos buques:

1) Clasificación,

2) Certificación administrativa,

---

13 Como Drix, del fabricante iXblue; Autonomous Pacific 24 (AP24) Rigid Inflatable Boat (RIB) de BAE Systems; Zhi Kun, de Taizhou Maple Leaf Ship Industry Co., Ltd.; Voyager y Surveyor, de Saildrone; o, Remotely Controlled Unmanned Workboat, de RC Dock.

3) Daños propios y a terceros ocasionados por el centro de control remoto en los buques teledirigidos,

4) Daños propios causados por el mal funcionamiento del equipo marino del buque autónomo y/o de control remoto, y,

5) Riesgos de ciberseguridad.

II. SEGURO DE CASCOS Y SEGURO DE RESPONSABILIDAD CIVIL (INCLUIDO EL DE PROTECCIÓN E INDEMNIZACIÓN)

No es necesario que exista una normativa internacional o nacional que imponga la contratación obligatoria de seguros sobre los buques MASS. Contratar un seguro nace de la libertad y autonomía de la voluntad del asegurado y asegurador. Y de una adecuada gestión de riesgos, pues un armador diligente no va a prescindir de asegurar buques dotados de un equipo marino que lo habilite para ser operado a distancia e incluso para que pueda operar autónomamente mediante inteligencia artificial. Precisamente, porque se trata de tecnología puntera y novedosa, con unos costes de incorporación al buque en principio considerables, y sin experiencia previa en el tráfico, los seguros son necesarios como gestión de riesgos. Al menos, los seguros marítimos "primarios" al uso en la práctica marítima (casco y responsabilidad civil), así como posibles coberturas complementarias (guerra). *Mutatis mutandis*, habrá que cambiar lo que haya de cambiar en los contratos de seguro para adaptarlos a los buques dotados de este equipo marino. Hay que añadir que, en principio, según el uso habitual, se trata de contratos de seguro de distinta naturaleza y contratados por el armador con aseguradores diferentes.

Un primer interés asegurable es la pérdida o daño al propio buque, incluida su maquinaria. En el sector marítimo, impregnado de la terminología anglosajona, el seguro de cascos (*hull*) es de contratación voluntaria, aunque por la propia gestión de riesgos del armador es, como se ha dicho, de contratación usual, al menos entre los buques mercantes. Según el formulario empleado, también ofrece también algunas coberturas adicionales de responsabilidad civil (por ejemplo, una parte de la indemnización debida por abordaje a otro buque).

Un segundo interés asegurable es el de la responsabilidad civil. El sector de riesgos de responsabilidad civil de los buques mercantes tiene sus propios usos y costumbres, que difieren de otros sectores aseguradores. Para estos buques, los seguros de responsabilidad civil adoptan principalmente la forma de seguro P&I)[14]. Entre otras especialidades respecto al seguro general de responsabilidad, los aseguradores denominados clubs P&I configuran su contrato como de indemnización efectiva al asegurado de lo que haya pagado al perjudicado. La excepción contractual es cuando una ley nacional (por ejemplo, la *Oil Pollution Act* norteamericana) o un convenio internacional (como el CLC, el Convenio Bunkers o el Convenio de Atenas) impone la responsabilidad civil directa del asegurador frente al perjudicado.

En el seguro de los MASS, por ejemplo, el club P&I Shipowners, especializado en buques de menor tamaño, publicita un seguro de pequeñas embarcaciones de control remoto y autónomas, y señala que, en octubre de 2024, cuenta ya 56 embarcaciones aseguradas[15]. Deducimos que también cuentan con seguros de cascos, pero adolecemos de datos al respecto. Shipowners indica que la póliza ha sido redactada previa consulta con los propietarios, operadores y fabricantes de estas embarcaciones para asegurar la plena comprensión de las necesidades del sector. Se presenta como un seguro adecuado para embarcaciones de reconocimiento y apoyo en alta mar, remolcadores, barcos de trabajo, embarcaciones de navegación interior y buques de transporte de carga. El contrato adapta la experiencia del seguro P&I para buques mercantes con el objetivo de crear un producto de seguro *ad hoc* que sea de utilidad para el asegurado. No descarta tampoco cobertura de responsabilidad civil frente a las personas que pudiera haber a bordo. Brinda cobertura para muchos riesgos de responsabilidad diferentes asociados con la operación de embarcaciones autónomas, incluidas colisiones, daños a propiedad de terceros, carga, contratos, lesiones a la tripulación u otras personas, contaminación, remolque y remoción de restos del naufragio. También incluye la cobertura de la defensa jurídica y una parte de responsabilidad civil derivada de riesgos de guerra.

Otro interés asegurable complementario es la cobertura de daños al propio buque y la cobertura de responsabilidad civil por daños a terceros causados por riesgos de guerra, incluido el terrorismo (por ejemplo, por falta de supervisión en los accesos al buque). Suelen no estar cubiertos en los seguros “primarios”, de casco y P&I, y es objeto de cobertura especial. Existe un mercado asegurador específico para los riesgos de guerra.

---

14 Sierra Noguero, E., *El seguro de responsabilidad civil derivada de la navegación de buques*, Fundación Mapfre, Madrid, 2016, p. 41.

15 https://www.shipownersclub.com/our-services/cover-provided/autonomous/, consultada el 21 de octubre de 2024.

III. CLASIFICACIÓN PRIVADA POR UNA SOCIEDAD DE CLASIFICACIÓN

Los buques mercantes necesitan estar clasificados para ser asegurados de cascos y de responsabilidad civil. Por un lado, la clasificación del buque es una condición contractual para que un asegurador de cascos acepte la cobertura de pérdida o daño al propio buque. Por ejemplo, la cláusula 4 de la póliza-tipo *Institute Time Clauses – Hulls*, de 1/11/1995, del Instituto de Aseguradores de Londres, dispone que el buque debe estar clasificado y mantenerse así durante toda la vigencia del contrato. Además, la cláusula 5 prevé la terminación del contrato de seguro en caso de pérdida de la clase estipulada. Otros formularios al uso contienen redactados similares. Este clausulado tipo se completa habitualmente con la denominada cláusula de clasificación (*classification clause*), de inserción adicional en los seguros de cascos, donde se detalla qué sociedades de clasificación van a ser tenidas en cuenta para entender comprendido este requisito, pues el asegurador puede restringir su confianza a las de mayor prestigio y descartar otras. Entre las de mayor prestigio, figuran las que son parte de la *International Association of Classification Societies* (IACS).

Por otro lado, la misma condición previa de clasificación contienen los seguros P&I. El asegurador contrata si y sólo si el buque está clasificado por una sociedad de clasificación. Las reglas de estos seguros condicionan expresamente la contratación del seguro P&I al requisito previo de que el buque inscrito permanezca completamente clasificado con una sociedad de clasificación aprobada por el asegurador y que no se cambie la sociedad de clasificación del buque sin el consentimiento previo de la Asociación[16].

Mutatis mutandis, el armador del buque autónomo y/o de control remoto ha de obtener, previamente al seguro de cascos y al seguro P&I, un certificado de clase emitido por una sociedad de clasificación en la que los respectivos aseguradores confíen. El certificado de clase acredita que cumple con sus reglamentos, incluyendo los requisitos técnicos en relación con el diseño, construcción de inspección de buques. Cada sociedad tiene capacidad para aplicar, mantener y actualizar estos reglamentos, verificar el cumplimiento por el buque clasificado de dichos reglamentos durante su construcción y durante toda la vida de servicio de este. En la autorregulación de la industria marítima, las sociedades de clasificación ya

[16] Por ejemplo, reglas 28.4.1 y 28.4.2 de Skuld, reglas 2024-2025.

están poniendo en marcha la primera regulación de carácter privado[17], pues muchas ya disponen de su propio reglamento interno para clasificar MASS. Son las *Guidelines for Autonomous shipping, Unmanned Marine Systems Code o Guidelines for Inspection of Unmanned Surface Vehicles*, según el nombre que decida cada sociedad de clasificación.

Las sociedades de clasificación son entidades privadas con ánimo de lucro y sin poder regulatorio, pero estas guías, procedimientos y requisitos para la operación técnica y funcional de los buques de control remoto o autónomos servirán de base para ulteriores reformas legislativas. En efecto, junto con los Estados y sus entes públicos, no debe minusvalorarse en absoluto la contribución de los actores privados en la innovación y regulación[18]. El rol esencial que va a corresponder a las sociedades de clasificación o *classification societies* deriva de su condición de organizaciones dedicadas a la promoción de altos estándares de seguridad de los buques y de calidad en la industria marítima[19]. En concreto, en su tarea de verificación y certificación de los buques autónomos o de control remoto, en cuanto dotados de una tecnología e informática de mayor complejidad. Con respecto a la operación del buque autónomo, en la adopción de decisiones por sí solo. En relación con el buque de control remoto, en la conectividad entre el operador remoto y el buque[20].

En conclusión, la verificación y certificación de los buques de control remoto y autónomos requiere seguir el proceso habitual de clasificación de buques, con las normas especiales técnicas que son de aplicación y que adopta cada sociedad de clasificación.

---

17 SIERRA NOGUERO, E., "The role and legal liability of classification societies in the certification of autonomous vessels", en *Tulane Maritime Law Review*, núm. 47(3), 2023.

18 SMITH, B. W., "Regulation and the risk of inaction", en MAURER, M. *et al* (eds.), *Autonomous Driving. Technical, Legal and Social Aspects*, Springer Open, 2016.

19 GOH, L.-B. y YIP, T. L., "A way forward for ship classification and technical services", en The Asian Journal of Shipping and Logistics, núm. 30 (1), 2014. Críticamente, sobre la privatización de los servicios de seguridad marítima y la pérdida de credibilidad de las sociedades de clasificación, BROOKS, M. R., "The privatization of ship safety", en *Maritime Policy & Management*, núm. 23(3), 1996.

20 CORE ADVOCATFIRMA y CEFOR, *Maritime autonomous surface ships. Zooming in on civil liability and insurance*, 2018.

IV. CERTIFICACIÓN ADMINISTRATIVA POR EL ESTADO DE BANDERA

Todos los buques necesitan disponer de una matrícula y de un pabellón, como condición de su navegación y, asimismo, como condición para su aseguramiento. El art. 217.3 CNUDM impone que cada Estado ha de velar por que los buques que enarbolen su pabellón o estén matriculados en su territorio lleven los certificados requeridos por las reglas y estándares internacionales aplicables. También para que se inspeccionen periódicamente los buques que enarbolen su pabellón para verificar la conformidad de tales certificados con su condición real. La certificación alude a la posesión por parte del buque del conjunto de certificados administrativos, emitidos por el Estado de su pabellón (o por las sociedades de clasificación u otros organismos actuando por cuenta y en nombre de un Estado), que acredita su conformidad con las reglas y estándares internacionales y el Derecho nacional del Estado de su bandera.

Como ocurre con la clasificación, enarbolar el pabellón de un Estado u otro es una condición previa para el asegurador de cascos y para el asegurador de responsabilidad civil de un buque. Pueden deducir el grado de control administrativo de la seguridad en función de la bandera del buque.

Por un lado, en el seguro de cascos, según el formulario *Institute Time Clauses – Hulls*, 1/11/1995, cualquier cambio, voluntario o de otro modo, en la bandera del buque constituye causa de terminación automática del contrato (cláusula 5.2).

Por otro lado, en el seguro P&I, por ejemplo, la regla 28.4.3 de Skuld P&I, reglas de 2024/2025, considera que es una condición previa del aseguramiento que el asegurado mantenga la validez de todos los certificados reglamentarios emitidos por o en nombre del Estado del pabellón del buque en relación con el Código Internacional de Gestión de la Seguridad Operacional del Buque y la Prevención de la Contaminación o Código IGS (*International Safety Management Code, ISM Code*) y el Código Internacional para la protección de los buques y de las instalaciones portuarias o Código PBIP (*International Ship and Port Facility Security Code, ISPS Code*). Ambos Códigos forman parte del Convenio SOLAS: el Código IGS en el capítulo IX y el Código PBIP en el capítulo XI-2. Además, la pérdida de la certificación del buque asegurado por parte del Estado de pabellón da derecho al asegurador de resolver el contrato. Por ejemplo, regla 3.3.2 de Skuld P&I, reglas de 2024/2025.

La exigencia de pabellón y de certificación se aplica *mutatis mutandis* para el aseguramiento de buques de control remoto y buques autónomos, siempre y cuando se considere que tienen también la naturaleza jurídica de buques[21]. Y ello depende del Derecho nacional. El CNUDM no define lo que es un buque, un barco, una embarcación o un dispositivo (*devices,* mencionado en arts. 19.2.f. o 209). Ante esta laguna del Derecho internacional, corresponde a cada Estado interpretar estos conceptos[22]. Por consiguiente, determinar si el buque operado por control remoto y/o autónomo tiene o no la consideración de buque y, por tanto, ha de estar debidamente abanderado y en posesión de los certificados administrativos, es competencia de cada Estado. La respuesta será en principio positiva, si consideramos que se trata de buques o embarcaciones que están sometidas al régimen general de la navegación, con las especialidades que sean pertinentes. Se trataría, en principio, de buques o embarcaciones dotadas de una tecnología puntera que les permite ofrecer unas prestaciones de las que otras carecen, sin perder por ello su condición de buque necesitado de una nacionalidad y de los certificados administrativos correspondientes.

En España, el Proyecto de Ley de modificación del Texto Refundido de la Ley de Puertos del Estado y de la Marina Mercante, aprobado por el Real Decreto Legislativo 2/2011, de 5 de septiembre (TRLPEMM), y de la Ley 14/2014, de 24 de julio, de Navegación Marítima (LNM)[23], sigue la vía de considerar los MASS como buques, al imponer la sujeción de la actividad de los buques autónomos a las normas generales de navegación, *que no deben alterarse en estos casos* (ap. VI Preámbulo del Proyecto y nueva redacción del art. 258 TRLPEMM.

En Francia, el *Code des Transports* ya ha sido modificado por la *Ordonnance n° 2021-1330 du 13 octobre 2021 relative aux conditions de navigation des navires autonomes et des drones* para introducir normas legales pioneras sobre la cuestión. Por un lado, distingue entre buque autónomo y dron,

---

21 VAN HOOYDONK, E., "The law of unmanned merchant shipping – an exploration", en *The Journal of International Maritime Law,* núm. 20, 2014, pp. 406-409. También MORILLAS JARILLO, M. J., *cit.*

22 VEAL, R. *et al, Liability for operations in Unmanned Maritime Vehicles with Differing Levels of Autonomy, Final Report,* University of Southampton, 2016. También MORILLAS JARILLO, M. J., "Responsabilidad civil y seguro en la navegación marítima", en PETIT LAVALL, M. V. y PUETZ, A. (Drs.), *El transporte ante el desarrollo tecnológico y la globalización,* Colex, Madrid, 2021.

23 *Boletín Oficial de las Cortes Generales, Congreso,* núm. 34.1, 13 de septiembre de 2024.

por razón del tamaño. *Buque autónomo* es un buque operado a distancia o mediante sistemas operativos propios, tenga o no gente de mar a bordo (Art. L. 5000-1-2 Código de Transporte). *Dron marítimo* es un vehículo flotante de superficie o submarino operado a distancia o mediante sistemas operativos propios, sin personal, pasajeros ni carga a bordo, y cuyas características técnicas, en particular los límites de tamaño, potencia y velocidad están definidas reglamentariamente, sin su arqueo bruto sea superior o igual a 100 (Art. L. 5000-2-2 Código de Transportes). En ambos casos, la legislación francesa considera ambos como "buques" a los efectos de abanderamiento y registro. El buque autónomo es un tipo de buque a todos los efectos (*Code des Transports* L 5000-2). El dron marítimo ha de estar inmatriculado en un registro especial para enarbolar el pabellón francés (*Code des Transports* L 5112-1-4).

V. DAÑOS CAUSADOS POR NEGLIGENCIA O DOLO DEL OPERADOR REMOTO

Se trata a continuación de la hipótesis de la negligencia o dolo causante del accidente que provenga del personal que dirige el buque o embarcación desde el Centro de Operaciones Remoto (COR), en tierra o en otro buque. En el borrador del Código MASS, se entiende por control remoto la operación que tiene lugar cuando el buque, o las funciones dentro del buque, se operan desde fuera del mismo, sin interferencia de nadie a bordo. El control remoto puede tener control directo de los actuadores a bordo o puede simplemente dar comandos funcionales a una función (sistema) autónoma. El control remoto puede tener complejidad variada, desde la simple comunicación de puntos de ajuste hasta el control total en tiempo real, incluida la retroalimentación virtual completa del buque/función (capítulo 4, art. 4.37). Además, el operador remoto es definido como una persona cualificada y que está empleada o contratada para operar algunos o todos los aspectos de las funciones de un MASS desde un Centro de Operaciones Remoto (capítulo 4, art. 4.38).

En Francia, esta persona que dirige remotamente el buque o dron tiene la consideración legal de capitán (Art. L.5000-2-1 *Code des Transports*).

A continuación, se trata de forma separada el riesgo de daños ocasionados por el operador remoto, por culpa o dolo, en un seguro de cascos y en un seguro de responsabilidad civil.

1. Seguro de cascos

La póliza de cascos ha de aclarar si el seguro cubre o no el *daño o pérdida causada al propio buque* y que resulte de una acción u omisión negligente o dolosa del operador por control remoto. Hay varias opciones de clausulado:

Una opción es aplicar *mutatis mutandis* la cobertura actual del seguro de cascos de los daños y pérdidas causados en el buque asegurado debidos tanto a la negligencia[24] como al dolo[25] del capitán, oficiales y dotación a bordo (cláusula "Inchmaree"), también cuando la negligencia o dolo sea atribuible al operador remoto del MASS, y así disponerlo en la póliza.

Otra opción es cubrir los daños al propio buque cuando la negligencia o dolo sea del operador remoto que forme parte de la plantilla del armador asegurado.

En cambio, no cubrir el daño cuando el operador remoto sea de una organización externa en la que el armador asegurado haya subcontratado[26]. En este último caso, el asegurado podría reclamar la responsabilidad civil a esta organización, pero no a su asegurador, al ser un riesgo excluido contractualmente. En nuestra opinión, este tipo de seguro de cascos sería de poco interés del armador, pues el riesgo de impago de los daños al buque causados por la organización externa lo asumiría el asegurado, no el asegurador. A la vista de lo anterior, recomendamos que el seguro de cascos de un MASS que puede ser operado por control remoto:

- incluya los daños ocasionados al buque por negligencia de todo operador remoto, sea o no de la plantilla del armador asegurado, y/o
- incluya una cláusula por la que sean varios los coasegurados: tanto el armador como la organización en la que ha delegado el control remoto del buque asegurado.

Con relación al dolo del operador remoto que cause daños o pérdida del MASS, la póliza del seguro de cascos ha de aclarar que el seguro cubra:

---

24 Cl. 2.2.3 *International Hull Clauses* (01/11/2003).

25 Cl. 2.2.5 *Internacional Hull Clauses* (01/11/2003), de cobertura de la baratería (*barratry*).

26 Wilhelmsen, T.-L. y Bull, H. J., "Hull insurance of autonomous ships according to Nordic law. What are the challenges?", en Ringbom, H., Rosæg, E. y SOLVANG, T. (eds.), *Autonomous Ships and the Law*, Routledge. 2021, p. 189.

- el dolo directo del operador remoto: los daños que resultaron total o parcialmente de una acción u omisión intencionada para causar daños, y
- el dolo eventual del operador remoto: los daños generados cuando el capitán era consciente de los daños y del resultado que se puede derivar de una cierta conducta, pero los acepta, y sigue realizando esa acción. Ello porque el operador remoto puede asumir mayores riesgos que la dotación a bordo, precisamente porque no se encuentra en riesgo físico alguno[27].

2. Seguro de responsabilidad civil

Distinto es el supuesto en que el buque de control remoto y/o autónomo *causa daños o pérdidas a terceros (personales y/o patrimoniales)* por negligencia o dolo del operador remoto.

En relación al supuesto de culpa o negligencia del operador remoto, *mutatis mutandis,* se puede aplicar la regla usual de cobertura de la culpa o negligencia del capitán y de la dotación del buque[28]. Como resultado de estas aplicación, en los seguros de responsabilidad civil, incluido el P&I, contratado sobre un MASS, la acción u omisión negligente del operador remoto del cual sea responsable el asegurado, bien de su plantilla, bien de la organización en la que ha subcontratado[29], está cubierta por el seguro. Sin perjuicio de que pueda ser viable la acción de repetición del asegurador para recuperar la indemnización de seguro.

Por lo que respecta a los daños causados a terceros por una acción dolosa de operador remoto del MASS, también podría ser en principio de aplicación la cobertura del dolo y del dolo eventual del capitán y de la dotación del buque de los buques convencionales. Expresamente, en Derecho español, el art. 419.3 de la Ley 14/2014, de 24 de julio, de navegación marítima, dispone que "El asegurador responderá de los siniestros causados por dolo o culpa de los demás dependientes del asegurado (*sic* distintos de los que desempeñen en tierra funciones de gerencia o dirección)", de forma

---

[27] VILJANEN, M., *cit.*, p. 215.

[28] Por ejemplo, Regla 9.2.2.i) de las reglas P&I, edición 2024/2025, de The London P&I Club.

[29] Howse, T., "P&I Perspective", en RINGBOM, H., ROSÆG, E. y SOLVANG, T. (eds.), Autonomous Ships and the Law, Routledge, Oxon-New York, 2021, p. 201.

que la víctima quedaría respaldada en su compensación por el asegurador, sin perjuicio del derecho de éste de repetir contra el responsable doloso del daño ocasionado. En la práctica, las condiciones generales de los seguros P&I, sólo excluyen la cobertura de responsabilidad civil expresamente cuando el dolo sea causado por el asegurado, sin mención a los dependientes[30]. Este silencio genera inseguridad jurídica y hay que comprobar ad hoc la cobertura efectiva. Algunos riesgos de guerra cubren expresamente la responsabilidad civil derivada del dolo del capitán o de la dotación. Sin embargo, se trata de una cuestión de gran relevancia, pues el operador remoto no va a bordo, ni tiene riesgo físico alguno como el que soporta el capitán y la dotación. En conclusión, a salvo de una recomendable cláusula específica, *mutatis mutandis,* el dolo del operador remoto del que resulten daños a terceros podría quedaría cubierto por el contrato.

VI. DAÑOS CAUSADOS POR UN DEFECTO LATENTE O ERROR DE DISEÑO DEL MASS

Es comprensible que en buques con equipos marinos como el que permita su control remoto o, por supuesto, el operado por inteligencia artificial, los defectos de construcción y de diseño suponen una especial preocupación para los aseguradores. Los errores humanos se seguirán produciendo, tanto en la construcción como el diseño de los sistemas y programas informáticos del buque por control remoto y el buque autónomo. Por tanto, no van a hacer imposibles los accidentes[31] y hay que clarificar las coberturas aseguradoras de daños propios y a terceros resultantes de estos errores en la fabricación y diseño de los MASS.

Se analiza a continuación estos riesgos en el seguro de cascos y el seguro P&I en la actualidad y se valora su aplicación a los MASS.

1. Seguro de cascos

En principio y salvo de cláusulas especiales en la póliza del seguro de cascos del MASS, las pérdidas o daños en el buque asegurado que sean *causados por un defecto latente* del mismo pueden quedar cubiertos por el seguro. Ello por aplicación de la regla general del mercado asegurador de cascos.

---

[30] Por ejemplo, regla 30.1.8 de las Reglas P&I Skuld 2024-2025.

[31] MORILLAS JARILLO, M. J., *cit.*

En este sentido, el formulario *Institute Time Clauses – Hull* 1/11/1995, indica que este seguro cubre la pérdida o el daño en el buque asegurado causado por "*cualquier defecto latente en la maquinaria o en el casco*" (cláusula 6.2.1). Por ejemplo, un automatismo defectuoso del cual resulta una colisión con daños al casco y el equipo del buque, que en lo demás ha funcionado bien. Se puede incluir en la póliza de cascos la citada cláusula "Inchmaree", por la que se cubren también pérdidas o daños causados por defectos latentes en el casco o en la maquinaria[32], si bien con exclusiones de cobertura en la póliza, como los datos perdidos[33], el daño reputacional, la paralización de la actividad del buque, etc.

No obstante, la cobertura puede quedar limitada según la jurisdicción que conozca del asunto. Una cuestión controvertida del seguro de cascos, que se podría reproducir para los buques y drones de control remoto y autónomos, es la diferencia entre el "defecto latente" y el "error de diseño", que admite la jurisprudencia inglesa. Según ésta, los daños y pérdidas causadas por un error de diseño no están cubiertas, al no tratarse de un defecto latente. Por ejemplo, si el *software* no ha evitado una colisión por un error de diseño, el daño al buque asegurado queda sin cobertura[34]. La solución es diferente en otras jurisdicciones. De acuerdo con el *Nórdica Marine Insurance Plan,* en la medida en que una sociedad de clasificación ha dado el visto bueno y certificado, con arreglo a sus reglamentos, la adecuación del buque, maquinaria y equipo, también el informático, el daño causado por el error de diseño sí deberían incluirse en el seguro[35]. En el caso español, con arreglo al principio de universalidad del riesgo (art. 417 LNM), que rige los seguros marítimos, probablemente los daños causados por un error de diseño quedarían cubiertos en el seguro de cascos, salvo que haya una cláusula de riesgos excluidos. Visto lo anterior, la cuestión determinante va a ser el tribunal competente y el derecho nacional aplicable

32 Cl. 2.2.2 *International Hull Clauses* (01/11/2003).

33 Song, M., "Moving forward by looking back. Insuring autonomous vessels under English hull and machinery cover and law", en RINGBOM, H., ROSÆG, E. y SOLVANG, T. (eds.), *Autonomous Ships and the Law,* Routledge, Oxon-New York, 2021, p. 231.

34 SOYER, B., "Insuring remote-controlled and autonomous shipping. A paradigm shift in law and insurance markets required", en THOMAS, R. (ed.), *The modern law of marine insurance,* tercera edición, Informa Law from Routledge, 2023, ap. 2.23.

35 WILHELMSEN, T.-L. y BULL, H., *cit.*, p. 186.

a la reclamación del armador asegurado contra el asegurador que opone la excepción de error de diseño para negar cobertura.

En cambio, el seguro de cascos al uso nunca cubre los costes de corregir el defecto latente o el error de diseño. En este sentido, el *International Hull Clauses* (IHC) 1/11/2003, es más detallado al señalar que el seguro de cascos cubre "cualquier defecto latente en la maquinaria o casco, *pero no cubre ninguno de los costes de corregir el defecto latente* (la cursiva es nuestra)" (cláusula 2.2.2). En consecuencia, en equipos marinos tan complejos como los que llevan los MASS, se considera probable que las aseguradoras exijan excepciones para la cobertura de defectos latentes y errores de diseño en términos y condiciones específicas, particularmente en relación con el seguro de cascos y la cobertura de reparación/rectificación de los MASS. La razón es que los riesgos vinculados a la investigación y desarrollo[36] incumben al fabricante, al productor o al distribuidor del producto defectuoso, no al asegurador. El armador asegurado deberá, si es posible, reclamar la garantía o entablar las acciones de producto defectuoso, con arreglo a la legislación nacional que sea aplicable, pero no podrá reclamar al asegurador de cascos del buque, que gozará normalmente de cláusulas de exclusión de cobertura en la póliza:

- Del daño sufrido por el casco o maquinaria defectuosa[37]. Significa que una vez que el defecto latente o error de diseño en el casco o maquinaria del buque asegurado se manifiesta, el asegurador *no está obligado a sustituir* la maquinaria, el equipo, los programas informáticos o cualquier otro elemento físico o digital que sea defectuoso.
- Del coste de corregir el defecto latente[38].

2. *Seguro de responsabilidad civil*

En principio, en el seguro P&I estándar que pudiera contratarse sobre un MASS, a falta de cláusulas especiales, quedan cubiertos los daños a terceros causados por un defecto latente o un error de diseño del buque asegurado. El armador del MASS podría recobrar del club P&I lo abonado en concepto de indemnización satisfecha al tercero perjudicado por los

---

36 CORE ADVOCATFIRMA y CEFOR, *cit.*, p. 27.

37 SONG, M., *cit.*, pp. 230-231.

38 Cl. 2.2.2 *International Hull Clauses* (01/11/2003). También SONG, M., *cit.*, pp. 230-231. En España, art. 445 LNM.

daños ocasionados. En tanto que responsable legal de la navegación del buque (art. 145.1 LNM), no creemos que el armador pueda excepcionar satisfactoriamente al tercero perjudicado el ejercicio de la debida diligencia o la ausencia de culpa propia, pero falta seguridad jurídica al respecto.

En todo caso, de tener que responder directamente contra el perjudicado, el armador y su asegurador podrían beneficiarse de los límites de responsabilidad por siniestro, como sujetos previstos en los arts. 1.2 y 1.6, respectivamente, del Convenio LLMC o de otro convenio con límites específicos por razón del tipo de daños ocasionados (por ejemplo, el CLC, el Convenio Bunkers o el Convenio de Atenas).

Asimismo, si el armador o su asegurador abonan la indemnización al tercero perjudicado, es de gran interés económico la acción de repetición contra el fabricante, productor o del programador causante del defecto o fallo técnico o informático, cuando el causante del daño o perjuicio es el buque asegurado. fabricante o productor al que es atribuible el defecto latente o error de diseño. En España, el art. 43 de la Ley 50/1980, de 8 de octubre, de contrato de seguro, permite que el asegurador que haya pagado la indemnización puede ejercitar los derechos y acciones que por razón del siniestro correspondan a la aseguradora frente a las personas responsables del mismo, hasta el límite de la indemnización. Es la acción de repetición o recobro, esencial de la actividad aseguradora. Aplicado a los daños y perjuicios causados a terceros perjudicados por el defecto latente o el error de diseño del MASS, el recobro puede dirigirse también a los fabricantes y diseñadores del equipo marino, si se dan las circunstancias.

Como última cuestión, ligada al recobro, es previsible que las aseguradoras marítimas evalúen la solvencia de los proveedores de tecnología de los buques de control remoto y/o autónomos, de su capacidad para responder de las indemnizaciones que la aseguradora haya debido satisfacer previamente. También de que dispongan a su vez de seguros de responsabilidad civil que puedan hacer frente a estas acciones de recobro. Esto puede ser una barrera de acceso a los MASS para los proveedores de sistemas tecnológicos de menor tamaño o solvencia[39].

---

39 CORE ADVOCATFIRMA y CEFOR, *cit.*, p. 17.

VII. DAÑOS CAUSADOS POR ATAQUES INFORMÁTICOS

Los aseguradores marítimos consideran el ciberriesgo el principal reto de la implementación de los buques de control remoto y/o autónomos. No se trata de un riesgo novedoso con respecto a los buques convencionales, pues la digitalización, la automatización de los procedimientos y sistemas del transporte marítimo son una realidad[40]: los buques convencionales ya disponen de sistemas de tecnología de información para almacenar, tratar y transmitir datos y con sistemas de tecnologías de las operaciones para controlar mediante sensores o cámaras electrónicas máquinas o procesos a bordo del buque[41].

Además, también son reales las amenazas y ataques cibernéticos contra los buques convencionales, que pueden provocar la interrupción de la navegación marítima, el daño reputacional del armador u operador, la pérdida de datos[42], o causar daños a terceros. Los buques actuales ya están interconectados, mediante conexiones por satélite[43] o de Internet como cualquier oficina en tierra[44], y son vulnerables a las amenazas cibernéticas. Los sistemas globales de navegación por satélite, *Global Navigation Satellite Systems* (GNSS), como el *Global Positioning System* (GPS) o el sistema Galileo de la Unión Europea, suministran información sobre la posición del buque a los usuarios militares, civiles y comerciales en todo el mundo. Estas señales de GNSS son débiles y sin encriptar, lo que facilita que el sistema sea vulnerable a la interferencia intencional o no intencional. Como resultado de esta interferencia, puede resultar que deje de funcionar la recepción por el buque de la señal o, incluso peor, el suministro al buque

---

40 Castro Pereira, A., "La gestión de los riesgos cibernéticos en los sistemas de seguridad en buques y empresas navieras", en *Revista General de Marina*, marzo 2022, p. 251; Juan y Mateu, F., "El transporte marítimo y la ciberseguridad", en *Revista de Derecho Mercantil*, n. 323, enero-marzo 2022, ap. II.1.

41 JUAN Y MATEU, F., *cit.*

42 Zurutuza Arigita, I., "Cuestiones sobre la problemática jurídica que plantean los buques no tripulados", en Petit Lavall, M. V. y PUETZ, A. (Dirs.), *El transporte como motor del desarrollo socioeconómico*, Marcial Pons, 2018.

43 Omitola, t. *et al*, "Securing navigation of unmanned maritime systems", en SCHILLAI, S. M. y Townsend, N. C. (eds.), In Proceedings of the 11th International Robotic Sailing Conference: Southampton, United Kingdom, August 31st–September 1st, 2018. vol. 2331, CEUR Workshop Proceedings, pp. 56-57; Castro Pereira, a., *cit.*, pp. 261-262.

44 *Vid* paginas web de North Standard, Cyber Risks & P&I Cover, y DNV, Maritime Cyber Security.

de información errónea sobre sistemas de navegación y de posición[45]. Por ejemplo, hay buques que están siendo víctimas del GPS/AIS *Spofing*, que engaña a los sistemas GPS y AIS (sistema de identificación automática), por el cual el capitán y las autoridades marítimos creerán que el buque está en un lugar distinto, aumentando el riesgo de accidentes[46].

Aplicadas esta amenazas cibernéticas a los MASS, el riesgo es mayor que el que ya padecen los buques convencionales. Al estar dotados de un equipo marino más sofisticado y con mayor conectividad, se espera que los riesgos cibernéticos se mantengan y aumenten con la implementación de los buques de control remoto y autónomos y, correlativamente, sea más necesaria la disposición de seguros de garantía patrimonial del armador. Estas amenazas cibernéticas pueden provenir de actuaciones malintencionadas (pirateado por un tercero con virus o para manipular o robar datos e información) o como consecuencia no deliberada de actuaciones bien intencionadas (como mantener programas informáticos o permisos de usuarios)[47].

La cobertura de los riesgos cibernéticos del buque por control remoto y/o buque autónomo presenta otras dificultades adicionales.

Por un lado, el asegurador que va a desplazar sobre sí los riesgos cibernéticos del buque autónomo no dispone de datos estadísticos que permitan tasar el riesgo[48]. Al faltar datos actuariales, la asunción del riesgo depende de la visión subjetiva de cada asegurador y, en principio, la decisión más prudente puede ser la exclusión de cobertura. O, si opta por asegurar, por imponer primas altas, coberturas bajas y/o emplear franquicias para que el asegurado afronte una parte del riesgo inicial[49]. La cobertura de los riesgos cibernéticos puede ser afrontada a través de sumas aseguradas de cuantía limitada que permitan a los aseguradores medir su riesgo. Por tanto, este tipo de seguros puede ser de poca utilidad para el asegurado[50].

Por otro lado, otro problema de la cobertura del ciberriesgos que amenaza a los buques por control remoto y buques autónomos es la constante

---

45 Omitola, t. *et al*, *cit.*

46 CASTRO PEREIRA, A., *cit.*

47 CASTRO PEREIRA, A., *cit.*

48 WILHELMSEN, T.-L. y BULL, H. J., *cit.* También VILJANEN, M., *cit.*

49 WILHELMSEN, T.-L. y BULL, H. J., *cit.*

50 Biener, C. *et al*, *Insurability of Cyber Risk: An empirical analysis. The Geneva Papers*, The International Association for the Study of Insurance Economics, 2014.

actualización de la infraestructura de la información y el *software*, que puede hacer ineficiente la tasación[51]. Además, cuando se aplica a los buques autónomos que son enteramente dependientes de la tecnología, un mismo fallo informático puede reproducirse en todos los buques que la incorporan y multiplicar los accidentes. Se plantea así si los seguros de cascos y de P&I actuales están o no en disposición de ofrecer cobertura de daños propios y a terceros de los riesgos cibernéticos sobre el buque operado por control remoto o autónomo.

1. Seguro de cascos. Cláusula especial de exclusión de riesgos cibernéticos

Por lo que respecta a la *cobertura de daños propios al buque*, su maquinaria, los sistemas de tecnologías de información, los sistemas de tecnologías de las operaciones, los programas de *software*, los datos disponibles, etc., la cobertura aseguradora por riesgos cibernéticos NO es lo habitual para los buques convencionales. Corresponde al asegurador decidir si quiere desplazar sobre sí el riesgo cibernético o prefiere excluirlo de cobertura. No hay obligación de asegurar[52]. La investigación sobre seguros de ciberriesgos indica que el aseguramiento de este riesgo, precisamente, puede ser una cuestión difícil porque expone a los aseguradores a riesgos catastróficos[53].

Ciertamente, los riesgos son mayores para los buques de control remoto y/o autónomos frente a los actuales buques con automatismos, en los que el buque ya está dotado de un *software* que facilita estos procesos automatizados[54], pero la dotación a bordo suele estar en disposición de tomar decisiones y evitar accidentes.

Además, el asegurador de cascos es muy dependiente del reaseguro. Aunque el reasegurador normalmente aceptase el contrato de seguro de riesgos cibernéticos sobre el MASS, el mercado reasegurador puede rechazar ciertos tipos de riesgo. Así, se introdujo en el mercado reasegurador la cláusula *Institute Cyber Attack Exclusion Clause*, clause 380. Algunos aseguradores incluyen estas cláusulas en las pólizas directas con el asegurado. En

---

51 También VILJANEN, M., *cit.*

52 WILHELMSEN, T.-L. y BULL, H. J., *cit.*

53 VILJANEN, M., *cit.*

54 Herrero Utrera, E., "La figura del porteador en el transporte marítimo de mercancías ante la irrupción de los buques no tripulados", en *Revista de Derecho del Transporte*, núm. 32, 2023.

su virtud, en ningún caso este seguro cubrirá pérdida, daño, responsabilidad o gasto, directa o indirectamente causado por o al que haya contribuido o que surja del uso u operación, como un medio para infligir daño, de cualquier computadora, sistema de computación, programa de *software* de computación, código malicioso, virus de computación o proceso o cualquier otro sistema electrónico (apartado 1.1).

En 2019, la *Lloyd's Market Association* (LMA) adoptó dos nuevos modelos de cláusulas sobre riesgos cibernéticos para incorporar a los seguros marítimos:

- La LMA 5402, *Marine Cyber Exclusion clause*, es una cláusula diseñada para usar en todos los seguros marítimos, incluido el seguro de cascos. La pérdida por ataque cibernético es excluida, con independencia de si obedece a un ataque malicioso o no malicioso.
- La LMA 5403, *Marine Cyber Endorsement*, que en línea con la anterior excluye la pérdida por ataque malicioso, pero afirma la cobertura por ataque no malicioso siempre que la pérdida esté cubierta por la póliza de seguro[55].

2. *Seguro de responsabilidad civil*

Con relación a la *cobertura de la responsabilidad civil frente a terceros*, el seguro P&I contratado con alguno de los clubs que integran el Grupo Internacional de Clubs P&I no excluye específicamente las pérdidas o responsabilidades derivadas de riesgos cibernéticos. Por ejemplo, un riesgo de responsabilidad civil derivada de riesgos cibernéticos es la interrupción de la operativa del buque por ataques cibernéticos, que le impidan cumplir con obligaciones contractuales[56]. En la póliza de responsabilidad civil del club P&I Shipowners para buques de control remoto o autónomos sí cubre de forma expresa "*las responsabilidades de terceros que surjan en relación con el buque asegurado tras un ciberataque a sus sistemas en tierra que controlan el buque, o de un ciberataque contra el buque mismo*".

---

55 Howden Group, *Marine ciber risk and insurances*, 2020.

56 CORE ADVOCATFIRMA y CEFOR, *cit.*

3. Seguros no marítimos de ciberriesgos

Para la cobertura del daño reputacional o la interrupción del negocio, puede ser necesario para el armador u operador disponer de seguros de ciberriesgos contratados fuera del mercado asegurador marítimo[57]. Ampliamente difundido en la práctica, el seguro de riesgos cibernéticos ofrece cobertura multirriesgo de responsabilidad civil como consecuencia del uso de sistemas informáticos y tecnológicos causantes de los daños y de daños propios por la afectación de equipos y sistemas por ataques externos, incluida la gestión del incidente[58].

4. Programas de compliance contra riesgos cibernéticos

Incluso cuando los riesgos cibernéticos estén cubiertos por seguros marítimos o no marítimos, los aseguradores pueden exigir del asegurado la adopción de medidas de resiliencia contra los ataques cibernéticos. La industria marítima y aseguradora ya hace tiempo que trabaja en sistemas de gestión de riesgos cibernéticos. La finalidad de estas medidas, que pueden condicionar la cobertura es contribuir a la seguridad y a la protección del buque, es que sea operacionalmente *resiliente* ante los riesgos cibernéticos[59]. Cobra especial relevancia los planes de gestión de resiliencia ante riesgos cibernéticos, en otras palabras, de la capacidad de resistir a un determinado ciberincidente[60].

Por un lado, es clara la condición de cumplir con la normativa de ciberresiliencia para poder acceder al seguro. En concreto, desde el 1 de enero de 2021, el Código internacional de gestión de la seguridad operacional del buque y de prevención de la contaminación (conocido como Código ISM o, en castellano, IGS) del Convenio SOLAS, impone que el buque disponga de un sistema de gestión de la seguridad que garantice el cumplimiento de las normas y reglas obligatorias, y que se tienen presentes los códigos aplicables, junto con las directrices y normas

---

57 CORE ADVOCATFIRMA y CEFOR, *cit.*

58 ELGUERO, J. M. "El seguro de riesgos cibernéticos", en MONTERROSO CASADO, E. (Dir.), *Inteligencia artificial y riesgos cibernéticos. Responsabilidades y aseguramiento,* Tirant lo Blanch, Valencia, 2021

59 CORE ADVOCATFIRMA y CEFOR, *cit.*

60 Omitola, t. *et al, cit.*

recomendadas por la OMI, las Administraciones, las sociedades de clasificación y las organizaciones del sector (punto 1.2.3).

Por otro lado, es también probable que el armador, para acceder a la cobertura aseguradora, deba cumplir con las normas no marítimas, como la ISO/IEC sobre *Information security, cybersecurity and privacy protection*, o el marco de ciberseguridad del *National Institute of Standards and Technology* (NIST) pueden en gran medida que sean aplicables, junto con las directrices y procedimientos de las sociedades de clasificación[61].

VIII. CONCLUSIONES

1ª Ha de ser primero la industria armadora la que confíe y observe las ventajas de equipos marinos que permitan el control remoto del buque y/o su operación autónoma mediante inteligencia artificial. Han de ser rentables y convenientes para los propios armadores. De momento, lo son los drones marítimos y las pequeñas embarcaciones de control remoto y/o autónomas, que permiten también el manejo del buque por parte del personal a bordo, si es necesario.

La difusión de los buques y embarcaciones por control remoto y/o autónomos va a depender de su impacto en la cuenta de resultados de los armadores[62]. No es claro que un buque dotado con estos equipos marinos sea más económico, en su construcción, adquisición y mantenimiento, que los buques convencionales con capitán, dotación y ciertos automatismos. Este coste es relevante. Especialmente en el sector marítimo, donde son habituales los períodos de alza y depresión en los cuales se lleva a cabo la retirada de algunos buques. Ello en un contexto donde el transporte marítimo de mercancías resulta muy económico, en comparación con el realizado por vía terrestre o, por supuesto, aérea, donde por tanto los márgenes son generalmente más ajustados. En consecuencia,

61 CORE ADVOCATFIRMA y CEFOR, *cit.* y SALGADO DON, A., LÓPEZ VARELA, P. y PÉREZ CANOSA, J. M., "Los ciberriesgos: una amenaza para la seguridad de la navegación", en GARCÍA-PITA Y LASTRES, J. L., QUINTÁNS EIRAS, R. y DÍAZ DE LA ROSA, A. (Dirs.), *El Derecho marítimo, las nuevas tecnologías y los retos del progreso,* Thomson Reuters-Aranzadi, Cizur Menor, 2021,

62 KRETSCHMANN, L., BURMEISTER, H.-C. y JAHN, C., "Analyzing the economic benefit of unmanned autonomous ships: An exploratory cost-comparison between an autonomous and a conventional bulk carrier", en *Research in Transportation Business & Management,* núm. 25, 2017.

entretanto la tecnología no esté en disposición a un precio razonable, con respecto al buque con automatismos, es comprensible el retraso de la industria marítima en invertir en el buque mercante de control remoto y/o autónomo, ni en presionar a los Estados para la adopción de cambios legislativos (por ejemplo, el borrador del Código MASS).

Suele reiterarse que la ventaja principal de los buques autónomos es el incremento de la seguridad, lo que supondría una mejora de la competitividad[63]. Es habitual referirse al error humano a bordo como principal causante de los siniestros marítimos. A efectos de la seguridad operacional (*safety*), el borrador del Código MASS maneja el principio de equivalencia de la seguridad, "asegurando un nivel de seguridad equivalente al de un buque convencional" (Parte II, art. 2.1 Código MASS). Al menos, los buques por control remoto y los buques autónomos han de ser tan seguros como los actuales buques dotados con automatismos y decisión final humana. Algunas de las cuestiones de seguridad que plantean son su habilidad para evitar colisiones con elementos fijos y abordajes con otras embarcaciones, su capacidad para navegar con seguridad en las zonas de costa y para gestionar emergencias propias y de otros buques. No puede así constituir un riesgo ni para sí mismo, ni para otras embarcaciones o elementos fijos, ni para el medioambiente marino[64].

Asimismo, en cuanto a la *security*, o seguridad frente a actos deliberados de robos, intrusiones, vandalismo, agresiones, piratería, ciberataques. Los buques por control remoto y los buques autónomos, por su mayor conectividad, parecen ser más vulnerables a la protección de su seguridad cibernética que los buques actuales dotados con automatismos. Asimismo, resulta actualmente impensable que los buques puedan navegar sin dotación por zonas de riesgo de piratería marítima.

2ª Partimos de la premisa de que el armador de un buque de control remoto y/o autónomo, como cualquier otro, requiere de una garantía aseguradora que proteja su patrimonio, tanto por daños propios al buque, como por daños causados a terceros por el buque asegurado. Cuando un armador considera que un MASS es tan seguro y rentable como el buque convencional, necesita seguros de cobertura de estos riesgos primarios y de otros complementarios (guerra). El mercado asegurador se adapta a

---

63 AHVENTJÄRVI, S., "The human element and autonomous ships", en *The International Journal on Marine Navigation and Safety of Sea Transportation*, núm. 10 (3), 2016.

64 OMITOLA, T. *et al*, *cit.*

la demanda de los armadores de cobertura aseguradora[65]. La industria aseguradora auxilia a la industria armadora y si ésta tiene interés en este tipo de automatismos navales, los aseguradores adaptan sus pólizas al uso para cubrir los nuevos riesgos vinculados a los buques y embarcaciones autónomas y/o de control remoto. Sin embargo, no se trata de un mercado asegurador maduro, al no haber todavía unas prácticas y usos comunes de conocimiento generalizado.

IX. BIBLIOGRAFIA

AHVENTJÄRVI, S., "The human element and autonomous ships", en *The International Journal on Marine Navigation and Safety of Sea Transportation*, núm. 10 (3), 2016.

ALBA FERNÁNDEZ, M., "Buques navegados por control remoto y buques autónomos en la evolución futura del Derecho de la navegación marítima", en *Revista de Derecho del Transporte*, núm. 28, 2021.

BIENER, C. *et al*, *Insurability of Cyber Risk: An empirical analysis. The Geneva Papers*, The International Association for the Study of Insurance Economics, 2014.

BROOKS, M. R., "The privatization of ship safety", en *Maritime Policy & Management*, núm. 23(3), 1996.

CASTRO PEREIRA, A., "La gestión de los riesgos cibernéticos en los sistemas de seguridad en buques y empresas navieras", en *Revista General de Marina*, marzo 2022.

CORE ADVOCATFIRMA y CEFOR, *Maritime autonomous surface ships. Zooming in on civil liability and insurance*, 2018.

DÍAZ DE LA ROSA, A., "Algunas cuestiones planteadas en torno al régimen jurídico de los buques autónomos", en *Revista de Derecho Mercantil*, núm. 320, 2021.

ELGUERO, J. M. "El seguro de riesgos cibernéticos", en Monterroso Casado, E. (Dir.), *Inteligencia artificial y riesgos cibernéticos. Responsabilidades y aseguramiento*, Tirant lo Blanch, Valencia, 2021, 374-409.

GOH, L.-B. y YIP, T. L., "A way forward for ship classification and technical services", en *The Asian Journal of Shipping and Logistics*, núm. 30 (1), 2014.

HERRERO UTRERA, E., "La figura del porteador en el transporte marítimo de mercancías ante la irrupción de los buques no tripulados", en *Revista de Derecho del Transporte*, núm. 32, 2023, pp. 51-73.

HOWDEN GROUP, *Marine ciber risk and insurances*, 2020.

HOWSE, T., "P&I Perspective", en RINGBOM, H., ROSÆG, E. y SOLVANG, T. (eds.), *Autonomous Ships and the Law*, Routledge, Oxon-New York, 2021.

65 CORE ADVOCATFIRMA y CEFOR, *cit.*

INTERNATIONAL MARITIME ORGANIZATION, Outcome of the regulatory scoping exercise for the use of maritime autonomous surface ships (MASS). MSC.1/ Circ.1638 3 June 2021.

INTERNATIONAL MARITIME ORGANIZATION, Development of a Goal-Based Instrument for Maritime Autonomous Surface Ships (MASS). Report of the Correspondence Group submitted by Marshall Islands, Doc. IMO MSC 108/4, 13 February 2024 (borrador de Código MASS).

INTERNATIONAL MARITIME ORGANIZATION, *Autonomous Shipping*, en imo.org.

JUAN Y MATEU, F., "El transporte marítimo y la ciberseguridad", en Revista de Derecho Mercantil, 323 (enero-marzo), 2022.

KRETSCHMANN, L., BURMEISTER, H.-C. y JAHN, C., "Analyzing the economic benefit of unmanned autonomous ships: An exploratory cost-comparison between an autonomous and a conventional bulk carrier", en *Research in Transportation Business & Management*, núm. 25, 2017.

MORILLAS JARILLO, M. J., "Responsabilidad civil y seguro en la navegación marítima", en PETIT LAVALL, M. V. y PUETZ, A. (Drs.), *El transporte ante el desarrollo tecnológico y la globalización*, Colex, Madrid, 2021.

NGUYEN, G. T. H. *et al*, "Insights on the introduction of autonomous vessels to liner shipping networks", en *Journal of Shipping and Trade*, 7:12, 2022, https://doi.org/10.1186/s41072-022-00113-w.

OMITOLA, T. *et al*, "Securing navigation of unmanned maritime systems", en SCHILLAI, S. M. y Townsend, N. C. (eds.), In *Proceedings of the 11th International Robotic Sailing Conference: Southampton, United Kingdom, August 31st–September 1st, 2018*, vol. 2331, CEUR Workshop Proceedings.

PORTALES, J., "El desafío legal de los buques autónomos", en Petit Lavall, M. V. y PUETZ. A. (Dirs.), *El transporte como motor del desarrollo socioeconómico*, Marcial Pons, Barcelona-Madrid, 2018.

RODRÍGUEZ DELGADO, J. P., "La irrupción del buque autónomo (o controlado remotamente) en los aspectos jurídico-privados del Derecho marítimo", en Petit Lavall, M. V. y PUETZ, A. (Dirs.), *El transporte como motor del desarrollo socioeconómico*, Marcial Pons, Barcelona-Madrid, 2018.

SALGADO DON, A., LÓPEZ VARELA, P. y PÉREZ CANOSA, J. M., Los ciberriesgos: una amenaza para la seguridad de la navegación, en García-Pita y Lastres, J. L., Quintáns Eiras, R. y Díaz de la Rosa, A. (Dirs.), *El Derecho marítimo, las nuevas tecnologías y los retos del progreso*, Thomson Reuters-Aranzadi, Cizur Menor, 2021, pp. 581-592.

SIERRA NOGUERO, E., *El seguro de responsabilidad civil derivada de la navegación de buques*, Fundación Mapfre, 2016.

SIERRA NOGUERO, E., "The role and legal liability of classification societies in the certification of autonomous vessels", en *Tulane Maritime Law Review*, núm. 47(3), 2023.

SMEELE, F., "Switching off regulatory requirements. Flag state exemptions as a tool to facilitate experiments with highly automated vessels and their operational implementation", en Ringbom, H., Rosæg, E. y Solvang, T. (eds.), *Autonomous Ships and the Law*, Routledge, Oxon-New York, 2021.

SMITH, B. W., "Regulation and the risk of inaction", en MAURER, M. *et al* (eds.), *Autonomous Driving. Technical, Legal and Social Aspects*, Springer Open, 2016.

SONG, M., "Moving forward by looking back. Insuring autonomous vessels under English hull and machinery cover and law", en RINGBOM, H., ROSÆG, E. y SOLVANG, T. (eds.), *Autonomous Ships and the Law*, Routledge, Oxon-New York, 2021.

SOYER, B., "Insuring remote-controlled and autonomous shipping. A paradigm shift in law and insurance markets required", en THOMAS, R. (ed.), *The modern law of marine insurance*, tercera edición, Informa Law from Routledge, 2023, ap. 2.23

VAN HOOYDONK, E., "The law of unmanned merchant shipping – an exploration", en *The Journal of International Maritime Law*, núm. 20, 2014, pp. 403-423.

VEAL, R. *et al*, *Liability for operations in Unmanned Maritime Vehicles with Differing Levels of Autonomy, Final Report*, University of Southampton, 2016.

VILJANEN, M., "Insuring autonomous vessels. Scoping the issues", en RINGBOM, H., ROSÆG, E. y SOLVANG, T. (eds.), Autonomous Ships and the Law, Roudledge, Oxon-New York, 2021,

WILHELMSEN, T.-L. y BULL, H. J., "Hull insurance of autonomous ships according to Nordic law. What are the challenges?", en Ringbom, H., Rosæg, E. y SOLVANG, T. (eds.), *Autonomous Ships and the Law*, Routledge. 2021.

WRÓBEL, K., MONTEWKA, J. y KUJALA, P., "Towards the assessment of potential impact of unmanned vessels on maritime transportation safety", en *Reliability Engineering and System Safety*, núm. 165, 2017.

ZURUTUZA ARIGITA, I., "Cuestiones sobre la problemática jurídica que plantean los buques no tripulados", en Petit Lavall, M. V. y PUETZ, A. (Dirs.), *El transporte como motor del desarrollo socioeconómico*, Marcial Pons, 2018.

La obligación de navegabilidad y la incidencia de las nuevas tecnologías en el transporte marítimo internacional de mercancías[1]

ALBANO GILABERT GASCÓN
Doctor en Derecho
Profesor Lector de la Universitat Autònoma de Barcelona

SUMARIO: I. INTRODUCCIÓN. II. LA NAVEGABILIDAD DEL BUQUE Y LA INCIDENCIA DE LAS NUEVAS TECNOLOGÍAS. 1. El concepto de navegabilidad. 2. Los aspectos de la navegabilidad. 3. El carácter relativo de la navegabilidad. 4. Las exigencias sobre navegabilidad y la incidencia de las nuevas tecnologías. III. LA OBLIGACIÓN DE NAVEGABILIDAD Y LA CIBERPROTECCIÓN DEL BUQUE. 1. El tipo de obligación y sus consecuencias en materia de ciberseguridad. 2. El momento en que debe cumplirse la obligación. 3. El carácter indelegable de la obligación de poner a disposición del cargador un buque navegable. IV. LAS CONSECUENCIAS DERIVADAS DE LA FALTA DE NAVEGABILIDAD DEL BUQUE: LA RESPONSABILIDAD POR DAÑOS A LAS MERCANCÍAS. 1. La responsabilidad del porteador por la innavegabilidad originaria del buque. 2. La responsabilidad del porteador por la innavegabilidad sobrevenida del buque. V. CONCLUSIONES. VI BIBLIOGRAFÍA.

I. INTRODUCCIÓN

En el transporte marítimo de mercancías, una de las primeras obligaciones que asume el porteador es la de poner a disposición del cargador un buque con el que realizar el transporte contratado. Además, esta obligación lleva aparejados, a su vez, ciertos deberes implícitos, entre los cuales se halla el de que el buque esté en condiciones de navegabilidad[2];

---

1 El presente trabajo se enmarca en el proyecto de I+D+i "Nuevos desafíos del transporte ante el fenómeno turístico", financiado por la Universitat Jaume I de Castellón (Ref. UJI-2023-10). Investigadora principal: Silvia Boboc.

2 WILSON, J. F., *Carriage of Goods by Sea*, Pearson, Essex, 7.ª ed., 2010, p. 9.

deber este último que, de hecho, se recoge expresamente en la mayoría de los ordenamientos, tanto nacionales como internacionales. Más concretamente, en el caso del transporte marítimo internacional de mercancías, que es el que se pretende analizar, así se prevé en el artículo III.1 del Convenio internacional para la unificación de ciertas reglas en materia de conocimiento, firmado en Bruselas el 25 de agosto de 1924, en la versión dada por los Protocolos de 1968 y 1979 (en adelante, Reglas de La Haya-Visby). Y también la mayoría de las pólizas-tipo utilizadas para la formalización de los contratos de fletamento recoge entre su clausulado esta obligación[3].

Sin embargo, y pese a tratarse de una figura de hondo arraigo en el ámbito de la navegación marítima, lo cierto es que el contenido exacto de la obligación de navegabilidad no ha estado exento de controversia. Y es que, probablemente debido a la amplitud de su alcance, a su carácter relativo, así como a la necesidad de adaptarla a las evoluciones que va experimentando la industria marítima, la navegabilidad ha generado múltiples dudas interpretativas a lo largo de los años. Por este motivo, el objeto del presente trabajo es realizar una primera aproximación sobre cómo el fenómeno de la automatización de los buques está llamado a influir sobre esta obligación, así como sus consecuencias.

A tal efecto, en primer lugar, se analizará la navegabilidad del buque y la incidencia en esta materia de las nuevas tecnologías (*sub* II). Más concretamente, tras definir la navegabilidad (*sub* 1), los aspectos que la componen (*sub* 2) y su carácter relativo (*sub* 3), se abordará la cuestión de cómo afectan las nuevas tecnologías a las exigencias sobre la navegabilidad del buque (*sub* 4). Posteriormente, se examinará la relación entre la obligación de navegabilidad del porteador y la ciberprotección del buque (*sub* III), para lo que es necesario determinar el modo en que se configura esta obligación (*sub* 1) y el momento en que deviene exigible (*sub* 2), teniendo en cuenta también el carácter indelegable de la obligación (*sub* 3). En fin, se analizarán las consecuencias de la falta de navegabilidad del buque (*sub* IV), tanto si la falta de navegabilidad del buque es originaria (*sub* 1) como si es sobrevenida (*sub* 2).

---

3 Así, a modo de ejemplo, véase la cl. 8 (a)(iii)(1) GENTIME, en el caso de fletamento por tiempo; y la cl. 2(a)(2) GENCON 2022 en el de fletamento por viaje.

II. LA NAVEGABILIDAD DEL BUQUE Y LA INCIDENCIA DE LAS NUEVAS TECNOLOGÍAS

1. El concepto de navegabilidad

El primero de los aspectos a tratar al analizar la navegabilidad del buque es, precisamente, su conceptualización. Esta ya era una cuestión planteada ante los tribunales, especialmente los ingleses, con anterioridad a su positivación. Al respecto, una de las primeras ocasiones en que se abordó esta tarea fue en el año 1876, en el caso *Kopitoff v Wilson*. En este, la *Queen's Bench Division* señaló que un buque navegable es aquel que está "fit to meet and undergo the perils of sea and other incidental risks to which of necessity she must be exposed in the course of a voyage"[4]. Es decir, para que sea navegable, el buque ha de estar en condiciones de hacer frente a los peligros que pueden aparecer durante el viaje[5]. Además, esta aptitud no se limita a los denominados peligros de la navegación (o *perils of the sea*), sino que también ha de abarcar cualesquiera otros a los que está expuesto el buque durante el viaje[6].

En lo que respecta a la normativa reguladora del transporte de mercancías, en el ámbito internacional, es el artículo III.1 de las Reglas de La Haya-Visby el que recoge la obligación del porteador de poner a disposición del cargador un buque navegable[7]. En este sentido, el precepto

---

4 Sentencia de la *Queen's Bench Division* de 23 de febrero de 1876, *Kopitoff v Wilson*, (1876) 1 QBD 377, 388 (*non vidi*, citada en GIRVIN, S., *Carriage of Goods by Sea*, 2.ª ed., Oxford University Press, Oxford, 2011, p. 384).

5 COOKE, J., TIMOTHY, Y., ANDREW, T., KIMBALL, J. D., MATOWSKI, D. y LAMBERT, L., *Voyage Charters*, Informa Law, Abingdon, 2007, p. 233; SOZER, B., "Seaworthiness: In the Context of Cyber-risks or 'Cyberworthiness'", en SOYER, B. y TETTENBORN, A. (eds.), *Ship Operations: New Risks, Liabilities and Technologies in the Maritime Sector*, Informa Law, Abingdon, 2021, p. 102.

6 COOKE, J., TIMOTHY, Y., ANDREW, T., KIMBALL, J. D., MATOWSKI, D. y LAMBERT, L., *Voyage Charters, op. cit.*, pp. 233-234; JUAN Y MATEU, F., "El transporte marítimo y la ciberseguridad", *RDM*, n.º 323, 2022, p. 151.

7 El Convenio de las Naciones Unidas sobre el Transporte Marítimo de Mercancías, de 31 de marzo de 1978 (en adelante, Reglas de Hamburgo), no prevé de forma expresa esta (ni ninguna otra) obligación, sino que se limita a señalar, en su artículo 5.1, las posibles consecuencias de una eventual falta de navegabilidad del buque puesto a disposición del cargador ("[e]l porteador será responsable de los perjuicios resultantes de la pérdida o el daño de las mercancías, así como del

señala que "[e]l porteador, antes de comenzar el viaje, deberá cuidar diligentemente: a) de que el buque esté en estado de navegar; b) de armar, equipar y aprovisionar el buque convenientemente; c) de limpiar y poner en buen estado las bodegas, cámaras frías y frigoríficas y los demás lugares del buque, cuando se carguen las mercancías para su recepción, transporte y conservación"[8].

Por lo que respecta a los ordenamientos nacionales, a modo de ejemplo, en el español, el artículo 212 LNM establece que el buque debe ser puesto a disposición del cargador en el estado de navegabilidad "adecuado para recibir el cargamento a bordo y transportarlo con seguridad a destino, teniendo en cuenta las circunstancias previsibles del viaje proyectado, sus fases y la naturaleza del cargamento contratado". Por su parte, el artículo 386.1 del *Codice della Navigazione* italiano afirma que "[i]l noleggiante è obbligato, prima della partenza, a mettere la nave in stato di navigabilità per il compimento del viaggio, ad armarla ed equipaggiarla convenientemente, e a provvederla dei prescritti documenti"[9].

De lo anterior se desprende que el concepto de navegabilidad presenta una doble vertiente: la navegabilidad absoluta (o, como se conoce en inglés, *seaworthiness*) y la navegabilidad relativa (o *cargoworthiness*). La primera supone la aptitud genérica del buque para navegar. Es decir, el buque ha de ser capaz de navegar en abstracto. La segunda se refiere a la capacidad del buque para recibir el cargamento a bordo y transportarlo a destino en

---

retraso en la entrega, si el hecho que ha causado la pérdida, el daño o el retraso se produjo cuando las mercancías estaban bajo su custodia [...], a menos que pruebe que él, sus empleados o agentes adoptaron todas las medidas que razonablemente podían exigirse para evitar el hecho y sus consecuencias"). Cfr. GABALDÓN GARCÍA, J. L., *Curso de derecho marítimo internacional*, 2.ª ed., Marcial Pons, Madrid, 2024, p. 693. En cambio, el Convenio de las Naciones Unidas sobre el Contrato de Transporte Internacional de Mercancías Total o Parcialmente Marítimo, de 11 de diciembre de 2008 (en adelante, Reglas de Rotterdam), sí la contempla en su artículo 14.

8 La traducción al castellano de este último inciso es un tanto deficiente. Más claros son sus términos en la version en inglés, que señala que el porteador debe "*[m]ake the holds, refrigerating and cool chambers, and all other parts of the ship in which goods are carried, fit and safe for their reception, carriage and preservation*".

9 Sobre la obligación de navegabilidad en el ordenamiento italiano, *vide* LEFEBVRE D'OVIDIO, A., PESCATORE, G. y TULLIO, L., *Manuale di Diritto della Navigazione*, 15.ª ed., Giuffrè, Milano, 2019, p. 582.

condiciones de seguridad[10]. Hay incluso quien va más allá y, dentro de la navegabilidad relativa, diferencia entre navegabilidad relativa genérica (a la que continúan llamando *cargoworthiness*) y navegabilidad relativa específica (a la que se le denomina *voyageworthiness*), que comprendería "aquellas condiciones y características que hacen que el buque sea capaz de navegar con seguridad y, además, de prestar, en condiciones de eficacia económica y técnica, los servicios y ser dedicado a los fines del propio viaje concreto, en el que se vaya a utilizar"[11].

Sea como fuere, lo que parece evidente es que, para que un buque sea navegable, ha de tener la aptitud y capacidad necesarias, tanto para navegar como para transportar las mercancías contratadas, y todo ello en condiciones de seguridad suficientes para hacer frente a los riesgos que puedan aparecer durante el viaje. En consecuencia, un buque será navegable cuando reúna las condiciones y características necesarias para ello[12].

---

10 GABALDÓN GARCÍA, J. L., *Curso de derecho marítimo internacional, op. cit.*, pp. 692-693; HERNÁNDEZ MARTÍ, J., *Contrato de transporte marítimo de mercancías*, Valencia, 1984, pp. 102-103; PADOVAN, A. V., "The Elements of Seaworthiness in the Context of Marine Insurance Revisited", en AA.VV., *Book of Proceedings of the 4th International Scientific Conference on Maritime Law*, Split, 2023, p. 106; SÁNCHEZ CALERO, F., *El contrato de transporte marítimo de mercancías. Reglas de La Haya-Visby, Hamburgo y Rotterdam*, 2.ª ed., Thomson Reuters, Aranzadi, 2010, pp. 323-324; TETLEY, W., *Marine Cargo Claims*, Vol 1, 4.ª ed., Editions Yvon Blais, Cowansville, 2008, p. 877; WILSON, J. F., *Carriage of Goods by Sea, op. cit.*, p. 11.

11 GARCÍA-PITA Y LASTRES, J. L., "La responsabilidad del armador fletante y del armador porteador, por falta de navegabilidad", en GARCÍA-PITA Y LASTRES, J. L., QUINTÁNS-EIRAS, M.ª R. y DÍAZ DE LA ROSA, A. (coords.), *El derecho marítimo de los nuevos tiempos*, Thomson Reuters, Cizur Menor, 2018, pp. 369-370. En el mismo sentido, SOZER, B., "Seaworthiness...", *op. cit.*, p. 103.

12 De forma similar, PULIDO BEGINES, J. L., *Curso de derecho de la navegación marítima*, Tecnos, Madrid, 2015, pp. 218-219, afirma que "[p]or navegabilidad del buque debe entenderse en cualquier caso el estado, condición y cualidades del buque para la finalidad que se persigue con su uso, navegar, en las lógicas y mínimas condiciones de seguridad de bienes y personas que permitan hacer un uso racional del mismo, tanto desde la perspectiva de las personas que de algún modo toman parte en la navegación del buque en cuestión, como desde la de aquellas otras que, aun no tomando parte, puedan verse afectadas por ella". De modo similar, véase, entre otros, GARCÍA-PITA Y LASTRES, J. L., "La responsabilidad del armador...", *op. cit.*, p. 377; JUAN Y MATEU, F., "El transporte marítimo y la ciberseguridad", *op. cit.*, p. 151; RODRÍGUEZ DELGADO, J. P., "La incidencia del buque autónomo en la obligación de navegabilidad del buque", en BLANCO SÁNCHEZ, M.ª J. y MADRID PARRA, A. (dirs.), *Derecho mercantil y tecnología*, Thomson Reuters Aranzadi, Cizur Menor, 2018, p. 1137; RUIZ SOROA, J. M.ª,

A contrario sensu, un buque carece de navegabilidad si presenta una deficiencia que no permita proteger convenientemente la carga frente a las amenazas derivadas de la existencia o utilización del propio buque[13], ya sea en el mar o en el puerto[14].

2. *Los aspectos de la navegabilidad*

De cuanto se ha expuesto se desprende que la navegabilidad del buque es un concepto amplio. Y es que son múltiples los aspectos que pueden afectar a la capacidad de navegar y de transportar el cargamento en condiciones de seguridad[15]. En efecto, no hay duda de que, para que un buque pueda hacer frente a los distintos riesgos que puedan aparecer durante el viaje, primero ha de contar con todos los elementos que lo integran. Ahora bien, junto a lo anterior, existen otros extremos que también afectan a la capacidad del buque para navegar y transportar. Más concretamente, se ha venido en señalar que los aspectos que conforman las exigencias sobre navegabilidad son principalmente tres: uno objetivo, el estado físico del buque; otro subjetivo, relativo a la tripulación; y otro formal, que se refiere a la documentación a bordo del buque[16].

ZABALETA, S. y GONZÁLEZ, M., *Manual de Derecho del transporte marítimo*, HAEE/IVAP, Vitoria-Gasteiz, 1997, p. 44. Igualmente, en la doctrina anglosajona, *vide*, por todos, TETLEY, W., *Marine Cargo Claims*, *op. cit.*, p. 877, quien señala que "*[s] eaworthiness may be defined as the state of a vessel in such a condition, with such equipment, and manned by such a master and crew, that normally the cargo will be loaded, carried, cared for and discharged properly and safely on the contemplated voyage*".

13 En este sentido, COOKE, J., TIMOTHY, Y., ANDREW, T., KIMBALL, J. D., MATOWSKI, D. y LAMBERT, L., *Voyage Charters*, *op. cit.*, p. 236, señalan que "*[a] ship will be unseaworthy if she is not in such a state as will preserve the cargo from the risk of damage from the necessary incidents of a ship's existence*". En el mismo sentido, JUAN Y MATEU, F., "El transporte marítimo y la ciberseguridad", *op. cit.*, pp. 151-152; SOZER, B., "Seaworthiness…", *op. cit.*, p. 104.

14 COOKE, J., TIMOTHY, Y., ANDREW, T., KIMBALL, J. D., MATOWSKI, D. y LAMBERT, L., *Voyage Charters*, *op. cit.*, p. 236.

15 STEVENS, F., "Seaworthiness and Good Seamanship in the Age of Autonomous Vessels", en RINGBOM, H., RØSÆG, E. y SOLVANG, T. (eds.), *Autonomous Ships and the Law*, Routledge, London, 2020, pp. 244-245.

16 KAO, M. B., "Cybersecurity in the Shipping Industry and English Marine Insurance Law", *Tulane Maritime Law Journal*, vol. 45, n.° 3, 2020, pp. 492-493; RUIZ SOROA, J. M.ª, ZABALETA S. y GONZÁLEZ, M., *Manual de Derecho…*, *op. cit.*, p. 44; WANG, F., "The Warranty of Seaworthiness and Cyber Risk of Unmanned Ships", *Journal of Business Law*, n.° 4, 2020, p. 317.

Así, el primer aspecto, de carácter objetivo, se refiere al estado físico del buque y de sus componentes. Y es que, para que un buque sea capaz de navegar y de transportar las mercancías contratadas en condiciones de seguridad, es necesario que el propio buque y todos los equipos que lo componen estén en correcto estado de conservación[17]. Además, también es necesario que el buque esté correctamente equipado y aprovisionado [art. III.1 b) RHV][18].

En segundo lugar, la navegabilidad también implica que el buque esté convenientemente dotado. Es decir, ha de contar con una tripulación suficiente, tanto en número como en cuanto a competencia[19]. Además, con respecto a esta segunda exigencia, no basta con que los miembros de la tripulación cuenten con las titulaciones que les sean legalmente exigibles. Antes al contrario, es necesario que, además, sean capaces de aplicar sus conocimientos según dicten las circunstancias de cada caso. Es decir, la tripulación ha de poseer competencias suficientes para hacer frente a los distintos riesgos que puedan aparecer durante el viaje[20].

---

17 COOKE, J., TIMOTHY, Y., ANDREW, T., KIMBALL, J. D., MATOWSKI, D. y LAMBERT, L., *Voyage Charters, op. cit.*, p. 239; GARCÍA-PITA Y LASTRES, J. L., "La responsabilidad del armador...", *op. cit.*, p. 372; SOZER, B., "Seaworthiness...", *op. cit.*, p. 103.

18 En palabras de GABALDÓN GARCÍA, J. L., *Curso de derecho marítimo internacional, op cit.*, p. 692, la navegabilidad incluye, "además de la seguridad del casco y demás partes integrantes del buque, las pertenencias o 'armamento' (pertrechos, repuestos, instalaciones, instrumentos y medios de todo tipo necesarios para el viaje, incluidas las cartas de navegación debidamente actualizadas)", así como "los accesorios o 'aprovisionamiento' (combustible, aguas, provisiones y demás bienes consumibles)". Véase también PADOVAN, A. V., "The Elements of Seaworthiness in the Context of Marine Insurance Revisited", *op. cit.*, pp. 111-112.

19 GABALDÓN GARCÍA, J. L., *Curso de derecho marítimo internacional, op cit.*, p. 692; SOZER, B., "Seaworthiness...", *op. cit.*, p. 104.

20 A modo de ejemplo, destaca la sentencia de la *High Court* inglesa de 7 de febrero de 2002, *Papera Traders Co Ltd v Hyundai Merchant Marine Co*, [2002] EWHC 118 (Comm), en la que se determinó que el buque carecía de navegabilidad porque la tripulación no tenía competencia suficiente con respecto al equipo contra incendios. *Vid.* también la sentencia de la *Court of Appeal* de 6 de noviembre de 1961, *Hongkong Fir Shipping Co Ltd v Kawasaki Kisen Kaisha Ltd*, [1961] 2 Lloyd's Rep. 478. En la doctrina, véase COOKE, J., TIMOTHY, Y., ANDREW, T., KIMBALL, J. D., MATOWSKI, D. y LAMBERT, L., *Voyage Charters, op. cit.*, p. 241; GARCÍA-PITA Y LASTRES, J. L., "La responsabilidad del armador...", *op. cit.*, p. 373; KAO, M. B., "Cybersecurity in the Shipping Industry...", *op. cit.*, p. 493; PADOVAN, A. V., "The Elements of Seaworthiness in the Context of Marine Insurance Revisited", *op. cit.*, pp. 112-114.

Por último, un tercer aspecto relativo a la navegabilidad es el de la documentación a bordo del buque. Y es que también se considera que, para que este sea navegable, el armador debe asegurarse de que el buque dispone de los documentos que sean legalmente exigibles, ya sea por parte del pabellón que enarbola el buque o por cualquiera de los territorios o puertos intermedios por los que ha de hacer escala el buque[21].

3. El carácter relativo de la navegabilidad

Pese a todo, lo anterior no implica que cualquier insuficiencia o falta de aptitud del buque para hacer frente a los riesgos que puedan aparecer durante el viaje implique su falta de navegabilidad. Tal como sostuvo la *Court of Appeal* inglesa, primero, y la *House of Lords*, después, en el caso *F.C. Bradley & Sons Ltd v Federal Steam Navigation*[22], el concepto de navegabilidad no es absoluto, sino que tiene carácter relativo[23]. Para que sea navegable, "[t]he ship must have that degree of fitness which an ordinary careful owner would require his vessel to have at the commencement of her voyage having regard to all the probable circumstances of it"[24]. Es decir, el buque debe tener el grado de aptitud que un armador prudente

---

21 Al respecto, véase GIRVIN, S., *Carriage of Goods by Sea, op. cit.*, pp. 388-389, quien señala que este aspecto puede ir referido a circunstancias tales como la ausencia de un certificado sanitario requerido por la autoridad portuaria competente. Igualmente, PADOVAN, A. V., "The Elements of Seaworthiness in the Context of Marine Insurance Revisited", *op. cit.*, pp. 114-115; SOZER, B., "Seaworthiness...", *op. cit.*, p. 105.

22 Sentencias de la *Court of Appeal* de 26 de marzo de 1926, *F.C. Bradley & Sons Ltd v Federal Steam Navigation*, [1926] Lloyd's Law Rep 446; y de la *House of Lords* de 4 de abril de 1927, *F.C. Bradley & Sons Ltd v Federal Steam Navigation Co Ltd*, [1927] Lloyd's Law Rep 395.

23 Sentencia de la *House of Lords* de 4 de abril de 1927, cit., p. 396.

24 Sentencia de la *Court of Appeal* de 26 de marzo de 1926, cit., p. 454. Esta idea ha sido reiterada en decisiones posteriores. A modo de ejemplo, véanse las sentencias de la *Court of Appeal* de 8 de junio de 2000, *Eridania Spa & Ors v Oetker & Ors (The Fjord Wind)*, [2000] EWCA Civ 184, párrafo 18; y de 4 de marzo de 2020, *Alize 1954 & Anor v Allianz Elementar Versicherungs AG & Ors*, [2020] EWCA Civ 293, párrafo 17. Igualmente, en la doctrina, *vid.* DEAN, P., CLACK, H. y AINLEY, A., "Autonomous Systems: Cyber Risks and Seaworthiness", en SOYER, B. y TETTENBORN, A. (eds.), *Disruptive Technologies, Climate Change and Shipping*, Informa Law, Abingdon, 2022, p. 43; WANG, F., "The Warranty of Seaworthiness and Cyber Risk of Unmanned Ships", *op. cit.*, p. 316.

y cuidadoso exigiría que su buque tuviera al comienzo del viaje, teniendo en cuenta todas las circunstancias probables del mismo.

Lo anterior supone, de un lado, que la navegabilidad ha de juzgarse en atención a las circunstancias concretas del caso, para lo que han de tenerse en cuenta aspectos tales como el tipo de buque, el viaje o la ruta que se va a seguir, la época climática en que se efectúa el viaje o la mercancía a transportar, entre otros[25]. De otro lado, también es necesario observar el estado de la técnica, así como los estándares predominantes en la industria marítima en el momento concreto[26]. Ello implica que las exigencias sobre navegabilidad aumentan a medida que la industria marítima evoluciona[27]. Piénsese si no en que, cuando se aprobaron las reglas de La Haya, en 1924, los buques no contaban con todos los modernos mecanismos que existen hoy en día. No obstante, no parece caber duda de que, en la actualidad, si un buque no dispone, a modo de ejemplo, de radar, o este no funciona correctamente, el buque no será navegable[28].

Con todo, el hecho de que los estándares sobre navegabilidad aumentan a medida que evoluciona la industria marítima no implica que el buque ha de ser perfecto. Es decir, no es necesario que sea capaz de repeler

---

25 CLARKE, M., "The Carrier's Duty of Seaworthiness under the Hague Rules", en ROSE, F. (ed.), *Lex Mercatoria: Essays on International Commercial Law in Honour of Francis Reynolds*, LLP, London, 2000, pp. 113-114; COOKE, J., TIMOTHY, Y., ANDREW, T., KIMBALL, J. D., MATOWSKI, D. y LAMBERT, L., *Voyage Charters, op. cit.*, p. 237; DEAN, P., CLACK, H. y AINLEY, A., "Autonomous Systems: Cyber Risks and Seaworthiness", *op. cit.*, pp. 43-44; GIRVIN, S., *Carriage of Goods by Sea, op. cit.*, pp. 384-385; SÁENZ GARCÍA DE ALBIZU, J. C., *La innavegabilidad del buque en el transporte marítimo*, Civitas, Madrid, 1992, pp. 73-74.

26 Sentencia de la *House of Lords* de 4 de abril de 1927, cit., p. 396. Véase también DEAN, P., CLACK, H. y AINLEY, A., "Autonomous Systems: Cyber Risks and Seaworthiness", *op. cit.*, p. 46; JUAN Y MATEU, F., "El transporte marítimo y la ciberseguridad", *op. cit.*, p. 152.

27 En este sentido, GIRVIN, S., *Carriage of Goods by Sea, op. cit.*, p. 385, señala que "[w]hat is required from the shipowner also relates to the knowledge of the relevant standards at the applicable time". De forma similar, TETLEY, W., *Marine Cargo Claims, op. cit.*, p. 930, afirma que "[...] the standard of acceptable seaworthiness rises higher and higher with time and progress". Véase también CLARKE, M., "The Carrier's Duty of Seaworthiness under the Hague Rules", *op. cit.*, p. 114.

28 En este mismo sentido, DEAN, P., CLACK, H. y AINLEY, A., "Autonomous Systems: Cyber Risks and Seaworthiness", *op. cit.*, p. 46; y SOYER, B., "Insuring Remote-controlled and Autonomous Shipping", en THOMAS, R. (ed.), *The Modern Law of Marine Insurance*, Vol. V, Informa Law, Abingdon, 2023, p. 27.

cualquier riesgo que pueda aparecer durante el viaje[29]. Por el contrario, basta con que posea las aptitudes y condiciones necesarias para hacer frente a tales riesgos de modo razonable[30]. Por tanto, si bien la "[s]eaworthiness must be judged by the standards and practices of the industry at the relevant time", ello es así solamente "so long as those standards and practices are reasonable"[31].

En fin, para determinar si el buque es o no navegable, la ya citada sentencia de la *Court of Appeal* en el caso *F.C. Bradley & Sons Ltd v Federal Steam Navigation* vino a establecer el denominado *prudent owner test.* En este sentido, señaló que la cuestión que ha de responderse es si un armador prudente hubiera exigido reparar el defecto antes de entregar su buque, de haberlo conocido[32]. En consecuencia, un defecto en el buque que afecte a su aptitud para navegar y/o transportar las mercancías en condiciones de seguridad sólo lo hará innavegable cuando, atendiendo a las circunstancias concretas

---

29 A este respecto, SÁENZ GARCÍA DE ALBIZU, J. C., *La innavegabilidad del buque…, op. cit.*, p. 73, afirma que "buque navegable no significa buque perfecto, ni tampoco que incluya todas las novedades técnicas, lo cual no significa que la navegabilidad no haya de enjuiciarse con arreglo al estado general de la técnica".

30 En este sentido, destaca la sentencia de la *U.S. District Court for the District of Oregon* de 20 de diciembre de 1962, *President of India v West Coast Steamship Co (The Portland Trader),* [1963] 2 Lloyd's Rep 278, p. 280, que señaló que, "*[a]lthough the duty to furnish a seaworthy ship is absolute and is a species of liability without fault, limited neither by concepts of negligence nor by those which might be contractual in nature […] the obligation does not require the owner to furnish a ship or gear beyond that which is reasonably fit for the use intended. In other words, the standard is not an accident-free ship, nor an obligation to provide a ship or gear which might withstand all conceivable hazards. In the last analysis, the obligation, although absolute, means nothing more or less than the duty to furnish a ship and equipment reasonably suitable for the intended use or service*".

31 Así, las sentencias de la *High Court* inglesa de 26 de junio de 2001, *Demand Shipping Co Ltd v Ministry of Food, Government of the People's Republic of Bangladesh & Anor,* [2001] EWHC 524 (Comm), párrafo 21; y de 7 de febrero de 2002, *Papera Traders Co Ltd & Ors v Hyundai Merchant Marine Co. Ltd. & Anor,* [2002] EWHC 118 (Comm), párrafo 127. Igualmente, en la doctrina, SÁENZ GARCÍA DE ALBIZU, J. C., *La innavegabilidad del buque…, op. cit.*, p. 73, nota 85.

32 Sentencia de la *Court of Appeal* de 26 de marzo de 1926, cit., p. 454. Cfr. COOKE, J., TIMOTHY, Y., ANDREW, T., KIMBALL, J. D., MATOWSKI, D. y LAMBERT, L., *Voyage Charters, op. cit.*, p. 234; DEAN, P., CLACK, H. y AINLEY, A., "Autonomous Systems: Cyber Risks and Seaworthiness", *op. cit.*, p. 43; GIRVIN, S., *Carriage of Goods by Sea, op. cit.*, p. 385; WANG, F., "The Warranty of Seaworthiness and Cyber Risk of Unmanned Ships", *op. cit.*, p. 316.

del caso, así como al estado general de la técnica, un armador prudente hubiera exigido que se subsanara el defecto, de haberlo conocido[33].

4. Las exigencias sobre navegabilidad y la incidencia de las nuevas tecnologías

Como consecuencia de todo lo expuesto y en atención a las circunstancias actuales, parece necesario abordar la cuestión de cómo el fenómeno de la automatización de los buques está llamado a influir en las exigencias sobre navegabilidad. Y es que, como consecuencia del proceso de transformación tecnológica que lleva experimentando la industria marítima durante los últimos años, el buque cuenta en la actualidad con múltiples sistemas informáticos que se emplean para el ejercicio de la navegación. Es el caso, a modo de ejemplo, de los sistemas de identificación automática, el registrador de datos de la travesía o la cartografía electrónica[34]. En fin, tampoco se puede perder de vista la futura irrupción del buque autónomo.

Ahora bien, sin perjuicio de los beneficios que estos sistemas ofrecen en el ámbito del transporte marítimo, no se puede perder de vista que el proceso de transformación tecnológica de la industria marítima también lleva aparejada la aparición de nuevos riesgos. En particular, el buque está expuesto a que cualquiera de estos sistemas sufra un ataque cibernético que conduzca a que se ocasionen daños al propio buque, a las mercancías transportadas, a su tripulación o a terceros. En definitiva, la industria marítima, como muchos otros sectores, está expuesta a los denominados riesgos cibernéticos o ciberriesgos[35].

---

33 En este sentido, COOKE, J., TIMOTHY, Y., ANDREW, T., KIMBALL, J. D., MATOWSKI, D. y LAMBERT, L., *Voyage Charters, op. cit.*, p. 235, señalan que, "*[s]ince the [...] test looks to what the prudent owner would do 'if he had known of the defect', it requires consideration of the knowledge that a prudent shipowner may be expected to have of the propensities of the cargo and of what is considered an acceptable risk in the trade*". Esta doctrina ha sido seguida recientemente en la sentencia de la *Court of Appeal* de 4 de marzo de 2020, *cit.*, párrafos 17, 43 y 84.

34 Sobre ello, y sin ánimo de exhaustividad, véase JUAN Y MATEU, F., "El transporte marítimo y la ciberseguridad", *op. cit.*, pp. 127-129. También VICENTE MAMPEL, C., "'Nuevas' ayudas a la navegación y el régimen de responsabilidad civil por contaminación marina", *Cuadernos de Derecho Privado*, n.º 8, pp. 117-119.

35 Al respecto véanse, en lugar de muchos, COOPER, S., "Cyber Risk, Liabilities and Insurance in the Marine Sector", en SOYER, B. y TETTENBORN, A. (eds.), *Maritime Liabilities in a Global and Regional Context*, Informa Law, Abingdon, 2017, pp. 103 y ss.; MIRANDA SALGADO, D., *Cyber-attacks: A Digital Threat Reality Affecting the Maritime Industry*, World Maritime University Dissertations, 2018.

Una de las muchas cuestiones que todo ello plantea es, precisamente, si un buque ha de estar protegido frente a estas amenazas para ser navegable. Desde mi punto de vista, todo parece indicar que la respuesta ha de ser afirmativa. Por un lado, ya se ha tenido la oportunidad de señalar que, para que sea navegable, el buque ha de contar con todas sus partes integrantes y componentes, y que estos han de estar en correcto estado de conservación. Por tanto, toda vez que en ciertos casos es obligatorio que el buque cuente con alguno de estos sistemas[36], parece lícito afirmar que su ausencia comportará que el buque carezca de navegabilidad.

Por otro lado, también conviene recordar que la navegabilidad implica que el buque ha de ser capaz de navegar y de transportar la carga en condiciones de seguridad. Por ello, en la medida en que un ataque cibernético puede ocasionar daños a los sistemas de ayuda a la navegación, la seguridad de la navegación y del transporte podría quedar comprometida[37]. Así, volviendo sobre los distintos aspectos que componen la navegabilidad, hay dos en los que podrían incidir directamente los riesgos cibernéticos.

El primero de ellos es el relativo al estado físico del buque. En efecto, parece razonable pensar que, para que el buque sea ciberseguro y, por tanto, navegable, es necesario que los distintos sistemas informáticos que lo integran estén en correcto estado de conservación y funcionamiento. Asimismo, el buque debe estar en condiciones de hacer frente, de modo razonable, a los posibles ataques cibernéticos de que puedan ser objeto sus sistemas informáticos. En consecuencia, en nuestra opinión, el buque carece de navegabilidad si no tiene todos sus sistemas actualizados, si no cuenta con un programa antivirus o si está ya infectado[38].

En segundo lugar, en la medida en que la ciberseguridad se ha convertido o se está convirtiendo en una cuestión de gran importancia, también parece que ello habría de incidir en el segundo de los aspectos relacionados con la

---

36 A este respecto, conviene destacar el Convenio Internacional para la Seguridad de la Vida Humana en el Mar (más conocido por sus siglas en inglés, SOLAS), que en su regla 19 recoge los sistemas y aparatos náuticos que los buques han de llevar a bordo. Igualmente, la regla 20 de dicho Convenio recoge la obligación de determinados buques de llevar instalado el registrador de datos de la travesía.

37 En este mismo sentido, SOZER, B., "Seaworthiness…", *op. cit.*, pp. 105-106.

38 En el mismo sentido, *vide* DEAN, P., CLACK, H. y AINLEY, A., "Autonomous Systems: Cyber Risks and Seaworthiness", *op. cit.*, p. 46; JUAN Y MATEU, F., "El transporte marítimo y la ciberseguridad", *op. cit.*, p. 152; KAO, M. B., "Cybersecurity in the Shipping Industry…", *op. cit.*, p. 498.

navegabilidad: la tripulación. En efecto, si para que un buque sea navegable se viene exigiendo que la tripulación tenga una formación suficiente, en el sentido de que sea capaz de hacer frente a las diversas amenazas que puedan aparecer durante el viaje, parece razonable pensar que el buque no será navegable si la tripulación no cuenta con competencias suficientes en materia de ciberseguridad[39].

En definitiva, el buque ha de tener la aptitud y condiciones necesarias para navegar y transportar el cargamento contratado en condiciones de ciberseguridad suficientes para hacer frente a los riesgos cibernéticos que puedan aparecer durante el viaje. Ahora bien, como se ha señalado previamente, las exigencias sobre navegabilidad no se formulan en términos absolutos, sino que han de juzgarse de conformidad con el estado general de la técnica en el momento concreto y bajo un criterio de razonabilidad. Por ello, la siguiente cuestión es determinar si la situación actual permite extender las exigencias sobre navegabilidad a la ciberseguridad del buque. Y la respuesta, nuevamente, parece ser afirmativa.

Por un lado, ya son varios los incidentes que ha sufrido la industria marítima con respecto a los ataques cibernéticos[40]. Por otro lado, la preocupación por la ciberseguridad es una realidad desde hace años. Al respecto, puede destacarse la labor de la Organización Marítima Internacional en la gestión de riesgos cibernéticos, y que se ha traducido en la adopción de la Resolución MSC.428(98), de 16 de junio de 2017, sobre la "Gestión de los Riesgos Cibernéticos Marítimos en los Sistemas de Gestión de la Seguridad", así como de la Circular MSC-FAL.1/Circ.3, de 5 de julio de 2017, "Directrices sobre la gestión de los riesgos cibernéticos marítimos". En este mismo sentido, cabe mencionar las Directrices sobre ciberseguridad a bordo de los buques, elaboradas por BIMCO, la *Chamber of Shipping of America*, la *Digital Containership Association*, la *International Association of Dry Cargo Shipowners* (INTERCARGO), *InterManager*, la *International Association of Independent Tanker Owners* (INTERTANKO), la *International Chamber of Shipping* (ICS), la *International Union of Marine Insurance* (IUMI), el *Oil*

---

39 JUAN Y MATEU, F., "El transporte marítimo y la ciberseguridad", *op. cit.*, p. 152; WANG, F., "The Warranty of Seaworthiness and Cyber Risk of Unmanned Ships", *op. cit.*, pp. 317-318.

40 Así, a modo de ejemplo, cabe mencionar los ataques sufridos por la mercantil *Mediterranean Shipping Company*, en 2020; por CMA CGM, en 2021; o, más recientemente, por DNV, en enero de 2023.

Companies International Marine Forum (OCIMF), la *Superyacht Builders Association* (Sybass) y el *World Shipping Council* (WSC)[41].

De todo ello se desprende que, en la actualidad, el sector marítimo es plenamente consciente de las amenazas que suponen las nuevas tecnologías para la industria, de la necesidad de adoptar protocolos de ciberseguridad y de la existencia de ciertos protocolos y recomendaciones al respecto. Por ello, entendemos que la navegabilidad también se extiende a la ciberseguridad del buque[42]. Ahora bien, ello no implica que toda ausencia de ciberprotección implique la falta de navegabilidad del buque. En efecto, tal como se ha apuntado ya, para ser navegable el buque ha de tener el grado de aptitud que un armador prudente y cuidadoso exigiría que su buque tuviera al comienzo del viaje. Por tanto, en aplicación del *prudent owner test*, es preciso determinar si un naviero prudente exigiría la reparación o puesta a punto del buque en caso de que este presentara algún defecto relacionado con la ciberseguridad.

En definitiva, habida cuenta de que los riesgos cibernéticos inciden sobre la seguridad del buque, así como que la industria marítima no es ajena a sus riesgos ni a la necesidad de adoptar medidas de protección, para que un buque sea navegable es necesario que pueda afrontar razonablemente los riesgos cibernéticos[43]. Ahora bien, para determinar su concreto alcance habrá de estarse a las circunstancias particulares de cada caso, debiendo valorar los tribunales si un armador prudente podría haber exigido la ciberprotección del buque hasta ese extremo.

En consecuencia, si bien podemos afirmar que el estado general de la técnica permite extender el concepto de navegabilidad a la ciberseguridad, en la práctica, serán los tribunales quienes deban determinar, en atención a las circunstancias concretas del caso, el grado exacto de aptitud que le es exigible al buque. Para ello, habrán de valorarse aspectos tales como

---

[41] Sobre todas estas directrices y recomendaciones véase, con mayor amplitud, JUAN Y MATEU, F., "El transporte marítimo y la ciberseguridad", *op. cit.*, pp. 146 y ss.

[42] KAO, M. B., "Cybersecurity in the Shipping Industry…", *op. cit.*, pp. 499-500.

[43] DEAN, P., CLACK, H. y AINLEY, A., "Autonomous Systems: Cyber Risks and Seaworthiness", *op. cit.*, pp. 43-44; JUAN Y MATEU, F., "El transporte marítimo y la ciberseguridad", *op. cit.*, p. 152; SOYER, B., "Insuring Remote-controlled and Autonomous Shipping", *op. cit.*, p. 27, nota 22; WANG, F., "The Warranty of Seaworthiness and Cyber Risk of Unmanned Ships", *op. cit.*, p. 317.

el tipo de ciberataque sufrido[44] o el nivel de ciberseguridad que presenta el buque. Lo que en cualquier caso parece evidente es que, para que sea navegable, no es necesario que el buque cuente con la última tecnología del mercado[45].

III. LA OBLIGACIÓN DE NAVEGABILIDAD Y LA CIBERPROTECCIÓN DEL BUQUE

Sin perjuicio de lo que se acaba de exponer, resulta necesario diferenciar entre la navegabilidad propiamente dicha y la obligación del porteador de poner a disposición del cargador un buque en condiciones de navegabilidad. Y es que la navegabilidad como concepto se refiere a la aptitud del buque para navegar, con independencia de cuál sea la conducta del armador[46]. En efecto, si bien parece que todo buque que no pueda hacer frente razonablemente a un riesgo cibernético en los términos expuestos previamente será innavegable, no toda falta de navegabilidad comportará un incumplimiento de la obligación del porteador. O, al menos, no siempre. Y es que ello depende del modo en que se configure esta obligación, de un lado; y del momento en que sea exigible su cumplimiento, de otro.

1. El tipo de obligación y sus consecuencias en materia de ciberseguridad

En primer lugar, por lo que respecta al tipo de obligación, si la de navegabilidad se configura como una obligación de resultado o como una garantía absoluta, no hay duda de que el porteador será responsable, le sea

---

44 En este sentido, KAO, M. B., "Cybersecurity in the Shipping Industry...", *op. cit.*, p. 500, señala que, a modo de ejemplo, si el ciberataque fuera más sofisticado de lo habitual (p. ej., por contar con el apoyo de un Estado hostil), ello no entraría dentro de lo razonablemente esperable. Es decir, no sería un riesgo ordinario del viaje y, por tanto, no cabría considerar que el buque es innavegable si no es capaz de hacerle frente.

45 KAO, M. B., "Cybersecurity in the Shipping Industry...", *op. cit.*, p. 499.

46 En este sentido, la sentencia de la *Court of Appeal* de 8 de junio de 2000, *cit.*, párrafo 24, señala que "*seaworthiness is concerned with the state of the vessel rather than with whether the owners acted prudently or with due diligence. The only relevance of the standard of the reasonably prudent owner is to ask whether, if he had known of the defect, he would have taken steps to rectify it*". En la doctrina, TETLEY, W., *Marine Cargo Claims, op. cit.*, p. 878.

o no imputable la falta de navegabilidad del buque[47]. Ahora bien, ello no parece ser lo habitual. Así, en el ámbito internacional, el artículo III.1 de las Reglas de La Haya-Visby establece, con respecto a esta obligación, que "el porteador [...] *deberá cuidar diligentemente* [...] de que el buque esté en estado de navegar" (énfasis añadido). Es decir, la obligación del porteador con respecto a la navegabilidad no se formula como una obligación de resultado, sino como una obligación de medios o de razonable diligencia[48].

Por tanto, para que exista un incumplimiento de esta obligación es necesario que la falta de navegabilidad se deba a la ausencia de la diligencia exigible a todo porteador medio[49]. En otras palabras, habrá un incumplimiento de la obligación cuando, de haber actuado el porteador diligentemente, el defecto que hacía al buque innavegable se hubiera subsanado[50]. En consecuencia, si bien parece evidente que el armador no puede pasar por alto los avances tecnológicos o los protocolos y sistemas de ciberseguridad[51], es necesario observar en cada caso si ha actuado o no diligentemente.

---

[47] Es lo que sucede en el *common law*: GIRVIN, S., *Carriage of Goods by Sea, op. cit.*, p. 390; DEAN, P., CLACK, H. y AINLEY, A., "Autonomous Systems: Cyber Risks and Seaworthiness", *op. cit.*, pp. 43-44; SÁENZ GARCÍA DE ALBIZU, J. C., *La innavegabilidad del buque..., op. cit.*, pp. 33 y 80-81; TETLEY, W., *Marine Cargo Claims, op. cit.*, p. 875; WILSON, J. F., *Carriage of Goods by Sea, op. cit.*, p. 9.

[48] DEAN, P., CLACK, H. y AINLEY, A., "Autonomous Systems: Cyber Risks and Seaworthiness", *op. cit.*, p. 44; GABALDÓN GARCÍA, J. L., *Curso de derecho marítimo internacional, op cit.*, p. 693; JUAN Y MATEU, F., "El transporte marítimo y la ciberseguridad", *op. cit.*, pp. 152-153; SÁNCHEZ CALERO, F., *El contrato de transporte marítimo de mercancías..., op. cit.*, pp. 324-325; WILSON, J. F., *Carriage of Goods by Sea, op. cit.*, p. 10.

[49] DEAN, P., CLACK, H. y AINLEY, A., "Autonomous Systems: Cyber Risks and Seaworthiness", *op. cit.*, p. 45; SÁNCHEZ CALERO, F., *El contrato de transporte marítimo de mercancías..., op. cit.*, pp. 327-328. En este sentido, la *Court of Appeal* inglesa ha declarado que la prueba de la diligencia debida consiste en determinar si el transportista, sus empleados, agentes y contratistas independientes han ejercido "*all reasonable skill and care to ensure that the vessel was seaworthy at the commencement of its voyage, namely, reasonably fit to encounter the ordinary incidents of the voyage [...]*": sentencia de 3 de marzo de 2000, *Northern Shipping Co v Deutsche Seereederei GmbH*, [2000] EWCA Civ 400. Cfr. TETLEY, W., *Marine Cargo Claims, op. cit.*, p. 876.

[50] En términos similares se expresa la *Court of Appeal* en su sentencia de 8 de junio de 2000, cit., p. 205, cuando indica que "[...] *a ship should not be unseaworthy if proper care is taken*". Cfr. TETLEY, W., *Marine Cargo Claims, op. cit.*, p. 879.

[51] WANG, F., "The Warranty of Seaworthiness and Cyber Risk of Unmanned Ships", *op. cit.*, p. 317.

En este sentido, hay supuestos en que su determinación no parece que vaya a plantear grandes problemas. Sería el caso, a modo de ejemplo, de la obligación de mantener el buque y sus sistemas informáticos en un correcto estado de conservación y ciberprotección. Si el porteador pone a disposición del cargador un buque cuyos sistemas informáticos están desactualizados (cuando exista una versión más moderna compatible[52]), no habrá duda de que ha faltado a la diligencia exigible. Y es que lo mínimo cabe esperar de un porteador medio es que se asegure de que el casco y todos los equipos que integran el buque funcionen correctamente al comienzo del viaje, para lo que debería inspeccionarlos en aras de verificar su correcto funcionamiento y, en caso contrario, realizar las reparaciones pertinentes[53]. Lo mismo ocurriría si el porteador entregara un buque que no cuenta con un programa antivirus que permita reducir el riesgo de sufrir un ciberataque; o, en fin, si el porteador no se ha encargado de formar correctamente a la tripulación en materia de ciberseguridad.

Con todo, frente a los anteriores supuestos, pueden presentarse otros que planteen mayor dificultad. Este sería el caso cuando, en el momento de la puesta a disposición del buque por parte del porteador, alguno de los sistemas informáticos del buque ya estuviera infectado. De conformidad con lo que se ha expuesto anteriormente, no parece haber duda de que, en tal caso, el buque carece de navegabilidad, pues, de un lado, se pondría en riesgo la navegación y el transporte en condiciones de seguridad y, de otro,

---

52 Y es que ello no siempre es el caso. En este sentido, JUAN Y MATEU, F., "El transporte marítimo y la ciberseguridad", *op. cit.*, pp. 129-130, al mencionar los distintos riesgos cibernéticos, hace referencia al supuesto de buques construidos hace más de 30 años, en los que la ciberseguridad no estaba entre las principales preocupaciones de los armadores, y pone de manifiesto que existen supuestos en que la actualización del *software* no es compatible con el *hardware* instalado en buque. Ahora bien, a mi modo de ver, en estos supuestos, ya no es que no se pueda hablar de un incumplimiento por parte del porteador, es que ni siquiera parece que el buque sea innavegable, pues no parece que exigir una actualización que no es posible entre dentro de lo razonable, según los términos expuestos anteriormente, al analizar el carácter relativo del concepto de navegabilidad. Esta misma postura parece sostener TETLEY, W., *Marine Cargo Claims*, *op. cit.*, p. 930, quien señala que "*the new standards are not necessarily imposed in old ships. New standards would seem to be required in old ships only during major repairs or reconstruction*".

53 KAO, M. B., "Cybersecurity in the Shipping Industry...", *op. cit.*, p. 493; WANG, F., "The Warranty of Seaworthiness and Cyber Risk of Unmanned Ships", *op. cit.*, p. 317.

cualquier porteador prudente exigiría la subsanación de este problema antes de iniciar el viaje, de haberlo conocido.

Ahora bien, para determinar si existe o no un incumplimiento por parte del porteador, habrá que estar a las circunstancias concretas del caso. Y es que, en la medida en que la obligación se configura como de medios o de razonable diligencia, es necesario observar si un porteador medio, ejerciendo una diligencia razonable, habría advertido o no el virus. Si la respuesta es afirmativa, habrá un incumplimiento por parte del porteador. Si, por el contrario, la conclusión que se alcanza es que el virus no era identificable ni aun ejerciendo la diligencia exigible a todo porteador medio, pese a que el buque es objetivamente innavegable, el porteador no habrá incumplido su obligación[54].

Tampoco aquí se puede perder de vista que el modo en que se configura esta obligación comporta que al porteador no se le pueda exigir la puesta a disposición de un buque perfecto[55]. Si bien es cierto que los estándares de diligencia exigibles a todo porteador medio también evolucionan a medida que lo hace la industria marítima[56], aquella ha de juzgarse en todo caso conforme a criterios de razonabilidad. Por tanto, no es necesario que el armador adopte las más modernas medidas de ciberseguridad, ni que cuente con los equipos de seguridad más avanzados para garantizar la navegabilidad del buque. Basta con que adopte todas las precauciones razonables para que el buque esté en condiciones de navegar y transportar las mercancías contratadas, pudiendo razonablemente hacer frente a los ciberriesgos o a los ciberataques que puedan materializarse a lo largo del viaje[57].

---

54 TETLEY, W., *Marine Cargo Claims, op. cit.*, p. 880, nota 24.

55 En este sentido, la sentencia de la *House of Lords* de 4 de abril de 1927, cit., p. 396, señala que "*neither seaworthiness nor due diligence is absolute. Both are relative, among other things, to the state of knowledge and the standards prevailing at the material time*". Véase también JUAN Y MATEU, F., "El transporte marítimo y la ciberseguridad", *op. cit.*, p. 154; TETLEY, W., *Marine Cargo Claims, op. cit.*, pp. 879-880.

56 GIRVIN, S., *Carriage of Goods by Sea, op. cit.*, p. 385.

57 Sobre este particular, JUAN Y MATEU, F., "El transporte marítimo y la ciberseguridad", *op. cit.*, p. 155, señala que "[e]l porteador debe haber elegido e instalado un software actualizado y eficiente para salvaguardar los sistemas del buque durante el viaje; no obstante, como las técnicas y el malware que emplean los hackers varían constantemente, no se le puede exigir que sea capaz de resistir cualquier tipo de ciberataque". Igualmente, añade que "[t]ampoco se le puede imputar negligencia al porteador por no haber rastreado a fondo el mercado, consultando

Con todo, como sucede con respecto a la determinación del alcance de la noción de navegabilidad, ello no es una tarea sencilla. Piénsese, a modo de ejemplo, en el caso de un buque que sufre un ataque informático. Como se ha apuntado, parece evidente que, si el porteador no hubiera contratado un sistema antivirus, ello provocaría la falta de navegabilidad del buque, así como un incumplimiento del porteador. En cambio, no parece que a la inversa la respuesta sea igual de simple. Desde mi punto de vista, no se puede afirmar que el mero hecho de que el porteador haya contratado un programa antivirus sea suficiente para considerar que ha cumplido con su obligación de diligencia cuando, pese a ello, el buque sufra un ataque cibernético. Antes al contrario, será necesario determinar si el porteador ha actuado diligentemente en la contratación de ese antivirus, en el sentido de que, entre los disponibles en el mercado, ha contratado uno que previsiblemente podía hacer frente a los riesgos cibernéticos ordinarios que pudieran aparecer durante el viaje[58].

En fin, tampoco se puede perder de vista que los ciberatacantes están constantemente desarrollando y perfeccionando sus propias herramientas y técnicas, lo cual dificulta la prevención[59]. En consecuencia, si bien parece

---

las webs de todos los proveedores informáticos para encontrar el antivirus más sofisticado". Véase también SOZER, B., "Seaworthiness...", *op. cit.*, pp. 107-108; y WILSON, J. F., *Carriage of Goods by Sea, op. cit.*, pp. 9-10.

58 Al respecto, JUAN Y MATEU, F., "El transporte marítimo y la ciberseguridad", *op. cit.*, p. 154, afirma que, "tratándose de ciberseguridad, habrá que atender a las 'Directrices sobre la Gestión de los Riesgos Cibernéticos Marítimos' del Comité de Seguridad Marítima y parece que, sobre todo, a las 'Directrices sobre Ciberseguridad a bordo de buques' del BIMCO, pues son más detalladas, están pensadas de forma específica para buques y empresas navieras, se elaboran por representantes de los grupos de interés del sector y se revisan continuamente". Con todo, pese a que pueden ser de ayuda en determinados supuestos, lo cierto es que estas publicaciones (que, en cualquier caso, son meras recomendaciones) no establecen con precisión las medidas que el armador debe tomar. Por ello, si bien habrá supuestos en que sean de utilidad, en otros no lo serán. De forma similar, *vide* KAO, M. B., "Cybersecurity in the Shipping Industry...", *op. cit.*, p. 498; DEAN, P., CLACK, H. y AINLEY, A., "Autonomous Systems: Cyber Risks and Seaworthiness", *op. cit.*, pp. 47-48.

59 En este sentido, SOZER, B., "Seaworthiness...", *op. cit.*, p. 107, señala que "*[t]he carrier should [...] be regarded as having exercised due diligence before the commencement of the voyage if a reasonable determination was made regarding the plausible [...] cyber-risks that could be encountered during the voyage and necessary measures were adopted*". No obstante, añade que "*since both the technique and methods of the attackers as well as the malware they use change all the time, it should not be expected of the carrier to foresee what*

evidente que todo porteador deberá adoptar las medidas necesarias para que el buque esté ciberprotegido y, en consecuencia, sea navegable, la cuestión controvertida aquí reside en determinar hasta dónde alcanza el patrón de diligencia exigible a todo porteador medio[60].

2. El momento en que debe cumplirse la obligación

El segundo aspecto relevante con respecto a la navegabilidad del buque en los contratos de transporte marítimo de mercancías es el del momento en que el porteador ha de cumplir con esta obligación. Y es que, de cuanto se ha expuesto, se desprende que la navegabilidad (que, recordemos, es la aptitud y capacidad del buque para navegar y transportar las mercancías contratadas en condiciones de seguridad suficientes para hacer frente a los riesgos que puedan aparecer durante el viaje) puede ser originaria, cuando se pone a disposición del cargador un buque que desde el inicio no reúne dichas condiciones; pero también sobrevenida. Ello sucederá cuando el buque inicialmente sea navegable, pero en cualquier momento posterior al inicio del viaje deje de serlo. Por ello, es preciso determinar si el porteador solamente está obligado a poner a disposición del cargador un buque navegable o si, además, ha de mantenerlo en estado de navegabilidad durante todo el viaje.

En el caso de las Reglas de La Haya-Visby, si se observa, nuevamente, su artículo III.1, este establece que el porteador debe cumplir con su obligación antes y al comienzo del viaje[61]. En consecuencia, cuando sea esta la

---

new mode of attack may hit and guard against any conceivable assault". En un sentido similar, DEAN, P., CLACK, H. y AINLEY, A., "Autonomous Systems: Cyber Risks and Seaworthiness", op. cit., p. 48.

60 *Para WANG, F., "The Warranty of Seaworthiness and Cyber Risk of Unmanned Ships", op. cit., p. 317, "the standard of seaworthiness may vary across different periods as well. It should be noted that, with fast-changing technology, it is impractical for an assured always to adopt the most up-to-date safety measures. Therefore, the warranty of seaworthiness should be considered fulfilled if the assured can prove that he has either adopted safety measures consistent with standard practice or met the requirements of international conventions or domestic statutes".*

61 CLARKE, M., "The Carrier's Duty of Seaworthiness under the Hague Rules", *op. cit.*, pp. 116-117; COOKE, J., TIMOTHY, Y., ANDREW, T., KIMBALL, J. D., MATOWSKI, D. y LAMBERT, L., *Voyage Charters, op. cit.*, p. 243; SÁNCHEZ CALERO, F., *El contrato de transporte marítimo de mercancías..., op. cit.*, p. 328; TETLEY, W., *Marine Cargo Claims, op. cit.*, p. 893. Esto mismo sucede en el *common law*: GIRVIN, S., *Carriage of Goods by Sea, op. cit.*, p. 391; SOZER, B., "Seaworthiness...", *op. cit.*, p. 107.

ley aplicable, la obligación del porteador finaliza una vez iniciado el viaje[62], es decir, sólo alcanza la navegabilidad originaria, no la sobrevenida. De ahí que únicamente pueda hablarse de un incumplimiento por parte del porteador cuando su falta de diligencia en relación con la navegabilidad del buque tenga lugar antes y al inicio del viaje. En cambio, cuando esta sea sobrevenida, aunque el porteador actúe con negligencia, no habrá incumplimiento[63].

---

62 Esta es también la solución que adoptan algunos de los formularios de fletamento por viaje más utilizados en la práctica. A modo de ejemplo, la cláusula 2 GENCON 2022 señala que el fletante no será responsable por los daños y perjuicios causados por la falta de navegabilidad acaecidos con posterioridad al inicio del viaje, salvo que obedezcan a la ineptitud inicial del buque para navegar. En efecto, en su cláusula 2 establece que el buque deberá encontrarse en estado de navegabilidad desde la llegada del buque al puerto de salida hasta el inicio del viaje. Esta parece ser también la solución adoptada en el Derecho inglés. *Vid.* GARCÍA-PITA Y LASTRES, J. L., "La responsabilidad del armador...", *op. cit.*, p. 403; RUIZ SOROA, J. M.ª, ZABALETA, S. y GONZÁLEZ, M., *Manual de Derecho del transporte..., op. cit.*, pp. 85-86; TURNBULL, E. y ALBORS, J., "Una aproximación a los aspectos fundamentales de la regulación de los contratos de fletamento en la nueva ley de navegación marítima desde la perspectiva del derecho inglés", en AA.VV., *Comentarios a la ley de navegación marítima*, Dykinson, Madrid, 2015, p. 213. Igualmente, en el ordenamiento italiano la obligación de navegabilidad cesa con la puesta a disposición del buque. En este sentido, LEFEBVRE D'OVIDIO, A., PESCATORE, G. y TULLIO, L., *Manuale di Diritto..., op. cit.*, p. 458.

63 La solución es distinta bajo las Reglas de Rotterdam, pues su artículo 14 establece, con respecto a la obligación de navegabilidad, que el porteador ha de actuar diligentemente "antes, al comienzo y durante el viaje por mar". Lo mismo sucede en España, donde el artículo 212 LNM señala que la navegabilidad debe existir en el momento de emprender el viaje (apdo. 2), pero también que el porteador ha de "ejercer una diligencia razonable para mantener el buque en el estado de navegabilidad adecuado durante el tiempo de vigencia del contrato" (apdo. 3). En fin, esta es también la solución adoptada por algunas pólizas de fletamento por tiempo. En este sentido, *vide* la cláusula 11 GENTIME; las cláusulas 1, 2 a) y 3 i) SHELLTIME 4; las cláusulas 1, 3 y 22 BALTIME; la cláusula 4(a)(ii) GASTIME; la cláusula 9(b) AVSTIME; la cláusula 9(a)(i) BIMCHETIME 2005; la cláusula 5 BOXTIME; la cláusula 9 BPTIME 3; la cláusula 4 LINERTIME 2015; la cláusula 5 ROPAXTIME; la cláusula 3(b) SUPPLYTIME 2017; y la cláusula 4(b) WINDTIME.

3. El carácter indelegable de la obligación de poner a disposición del cargador un buque navegable

En fin, con respecto al modo en que se configura la obligación de navegabilidad, también cabe mencionar que esta es personal e indelegable. Es decir, si el porteador optara por subcontratar con terceros expertos las cuestiones relativas a la ciberseguridad del buque, ello no implicaría que ha actuado de forma diligente y que, por tanto, ha cumplido con su obligación. Antes al contrario, el porteador responderá siempre de la negligencia de estos terceros, por muy diligente que haya sido a la hora de elegirlos y de supervisarlos[64]. En consecuencia, si es un tercero el que se ha encargado de actualizar los sistemas informáticos del buque o de dotarlos de un antivirus, o de formar a la tripulación en materia de ciberseguridad y se prueba que no ha actuado diligentemente, el porteador será igualmente responsable de tal actuación[65].

IV. LAS CONSECUENCIAS DERIVADAS DE LA FALTA DE NAVEGABILIDAD DEL BUQUE: LA RESPONSABILIDAD POR DAÑOS A LAS MERCANCÍAS

En el contrato de transporte marítimo de mercancías, la principal obligación del porteador es, precisamente, efectuar el transporte, es decir, trasladar las mercancías de un lugar a otro y entregarlas incólumes a la persona designada en el contrato. Por ello, los principales efectos del incumplimiento de la obligación de navegabilidad del buque se proyectan sobre la responsabilidad del porteador por los daños ocasionados a las mercancías transportadas.

1. La responsabilidad del porteador por la innavegabilidad originaria del buque

En primer lugar, por lo que respecta a la obligación del porteador de poner a disposición del cargador un buque en condiciones de navegabilidad,

---

64 En este sentido, *vide* la sentencia de la *Court of Appeal* de 8 de junio de 2000, cit., p. 199. En la doctrina, GABALDÓN GARCÍA, J. L., *Curso de derecho marítimo internacional, op cit.*, pp. 693-694.

65 JUAN Y MATEU, F., "El transporte marítimo y la ciberseguridad", *op. cit.*, p. 154. Véase también DEAN, P., CLACK, H. y AINLEY, A., "Autonomous Systems: Cyber Risks and Seaworthiness", *op. cit.*, p. 45.

el artículo IV.1 de las Reglas de La Haya-Visby establece que "[n]i el porteador ni el buque serán responsables de las pérdidas o daños que provengan o resulten de la falta de condiciones del buque para navegar, a menos que sea imputable a falta de la debida diligencia por parte del porteador para poner el buque en buen estado para navegar o para asegurar al buque el armamento, equipo o aprovisionamiento convenientes, o para limpiar o poner en buen estado las bodegas, cámaras frías y frigoríficas y todos los otros lugares del buque donde las mercancías se cargan, de manera que sean apropiadas a la recepción, transporte y conservación de las mercancías, todo conforme a las prescripciones del artículo 3.°, párrafo primero".

Es decir, cuando el porteador haya actuado de forma diligente para poner a disposición del cargador un buque navegable, pero, pese a ello, no lo haya conseguido, no responderá de los daños que sufran las mercancías durante el transporte si se deben, precisamente, a la falta de navegabilidad inicial del buque. Por tanto, en lo que respecta a la falta de navegabilidad y los ciberriesgos, cuando la actuación del porteador haya sido diligente, en los términos expuestos anteriormente, no habrá incumplido su obligación, y, por consiguiente, si las mercancías transportadas sufren daños como consecuencia inmediata de la falta de navegabilidad, no deberá responder de ellos incluso aunque el buque hubiera sido objetivamente innavegable[66].

Una interpretación *a contrario sensu* del artículo IV.1 de las Reglas de La Haya-Visby nos lleva a considerar que el porteador sí responderá de tales daños cuando exista un incumplimiento de dicha obligación, es decir, cuando haya obviado la diligencia exigible para poner el buque en estado de navegabilidad. Con todo, ello no implica que el porteador haya de responder de todo daño que sufran las mercancías por el simple hecho de que ha incumplido su obligación de poner a disposición del cargador un buque navegable. Antes al contrario, para ello es necesario que exista una relación de causalidad entre el siniestro y la falta de navegabilidad del buque[67], es decir, que el daño sufrido por las mercancías se deba al incumplimiento por el porteador de esta obligación.

---

66 Es lo que sucedería, verosímilmente, en el ejemplo anterior del buque ya infectado en el momento de zarpar: pese a ser este objetivamente innavegable, el porteador no responderá de los daños que de ello puedan derivarse si ha observado la diligencia que le es exigible para comprobar el estado de navegabilidad antes de iniciar el viaje.

67 Así, en la sentencia de la *Queen's Bench Division* de 9 de noviembre de 1989, *Kuo International Oil Ltd and Others v Daisy Shipping Co Ltd (The Yamatogawa)*, [1990] 2 Lloyd's Rep. 39, p. 50, se determinó que existía falta de navegabilidad por un de-

En lo que respecta a la carga de la prueba, se ha considerado que quien alega la innavegabilidad es quien debe probarla[68]. Ello comporta que quien reclama ha de probar, de un lado, la falta de navegabilidad inicial del buque; y, de otro, que la pérdida reclamada se debe a tal circunstancia, es decir, que existe una relación de causalidad entre ambas[69]. Esta prueba de la falta de navegabilidad originaria resulta especialmente relevante en aquellos casos en que concurran dos causas, una remota (la falta inicial de navegabilidad) y otra próxima (el suceso concreto que ha conducido al daño), cuando esta última solo ha podido ocurrir, o generar daños, en presencia de la primera. Por ejemplo, si se produce un siniestro y el porteador alega que es debido a un ciberataque, el cargador o destinatario podrá todavía probar que dicho ataque solo fue posible por la falta de navegabilidad inicial del buque, por no contar con el adecuado nivel de ciberprotección. Ahora bien, incluso aunque lo consiga, el porteador podrá tratar de eludir su responsabilidad demostrando su diligencia en los términos del artículo III.1 de las Reglas de La Haya-Visby (art. IV.1 *i. f.*)[70]. Ciertamente, el haber actuado diligentemente para poner el buque en estado de navegabilidad no significa que el porteador quede automáticamente liberado

---

fecto de diseño en el engranaje reductor del buque, y que el porteador no había actuado diligentemente, incumpliendo, por tanto, su obligación. Sin embargo, no se le condenó a resarcir los daños producidos al considerarse que no fue esa la causa del posterior siniestro. Cfr. TETLEY, W., *Marine Cargo Claims, op. cit.*, pp. 897 y 900. Véase también SÁENZ GARCÍA DE ALBIZU, J. C., *La innavegabilidad del buque…, op. cit.*, p. 81.

68 GIRVIN, S., *Carriage of Goods by Sea, op. cit.*, p. 392; WILSON, J. F., *Carriage of Goods by Sea, op. cit.*, p. 13.

69 Al respecto, la sentencia de la *Divisional Court* de 3 de diciembre de 1907, *Joseph Thorley Ltd v Orchis Steamship Co Ltd (The Europa)*, [1907] UKLawRpPro 84, p. 97, sostuvo lo siguiente: "*It appears to us, therefore, that whenever a cargo-owner has claimed damages from a shipowner for loss occasioned to his goods on the voyage, and the ship was in fact unseaworthy at the material time, the cargo-owner has had to prove that the loss was occasioned through or in consequence of the unseaworthiness, and it has not been sufficient to say merely that the ship was unseaworthy, and therefore that he was entitled to recover the loss, although there was no relation between the unseaworthiness and the damage*". Cfr. también GIRVIN, S., *Carriage of Goods by Sea, op. cit.*, p. 392.

70 En este sentido, la sentencia de la *Court of Appeal* de 8 de junio de 2000, cit., p. 199, señala que "*[i]t is not in dispute that, once the claimants have proved unseaworthiness, the burden of establishing due diligence is on the owners". De forma similar, SOZER, B., "Seaworthiness…", op. cit., p. 110, afirma que el armador debería probar "that no carrier, however diligently it could have acted, should be expected to determine the software which the hackers had up their sleeves, and accordingly should not be held liable because it did not take the necessary measures to counter the relevant attack*".

de responsabilidad, pero sí que ha cumplido con la obligación que pesaba sobre él al comienzo del viaje; además, solo entonces estará facultado para probar, en aras de dejar de responder, que la causa próxima es uno de los peligros exceptuados previstos en el artículo IV.2 de las propias Reglas[71].

2. *La responsabilidad del porteador por la innavegabilidad sobrevenida del buque*

Precisamente por lo que se acaba de exponer, las consecuencias prácticas no parecen variar en exceso cuando la falta de navegabilidad sea posterior al inicio del viaje. En efecto, junto al supuesto anterior, también podría ocurrir que los daños a las mercancías se debieran a la innavegabilidad sobrevenida del buque. Es cierto que, cuando las Reglas de La Haya-Visby sean aplicables, una vez iniciado el viaje ya no es posible hablar de un incumplimiento de la obligación de navegabilidad, que deja de ser exigible a partir de ese momento[72]. Pero ello no implica que el porteador no deba responder de los daños ocasionados a las mercancías por un siniestro debido a la falta de navegabilidad sobrevenida del buque. Y es que, según se ha visto, en todo contrato de transporte, la obligación principal del porteador es, precisamente, transportar las mercancías de un lugar a otro. Además, y como consecuencia de ello, el porteador asume la obligación de custodiar las mercancías durante el transporte.

Al respecto, las Reglas de La Haya-Visby prevén la responsabilidad del porteador por los daños ocasionados a las mercancías producidos durante el "tiempo transcurrido desde la carga de las mercancías a bordo del buque hasta su descarga del buque" [*ex* art. 1.e)]. Ahora bien, a continuación, su artículo IV.2 establece un listado de 16 causas tasadas de exoneración del

---

71 Sentencia de la *High Court* inglesa de 7 de febrero de 2002, *cit.*, párrafo 123. Véase también el párrafo 135 de la decisión, donde se indica que "*[t]he exceptions under Articule IV, rule 2, May not be relied upon where the carrier is in breach of the 'overriding obligation' to provide a seaworthy ship under Article III, rule 1 and that breach is causative of the loss/damage*". Por ello, el porteador no pudo invocar el incendio (que se presume fortuito) como peligro exceptuado, toda vez que la propagación del fuego era debida a una falta originaria de navegabilidad del buque. Cfr. también TETLEY, W., *Marine Cargo Claims, op. cit.*, p. 900.

72 En caso de que la falta de navegabilidad sea sobrevenida y el Derecho aplicable al contrato de transporte extienda la obligación del porteador a todo el viaje, las consecuencias no variarán con respecto a las que se han expuesto para los supuestos del incumplimiento de la obligación originaria de navegabilidad.

porteador (también conocidas como peligros exceptuados o *excepted perils*) y una cláusula de cierre, en cuya virtud este también quedará exonerado si la pérdida o avería es debida a "cualquier otra causa que no proceda de hecho o falta del porteador o de hecho o falta de los agentes o encargados del porteador". Por tanto, en el régimen de las Reglas de La Haya-Visby, el porteador será responsable de todo daño o pérdida sufrido por las mercancías que tenga lugar desde que estas se carguen a bordo del buque y hasta su descarga, salvo que pruebe que el siniestro se debió a alguno de los peligros exceptuados.

En consecuencia, a efectos probatorios no son tantas las diferencias como podría parecer entre la responsabilidad del porteador por la falta de navegabilidad originaria del buque y la sobrevenida. Así, en el caso de daños debidos a la innavegabilidad originaria, es cierto que el cargador o destinatario debe probar la falta de navegabilidad, así como la relación de causalidad existente, pero el porteador ha de probar en todo caso que ha actuado diligentemente (y, en su caso, que la causa próxima del daño es un *excepted peril*). Si, en cambio, el daño se debe a otra causa distinta de la innavegabilidad inicial del buque, y sin ninguna relación con la misma, el porteador también deberá demostrar que el siniestro no le es imputable, esto es, que concurre alguno de los supuestos previstos en el artículo IV.2 de las Reglas de La Haya-Visby[73].

---

73 SÁENZ GARCÍA DE ALBIZU, J. C., *La innavegabilidad del buque…*, *op. cit.*, pp. 84-85. Y ello puede, en última instancia, requerir también que demuestre su diligencia, toda vez que la referida cláusula de cierre de la letra q) exige la prueba de que "la pérdida o daño no han sido producidos por falta personal, hecho del porteador ni por falta o hechos de los agentes o encargados del porteador". Pese a que ello excede del propósito del presente trabajo, cabe mencionar que, de los peligros exceptuados listados en el artículo IV.2 de las Reglas de La Haya-Visby, hay especialmente tres que son susceptibles de ser invocados por el porteador en caso de que el daño sea ocasionado como consecuencia de un ataque cibernético que se produjo aprovechando la innavegabilidad sobrevenida del buque: el previsto en la letra a), es decir, los "actos, negligencia o falta del Capitán, marinero, piloto o del personal destinado por el porteador a la navegación o a la administración del buque" (la llamada "falta náutica"); el de la letra p), a saber, "los vicios ocultos que escapan a una diligencia razonable"; y el recogido en la letra q), referido a "cualquier otra causa que no proceda de hecho o falta del porteador o del hecho o falta de los agentes o encargados del porteador". Sobre los peligros exceptuados y los ciberriesgos, véase con mayor amplitud JUAN Y MATEU, F., "El transporte marítimo y la ciberseguridad", *op. cit.*, pp. 155-158. *Vid.* también DEAN, P., CLACK, H. y AINLEY, A., "Autonomous Systems: Cyber Risks and Seaworthiness", *op. cit.*, p. 45; y SOZER, B., "Seaworthiness…", *op. cit.*, p. 110.

V. CONCLUSIONES

Al inicio de la ejecución de todo contrato de transporte marítimo de mercancías, el porteador está obligado a poner a disposición del cargador un buque en condiciones de navegabilidad. Es decir, un buque que, en atención a las circunstancias particulares del caso, así como a los estándares predominantes en la industria marítima en el momento concreto, posea la aptitud y capacidad necesarias, tanto para navegar como para transportar las mercancías contratadas en condiciones de seguridad suficientes para hacer frente a los riesgos que puedan aparecer durante el viaje.

Por ello, en la medida en que el buque es susceptible de sufrir un ataque cibernético que ocasione daños al propio buque, a las mercancías transportadas, a su tripulación o a terceros, no cabe duda de que, para que sea capaz de navegar y de transportar mercancías en condiciones de seguridad, ha de ser ciberseguro. Ello implica, *inter alia*, que los distintos sistemas informáticos que lo integran han de encontrarse en correcto estado de conservación y funcionamiento; que el propio buque ha de estar en condiciones de hacer frente a los posibles ataques cibernéticos de que puedan ser objeto sus sistemas informáticos; y que su tripulación ha de tener una formación suficiente en materia de ciberseguridad.

Además, tampoco parece haber duda de que, en la actualidad, en la industria marítima existe pleno conocimiento sobre la amenaza que suponen los riesgos cibernéticos, así como sobre la necesidad de adoptar medidas de ciberseguridad en los buques. Con todo, en la medida en que las exigencias sobre navegabilidad han de juzgarse de conformidad con el estado general de la técnica en el momento concreto, así como bajo un criterio de razonabilidad, lo anterior no implica que, para ser navegable, el buque deba ser perfecto, en el sentido de que sea capaz de repeler cualquier ataque cibernético. Antes al contrario, para valorar la navegabilidad del buque con respecto a las exigencias sobre ciberseguridad será necesario estar a las circunstancias concretas del caso.

Sea como fuere, en el transporte marítimo internacional de mercancías sujeto a las Reglas de La Haya-Visby, lo anterior no implica que siempre que el buque sea innavegable exista un incumplimiento del porteador de la obligación prevista en el artículo III.1. Y ello porque, por un lado, esta se configura como una obligación de medios o de razonable diligencia. Es decir, el porteador sólo incumplirá su obligación cuando la falta de navegabilidad del buque pudiera haber sido evitada mediante el ejercicio de una diligencia razonable. En consecuencia, tampoco aquí es necesario que el armador adopte las más modernas medidas de ciberseguridad, ni que cuente con los equipos de seguridad más avanzados para garantizar la navegabilidad del buque.

Por otro lado, en la medida en que esta obligación ha de cumplirse antes y al inicio del viaje, cuando la falta de navegabilidad sea sobrevenida tampoco cabrá hablar de incumplimiento. Ahora bien, este último aspecto tiene menos consecuencias prácticas de las que podría parecer a primera vista. Y es que, si el daño es debido a la falta de navegabilidad originaria del buque, el porteador será responsable de los daños que sufran las mercancías transportadas salvo que demuestre que ha ejercitado la diligencia que le es exigible. Si la causa próxima del daño es otra, pero relacionada con la innavegabilidad inicial del buque, deberá, además, probar que aquella constituye un *excepted peril* en el sentido del artículo IV.2 de las Reglas de La Haya-Visby. De forma similar, si la falta de navegabilidad es sobrevenida, pese a que no puede hablarse de un incumplimiento de la obligación de navegabilidad (puesto que no existe), el porteador —que está obligado no solo a transportar la carga, sino también a custodiarla— será igualmente responsable de todo daño o pérdida de las mercancías ocasionadas desde la carga de las mercancías a bordo del buque hasta su descarga del buque, salvo que pruebe que el siniestro se debió a alguno de los peligros exceptuados.

VI. BIBLIOGRAFÍA

CLARKE, M., "The Carrier's Duty of Seaworthiness under the Hague Rules", en ROSE, F. (ed.), *Lex Mercatoria: Essays on International Commercial Law in Honour of Francis Reynolds*, LLP, London, 2000, pp. 105-128.

COOPER, S., "Cyber Risk, Liabilities and Insurance in the Marine Sector", en SOYER, B. y TETTENBORN, A. (eds.), *Maritime Liabilities in a Global and Regional Context*, Informa Law, Abingdon, 2017, pp. 103-117.

COOKE, J., TIMOTHY, Y., ANDREW, T., KIMBALL, J. D., MATOWSKI, D. y LAMBERT, L., *Voyage Charters*, Informa Law, Abingdon, 2007.

DEAN, P., CLACK, H. y AINLEY, A., "Autonomous Systems: Cyber Risks and Seaworthiness", en SOYER, B. y TETTENBORN, A. (eds.), *Disruptive Technologies, Climate Change and Shipping*, Informa Law, Abingdon, 2022, pp. 40-54.

GABALDÓN GARCÍA, J. L., *Curso de derecho marítimo internacional*, 2.ª ed., Marcial Pons, Madrid, 2024.

GARCÍA-PITA Y LASTRES, J. L., "La responsabilidad del armador fletante y del armador porteador, por falta de navegabilidad", en GARCÍA-PITA Y LASTRES, J. L., QUINTÁNS-EIRAS, M.ª R. y DÍAZ DE LA ROSA, A. (coords.), *El derecho marítimo de los nuevos tiempos*, Thomson Reuters, Cizur Menor, 2018, pp. 357-455.

GIRVIN, S., *Carriage of Goods by Sea*, Oxford University Press, Oxford, 2.ª ed., 2011.

HERNÁNDEZ MARTÍ, J., *Contrato de transporte marítimo de mercancías*, Valencia, 1984.

JUAN Y MATEU, F., "El transporte marítimo y la ciberseguridad", *RDM*, n.º 323, 2022, pp. 124-165.

KAO, M. B., "Cybersecurity in the Shipping Industry and English Marine Insurance Law", *Tulane Maritime Law Journal*, vol. 45, n.º 3, 2020, pp. 467-508.

LEFEBVRE D'OVIDIO, A., PESCATORE, G. y TULLIO, L., *Manuale di Diritto della Navigazione*, 15.ª ed., Giuffrè, Milano, 2019.

MIRANDA SALGADO, D., *Cyber-attacks: A Digital Threat Reality Affecting the Maritime Industry*, World Maritime University Dissertations, 2018.

PADOVAN, A. V., "The Elements of Seaworthiness in the Context of Marine Insurance Revisited", en AA.VV., *Book of Proceedings of the 4th International Scientific Conference on Maritime Law*, Split, 2023, pp. 101-122.

PULIDO BEGINES, *Curso de derecho de la navegación marítima*, Tecnos, Madrid, 2015.

RODRÍGUEZ DELGADO, J. P., "La incidencia del buque autónomo en la obligación de navegabilidad del buque", en BLANCO SÁNCHEZ, M.ª J. y MADRID PARRA, A. (dirs.), *Derecho mercantil y tecnología*, Thomson Reuters Aranzadi, Cizur Menor, 2018, pp. 1123-1151.

RUIZ SOROA, J. M.ª, ZABALETA, S. y GONZÁLEZ, M., *Manual de Derecho del transporte marítimo*, HAEE/IVAP, Vitoria-Gasteiz, 1997.

SÁENZ GARCÍA DE ALBIZU, J. C., *La innavegabilidad del buque en el transporte marítimo*, Civitas, Madrid, 1992.

SÁNCHEZ CALERO, F., *El contrato de transporte marítimo de mercancías. Reglas de La Haya-Visby, Hamburgo y Rotterdam*, 2.ª ed., Thomson Reuters, Aranzadi, 2010.

SOYER, B., "Insuring Remote-controlled and Autonomous Shipping", en THOMAS, R. (ed.), *The Modern Law of Marine Insurance*. Vol. V, Informa Law, Abingdon, 2023, pp. 22-40.

SOZER, B., "Seaworthiness: In the Context of Cyber-risks or 'Cyberworthiness'", en SOYER, B. y TETTENBORN, A. (eds.), *Ship Operations: New Risks, Liabilities and Technologies in the Maritime Sector*, Informa Law, Abingdon, 2021, pp. 99-110.

STEVENS, F., "Seaworthiness and Good Seamanship in the Age of Autonomous Vessels", en RINGBOM, H., RØSÆG, E. y SOLVANG, T. (eds.), *Autonomous Ships and the Law*, Routledge, London, 2020, pp. 243-260.

TETLEY, W., *Marine Cargo Claims*, Vol. 1, 4.ª ed., Editions Yvon Blais, Cowansville, 2008.

TURNBULL, E. y ALBORS, J., "Una aproximación a los aspectos fundamentales de la regulación de los contratos de fletamento en la nueva ley de navegación marítima desde la perspectiva del derecho inglés", en AA.VV., *Comentarios a la ley de navegación marítima*, Dykinson, Madrid, 2015, pp. 211-224.

VICENTE MAMPEL, C., "'Nuevas' ayudas a la navegación y el régimen de responsabilidad civil por contaminación marina", *Cuadernos de Derecho Privado*, n.º 8, pp. 116-154.

WANG, F., "The Warranty of Seaworthiness and Cyber Risk of Unmanned Ships", *Journal of Business Law*, n.º 4, 2020, pp. 311-325.

WILSON, J. F., *Carriage of Goods by Sea*, Pearson, Essex, 7.ª ed., 2010.

Ciberseguridad, ciberseguros y navegación marítima

PAOLA RODAS PAREDES[1]
Prof. Ay. Dr., Departamento de Derecho Mercantil "Manuel Broseta Pont"
Universidad de Valencia
ORCID 0000-0001-5711-9035

SUMARIO: I. ECOSISTEMA DE CIBERSEGURIDAD EUROPEO. 1. Objetivos generales. 2. Estrategias concretas. II. DESARROLLO NORMATIVO DEL MARCO GENERAL EUROPEO DE CIBERSEGURIDAD. 1. Reglamento UE 2019/881 de ciberseguridad. 2. Directiva (UE) 2016/1148 sobre ciberseguridad de las redes y sistemas de información [NIS1]. 3. Directiva (UE) 2022/2555 relativa a las medidas destinadas a garantizar un elevado nivel común de ciberseguridad en toda la Unión [NIS2]. 4. Propuestas de Reglamentos UE. 4.1 Propuesta de Reglamento UE relativo a los requisitos horizontales de ciberseguridad para los productos con elementos digitales [Reglamento de ciberresiliencia]. 4.2. Propuesta de Reglamento UE sobre ciber solidaridad. III. CIBERSEGURIDAD DE LA NAVEGACIÓN MARÍTIMA. 1. Políticas de protección desde el sector marítimo. 1.1 *IMO Guidelines*. 1.2 Política de transporte marítimo de la EMSA. 2. Otras propuestas normativas. 2.1 Geneva Association's Hostile Cyber Activity. 2.2 La guía sobre ciberseguridad a bordo de embarcaciones, de BIMCO. 2.3 La posición de la International Association of Classification Societies (IACS) sobre sistemas ciber. IV. EL CIBERRIESGO Y SU ASEGURAMIENTO EN EL TRANSPORTE MARÍTIMO. 1. La delimitación del riesgo. 1.1 El problema de la individualización del riesgo. 1.2 El problema de la determinación del alcance de la cobertura. 2. El *status questionis* de la práctica. 2.1 Las cláusulas de la IUA. 2.2 Los formularios BIMCO. V. CONCLUSIONES.

Este trabajo busca poner de manifiesto los grandes retos que afronta la navegación marítima comercial de nuestro tiempo en el ámbito de la ciberseguridad y las posibilidades de aseguramiento de sus fallos cuando afectan al desarrollo de sus actividades empresariales habituales. En particular nuestro estudio propone, en primer término, identificar el alcance de la política general en materia de ciberseguridad, pues ello nos permitirá comprender las razones por las cuales el desarrollo regulatorio de la misma ha seguido – y sigue – el devenir actual. Seguidamente, expondremos

1 Este trabajo se inserta en el Proyecto ADLAW (*Conducción autónoma y seguridad jurídica del transporte*, PID2021-123070NB-I00) en el que la autora es miembro del equipo de trabajo.

de manera sucinta, el contenido de la regulación en materia de estándares generales de ciberseguridad en el ámbito geográfico de la Unión Europea, y que cobrarán relevancia en nuestro sector según tendremos ocasión de poner de manifiesto en el tercer apartado de este estudio, dedicado al análisis de cuerpos normativos de diversa categoría en el sector de la navegación marítima que han empezado a buscar la manera de establecer estándares mínimos de ciberseguridad y que, por tanto, están directamente relacionados con los *incidentes*[2] de ciberseguridad que pueden dar lugar a una interrupción, retraso o pérdida de las mercancías transportadas por mar. Por último, una vez expuesto el panorama general de los ciberriesgos y las normas – de distinto rango y grado de imperatividad – que determinaran el nuevo ámbito de *ciber* diligencia del porteador marítimo, podremos prestar atención a las vigentes posibilidades del aseguramiento de su responsabilidad aludiendo, para ello, a las vías habituales de coberturas en los seguros marítimos.

I. ECOSISTEMA DE CIBERSEGURIDAD EUROPEA

Creemos oportuno iniciar nuestro trabajo haciendo una breve referencia a las políticas generales que, en materia de ciberseguridad se han desarrollado ya – y se encuentran en fase de ejecución – por las principales instituciones europeas. Es cierto que, las operaciones de la marina mercante superan el ámbito geográfico sobre el que la Unión Europea tiene una influencia normativa directa, sin embargo, creemos válida nuestra opción dada la manifiesta voluntad de la Unión de establecer criterios y principios de influencia global.

De acuerdo con los documentos oficiales procedentes de las instituciones europeas las políticas generales en ejecución en materia de ciberseguridad pueden dividirse en estrategias de objetivos generales – es el caso de los documentos que emanan de la Comisión Europea – que han sido la base política de la modificación, actualización y adopción *ex novo* de

---

2 De acuerdo con el *Glosario de términos de ciberseguridad*, de INCIBE (disponible en https://www.incibe.es/sites/default/files/contenidos/guias/doc/guia_glosario_ciberseguridad_2021.pdf, accedido el 19 de julio, 2024), se define de esta manera a cualquier suceso que afecte a la confidencialidad, integridad o disponibilidad de los activos de información de la empresa, por ejemplo: acceso o intento de acceso a los sistemas, uso, divulgación, modificación o destrucción no autorizada de información.

cuerpos normativos de derecho secundario europeo en vigor o en fase de elaboración y a los que nos referiremos en el segundo apartado de este trabajo; y estrategias sectoriales que buscan una mayor concreción y adaptación de los requisitos de ciberseguridad al ámbito y/o industria a la que se dirigen, en nuestro caso, será necesario tener en cuenta aquéllas dirigidas al sector del transporte marítimo.

1. Objetivos generales

A finales del año 2020 la Comisión Europea publicó una actualización de su *Estrategia de ciberseguridad para la UE*[3] en la cual se expresa de manera fehaciente la voluntad de crear un sistema básico de protección de servicios considerados como esenciales[4] – en particular tras la crisis del COVID-19 – así como asegurar un marco de cooperación entre las cuatro ciber-comunidades europeas[5] que permita garantizar un internet global y abierto con fuertes mecanismos de salvaguarda y donde los riesgos para la seguridad y los derechos fundamentales de los ciudadanos europeos puedan contar con un adecuado nivel de protección.

Con esta finalidad, el marco de actuación normativo y económico de la Comisión ha abordado un proceso de ejecución de medidas organizado en tres puntos clave: la resiliencia cibernética y soberanía tecnológica; desarrollo de su capacidad operativa para prevenir, disuadir y responder a los retos detectados y, por último, el desarrollo de un amplio marco de cooperación para promover un ciberespacio global y abierto. (ver Fig. 1[6])

---

3 Disponible en https://digital-strategy.ec.europa.eu/en/policies/cybersecurity-strategy, accedido el 19 de julio, 2024.

4 Comunicación de la Comisión al Parlamento Europeo, el Consejo Europeo, el Consejo Econoómico Social Europeo y el Comité de la Regiones, *Sobre la Estrategia de la UE para una Unión de la Seguridad* , COM (2020) 605 final, p. 7. Disponible en https://eur-lex.europa.eu/legal-content/ES/TXT/PDF/?uri=CELEX%3A52020DC0605 accedido el 19 de julio, 2024.

5 A saber, mercado interior; fuerzas y cuerpos de seguridad, diplomacia y defensa.

6 Fuente: Comisión Europea, estrategia de ciber seguridad, https://digital-strategy.ec.europa.eu/es/policies/cybersecurity accedido el 19 de julio, 2024.

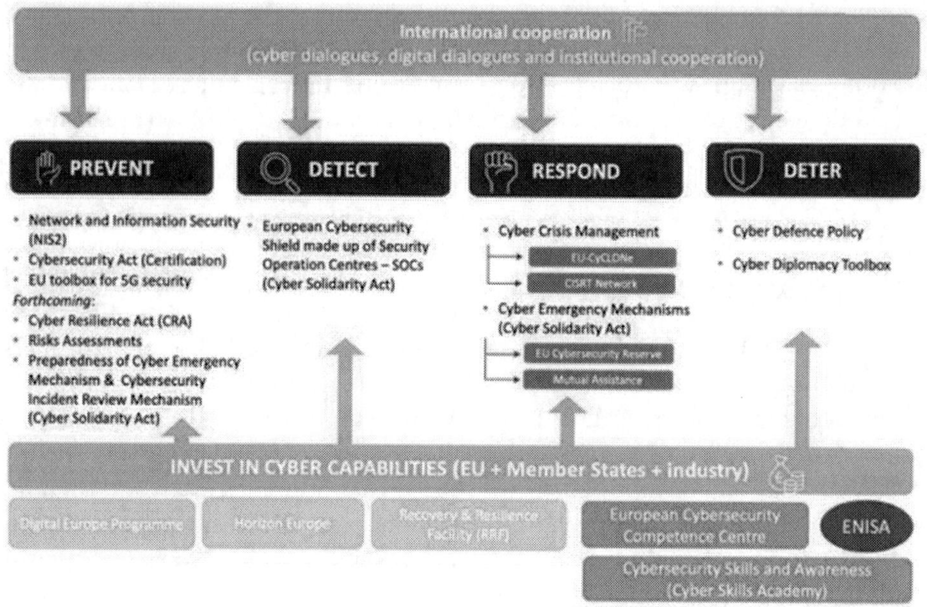

Con la finalidad de alcanzar este alto nivel de ciberseguridad básica necesaria, la Comisión ha visto necesario actualizar las normas de ciberseguridad de la UE introducidas en 2016 con la Directiva *NIS*[7] que vino a desarrollar, por primera vez, un marco general de cooperación entre entidades estatales sobre seguridad de las redes y sistemas de información. Así en diciembre de 2022 aprobó la Directiva *NIS2*[8]que, entre otras novedades, ha introducido importantes competencias en el mandato de la Agencia Europea para la Ciberseguridad (*European Union Agency for Cybersecurity, ENISA*) de manera que en la actualidad este organismo deberá desarrollar y mantener un registro europeo de vulnerabilidades; hacerse cargo de la Secretaría de la Red Europea de Organizaciones de Enlace en Crisis Cibernéticas (CyCLONe); publicación de un informe anual sobre el estado de la ciberseguridad en la UE; apoyo en la organización de revisiones de la normativa vigente en materia de ciberseguridad y ciber resiliencia entre pares entre los Estados miembros; asunción de la creación y mantenimiento de un registro para entidades que brindan servicios transfronterizos (proveedores de servicios DNS, registros de nombres de TLD, entidades

7 *Vid. infra* Directiva UE 2016/1148.

8 *Vid. infra* Directiva UE 2022/2555.

que brindan servicios de registro de nombres de dominio, proveedores de servicios de computación en la nube, proveedores de servicios de centros de datos, etc.); todo ello con el fin de dar cabida a la implantación y consecución de los objetivos marcados en la estrategia de ciberseguridad.

La expresión normativa del desarrollo de esta estrategia será abordada en el siguiente apartado de este trabajo, razón por la que solamente queda hacer referencia a otro elemento del mandato de ENISA: el desarrollo del marco de certificación de ciberseguridad de la UE. Esta herramienta busca establecer un sistema conjunto de reglas, requisitos técnicos, estándares y procedimientos sobre la evaluación de las propiedades de seguridad de un producto o servicio específico basado en TIC que hayan alcanzado una certificación de acuerdo con el esquema europeo. Está previsto que este marco permita discernir entre categorías de productos y servicios cubiertos; requisitos de ciberseguridad (estándares o especificaciones técnicas); el tipo de evaluación o autoevaluación realizada y el nivel de seguridad previsto[9]. El certificado resultante será reconocido en todos los Estados miembros de la UE, lo que facilitará a las empresas el comercio transfronterizo y a los compradores y usuarios la comprensión de las características de seguridad del producto o servicio contratado.

Se ha planificado que el primer esquema europeo de ciberseguridad adoptado esté basado en el estándar internacional *common criteria*[10] que busca garantizar que la política general de seguridad respete los valores comunes europeos garantizando, a su vez la aplicación de los principios de necesidad, proporcionalidad y legalidad, que den lugar a la implantación de una cultura de ciberseguridad a través del diseño – sin dejar atrás la protección de datos[11]–que fomente la cooperación entre las autoridades

---

9 De acuerdo con la Comisión, los niveles de seguridad se utilizan para informar a los usuarios sobre el riesgo de ciberseguridad de un producto y pueden ser básicos, sustanciales y/o altos. Son proporcionales al nivel de riesgo asociado con el uso previsto del producto, servicio o proceso, en términos de probabilidad e impacto de un accidente. Un nivel de seguridad alto significaría que el producto certificado pasó las pruebas de seguridad más estrictas.

10 Vid. texto de la Propuesta de Reglamento de implementación de la Comisión sobre la adopción de un esquema de certificación de ciberseguridad europea basado en Common Criteria (EUCC) publicado el 31 de enero de 2024, disponible en https://ec.europa.eu/newsroom/dae/redirection/document/101749 accedido el 19 de julio, 2024.

11 Comunicación sobre la protección de datos como pilar del empoderamiento de los ciudadanos y del enfoque de la UE para la transición digital: dos años de aplicación del Reglamento General de Protección de Datos [COM(2020) 264].

pertinentes de manera que se establezca una unidad informática conjunta a cargo de la cooperación operativa estructurada y coordinada entre los distintos actores del ecosistema europeo de ciberseguridad[12]. Una vez en marcha, este sistema de certificación podrá utilizarse como indicador del cumplimiento del deber de cuidado del empresario que actúe o utilice determinados servicios digitales.

Por último, esta estrategia permitirá fomentar la sensibilización de la población general en materia de cuestiones de seguridad de las comunicaciones, así como la adquisición de las capacidades necesarias para hacer frente a las amenazas potenciales. En este sentido, será necesario fomentar la adquisición de un conocimiento básico de las amenazas para la seguridad y de la manera de combatirlas para conseguir un impacto real en el grado de resiliencia del público, así como su concienciación sobre los riesgos de la ciberdelincuencia y la necesidad de protegerse ante ellos, pueden añadirse a la protección de los proveedores de servicios frente a los ciberataques[13].

2. *Estrategias sectoriales*

En el ámbito del sistema *Eurojust*, es necesario hacer referencia a la plataforma EMPACT[14] que ha incluido entre sus prioridades el cibercrimen como elemento independiente de otras actividades delictivas[15]. Por este motivo se han creado una serie de instrumentos y estrategias sectoriales específicos de la UE para seguir desarrollando la cooperación policial

---

12 Adicionalmente a ENISA, será necesario tener en cuenta la actuación de los Centros de intercambio y análisis de información (*Information Sharing and Analysis Centres, ISACs*); el Centro Conjunto de Investigación (*Joint Research Center, JRC*) de la Comisión, a cargo de desarrollar la taxonomía de ciberseguridad, los Equipos de Respuesta de Emergencia a Incidentes de Seguridad Informática (*Computer Security Incident Response Teams, CSIRTs*), la Organización Europea de Ciberseguridad, (*European Cybersecurity Organisation, ECSO*) y la plataforma *Women4Cyber*, puesta en marcha por la Comisión para permitir la visualización de este grupo poco representado.

13 Vid. Agenda de Capacidades Europea para la competitividad sostenible, la equidad social y la resiliencia [COM(202) 274 final].

14 Plataforma multidiciplinar europea contra las amenazas delictivas (European Multidisciplinary Platform Against Criminal Threats) EMPACT.

15 https://home-affairs.ec.europa.eu/policies/law-enforcement-cooperation/operational-cooperation_en

operativa entre los Estados miembros. Uno de sus principales instrumentos es el Sistema de Información de Schengen, utilizado para intercambiar datos sobre personas buscadas y desaparecidas en tiempo real. A pesar de los éxitos, es necesario tener en cuenta que la mayor parte del entramado legal de la UE que sustenta la cooperación policial operativa fue puesta en marcha hace ya 30 años a través de una compleja red de acuerdos bilaterales entre Estados miembros cuestión que, dado el desarrollo de la técnica y la interconectividad de las actuaciones maliciosas en la red, ocasiona limitaciones de actuación al organismo.

En el caso del sector financiero, será necesario tener en cuenta el *Reglamento DORA*[16] cuyo objetivo principal busca establecer normas uniformes relativas a la seguridad de las redes y los sistemas de información de las entidades financieras – banca, bolsa y seguros – de manera que éstas[17] tengan la obligación de tomar las medidas necesarias[18] para hacer frente, responder y recuperarse de cualquier *incidente de seguridad.*

En relación al tema de nuestro interés, el Plan de Acción de la Estrategia de Seguridad Marítima de la UE, que dio lugar a importantes logros con la cooperación en las tareas de guardacostas entre las agencias europeas pertinentes, ha dado lugar a una Comunicación conjunta del Parlamento

---

16 Reglamento (UE) 2022/2554 del Parlamento Europeo y del Consejo de 14 de diciembre de 2022 sobre la resiliencia operativa digital del sector financiero y por el que se modifican los Reglamentos (CE) n.o 1060/2009, (UE) n.o 648/2012, (UE) n.o 600/2014, (UE) n.o 909/2014 y (UE) 2016/1011 (Texto pertinente a efectos del EEE), DO L 333 de 27.12.2022, p. 1/79.

17 El ámbito objetivo del Reglamento señala como elementos de protección no solamente a los actores principales ya mencionados sino que también incluye a todas las entidades de crédito, de pago, de dinero electrónico y de pensiones de jubilación; los proveedores de servicios de información sobre cuentas, criptoactivos, notificación de datos, financiación participativa y terceros de TIC; las empresas de inversión, fondos de inversión alternativos, sociedades gestoras, agencias de calificación crediticia y administradores de índices de referencia esenciales; registros de operaciones y titulizaciones, depositarios centrales de valores, contrapartes centrales y centros de negociación; así como a todas las entidades de seguros y reaseguros y sus intermediarios.

18 A grandes rasgos clasificados en obligaciones de gestión de riesgos – directos y derivados de terceros – relacionados con las TIC; obligaciones de gestión, clasificación e informes relacionados con las TIC; obligatoriedad de realizar pruebas de resiliencia operativa digital; posibilidad de establecer acuerdos de intercambio de información entre entidades; y aplicar el marco de supervisión de proveedores terceros esenciales de servicios de TIC.

Europeo y del Consejo sobre la estrategia ampliada europea de Seguridad Marítima para amenazas marítimas en evolución[19] que ha venido a incluir la ciberseguridad marítima como un elemento específico de la misma.

En particular, la Directiva UE 2022/2557 relativa a la resiliencia de las entidades críticas[20] que busca la reducción de las vulnerabilidades cibernéticas y el aumento de su resiliencia ha incluido a todos los medios de transporte entre los sectores objeto de su regulación[21].

De acuerdo con los deberes dimanantes del texto legal, cada estado miembro, deberá adoptar una estrategia nacional que incluya evaluaciones periódicas de los riesgos; tener en cuenta los resultados de éstas; identificar las entidades que prestan servicios esenciales a la sociedad, la economía, la salud pública, la seguridad o al medio ambiente; apoyar a las entidades críticas identificadas en la mejora de su resiliencia; garantizar que las autoridades nacionales tengan las competencias, los recursos y los medios necesarios para llevar a cabo sus tareas de supervisión, incluida la competencia sancionadora por incumplimientos; así como especificar las condiciones en las que una entidad crítica puede presentar solicitudes de verificación de antecedentes del personal que desempeña funciones sensibles. Por su parte, las entidades críticas deberán llevar a cabo evaluaciones de riesgos propias con el fin de identificar aquéllos que podrían afectar a su capacidad para prestar servicios esenciales; adoptar medidas técnicas, de

---

19 "An enhanced EU Maritime Security Strategy for evolving maritime threats", JOIN (2023) 8 final https://oceans-and-fisheries.ec.europa.eu/document/download/7274a9ab-ad29-4dae-83fb-c849d1ca188b_es?filename=join-2023-8_es.pdf, accedido el 19 de julio, 2024.

20 Directiva (UE) 2022/2557 del Parlamento Europeo y del Consejo de 14 de diciembre de 2022 relativa a la resiliencia de las entidades críticas y por la que se deroga la Directiva 2008/114/CE del Consejo (Texto pertinente a efectos del EEE), DO L 333 de 27.12.2022, p. 164/198.

21 Están incluidos entre otros, el sector de la energía; transportes; la banca (también sujeta al Reglamento (UE) 2022/2554); la infraestructura de los mercados financieros; la salud; los proveedores y distribuidores de agua potable; la eliminación y el tratamiento de aguas residuales; las infraestructuras digitales, incluidos los servicios de comunicaciones electrónicas y los centros de datos, (también sujetos a la Directiva (UE) 2022/2555); entidades de la administración pública a nivel del Gobierno central, excepción de la seguridad nacional, la seguridad pública, la defensa y las fuerzas del orden; los operadores espaciales de infraestructuras terrestres; y las empresas alimentarias que se dedican exclusivamente a la logística y a la distribución al por mayor, así como a la producción y transformación industriales a gran escala.

seguridad y organizativas para mejorar su resiliencia; y notificar incidentes perturbadores significativos a las autoridades nacionales.

En suma, al menos desde el punto de vista de la planificación general, y también sectorial, podemos señalar que existe un importante avance en la voluntad de elevar el marco de actuación y concienciación de la necesidad de adoptar medidas efectivas de ciberseguridad. Con todo, el acelerado ritmo del avance de la integración – y por tanto interdependencia – global de los sistemas operacionales generales y del transporte marítimo exigen, a nuestro entender, una mayor celeridad tanto en la implantación de los sistemas de certificación, como de las políticas de prevención y concienciación, como mínimo entre proveedores de productos y servicios en el mercado interior.

II. DESARROLLO NORMATIVO DEL MARCO GENERAL EUROPEO DE CIBERSEGURIDAD

1. Reglamento UE 2019/881 de ciberseguridad[22]

Tal y como hemos adelantado, el *Reglamento de ciberseguridad* tiene como principal objetivo la consolidación de ENISA como agencia permanente europea con el mandato de alcanzar un elevado nivel común de ciberseguridad para toda la UE; apoyar a las autoridades nacionales e instituciones, órganos, oficinas y organismos europeos para mejorar su ciberseguridad; servir como punto de referencia de asesoramiento científico y técnico y de conocimientos sobre ciberseguridad para las instituciones, órganos, oficinas y organismos europeos; así como contribuir, a través de políticas e iniciativas conjuntas, a la reducción de la fragmentación del mercado interior.

Como elementos adicionales, este Reglamento estableció un *Grupo de partes interesadas* sobre certificación de ciberseguridad que deberá asesorar a la Comisión sobre asuntos estratégicos relativos al ya mencionado *marco de certificación de ciberseguridad UE*, además de otro *Grupo Europeo*

---

22 Reglamento (UE) 2019/881 del Parlamento Europeo y del Consejo, de 17 de abril de 2019, relativo a ENISA (Agencia de la Unión Europea para la Ciberseguridad) y a la certificación de la ciberseguridad de las tecnologías de la información y la comunicación y por el que se deroga el Reglamento (UE) no 526/2013 («Reglamento sobre la Ciberseguridad»), DO L 151 de 7.6.2019, p. 15/69.

de Certificación de Ciberseguridad, compuesto por representantes nacionales, también encargado de asistir a la Comisión en su labor, con la misión de garantizar la coherencia en la ejecución y aplicación del Reglamento UE 2019/881, y a ENISA en la preparación de posibles esquemas de certificación de ciberseguridad.

De momento, bajo este marco normativo, todos los esquemas de certificación de ciberseguridad serán *voluntarios* y deberán tener como objetivo la consecución de objetivos de seguridad de los datos y operatividad, como ser la protección de datos almacenados, transmitidos o procesados; categorizar el nivel de seguridad de los productos, servicios y procesos de TIC como «básico», «sustancial» o «elevado»; permitir la *autoevaluación de conformidad* a fabricantes y proveedores de productos, servicios y procesos TIC de bajo riesgo[23].

2. *Directiva (UE) 2016/1148 sobre ciberseguridad de las redes y sistemas de información*[24] *[NIS1]*

Precursora del marco vigente sobre seguridad de las redes, la Directiva *NIS1* fue la primera en establecer la obligación, por parte de los Estados miembro, de crear equipos de respuesta a incidentes de seguridad informática (CSIRTs)[25], así como la designación de las autoridades competentes en cada Estado Miembro para evaluar las políticas de ciberseguridad y seguridad de los operadores de servicios esenciales en cada Estado Miembro; supervisar a los proveedores de servicios digitales; informar al público

---

23 Normas más concretas han sido desarrolladas en el Reglamento de ejecución (UE) 2024/482 de 31 de enero, 2024 [DO L, 2024/482, 7.2.2024] cuya entrada en vigor se ha previsto para el 27 de febrero de 2025.

24 Directiva (UE) 2016/1148 del Parlamento Europeo y del Consejo, de 6 de julio de 2016, relativa a las medidas destinadas a garantizar un elevado nivel común de seguridad de las redes y sistemas de información en la Unión, DO L 194 de 19.7.2016, p. 1/30.

25 Estableciendo como funciones principales de éstos el de servir de plataformas de intercambio de información con otros CSIRT tanto sobre servicios como en relación con incidentes de ciberseguridad; prestar apoyo a los países de la UE a la hora de abordar los incidentes transfronterizos; debatir y consensuar una respuesta coordinada a un incidente identificado por un país de la UE; coordinar la respuesta a riesgos e incidentes que afecten a más de un país de la UE; informar al grupo de cooperación sobre sus actividades y solicitarle directrices; discutir sobre la experiencia adquirida a partir de los ejercicios relativos a la ciberseguridad.

– según necesidad– para evitar un incidente o gestionar uno ya producido, respetando la confidencialidad.

Otro de los elementos principales introducidos en el sistema general de ciberseguridad europeo a través de la NIS1, fue la obligación de determinar – por parte de cada Estado Miembro – los operadores de servicios esenciales en sectores fundamentales[26] – energía, transporte, sistema financiero, salud, agua e infraestructura digital – en los que un ciberataque podría perturbar un servicio esencial.

En relación con el cumplimiento de estos deberes, la norma establece el ámbito de supervisión de las autoridades nacionales competentes, reconociéndoles competencia, entre otras, para recibir la notificación obligatoria, por parte de los operadores de servicios esenciales y sus proveedores de servicios digitales[27], de cuantos *incidentes* afecten la seguridad de las redes y sistemas de información utilizados para la prestación de los servicios esenciales.

En cuanto a su proceso de adaptación a nuestro ordenamiento jurídico, es necesario señalar que esta norma fue transpuesta a través del RD-Ley 12/2018 de 7 de septiembre, de seguridad de las redes y sistema de información[28] que tuvo el acierto de *ampliar* el ámbito subjetivo de aplicación, incluyendo en este a todos los servicios esenciales dependientes de las redes y sistemas de información comprendidos en los sectores estratégicos definidos en el anexo de la Ley 8/2011, de 28 de abril, por la que se establecen medidas para la protección de las infraestructuras críticas, opción de política legislativa que permitirá, a los operadores españoles, una transición mucho más tranquila hacia la correcta implementación de NIS2.

---

26 Según el art. 5 de NIS1, los criterios para la identificación de operadores de servicios esenciales se basaban en incluir como tales a las entidades que presten un servicio esencial para el mantenimiento de actividades sociales o económicas cruciales; aquellas que para prestar sus servicios dependan de las redes y sistemas de información, y aquéllas que si llegaran a sufrir un *incidente*, este tendría efectos perturbadores significativos en la prestación de los servicios prestados.

27 Art. 14.3 y 16, Directiva 2016/1148.

28 BOE núm. 218, de 08/09/2018.

3. Directiva (UE) 2022/2555 relativa a las medidas destinadas a garantizar un elevado nivel común de ciberseguridad en toda la Unión[29] *[NIS2]*

Tal y como hemos adelantado en el primer apartado de este estudio, la NIS2 marcará un punto de inflexión en el establecimiento de un marco regulador común de ciberseguridad europeo. Con esta finalidad el sistema introduce la obligatoriedad de introducción, en los EM, de medidas concretas de gestión de riesgo de ciberseguridad, así como la creación de una red de cooperación, comunicación y notificación de riesgos en sectores críticos.

En relación con el ámbito objetivo, NIS2 extiende su aplicación a otros sectores anteriormente no incluidos[30], creando la obligación de los EM de establecer una lista de entidades esenciales e importantes, que también incluya a las entidades que presten servicios de registro de nombres de dominio, con obligación de revisar y, en su caso, actualizar esa lista periódicamente, y como mínimo cada dos años a partir del 17 de abril de 2025[31].

Por tanto, otra de las novedades de NIS2 respecto al sistema anterior es que el criterio de clasificación ya no se basa en la producción u ofrecimiento de servicios digitales, sino en la *posibilidad de afectación* a la sociedad, economía o determinados sectores o tipos de servicios, independientemente

---

[29] Directiva (UE) 2022/2555 del Parlamento Europeo y del Consejo de 14 de diciembre de 2022 relativa a las medidas destinadas a garantizar un elevado nivel común de ciberseguridad en toda la Unión, por la que se modifican el Reglamento (UE) n.o 910/2014 y la Directiva (UE) 2018/1972 y por la que se deroga la Directiva (UE) 2016/1148 (Directiva SRI 2) (Texto pertinente a efectos del EEE), DO L 333 de 27/12/2022, p. 80/152.

[30] De acuerdo con el Anexo II, servicios postales y de mensajería, gestión de residuos; fabricación, producción y distribución de sustancias y mezclas químicas; producción, transformación y distribución de alimentos; fabricación de productos sanitarios, informáticos, electrónicos y ópticos, de determinados tipos de material eléctrico y maquinaria, y de vehículos de motor y otro material de transporte; los proveedores de servicios digitales de mercados en línea, de motores de búsqueda y redes sociales; y organismos de investigación.

[31] *Vid.* las *directrices [DO C 328 de 18.9.2023, p. 2/10*] publicadas por la Comisión Europea sobre la aplicación del Art. 4.1 y 4.2 de la Directiva UE 2022/2555 relativas a su aplicación y los actos jurídicos de la UE actuales y futuros, específicos del sector, que abordan medidas de gestión del riesgo de ciberseguridad o requisitos de información sobre incidentes.

del *tamaño* de la empresa[32], así se consideran entidades esenciales todas las grandes empresas de los sectores de alta criticidad del anexo I; independientemente de su tamaño, se considerarán como tales a los prestadores cualificados de servicios de confianza y registros de nombres de dominio de primer nivel y los proveedores de servicios de DNS así como las entidades identificadas como críticas con arreglo a la Directiva (UE) 2022/2557, y aquellas identificadas por un EM como operadores de servicios esenciales de conformidad con la Directiva (UE) 2016/1148 o el derecho nacional. Por su parte NIS2 considera como entidad importante todas aquellas de uno de los tipos mencionados en los anexos I o II que no puedan considerarse entidades esenciales, atribuyéndose potestad a cada EM para identificar a una entidad, independientemente de su tamaño, como esencial o importante[33]

En cuanto a la notificación de incidentes, NIS2 modifica los procedimientos a realizar de manera que según el caso, la entidad afectada deberá realizar una primera notificación – al CSIRT o autoridad competente designada por el EM – de *alerta temprana* dentro de las 24h desde que tenga conocimiento del mismo; realizará otra que incluirá una evaluación inicial de la gravedad o impacto del incidente, antes de las 72h de su inicio – con indicación de los Indicadores de compromiso, IoT, si fuera el caso – a continuación la autoridad competente o CSIRT podrá solicitar un informe intermedio; mientras que, a más tardar un mes después de la presentación

---

[32] El Anexo I de la norma señala con detalle los *sectores de alta criticidad*, que ha ampliado su aplicación a nuevos subsectores, a modo ilustrativo, en el caso del sector energético al almacenamiento y transporte de hidrógeno, sistemas urbanos de calefacción y refrigeración, mientras que en el sector de infraestructuras digitales se ha incluido a proveedores de redes de servicios de computación en la nube, proveedores de distribución de contenidos, prestadores de servicios de confianza, proveedores de servicios de centro de datos y proveedores de redes públicas de comunicaciones electrónicas, así como servicios de comunicaciones electrónicas disponibles para el público.

[33] Si ésta es única proveedora de un servicio esencial para el mantenimiento de actividades sociales o económicas críticas; si la perturbación del servicio prestado por la entidad puede tener repercusiones significativas sobre la seguridad pública, el orden público o la salud pública; si una perturbación del servicio prestado por la entidad pudiera inducir riesgos sistémicos significativos, en particular para los sectores en los que tal perturbación podría tener repercusiones de carácter transfronterizo; o si la entidad es crítica a la luz de su importancia específica a nivel nacional o regional para el sector o tipo de servicio en concreto o para otros sectores interdependientes en ese Estado miembro.

inicial, la entidad deberá presentar un *informe final*[34], a menos que el incidente siga en curso, en cuyo caso a la fecha deberá presentarse un informe de situación y el informe final al mes de haberse gestionado el incidente.

En relación con las competencias de supervisión, NIS2 establece un marco más exigente a las entidades esenciales con medidas tanto preventivas como reactivas[35] mientras que en el caso de las entidades importantes la mayor parte serán post-incidente[36], además de reconocerle potestad sancionadora por incumplimientos, que incluye medidas de diversa índole entre las que se encuentran multas pecuniarias de diverso rango según se trate de una entidad esencial o importante.

4. Propuestas de Reglamentos UE

4.1 Propuesta de Reglamento UE relativo a los requisitos horizontales de ciberseguridad para los productos con elementos digitales [Reglamento de ciberresiliencia][37]

Dentro del esquema de desarrollo normativo del nuevo marco básico de ciberseguridad europeo, esta propuesta de Reglamento – autodenominada *Ley de ciberresiliencia* – centra su atención en el *IoT, internet of things*, con previsiones normativas para productos: control de introducción en el mercado europeo de productos con elementos digitales; regulación de los requisitos esenciales para el diseño, desarrollo y fabricación

---

34 El contenido mínimo del mismo deberá contener: una descripción detallada del incidente, incluyendo su gravedad e impacto; el tipo de amenaza o causa principal que probablemente haya desencadenado el incidente; las medidas paliativas aplicadas y en curso y; cuando proceda, las repercusiones transfronterizas del incidente.

35 Inspecciones *in situ* y a distancia incluidas aleatorias; auditorías de seguridad periódicas y específicas; auditorías *ad hoc* (tras un incidente); análisis de seguridad; solicitudes de información necesaria para evaluar las medidas de gestión de riesgos adoptadas; solicitudes de acceso a datos e información para supervisión; solicitudes de acreditación de la aplicación de las políticas de ciberseguridad.

36 Inspecciones in situ; auditorías específicas; solicitud de información para evaluar las medidas de gestión de riesgo adoptadas, etc.

37 La más reciente versión del texto en tramitación parlamentaria data del 12 de marzo, 2024, disponible en https://www.europarl.europa.eu/doceo/document/TA-9-2024-0130_ES.pdf, accedido el 19 de julio, 2024.

de productos con elementos digitales; procedimientos de garantías de ciberseguridad, procesos de gestión de vulnerabilidades conocidas por los fabricantes de productos con elementos digitales; y normas relativas a vigilancia del mercado.

La norma propuesta clasificará a estos productos según categorías de relevancia: productos con elementos digitales (Anexo I de la Propuesta), productos importantes con elementos digitales (Anexo III de la propuesta, sujeto a los procedimientos de evaluación de la conformidad del art. 32 del mismo texto) y productos críticos con elementos digitales (Anexo IV, con obligación de obtener un certificado europeo de ciberseguridad con un nivel de garantía al menos «sustancial» en el marco de un esquema europeo de certificación de la ciberseguridad adoptado con arreglo al Reglamento (UE) 2019/881 para demostrar su conformidad con los requisitos esenciales establecidos en el anexo I del mismo texto legal). Los productos importantes, a su vez, estarán divididos según su potencial nivel de riesgo de ciberseguridad (clases I y II). Mientras que serán clasificados como productos *críticos* aquellos de los que presenten una dependencia crítica las entidades esenciales señaladas en el Art. 3 Directiva UE 2022/2555 y, aquellos cuyos incidentes y vulnerabilidades aprovechadas puedan dar lugar a perturbaciones graves en las cadenas de suministro críticas en todo el mercado interior.

En todo caso, la norma propone crear un marco de seguridad general de productos aplicable a todos los productos con elementos digitales cuando dichos productos no estén sujetos a requisitos de seguridad específicos establecidos en otra legislación de armonización de la Unión tal como se define en el art. 3.27, del Reglamento (UE) 2023/988. También se prevén normas específicas para los productos con elementos digitales clasificados como sistemas de IA de *alto riesgo* por el art. 6 del Reglamento de *inteligencia artificial*[38]. Otro elemento recientemente añadido al ámbito de la responsabilidad del fabricante es que éste deberá asumirla cuando integre, en sus productos, componentes procedentes de terceros y componentes de

[38] Reglamento (UE) 2024/1689 del Parlamento Europeo y del Consejo, de 13 de junio de 2024, por el que se establecen normas armonizadas en materia de inteligencia artificial y por el que se modifican los Reglamentos (CE) n.° 300/2008, (UE) n.° 167/2013, (UE) n.° 168/2013, (UE) 2018/858, (UE) 2018/1139 y (UE) 2019/2144 y las Directivas 2014/90/UE, (UE) 2016/797 y (UE) 2020/1828 (Reglamento de Inteligencia Artificial), DO L, 2024/1689, 12.7.2024.

programas informáticos libres y de código abierto que no se hayan comercializado en el transcurso de una actividad comercial[39].

El texto más recientemente aprobado, también ha introducido, al efecto de instrumentar las diversas notificaciones de vulnerabilidades, la creación de una plataforma única de notificación a cargo de ENISA[40].

A lo largo del texto, la norma también establece procedimientos y obligaciones de comunicación claras, respecto de los fabricantes, en relación con los períodos de soporte de los productos con elementos digitales que hubieran puesto en circulación en la Unión. Otro aspecto que permea la regulación aquí comentada es la repetida autorización a la Comisión para aprobar Reglamentos de ejecución – en diversos apartados – que permitan actualizar o dar mayor contenido a los aspectos técnicos necesarios para dotar de efectividad a las medidas generales dimanantes de la Propuesta.

4.2 Propuesta de Reglamento UE sobre ciber solidaridad[41]

Llamado a reforzar los mecanismos de colaboración y cooperación entre los distintos actores, supervisores y, en general, instituciones de diverso rango en el ámbito de la aplicación del marco general de ciberseguridad descrito en los puntos anteriores, esta Propuesta de Reglamento busca establecer un *hub* de ciber datos transfronterizos, *cross-border cyber hub*, que permita el intercambio de inteligencia de ciber amenazas entre los diversos actores – CERTs, CSIRTs, ISACs, operadores de infraestructuras críticas – y supervisores.

---

39 En el caso de programas informáticos de código abierto, la Propuesta prevé obligaciones de diligencia de sus administradores, quienes deberán documentar la adopción de una política de ciberseguridad que fomente el desarrollo de un producto con elementos digitales seguros y una gestión eficaz de sus vulnerabilidades, obligaciones de cooperación con las autoridades de vigilancia del mercado y un Esqueda de certificación de seguridad específico para este tipo de programas (*Vid.* art. 24 y 25 de la Propuesta).

40 Art. 16 de la Propuesta.

41 *Cyber solidarity Act,* Proposal for a Regulation EU laying down measures to strengthen solidarity and capacities in the Union to detect, prepare for and respond to cybersecurity threats and incidents, disponible en https://data.consilium.europa.eu/doc/document/ST-8047-2024-INIT/EN/pdf, accedido el 19 de julio, 2024.

En general el Reglamento propone vías de adopción de procedimientos de cooperación entre los participantes de estos *hubs*[42], con previsión de participación de estos actores en el sistema europeo de alertas de ciberseguridad[43], siendo este último, el elemento esencial que instrumentará la consecución de los objetivos de cooperación ya señalados[44], además del establecimiento de un mecanismo de emergencias de ciberseguridad[45], y un mecanismo pan-europeo de revisión de incidentes de ciberseguridad[46].

Con todo, el texto propuesto se encuentra en las primeras fases de su tramitación parlamentaria. A pesar del interés que, sin duda, despierta la regulación del marco de cooperación de estos actores y organismos, no es menos destacable que no podemos dar por concluidas las reformas a introducirse en el mismo, tanto en relación con los mecanismos de cooperación previstos, como con las competencias a éstos o la previsión de la creación de una Reserva Europea de Ciberseguridad[47].

III. CIBERSEGURIDAD DE LA NAVEGACIÓN MARÍTIMA

El panorama regulatorio hasta ahora descrito conoce, como sabemos, especialidades normativas y técnicas aplicables al transporte marítimo[48].

---

[42] En directa relación con la obligación de los CSIRTs de establecer redes que promuevan una rápida y efectiva cooperación operacional entre los EM, según la Directiva EU 2022/2555.

[43] Art. 3 de la Propuesta.

[44] De acuerdo con el *Programa Europa Digital*, el Escudo Europeo de Ciberseguridad integrará todos los centros de operaciones de seguridad nacionales y transfronterizos con el objetivo de analizar, detectar y compartir advertencias sobre ciberamenazas, *Vid.*, https://digital-strategy.ec.europa.eu/en/library/eu-cyber-solidarity-act-factsheet.

[45] Art. 9 de la Propuesta.

[46] Art. 18 de la Propuesta.

[47] Art. 12 de la Propuesta.

[48] De acuerdo con JUAN Y MATEU, F., "El transporte marítimo y la ciberseguridad", *RDM* 323, 2022, p. R.R-3.2, la conectividad y accesibilidad de los sistemas de comunicación e información de la industria marítima ha sobrepasado ya el simple recurso a sistemas de tecnologías de la información (IT, por sus siglas en inglés) para el almacenamiento, tratamiento y transmisión de datos, habiendo sido incorporado a los sistemas y tecnologías operacionales (OT), encargadas de controlar la propulsión y navegación de la embarcación.

Es conocido que, desde hace un par de décadas la *e-navegación*[49] es una tendencia que ha permitido – y permite – no solo un considerable ahorro de costes operativos a las empresas de transporte marítimo, sino que también permite el acceso y uso de una serie de avances tecnológicos que han redundado en una navegación más planificable y previsible[50].

No obstante, la perenne interconectividad de sistemas IT y OT, unido a una serie de decisiones técnicas de implantación global que limitan la capacidad de adoptar medidas efectivas de ciberseguridad[51] han puesto de manifiesto la urgente necesidad de prever nuevos parámetros y protocolos efectivos de ciberseguridad, que solo serán efectivos con un cambio en la cultura empresarial y laboral de la navegación marítima[52].

Al margen de la normativa europea en vigor y prospectiva, en el caso de la industria marítima en general, por sus características de internacionalidad, veremos cómo, a diferencia del apartado anterior, los textos de referencia – incluso aquéllos preparados por instituciones supervisoras y con competencias coercitivas – son de carácter mayoritariamente potestativos o que van dirigidas a los Estados en los que se realiza el transporte marítimo, cuando no son, directamente *derecho blando* emanado de asociaciones profesionales de la navegación. No olvidamos que, en el transporte marítimo internacional, éstas últimas han sido las herramientas más efectivas y eficientes de modificación de políticas generales de actuación o regulación de la introducción e incorporación de los avances de la técnica. Sin embargo, creemos que fruto del acelerado ritmo de evolución de los riesgos

---

49 Así definida por la OMI en el documento *Estrategia para el desarrollo y la implantación de la navegación electrónica*, MSC 85/26/Add.1, Anexo 20, Organización Marítima Internacional, Londres, 2008.

50 En detalle, LÓPEZ VARELA, P.; SALGADO DON, A., PÉREZ CANOSA, J. M., "Análisis crítico de la navegación-e: situación actual y perspectivas de futuro" en AAVV, *Derecho marítmo, las nuevas tecnologías y los retos del progreso*, Aranzadi, Cizur Menor, 2021, edición digital.

51 A modo ilustrativo, bástenos señalar la ausencia de sistemas de encriptación o autenticación de las señales del *Global Positioning System, GPS*, que permite su manipulación, bloqueo o sustitución con alarmante facilidad, JUAN Y MATEU, F., "El transporte marítimo y la ciberseguridad", p. R.R-3.2.

52 Ampliamente comentado ha sido el caso de *NotPetya*, código malicioso que ingreso en el sistema de la naviera MAERSK a través de un solo ordenador en el puerto ucraniano de Odessa, *vid.*, WILSON, B., "Maritime Cyber Security" en Cambridge University Press, Cambridge, 2022, p. 158.

cibernéticos, esta vía no parece que vaya a ser suficiente para mantener un nivel mínimamente adecuado de ciberseguridad.

1. Políticas de protección desde el sector marítimo

La concienciación en materia de medidas de ciberseguridad en este ámbito ha resultado en la adopción de guías de buenas prácticas que, tanto desde las organizaciones internacionales – Organización Marítima Internacional – como desde la Autoridad Europea para la Seguridad Marítima han comenzado a buscar la adopción de medidas concretas que generen un nivel mínimo de protección.

1.1 IMO Guidelines[53]

Publicado en 2017, el prolijo texto redactado por la organización se autodenomina "recomendaciones para la administración de ciberriesgos marítimos para salvaguardar el transporte marítimo de ciber amenazas y vulnerabilidades presentes y emergentes".

A continuación, se realiza una enumeración del tipo de sistemas que, a primera vista, serían vulnerables para proseguir con una referencia al tipo de organización a las que va dirigida la guía, cuestión que pone de manifiesto la principal dificultad que encontrarán la mayor parte de textos de similar naturaleza: la falta de mecanismos de coercibilidad o vigilancia del cumplimiento de su contenido.

El tercer punto abordado por la IMO comienza con una definición de la actividad que propugna acometer; la administración de los ciberriesgos a través de acciones llamadas a aceptar la existencia de los mismos, evitarlos, transferir o mitigar su aparición a niveles aceptables a través de acciones que tengan en cuenta los costes y beneficios para con todos los interesados. A pesar de que la guía también hace referencia a los cinco elementos generalmente aceptados que integran las estrategias habituales de gestión de

53 IMO, *Guidelines on Maritime Cyber Risk Management*, MSC-FAL.1/Circ.3 de 5 de julio, 2017, disponible en https://wwwcdn.imo.org/localresources/en/OurWork/Security/Documents/MSC-FAL.1-Circ.3%20-%20Guidelines%20On%20Maritime%20Cyber%20Risk%20Management%20%28Secretariat%29.pdf, accedido el 19 de julio, 2024.

los ciberriesgos[54], el texto es tan exiguo que, sin duda cualquier elemento general puede, podría, clasificarse como una respuesta mínima adecuada según estos principios[55].

También es importante señalar la referencia no exhaustiva, como marco adicional de referencia, que el texto realiza respecto de la Guía de ciber seguridad a bordo de barcos, publicada por BIMCO[56]; el estándar ISO/IEC 27001 sobre tecnologías de la información y el Marco de mejora de la ciberseguridad de infraestructuras críticas, publicado por el Instituto nacional de estándares y tecnología de los Estados Unidos (NIST *cybersecurity framework*[57]).

1.2 Política de transporte marítimo de la EMSA

En el caso de la Agencia Europea de Seguridad Marítima, EMSA, es conocida la recientemente publicada guía sobre la forma de afrontar la ciberseguridad a bordo de las embarcaciones durante auditorías, controles, verificaciones e inspecciones[58].

Al igual que en el caso anterior, el documento, de escasa extensión y contenido técnico, señala en sus inicios su carácter dispositivo, con una particularidad: establece que esta cualidad se ha establecido así por buscar concordancia con las normas marítimas europeas en materia de medidas y mecanismos de seguridad vigentes. Así pues, a nuestro entender, es posible que, una vez adoptado el Reglamento de ciber resiliencia[59], el texto de la EMSA adquiera una cualidad distinta y deba ser modificado. De momento

---

54 Identificación, protección, detección, respuesta y recuperación.

55 Al respecto, WILSON B. Maritime Cyber Security en KRASKA J, PARK Y-K, eds. *Emerging Technology and the Law of the Sea.* Cambridge University Press; 2022, p. 169, pone de manifiesto uno de los grandes problemas de este tipo de textos potestativos y es que los grandes actores del transporte marítimo – en este caso concreto WILSON se refiere a China – pueden preferir eliminar contenido regulatorio de valor jurídico a estos textos con la finalidad de mantener el control y competencias de supervisión en sus legislaciones nacionales.

56 Versión 2020 en https://www.ics-shipping.org/wp-content/uploads/2020/08/guidelines-on-cyber-security-onboard-ships-min.pdf, accedido el 19 de julio, 2024.

57 Disponible en https://doi.org/10.6028/NIST.CSWP.04162018, accedido el 19 de julio, 2024.

58 Disponible en https://emsa.europa.eu/component/flexicontent/download/7660/5074/23.html, accedido el 19 de julio, 2024.

59 *Vid. supra* II.4.1

la mayor parte del contenido material de la guía en cuanto al contenido del *análisis de seguridad de la embarcación*, y el *Plan de seguridad de la embarcación* encuentran contenido directo con las directrices fijadas en el Reglamento (CE) 725/2004[60].

Otro aspecto que juega a favor de la brevedad del texto es su vocación de documento de coordinación entre otros textos con escaso rango normativo coercitivo por la institución, pero de extendida validación en su uso práctico[61]. A pesar de ello, es necesario tener en cuenta que estas referencias cruzadas se centran en regulación general basada en consecuencias – daños – *físicos* a las personas o las cosas y no así a situaciones de daños o peligros en los sistemas IT y OT de la navegación[62] .

Por último, no esta de más señalar que muchos aspectos de la regulación aquí referida han sido desarrollados en primer término con la finalidad de proporcionar un marco regulatorio que incentive el desarrollo tecnológico, en particular en el caso de la *automatización* del transporte marítimo, con políticas abiertamente favorables a la introducción de buques autónomos. Razón por la cual también será necesario, tomar en cuenta la regulación europea en materia de usos civiles de inteligencia artificial[63].

---

60 Reglamento (CE) n° 725/2004 del Parlamento Europeo y del Consejo, de 31 de marzo de 2004, relativo a la mejora de la protección de los buques y las instalaciones portuarias, DO L 129 de 29.4.2004, p. 6/91.

61 Es el caso del Código ISM, IMO Res. A.741(18), International Management Code for the Safe Operation of Ships and for Pollution Prevention, annex (Nov. 17, 1993).

62 Este aspecto también ha sido comentado por WILSON B. “Maritime Cyber Security”, cit., p. 173.

63 En este sentido, en relación con el transporte en todas sus modalidades, SIERRA NOGUERO, E., “Towards a European Law on cooperative, connected and automated mobility (CCAM)”, *CEUR Workshop Proceedings*, 2022, p. 80, NUÑEZ ZORRILLA, M. C. “Hacia un marco legal europeo uniforme en la prevención de los riesgos y la responsabilidad civil en el ámbito de la conducción automatizada inteligente” *CDT* vol. 15, 2023, p. 695; en el caso del transporte marítimo, RODAS PAREDES, P., “La responsabilidad del empresario marítimo de buques autónomos” en PETIT LAVALL, M. V.; PUETZ, A., (dirs.) *El transporte ante el desarrollo tecnológico y la globalización* Colex, Madrid, 2023, p. 745.

2. *Otras propuestas normativas*

2.1. Geneva Association's Hostile Cyber Activity

A pesar de tratarse de una asociación internacional de aseguradores *terrestres*, creemos relevante tomar en cuenta el trabajo realizado por la *Geneva Association* en tanto que este organismo lleva bastante tiempo analizado las maneras de generar una *definición legal* de ciber amenazas y ciber riesgos que pueda servir como base actuarial para la industria aseguradora.

Por ello, en el caso de la ciberseguridad, es destacable señalar el particular cuidado con el que esta asociación ha marcado el camino en la materialización de un concepto de ciber riesgo que, de momento apuesta por la diferenciación en la *actividad* en el ciberespacio, de manera que el riesgo este ligado a una actividad *hostil* en la que será esencial – en particular para los *grandes riesgos*, como es el caso de la navegación marítima – determinar si la actividad hostil así definida estaría sujeta a actividades contra la defensa y seguridad de un Estado, en cuyo caso, las habituales *exclusiones de guerra* serían aplicables[64].

2.2. La guía sobre ciberseguridad a bordo de embarcaciones, de BIMCO

Ya en su cuarta versión, sin duda son el texto de referencia en el sector de la navegación marítima comercial. El texto incluye apartados dedicados a la visión de conjunto sobre la ciberseguridad y la gestión del ciberriesgo en el ámbito marítimo; la identificación de amenazas; identificación de vulnerabilidades; valoración de la probabilidad de que se produzca un ciberincidente, que a su vez depende de cuáles sean las amenazas y vulnerabilidades; valoración del impacto (efectos) que el ciberincidente puede producir; valoración del riesgo, que a su vez depende de la probabilidad y el impacto del ciberincidente; el desarrollo de medidas de protección; el desarrollo de medidas de detección; el establecimiento de planes de contingencia; y la respuesta y recuperación tras un ciberincidente.

---

64 *Vid.* CARTER, R., PAIN, D., ENOIZI, J., *Insuring Hostile Cyber Activity: in search of sustainable solutions*, Geneva Association Publishing, Ginebra, 2023, p. 13, disponible en https://www.genevaassociation.org/sites/default/files/cybersolutions_web.pdf, accedido el 19 de julio, 2024.

Al igual que con los textos de EMSA, el documento señala su calidad de texto de aplicación voluntaria, habiendo sido desarrollado a la par con otros textos de asociaciones profesionales con contenido similar[65] y que, al igual que el texto de BIMCO, busca incentivar el desarrollo y adopción de medas efectivas de protección en este ámbito.

2.3. La posición de la International Association of Classification Societies (IACS) sobre sistemas ciber

Especial referencia entre este tipo de textos merece, sin duda, el *Position Paper* de la IACS, que en 2020 ya había publicado una "recomendación sobre ciber resiliencia[66] con el objetivo de promocionar la adopción de directrices a ser implantadas desde el diseño y construcción de buques, de manera que éstos no solo sean ciber resilientes, sino que puedan mantener esta cualidad a lo largo de su vida útil. Este texto inicial asumía como principio fundamental la promoción de la prevención de incidentes y eventos de ciberseguridad. Buscaba, a su vez, incentivar el cumplimiento de la Resolución MSC.428(98) de 16 de junio de 2017 sobre la Gestión de los riesgos cibernéticos marítimos en los sistemas de gestión de la seguridad.

En relación con su contenido, a diferencia de otros textos ya comentados en este trabajo, incluía una exhaustiva definición y descripción del ámbito de aplicación, tablas de ayuda a las referencias cruzadas de otras guías y estándares, amplia descripción de los detalles y requisitos técnicos que deberían cumplirse, así como un detallado procedimiento de verificación y prueba de su cumplimiento, además de una serie de anexos que ponen el texto en relación con otras guías y estándares, así como mayores detalles de los elementos operacionales que deben ser cumplidos y que forman parte de los procedimientos descritos en el texto principal.

Con este contenido, sin duda el *Position Paper* como documento sintetizador cumple la función de establecer el marco general aplicable desde este punto álgido de la industria naviera. Tal y como puede comprenderse, el valor práctico y su capacidad de influencia en el sector de ambos textos es,

---

65 Vid., la guía desarrollada por la *Nippon Kaji Kyokai* (ClassNK, Guidelines for designing Cyber Security Onboard Ships, 2nd ed. 2020), sociedad de clasificación japonesa.

66 IACS, Recommendation No. 166 on Cyber Resilience, 2020.

sin duda muy apreciable dada la posibilidad de ampliación de las líneas de negocio de estas empresas y su altísimo conocimiento técnico operacional[67].

IV. EL CIBERRIESGO Y SU ASEGURAMIENTO EN EL TRANSPORTE MARÍTIMO

Tanto el marco jurídico general y sectorial descrito hasta ahora, como el desarrollo incontestable de la permanente conectividad y las dependencias que ésta crea han incidido en todas las modalidades de transporte y, por tanto, también en el transporte marítimo, en el creciente interés de implantación de seguros que cubran, en alguna medida, los daños directos o responsabilidad extracontractual causados por el riesgo residual asociado al uso de los sistemas de información de los propietarios de activos. También denominados *ciber seguros.*

A pesar de la gran cantidad de avances que han tenido lugar en los últimos años, en el mercado de seguros de grandes riesgos los ciber seguros aún no han tenido una tasa de implantación importante. Si bien algunas regiones han logrado avances sobre la base de una legislación de apoyo, se ha constatado que, en comparación con otros sectores de seguros de daños, el estado de los ciber seguros se encuentra en una etapa menos madura[68].

A nuestro entender, el principal problema al que se enfrenta la industria aseguradora del transporte marítimo pasa por la determinación del contenido del riesgo cubierto dada la naturaleza progresiva del tipo de daños que pueden derivarse de los riesgos cibernéticos. En este último apartado del trabajo, nuestra labor se centrará, por tanto, en establecer la

---

67 También en este sentido JUAN Y MATEU, F., "El transporte marítimo y la ciberseguridad", cit., p. R.R-3.19, quien cita los nuevos servicios ofrecidos por este sector de la industria como ser la comprobación de la robustez de los sistemas (*penetrating tests*); formación del personal de abordo (presencial u *on line* para las dotaciones); el grado de preparación para el cumplimiento del estándar ISO/IEC 27001, la verificación de cumplimiento del mismo; o la evaluación del cumplimiento de la Directrices BIMCO.

68 En nuestro ámbito geográfico de referencia, ENISA destaca esta ausencia de desarrollo del mercado asegurador en la cobertura de los riesgos a los que se enfrentan los operadores de servicios esenciales, ENISA, *Demand side of cyber incsurance in the EU,* 2023 p. 5, disponible en https://www.enisa.europa.eu/publications/demand-side-of-cyber-insurance-in-the-eu, accedido el 19 de julio, 2024.

conexión entre la operativa habitual de los seguros marítimos con los riesgos asociados al uso de tecnologías de la comunicación e información para concluir con la referencia a la situación actual de la práctica aseguradora.

1. La delimitación del riesgo

Tal y como hemos podido manifestar en los primeros apartados de este estudio, los riesgos asociados a la digitalización, en todos sus ámbitos, han aumentado su alcance paralelamente a la expansión del progreso tecnológico.

1.1. El problema de la individualización del riesgo

En el caso de los seguros marítimos, será necesario tener en cuenta el marco normativo internacional vigente a la hora de determinar la responsabilidad de los operadores de la navegación. Tomando en cuenta el grado de dependencia tecnológica que representa la ciber seguridad, a nuestro entender la atención prestada a la misma incide, y por tanto debe formar parte del *deber de navegabilidad* del buque en tanto que su deterioro por faltas de ciber seguridad afecta directamente al manejo *físico* del buque y al manejo operacional del mismo abordo[69]. Si tomamos en cuenta que se alude a la innavegabilidad cuando éste presenta deficiencias que afectan a su seguridad, podemos comprender la naturaleza de este nuevo riesgo[70] creemos que este debe ser el punto de partida desde el que se construya el ámbito de la responsabilidad del empresario de la navegación marítima[71].

---

69 Tal y como señalaba entre otros BENETT, H., *The Law of Marine Insurance*, 2nd. Ed., Londres, 2006, p. 566, la navegabilidad comprende tres aspectos esenciales: el estado físico del buque y todo su equipamiento a bordo, la profesionalidad y número del personal abordo, y el cumplimiento de todos los deberes de documentación.

70 También en este sentido, JUAN Y MATEU, F., "El transporte marítimo y la ciberseguridad", cit., p. R.R-3.19, KAO, B., "Cybersecurity in the shipping industry and the English Marine Insurance Law", *Tulane MAritime Law Journal*, vol. 45, 2021, p. 493.

71 Así, deberá tenerse en cuenta el contenido de las *Reglas de la Haya-Visby* respecto a la navegabilidad.

1.2. El problema de la determinación del alcance de la cobertura

Sin duda en la consideración de los daños contractuales y extracontractuales por falta de políticas efectivas de ciber seguridad, será necesario establecer el ámbito de cobertura directa al empresario y su actividad – pérdida o inutilización temporal o continuada del buque, su equipación o elementos operacionales – así como también, al igual que ocurre en seguros terrestres con los seguros de paralización del negocio, si existe cobertura para la empresa marítima como tal.

2. *El status questionis de la práctica*

2.1. Las cláusulas de la IUA

De momento, tanto en el caso de pólizas con referencia a las Cláusulas A, B o C, de las *cargo clauses*, como en el caso de las *hull clauses*, la falta de navegabilidad constituye una exclusión directa de cobertura:

In no case shall this insurance cover loss damage or expense arising from unseaworthiness of vessel or craft or unfitness of vessel or craft for the safe carriage of the subject-matter insured, where the Assured are privy to such unseaworthiness or unfitness, at the time the subject-matter insured is loaded therein.

A mayor abundamiento, en el caso de las "garantías implícitas" del asegurador usuario de las ICC, el párrafo 5.3 también las excluye de cobertura: *The Insurers waive any breach of the implied warranties of seaworthiness of the ship and fitness of the ship to carry the subject-matter insured to destination.*

2.2. Los formularios BIMCO

En el caso de los formularios BIMCO relativos a la navegabilidad, si tomamos en cuenta el cumplimiento de medidas de ciberseguridad como parte de la navegabilidad y, dado que esta asociación tiene, como ya hemos expuesto, una Guía de ciber seguridad, sí puede esperarse que la adscripción de estas medidas al deber de navegabilidad sea aceptada como tal.

En este sentido, en el caso de los formularios BIMCO, se ha propuesto integrar el cumplimiento de la guía de ciber seguridad como parte de los deberes de documentación que integran la navegabilidad[72] cuestión que,

---

[72] KAO, B., "Cybersecurity in the shipping industry..." cit., p. 502.

a nuestro entender, redundaría en una mayor efectivad de las medidas propugnadas por la asociación.

V. CONCLUSIONES

La normativa europea en materia de ciberseguridad ha tomado un acelerado ritmo de desarrollo, sin duda con el objetivo de alcanzar un nivel adecuado de implantación de medidas de ciberseguridad en el territorio y actividades digitales de ámbito europeo.

Sin embargo, tal y como queda demostrado del análisis de los sectores en los que se implementa de manera más categórica, en el ámbito de la navegación marítima no hay previsión de adoptar un texto o reglas, en materia de medidas mínimas de ciberseguridad, que sean imperativas. Queda por ver la efectividad auténtica que, tanto la *Ley de ciber resiliencia* como la *Ley de ciber solidaridad* tendrán, si ambos textos europeos llegan a adoptarse.

En el caso de la NIS2, la posibilidad de una rápida implementación de su contenido, dado su carácter imperativo, puede dar lugar a un necesario cambio, o mejor, evolución en la cultura empresarial, en este caso del sector marítimo, y del transporte en general, que facilitará una rápida adaptación a los niveles de previsión, detección, respuesta y freno a los incidentes y eventos de ciberseguridad en este sector.

A pesar de lo anterior, la narración sucinta de las políticas, guías y códigos de buenas prácticas que diversos actores del sector marítimo han puesto en marcha con la finalidad de adaptar su modelo de negocio a la digitalización de los procesos operativos de la industria deja claro que éstas no solo son heterogéneas en su contenido técnico, sino también en la imperatividad de sus mandatos, razón que pone de manifiesto el escaso valor jurídico de las mismas.

Los textos redactados por asociaciones profesionales del sector buscan incentivar el desarrollo de procedimientos operacionales estándar en la industria marítima. Sin embargo, a nuestro entender, la falta de coercibilidad de las instituciones que ha empezado a preparar, publicar y actualizar estos documentos no permite vislumbrar una pronta adopción de medidas mínimas y uniformes en favor de la ciberseguridad.

El brevísimo repaso a la situación jurídica de la construcción de seguros del transporte marítimo que cubran este tipo creciente de daños está aún en incipiente desarrollo, a pesar del rápido incremento de los riesgos asociados a la ciberseguridad.

Estrategias en torno a la ciberseguridad marítima

MARINA CABEZA TRUJILLO
Jurista

SUMARIO: I. INTRODUCCIÓN. II. UNIÓN EUROPEA. 1. Estrategia de Seguridad Marítima 2014. 2. Estrategia de Seguridad Marítima 2023. III. ESTADOS UNIDOS DE NORTEAMÉRICA. 1. Estrategia Nacional para la Seguridad del Ciberespacio de 2003. 2. Estrategia Nacional de Ciberseguridad de 2018. 3. Estrategia Nacional de Ciberseguridad de 2023. IV. OTRAS PERSPECTIVAS NACIONALES ENTORNO LA CIBERSEGURIDAD. DINAMARCA. V. CONCLUSIONES.

I. INTRODUCCIÓN

En un mundo cada vez más interconectado, la ciberseguridad se ha convertido en una preocupación fundamental para diversas industrias, y el transporte marítimo no es una excepción. La globalización y el avance tecnológico han llevado a que los buques dependan en gran medida de sistemas informáticos y operativos que, si bien aumentan la eficiencia y la seguridad, también los hacen vulnerables a una amplia gama de ciberamenazas.

Durante los últimos tiempos, los ataques en la industria marítima han aumentado considerablemente, así pues 50.000 mil embarcaciones a nivel mundial son susceptibles de ser objeto de un ciberataque[1]. En el período comprendido entre 2017 y 2020, los ataques cibernéticos a

1 CENTRO CRIPTOLOGICO NACIONAL, *El sector marítimo vulnerable a los ciberataques*, CNN-CERT, en https://www.ccn-cert.cni.es/ca/component/content/article/6627-el-sector-maritimo-vulnerable-a-los-ciberataques.html?catid=23&Itemid=11902 (visitado el 6 de octubre de 2024). La Organización Marítima Internacional, el organismo de las Naciones Unidas encargado de regular el sector marítimo, ha experimentado demoras y ha sido algo lenta en abordar adecuadamente la regulación en materia de ciberseguridad.

infraestructuras marítimas aumentaron en un 900%[2]. El informe *Shifting tides, rising ransoms and critical decisions*[3], destaca que el coste medio para las organizaciones ante un ciberataque supone un aumento de un 200% desde principios de 2022.

Según el estudio confeccionado por el Instituto Nacional de Seguridad y Salud en el Trabajo, la causa más frecuente de accidente en los buques es el factor humano[4], por lo cual, algunos autores consideran que los accidentes y los peligros en el mar podrían desaparecer con la llegada de los buques autónomos de superficie (en adelante MASS, por *Maritime Autonomous Surface ships*)[5]. De acuerdo con la Organización Marítima Internacional (OMI), este concepto incluye cuatro niveles: los buques dotados con automatismos con personal a bordo, los buques teledirigidos con personal a bordo o no y los buques plenamente autónomos guiados por la inteligencia artificial, sin marineros a bordo[6]. En contraposición, algunos autores argumentan que debe haber una tripulación mínima, la cual debe contar con la formación actual

---

[2] BUSH, D., "Ethical hacker says ships are wide open to cyber attack", en *Lloyd's List*, 27 de mayo de 2021, en https://www.lloydslist.com/LL1136933/Ethical-hacker-says-ships-are-wide-open-to-cyber-attack (visitado el 6 de octubre de 2024).

[3] KENNEY, M. y MACDONALD. F., *"Shifting tides, rising ransoms and critical decisions: Progress on maritime cyber risk management maturity"*, en *THETIUS, CYBEROWL* y *HFW*, octubre de 2023, en https://cyberowl.io/wp-content/uploads/2023/10/CyberOwl-HFW-Thetius-Cyber-Security-Report-2023-Shifting-Tides-Rising-Ransoms-1.pdf (visitado el 6 de octubre de 2024). En cuanto a los rescates, las compañías desembolsan un promedio de 3,2 millones de dólares. Sin embargo, lo más preocupante es el aumento en la frecuencia de estos pagos. Desde 2022, la cantidad de pagos de rescate ha incrementado en más del 350%. Para realizar dicho informe, se realizaron encuestas y entrevistas a más de 150 profesionales.

[4] INSTITUTO NACIONAL DE SEGURIDAD Y SALUD EN EL TRABAJO, *Causas de los accidentes marítimos muy graves en la pesca 2014-2021*, INSST, Madrid, octubre de 2023, p. 34, en https://www.insst.es/documents/94886/5326464/Causas%20de%20los%20accidentes%20maritimos%20muy%20graves%20-%20A%C3%B1o%20-2023%20%281%29.pdf (visitado el 6 de octubre de 2024).

[5] GONZÁLEZ FERNÁNDEZ, M., "Buques no tripulados y autónomos", en *Cuadernos de Pensamiento Naval*, nº 26, primer semestre 2019, pp. 67 y ss.

[6] ORGANIZACIÓN MARÍTIMA INTERNACIONAL, *Buques autónomos: finalizado estudio exploratorio sobre la reglamentación de seguridad*, OMI, 25 de mayo de 2021, en https://www.imo.org/es/MediaCentre/PressBriefings/pages/MASSRSE2021.aspx (visitado el 6 de octubre de 2024).

perfeccionada con conocimientos sobre las nuevas necesidades de los buques, como las nuevas tecnologías y la ciberseguridad, entre otros aspectos[7].

El soporte tecnológico a la navegación marítima está íntimamente enlazado al constante avance de las tecnologías que automatizan los sistemas de navegación de buques. La hiperconexión en el sector marítimo, según las *Guidelines on Cyber Security Onboard Ships*[8], se refiere al creciente nivel de conectividad e integración entre los sistemas que gestionan la operación de los buques y los actores involucrados en la industria.

En este sentido, los sistemas de puente[9] cada vez están más digitalizados. Ante cualquier incidente cibernético podrían verse afectados todos los sistemas de navegación, como, por ejemplo, los Sistemas de Identificación Automática (en adelante AIS), los Sistemas de Posicionamiento Global (en

---

7 VILLA CARO, R., "Buques Autónomos: ¿Desaparecerán los tripulantes de los barcos?", en *Boletín Técnico de Ingeniería,* nº 15, diciembre de 2018, p. 37, en https://www.researchgate.net/publication/329281492_BUQUES_AUTONOMOS_Desapareceran_los_tripulantes_de_los_barcos (visitado el 6 de octubre de 2024).

8 INTERNATIONAL CHAMBER OF SHIPPING (ICS) y otras, *Guidelines on cyber security onboard ships,* producido y apoyado por BIMCO, Chamber of Shipping of America, Digital Containership Association, International Association of Dry Cargo Shipowners (INTERCARGO), InterManager, International Association of Independent Tanker Owners (INTERTANKO), International Chamber of Shipping (ICS), International Union of Marine Insurance (IUMI), Oil Companies International Marine Forum (OCIMF), Superyacht Builders Association (Sybass) and World Shipping Council (WSC), versión cuarta, febrero 2021, p. 3 y 4, en https://www.ics-shipping.org/wp-content/uploads/2021/02/2021-Cyber-Security-Guidelines.pdf (visitado el 6 de octubre de 2024).

9 Es en el puente de navegación donde se sitúan los equipos de navegación y comunicaciones, en este sentido se lo puede conocer como sistema de puente integrado (IBS), que se define como una combinación de sistemas interconectados para permitir el acceso centralizado a la información de los sensores o el mando desde los puestos de trabajo, con la finalidad de aumentar la seguridad y la eficacia de la gestión del buque por parte de personal cualificado. Pueden consultarse los siguientes artículos para informarse más sobre los sistemas de puentes: ORGANIZACIÓN MARÍTIMA INTERNACIONA, *Integrated bridge system (IBS),* OMI, en https://www.imo.org/es/OurWork/Safety/Paginas/IntegratedBridgeSystems.aspx (visitado el 6 de octubre de 2024); BARDÁN, E., *Puente de navegación,* Ministerio de Agricultura, Pesca y Alimentación, en https://www.mapa.gob.es/es/pesca/temas/proteccion-recursos-pesqueros/buques-secretaria-general/investigacion-pesquera-oceanografica/emma-bardan/equipamiento/puente-de-navegacion/ (visitado el 6 de octubre de 2024).

adelante GPS)[10], los sistemas de cartas electrónicas[11] (en adelante ECDIS), los sistemas mundiales de navegación por satélite[12] (en adelante GNSS), la *Voyage Data Recorder* o Caja negra (en adelante VDR) y el radar de punteo automático (en adelante ARPA).

Por lo tanto, no pierden razón los autores que consideran que la automatización de los buques va a traer ventajas en el sector[13]. No obstante, y como hemos visto anteriormente, la hiperconexión en los buques y la utilización

---

10 CASTRO PEREIRA, A., "La gestión de los riesgos cibernéticos en los sistemas de seguridad en buques y empresas navieras", en *Revista General de Marina*, nº 282, 2022, p. 261 y 262. Los sistemas AIS y GPS se han visto afectados por ataques *spoofing*, así empleando un transmisor de radio cercano al objetivo para perturbar las señales, induciendo datos falsos o enviando coordenadas imprecisas. En palabras del autor, esta situación no es excepcional y está ocurriendo con mayor frecuencia. La identidad de los responsables detrás de estos ataques de suplantación es desconocida, así como sus objetivos finales. Estos barcos que han sido objeto de ciberataques podrían ser utilizados como pruebas en un sistema avanzado de guerra electrónica o resultar afectados como daños colaterales en medio de un conflicto o crisis.

11 CRAWFORD, J., 'Ciberataque al transporte marítimo, ¿Amenaza Real O Ciencia Ficción?', en *Revista de Marina,* nº 970, junio de 2019, p. 3. Según Crawford, en enero de 2014, un conjunto de profesionales a nivel mundial que brindan servicios relacionados con la seguridad informática, intentó acceder al sistema ECDIS de un fabricante importante. Durante el intento, se identificaron varias vulnerabilidades de seguridad, como la posibilidad de leer, descargar, reemplazar o eliminar cualquier archivo almacenado en la máquina que alojaba el sistema. Una vez obtenido el acceso, los atacantes podrían haber tenido la capacidad de interactuar con la red a bordo y todo lo que estuviera conectado a ella, ya sea mediante la inserción de un dispositivo USB o mediante descargas desde internet.

12 GMV, *Las amenazas actuales a Sistemas Globales de Navegación por Satélite,* 29 de octubre de 2023, en https://www.gmv.com/es-es/comunicacion/noticias/las-amenazas-actuales-sistemas-globales-de-navegacion-por-satelite (visitado el 6 de octubre de 2024). Los sistemas GNSS están ganando una mayor importancia y están afianzando su posición como un componente esencial en sectores críticos tanto del ámbito público como privado. Esta creciente dependencia de los sistemas GNSS conlleva un aumento en los riesgos y amenazas que, si no se gestionan de manera adecuada, podrían causar daños graves

13 NOVIS, L., "Un mar de peligros cibernéticos: Desafíos de seguridad en los buques autónomos con IA", en *Derecho Práctico,* 5 de junio de 2023, en https://www.derechopractico.es/un-mar-de-peligros-ciberneticos-desafios-de-seguridad-en-los-buques-autonomos-con-ia/ (visitado el 6 de octubre de 2024). Algunas de las ventajas que puede suponer la utilización de los buques MASS són la disminución en los costes laborales o la reducción de errores humanos.

de tecnologías de la información[14] y tecnologías operativas[15], hacen mucho más vulnerables a los buques automatizados a sufrir ciberataques.

En este sentido, la seguridad marítima es un objetivo prioritario tanto para Estados, organizaciones internacionales como para el sector privado[16]. Si vinculamos lo anterior con la rápida evolución del sector hacia la digitalización, junto con la llegada de buques teledirigidos y autónomos, es evidente que los actores involucrados desean proteger estos avances de cualquier incidente cibernético.

Es por eso que en las siguientes páginas se van a analizar las Estrategias de Seguridad y Ciberseguridad de la Unión Europea, Estados Unidos de América, con una referencia al caso especial de Dinamarca.

II. UNIÓN EUROPEA

El mar tiene una importancia crucial para la UE, tanto en términos económicos como estratégicos, por lo que la seguridad de los mares y océanos es una prioridad para la UE y sus Estados miembros[17]. En este contexto, es importante recordar que, en la UE, la mayor parte del comercio tanto exterior como interior se lleva a cabo mediante transporte marítimo[18].

---

14 PAWELSKI, J., "Cyber Threats for Present and Future Commercial Shipping", en *TransNav: International Journal on Marine Navigation and Safety of Sea Transportation*, nº 17 (2), junio de 2023, p. 262 y ss. Las tecnologías IT están diseñadas para la gestión de datos, por ejemplo, los Sistemas de Identificación Automática (en adelante AIS), la Identificación y Seguimiento a Larga Distancia (en adelante LRIT) o la comunicación corporativa.

15 PAWELSKI, J., "Cyber Threats", *cit.*, p. 262. En el mismo artículo, se identifican las principales diferencias entre los sistemas IT y OT en la Tabla 1. Los sistemas denominados OT se ciñen al control industrial, por ejemplo, los Controladores Lógicos Programables (en adelante PLC), los Sistemas de Control Distribuido (en adelante DCS) y Sistemas de Adquisición y Control de Datos de Supervisión (SCADA).

16 BLÁZQUEZ NAVARRO, I., "Cultura, Estrategia, "5 y Acción": una visión 360º de la seguridad marítima nacional", en GARCÍA PÉREZ, R. y LIROLA DELGADO, I. (Dirs.), *Estrategia de Seguridad Marítima de España*, Tirant lo Blanc, Valencia, 2018, pp. 23-24.

17 EUROPEAN COMMISSION. *Joint Staff Working Document: Report on the implementation of the revised EU Maritime Security Strategy Action Plan*, UE, Bruselas, 23 de octubre de 2020, p. 2, en https://data.consilium.europa.eu/doc/document/ST-12310-2020-INIT/en/pdf (visitado el 6 de octubre de 2024).

18 SÁNCHEZ RAMOS, B., "Capítulo 9: Ciberseguridad en el ámbito marítimo", en FERNÁNDEZ PROL, F. (Coord.), *Los desafíos de la pesca sostenible: diagnóstico y*

En 2006, la Comisión Europea confeccionó el Libro Verde[19] abriendo a debate el futuro de la política marítima de la UE. Dicha iniciativa impulsó a la Unión a reflexionar sobre la coherencia que debe orientar la gestión de un dominio estratégico como el marítimo, hecho que se intensificó durante la presidencia española[20].

De tal forma, la UE en 2014 adoptó la primera Estrategia de Seguridad Marítima (en adelante EUMSS), acompañada de un Plan de Acción. No obstante, ante los nuevos riesgos y amenazas, la EUMSS y su Plan de Acción fueron revisados en 2023, con el objetivo de reforzar la autonomía y capacidad de la UE.

1. Estrategia de Seguridad Marítima 2014

En febrero de 2010, durante la Presidencia del Consejo de la Unión Europea, España dio los primeros pasos hacia una estrategia europea. En el Consejo Informal de ministros de defensa, celebrado en Mallorca, la Presidencia española propuso la elaboración de una estrategia de seguridad de la UE para el dominio marítimo global[21]. La presidencia tenía como

---

propuestas desde una óptica jurídica, J.M. Bosch Editor, 2021, pp. 221 y ss. La autora describe que, más del 70% de las fronteras exteriores de la UE son marítimas, cientos de miles de pasajeros atraviesan sus puertos cada año y posee más de mil puertos, que son vitales para el comercio de mercancías, el transporte de personas y las actividades pesqueras.

19 COMISIÓN EUROPEA, *Hacia una futura política marítima de la Unión: perspectiva europea de los océanos y los mares*, UE, Luxemburgo, 2006, en https://www.miteco.gob.es/content/dam/miteco/es/costas/temas/proteccion-medio-marino/greenpaper_brochure_es_tcm30-162841.pdf (visitado el 6 de octubre de 2024). El libro se origina a partir de las iniciativas políticas de la UE y se alinea con la Estrategia de Lisboa, con la finalidad de alcanzar un equilibro adecuado entre la dimensión económica, social y del desarrollo sostenible.

20 RUESTA BOTELLA, J.A, "La seguridad marítima en la Unión Europea", en *Revista general de marina*, tomo 256, agosto-septiembre 2010, pp. 337 y ss. El autor sostiene que la situación inicial partía de la posición madura de Europa para abordar los retos sobre seguridad marítima, una propuesta española que fue aceptada y la oportunidad de desarrollar los nuevos mecanismos del Tratado de Lisboa.

21 MOLINA SCHMID, T., "La estrategia de seguridad marítima de la Unión Europea", en *Revista general marina*, Vol. 269, noviembre 2015, pp. 695 y ss. La autora sostiene que existieron opiniones no coincidentes entre los Estados Miembros, direcciones generales de la Comisión Europea y Servicio Europeo de Acción Exterior. No fue hasta 2013, debido al papel facilitador de la Dirección General de Asuntos Marítimos y de Pesca de la Comisión Europea, que se empezó a trabajar en la Estrategia.

objetivo que el texto fomentara el uso conjunto y coordinado de diversos recursos, actores y políticas con responsabilidades en seguridad marítima. Por lo tanto, la estrategia debía abordar la identificación de los intereses marítimos de la Unión, evaluar las amenazas y riesgos en el ámbito marítimo, definir los objetivos estratégicos a alcanzar y especificar las formas y medios para lograrlo[22].

No fue hasta el 2014 que la Comisión Europea formalizó la Estrategia Europea de Seguridad Marítima[23] (en adelante EUMSS). En el documento inicial se identificaban carencias importantes, así advirtiendo que el documento tendría un carácter político, aunque no cerraban la puerta a un supuesto desarrollo posterior con carácter más fundamentado[24].

En primer lugar, el documento identifica los intereses en materia de seguridad marítima de la UE: la prevención de conflictos, la protección contra las amenazas a la seguridad marítima, el control efectivo de las fronteras exteriores de la Unión, la protección de la cadena global de aprovisionamiento de la UE y de la libertad de navegación y la prevención de la pesca ilegal. En segundo lugar, describe ocho amenazas de seguridad marítima, entre las cuales destaca por el interés en el presente trabajo, el terrorismo y actos ilícitos intencionados contra buques, carga y pasajeros, puertos e instalaciones portuarias e infraestructuras marítimas

---

22 ROMERO JUNQUERA, A., "El largo camino hacia una estrategia de seguridad marítima", en *Documento de Análisis IEEE 35/2011*, abril de 2011, p. 8. El autor sostiene que la aplicación del Tratado de Lisboa (TFEU, por sus siglas en inglés) llevó consigo la introducción de modificaciones en la estructura y enfoques con poca disposición para abordar la estrategia. Esto resultó en una distorsión de la propuesta inicial, y persiste como una barrera significativa la tradicional separación entre "seguridad interior" y "seguridad exterior".

23 EUROPEAN COMMISSION, *Joint Communication to the European Parliament and the Council: For an open and secure global maritime domain: elements for a European Union maritime security strategy*, UE, Bruselas, 6 de marzo de 2014, en https://eur-lex.europa.eu/legal-content/ES/TXT/PDF/?uri=CELEX:52014JC0009 (visitado el 6 de octubre de 2024). Si tenemos en cuenta el año en que se iniciaron los trabajos para iniciar los trámites (2010), fueron necesarios cuatro años de trabajo para finalmente formalizar la Estrategia, lo que denota una alta complejidad en su desarrollo.

24 ROMERO JUNQUERA, A., "Estrategia Europea de Seguridad Marítima. Seguimos navegando en régimen de «avante poca»", en *Documento de Análisis IEEE 26/2023*, 12 de abril de 2023. El autor define que el contenido del documento se limita a describir solo algunos de los elementos que deberían componer la citada estrategia, y en ningún caso se podría denominar estrategia de uso.

críticas, incluidos los ciberataques contra los sistemas de información. No obstante, esta Estrategia solo menciona los ciberataques, pero no se desarrolla como tal. En tercer lugar, describe el objetivo de la EUMSS, que tiene como finalidad facilitar un enfoque intersectorial de la seguridad marítima[25]. Por último, identifica cuatro principios rectores: el enfoque intersectorial, la integridad funcional, el multilateralismo marítimo y el respeto a las normas y principios.

Desde nuestro punto de vista, esta primera acción para abordar la seguridad marítima supone la intención de los Estados de cooperar entre ellos, pero en ningún caso aborda acciones concretas a nivel europeo. En lo que nos interesa, cabe destacar que en la EUMSS (2014) ya se daban algunos indicios de resguardar al sector marítimo de los ciberataques, no obstante, no se prevé acción concreta alguna.

En conclusión, podríamos decir que dicho documento establece principios a seguir (y no objetivos, acciones o finalidades claras). Como bien destaca Biscop, el documento no define una estrategia (fines, medios y formas) sino un conjunto de principios operativos[26].

Siguiendo con la EUMSS, en diciembre de 2014 se aprobó un Plan de acción con el objetivo de implementar la EUMSS[27], posteriormente se actualizó en 2018[28] con la finalidad de alinearlo con la Estrategia Global de Seguridad de 2016[29]. En líneas generales, el Plan contiene ciertas acciones

---

25 Se establecen distintos objetivos estratégicos entre los cuales encontramos: Aprovechar al máximo las capacidades existentes a escala nacional y europea, promover asociaciones eficaces y creíbles en el ámbito marítimo mundial, promover la rentabilidad y aumentar la solidaridad entre los Estados miembros.

26 BISCOP, S., "An anchor for the EU maritime security strategy", en *EGMONT: Royal Institute for International Relations*, 2 de diciembre de 2015, en https://www.egmontinstitute.be/an-anchor-for-the-eu-maritime-security-strategy/ (visitado el 6 de octubre de 2024). En este sentido, el autor añade que la Estrategia hace referencia a un desafío global, no obstante, cuando se trata de tomar acciones concretas se limita principalmente a lo regional: el Mediterráneo y África.

27 ROMERO JUNQUERA, A., "Estrategia Europea de Seguridad Marítima", *cit.*, p. 10.

28 COUNCIL OF THE EUROPEAN UNION, *Council conclusions on the revision of the European Union Maritime Security Strategy (EUMSS) Action Plan*, UE, Bruselas, 26 de junio de 2018, en https://data.consilium.europa.eu/doc/document/ST-10494-2018-INIT/en/pdf (visitado el 6 de octubre de 2024).

29 EUROPEAN COMMISSION, *Shared Vision, Common Action: A Stronger Europe. A Global Strategy for the European Union's Foreign and Security Policy*, UE, junio de 2016, en https://www.eeas.europa.eu/sites/default/files/eugs_review_web_0.pdf (visitado el 6 de octubre de 2024).

de las cuales se asignan a distintos actores para materializarlas en un espacio temporal. No obstante, en lo que nos interesa, tiene por objeto hacer frente a los retos de seguridad, entre los cuales encontramos las amenazas cibernéticas. Por ende, el mencionado Plan en su acción número A.3.8, pretende incorporar mejoras en las medidas de ciberseguridad en el ámbito marítimo en términos de capacidades, investigación y tecnología, así como fomentar la colaboración entre sectores civiles y militares[30]. Este esfuerzo también abarcará el intercambio de mejores prácticas y la colaboración en proyectos conjuntos entre los Estados miembros de la UE para prevenir ciberataques en el ámbito marítimo. El plan añade en su acción número A.4.8. el desarrollo de una red de expertos en ciberseguridad y ciberdefensa para el ámbito marítimo con el fin de elaborar directrices ante las amenazas emergentes en el sector, especialmente en lo que respecta a los buques, carga, tripulación y pasajeros, entre otros.

Finalmente, la ejecución del Plan de Acción se evalúa de manera regular mediante la elaboración periódica de informes[31], a cargo tanto de la Comisión como del Alto Representante. El informe, en general, tiene un carácter positivo[32], pues habla de ciertos ámbitos que han mejorado, como, por ejemplo, la aplicación por parte de los Estados Miembros de la UE del presente Plan y, en concreto de la legislación promovida por la UE; la integración en los proyectos de nuevas capacidades y reglamentos, tanto en el ámbito público como privado; y, entre otras, las intenciones de las instituciones y agencias de la UE referentes a la ciberseguridad y defensa[33].

---

30 Dichas acciones se deben tomar en concordancia con las políticas de la Unión Europea relacionadas con la ciberseguridad y la ciberdefensa, siguiendo las pautas de la Directiva NIS (que actualmente sería la Directiva NIS2) y las normativas internacionales como SOLAS XI-2 y el Código PBIP, junto con sus actualizaciones futuras.

31 Véase el informe que se publicó en 2020: EUROPEAN COMMISSION. *Joint Staff Working Document, cit.*

32 ROMERO JUNQUERA, A., "Estrategia Europea de Seguridad Marítima", *cit.*, p. 11. El autor crítica que, siendo la Comisión y el Alto Representante los que redactan la EUMSS como el Plan de Acción, los mismos evalúen este mediante informe. Propone que los informes fueran elaborados por un tercero, a fin de evitar que las entidades sean independientes a los resultados reales, así identificando carencias, limitaciones y mejoras.

33 El informe destaca el estudio de la Comisión sobre cómo garantizar la seguridad del CISE; la coordinación de las autoridades para garantizar la aplicación de la Directiva NIS (actualmente NIS2); y la inclusión de desafíos cibernéticos en los estadios militares.

Por otro lado, en el informe consta que, en España, la responsabilidad en el ámbito de la ciberprotección está repartida entre distintos ministerios que coordinan sus actuaciones de acuerdo con la Estrategia nacional de ciberseguridad 2019[34], y cooperan en el marco del Consejo Nacional de Ciberseguridad. La Armada española desarrolló en 2020 una guía de buenas prácticas, denominada Guía de buenas prácticas para la gestión de riesgos de ciberseguridad en buques e instalaciones portuarias, con el objetivo de difundir información sobre ciberataques en el entorno marítimo[35].

2. Estrategia de Seguridad Marítima 2023

La Comisión Europea y el Alto Representante, el 10 de marzo de 2023, adoptaron una nueva Comunicación Conjunta[36] que supone una actualización a la EUMSS y al Plan de Acción[37]. La actualización del marco estratégico surge a raíz de la crisis climática y de la agresión militar de Rusia contra Ucrania. De conformidad con la Estrategia de Seguridad y Defensa de la UE, la EUMSS y el Plan de Acción pretenden acoger y hacer frente a los nuevos desafíos, así como reforzar el papel internacional de la UE en materia de seguridad marítima. En este contexto, la UE tiene la necesidad de tomar medidas adicionales para proteger sus intereses en el mar con la finalidad de promover la paz y la seguridad a nivel mundial.

---

34 «BOE» núm. 103, de 30 de abril de 2019.

35 GRUPO DE TRABAJO DE SEGURIDAD MARÍTIMA, *Guía de buenas prácticas para la gestión de riesgos de ciberseguridad en buques e instalaciones portuarias*, Consejo Nacional de Seguridad marítima, versión nº 1, junio 2020, en https://encomar.covam.es/documents/20182/0/Guia+buenas+practicas+ciberseguridad+buques+y+puertos.pdf/5cced704-5bed-4089-b16b-98be651728f6 (visitado el 6 de octubre de 2024).

36 COMISIÓN EUROPEA, Comunicación conjunta al parlamento europeo y al consejo relativa a la actualización de la Estrategia de Seguridad Marítima de la UE y su Plan de Acción "*Una Estrategia de Seguridad Marítima de la UE reforzada para hacer frente a unas amenazas marítimas cambiantes*", UE, Bruselas, 10 de marzo de 2023, en https://eur-lex.europa.eu/legal-content/ES/TXT/?uri=CELEX:52023JC0008 (visitado el 6 de octubre de 2024).

37 COMISIÓN EUROPEA, Anexo de la Comunicación Conjunta al Parlamento Europeo y al Consejo relativa a la actualización de la Estrategia de Seguridad Marítima de la UE y su Plan de Acción «*Una Estrategia de Seguridad Marítima de la UE reforzada para hacer frente a unas amenazas marítimas cambiantes*», Bruselas, 10 de marzo de 2023, en https://eur-lex.europa.eu/legal-content/ES/TXT/?uri=CELEX:52023JC0008 (visitado el 6 de octubre de 2024).

Por ende, la UE y sus Estados Miembros deben ejecutar la estrategia revisada de conformidad con sus competencias.

La actualización fue llevada a consulta pública[38], con el propósito de conseguir la opinión del público en general y de los expertos en seguridad marítima (académicos, investigadores y organizaciones internacionales), además de la participación de los Estados Miembros.

Tal y como expone la Comunicación, se actualiza la EUMSS y el Plan de Acción de conformidad con la Brújula Estratégica aprobada en marzo de 2022[39], y por ende a la Estrategia Global de seguridad de 2016[40].

---

38 COMISIÓN EUROPEA, *Actualización de la estrategia de seguridad marítima de la UE y su plan de acción: Consulta pública*, UE, 16 de junio de 2022, en https://ec.europa.eu/info/law/better-regulation/have-your-say/initiatives/13491-Actualizacion-de-la-Estrategia-de-Seguridad-Maritima-de-la-Union-Europea-y-su-plan-de-accion/public-consultation_es (visitado el 6 de octubre de 2024). En total recibieron 43 comentarios válidos y participaron los siguientes grupos: ciudadanos de la UE (32,56%); Institución académica o de investigación (27,91%), Administración pública (11,63%); Asociación empresarial (11,63%); Sociedad/empresa (9,30%); Otros (4,65%); y por último Ciudadanos extracomunitarios (2,33%). De los participantes mencionados anteriormente, forman parte de los siguientes países: Bélgica (28%), Italia (12%), Alemania (12%), Francia (9%), España (7%), Turquía (5%), Portugal (5%), Grecia (5%), Dinamarca (5%), Suecia (2%), Países Bajos (2%), Finlandia (2%), Estonia (2%), Bulgaria (2%) y Australia (2%).

39 CONSEJO DE LA UNIÓN EUROPEA, Una Brújula Estratégica para la Seguridad y la Defensa "*Por una Unión Europea que proteja a sus ciudadanos, defienda sus valores e intereses y contribuya a la paz y la seguridad internacionales*", UE, Bruselas, 21 de marzo de 2022, en https://data.consilium.europa.eu/doc/document/ST-7371-2022-INIT/es/pdf (visitado el 6 de octubre de 2024). La Brújula Estratégica establece la orientación y visión común para las iniciativas de la UE en materia de seguridad y defensa. De tal modo, ofrece una evaluación del entorno estratégico, amenazas y retos del futuro, y por consiguiente de sus posibles efectos en un futuro. Además, tiene como finalidad reforzar la cohesión y unidad en las medidas de seguridad y defensa ya implementadas, actualizando así los métodos y recursos para mejorar la capacidad de defensa de los ciudadanos de la UE. En definitiva, la Brújula tiene como propósito establecer los objetivos y hitos para evaluar el progreso.

40 SERVICIO EUROPEO DE ACCIÓN EXTERIOR (SEAE), Una visión común, una actuación conjunta: una Europa más fuerte, "*Estrategia global para la política exterior y de seguridad de la Unión Europea*", UE, Bruselas, 28 de junio de 2016, en https://op.europa.eu/es/publication-detail/-/publication/3eaae2cf-9ac5-11e6-868c-01aa75ed71a1 (visitado el 6 de octubre de 2024). Dicha estrategia establece los intereses y principios fundamentales de la Unión Europea (UE) para relacionarse con el resto del mundo y tiene como objetivo dar a la UE una visión común y una orientación colectiva.

La actualización de la EUMSS es similar a la de 2014, no obstante, se diferencia ya que incorpora una evaluación de las amenazas, además de advertir el crecimiento de alguna de las mismas. En este contexto, aborda el impacto del cambio climático y la contaminación en el ámbito marítimo, así como las amenazas y actividades tradicionales, como la piratería, crimen organizado, tráfico de armas y trata de blancas, entre otros.

A raíz de los ataques de 2022 a los gaseoductos *Nord Stream* en el mar Báltico[41], la presencia de buques no tripulados (y no autorizados) en el mar del Norte[42], y los crecientes ataques híbridos y cibernéticos constantes ante

---

41 LA VANGUARDIA, *¿Quién saboteó los Nord Stream? Todo lo que se sabe (y lo que no) hasta hoy*, Barcelona, 8 de marzo de 2023, en https://www.lavanguardia.com/internacional/20230308/8810119/saboteo-gaseoductos-nord-stream.html (visitado el 6 de octubre de 2024). El sabotaje consistió en hacer explotar los gaseoductos (aunque no estaban operativos en ese momento, sí que contenían gas natural dentro). Las fugas, ubicada en aguas internacionales, tuvieron lugar posteriormente a la inauguración del gaseoducto alternativo *Baltic Pide*, que transportaba gas de Noruega a Polonia a través de Dinamarca. Des del inicio se concluyó que había sido un acto deliberado, no obstante, actualmente aún no se han hallado los culpables.

42 BUEGER, C., "Un barco espía ruso en el Mar del Norte amenaza infraestructuras marítimas clave", en *Infobae*, España, 23 de abril de 2023, en https://www.infobae.com/america/mundo/2023/04/23/un-barco-espia-ruso-en-el-mar-del-norte-amenaza-infraestructuras-maritimas-clave/ (visitado el 6 de octubre de 2024). La noticia expone las actuaciones de Rusia en el Mar del Norte, donde el país está cartografiando de forma sistemática, a través del buque *Admiral Vladimirsky*, los puntos vulnerables de las infraestructuras marítimas. Por ende, esto permitiría a Rusia organizar un sabotaje. Por otro lado, MARTÍN, I., "Barcos rusos en el horizonte: el supuesto plan de Moscú para realizar sabotajes en el Mar del Norte", en *Clarín*, 19 de abril de 2023, en https://www.clarin.com/mundo/barcos-rusos-horizonte-supuesto-plan-moscu-realizar-sabotajes-mar-norte_0_bICFG7UMnz.html (visitado el 6 de octubre de 2024), cuenta que ha habido una investigación conjunta de medios de comunicación públicos de algunos países nórdicos, los cuales acusan a Rusia de tener en mente un ataque a los parques eólicos y cables de comunicaciones en el Mar del Norte. De tal forma, el Kremlin estaría usando buques "disfrazados" de pesqueros o de investigación. Además, CORERA, G., "Los barcos pesqueros "falsos" con los que Rusia podría hacer sabotajes en el Mar del Norte en caso de una guerra con Occidente", en *BBC*, 19 de abril de 2023, en https://www.bbc.com/mundo/noticias-internacional-65324645 (visitado el 6 de octubre de 2024), observa que el Reino Unido es consciente del plan ruso, el cual implica la presencia de naves espías en aguas británicas. Comenta que se interceptaron comunicaciones rusas y, añade que dichos buques han apagado sus transmisores para no revelar su ubicación. Los investigadores plantean la posibilidad de que las embarcaciones estuvieran vinculadas al sabotaje en el archipiélago noruego Svalbard, donde un cable de datos submarinos fue cortado.

las infraestructuras marítimas[43], la UE le da un valor importante en cuanto a la protección y acción de protección de infraestructuras críticas mediante el desarrollo de tecnologías innovadoras. A consecuencia de la transformación digital han aumentado los riesgos y vulnerabilidades en el sector marítimo, por ende, aumenta la probabilidad de que los agentes malintencionados utilicen medios híbridos y cibernéticos para atacar las infraestructuras marítimas (cables y tuberías submarinas, así como puertos y buques).

En este sentido, la Recomendación del Consejo de 8 de diciembre de 2022 sobre un enfoque coordinado en toda la Unión para reforzar la resiliencia de las infraestructuras críticas[44] apela a la necesidad de tomar medidas en los extremos explicados anteriormente. En el capítulo II, en las acciones que deben abordar desde la UE (punto 32), el Consejo apela a la Comisión para que la misma consulte a las partes interesadas y a los expertos las medidas a adoptar ante incidentes en relación con las infraestructuras submarinas, así como a seguir elaborando planes de contingencia, hipótesis de riesgo y objetivos de resiliencia de la UE ante catástrofes. Además, se reporta que la Comisión ha establecido un programa para apoyar a los Estados Miembros mediante financiación asignada a la Agencia Europea para la Ciberseguridad (ENISA). De tal forma, los servicios incluyen, actividades de preparación como pruebas de penetración de las entidades con la finalidad de hallar sus puntos débiles.

---

43 MEDITERRANEAN SHIPPING COMPANY, "*Network Outage Resolved*", MSC, 15 de abril de 2020, en https://www.msc.com/en/newsroom/news/2020/april/network-outage-resolved#:~:text=Q%3A%20Is%20the%20incident%20now,it%20had%20a%20limited%20impact. (visitado el 6 de octubre de 2024). La compañía sufrió un ciberataque, en concreto una interrupción de la red en la sede de Ginebra (Suiza) así afectando a la disponibilidad de algunas herramientas digitales, entre ellas su web oficial y su centro de datos. A consecuencia de dicho acto, los portales para clientes y proveedores quedaron inhabilitados durante un fin de semana largo. En este sentido, MSC resolvió la problemática, así como se enfocó aún más en la protección de sus sistemas para minimizar las interrupciones de los mismos.

44 «DOUE» núm. 20, de 20 de enero de 2023. Aunque la Recomendación no sea vinculante, muestra el interés de los EEMM y de la UE, en identificar con claridad y proteger las infraestructuras críticas con el fin de garantizar el buen funcionamiento del mercado interior, esencialmente en sectores como la energía, la infraestructura digital, el transporte y el espacio.

El programa refuerza la asistencia a los Estados Miembros en caso de una actividad malintencionada a gran escala que afecte a entidades críticas[45].

Siguiendo con la EUMSS, amplía de cinco a seis los objetivos estratégicos del documento del 2014, aunque no sufren grandes cambios, sí que cabe destacar que los mismos son más ejecutables, que como bien se ha destacado anteriormente, este propósito está relacionado con la Brújula Estratégica y con la Estrategia global de seguridad.

Por último, la EUMSS se enfoca en un ámbito más global, en concreto en el Indo-Pacífico, suscitando acciones más concretas, y en lo que nos interesa, promueve las inversiones en los medios de seguridad marítima, así señalando instrumentos y herramientas para que los Estados Miembros lo implementen en sus respectivos países. La actualización de la EUMSS aporta un apartado nuevo, sobre las herramientas e instrumentos puestos a disposición para la Unión en materia de seguridad marítima, para integrar la misma en un marco para compartir sinergias, herramientas e instrumentos complementarios de la Unión[46].

En relación con el Plan de Acción, desarrolla un total de 145 acciones, en la que cada una de ellas se identifica con los agentes interesados que lo deben llevar a cabo, además de establecer un calendario de ejecución. De tal forma, y ya como se establecía en la EUMSS de 2014, son un listado de recomendaciones que van aparejadas a la voluntad de colaboración de los agentes, sin ningún tipo de control ni coordinación. No obstante, como hemos visto en la EUMSS y en el Plan de Acción de 2014, parecía que la misma tenía poca fuerza ejecutiva. Aun así, se implementaron medidas debido a la necesidad que tiene tanto la UE como los Estados Miembros, quienes harán lo posible para que las acciones y recomendaciones que se abordan en las recomendaciones se cumplan.

---

45 CONSEJO DE LA UE, *Conclusiones del Consejo sobre la diplomacia digital de la UE*, UE, 18 de julio de 2022, en https://data.consilium.europa.eu/doc/document/ST-11406-2022-INIT/es/pdf (visitado el 6 de octubre de 2024). Esto supone un primer paso en consonancia con los que interpelan a la Comisión para que redacte una propuesta en caso de Emergencias de Ciberseguridad.

46 El documento hace referencia a una serie de iniciativas y programas clave, entre los cuales se encuentran: los proyectos de I+D en defensa del Fondo Europeo de Defensa; el Fondo Europeo de Apoyo a la Paz; la investigación y la innovación de la UE en seguridad marítima civil; el Fondo de Seguridad Interior y el Instrumento de Apoyo Financiero a la Gestión de Fronteras; el Mecanismo de Protección Civil de la Unión; el programa del Instrumento de Vecindad, Desarrollo y Cooperación Internacional, entre otros.

En el ámbito de la ciberseguridad, se toman una serie de medidas, en primer lugar (punto 1.2.4), el desarrollo de las directrices del Reglamento (CE) Nº 725/2004 del Parlamento Europeo y del Consejo de 31 de marzo de 2004 relativo a la mejora de la protección de los buques y las instalaciones portuarias[47], también sobre ciberseguridad, en relación con los reglamentos de la OMI, para proteger los puertos y los buques. A su vez, fomenta el estudio para mejorar la seguridad marítima en ámbitos como los buques de pasaje o la ciberseguridad (punto 1.2.5). Aborda un objetivo específico, dedicado a la mejora de la ciberseguridad: insta a estudiar nuevas orientaciones en el marco marítimo, en consonancia con la Directiva NIS2 (punto 4.3.1.). Añade que cabe incrementar la capacidad del ámbito marítimo para afrontar los ciberriesgos, así abordando los asuntos cibernéticos en la OMI (punto 4.3.2). De especial relevancia, prevé la acción de cooperar con terceros países en el ámbito de la ciberseguridad marítima (punto 4.3.3). En los siguientes puntos (punto 4.3.4 y 4.3.5), aborda la formación de las administraciones marítimas en cuanto a la gestión de crisis sobre ciberseguridad, además de seguir mejorando y desarrollando los conocimientos sobre ciberseguridad en el transporte marítimo para determinar las responsabilidades.

Por último, como bien ya se preveía anteriormente, la actualización de la EUMSS prevé la formalización de un informe de progreso por parte de la Comisión y el Alto Representante, que tendrá lugar en 2026, con la intención de recoger los progresos y contribuciones de los Estados Miembros. Por lo tanto, como sucedía con el informe de 2020, no dispondremos de actores externos e independientes para que puedan evaluar los avances[48].

---

47 «DOUE» núm. L 129/6, de 29 de abril de 2004. El propósito del Reglamento es implementar las medidas de la comunidad destinadas a fortalecer la seguridad de los buques, tanto en el ámbito del comercio internacional como en el tráfico nacional, así como de las instalaciones portuarias de los Estados miembros.

48 ROMERO JUNQUERA, A., "Estrategia Europea de Seguridad Marítima", *cit.*, p. 14. El autor considera que es previsible que el informe no será crítico, además considera que tendrá un tono de "autobombo", tal y como lo ha hecho siempre Bruselas.

III. ESTADOS UNIDOS DE NORTEAMÉRICA

Tras los atentados del 11 de septiembre de 2001, el gobierno de Estados Unidos impulsó las estrategias de defensa territorial más activa y coordinada que pone su fin con la creación del Departamento de Seguridad del Territorio Nacional, así como el desarrollo de legislación relacionada con la ciberseguridad y la protección de infraestructuras críticas[49].

1. Estrategia Nacional para la Seguridad del Ciberespacio de 2003

En 2003, los Estados Unidos publicaron la Estrategia Nacional para la Seguridad del Ciberespacio[50], así como la Directiva Presidencial de Seguridad Interior 7: "*Critical Infrastructure Identification, Prioritization, and Protection*"[51]. La Directiva surgió con el objetivo de establecer una política nacional para que los departamentos y agencias federales identificasen y priorizasen las infraestructuras críticas. Por otro lado, la Estrategia Nacional consideró necesaria la asociación público-privada, así destacando la interdependencia entre la ciberseguridad, la prosperidad económica y la seguridad nacional[52].

La Estrategia Nacional de 2003 estableció 5 líneas estratégicas de carácter prioritario referidas a la ciberseguridad. En primer lugar, establece un sistema de respuesta nacional de seguridad en el ciberespacio. Para cumplir con dicho objetivo propone un listado de prioridades, entre las cuales encontramos la mejora de gestión de incidentes, ampliar el sistema de alerta ante ciberataques, y bien, como se ha dicho antes, una coordinación en el intercambio de información entre el sector público y el privado. En

---

49 CANDAU ROMERO, J., "Capítulo VI: Estrategias nacionales de ciberseguridad.", *en Ministerio de Defensa: Instituto Español de Estudios Estratégicos, Cuadernos de estrategia,* nº 149, 2011, pp. 257 y ss.

50 GOBIERNO DE ESTADOS UNIDOS, *The national strategy to secure cyberspace,* EE.UU., febrero de 2003, en https://nsarchive.gwu.edu/sites/default/files/documents/2700096/Document-16.pdf (visitado el 6 de octubre de 2024).

51 CYBERSECURITY & INFRASTUCTURE SECURITY AGENCY, *Homeland Security Presidential Directive 7,* EE.UU., 17 de diciembre de 2003, en https://www.cisa.gov/news-events/directives/homeland-security-presidential-directive-7 (visitado el 6 de octubre de 2024).

52 WILSON, B., "Capitulo 6: Maritime Cyber Security", en KRASKA, J., y PARK, Y. (Eds.), *Emerging Technology and the Law of the Sea,* 1ª ed., Cambridge: Cambridge University Press, 2022, p.174.

segundo lugar, proponen establecer un programa de reducción de amenazas y vulnerabilidades. Para cumplir con el objetivo, se establecen diversas acciones, como la mejora de capacidades de las fuerzas de seguridad y la profundización en el conocimiento sobre amenazas y vulnerabilidades. En tercer lugar, optan por la formación y concienciación en el ciberespacio, tanto para ciudadanos, pequeñas empresas, empresas estratégicas, universidades y centros de investigación, sector privado y los gobiernos (estatales y locales). En cuarto lugar, pretenden asegurar el ciberespacio gubernamental, así estableciendo un seguido de acciones, como, por ejemplo, la realización del gobierno federal del seguimiento de amenazas y vulnerabilidades, la implementación de mejoras de seguridad, la mejora de seguridad en las redes sin cables, entre otras. Por último, establecen como prioridad la cooperación nacional e internacional, así reforzando las actividades de contrainteligencia, la mejora de las capacidades de prevención y atribución de un ataque y la coordinación entre las distintas agencias. En el ámbito internacional, se estableció la mejora en los canales de comunicación, así como el impulso a que las legislaciones nacionales adopten los acuerdos sobre el cibercrimen.

Diez años más tarde, se publicó una orden presidencial[53] con la finalidad de mejorar la seguridad y la resiliencia de las infraestructuras críticas de la nación y mantener un entorno cibernético que fomente la eficiencia y la innovación, así como la prosperidad económica al tiempo que promueve la seguridad, la confidencialidad empresarial, la privacidad y las libertades civiles.

2. Estrategia Nacional de Ciberseguridad de 2018

El Gobierno de EE. UU. en 2018 apostó por renovar la Estrategia Nacional de Ciberseguridad[54] así estableciendo cuatro pilares básicos: la protección de redes, sistemas, funciones y datos para proteger el territorio nacional;

---

53 Improving Critical Infrastructure Cybersecurity, E.O. 13636 of Feb 12, (2013). La orden pretende crear una asociación con los propietarios y operadores de las infraestructuras críticas así mejorando el intercambio de información de ciberseguridad y desarrollar e implementar de manera colaborativa estándares basados en riesgos.

54 GOBIERNO DE ESTADOS UNIDOS, *National cyber strategy of the United States of America*, EE. UU., septiembre de 2018, en https://trumpwhitehouse.archives.gov/wp-content/uploads/2018/09/National-Cyber-Strategy.pdf (visitado el 6 de octubre de 2024).

promover la prosperidad a través de la apuesta por una economía digital segura así como el fomento a la innovación nacional; preservar la paz y la seguridad con el castigo a los que utilicen las herramientas cibernéticas con fines maliciosos; y por último, ampliar la influencia estadounidense en el extranjero para promocionar los principios clave de una red abierta, interoperable, fiable y segura.

De especial relevancia por los EE. UU., es la ciberseguridad marítima y del transporte, debido a que su seguridad económica y nacional se basa en el comercio y en el transporte mundial. En este sentido, la Estrategia establece que el Estado mejorará las funciones y responsabilidades en dicha materia, promoverá los mecanismos mejorados para la coordinación internacional y el intercambio de información, y, por último, optará por el desarrollo de nuevas infraestructuras marítimas para hacer frente a los ciberataques. Por ende, estableció un total de cinco acciones prioritarias: en primer lugar, la mejora de las notificaciones de incidentes y la respuesta ante los mismos; en segundo lugar, la actualización de las leyes de vigilancia electrónica y delitos informáticos. De tal forma, se prevé la coordinación entre la Administración y el Congreso con el fin de mejorar la capacidad de las fuerzas de seguridad para reunir legalmente las pruebas necesarias de actividades delictivas; en tercer lugar, la reducción de las amenazas de las organizaciones criminales transnacionales en el ciberespacio; en cuarto lugar, mejorar la detención de delincuentes situados en el extranjero, con la colaboración de otros Estados; por último, reforzar la capacidad de aplicación de la ley con países socios para combatir la actividad cibernética criminal. En este punto, EE.UU. hace referencia a las herramientas internacionales existentes, entre ellas la Convención de las Naciones Unidas contra la Delincuencia Organizada Transnacional, hecho en Nueva York el 15 de noviembre de 2000[55], así como al Convenio sobre la Ciberdelincuencia, hecho en Budapest el 23 de noviembre de 2001[56], para ampliar el consenso internacional a favor del convenio incluso apoyando una mayor adopción del Convenio.

---

55 «BOE» núm. 233, de 29 de septiembre de 2003. El objetivo de la Convención es fomentar la colaboración para prevenir y enfrentar de manera más eficaz la actividad delictiva organizada que trasciende las fronteras nacionales.

56 «BOE» núm. 226, de 17 de septiembre de 2010. El Convenio de Budapest es un tratado global diseñado para abordar el crimen organizado que opera más allá de las fronteras nacionales, centrándose especialmente en los delitos informáticos. Su propósito es establecer leyes penales y procesos unificados entre los países que lo han ratificado.

3. Estrategia Nacional de Ciberseguridad de 2023

En marzo 2023, la Estrategia Nacional de Ciberseguridad[57] se actualiza con la finalidad de fortalecer un ambiente digital seguro para los ciudadanos estadounidenses. En este sentido, destaca los aspectos positivos de Internet en la transformación global, entre los que encontramos la prosperidad, igualdad y conectividad. Sin embargo, el vertiginoso cambio presenta nuevos desafíos como el robo de datos, la desinformación y las ciberamenazas en las infraestructuras críticas. Para hacer realidad el propósito de la presente Estrategia, se plantean nuevos cambios en la forma en que EE.UU. asigna roles, responsabilidades y recursos en el ciberespacio. Por ende, proponen redistribuir la responsabilidad de proteger el ciberespacio, trasladando la misma a los individuos, pequeñas empresas y los gobiernos locales hasta las organizaciones más capacitadas y estratégicamente posicionadas para mitigar los riesgos en beneficio del país. Además, consideran que es necesario ajustar los incentivos para promover inversiones a largo plazo, buscando un equilibrio entre la protección contra las amenazas inminentes y la planificación e inversión estratégicas en un futuro.

La Estrategia plantea cinco pilares fundamentales: en primer lugar, apuestan por la defensa de las infraestructuras críticas, mediante la aplicación de estándares mínimos de ciberseguridad con el fin de garantizar la seguridad nacional, la colaboración entre el sector público y privado, y fortaleciendo las redes federales; en segundo lugar, la interrupción y desmantelamiento de los actores que amenazan todo tipo de infraestructuras, así empleando herramientas de poder nacional, e incluso involucrar al sector privado en actividades disruptivas a través de mecanismos estables, y por último, abordar las amenazas *ransomware* a través de un enfoque nacional e internacional; en tercer lugar, configurar las fuerzas del mercado para fortalecer la seguridad y la resiliencia, fomentando la privacidad y la seguridad de los datos personales, modificando la responsabilidad y los productos y servicios de software para fomentar prácticas de desarrollo seguras y garantizar subvenciones que impulsen inversiones en nuevas infraestructuras más seguras y resilientes; en cuarto lugar, invertir en un futuro resiliente mediante inversiones estratégicas y acciones colaborativas, incluyendo la reducción de vulnerabilidades técnicas, priorizando la investigación y

57 GOBIERNO DE EE. UU.: Departamento de Defensa, *National cybersecurity strategy*, EE. UU., marzo de 2023, en https://www.whitehouse.gov/wp-content/uploads/2023/03/National-Cybersecurity-Strategy-2023.pdf (visitado el 6 de octubre de 2024).

el desarrollo en ciberseguridad y desarrollar una fuerza laboral cibernética nacional; por último, incentivar la colaboración internacional para alcanzar objetivos compartidos, así mejorando las capacidades de todos los socios globales para defenderse contra amenazas cibernéticas y establecer suministros globales seguros para productos y servicios IT y OT.

El documento que acompaña la Estrategia Nacional de Ciberseguridad de 2023 es el Plan de implementación de la estrategia nacional de ciberseguridad[58], con el objetivo de garantizar la transparencia y un camino de coordinación entre los distintos agentes. El Plan incluye más de 65 iniciativas de gran impacto, abarcando la protección del empleo mediante la lucha contra el crimen cibernético hasta la preparación de una fuerza laboral capacitada, entre otros[59]. Cabe tener en cuenta que las iniciativas descritas en el Plan están asignadas a distintas agencias y con un cronograma para su finalización[60]. También se prevé que la Oficina del Director de Ciberseguridad Nacional presente un informe anual al Presidente y al

[58] GOBIERNO DE EE. UU., National Cybersecurity Strategy Implementation Plan, EE. UU., julio de 2023, en https://www.whitehouse.gov/wp-content/uploads/2023/07/National-Cybersecurity-Strategy-Implementation-Plan-WH.gov_.pdf (visitado el 6 de octubre de 2024).

[59] THE WHITE HOUSE, *Fact sheet: Biden-Harris Administration Publishes the National Cybersecurity Strategy Implementation Plan*, EE. UU., 13 de julio de 2023, en https://www.whitehouse.gov/briefing-room/statements-releases/2023/07/13/fact-sheet-biden-harrisadministration-publishes-thenational-cybersecurity-strategyimplementation-plan/ (visitado el 6 de octubre de 2024). El Plan se coordina con la Ley Bipartidaria de Infraestructura, la Ley CHIPS y Ciencia, la Ley de Reducción de la Inflación, junto con otras medidas significativas implementadas por la Administración, con el objetivo de proteger las inversiones en la reconstrucción de EE. UU., el desarrollo de energía limpia y el refuerzo de la base tecnológica y manufacturera nacional.

[60] THE WHITE HOUSE, *Fact sheet: Biden-Harris Administration*, EE. UU., *cit.* párrafo tercero. Algunas acciones, como las Prioridades de Ciberseguridad de la Administración para el Presupuesto del Año Fiscal 2025, se han llevado a cabo antes de lo programado. Prioridades de Ciberseguridad de la Administración para el Presupuesto del Año Fiscal 2025. Puede consultarse los avances de la Estrategia en COKER, H. JR., *One Year In: The President's National Cybersecurity Strategy is Driving Change and Protecting the Nation*, National Cyber Director EE. UU., marzo de 2024, en https://www.whitehouse.gov/oncd/briefing-room/2024/03/04/national-cybersecurity-strategy-one-year/ (visitado el 6 de octubre de 2024). Entre otras mejoras, la Agencia de Seguridad de Infraestructura y Ciberseguridad ha desarrollado escenarios para varios sectores, entre los que encontramos el transporte marítimo, así permitiendo que los propietarios y operadores de infraestructuras críticas puedan prepararse y mejorar las acciones contra las ciberamenazas.

Congreso sobre el progreso de la implementación. Además, la Administración tiene la intención de ejecutar el Plan en colaboración con diversos sectores: organizaciones privadas, sociedad civil, socios internacionales, el Congreso y los gobiernos estatales, locales y territoriales. En este sentido, la Oficina del Director de Ciberseguridad Nacional está preparando una solicitud de información sobre la armonización regulatoria en ciberseguridad.

De tal forma, el Plan se alinea con los cinco pilares fundamentales de la Estrategia de 2023, a modo ejemplificativo enuncio algunas acciones: en cuanto al primer pilar, la defensa de infraestructuras críticas, se prevé la actualización del Plan Nacional de Respuesta a Incidentes Cibernéticos (punto 1.4.1); en el pilar dos, la interrupción y desmantelamiento de los actores de amenazas, se prevé combatir el *ransomware* (punto 2.5.2 y 2.5.4); en lo que atañe al pilar tercero, la configuración de las fuerzas del mercado para fortalecer la seguridad y la resiliencia, se describen un listado de materiales de software (punto 3.3.2); en cuanto al pilar cuarto, invertir en un futuro resiliente, impulsan estándares clave de ciberseguridad (4.1.3 y 4.3.3); por último, el quinto pilar se centra en forjar las alianzas internacionales, y en este sentido prevén implementar una estrategia internacional de política y ciberespacio (punto 5.1.1 y 5.1.2).

IV. OTRAS PERSPECTIVAS NACIONALES ENTORNO LA CIBERSEGURIDAD: DINAMARCA

En este apartado, haremos referencia a la Estrategia Nacional Danesa de Ciberseguridad y Seguridad de la Información[61], debido a la alta incidencia de ciberataques[62]. La Estrategia tiene como finalidad proteger a la

---

61 THE DANISH GOVERNMENT, *The Danish National Strategy for Cyber and Information Security: 2022-2024*, DNK, diciembre de 2021, en https://en.digst.dk/media/27024/digst_ncis_2022-2024_uk.pdf (visitado el 6 de octubre de 2024).

62 RODRÍGUEZ-NOGUERAS CANDAU, J., *Ciberseguridad en Dinamarca*, en *ICEX*, 5 de marzo de 2024, en https://www.icex.es/content/dam/es/icex/oficinas/036/documentos/2024/03/anexos/FS_Ciberseguridad%20en%20Dinamarca%20 2024_REV.pdf (visitado el 6 de octubre de 2024). El reporte indica que al menos el 10% de pymes reportan haber sufrido ataques de seguridad, mientras que el 40% reconoce que sus medidas de protección son insuficientes. Además, el Centro Nacional de la Policía para Delitos Económicos Relacionados con Tecnologías de la Información ha recibido un promedio de 27.000 informes anuales de ciberataques financieros durante los años 2019 y 2022, lo que ha generado un aumento en el interés por fortalecer la ciberseguridad. A esto se suma que el 65% de las

administración pública como a las infraestructuras críticas, así como ciudadanos y empresas. En este sentido, presenta una serie de iniciativas clave destinadas a garantizar la seguridad digital a largo plazo. Como bien la mayoría de las estrategias, se subraya la necesidad de participación continua y una responsabilidad compartida entre gobierno, empresas y los ciudadanos.

El Gobierno establece cuatro metas estratégicas: primero, proteger las funciones esenciales de la sociedad y la actividad económica ante crisis de ciberseguridad, instando a que tanto agencias gubernamentales como empresas mantengan un nivel mínimo de seguridad para responder rápidamente a incidentes graves. Segundo, promover un mayor nivel de habilidades y compromiso, tanto en empresas, organismos públicos como ciudadanos, mediante la formación de más especialistas y el fortalecimiento de la capacidad de toda la sociedad. Tercero, fomentar la cooperación entre entidades públicas y empresas para compartir conocimientos y experiencias sobre amenazas e incidentes. Y finalmente, participar activamente en la lucha internacional contra los riesgos cibernéticos.

Además, para el periodo 2019-2022, se publicó por parte de la Autoridad Marítima Danesa la Estrategia de ciberseguridad y seguridad de la información para el sector marítimo[63], con el propósito de que la seguridad a bordo de los buques no se vea comprometida por un ciberataque. El documento destaca las amenazas que afectan al sector, concluyendo que, aunque el sector marítimo no se enfrenta a una amenaza directa de ciberataques en sus operaciones, existe una alta amenaza de ciberespionaje y ciberdelincuencia. Aunque el ciberactivismo y el ciberterrorismo son considerados de baja amenaza, el sector marítimo debe permanecer en alerta debido a posibles ataques durante conflictos y la existencia de redes organizadas de ciberdelincuentes. De tal forma, la Estrategia cubre

---

entidades gubernamentales danesas no cumplen con los estándares de seguridad básicos y que el 24% de las pymes no cuentan con sistemas de respaldo, lo que resalta la urgencia de mejorar la infraestructura de ciberseguridad.

63 DANISH MARITIME AUTHORITY, *Cyber and Information Security Strategy for the Maritime Sector*, DNK, 2019-2022, en https://www.dma.dk/Media/637709330853499994/Cyber%20and%20Information%20Security%20Strategy%20for%20the%20Maritime%20Sector.pdf (visitado el 6 de octubre de 2024). El documento describe las actuales amenazas en el sector, entre las que encontramos: la amenaza contra las empresas comerciales, los puertos y buques, el ciberespionaje en el sector marítimo o las amenazas *ransomware* llevadas a cabo por actores maliciosos.

los servicios de seguimiento de tráfico de buques, los avisos y la información de navegación, así como todos los sistemas que se incluyen en la navegación segura. En suma, la ciberseguridad se centra en todas las vulnerabilidades inherentes a la interconexión de sistemas, incluso las conexiones a internet. Por otra parte, la estrategia danesa señala que los desafíos asociados con la integración y la compatibilidad de los sistemas IT y sistemas OT en los buques son considerados como una amenaza importante. Por lo tanto, el documento hace una serie de recomendaciones, como la utilización de tecnologías resistentes a las ciberamenazas en la infraestructura de navegación y comunicación, así como la aplicación de los estándares como la ISO 27001 para implementar medidas que se ajusten al perfil de riesgo de cada sujeto. Además, describe que es necesario formar a los empleados del sector en materia de seguridad, así como una mejor gestión de las cadenas de suministros proponiendo evaluar regularmente a los proveedores en términos de calidad y seguridad.

En resumen, tanto la Estrategia Nacional Danesa de Ciberseguridad y Seguridad de la Información como la Estrategia de Ciberseguridad y Seguridad de la Información para el Sector Marítimo, emitida por la Autoridad Marítima Danesa, muestran una creciente inquietud por los ciberataques y la necesidad de proteger las infraestructuras críticas y las operaciones marítimas. Estas estrategias subrayan la importancia de la colaboración entre el gobierno, las empresas y los ciudadanos para responder de manera efectiva a las amenazas cibernéticas. Se resaltan medidas como la promoción de habilidades en seguridad digital, la cooperación en el intercambio de información sobre amenazas y el uso de tecnologías resistentes a ciberamenazas. Además, se hace hincapié en la capacitación del personal en seguridad cibernética y la mejora en la gestión de las cadenas de suministro para garantizar la calidad y seguridad de los proveedores. Estas estrategias ofrecen un enfoque completo para abordar los desafíos de seguridad cibernética en el sector marítimo danés y promover la resiliencia frente a las amenazas digitales.

V. CONCLUSIONES

1ª La creciente digitalización y conectividad en el sector marítimo ha incrementado la vulnerabilidad de los buques a estar expuestos ante ciberataques. La evolución hacia buques autónomos y teledirigidos, y su dependencia ante los sistemas informáticos, como el AIS, GPS, ECDIS y otros sistemas de navegación, hace que cualquier incidente cibernético pueda tener consecuencias graves.

2ª En este sentido, a través de las estrategias analizadas, podemos ver que se reconoce la importancia de la ciberseguridad en el sector marítimo. Esto se refleja en sus respectivas estrategias y planes de acción que buscan proteger los sistemas marítimos y sus infraestructuras críticas ante ciberataques. También podemos ver elementos comunes en todas ellas, así enfatizando en la necesidad de una estrecha cooperación entre el sector público y privado, así como la colaboración internacional, para enfrentar eficazmente las ciberamenazas en el ámbito marítimo.

3ª El futuro de la ciberseguridad en el sector marítimo dependerá de la capacidad de los actores involucrados para adaptarse rápidamente a las amenazas emergentes y desarrollar tecnologías y políticas que protejan las infraestructuras críticas. La implementación efectiva de las estrategias y planes de acción, como se observa en la UE y EE.UU., será crucial para garantizar la seguridad y resiliencia del sector marítimo en un mundo cada vez más digitalizado.

4ª La ciberseguridad marítima es un componente esencial de la seguridad global, y los esfuerzos coordinados a nivel internacional, nacional y sectorial son vitales para proteger este sector crítico. La adopción de estrategias y políticas integrales, junto con la cooperación y el intercambio de información, son claves para enfrentar los desafíos actuales y futuros en el ámbito de la ciberseguridad marítima.

BIBLIOGRAFÍA

BARDÁN, E., *Puente de navegación*, Ministerio de Agricultura, Pesca y Alimentación, en https://www.mapa.gob.es/es/pesca/temas/proteccion-recursos-pesqueros/buques-secretaria-general/investigacion-pesquera-oceanografica/emma-bardan/equipamiento/puente-de-navegacion/ (visitado el 6 de octubre de 2024).

BISCOP, S., "An anchor for the EU maritime security strategy", en *EGMONT: Royal Institute for International Relations,* 2 de diciembre de 2015, en https://www.egmontinstitute.be/an-anchor-for-the-eu-maritime-security-strategy/ (visitado el 6 de octubre de 2024).

BLÁZQUEZ NAVARRO, I., "Cultura, Estrategia, "5 y Acción": una visión 360° de la seguridad marítima nacional", en GARCÍA PÉREZ, R. y LIROLA DELGADO, I. (Dirs.), *Estrategia de Seguridad Marítima de España,* Tirant lo Blanc, Valencia, 2018, pp. 23-57.

BUEGER, C., "Un barco espía ruso en el Mar del Norte amenaza infraestructuras marítimas clave", en *Infobae,* España, 23 de abril de 2023, en https://www.infobae.com/america/mundo/2023/04/23/un-barco-espia-ruso-en-el-mar-del-norte-amenaza-infraestructuras-maritimas-clave/ (visitado el 6 de octubre de 2024).

BUSH, D., "Ethical hacker says ships are wide open to cyber attack", en *Lloyd's List,* 27 de mayo de 2021, en https://www.lloydslist.com/LL1136933/Ethical-hacker-says-ships-are-wide-open-to-cyber-attack (visitado el 6 de octubre de 2024).

CANDAU ROMERO, J., "Capítulo VI: Estrategias nacionales de ciberseguridad.", *en Ministerio de Defensa: Instituto Español de Estudios Estratégicos, Cuadernos de estrategia,* nº 149, 2011, pp. 257-322.

CASTRO PEREIRA, A., "La gestión de los riesgos cibernéticos en los sistemas de seguridad en buques y empresas navieras", en *Revista General de Marina,* nº 282, 2022, pp. 251-265.

CENTRO CRIPTOLOGICO NACIONAL, *El sector marítimo vulnerable a los ciberataques,* CNN-CERT, en https://www.ccn-cert.cni.es/ca/component/content/article/6627-el-sector-maritimo-vulnerable-a-los-ciberataques.html?catid=23&Itemid=11902 (visitado el 6 de octubre de 2024).

COKER, H. JR., *One Year In: The President's National Cybersecurity Strategy is Driving Change and Protecting the Nation,* National Cyber Director EE. UU., marzo de 2024, en https://www.whitehouse.gov/oncd/briefing-room/2024/03/04/national-cybersecurity-strategy-one-year/ (visitado el 6 de octubre de 2024).

COMISIÓN EUROPEA, *Actualización de la estrategia de seguridad marítima de la UE y su plan de acción: Consulta pública,* UE, 16 de junio de 2022, en https://ec.europa.eu/info/law/better-regulation/have-your-say/initiatives/13491-Actualizacion-de-la-Estrategia-de-Seguridad-Maritima-de-la-Union-Europea-y-su-plan-de-accion/public-consultation_es (visitado el 6 de octubre de 2024).

COMISIÓN EUROPEA, Anexo de la Comunicación Conjunta al Parlamento Europeo y al Consejo relativa a la actualización de la Estrategia de Seguridad Marítima de la UE y su Plan de Acción «*Una Estrategia de Seguridad Marítima de la UE reforzada para hacer frente a unas amenazas marítimas cambiantes*», Bruselas, 10 de marzo de 2023, en https://eur-lex.europa.eu/legal-content/ES/TXT/?uri=CELEX:52023JC0008 (visitado el 6 de octubre de 2024).

COMISIÓN EUROPEA, Comunicación conjunta al parlamento europeo y al consejo relativa a la actualización de la Estrategia de Seguridad Marítima de la UE y su Plan de Acción "*Una Estrategia de Seguridad Marítima de la UE reforzada para hacer frente a unas amenazas marítimas cambiantes*", UE, Bruselas, 10 de marzo de 2023, en https://eur-lex.europa.eu/legal-content/ES/TXT/?uri=CELEX:52023JC0008 (visitado el 6 de octubre de 2024).

COMISIÓN EUROPEA, *Hacia una futura política marítima de la Unión: perspectiva europea de los océanos y los mares,* UE, Luxemburgo, 2006, en https://www.miteco.gob.es/content/dam/miteco/es/costas/temas/proteccion-medio-marino/greenpaper_brochure_es_tcm30-162841.pdf (visitado el 6 de octubre de 2024).

CONSEJO DE LA UNIÓN EUROPEA, Conclusiones del Consejo sobre la diplomacia digital de la UE, UE, 18 de julio de 2022, en https://data.consilium.europa.eu/doc/document/ST-11406-2022-INIT/es/pdf (visitado el 6 de octubre de 2024).

CONSEJO DE LA UNIÓN EUROPEA, Una Brújula Estratégica para la Seguridad y la Defensa "*Por una Unión Europea que proteja a sus ciudadanos, defienda sus valores e intereses y contribuya a la paz y la seguridad internacionales*", UE, Bruselas, 21 de marzo de 2022, en https://data.consilium.europa.eu/doc/document/ST-7371-2022-INIT/es/pdf (visitado el 6 de octubre de 2024).

CORERA, G., “Los barcos pesqueros "falsos" con los que Rusia podría hacer sabotajes en el Mar del Norte en caso de una guerra con Occidente”, en *BBC*, 19 de abril de 2023, en https://www.bbc.com/mundo/noticias-internacional-65324645 (visitado el 6 de octubre de 2024).

COUNCIL OF THE EUROPEAN UNION, *Council conclusions on the revision of the European Union Maritime Security Strategy (EUMSS) Action Plan*, UE, Bruselas, 26 de junio de 2018, en https://data.consilium.europa.eu/doc/document/ST-10494-2018-INIT/en/pdf (visitado el 6 de octubre de 2024).

CRAWFORD, J., ‘Ciberataque al transporte marítimo, ¿Amenaza Real O Ciencia Ficción?’, en *Revista de Marina*, nº 970, junio de 2019, pp. 15-23.

CYBERSECURITY & INFRASTUCTURE SECURITY AGENCY, *Homeland Security Presidential Directive 7*, EEUU, 17 de diciembre de 2003, en https://www.cisa.gov/news-events/directives/homeland-security-presidential-directive-7 (visitado el 6 de octubre de 2024).

DANISH MARITIME AUTHORITY, *Cyber and Information Security Strategy for the Maritime Sector*, DNK, 2019-2022, en https://www.dma.dk/Media/637709330853499994/Cyber%20and%20Information%20Security%20Strategy%20for%20the%20Maritime%20Sector.pdf (visitado el 6 de octubre de 2024).

EUROPEAN COMMISSION, *Joint Communication to the European Parliament and the Council: For an open and secure global maritime domain: elements for a European Union maritime security strategy*, UE, Bruselas, 6 de marzo de 2014, en https://eur-lex.europa.eu/legal-content/ES/TXT/PDF/?uri=CELEX:52014JC0009 (visitado el 6 de octubre de 2024).

EUROPEAN COMMISSION, *Shared Vision, Common Action: A Stronger Europe. A Global Strategy for the European Union's Foreign and Security Policy*, UE, junio de 2016, en https://www.eeas.europa.eu/sites/default/files/eugs_review_web_0.pdf (visitado el 6 de octubre de 2024).

EUROPEAN COMMISSION. *Joint Staff Working Document: Report on the implementation of the revised EU Maritime Security Strategy Action Plan*, UE, Bruselas, 23 de octubre de 2020, p. 2, en https://data.consilium.europa.eu/doc/document/ST-12310-2020-INIT/en/pdf (visitado el 6 de octubre de 2024).

GMV, *Las amenazas actuales a Sistemas Globales de Navegación por Satélite*, 29 de octubre de 2023, en https://www.gmv.com/es-es/comunicacion/noticias/las-amenazas-actuales-sistemas-globales-de-navegacion-por-satelite (visitado el 6 de octubre de 2024).

GOBIERNO DE EE. UU., *National Cybersecurity Strategy Implementation Plan*, EE.UU., julio de 2023, en https://www.whitehouse.gov/wp-content/uploads/2023/07/National-Cybersecurity-Strategy-Implementation-Plan-WH.gov_.pdf (visitado el 6 de octubre de 2024).

GOBIERNO DE EE. UU.: Departamento de Defensa, *National cybersecurity strategy*, EE.UU., marzo de 2023, en https://www.whitehouse.gov/wp-content/uploads/2023/03/National-Cybersecurity-Strategy-2023.pdf (visitado el 6 de octubre de 2024).

GOBIERNO DE ESTADOS UNIDOS, *National cyber strategy of the United States of America*, EE.UU., septiembre de 2018, en https://trumpwhitehouse.archives.gov/wp-content/uploads/2018/09/National-Cyber-Strategy.pdf m (visitado el 6 de octubre de 2024).

GOBIERNO DE ESTADOS UNIDOS, *The national strategy to secure cyberspace,* EE.UU., febrero de 2003, en https://nsarchive.gwu.edu/sites/default/files/documents/2700096/Document-16.pdf (visitado el 6 de octubre de 2024).

GONZÁLEZ FERNÁNDEZ, M., "Buques no tripulados y autónomos", en *Cuadernos de Pensamiento Naval,* nº 26, primer semestre 2019, pp. 67-82.

INSTITUTO NACIONAL DE SEGURIDAD Y SALUD EN EL TRABAJO, *Causas de los accidentes marítimos muy graves en la pesca 2014-2021,* INSST, Madrid, octubre de 2023, p. 34, en https://www.insst.es/documents/94886/5326464/Causas%20de%20los%20accidentes%20maritimos%20muy%20graves%20-%20A%C3%B1o%20-2023%20%281%29.pdf (visitado el 6 de octubre de 2024).

INTERNATIONAL CHAMBER OF SHIPPING (ICS) Y OTRAS, *Guidelines on cyber security onboard ships,* versión cuarta, febrero 2021, p. 3 y 4, en https://www.ics-shipping.org/wp-content/uploads/2021/02/2021-Cyber-Security-Guidelines.pdf (visitado el 6 de octubre de 2024).

KENNEY, M. y MACDONALD. F., "Shifting tides, rising ransoms and critical decisions: Progress on maritime cyber risk management maturity", en *THETIUS, CYBEROWL* y *HFW,* octubre de 2023, en https://cyberowl.io/wp-content/uploads/2023/10/CyberOwl-HFW-Thetius-Cyber-Security-Report-2023-Shifting-Tides-Rising-Ransoms-1.pdf (visitado el 6 de octubre de 2024).

LA VANGUARDIA, *¿Quién saboteó los Nord Stream? Todo lo que se sabe (y lo que no) hasta hoy,* Barcelona, 8 de marzo de 2023, en https://www.lavanguardia.com/internacional/20230308/8810119/saboteo-gaseoductos-nord-stream.html (visitado el 6 de octubre de 2024).

MARTÍN, I., "Barcos rusos en el horizonte: el supuesto plan de Moscú para realizar sabotajes en el Mar del Norte", en *Clarín,* 19 de abril de 2023, en https://www.clarin.com/mundo/barcos-rusos-horizonte-supuesto-plan-moscu-realizar-sabotajes-mar-norte_0_bICFG7UMnz.html (visitado el 6 de octubre de 2024).

MEDITERRANEAN SHIPPING COMPANY, "*Network Outage Resolved*", MSC, 15 de abril de 2020, en https://www.msc.com/en/newsroom/news/2020/april/network-outage-resolved#:~:text=Q%3A%20Is%20the%20incident%20now,it%20had%20a%20limited%20impact. (visitado el 6 de octubre de 2024).

MOLINA SCHMID, T., "La estrategia de seguridad marítima de la Unión Europea", en *Revista general marina,* Vol. 269, noviembre 2015, pp. 695-706.

NOVIS, L., "Un mar de peligros cibernéticos: Desafíos de seguridad en los buques autónomos con IA", en *Derecho Práctico,* 5 de junio de 2023, en https://www.derecho-practico.es/un-mar-de-peligros-ciberneticos-desafios-de-seguridad-en-los-buques-autonomos-con-ia/ (visitado el 6 de octubre de 2024).

ORGANIZACIÓN MARÍTIMA INTERNACIONA, *Integrated bridge system (IBS),* OMI, en https://www.imo.org/es/OurWork/Safety/Paginas/IntegratedBridgeSystems.aspx (visitado el 6 de octubre de 2024).

ORGANIZACIÓN MARÍTIMA INTERNACIONAL, *Buques autónomos: finalizado estudio exploratorio sobre la reglamentación de seguridad,* OMI, 25 de mayo de 2021, en https://www.imo.org/es/MediaCentre/PressBriefings/pages/MASSRSE2021.aspx (visitado el 6 de octubre de 2024).

PAWELSKI, J., "Cyber Threats for Present and Future Commercial Shipping", en *TransNav: International Journal on Marine Navigation and Safety of Sea Transportation*, nº 17 (2), junio de 2023, pp. 261-267.

RODRÍGUEZ-NOGUERAS CANDAU, J., *Ciberseguridad en Dinamarca*, en *ICEX*, 5 de marzo de 2024, en https://www.icex.es/content/dam/es/icex/oficinas/036/documentos/2024/03/anexos/FS_Ciberseguridad%20en%20Dinamarca%202024_REV.pdf (visitado el 6 de octubre de 2024).

ROMERO JUNQUERA, A., "El largo camino hacia una estrategia de seguridad marítima", en *Documento de Análisis IEEE 35/2011*, abril de 2011.

ROMERO JUNQUERA, A., "Estrategia Europea de Seguridad Marítima. Seguimos navegando en régimen de «avante poca»", en *Documento de Análisis IEEE 26/2023*, 12 de abril de 2023.

RUESTA BOTELLA, J.A, "La seguridad marítima en la Unión Europea", en *Revista general de marina*, tomo 256, agosto-septiembre 2010.

SÁNCHEZ RAMOS, B., "Capítulo 9: Ciberseguridad en el ámbito marítimo", en FERNÁNDEZ PROL, F. (Coord.), *Los desafíos de la pesca sostenible: diagnóstico y propuestas desde una óptica jurídica*, J.M. Bosch Editor, 2021, pp. 221-244.

SERVICIO EUROPEO DE ACCIÓN EXTERIOR (SEAE), Una visión común, una actuación conjunta: una Europa más fuerte, "*Estrategia global para la política exterior y de seguridad de la Unión Europea*", UE, Bruselas, 28 de junio de 2016, en https://op.europa.eu/es/publication-detail/-/publication/3eaae2cf-9ac5-11e6-868c-01aa75ed71a1 (visitado el 6 de octubre de 2024).

THE DANISH GOVERNMENT, *The Danish National Strategy for Cyber and Information Security: 2022-2024*, DNK, diciembre de 2021, en https://en.digst.dk/media/27024/digst_ncis_2022-2024_uk.pdf (visitado el 6 de octubre de 2024).

THE WHITE HOUSE, *Fact sheet: Biden-Harris Administration Publishes the National Cybersecurity Strategy Implementation Plan*, EE. UU., 13 de julio de 2023, en https://www.whitehouse.gov/briefing-room/statements-releases/2023/07/13/fact-sheet-biden-harrisadministration-publishes-thenational-cybersecurity-strategyimplementation-plan/ (visitado el 6 de octubre de 2024).

VILLA CARO, R., "Buques Autónomos: ¿Desaparecerán los tripulantes de los barcos?", en *Boletín Técnico de Ingeniería*, nº 15, Diciembre de 2018, p. 37, en https://www.researchgate.net/publication/329281492_BUQUES_AUTONOMOS_Despareceran_los_tripulantes_de_los_barcos (visitado el 6 de octubre de 2024).

WILSON, B., "Capitulo 6: *Maritime Cyber Security*", en KRASKA, J., y PARK, Y. (Eds.), *Emerging Technology and the Law of the Sea*, 1ª ed., Cambridge: Cambridge University Press, 2022, p. 158-183.

LEGISLACIÓN

Normativa internacional

Convenio sobre la Ciberdelincuencia, hecho en Budapest el 23 de noviembre de 2001.

Convención de las Naciones Unidas contra la Delincuencia Organizada Transnacional, hecho en Nueva York el 15 de noviembre de 2000.

Unión Europea

Recomendación del Consejo de 8 de diciembre de 2022 sobre un enfoque coordinado en toda la Unión para reforzar la resiliencia de las infraestructuras críticas.

Reglamento (CE) Nº 725/2004 del Parlamento Europeo y del Consejo de 31 de marzo de 2004 relativo a la mejora de la protección de los buques y las instalaciones portuarias.

España

Orden PCI/487/2019, de 26 de abril, por la que se publica la Estrategia Nacional de Ciberseguridad 2019, aprobada por el Consejo de Seguridad Nacional.

EE. UU.

Improving Critical Infrastructure Cybersecurity, E.O. 13636 of Feb 12, (2013).

Las terminales portuarias semiautónomas y autónomas

LUIS PEDRAYES GULLÓN
Profesor Asociado de la Unidad de Derecho Mercantil
Universidad Autónoma de Barcelona

SUMARIO: I. EL ENTORNO PORTUARIO. II. LOS CONTRATOS ACTUALES DE MANIPULACIÓN PORTUARIA. 1. Carga o estiba y descarga o desestiba. 2. Trincado o trincaje. 3. Ensolerado. 4. Trimado. 5. Carga rodante. 6. Carga superpuesta. 7. Transbordo. 8. Container cargo o carga contenerizada. III. ANTECEDENTES EN LA AUTOMATIZACIÓN DE LAS TERMINALES PORTUARIAS. IV. NUEVAS TECNOLOGÍAS APLICADAS EN LA AUTOMATIZACIÓN DE LAS TERMINALES. 1. Equipos para la manipulación portuaria en una terminal semiautomatizada o automatizada. 1.1. Los vehículos de transferencia interna o *Internal Transfer Vehicle*. 1.2. Las Grúas pórtico sobre raíles o *Rail Mounted Gantry Crane*. 1.3. La grúa apiladora automatizada o *Automated Stacking Crane*. 1.4. El Vehículo de Guiado Automático o *Automated Guided Vehicle*. 1.5. El Vehículo de Transferencia Automático o *Automated Lifting Vehicle*. 1.6. La Grúa Pórtico para operaciones buque-tierra o *Ship to Shore Gantry Crane*. 1.7. Las grúas pórtico sobre neumáticos o *Rubber Tyred Gantry Crane*. 1.8. La grúa pórtico sobre raíles automatizados *o Automated Rail Mounted Gantry*. 2. Recursos tecnológicos intangibles. 2.1. Sistemas de Gestión de Terminales (TOS). 2.2. El Internet de las cosas y *Edge Computing*. 2.3. Inteligencia Artificial (en adelante IA) y Aprendizaje Automático o *Machine Learning*. 2.4. Gemelos Digitales o *Digital Twin* y el Software de Simulación. 2.5. *Blockchain*. 2.6. Contratos inteligentes o *Smart Contracts*- 2.7. Tecnología 5g. 2.8. *Big data*. V. IMPACTO DE LA AUTOMATIZACIÓN DE LAS TERMINALES PORTUARIAS. 1. Ventajas de la automatización. 2. Desventajas de la automatización.

I. EL ENTORNO PORTUARIO

Prácticamente la totalidad de los seres humanos conocemos o tenemos conciencia de lo que es y de lo que significa un puerto comercial.

Sin embargo, únicamente una pequeña parte conoce ciertamente el significado de puerto comercial o terminal portuaria en términos operativos, legales o estratégicos.

Ello se debe a que las zonas portuarias son un espacio semipúblico o privado en el que los operadores de las terminales portuarias gestionan estas en un régimen legal de concesión.

A pesar de este desconocimiento por el ciudadano medio, según la Conferencia de las Naciones Unidas sobre Comercio y Transporte (en adelante UNCTAD) más del 90% del transporte de mercancías a nivel mundial se realiza por vías marítimas o estas constan de una fase del transporte.[1]

Los puertos son considerados por los Estados como instalaciones críticas hablando en términos de seguridad y sectores estratégicos hablando en términos económicos. De ahí deriva la preocupación de la Unión Europea (en adelante UE) por la fuerte inversión realizada por Empresas o Gobiernos de terceros países en los principales puertos de los Estados de la UE. Esta preocupación ha derivado en la aprobación el 17 de enero de 2024 por el Parlamento Europeo de la "Resolución del Parlamento Europeo, de 17 de enero de 2024, sobre la elaboración de una estrategia portuaria europea integral (2023/2059(INI))"[2]

Según el organismo Puertos del Estado, la actividad del sistema portuario estatal aporta cerca del 20% del PIB del sector del transporte, lo que representa el 1,1% del PIB español. Asimismo, genera un empleo directo de unos 100.000 puestos de trabajo y de unos 175.000 de forma indirecta e inducida. La importancia de los puertos como eslabones de las cadenas logísticas y de transporte viene avalada por las siguientes cifras: por ellos pasan cerca del 60% de las exportaciones y el 85% de las importaciones, lo que representa el 53% del comercio exterior español con la Unión Europea y el 96% con terceros países. [3]

---

1 https://unctad.org/system/files/official-document/rmt2023overview_es.pdf

2 https://www.europarl.europa.eu/doceo/document/TA-9-2024-0025_ES.html *Considerando que nuestros puertos son las pasarelas de la Unión al mundo y, como tales, desempeñan un papel crucial en su economía, ya que aportan riqueza y empleo, facilitan el comercio exterior, conectan con el interior, y garantizan el crecimiento de la economía azul y la producción industrial, la transición energética y la seguridad del suministro de energía, así como la autonomía estratégica de la Unión... Considerando que las empresas públicas no pertenecientes a la Unión o las empresas controladas directa o indirectamente por Estados extranjeros han aumentado estratégicamente sus participaciones financieras y operativas en los puertos, terminales, empresas e infraestructuras portuarias europeos... Conclusión Pide la celebración de una cumbre portuaria europea para seguir desarrollando las cuestiones mencionadas y explorar las posibilidades de una mayor cooperación entre los puertos europeos con este fin; Pide a la Comisión que presente una estrategia portuaria europea integral que aborde las cuestiones mencionadas antes de que finalice 2024.*

3 https://www.puertos.es/es-es/nosotrospuertos

II. LOS CONTRATOS ACTUALES DE MANIPULACIÓN PORTUARIA

Los contratos de manipulación portuaria son un elemento esencial en el ámbito del transporte marítimo, ya que, salvo contadas excepciones, esta fase portuaria está integrada dentro del transporte marítimo. Estos contratos regulan las obligaciones, derechos y responsabilidades de las operaciones relacionadas con la carga, descarga, estiba, desestiba y otras actividades de manipulación de mercancías en los puertos. El Operador de manipulación portuaria está sujeto al Real Decreto Legislativo 2/2011, de 5 de septiembre, por el que se aprueba el Texto Refundido de la Ley de Puertos del Estado y de la Marina Mercante (en adelante TRLPEMM) estando regulado en la Sección 4.ª "Servicio de manipulación de mercancías", en los artículos 130 y SS y debe contar con licencia de manipulación de mercancía o autorización de servicio comercial.

Estos contratos también se encuentran normativizados en los artículos 329 y ss. del Capítulo IV "Del contrato de manipulación portuaria" de la Ley 14/2014, de 24 de julio, de Navegación Marítima (en adelante LNM).

Dejaremos al margen aquellos otros contratos portuarios como pueden ser los de remolcaje, practicaje, recogida de residuos o amarre; para ceñirnos únicamente a los de manipulación de mercancías en sentido estricto.

Aunque generalmente se les denomina como carga y descarga, ya se encuentren encuadrados en el inicio o conclusión del transporte o bien en un tramo intermedio como puede ser en el caso del transporte multimodal o sucesivo, los contratos de manipulación portuaria de mercancías abarcan más modalidades.

Por ello vamos a describir no solo las de puesta de mercancía a bordo del buque o la retirada de las mismas a tierra, vamos a tratar también aquellas propias del almacenaje, separación, clasificación, colocación, estiba, trincaje, ensolerado, trimado, etc.

1. Carga y estiba junto a descarga y desestiba

Las primeras corresponden con una finalidad de recogida de las mercancías en tierra o en el lugar dispuesto al efecto, que se correspondería literalmente en primer lugar con la carga mediante los medios apropiados para ello, para después de encontrarse a bordo ubicar las mercancías en su lugar predestinado para el transporte. En cuanto a las segundas, las cuales constituyen la acción inversa y que constituyen básicamente extraer las mercancías del lugar en el que se encuentren a bordo para depositarlas en el muelle u otro lugar habilitado para tal fin.

2. Trincado o trincaje

Se trata de la sujeción de las mercancías mediante tensores, cadenas, eslingas o cables. Su correcta realización es muy importante para evitar desplazamientos de la carga que comprometan la navegabilidad del buque o produzcan daños en las propias mercancías o en otras. También es de suma importancia el cálculo de las fuerzas a aplicar a los elementos de sujeción a fin de no dañar las propias mercancías debido a unas tensiones excesivas que se acumulen a las propias del balanceo o cabeceo del buque. Esto comprende tanto la sujeción como la liberación.

3. Ensolerado

El ensolerado, también denominado *dunnage* o *fardage*, es una técnica de fijación, aseguramiento o protección que consiste en la colocación de tablas, listones u otros elementos de madera u otro material asimilado con el fin recubrir las bodegas del buque y también separar el cargamento protegiendo así a las mercancías de golpes, rozamientos, etc., generalmente se utiliza en el transporte de carga general sólida.

4. Trimado

Es una operación consistente en la nivelación y/o asentamiento de la carga para evitar su desplazamiento y las nefastas consecuencias que esto genera al buque. Otra de las finalidades es buscar la estabilidad del buque con un mínimo lastre. Generalmente es utilizado en el transporte marítimo de graneles.

5. Carga rodante

Es la que se realiza mediante la introducción de automóviles, remolques, semirremolques y/o vagones de ferrocarril dentro de un buque siempre que estos constituyan el efecto del transporte. Se realiza mediante buques específicamente diseñados para ello cono los ferris o los porta vehículos (ro-ro).

6. Carga superpuesta

Consiste en la carga sobre el buque de otro elemento de transporte, generalmente rodado, y que es este el que transporta los géneros necesitados de traslado y a diferencia del anterior que es el propio vehículo el que es el objeto del transporte. Generalmente se da entre plataformas de tráileres que se desplazan entre islas en ferris.

7. Transbordo

Se trata de aquellas operaciones necesarias para retirar las mercancías de un buque y disponerlas generalmente a bordo de otro buque o en otro medio de transporte. Esta operativa comprende las operaciones de desestiba/descarga, el transporte horizontal, y la carga/estiba en el nuevo medio de transporte.

8. Container cargo o carga contenerizada

Se trata del contrato sobre las operaciones acaecidas sobre el elemento continente que es un contenedor, sea este portador o no de mercancías. Al tratarse de un continente estandarizado mundialmente en varios tamaños, ha sido el primer paso o eslabón en la automatización de las terminales y el cual será objeto de estudio.

Estas figuras contractuales típicas, con la automatización progresiva de las terminales, varían a una nueva forma contractual que se integra en un servicio global.

III. ANTECEDENTES EN LA AUTOMATIZACIÓN DE LAS TERMINALES PORTUARIAS

Las fases del transporte marítimo de forma general son tres, una primera fase portuaria, una fase de navegación y otra fase portuaria.

Siendo la fase de navegación la más económica y las fases portuarias las más costosas, es lógico que se haya implementado la automatización de las terminales tempranamente por varias razones. La primera es de índole económico y responde a la necesidad de minimizar los costes en aquellas fases del proyecto que tienen un coste elevado y que nos encarecen el proyecto, en este caso al automatizar las terminales reducimos los costes, aunque el desembolso inicial sea superior. Otra de las razones es la estanqueidad de la zona automatizada y que en esta no van a interactuar y maniobrar otros operadores o usuarios como podría suceder en la navegación.

Cuando nos referimos a la automatización de las terminales portuarias, forzosamente nos tenemos que dirigir a dos conceptos:

- El concepto de Terminal semiautomatizada que se refiere a las terminales en las que el movimiento en patio está automatizado y los movimientos muelle-patio se efectúan con los sistemas y medios convencionales y humanos.
- El concepto de Terminal automatizada que se refiere a las terminales portuarias de contenedores que han automatizado tanto los movimientos en patio como aquellos movimientos y remociones muelle-patio-muelle.

Aunque la automatización de las terminales nos pueda parecer algo nuevo, lo cierto es que la primera terminal automatizada comenzó a gestarse en torno a 1984, es decir, hace unos cuarenta años. El 25 de junio de 1993 se inauguró la ECT Delta Terminal en el Puerto de Rotterdam siendo esta la primera terminal automatizada. Esta terminal introdujo los equipos *Automated Stacking Cranes* (en adelante ASC) y *Automatic Guided Vehicles* (en adelante AGV) que permitía prescindir de estibadores en la manipulación de los contenedores en prácticamente la totalidad de las operaciones de almacenamiento y movimientos, pero únicamente en el muelle y en la explanada y entre ambos.[4]

A partir de ese hito como punto de partida, la automatización de las terminales se fue expandiendo geográficamente y sucediendo temporalmente de forma continua. En los diez primeros años de vida del flamante siglo XXI se inauguraron otras doce terminales automatizadas fundamentalmente en aquellos países en los que los costes laborales son más elevados y que son partícipes de un tráfico portuario intenso.

En los siguientes diez años se han inaugurado otras cuarenta y tres terminales más a pesar de que esta tendencia de automatización se ralentizó durante el año 2017.

---

4 https://www.ect.nl/nl

Según un informe elaborado en el año 2018 por UNCTAD, solo el 1% de las terminales portuarias están completamente automatizadas, y un 2% se consideran semiautomatizadas.[5]

En la siguiente imagen que data también del año 2018 se observa la distribución geográfica mundial de las terminales semiautomatizadas y automatizadas.[6]

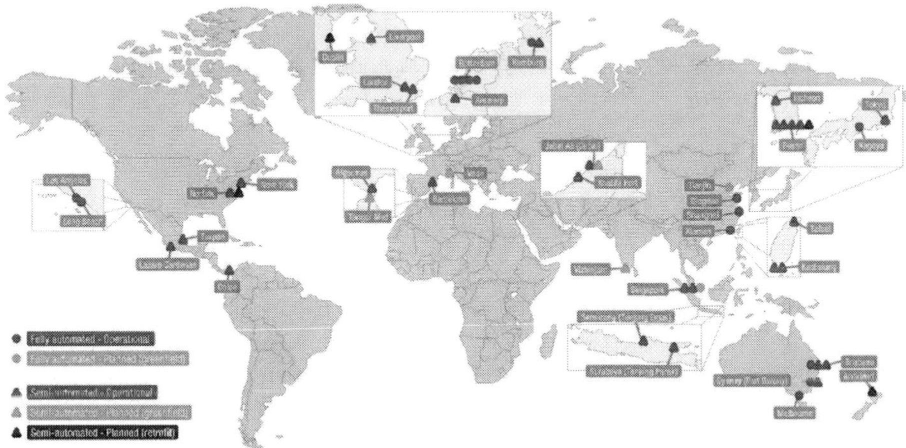

La tendencia es el crecimiento del número de terminales semiautomatizadas y automatizadas prevaleciendo ya las primeras frente a las segundas, en la actualidad existen más de 60 terminales de contenedores semi o completamente automatizadas y están en marcha unos 100 proyectos de automatización en todo el mundo los cuales concluirán antes del 2030. La mayor concentración de estas terminales se encuentra en el continente asiático seguido del continente europeo. En España se encuentran las terminales semiautomatizadas de los puertos de Barcelona, Algeciras y próximamente en Valencia. [7]

---

5 https://unctad.org/es/press-material/la-digitalizacion-revolucionara-el-transporte-maritimo-nuevo-informe-de-las-naciones

6 *Imagen: Neil Davidson, analista sénior, Ports & Terminals. Conferencia Container Terminal Automation. Automated Intelligence & AI.*

7 https://unctad.org/system/files/official-document/rmt2022overview_es.pdf

IV. NUEVAS TECNOLOGÍAS APLICADAS EN LA AUTOMATIZACIÓN DE LAS TERMINALES

En cuanto a los medios empleados en las terminales semiautomatizadas y automatizadas hemos de enumerar dos categorías claramente diferenciadas; por un lado, los equipos para la manipulación portuaria y por otro lado los recursos tecnológicos intangibles.

1. Equipos para la manipulación portuaria en una terminal semiautomatizada o automatizada

1.1. Los vehículos de transferencia interna o *Internal Transfer Vehicle* (en adelante ITV)

Son unas máquinas utilizadas en terminales portuarias para el movimiento y manipulación de contenedores desde el muelle hasta el área de almacenamiento o viceversa pudiendo operar tanto en el exterior como en el interior. Puede estar equipado con un motor diésel o eléctrico y es capaz de transportar uno o varios contenedores a la vez, dependiendo de su diseño y del tamaño de los contenedores. Cuenta con sistemas de seguridad como sensores, cámaras y alarmas para evitar siniestros y garantizar la seguridad de las operaciones conservando un registro de todas sus actuaciones.[8]

8 https://www.cm-labs.com/en/simulators/internal-transfer-vehicle-simulator-training-pack/

1.2. Las Grúas pórtico sobre raíles o *Rail Mounted Gantry Crane* (en adelante RMG)

Son tipo de grúas utilizadas en terminales portuarias para la carga, descarga y apilamiento de contenedores en los patios de almacenamiento. Las RMG se montan sobre raíles fijos enterrados en el suelo para no dificultar el movimiento de otras máquinas, por lo que únicamente pueden moverse a lo largo de pistas predefinidas abarcando varias filas de contenedores. Estas grúas pueden ser operadas manualmente desde una cabina, forma remota o automatizadas para lo cual cuentan con sistemas de posicionamiento, sensores ópticos de visión y monitorización durante las operaciones.[9]

1.3. La grúa apiladora automatizada o *Automated Stacking Crane* (en adelante ASC)

Es una grúa de gran tamaño específicamente diseñada para apilar contenedores en espacios de muy alta densidad, maximizando el uso del espacio y mejorando la organización y accesibilidad a los mismos. Realizan su cometido sin intervención humana directa utilizando sistemas de GPS

---

9 https://www.zoke-crane.com/es/rail-mounted-container-gantry-crane/

o láser para moverse y posicionarse con precisión sobre la ubicación deseada del contenedor, para maniobrar con los contenedores cuentan con mecanismos de elevación y agarre para así levantar, transportar y apilar contenedores de manera autónoma, siguiendo instrucciones predefinidas integradas con sistemas de gestión de las terminales.[10]

1.4. Un Vehículo de Guiado Automático o *Automated Guided Vehicle* (en adelante AGV)

Es un sistema de transporte autónomo que se utiliza para los movimientos en la esplanada y en el muelle hasta las áreas de almacenamiento o directamente a los camiones o trenes para su posterior distribución.Los AGVs funcionan mediante un circuito de guiado a través de cintas magnéticas en el suelo, láseres, o GPS. Además, pueden integrarse con sistemas de gestión de almacenes (WMS) para optimizar el flujo de trabajo y aumentar la productividad.[11]

---

10 https://es.wxhugang.com/container-crane/rmg-container-crane/automatic-stacking-crane-asc.html

11 https://www.nauticexpo.es/prod/konecranes/product-30447-509147.html

1.5. Un Vehículo de Transferencia Automático o *Automated Lifting Vehicle* (en adelante ALV)

Es un sistema de transporte que combina a diferencia de los anteriores, las funciones de transporte y elevación de contenedores, lo que les permite operar tanto en el transporte horizontal como en el apilamiento vertical. Realiza un desplazamiento autónomo por la terminal mediante GPS o sistemas de guiado láser. También están integrados en el Sistema de Gestión de Terminales (TOS) operando las 24 horas del día, reducen la necesidad de operadores humanos, lo que disminuye los costos laborales y los riesgos asociados al manejo manual.[12]

---

[12] https://sectormaritimo.es/01-diseno-preliminar-para-el-establecimiento

1.6. La Grúa Pórtico para operaciones buque-tierra o *Ship to Shore Gantry Crane* (en adelante STS)

Es una grúa especializada utilizada en terminales portuarias automatizadas para la carga y descarga de contenedores de los barcos. Tiene una robusta estructura de acero sostenida por patas que se desplazan sobre rieles para posicionarse directamente sobre los contenedores que necesitan ser movidos, permitiendo una amplia operativa de movimientos horizontales y verticales levantando los contenedores mediante cables y los trasladan desde el barco hasta el muelle o viceversa.[13]

[13] https://tecnaval.com/product/sts-gruas-portuarias-ship-to-shore-cranes/

1.7. Las grúas pórtico sobre neumáticos o *Rubber Tyred Gantry Crane* (en adelante RTG)

Están diseñadas para mover, apilar y remocionar contenedores en las pilas de almacenamiento. A diferencia de las RMG, las RTG están montadas sobre neumáticos, y esto les va a permitir flexibilizar las operativas al moverse libremente dentro de las instrucciones recibidas. Pueden apilar contenedores en varias alturas, típicamente entre 5 y 8 niveles de contenedores apilados y también entre 5 y 8 filas.

Al igual que otros elementos y máquinas de las terminales automatizadas, las RTG pueden integrarse con sistemas de gestión de terminales (TOS) optimizando las secuencias de movimientos y la ubicación de los contenedores para maximizar la eficiencia del patio.[14]

1.8. Una grúa pórtico sobre raíles automatizadas o *Automated Rail Mounted Gantry* (en adelante ARMG)

Está montada sobre raíles fijos, y ello les proporciona estabilidad y precisión en el movimiento longitudinal a lo largo de las pistas. Estas grúas a diferencia de las RMG nacen diseñadas para operar de manera completamente

---

[14] https://www.dgcrane.com/es/rubber-tyred-container-gantry-crane/

automatizada, sin intervención humana directa, gracias a los sistemas de control avanzados y software de gestión de terminales (TOS). Poseen una capacidad de Apilamiento de generalmente hasta 7-8 alturas pudiendo consolidar varias filas de contenedores llegando hasta las 10 filas. Las ARMG están preconcebidas para trabajar en conjunto con otros equipos automatizados, como los AGV y otros sistemas de transporte horizontal. Los sistemas avanzados de monitorización permiten el mantenimiento predictivo durante el tiempo de inactividad pudiendo en ese tiempo de inactividad realizar remociones en función de las próximas operativas programadas.[15]

Estos equipos descritos en los puntos anteriores no son los únicos, si bien son los esenciales y principales, ya que existen numerosas variantes de estos que conservan la configuración básica implementando innovaciones a fin de integrarse en un conjunto operativo. A modo de ejemplo se citan los vehículos de transferencia autoguiado con plataforma elevadora o L-A GV Lifting AGV, los cuales son una variante de los AGV y las grúas pórtico sobre raíles de carga lateral o ARMG *Cantilever Automated Rail Mounted Gantry*) las cuales son una variante de las RMG y las ARMG.

15 https://www.konecranes.com/es-es/equipo-y-servicio-portuario/equipo-de-manipulacion-de-contenedores/sistema-rmg-automatizado-armg

2. Recursos tecnológicos intangibles

2.1. Sistemas de Gestión de Terminales (TOS)

Se trata de un software centralizado que coordina todas las operaciones de la terminal como un conjunto unitario, como cual sistema operativo de un ordenador coordina el trabajo de todos los elementos físicos y resto de programas. Por lo tanto, coordinará las cargas-descargas, remociones, apilamientos, gestiones documentales, retiradas, incidencias, etc.

Cada fabricante ha tomado su propio camino mediante el desarrollo de sistemas propios, aunque la mayoría de los prototipos comparten elementos comunes.

Los fabricantes más conocidos de estos software son Navis N4, TOS de Kalmar, CATOS (*Computer Automated Terminal Operating System*) desarrollado por TSB, SPARCS N4 y Jade Master Terminal entre otros.

Gestionan, coordinan, controlan y optimizan las operaciones diarias de una terminal portuaria. incluyendo la llegada y salida de buques, la gestión de inventarios, la asignación de equipos y personal coordinando eficientemente la descarga/carga, la automatización de procesos mejorando la eficacia de la manipulación, la gestión de patios optimizando los movimientos, la gestión integrada de trenes, puertas y camiones reduciendo los tiempos de espera, la seguridad y control de acceso implementando protocolos de seguridad para proteger la integridadde la terminal.

Este Software para llevar a cabo las operaciones se sirve de medios físicos como:

La tecnología LiDAR (*Laser Imaging Detection and Ranging*) que es un radar laser 3D con visión de 360 grados permite generar una imagen tridimensional del entorno mediante haces de luz láser infrarroja que inciden en los objetos y luego rebotan siendo captados por una cámara permite.

Cámaras siendo estas desde una cámara de video convencional hasta una cámara estereoscópica o infrarroja, dependiendo del uso para el que estén concebidas, desde el reconocimiento de peatones, otros vehículos, señales de tráfico, etc.

Sensores de Ultrasonido para medir distancias de corto alcance, generalmente hasta los 5 metros, complementan la información de los radares y ayudan a realizar tareas aparcamiento.

Las unidades de medición inercial miden los cambios de velocidad y el ángulo de giro del vehículo y se comparte en tiempo real con el resto de la flota en circulación.

En cuanto a los sistemas de navegación por satélite están totalmente generalizados y son utilizados en innumerables campos relacionados con la movilidad cuenta con precisión inferior a 30 cm.

Los Sistemas de Identificación Automática (SIA/AIS) que desde hace mucho tiempo se utilizan en la navegación, permiten que los vehículos intercambien datos relativos a su identificación, rumbo, velocidad, etc.

Diversos sensores que monitorean diversas condiciones como el estado de los equipos, temperatura, humedad, necesidad de mantenimiento, emisiones contaminantes, nivel de batería, etc.

Toda la información obtenida a través de los elementos anteriores y de otros, debe ser almacenada, procesada y compartida de forma inmediata a fin de obtener una respuesta optima que permita a la maquina reaccionar en el menor tiempo posible. Según estudios recientes, el tiempo de reacción media de algunas de las personas al accionar los frenos de un vehículo es inferior a dos segundos, mientras que el de un vehículo autónomo es de tan solo 3 décimas de segundo.

Como ejemplo destacado tenemos la terminal de Maasvlakte en Rotterdam, con un TOS implementado desde el año 2015 mediante el cual se coordina la operativa completa de los contenedores, siendo el 80% de los movimientos de las grúas resto de maquinaria totalmente autónoma y el restante 20% se realiza de forma remota. Esta terminal combina prácticamente la totalidad de los elementos físicos del TOS.[16]

2.2. El Internet de las cosas y *Edge Computing*

El Internet de las cosas (en adelante IoT) es el proceso mediante el cual se permite conectar objetos físicos a Internet. El término IoT hace referencia a los sistemas de hardware o dispositivos físicos que emiten, reciben y transfieren datos a través de las redes sin la intervención humana. Es una especie de TOS en el cual los dispositivos del IoT se encuentran dentro de los objetos físicos que conforman el sistema y han de pertenecer a las categorías de interruptores (los cuales envían las instrucciones a un objeto)

---

[16] https://www.apmterminals.com/en/maasvlakte/about/our-terminal

o a la de sensores (recopilan los datos y los envían a otro lugar), una auténtica red operativa compuesta por todos los elementos que actúan en la terminal. Todos esos datos transmitidos y almacenados se utilizan para que las personas o la inteligencia artificial (en adelante IA) y el aprendizaje automático (en adelante ML) realicen análisis casi de inmediato y actúen en consecuencia según los protocolos preestablecidos.

Acercándolo al mundo cercano y cotidiano podría bastar como ejemplo, aquel hogar inteligente en el cual tenemos nuestro aparato de climatización del hogar conectado a nuestro *smartphone*. Cuando a través de sus propios sensores de temperatura y a los datos que recibe del *smartphone*, cuando por la ubicación y velocidad detecta que el usuario se acerca al hogar, este activa la climatización de forma automática.

El volumen de datos que genera un sistema de dispositivos inteligentes (lo cual se conoce como *big data* y se desarrolla en otro apartado) puede ser abrumador. El proceso de integración del *big data* en los sistemas actuales y la configuración del análisis de los datos para poder utilizar la información resulta complicado, siendo la seguridad es un aspecto muy importante durante todo el diseño de los sistemas de IoT.

Una de las primeras implementaciones del IoT en el sector de la logística y el transporte consistió en etiquetar los contenedores de transporte con dispositivos de identificación por radiofrecuencia (RFID). Estas etiquetas almacenaban una serie de datos que se podían recopilar por medio de ondas de radio, lo cual permitía a las empresas de logística supervisar los movimientos de los contenedores, la trazabilidad de la temperatura, las aperturas de las puertas, etc. Gracias a los avances en el IoT, se han desarrollado nuevos dispositivos de seguimiento con baterías que transmiten los datos de forma continua a las aplicaciones de IoT sin la necesidad de lectores ni la intervención humana, pudiendo así las empresas analizar la información de los envíos de inmediato durante toda la cadena de suministro.

Junto al IoT se encuentra el *Edge Computing* que es un tipo de informática que se desarrolla en la ubicación física del usuario, de la fuente de datos o cerca de ellas. Por ello al acercar los servicios informáticos a esas ubicaciones, los usuarios pueden acceder a servicios más rápidos y confiables. Debido a utilizar y distribuir el conjunto común de recursos en una gran cantidad de ubicaciones para diversificar la infraestructura centralizada y, de este modo, satisfacer las necesidades de un mayor número de dispositivos y de datos cada vez mayor de forma prácticamente simultánea, permitiendo que haya mayor potencia informática en los extremos de las redes de IoT, para reducir la latencia de la comunicación entre los dispositivos de

IoT. Esta capacidad de los dispositivos para utilizar esa potencia informática en el análisis rápido e inmediato de los datos es cada vez más valiosa.

El ejemplo más evidente es la coordinación de una flota de vehículos sin conductores que transportan contenedores con dispositivos inteligentes de seguimiento. En este caso cada dispositivo físico de IoT necesitaría mucha potencia informática, sobre todo si la logística utilizara máquinas complejas, como los vehículos sin conductores. Los dispositivos tendrían que procesar un gran volumen de datos por su cuenta y tomar decisiones fundamentadas, en lugar de simplemente enviarlos, recibirlos y permanecer a la espera de instrucciones de la central a través de una red wifi. La implementación de la potencia informática más cerca de los extremos de la red, en lugar de la central de datos, permite un mayor número de IoT con una respuesta más ágil.

Algunos de los beneficios de combinar e IoT y el *Edge Computing* son los siguientes:

- Reducción de la latencia de la comunicación entre los dispositivos de IoT y las redes de centrales.
- Tiempos de respuesta más rápidos y mayor eficiencia operativa.
- Mejoras en el ancho de banda de red.
- Continuación del funcionamiento de los sistemas sin conexión cuando se pierde una conexión de red.
- Procesamiento local de datos, agrupación y rápida toma de decisiones con algoritmos de análisis y aprendizaje automático.

Los usos de IoT en las terminales automatizadas son utilizados para el monitoreo de los equipos portuarios como son las grúas, los AGVs o los propios contenedores para conocer su ubicación, estado, etc., en tiempo real. También es utilizado para la gestión de los activos, prediciendo su mantenimiento y así prolongar su vida útil, conociendo su rentabilidad en función de la producción o del tiempo de inactividad, etc. Otra de las funciones es optimizar el almacenamiento y la distribución mediante la reducción de la congestión o los "cuellos de botella" así como la optimización de las operativas analizando las tendencias y patrones, a fin de realizar una planificación predictiva optimizando la utilización de recursos y minimizando los tiempos de inactividad. Sea dicho de paso el IoT pueden monitorear el consumo de energía de los equipos y sistemas de la terminal a fin de diseñar políticas de eficiencia energética mejorando también la gestión de residuos.

Inteligencia Artificial (en adelante IA) y Aprendizaje Automático o Machine Learning

Según la definición aportada por el Parlamento europeo, la inteligencia artificial es la habilidad de una máquina de presentar las mismas capacidades que los seres humanos, como el razonamiento, el aprendizaje, la creatividad y la capacidad de planear.

La IA permite que los sistemas tecnológicos perciban su entorno, se relacionen con él, resuelvan problemas y actúen con un fin específico. La máquina recibe datos (ya preparados o recopilados a través de sus propios sensores, por ejemplo, una cámara), los procesa y responde a ellos.

Los sistemas de IA son capaces de adaptar su comportamiento en cierta medida, analizar los efectos de acciones previas y de trabajar de manera autónoma.[17]

La IA se va a utilizar tanto de los medios técnicos descritos para el TOS como los descritos en el IoT en sus respectivos apartados, a fin de concatenar una serie de instrucciones a estos para conseguir mediante las capacidades únicamente lógicas que posee, los objetivos ordenados mediante técnicas informáticas que suelen requerir de algoritmos, lo que reduce la flexibilidad y la adaptabilidad.

La IA ejerce un papel muy importante en la gestión portuaria. En particular, en los siguientes aspectos:

Optimiza la carga y la descarga, para ello analiza datos en tiempo real e identifica cuellos de botella y retrasos en los procesos. Tiene un gran impacto en la optimización de las operaciones logísticas gracias a la capacidad de esta tecnología para analizar grandes volúmenes de datos históricos y en tiempo real permite predecir volúmenes de carga y estimar mejor el rendimiento de los contenedores. Igualmente gestiona la asignación de espacios de almacenamiento para optimizar el uso del espacio portuario, así como la programación de llegadas y salidas de barcos

Realiza un mantenimiento predictivo mediante el análisis de datos de sensores y la monitorización de equipos e infraestructuras portuarias en tiempo real. Esto ayuda a prevenir fallas y reducir el tiempo de inactividad. Gracias a los algoritmos de aprendizaje automático analiza estos datos para prever posibles averías y programar intervenciones antes de que ocurran

---

17 https://www.europarl.europa.eu/topics/es/article/20200827STO85804/que-es-la-inteligencia-artificial-y-como-se-usa

problemas graves. Ello no solo va a reducir los costes de reparaciones inesperadas, sino que también mejora la disponibilidad y confiabilidad de las instalaciones, así como alarga la vida útil de los equipos e infraestructuras.

En cuanto a la eficiencia energética debido a los algoritmos que analizan patrones de consumo energético, se proponen ajustes para optimizar el uso de la energía. Así, desde la iluminación en las áreas de carga hasta la gestión de la energía utilizada por los propios equipos de la terminal, la IA contribuye a la reducción de costes y al impacto ambiental positivo.

En un lugar en el que la seguridad es de suma importancia, ya que los puertos son considerados en prácticamente todos los estados como infraestructuras críticas, la IA juega un papel crucial ya que, mediante sistemas de videovigilancia inteligente de reconocimiento facial y datos de sensores, permiten una vigilancia más efectiva y la detección temprana de posibles amenazas, intrusiones o siniestros. Del mismo modo la IA facilita la identificación rápida de contenedores y mercancías, mejorando la seguridad aduanera y la prevención del contrabando.

Entre los puertos que actualmente operan mediante IA se pueden citar a modo de ejemplo:

El Puerto de Valencia tiene en desarrollo varias iniciativas enfocadas en el tráfico rodado. Una de ellas es la utilización de reconocimiento facial para cotejar la identidad de los conductores autorizados de camiones en los accesos del puerto. También se utilizan modelos de aprendizaje automático para predecir el flujo de camiones dentro del enclave. Sin embargo, la más importante de las actuaciones en torno a la IA es la concatenada junto a la empresa Nextport la cual ha desarrollado un software que es capaz de anticipar el número de camiones que van a pasar por sus muelles, a qué terminal accederán y si van a cargar o a descargar el vehículo.

El nuevo sistema de Inteligencia Artificial combina los datos de Valenciaport tanto del lado tierra como del lado mar- con información clave para conocer el comportamiento del barco a su llegada a puerto. El tamaño de los barcos, la tipología de sus servicios y rutas, los horarios de las terminales, la meteorología, los calendarios de festividades en terceros países (como el año Nuevo Chino o la Fiesta del Cordero influyen mucho en los tráficos portuarios) o un histórico del PIB mundial, entre otras informaciones, han ayudado a ajustar este modelo predictivo de *machine learning* asistido y supervisado por profesionales que entrenan al sistema.

Con este software la Autoridad portuaria de Valencia puede saber con días de antelación lo que va a ocurrir en sus muelles, tanto a nivel de carga y de descarga de buques, como los movimientos que habrá en las puertas de las terminales y el número de entradas de camiones.[18]

El Puerto de Los Ángeles opera con un sistema de inteligencia artificial llamado "Port Optimizer", que utiliza datos de sensores y un análisis predictivo dirigido mejorar la planificación y coordinación de la carga y descarga de contenedores. Este sistema utiliza algoritmos de aprendizaje automático para predecir la demanda de carga y descarga y para optimizar la programación y coordinación de las operaciones portuarias.

El puerto de Rotterdam está utilizando un sistema de inteligencia artificial llamado "Pronto", que se vale datos de sensores para mejorar la planificación y coordinación de la carga y descarga de contenedores. El sistema "Pronto" al igual que el anterior, también utiliza modelos de aprendizaje automático para predecir el tiempo de llegada de los barcos y el tiempo de procesamiento de la carga y descarga de contenedores además con las connotaciones temporales de rutas.

El Puerto de Singapur está utilizando un sistema de inteligencia artificial llamado "Maritime Single Window", que utiliza análisis predictivo y procesamiento de lenguaje natural para mejorar la eficiencia y la transparencia en los procesos de aduanas y control de inmigración. El sistema "Maritime Single Window" utiliza algoritmos de aprendizaje automático para analizar y clasificar los datos de los documentos de envío y aduanas, lo que ayuda a reducir los tiempos de procesamiento y a mejorar la eficiencia en la gestión portuaria.

2.3. Gemelos Digitales o *digital twin* y el Software de Simulación

Los gemelos digitales integran el IoT y la IA para crear una réplica virtual del entorno real, es decir, crean millones de modelos virtuales de la terminal y situaciones o escenarios para simular diferentes escenarios operativos y optimizar procesos. Los gemelos digitales permiten probar cambios y mejoras sin interrumpir las operaciones reales ya que mediante los datos obtenidos del IoT generan a través de la IA múltiples situaciones ficticias sobre posibles escenarios. Por lo tanto, utiliza datos reales para predecir cómo funcionaría uno o varios procesos para así poder decantarse por el presuntamente más idóneo, es un elemento clave en la transición de manual a automatizado

[18] https://revistamar.seg-social.es/-/puertos-inteligentes

El modelo consiste en dos partes: hardware y software. El primero adquiere y procesa datos; el segundo los representa y manipula, rompiendo así "la barrera entre la entidad física y su representación".

DP World utiliza en la actualidad gemelos digitales para simular las operaciones de su terminal en Jebel Ali, Dubai, mejorando la eficiencia y reduciendo costes en la implementación de los proyectos.

En el Puerto de Barcelona se ha construido en el año 2022 la base o lienzo del gemelo digital a partir de la combinación de datos existentes en el Sistema de Información Geográfica, tecnología BIM y modelos 3D obtenidos por imagen satélite y datos LiDAR de drones. Las 1.400 hectáreas del puerto contienen un millón de elementos (edificios, redes de servicios, señales de tráfico, hidrantes, etcétera) que han sido proyectados e instalados. Y seguidamente transferidos a su explotación y mantenimiento. "El gemelo digital del puerto añade al modelo 3D las características de los elementos, las operaciones de mantenimiento realizadas, así como información de la operación en tiempo real. Por ejemplo, qué vehículos están transitando por una puerta de acceso. Asimismo, el gemelo digital se utilizará para la planificación y diseño de nuevas infraestructuras, así como con base en los tableros que se están definiendo"[19]

También en el puerto de Barcelona, se está reforzando en el uso de nuevas tecnologías para reducir su impacto ambiental. Así en este año 2024, se está desarrollando un gemelo digital para calcular las emisiones portuarias, así como la dispersión de las emisiones en la ciudad.[20]

2.4. *Blockchain*

Aunque su aplicación en su nacimiento contaba con un enfoque hacia las criptomonedas, esta tecnología fue extendiéndose a diversos sectores donde se asegura que los datos sean inmutables, es decir, imposibles de alterar una vez que han sido registrados.

La tecnología *blockchain* actúa como una base de datos distribuida entre los nodos de una red informática existente y descentralizada la cual es conocida por mantener un registro seguro de transacciones. Es utilizada para

---

[19] https://piernext.portdebarcelona.cat/tecnologia/puede-un-gemelo-digital-ayudar-a-los-puertos-a-mejorar-su-eficiencia/

[20] https://www.cadenadesuministro.es/especiales/puerto-barcelona-explora-uso-nuevas-tecnologias_1500146_102.html

asegurar la transparencia y trazabilidad de las transacciones y documentos garantizando la integridad y seguridad de los datos compartidos entre diferentes operadores.

Esta tecnología cuenta con la capacidad de registrar y rastrear no solo transacciones, sino también activos de cualquier naturaleza, ya sean tangibles o intangibles. Permitiendo el acceso simultáneo a los datos necesarios para una negociación por diversos sujetos, optimizando así su conciliación y reduciendo el tiempo dedicado a la verificación de precios y condiciones. También la simultaneidad en el acceso a la información contribuye significativamente a la reducción de riesgos referentes al intercambio de documentos por vías tradicionales, como lo es el correo electrónico. Por lo tanto, aquellas organizaciones que adopten *blockchain* también podrán implementar parámetros de seguridad como métodos de autentificación, altos niveles de cifrado y la inmutabilidad de datos, elevando los estándares de seguridad de la propia *blockchain.*

Por lo que concierne a la trazabilidad de datos, estos pueden ser mapeados, localizados y visualizados de forma rápida y sencilla, simplificando el desarrollo de procesos de auditoría y cumplimiento regulatorio/normativo. Esta trazabilidad junto a la monitorización reduce significativamente las oportunidades de fraude y error humano, incrementando la eficiencia operativa al minimizar la necesidad de intervenciones manuales.

Dicho esto, vemos que *blockchain* oficiará como Notario Digital que validará cada una de las transacciones que se confeccionen en la cadena de bloques generando al finalizar cada proceso un *hash* que es único e irrepetible.

Y cada uno de los mensajes que sean transmitidos/recibidos por la plataforma, incorporarán la figura de *Time Stamp*, donde se establece la fecha/hora y el actor que realizó la transacción para posteriormente encriptarse mediante un *Hash* criptográfico para validar que la información no haya sido alterada en el tiempo otorgando a todos los usuarios la posibilidad de realizar una verificación de fecha, contenido y autor en el momento que se requiera

Como ejemplo de implementación tenemos TradeLens que era una plataforma nacida en el 2018 y estaba basada en la tecnología *blockchain* desarrollada por las multinacionales IBM y Maersk y que fue utilizada por múltiples puertos para mejorar la transparencia y eficiencia de la cadena de suministro. Como ejemplo cercano tenemos el puerto de Valencia que se unió a la plataforma TradeLens en noviembre de 2018, junto a los más de los 20 operadores de puertos que hacen que la presencia de esta plataforma haya llegado a 234 puertos en el mundo incluidos los de mayor importancia.[21]

La plataforma TradeLens que dejó de operar en el primer trimestre de 2023, tomando posiciones sus competidores y posicionándose Global Shipping Business Network (GSBN), con sede en Hong Kong y activa desde el 2021, como la plataforma con más implementación a nivel mundial con operadores de terminales como Hutchison Ports, Hapag-Lloyd, SPG Qingdao Port, PSA International, Shanghai International Port Group y Cosco Shipping Ports.[22]

La digitalización de los documentos logísticos se ha convertido en algo esencial para las empresas que quieren optimizar y dinamizar sus procesos y seguir siendo competitivas. Habida cuenta que no existen límites técnicos respecto a la digitalización de documentos logísticos, permite a las empresas automatizar y optimizar prácticamente cualquier documento o tarea como pueden ser:

Prueba de entrega (*Proof Of Delivery*, POD): estos documentos demuestran que un envío ha sido entregado al destinatario y son esenciales para la facturación y el servicio al cliente. El insertarlo en la *blockchain* permite un seguimiento en tiempo real.

Conocimiento de embarque (*Bill Of Lading*, BOL) que es un documento legal que especifica el tipo, la cantidad y el destino de las mercancías transportadas.

Listas de empaquetado o *packing list* proporcionan un resumen detallado del contenido de un envío y son importantes para garantizar que se entregan los artículos correctos en el destino adecuado.

Albarán (DDT): La carta de porte, o albarán, es un documento que deben emitir las empresas para justificar o acreditar el traslado de un lugar a otro de mercancías, materias primas, objeto de una transacción comercial, incluso en el caso de dos establecimientos de la misma empresa.

Masa bruta verificada (*Verified Gross Mass*, VGM), otro documento importante para las empresas de logística y transporte describe el peso de la

---

21 https://www.valenciaport.com/valenciaport-se-integra-en-el-proyecto-tradelens-una-plataforma-tecnologica-de-ambito-internacional-desarrollada-por-ibm-y-maersk/

22 https://es.cointelegraph.com/news/hong-kong-takes-the-lead-in-blockchain-logistics-after-maersk-tradelens-demise

carga, incluidos la madera de estiba y los refuerzos, y la tara del contenedor que transporta la carga.

Manifiesto de carga, el cual es una lista consolidada de toda la carga a bordo de un buque de carga, aparece bajo el nombre del buque y las marcas de identificación. Generalmente, un manifiesto de carga enumera todos los conocimientos de embarque con los detalles mencionados y el número total de mercancías transportadas, indicado para cada conocimiento de embarque.

2.5. Contratos inteligentes o *Smart Contracts*

También denominados *Smart Contracts*, los contratos inteligentes son programas informáticos que se ejecutan automáticamente cuando se cumplen condiciones preestablecidas, eliminando con ello la necesidad de contar con intermediarios que verifiquen el cumplimiento de los tramos y reduciendo significativamente las probabilidades de errores y conflictos eliminando los intermediarios.

Los contratos inteligentes pueden albergar y codificar diferentes términos para llevar a cabo un acuerdo; el precio, volumen, los despachos en Aduanas y las condiciones de entrega son algunos de los parámetros principales considerados durante el diseño de y preparación de estos contratos

En cada paso se van verificando los parámetros acordados de cumplimiento mediante fuentes de datos confiables de cumplimiento del item o mediante elementos físicos como los sensores IoT, el contrato inteligente se activa automáticamente para cada fase y pasando a la fase siguiente en la cadena logística hasta finalizar y cumplimentar todos sus tramos sin intervención manual alguna.

Las características principales de los contratos inteligentes son en primer lugar la automatización, ya que se ejecutan automáticamente una vez que se cumplen las condiciones establecidas en el código del contrato sin la intervención humana. La inmutabilidad, la seguridad y la descentralización son características que heredan del hecho de estar integrados en una *blockchain*, llevando esto a la transparencia lo que permite a todas las partes ver el historial y estado del contrato

En los contratos inteligentes se introducen unas condiciones predefinidas las cuales son codificadas y almacenadas en la *blockchain* en un lenguaje de programación específico (como por ejemplo Solidity en Ethereum), debiendo de ser esta conocidas y aceptadas por las partes del contrato. Una vez las partes se suman al contrato inteligente este se inicia mediante una ejecución automática de modo que cuando se cumplen las condiciones especificadas, el contrato inteligente se ejecuta automáticamente para realizar las acciones acordadas, como por ejemplo la carga del contenedor, la validación de la documentación, la contratación del seguro, el transporte, el pago del precio, el despacho en aduana, los controles sanitarios, etc.

2.6. Tecnología 5G

El término 5G se refiere a la quinta generación de las redes móviles, esta nueva generación incluye actualizaciones en el ancho de banda con velocidades de transmisión de datos de hasta 10 Gbps, con una latencia menor que permite usar ciertos servicios que antes no era posible, ampliando el número de dispositivos IoT y mejorando su fiabilidad. El 5G ofrece hasta 100 veces más velocidad que las redes 4G además de contar con mayor grado de seguridad, así como una disminución del 90% del consumo energético. Así lo recoge un estudio realizado por Telefónica, en el que demuestra que la última generación de red móvil es hasta un 90% más eficiente en los consumos de energía por unidad de tráfico que la red 4G. [23]

La relación entre el 5G y el *Edge Computing* se puede considerar como simbiótica ya que combinan el valor que tienen por sí mismas formando una solución más potente que permite aprovechar nuevas formas de conectar dispositivos.

Aunque como sabemos, se trata de dos tecnologías diferentes, su naturaleza las convierte en complementarias, ya que el 5G aumenta la velocidad de transferencia de datos y el *Edge Computing* reduce el trayecto de ida y vuelta entre el dispositivo y la nube o el centro de datos, con lo que además se reduce el tráfico innecesario.

Así pues, esta suma de ambas tecnologías supone mantener un mejor control de los datos con la minimización del transporte de datos a los nodos centrales y por lo tanto reduciendo las vulnerabilidades. Esto conlleva a que las operaciones sean prácticamente inmediatas y continuas, por lo que al permitir el funcionamiento autónomo de los sistemas casi sin interrupciones y disminuye sensiblemente los costes.

---

[23] https://www.telefonica.com/es/sala-comunicacion/blog/como-desplegar-un-5g-sostenible-con-el-medioambiente/

Como ejemplo próximo, tenemos el puerto de Barcelona, el cual ha acordado con Orange en julio de 2023, desarrollar una red privada de 5G, esta red supondrá una inversión de 3,6 millones de euros en cinco años y que dará respuesta a las necesidades generadas por el creciente grado de automatización de las herramientas de gestión y servicios portuarios. Mediante la implementación de esta red se cubrirán las 1.200 hectáreas del Puerto y se alcanzará hasta una distancia de dos millas náuticas mar adentro.[24]

2.7. *Big Data*

Los *Big Data* podemos definirlos como el almacenamiento masivo de datos para el uso de los mismos por las nuevas tecnologías para leer y tratar y almacenar ingentes cantidades de datos de diferente clase, los cuales provienen en el ámbito portuario de los sensores en buques, contenedores, equipos portuarios, etc. Ello nos puede aportar conceptos como las demoras, el tiempo atmosférico, incidencias, tiempos de ejecución de las operaciones, así como multitud de datos procedentes de sensores, GPS y otros sistemas de gestión del tráfico.

El *Big Data* es el combustible en forma de datos que alimentan los sistemas de Inteligencia Artificial y los gemelos digitales, etc.

Expertos en *Big Data* de toda Europa trabajan paralelamente en el proyecto Transforming Transport que desarrolla trece proyectos piloto de uso de *Big Data* para mejorar la eficiencia en los procesos de movilidad y logística.

De entre los escenarios de pruebas sobre los que trabaja el proyecto, tenemos participado por la Fundación Valenciaport, y que se centra en el Puerto de Valencia. En este caso, el objetivo es optimizar la cadena logística portuaria a través de medidas concretas como programar las grúas de patio.

La Fundación ValenciaPort también trabaja junto al Instituto Tecnológico de Informática (ITI) en la iniciativa Data Ports desde el año 2017. Este consorcio internacional cofinanciado por la Comisión Europea se apoya en tecnologías como el *Big Data* y el *blockchain*para conformar un mercado de datos al que aporten información todos los actores de la cadena portuaria. El acceso a este mercado de una manera fácil, rápida y segura;

---

[24] https://revistamar.seg-social.es/-/puertos-inteligentes

permitirá un seguimiento global de las mercancías a lo largo de la cadena de suministro. Se espera además que sea la semilla para el futuro *Common European Data Space*, un *hub* de datos unificado para la UE.[25]

Junto a este y de más reciente creación en el año 2024, tenemos el caso del puerto de Bilbao en el cual la consultora Siport21, junto con Petronor, Deep Insight y la Autoridad Portuaria de Bilbao, como agente facilitador, desarrollarán el sistema PRESTAMAR, financiado por el fondo de innovación gestionado por Puertos del Estado, Ports 4.0.

La herramienta de PRedicción de ESTAbilidad en aMARre (PRESTAMAR) durante la maniobra de carga y descarga será una solución innovadora no intrusiva para la ayuda a la toma de decisiones en la gestión del buque atracado. Permitirá gestionar las operaciones portuarias de forma más inteligente, eficiente y sostenible, aportando criterios de operación objetivos, así como predicciones vinculadas a las condiciones dinámicas del buque atracado.

Con esta nueva herramienta, la terminal podrá anticiparse ante cualquier escenario meteorológico (viento, corriente y/o marea) para replanificar la operativa y la asignación de recursos. De este modo, se aumentará la seguridad y la eficiencia de las operaciones de carga y descarga.

Prestamar será un sistema centrado en la plataforma de control *Big Data*, que recogerá e integrará fuentes de datos heterogéneas en tiempo real que se explotarán con inteligencia artificial y compartirán la información con los agentes portuarios. El proyecto piloto será instalado en la Terminal de Petronor del Puerto de Bilbao donde se pondrá a prueba durante un año.

Este proyecto está totalmente alineado con los objetivos PORTS 4.0. y los Objetivos de Desarrollo Sostenible de la Agenda 2030 y ha sido apoyado por numerosas autoridades portuarias, terminalistas, empresas de remolcadores y corporaciones de prácticos, tanto nacionales como internacionales.[26]

---

[25] https://www.puertos.es/es-es/Paginas/Newsletter/valenciabigdata2018_N.aspx

[26] https://www.diariodelpuerto.com/maritimo/el-puerto-de-bilbao-contara-con-un-sistema-inteligente-de-gestion-del-buque-atracado-DI19550416

V. IMPACTO DE LA AUTOMATIZACIÓN DE LAS TERMINALES PORTUARIAS

En todos los sentidos, desde hace menos de una década estamos presenciando cómo se está integrando en nosotros la cuarta revolución industrial, una nueva forma de ver y entender los sistemas de producción bajo la intervención de las nuevas tecnologías.

Se trata de una etapa en la que se afronta la implementación de tecnologías avanzadas a nivel industrial que requiere una planificación cuidadosa y una gestión del cambio robusta.

En este estudio avanzamos a caballo de los cambios tecnológicos, que son todos aquellos cambios impulsados por y mediante la tecnología. Con avances cada vez más rápidos, la modificación de los sistemas de gestión o los dispositivos utilizados en el trabajo puede impactar fuertemente en los resultados de la organización, ganando en productividad, reducción de costes, calidad y otros, pero también arrojarán aspectos negativos.

Estos cambios se abordan mediante diferentes estrategias que se componen a grandes rasgos, de las etapas de evaluación de procesos actuales y desarrollo de un plan de implementación de las nuevas tecnologías. Ello conlleva la formación del personal y la contratación de expertos para su desarrollo, la siguiente fase es la creación de los proyectos piloto y la evaluación de resultados, para en última instancia decidir implementar o no esos cambios.

Pero estos cambios tecnológicos, en gran medida arrastran a su vez cambios estructurales, que son las transformaciones radicales que abarcan toda la arquitectura y los niveles jerárquicos de la empresa, exigiendo nuevas estrategias y objetivos.

Dado el hecho de que por norma general un cambio no viene solo, las dos situaciones de cambio anteriores traerán consigo unos cambios culturales y sociales que en muchos o prácticamente la mayoría de los casos van a suponer una gran ruptura con la cultura organizativa a la que los empleados ya estaban acostumbrados y lo cual provocaría en cierta medida cambios en los valores, creencias y normas de funcionamiento de la empresa.

Tanto en el apartado de las ventajas como en las desventajas y en sus apartados, aunque se enumeren separados en aras de una mejor comprensión, hay que decir que necesariamente van concatenadas y solapadas unas y otras complementándose. A pesar de en ocasiones parecer contrapuestas, esa aparente contraposición obedece a que estas se determinan y de describen sobre una pluralidad de automatizaciones y ejemplos, y no sobre un caso concreto de un puerto o de una terminal.

1. Ventajas de la automatización

Incremento de la productividad: mediante la robótica avanzada, los sistemas de grúas ASC, RMS, STS y los vehículos AGV entre otros, pueden mover contenedores y otros materiales minimizando los errores humanos, utilizando algoritmos de optimización permiten planificar las rutas más eficientes con precisión milimétrica y reduciendo el tiempo de carga y descarga. A ello hay que añadir la posibilidad de operar ininterrumpidamente, sin la necesidad de pausas para descanso, festivos o cambios de turno, y prácticamente en todo tipo de condiciones climatológicas. En el mismo sentido, las máquinas automatizadas se realizan autodiagnósticos reduciendo el riesgo de averías y se pueden programar para realizar tareas de mantenimiento en horarios de baja demanda, con ello se asegura que el equipo esté siempre en óptimas condiciones y también prolongando la vida útil del equipo, reduciendo la necesidad de reemplazos costosos. En último término optimiza el uso del espacio de almacenamiento, organizando los contenedores de manera que sean fácilmente accesibles y ocupando menor superficie o aumentando la capacidad de la existente.

Mejora de la seguridad: Los accidentes sobre las personas en las terminales suelen consistir en lesiones y golpes, caídas, atrapamiento, aprisionamiento, sobreesfuerzo y daños derivados de la inmersión. El fallo humano no solo genera pérdidas de tiempo y dinero, sino que además puede ser un evento trágico. La automatización reduce la exposición de los trabajadores a situaciones peligrosas ya que las zonas donde se manipulan cargas pesadas y maquinaria suelen estar completamente automatizadas, además sensores y cámaras de alta precisión monitorean constantemente las operaciones, detectando y previniendo situaciones peligrosas. En cuanto se detecta una anomalía, se activan los protocolos de emergencia más rápido que la intervención humana. No se puede dejar de lado la seguridad en términos documentales que proporciona hoy en día la *blockchain*.

Información y datos en tiempo real: Ello en primer lugar servirá para alimentar los *Big Data* que a su vez nutrirán a la IA, a los gemelos digitales y a las restantes tecnologías. Se generan datos sobre la ubicación, temperatura y el estado de los contenedores y ello no solo permite una mejor planificación y coordinación de las operaciones, si no que permite a las personas o entidades autorizadas acceder e interactuar con estos desde cualquier lugar como por ejemplo Aduanas realizar el despacho. Estos datos también ayudan a realizar un análisis predictivo para anticipar y resolver problemas antes de que ocurran, proporcionando a los gerentes una visión clara y actualizada de las operaciones, facilitando decisiones rápidas y precisas. Estos datos mediante la *blockchain* van a generar un registro inmutable en el cual las transacciones registradas proporcionan un historial transparente y verificable. Otro aspecto no menos importante es el acceso de los clientes, los cuales reciben actualizaciones constantes sobre el estado de sus mercancías y pueden rastrear sus envíos en tiempo real, proporcionando una mayor transparencia, confiabilidad y satisfacción.

Impacto ambiental: Las grúas y vehículos automatizados por lo general suelen ser más eficientes en el consumo de energía y cuentan con sistemas que optimizan el uso de energía, apagando automáticamente los equipos cuando no están en uso, y además las rutas y movimientos son también más eficientes y precisos, lo que contribuye a la reducción de las emisiones de carbono. A ello hay que añadir que la mayoría de las terminales automatizadas, utilizan energías renovables como la energía solar o eólica para reducir su huella de carbono. Otra ventaja medioambiental es el prolongado ciclo de vida de los equipos en entornos automatizados, lo cual genera menos toneladas de residuos.

Reducción de costos: En primer lugar, nos referimos a los costes laborales, requieren menos personal operativo, lo que reduce significativamente los costos de salarios y beneficios. En la misma dirección también se reduce la formación continua para personal operativo, aunque puede aumentar para técnicos especializados en mantenimiento y gestión de sistemas automatizados. Este punto tiene una mayor incidencia en aquellos lugares con salarios más altos y en lugares con salarios más bajos, automatizar puede carecer de sentido en términos de ahorro. Los costes también se aminoran en tanto se puede prescindir de un alto número de intermediarios al automatizar transacciones y procesos. [27]

Los estudios demuestran que, con la automatización, los costes de explotación pueden reducirse un 25%. Incluso un 55% y la productividad puede aumentar entre un 10% y un 35%.[28]

---

27 http://www.camae.org/automatizacion/terminales-y-puertos-hacia-la-automatizacion-de-sus-operaciones-casos-de-puertos/

28 https://www.mckinsey.com/industries/travel-logistics-and-infrastructure/our-insights/the-future-of-automated-ports (McKinsey, El futuro de los puertos automatizados)

2. Desventajas de la automatización

Al igual que una discriminación positiva hacia una persona, empresa o colectivo puede generar una discriminación negativa a quien no se puede beneficiar de ella; sucede lo mismo con la automatización de las terminales en la confrontación ventajas-desventajas, esta supone ventajas hacia un sector y desventajas hacia otro acarreando en ambos sentidos los beneficios y perjuicios de ese cambio.

La automatización de las terminales no solo conlleva ventajas y desventajas entre los agentes de un puerto determinado incardinado como un ecosistema, sino que hace que se incremente la desigualdad social en varias partes del mundo aumentando la brecha entre los países desarrollados y los países en desarrollo, entre las regiones industrializadas y las regiones rurales. Ello deriva en la imposibilidad de los pequeños puertos o países emergentes a acceder a las ya nombradas tecnologías y medios, teniendo la velocidad de desarrollo un papel muy importante ya que puede traer consigo que varias empresas o puertos se queden desactualizados. Dicho esto, también merece la pena resaltar la posibilidad de que la concentración de la riqueza, el poder y la tecnología se deriven a manos de unos pocos; mientras que excluye y explota a la mayoría.

Altos costes de implementación. La construcción y puesta en funcionamiento de una terminal portuaria automatizada requiere una inversión muy significativa tanto en la infraestructura física (grúas automatizadas, AGVs, sistemas de almacenamiento automatizado, etc.) como en la tecnología avanzada (software, sistemas de cifrado y acceso, sistemas de comunicación, redes, etc.)

Por lo tanto, es preceptivo un estudio exhaustivo del proyecto en concreto antes de desarrollar un proceso de transición tecnológica, teniendo en cuenta en este estudio el retorno de inversión, ya que este puede ser superior al medio plazo, significando ello que las empresas deben estar capacitadas para un período inicial de pérdidas o de bajos beneficios económicos.

Impacto sobre el empleo y mutación ocupacional. Desde un punto de vista cuantitativo y directo, la automatización reduce sensiblemente los puestos de trabajo, especialmente en roles operativos básicos si no poseen habilidades técnicas avanzadas, los cuales también pueden tener dificultades para encontrar empleo en otras áreas.

Este hecho por norma general va a llevar despidos masivos, en función de la implementación de niveles de automatismo. Este hecho va a tener especial incidencia en aquellas áreas locales que su motor económico depende de los ingresos y rentas generados por empleos portuarios, estas ciudades o áreas geográficas van a experimentar los efectos económicos negativos y la menor actividad económica local con los problemas sociales que ello conlleva.

Este impacto negativo sobre el empleo se puede afrontar entre otros, mediante la formación continua sobre el substrato laboral, mutando el sector ocupacional y permitiendo con ello la reubicación del personal. Sin embargo, en algunos países y sectores, es palpable la inexistencia de mano de obra cualificada, la cual es esencial para aplicar eficientemente las nuevas tecnologías

Es tal el grado y la conciencia que toman las Administraciones Públicas sobre el problema social de la automatización de los sectores laborales, que esto ha llevado a la Comisión Europea a emitir el 29 de noviembre de 2023 la Recomendación 2024/236, sobre los medios para abordar el impacto de la automatización y la digitalización en la mano de obra del sector del transporte. Siendo esta publicada en el DOUE número 236, de 16 de enero de 2024[29].

Mantenimiento y actualización tecnológica. El hecho de que una terminal portuaria esté automatizada no quiere decir que esta esté exenta del mantenimiento de los equipos automatizados. Todo lo contrario, este suele ser más costoso y por norma general requiere personal especializado.

También aquellos sistemas de software deben actualizarse continuamente para mantener fundamentalmente la seguridad, operatividad y eficiencia productiva.

Estas tareas de mantenimiento y actualización en muchos casos requieren que las operaciones se detengan temporalmente, aunque ello se programe en franjas de menor actividad.

Para este tipo de mantenimiento es necesario la contratación de trabajadores con un alto nivel de especialización, que en primer lugar no son fáciles de encontrar por su escasez y en segundo lugar sus costes son mucho más elevados.

Complejidad operativa. El hecho de la convivencia en un mismo entorno de diferentes sistemas tecnológicos, todos ellos con sus propios requisitos y

---

29 https://www.boe.es/buscar/doc.php?id=DOUE-L-2024-80051

protocolos, es un desafío para el cual el personal responsable debe ostentar una capacitación extra para gestionar y operar sistemas complejos.

Es necesario una monitorización del conjunto de automatización al albergar una gran cantidad de sistemas interconectados, y así poder efectuar una detección temprana de los problemas y evitar interrupciones debidas a un componente del sistema, ya que las averías e interrupciones desarrollan sus efectos en cadena, causando retrasos y pérdidas en todo el sistema.

Seguridad legal y cibernética. La ausencia prácticamente absoluta de un marco regulatorio claro; las múltiples jurisdicciones y los diferentes ordenamientos jurídicos que confluyen en una terminal portuaria automatizada crean una incertidumbre legal en el caso de siniestros y fallos en los sistemas productivos.

Es notorio que la automatización aumenta considerablemente la vulnerabilidad a ciberataques, robos de datos y daños financieros. Es por ello que se considera esencial implementar robustas medidas de seguridad a fin de proteger la información confidencial y operativa.

Los protocolos de seguridad es patente que deben actualizarse constantemente para abordar nuevas amenazas, las cuales desgraciadamente siempre van un paso por delante.

En este punto también es necesario mentar la utilización de las automatizaciones con el fin de realizar actividades delictivas como el tráfico ilegal de sustancias estupefacientes u otras actividades ilícitas.

Adaptación y resistencia al cambio. El tránsito hacia la automatización comporta un cambio de cultura corporativa y organizacional significativa a la que los empleados y sindicatos se resisten debido a la pérdida de empleos y cambios en las condiciones laborales con una adaptación social difícil y costosa.

Es necesario llevar a cabo estrategias de gestión del cambio efectivas para facilitar la transición y minimizar la resistencia.

La progresiva automatización de las terminales puede conllevar un mal funcionamiento de los equipos, al menos en los inicios, haciendo que el tráfico sea más volátil en el principio de su implantación hasta llegar a proyectar un mayor alcance productivo.

Flexibilidad limitada. La automatización limita la capacidad de una terminal para manejar variaciones en el tipo y volumen de carga, por ello los sistemas automatizados pueden tener dificultades para adaptarse rápidamente a cambios repentinos en la demanda y/o condiciones operativas imprevistas. Estos cambios necesitarían la reconfiguración de los sistemas automatizados a los nuevos tipos de carga y estos cambios operativos suelen ser costosos y llevar generalmente un tiempo de acomodación.

Por otra parte, diversos expertos apuntan que la automatización va en detrimento de la flexibilidad que cada día es más exigida para los puertos y pueden reducir la adaptabilidad de las terminales a las crecientes exigencias de los cargadores en cuanto a servicio y capacidad de respuesta. Las máquinas completamente autónomas pueden ser poco resilientes ante eventos disruptivos, haciendo que las opciones semiautomáticas sean mejores para disminuir el riesgo.

En resumen, podemos afirmar que la automatización se produce a expensas de la flexibilidad provocando una estandarización y globalización en detrimento de esa flexibilidad cada vez más demandada por los puertos.

Impacto medioambiental. Si bien la automatización de las terminales portuarias puede mejorar la eficiencia energética en muchos aspectos, también puede aumentar el consumo energético global debido a la operación continua de muchos de los equipos que constituyen el ecosistema autónomo.

A medida que van naciendo nuevas versiones de productos, los medios operativos se vuelven obsoletos y por lo tanto han de ser sustituidos. Al ser desechados, han de ser tratados adecuadamente ya que se componen de muy diversos materiales (a modo de ejemplo los *smartphones* están hechos con aproximadamente 75 elementos, casi tres cuartas partes del total de elementos de la tabla periódica. Y de esos 75 elementos, 62 son metales)[30], también utilizan otros minerales, generalmente muy escasos como el coltán (compuesto de Columbita y Tantalita).

Esta automatización a pesar de su tendencia al uso de electricidad procedente de fuentes naturales y renovables, a menudo la alta demanda de energía requiere no el uso de energía proveniente de fuentes no renovables, como el petróleo, el carbón y el gas natural. Aunque se diseñan estrategias como mantener las mega computadoras en salas ubicadas debajo del agua marina para ahorrar en refrigeración, esto puede conllevar al calentamiento del agua portuaria y la proliferación de microclimas con especies invasoras arrastradas por los buques y sus aguas de lastre.

---

30 https://minariasostible.gal/es/tu-smartphone-viene-de-una-mina/